WILLIAM F. MAAG LIBRARY
YOUNGSTOWN STATE UNIVERSITY

95

La Poésie du xxe siècle
★★
RÉVOLUTIONS ET CONQUÊTES

Ouvrages de
ROBERT SABATIER
de l'Académie Goncourt

aux Éditions Albin Michel

Essais :

HISTOIRE DE LA POÉSIE FRANÇAISE :

1. La Poésie du Moyen Age
2. La Poésie du XVIe siècle
3. La Poésie du XVIIe siècle
4. La Poésie du XVIIIe siècle
5. La Poésie du XIXe siècle
   * Les Romantismes
   ** Naissance de la poésie moderne
6. La Poésie du XXe siècle
   * Tradition et Évolution
   ** Révolutions et Conquêtes
   En préparation :
   *** Poésie immédiate. Francophonie

L'ÉTAT PRINCIER
DICTIONNAIRE DE LA MORT

Poésie :

LES FÊTES SOLAIRES
DÉDICACE D'UN NAVIRE
LES POISONS DÉLECTABLES
LES CHÂTEAUX DE MILLIONS D'ANNÉES
ICARE ET AUTRES POÈMES
L'OISEAU DE DEMAIN

Romans :

LES ALLUMETTES SUÉDOISES
TROIS SUCETTES A LA MENTHE
LES NOISETTES SAUVAGES
LES FILLETTES CHANTANTES
LES ENFANTS DE L'ÉTÉ
ALAIN ET LE NÈGRE
LE MARCHAND DE SABLE
LE GOÛT DE LA CENDRE
BOULEVARD
CANARD AU SANG
LA SAINTE FARCE
LA MORT DU FIGUIER
DESSIN SUR UN TROTTOIR
LE CHINOIS D'AFRIQUE

Robert Sabatier
de l'Académie Goncourt

HISTOIRE DE LA POÉSIE FRANÇAISE

La Poésie du XXe siècle

II
RÉVOLUTIONS ET CONQUÊTES

Albin Michel

IL A ÉTÉ TIRÉ DE CET OUVRAGE SOIXANTE EXEMPLAIRES SUR VÉLIN CUVE PUR CHIFFON DE RIVES, DONT CINQUANTE NUMÉROTÉS DE 1 À 50, ET DIX HORS COMMERCE NUMÉROTÉS DE I À X.

© Éditions Albin Michel, 1982
22, rue Huyghens, 75014 Paris
ISBN BROCHÉ 2-226-01397-0
ISBN RELIÉ 2-226-01398-9

Hommes de l'avenir

I

Guillaume Apollinaire

« Hommes de l'avenir souvenez-vous de moi... »

Poète selon notre cœur, nous l'aimons, nous l'adorons. Que ferions-nous sans les roses ? Que ferions-nous sans Guillaume Apollinaire ? Il nous dit :

> Soyez indulgents quand vous nous comparez
> A ceux qui furent la perfection de l'ordre
> Nous qui quêtons partout l'aventure.

et, en évoquant les étapes de sa vie, nous voudrions dire avec André Breton : « Apollinaire *pilote du cœur* laissons-nous seulement gouverner. »

Que sa naissance restât mystérieuse ne fut pas fait pour déplaire, et d'aucuns rêveront, feront naître des légendes (ne le fit-on pas descendre du Roi de Rome !), sacrifieront à un romanesque fabuleux digne des romans populaires style Eugène Sue ou Michel Zévaco. Nous ne dirons que ce que nous savons : que Wilhelm Apollinaris de Kostrowitzky, poète sous le nom chantant de Guillaume Apollinaire (1880-1918), naquit à Rome d'une mère appartenant à l'aristocratie polonaise (les Kostrowitzky ou Kostrowicki, de bonne noblesse, sont originaires de Lituanie) et qui, ruinée, menait une vie fantasque et nomade. A Rome, ses deux fils, Guillaume et Albert, naquirent d'un père longtemps non identifié, italien certainement, que l'on fit haut prélat romain, évêque monégasque (il était de notoriété publique que l'évêque de Monaco subvenait aux besoins de l'éducation des deux jeunes garçons), officier de l'armée italienne apparenté à la famille royale (hypothèse répandue par la mère de Guillaume), que sais-je encore ! On sait aujourd'hui que ce fut un officier suisse, Francesco Flugi d'Aspermont. Guillaume fit ses études dans des collèges religieux à Monaco, à Cannes et à Nice, avant que sa mère ne s'installât en 1899 à Paris pour rejoindre, en s'éloignant quelque peu des casinos et des expédients, l'homme avec qui elle devait vivre. Puis l'on s'installe à Stavelot, près de Spa, où l'on tente de s'inscrire au casino. Dans ces Ardennes belges, Guillaume connaît son premier amour, Maria Dubois, qui lui inspire des poèmes, en même temps qu'il ébauche *l'Enchanteur pourrissant* et des contes qu'on retrouvera dans *l'Hérésiarque et Cie*. Un déménagement à la cloche de bois avec son frère vaudra quelques ennuis à sa mère; l'année suivante Apollinaire écrira une pièce en un acte sur son aventure : *la Cloche de bois*. En 1900, Apollinaire fait des besognes, devient le « nègre » d'un feuilletoniste, apprend la sténographie. Il ne répond pas à un appel sous les drapeaux venu d'Italie. Amoureux de la jeune Linda Molina Da Silva, il écrit une préface pour un livre de son père, un professeur de danse, livre intitulé *la Grâce et le maintien français*. Enfin, il est secrétaire dans une feuille, *la Bourse parisienne,* qu'il quittera en 1901. Que fait-il alors? Un livre érotique : *Mirely ou le petit trou pas cher,* un roman, *la Gloire de l'Olive,* dont il perdra le manuscrit dans un train. Il se fera précepteur en Rhénanie et la gouvernante anglaise Annie prendra son cœur. Ses premiers poèmes imprimés sont *Lunaire, Épousailles, Ville et cœur,* dans la revue *la Grande France*. Bientôt, il parcourt la Forêt Noire, la Bohême, la Hollande, durant trois années vagabondes qui marquent son inspiration. C'est une période intense durant laquelle il élabore, il écrit maints poèmes, devenant collaborateur à *la Revue blanche*. Il tient de petits emplois, notamment dans une banque, pénètre dans les milieux littéraires, collabore aux revues comme *la Plume*. Toujours amoureux de la belle Annie Playden, il se rend à Londres. En 1904, ses meilleurs amis seront Jarry, Fénéon, Fagus. Sa banque faisant faillite, il écrit dans les journaux, fait de la critique d'art et signale *Picasso, peintre,* dans *la Plume*. Il collabore où il peut, comme à *Vers et prose,* mais il faut gagner sa vie. Alors il reste les travaux de librairie, et c'est dans la collection *les Maîtres de l'Amour* la publication de romans libertins français (Sade, Mirabeau, Andrea de Nerciat, l'abbé de Grécourt, etc.) ou étrangers (l'Aretin, Giorgio Baffo, Delicado, etc.) ce qui l'amène à écrire lui-même *les Mémoires d'un jeune don Juan,* 1905, et deux ans plus tard, *les Onze Mille Verges*. Il se lie avec les meilleurs peintres, Picasso, Marie Laurencin, Matisse, Braque, la nouvelle avant-garde de l'art, fait les comptes rendus des salons comme jadis Baudelaire, risque un duel avec Max Daireaux, collabore bientôt à *la Phalange,* retrouve son condisciple du collège de Monaco, Louis de Gonzague Frick, collabore au *Soleil,* journal du père d'un autre condisciple, René Dalize.

En 1908, il écrit sur Jean Royère, André Salmon, les peintres. Il est amoureux de Marie Laurencin qui sera avec lui sur le tableau du Douanier Rousseau, *la Muse inspirant le Poète*. C'est l'année où il publie *Onirocritique* dans *la Phalange* et aussi *la Marchande des quatre saisons ou le Bestiaire mondain* qui deviendra en 1911 *le Bestiaire ou Cortège d'Orphée,* et surtout sa première œuvre importante, *l'Enchanteur pourrissant* qu'illustre Derain pour le marchand de tableaux Henry Kahnweiler.

Le goût mystificateur d'Apollinaire lui fait écrire dans *les Marges* d'Eugène Montfort des chroniques féminines sous le pseudonyme de Louise Lalanne. Puis, sous le même nom, des poèmes dans *le Beffroi* et dans *les Marges,* deux d'entre eux étant de Marie Laurencin. Jusqu'en 1910, on croira à l'existence de cette Louise Lalanne, réincarnation au fond de cette Mlle Malcrais de La Vigne qui charma Voltaire et n'était autre que le pauvre Paul Desforges-Maillard. En 1909, d'importantes publications : *la Chanson du mal-aimé* dans *le Mercure de France*, un des poèmes d'*Alcools* pour le mariage de l'ami André Salmon. Et des conférences sur les jeunes poètes, des articles sur Mme Aurel, Paul Fort, Eugène Montfort, etc. Il continue à fréquenter les bibliothèques, devient un des meilleurs connaisseurs des livres les plus rares.

En 1910, *l'Hérésiarque et Cie* est soutenu au prix Goncourt par Élémir Bourges et obtient trois voix au premier tour, mais c'est Louis Pergaud qui l'emporte. Dommage. Apollinaire est un des « Treize » de *l'Intransigeant*, il succède à André Salmon comme critique d'art. Metzinger a exposé son portrait cubiste. Apollinaire préface le catalogue de l'exposition de Benjamin Rabier. On prépare avec Raoul Dufy l'édition du *Bestiaire* qui paraît en 1911. Cette année-là, que d'événements dans la vie du poète! Il prononce à Bruxelles une conférence sur le XVIe siècle et l'Aretin. Dans *la Revue bleue*, Lucien Maury signale les analogies troublantes entre *l'Hérésiarque et Cie* avec les œuvres d'Hoffmann, de Poe, de Nerval, de Baudelaire, de Barbey d'Aurevilly. Apollinaire se défend : il n'a lu ni Hoffmann ni Poe, il connaît mal Baudelaire et Nerval. Deuxième affaire : Géry Pieret qui lui sert occasionnellement de secrétaire dissimule chez lui un buste hispanique volé au Louvre; on vole *la Joconde* au musée du Louvre; Guillaume apprenant l'origine du buste hispanique le fait restituer par *Paris-Journal* qui trouve là une occasion de moquerie; on soupçonne le bon Guillaume de tout, même de collusion avec le voleur de *la Joconde*. On incarcère le poète à la Santé. Il aurait volé des statuettes phéniciennes. Géry Pieret écrit au juge pour l'innocenter, des pétitions demandent la libération du poète. On le met hors de cause, mais cette courte détention l'a marqué. Il raconte ses impressions de détenu, mais surtout il garde une secrète angoisse qu'on retrouvera dans de poignants poèmes d'*Alcools*. En fin d'année, dans *l'Œuvre*, on l'attaque, on le traite de métèque et de pornographe. Apollinaire craint l'expulsion possible comme étranger. Son avocat est un ancien condisciple de Monaco, Toussaint Luca; il lui demande comment se faire naturaliser. Malgré ces aléas, Apollinaire a écrit, travaillé. Il est Montade qui signe une rubrique « la Vie anecdotique » dans *le Mercure de France*, il est Tyl qui adresse à une revue belge des « Lettres de Paris », il donne une conférence sur les relations entre l'art moderne et la littérature ancienne, il publie des poèmes dans les revues, des contes qu'on retrouvera dans *le Poète assassiné*

D'année en année, l'activité d'Apollinaire s'intensifie. Pour le journalisme, en 1912 : collaborateur et critique d'art du journal *le Petit Bleu* où une chronique sera consacrée aux Futuristes. Pour la littérature et l'art : sept écrivains décident d'écrire un roman en collaboration et Guillaume écrit le premier chapitre : *Un masque dans l'avenue* si fantaisiste que les six autres se découragent; il fonde, à l'instigation d'André Billy, *les Soirées de Paris* (avec André Salmon, René Dalize, André

Tudescq), et c'est là qu'il publie des critiques d'art, des poèmes dont le célèbre *Pont Mirabeau;* il fréquente beaucoup Marcel Duchamp, Picabia, Robert Delaunay; il rompt avec Marie Laurencin et s'installe à ce 202, boulevard Saint-Germain qu'il ne quittera que pour la guerre. Il écrit des poèmes : *Zone, Vendémiaire,* premier poème sans ponctuation, il va aussi faire sauter toute ponctuation des épreuves des poèmes d'*Alcools,* et voici *les Fenêtres,* poème qui ouvrira le catalogue de l'exposition de Delaunay. Des conférences encore : sur la peinture nouvelle, sur « l'écartèlement du cubisme » où il annonce l'Orphisme.

En 1913, publications nombreuses et importantes : l'admirable recueil *Alcools* qu'éreinte Georges Duhamel dans *le Mercure de France, les Peintres cubistes,* méditations esthétiques sur Picasso, Braque, Marie Laurencin, Fernand Léger, Picabia, etc., *la Rome des Borgia,* en grande partie de René Dalize, *l'Antitradition futuriste,* manifeste-synthèse violent pour Marinetti qui fait passer Apollinaire pour un détracteur des valeurs sûres. Même année, conférences encore, lettre à Henri Martineau pour exposer son esthétique et les raisons de l'absence de ponctuation de ses vers, polémique avec Barzun sur le Dramatisme et le Simultanéisme. Le violent pamphlétaire d'un manifeste futuriste figure comme « poète fantaisiste » dans *Vers et prose* auprès de Toulet, Carco, Salmon. Enfin de 1913 encore est le catalogue de *l'Enfer de la Bibliothèque nationale,* avec Fernand Fleuret et Louis Perceau.

Malgré tout cela, Guillaume Apollinaire se sent isolé dans le monde des lettres et dans sa vie sentimentale, comme il l'écrit à Toussaint Luca. On peut encore entendre aujourd'hui la voix du poète puisque Ferdinand Brunot qui dirige les Archives de la parole lui fait enregistrer trois de ses poèmes, *le Pont Mirabeau, Marie, le Voyageur,* pour une audition de poèmes symbolistes dits par leurs auteurs. Après avoir été « poète fantaisiste », voilà donc Apollinaire « poète symboliste », mais y regarde-t-on à si près? En cette année 1914, il publie *la Fin de Babylone,* roman fantaisiste, et *les Trois Don Juan.* Dans *les Soirées de Paris,* on pourra lire son premier poème calligrammatique, ou, plutôt, idéogrammatique comme on dit alors; c'est le début d'une recherche qui lui sera chère. Jouant les mousquetaires, il provoque en duel successivement Arthur Cravan (pour un article de *Maintenant* qu'il juge offensant, mais Cravan rectifie) et Henry Ottmann (les témoins Fernand Léger et André Billy arrêtent heureusement l'affaire). Cependant, Marie Laurencin se marie, Guillaume rencontre Louise de Coligny, la « Lou » des *Calligrammes,* qui lui résiste. Vient la guerre. Non mobilisable, Apollinaire, pour pouvoir s'engager, se fait naturaliser. Touchée, Lou se donne à lui, mais se détachera très vite, ce qui est à la source de bien des poèmes mélancoliques.

Dès lors, son second métier est ce qu'il appelle « le métier de soldat ». Il écrit beaucoup de lettres : à ses amis, à une nouvelle rencontre, Madeleine Pagès (le voilà pris entre deux amours, Lou et Madeleine, double source de poèmes, ceux de *Calligrammes,* ceux posthumes d'*Ombre de mon amour* et *Tendre comme le souvenir*). Bientôt une nouvelle correspondance : avec sa marraine de guerre, Jeanne-Yves Blanc, poète et grande amie. En un an, il passe de brigadier à maréchal des logis et le voilà bientôt sous-lieutenant. Le 17 mars 1916, un éclat d'obus le blesse à la tempe. On l'opère au Val-de-Grâce, mais subsistent des signes de paralysie. A Paris, le front bandé, il revoit ses amis, publie des poèmes de guerre, donne à Pierre Albert-Birot une interview pour *Sic,* présente l'exposition Derain, publie *le Poète assassiné,* assiste à un banquet donné en son honneur par Paul Dermée et de jeunes poètes. Car les poètes l'aiment et le publient : Pierre Reverdy dans *Nord-Sud,* Picabia dans *391,* Pierre Albert-Birot dans *Sic.* Il écrit *la Femme assise,* présente *Parade* pour les Ballets russes, donne son drame surréaliste *les Mamelles de Tirésias,* publie dans *le Mercure de France,* en réponse à Gustave Kahn, sur le Cubisme, donne une conférence sur *l'Esprit nouveau et les poètes,* avec lectures de Rimbaud, Gide, Reverdy, Romains, Salmon, Cendrars, Max Jacob, Divoire, lui-même, beaucoup d'autres. Comme en peinture, dans le domaine de la poésie, il fait preuve d'un grand discernement, prépare l'avenir de la poésie, prend une importance considérable.

Il mourra le 9 novembre 1918, deux jours avant l'armistice, de la grippe dite espagnole. Au début de l'année, une congestion pulmonaire l'avait déjà terrassé. Il épouse Jacqueline Kolb, celle qui lui a inspiré *la Jolie Rousse.* Autres publications : *les Mamelles de Tirésias,* une préface pour l'exposition Matisse-Picasso, un conte, *la Promenade de l'Ombre,* des chroniques dans *l'Europe nouvelle,* signées « l'Écolâtre », *Calligrammes.* Ses derniers travaux : livret de *Casanova,* opéra-bouffe, *Couleur du Temps,* drame; il pense à une série d'ouvrages sur les grandes amoureuses, à un recueil de vers, *le Marchand d'oiseaux* qui grouperait ses poèmes sur les peintres... Il a encore publié *Vitam impendere amori,* 1917, avec André Rouveyre, *Perceval le Gallois,* 1918, *le Flâneur des deux rives,* 1918, où apparaît un Paris surréaliste. Les publications posthumes, poèmes et proses, seront nombreuses : *Il y a,* 1925, *Ombre de mon amour,* 1947, *Lettres à sa marraine,* 1948, *Tendre comme le souvenir, le Guetteur mélancolique,* 1952, *Poèmes à Lou,* 1955. Durant des années jusqu'à nos jours, les revues publieront ses poèmes, maintenant sa présence vivante. Il suscitera des numéros spéciaux de revues, des livres de souvenirs, une foule d'essais, d'études critiques : il faut lire ses Œuvres dans la Bibliothèque de la Pléiade, dans l'édition de Marcel Adéma et de Michel Décaudin qui reste aujourd'hui son meilleur connaisseur, pour découvrir non seulement la grandeur d'un poète qui marque tout le XXe siècle, mais aussi tous les renseignements le concernant.

Guillaume Apollinaire est de ceux dont la biographie est inséparable de la création poétique. Ainsi, ces figures de femmes qui traversent sa vie, Annie, Marie, Lou, Madeleine, Jacqueline, sont toutes ses inoubliables inspiratrices. D'*Alcools* aux innombrables poèmes posthumes en passant par *Calligrammes,* l'homme Apollinaire, du collège à la guerre, est imprégné par ses itinéraires et par la civilisation qui l'entoure et à laquelle il contribue pour une large part à donner sa physionomie. Il reste étonnamment vivant par des poèmes qui parlent pour lui et que nous tenterons de consulter.

« **Et tu bois cet alcool brûlant comme ta vie.** »

Tant de présences passées et de valeurs futures se côtoient dans *Alcools*, 1913, qu'on se demande si la diversité des choix possibles ne permet pas aux goûts les plus éloignés les uns des autres de se réclamer de tel ou tel poème en refusant les autres sans le dire pour affirmer une admiration unanime. Il fallait la personnalité et le relief d'Apollinaire pour donner une unité à ce livre composite que domine une flèche tendue vers l'avenir. L'incipit : « A la fin tu es las de ce monde ancien » en est la clé. Or ce « monde ancien » est plus le monde de naguère que celui de jadis. Le poète marque plus volontiers sa lassitude d'une époque où les dernières vagues parnassiennes et symbolistes se meurent sur la plage que cette ancienne poésie française qu'il parcourt et fait renaître conjointement avec ses prophéties : la chanson médiévale ou Villon, Verlaine et Laforgue se rejoignent; la poésie très élaborée où Ronsard et le XVIe siècle de Maurice Scève apportent leurs structures; la veine des hauts symbolistes, comme Mallarmé; les éclairs de Rimbaud... Le poète veut se libérer d'un pesant héritage, rejeter paradoxalement un passé qu'au fond il révère, tenter une difficile libération pour trouver une poésie moderne comme le voulaient Whitman et Verhaeren, comme le veulent ses contemporains, aussi bien les unanimistes que les futuristes et même les doux fantaisistes. Le but est finalement « d'exalter la vie sous quelque forme qu'elle se présente ». Pour cela, Apollinaire, esprit clair et lucide, se fie non pas à l'alchimie verbale ou à l'inspiration musicale, mais plutôt aux choses, aux faits, aux événements de la vie, aux transformations de la société, aux « accidents du monde » dont parlait Flaubert, source intarissable de visions nouvelles, de merveilles inconnues, d'un univers qui serait en quelque sorte le double et l'accompagnement poétique de l'univers réel.

Ainsi, le premier poème, *Zone,* poème cubiste, marque une frontière entre hier et demain, et, en même temps, unit des contraires : d'une part, la poésie rêveuse et même sentimentale, avec ses rythmes et ses balancements, et, d'autre part, l'utilisation des matériaux bruts, des apports concrets qui sont la vie elle-même. Poème cubiste, certes, en ce qu'il unit des éléments composites, une disparité en toute liberté, une inspiration vagabonde, mais qu'on ne saurait assimiler directement au cubisme pictural qui est une composition architecturale plus concrète :

> A la fin tu es las de ce monde ancien
>
> Bergère ô tour Eiffel le troupeau des ponts bêle ce matin
>
> Tu en as assez de vivre dans l'antiquité grecque et romaine
>
> Ici même les automobiles ont l'air d'être anciennes
> La religion seule est restée toute neuve la religion
> Est restée simple comme les hangars de Port-Aviation

> Seul en Europe tu n'es pas antique ô Christianisme
> L'Européen le plus moderne c'est vous Pape Pie X
> Et toi que les fenêtres observent la honte te retient
> D'entrer dans une église et de t'y confesser ce matin
> Tu lis les prospectus les catalogues les affiches qui chantent tout haut
> Voilà la poésie ce matin et pour la prose il y a les journaux
> Il y a les livraisons à 25 centimes pleines d'aventures policières
> Portraits des grands hommes et mille titres divers

Il dit les rues, « les directeurs les ouvriers et les belles sténo-dactylographes », il rappelle en continuant son auto-tutoiement ses souvenirs d'enfance :

> Ta mère ne t'habille que de bleu et de blanc
> Tu es très pieux et avec le plus ancien de tes camarades René Dalize
> Vous n'aimez rien tant que les pompes de l'Église

Il parle alors de la « gloire flamboyante du Christ », chante des louanges comme dans une prière, semble se souvenir qu'il écrit un poème moderniste :

> C'est le Christ qui monte au ciel mieux que les aviateurs
> Il détient le record du monde pour la hauteur
> Pupille Christ de l'œil
> Vingtième pupille des siècles il sait y faire
> Et changé en oiseau ce siècle comme Jésus monte dans l'air
> Les diables dans les abîmes lèvent la tête pour le regarder

C'est un poème apparemment désinvolte, une flânerie, une prose qui sait prendre de l'altitude et que traversent des moments de piété chrétienne. Il n'y a que Claudel dans son temps qui unisse le catholicisme au monde cosmique ; cela arrive par instants seulement chez Apollinaire qui l'a certainement lu, rien de ce qui se fait dans son temps, et non plus Péguy, ne lui étant étranger. Curieux poème qui va d'un bout à l'autre du temps, d'un bout à l'autre du monde, de pays en pays, là où des oiseaux précieux ou de fantaisie voltigent avec les anges autour d'un Christ aviateur :

> L'avion se pose enfin sans refermer les ailes
> Le ciel s'emplit alors de millions d'hirondelles
> A tire-d'aile viennent les corbeaux les faucons les hiboux
> D'Afrique arrivent les ibis les flamants les marabouts
> L'oiseau Roc célébré par les conteurs et les poètes
> Plane tenant dans les serres le crâne d'Adam la première tête
> L'aigle fond de l'horizon en poussant un grand cri
> Et d'Amérique vient le petit colibri
> De Chine sont venus les pihis longs et souples
> Qui n'ont qu'une seule aile et volent par couples

S'est-il inspiré de Blaise Cendrars ? C'est bien possible, mais il est difficile de le prouver et de s'y retrouver dans ce monde grouillant, plein d'échanges d'idées et de projets des revues et des cafés littéraires. Sans cesse dans *Zone* revient la rengaine itinérante :

Maintenant tu marches dans Paris tout seul parmi la foule
Tu es dans le jardin d'une auberge aux environs de Prague
Te voici à Marseille au milieu des pastèques
Te voici à Coblence à l'hôtel du Géant
Te voici à Rome assis sous un néflier du Japon
Te voici à Amsterdam avec une jeune fille que tu trouves belle et qui est laide
Tu es à Paris chez le juge d'instruction
Comme un criminel on te met en état d'arrestation

Élan créateur et virtuosité, cosmopolitisme et mélancolie planétaire, confession émouvante et bric-à-brac, cris du cœur et inspiration livresque, il y a de tout dans *Alcools*, mais cela est nécessaire pour appréhender le monde en métamorphose, pour rendre, comme dit André Salmon, « sensibles toutes les faces d'un objet à la fois ». Au carrefour de plusieurs arts, il est annonciateur et la fin de *Zone* avec le fameux « Soleil cou coupé » enchantera les jeunes poètes.

Tout ou presque tout dans *Alcools* est digne de l'anthologie, tout semble fait pour habiter la mémoire. Qui ne connaît le facile et charmant *Pont Mirabeau*? Une chanson de toile du XIIe siècle, *Gaite et Oriour*, lui a sans doute fourni rimes et refrains, mais nous ne dirons pas pour autant avec l'injuste Georges Duhamel que Guillaume Apollinaire « n'écrit que selon les livres ». Il faut l'écouter avec la simplicité du cœur :

> Sous le pont Mirabeau coule la Seine
>   Et nos amours
>   Faut-il qu'il m'en souvienne
> La joie venait toujours après la peine
>
>   Vienne la nuit sonne l'heure
>   Les jours s'en vont je demeure

Et qui pourrait lire *la Chanson du mal-aimé* en restant indifférent? Là, le rythme de François Villon et la mélancolie des chansons de jadis s'allient au charme moderne. Proche des poètes de l'École fantaisiste, il s'en distingue par une sorte de mouvement épique, un étonnant pouvoir d'incantation qui dépasse les virtuosités et sans doute un secret désir d'étonner. Le lecteur a l'impression de marcher auprès du poète qui se confie et fait couler ses lignes comme dans une chanson confidentielle en retrouvant l'art le plus difficile, celui de la simplicité :

> Un soir de demi-brume à Londres
> Un voyou qui ressemblait à
> Mon amour vint à ma rencontre
> Et le regard qu'il me jeta
> Me fit baisser les yeux de honte
>
> Je suivis ce mauvais garçon
> Qui sifflotait mains dans les poches
> Nous semblions entre les maisons

Onde ouverte de la mer Rouge
Lui les Hébreux moi Pharaon

La fluidité du rythme, l'élégance des mots, une manière de masquer une douleur profonde dans le chant atteignent à la grandeur :

Mon beau navire ô ma mémoire
Avons-nous assez navigué
Dans une onde mauvaise à boire
Avons-nous assez navigué
De la belle aube au triste soir

Voie lactée ô sœur lumineuse
Des blancs ruisseaux de Chanaan
Et des corps blancs des amoureuses
Nageurs morts suivrons-nous d'ahan
Ton cours vers d'autres nébuleuses

Avant de reprendre cette dernière strophe, il intercalera trois chants, une aubade : « C'est le printemps viens-t'en Pâquette » qui fleure les vieux refrains populaires, puis six strophes où apparaissent ses Cosaques Zaporogues qu'on retrouvera ensuite dans un poème inattendu. On lit dans ces strophes qui commencent par « Beaucoup de dieux ont péri » des vers inoubliables :

Moi qui sais des lais pour les reines
Les complaintes de mes années
Des hymnes d'esclave aux murènes
La romance du mal-aimé
Et des chansons pour les sirènes

Ce poème moderne n'est pas détaché du passé poétique de la France, on pourrait parler des très riches heures d'Apollinaire, des souvenirs passent de ces frais chanteurs du moyen âge, des trouvères à Charles d'Orléans et François Villon. Mais voilà cette *Réponse des Cosaques Zaporogues au sultan de Constantinople* qui a choqué beaucoup de ses contemporains, y trouvant des grossièretés ou des gauloiseries pédantes. Le joyeux Guillaume Apollinaire joue les iconoclastes et affirme sa liberté :

Bourreau de Podolie Amant
Des plaies des ulcères des croûtes
Groin de cochon cul de jument
Tes richesses garde-les toutes
Pour payer tes médicaments

Et soudain, par contraste, la reprise de « Voie lactée ô sœur lumineuse », à hauteur cosmique en même temps qu'au niveau du réel :

Regret des yeux de la putain
Et belle comme une panthère

Deux poèmes naissent donc de cette reprise lumineuse entrecoupés par *les Sept Épées* de sa mélancolie auxquelles, dans le souvenir des chansons de geste, il donne des noms.

On lira ensuite *les Colchiques* : « Le pré est vénéneux mais joli en automne » en vers libres, puis le classique *Palais* : « Vers le palais de Rosemonde au fond du Rêve » qui fait penser aux symbolistes comme Maeterlinck au début et aux poètes burlesques à la fin. Et voici le poème d'un seul vers, *Chantre* :

> Et l'unique cordeau des trompettes marines

qui est de la poésie pure. Plus loin, un *Crépuscule* comme une fête galante, *la Maison des morts* assez faible, *Clotilde* fort verlainien où ancolie rime avec mélancolie. Le poème *Cortège,* plus moderne, commence ainsi :

> Oiseau tranquille au vol inverse oiseau
> Qui nidifie en l'air
> A la limite où notre sol brille déjà
> Baisse ta deuxième paupière la terre t'éblouit
> Quand tu lèves la tête

Lyrique il fait surgir le monde des hommes dans une belle élévation et se situe dans le concert général :

> Un jour
> Un jour je m'attendais moi-même
> Je me disais Guillaume il est temps que tu viennes
> Pour que je sache enfin celui-là que je suis
> Moi qui connais les autres

On pense au « Je, François Villon » et le voilà, à la fin de ce *Cortège* penseur :

> Rien n'est mort de ce qui n'existe pas encore
> Près du passé luisant demain est incolore
> Il est informe auprès de ce qui parfait
> Présente tout ensemble et l'effort et l'effet

Dans *le Voyageur,* le premier vers est si poignant qu'il pourrait être tout le poème :

> Ouvrez-moi cette porte où je frappe en pleurant

Bien ordonné, le recueil est farci de chansons comme *Marie* : « Vous y dansiez petite fille / Y danserez-vous mère-grand » où il passe encore : sur le ton du *Pont Mirabeau* :

> Je passais au bord de la Seine
> Un livre ancien sous le bras
> Le fleuve est pareil à ma peine
> Il s'écoule et ne tarit pas
> Quand donc finira la semaine

Il arrive à la perfection dans la chanson nostalgique et tendre avec les cinq vers de *l'Adieu* :

> J'ai cueilli ce brin de bruyère
> L'automne est morte souviens-t'en
> Nous ne nous verrons plus sur terre
> Odeur du temps brin de bruyère
> Et souviens-toi que je t'attends.

Il a un goût particulier pour les baladins, on le voit dans *Saltimbanques,* dans *la Tzigane,* dans *les Cloches :*

> Mon beau tzigane mon amant
> Écoute les cloches qui sonnent
> Nous nous aimions éperdument
> Croyant n'être vus de personne

Les neuf poèmes des *Fiançailles* ont le ton de la confession avec des « Je n'ai plus même pitié de moi » ou « J'ai eu le courage de regarder en arrière » ou « A la fin les mensonges ne me font plus peur ». On lit :

> Pardonnez-moi mon ignorance
> Pardonnez-moi de ne plus connaître l'ancien jeu des vers
> Je ne sais plus rien et j'aime uniquement

Et auprès de ce dépouillement, dans *1909,* l'apparition d'une dame d'époque « si belle / Qu'elle me faisait peur » :

> La dame avait une robe
> En ottoman violine
> Et sa tunique brodée d'or
> Était composée de deux panneaux
> S'attachant sur l'épaule

Il y aura la petite suite des poèmes de prison, *A la Santé,* émouvante, mais bien inférieurs à ceux de Verlaine dans la même situation. On préfère de loin ses admirables *Cors de chasse :*

> Notre histoire est noble et tragique
> Comme le masque d'un tyran
> Nul drame hasardeux ou magique
> Aucun détail indifférent
> Ne rend notre amour pathétique
>
> Et Thomas de Quincey buvant
> L'opium poison doux et chaste
> A sa pauvre Anne allait rêvant
> Passons passons puisque tout passe
> Je me retournerai souvent
>
> Les souvenirs sont cors de chasse
> Dont meurt le bruit parmi le vent

Ce poète du souvenir, descendant de Villon et de Heine, sait, avec une habile nonchalance, unir de délicieuses trouvailles. Il aime commencer un poème comme *l'Émigrant de Landor Road* par des vers marquant une sorte d'impertinence humoresque envers le poème et le lecteur :

> Le chapeau à la main il entra du pied droit
> Chez un tailleur très chic et fournisseur du roi
> Ce commerçant venait de couper quelques têtes
> De mannequins vêtus comme il faut qu'on se vête

et peu à peu, alors qu'on s'attend à toute autre chose, métamorphoser ce poème qu'on croyait comique en poème lyrique :

> Gonfle-toi vers la nuit Ô Mer Les yeux des squales
> Jusqu'à l'aube ont guetté de loin avidement
> Des cadavres de jours rongés par les étoiles
> Parmi le bruit des flots et les derniers serments

Il évoquera avec un charme étonnant la dispute de deux croyants allant à *la Synagogue* et leur réconciliation quand « Ottomar en chantant sourira à Abraham ». Délicieux poème de paix qui commence ainsi :

> Ottomar Scholem et Abraham Lœweren
> Coiffés de feutres verts le matin du sabbat
> Vont à la synagogue en longeant le Rhin
> Et les coteaux où les vignes rougissent là-bas

Ces bords du Rhin inspireront une bonne partie de son œuvre poétique, la littérature et les légendes allemandes lui apportant une inspiration qui, mariée à ses souvenirs personnels et à sa nostalgie sentimentale, lui convient parfaitement. Il chante *Mai* en poète impressionniste et nous sommes loin du poète cubiste (on lit *Alcools* avec ce plaisir qui naît de la diversité. Est-ce une « boutique de brocanteur »? Qu'importe! Le génial brocanteur met partout sa marque propre), ainsi dans ce poème fleuri :

> Le mai le joli mai en barque sur le Rhin
> Des dames regardaient du haut de la montagne
> Vous êtes si jolies mais la barque s'éloigne
> Qui donc a fait pleurer les saules riverains

Et voilà que ce Rhin calme chanté dans ces merveilleuses *Rhénanes* peut devenir le Rhin des écrivains fantastiques allemands comme dans *Nuit rhénane* :

> Mon verre est plein d'un vin trembleur comme une flamme
> Écoutez la chanson lente d'un batelier
> Qui raconte avoir vu sous la lune sept femmes
> Tordre leurs cheveux verts et longs jusqu'à leurs pieds

Il semble parfois simplement transposer une fête galante verlainienne sur les bords du Rhin comme dans *Schinderhannes* :

> Benzel accroupi lit la Bible
> Sans voir que son chapeau pointu
> A plume d'aigle sert de cible
> A Jacob Born le mal foutu

> Juliette Blaesius qui rote
> Fait semblant d'avoir le hoquet
> Hannes pousse une fausse note
> Quand Schulz vient portant un baquet

Les réminiscences livresques sont toujours ainsi fondues dans quelque chose de typiquement apollinarien. Un de ses poèmes les plus célèbres, Jacques Brenner, après Jean-Claude Schneider, l'a signalé, est tout simplement une traduction presque littérale d'un poème inclus dans un conte de Clemens Brentano intitulé *Godwi*. Sans doute Apollinaire crut-il qu'il s'agissait d'une chanson populaire reprise par le romancier fantastique allemand, mais non, *la Lorelei* était bien sa création et le poète n'a fait, sans le dire, que traduire à sa manière :

> A Bacharach il y avait une sorcière blonde
> Qui laissait mourir d'amour tous les hommes à la ronde
>
> Devant son tribunal l'évêque la fit citer
> D'avance il l'absolvit à cause de sa beauté
>
> O belle Loreley aux yeux pleins de pierreries
> De quel magicien tiens-tu ta sorcellerie

Dans *le Larron*, un voleur de fruits dialogue avec un chœur, un vieillard, un acteur, une femme. Le chœur chante :

> Maraudeur étranger maraudeur malhabile
> Voleur voleur que ne demandais-tu ces fruits
> Mais puisque tu as faim que tu es en exil
> Il pleure il est barbare et bon pardonnez-lui

Ce poème sans cesse donne à voir et tout chant s'accompagne de son décor :

> Les citrons couleur d'huile et à saveur d'eau froide
> Pendaient parmi les fleurs des citronniers tordus
> Les oiseaux de leur bec ont blessé vos grenades
> Et presque toutes les figues étaient fendues [...]
>
> Il était pâle il était beau comme un roi ladre
> Que n'avait-il la voix et les jupes d'Orphée
> La pierre prise au foie d'un vieux coq de Tanagre
> Au lieu du roseau triste et du funèbre faix

Ce ton particulier d'Apollinaire qui, dans un poème antique, ne ressemble ni aux parnassiens, ni aux poètes de l'École romane, ni à Pierre Louÿs, d'autres, comme Cocteau et Aragon, s'en souviendront. Apollinaire, pétri de réminiscences modelées sur sa personnalité, en suscitera bien d'autres dans la chaîne de la poésie.

Un de ses poèmes les plus étranges et les plus cités est *Vendémiaire* qui commence par un appel :

> Hommes de l'avenir souvenez-vous de moi
> Je vivais à l'époque où finissaient les rois
> Tour à tour ils mouraient silencieux et tristes
> Et trois fois courageux devenaient trismégistes

Il flotte un souvenir de Baudelaire. Dans ce poème, Apollinaire fait dialoguer les villes de France et du monde avec Paris dans une espèce d'unanimisme cosmique que vont clore des invocations tout à fait rimbaldiennes :

> Mais je connus dès lors quelle saveur a l'univers
> Je suis ivre d'avoir bu tout l'univers
> Sur le quai d'où je voyais l'onde couler et dormir les bélandres
>
> Écoutez-moi je suis le gosier de Paris
> Et je boirai encore s'il me plaît l'univers
>
> Écoutez mes chants d'universelle ivrognerie
> Et la nuit de septembre s'achevait lentement
> Les feux rouges des ponts s'éteignaient dans la Seine
> Les étoiles mouraient le jour naissait à peine

Ainsi se termine *Alcools*. C'est un lieu de rencontre, une galerie composite où se rejoignent l'ami des symbolistes de *Vers et prose* et du *Mercure de France*, l'homme épris de culture livresque, le défenseur des fauves, des cubistes, des futuristes, et qui ne font qu'un, car on ne peut, tant est grande cette personnalité éprise de curiosité universelle, donner à *Alcools* quelque qualificatif le définissant en totalité. Il vaut mieux parler de poésie apollinarienne. Et nous voudrions insister sur ce sens de la poésie qui est celui d'Apollinaire, ce goût inné qui le conduit vers les meilleurs, en fait l'exemple d'un découvreur quasi infaillible. Lui qui écrivait : « Le succès a déjà récompensé les Picasso, les Matisse, les Derain, les de Vlaminck, les Friesz, les Marquet, les Van Dongen. Il faudra qu'il honore également les travaux d'une Marie Laurencin et d'un Georges Braque, qu'il laisse apparaître la pureté d'un Vallotton, qu'il mette à la place qui lui est due un maître comme Odilon Redon. Et la tâche que j'assigne au temps, je ne doute pas qu'il l'accomplisse. », lui qui devait découvrir encore Léger, Picabia, Duchamp, Chirico, Delaunay, Villon, La Fresnaye, et l'art nègre, et le Douanier Rousseau, s'il est parfois moins audacieux que les peintres, en a recueilli la leçon et sait apporter à son œuvre poétique le même goût et voir plus qu'aucun autre clair dans l'avenir. Porté par l'élan cosmopolite, se sachant l'animateur du modernisme, ayant des vues en passé, en présent et en avenir, par-delà ses bariolements et ses multiples influences de polygraphe par obligation, il a donné avec *Alcools* à la fois le suc du domaine existant, mais aussi un tremplin pour le futur.

Le Délicieux *Bestiaire*.

Raoul Dufy a illustré de bois admirables cette délicieuse fantaisie qu'est *le Bestiaire ou Cortège d'Orphée*, 1911. Là il a renoué avec cette tradition oubliée, non celle de la fable ou de Renart, mais du bestiaire, poème d'enseignement daté du moyen âge de Philippe de Thaun, Guillaume le Clerc de Normandie et Richard de Fournival, et plus encore de celui dont il est le plus proche, le naturaliste du xvie siècle, Pierre Belon, qui, parcourant le monde à la recherche d'observations singulières, ponctuait ses notes scientifiques de quatrains qui ne manquaient pas de fantaisie. En faisant illustrer son ouvrage, Apollinaire s'approchait de ces manuscrits médiévaux ornés de dessins, de miniatures, de figures.

Mais Guillaume Apollinaire a assez de goût pour faire oublier en partie la source livresque, même s'il fait allusion aux curiosités et aux étrangetés de jadis qui sont source de poésie involontaire en retenant certains tours archaïques et certaines croyances qui touchent au fantastique. Ainsi, les Scandinaves croyaient les mouches nées de flocons de neige, l'érudit Apollinaire en fait un simple quatrain, *la Mouche* :

> Nos mouches savent des chansons
> Que leur apprirent en Norvège
> Les mouches ganiques qui sont
> Les divinités de la neige.

On a plaisir à se promener dans ce jardin zoologique où l'observation se mêle à la légende et à l'histoire. Ce sont de petits chefs-d'œuvre épigrammatiques où pas un mot n'est à retirer. Rien de plus simple et de plus raffiné, de plus divers aussi, de plus émouvant et de plus cocasse. L'expression y est naturelle, la pensée condensée avec légèreté. On trouve la mélodie nuancée auprès d'un accent noble de chanson populaire, le symbolisme amoureux et discret auprès de l'humour pudique, et aussi des rapports subtils entre l'animal et l'humain, et cela seulement en quelques vers. Voici avec *la Chèvre du Thibet* un délicieux blason des cheveux :

> Les poils de cette chèvre et même
> Ceux d'or pour qui prit tant de peine
> Jason, ne valent rien au prix
> Des cheveux dont je suis épris.

L'Anthologie palatine lui était familière. Il sait lui aussi enchâsser dans l'épigramme une pensée, une émotion, une description, ou une longue histoire, comme dans *le Serpent* :

> Tu t'acharnes sur la beauté.
> Et quelles femmes ont été
> Victimes de ta cruauté !
> Ève, Eurydice, Cléopâtre;
> J'en connais encor trois ou quatre.

On retrouve le virtuose qui associait la poésie de circonstance aux instants de sa vie. C'est Pégase qui vit dans *le Cheval* :

> Mes durs rêves formels sauront te chevaucher,
> Mon destin au char d'or sera ton beau cocher
> Qui pour rênes tiendra tendus à frénésie
> Mes vers, les parangons de toute poésie.

Dans *le Chat* familier, on se souvient des chats baudelairiens, avec une sorte d'intimisme simple et dépouillé :

> Je souhaite dans ma maison :
> Une femme ayant sa raison,
> Un chat passant parmi les livres,
> Des amis en toute saison
> Sans lesquels je ne peux pas vivre.

L'Apollinaire érotique, le visiteur de l'Enfer de la Nationale, apparaît dans le jeu de mots du *Lapin* :

> Je connais un autre connin
> Que tout vivant je voudrais prendre.
> Sa garenne est parmi le thym
> Des vallons du pays du Tendre.

L'Apollinaire voyageur est dans *le Lion* :

> O lion, malheureuse image
> Des rois chus lamentablement,
> Tu ne nais maintenant qu'en cage
> A Hambourg, chez les Allemands.

Et le voici baroque et cocasse, nostalgique et émerveillé en cinq vers, ceux du *Dromadaire* :

> Avec ses quatre dromadaires
> Don Pedro d'Alfaroubeira
> Courut le monde et l'admira.
> Il fit ce que je voudrais faire
> Si j'avais quatre dromadaires.

L'Éléphant, c'est pour lui le prétexte à parler de lui-même :

> Comme un éléphant son ivoire,
> J'ai en bouche un bien précieux.
> Pourpre mort!... J'achète ma gloire
> Au prix des mots mélodieux.

On voudrait tout citer... Divertissements, fantaisie, mais aussi perfection formelle et démonstration de tout ce que l'on peut dire en quatre ou cinq vers qui valent parce que sans défauts un long poème. Et le poète d'*Alcools* avec sa mélancolie que dissimule un sourire est présent partout. Voici encore *la Carpe* :

> Dans vos viviers, dans vos étangs,
> Carpes, que vous vivez longtemps!
> Est-ce que la mort vous oublie,
> Poissons de la mélancolie.

L'Épopée des *Calligrammes*.

Il semble que Guillaume Apollinaire donne l'ABC de toute poésie en trois titres : A, c'est *Alcools*, B, c'est *Bestiaire*, C, c'est *Calligrammes*. Encore, à partir d'une vieille tradition, celle de Rabelais et de sa *Dive Bouteille*, celle de Panard et de son *Verre*, en poursuivant si l'on veut le propos ou en diversifiant le dessin jusqu'à le conduire au tableau, Apollinaire illustre le recueil qui porte ce titre, mais, soulignons-le, est composé de poèmes plus que de ces figurations qui l'illustrent et qu'on retrouvera en bien d'autres lieux, des *Poèmes à Lou* à maints poèmes retrouvés. Il s'agit d'une aimable fantaisie et non d'un dessein aussi poussé que le *Coup de dés* de Mallarmé, d'une fantaisie en même temps que le témoignage de ce goût plastique affirmé par le critique des peintres qu'est Apollinaire. Les calligrammes proprement dits, manuscrits ou typographiques (en jouant sur la disposition et la variété des caractères) dessinent donc le profil de l'objet du poème qui peut ainsi se lire dans le détail et se voir dans son ensemble. On pourra ainsi figurer une maison, un arbrisseau, un cigare et sa fumée de lettres, une cravate et une montre, un cœur et un miroir, une pluie fine qui tombe, une mandoline, ou encore des fresques calligrammatiques comme une « lettre-océan » ou *la Colombe poignardée et le Jet d'eau* :

Cette œuvre, *Calligrammes,* « poèmes de la paix et de la guerre », (1913-1916) sera publiée en 1918. Auparavant, Guillaume Apollinaire avait publié une petite suite, *Vitam impendere amori,* 1917, aux harmonies verlainiennes :

> Tu n'as pas surpris mon secret
> Déjà le cortège s'avance
> Mais il nous reste le regret
> De n'être pas de connivence
>
> La rose flotte au fil de l'eau
> Les masques ont passé par bandes
> Il tremble en moi comme un grelot
> Ce lourd secret que tu quémandes

Les *Calligrammes* sont ainsi dédiés : « A la mémoire du plus ancien de mes camarades René Dalize mort au champ d'honneur le 7 mai 1917. » Cette mort le frappa et fit naître dans sa poésie de sombres pressentiments. Ici, comme dans *Alcools,* on trouve multipliés tous les aspects de Guillaume Apollinaire; il ne s'agit point de brocante, mais d'une galerie d'inventions constantes, celles de la civilisation des années 1910. Plus sérieux qu'on ne le croit mais sachant ne pas se prendre au sérieux, grave et masquant cette gravité derrière la politesse de l'humour, créateur sous des allures faussement mystificatrices, nul plus que lui n'est imprégné de la noblesse de sa condition de poète et du respect envers la poésie. Il ne s'agit pas de surprendre, d'étonner à tout prix, d'épater le bourgeois, mais d'édifier en liberté. On trouve toutes les faces d'un génie inventif, d'un talent multiforme, loin des écoles existantes, mais en inventant les écoles futures. On trouvera des ruptures audacieuses, des jeux nouveaux d'images et de rimes, des comparaisons instantanéistes, du Spontanéisme, un Futurisme bien supérieur dans ses applications à celui de Marinetti, une rapidité de perception étonnante; on trouvera aussi la voix tendre d'un chanteur de rues avec un penchant à l'élégie comme chez Laforgue, une manière d'éterniser l'instant, des accents d'un romantisme atténué par une sensibilité vibrante qui raille, qui joue avec le burlesque pour mieux cacher la tristesse, la souffrance, la solitude, et, en fait qui ne montre que mieux ces régions intérieures du cœur, ces paysages déchirés qui sont les siens. Et puis, surtout, il y a la vie, l'événement, les surprises du monde et des choses sans cesse renouvelés.

Des scories, certes, dans cet important recueil, mais en petit nombre et qui feraient encore honneur à bien des poètes, et qu'on ne jugera telles que dans la mesure où tant de beaux poèmes rendent exigeant. Le livre s'ouvre sur *les Fenêtres* :

> Du rouge au vert tout le jaune se meurt
> Quand chantent les aras dans les forêts natales
> . . . .
> Du rouge au vert tout le jaune se meurt
> Paris Vancouver Hyères Maintenon New York et les Antilles
> La fenêtre s'ouvre comme une orange
> Le beau fruit de la lumière

Avec *les Collines* où « Des bras d'or supportent la vie », on trouve des strophes flamboyantes de beauté :

> Au-dessus de Paris un jour
> Combattaient deux grands avions
> L'un était rouge l'autre noir
> Tandis qu'au zénith flamboyait
> L'éternel avion solaire

Et, non loin de ce poème cosmique et sentimental, des images venues de la rue dans une suite de coq-à-l'âne comme dans la vie, un mélange d'observations et de conversations; c'est *Lundi rue Christine* :

> La mère de la concierge et la concierge laisseront tout passer
> Si tu es un homme tu m'accompagneras ce soir
> Il suffirait qu'un type maintînt la porte cochère
> Pendant que l'autre monterait
>
> Trois becs de gaz allumés
> La patronne est poitrinaire
> Quand tu auras fini nous jouerons une partie de jaquet
> Un chef d'orchestre qui a mal à la gorge
> Quand tu viendras à Tunis je te ferai fumer du kief
>
> Ça a l'air de rimer
>
> Des piles de soucoupes des fleurs un calendrier
> Pim pam pim
> Je dois fiche près de 300 francs à ma probloque
> Je préférerais me couper le parfaitement que de les lui donner

Il ne craindra pas de poursuivre son poème-conversation en prenant le ton le plus trivial :

> Cher monsieur
> Vous êtes un mec à la mie de pain
> Cette dame a le nez comme un ver solitaire
> Louise a oublié sa fourrure
> Moi je n'ai pas de fourrure et je n'ai pas froid
> Le Danois fume sa cigarette en consultant l'horaire
> Le chat noir traverse la brasserie

Plus loin, dans *le Musicien de Saint-Merry,* même démarche quotidienne, et, en même temps, entre le Sébasto et la rue Aubry-le-Boucher et non loin des Moluques (« Les pigeons des Moluques fientaient des noix muscades ») ou de Bonn, une élévation, un agrandissement :

> J'ai enfin le droit de saluer des êtres que je ne connais pas
> Ils passent devant moi et s'accumulent au loin
> Tandis que tout ce que j'en vois m'est inconnu
> Et leur espoir n'est pas moins fort que le mien
>
> Je ne chante pas ce monde ni les autres astres
> Je chante toutes les possibilités de moi-même hors de ce monde et des astres
> Je chante la joie d'errer et le plaisir d'en mourir

Même apparent prosaïsme porteur de poésie inattendue dans *Un fantôme de nuées* :

> Comme c'était la veille du quatorze juillet
> Vers les quatre heures de l'après-midi
> Je descendis dans la rue pour voir les saltimbanques

Et puis la fantaisie des poèmes de circonstance proches des « loisirs de la poste » d'un Mallarmé, le poème-correspondance :

> Mon cher André Rouveyre
> Troudla la Champignon Tabatière
> On ne sait quand on partira
> Ni quand on reviendra

Il y a les suites de poèmes de guerre de *Case d'Armons*, de *Lueurs de tirs*, d'*Obus couleur de lune,* de *la Tête étoilée,* en versets, en vers libres, en vers classiques, en calligrammes, car toutes les formes peuvent enclore la poésie. Et le souvenir d'*Ombre* :

> Vous voilà de nouveau près de moi
> Souvenirs de mes compagnons morts à la guerre
> L'olive du temps
> Souvenirs qui n'en faites plus qu'un
> Comme cent fourrures ne font qu'un manteau
> Comme ces milliers de blessures ne font qu'un article de journal

Ces poèmes de guerre écrits un peu partout recèlent des merveilles, et auprès de refrains rythmant un poème :

> As-tu connu Guy au galop
> Du temps qu'il était militaire
> As-tu connu Guy au galop
> Du temps qu'il était artiflot
> A la guerre

des poèmes cosmiques et graves comme *Toujours* :

> Toujours
> Nous irons plus loin sans avancer jamais
>
> Et de planète en planète
> De nébuleuse en nébuleuse
> Les don Juan des mille et trois comètes
> Même sans bouger de la terre
> Cherche les forces neuves
> Et prend au sérieux les fantômes

Voici l'exemple des courts poèmes classiques avec cet *Adieu au cavalier* tant de fois cité pour le surprenant premier vers :

> Ah Dieu ! que la guerre est jolie
> Avec ses chants ses longs loisirs
> Cette bague je l'ai polie
> Le vent se mêle à vos soupirs

Il écrira encore dans ce verset cher à Paul Claudel de nombreux poèmes d'amour ou ces *Merveilles de la guerre* qu'on lui reprochera :

> Que c'est beau ces fusées qui illuminent la nuit
> Elles montent sur leur propre cime et se penchent pour regarder
> Ce sont des dames qui dansent avec leurs regards pour yeux bras et cœurs
>
> J'ai reconnu ton sourire et ta vivacité
>
> C'est aussi l'apothéose quotidienne de toutes mes Bérénices dont les chevelures sont devenues des comètes
> Ces danseuses surdorées appartiennent à tous les temps et à toutes les races
> Elles accouchent brusquement d'enfants qui n'ont que le temps de mourir

Tout dans *Calligrammes,* nous le disions, n'est pas d'égale qualité. Pensons que maints poèmes furent écrits au front et parurent dans des journaux de tranchée avec des moyens de fortune. Il y a des phrases gratuites (comme les actes gratuits d'un certain Lafcadio) et des enchaînements surprenants. André Billy a rappelé ce conseil du poète à ses amis : « Quand on est *sec,* écrire n'importe quoi, commencer n'importe quelle phrase, et pousser droit devant soi... » autrement dit attendre la collaboration de l'inconscient et les heureuses dictées du hasard. C'est une poétique de l'arbitraire et de la surprise, une sollicitation de l'imagination et de la voyance. Pour lui, les « expériences littéraires même hasardeuses » doivent être tentées. Elles lui ont permis d'employer le premier le mot « surréalisme » à propos de ses *Mamelles de Tirésias.* Mais il n'est point que l'expérience ou l'expérimentation chez Apollinaire, il y a aussi les poèmes qui naissent de son savoir de poète bon connaisseur des expériences qui l'ont précédé. Dans *Merveille de la guerre* on lit encore :

> Je lègue à l'avenir l'histoire de Guillaume Apollinaire
> Qui fut à la guerre et sut être partout
> Dans les villes heureuses de l'arrière
> Dans tout le reste de l'univers

et l'on doit bien penser que tout poème doit être testament, et cela depuis François Villon. Un des mérites du poète Guillaume Apollinaire est de marquer du sceau ineffaçable et ineffable de la poésie tout et tous ceux à qui il touche, amis ou maîtresses, qui deviennent objet du poème et acquièrent ainsi une vie durable. Ses poèmes les plus classiques sont loin d'être inférieurs à ses poèmes de recherche ou à ses poèmes-conversations ou poèmes-objets du cubisme. *Tristesse d'une étoile,* le poème de son crâne blessé, montre que le génie du poète peut se révéler avec ce que Rimbaud appelait « la forme vieille » :

> Une belle Minerve est l'enfant de ma tête
> Une étoile de sang me couronne à jamais
> La raison est au fond et le ciel est au faîte
> Du chef où dès longtemps Déesse tu t'armais
>
> C'est pourquoi de mes maux ce n'était pas le pire
> Ce trou presque mortel et qui s'est étoilé
> Mais le secret malheur qui nourrit mon délire
> Est bien plus grand qu'une âme ait jamais celé

Le dernier poème de *Calligrammes* est dédié à celle qu'il épousera et qui sera bientôt sa veuve. C'est *la Jolie Rousse,* non pas simple poème amoureux, mais poème d'amour et confession, de paix et d'appel à la pitié. Il se présente :

> Me voici devant tous un homme plein de sens
> Connaissant la vie et de la mort ce qu'un vivant peut connaître
> Ayant éprouvé les douleurs et les joies de l'amour
> Ayant su quelquefois imposer ses idées
> Connaissant plusieurs langages
> Ayant pas mal voyagé
> Ayant vu la guerre dans l'Artillerie et l'Infanterie
> Blessé à la tête trépané sous le chloroforme

Que demande-t-il peu de temps avant sa mort ? Qu'on le comprenne, qu'on l'absolve, qu'on ait pitié de lui. Devant les cheveux de flamme de celle qu'il aime, il dit : « Ô Soleil c'est le temps de la Raison ardente », il dit :

> Nous ne sommes pas vos ennemis
> Nous voulons vous donner de vastes et d'étranges domaines
> Où le mystère en fleurs s'offre à qui veut le cueillir
> Il y a là des feux nouveaux des couleurs jamais vues
> Mille fantasmes impondérables
> Auxquels il faut donner de la réalité

Et ces trois vers admirables qu'aucun vrai poète ne saurait lire sans ressentir une émotion profonde :

> Pitié pour nous qui combattons toujours aux frontières
> De l'illimité et de l'avenir
> Pitié pour nos erreurs pitié pour nos péchés

Inépuisable Apollinaire.

Des poèmes d'Apollinaire on en retrouva tant et tant que la brièveté de son existence sembla compensée par d'incessantes publications qui prolongeaient sa présence. Il faut distinguer les recueils posthumes composés d'inédits et de poèmes donnés dans les revues (et ce sont les ensembles *Il y a, le Guetteur mélancolique*) et ceux extraits de correspondances *(Ombre de mon amour)* et savoir qu'ici et là sont réunies des œuvres que le poète n'aurait pas toutes retenues, mais peut-on savoir ? Certaines publications n'ont rien ajouté à la gloire du poète, mais elles ont ajouté à sa meilleure connaissance. Il y a les poèmes élaborés et les rimes jetées sur les papiers de la correspondance et qui n'étaient vraisemblablement pas destinés à la publication. Le lecteur averti fera aisément la distinction, encore que maints poèmes écrits auraient pu être repoussés par le poète et maints « jeux de plume » retenus.

La plupart des poèmes réunis sous le titre *Il y a* sont de qualité. On en trouve de classiques par la forme qui s'intitulent : *la Cueillette, Aquarelliste, la Force du miroir, le Trésor, Tierce rime pour votre âme, Adieux, Ville et cœur, Épousailles, Élégie du voyageur aux pieds blessés, Épithalame,* etc., d'autres en vers libres ou en versets : *Dans le jardin d'Anna, Ispahan, la Grenouillère, Montparnasse,* etc., d'autres calligrammatiques : *le Pont* ou *Bleuet.* C'est une sorte de catalogue des diverses manières d'Apollinaire qui écrit d'ailleurs partout en liberté. Dans *les Dicts d'amour à Linda,* il prend le ton du madrigal et fait suivre le poème des cinq vers en acrostiche sur le nom de son inspiratrice. Plus tard, dans ses *Poèmes retrouvés,* on retrouvera un long jeu d'anagrammes poussé jusqu'à l'absurde (d'aucuns diront jusqu'au lettrisme) : Linda Ilnda Nilda Indla Indal Lnida Lndia, etc. Dans *Il y a,* maints poèmes montrent des réminiscences, par exemple de Baudelaire :

> Madone au Nonchaloir, lorsque vous partirez,
> Tout parlera de vous, même la feuille morte,
> Sauf vous qui femme et mobile comme la porte
> Avant le premier soir de danse m'oublierez,
> Madone au Nonchaloir, lorsque vous partirez.

Ou encore de Ronsard :

> Lorsque grâce aux printemps vous ne serez plus belle,
> Vieillotte grasse ou maigre avec des yeux méchants
> Mère gigogne grave en qui rien ne rappelle
> La fille aux traits d'infante immortelle en mes chants.

Dans un poème intitulé *1904,* on trouve les rythmes de *la Chanson du mal-aimé* :

> A Strasbourg en 1904
> J'arrivai pour le lundi gras
> A l'hôtel m'assis devant l'âtre
> Près d'un chanteur de l'Opéra
> Qui ne parlait que de théâtre
> . . . .
> Je soupai d'un peu de foie gras
> De chevreuil tendre à la compote
> De tartes flans etc.
> Un peu de kirsch me ravigote
>
> Que ne t'avais-je entre mes bras

C'est le ton le plus courant de ces poèmes de pince-sans-rire, on le voit aussi s'acoquiner dans *l'Anguille* très montmartroise et proche des poètes de la Butte comme Carco :

> Jeanne Houhou la très gentille
> Est morte dans des draps très blancs
> Pas seule Bébert dit l'Anguille
> Narcisse et Hubert le merlan
> Près d'elle faisaient leur manille
>
> Et la crâneuse de Clichy
> Aux rouges yeux de dégueulade
> Répète Mon eau de Vichy
> Va dans le panier de salade
> Haha sans faire de chichi

Et voilà *Un poème* (c'est son titre) qui ravira les surréalistes :

> Il est entré
> Il s'est assis
> Il ne regarde pas le pyrogène à cheveux rouges
> L'allumette flambe
> Il est parti

Il y a contient aussi le poème *Onirocritique* en prose farcie d'une chanson :

Les charbons du ciel étaient si proches que je craignais leur ardeur. Ils étaient sur le point de me brûler. Mais j'avais la conscience des éternités différentes de l'homme et de la femme. Deux animaux dissemblables s'accouplaient et les rosiers provignaient des ruelles qu'alourdissaient des grappes de lunes. De la gorge du singe il sortit des flammes qui fleurdelisèrent le monde. Dans les myrtaies une hermine blanchissait. Nous leur demandâmes la raison du faux hiver. J'avalai nos troupeaux basanés. Orkenise parut à l'horizon. Nous nous dirigeâmes vers cette ville en regrettant des vallons où les pompiers chantaient, sifflaient et rugissaient. Mais le chant des champs labourés était merveilleux :

> Par les portes d'Orkenise
> Veut entrer un charretier
> Par les portes d'Orkenise
> Veut sortir un va-nu-pieds.
>
> Et les gardes de la ville
> Courant sus au va-nu-pieds :
> « — Qu'emportes-tu de la ville ? »
> « — J'y laisse mon cœur entier. »
>
> Et les gardes de la ville
> Courant sus au charretier :
> « — Qu'apportes-tu dans la ville ? »
> « — Mon cœur pour me marier. »

Guillaume Apollinaire unit le sens de la plasticité à celui de la mélodie. On le verra encore dans les poèmes à Lou, *Ombre de mon amour,* écrits en 1914 et 1915, mais dont la publication fut tardive : 1947. La destinataire, Louise de Coligny-Châtillon qu'il avait rencontrée à Nice en 1914 ne voulait pas que ces poèmes fussent publiés. Lou, ce fut l'amour fou et l'amour malheureux. Il lui adresse sans cesse des poèmes sincères et désespérés, avec leurs plaintes et leurs supplications sur le fond tragique de la guerre. Il ne cesse de crier son amour :

> Je pense à toi mon Lou ton cœur est ma caserne
> Mon Lou la nuit descend tu es à moi je t'aime
> Je t'adore mon Lou et par moi tout t'adore
> Mon Lou je veux te reparler maintenant de l'Amour
> Ma Lou je coucherai ce soir dans les tranchées
> Mon très cher petit Lou je t'aime

Ainsi commencent beaucoup de poèmes, mais Apollinaire a trop d'art et de fantaisie pour s'en tenir à des fadaises et chaque poème atteint bientôt d'autres dimensions :

> Je t'écris ô mon Lou de la hutte en roseaux
> Où palpitent d'amour et d'espoir neuf cœurs d'hommes
> Les canons font partir leurs obus en monômes
> Et j'écoute gémir la forêt sans oiseaux
>
> Il était une fois en Bohême un poète
> Qui sanglotait d'amour puis chantait au soleil
> Il était autrefois la comtesse A*lou*ette
> Qui sut si bien sentir qu'il en perdit la tête
> En perdit sa chanson en perdit le sommeil
>
> Un jour elle lui dit Je t'aime ô mon poète
> Mais il ne la crut pas et sourit tristement
> Puis s'en fut en chantant Tire-lire A*lou*ette
> Et se cachait au fond d'un bois charmant

Il écrit maints poèmes en acrostiches sur le nom de Lou. Voici le plus court et le plus beau :

> *L*a nuit descend
> *O*n y pressent
> *U*n long un long destin de sang

Il termine chaque vers d'un poème par « je t'aime », mais il sait bien que son amour n'est pas partagé. Il écrit :

> Si je mourais là-bas sur le front de l'armée
> Tu pleurerais un jour ô Lou ma bien-aimée
> Et puis mon souvenir s'éteindrait comme meurt
> Un obus éclatant sur le front de l'armée
> Un tel obus semblable aux mimosas en fleurs

Lou, il l'appelle : « O cruelle A*lou*ette au cœur dur de vautour », il ne cesse d'évoquer les moments heureux : « Te souviens-tu mon Lou de ce panier d'oranges », il se lamente de l'absence et de l'oubli : « Quatre jours mon amour pas de lettres de toi », ou : « De toi depuis longtemps je n'ai pas de nouvelles. » Il n'oublie cependant pas, au cœur même de l'épître amoureuse, d'être le poète que nous aimons comme dans cette *Guirlande de Lou* :

> Je fume un cigare à Tarascon en humant un café
> Des goumiers en manteau rouge passent près de l'hôtel des Empereurs
> Le train qui m'emporta t'enguirlandait de tout mon avenir nostalgique
> Et ces roses si roses qui fleurissent tes seins
> C'est mon désir joyeux comme l'aurore d'un beau matin

Les lettres sont parsemées de calligrammes délicieux. Auprès des poèmes d'amour et de guerre, un chant de liberté érotique, cosmique :

> Ô naturel désir pour l'homme d'être roi
> On est revêtu de la carte de son royaume
> Les fleuves sont des épingles d'acier semblables à tes veines où roule l'onde trompeuse de tes yeux
> Le cratère d'un volcan qui sommeille mais n'est pas éteint
> C'est ton sexe brun et plissé comme une rose sèche

> Et les pieds dans la mer je fornique un golfe heureux
> C'est ainsi que j'aime la liberté
> Et je veux qu'elle seule soit la loi des autres
> Mais je suis l'ennemi des autres libertés

Pierre Emmanuel écrira : « Comme le prouvent les *Poèmes à Lou*, l'amour lui-même permet en quelque sorte de parler pudiquement de la guerre. La tendance érotique poignante est comme l'antiphrase lyrique de l'atrocité. » La guerre lui dicte ses images de sauvage beauté, il y puise une fois encore des images instantanées qui le projettent dans un univers parallèle, celui de sa création.

« Comme un guetteur mélancolique / J'observe la nuit et la mort », écrivait Guillaume Apollinaire, et lorsque Bernard Poissonnier et Robert Mallet publièrent des inédits et des poèmes épars dans des revues, ils choisirent ce titre, *le Guetteur mélancolique,* qu'approuva André Salmon dans sa préface : « On voudra penser que c'est bien choisi » en ajoutant : « On estimera qu'un tel choix plairait au Mal-Aimé, au songeur de Landor Road, à celui qui guettait dimanche sur le pont Mirabeau, au fier garçon vêtu de bleu, comme son héros de *Couleur du Temps* (et tel poème donné par *la Ligne de feu* secouera tant de lecteurs des *Lueurs de tirs*) guettant au ciel de ces fusées dont les pauvres soldats transformaient l'armature en belles et misérables bagues, si souvent gage de l'impossible espéré. Que ne guettait-il pas ? » Ce recueil parut donc en 1952, il contenait une distribution des poèmes en plusieurs groupes : *Stavelot* (1899), *Rhénanes* (1901-1902), *Poèmes à Yvonne* (1903), *Poèmes divers* (1900-1917), *Calligrammes* et offrait ainsi un nouveau parcours de la vie poétique d'Apollinaire. Voici un poème de *Stavelot* :

> Jamais les crépuscules ne vaincront les aurores
> Étonnons-nous des soirs mais vivons les matins
> Méprisons l'immuable comme la pierre ou l'or
> Sources qui tariront Que je trempe mes mains
> En l'onde heureuse

Un des meilleurs poèmes de ces nouvelles *Rhénanes* est *le Dôme de Cologne* dont voici les deux premières strophes :

> Ton dernier architecte ô Dôme devint fou
> Ça prouve clairement que le bon Dieu se fout
> De ceux qui travaillent à sa plus grande gloire
> Voilà ce que je sais Dôme de ton histoire
> Témoin Hiram c'est sot calcul bâtir pour Dieu
>
> Tu dresses tes deux tours gothiques au milieu
> D'une place moderne aux dorures d'enseignes
> Pourtant par tes vitraux chaque couchant tu saignes
> Jusqu'au Rhin ivre d'or et sous le ciel fréquent
> Le sang du Christ-soleil et du bon pélican

Les *Poèmes à Yvonne* sont à la semblance de ses poèmes d'amour, mais on n'y sent pas une forte passion. Cette « Madone dont la bouche est une capucine » à qui il dit : « Vous êtes un verger plein de tentations » ne fait que lui dicter la matière de jolis madrigaux. Les *Poèmes divers* offrent un choix plus riche où tous les aspects d'Apollinaire se retrouvent. Un précieux sonnet commence ainsi :

> La nudité des fleurs c'est leur odeur charnelle
> Qui palpite et s'émeut comme un sexe femelle
> Et les fleurs sans parfum sont vêtues par pudeur
> Elles prévoient qu'on veut violer leur odeur

Là encore on sent, comme dit Jeanine Moulin, « le conflit de l'ordre et de l'aventure ». Il y a le poète qui ne renie rien du vers français et celui qui a « la volonté d'être un poète nouveau autant dans la forme que dans le fond ». On s'arrête à *l'Automne et l'écho :*

> Je suis soumis au chef du signe de l'automne
> Partant j'aime les fruits je déteste les fleurs
> Je regrette chacun des baisers que je donne
> Et je vis anxieux dans un concert d'odeurs

On pourra lire encore, dans la marge de cette grande œuvre, une foule de poèmes qui ne feront pas oublier les recueils publiés de son vivant, *Alcools* ou *Calligrammes*, les *Poèmes à Madeleine* (Madeleine Pagès), les *Poèmes à la marraine* (la poétesse Jeanne-Yves Blanc), les *Poèmes retrouvés* (les uns publiés de son vivant, les autres après sa mort), les *Poèmes épistolaires* qui apportent à la fois bien des réjouissances et éclairent la personnalité amicale et fraternelle du poète (ils ont été envoyés à André Salmon, André Billy, André Rouveyre, Louis de Gonzague Frick, André Dupont, Fernand Divoire, ainsi qu'à divers correspondants), enfin des *Poèmes inédits.*

(Évoquons dans une simple parenthèse son œuvre en prose. Volumineuse, elle offre des niveaux de qualité différents. *L'Enchanteur pourrissant,* 1908, est significatif de ses fantasmes, de ses angoisses, de ses révoltes, notamment contre la femme, et, finalement, de son désir de sublimation du réel. *L'Hérésiarque et Cte,* 1910, comme les contes retrouvés, montre l'étrangeté de son imaginaire, le tour fantastique des idées qu'il développe [certains thèmes amènent à se demander si, vivant de nos jours, il ne serait pas un bon auteur de science-fiction], son étonnante érudition, sa curiosité et son érotisme créateur. Du *Poète assassiné,* 1916, Michel Décaudin, le maître ès-science apollinarienne, dit : « Son projet n'est pas en effet de raconter l'histoire d'un poète qui lui ressemblerait comme un frère, il est de faire assumer à Croniamantal l'aventure poétique de tous les temps et de lui donner une dimension mythique. » Nous sommes dans un univers de cocasserie, de pétulance, de verve satirique bien proche de *l'Ubu-Roi* de son ami Alfred Jarry. On ne saurait parfaitement connaître Apollinaire sans lire son « drame surréaliste » *les Mamelles de Tirésias,* 1917, qui exprime la vertu poétique du rire en même temps qu'une sorte de « surnaturalisme » plutôt que de surréalisme au sens d'André Breton et de ses amis. Pour le théâtre, on lira encore *Couleur du Temps* ou *Casanova*, et encore des pièces écrites en collaboration avec André Salmon, et encore le scénario pour le cinéma [qui fascine le poète et lui fait prophétiser son avenir] intitulé *la Bréhatine*. Enfin d'autres œuvres en prose citées au début de ce chapitre, *la Femme assise* ou *l'Histoire romanesque,* ainsi que les critiques d'art présentent un vif intérêt.)

Retenons surtout le poète exceptionnel. Il est à la fois, comme le dit André Billy, « le dernier des romantiques » en même temps que « le grand aventurier de l'esprit ». Il a réussi à amalgamer son goût de la tradition du vers classique et de la romance quotidienne à un langage neuf correspondant à la physiologie d'un monde nouveau, à unir le populaire et le savant, l'élaboré et le spontané, le sentiment à la recherche. Dans son art le plus prospectif, celui qui ouvre cent et cent portes sur l'avenir et où d'autres s'engouffreront pour poursuivre un propos ici ou là ébauché, il a su unir la forme (liberté du vers, discontinuité de la syntaxe, absence de ponctuation comme avant lui Mallarmé ou François Bernouard en 1911 dans *Futile,* la chose étant dans l'air) au fond (prospection de l'inconscient, de l'irrationnel, dictées du hasard et de l'inspiration). Il a su être le prophète des « hommes de l'avenir » et Gilbert Prouteau a pu dire qu'« on aurait pu graver ces octosyllabes sur la cabine Apollo » :

> L'homme se divinisera
> Plus vif plus pur et plus savant
> Il découvrira d'autres mondes

Tsigane, comme le définit Jean Cassou ou brocanteur selon Georges Duhamel, qu'importe ! D'ailleurs ce dernier est bien obligé de voir « briller un étrange et précieux cristal dans la ferraille du bric-à-brac » comme il dit :

> Une famille transporte un édredon rouge comme vous transportez votre cœur.

Il n'en reste pas moins que, Baudelaire mis à part, il n'est pas de poètes dont les vers habitent aussi bien la mémoire. Certes le pouvoir mnémotechnique du vers classique et la musicalité de la chanson y sont pour beaucoup, mais on n'oublie pas non plus ses productions les plus ouvertes sur l'avenir. Dans son aventure, il nous entraîne, il entraîne l'ensemble de la poésie existante, et en cela assume un rôle historique des plus importants. Mais on ne saurait le prendre pour un phénomène isolé, pour un cas unique : son évolution est celle de toute son époque et, la reflétant, il y porte sa marque émerveillante et le sceau de sa personnalité. En effet, son invention est dans le ton de sa poésie même, la nouveauté est dans sa liberté d'allure et tout ce qui fait sa qualité propre de poète, plus que dans l'invention de formes : il emploie, dans ses poèmes les plus sages, le vieux moule classique; le verset, s'il vient de très loin, lui a fourni des modèles immédiats : Claudel, Cendrars, Larbaud l'emploient; les Régnier ou les Kahn ont employé avant lui le vers libre; la suppression de la ponctuation existait aussi déjà. Mais cet esprit curieux a eu le singulier mérite de distinguer chez ses prédécesseurs quelque aspect créateur méconnu pour en faire le ressort de sa propre création et tous les dons de naguère ou de son temps, toutes les offrandes du langage sont là, et Pierre-Olivier Walzer peut constater : « Il y a déjà des fragments d'écriture automatique chez Corbière, des poèmes-conversations chez Laforgue, des mots en liberté chez les futuristes et les simultanéistes, des idéogrammes et des calligrammes chez les Chinois, chez Simmias de Rhodes, chez Rabelais. » Classique, on croirait que Guillaume Apollinaire, en territoire de poésie française (et nul n'est plus patriote que lui, patriote jusqu'au sacrifice) veut donner des gages de son sérieux, de son appartenance à une tradition, alors que tout dans sa personnalité l'attire vers le futur comme un Rimbaud par exemple dans une autre époque. Las du « monde ancien », mais celui de la société peut-être plus que celui de la poésie, il cherche des « couleurs jamais vues » et « mille phantasmes impondérables » tout en s'excusant curieusement, et sans doute par respect de l'autre, de sa quête d'aventure, en demandant par avance « Pitié pour nos erreurs » alors qu'il n'en commet pas. Jean Rousselot a justement rappelé que « chaque prétendant à son héritage peut trouver des justifications : l'Orphisme de Delaunay est sorti du poème des *Fenêtres;* les surréalistes sont fondés à dire, avec Tristan Tzara, que la " poésie de conquête " commence avec Apollinaire... » Jean Rousselot ajoute même que les lettristes, les amis d'Isidore Isou, peuvent s'évangéliser dans les *Calligrammes,* encore qu'à notre sens leur recherche présente plus de science que ne le supposerait cette rencontre avec les vers d'Apollinaire :

> Imitez le son de la toupie
> Laissez pétiller un son nasal et continu
> Faites claquer votre langue
> Servez-vous du bruit sourd de celui qui mange sans civilité
> Le raclement aspiré du crachement ferait aussi une belle consonne

Chez Apollinaire, il est vrai qu'on trouve tout, mais le brocanteur dont parle Duhamel ne s'est pas contenté de rassembler des objets hétéroclites, il les a réinventés, il les a réorientés, il les a réanimés, il en a extrait des forces énormes, il les a vus en avenir, il a ouvert les portes closes et il a inventé d'autres portes. Il fallait savoir, synthétiser, dominer, conduire « la petite auto » qui projetait dans une époque nouvelle. Écoutons-le encore, non avant de le quitter (car si nous l'avons rencontré ici, c'est pour tenter le lecteur), mais simplement à la fin ouverte d'un chapitre que les suivants vont prolonger : « Si nous savions, tous les dieux s'éveilleraient. Nés dans la connaissance profonde que l'humanité retenait d'elle-même, les panthéismes adorés qui lui ressemblaient se sont assoupis. Mais malgré les sommeils éternels, il y a des yeux où se reflètent des humanités semblables à des fantômes divins et joyeux. Ces yeux sont attentifs comme des fleurs qui veulent toujours contempler le soleil. Ô joie féconde, il y a des hommes qui voient avec ces yeux. »

2

Max Jacob

Vie et mort de Max Jacob.

MAX Jacob (1876-1944) naquit à Quimper, c'est-à-dire en pleine Bretagne catholique, de parents antiquaires : son père s'appelait Lazare Alexandre, Jacob était le nom de sa mère, ils appartenaient à une famille juive venue de Prusse et fixée en France au début du XIXe siècle. Le petit Max grandit dans une maison remplie de meubles et de bibelots, de hardes de marchand d'habits, dans un univers hétéroclite bien propice à éveiller une imagination enfantine. Il fit de bonnes études secondaires et put surprendre par la multiplicité de ses dons artistiques : il jouait du piano, dessinait, écrivait des contes et des poèmes. Lorsqu'il vint à Paris, c'était dans le but d'entrer dans l'Administration, projet vite abandonné au profit d'autres séductions plus agréables et moins confortables. Il connut la vie difficile de la bohème artiste et, pour subsister dans le beau village de Montmartre, il exerça les métiers les plus divers, surtout celui d'astrologue auprès des gens du quartier, mais aussi de professeur de piano et de chant, clerc d'avoué, balayeur de magasin, employé de commerce, précepteur, et, selon lui, bonne d'enfants, ainsi que d'autres métiers plus proches de ses goûts comme ceux de journaliste, de critique d'art et de peintre. Il déambulait sur la butte Montmartre en kabik breton, surprenant ses amis par son originalité, sa cocasserie, ses tours, son sens de la joyeuse mystification dont il faisait œuvre d'art, le charme de sa conversation aux tours inattendus, son sens de l'animation qui faisait de lui non seulement le chef de bande, mais aussi le confident et le conseiller de chacun. En juin 1901, un jeune peintre nommé Pablo Picasso rencontré à son exposition aux galeries Vollard, devint son plus fidèle ami, à ce point que l'année suivante ils partageaient la même chambre boulevard Voltaire alors que Max était employé dans les parages. Et bientôt, ils rencontreront Guillaume Apollinaire, le groupe de la revue *le Festin d'Ésope* et tous ceux-là qui marqueront leur temps d'une manière ou d'une autre, Derain, Salmon, Mac Orlan, Carco. Max Jacob s'adonnait alors à la peinture autant qu'à la poésie, mais dans ce dernier domaine, comme l'a rapporté André Salmon, il était celui « qui feint de ne rien produire, dont il faut quasiment dérober les poèmes pour les publier dans une revue ». Avant 1909 il a seulement publié des « livres de prix » pour les enfants inspirés du folklore breton : *Histoire du roi Kaboul I*^{er} *et du marmiton Gauvin*, 1903, et *le Géant du soleil,* 1904. En 1905, avec l'inséparable Picasso, il habita rue Ravignan près du célèbre « Bateau-Lavoir ». Son itinéraire quotidien le conduisait alors de la Butte aux cafés de la rive gauche.

L'année 1909 marque pour Max Jacob un tournant. C'est une apparition surnaturelle survenue le 7 octobre, celle de Dieu, comme il l'a relaté dans une page qu'André Billy qualifia de pascalienne :

« Je suis revenu de la Bibliothèque nationale; j'ai déposé ma serviette; j'ai cherché mes pantoufles et quand j'ai relevé la tête, il y avait quelqu'un sur le mur! Il y avait quelqu'un! Il y avait quelqu'un sur la tapisserie. Ma chair est tombée par terre! J'ai été déshabillé par la foudre! Oh, impérissable seconde! Oh! vérité! vérité! Le corps céleste est sur le mur de la pauvre chambre! Pourquoi, Seigneur! Oh! pardonnez-moi. Il est dans un paysage, un paysage que j'ai dessiné jadis, mais Lui! Quelle beauté! élégance et douceur! Ses épaules, sa démarche! Il a une robe de soie jaune et des parements bleus. Il se retourne et je vois cette face paisible et rayonnante. Six moines alors emportent dans la chambre un cadavre. Une femme qui a des serpents autour des bras et des cheveux est près de moi... »

Exaltation artificielle, accès morbide, dérèglement de l'esprit, effet de la drogue? On épilogua, on ne lui épargna pas le ton narquois. Quoi qu'il en soit, rien ne permet de douter de la sincérité du poète et de cette foi profonde qui devait bouleverser sa vie. Dès le lendemain, il demanda la communion à un jeune vicaire qui éclata de rire, ce qui lui inspira un poème de pardon : *A un prêtre qui me refuse le baptême.* Il pria, pleura, fréquenta les églises. En 1842, Marie-Alphonse Ratisbonne avait vu la Vierge s'était converti et avait fondé avec son frère Notre-Dame-de-Sion, paroisse pour la conversion des juifs. C'est là que Max Jacob trouva secours. Il dut cependant attendre 1915 pour être baptisé avec Picasso pour parrain. Il avait eu de nouvelles visions. Ainsi, au cinéma où l'on donnait *la Bande des habits noirs* de Paul Féval, le Christ lui apparut sur l'écran abritant de son manteau blanc les quatre enfants de sa concierge. Il écrira :

Donc, la première fois Tu vins dans ma maison.
Et la seconde fois au Cinématographe...
« Vous allez donc alors au Cinématographe,
Me dit un confesseur, la mine confondue.
— Eh! mon Père! Le Seigneur n'y est-il pas venu? »

Une autre apparition à Montmartre où la Vierge lui dit : « Ce que tu es moche, mon pauvre Max! » et voilà qui peut alimenter l'accusation de mystification. Éveillé à la vie spirituelle, il n'en succombera pas moins à ses tentations d'amour grec et à quelque peu de drogue dans un climat où désordre et pénitence iront s'alternant. Il y aura aussi lutte féconde entre son sentiment chrétien plein d'ardeur et de fraîcheur d'âme et le trouble satanique de son inspiration. Dès lors, il publiera ses premiers livres entre 1911 et 1912 chez le marchand de tableaux Kahnweiler : *Saint Matorel, la Côte, Œuvres mystiques et burlesques de Frère Matorel, mort au couvent de Barcelone.* Sa renommée ira grandissant et s'affirmera avec *le Cornet à dés*, 1917, un des maîtres-livres de l'histoire poétique du demi-siècle. En 1921, dégoûté de la vie parisienne avec « la messe le matin, la bombe le soir », il se retira à Saint-Benoît-sur-Loire, à l'ombre du monastère ruiné, menant une vie monacale jusqu'en 1927, son séjour étant entrecoupé de voyages en Italie, en Espagne, en Bretagne. De cette première retraite naîtront des œuvres qui, après *la Défense de Tartufe*, 1919, seront *le Laboratoire central*, 1921, *Art poétique*, 1922, *Visions infernales*, 1924, *les Pénitents en maillots roses*, 1925, *Fond de l'eau*, 1927, et encore des œuvres comme *le Roi de Béotie*, nouvelles, 1921, *le Cabinet noir*, lettres, 1922, *le Terrain Bouchaballe*, roman, 1922, *Filibuth ou la montre en or*, roman, 1922, *l'Homme de chair et l'Homme reflet*, 1924. Après cette rechute dans la vie mondaine, Max Jacob retourna à Saint-Benoît. Il put subsister grâce à un contrat avec la galerie Georges Petit qui lui acheta ses gouaches; dès lors, il ne fit que de courtes apparitions à Paris. S'il fut encore le romancier de *Tableau de la bourgeoisie* et des *Bourgeois de France et d'ailleurs*, 1932, c'est désormais la voix du poète, de l'enchanteur qui se fera entendre, et il publiera dans ce domaine *Sacrifice impérial*, 1929, *Rivage*, 1931, *Ballades*, 1938. Après sa mort, on recueillera ses *Derniers Poèmes en vers et en prose*, 1945, *Cornet à dés II*, 1955, *Poèmes de Morven le Gaëlique*, 1953, et ses *Conseils à un jeune poète*, 1945. Enfin, ses belles *Méditations*, 1972, et plusieurs volumes de *Correspondance*.

Max Jacob, personnage de la « légende dorée » de la poésie moderne, consacra les dernières années de sa vie à la piété, à la prière, au chemin de croix, à la dévotion la plus fervente et la plus authentique, ce qui donne à cette conversion aux phases étranges une signification profonde et qui écarte toute équivoque, toute idée de mystification, et fait de lui un grand mystique. André Billy pourra dire : « Saint Max Jacob. Pourquoi pas? » Dans sa retraite, des jeunes poètes venaient le visiter et recevoir sa parole féconde, ses grandes « leçons de poésie » et tous ceux qui l'ont approché en ont ressenti l'influence durable. En 1937, Paul Claudel lui écrivit : « Vous avez à la fois les dons d'un poète et les grâces d'un chrétien, rien nulle part d'artificiel et de méchant, mais partout ces belles vertus qu'on appelle l'humilité et la charité, celle-ci dans son double sens. » Chrétien de plus en plus fervent, la guerre le déchira, le blessa dans ses affections les plus proches : sa sœur fut arrêtée, des membres de sa famille déportés. Au moment le plus atroce de l'histoire des hommes, il disait : « Je mourrai martyr. » Il connut le sort des humiliés, des bafoués, il fut une des victimes du plus grand outrage fait aux hommes et à l'humanité. Portant l'étoile jaune, il adressa à Jean Rousselot un poème en prose, *l'Amour du prochain* :

> Qui a vu le crapaud traverser une rue? c'est un tout petit homme : une poupée n'est pas plus minuscule. Il se traîne sur les genoux : il a honte, on dirait...? Non! il est rhumatisant, une jambe reste en arrière, il la ramène! où va-t-il ainsi? il sort de l'égout, pauvre clown. Personne n'a remarqué ce crapaud dans la rue.

Jadis personne ne me remarquait dans la rue, maintenant les enfants se moquent de mon étoile jaune. Heureux crapaud ! tu n'as pas d'étoile jaune.

Le 24 février 1944, la Gestapo arrête Max Jacob, et il connaît la prison d'Orléans, ce vieil homme de soixante-huit ans qui se consacrait à Dieu, à la poésie et à l'amour du prochain. Et ce sera Drancy où il avait envoyé tant de colis à ses frères de misère. Là, emporté par une broncho-pneumonie, il mourut le 5 mars 1944, poète assassiné comme Saint-Pol Roux, Desnos, tant d'autres. On l'enterra au cimetière d'Ivry, puis, selon ses dernières volontés, à Saint-Benoît-sur-Loire où ses anciens amis et les nouveaux poètes se rendent chaque année en pèlerinage.

De *Saint Matorel* au *Cornet à dés*.

Saint Matorel, 1909, fut suivi des *Œuvres burlesques et mystiques de Frère Matorel,* 1911, puis du « drame céleste », *le Siège de Jérusalem,* 1912, ces trois œuvres formant un ensemble dont la force de nouveauté influencera les mouvements littéraires d'où naîtront le Dadaïsme et le Surréalisme. Si l'histoire de Matorel est proche de celle de Max Jacob, s'il y a transposé son mysticisme et ses extases de juif converti, et aussi ses doutes, son absence de préjugés devant le sacré et le profane, le lecteur en retiendra surtout l'envoûtante expression poétique servie par la spontanéité, la liberté entière et l'art subtil des transpositions et des associations d'images et d'idées, la parfaite cohésion du réel et de l'imaginaire. Au cœur de cette trilogie *les Œuvres burlesques et mystiques de Frère Matorel* forment un recueil poétique composé de chants, de romances, de chansonnettes aux allures de comptines. Il écrit bien, comme l'indique le titre d'une chanson, *Pour les enfants et pour les raffinés* :

> A Paris
> Sur un cheval gris
> A Nevers
> Sur un cheval vert
> A Issoire
> Sur un cheval noir
> Ah ! qu'il est beau ! qu'il est beau !
> Ah ! qu'il est beau ! qu'il est beau !
> Tiou !

Auprès de ces « enfantines », on peut trouver un poème en prose qui laisse augurer ceux du *Cornet à dés,* c'est *Paysage* :

Nuit charbonneuse d'une gare ; je cherche la dame qui a une voilette sur la lèvre : le bec Auer ne fonctionne pas et la ville est derrière la nuit. Un portefaix valse avec des bagages. Allons-nous vivre près du cresson géant de cette rivière ? On serait sous l'eau qu'on verrait des racines de corail blanc sous l'émail de la rivière : les maisons à cette heure sont comme des fumées. Ô nuit charbonneuse d'une gare.

Un poème des plus significatifs de l'art et des préoccupations de Max Jacob est *Lueurs dans les ténèbres* :

> Ne jongle plus, Protagoras. En toi le silence est venu !
> De vous chanter, ô monts ! que n'ai-je la puissance ?
> Dieu, tu fis la verdure et le temps des moissons.
> Poète ! n'as-tu pas quelque reconnaissance
> Envers celui qui t'a dicté cette chanson ?

Las lui aussi « de ce monde ancien », dans le même poème il écrira : « Je suis las de parler, je suis las des romans / De la littérature et des vieux monuments » et il en appellera à la nature pour allumer le feu de l'inspiration, pour conclure :

> Poète, tu n'es plus, à toi-même réduit,
> Qu'un rustre grammairien, retrousseur de virgules !
> Et vous, mauvais démons qui me livrez la guerre.
> Votre tâche est finie car l'homme de naguère,
> Le pédant reparaît ; je suis encore vaincu !

Déjà dans ce livre, tout Max Jacob est posé. Chez lui, la cocasserie, la bouffonnerie et la gouaille, le calembour et le coq-à-l'âne pourraient donner au lecteur hâtif l'image d'un doux fantaisiste, d'un joyeux mystificateur. Ce serait mal le lire. Derrière les apparences légères, derrière les aspects fantasques de ses vers, derrière une apparente cacophonie, on découvre une poésie d'une extrême lucidité et d'une vive limpidité, fraîche comme une source, subtile comme une musique d'Erik Satie, tous les éléments hybrides se fondant dans une unité ample et harmonieuse. On peut lire dans l'anthologie Kra des lignes significatives : « Souvent l'assonance y joue un rôle prépondérant mais ses caprices, bien loin d'être de sottes plaisanteries mirlitonesques, sont ou bien d'imprévues habiletés parfaites pour leur rondeur ou bien de feintes naïvetés incohérentes et gratuites, mais chantantes, qui imitent avec une aigre tendresse l'effort des âmes pour joindre les deux bouts, du serpent pour se mordre la queue, et dont la troublante conjonction laisse l'âme sur une impression inquiète, émue et inapaisée. Max Jacob excelle à fendre l'âme avec ces accents de fausset et soulignant les ronds de jambe de la muse. » Jouant sur le sens et le son des mots, les poètes du moyen âge comme Rutebeuf : « Rutebeuf rudement rime », les auteurs de fatrasies, comme les grands rhétoriqueurs et leur héritier Clément Marot, avaient, par des analogies, des rencontres de mots, su donner un élargissement au langage. Cet enfantement par le son, Max Jacob s'y adonne allégrement. Il s'agit, dit Jean Rousselot, « de boucler la boucle par petits déplacements successifs, liés, liquides ; cette boucle est bouclée ; bouclée comme les parenthèses concentriques de Raymond Roussel, bouclée comme le tour du monde de la montre de *Filibuth*, bouclée comme le monde lui-même ; cette boîte ronde à laquelle songeait Max Jacob en disant sa nature *poreuse et emboîtable* ». Un des poèmes de *Frère Matorel* donne l'illustration de ce serpent qui se mord la queue, commençant et s'achevant par le même vers, c'est *Avenue du Maine* :

> Les manèges déménagent.
> Manèges, ménageries, où ?... et pour quels voyages ?

> Moi qui suis en ménage
> Depuis... ah! il y a bel âge!
> De vous goûter, manèges,
> Je n'ai plus... que n'ai-je?...
> L'âge.
> Les manèges déménagent.
> Ménager manager
> De l'avenue du Maine
> Qui ton manège mène
> Pour mener ton ménage!...

Gabriel Bounoure pourra parler d'une « métaphysique du coq-à-l'âne ». Et l'on pourrait ajouter : du pot-pourri. Il jette des images spontanées :

> Il y en a un qui gueule sur la crécelle.
> Il y en a un qui dégueule dans la vaisselle.
> Il y en a un des uns qui a la voix sablée.
> Si vous croyez que je ne vois pas que vous vous moquez de moi, les enfants de chœur, allez!
> *Resurexit homini hominum Pelleas nostrum.*
> Et dans le tableau du fond il y a de sales bonshommes.

« Extases, remords, visions, poèmes et méditations d'un Juif converti », sont le sous-titre et la matière de *la Défense de Tartuffe*. C'est là qu'il relate ses visions, qu'il apporte un examen sincère : « Je dis que je ne crois pas avoir connu l'amour, parce que mes transports vers Dieu ont trop ressemblé à ceux que j'avais pour mes amis : beaucoup de familiarité, beaucoup d'exigences et quelques larmes venant à point nommé pour me faire croire à une dévotion et m'en donner de l'orgueil. » Il y a de tout dans ce livre, de la phrase de feuilleton et des fragments de cantiques à des histoires quotidiennes qui côtoient la dialectique de la foi.

C'est *le Cornet à dés*, 1917, ce cornet qu'il posera devant son autoportrait avec pour fond l'abbaye de Saint-Benoît qui exprime le plus profondément Max Jacob. Ce titre fait penser à la fois au *Coup de dés* de Mallarmé, aux dés des soldats romains jouant pour la tunique du Christ, à un élément de nature morte cubiste. C'est dans ce livre majeur que le poème en prose, genre déjà rencontré chez lui *(Matorel, Défense de Tartuffe...)* trouve son accomplissement dans un ensemble qui contient aussi des sentences poétiques et des souvenirs. Ce sont des coups de dés, mais aussi des coups de sonde jetés jusqu'au fond de lui-même, une vision aussi du monde à travers un prisme tragique montrant tous les aspects du poète comme dans une sorte de journal intime profondément. Ne faudrait-il lire qu'un livre de Max Jacob, on choisirait celui-là car il est le plus révélateur. Comme Apollinaire, comme Jarry, il n'a pas refusé le vers classique. D'esprit calembouresque au meilleur sens du terme, il a remarqué : « Qu'est-ce que le vers classique, sinon douze syllabes avec un demi-calembour au bout? » ce qui va plus loin qu'il n'y apparaît. Il aura le désir, sans la repousser, de la faire éclater en certains lieux, cette vieille règle dont il est habité : « Quand je cherche une phrase, c'est un vers qui vient. » Le poème en prose lui offre un moule de liberté et de rigueur. Il l'a érigé en genre majeur, il lui a apporté ses lettres de noblesse. Sachant bien qu'il ne l'a pas inventé, il en a dégagé les particularités. Ce genre, dans le précédent volume, nous avons assisté à sa naissance et à son développement. Certes, avant Parny, Aloysius Bertrand, Baudelaire, Rimbaud, Mallarmé, Marcel Schwob, Pierre Louÿs, Jarry, tant d'autres, il existait, et Pascal et La Bruyère comme Chateaubriand et Renan l'ont utilisé de façon involontaire. Max Jacob fait la distinction entre le poème en prose voulu et codifié et celui qui est né de subites envolées de la prose. Il se rattache à la première catégorie avec des maîtres qui sont surtout Aloysius Bertrand, Baudelaire, Mallarmé, Schwob, mais, dans la préface du *Cornet à dés,* il a établi sa position et pris ses distances avec ses prédécesseurs. Si « Rimbaud a élargi le champ de la sensibilité » on ne saurait le prendre pour modèle car « le poème en prose pour exister doit se soumettre aux lois de tout art, qui sont le style ou volonté et la situation ou émotion, et Rimbaud ne conduit qu'au désordre et à l'exaspération... ». Il dira encore : « Rimbaud, c'est la devanture du bijoutier, ce n'est pas le bijou : le poème en prose est un bijou. » Autre recommandation : « Le poème en prose doit aussi éviter les paraboles baudelairiennes et mallarméennes, s'il se veut distinguer de la fable. » Sa conclusion est la suivante : « Il est possible qu'il soit (Jules Renard) l'inventeur du genre tel que je le conçois. Pour le moment, je considère comme tel Aloysius Bertrand et l'auteur du *Livre de Monelle,* Marcel Schwob. Tous deux ont du style et de la marge c'est-à-dire qu'ils composent et qu'ils situent. Je reproche à l'un son romantisme " à la manière de Callot ", comme il dit, qui, attachant l'attention à des couleurs trop violentes, voile l'œuvre même. D'ailleurs, il l'a déclaré, il jugeait ses morceaux, les matériaux d'une œuvre et non des œuvres délimitées. Je reproche à l'autre d'avoir écrit des contes et non des poèmes, et quels contes ! précieux, puérils, artistes ! Il serait possible pourtant que ces deux écrivains eussent créé le genre du " poème en prose " sans le savoir. »

Dans son *Art poétique,* il reparlera du poème en prose : « Il diffère des fantaisies d'Aloysius Bertrand en ceci que le sujet n'y a pas d'importance et le poète non plus. On n'y est préoccupé que du poème lui-même, c'est-à-dire de l'accord des mots, des images et de leur appel mutuel et constant : 1) le ton n'y change pas d'une ligne à l'autre comme chez Bertrand. 2) Si un mot ou une phrase conviennent à l'ensemble, on ne s'occupe pas si la phrase ou le mot sont pittoresques, conviennent ou non à l'historiette du poème. On m'a reproché d'être incompréhensible à cause de cela... » En vérité, cet art dans *le Cornet à dés* prendra bien des aspects et souvent ceux qu'il dénonce. Il intitulera alors le poème : *Poème dans un goût qui n'est pas le mien* et sa dédicace à Rimbaud ou à Baudelaire, son rappel de Musset seront autant de clins d'œil. Il ne dédaignera pas les sujets de ses prédécesseurs comme certains titres en témoignent : *Anecdote, Nuit infernale, Conte de Noël, Anecdote vraie, Fable sans moralité, Conte...* Certaines pièces s'intitulent simplement *Poème* ou *Petit Poème*, d'autres se réfèrent directement à son temps et portent des titres simples et parlants : *Poème du Java de M. René Ghil et s'appelant les Ksours, la Rue Ravignan, Inconvénient des boutures, le Roman, Un peu de critique d'art, Cubisme et soleils noyés, M. le Président de la République visite l'exposition d'horticulture, Roman-feuilleton, Fâcheuse Nouvelle, Roman populaire, Mœurs littéraires, Un point de droit, Littérature parisienne, la Presse, Cinématographe*, etc. Des poèmes sont chargés d'angoisse et de pressentiment, un peu partout dans son œuvre apparaît l'annonce de sa fin tragique. On lit *la Guerre* :

> Les boulevards extérieurs, la nuit, sont pleins de neige; les bandits sont des soldats; on m'attaque avec des rires et des sabres, on me dépouille : je me sauve pour retomber dans un autre carré. Est-ce une cour de caserne, ou celle d'une auberge? que de sabres! que de lanciers! il neige! on me pique avec une seringue : c'est un poison pour me tuer; une tête de squelette voilée de crêpe me mord le doigt. De vagues réverbères jettent sur la neige la lumière de ma mort.

Maints poèmes rappellent des souvenirs ou sont des confessions. D'autres, comme *le Périscope de Mentana* sont des peintures :

> Le périscope de Mentana est une grotte souterraine : l'encadrement de roches, un rectangle élégant. Le lac est en encre de Chine et tient dans le cadre; deux séraphins, noirs de face, se cognent la tête à droite et à gauche obliquement; en bordure, au pied de la colonne rocheuse et sur le gradin, un bureaucrate en jaquette moins grand que nature gratte son crâne chauve. Cela sent un peu la vitrine, c'est le périscope de Mentana.

La Rue Ravignan et son petit peuple se métamorphosent en êtres d'histoire et de légende :

> « On ne se baigne pas deux fois dans le même fleuve », disait le philosophe Héraclite. Pourtant ce sont toujours les mêmes qui remontent! Aux mêmes heures, ils passent gais ou tristes. Vous tous, passants de la rue Ravignan, je vous ai donné les noms des défunts de l'Histoire! Voici Agamemnon! voici Mme Hanska! Ulysse est un laitier! Patrocle est au bas de la rue qu'un Pharaon est près de moi. Castor et Pollux sont les dames du cinquième. Mais toi, vieux chiffonnier, toi qui, au féerique matin, viens enlever les débris encore vivants quand j'éteins ma bonne grosse lampe, toi que je ne connais pas, mystérieux et pauvre chiffonnier, toi, chiffonnier, je t'ai nommé d'un nom célèbre et noble, je t'ai nommé Dostoïevski.

Comme les surréalistes, comme Desnos en particulier, Max Jacob a goûté le fantastique particulier des romans-feuilletons et des romans populaires, il a vu dans l'article de journal ou le fait divers ce qu'ils peuvent receler d'insolite. Il écrira volontiers : « Prendre le style cuisinière sans argot ni vulgarité. C'est-à-dire mettre sa pensée à l'état populaire ou enfantin, et poser sur ce fond, avec précaution, des mots auxquels on tient particulièrement. » Avant que l'Université ne s'en mêle, avec par exemple les travaux d'un Francis Lacassin, et que le roman-feuilleton ne trouve ses lettres de noblesse, Max Jacob les lui accorde, et des poèmes s'intitulent *Roman-feuilleton* où l'on voit le nommé Toto ou Totel (parce qu'il arrête son auto devant l'hôtel) venir « chercher un médecin, parce qu'il n'y en a pas assez à Paris pour le nombre de maladies qu'il avait », ou encore *Fâcheuse Nouvelle :* « Alors, c'est vrai ? on démolit les statues de la place de la Nation ! », ou bien *Fantômas* et *Encore Fantômas,* ce personnage insolite et populaire :

> Ils étaient aussi gourmets que gourmés, le monsieur et la dame. La première fois que le chef des cuisines vint, un bonnet à la main, leur dire : « Excusez-moi, est-ce que Monsieur et Madame sont contents ? » on lui répondit : « Nous vous le ferons savoir par le maître d'hôtel ! » La seconde fois, ils ne répondirent pas. La troisième fois, ils songèrent à le mettre dehors, mais ils ne purent s'y résoudre, car c'était un chef unique. La quatrième fois (mon Dieu, ils habitaient aux portes de Paris, ils étaient seuls toujours, ils s'ennuyaient tant !), la quatrième fois, ils commencèrent : « La sauce aux câpres est épatante, mais le canapé de la perdrix était un peu dur. » On en arriva à parler sport, politique, religion. C'est ce que voulait le chef des cuisines, qui n'était autre que Fantômas.

C'est partout un mélange particulier de comique et de confession d'une diversité telle que le lecteur est introduit en tous lieux. Max l'enchanteur n'a qu'à secouer le cornet et apparaît l'heureuse surprise des éléments les plus heureusement combinés. S'il se montre précieux, il semble railler sa propre préciosité. Le poème est apparemment simple comme la transcription d'un fait souvent au ras du sol, mais il est puissamment organisé. Michel Leiris pourra écrire : « Avec ces poèmes qui témoignent, vus en bloc, d'un si romantique dédain de la discrimination et, chacun considéré en soi, d'une si classique précision d'horloger, Max Jacob se montre épris d'universel et soucieux d'ordre, autant que peut l'être quelqu'un pour qui le catholicisme aura représenté, non seulement un bâton propre à l'aider à marcher plus droit, mais une réponse à ce désir vital : se situer à sa juste place dans un monde assez providentiellement organisé pour que toute créature y ait son rôle à jouer. » Et il est vrai encore que Max Jacob soit « un grand poète sous sa défroque bigarrée d'arlequin ». Le poète écrira à Henry Kahnweiler : « La littérature me possède ; donne au sens du mot " possède " le sens biblique, le sens ésotérique, amoureux, mystique, chimique, médical, amphigourique, machiavélique et embêtatoire... » Pour le souvenir, il y a ce *Petit Poème :*

> Je me souviens de ma chambre d'enfant. La mousseline des rideaux sur la vitre était griffonnée de passementeries blanches, je m'efforçais d'y retrouver l'alphabet et, quand je tenais les lettres, je les transformais en dessins que j'imaginais. H, un homme assis ; B, l'arche d'un pont sur un fleuve. Il y avait dans la chambre plusieurs coffres et des fleurs ouvertes sculptées légèrement sur le bois. Mais ce que je préférais, c'était deux boules de pilastres qu'on apercevait derrière les rideaux et que je considérais comme des têtes de pantins avec lesquelles il était défendu de jouer.

Auprès du réel, des poèmes qui sont comme des transcriptions de rêves d'une pure envolée, *Mystère du Ciel :*

> En revenant du bal, je m'assis à la fenêtre et je contemplai le ciel : il me sembla que les nuages étaient d'immenses têtes de vieillards assis à une table et qu'on

leur apportait un oiseau blanc paré de ses plumes. Un grand fleuve traversait le ciel. L'un des vieillards baissait les yeux vers moi, il allait même me parler quand l'enchantement se dissipa, laissant les pures étoiles scintillantes.

Auprès de rappels bretons comme *le Centaure* ou *Silence dans la nature*, de splendides moments de visionnaire. Dans *Labor improbus* :

> Le golfe de plage, je n'en vois pas la fin. Le sable de la mer, je n'y vois point la trace de mes pas. Et cette maison au pied de la falaise (ah! la plus belle du siècle) hélas! je ne vois ni les flambeaux de granit, ni les corniches de ses pierres de taille, je n'y vois qu'un étage de plus chaque fois que je retourne la tête.

Et des poèmes historiques comme *la Clef* où apparaît le sire de Framboisy, comme *Il faut réviser les gloires historiques,* ou ce titre jeu de mots, *Latude — l'Étude* :

> On a beaucoup écrit sur le cas de Latude, on n'a pas écrit la vérité. C'est pour se défendre contre son propre cœur que Mme de Pompadour, ce gracieux Napoléon de l'amour, fit enfermer à la Bastille le petit officier bleu et blanc. Latude s'évade! où va-t-il? au pays de Spinoza. Mais il comprit que le goût de la méditation ne se satisfait que dans les tours et il revint à son écrin d'amour.

Un autre aspect du *Cornet à dés* est celui des sentences, des observations, poèmes en prose réduits à une ou seulement quelques phrases et qui ressortissent à la multiplicité des thèmes des autres poèmes. Ils apparaissent sous deux titres : *le Coq et la perle* et *Exposition coloniale.* Tentons d'en donner une idée :

> Je me déclare mondial, ovipare, girafe, altéré, sinophobe et hémisphérique. Je m'abreuve aux sources de l'atmosphère qui rit concentriquement et pète de mon incertitude.

> Un incendie est une rose sur la queue ouverte d'un paon.

> Il arrive que tu ronfles quand le monde matériel éveille l'autre.

> Dans la Cordillère des Andes, sur le houblon, poussent les raisins, on ne les voit pas.

> L'enfant, l'éfant, l'éléphant, la grenouille et la pomme sautée.

> L'oiseau gaucher et bossu nommé Morguë ne fait son nid qu'avec des épis de blé et l'orne avec des capucines par préciput et hors-texte.

Du saumon qui a la chair rose parce qu'il se nourrit de crevettes à la princesse qui habitait dans un quartier de poire, Max Jacob déploie ses tours de prestidigitateur. Mais ce n'est qu'une petite partie de ces cornets à dés surtout composés de poèmes en prose, le genre de prédilection du poète, que l'on a trouvé dès ses débuts et qu'on retrouvera dans *Visions infernales,* 1924, *Fond de l'eau,* 1927, *Ballades,* 1938, entre autres. C'est là que le pouvoir décapant de Max Jacob s'affirme le mieux. Il aime faire l'ange et la bête, parodier le bon sens bourgeois, les idées reçues, la sentimentalité, pour soigner le mal par le mal, exorciser, se débarrasser des gravats et des scories. Ce qu'il aime parodier, ce n'est pas tel ou tel, mais une sorte d'écume de la poésie établie qu'il renvoie d'une manière inimitable aux oubliettes. Peut-être veut-il vider la maison pour qu'elle accueille dans un saint dénuement ses anges familiers.

Claude Roy écrit justement : « Max Jacob fut ce fou qui s'inventa deux garde-fous : le rire du Farfaret et la Foi du charbonnier », et aussi : « Ce mélange incessant de Mozart et de Polichinelle. » Max Jacob sait prendre toutes les voix, les faire oublier et, par miracle, ne faire entendre que la sienne. Ce grand déconcertant, de manière pateline et subtile, sait, tout en étant pince-sans-rire, mi-figue mi-raisin, jamais ne se laisser prendre en flagrant délit d'ironie. Il sait unir des contrastes : on le voit clown et dandy, coloré et sobre, populaire et précieux, comique et angoissé, dépouillé et magnifique, éloquent et laconique, naïf et cultivé, innocent et conscient. Et ses moments divers, ses mouvements de pensée sont finement enclos dans des poèmes fermés qui donnent l'impression du hasard et sont très élaborés. Un sentiment profond se déroule sur lui-même dans une diversité fantasque, fantastique, fantasmagorique – ô Fantômas ! – pour déboucher sur ce qu'il nomme dans son *Art poétique* « un besoin de folie harmonieuse, un besoin exquis de vrai lyrisme ».

Du *Laboratoire central* à *Morven le Gaëlique*.

Aux poèmes en prose du *Cornet à dés* répondent ceux en vers du *Laboratoire central,* 1921, publiés après *Cinématoma,* 1920. Dans cet étrange laboratoire voué à toutes les recherches, on use de l'expérience parodique en la poussant à son comble, et, il faut pour bien lire, faire l'effort de retrouver le climat de l'époque qui précède le Surréalisme et où naquirent ces poèmes annonçant les dictées inconscientes d'un Robert Desnos. La virtuosité verbale se déploient, et la satire, l'ironie au long du livre jusqu'à l'apparition de la douleur, du déchirement, de la solitude au cœur d'un monde de cruauté et d'absurdité dont le poète a montré l'image bourgeoise avec une lucidité burlesque, impitoyable et désespérée. Il sait prendre le masque du bouffon dans des amas excessifs de sonorités cocasses de ce genre :

> Le grand art des Toscans revint avec le nonce.
> Jubilé ! Jubilé de la nubilité
> Mon enfant, montre-nous ta sopranilité.
> L'Ararat monopolise les cris de l'Électricité.

mais il sait aussi utiliser la souplesse de son art pour des poèmes chantants et adorables, tournant le madrigal d'une manière proche de celle de Cocteau :

> Il se peut qu'un rêve étrange
> Vous ait occupée ce soir,
> Vous avez cru voir un ange
> Et c'était votre miroir.

N'ayant pas oublié l'art des frais chanteurs d'antan, tout comme son ami Guillaume Apollinaire dont il est proche dans une *Villonelle* :

> Dis-moi quelle fut la chanson
> Que chantaient les belles sirènes
> Pour faire pencher des trirèmes
> Les Grecs qui lâchaient l'aviron.
>
> Achille qui prit Troie, dit-on,
> Dans un cheval bourré de son
> Achille fut grand capitaine
> Or, il fut pris par des chansons
> Que chantaient des vierges hellènes
> Dis-moi, Vénus, je t'en supplie
> Ce qu'était cette mélodie.

Il peut utiliser, dans *Pastiche,* l'art de la devinette cher aux recueils enfantins en y mêlant le précepte à l'insolite :

> Avez-vous rencontré la fille au muguet bleu
> Qui m'aime sans me vouloir?
>
> Avez-vous rencontré le lièvre au poil de feu
> Qui broute à mes réfectoires?
>
> Avez-vous rencontré malin malicieux
> Qui lance ferraille et pétard?

Le voici qui prend le ton médiéval dans une *Tapisserie très ancienne* :

> Deux chevaliers se disputent la dame
> Leurs deux chevaux en sont épouvantés.
> Dans le soleil on voit briller les lames
> Sur les buissons luire les boucliers.

Ses images bucoliques, il les conduit jusqu'au fantastique dans un nocturne intitulé *le Cerf de bois...*

> Le cerf de bois venu de la nuit
> La nuit pâlie d'un horizon très proche,
> Ses yeux n'étaient que crasse et sur le buis
> Le cerf de buis sur une roche,
> Il ne broutait que le bois de la nuit
> Le râtelier d'herbe en bois et puis!
> Puis l'herbe s'enflamma brune comme les loches :
> C'était comme au théâtre une rampe Auer
> La nuit était toujours la nuit
> Et le cerf affamé broutait l'herbe d'enfer.

Il faut lire l'*Établissement d'une communauté au Brésil* qui s'ouvre sur un tableau exotique, celui d'une paisible communauté au seuil de la forêt vierge :

> On fut reçu par la fougère et l'ananas
> L'antilope craintif sous l'ipécacuanha.
> Le moine enlumineur quitta son aquarelle
> Et le vaisseau n'avait pas replié son aile
> Que cent abris légers fleurissaient la forêt.

Cet univers est idyllique, du forçat qui devient saint aux autels « parés de fleurs vraiment étranges », jusqu'au martyre, à la destruction et à ces six vers qui disent l'absurdité de la condition de l'homme :

> C'est ainsi que vêtu d'innocence et d'amour
> J'avançais en traçant mon travail chaque jour
> Priant Dieu et croyant à la beauté des choses
> Mais le rire cruel, les soucis qu'on m'impose
> L'argent et l'opinion, la bêtise d'autrui
> Ont fait de moi le dur bourgeois qui signe ici.

Conscient des réalités de l'existence, du sort atroce fait à l'homme, Max Jacob garde pourtant son âme tendre et élégiaque même s'il parodie la pensée bourgeoise :

> Mer est la mer Égée qui dépasse Alicante.
> Ah! que n'ai-je vingt-cinq mille livres de rentes!

« Et du vulgum pecus méprisons la critique », écrit-il. Il dit ses *Mille Regrets* :

> J'ai retrouvé Quimper où sont nés mes premiers quinze ans
> Et je n'ai pas retrouvé mes larmes.
> Jadis quand j'approchais les pauvres faubourgs blancs
> Je pleurais jusqu'à me voiler les arbres.
> Cette fois tout est laid, l'arbre est maigre et nain vert
> Je viens en étranger parmi les pierres...

Le pauvre Max atteindra au dépouillement le plus pur, oubliant ses jeux avec les mots et ses fantaisies acrobatiques en des instants d'autant plus chers. Ainsi cette *Méditation sur la mort* :

> Voici la noire mort et toute sa misère
> Le but des buts; de l'eau sur de la terre
> Des os pourris au cimetière
> La chair ne compte plus.
> C'est moins utile que de la pierre.
> Horreur! toucher cela quand on est bien portant!
> Pourtant! trois fleurs... trois pleurs!
> Paquet, va-t'en!...

Autour d'un instrument de musique qui a nom « Tenora », il construit un poème en forme de sardane et c'est une danse, un sourire dans sa vie :

> Sardane! tu es comme une rose
> Et toutes ces jeunes filles sont en rose.
> Il n'y a que les maisons qui ne dansent pas
> Et l'on se demande pourquoi.
>
> La musique a fait pleurer nos yeux
> La musique ingénue a gêné nos poitrines.
> Comme elle a regonflé le cercle grave et joyeux
> Chantez! chantez! chantez! tenoras et clarines.

Son pouvoir émerveillant et métamorphosant se retrouve dans *la Rue Ravignan* où on peut retrouver le Nil, Marseille, « la tour de Pise et les marchands d'oignons », les antipodes et les fêtes bachiques. Sa vision est bien celle d'un poète. Comme dit Henri Clouard, « Le type de poème pochette-surprise, que Jacob doit à Apollinaire, qui le devait à la déformation cubiste du Symbolisme, lui va donc comme un gant ». Poème pochette-surprise, la formule est heureuse; quant aux « dettes » il faudrait y regarder de plus près. Si l'influence de Max Jacob a été recouverte par celle d'Apollinaire, son apport à l'art nouveau est parallèle et tout aussi important. La personnalité même de Max Jacob, son folklore anecdotique, comme chez Jarry, ont souvent occulté sa poésie. Poète dans sa vie, on oublia souvent qu'il l'était dans son œuvre. Or les deux faisaient corps, on le voit dans le dernier vers de cette *Rue Ravignan* :

> Mais la rue Ravignan est celle que j'adore
> Pour les cœurs enlacés de mes porte-drapeaux.
> Là, taillant des dessins dans les perles que j'aime,
> Mes défauts les plus grands furent ceux de mes poèmes.

Le poète n'a pas installé son laboratoire central en haut d'une tour d'ivoire. Il est resté lié aux hommes de son temps, les plus simples, les plus quotidiens et il a su trouver chez l'être le plus banal des secrets magnifiques.

Dans *les Pénitents en maillots roses,* 1925, Max Jacob multiplie les jeux de mots, les accords de sons, les juxtapositions d'images, les fantaisies et les caprices pour refléter sa dualité mystique et burlesque alors que sa première retraite à Saint-Benoît-sur-Loire l'amène, tiraillé entre le diable et le bon Dieu, à la méditation et au remords. C'est un grand imagier de marines, de vitraux et de tapisseries. La pochade et la chansonnette, les humoresques et les gaillardises ne sont pas si éloignées de la prière. « Je cherche la plante qui fait voir le ciel », confiait-il à un journaliste. Dans un *Jardin mystérieux* il dit cette attente :

> J'attends! J'attends que la plante me parle.
> J'attends un regard des fleurs qui vont mourir.

Il se sent saltimbanque, il se retrouve dans ce personnage pittoresque, au cours d'un élégiaque *Nocturne :*

> Sifflet humide des crapauds
> bruit des barques la nuit, des rames...
> bruit d'un serpent dans les roseaux,
> d'un rire étouffé par les mains,
> bruit d'un corps lourd qui tombe à l'eau
> bruit des pas discrets de la foule,
> sous les arbres un bruit de sanglots,
> le bruit au loin des saltimbanques.

Ces images lui viennent de l'enfance. Lisons ce souvenir : « Quand mes cinq frères et sœurs et moi, tout petits, revenions de la foire des saltimbanques à la nuit, sous la conduite de la bonne, nous avions très peur dans l'escalier, sans minuterie, j'avais improvisé ceci : " Messieurs les chats et messieurs les voleurs, messieurs les chats ne me griffez pas ! Messieurs les voleurs, ne me faites pas peur " ! » Georges-Emmanuel Clancier fera remarquer à ce propos : « Toute l'œuvre primesautière, tendre et déconcertante, ingénue et rouée, rigoureuse et pathétique de Max Jacob n'est-elle pas — comme sa foi — une conjuration de l'angoisse ? » Le saltimbanque est aussi pour Max un personnage prodigieux et fabuleux, sorte d'ange clownesque passant parmi les hommes. Dans *la Saltimbanque en wagon de 3ᵉ classe,* la jeune femme « rêve à son maillot jaune » et à mille autres choses. « Abstenez-vous, gens de Saumur, de monter dans cette voiture », écrit-il car il faut la laisser à son univers :

> La saltimbanque ! la saltimbanque
> a pris l'express à neuf heures trente
> a pris l'express de Paris-Nantes
> Prends garde garde ô saltimbanque
> que le train partant ne te manque...

Des poèmes comme *le Colimaçon* montrent qu'il s'apparente volontiers à nos frères naturels :

> Colimaçon, le ciel en est la pointe !
> tâche à monter sur le chemin tournant
> là-haut, là-haut par la route rejointe
> le ciel léger qui répugne à Satan

Comme dans les poèmes de Matorel, il revient à la ritournelle :

> Marianne avait un cheval blanc
> Marianne avait un cheval blanc
> Noir par-derrière, rouge devant
> Noir par-derrière, rouge devant

Ou bien il a recours à ce burlesque qui lui fait répéter dix fois le mot parapluie à la fin d'un poème :

> Monsieur Yousouf a oublié son parapluie
> Monsieur Yousouf a perdu son parapluie
> Madame Yousouf, on lui a volé son parapluie
> Il y avait une pomme d'ivoire à son parapluie...

« Pourquoi ce triste pied de nez au lecteur ? » demande ingénument Henri Clouard. Il faut bien lire et aller de poème en poème pour voir quels tourments, quelles angoisses secrètes s'y dissimulent. Paysages réels et paysages intérieurs se mêlent, c'est la cathédrale de Quimper, ce sont des marines à Roscoff où toujours un intime bruissement d'âme se fait entendre. Devant des palaces illuminés, il demande :

> Comment de cette tapisserie de haute lice
> entendrait-on l'appel désespéré de la coulisse
> la plainte de la mer qui pleure et s'humilie ?

Dans *Fond de l'eau*, 1927, *Sacrifice impérial*, 1929, *Rivage,* 1931, cette quête ardente se poursuit avec d'amples poèmes dépouillés auprès de culbutes verbales, où il joue tantôt du violon et tantôt de la crécelle, il unit la grâce et la pirouette, l'émotion et le sarcasme, la profondeur et la frivolité, le démoniaque et l'angélisme, il a la mélancolie d'un mime ou d'un Pierrôt, il est le Gilles et le dandy, le personnage de nature morte cubiste et la silhouette animée du cinématographe, insaisissable et saisissant. Cela va de « – M'as-tu connu marchand d'journaux à Barbès et sous le Métro ? » à « Tu vécus de l'esprit et c'est lui qui t'accueille ». Il y a de la grandeur dans un poème dédié à Jean Cocteau, *Esprit de Raymond Radiguet :*

> Contemplez l'harmonie des choses
> Ô soleil de l'esprit réchauffez l'agonie...
> Dans un nimbe arc-en-ciel géantes sont les roses !

Et *la Terre* est un poème cosmique admirable où il n'est pas en deçà des plus grands poètes spirituels :

> Envolez-moi au-dessus des chandelles noires de la terre.
> Au-dessus des cornes venimeuses de la terre.
> Il n'y a de paix qu'au-dessus des serpents de la terre.
> La terre est une grande bouche souillée :
> ses hoquets, ses rires à gorge déployée
> sa toux, son haleine, ses ronflements quand elle dort !
> me triturent l'âme. Attirez-moi dehors !
> Secouez-moi, empoignez-moi, et toi Terre chasse-moi.
> Surnaturel, je me cramponne à ton drapeau de soie !

Dans les *Ballades* en vers et en prose, des passages sont pleins d'humanité comme dans ces paragraphes d'*Attente au guichet de la poste :*

> Devant le guichet de la poste est une vieille servante bretonne : « Je suis une pauvre ignorante qui ne sait pas signer son nom : pour le respect que j'ai des sciences, passez devant moi, vous messieurs. Je suis une pauvre ignorante qui ne sait pas signer son nom. »
> Derrière le guichet de la poste, M. le receveur disait : « Je ne paierai pas le mandat si vous ne pouvez le signer ! » – « Vieille bretonne de mon pays laissez-moi vous tenir la main. » « Non, monsieur ! dit le receveur ! non, monsieur, ça n'est pas permis ! »...
> La jeunesse a versé le vin qu'il me faut boire. Or ce vin était la beauté ; c'est la hideur qu'il me faut boire. Est-ce de moi que tu te moques, ô mercier du Temps du mépris ? c'est ta moquerie qu'il me faut boire, et vieille bretonne aussi.

Les *Derniers Poèmes en vers et en prose* parurent en 1945 après la mort de Max Jacob. Semblable à lui-même, avec peut-être même un surcroît de fraîcheur, il chante de sa manière inimitable, multipliant les délicieuses jongleries, retrouvant la voix des frais chanteurs du moyen âge, s'émouvant devant un enterrement à Quimper :

> Ni fleurs, disais-tu, ni couronnes.
> Avril n'est pas de cet avis
> C'est le Seigneur qui te les donne
> Vois ! C'est déjà le Paradis !

Ce *Connaissez-vous Maître Eckart?* ne pourrait-il pas s'intituler « Ballade des hommes du temps jadis »? :

> Connaissez-vous le grand Albert?
> Joachim? Amaury de Bène?
> à Thöss, Margareta Ebner
> de Christ enceinte en chair humaine?
>
> Connaissez-vous Henri Suso?
> Ruysbroeck surnommé l'Admirable?
> et Joseph de Cupertino
> qui volait comme un dirigeable?
>
> Et les sermons de Jean Tauler?
> et le jeune homme des Sept Nonnes
> qu'on soigna comme une amazone
> débarquant des Ciels-univers?
>
> Connaissez-vous Jacob Boehm
> et la Signatura Rerum?
> et Paracelse l'archidoxe,
> le précurseur des rayons X?

Max Jacob tout au long de son œuvre cherche à s'identifier et le plus souvent à l'animal-caricature, crapaud, singe, etc. Il en est de même lorsqu'il décrit les *Vantardises d'un marin breton ivre* :

> C'est moi, c'est moi qui suis Moïse
> Venez à la Terre promise
> Rien à payer pour le passage,
> Venez car c'est votre avantage
> Tous les tunnels de la mer Rouge
> Je les percerai de ma gouge.

Auprès de ces poèmes de joie, les appels de la souffrance :

> Mon Dieu! que je suis las d'être sans espérance
> de rouler le tonneau lourd de ma déchéance.

Les poèmes en prose sont aussi beaux que ceux du *Cornet à dés*. Fréquentant l'*Apocalypse,* Max Jacob lui ajoute des images modernes :

Les flammes blanches se tordaient autour des braies du zouave. Personne ne s'en apercevait, pas même lui. Il commandait : « Douzaine de Marennes, d'abord! Perdreaux froids en gelée ensuite! Puis champignons farcis! Que dirions-nous d'un soufflet au rhum avant les fruits? » Sous la table il y avait de gracieuses nudités. Les flammes montaient avec des voluptés griffues. Un ange pleurait quelque part. « Vous ne voyez pas le feu », dit un enfant.

Un avatar de Max Jacob, après le frère Matorel, fut Morven le Gaëlique. *Les Poèmes de Morven le Gaëlique,* 1953, sont marqués par la Bretagne. Marqués plus directement car la Bretagne est présente partout dans son œuvre et le mysticisme celte se marie fort bien au mysticisme et à l'ironie juifs. Le besoin constant de Max Jacob d'échapper aux tentacules de la ville l'amène à se créer une Bretagne bien à lui. Les poèmes sont censés être traduits du breton et il évoque cet univers vrai qui alimente la poésie française de Tristan Corbière à Charles Le Quintrec, de Chateaubriand à Pierre-Jakez Hélias, avec ses calvaires, ses saints, ses revenants et ses gueux, univers où pauvreté est sainteté, où la religion s'accompagne de croyances populaires et magiques. Max Jacob prend une voix chère, chantante, émue, recueillie, sans oublier ses tours de plume inattendus et joyeux. A ce propos, il écrivait à Julien Lanoë : « Comme vous avez raison de penser que le moins mauvais de moi est là, ce que je dois à ma ville, à mes églises, à ma verdure sur ses rochers et jusqu'à son *Dieu* qui est aussi le mien. » Il nous dit, ce Morven le Gaëlique :

> Quand je serai riche comme Kermarec
> j'achèterai un verger de pommes à cidre
> et des pigeons domestiques :
> si j'étais à Bordeaux je boirais du vin
> et je marcherais tête nue au soleil.

Il chante *la Fille du cultivateur*, oui, il chante car le poème porte sa musique :

> Votre fille est bien trop fine
> djouscoundio matio
> pour tirer sur les racines
> djouscoundio matio
> et pour piler les genêts
> djouscoundio la farine au blei

Une muse en sabots l'habite :

> Mes sabots, mes sabots
> ouss que j'ai laissé mes sabots ?
> — En bas de l'escalier
> l'escalier des sardines
> l'escalier de l'Entrepont
> — Mes sabots, mes sabots
> ouss que j'ai laissé mes sabots ?

Tout chez Max Jacob, comme chez Jarry ou Apollinaire, est poésie. « Théosophe plus encore que poète, écrit Charles Le Quintrec, il vibre de par les images concentriques de l'univers, et, sans trop prendre garde à ce qu'il fait, il revient au langage de ses ancêtres. » Poète en tous lieux, ses méditations quotidiennes unissent poésie et religion. On en trouve dans maints ouvrages : *Max Jacob, mystique et martyr*, 1944, de Pierre Lagarde; *la Rencontre avec Max Jacob*, 1946, d'Yvon Belaval; *Choix de la vie dévote*, 1941, de Jean Bouhier; et l'on doit lire les citations de lettres ayant trait aux problèmes religieux dans un livre au titre d'une vérité criante, *Max Jacob, l'homme qui faisait penser à Dieu*, 1946, de Jean Rousselot, dans *Dialogues avec Max Jacob*, 1954, de Louis Émié. Des méditations ont été adressées à ses amis Marcel Béalu, Paul Bonet, Pierre Bertin, Pierre Frenkel, Pierre Colle, l'abbé Morel, et que de confidences à Jean Denoël ou René-Guy

Cadou ! *Les Méditations religieuses,* 1947 et 1972, édition de René Plantier, mériteraient d'être citées plus longuement qu'on ne peut le faire ici. Le début de *Bienfaits de Dieu* donne le ton :

> Créateur des mers et des ciels, des continents, de tout l'impondérable et de ce qui se dénombre et de ce qui ne se dénombre pas, c'est pour le bien qui me soulage et pour le mal qui m'accable que je m'adresse à vous. Ce n'est pas au Créateur de l'innombrable que je m'adresse aujourd'hui mais au créateur du coupable Max Jacob que je suis.
>
> Je vous remercie de m'avoir fait naître de la race juive souffrante car cela seul est sauvé qui souffre et offre à Dieu sa souffrance. Or vous m'avez fait souffrir dès mon enfance étouffée, abominable (dans cette race humiliée déjà) et si vous ne m'en avez pas donné conscience alors, vous m'aviez réservé de pouvoir vous offrir un jour cette contribution à mon salut. Je le fais aujourd'hui.

Enfin, Max Jacob qui a le goût du précepte s'est montré dans son *Art poétique* un critique et un rassembleur d'idées. N'aimant guère le didactisme et non plus trop l'idéologie, il emploie un tour familier pour cerner la notion du beau sans pourtant quitter le sérieux et la gravité de son propos. Dans cet ouvrage comme dans les *Conseils à un jeune poète,* il y a beaucoup à glaner et ici nous donnons quelques phrases seulement :

> Une œuvre d'art vaut par elle-même et non par les confrontations qu'on peut faire avec la réalité.
>
> Une œuvre sincère est celle qui est douée d'assez de force pour donner de la réalité à une illusion.
>
> C'est au moment où l'on triche pour le beau qu'on est artiste.
>
> L'art est un mensonge, mais un bon artiste n'est pas menteur.
>
> L'art est peut-être la cristallisation du vrai, mais la poésie, comme la musique, est au-dessus de l'art.
>
> Une idée en littérature doit se faire excuser, fût-elle fausse, fût-elle vraie.
>
> On naît avec un chef-d'œuvre en soi ; on le manque pour l'avoir voulu.
>
> Le propre du lyrisme est l'inconscience, mais une inconscience surveillée.

Tout Max Jacob est à lire, rien qui soit indifférent, rien qui ne soit pas attachant. « Ce qui caractérise son œuvre, dit Léon-Paul Fargue, c'est l'absence d'erreur, même lorsqu'il se complaît dans le saugrenu et le fantastique pur. Le toucher est toujours juste. Quant au clavier sur lequel il jouait, c'est un des plus étendus : il va de la fantaisie inquiète, du choquant, de l'incroyable et parfois de la simple assonance, à une sorte de mysticisme voilé, de sincérité profonde est pure qui devait nécessairement lui conseiller de s'adresser directement à Dieu. » Jean Cocteau dit : « Nul mieux que Max n'a su réussir ce miracle : se rendre invisible, tromper l'œuvre à force de transparence et donner en pâture à l'époque un homme de paille qu'elle puisse brûler sans atteindre le poète. » Et André Gide : « On dirait, par moments, qu'il se moque un peu du lecteur. Mais je sais un moyen de n'être jamais sa dupe : c'est de l'aimer.

Alors tout s'éclaircit soudain et ce qui paraissait feinte d'abord devient pudeur et tendresse. »

Célébration du monde, célébration de la foi, célébration de la diversité font de Max Jacob un des plus grands lyriques de la première moitié de notre siècle. Méconnu de ses contemporains, ou mal connu, célébré par des poètes plus jeunes, les Rousselot et les Béalu, sa poésie est salvatrice. Disons avec Charles Le Quintrec : « C'est là qu'il m'apparaît comme un saint de vitrail. D'une main il tient une plume, de l'autre un pinceau. Il écrit et peint pour la joie des anges qui lisent et regardent par-dessus son épaule les grâces d'une éternité qui jamais n'aura échappé à son imagination. » Max Jacob, saltimbanque de Dieu, poète fervent, appelle à lui toutes ferveurs, toute fraternité de ceux pour qui la poésie est le champ et le chant de tous les possibles, de tout ce qui peut se concevoir par amour, de toute réalité née de l'intuition qui devient source de vie.

3

André Salmon

Un méconnu.

ÉTRANGE destinée littéraire que celle d'André Salmon (1881-1969), ce poète qui à ses débuts apparaît comme le poète le plus représentatif de ce groupe moderniste, celui d'Apollinaire, Max Jacob, Cendrars, Reverdy, qui va transformer la poésie française. Avec ses amis Apollinaire et Jacob, il fonda la revue *le Festin d'Ésope;* il devait survivre cinquante ans au premier, vingt-cinq ans au second sans connaître leur gloire et leur audience. Il ne recherchait d'ailleurs pas les honneurs et menait avec honneur une vie de poète amical et chaleureux : quelques amis fervents lui suffisaient. Il avait débuté en 1903 à la revue *la Plume* dont les réunions avaient lieu au « Soleil d'Or », place Saint-Michel. C'est là qu'il avait fraternisé avec Guillaume Apollinaire. Petit-fils d'un peintre animalier, fils d'un sculpteur et aquafortiste, il était attiré par la peinture : à Montparnasse il était l'ami de Picasso, de Modigliani, de Pascin, de Derain, de Marie Laurencin; à Montmartre il fréquentait le Bateau-Lavoir avec Max Jacob. Défenseur du Cubisme, il fut un critique d'art influent, en même temps qu'un poète de haute qualité et un journaliste ayant les plus hautes ambitions pour son métier. Fondant avec Paul Fort la revue *Vers et prose,* il y publia son premier recueil, *Poèmes,* en 1905, que devait suivre *Féeries,* 1907, où il se dégagera des influences symbolistes de ses débuts marqués par *la Phalange* de Jean Royère et par un ton proche de Paul Fort ou Tristan Klingsor pour trouver un ton personnel, une atmosphère de modernisme exotique comme encore dans *le Calumet,* 1910. S'il respecte les formes traditionnelles, elles sont le moule de pensers tournés vers le monde moderne, le Cosmopolitisme, le Cubisme, le goût de l'insolite qui sont la marque de l'expérience intellectuelle de ces artistes entre Montmartre et Montparnasse. Il est alors le poète d'un lyrisme sentimental qui fera penser aux fantaisistes dont il a la fine ironie et le ton tendrement désabusé, mais cet apparentement n'est que de surface, Salmon étant plus proche de la modernité, des rythmes rapides, du monde mécanique qui firent éclater le corselet de poèmes réguliers et précieux.

Alors qu'il était tout jeune, son père l'avait emmené en Russie. A Saint-Pétersbourg, il avait été employé stagiaire à la chancellerie de l'ambassade de France. Il ne devait pas l'oublier lors de la révolution de 1917 car deux ans plus tard, parut *Prikaz,* 1919, tentative de cubisme cinématographique, synthèse lyrique, épopée, drame de la révolution russe sous les apparences d'un reportage journalistique en vers libres, que suivit *l'Age de l'Humanité,* 1922, autre épopée lyrique en vers inégaux, mais rimés et assonancés.

Avant de lire de plus près ces grands ensembles et de montrer plusieurs aspects cohabitant chez Salmon, puisqu'il va aisément d'un ton familier pétri d'humour et de malice à une poésie épique plus ambitieuse, de variations sensibles sur les mots à un climat d'angoisse moderne, en mêlant souvent d'ailleurs ces diverses tendances, nous citons ses principales œuvres poétiques : *le Manuscrit trouvé dans un chapeau,* 1920, poème en prose, *Ventes d'amour,* 1922, *Peindre,* 1922, *Tout l'or du monde,* 1927, *Troubles en Chine,* 1935, *Saint André,* 1937, *Odeur de poésie,* 1944, *les Étoiles dans l'encrier,* 1952, *Vocalises,* 1959. Comme critique d'art, on lui doit des ouvrages d'action qui restent comme des documents indispensables à la connaissance de notre siècle artistique : *la Jeune Peinture française,* 1913, *la Jeune Sculpture française,* 1918, *l'Art vivant,* 1920, *Propos d'atelier,* 1920, et des études sur Othon Friesz, Seurat, Derain, Cézanne, etc. Attiré, comme Carco ou Mac Orlan, par l'univers en marge des bars et des hôtels, ses romans sont habités par ceux qui leur donnent les titres : *Tendres Canailles,* 1913, *Monstres choisis,* contes, 1918, *Bob et Bobette en ménage,* 1919, *Mœurs de la famille Poivre,* 1918, *la Négresse du Sacré-Cœur,* 1920. Il a le goût de la biographie aventureuse : *l'Amant des Amazones,* 1921, et du réalisme social : *l'Entrepreneur d'illuminations,* 1921. Quelque jour, on redécouvrira ces œuvres où la poésie n'est pas absente. On signale encore ses *Souvenirs sans fin,* trois volumes de reportages en direct, pleins de détails passionnants, sur la vie littéraire, poétique et artistique du demi-siècle.

André Salmon a été à la fois un poète de premier plan, un grand reporter international, un des plus importants critiques d'art moderne, un romancier de qualité doublé d'un homme de théâtre (*Natchako,* scènes de la révolution russe en collaboration avec René Saunier, connut un vif succès), un mémorialiste de grand intérêt, et tous ces titres, et celui surtout d'être un précurseur, n'ont pas suffi à lui apporter un renom comparable à celui de ses amis. Henri Clouard a cherché les raisons de cela : « S'il avait publié tels poèmes, tels romans, tels contes avec seulement cinq ou six ans de retard, la publicité littéraire en plein essor aurait soulevé son œuvre et l'aurait portée au pinacle. » Nous pensons plutôt que la critique de surface, le goût qu'on a de s'attacher plus volontiers aux morts qu'aux vivants, le recul de Salmon peu soucieux d'assurer sa notoriété sont pour beaucoup dans cet oubli dont on veut penser qu'il n'est que provisoire. Et puis Salmon, pour être découvert, demande un effort, cela paradoxalement : il eut l'art de dissimuler son originalité profonde sous l'apparence d'une plume facile, d'une habileté ne refusant aucune forme d'expression; à le considérer en surface, on risque de ne retenir qu'une écume et l'on est prêt à en faire un fantaisiste parmi d'autres ; il faut y regarder de près pour découvrir que sans la séduction facile du mystère, ou plutôt des clignotements du faux mystère, sans les apparats de la biographie bien entretenue, le calme et franc André Salmon recèle des richesses personnelles. Des ouvrages spécialisés pourtant ont commis le scandale de ne pas même le citer, cet exaltateur de la vie moderne, ce guetteur inspiré des climats et des spectacles du monde qui maria la poésie au journalisme pour le conduire vers l'épopée. De quelques ferveurs, nous voulons ici prendre le relais.

André Salmon, première époque.

Le premier André Salmon, celui des *Poèmes,* 1905, vers et prose comprenant : *Ames en peine et corps sans âme, les Clefs ardentes, le Douloureux Trésor,* laisse apparaître un débutant qui se contente d'un symbolisme de bon aloi semblable à tant d'autres avec le cortège habituel de faunes et nymphes, syrinx et flûtes :

> Une syrinx aux lèvres et du lierre aux cornes
> Un vieux faune sourit,
> Ivre de jour il chante en cette splendeur morne
> L'ivresse des pourpris
> Au jardin d'autrefois où stagnent des parfums.

Des signes montrent que les harmonies baudelairiennes le retiennent et l'on sent l'imitateur :

> Nous pouvons échanger les plus saintes caresses
> Car ta bouche qui vomit serpents et crapauds
> Pour n'avoir pas prêché l'incertaine sagesse
> Fera fleurir la rose et le lys capitaux.

Sortira-t-il de la gangue des influences ? Dans *Féeries,* 1907, apparaissent quelques espoirs et des poèmes plus personnels où on le sent sollicité par le monde moderne. Certes, c'est bien timide. Il y a la facile *Chanson :*

> Le poète et sa gloire !
> L'oiseau dans l'air du soir,
> La fille à son miroir
> Et le rat dans l'armoire.
>
> La veuve et ses sanglots,
> La folle et ses grelots,
> La plainte des boulots
> Et le rire de l'eau.

Comme Apollinaire, Jacob ou Cocteau, il a sa veine fantaisiste, mais déjà on distingue une certaine vigueur, comme dans *l'Avare,* où l'influence baudelairienne se métamorphose :

> Ton or ? Quand par miracle il m'en tombe un morceau
> Dans les dents, je le croque ou le crache au ruisseau.

> Ton âme de métal pourtant sonne en mon âme.
> Vieil avare de comédie, explique-moi mon petit drame
> Ce qu'en vain je cajole à la faveur des soirs,
> Harpagon, ce n'est pas de l'or mais de l'espoir
> Et, comme tu jeûnais pour empiler des sous,
> Je me prive d'amour, d'orgueil et de folie,
> Pour conserver mes vieux espoirs dans l'agonie,
> Pour me rouler dessus et pour dormir dessous,
> Pour me rouler dessus comme un porc
> Sur le douillet fumier
> Comme toi sur ton or,
> Mon Père bien-aimé.

Le meilleur Salmon n'était pas encore là, mais il faut considérer attentivement cette tentative de libération des splendeurs décadentes. Le poète avait eu pour précepteur bénévole un poète parnassien, Gaston de Raismes, auteur de *la Revanche du rêve*. On devine la rigueur de l'apprentissage prosodique. Dans *Féeries,* on sent un besoin d'évasion dans le temps ou l'espace. Comme chez ses amis Jacob et Apollinaire, comme chez Léon-Paul Fargue, on est piéton émerveillé de Paris. A la rue Ravignan de Max répond *Rue Saint-Jacques* de Salmon :

> Rue Saint-Jacques, où j'ai vécu un rude hiver
> Que suivit par hasard un été tropical,
> Et puis un autre hiver,
> Dans une pauvre chambre encombrée de reps vert,
> Été comme hiver plein de senteurs automnales,
> Je pouvais tout le jour songer à François Villon
> Pendant que mon voisin raclait son violon...

Et Salmon d'évoquer « Et la grosse Margot et la belle heaulmière », de crier « Fantômes, je vous aime ! », d'évoquer le *Testament* à propos du corbillard d'un pauvre. Nous sommes déjà proches des poèmes d'Apollinaire et de Cendrars. Comme il évoque Villon, il consacre un poème à *Arthur Rimbaud* comme s'il voulait rassembler les forces les plus vives de la poésie pour en faire un tremplin projetant vers l'avenir :

> Mortel, ange et démon, poète et baladin,
> Casseur de pierres aussi et soldat de fortune,
> Rimbaud ! frère de ceux qui naissent pour l'exil,
> Tu passas, recelant sous la face commune
> Le visage d'un dieu honni des dieux voisins
> Et tu voulus, dîneur las des festins inutiles,
> Mordre sans les cueillir tous les fruits du jardin.

Avec *le Calumet,* 1910, se poursuit sa quête d'une recherche de lui-même, de renouvellement de la poésie traditionnelle, car là il sait se montrer parfait métricien du vers classique qui cohabitera chez lui au long de son œuvre avec le vers libre. Poète sans préjugés, il dit ne pas vouloir ressembler « à ces lâches poètes qui s'endorment au seuil de la vision dans la recherche nonchalante d'une cadence digne d'elle ». Le poème *le Calumet* est celui d'une mise en question de soi-même et d'un acte de foi :

> Tu seras innocent, dédaigneux et candide,
> Barbare et scrupuleux, douloureux et serein
> Pour que, si ta chair saigne et si le ciel est vide,
> Tu t'honores d'un culte excessif à dessein.
>
> Le reste importe peu. Du Paradis au Bagne
> Loue les mêmes vertus, hume le même encens.
> Sache que, seul tuteur, le mal nous accompagne
> Et fais parfois le bien si ton cœur y consent.

Ce poète moderne trace des alexandrins que ne renieraient pas les plus purs classiques :

> Il suffit d'un poison banal, d'une herbe sainte,
> D'une plante au bouquet tenace mais subtil
> Cueillie un soir d'amour ou d'adorable feinte,
> Pour prolonger ton rêve et grandir ton exil.

Si le Parnasse lui a appris l'art du sonnet, il ne le fige pas dans le marbre, mais lui donne cette souplesse et cette grâce qui font penser à certains poèmes précieux de Max Jacob ou de Jean Cocteau :

> Des anges en exil attisent de leurs plumes
> Tous les foyers épars et l'incendie allume
> La nue où le taureau d'avril beugle d'amour.
>
> Ma sœur, nous souperons sans voile jusqu'au jour
> Avec les sénateurs, les cochers et l'alcade
> En écoutant clouer le bois des estrapades.

Tout au long de son œuvre il aimera mêler le monde le plus exquis, le plus raffiné, à celui de « tendres canailles », de monstres choisis, de révolutionnaires qui lui dictent des images cruelles :

> Et ma jeunesse délicate
> Surgit, cygne au col de carmin,
> Comme une belle aristocrate,
> Portant sa tête entre ses mains.

En lui aussi toujours le poète bohème, le flaneur des rues prompt à goûter des rêveries de bar, des fins de fête ou *l'Aube rue Saint-Vincent* :

> Le jour doré s'accroche à l'aile
> D'un moulin qui ne tourne plus
> Et l'on sent bouillonner le zèle
> De Paris, moi je suis perclus.
>
> Voici, beautés d'apothéose,
> Merveilles du soleil levant,
> Traînés par une jument rose
> Des choux bleus et des coucous blancs.

Dès ces recueils, ceux d'avant la Première Guerre mondiale, André Salmon affirme une personnalité curieuse, celle d'un poète souple, allant du bouge au palais, du bagne au paradis, du monstre à la ballerine, de la brutalité au raffinement, et cherchant en tous lieux l'émerveillement essentiel. Sa musicalité cristalline, les élégances de ses chants, la sagesse de ses rythmes laissaient entrevoir un homme mis à nu : « Sois un roi nu »... On trouvait de la tendresse et de la pitié, une douleur vibrante, un goût de l'objet familier, pipe, béret ou mandoline, et des élans du cœur marqués par des secrets douloureux. Rien, ni l'univers canaille des voyous, des filles et des vices, ne semblait vouloir troubler la délicatesse de ses chants. Il était tout de grâce et de poésie, mais tellement attentif à ce que le monde moderne et l'événement pouvaient lui apporter qu'il irait jusqu'à faire éclater sa propre grâce pour rejoindre le drame universel, atteindre l'univers de la fantasmagorie nouvelle avec ses passions déchaînées, assumer tout le tragique de la modernité.

La Fulgurance de l'épopée.

C'est au lendemain de la guerre qu'André Salmon trouve toute son audace. La révolution d'Octobre le touche particulièrement, lui qui vécut dans sa jeunesse en Russie. Dans *Prikaz,* 1921, il montre un tempérament incontestablement épique. Il écrivit : « Ce poème est le premier de la seconde époque des ouvrages poétiques d'André Salmon, la première étant close avec *le Calumet,* 1910, et divers poèmes publiés dans les revues de 1910 à 1914. *Prikaz* est un premier essai de poésie substituant aux saisons du vieux lyrisme le climat instable de l'inquiétude universelle. Il relève d'un art esquissé en des essais anciens déjà (*les Féeries,* 1907), et d'autres restituant l'émotion à l'impersonnel, un art tendant encore à créer chaque chose par la description verbale. » Et Salmon ajoutait : « Délibérément rejetée toute intention d'absoudre, glorifier, condamner : l'acceptation du fait sur un plan merveilleux. » Il faut souligner que ce « merveilleux » se distingue de celui des autres poètes en ce qu'il se situe au cœur des problèmes de l'univers en mutation, il est passionné, parfois infernal, souvent plein de pitié, il est éloquent non à la manière lyrique des romantiques, mais comme Whitman ou Verhaeren, poètes dans leur temps. Les mots surgissent armés, l'art pour l'art est défait, la fièvre du monde est traduite dans son immédiat historique, la violence de la vie moderne apparaît fulgurante, apocalyptique. Certes, Salmon a retenu, tout comme Apollinaire, la leçon de Blaise Cendrars, avec cette nuance que chez ce dernier règne le fait brut, que chez Apollinaire on force la rêverie; Salmon, lui, prend pied sur la réalité quotidienne, le fait divers, le phénomène, il fonde le nouveau merveilleux sur ce qui est instable et apporte une leçon de vie présente. En 1929, Gabriel Bounoure parlera de poésie de l'événement pur, à l'opposé des refus de Mallarmé ou Valéry au nom de la poésie pure. La poésie qu'on trouve dans *Prikaz* comme dans *l'Age de l'Humanité* est, comme le remarque Jean Royère, comme le signale Salmon, nominaliste, sans référence à quelque absolu ou à une recherche de perfection esthétique qui détournerait le regard du moment historique. Il faut entendre Salmon chanter dans le déluge de feu l'innocence du monde :

> Innocence du monde,
> Quand l'arbre de science avec sa pomme ronde
> Est un arbre de mai
> L'Arbre de la Liberté
> Adoré
> Insulté
> Planté
> Devant la cathédrale vide de chantres

Le reportage jette ses images cinématographiques saisies par une caméra extrêmement mobile, riche de reliefs cubistes :

> L'Ermitage est en feu, le Musée Alexandre
> Réchauffe son deuil à ses cendres.
> Et l'étudiant aux trop longs cheveux
> Coiffé d'une casquette verte à turban bleu,
> Tout à la fois soldat, juge, consul et bourreau
> A la langue ardente offre encore la librairie de Diderot.
> Le plomb des imprimeries s'écoule ainsi qu'un fleuve
> Pour fondre l'alphabet des humanités neuves

On a l'impression que le poète-reporter tend un microphone aux hommes qui vivent l'événement :

Voix d'un professeur en chaire à l'Université
Au-delà de la Bourse et du port, sur l'autre rive :
« Aucun auteur ne peut citer
Aucun cas constaté de démence collective »
Voix d'un cosaque du Kouban tourné du côté de La Mecque : « Ce qui est écrit arrive. »

La voix se fait pitoyable, mystique, prophétique :

> Seigneur ayez pitié
> Des hommes de la terre russe!
> S'ils ont versé le sang, ils ont banni la ruse.
> Seigneur vous avez dit : Paix aux hommes de bonne volonté!
> Nous étendrons nos ailes larges sur la terre sanglante
> Les Chérubins beugleront et nous sonnerons de la trompette.

Cette époque révolutionnaire de la Russie lui inspirera encore la fresque théâtrale de *Natchalo,* avec René Saunier, et un roman, *Une orgie à Saint-Pétersbourg. L'Age de l'Humanité,* 1922, la seconde de ses épopées versifiées, représente une extension dans l'espace : le monde en proie aux terreurs collectives y apparaît en de vastes mouvements tragiques. Salmon écrit :

> Coupé jusqu'au moignon les ailes pathétiques du temps.
> Ton heure c'est l'heure H...

et, au moyen du même instrument, ce vers libre qui n'oublie pas le passé prosodique avec rimes et assonances, césures, parfois alexandrins marchant deux par deux, il jette ses visions, multiplie les prises de vues, croise les sons, mêle pitié et sarcasme, espoir et désespoir, éclairs de raffinement et barbarisme. Et voici le cinéma, les demoiselles de l'Armée du Salut dans un café où sourd la révolte, les trois cent mille chanteurs de la manifestation Jean Jaurès au Trocadéro, la belle capitaliste et ses nostalgies, les jeunes juives surgissant en automobile dans le ghetto parisien pour fêter le Sabbat. Il y a partout quelque chose d'obsessionnel avec des apostrophes grandioses :

> Silences, offrez-nous vos fleurs de glace,
> Vos roses, vos camélias, vos oranges, vos noix de gel
> Silences, offrez-nous le pain et le sel,
> Du givre et des neiges pétries,
> Vos gâteaux de flocons à l'éther,
> Silences, jetez-nous vos mortelles parures,
> Vos horribles et doux aliments à la face.

Il sait aussi bien saisir un ensemble qu'isoler un détail, et écrire, comme un journaliste narrant un fait divers :

> A dix pas du Matin, Boulevard Poissonnière
> Dans une arrière-boutique humide et verte autant qu'une cressonnière
> Tabacs, Vins et Liqueurs
> Trois hommes aux lassitudes de manœuvres,
> En habits de bourgeois avec des négligences d'artistes ou de demi-savants
> Fumées, ivresses et rancœurs !
> L'ennui met à leurs tempes un baiser de couleuvre.

Entreront « une bouquetière de dix ans obscène et misérable » et « deux jeunes filles austères et confortables » de l'Armée du Salut. Un homme ivre, plutôt que d'acheter le journal *En avant* achète dix sous de fleurs à la fillette et offre le bouquet aux salutistes qui refusent, petit drame urbain que flétrit le poète :

> Oh ! nos sœurs salutistes,
> Pourquoi n'avoir pas su, filles tristes,
> Accepter le don pur du cœur et sa couronne,
> Pourquoi n'avoir pas su accepter le bouquet ?
> Pourtant, c'est vrai, vous acceptâtes le hoquet,
> Le hoquet doré de l'ivrogne !

Cet autre fragment s'apparente aux meilleurs moments de la poésie chrétienne :

> Mon Dieu, quand sonnera la trompette de l'Ange,
> Quand l'Ange sonnera aux malades,
> Aux âmes malades pleines d'épouvante,
> Quand les ennemis d'ici-bas se compteront tous camarades,
> Quand l'Ange trompette-major sonnera d'abord Votre Refrain,
> Vous pourrez témoigner, Seigneur, devant ces âmes,
> Que si je ne Vous ai pas trouvé,
> Du moins Vous aurai-je beaucoup cherché parmi les hommes et les femmes
> Sans négliger les mauvais lieux

Au cœur de ses fresques collectives, André Salmon, pèlerin comme Blaise Cendrars, Guillaume Apollinaire, Max Jacob, du modernisme, ne perd jamais le sens de l'individuel. Dans son univers en proie à l'angoisse et à la tragédie retentit la voix de l'amour et de la pitié.

André Salmon entre hier et demain.

Dans la suite de son œuvre cohabiteront les tendances des deux époques de son art : ici, le souffle d'épopée oubliant volontiers la perfection esthétique qu'interdit la rapidité du regard ; là, des chants plus traditionnels, familiers, effusifs, avec l'humour doux-amer des fantaisistes. Ce phénomène de fidélité à deux parts de soi-même, unissant conquêtes et retours en arrière, étonne parfois, comme si le poète hésitait à choisir. Nous avons vu un Nicolas Baudouin tentant dans la première partie de sa vie des recherches d'avant-garde et revenant ensuite définitivement à la tradition. André Salmon, lui, ne choisit pas entre les deux formes de son art, passe de l'une à l'autre sans heurt, parfois les mêle. Ainsi dans *le Livre et la bouteille,* 1920, un poème comme *Anvers,* par exemple, son exotisme s'exprime en alexandrins :

> C'est à l'Estaminet de l'Étoile-Polaire,
> Tenu par une veuve hilare et sans pudeur,
> Que se vend le bon schnik dont la flamme sait plaire
> A ceux-là dont les gueules de requins rêveurs
>
> S'affinent à mâcher tous les jurons du monde ;
> L'un qui revient du bagne de Poulo-Condor
> Et ne saura jamais ce qu'on nomme la honte,
> Écrase dans son poing d'ange ivre une fleur d'or.

Spectateur, auditeur, il chante les « mesureurs du monde » et son univers est proche de ceux de Cendrars, de Larbaud, d'Apollinaire, avec le souvenir de Rimbaud écoutant « Ceux qui disent crénon, ceux qui disent macache » :

> Pequet, lambic, whisky, rhum, gin et wambrechie,
> Il flotte des parfums d'opium et de gros sous,
> C'est une soûlerie énorme et réfléchie
> Dans ce Nord barbouillé de Chine et de Pérou.
>
> Or, le plancher si propre a rougi sous la table,
> Quelque chose d'énorme est tombé sur le sol,
> Un long halètement de bêtes à l'étable
> Met un voile aux carreaux plus brillants que l'alcool.

Non loin de Mac Orlan, dans l'univers des ports, sautant à cloche-pied d'une ville à l'autre, il ne cesse de voyager, de nommer les lieux de ce qu'il appelle dans *Tout l'or du monde,* 1927, « Patrie abstraite : le Voyage ! » :

> Villes, j'ai percé vos scandales
> Muets, j'ai crevé vos silences,
> Je sais distinguer les cadences
> De chaque pas en vos dédales.

> J'ai souvent changé votre face
> Et bouleversé vos coutumes,
> Goût du dialecte et du costume,
> Petites patries dans l'espace.

Tandis que dans *Peindre,* 1920, il fait référence à ces peintres dont il retrace l'épopée conquérante :

> Je compare au vol terrible de Nungesser
> L'œuvre illimité de Picasso...

dans *Saint André,* 1937, il cherche lui-même le « merveilleux d'une image » :

Image du supplice
Image de ta gloire
Image du sacrifice
Image de ta victoire.
Qu'on la peigne à Éphèse, à Smyrne et à Pergame, à Thyatire, à Sardes et à Philadelphie et à Laodicée
Et à Philadelphie nouvelle sur le Delaware dressée!

Les représentations de la croix de saint André, il les recherche partout de par le monde, après avoir, si l'on peut dire, annoncé ses couleurs :

> Le poète nominaliste
> Va donner vie au nom qu'il porte.
> Point de hasard, point d'improviste,
> A tout un univers libre d'horribles liens
> Le verbe ouvre la porte.

Ce nominaliste se double d'un photographe, d'un cinéaste, d'un peintre qui va de la bataille à la marine, de la scène de genre au tableau religieux. Son cubisme et son fantaisisme disent sans cesse sa diversité et chacun des deux mouvements pourrait le revendiquer comme un des siens, et qui sait si ses deux tendances, l'éloignant de la classification, ne l'ont pas laissé en marge de la gloire ? Il nous a dit *Et le reste est littérature* :

> Quand tu trempais, ô poétesse,
> Tes doigts de lait dans l'encrier,
> Prévoyais-tu ce négrier
> Qui te donna huit cents négresses ?
>
> Si chez les blancs tu fus ogresse,
> Ô cœur par l'âme exproprié,
> Les nègres que tu fais crier
> Nous diras-tu s'ils t'intéressent ?
>
> Colibri gorgé de mouron,
> Tu ne tourmentes qu'en cachette,
> Bourreau que l'Europe regrette !
>
> Et tu pleures, couchée en rond,
> D'entendre en la forêt secrète
> Le chant d'un esclave marron.

Les petits poèmes qu'il publiera encore montreront ce précurseur subitement très attardé. Ainsi cette *Pesée* dans *les Étoiles dans l'encrier*, 1953, si éloignée de l'auteur fulgurant de *Prikaz* :

> Ici-bas tout se pèse,
> Le pain, l'herbe, la braise ;
> Sur un plateau, le sot
> A son poids sourit d'aise.
>
> Des quartiers d'innocence
> Jetés dans la balance,
> Avec les os en plus
> Pour la réjouissance.
>
> Moi, je pèse les âmes
> Des hommes et des femmes,
> Et jusqu'à mon destin
> D'apprivoiseur de flammes,
>
> Et ces flammes encor,
> Ainsi qu'un peseur d'or,
> Jouant du trébuchet
> Qui pèsera ma mort.

Curieuse œuvre en vérité que celle d'André Salmon dont les vers les plus prosodiquement parfaits ne sont pas les plus mémorables. Étrange composé de transposition du fait brut sur le plan merveilleux et de poésie dont les ornements n'empêchent pas les faiblesses. Il y a chez lui un appétit du monde qui le classe parmi les conquérants de l'avenir et, parallèlement, un intimiste aux charmes incertains sans le talent aérien de certains fantaisistes comme Tristan Derême par exemple ; tandis que le symbolisme de ses débuts, proche de celui de Klingsor portait quelques ornements délicieux de « Cuisinier des Grâces ». Il n'empêche que l'œuvre d'André Salmon doive, pour être appréciée, être prise dans son ensemble : poésie, roman, critique d'art. Il se peut qu'il souffre de ses grands voisinages, Apollinaire, Cendrars, Max Jacob, ce qui n'empêche pas de le situer au meilleur rang, à leur côté. Nous l'aimons quand il est échevelé, vibrant, douloureux, quand il se fait le spectateur du monde, le nominaliste enthousiaste, le reporter conduisant l'art journalistique vers l'épopée, et notre préférence va à ces deux œuvres : *Prikaz* et *l'Age de l'Humanité* où il marque son propre dépassement.

4

Blaise Cendrars

Il inventa son nom.

Il se nommait Frédéric Sauser Hall, il s'inventa un nom, Blaise Cendrars (1887-1961). Cette vie qu'il devait multiplier, magnifier, porter jusqu'à la légende, lui fut donnée le 1er septembre 1887 à Paris, rue Saint-Jacques, à l'Hôtel des Étrangers (la maison où fut écrit *le Roman de la Rose,* affirme Cendrars dans un poème), d'un père suisse et d'une mère écossaise. Les ancêtres? Il s'en est trouvé tant et tant qu'on ne sait si c'est vérité concrète ou sur-vérité du poète. Une grand-mère angélique qui lit Mme Guyon et finit à Florence dans un décor somptueux et baroque; un père aventurier, joyeux buveur, admirateur de Balzac, et qui fait lire *les Filles du feu* à Blaise avant ses dix ans, grand voyageur de surplus comme son fils le sera; et, en remontant l'arbre généalogique Thomas Platter, ami d'Érasme, éditeur de Calvin, humaniste vagabond, Albert de Haller, naturaliste, Lavater, inventeur de la physiognomonie... N'est-ce point un peu trop? « Aujourd'hui, à soixante ans, rapporte Louis Parrot, cette parenté lui paraît bien incertaine. » Et Cendrars confie : « Ma véritable famille se compose des pauvres que j'ai appris à aimer, non par charité, mais par simplicité. » Blaise Cendrars adore cependant s'inventer une famille bien qu'il soit le premier de son nom inventé :

> Suis-je pélagien comme ma nounou égyptienne ou suisse comme mon père?
> Ou italien, français, écossais, flamand comme mon grand-père ou je ne sais plus quel aïeul constructeur d'orgues en Rhénanie et en Bourgogne et cet autre Le meilleur biographe de Rubens?
> Et il y en a encore un qui chantait au *Chat-Noir,* m'a dit Satie.
> Pourtant je suis le premier de mon nom puisque c'est moi qui l'ai inventé de toutes pièces.

Quelle que soit la part de la légende, cette poésie de l'histoire, l'enfant, puis l'adolescent Blaise connaît des heures et des itinéraires à faire rêver beatniks et hippies qui ne s'en priveront pas (ceux-là mêmes qui liront dans Henry Miller cette définition de la vie et de l'œuvre de Cen-

drars : « masse poétique étincelante dédiée à l'archipel de l'insomnie »).
Au moment de sa naissance parisienne, son père se trouvait en Égypte, la mère et l'enfant le rejoignent, et l'on voyage, l'on mène une vie errante qui rappelle celle du jeune Guillaume Apollinaire. C'est l'Égypte dans un palais ou à bord d'un yacht, c'est l'Italie napolitaine dans un parc extraordinaire ou sicilienne avec un précepteur anglais ou dans une école allemande, c'est l'Angleterre dans un château, Paris dans d'immenses appartements déserts, la Suisse dans des pensions. Sa mémoire prodigieuse se souviendra de tout, l'engagera d'aventures en aventures, et comme il est un créateur de mythes, le voyage imaginaire rejoindra le voyage réel. C'est dire si la vie et l'œuvre sont liées, mais l'œuvre, ce n'est pas l'autobiographie toute simple, il s'y adjoint l'imaginaire, la poésie de l'existence et celle des vieux livres, car, dès son plus jeune âge, Blaise Cendrars a lu dans une ivresse continuelle, dans un désordre total, connaissant cette éducation en liberté dont nous avons parlé à propos du jeune Victor Hugo. Il lisait quoi, cet enfant 1900 ? Tout dans n'importe quelle langue, comme ces bambins humanistes de la Renaissance qui se nommaient Ronsard ou Agrippa d'Aubigné. Ce sont pêle-mêle des œuvres que personne ne lit plus, des traités de technologie ou des livres de magie et dans leur langue Goethe l'Allemand, Dostoïevski le Russe, saint Jean de la Croix le Castillan, et, bien sûr, les Français, Gérard de Nerval en tête. Il aimera les livres hors série, les œuvres en marge, les joyaux rares, comme les êtres et les pays peu connus ou mal connus. D'ailleurs, il épuisera librairies et bibliothèques. On le verra chez les bouquinistes, des quais de la Seine si riches alors à Saint-Pétersbourg, à la librairie Impériale, à Prague où l'on trouve les procès-verbaux des Roses-Croix, à Bratislava où sont les grimoires de sorcellerie, et il traîne dans ses voyages « dix caisses immenses et immensément lourdes » de livres glanés en tous lieux.

La maison familiale sera à Neuchâtel où il sera invité à suivre les cours de l'École de Commerce. Il préfère les frasques et les dissipations, bientôt les rapines puisque, enfermé dans sa chambre par son père, il s'évade non sans voler l'argent de sa mère, les économies de ses sœurs et les paquets de cigarettes de son père. Après les voyages familiaux, l'aventure vagabonde commence, et c'est une rupture, l'invention d'une nouvelle vie bien à lui, non par haine de la famille ou par mésentente, mais pour répondre à une vocation qui se nomme aventure et poésie. Il dira : « J'ai le goût du risque. Je ne suis pas un homme de cabinet. Jamais je n'ai su résister à l'appel de l'inconnu. Écrire est la chose la plus contraire à mon tempérament, et je souffre comme un damné de rester enfermé entre quatre murs et de noircir du papier, quand, dehors, la vie grouille, que j'entends la trompe des autos sur la route, le sifflet des locomotives, la sirène des paquebots... et que je songe à des pays perdus que je ne connais pas encore. » De tous les poètes de sa génération, il est le plus libre : s'arracher aux cabinets parnassiens ou aux serres symbolistes n'est pas pour lui un problème. Avec lui la poésie prend le large. Naturellement.

En 1902, un garçon de quinze ans prend le train à Bâle, rejoint Berlin,

Hambourg, revient à Berlin, va sur Koenigsberg, puis à Cologne, à Munich, de gare en gare, vagabond comme Rimbaud, comme plus tard Kérouac. Devant le guichet d'un prêteur à gages, à Munich (voulait-il céder les couverts d'argent dérobés à la table familiale?), il rencontre un juif polonais qui parcourt l'Europe et l'Asie pour acheter et revendre bijoux et pacotilles, du lac Baïkal aux Indes, de l'Arctique à la Mandchourie, des plateaux du Pamir en Arménie. Et voilà Blaise à la véritable école du commerce. Rogovine, c'est le nom du marchand, habille le jeune Blaise de neuf et lui donne un revolver; bientôt il en fera son associé. La part du vrai, la part du faux? Tout sera controversé. Notre opinion est que nous tenons tout pour vrai, fût-ce au nom de la poésie, sœur de la navigation et de la découverte. Ce sont ces souvenirs qui forment le corps de *la Prose du transsibérien et de la petite Jehanne de France*. Ce jeune garçon, Dos Passos, dans *Orient-Express* (où tout un chapitre est consacré à Cendrars et à son poème) le dira l'« Homère du Transsibérien ». Et l'aventure commence :

> Et je partis moi aussi pour accompagner le voyageur en bijouterie qui se rendait à Kharbine.
> Nous avions deux coupés dans l'express et trente-quatre coffres de joaillerie de Pforzheim.

Paul Morand dira plus tard : « Cendrars avait déjà tout vu, le choléra asiatique, le froid sibérien, l'Amour charrieur de charognes, l'éternel printemps des Fiji, les gibets, les aurochs, et les vagabondages dans les soutes, et la prison à Marseille! Quelle secousse à chaque page et que j'avais honte de mon uniforme administratif et des heures arides de déchiffrement; les vrais décrypteurs de la vie, ce sont les poètes. »

Blaise Cendrars raconte et énumère, comme l'aurait fait Huysmans dans son *A rebours*, interminablement :

> — Je me revoyais, chevauchant avec lui, troquant notre camelote contre des antiquités, des gramophones, des horloges, des réveille-matin à peigne, à musique ou à sonnerie, des montres, des faux bijoux de Pforzheim, des articles de Paris contre des aiguières et des plats en argent repoussé, des vases cloisonnés, des coupes à cabochons, des tapis précieux, des émaux, de l'orfèvrerie, des miniatures érotiques persanes, des poignards damasquinés, des armes, des pistolets d'arçon, de longs fusils incrustés de nacre et d'argent, des mors de cheval, des éperons, des étriers, des heaumes en bronze, en airain, en un alliage d'or, en argent bleuté à l'antimoine, des harnachements et des troussequins enrichis de pierre de lune, topazes et turquoises, des tissus, des voiles arachnéens de Boukhara, de l'essence de jasmin et de rose...

C'est le salon de Des Esseintes, la caverne d'Ali Baba et le marché des voleurs de Bombay, l'image aussi de la diversité du voyage, car, durant trois ans, Blaise et Rogovine vont parcourir des milliers et des milliers de kilomètres. On le voit trois fois à la foire de Nijni-Novgorod, deux fois en Chine, puis en Arménie. Voici les hauts plateaux d'Ispahan, le désert à l'intérieur de la Perse. A l'embouchure de la Léna, on recherche des gisements d'ivoire fossile mais on se perd dans la toundra sibérienne où une peuplade inconnue échange le chargement de trente-sept traîneaux remplis de sel gemme contre autant de disques d'argent pur. On se retrouve à Bombay pour estimer un diamant, à Moscou, « la ville des mille et trois clochers et des sept gares » où gronde la Révolution de 1905-1908, en Sibérie où tonne le canon... Si les voyages forment la jeunesse, on peut dire aussi que pierre qui roule n'amasse pas mousse, deux propositions contradictoires et complémentaires. Et ce sont des alternatives de prospérité et de pauvreté. Le million gagné en 1904 est aussitôt jeté par les fenêtres des grands hôtels, et l'on peut se retrouver parmi les miséreux, les traîne-misère et les intouchables. Durant l'hiver de 1904, Blaise mourrait de faim à Pékin si l'Hôtel des Wagons-Lits ne le chargeait de l'entretien d'un calorifère où brûlent des numéros du *Mercure de France* arrachés au pillage des consulats. C'est trop beau ? Rien n'est trop beau pour être poème. Et le poème, la prose de Cendrars, nous le verrons, nous en diront bien d'autres.

Blaise, à dix-neuf ans, semble avoir déjà vécu la matière de plusieurs vies. C'est le temps de la rupture avec Rogovine à la suite de sombres histoires. D'abord, Blaise ne veut pas épouser la fille du bijoutier. Ensuite, contre sa volonté, il achète à Ispahan une « grande et belle épine incrustée d'une résille d'or représentant des feuilles et des boutons d'églantier » avec un système secret qui « découvrait un petit écrin contenant trois perles du plus bel orient – un parangon et deux princesses – pas des perles volées, certes, mais tout de même des perles de contrebande ». Cela pouvait-il vraiment choquer ce trafiquant de Rogovine ? Toujours est-il qu'il le dénonce et que Blaise est l'objet de poursuites. C'est le point final à cette aventure, en attendant la suite. Il s'embarque clandestinement à Smyrne et se retrouve à Naples. Quant à la canne à secret, il l'offrira à Remy de Gourmont. Et voilà qu'à vingt ans, il découvre ses sœurs les abeilles : il sera apiculteur et cultivateur de cresson ! La banlieue de Paris lui apporte ses fumées d'usines, ses carrés de jardins ouvriers, le canal de l'Ourcq, des cafés où coule l'absinthe. Il aime ces quartiers tristes comme tous les lieux-refuges des vagabonds et des clochards. « Il m'a appris, dira Philippe Soupault, la bonté miraculeuse du vin rouge et la délicieuse saveur du pissenlit. » C'est la « zone » où l'on rencontre des êtres d'exception. Ainsi, le grand ami Gustave Le Rouge, ami de Verlaine, auteur des romans populaires d'anticipation qu'on réédite aujourd'hui et qui tient alors au *Petit Parisien* la « chronique de la zone », collectionne les armoires à glace, lit tout, sait tout, tire les cartes comme sa gitane d'épouse. C'est pour Cendrars « un très grand poète antipoétique ». Du *Mystérieux Docteur Cornélius* de Le Rouge sortira le montage de *Documentaires*. C'est le temps où Cendrars écrit ses premiers poèmes. Autre rencontre : Remy de Gourmont le lépreux au lupus tragique. Cendrars admire son *Latin mystique* et le sent de sa famille. Pascal Pia pourra écrire : « La rumeur qui s'élève de ses *Pâques* est germaine de celle qui emplit les *Litanies de la rose,* les *Hiéroglyphes* et *les Oraisons mauvaises* de Gourmont. »

Bientôt, Cendrars, pris par « son besoin inassouvissable de dépaysement et de transplantation », repart. Il a besoin d'action, car « l'action seule libère », elle est « une aide pour me vaincre et le monde avec moi », et « il faut avoir aimé et aimer encore le monde ». Le goût de l'aventure, de découverte, de vie multipliée, toujours, mais aussi, dans le mouvement même, l'arrêt de la contemplation. Faut-il croire tout ce qu'il a relaté ? Nous l'avons rencontré à la fin de sa vie, présence inoubliable, regard perçant d'amitié profonde, metteur à jour, et d'une sincérité si vraie, si persuasive qu'on peut penser à quelque prédestination au miracle de l'extraordinaire sans cesse renouvelé. Jongleur de music-hall à Londres, a-t-il partagé la chambre du petit étudiant qui serait Charlie Chaplin ? Il voyage sans cesse : retour en Russie en 1909 où paraît, traduite en russe, sa *Légende de Novgorod*, et le voici l'année suivante à Anvers, à New York, Terre-Neuve, Paris, New York encore. Avril 1912 : dans les rues de New York ce vagabond affamé et mort de fatigue, le vagabond Cendrars. Une affiche annonce *le Messie* de Haendel donné dans une église et tout s'illumine. Par parenthèse, Cendrars avait été à Neuchâtel un organiste et un pianiste (que n'a-t-il pas été !) et il composait : son maître lui accordait : « Un certain don d'invention baroque, un sens du comique, ce qui est très rare en musique. » Miller a évoqué l'étonnante journée new-yorkaise du vagabond désespéré : « La nuit, les rues de New York renvoient l'image de la crucifixion et de la mort du Christ. Quand la neige est sur le sol et que règne l'extrême silence, il se dégage de la hideur des édifices de New York une musique d'une solennelle tristesse, d'un désespoir, d'une faillite à vous ratatiner la chair... » Cendrars écoute *le Messie* et voici que, dans une chambre misérable, devant un croûton de pain, le Christ revient dans la nuit éblouie. Cendrars écrit, s'endort, se réveille, écrit encore, et, au pays de Walt Whitman, naît comme un cri mystique un poème de foi, de beauté et de pitié parmi les plus beaux qui aient été écrits : *les Pâques à New York*, un monument, le point aussi où la poésie française trouve ses plus sûres chances de renouvellement.

Rentré à Paris, Cendrars fera éclater ses poèmes : *les Pâques à New York, la Prose du transsibérien*... Rencontres ferventes : Sonia et Robert Delaunay, Fernand Léger, Chagall, Picasso, et Apollinaire, l'animateur, le poète, l'ami, Apollinaire qui, comme Pierre Reverdy et Max Jacob, annonce l'esprit moderne parallèlement au groupe de Jules Romains. Cendrars, mêlé au grand mouvement, lorsqu'il ne met pas au point, par exemple, un « avion à incidences variables » qui lui vaut un accident, participe au mouvement de renouveau de l'art pictural, saluant ses amis Georges Braque, Fernand Léger, Pablo Picasso, Marc Chagall, Delaunay, de l'art musical, contribuant à faire connaître le groupe des Six, fréquentant Erik Satie, Strawinski, puis Honegger.

On l'opposera à Apollinaire à qui il rend hommage : « Apollinaire, 1900-1911, durant douze ans seul poète de la France », hommage ambigu : il laisse entendre qu'à partir de 1911 il faudra compter avec lui. Il est vrai que *les Pâques* ont pu inspirer *Zone*, qu'il y a entre les deux amis des rencontres troublantes, la parole de Guillaume arrivant peu de temps après celle de Blaise. Un parallèle s'impose. Quand Cendrars écrit :

> Et je partis moi aussi pour accompagner le voyageur en bijouterie qui se rendait à Kharbine
> Nous avions deux coupés dans l'express...

Apollinaire reprend le thème :

> Nous avions loué deux coupés dans le Transsibérien
> Tour à tour nous dormions le voyageur en bijouterie et moi...

Que Guillaume Apollinaire ait pris quelque bien chez Cendrars est indéniable et l'on a fait des rapprochements entre les « poèmes-conversations » du premier et les « télégrammes-poèmes » du second, entre « Et voici des affiches, du rouge, du vert multicolore comme mon passé, bref du jaune » du premier et « Du rouge au vert tout le jaune se meurt » du second, entre telle contemplation du béryl chez Cendrars et telle autre de l'agate chez Apollinaire. Les commentateurs pourront gloser, établir des joutes entre *Calligrammes* et *Poèmes élastiques,* jouer interminablement sur les dates des poèmes, les amateurs de poésie ne se tromperont pas sur la valeur propre de deux poètes fortement individualisés. Il y a plus affinité qu'influence réciproque entre deux hommes qui se sont estimés et ont puisé à des sources extra-littéraires les unissant, plus volontiers du côté des ateliers de peinture que de celui des livres adorés. Blaise et Guillaume ont des musiques personnelles qui ne peuvent être confondues.

Le 29 juillet 1914, Blaise signe avec le poète Ricciotto Canudo un appel aux étrangers résidant en France et lui-même s'engage dans un régiment de volontaires, la future Légion étrangère. A-t-il flanqué une mémorable raclée à Rainer-Maria Rilke devant la Closerie des Lilas pour protéger une jeune fille ? On hésite à le croire. En 1915, durant l'offensive de Champagne, le poète est blessé et doit être amputé d'un bras au-dessus du coude. Il refuse alors le bras articulé que Barrès lui a fait obtenir. Plus tard, il écrira *la Main coupée,* 1946. Revenu à la vie civile, par défi et par goût, il pratique les sports violents, apprend la sténographie, la dactylographie, pilote des voitures de course, s'accoutume « à ne pas avoir été respecté dans son intégrité physique ». Il voyage de l'Amérique du Sud à l'Afrique noire, fait tous les métiers : explorateur, chasseur de fauves, prospecteur, et l'on pourrait ajouter photographe et cinéaste par les mots qui fixent les images, les événements, l'actualité, pour lui « seule source éternelle de la poésie ». Ce sera le temps des *Dix-Neuf Poèmes élastiques,* 1919, écrits à la veille de la guerre, plus tard de *Documentaires,* de *Feuilles de route.* Il écrira : « Le monde est si grand, si riche, et la vie offre un spectacle si divers que les sujets de poésie ne feront jamais défaut. Mais il est nécessaire que ce soient toujours des poésies de circonstance ; autrement dit il faut que la réalité offre l'occasion et la matière. Un cas singulier devient général et poétique, du fait, précisément qu'il est traité par un poète. Mes poèmes sont tous des poèmes de circonstance, ils s'inspirent de la réalité, c'est sur elle qu'ils se fondent et reposent. Je n'ai que faire des poèmes qui ne reposent sur rien. »

En compagnie de Fernand Léger, Cendrars rend visite à Sawo, roi gitan, qui campe avec sa tribu aux portes de Paris, suit quelque temps en province le cirque ambulant de « la tribu prophétique aux prunelles ardentes » selon Baudelaire, se retrouve à La Pierre dans le Loiret, « capitale des cressonniers » où il reste plusieurs mois. Il écrit *l'Eubage* pour le couturier-bibliophile Jacques Doucet, mécène qui lui envoie cent francs par mois en échange de ses manuscrits, ainsi qu'un scénario jugé intournable, une *Fin du monde filmée par l'Ange Notre-Dame*, et que Léger illustrera. *L'Eubage* était la relation d'un voyage « dans les montagnes supra-stellaires, région inexplorée qui est comme l'hinterland du ciel, où prennent source les Forces et les Formes de la Vie et de l'Esprit ». Le livre ne paraîtra que dix ans plus tard. Cendrars, pour une édition qui ne vit pas le jour, avait envisagé et préparé des illustrations prises dans des livres scientifiques et techniques, selon un procédé de collage repris dans *Une semaine de bonté*, conception proche de Picabia et de Duchamp, reprise avec art par Max Ernst, Jacques Prévert et tant d'autres. Toutes les formes de la poésie attirent Cendrars, ainsi que le cinéma.

Entre 1917 et 1923, il travaille à ses poèmes, à la fameuse *Anthologie de la poésie nègre* et se consacre à l'art cinématographique où son apport est celui d'un professionnel qui a des vues non seulement théoriques, mais aussi pratiques sur l'éclairage, les prises de vues, les jeux du ralenti et de l'accéléré, l'accompagnement musical, la magie des images en liberté, le travail des acteurs. Il travaille avec Abel Gance à *la Roue*, lui suggère de demander une illustration musicale à Arthur Honegger, fait fortune, se ruine, abandonne, lui qui avait tant d'ambition pour le Septième Art, celui d'une race d'hommes nouveaux. L'incompréhension d'un univers-requin le pousse vers d'autres aventures, de l'Ile-de-France au Paraguay et autres lieux : « De fait, de 1924 à 1936, pas une année ne s'est écoulée sans que j'aille passer, un, trois ou neuf mois en Amérique, surtout en Amérique du Sud, tellement j'étais fatigué de la vieille Europe. » La France est cependant le port d'attache, celui de l'étude des écritures anciennes comme l'aztèque et de la préparation des œuvres. C'est le temps des romans nés des voyages, souvent longtemps après, romans en partie autobiographiques comme *Moravagine* et *Dan Yack* mais enrichis par l'imagination, romans vrais comme *l'Or ou la merveilleuse histoire du général Johann August Suter*, *Histoires vraies*, 1938, et vérité encore dans *la Vie dangereuse* et *d'Oultremer à Indigo*, 1939. Partout la prose est poétique que ce soit dans les romans, biographies, reportages, chroniques, instantanés, nouvelles, œuvres foisonnantes comme la forêt vierge, mouvantes comme la mer, avec un exotisme de fauve, des étrangetés violentes, des mouvements amples et picaresques, une puissance d'évocation qui font de ce grand poète un grand romancier dont on lira encore *Rhum*, *l'Homme foudroyé*, *Bourlinguer*, *Emmène-moi au bout du monde*, *la Main coupée*, mélange de réalisme et d'imagination créative dont Michaux est proche. Dos Passos qui fut son traducteur ressentit fortement son influence, on ne l'a pas assez dit. Hors de tout conformisme stylistique, allant d'un lieu à l'autre avec aisance, tour à tour épique, lyrique, brutal, heurté, superbe, toujours poétique, sans cesse, d'une prose à l'autre, il se renouvelle, s'émerveille devant toutes les phases, les images, les richesses du « profond aujourd'hui ». Son héros est l'aventurier engagé à fond dans son destin hors des normes courantes de la civilisation établie, individualiste lyrique ennemi de la grégarisation du monde. Poète planétaire, son exotisme n'est pas celui des vagues nostalgies, mais, renouvelé, celui des grands rythmes du monde nouveau. La France oublie toujours qu'elle a trouvé en lui un écrivain d'audience universelle. Il est, sans le Nobel, l'écrivain français qui l'aurait le plus mérité. Un de ses mérites est d'avoir étudié les richesses de l'art nègre, de la poésie profonde du continent humilié, recherchant, avec une attention fraternelle, toutes manifestations de valeur jusque sur les lieux mêmes de l'exil esclave. On lit avec émotion : « Cette haute spiritualité qui est la marque transcendante de l'âme nègre et qui est la source de la vitalité de la race africaine, paraît incroyable quand on songe aux malheurs, aux conditions inhumaines d'existence, à leur abandon sans espoir que ces misérables transplantés ont eu à supporter, sans parler des contraintes et des coups, durant leur long esclavage dans le temps et leur plus long exil sur terre, puisqu'il dure encore aujourd'hui. »

Durant la Seconde Guerre mondiale, correspondant de guerre auprès du quartier général britannique, l'exode le conduit à Aix-en-Provence et c'est un long silence : « Je me taisais donc et germais au milieu de mes graines qui fructifiaient et rapportaient. » Il connut la douleur avec la mort de son fils. Plus tard, retiré à Villefranche-sur-Mer, il écrivait, il envisageait d'autres voyages. Henry Miller, l'écrivain le plus proche de lui, disait : « Cendrars est le minerai brut dont sont faits les matériaux les plus rares ». A soixante ans, il put dire qu'il commençait « à croire à sa vocation d'écrivain ». Franc-tireur des lettres françaises, s'il collabora aux revues dadaïstes et surréalistes, il ne fut d'aucun groupe, cet anarchiste fraternel et bon. Il reste l'image la plus parfaite de l'homme libre à la fois précurseur et découvreur, affamé du monde, homme d'action et mystique, rénovateur de l'épopée, poète partout et toujours, du poème au roman. Auprès de Raymone, sa femme, il mourut le 21 janvier 1961, mais aucun de ceux qui l'ont approché, aucun de ceux qui admirent le « continent » de son œuvre ne peuvent l'imaginer autrement que vivant à jamais, quelque part en une contrée lointaine auprès de quelque peuple humilié dans une aventure interminable.

Du monde entier...

Le recueil *Du monde entier* contient les poèmes allant de 1912 à 1914. Il s'ouvre sur les 205 vers des *Pâques à New York*, rimés ou assonancés, d'une mesure irrégulière entre dix et quinze syllabes. Deux citations le précédent, la première extraite du *Latin mystique* de Remy de Gourmont, la seconde de vers latins de l'évêque Fortunat au VIe siècle. Le poème débute par une évocation de la piété médiévale : « Un moine d'un vieux temps me parle de votre mort. » De ce moine, le poète partage l'inquiétude et quête l'éternité dans un appel de détresse. Il dit :

> Je connais tous les Christs qui pendent dans les musées ;
> Mais Vous marchez, Seigneur, ce soir à mes côtés.

et le Christ est à ses côtés lorsqu'il aborde la cité fourmillante et pleine de rouges visions :

> Je descends à grands pas vers le bas de la ville,
> Le dos voûté, le cœur ridé, l'esprit fébrile.
>
> Votre flanc grand-ouvert est comme un grand soleil
> Et vos mains tout autour palpitent d'étincelles.
>
> Les vitres des maisons sont toutes pleines de sang
> Et les femmes, derrière, sont comme des fleurs de sang,

Vers la neuvième heure, celle où la tête du Seigneur tomba sur son cœur, Blaise assis au bord de l'océan voit des images ; il se remémore un cantique allemand, se voit en maints lieux de la planète, à Sienne dans une église ou à Bourrié-Wladislasz dans un sanctuaire, partout où il voit « la même Face » :

> Sur le mouchoir de Véronique Elle est empreinte
> Et c'est pourquoi Sainte Véronique est Votre sainte.
>
> C'est la meilleure relique promenée dans les champs,
> Elle guérit tous les malades, tous les méchants.

Des images de vitrail se succèdent, simples et dépouillées. Il recommande à Dieu « la foule des pauvres pour qui vous fîtes le sacrifice » :

> Il y a des Italiens, des Grecs, des Espagnols,
> Des Russes, des Bulgares, des Persans, des Mongols.
> Ce sont des bêtes de cirque qui sautent les méridiens.
> On leur jette un morceau de viande noire, comme à des chiens.
>
> C'est leur bonheur à eux que cette sale pitance.
> Seigneur, ayez pitié des peuples en souffrances.

Poète des immigrants de toutes sortes, il recommande « les Juifs dans les baraques », les prostituées « polluées par la misère des hommes », et « Des vagabonds, des va-nu-pieds, des receleurs », les larrons, les musiciens des rues, les infirmes, tout cet univers gueux à qui le poète, au long de sa vie, réservera sa meilleure part d'amitié. Il fait parfois penser à Corbière, parfois au franciscanisme de Francis Jammes. Et la ville énorme prend de nouvelles couleurs :

> La rue est dans la nuit comme une déchirure,
> Pleine d'or et de sang, de feu et d'épluchures.
>
> Ceux que vous aviez chassés du temple avec votre fouet,
> Flagellent les passants d'une poignée de méfaits.
>
> L'Étoile qui disparut alors du tabernacle,
> Brûle sur les murs dans la lumière crue des spectacles.
>
> Seigneur, la Banque illuminée est comme un coffre-fort,
> Où s'est coagulé le Sang de votre mort.

Assis devant un verre de thé, Blaise pensant à Ho-Kousaï demande :
« Que serait votre Face peinte par un Chinois ? » et imagine d'autres supplices. Et dans la nuit monte un chant de solitude dans le tumulte de la cité :

> Seigneur, l'aube a glissé froide comme un suaire
> Et a mis tout à nu les gratte-ciel dans les airs.
>
> Déjà un bruit immense retentit sur la ville.
> Déjà les trains bondissent, grondent et défilent.
>
> Les métropolitains roulent et tonnent sous terre.
> Les ponts sont secoués par les chemins de fer.

Le poète « rentre, fatigué, seul et très morne », il a la fièvre et dit : « Mon lit est froid comme un cercueil... » Il est seul, il a froid, il appelle :

> Cent mille roupies tournoient devant mes yeux...
> Non, cent mille femmes... Non, cent mille violoncelles...
>
> Je pense, Seigneur, à mes heures malheureuses...
> Je pense à vous, Seigneur, à mes heures en allées...
>
> Je ne pense plus à Vous. Je ne pense plus à Vous.

Le poème de Cendrars, dans son désordre scandaleux pour l'esprit épris de prosodie classique, répond cependant à une construction solide. Pas de mètres harmonieux, d'artifices de beau langage, mais l'utilisation de matériaux bruts inemployés avant lui. Le style est direct, franc, parfois dur et sec, avec une maîtrise du temps parfaite, lancé comme un bolide, avec ses accélérations et ses brusques coups de frein, une conduite tantôt heurtée et tantôt souple et précise. Sans nonchalance et sans attendrissement, il offre toutes les nuances du sentiment humain. Et surtout dominent l'esprit libre, l'instinct poétique, la sincérité. Un des plus admirables poèmes modernes est *la Prose du transsibérien et de la petite Jehanne de France*, 1913, épopée de la vie moderne où le voyageur de naguère devient l'aventurier respirant l'air de la planète par tous ses pores, le héros d'un corps à corps avec le matériau et l'événement, être toujours habité par la nostalgie, errant émerveillé et tragique qui pressent les nouvelles apocalypses dans un incessant tourment cosmique. Naît un univers haletant, violent, rapide, vertigineux, où la poésie tient du tonnerre guerrier et du fait brut, où l'homme est pris corps et âme dans l'actualité qui le transforme de minute en minute, où le lyrisme de l'action naît du frottement avec la matière. Comment ne pas penser au cours de cette lecture à l'homme Rimbaud découvrant la réalité des choses et se taisant ? L'aventure commence :

> En ce temps-là j'étais en mon adolescence
> J'avais à peine seize ans et je ne me souvenais déjà plus de mon enfance
> J'étais à 16.000 lieues du lieu de ma naissance
> J'étais à Moscou, dans la ville des mille et trois clochers et des sept gares
> Et je n'avais pas assez de sept gares et des mille et trois tours

Car mon adolescence était si ardente et si folle
Que mon cœur, tour à tour, brûlait comme le temple d'Éphèse ou comme la Place Rouge de Moscou
Quand le soleil se couche.

Il ajoute : « Et j'étais déjà si mauvais poète / Que je ne savais pas aller jusqu'au bout. » Plus loin on lira encore : « Pourtant, j'étais fort mauvais poète » et « Moi, le mauvais poète... » Il faut voir là une marque d'authenticité et penser que seul un vrai poète, un admirateur et un fervent de la poésie, peut s'exprimer ainsi. Cette affirmation est d'ailleurs vite démentie par la splendeur des images :

> Le Kremlin était comme un immense gâteau tartare
> Croustillé d'or,
> Avec les grandes amandes des cathédrales toutes blanches
> Et l'or mielleux des cloches...

Ou encore :

> Puis, tout à coup, les pigeons du Saint-Esprit s'envolaient sur la place
> Et mes mains s'envolaient aussi, avec des bruissements d'albatros

« J'avais faim », écrit-il et c'est une faim de nourriture, de femmes, de maisons, de vitrines, de rues, une faim du monde et de la vie qui est l'adolescence, avec ce regard de visionnaire :

> Je pressentais la venue du grand Christ rouge de la révolution russe...
> Et le soleil était une mauvaise plaie
> Qui s'ouvrait comme un brasier.

C'est un poème de riches couleurs : « J'étais à Moscou, où je voulais me nourrir de flammes » ou « La folie surchauffée beugle dans la locomotive » ou « La peste le choléra se lèvent comme des braises ardentes sur notre route » ou « En fièvre les banquettes et rougeoie sous la table » ou « Les lianes tentaculaires sont la chevelure du soleil » ou « Le feu primitif réchauffera notre pauvre amour » ou « Si j'étais peintre je déverserais beaucoup de rouge, beaucoup de jaune sur la fin de ce voyage » ou « Grand foyer chaleureux avec les tisons entrecroisés de tes rues et de tes vieilles maisons qui se penchent au-dessus et se réchauffent » — couleurs du feu, couleurs du sang vif qui bout dans les veines adolescentes.

Et, dans le mouvement « d'un express à toute vapeur », il y a la présence de la petite Jeanne de France qui n'est pas la Pucelle d'Orléans mais « une fleur candide, fluette », lumineuse dans un lointain lupanar :

> Du fond de mon cœur des larmes me viennent
> Si je pense, Amour, à ma maîtresse ;
> Elle n'est qu'une enfant, que je trouvai ainsi
> Pâle, immaculée, au fond d'un bordel.
>
> Ce n'est qu'une enfant, blonde, rieuse et triste,
> Elle ne sourit pas et ne pleure jamais ;
> Mais au fond de ses yeux, quand elle vous y laisse boire,
> Tremble un doux lys d'argent, la fleur du poète.

Tandis que les paysages défilent, que les souvenirs affluent, que l'avenir est pressenti, la présence élégiaque de Jeanne apporte une image fraîche, les présences féminines versent l'eau porteuse de mémoire dans tout ce feu :

> Toutes les femmes que j'ai rencontrées se dressent aux horizons
> Avec les gestes piteux et les regards tristes sous la pluie
> Bella, Agnès, Catherine et la mère de mon fils en Italie
> Et celle, la mère de mon amour en Amérique
> Il y a des cris de sirène qui me déchirent l'âme

Et l'adolescent revoit les scènes de sa petite enfance avec émotion :

> Mon berceau
> Il était toujours près du piano quand ma mère comme Madame Bovary jouait les sonates de Beethoven
> J'ai passé mon enfance dans les jardins suspendus de Babylone
> Et l'école buissonnière, dans les gares devant les trains en partance

La géographie aventureuse de Cendrars jette ses noms tout au long du poème. En Sibérie, le poète évoque les villes et les pays : Bâle, Tombouctou, Madrid, Stockholm, la Patagonie, Paris surtout, avec ce refrain qui le situe comme le pivot de l'univers :

> « Dis, Blaise, sommes-nous bien loin de Montmartre ? »

pour répondre aussitôt : « Nous sommes loin, Jeanne, tu roules depuis sept jours / Tu es loin de Montmartre, de la Butte qui t'a nourrie du Sacré-Cœur contre lequel tu t'es blottie... » Au refrain, il répond encore :

> Oui, nous le sommes, nous le sommes
> Tous les boucs émissaires ont crevé dans ce désert
> Entends les sonnailles de ce troupeau galeux Tomsk
> Tchéliabinsk Kainsk Obi Taïchet Vekné Oudinsk Kourgane Samara Pensa-Touloune
> La mort en Mandchourie

En tous lieux de la planète, il emmène le fantôme de Jeanne et il ne cesse d'évoquer :

> Aux Fidji règne l'éternel printemps
> La paresse
> L'amour pâme les couples dans l'herbe haute et la chaude syphilis rôde sous les bananiers
> Viens dans les îles perdues du Pacifique !
> Elles ont nom du Phénix, des Marquises
> Bornéo et Java
> Et Célèbes à la forme d'un chat

Voici des végétations avec « des couleurs étourdissantes comme des gongs », des oiseaux comme « L'oiseau de Paradis, l'oiseau-lyre / Le toucan, l'oiseau moqueur / Et le colibri niche au cœur des lys noirs ». Apollinaire ajoutera le fameux pihi. Avec Jeanne, il lira toutes les heures à la grande horloge universelle :

L'heure de Paris l'heure de Berlin l'heure de Saint-Pétersbourg et l'heure de toutes les gares
    Et à Oufa, le visage ensanglanté du canonnier
    Et le cadran bêtement lumineux de Grodno
    Et l'avance perpétuelle du train
    Tous les matins on met les montres à l'heure

    Il écoute sonner le bourdon de Notre-Dame, « la cloche aigrelette du Louvre qui sonna la Barthélemy », les carillons de Bruges, les sonneries électriques de la bibliothèque de New York, les cloches de Moscou... Il a évoqué son compagnon, le voyageur en bijouterie avec sa pacotille, dans ce poème autobiographique où parfois des suites de vers courts prennent le rythme ferroviaire, mais « les trains d'Europe sont à quatre temps tandis que ceux d'Asie sont à cinq ou sept temps ». Comme Rimbaud dans son *Bateau ivre,* il dit un monde en fièvre, il dit « J'ai vu... » :

    J'ai vu
    J'ai vu les trains silencieux les trains noirs qui revenaient de l'Extrême-Orient et qui passaient en fantômes
    Et mon œil, comme le fanal d'arrière, court encore derrière ces trains
    A Talga 100.000 blessés agonisaient faute de soins
    J'ai visité les hôpitaux de Krasnoïarsk
    Et à Khilok nous avons croisé un long convoi de soldats fous
    J'ai vu dans les lazarets des plaies béantes des blessures qui saignaient à pleines orgues
    Et les membres amputés dansaient autour ou s'envolaient dans l'air rauque

    Ceux qu'il aime entrent dans le jeu du poème : « Comme mon ami Chagall je pourrais faire une série de tableaux déments. » Il ne se documente pas, il s'abandonne « aux sursauts de ma mémoire » :

    Mais je n'ai pas pris de notes en voyage
    « Pardonnez-moi mon ignorance
    « Pardonnez-moi de ne plus connaître l'ancien jeu des vers »
    Comme dit Guillaume Apollinaire

    « Ivre durant plus de 500 kilomètres », la musique le berce et se marie aux rythmes du voyage : « Moussorgsky / Et les lieder de Hugo Wolf / Et les sables de Gobi. » Il écoute des bruits :

    Et il y en a qui dans le bruit monotone des roues me rappellent la prose lourde de Maeterlinck
    J'ai déchiffré tous les textes confus des roues et j'ai rassemblé les éléments épars d'une violente beauté

    Et le poème se termine sur la vision passionnée de Paris. Comme Rimbaud dans son *Bateau ivre* s'écrie : « Mais vrai, j'ai trop pleuré ! » et « désire une eau d'Europe », le poète rêvant à « la petite Jehanne de France » pour qui il a écrit le poème un soir de tristesse, voit la « Ville de la Tour unique du grand Gibet et de la Roue », pense au « Lapin agile » de sa jeunesse perdue, chante le lieu qui bercera sa solitude en l'exaltant :

Ô Paris
Gare centrale débarcadère des volontés carrefour des inquiétudes
Seuls les marchands de couleur ont encore un peu de lumière sur leur porte
La Compagnie Internationale des Wagons-Lits et des Grands Express Européens m'a envoyé son prospectus
C'est la plus belle église du monde

Le Transsibérien, c'est l'aventure d'un adolescent face au monde. Dans le poème qui suivra, Cendrars se multipliera par sept pour courir plus d'aventures, voir plus de pays, montrer plus de richesses spirituelles, et apporter la diversité des regards. Une pléiade d'oncles, comme ces fameux « oncles d'Amérique », va surgir dans un poème dédié « à Edmond Bertrand, barman au Matachine ». Le livre s'ouvre sur l'enfance quand la mère de Cendrars lui racontait les aventures de ses sept frères et quand elle recevait des lettres avec des timbres exotiques « qui portent les vers de Rimbaud en exergue ». C'est le temps où Blaise a lu l'histoire du tremblement de terre de Lisbonne, où le krach du Panama a bouleversé son enfance. Il invente beaucoup, il transcende, mais le livre d'images avec les animaux qui font rêver, le lévrier Dourak, le père ruiné par le fameux krach, le déménagement, tout cela il le narre en liberté et s'exclame : « C'est le krach du Panama qui fit de moi un poète ! » Il nous parle encore de l'abécédaire : « L'ours le lion le chimpanzé le serpent à sonnettes m'avaient appris à lire... »

Le Panama ou les Aventures de mes sept oncles part donc d'images enfantines. La première lettre qu'il lit :

Mon oncle disait
Je suis boucher à Galveston
Les abattoirs sont à 6 lieues de la ville
C'est moi qui ramène les bêtes saignantes, le soir, tout le long de la mer
Et quand je passe les pieuvres se dressent en l'air
Soleil couchant...

Blaise hérita-t-il des 400 dollars d'économies, de la pipe kabyle et des graines de cacao de cet oncle « disparu durant le cyclone de 1895 » ? Oui, puisque le poète a toujours raison. Passant d'un oncle à l'autre, il décrit au passage son propre univers, sa curiosité :

Comment voulez-vous que je prépare des examens
Quand une lettre est sous la porte

Le deuxième oncle est un pauvre chercheur d'or en Alaska. Comme ses frères, il éprouve sans cesse « La tristesse et le mal du pays ». Comme eux il a connu une vie exceptionnelle :

Oh mon oncle ma mère m'a tout dit
Tu as volé des chevaux pour t'enfuir avec tes frères
Tu t'es fait mousse à bord d'un cargo-boat
Tu t'es cassé la jambe en sautant d'un train en marche
Et après l'hôpital, tu as été en prison pour avoir arrêté une diligence
Et tu faisais des poésies inspirées de Musset

Cendrars peut dire à l'image de Flaubert : « Mes sept oncles, c'est moi ! » mais il préserve ses mythes, mêle ses propres aventures à celles de ses protagonistes, saute de continent en continent. Le troisième oncle est mystique et anarchiste :

> Je suis bouddhiste membre d'une secte politique
> Je suis ici pour faire des achats de dynamite
> On en vend chez les épiciers comme chez vous la chicorée
> Par petits paquets
> Puis je retournerai à Bombay faire sauter les Anglais

L'oncle numéro quatre, Jean, est le seul que l'enfant ait vu. Avant d'être sanglé dans une camisole de force, « il était valet de chambre du général Robertson qui a fait la guerre aux Boërs ». Et Blaise revient toujours à lui-même, à ce qu'il faisait au moment de recevoir une nouvelle lettre chargée d'aventures :

Remy de Gourmont habite au 71 de la rue des Saints-Pères
Fimagore ou seizaine
« Séparé un homme rencontre un homme mais une montagne ne rencontre
   jamais une autre montagne »
Dit un proverbe hébreu
Les précipices se croisent
J'étais à Naples
1896
Quand j'ai reçu *le Petit Journal Illustré*
Le capitaine Dreyfus dégradé devant l'armée

Et suit la lettre du cinquième oncle, le seul à ne pas éprouver le mal du pays. Il est chef-cuisinier avec 400 gâte-sauces sous ses ordres. « Tes menus sont la poésie nouvelle », dit Blaise. C'est l'aventurier de la cuisine :

> Oh mon oncle, toi seul tu n'as jamais eu le mal du pays
> Nice Londres Buda-Pest, Bermudes, Saint-Pétersbourg, Tokio, Memphis
> Tous les grands hôtels se disputent tes services
> Tu es le maître
> Tu as inventé nombre de plats doux qui portent ton nom
> Ton art
> Tu te donnes tu te vends on te mange

Entre deux lettres d'oncles, encore l'actualité avec des vers bourrés d'énergie :

> Les catapultes du soleil assiègent les tropiques irascibles
> L'oiseau-secrétaire est un éblouissement
> Un torpilleur brûle comme un cigare
> Et les palétuviers éventent les jeunes filles studieuses

Le sixième oncle est parti avec une compagnie d'astronomes inspecter le ciel en Patagonie. Sa lettre au petit Blaise :

Je reçois un paquet à mon nom, 200.000 pésétas et une lettre de mon sixième
   oncle :

Attends-moi à la factorerie jusqu'au printemps prochain
Amuse-toi bien bois sec et n'épargne pas les femmes

Interprète et guide des astronomes, l'oncle vise l'horizon au sextant et c'est l'aventure splendide « dans les fjords de la Terre de Feu » :

Aux confins du monde
Vous pêchiez des mousses protozoaires en dérive entre deux eaux à la lueur des poissons électriques
Vous collectionniez des aérolithes de peroxyde de fer
Un dimanche matin :
Tu vis un évêque mitré sortir des eaux
Il avait une queue de poisson et t'aspergeait de signes de croix
Tu t'es enfui dans la montagne en hurlant comme un vari blessé

Cendrars, « amoureux de cartes et d'estampes », marie la légende aux caprices de son imagination, la poésie d'un prospectus vantant Denver se mêle à des marques comme Byrrh ou Maggi. Il jette comme dans un film une quantité inouïe d'images à la seconde : « La belle nature / Les étalons s'enculent / 200 taureaux noirs mugissent / Tango argentin ». Des mots se heurtent, ne formant souvent qu'un seul vers : « Pampas / Disque / Les iroquoises du vent / Saupiquets / L'hélice des gemmes ». Il s'exclame :

> Bien quoi
> Il n'y a plus de belles histoires
> La Vie des Saints
> Das Nachtbuechlein von Schuman
> Cymbalum mundi
> La Tariffa delle Puttane di Venegia
> Navigation de Jean Struys, Amsterdam, 1528
> Shalom Aleïchem
> Le Crocodile de Saint-Martin
> Strindberg a démontré que la terre n'est pas ronde
> Déjà Gavarni avait aboli la géométrie

Il taille le merveilleux dans la chair des bibliothèques. Suivent les vers qui sont la dédicace du poème au barman « Monsieur Bertrand ». Le septième oncle ? On n'en saura rien / On n'a jamais su ce qu'il est devenu / On dit que je te ressemble ». Il est la porte ouverte sur le mystère. Sans cesse Cendrars nous a dit sa soif et de « Monsieur Bertrand », « Barman du Matachine » et « Dernier Français de Panama », il fait le bon Samaritain et l'ami fidèle :

Vous m'avez offert des liqueurs fortes pour me prémunir contre les fièvres du canal
Vous vous êtes abonné à l'Argus de la Presse pour recevoir toutes les coupures qui me concernent

Et Blaise lui écrit, lui dédie des flots d'images dynamiques et qui jettent de l'action dans le rêve :

Envoyez-moi la photographie de la forêt de chênes-lièges qui pousse sur les 400 locomotives abandonnées par l'entreprise française
Cadavres-vivants

Le palmier greffé dans la banne d'une grue chargée d'orchidées
Les canons d'Aspinwall rongés par les toucans
La drague aux tortues
Les pumas qui nichent dans le gazomètre défoncé
Les écluses perforées par les poissons-scie
La tuyauterie des pompes bouchée par une colonie d'iguanes
Les trains arrêtés par l'invasion des chenilles

Il mêle les productions de l'industrie à celles de la nature et, comme il se dit « le premier aviateur qui traverse l'Atlantique en monocoque », il est le premier de sa race poétique, on ne peut le comparer qu'à de luxuriants poètes sud-américains comme un Miguel-Angel Asturias. D'ailleurs, il dit :

>   J'ai du pain et du fromage
>   Un col propre
>   La poésie date d'aujourd'hui

Il sait que « Soleils lunes étoiles / Mondes apocalyptiques / Vous avez encore tous un beau rôle à jouer ». Il quitte les routes habituelles du poème :

>   Je suis tous les visages et j'ai peur des boîtes à lettres
>   Les villes sont des ventres
>   Je ne suis plus les voies
>   Lignes
>   Câbles
>   Canaux
>   Ni les ponts suspendus!

Paul Morand, autre voyageur, témoigne : « Je reçus en pleine figure la *Prose du Transsibérien* et *le Panama.* » Tout y est action de grâces, comme dans Walt Whitman; après avoir profondément marqué l'unanimisme, le poète des *Feuilles d'herbe* alors nous bouleversait... » Pour Morand, le *Chant de la terre qui roule* du géant américain annonçait les *Poèmes élastiques* de Cendrars.

Écrits entre 1913 et 1919, les *Dix-Neuf Poèmes élastiques,* 1919, affirment une rupture totale avec les règles et les thèmes habituels de la poésie française. C'est la transcription instantanée des événements de l'actualité et des sensations qui assaillent l'homme, c'est aussi une expérience d'avant-garde qui s'apparente au cubisme. Les vers sont plus courts que dans les premiers poèmes. Poèmes de circonstance, vide-poches, vide-cerveau, kaléidoscope? Chaque mot prend du relief, suffit parfois à un vers. Il arrive que le poème soit une longue phrase découpée :

Ce n'était pas l'éruption du Vésuve
Ce n'était pas un nuage de sauterelles, une des dix plaies d'Égypte
Ni Pompéi
Ce n'était pas les cris ressuscités des mastodontes géants
Ce n'était pas la trompette annoncée
Ni la grenouille de Pierre Brisset
Quand, tout à coup,

Feux
Chocs
Rebondissements
Étincelle des horizons simultanés
Mon sexe

Cela a parfois des allures de poste de radio, de T.S.F. plutôt, en folie qui crache d'étranges comptines :

Gong tam-tam zanzibar bête de la jungle rayons-X express bistouri symphonie

Il dessine un Paris bien à lui où « les ouvriers en blouse bleue boivent du vin rouge », où « un enfant joue avec l'Arc de Triomphe », où :

Il pleut les globes électriques
Montrouge Gare de l'Est Métro Nord-Sud bateaux-mouches monde
Tout est halo
Profondeur
Rue de Buci on crie *l'Intransigeant* et *Paris-Sports*
L'aérodrome du ciel est maintenant, embrasé, un tableau de Cimabue
Quand par devant
Les hommes sont
Longs
Noirs
Tristes
Et fument, cheminées d'usine

Le prenait-on au sérieux ? Il nous renseigne : « A l'exception de deux ou trois d'entre eux, ils ont été publiés par des revues étrangères ; le *Mercure de France, Vers et Proses, les Soirées de Paris* et *Poème et Drame*, c'est-à-dire les aînés, les poètes déjà classés et la soi-disant avant-garde refusaient ma collaboration... » Il pouvait bien écrire :

Platon n'accorde pas droit de cité au poète
Juif errant
Don Juan métaphysique

Avouons que ces notations pouvaient surprendre. D'autres en profiteraient et en tireraient profit de gloire, démarqueraient à qui mieux mieux, jetteraient la publicité des manifestes. Lui fait à sa manière « une mise au point du nouveau régime de la personnalité humaine ». Il trouve la poésie dans les quotidiens : *Paris-Midi* ou *l'Intransigeant*, et voici que naît un poème intitulé *Dernière Heure* qu'il dit « télégramme-poème copié dans *Paris-Midi* ». C'est déjà la « Série Noire » d'un fait divers :

OKLAHOMA, *20 janvier 1914*
Trois forçats se procurent des revolvers
Ils tuent leur geôlier et s'emparent des clefs de la prison
Ils se précipitent hors de leurs cellules et tuent quatre gardiens dans la cour
Puis ils s'emparent de la jeune sténo-dactylographe de la prison
Ils montent dans une voiture qui les attend à la porte

Ils partent à toute vitesse
Pendant que les gardiens déchargent leurs revolvers dans la direction des fugitifs

Et le film se poursuit, les événements du drame se succèdent. Que pouvaient penser de cela Henri de Régnier ou Anna de Noailles dans leur gloire? Dans *Natures mortes* « pour Roger de La Fresnaye », il prend les couleurs comme Rimbaud prenait les voyelles et leur trouve des équivalences dans les matériaux et les faits. Et les peintres cubistes passent dans ses poèmes. Il dit que « la guillotine est le chef-d'œuvre de l'art plastique ».

Suivront de minces recueils : *la Guerre au Luxembourg* qui ressuscite dans des « enfantines » la petite guerre avec « une tranchée dans le tas de sable », *Sonnets dénaturés* ô combien ! avec des recherches typographiques : utilisation de diverses polices de caractères, de mise en évidence d'une lettre comme le O du poème « OpOetuc », de dispositions nouvelles dans la page, *Poèmes nègres*.

Les grands voyages de Cendrars, en Amérique du Sud et dans les livres, vont donner naissance à *Kodak*, mais la célèbre firme proteste et le recueil s'intitulera *Documentaires*. C'est une aimable supercherie : Francis Lacassin, bon connaisseur de Gustave Le Rouge, a démontré, guidé en cela par les confidences à peine voilées de Cendrars dans *l'Homme foudroyé*, que le poète s'est amusé à faire un découpage poétique (comme on fait des papiers collés) dans *le Mystérieux Docteur Cornélus* pour démontrer au romancier populaire qu'il était poète (ils « burent » ensemble les droits d'auteur). Ces « photographies mentales » restituent d'étonnantes impressions de voyage. Au moins, Cendrars a-t-il le mérite de nous enseigner une nouvelle lecture des journaux ou des romans dits de quatre sous. C'est vrai que les lecteurs de Le Rouge dont on faisait une sorte de Jules Verne de gouttière n'ont peut-être pas extrait la poésie qu'il recelait. Cendrars fait au fond des collages comme Max Ernst. On conseille de lire simultanément les romans de Gustave et les poèmes de Blaise. On trouvera chez le premier en prose foisonnante ce que le second découpe et ordonne; par exemple, la vision d'un *Laboratoire* cher à Gustave, ami des chercheurs :

Visite des serres
Le thermo-siphon y maintient une température constante
La terre est saturée d'acide formique de manganèse et d'autres substances qui impriment à la végétation une puissance formidable
D'un jour à l'autre les feuilles poussent les fleurs éclosent les fruits mûrissent
Les racines grâce à un dispositif ingénieux baignent dans un courant électrique qui assure cette croissance monstrueuse
Les canons paragrêle détruisent nimbus et cumulus

Blaise Cendrars, Max Jacob et quelques autres enseignent que la poésie peut naître de la supercherie. Lautréamont n'avait pas hésité déjà à inclure dans son poème des pages extraites de livres scientifiques. Rimbaud a colorié en sonnets ses livres d'images. Il y a l'art du choix. Jeune poète en mal d'inspiration, vas-tu te jeter sur Jules Verne, Pierre Decourcelle ou Xavier de Montépin pour en faire des poèmes? C'est plus difficile et plus dangereux qu'on ne le croit. Ne croyons pas non plus que Cendrars n'ajoute pas beaucoup de lui-même. Tel quel le livre nous projette à tous les horizons comme l'indiquent les titres des poèmes : *West, Far-West, Terres aléoutiennes, Fleuve, le Sud, le Nord, Iles,* etc., chacun d'eux divisé en plusieurs parties. Il donne parfois des poèmes à l'allure de haïkaï :

> L'air est embaumé
> Musc ambre et fleur de citronnier
> Le seul fait d'exister est un véritable bonheur

Kodak, Pathé-Baby, Documentaires? En tout cas des courts métrages imagés comme une *Chasse à l'éléphant* en onze épisodes. Poésie partout. Ainsi, il transcrit et ordonne des *Menus* qu'on imagine être ceux que consulte le Barnabooth de Valery Larbaud, huit menus qui font qu'après les avoir lus on lira les cartes du restaurant avec un œil de poète. Quel toupet, ce Cendrars ! Un des menus :

> Ailerons de requin confits dans la saumure
> Jeunes chiens mort-nés préparés au miel
> Vin de riz aux violettes
> Crème au cocon de ver à soie
> Vers de terre salés et alcool de Kawa
> Confiture d'algues marines

Dans cette première partie de l'œuvre poétique réunie sous le titre *Du Monde entier* (celui aussi de la célèbre collection étrangère de Gallimard) retiennent surtout les *Pâques,* le *Transsibérien* et le *Panama;* la nouvelle poésie prendra surtout les couleurs des œuvres instantanées. L'aventurier Cendrars, qu'il parcoure le monde par ses voyages, qu'il consulte les cartes et les horaires des chemins de fer ou des paquebots, qu'il puise dans le quotidien ou dans le roman populaire, explore le globe terrestre dont il est le vagabond et l'arpenteur. Par le ton particulier, par l'accentuation, par une vision nouvelle (qui avait découvert que les tramways électriques ressemblaient à des singes hurleurs se tenant par la queue?), par des rapprochements inouïs, il rend accessible à tous un merveilleux que nous pouvions côtoyer sans le voir. Ce qui ne l'empêche pas d'être fortement intériorisé, mystique même, avec un sens du tragique jetant de l'inquiétude dans le foisonnement. On roule dans un toboggan à la foire de l'univers dans une griserie incessante où passent les images rapides des continents et des océans, des forêts et des déserts, des montagnes et des fleuves, univers panique, tohu-bohu, regard d'apocalypse dans une perspective de terreur destructrice.

... *Au cœur du monde.*

Nous citons Louis Parrot : « De tous les écrivains qui empruntent aux peintres leurs couleurs, Blaise Cendrars est sans doute celui qui possède la palette la plus riche. Dans ses premiers livres, il les utilisait sans mélange.

Peu à peu, il a acquis l'art des nuances et il fait lui-même ses préparations. Les terres oxydées, les combinaisons végétales et chimiques, toutes les franges de la décomposition, des mousses, des lichens qui recouvriront les troncs des grands arbres de la forêt, il saura toujours les utiliser quand il le faudra dans ses peintures. Son œil a mille facettes; c'est beaucoup plus un prisme qu'une loupe. Pas la moindre petite tache de lumière sur une feuille, sur le moindre caillou, qui lui échappe et dont il ne réfléchisse pour nous l'image coloriée. »

Dans *Feuilles de route*, 1924-1928, et dans les œuvres qui suivront, il poursuit ses prises de vues, ses enregistrements universels. Il reçoit, il transforme, il crée. Le monde des couleurs, des odeurs, des sons, du toucher, de ce que perçoivent tous les sens en éveil, éclate dans ses narrations de voyage. Les trains ont pris de la vitesse; l'œil se doit d'être plus prompt :

Le rapide fait du 110 à l'heure
Je ne vois rien
Cette sourde stridence qui me fait bourdonner les tympans — le gauche en est endolori — c'est le passage d'une tranchée maçonnée
Puis c'est la cataracte d'un pont métallique
La harpe martelée des aiguilles la gifle d'une gare le double crochet à la mâchoire d'un tunnel furibond
Quand le train ralentit à cause des inondations on entend un bruit de water-chute et les pistons échauffés de la cent tonnes au milieu des bruits de vaisselle et de frein.

Participant par tout son corps et ses sens en éveil à la vie mécanique, Cendrars est celui pour qui « la voie ferrée est une nouvelle géométrie ». Il sait que « nous sommes tous l'heure qui sonne » et il affirme : « Je ne trempe pas ma plume dans l'encrier, mais dans la vie. » Avec lui, la poésie devient un acte de présence au monde. Ses *Feuilles de route* unissent les temps forts de la plus haute poésie aux confidences banales et c'est des contradictions souvent que naît l'énergie poétique. Comme dans une lettre familière, s'il décrit son réveil, il commence par « Je dors toujours les fenêtres ouvertes », s'il invite au voyage car « la vie est pleine de choses surprenantes », il confie qu'il pèse 80 kilos, s'il écrit une lettre il salue au passage sa belle Remington, et il y revient, à sa « belle machine à écrire qui sonne au bout de chaque ligne et qui est aussi rapide qu'un jazz ». Son journal de bord est fait de poèmes qui s'intitulent *Bilbao, La Corugna, Villa Garcia, Porto Leixoes*, ou encore *Sur les côtes du Portugal, En route pour Dakar, 35° 57′ latitude nord 15° 16′ longitude ouest, A bord du Formose* ou *En vue du cap Blanc*. Le lecteur de courte vue trouverait bien prosaïques ces descriptions d'œufs artificiels, de boubous, de charognards, d'un papillon ou même d'un complet blanc, et, cependant chaque poème nous enlève, nous entraîne dans un déluge de couleurs ici et là :

Le ciel est noir strié de bandes lépreuses [...]

On voit une digue rouge un ciel bleu et une plage blanche éblouissante [...]

> La mer est comme un ciel bleu bleu bleu [...]
>
> L'océan est d'un bleu noir le ciel bleu est pâle à côté [...]
>
> La terre est rouge
> Le ciel est bleu
> La végétation est d'un vert foncé [...]
>
> Le ciel est d'un bleu cru
> Le mur d'en face est d'un blanc cru
> Le soleil cru me tape sur la tête [...]
>
> Mon oiseau bleu a le ventre tout bleu
> Sa tête est d'un vert mordoré
> Il a une tache noire sous la gorge
> Ses ailes sont bleues avec des touffes de petites plumes jaune doré
> Au bout de la queue il y a des traces de vermillon [...]

Au journal de son bord, il ajoute des couleurs de cartes postales et accueille sans cesse la description concrète, le détail réaliste qui prend rang de poésie, les bruits, les sensations. Il emporte les faits quotidiens dans son *Bagage* :

> Voici ce que ma malle contient
> Le manuscrit de Moravagine que je dois terminer à bord et mettre à la poste à Santos pour l'expédier à Grasset
> Le manuscrit du Plan de l'Aiguille que je dois terminer le plus tôt possible pour l'expédier au Sans Pareil
> Le manuscrit d'un ballet pour la prochaine saison des Ballets Suédois et que j'ai fait à bord entre Le Havre et La Pallice d'où je l'ai envoyé à Satie
> Le manuscrit du Cœur du Monde que j'enverrai au fur et à mesure à Raymone
> Le manuscrit de l'Equatoria
> Un gros paquet de contes nègres qui formera le deuxième volume de mon Anthologie
> Plusieurs dossiers d'affaires

Il n'oubliera ni la machine à écrire, ni le dictionnaire, ni « des kilos de papier blanc » et nous saurons que sa « malle pèse 57 kilos sans mon galurin gris ». Inventeur de la *Lettre-Océan,* il jette sans en avoir l'air les termes de son art poétique :

> La lettre-océan n'est pas un nouveau genre poétique
> C'est un message pratique à tarif régressif et bien meilleur marché qu'une radio
> On s'en sert beaucoup à bord pour liquider des affaires que l'on n'a pas eu le temps de régler avant son départ et pour donner des dernières instructions
> C'est également un messager sentimental qui vient vous dire bonjour de ma part entre deux escales aussi éloignées que Leixoës et Dakar alors que me sachant en mer pour six jours on ne s'attend pas à recevoir de mes nouvelles

Ces missives sont fourmillantes. Il dit la faune et la flore tropicales, fait scintiller oiseaux et poissons, donne à entendre les sons, du klaxon au gramophone, décrit les couchers de soleil et les nuits étoilées, les belles soirées et les nuits en mer, des îles et des aubes, des océans rimbaldiens, la chaleur ou une plage, une bananeraie, des cargaisons. Et voici que défilent beuglants, villages nègres, le bal, le bagne, les trams, les trains, et même les tinettes de la Bastille. Les poèmes sont pleins de personnages et de comparaisons : une montagne lui fait penser à la tête de Richard Wagner, un passager ressemble à Jules Romains, s'il a deux singes il les baptise Adrienne Lecouvreur et Jean Cocteau. Il s'émerveille devant *les Boubous* des femmes noires :

Aucune femme au monde ne possède cette distinction cette noblesse cette démarche cette allure ce port cette élégance cette nonchalance ce raffinement cette propreté cette hygiène cette santé cet optimisme cette inconscience cette jeunesse, ce goût
Ni l'aristocrate anglaise le matin à Hydepark
Ni l'Espagnole qui se promène le dimanche soir
Ni la belle Romaine du Pincio
Ni les plus belles paysannes de Hongrie ou d'Arménie
Ni la princesse russe raffinée qui passait autrefois en traîneau sur les quais de la Neva
Ni la Chinoise d'un bateau de fleurs
Ni les belles dactylos de New-York
Ni même la plus parisienne des Parisiennes
Fasse Dieu que durant toute ma vie ces quelques formes entrevues se baladent dans mon cerveau

Il nomme et il décrit, s'arrête aux êtres venus de tous pays, aux gens de toutes sortes avec une sorte d'amitié planétaire. Certains poèmes ne comptent qu'un vers. *Grotte* : « Il y a une grotte qui perce l'île de part en part. » *Oiseaux* : « Les rochers guaneux sont remplis d'oiseaux. » *Podomètre* : « Quand on fait les cent pas sur le pont. » Il ne dédaigne pas un baroquisme bariolé et burlesque, celui d'un bal cosmopolite par exemple, l'humour tranquille ou l'incident du voyage, si ce n'est celui de l'écriture comme dans *Coquilles* :

Les fautes d'orthographe et les coquilles font mon bonheur
Il y a des jours où j'en ferais exprès
C'est tricher
J'aime beaucoup les fautes de prononciations les hésitations de la langue et l'accent de tous les terroirs

Il fait aussi exprès d'élever la banalité à hauteur de lyrisme. Dans un poème il peut se bousculer mille événements, mille sensations, des parfums, des couleurs, des sons se mêlent, ou bien, à l'opposé, il peut ne rien se passer. Alors cela donne le poème *Sillage* :

La mer continue à être d'un bleu de mer
Le temps continue à être le plus beau temps que j'aie jamais connu en mer
Cette traversée continue à être la plus calme et la plus dépourvue d'incidents que l'on puisse imaginer

Menus de restaurant, listes d'objets, tout l'amuse et le dépayse. Voici le court poème *Hic Haec Hoc* :

> J'ai acheté trois ouistitis que j'ai baptisés Hic Haec Hoc
> Douze colibris
> Mille cigares
> Et une main de bahiana grande comme un pied
> Avec ça j'emporte le souvenir du plus bel éclat de rire

Car ces poèmes ont en commun un immense appétit de vivre et de découvrir. Il y règne l'impression constante d'un bonheur vagabond, un éloge de *la Vie dangereuse* :

> Aujourd'hui je suis peut-être l'homme le plus heureux du monde
> Je possède tout ce que je ne désire pas

Ces *Feuilles de route* se terminent sur la plus laconique et la plus vraie des définitions de l'écriture : *Pourquoi j'écris?* « Parce que... »

Un autre recueil décrira amoureusement des *Sud-Américaines,* 1924. Il fait penser à un poème d'amour d'André Breton. Comme il décrivait ses sept oncles, il montre des femmes « belles et simples et grandes » :

Elle est farouche comme le jour et la nuit
Elle est plus belle qu'un œuf
Plus belle qu'un rond
Mais elle est toujours trop nue sa beauté déborde elle ne sait pas encore s'habiller

Parmi les *Poèmes divers,* on trouvera l'*Hommage à Guillaume Apollinaire* qui rend vaines toutes les idées de rivalité :

Amis
Apollinaire n'est pas mort
Vous avez suivi un corbillard vide
Apollinaire est un mage
C'est lui qui souriait dans la soie des drapeaux aux fenêtres
Il s'amusait à vous jeter des fleurs et des couronnes
Tandis que vous passiez derrière son corbillard
Puis il a acheté une petite cocarde tricolore
Je l'ai vu le soir même manifester sur les boulevards
Il était à cheval sur le moteur d'un camion américain et brandissait un énorme drapeau international déployé comme un avion

Le « fragment retrouvé » du poème *Au cœur du monde,* 1917, a le souffle lyrique des *Pâques* ou du *Transsibérien*. L'homme revenu de guerre avec un seul bras retrouve un Paris de mélancolie :

> Pas un bruit. Pas un passant. C'est le lourd silence de guerre.
> Mon œil va des pissotières à l'œil violet des réverbères
> C'est le seul espace éclairé où traîner mon inquiétude

Parcourant la capitale, il se confie douloureusement. Voici l'*Hôtel Notre-Dame* dont le début est en vers de mètres courts :

> Je suis revenu au Quartier
> Comme au temps de ma jeunesse
> Je crois que c'est peine perdue

> Car rien en moi ne revit plus
> De mes rêves de mes désespoirs
> De ce que j'ai fait à dix-huit ans

Il appelle les démolisseurs, il se veut libre, sans enfance et sans famille : « Mettez une gare à la place / Ou laissez un terrain vague / Qui dégage mes origines. » Et, soudain, le rythme devient celui du verset lorsque les sirènes d'une alerte mugissent :

Les sirènes miaulent et se taisent. Le chahut bat son plein. Là-haut. C'est fou. Abois. Craquements et lourd silence. Puis chute aiguë et véhémente des torpilles.
Dégringolade de millions de tonnes. Éclairs. Feu. Fumée. Flamme.
Accordéon des 75. Quintes. Cris. Chute. Stridences. Toux. Et tassement des effondrements.
Le ciel est tout mouvementé de clignements d'yeux imperceptibles

Il chante encore *le Ventre de ma mère*, son « premier domicile » avec un réalisme métaphysique et violent :

> Si j'avais pu ouvrir la bouche
> Je t'aurais mordu
> Si j'avais pu déjà parler
> J'aurais dit :
>
> Merde, je ne veux pas vivre!

Et suit le poème autobiographique et lyrique de la naissance à l'*Hôtel des Étrangers* qui sera le titre d'un poème où il demande : « Quel est Amour le nom de mon amour? » A cela toute son œuvre répond par une exploration des merveilles universelles. On le verra encore dans un poème inédit publié par Frédéric-Jacques Temple dans un numéro spécial de *Poésie 1 : Blaise Cendrars*, 1981.

Blaise Cendrars encore, toujours et partout.

Le poème n'est pas le seul moule destiné à recevoir toute la poésie qui habite Blaise Cendrars. Il n'a cessé d'écrire, parallèlement à ses poèmes, des romans, récits, reportages, biographies, nouvelles où se retrouvent tous les thèmes de ses deux grands recueils : *Du monde entier* et *Au cœur du monde*, chez Gallimard. Nous n'avons jamais ici limité la poésie au poème et l'on ne saurait passer sous silence des œuvres en prose telles que : *Anthologie nègre*, 1921, *l'Or*, 1925, *Moravagine*, 1926, *les Confessions de Dan Yack*, 1929, *le Plan de l'Aiguille*, 1929, *Rhum*, 1930, *Histoires vraies*, 1937, *l'Homme foudroyé*, 1945, *Bourlinguer*, 1948, *le Lotissement du ciel*, 1949, *Emmène-moi au bout du monde*, 1956, etc. Dès les années 30, Cendrars aura d'ailleurs plus volontiers recours à la prose pour entraîner en tous lieux de l'univers au moyen d'un lyrisme épique, réaliste ou imaginatif, mêlant la brutalité et la tendresse, dans un kaléidoscope vertigineux et fiévreux où tournent ses appels et ses angoisses d'homme solitaire proche du mysticisme, ses fulgurances et ses paroxysmes. Il a pu affirmer que « le poète est la conscience de son époque » et il a mis au point ce qu'il appelle « le nouveau régime de la personnalité humaine ». Par l'utilisation du fait brut, l'incessante exploration, Cendrars l'infatigable a su secouer le monde en proie à l'habitude. Se renouvelant sans cesse, aussi peu « homme de lettres » que possible, il est sans doute le seul auteur de langue française à avoir suscité l'admiration et même à avoir influencé les grands Américains comme Dos Passos et Miller. Comme Claudel et Larbaud, il a ouvert la France enfermée dans ses frontières à une ouverture planétaire dépassant l'exotisme des froids parnassiens pour rejoindre la vie multiple du siècle en traduisant ses grands rythmes. Tandis que le Futurisme s'ouvrait sur la violence, Cendrars donnait son adhésion au présent, au « profond aujourd'hui » et luttait contre l'esprit grégaire des hommes en leur opposant le vagabond et l'aventurier, l'anarchiste réel désertant les normes de la civilisation établie.

La parole de Cendrars est celle de l'accueil : les mots du monde nouveau, ceux quotidiens ou réputés triviaux par les artistes du vers, les tournures populaires et les formules savantes, il utilise toutes les ressources de la langue française sans faillir à sa pureté. L'énumération, la nomination lui permettent l'extraction des plus précieux minerais et savent déboucher souvent sur le divertissement d'un rapprochement inattendu, parfois joyeusement mystificateur. Par les sons et le sens des mots, par l'emploi de l'assonance ou de la dissonance, des coupes nouvelles de la phrase, par l'absence de conformisme stylistique (ce qui est le style), il évoque mieux que quiconque les couleurs, les formes, les sons, les odeurs, en peintre et en musicien, trouvant toujours le terme juste, irremplaçable. Chose curieuse : ce voyageur polyglotte n'emploie que rarement des mots étrangers, cela pour ne pas sacrifier à un exotisme facile et provoquant un dépaysement de pacotille. Chaque poème, dans sa liberté et sa nonchalance voulue, est en réalité le fruit d'un long travail et Cendrars ne verrait pas si bien le monde s'il n'était habité par un haut savoir ancien, celui d'un lecteur des mystiques latins, des poètes médiévaux, des livres d'occultisme, de tout ce qui alimente le fantastique et le roman noir. Pour lui, ce passé n'était pas le passé mort des historiens, mais celui des poètes et des visionnaires qui expriment la totalité de l'univers. Sa voix, joyeuse ou grave, violente ou apaisée, leur répond avec la même énergétique du savoir, de la découverte, du rêve et de l'action. Ceux qui liront *le Ravissement d'amour* verront que Cendrars a reçu le baiser du mysticisme. Lorsqu'il écrit : « La vertu de la prière c'est d'énumérer les choses de la création et de les appeler par leur nom dans une effusion. C'est une action de grâces. » ou bien : « L'oraison mentale est la volière de Dieu », ou encore : « Je me perds en-Haut », on peut penser avec Henry Miller qu'il possédait « un troisième œil, enfoncé quelque part dans le crâne, une sorte d'organe céleste ouvert à tous les rayons cosmiques », avec René Guénon que son œuvre « signifie la totalisation des expériences humaines, la réalisation ou le développement de toutes les possibilités qui sont virtuellement contenues dans l'individualité humaine ». Et Rousselot : « Ce que Cendrars écrit n'est pas de la littérature; c'est du mouvement, c'est de la dynamique, c'est de la bouillie cosmique. Il faudrait que l'exégète futur nous montre en quoi Blaise a bouleversé la notion statique de l'écrit, et nous dise sa filiation avec les grands aventuriers et les grands "menteurs" de tous les temps : Jésus, Homère, Rabelais, saint Jean de la Croix, Rimbaud, etc. »

Les poèmes de Cendrars sont le suc d'une vie légendaire extraordinairement riche en merveilles et en faits bruts. Parce que nous jugeons sa présence considérable, à cet enthousiaste de la Vie, nous ne ménageons pas notre enthousiasme. Par son œuvre d'individualiste planétaire, plus que tout autre, il est notre prix Nobel à nous.

5

Jean Cocteau

Les Aventures de Protée.

Jean Cocteau (1889-1963) naquit à Maisons-Laffitte d'une grave famille de notaires parisiens. Il débuta en poésie aux approches de sa vingtième année avec *la Lampe d'Aladin,* 1909. Sa famille fréquentait la société mondaine et, sans peine, il en fit lui-même partie dès son plus jeune âge, cet enfant comblé de tous les dons par tous les dieux et toutes les muses. Dans ce monde brillant, cultivé, raffiné, il put côtoyer Catulle Mendès, Edmond Rostand, Jules Lemaitre, Lucien Daudet, Henri de Régnier, Anna de Noailles, Lucie Delarue-Mardrus, si ce n'est Liane de Pougy et tant d'autres. Il n'a pas vingt ans que le célèbre comédien De Max, entouré des plus grands de ses confrères, donne un récital de ses vers au théâtre Fémina, avec pour introducteur Laurent Tailhade. Ce sont les poèmes de *la Lampe d'Aladin* (qu'il reniera) et du *Prince frivole,* 1910.

En 1911, Jean Cocteau rencontre Diaghilev, Nijinsky, Stravinski, la troupe des Ballets russes. Il écrit les poèmes de *la Danse de Sophocle,* 1912. Il continue de fréquenter tous ceux qui comptent et son art se métamorphose au gré de ses fréquentations. On y trouve de multiples influences, des anciens comme Ovide et Horace aux modernes comme Anna de Noailles, Emmanuel Signoret, Francis Jammes ou Sébastien-Charles Leconte en passant par Marot, Chénier, Vigny, Mallarmé ou Edmond Rostand. Il sait tout faire : dessiner, par exemple, comme son ami Jacques-Émile Blanche qui fait son portrait. Un voyage à Alger lui inspire des poèmes. Il écrit même un ballet. Il fréquente Apollinaire. Diaghilev lui a recommandé d'étonner : il ne s'en prive pas. Il a pour lui l'intelligence, la grâce, l'esprit, la liberté, la fraîcheur. Il se laisse facilement imprégner par l'air du temps et lui apporte son sceau personnel. Animateur, il a fondé avec François Bernouard une revue de luxe, *Schéhérazade,* où des dessins dans la marge illustrent les textes. A tous les apprentissages de la poésie, il sait écrire des vers classiques avec rimes riches et savante rythmique où les images sont neuves, où les sensations sont fraîches, ouvertes aux mélancolies comme aux rires, comme chez Alfred de Musset. C'est joli, gentil, exquis et cela peut plaire à Anna de Noailles ou Edmond Rostand, mais à qui, dans la suite des jours, ne voudra-t-il pas plaire !

Lorsque la Grande Guerre éclate, Jean Cocteau part au front du Nord comme infirmier auprès des fusiliers marins et des zouaves. Bientôt démobilisé pour raisons de santé, il revient à Paris et reprend ses activités. Ses maîtres ont changé. En pleine effervescence moderniste, il ne saurait être en reste. Il fonde avec le dessinateur Paul Iribe un journal illustré, *le Mot*. En 1917, il est déjà bien loin des trois premiers recueils qu'il appellera plus tard, dans *le Journal d'un inconnu*, « trois niaiseries ». En collaboration avec Picasso et Erik Satie, il donne au théâtre *Parade*, 1917, essai dramatique et chorégraphique. Il collabore aux ballets de Serge de Diaghilev, puis fait représenter avec Pierre Dufy et Darius Milhaud *le Bœuf sur le toit*, 1920, farce plastique jouée par les frères Fratellini qui fait courir tout Paris, et, un an plus tard, voici, avec Jean Hugo et la troupe des Ballets suédois, *les Mariés de la Tour Eiffel*. Il fréquente Cendrars et Max Jacob. Il soutient les cubistes. La musique le passionne et ses proches sont Stravinski, Satie, Honegger, Auric, Milhaud, Poulenc, comme les maîtres du jazz. Picasso crée un décor pour sa version de l'*Antigone* de Sophocle que joue Charles Dullin.

Dans le domaine poétique, il a publié, après ses notes autour de la musique, *le Coq et l'Arlequin*, 1918, les recueils comme *le Potomak*, 1919, procès-verbal d'une « mue », *le Cap de Bonne Espérance*, 1919, qui relate en vers libres les impressions d'un baptême de l'air reçu dans l'avion de Roland Garros. Les admirateurs d'avant-guerre se demandent quel œuf ils ont couvé, les modernistes sont sans cesse étonnés, la jeune avant-garde quelque peu agacée. Que n'a-t-il pas fait encore ? Nous avons failli oublier des œuvres de ses débuts : l'adaptation à la scène de *Dorian Gray* d'Oscar Wilde ou *la Patience de Pénélope* avec Reynaldo Hahn et André Paysan. Et il faudrait passer par tous ses engouements passagers et vite oubliés. Quel est cet homme qui superpose les masques, qui se renouvelle constamment ? « Étonne-moi ! » a dit Diaghilev.

Séduit par toutes les avant-gardes, il en épouse rapidement les caractères. Il collabore à *Dada*. Il sera proche du Surréalisme, s'associant aux tendances nouvelles, feignant d'en être le cornac et l'étant parfois. Et voilà qu'un jeune homme l'étonne à son tour : c'est Raymond Radiguet qui l'oriente vers un nouveau classicisme dont *le Secret professionnel*, 1922, sera le manifeste. En 1920, il a réuni ses *Poésies 1917-1920*. En 1923, paraît *Thomas l'imposteur* rapporté de sa période de guerre tout comme *le Discours du Grand Sommeil*. Son *Antigone* s'efforçait de rajeunir l'antique. Cette préoccupation de jeune classicisme apparaît dans *Vocabulaire*, 1922, *Plain-Chant*, 1923, et qu'on retrouvera par intermittences dans ses autres œuvres poétiques. Sa vie est pleine d'aventures souvent douloureuses. Atteint de troubles nerveux, il a recours à l'opium et doit faire en 1925 une cure de désintoxication. Il correspond avec Jacques Maritain, met fin à une brouille avec Stravinski, rompt avec les surréalistes qui le détesteront. Il pourra écrire : « Je ne devais plus connaître que les scandales, une renommée de scandales, les chances et les malchances du scandale. » Pierre Reverdy a exprimé durement et en peu de mots ce que tant lui reprochent : « Il est toujours là pour sauter sur le dernier marchepied du dernier wagon du dernier train qui part... »

En dépit de tout, il poursuit son œuvre qu'il distribuera en *Poésie de roman, Poésie critique, Poésie de théâtre, Poésie graphique, Poésie cinématographique* et *Poésie* tout court, sans oublier les œuvres illustrées par lui-même et les œuvres avec les musiciens.

Les livres de poèmes se succéderont jusqu'à la fin de sa vie. Citons encore *l'Ange Heurtebise*, 1925, *Opéra*, 1927, *Allégorie*, 1941, *Léone*, 1945, avant les recueils de l'après-guerre comme *la Crucifixion, le Chiffre sept*, 1952, *Appogiatures*, 1953, *Clair-Obscur*, 1954, *Cérémonial espagnol du Phénix*, 1961, *le Requiem*, 1962. Nous les suivrons dans leur recherche d'équilibre, leurs légèretés d'illusionniste et leurs tons de magicien, leurs faux-semblants et leur profondeur authentique, leur ton affecté ou douloureux, avec toujours et partout une tonalité propre et une vibration humaine indéniables. Et aussi la marque d'un besoin insatisfait de compréhension et d'affection comme en témoignent les récits *Thomas l'imposteur* ou *le Grand Écart*, ou la fable romanesque à l'intensité tragique des *Enfants terribles*, 1929.

On se souvient que, durant la guerre, le gouvernement de Vichy et les collaborateurs voyaient en lui le symbole de la décadence et son théâtre était l'objet de cabales. Persécuté, attaqué physiquement même, son jeune ami le comédien Jean Marais le défendit courageusement. Jean Cocteau représentait alors une des chances du théâtre par le renouvellement des thèmes classiques et légendaires, par la mise en scène et la direction de l'interprétation, par l'esprit de stylisation et de nouveauté. Il y eut successivement *Roméo et Juliette*, 1924, *Orphée*, 1926, *Œdipe-Roi*, 1928, qui deviendrait *la Machine infernale*, 1934, *les Chevaliers de la Table Ronde*, 1937, *Renaud et Armide*, 1942, et plus tard des drames proches du Romantisme comme *l'Aigle à deux têtes*, 1946, *Bacchus*, 1951. On n'oubliera pas non plus la réaliste *Voix humaine*, 1930, le plus poignant des monologues ouvert sur l'inconnu du téléphone.

Jean Cocteau ne se disait pas cinéaste, l'art cinématographique étant pour lui véhicule de poésie. Illustrant par le septième art sa mythologie personnelle, il devait cependant contribuer à son évolution : *le Sang d'un poète*, 1933, *l'Éternel Retour*, 1943, *la Belle et la Bête*, 1946, *Orphée*, 1951, *le Testament d'Orphée*, 1960, unissent poésie et cinéma.

Ses essais sont brillants, riches en formules heureuses, du *Coq et l'Arlequin*, 1918, *le Secret professionnel*, 1922, repris dans *le Rappel à l'ordre*, 1926, *Essais de critique indirecte*, 1932, à ses tentatives d'approfondissement humain : *Lettres à Jacques Maritain*, 1926, *Opium*, 1930, *la Difficulté d'être*, 1947, *Journal d'un inconnu*, 1957, et à ses anecdotiques *Portraits-Souvenirs*, 1935.

Durant toute sa vie, Jean Cocteau, multiprésent, fut de toutes les fêtes, marquant de sa présence fascinante tous les arts, en se plaçant au-devant de la scène, ajoutant partout sa marque. Les œuvres poétiques de la fin de sa vie sont les plus approfondies, les plus déchirantes, les plus maîtrisées. Venues les années de fatigue, il s'installa à Milly-la-Forêt, mais fit des voyages : en Amérique ou au Proche-Orient. En 1954, il est atteint d'une crise cardiaque et se repose à Saint-Jean Cap-Ferrat. Les honneurs le rejoignent : l'Académie royale de Bruxelles, l'Académie française, l'université d'Oxford qui le fait docteur *honoris causa*, occasions de discours. Il n'a cessé de dessiner et voilà qu'il se tourne résolument vers les arts plastiques avec de grandes entreprises : décoration de la chapelle Saint-Pierre à Villefranche-sur-Mer, de la salle des mariages de la mairie de Menton, de la chapelle de la Vierge dans l'église des Français à Londres, de la chapelle Saint-Blaise-des-Simples à Milly. De plus, il fait de la poterie et de la céramique. Et il y a les poèmes, les représentations théâtrales : à Vienne, il interprète le rôle du chœur dans *Œdipus rex;* à l'Opéra de Paris est créé le ballet *la Dame à la licorne*, à l'Opéra-Comique, avec Francis Poulenc, *la Voix humaine*. Il écrit sur Le Greco, Dufy, Modigliani, sur son cher Jean Marais, sur des écrivains comme Gide, Colette, Anna de Noailles. Il se rend en Allemagne où sa pièce *Bacchus* obtient un grand succès, y publie *Démarche d'un poète* avec la reproduction de nombre de ses toiles et dessins. Ses derniers textes poétiques se partagent entre une inspiration espagnole et une inspiration allemande avec des saluts à Kleist, à Nietzsche, à Rilke, à Kafka.

Toute une époque semble mourir avec lui le 11 octobre 1963, ou plutôt plusieurs époques, celles de toutes les maisons nouvelles de la poésie. Et l'on se prend à penser que cet homme si connu, trop connu à ce point d'être promis à quelque purgatoire, qui a tout fait, tout créé ou tout recréé, sous la lumière des projecteurs de l'actualité, s'est caché non dans l'ombre, mais dans les aveuglants soleils. Mais la poésie est une grande révélatrice : par-delà les virtuosités, les abondances de dons, la parade, les excentricités, l'art d'étonner le mondain, tout cela qui lui valut plus qu'à tout autre des ennemis irréductibles, le visage apparaît, plus beau, pur et intérieur qu'on ne l'aurait imaginé. Ariel, Protée, caméléon? Non, simplement Jean Cocteau, poète en tous lieux, et, à notre avis, plus que partout ailleurs, dans le poème où nous tenterons de le rejoindre.

Cocteau avant Cocteau.

Il est coutume de répondre au vœu de Jean Cocteau et d'oublier les trois premiers recueils, les poèmes d'avant 1914, les « niaiseries » comme il dit lui-même. Cependant il arrive de distinguer dans ces poèmes d'un garçon de vingt ans non pas des marques de génie, loin de là, mais des caractères annonciateurs. Certes, c'est languide, évanescent et sucré, et, comme dit Bernard Delvaille, « tout est fané et somnolent » :

> Les couples s'étaient fait un tas de confidences,
> Un orchestre rythmait de langoureuses danses;
> Le soir jetait du bleu parmi les cheveux blonds,

> Le jour luttait encore avec le clair de lune,
> On se taisait souvent... et puis de l'un à l'une,
> Glissaient des mots très courts et des regards très longs.

Il arrive aussi que *la Lampe d'Aladin* du bon jeune homme éclaire des paysages sadiques avec un souvenir juvénile de Baudelaire :

> Je voudrais sur des draps rougis de sang qui coule
> Rouler ton corps inerte, et montrer à la foule
> Un regard où le masque serait très innocent...

Son *Prince frivole* a des langueurs décadentes, de l'intimisme parfois et une fantaisie un peu lourde :

> Pas un pays lointain ne vaut
> Ce jardinet de Seine-et-Oise,
> La lune va neiger. — Françoise,
> Vous mettrez de l'ail dans le veau.

Il fait entrer dans le poème ces noms de fournisseurs précieux et parisiens qu'on rencontre du côté de chez Proust : Guerlain, « ce détrousseur de plates-bandes », Cartier, « magicien subtil », Charvet « où l'arc-en-ciel prend des idées », sans oublier Lock pour les chapeaux, Rumpelmeyer pour le thé ou le bar du Fouquet's. Au moins, cela met un peu de réalité dans ses guimauves. Bernard Delvaille, dans une étude des *Cahiers Marcel Proust* a montré que *la Danse de Sophocle* porte de multiples influences souvent mal digérées, avec même une apparition de Mallarmé, celui des poèmes de circonstance ou des loisirs de la poste dont il gardera le tour en de multiples billets qu'il dispensera tout au long de sa vie. Cela donne alors pour l'éventail de Misia Sert :

> Au vide aérien de ton vol je me fie,
> Fleur japonaise, aux doigts qui renaît et se fane,
> Pour prolonger ce frère où l'immortel *Stéphane*
> Présageait sur de l'or « les bonheurs de *Sophie* ».

Avant 1914, Cocteau avait ainsi quelque retard sur ses jeunes contemporains et Henri Ghéon pouvait écrire : « Il n'y eut guère que M. Maurice Rostand pour songer à le supplanter dans nos préférences. » Ainsi le jeune Jean Cocteau qu'on ne fait que trouver doué manque son entrée en poésie. Il ne réincarne absolument pas l'enfant de génie, même s'il se rajeunit volontiers déjà. Rendons-lui justice de sa future lucidité : « Jusqu'à l'âge de vingt ans, j'estimais qu'un poète peut suivre sa fantaisie. J'en obtins de la sottise. J'avais publié *la Lampe d'Aladin*, *le Prince frivole*, *la Danse de Sophocle*, trois niaiseries. » Selon son désir, différons donc sa naissance au poème, oublions les premières tentatives, oublions qu'il ne fut pas l'enfant Rimbaud. Jean n'étonnera que plus tard ; s'il étonne déjà dans sa vingtième année, c'est de ne pas être étonnant. Il était temps que Diaghilev lui jetât sa fameuse apostrophe.

Du *Cap de Bonne Espérance* à *Léone*.

Jean Cocteau naît à l'avant-garde avec retard. Lorsqu'il affirme une originalité moderne, Reverdy, Max Jacob, Cendrars, les poètes cubistes l'ont de loin précédé. L'utilisation de la page où les mots se répandent comme des graines ou des grappes, il ne l'invente pas, et non plus les sensations nouvelles nées de la machine, mais, à défaut d'inventer, il se sert fort bien du genre pour y inclure les thèmes de sa mythologie personnelle. Conduit par Roland Garros, il figure les paysages que les acrobaties aériennes lui font découvrir; il faut donc le lire, et Claudel nous le conseillera, comme on survole un paysage :

>   Le vol inverse d'un oiseau
>   te fait constater ta vitesse
>
>   Alors
>
>   dans ce cyclone
>   si tu veux toucher l'épaule du pilote
>   une rafale
>
>   et ton geste mort s'attarde
>   scaphandrier qui pioche
>   au fond de l'eau
>
>   Petites routes
>   petites forêts
>   petite ferme
>   petit quoi? lac
>   est-ce un lac? cela
>   miroite
>   c'est un
>   lac

Certes on s'arrache à la pesanteur, on se soumet à la vitesse, on défie le temps et on transfigure la réalité, mais d'aucuns jugeront que c'est trop affirmé, trop « dit »; comme si on expliquait sommairement le Cubisme à défaut de l'avoir inventé. Cocteau se sauve par son habileté et par une fraîcheur réelle, peut-être même quelque vraie naïveté dans la rouerie. Nous ne pensons pas, comme Roger Lannes, l'auteur de l'excellent *Jean Cocteau* de la série des « Poètes d'aujourd'hui », que la partition du *Cap de Bonne Espérance* soit difficile à déchiffrer et l'on peut certainement dire comme lui qu'elle « use de cette typographie à disposition spéciale qui ressemble aux signes perforés des rouleaux à musique et dont la mise en marche révèle seule le secret et le chant », mais le poète Lannes trouve une comparaison créative qui l'honore. Nous marquons notre accord en ce qu'il ne s'agit pas, comme chez Mallarmé, d'une énigme métaphysique, mais bien d'un organisme fixé morphologiquement.

Il nous est permis de trouver plus d'authenticité au poème moins connu rapporté de la guerre, ce *Discours du Grand Sommeil*. Ce poème est divisé en petites coupes chargées à ras bord de vraie poésie puisée dans la tragédie de la guerre, c'est-à-dire de la rencontre du néant et de la vie, du cri et de l'innocence, du vacarme et de la solitude, avec le rappel d'un amour qui seul peut « déjouer la force énorme » :

> Et rien
> ni les malentendus de vocabulaire et de race
> ni la preuve par neuf cent fois refaite
> et toujours fausse
> ne troublent plus notre vieil amour, poésie.

Son poème *Désespoir du Nord* s'essaie à une musique rocailleuse jaillie dans la solitude. On lit par exemple : « Feu! L'ange au col de merle / Se crête en loques » ou bien :

> Ce soir je chante, fécond pour moi, cygne!
> Un bateau d'enfant. Ophélie au fil
> De l'eau. Bats le lit, ô fée
> Méchante. Une aubade.

Les *Poésies*, 1920, permettent de découvrir le Cocteau que l'on connaît bien, charmant illusionniste dont nul ne pourrait nier le charme d'éternel écolier. Voici des *Jeux du ciel* :

> Sur Robert à Vaucouleurs
> Nous mettrons un bonnet d'âne
> Et sur les saintes de Jeanne
> Mettons des chapeaux de fleurs.
> De ces chapeaux décoiffées
> Les saintes deviennent fées.
> Jeanne pleure. Saint Michel
> Alors en arbre se change,
> Puis redevient un archange,
> Et s'en va par une échelle.

Trois petits tours et puis s'en vont... Il pourrait se dire comme il dit au soleil :

> Soleil, Buffalo Bill, Barnum,
> tu grises mieux que l'opium.
>
> Tu es un clown, un toréador,
> tu as des chaînes de montre en or.
>
> Tu es un nègre bleu qui boxe
> les équateurs, les équinoxes.

Désormais, il ne cessera plus d'émerveiller par l'ingéniosité de ses images, préciosités légères ou scintillements baroques :

> Le rameur, ange en bois, remue avec ses ailes
> Aphrodite, ses autruches, ses diamants,
> Du large calme à vous, au bord, vague fidèle,
> Calèche d'émeraude aux coursiers écumants.

L'Ode à Picasso est belle par le titre. On peut y suivre une création quelque peu faussée par des tours moins habiles que ceux de la main du peintre et peintre il l'est plus sûrement lorsqu'il nous dit en prose *le Secret du bleu* :

> Le secret du bleu est bien gardé. Le bleu arrive de là-bas. En route, il durcit et se change en montagne. La cigale y travaille. Les oiseaux y travaillent. En réalité, on ne sait rien. On parle du bleu de Prusse. A Naples, la Sainte-Vierge reste dans les trous des murs quand le ciel se retire.
> Mais ici tout est mystère. Mystère le saphir, mystère la Sainte-Vierge, mystère le siphon, mystère le col du matelot, mystère les rayons bleus qui rendent aveugle et ton œil bleu qui traverse mon cœur.

Peut-être s'est-il trompé en imitant les maîtres de l'avant-garde car il touche plus sûrement lorsqu'il oublie ses imitations. Sans doute le comprit-il et ne garda-t-il de ces passages qu'une certaine leçon de souplesse. On aime *Terre* :

> Je me rappelle bien les bars tristes, les cales,
> L'odeur d'un port qui sent surtout la chair humaine.
> Le port est un vieux vase où croupissent les vagues
> Mortes là, en sautant le mur trop haut des digues.
>
> Les caisses, les paquets de misère, les balles
> De coton (où l'amour des voyages nous mène
> C'est incroyable!) Riche il enlève la bague
> Du cigare, bijou pour marchande de figues.

La *Prière mutilée*, 1921, reprend des thèmes marins avec une entière gravité, celle d'un appel de Dieu qu'il ressent. Il ne joue plus. Il dit sa lassitude des masques et s'exprime en profondeur :

> Doute envahissez-moi jusqu'à charmer le doute,
> Déchirez le voile aux ronces de Jésus-Christ;
> La lune, à pas de loup, vient aux portes, écoute,
> Et laisse un signe hébreu avec la craie écrit.
>
> Le seul malheur est que je ne sache pas lire.
> Qu'avez-vous fait de moi, écoles de France?
> Vos sucres d'orge, vos tambours, vos tire-lires,
> Sont les premiers accessoires de ma souffrance.

Retour au classicisme dans *Vocabulaire*, 1922, qui réunira des poèmes d'ordre divers : tableaux rapides et concis, images automatiques, longs poèmes rimés, gammes, tentatives et épanouissements, comme si le poète cherchait à franchir le cercle de papier des apparences pour affirmer son intériorité. *Vocabulaire* peut être pris comme le recueil de la transition entre les tentatives modernistes et le retour aux formes classiques affirmé dans *Plain-Chant*. Il y a dans *Vocabulaire* des poèmes aériens comme *Miss Aérogyne, femme volante*, surprise à la Foire du Trône :

> Pigeon vole! Aérogyne.
> Elle ment avec son corps
> Mieux que l'esprit n'imagine
> Les mensonges du décor.

> Aérogyne, pigeon vole !
> Rêve, allège le dormeur lourd ;
> Eloa, dompteuse d'Eole,
> Dans un océan de velours.

Il y a là des poèmes qui sont parmi les plus beaux qu'ait écrits Cocteau, un Cocteau plus proche des poètes de la Pléiade que de ses contemporains. Ainsi, *le Poète de trente ans* :

> Me voici maintenant au milieu de mon âge
> Je me tiens à cheval sur ma belle maison ;
> Des deux côtés je vois le même paysage,
> Mais il n'est pas vêtu de la même saison.
>
> Ici la terre rouge est de vigne encornée
> Comme un jeune chevreuil. Le linge suspendu,
> De rires, de signaux, accueille la journée ;
> Là se montre l'hiver et l'honneur qui m'est dû.

Nous le préférons classique et sa muse intérieure aussi. Le voici petit-fils de Malherbe ou de Maynard méditant sur son âge :

> Les cheveux gris, quand jeunesse les porte,
> Font doux les yeux et le teint éclatant ;
> Je trouve un plaisir de la même sorte
> A vous voir, beaux oliviers de printemps.

Voilà bien le poète réconcilié avec le chant qui convient le mieux à sa ferveur sans rien lui retirer de sa grâce, poète qui, soucieux de la fuite du temps, cherche à unir *l'Envers et l'endroit* :

> Je vois la mort en bas, du haut de ce bel âge
> Où je me trouve, hélas ! au milieu du voyage ;
> La jeunesse me quitte et j'ai son coup reçu.
> Elle emporte en riant ma couronne de roses ;
> Mort, à l'envers de nous vivante, tu composes
> La trame de notre tissu.

Lorsqu'il arrache son masque et quitte son manteau de théâtre, lorsqu'il ne se veut pas absolument poète d'avant-garde, Cocteau apparaît jeune dans le temps, là où ses exigences sont les plus traditionnelles. « *Plain-Chant*, cette messe », écrit Christiane Baroche. Le poète dans ce recueil de 1923 n'oublie certes pas sa mythologie personnelle, son ange « en armure de neige », mais ce dernier l'habite réellement, tangible et quotidien, qui le force à l'aveu, au courage de se révéler dans sa totalité sensible, tendre et frissonnante. « Certes, écrit Roger Lannes, le poète a souvent émis des lueurs plus insolites, provoqué des craquements plus inquiétants », mais *Plain-Chant* énonce et dénonce le drame d'être trouble en soi, et de mal connaître cet étranger alors qu'il se repaît de vous tandis qu'on l'adore, le drame d'avoir en un seul destin des forces qui vous déchirent et finalement se fuient : « Je mourrai, tu vivras, et c'est ce qui m'éveille ! » Et qui sait si Cocteau, tellement soucieux de l'opinion de ses contemporains, ne trouve pas la plus grande hardiesse et le plus parfait défi en jetant sur le papier un poème dans la tradition de Hugo ou de Vigny? Le poète nous dit chanter de vingt façons pour éviter « l'éloge et les nobles glaçons » de l'habitude. Il emploie des vers de mètres variés, toujours classiques, mais ce ne sont plus les poèmes « niais » du début. Le poète ne s'abreuve plus à la source immédiate du décadentisme salonnard; il saute en arrière pour rejoindre le classicisme malherbien ici modelé par une légèreté qui lui est habituelle et qui fait que le poème n'est pas toujours habité autant que chez ses rigoureux modèles, mais la démarche est belle :

>   Je n'aime pas dormir quand ta figure habite,
>   La nuit, contre mon cou;
>   Car je pense à la mort laquelle vient si vite
>   Nous endormir beaucoup.

Après avoir croisé l'alexandrin et le vers de six syllabes, il croise le décasyllabe et le vers de cinq pieds pour dire au fond que le sommeil est frère de la mort :

>   Mauvaise compagne, espèce de morte,
>   De quels corridors,
>   De quels corridors pousses-tu la porte,
>   Dès que tu t'endors?
>
>   Je te vois quitter ta figure close
>   Bien fermée à clé,
>   Ne laissant ici plus la moindre chose,
>   Que ton chef bouclé.

« Ton chef bouclé... » : voilà Cocteau métamorphosé en poète de la Pléiade ou du premier XVIIe siècle comme il s'était métamorphosé en poète cubiste. Sincère chaque fois, il ne manque pas d'inclure en toutes formes sa mythologie personnelle. Le plain-chant se poursuit d'une partie à l'autre et l'on ne peut point bouder de telles stances :

>   Rien ne m'effraye plus que la fausse accalmie
>   D'un visage qui dort;
>   Ton rêve est une Égypte et toi c'est la momie
>   Avec son masque d'or.
>
>   Où ton regard va-t-il sous cette riche empreinte
>   D'une reine qui meurt,
>   Lorsque la nuit d'amour t'a défaite et repeinte
>   Comme un noir embaumeur?

Comme Apollinaire, comme Aragon plus tard, Cocteau connaît bien le riche trésor de la poésie française et il s'adresse aux muses comme on le fit de tous temps :

>   Muses, qui ne songez à plaire ou à déplaire,
>   Je sens que vous partez sans même dire adieu.
>   Voici votre matin et son coq en colère.
>   De votre rendez-vous je ne suis plus le lieu.

Ce ne sont certes pas les grandes orgues du Classicisme, mais les accords d'un violoncelle ému. En quelques endroits, Cocteau se rappelle qu'il est homme du xxe siècle et fait entrer ceux qu'il admire et aime dans la strophe malherbienne par quelque singulier et savoureux anachronisme :

> J'ai peine à soutenir le poids d'or des musées,
> Cet immense vaisseau.
> Combien me parle mieux que leurs bouches usées
> L'œuvre de Picasso.

Ses cinq musiciens vont composer un alexandrin et l'on pense à certains poèmes de la révolution française où entraient des noms de conventionnels, système repris par Victor Hugo et Jean Cocteau :

> Auric, Milhaud, Poulenc, Tailleferre, Honegger
> J'ai mis votre bouquet dans l'eau du même vase,
> Et vous ai chèrement tortillés par la base,
> Tous libres de choisir votre chemin dans l'air.

Pourquoi cette nouvelle façon de chanter ? C'est que les muses ont des ruses et font bien du poète ce qu'elles veulent :

> Si ma façon de chant n'est pas ici la même,
> Hélas, je n'y peux rien.
> Je suis toujours en mal d'attendre le poème,
> Et prends ce qui me vient.

Autre recueil important, *Opéra,* 1927, montre diverses manières de Cocteau. Il comprend les poèmes d'*Opéra* proprement dits, *l'Ange Heurtebise,* plaquette de 1925, et une série de poèmes, les meilleurs peut-être de l'ensemble, le plus souvent en prose, sous le titre *le Musée secret.* Dans les premiers poèmes, il mêle vers réguliers ou non pour transcrire des « accidents du mystère » et des « fautes de calculs célestes » dont il profite pour décalquer l'invisible, projeter l'être intérieur dans la lumière par les données du hasard, les associations de mots selon un automatisme contrôlé ou bien une inspiration en désordre. Poèmes étranges, pleins de fantasmagories et d'angoissantes ténèbres où rôde comme un danger. Et toujours les pièges du sommeil. Dans *Joueurs dormant à l'hombre :*

> Le jeu d'hombre est un mystère,
> Il se joue entre dormeurs
> N'ayant pas les pieds par terre ;
> Et qui triche à l'hombre meurt.
>
> Tenez, le jeu de *la mourre*
> Est au jeu d'hombre pareil :
> Les dormeurs faisant l'amour
> Sont expulsés du sommeil.

Dans *les Mauvais Élèves* :

> Ainsi les gens tués par le sommeil meurent
> Sous l'orme et l'ombre d'eux s'écoule.
> C'est une encre légère le sang des dormeurs
> Qui par la bouche sort des racines du cou.

Ou encore dans *Dimanche soir* :

> Ce n'étaient que maisons qui naufragent, qui plongent ;
> Et les balcons, partout chargés d'ombre d'amants,
> Au lieu de s'échapper loin de leurs bâtiments,
> Se laissaient avec eux engloutir par le songe.

Le sommeil, le songe, la mort, leurs régions ténues et ombreuses sont les thèmes les plus constants. Il connaît de l'opium les pouvoirs et « le pavot sineux couronné de ses grains » lui dicte une *Prairie légère* où s'unissent l'élégance d'écriture et la vérité de la confession :

> Être de l'opium les prairies légères.
> Il n'y a rien de tel pour un cœur trop blessé ;
> On veut me réapprendre la vie étrangère
> Et que j'invite, au bal, les filles à danser.

« Je profitais vivant du mensonge des morts », écrit-il, et c'est là le plus douloureux et le plus vrai. S'intercale cet ange nommé *Heurtebise*, héros bizarre de strophes énigmatiques nées d'une crise intérieure et d'une crise de poésie. Le vocabulaire est concret, réduit au sens usuel, les mots sont juxtaposés, sans union, le sens est brisé, sans lyrisme. Jean-Jacques Khim définit le poème dans son entier comme la « description de l'itinéraire abstrait accompli dans l'âme par un personnage qui n'existe pas en dehors de cette âme, et de la lutte du poète contre cette force renouvelée sitôt que détruite ». Cet ange étrange qui possède Cocteau, il tente de l'exorciser et de le rejeter de lui comme s'il était un démon. Ce sont les phases d'un combat :

> L'ange Heurtebise, d'une brutalité
> Incroyable, saute sur moi. De Grâce
> Ne saute pas si fort.
> Garçon bestial, fleur de haute
> Stature.
> Je m'en suis alité. En voilà
> Des façons. J'ai l'as : constate.
> L'as-tu ?

Curieux ange Heurtebise qui pousse et qui torture et que le poète garde, heurte, brise, change, rejette, ange qui lui fait dire : « J'ai mal à Dieu », ange gardien, ange au magnésium, ange d'entre vie et mort, sommeil et éveil, ange qui provoque la colère du poète, ange de quinze strophes, habitant physique et métaphysique :

> Ange Heurtebise, les papillons battent
> Mollement des mains malgré la mue.
> Les soupapes et les oreillettes du cœur,

> Fleur de l'aorte, anthracite,
> Ouragan des points cardinaux,
> Cordages de la nuit,
> La lune écoute aux portes...

Non moins énigmatique est un « procès-verbal » qui clôt l'ensemble :

> Dans la nuit du... Quai... Les anges :
> Heurtebise, Elzévir, Dimanche, Cégeste,
> Après avoir... ont... du sexe féminin...
> Il paraîtrait... malgré l'heure...
> Elles virent... lumière diffuse... l'âne...
> Fit mine de... une aile... par le manche
> En fer... sur la bouche... l'atrocité
> Du geste.

D'autres poèmes d'*Opéra* sont visités par les anges comme celui intitulé *les Alliances :*

> Ce sont les anges qui préparent
> Les boules bleues de la lessive,
> Aussi les blanchisseuses lavent
> A genoux dans le lavoir.

La légende populaire nourrit un poème comme *les Voleurs d'enfants* avec ses effrois comme dans les complaintes :

> Presque nue et soudain sortie
> D'un piège de boue et d'orties,
> La bohémienne, pour le compte
> Du cirque, vole un fils de comte.
>
> Tandis que la mère appelle,
> Folle, debout sur l'allée,
> L'enfant, en haut d'une échelle,
> Au cirque apprenait à voler.
> . . . .
> Reviens, mon chéri, mon bel ange!
> Aie pitié de ma douleur!
> Mais l'enfant reste sourd et mange
> La bonne soupe des voleurs.

Ce sont les mythologies de Cocteau qu'on retrouvera dans toutes ses œuvres, dans ses films comme *Orphée* et *le Sang d'un poète*. Mais la suite en vers ou en prose qui termine *Opéra*, sous le titre *le Musée secret*, laisse entrevoir une expression plus crispée, grinçante, déchirante où les exercices du verbe créent comme un cérémonial brisé. Il utilise parfois le calembour, non pour être drôle, mais pour arracher aux mots des secrets inquiétants : « Jean chante » (J'enchante), « Le mot ment Ève nue » (Le moment est venu), « Le rêve eunuque jatte en dais » (Le rêve nu que j'attendais), « Leur Ève nue, houle sublime, doigt, hêtre des nids aisés » (L'heure est venue où le sublime doit être déniaisé), etc. On s'attache aux poèmes en prose, coupes fermées sur un déluge imagé et rapide, forêts d'enchevêtrements, de désordres, de ronces coupantes, de pièges qu'il faut déjouer, lieux redoutables parmi lesquels le poète se glisse, le talisman des mots en main. Un buste ingénieux et cruel peut étrangler l'homme endormi, le théâtre grec jette ses tragédies inconnues : « Toujours est-il qu'en un clin d'œil, l'homme fut happé, entraîné, déshabillé, scalpé, châtré, écorché vif, aveugle, et recouvert d'un costume d'Œdipe, au milieu d'innombrables rires, dominés par une voix fraîche criant : *C'est bien fait !* » Il est des endroits où « ces malheurs commencent toujours sous prétexte de plaisanterie ». Dans le Paquet rouge, il dit avoir « volé ses papiers à un certain J. C. né à M. L., le..., mort à dix-huit ans, après une brillante carrière poétique ». Radiguet est mort et le gentil Cocteau est devenu l'être en proie à sa douleur. Il dit, dans ce *Paquet rouge* :

> Mon sang est devenu de l'encre. Il fallait empêcher cette dégoûtation à tout prix. Je suis empoisonné jusqu'à l'os. Je chantais dans le noir et maintenant c'est cette chanson qui me fait peur. Mieux encore : je suis lépreux. Connaissez-vous ces taches de moisissure qui simulent un profil ? Je ne sais quel charme de la lèpre trompe le monde et l'autorise à m'embrasser. Tant pis pour lui ! Les suites ne me regardent pas. Je n'ai jamais exposé que des plaies. On parle de fantaisie gracieuse : c'est ma faute. Il est fou de s'exposer inutilement.
> Mon désordre s'empile jusqu'au ciel. Ceux que j'aimais étaient reliés au ciel par un élastique. Je tournais la tête... ils n'étaient plus là.

A la fin du poème (on remarquera la dernière phrase), il jette sa douleur et il ne s'agit pas d'un jeu :

> Cette chevelure, ce système nerveux mal plantés, cette France, cette terre, ne sont pas à moi. Ils me dégoûtent. Je les ôte la nuit en rêve.
> J'ai lâché le paquet. Qu'on m'enferme, qu'on me lynche. Comprenne qui pourra : *Je suis un mensonge qui dit toujours la vérité.*

Après *Énigme*, 1939, ce seront les poèmes des *Allégories*, 1941, qui ajouteront à ses thèmes habituels (le rêve, la mort et le sommeil, l'envers du miroir, les oracles et les masques) une tension angoissée, une inquiétude auxquelles les événements de la guerre ne sont pas étrangers, comme en témoigne un poème écrit à la veille du cataclysme, *l'Incendie*, dédié à Jean Marais, long poème parmi d'autres longs poèmes (comme *Cherchez Apollon, la Partie d'échecs, le Casque de Lohengrin*) dont voici quelques extraits significatifs :

> La ville avait encor ses arbres de septembre.
> Seuls les journaux perdaient des feuilles dramatiques...
> Et, d'une minute à l'autre, il fallait s'attendre
> A voir crouler le doux monde antique.
> . . . .
> Est-ce demain, après-demain, l'apocalypse?
> Un jeune martyr se repose à poings fermés.
> L'ange, plumes au dos de vitres et de gypse,
> Veille, parents maudits, sur vos morts bien-aimés.
> . . . .
> L'incendie exaltait ses drapeaux et ses lances
> Pendant que le pauvre enfant endormi
> Habite naïvement le silence,
> Le vide au bord duquel se brisent ses amis.

Dans ce recueil, Cocteau parle directement ou par la bouche de masques qui sont ceux d'Apollon, de Louis II de Bavière, d'Ève ou d'Orphée. Les rythmes et les rimes sont approximatifs, les césures mauvaises, la prosodie maladroite. On n'est pas toujours assuré que cela soit voulu ou utile. Cependant, par une sorte de compensation, les heurts et les brisures retiennent l'attention sur un discours malhabile parce que trop habité par des hantises, des énigmes, des mythologies qui se réinventent par le jeu des mots dans la phrase qui court parmi les plâtres d'un décor de théâtre :

> Quelquefois on découvre, au bout d'un projecteur,
> Le calme solennel d'une route qui tue,
> La vitesse aussitôt transformée en statue,
> Les cris silencieux poussés par les acteurs.

A la fausse énigme du poème répondra la solution d'un vers racinien : « Un dieu vaincu, de l'homme imite les travaux. » Jean Cocteau se cherche parmi les décors, les costumes et les masques, les illusions, les énigmes et les devinettes ; il invente ses labyrinthes et part ensuite à la recherche d'un hypothétique fil d'Ariane ; il dresse le paysage de carton-pâte du drame et s'étonne de trouver un drame qui n'est pas toujours celui qu'il a voulu. Dès lors, le maître artificier se brûlera à ses fusées, l'apprenti sorcier se blessera.

Narration ou odyssée d'une rêverie, *Léone*, 1945, en cent vingt strophes d'alexandrins, fait parcourir au poète un Paris nocturne, fantastique, entre l'Opéra, le Palais-Royal et la Concorde, ces décors de théâtre, si ce n'est en quelque Bretagne de légende, en quelque ville d'illusion. Qui est Léone ? On la révélera à la fin du poème : « Léone était la muse et la muse Léone », sans trop nous y faire croire. Ange femelle plutôt, tutélaire et inquiétante, elle reste difficile à cerner, qu'elle précède le poète, qu'elle le suive ou qu'elle le côtoie dans une marche somnambulique sous une lumière noire entre sommeil et veille. Le poème est souvent bouleversant de beauté et de profondeur. Il porte une grandeur spectrale, goethéenne comme dans une nuit de Walpurgis, Léone parcourant le rêve et le temps, l'espace et la légende comme les espaces mythologiques de Cocteau inventeur d'une nouvelle intériorité :

> C'est la nuit du vingt-huit que je rêvai Léone.
> En posant sur la nuit ses pattes de lionne
> Elle marchait (Léone) entre les feux éteints.
> Ainsi les acteurs grecs marchent sur des patins.
>
> Léone s'avançait jusqu'à l'aube nubile.
> A marcher sur la nuit ses pieds étaient habiles
> Car Léone marchait à même sur la nuit.
>
> Le rêve était en moi comme Léone en lui.
> Le cortège funèbre avait peine à la suivre
> Le carrousel tordait ses cordages de cuivre
> L'automate scandait la troupe de ses pas :
> Tout paraissait tourner mais ne remuait pas.
> Car Léone sachant que le miroir renverse
> Montait à reculons l'échelle de l'averse.

Marche fantomatique où Léone enjambe « les corps des forains endormis », cache sous son manteau la tête d'Holopherne qui est, comme chez Dante, une lanterne, caméléone devenant les lieux mêmes, et marchant « au bord des cils de la rosée » non loin de quelque XVIe siècle réinventé par « les monuments à la dérive sur les âges » :

> L'Histoire dessinait des croix sur les maisons.
> La reine à l'alchimiste achetait des poisons.
> Infâme était le mauve entre les ponts du fleuve.
> L'eau qui passait pour vierge était plusieurs fois veuve
> Et Léone, Léone au bas des murs du quai
> Continuait sa route avec son pas masqué.

Elle rencontre « les campeurs les dormeurs les faux cygnes », des cyclistes, des acteurs, des couples énigmatiques, « mille anges de la danse », des « boulangers dans la pâte endormis », « des Pierrots nus des Apollon de plâtre », des créatures de légende :

> Herodiade Elsa Thaïs Ysolde Elvire
> S'accrochant à la vieille épave des chansons
> Roulaient leurs cheveux d'algue entre les écussons.

La guerre passant par ces lieux a porté sa marque fatale sur les décors et le temps de conception du poème apparaît :

> Les papiers peints les lits les machines à coudre
> Étonnent dans l'immeuble éventré par la foudre.
> L'immeuble jusqu'à l'âme ouvre sa chair en deux.
> Les hommes n'y sont plus. On ne parle plus d'eux.
> Sous l'arbre secoué tombent les têtes chaudes.
> Elles saignent par terre un or de reines-claude
> Et Léone pareille à la paonne du paon
> Les roule avec le bout de sa robe qui pend.

Le poème se poursuit d'un souffle égal dans une profusion d'images originales et les mystères de la nuit parisienne n'ont jamais été aussi bien pénétrés par un poète qui sait voir par-delà les apparences. Marche noble de Léone, démarche classique du poème :

> Ainsi se comportait la superbe Léone
> Ainsi marche la mort ainsi marche Antigone
> La hautaine insolence inaccessible aux lois.
> Ainsi marche le Sacre et la traîne des rois
> Ainsi marche au collège une troupe enfantine
> Ainsi marche le cerf sur la mousse des bois
> Ainsi de la prison jusqu'à la guillotine
> Marche un jeune assassin pour la dernière fois.

On voudrait tout citer car Jean Cocteau écrit là ce qu'il définit : « Est-il rien de plus beau qu'un chef-d'œuvre qui mord ? » La parenté du poème avec le roman breton peut déjà s'établir avant que Léone ne rejoigne un univers d'éternel retour dans une Bretagne de chaume avec Tristan écou-

tant « la complainte du cor » ou « Ysolde éperdue ». Le poète dit la
fragilité du sommeil :

> Je dors et je le sais et je sais que je rêve
> Il ne tient qu'à moi seul que ce rêve s'achève
> Et que Léone enfin me quitte pour toujours.

Mais ce n'est là que parenthèse car le poète dit : « Que ferai-je grand
dieu si vous disparaissez. » Le dormeur couché doit se lever pour que
« L'encre livre au papier ma funeste folie ». Et voici l'obélisque :

> C'est là que Fantômas roi de dix-neuf cent onze
> Garde un roi prisonnier sous l'ondine de bronze
> Où vibrent doucement les orgues de Memnon.

Léone somnambule sans balancier sur la corde des forains et le poète
à sa suite pour « Rêver tout haut d'Égypte et de monstres marins » dans
une nuit étoilée : « Quel problème effrayant nous pose la Grande
Ourse ? » Cocteau-Ulysse suit sa sirène pour rencontrer les héros de la
pièce qu'il vient d'écrire : « C'était Renaud. Captif des manœuvres d'Armide... » Mais qui ne rencontre-t-il pas, de Belphégor à la Vierge cruelle
de Nuremberg ? Le poète dit à la strophe 69 :

> Ma patrie après tout est autre que la terre.
> Je cherche à la rejoindre aux portes du mystère
> Mais hélas le mystère ouvre encore chez moi.

Si par ce poème nocturne Cocteau atteint des sommets poétiques, il
nous apprend aussi qu'un univers de théâtre avec ses artifices peut devenir plus vrai que le réel. Il dépasse les agacements qu'il a pu provoquer
et sa douleur n'est pas feinte, son angoisse n'est pas simulée :

> Ce poème nocturne est écrit à la craie
> Sur l'ardoise méchante. Efface-le passant
> Avec tes pleurs de rage et tes larmes de sang.

Le surréaliste qui le lira pourra se réconcilier avec lui et découvrir
derrière l'illusionniste du Tout-Paris « Un homme écorché vif revêtu de
sa peau ». On écoute ici les deux dernières strophes de cette œuvre de
lumière noire écrite dans la nuit d'une ville endeuillée et silencieuse dans
ses apparences immédiates :

> Si vous me préparez d'ingénieux supplices
> Ai-je au bout le sommeil où l'on ne rêve plus ?
> Écrivez-vous ? Par qui vos livres sont-ils lus ?
> Existe-t-il un monde où je pourrai me taire ?
> Dois-je craindre Léone et ses pieds de panthère
> Dois-je craindre la muse aux griffes de lion ?
>
> Dois-je craindre le ciel aux mille millions
> De regards attentifs à causer notre perte ?
> Votre ville interdite est-elle ville ouverte ?
> Y peut-on éviter la honte des combats ?

>   On me guette.
>   Prenez garde.
>   Parlez tout bas.

Avec *Léone,* Jean Cocteau a transcendé son propre univers. Il a transformé son vieux mensonge en jeune vérité. Il a atteint des sommets qu'il ne quittera plus désormais.

De *la Crucifixion* au *Requiem.*

Après le déploiement horizontal des alexandrins de *Léone,* le poème d'une verticalité blessée de *la Crucifixion,* 1946, apparaît comme une œuvre elliptique où règnent les instruments du mal, barbelés, clous, épines, baïonnettes, tout ce qui tranche, pique, arrache et tue. Ce poème en plusieurs parties est né de la souffrance du poète en proie à des furoncles et des anthrax qu'il assimile à la souffrance de celui qui porte les mêmes initiales que lui, J. C. devenant Jésus-Christ. Parti du mot « Sérénissime » le poète exprime le contraire de la sérénité dans sa vision suppliciée qui fait penser aux œuvres du Greco ou de Mantegna. Mise en croix, mort et transfiguration, le poème quasi graphique exprime la douleur qui ravage et se statufie en forme d'épouvantail sacré. On pense aussi à ces écorchés des vieilles planches anatomiques où apparaissent des nœuds « de muscles de cordes ». Les linges qui sont parfois des anges pour le poète prennent ici de lugubres couleurs :

>   Des linges sanglants étendus sur
>   des haies d'épines sur un piège
>   de ronces méchantes
>   de mûriers dont les mûres
>   tachant les tables d'épouvantables
>   taches. Tachant la lessive
>   qui sèche sur les fils de fer
>   barbelés. Au soleil
>   sèchent les nappes qui traînent
>   dans la boue. Pendent
>   les draps habités par la grimace d'une
>   ombre chinoise de fausse
>   blanchisseuse aux mains vraies.

Les allitérations lui permettent de montrer par leurs sons tout ce qui blesse la chair tendre. Il emploie aussi des suites d'épithètes comme les rhétoriqueurs de la fin du moyen âge :

>   C'était lavé déchiré
>   désossé souillé ravagé
>   crevé désarticulé
>   dressé penché couché perché
>   noué cloué décloué
>   recollé écartelé
>   fendu fondu répandu
>   pendu tendu détendu

> étendu hissé pavoisé
> affiché giflé flagellé
> marqué de toute éternité
> depuis l'écriteau tordu
> jusqu'aux bottes des égoutiers.

Étonnant poème qui déchire « d'est en ouest l'étoffe du silence », massacre où les mots sont des armes, des armures de vacarme, où l'ombre de l'objet devient l'objet, où règne le tonnerre :

> Un tonnerre de chars à bancs enrubannés
> un tonnerre de grappes d'acacia un
> tonnerre de lits de noce
> qu'on traîne à l'étage au-dessus
> un tonnerre de barricades
> un tonnerre de canonnade...

La Crucifixion, poème-cri, poème-sang où les thèmes sans cesse repris sous des musiques différentes disent les phases d'une souffrance physique, représente un phénomène bien particulier non seulement dans l'œuvre de Cocteau mais aussi dans l'ensemble de la poésie française.

Le Chiffre sept, 1952, affirme une rupture d'ordre différent du poète avec ce qu'on pourrait appeler son savoir-faire dont il se défie dans la mesure où il pourrait le détourner de traduire ce qu'il y a de secret en lui. Le poème semble hésiter entre une ligne mélodique dépouillée et les images qui forment la mythologie de Cocteau. C'est un poème où s'imbriquent plusieurs quatrains d'alexandrins aux rimes entrecroisées avec de temps en temps un octosyllabe remplaçant l'alexandrin du dernier vers du quatrain. Il y a des passages un peu gris (comme si le poète se défiait de sa dextérité), et même des fautes de goût chez cet homme de haut goût, du genre « Et le cœur si souvent a retourné sa veste », mais dans ce déroulement étale, les moments de révolte n'en apparaissent que mieux :

> Je crache sur vos lys, vos robes d'innocence,
> Sur les bustes du parc de la célébrité.
> Je suis, figurez-vous, moins bête qu'on ne pense
> Et pour dormir me tourne de l'autre côté.

Le poète souvent gagne en humanité ce qu'il perd en maîtrise. La méditation sur l'écoulement du temps, le lent travail de la destruction, l'atrocité de la condition humaine se déroule lentement, avec des moments prosaïques, des familiarités de langage du genre « Savez-vous ce qui vous pend au nez ? », de l'éloquence facile, et, en passant, un jeu comme celui-ci :

> Rien ne manque à l'appel, ne manque à l'enchevêtre
> ment. Aucun passepoil, aucun bouton d'unif
> orme. Aucun passepoil, aucun bouton de guêtre.
> Aucune note prise à cet indicatif.

C'est étrange : le poème révèle l'humanité de Cocteau en même temps qu'il exprime le désabusement, la fatigue, mêlant les facilités apportées par la rime à de rares trouvailles comme si le hasard le trahissait. Parfois il semble que tout cela soit voulu : quand le poète parle de « la rime d'un poème exprès torve et boiteux » ou quand il dit, quasi suicidaire :

> Au moins cassez mon rythme et faites qu'il trébuche.
> Évitez-moi la course éprise de son but.
> Pour activer mon feu dérangez chaque bûche,
> Que ma plume ait un air de femme qui a bu.

Poème de transition ? Peut-être. Suivra le plus heureux *Clair-Obscur*, 1954, en trois parties : *Cryptographies, Divers, Hommages et Poèmes espagnols*, la première étant la plus importante : on y retrouve les personnages clés d'une mythologie : Orphée, l'ange, le sphinx, Dargelos, l'« enfant terrible », Marco Polo l'incompris, les thèmes sommeil et mort, traversée du miroir, linges suspendus, etc. Une courte préface : « La poésie est une langue à part que les poètes peuvent parler sans crainte d'être entendus, puisque les peuples ont coutume de prendre pour cette langue une certaine manière de parler la leur. » Revient sans cesse de l'encre-sang et celle du silence :

> Ne suis-je pas le cri du silence à l'envers...
>
> Mon sang coule par toi lance de mon silence...
>
> > C'est du sang que je saigne
> > C'est de l'encre qui sort...

Mêmes thèmes certes, mais repris différemment, selon une nouvelle interprétation qu'élève l'idée de la mort proche peut-être. Plus de rigueur dans le rythme et la rime comme s'il fallait fixer de manière durable ce qu'on ne pourra plus redire. Moins d'inspiration, mais une manière de fixer le poème comme l'huile d'un tableau. Des exercices de rhétorique aussi et des poèmes de circonstance où Cocteau, tour à tour subtil, précieux, brillant, surprenant, ou tout ensemble, étonne encore. Scintille là un *Hommage à Gongora* :

> De ces linges pendus et tordus de ces linges
> A travers lesquels l'or se muait en charbon
> A travers lesquels noirs se découpaient les cygnes
> Devenait gai le triste et funèbre le blond
>
> Le blond funèbre sur le chef du diadème
> Signifiant un oursin mâle poignardé
> Un dispositif de supplice haut et même
> Une minuscule architecture de dés

Jean Cocteau se souvient çà et là de ce Stéphane Mallarmé qu'il imitait dans maints poèmes de jeunesse et qu'il retrouve au soir de sa vie. Dans certains poèmes de *Clair-Obscur* on approche une Espagne qui sera l'inspiratrice de ses dernières œuvres. Lors d'une course de taureau à Séville un torero fera l'hommage de sa victime au poète et ce sera pour lui l'occasion de *la Corrida du premier mai*, 1957, de poèmes en hommage à Manolete ou d'une lettre d'adieu à Federico Garcia Lorca. « Faites-moi la grâce de ne pas confondre un miroir avec une porte », écrira-t-il en épigraphe de ses *Paraprosodies*, 1958. Son *Cérémonial espagnol du phénix* suivi de *la Partie d'échecs*, 1961, est dédié à Concha Garcia Lorca. Le *Cérémonial* est distribué en morceaux musicaux : ouverture, cadence, mouvements, finale. Le Phénix est l'oiseau détruit et renaissant en même temps que le poète. Les mots s'agrègent comme des notes de musique ou comme les éléments d'un vitrail. Les poèmes sont des condensés d'images extraites de la tragédie existentielle où « Un avare destin compte ce qu'il me doit », où :

> Le grand inquisiteur embusqué dans son X
> Me condamne à résoudre un calcul sans issue
> Et devenir debout quelque cierge qui sue
> D'avoir l'ordre oublié des chiffres du Phénix.

Gongorisme, mallarmisme, mais aussi feu médiéval et poésie dionysiaque mêlés, avec des coups d'archet magistraux :

> Sur le socle funèbre où la mort t'éternise
> Malaxant les couleurs de ton plumage neuf
> Mieux que Savonarole au tribunal d'église
> Paye le crime oiseau d'avoir offensé l'œuf
>
> A cette noce atroce où nous invite un ange
> Faut-il d'air et de feu confondre la splendeur
> Pour qu'un jeune immortel humblement se dérange
> Et d'un astre lointain devienne ambassadeur

Il invoque Shelley et Byron, Éros et Marsyas, Greco, le Christ et Charles-Quint, Éros et Jeanne d'Arc sous des signes où s'enflamme une « Espagne ivre du sang de la cave des rois », où se dessine la tragédie intime du temps qui fuit :

> Tout s'éloigne et me quitte et m'oblige à la suivre
> Sur les vagues chemins de l'espace et du temps
> Où les tambours en berne et les clairons de cuivre
> M'arrachent d'un sépulcre entouré de gitans

Le poème est ainsi semé de moments confidentiels dans un superbe ensemble d'une grandeur baroque jusqu'au finale où le poète retrouve le pays d'enfance, Seine-et-Oise de Maisons-Laffitte et de Sartrouville et les foires émerveillées :

> Gaufres manèges tirs cirques feux d'artifice
> De ces humbles trésors dois-je me détacher
> Pourrai-je mes amis faire le sacrifice
> De revivre sans vous de bûcher en bûcher

Et encore « entre deux incendies / Rouge et jaune une Espagne éprise de tes chants », puis le recours à ce qui aide à vivre, à la course ardente jusqu'au vers justement célèbre qui termine l'œuvre :

> Puisque la beauté court je dois courir plus vite
> Je plains qui veut la suivre ou peine à son côté
> La mort m'est douce-amère et son amour m'évite
> Phénix l'ennui mortel de l'immortalité

La Partie d'échecs emprunte la même forme : ouverture, mouvements, cadence et finale, avec non pas le ton du cérémonial, mais une fantaisie baroque où perce une ironie familière :

> D'échecs une partie en somme intéressante
> Entre toutes (jouait le joueur contre soi)
> Est-il vrai que sans tête un monarque se sente
> Mort de honte devant un bourreau qui s'assoit
>
> Qui s'assoit et croise les jambes et se cure
> Les ongles (c'est vraiment un drôle de vainqueur)
> Des pieds et du chapeau n'a-t-il pas vu Mercure
> Voler pour raconter la chose aux dieux sans cœur

Il parlera de « gazon délicieux aux croupes champêtres » ou évoquera déjeuner sur l'herbe ou fête galante offerte à Vauvenargues, fera rejaillir quelque mythologie coctienne au passage et terminera sur une morale pensive :

> Puisse l'art de mal vivre être ma seule étude
> Et de mon propre chef mettre ma tête à prix
> Afin que votre haine orne ma solitude
> C'est à moi que je rends les pions que j'ai pris

Cependant, entre deux recueils, le poète n'oublie pas les autres moules de sa poésie, de la *Difficulté d'être*, 1947, au *Journal d'un inconnu*, 1953, de la *Lettre aux Américains* aux films célèbres, aux dessins, aux fresques, aux discours, que sais-je encore !

On en arrivera ainsi à l'ultime chant, *le Requiem*, 1962, chant du cygne Cocteau, testament poétique écrit par un homme physiquement atteint, un gisant qui « fait la planche sur le fleuve des morts ». C'est une œuvre de crépuscule, entre conscience et inconscience, dans une « sainte maladie » provoquant un état second, somnambulique, où l'écriture rejoint l'automatisme, contrôlé cependant. Il improvise, crée ses labyrinthes, joue sur l'imprécision, ne renie pas ses maladresses de langage, invoque « le divin charabia » de Mallarmé, Rimbaud, et surtout Gongora de qui les poèmes se réclament. Il s'appuie sur une citation de Nietzsche en épigraphe : « La magnifique et sauvage déraison de la poésie vous réfute, sectateurs de l'utile. C'est justement la volonté de se délivrer de l'utile qui élève l'homme au-dessus de lui-même. » Dans sa préface Cocteau apporte des indications sur les circonstances de sa création : il est entré en poésie comme on entre dans les ordres, le poème est coupé de haltes, la maladie l'a obligé à se libérer du contrôle de l'intelligence, il s'apparente à un médium, et aussi :

> J'insiste sur une volonté de franchise qui me décide à ne rien changer aux maladresses, faiblesses, platitudes, redites, mots, mis où ils ne doivent pas l'être (comme Picasso déplace un œil). Mais partout, je constate, malgré les fautes qui risquent, dans une époque affaiblie par les techniques, d'être notre moyen d'expression le plus vrai, un mécanisme de fugue, une sévérité instinctive du rythme souvent octosyllabique et, sans raison apparente, quelques rimes internes, à grande distance les unes des autres, analogues aux coups de trompette et aux retours de

thème du *Concerto brandebourgeois n° 2 en fa majeur*, dont l'andante stupéfait par une indifférence aux modes qui devait, jadis, déconcerter les amateurs et les instrumentistes.

Il donne encore une réponse à cette question qui surprend souvent les habitués de la poésie traditionnelle, l'absence de ponctuation : « Emily Dickinson s'aperçut la première, en 1845, du ridicule de ponctuer un poème, la ponctuation le salissant comme les moustaches dessinées par un galopin sur un buste, et l'alourdissant à l'usage des personnes incapables d'en entendre la respiration, la systole et la diastole. » Il dit encore sa poésie intraduisible dans toute langue étrangère alors qu'il rêve d'un contact universel, mais qui ne pourrait « venir que des *idées* qui répugnent à la poésie et dont l'emploi ne sert qu'au pire des lyrismes : le lyrisme explicatif ». Il se soumet donc à la « solitude grammaticale » qu'il dit « La vraie, l'inévitable solitude des poètes ».

Le lecteur du *Requiem* est invité à une randonnée dans un labyrinthe difficile, obscur, où il doit trouver lui-même son fil d'Ariane, à ce point que la connaissance de la vie et de l'œuvre entier du poète sont indispensables à certains décryptages. La récompense est grande et les scènes, souvenirs, paysages, spectacles se succèdent comme dans un voyage dantesque. Car la mort est là, non pas celle des poèmes du Cocteau d'antan qui représentait et conjurait, mais une mort déjà là, présente, au sérieux, avec les pertes de sang et de substance vitale dans les obscurités et les mystères du corps physique. On ne résume pas un tel poème, on le parcourt comme un chemin de croix semé de haltes avec leurs variantes où l'on peut rencontrer Léonard, les « amis inconnus », Cléopâtre, Offenbach, les Grâces, les Innocents, le dénicheur de nids, la rose, la fable, les poètes aimés ou « l'accord final des orgues ». Tout ce qui fut la vie du poète, de Maisons-Laffitte à la rencontre de l'ange Heurtebise rue d'Anjou, les cyclistes d'antan, les fêtes de naguère, les maladies enfantines, les lectures formatrices, les mythologies anciennes et nouvelles, les muses, les musiques, les trésors de l'histoire et de la légende, tout cela apparaît, grandit, se transforme, se révèle, s'enchevêtre :

> De cet enchevêtrement
> De mondes les uns dans les autres
> Lui seul sans être inquiété
> Passait les sévères douanes

Il est Dante et Virgile, il est Ulysse, il est Byron en toutes quêtes. Il perçoit par son rêve éveillé « sans l'aide onirique des poisons », de l'opium qui soulage. Ici le dormeur est devenu son propre spectacle, il est ici et ailleurs, parcourt les espaces de la mémoire. Parce qu'il a vécu au-dessus des moyens de son époque il a été mal reçu. Il dit :

> Adieu monde qui ment qui triche et qui sabote
> L'ogre dormait j'ai pris ses bottes

A quelque halte, il donne un poème précieux à saisir, baroque comme chez Gongora :

> Rose tu mens ta chair pompe au fleuve des morts
> La sève indispensable à tes couleurs profondes
> De ton haleine enduite et de tes poudres d'or
> Une abeille sur toi règle sa longueur d'ondes

Des rappels encore : Barrès du déracinement, Gide anti-familles, Brecht « sur un cheval au galop », Mallarmé pastiché : « J'ose désobéir à l'ordre universel / Puisqu'en moi-même enfin l'éternité me change », Ravaillac et Cartouche, mais aussi déjà « l'ex-bombe H aïeule des explosifs », et un temps d'apocalypse où « le monde inventait des armes » en rêvant de « quelque refuge dans les faubourgs de l'infini », ce qui montre que Cocteau englobe dans une large vision tous les aspects de son époque, y compris le regard sur le travailleur :

> La danse de Saint-Guy des marteaux pneumatiques
> En derviches changeait les paveurs innocents
> Et nous vîmes bondir de leurs bras athlétiques
> Le biceps tatoué par l'encre bleue du sang

L'absence de ponctuation s'accorde-t-elle bien aux poèmes classiques? On peut se le demander, mais la plupart des pièces sont en octosyllabes libres et là, peut-être par quelque habitude de lecture, aucune gêne. Parfois on souhaiterait plus d'économie car, tout étant dit en quelques vers, il arrive que la phrase s'exténue. Autre chose : la préciosité ou le baroquisme de Cocteau s'accompagne souvent d'une sorte de franc-parler qui conduit au burlesque dont nous savons depuis l'époque à cheval sur la Renaissance et le siècle classique qu'il est un grossissement soit du précieux soit du langage commun si ce n'est d'un choc entre éléments opposés. En fait, chez Cocteau comme chez Aragon nous le verrons, la poésie française du passé est là, en contrepoint. On aime encore dans ce *Requiem* cette suite de strophes se terminant toutes par « Je rêve », poème du corps et de l'esprit :

> Des milliers de globules
> D'un vif argent pourpre se hâtent
> Pour n'être qu'un dans le réseau
> Fluvial de mes artères
> Et voici que l'arche d'un pont
> S'élance d'Orphée à Morphée
> Et que les neuf sœurs délaissant
>   Je rêve

Dans la dernière partie du recueil le chant devient plus grave encore, l'homme regardant « le monde infirme », disant : « Beaux esprits cartésiens / Méfiez-vous de Descartes », ou la « solitude très sainte » avec de beaux raccourcis :

> Les parois qui nous emprisonnent
> Ne sont pas trois mais quatre et sur
> La quatrième à la craie
> Les amoureux et les poètes
> Écrivent des noms et des dates

Le Cocteau du grand âge montre son intériorité, quitte ses masques et sans doute cela n'est-il pas étranger à ses réconciliations avec d'anciens surréalistes qui faisaient de lui leur cible préférée. Et voici l'invocation au Verbe, et ce qu'il appelle « le brusque abandon de toute ma mythologie ». Tout devient testament signé « Avec la plume d'un cygne / Qui ne chante que s'il meurt » :

> A vous qui n'êtes pas encore
> A vous qui tels que je suis
> Serez à vous les sans visages
> C'est à vous que je m'adresse
> A vous que parle ma nuit
> Mise en plein jour par l'artifice
> D'une main soumise aux ordres
> Obscurs de l'étrange étranger

Il a fait couler « l'encre rouge de mon cœur » et *le Requiem* se termine sur une *Épitaphe* qui est un appel :

> Halte pèlerin mon voyage
> Allait de danger en danger
> Il est juste qu'on m'envisage
> Après m'avoir dévisagé

Jean Cocteau, méconnu, mal connu, et pourtant célèbre, traquant la poésie en tous lieux et sous toutes formes : poésie, roman, théâtre, graphisme, cinéma, musique, par-delà son œuvre, ses éclairs et ses échecs, ses adhésions et ses opportunismes d'enfant terrible qui se veut enfant sublime, a un mérite inégalé : celui d'avoir introduit dans un pays en proie aux excès du matérialisme un climat constant de poésie.

Le Credo du poète.

Si ce trop bref panorama s'attache avant tout au poème et ne fait qu'évoquer les multiples moules de la création de Cocteau, comment ne pas s'arrêter, ne fût-ce que quelques instants, à cette réflexion sans cesse reprise par le poète dans la marge de sa création. On en trouve l'essentiel dans les deux volumes de *Poésie critique,* 1959 et 1960, véritable credo mêlant critique et autocritique, art poétique, analyses, portraits, auto-portraits, esthétique, méditations, notes sur le métier, biographies de peintres ou musiciens ou poètes, discours lucides où la tendresse, l'intelligence, la rigueur, la sincérité sont présentes. Jean Cocteau écrit simplement : « La poésie, pour rester vive, profonde et fraîche, exige qu'on échange souvent les véhicules par lesquels on l'expulse du mystérieux organisme où elle prend naissance. La critique, faite avec amour, exempte de malice, pareille à l'analyse du biologiste, me semble digne d'être un de ces véhicules. » Il dira encore : « Si l'on découvre un jour ma grande spécialité, celle où j'étais seul au monde et incomparable, ce sera le déniaisement des genres. » Auprès de textes célèbres comme *le Secret professionnel* ou *l'Essai de critique indirecte,* le parcours est passionnant qui le conduit de lui-même à des créateurs qui se nomment Picasso, Marcel Proust, Max Jacob, Jean Desbordes, Raymond Roussel, Paul Verlaine, André Gide, Jean Marais, Bernard Buffet, Le Greco, Carpaccio, Mme de La Fayette ou Jean-Jacques Rousseau. Ses monologues, ses lettres à Jacques Maritain ou aux Américains, ses discours officiels mêmes font la place la plus grande à ceux qu'il admire ajoutant aux noms cités Satie et Stravinski, Radiguet, Colette ou le surréalisme, Apollinaire et Jean Genet, car, dit-il, « passer des marchandises interdites fut l'objet de mon discours ». On ne saurait résumer tout cela : que le lecteur aille à ces textes. Extrayons cependant quelques joyaux de poésie critique :

> La poésie cesse à l'idée. Toute idée la tue.
>
> La prose n'est pas une danse. Elle marche.
>
> Aller vite lentement.
>
> La poésie est une religion sans espoir.
>
> Le poète se souvient de l'avenir.
>
> Trouver d'abord. Chercher après.
>
> Dès qu'un poète se réveille, il est idiot. Je veux dire intelligent.
>
> Ce que le public te reproche, cultive-le, c'est toi.
>
> Prends garde aux conservateurs des vieilles anarchies.
>
> Il faut être un homme vivant et un artiste posthume.
>
> Plus un poète chante dans son arbre généalogique, plus il chante juste.
>
> La poésie de notre époque conservera la beauté du martyre.

Parmi des centaines de pages, qu'est-ce qu'une douzaine de citations ? Il affirmera : « La France déteste la poésie » et l'on voudrait que les nouvelles générations mettent le verbe de cette courte phrase au passé. Jamais créateur ne fit un si beau mariage d'amour avec la poésie. Souci d'étonner, certes, mais aussi mesure lorsqu'il écrit : « Le tact dans l'audace, c'est de savoir *jusqu'où on peut aller trop loin.* »

Des acrobaties de typographie aérienne du *Cap de Bonne-Espérance* aux stances classiques de *Plain-Chant*, de la spontanéité de *l'Ange Heurtebise* aux écorchements de *la Crucifixion*, du gongorisme du *Cérémonial* à l'émotion du *Requiem*, parmi les mythologies recréées ou créées, quel parcours ! Et, dans cette vie et cette création multiformes, de la solitude opiacée et maladive, de la création nerveuse aux Académies, du chant intérieur aux scintillements factices du Paris mondain, que de contrastes ! mais aussi quel intense besoin de contacts humains ! Et que d'inquiétudes, d'angoisses, de désirs, de soifs, d'appétits de conquête dans ce visage de renard à l'affût ! Deux ambitions commandent : se maintenir à la tête des mouvements de la modernité ; réagir par défi, quand il le faut, aux courants qu'on a contribué à faire naître. De la tentation novatrice à la recherche d'un équilibre, sans cesse des difficultés à vaincre, mais le néoclassicisme, comparable à celui de Satie, est encore une provocation.

Il faut démasquer Cocteau, le lire par le dedans, voir le visage sous le fard, le corps sous le manteau d'Arlequin, l'âme de la pièce sous la mise en scène trop brillante. Car, comme le dit Clancier : « Cocteau se cache. Oui, et pour qu'on le devine, il lui faut donc se montrer d'abord, et sa cachette c'est lui-même, il doit être caché à l'intérieur, ce qu'il tient à démontrer. »

Tout l'œuvre de Cocteau est la quête de secrets, d'énigmes, d'espace indéchiffrable situé de l'autre côté d'un miroir, d'un sommeil ou d'un silence. Il multiplie les pièges, il joue avec des dés trompeurs, il invente des secrets pour les percer, court après son ombre et feint de la rattraper alors même qu'elle s'échappe. Il s'invente un ange messager pour l'écouter, le recevoir, le transmettre, et lorsque naissent l'inquiétude, l'absence, il y trouve la poésie. Il lui faut pour cela des traits rapides comme la flèche d'Éros, mais l'archer en lui est souvent victime de l'arc. Ce que l'on préfère vient de son hypersensibilité nerveuse et blessée : ce qui est physiologique et viscéral, la proie qu'est le poète plus que l'ombre qu'il poursuit. Dès lors qu'on perçoit ce drame de l'homme prisonnier de ses jeux dangereux qui le forcent à l'authenticité, on oublie heureusement le maître des élégances, le couturier de l'esprit nouveau, le baromètre de la mode. Il faut oublier la légende trop dorée de l'homme et retenir la leçon de liberté, les métamorphoses, le rapport aux mythes qui dépasse l'égotisme et approche la conscience universelle, le désir mystique de « se brûler vif pour renaître ». Le retour à ses textes montre que cet homme de toutes les fêtes peut enfin trouver la plus belle de toutes : celles de notre mémoire.

6
Léon-Paul Fargue

Le Piéton de Paris.

L E Parisien Léon-Paul Fargue (1876-1947) eut pour père un ingénieur chimiste qui dirigeait une fabrique de céramique : on peut voir une de ses décorations florales style 1900 à la brasserie Lipp à Saint-Germain-des-Prés. Le jeune Léon-Paul naquit près des Halles, fit ses études au collège Rollin, au lycée Janson-de-Sailly (avec pour professeur Émile Faguet), à Condorcet (avec pour professeur Stéphane Mallarmé), avant de préparer l'École Normale à Henri-IV aux côtés de condisciples nommés Alfred Jarry, Charles-Louis Philippe, Albert Thibaudet, et avec pour professeur Henri Bergson qui lui conseilla de renoncer au concours. Fargue, comme beaucoup de poètes de sa génération, nous l'avons vu, hésita entre la peinture et la littérature et la poésie le choisit. En 1894, il collabore, comme Jarry, à *l'Art littéraire*. Henri de Régnier et A. Ferdinand-Herold lui font retrouver Mallarmé dans son salon de la rue de Rome. Familier des célèbres mardis, il en donnera une relation dans *Refuges*. Un peu plus jeune que Valéry, Claudel et Gide, il appartient à la plus jeune génération qui ait reçu directement les leçons de Mallarmé. Cependant, par l'esprit, il est plus proche de Cendrars, d'Apollinaire, de Larbaud ou encore de ses cadets Mac Orlan et Carco dont il partage le goût de la bohème et de la fantaisie, de la flânerie et des émerveillements noctambules. Introduit au *Mercure de France*, ses amis sont Remy de Gourmont, Marcel Schwob, Jean de Tinan, Paul Valéry, constellation à laquelle s'ajoutent maintes étoiles de première grandeur comme André Gide, Pierre Louÿs, avant de rencontrer James Joyce.

En 1895, dans la revue franco-allemande *Pan* est paru un roman lyrique en vers et en prose, *Tancrède*, que Mallarmé a apprécié. En 1896, le *Mercure de France* publia la majeure partie des poèmes qui seraient réunis en 1914 sous le titre *Pour la musique*. En cette année 1895, ses amitiés littéraires sont nombreuses. En compagnie de Tristan Klingsor et Valery Larbaud, de Florent Schmitt et d'Émile Vuillermoz, de Stravinski et d'Erik Satie, à Auteuil, chez Maurice Delage, se constitue la bande dite des « Apaches d'Auteuil », apaches bien pacifiques qui ne se battront que pour de justes causes : par exemple la défense et l'illustration des Ballets russes, des Impressionnistes comme Van Gogh, Vuillard ou Bonnard. Léon-Paul Fargue joue surtout un rôle d'animateur, et, s'il écrit beaucoup, ne publie guère par pudeur et pour garder intact son secret. En 1909, la mort de son père, l'ingénieur Louis Fargue, l'affectera cruellement et marquera ses poèmes du sceau grave de la mort. Par parenthèse, l'enfance de Fargue fut blessée, bien que matériellement et affectivement heureuse en apparence. Son père ne le reconnut qu'à l'âge de seize ans et attendit trente ans pour épouser sa compagne, une couturière d'origine paysanne, car sa famille bourgeoise refusait ce mariage. Dans les jeunes années de Léon-Paul Fargue un mystère planait sur sa naissance, suscitant en lui cette inquiétude et cette hypersensibilité dont il ne devait jamais se départir.

Le monde bougeait. Des jeunes se groupaient autour de la *Nouvelle Revue française* : si Fargue ne prit pas part à la fondation de la célèbre revue, en 1912, ses *Poèmes* furent une des premières publications des éditions du jeune Gaston Gallimard. Après la guerre de 1914-1918, aux « Apaches d'Auteuil » succèdent « les Potassons » avec les fidèles Valery Larbaud et Erik Satie et des présences féminines, Jacqueline Fontaine et Sylvia Beach, beaucoup d'autres encore, écrivains, musiciens, peintres comme Picasso en compagnie de qui Fargue vit l'épopée magnifique du *Bœuf sur le Toit*.

Léon-Paul Fargue est alors ce qu'on peut appeler un compagnon joyeux, mais que l'on sait, quand on le connaît bien, porteur d'intensités inconnues. Avec humour, il dit désirer la gloire et les décorations, ce qui va de la Légion d'honneur à l'élection comme membre de l'*Académie des Contrepèteries du Poitou*, nouveaux masques sociaux pour un homme de haute solitude. Il n'aura pas encore livré le meilleur de lui-même quand on le consacrera, mais un hommage collectif coïncide heureusement avec la publication de *Vulturne*, d'*Épaisseurs*, de *Sous la lampe* (en attendant *le Piéton de Paris* ou l'admirable *Haute Solitude*) : c'est un numéro des *Feuilles libres* où le saluent Paul Claudel, Picasso, Beucler, Ravel, Marcel Achard, Drieu La Rochelle et maints contemporains voyant en lui, comme Rilke, « un de nos plus grands poètes ».

Avec Paul Valéry et Valery Larbaud, en 1923, il avait lancé *Commerce*, luxueux cahiers fondés grâce à un mécène, la comtesse de Bassano, et où publient Breton, Artaud, Aragon et de nombreux jeunes poètes. Mais ne sera-t-il pas de toutes les avant-gardes, Fargue, « éternel étudiant » fou de Rimbaud et de Lautréamont, prêt à toutes les aventures de l'esprit ? Éblouissant causeur, faiseur de calembours et d'épigrammes, toujours amusant, parfois désabusé, il sera sa vie durant une figure joyeuse et le sel de la vie littéraire parisienne, partout poète jusqu'au bout des ongles, et cachant derrière ses réparties, ses mots rares, ses inventions verbales, ses originalités, des tendresses et des désespoirs que ses poèmes révèlent.

Piéton légendaire de Paris, d'un Paris sans cesse magnifié, Max Jacob peut dire de lui : « Sans échasses d'aucune sorte, sans magasin d'accessoires poétiques, sans dictionnaires ni pastiches, il a exprimé une sensibilité toute neuve. A l'époque où tous les poètes — sauf peut-être Salmon et Henri Hertz — étaient encore symbolistes, Fargue nous enseignait à sublimer la vie quotidienne et à en faire de la plus haute poésie. » Paul Valéry complète le portrait : « Poète, constamment poète. Va, vient, parle, vit en poète. Poète et qui ne cesse de l'être, et de l'aurore (de midi) jusqu'à l'aube du lendemain, invente chaque instant... Poète qui a le pouvoir singulier de disposer à tout moment des prestiges d'une profonde et merveilleuse enfance. Un enfant qui a pour jouet un cerveau prodigieusement cultivé... Son invention sans bornes, — si prompte, si féconde et fréquente qu'elle donne une impression *statistique*, — l'idée d'une scintillation indéfiniment possible. Se combine en lui avec le don, — ou le mal, — de la tendresse la plus simple et la plus triste. » Et aussi Paul Claudel : « S'il y eut jamais un poète né, c'est-à-dire, non pas un spectateur, mais un faiseur de vie, non pas un copiste mais un associé et un collaborateur de la création, quelqu'un à qui la Fée a remis un grain de sel et une étincelle de feu, et qui, haut le pied, dans le remue-ménage universel, connaît juste le moment d'intervenir dans un jet de cocasserie splendide, c'est notre ami. »

Mais ce piéton de Paris est aussi celui de la province et de l'étranger; seul ou avec son ami Valery Larbaud, il parcourt l'Allemagne, l'Italie, l'Angleterre, l'Europe centrale pour mieux retrouver la capitale française, le microcosme. Ami de Ravel, de Satie, de Derain, il s'intéresse à tous les arts. Avec Adrienne Monnier, dans sa librairie de la rue de l'Odéon, « Aux amis des livres », il organisa des lectures littéraires, fréquenta Sylvie Beach, donna quelques soins à la traduction de l'*Ulysse* de James Joyce, joyau de la littérature du xxe siècle. Fargue publiera successivement des proses poétiques réunies dans *Espaces*, 1929, rêveries sur des thèmes cosmologiques, *Sous la lampe*, 1930. Il ressuscitera le temps du Paris oublié des fiacres, des omnibus et de la tour Eiffel naissante dans *D'après Paris*, 1932, que complétera en 1939, *le Piéton de Paris*, œuvres délicieuses qui extraient toute la poésie du Paris de l'entre-deux-guerres, puis ce seront *Haute Solitude*, 1941, *Refuges*, 1942, les vers de *Ludions* joints à *Tancrède*, 1943, *la Lanterne magique*, 1944, puis *Méandres*, 1946, *Portraits de famille*, 1947.

André Breton le dira « surréaliste dans l'atmosphère », celle d'une mémoire sentimentale où la réalité des souvenirs prend des nuances de songe dans un flot d'images justes et jaillies du cœur où passent des paysages urbains et des paysages d'âmes, des rencontres d'êtres chers qu'il sauve de l'oubli : Alfred Vallette, Marguerite Audoux, Adrienne Monnier et tant d'autres moins célèbres; on reconnaît aussi les plus grands : Verlaine, Mallarmé, Ravel, Thibaudet, Colette, etc. Le temps de son malheur physique est rapporté dans *Méandres*. Il rapporte qu'un soir, alors qu'il dînait avec Picasso au « Catalan », rue des Grands-Augustins, il subit une attaque d'hémiplégie qui devait le contraindre à s'aliter définitivement dans son appartement du boulevard Saint-Germain, assisté par sa femme, le peintre Chériane, jusqu'à son dernier jour.

Pour bien connaître Léon-Paul Fargue, sans l'oublier, il est nécessaire de ne point trop s'attacher à l'anecdote si séduisante qu'elle soit. Henri Thomas l'a rappelé : « Sur Fargue, les anecdotes abondent, plus ou moins amusantes, plus ou moins improbables. Certaines, qu'il a connues sinon provoquées, l'ont sans doute diverti, mais le personnage qu'elles faisaient de lui l'attristait franchement sur le tard... » Il devait écrire : « Ce ne sont que taxis abandonnés, avec des ardoises importantes, propos qui n'ont jamais été tenus, bonnes intentions transformées en machiavélisme... » Restent heureusement les poèmes et c'est eux que nous devons interroger.

Sur Léon-Paul Fargue.

Lorsque les *Poésies* de Fargue furent réunies en 1963, Saint-John Perse leur consacra une admirable préface de vingt-cinq pages. Il nous dit que « Fargue, poète de race, admiré d'une élite et tôt reconnu de ceux qu'il admirait, n'a point tenu de son vivant le rang qui lui convient », rejoignant en cela des paroles de Rainer-Maria Rilke : « Pourquoi Fargue, qui est un de nos plus grands poètes, se soucie-t-il aussi peu de se laisser connaître ? Sa discrétion est telle que, même quand ses poèmes se présentent, il faut les lui prendre dans les mains. » En citant ici des lignes de Saint-John Perse, nous avons le sentiment de citer une œuvre poétique de ce dernier tant sa langue a de pouvoir :

Entre la masse basaltique d'un Claudel et les pures cristallisations d'un Valéry, il y eut un soir et, à la ville, un lieu fiévreux et féerique, ce déroulement, soudain, comme d'une crosse de fougère ivre; ce dépliement, soudain, comme d'une aile de névroptère séchant au feu des lampes son fin lacis de gaze verte... Un pur faisceau de nervosisme se nouait là. Et le poète encore fut appelé par son nom. Transparence d'une heure et vibration d'un soir, tant de nuit consumée sur la cendre odorante, tant de luxe dissipé à la flamme du jour, et cette patience à l'aube renouée, et cette tendresse au soir liée, d'une âme délinquante et fière... Sur la ferronnerie légère et timbrée d'or d'un vieux quartier de ville qui s'éclaire, la poésie encore berçait son frissonnement d'exil, comme « un aigle sur un balcon » de femme et d'étrangère.

Parlant de Fargue, Saint-John Perse dit encore : « Il sut, d'instinct, tout ce qui se consumait pour lui d'" années-lumière " dans l'étincelle de l'instant poétique. Et, dans le temps de cette vérité, il fut toujours assez intelligent pour tenir l'intellect à la porte du poème... » Et Saint-John Perse cite Fargue qui a su définir, nous le verrons, les rigueurs de son art. Nombreux seront ceux, et parmi les plus grands, qui rendront hommage à un poète si brillant durant son existence et qui le paie sans doute par un injuste purgatoire. C'est Valery Larbaud : « L'étude de la biographie et de l'œuvre de Léon-Paul Fargue démontre que la langue française entre les mains d'un poète original et puissant peut donner des accents lyriques aussi purs que les plus beaux et les plus vantés de la lyrique anglaise ou allemande. » Plus tard, Claudine Chonez le dira « héritier de Rabelais, de Swift et de Cyrano, de Rimbaud, Lautréamont et Nerval, assurant le passage, aux côtés d'Apollinaire et d'Alfred Jarry, entre Verlaine, Jammes ou

Laforgue et le surréalisme ». Elle dira encore : « Il est le sorcier du verbe qui s'amuse et purifie par le rire. » Jacques Borel le verra dans son œuvre « comme écartelé entre la tentation d'une douloureuse fidélité et celle d'un impossible arrachement ». Lorsque Henri Clouard parlera de « littérature d'almanach », nous le prendrons non comme une critique mais comme un compliment. Edmée de La Rochefoucauld parlera de « son œuvre étrange, dense, un peu folle, frisant parfois le scandale, où le sens du comique et du métaphysique se révèle... », et la dira « pleine d'un authentique désespoir d'enfant, d'une sorte de chant de l'orphelin ». Jean-Claude Walter verra en lui « l'homme en proie à la ville », un des premiers à introduire la ville dans la littérature moderne, flâneur traquant l'insolite et trouvant le rythme de sa phrase dans l'espace urbain. En cela il est proche de Jules Romains, d'Aragon, de Breton, de Carco, comme l'a remarqué Marcel Raymond qui dira son pouvoir de transfiguration poétique gouvernée par un humour transcendant et son esprit de féerie. Léon-Paul Fargue, nous le verrons encore, fut adulé par ses aînés, ses contemporains et par la génération qui a suivi la sienne.

De *Tancrède* au *Piéton de Paris*.

Le premier livre, *Tancrède*, fut composé en 1895. Les éléments lui en furent donnés comme le dit Rolland de Renéville, « par la personnalité d'un de ses camarades d'études, dont l'élégance, la grâce et une certaine aisance supérieure dans le comportement, l'avaient impressionné au point qu'il eut la tentation de s'identifier à lui ». En 1895, André Gide écrivait *Paludes*, les jeunes gens avaient un goût pour les recherches verbales et musicales du Symbolisme. Il s'agissait de reprendre, comme le voulait Mallarmé, à la Musique son bien. Et la musique est présente dans les trois petites proses qui ouvrent le livre comme dans les poèmes en vers. On trouve de la fantaisie et du sentiment, une délicatesse innée, un sens des variantes intimistes. Fargue est déjà un délicieux instrumentiste :

> La petite fille m'accosta près du buisson. Pas de bruit. La lune était blanche comme les chantiers. Le vent prit son élan. La barrière cria. Je me croyais tranquille et comptais pleurer. J'avais trouvé ce petit endroit tout seul, pour chercher à chanter. Vers la ville, une musique en dérive, un moucheron très fin se pose et se tait. L'étoile, accroc bleu. L'heure prudente et une feuille sèche passaient. J'écoutais se reposer l'entourage et le bruit du jour venir au-devant. L'ombre avait peur du feu. L'étoile risquait sa petite crise claire. Une fièvre bleue sauvait la nuit.

On sent qu'il a lu Nerval, Verlaine, Rimbaud, Laforgue, Jammes à des inflexions pas encore tout à fait personnelles mais douces :

> Sous le bois sérieux
> Le vent s'exalte. Les
> Petites bêtes bleues
>
> Se sont réfugiées.
> Tout cela est d'un bleu
> Qu'on ne croirait jamais.

Il écrit en bleu tendre, ne cherche pas l'éloquence, et organise un poème au doux-coulant de romance à partir de mots simples comme Amour ou Crainte :

> Amour. Ton sexe frémissant
> Comme le fleuve sous l'arc sombre.
> Comme l'écluse aux crins stridents
> Dont le sévère bruit méprise
> Le son câlin des violons.
> Amour tenace. Amour tremblant.
> Sexe. Ruche au bruit de jetons.
> Nid plaintif des guêpes troublées.

Dans *Poèmes,* 1905, œuvres écrites alors que le siècle avait deux ans, Fargue pénètre dans un univers de mémoire, de visions, de réalités conjuguées destinées à retenir des sentiments indéfinissables, des regrets, des illusions brumeuses, à fixer l'indicible, les émerveillements devant la beauté soudainement apparue au détour du chemin. Sensible et lucide, il se montre parfois blessé par les violences mêmes de son imagination confrontée avec les objets et les choses. La douceur de *Tancrède* s'éloigne ; dans un rêve éveillé apparaissent des inquiétudes sourdes, des menaces latentes. Chaque poème en prose témoigne d'une savante alchimie qu'on retrouvera dans *Épaisseurs, Vulturne, Haute Solitude,* etc., et qui fait de lui un maître du poème en prose. On écoutera la voix amoureuse, celle de l'enfance et du remords, on verra des paysages urbains avec des touches modernistes, des rues réelles et des avenues de songe, des trains et des gares, des départs, tant de lieux nostalgiques dont il écrit la musique par les mots. S'il se souvient d'avoir battu un enfant, son remords même le magnifie :

> L'Enfant dérange la nuit chaude... Les yeux de l'orage éclairent sa forme. Il saute sur la grille d'un arbre. Il accourt dans l'odeur d'une avenue plantée d'ailantes où les phalènes battent comme des paupières... Les soirs où je prends ma part d'une fête, j'ai envie de m'enfuir quand j'y pense, de courir dans un quartier pauvre, et d'y souffrir dans un coin sombre... Et il m'arrive de rêver que je le retrouve, homme enfin, noir et bête, abrupt, indolore et cruel — et qu'il est beau, et fort, et riche, dans un endroit de plaisir, avec une cravate indicible, et que mon pauvre vieux remords ne lui arrive pas à l'épaule...

Et voici « les figures légendaires qui montent l'escalier des mythes », les images qui ressuscitent et la vie qu'on veut étreindre :

> Sur les fausses portées d'un bar, après des kummels et des Old Judge, des coupes de couleur contiennent Puck, Ariel et tout le Songe...
> ... Une femme en costume tailleur, aux traits parfaitement décidés et froids, sans un bijou. Deux marchands lourds, à l'encolure de buffles, les doigts pleins de bagues, un énorme fer à cheval aux caillots de la cravate, excitent mal son sourire par des grimaces grasses, vivantes comme une foule.
> Une aigre musique énerve et tisonne.
> Quelque chose, un bras de blancheur qui passe et sort des grands lacs du Songe, va toucher des ronces dans mon cœur obscur. Et ma voix crie !
> Ma Vie ! J'ai voulu t'embrasser sur la bouche. Mais tu t'es reculée en me soufflant avec dérision dans la figure. Ainsi les enfants des champs soufflent les chardons, comme des chandelles...

Cherchant le secret des êtres, il observe l'absence momentanée de l'homme quand le spectre le prend d'une main invisible. Il traverse la ville et « Dans l'ivresse de sa marche, il noue d'étincelantes conjonctions », sensible et pitoyable, disant encore « J'aime chercher dans vos faubourgs ces yeux de l'Inconnu qui me sont familiers ». Ce qu'il voit :

> Des enfants jouent et crient, doucement, dans un square étroit et noir, au crépuscule. Des ruelles serrées, sans oreilles, des murs criblés se consument. Des cheminées s'ennuient contre le ciel de haute lisse. Dans leurs chaînons de fumée grasse, on lit des foules qui dégorgent...

La voix des vieux jours l'agresse avec ses tristesses et des déchirements. L'enchanteur ne cesse de chanter des villes désolées, des rues aux noms d'oiseaux tristes, des cités jaunes sur un ciel d'orage, comme Baudelaire les misérables dans les plis sinueux des vieilles capitales :

> Dans un quartier de cours sombres et de fontaines où je rôdais seul dans l'odeur du soir – j'ai vu les Vieilles. Elles groupaient leurs têtes aux barreaux des fenêtres basses. Leurs yeux brillaient de malice obscène. Ils semblaient tourner dans un bain d'huile. Un rire plein de charbon tirait leur bouche. Une d'elles me désignait d'un gros pouce. Une autre un peu en retrait semblait souffrir. – Je distinguai les Parques, la Belle Heaulmière et la sorcière Sycorax. D'autres faisaient marcher la machine à laver, comme dans l'hôpital de Pairis du Lac Noir...

Certes, Lautréamont, Aloysius Bertrand, Baudelaire sont présents, mais la musique est bien farguienne :

> Le soir se penche avec langueur – et les arbres au bord de la route des songes – comme de grands oiseaux la tête sous l'aile – s'endorment. La lune pleure dans les branches – comme un regard entre des mains tremblantes... Elle y noue ses froides faveurs. Elle suit le fleuve tout contre la berge. Elle s'y balance, et il semble qu'un grand cygne ait perdu ses plumes sur l'eau plate où le ciel se berce.

Au contraire de beaucoup de poètes de sa génération, Léon-Paul Fargue ne chérit guère le Modernisme, le goût de la vitesse comme un Paul Morand par exemple, ou encore le Cosmopolitisme. Il est un homme de rêverie et ses voyages se situent dans les espaces imaginaires. Le merveilleux, il le traque dans les rues de Paris ou sous la lumière bleutée d'une lampe. Expert en musicalité, en art et en discrétion, Fargue est tout de demi-teintes et de fluidité en bon héritier des symbolistes. Lorsque, après les poèmes en prose, on lit les vers de *Pour la musique*, 1914, il naît quelque surprise : moins élégiaque, son langage devient plus concret, plus dru, éclatant, direct, savoureux, en même temps que le poème perd de son intériorité, de son ton nuancé et confidentiel pour expérimenter la force du langage, les rocailles des vocables, avec une musique moins originale. Il est parfois proche des fantaisistes :

> Un nom : Cromac, nous fait parler
> D'un golfe sombre... Ô mort d'amour,
> Sois moins triste d'avoir pleuré
> Pour d'autres noms, pour d'autres jours

Écrit-il *Romance* qu'il fait penser à Francis Jammes :

> Ah ! Marie, vous chantiez si bien !
> C'était au temps
> Où vous étiez heureuse à l'école des Sœurs,
> Où la Procession toute pâle de fleurs
> Chantait dans le désert du Dimanche...,
> Tremblant
> J'étais auprès de vous qui étiez tout en blanc...

Il nous dit : « Que l'aube apporte le vent neuf » ou parle de « Notre petite sœur la lampe ». Ses *Dimanches* rappellent les poètes symbolistes quand l'intimisme les requiert :

> Des chants comme la mer, l'odeur rauque des herbes,
> Un vent de cloches sur les fleurs après l'averse,
> Des voix claires d'enfant dans le parc bleu de pluie,
>
> Un soleil morne ouvert aux tristes, tout cela
> Vogue sur la langueur de cet après-midi..
> L'heure chante. Il fait doux. Ceux qui m'aiment sont là..

Espaces, 1929, groupera *Épaisseurs* et *Vulturne*. Le premier de ces ensembles, *Épaisseurs*, contient deux assez longs poèmes libres en vers de sept pieds, *Gammes* et *Nuées*, « espèces de sonatines tâtonnées dans des moments d'inquiétude au souvenir de ceux que j'ai perdus ». On peut lire :

> La ville ouvre ses compas,
> Ses couleurs, ses tire-lignes.
> Sur les grèves étagères
> L'homme à l'encre sympathique
> Contemple avec méfiance
> Les signes de son bonheur.

On comprend que Jacques Borel écrive : « Tout, dans cette œuvre, est souvenir. Habitée, soulevée par une véritable folie, un véritable raz du souvenir, comme on parle d'un raz de marée. Fargue est cet homme à la mémoire inflexible, grouillante, proliférante, qui n'a rien oublié jamais de ce qu'il a une fois vécu. » On ne peut dire qu'il y a quelque chose de proustien dans son œuvre, mais il a goûté les mêmes madeleines et les a multipliées. Dans *Épaisseurs*, les textes qu'encadrent les deux poèmes en vers sont des proses lyriques : *la Drogue* est le récit de la mort de l'homme par un phénomène de septicémie psychologique; *Colère* jette des anathèmes :

> Te voilà, zoizonin. Blonjour, monsieur, eh imbécile. Homme, va-t'en, voici les hommes. Quand ils parlent, rien ne pousse. Anatole, tanaos, anthropofrime, boehme, assez de vos mots; assez de vos dieux, assez de vos cloches! Les rais s'épointent, les souffles s'attristent, l'uranie s'endort contre vos plaques, vos chevaux de pierre montent dans le ciel, vos larmiers verdissent, vos cerveaux s'englument, hommes, lâchez-nous!

Il y a encore *Mirages, Caquets de la table tournante, Broderies,* textes en prose bien différents des *Poèmes* du début en ce qu'ils sont plus prosaïques et plus éloquents. On trouve du pataquès poétique en délire, de la cocasserie, de l'ironie, « une sorte de périspirite sentimental dont on ne sait s'il se trompe ou non ». Fargue joue sur la fausse critique, l'humour, les jeux de mots, les éclats de vocables, les enchaînements d'idées, dans une liberté langagière totale, dans un amoureux et doux désordre. L'influence symboliste s'éteint, un ton nouveau s'allume :

> Le sperme grossoie, le germe grossit, se pousse du col, champignonne en meneaux roses, en éteignoirs, en chapiteaux, se subdivise en canaux douteux, grandit, rayonne, prend une voix de basse-taille, fait chaudière, se coiffe d'un chapeau haut-de-forme (voir collection Pinaud et Amour à travers les âges), fume sa pipe, chausse des bottes à éperons, casse des tibis, pousse des vrilles de jarretelles, met son fixe-moustaches, s'accroche la légion d'honneur à l'extérieur, un scapulaire luisant de crasse à l'intérieur, son stylo pour les devoirs, son extraplate et son revolver pour la distance, se boursoufle, s'ambitionne, monte en Papes, en maréchaux de France nègres, souffre des courroies, du grand sympathique, se constipe l'oreille, se bouche de sottise, conducteurs d'hommes, poètes, ingénieurs loyaux, chefs de cabinets d'aisances, farceuses de palaces, bringues emperlousées, graveuses de musique, pédicures, cheveux de vieilles maîtresses pour violoncelles vidangeurs, forts de la Halle, figures gothiques et nocturnes, accordeurs de robinets, branleurs de pianos, professeurs de massue, jeunes filles de suicide...

Les litanies fantasques, les invectives ne cessent de couler, Fargue après les accords symbolistes s'invente une autre musique dans une tonalité assez proche de Prévert, Queneau ou Michaux.

Vulturne a été conçu, de l'aveu même de Fargue, « à la suite d'un rêve que j'avais fait en chemin de fer, la nuit, au cours d'un long voyage. Un bruit de vapeurs et de tampons, un dialogue dans une gare, entendu dans le demi-sommeil, m'avaient lancé dans les hauteurs... On peut y voir une anticipation, un passage peut-être nouveau du concret à l'abstrait, un conte vert scientifique, un accès de dépit amoureux devant Dieu ». C'est une sorte de cauchemar cosmique, une exploration dans une nouvelle dimension, une randonnée métaphysique souvent douloureuse où le poète voit un univers en dissolution, un univers baroque et désolé, une vacillation au seuil d'un désespoir apocalyptique où cède le support du monde matériel, de la pure poésie :

> Quel spectacle!
> Qui a donc parlé de résurrection, de transsubstantiation, de métempsycose? Quelle veste retournée, quelle palinodie, quelle eucharistie à l'envers! Les âmes les plus fortement trempées, volées de leurs dernières précautions, coupées de toutes références, hésitantes entre le physique et le chimique, ne sachant même pas ce qu'on attendait ni ce qu'on allait faire d'elles, bouillonnaient, s'entrecroisaient, gémissaient dans l'ocre et le vin torrides, dans la négation des mathématiques, au milieu des débris cosmiques, des morceaux de maisons vomissant l'architecte, des cadavres encore durs à cuire au rayon postface, des locomotives encore rugissantes, trépignant à vide le ventre en l'air, des cathédrales aux orgues cuites comme de la raie, des paquebots béants de fanfares retournés comme des limules toutes leurs breloques pendantes, des satellites secoués dans

leur panier à salade, des sodomies figées sur le fait, des fourchettes encore palmées d'œuf, et du smegma terrestre le plus insensé, le plus formidablement insolent, qui pût gicler dans la couche la plus respectable de l'éther !...

Dans de tels textes, Léon-Paul Fargue atteint ces régions fantastiques où il rencontrerait volontiers en une autre époque Dante, Milton ou Jérôme Bosch. Or, singulièrement, ses contemporains retiendront de lui le plus facile, ces *Ludions* écrits entre 1886 et 1933 qui feraient le bonheur d'un Queneau ou d'un Prévert. Certes, ils ne manquent pas d'allure et de fantaisie, comme cet *Air du poète* :

> Au pays de Papouasie
> J'ai caressé la Pouasie...
> La grâce que je vous souhaite
> C'est de n'être pas Papouète.

N'aurait-il publié que cela qu'on pourrait le dire « poète d'almanach », comme le qualifie Clouard. Nous le prenons dans l'œuvre de Fargue comme un entracte et ne boudons pas car après tout le poète a bien le droit de s'amuser, de mêler le Jardin des Plantes et Batignolles devenus « Batiplantes – Jardin des Gnolles », de nous parler en langue rabelaisienne de daguenettes et de panouilles, de regarder « la gouénouille améouicaine », de faire rimer vespasiennes et aspasiennes ou danser « les salades d'escarole » ou encore d'offrir un *Merdrigal* « en dédicrasse » :

> Dans mon cœur en ta présence
> Fleurissent les harengs saurs.
> Ma santé, c'est ton absence,
> Et quand tu parais, je sors.

Auprès de ce Fargue en marge, aussi envahissant que les anecdotes farguiennes, il y a heureusement encore l'auteur de *Sous la lampe,* 1930, recueil composé de *Suite familière* et de *Banalité*. Dans la première partie s'expriment l'art de vivre et l'art poétique de Fargue, art vivant, fougueux, direct, à la va-comme-je-te-pense, d'un homme qui « aime l'intelligence qui mange de la viande ». Anti-conformiste, il définit le bourgeois ou pourfend Barrès et d'Annunzio devenus « bellâtres de littérature ». Sa faconde, sa bonne santé s'accommodent parfois d'un masque de bonimenteur de foire, mais le vrai visage de Fargue, la part secrète de lui-même se révèlent souvent à son insu. Comme au temps des bousingots, on s'attaque au bourgeois :

> J'appelle bourgeois quiconque renonce à soi-même, au combat et à l'amour, pour sa sécurité.
> J'appelle bourgeois quiconque met quelque chose au-dessus du sentiment. J'expliquerai cette mécanique.
> Celui-là fait cloporte avec les pieds des autres.
> Il ne peut respirer que l'haleine des autres.
> Il n'existe que dans les autres, et par les autres.

Il est clair que Fargue déteste cet « aliéné du sentiment » qui « a le sens de la caste comme un animal a le sens du danger », qui « fait fi du patois de son cœur pour apprendre la grammaire de la caste ». Fargue aime celui qui ne met pas d'eau dans son vin et ne sert que du café filtre. Pour lui, faire des citations classiques, c'est exhumer sa grand-mère en présence de sa maîtresse. On s'en prend aux cuistres, on nous dit que « Descartes fait des mariages de raison. Rimbaud des mariages d'amour » et l'on fait profession de pureté :

> Coupe les cheveux à ton lyrisme. Coupe lui même un peu les ailes. Laisse voir tes yeux entre tes doigts. Scalpe l'emphase. Une grande phrase est un cri de mondaine. Un mot, rien qu'un mot bien placé, je t'en supplie.

Il nous dira encore que « la qualité, c'est de la quantité assimilée » ou que « les mauvais poètes sont des poètes inspirés », conseillera de rester un amateur distingué. Une grande partie de cette *Suite familière* est composée de « bruits de café » phrases courtes où l'on trouve un peu de tout, définitions de l'intelligence et de la pensée, de l'art et de la poésie :

> En poésie, l'intelligence fait les commissions, porte les paquets, se renseigne et vient au rapport, fait les comptes, classe les petits papiers, choisit dans les lettres d'amour, téléphone et prépare le bain. Comme une servante jaune et noire auprès d'une belle maîtresse.

> La poésie prend la raison pour confidente. Elle fait confiance à cette fille, sèche, entendue et qui sent la fourmi, qu'elle a sauvée de l'anémie pernicieuse, et qui la sert fidèlement.

> L'intelligence dépersonnalise.

> Vous faites le ménage de l'univers avec les ustensiles du raisonnement. Bon. Vous arrivez à une saleté bien rangée.

> Alors, mieux vaut être poète, c'est-à-dire agir.

> J'écris pour mettre de l'ordre dans ma sensualité.

> L'art est à la vie ce que le sperme est au sang.

Parfois trop brillant, trop causeur, soumis à la trouvaille, il se rapproche du mot d'auteur, polit à sa manière quelque banalité et la colore de franc-parler. S'il parle de la poésie, il trouve des phrases justes. Elle est « le point où la prose décolle », ce qui est bien dit, elle est « une leçon de choses chantée », elle « bat la logique comme Polichinelle bat le commissaire ». Il parle de Victor Hugo « immense poète », de Baudelaire « faiseur de miracles », de Claudel « phare aussi grand que le doigt de Dieu », de Mallarmé qui « gante juste », de Valéry qui « apporte cette chose énorme : une émotion de pensée d'une vibration sentimentale », de Larbaud « à la recherche de son étoile », d'Apollinaire qui joue le hasard avec une veine insolente ou de Proust en évoquant quelques personnages de l'époque.

Banalité garde parmi d'autres proses quelques poèmes rares dont *la Gare* qu'on retiendra dans les anthologies classiques :

> Gare de la douleur, j'ai fait toutes tes routes.
> Je ne peux plus aller, je ne peux plus partir.
> J'ai traîné sous tes ciels, j'ai crié sous tes voûtes.
> Je me tends vers le jour où j'en verrai sortir
> Le masque sans regard qui roule à ma rencontre
> Sur le crassier livide où je grimpe vers lui,
> Quand le convoi des jours qui brûle ses décombres
> Crachera son repas d'ombres pour d'autres ombres
> Dans l'étable de fer où rumine la nuit.

Ce poème aux allures hugoliennes surprend quelque peu de la part d'un poète qui écrit : « Le vers régulier n'est qu'un cadre, où vous ne vous faites pas faute d'encadrer des navets. » Mais le poème est beau avec ses cadences classiques et qu'habite un romantisme atténué. Mais peut-être le vrai Fargue est-il ailleurs, dans ses proses qui décollent de la piste d'envol, dans maints poèmes plus musicaux, marqués par un symbolisme aux douceurs verlainiennes :

> Un long bras timbré d'or glisse du haut des arbres
> Et commence à descendre et tinte dans les branches.
> Les feuilles et les fleurs se pressent et s'entendent.
> J'ai vu l'orvet glisser dans la douceur du soir.
> Diane sur l'étang se penche et met son masque.
> Un soulier de satin court dans la clairière
> Comme un rappel du ciel qui rejoint l'horizon.
> Les barques de la nuit sont prêtes à partir.

Là où Fargue se révélera le plus original, c'est dans sa rencontre avec Paris, sa ville natale, celle de ses flâneries et de ses rêves. La ville qu'on appelait lumière a suscité des milliers de livres, pas un n'en dit autant que ceux de Fargue, de *Haute Solitude* à *D'après Paris* et au *Piéton de Paris*. Et voici la ville-fantaisie, la ville-cauchemar, la ville des songes et des fantômes. Par la magie d'une prose exquise qui a rang de poème, il sauve la cité de l'écoulement du temps et les tableaux d'hier se mêlent aux visions nouvelles avec une sensibilité à vif, parfois douloureuse, toujours charmeuse. C'est le livre de la tendresse, du « chagrin qui n'a pas séché, qui n'a pas durci ». Dans *D'après Paris* on roule en fiacre, on voit naître la tour Eiffel et l'omnibus Madeleine-Bastille découvre des terres inconnues. Sans cesse le poète nous dit qu'il ne guérit pas de sa jeunesse et il ressuscite les voix chères qui se sont tues. Monde suranné d'avant 1914 que prolongera *le Piéton de Paris* qui marche dans l'entre-deux-guerres, de quartier en quartier, surtout dans le Xe arrondissement qu'il magnifie. Voici de nouvelles Cythères dont on ne peut extraire la poésie qu'avec un art lucide et extasié : Magenta et La Chapelle devenus boulevards du rêve, gares de l'Est et du Nord « vastes music-halls où l'on est à la fois acteur et spectateur ». Et la quête de poésie se poursuit de Montmartre à Montparnasse, du Palais-Royal à Saint-Germain-des-Prés, Fargue voyant ce que nul n'a su voir avant lui : des immeubles, des paysages, des êtres, des choses soudain métamorphosés par un pinceau prompt à brosser, une caméra mouvante, de nouvelles visions. La ville, sa physiologie, sa chair, son âme apparaissent comme dans un songe musical, une mélodie enrouée par la nostalgie, au bord parfois des larmes, un chœur étrange d'où chaque voix se dégage, ardente, surannée, inquiète, avec dans la symphonie des romances, des chansons, des monologues surpris avec leur argot, leurs termes de métiers, tout un langage humain dans une ville de chair et de songe. Il dit *Mon quartier* comme on dit « Mon Amour » :

> A La Chapelle, le dimanche est véritablement le dimanche, et la métamorphose du quartier est complète. Les grandes voitures, conduites par des industriels à moustache en patte de lapin, tournent autour de l'Étoile et quittent Paris. Les boutiques sont fermées, hormis quelques charcuteries dont les patrons songent aux dîners froids de leurs coadministrés. Par grappes, par pelotons, les familles de fleuristes, de crémiers, de cordonniers et de zingueurs défilent entre la station Jaurès et le pont du chemin de fer du Nord, large morceau de boulevard aéré qui tient lieu de promenade des Anglais, de plage et de parc de Saint-Cloud.
> Le mari, déjà juteux de vermouth, sifflote au derrière de ses fils. L'épouse fidèle et solide appuie sur le trottoir son pas de villageoise. La jeune fille à marier hume les fumets de l'Engadine-Express ou du Palais-Bucarest, qui emmènent son cœur loin des frontières géographiques et sentimentales.

Dans *Haute Solitude,* 1941, encore, il poursuivra sa recherche de géographies secrètes, avec plus d'acuité, de densité, d'amertume, de déchirements et ce sens visionnaire qu'on trouvait dans *Vulturne*. Il a vu « d'un coup Dieu dans le monde; comme on s'aperçoit dans une glace à l'autre bout de la chambre » et le livre s'ouvre sur une vision de la préhistoire où se forme le monde dans un ruissellement d'images abstraites et concrètes, où se succèdent des époques géologiques que Fargue observe avec « les sentiments de guerre, d'étonnement et de joie de l'homme primitif » quand l'éveil de la terre enfante des monstres :

> Un énorme soleil minium tremblotait dans le ciel de plomb. Des incendies coulèrent... Des lavasses de sabbat ruisselèrent sur la jeune peau du monde, provoquant des explosions de talc et des geysers de sueurs... Des museaux de rocs affleuraient... Les premiers songes de la Terre bruissaient... Des festivals de craie s'organisaient. Et déjà des concerts de coraux célébraient l'anniversaire du soleil, le tricentenaire du plasma, les jubilés du vent, du vacarme et de la couleur.

Il se meut dans le monde chaotique jusqu'à l'apparition de cette machine développée et stupide qui s'appelle l'Homme, jusqu'à la naissance de Vénus « tremblante merveille » épanouie « au milieu des fanons et des grimaces ». S'il s'éveille de ce songe, c'est pour retrouver de poème à poème les rues de Paris, la ville aux fantômes, et c'est *Géographie secrète,* « histoire assez heurtée de mes tragiques retours entre mon ombre et moi vers les tendresses de la maison qui n'est plus », Paris comme une jungle où se côtoient vagabonds et noceurs, étoiles et feux de position, hommes et bêtes, roues et douleurs :

> Cette géographie n'a qu'un champ d'études en profondeur : le plutonisme de Paris, l'origénie de la gare de l'Est, de la gare du Nord, de Montmartre ou de Bercy, la constitution particulière des climats de la rue Château-Landon ou du quartier des Enfants-Rouges, la coupe de la croûte terrestre qui dort comme un

ivrogne au large de Montparnasse, la crasse des tunnels sexuels, les figures des snobs tristes, des grands escogriffes de la Compagnie d'Assurances, des caméléons de salles d'excrime, et toute une accumulation de femmes plus ou moins bien nées, bien harnachées, avec de la graine de grue dans le cœur et des morilles dans le cerveau. Tout ce diagramme de monstres et d'hypocrisie, de cuisses basses et de cortéocènes poisseux en forme de fond.

Images proches dans *Marcher* ou *Paris*, dans *Plaidoyer pour le désordre* ou *Azazel*. Dans *Horoscope* confrontation avec le Destin : « Je le vois et je ne le vois pas : il tient du suaire et de la migraine, il a une voix qui est peut-être la mienne et peut-être la sienne, une voix lointaine de téléphone abîmé qui me donne des conseils de grand-mère et de voyou, et que j'écoute... Je nage en lui et il nage en moi. Poissons. » Le poème *Accoudé* est un cri de souffrance et de lutte de l'homme et de son âme. On voudrait citer à perte de vue pour dire la beauté des images fantastiques, des amples mouvements du verbe né de dictées subconscientes. Et un personnage, le Diable, dans *Érythème du Diable*, « monstre agrégé, encaustiqué, poli aux encoignures, souple comme un trapéziste » avec son « Enfer portatif », dans *la Mort du fantôme*, dans *Haute Solitude* qui donne son titre au livre, dans *la Danse Mabraque* où le Néant l'emporte. S'est-on aperçu que l'ouvrage est considérable ? Nous sommes aux antipodes des « ludions » éphémères qui ont fait la renommée de Fargue et proches des œuvres visionnaires et prophétiques des plus grands poètes de l'humanité. Et quelle grandeur dans la confession ! :

Les seuls instants réchauffants, les seuls prolongements maternels sont les heures de la nuit, où, pareil à un mécanicien dans sa chambre de chauffe, je travaille à ma solitude, cherchant à la diriger dans la mer d'insomnie où nous a jetés la longue file des morts... Aujourd'hui que je navigue à mon tour, j'aperçois qu'il faut apprendre à être seul, de même qu'il faut apprendre, comme une langue étrangère, la mort des êtres chers. Ce soir, un grand ressac de squelettes et de formes humaines secoue l'esquif.

Mais ce que suggère le dernier poème, c'est l'*Encore...* de la vie quotidienne, avec ses habitudes, ses gestes quotidiens, sa monotonie coutumière aux teintes grises de chagrin et d'amertume. *Haute Solitude* contient des poèmes en prose parmi les plus beaux du siècle. Réel et merveilleux s'y marient en des noces poétiques nouvelles tout comme le langage et la vision trouvent leur parfaite adéquation. L'inconnu du rêve, les dictées du subconscient roulent dans un flot ininterrompu où l'art, lucide et intelligible, extrait sans cesse des diamants.

D'autres livres, *Déjeuners de soleil, Refuges,* 1942, *la Lanterne magique,* 1944, *Méandres,* 1946, ou encore, avec André Beucler, *Composite,* 1944, quelques œuvres posthumes apporteront un supplément de plaisir au lecteur, avec leurs rencontres, leurs randonnées, leurs souvenirs, leurs éclairs et leurs éclats, mais n'ajouteront rien d'essentiel à quelques sommets.

Nous affirmons que Léon-Paul Fargue est scandaleusement méconnu. L'importance du corpus anecdotique ou cocasse le concernant, et dont il est souvent responsable, a masqué sa personnalité exceptionnelle de poète. Jamais les choses familières ne furent aussi bien métamorphosées en entités fabuleuses. Jamais tant d'indolence sceptique, de dilettantisme apparents ne dissimulèrent un tel lot d'art à magnifier la vie et la ville, âme et corps. Jamais humour ne fut plus transcendant. Jamais le mouvement moléculaire des choses ne trouva une telle correspondance dans le langage de la prose. Chacun de ses mots, par son agencement dans la phrase, vibre d'une résonance particulière et éveille des rumeurs, des échos inconnus, des prolongements nés de la surprise. Sa douleur retenue, comprimée, ses aveux refrénés, son romantisme voilé, son exquise pudeur d'artiste sont devenus les ferments de son intensité douloureuse, de ses errances tristes comme un sourire. Son art vigilant lui permet de retenir l'objet ou le souvenir dans une toile arachnéenne de comparaisons, de métaphores, d'approximations, et par le choix de mots brefs et percutants, de dépasser la vision objective des choses pour rejoindre une transfiguration poétique hallucinante et obsédante. Il ne voyage pas seulement dans le Paris enserré entre les guerres mais aussi dans l'espace du cosmos et dans le temps qui va de la préhistoire vue en songe à l'anéantissement du monde vu en cauchemar. Mais cet homme eut le mérite de ne jamais prendre la pose du poète grandiose et transcendental qu'il était et d'offrir à ses contemporains la politesse d'un sourire endormant la douleur de vivre. Ce rêveur, cet hôte citadin de la chaise paillée des brasseries était, qui l'eût cru, le médium de l'espace et du temps, et, devant un demi de bière blonde, il pouvait rencontrer l'univers. Que ceux qui doutent lisent par exemple *Vulturne* ou *Haute Solitude!*

7
Pierre Reverdy

Pierre Reverdy, angoisse et nostalgie.

Pierre Reverdy (1889-1960) quitta le versant de la Montagne-Noire, près de Carcassonne, pour gravir les pentes de Montmartre. Né à Narbonne, il vécut dans le domaine paternel où chantait la source, où tournaient les ailes du moulin avant de rejoindre le Moulin de la Galette. Pourquoi ? Il ne devait jamais oublier les paysages de son enfance, « les tuiles du toit », « les paroles distribuées au vent » quand « l'esprit prend l'air », quand « la nuit vient en courant » et que, « au bord de l'eau crépitent les étoiles », les chemins de la solitude, les vignes des terres brûlées. Pourquoi ? Parce que la crise de 1907 avait ruiné son viticulteur de père. Il arriva à Paris en 1910, l'année des inondations. Là il fallut gagner sa vie et ce fut l'obscur et minutieux travail du correcteur d'imprimerie, ce fut cette sensation d'asphyxie morale et physique, d'exil que ressentent les hommes du Midi quand ils viennent à la capitale. De lui-même il peut dire : « Il a chassé la lune, il a laissé la nuit » ou chanter *la Vie dure* « tapi dans l'ombre et dans le froid pendant l'hiver ». Temps d'angoisse, de délabrement moral, de solitude passionnée où la poésie, la seule amie, permet à l'homme de survivre dans un monde en panique.

Son caractère est à l'image de son pays d'enfance : il est dur, abrupt, rocailleux. Il ne sait pas composer avec l'entourage, méprise la stratégie littéraire. Il apporte avec lui son intransigeance, sa passion, ses colères, ses violences, ses humeurs ombrageuses. Il se fixe donc sur la butte Montmartre, au plus haut de la ville, au 12 de la rue Cortot où se trouve aujourd'hui le musée de Montmartre, dans cette maison où vécurent tant de peintres et de poètes. Comme Salmon, Jacob, Apollinaire, Reverdy vit dans la familiarité des peintres. Son entourage : les poètes et aussi Juan Gris, Matisse, Léger, Galanis, Picasso qui affirmera : « Reverdy ou la peinture égarée dans la poésie. Il parle peinture comme nous, non en littérateur, en peintre ». Aux peintres, il consacrera des pages qui le classeront parmi les meilleurs critiques du temps pour leur réflexion esthétique cohérente et qu'on retrouvera dans *Note éternelle du présent*.

Il avait conscience de vivre dans une merveilleuse époque et put parler d'incomparable puissance d'émotion, de spirituelle félicité : « Jamais tant d'écart entre l'espoir et le désastre, jamais tant de courage et de frayeur entre le coup au but et la faillite. Des hommes seuls, des hommes sans appui, hormis leur conscience et leur audace. Des hommes seuls que les autres hommes hostiles regardent se débattre, de leurs seules ressources, parmi les vagues furieusement déchaînées de la mer. » Daniel-Henry Kahnweiler écrira : « Il savait que ceux qui valent ne peuvent être que quelques-uns, et on ne trouvera, en effet, qu'une dizaine de noms de peintres et de sculpteurs dans ses écrits sur l'art. » Reverdy confie : « Ce n'est plus un secret pour personne, j'aurais dû être peintre. »

Par l'écriture, Pierre Reverdy poursuivit une expérience parallèle à celle des peintres cubistes. Au petit matin gris, en rentrant de son travail de nuit, il écrit ses poèmes : il est, entre la veille et les zones du sommeil et du rêve, dans un lieu déréglé, immense et raisonné où, les sens aiguisés, il passe avec une sûreté de somnambule pour trouver l'inconnu qui est le réel. Son art est une ascèse : « L'art est une discipline. Il n'y a point d'art sans discipline, il n'y a point d'art personnel sans discipline personnelle. » Ce qu'il cherche est peu accessible : « Le poète est dans une position difficile et souvent périlleuse, à l'intersection de deux plans au tranchant cruellement acéré, celui du rêve et de la réalité. Prisonnier dans les apparences, à l'étroit dans ce monde, d'ailleurs purement imaginaire, dont se contente le commun, il en franchit l'obstacle pour atteindre l'absolu et le réel ; là, son esprit se meut avec aisance. C'est là qu'il faudra bien le suivre, car, ce qui *est,* ce n'est pas ce corps obscur, timide et méprisé, que vous heurtez distraitement sur le trottoir – celui-là passera comme le reste – mais ces poèmes en dehors de la forme du livre, ces cristaux déposés après l'effervescent contact de l'esprit avec la réalité. » Ses poèmes, jusque vers 1925, naissent de la dissociation et de la recomposition des éléments du réel qui s'apparentent au système cubiste des papiers collés. Il est justement un poète cubiste en ce que l'objet est pour lui la matière d'un agencement inattendu et d'un éclairage arbitraire, en ce que la réalité de conception succède à la « réalité de vision » dont parle Apollinaire. A noter cependant qu'il ne s'arrêtera pas à cela, comme l'observe Jean Rousselot : « Mais il n'est pas homme à s'enfermer dans un système ; essentiellement lyrique, farouchement individualiste, resté très proche, au surplus, des éléments du poids concret, tellurique, voire " paysan " de la réalité, il va faire une poésie bien à lui, où il prend le relais du romantisme pour lui imprimer des précipitations de rythmes et d'images qui sont essentiellement modernes. »

Engagé volontaire en 1914, réformé deux ans plus tard, il fonde la revue *Nord-Sud,* le lieu de rencontre de tous ceux-là qui se feront un nom dans la poésie moderne : on y trouvera une étude d'Apollinaire sur Baudelaire, et Max Jacob, Paul Dermée, André Breton, Philippe Soupault, etc. C'est là que Reverdy donnera ces poèmes, ces notes de critique et d'esthétique qu'on lit aujourd'hui en s'émerveillant que rien n'ait vieilli, c'est là que, formulant une définition de l'image poétique, il apportera tant aux surréalistes : « L'image est une création pure de l'esprit. Elle ne peut naître d'une comparaison mais du rapprochement de deux réalités plus ou moins éloignées. Plus les rapports des deux réalités rapprochées seront lointains et justes, plus l'image sera forte. » Durant la Première Guerre mondiale, Pierre Reverdy, auteur de *Poèmes en prose*, 1915, *la Lucarne ovale*, 1916, *Quelques Poèmes*, 1916, est reconnu, malgré son individualisme et sa solitude, comme le timonier de l'art nouveau, celui que prôneront les surréalistes. Aragon peut écrire : « Il était pour nous, quand nous avions vingt ans, Soupault, Breton, Eluard et moi, toute la pureté du monde. Notre immédiat aîné, le poète exemplaire. » André Breton, dans sa classification des poètes, le dira « surréaliste dans l'image » et l'on comprend que Gilbert Sigaux le dise « prodigieux créateur d'images, joyaux purs, diamants de l'âme qui les conçoit » et cite :

> Le jour semble sortir d'un étui
>
> Dans le ruisseau il y a une chanson qui coule
>
> Le jour s'est déplié comme une nappe blanche
>
> Le vent dévisse les étoiles
>
> La lueur tombe du bec de gaz
> et fait son trou

Il est vrai que tout l'œuvre de Pierre Reverdy est un immense réservoir d'images. En 1917, avec *le Voleur de Talan*, sur une trame narrative, il a expérimenté la divagation, la fabulation onirographique. Il devançait nettement en cela les surréalistes. Qu'il recommence cette tentative en 1926, dans *la Peau de l'homme* et il paraît emboîter le pas à ceux qui ont mis à profit sa première expérience. L'image chez lui n'est pas un vain ornement, un ensemble décoratif (il a cela en horreur) mais la substance de sa pensée poétique puisée dans le subconscient, un mode de découverte et de connaissance. Ce qui le sépare par endroits des surréalistes, c'est son goût de l'ordre, sa discipline, sa forte tension spirituelle, la netteté de sa démarche. Pour lui, la poésie est la matière d'intenses réflexions qu'on trouve dans les pages de *Nord-Sud*, de *Self Defence* et *Autres Écrits sur l'art et la poésie*, dans *le Gant de crin*, dans *Cette émotion appelée poésie* (les œuvres complètes de Reverdy sont aux éditions Flammarion). De 1918 à sa mort, il publiera les recueils de poèmes suivants : *les Ardoises du toit*, 1918, *les Jockeys camouflés*, 1918, *la Guitare endormie*, 1919, *Étoiles peintes*, 1921, *Cœur de chêne*, 1921, *Cravates de chanvre*, 1922, *Épaves du ciel*, 1924, *Écumes de la mer*, 1926, *Grande Nature*, 1926, *la Balle au bond*, 1927, *Flaques de verre*, 1929, *Sources du vent*, 1929, *Pierres blanches*, 1930, *Ferrailles*, 1937, *Visages*, 1946, *le Chant des morts*, 1948, *Liberté des mers*, 1962, etc. Ses plaquettes seront rassemblées dans des volumes essentiels : *Plupart du temps*, 1945, et *Main-d'œuvre*, 1949.

En 1923, Pierre Reverdy quitta Paris pour Solesmes où il devait vivre dans la pauvreté jusqu'à sa mort, le 17 juin 1960. Il ne fit durant ce temps que de rares voyages : « Ici ou là, tout est pareil », disait-il. Ténébreux, fermé, emporté, ne s'ouvrant qu'à des êtres choisis, il passera de nombreuses années dans « le cercle de feu et de glace » de la religion, son expérience la plus douloureuse comme en témoignent des pages mystiques du *Gant de crin*. Celui-là que les poètes de *Nord-Sud* admiraient comme leurs aînés, trente ans plus tôt, admiraient Mallarmé, que les surréalistes déclaraient « le plus grand poète actuellement vivant » et ne se voyaient auprès de lui que comme des enfants, avant sa résurrection par la ferveur de quelques-uns, Rousselot, Manoll, Picon, et l'attachement des poètes les plus récents, Michel Deguy, Hubert Juin, etc., celui-là connut un relatif oubli dont il souffrit. Cela vient de la difficulté de parler d'une œuvre difficile à appréhender en bloc, d'un seul tenant et que Reverdy trouvait lui-même « obscure, fermée, dure, extrêmement réticente », mais ne peut-on éprouver la valeur de la poésie à sa capacité de réticence à la critique paresseuse ? On put juger cette œuvre monocorde, c'est qu'elle était fidèle à son créateur, et sans concession. S'il advint qu'on lui reprochât de reprendre toujours le même thème, il précisa : « Pour être franc et sans fausse modestie je pense précisément que c'est cette retenue, cette contraction, ce manque d'énergie optimiste qui donne à mon œuvre une espèce de force, de tenue, de densité qu'on lui reconnaîtra peut-être plus tard à côté de toutes celles d'un abord plus facile et d'un charme tellement plus grand qui flamboient aujourd'hui. » Il dira encore : « Rien n'approche du bruit qui accompagne l'éclosion de certaines œuvres trop brillantes si ce n'est l'intensité du magnifique silence qui suit. » En 1948, il affirmait que de son œuvre il avait longtemps cru « qu'il n'y avait rien, absolument rien à dire sur elle que oui ou non »; le temps a dissipé le doute. Le meilleur définisseur de la poésie de Reverdy est Reverdy lui-même. Extrêmement cultivé, intelligent comme Valéry, intelligent comme Braque, intelligent comme Picasso, et mêlant à cette qualité la grandeur et la simplicité, la sobriété janséniste qui le fait reculer dans sa solitude pour laisser place aux mots du poème, seuls princes.

A la recherche de la réalité.

En 1913, le jeune Pierre Reverdy aborde la poésie avec humilité et ce ne sont encore que promesses ou coup de diapason :

> Je vais essayer d'écrire
> Déjà je sais ce que je voudrais dire
> Il me manque les mots que les autres ont pris
> Comment faut-il qu'on me comprenne
> Je demande à chacun qu'il y mette sa peine
> Et beaucoup d'indulgence
> Pour pardonner mon ignorance.

Déjà cependant Pierre Reverdy s'exprime directement, faisant fi du charme, de l'éclat, de la facilité, et vont naître les *Poèmes en prose*, 1915 qu'on pourrait définir en citant le plus court d'entre eux, *Sans masque* :

> Les personnages muets de cette comédie ou de ce drame sont dans la salle, il n'y a pas de coulisses. Les fards sont dans vos yeux et votre regard. Quel rôle !

De l'un à l'autre, des images statiques comme si au cœur de l'onirisme la caméra intérieure s'arrêtait sur une vue fixe. Il aurait voulu être peintre, il l'est, il l'est comme son ami Picasso fixant sur la toile une repasseuse. Voici *la Repasseuse* de Reverdy :

> Autrefois ses mains faisaient des taches roses sur le linge éclatant qu'elle repassait. Mais dans la boutique où le poêle est trop rouge son sang s'est peu à peu évaporé. Elle devient de plus en plus blanche et dans la vapeur qui monte on la distingue à peine au milieu des vagues luisantes des dentelles.
> Ses cheveux blonds flottent dans l'air en boucles de rayons et le fer continue sa route en soulevant du linge des nuages — et autour de la table son âme qui résiste encore, son âme de repasseuse court et plie comme le linge en fredonnant une chanson — sans que personne y prenne garde.

Pour le poète Reverdy : « Contempler, c'est rechercher, chérir et caresser. Contempler, c'est aimer. La contemplation est un acte d'amour. » Dans ses poèmes en prose passent des personnages solitaires. Georges-Emmanuel Clancier écrit : « Une attente profonde et une certitude hantent chaque poème de Reverdy, attente et certitude d'un mystère jamais nommé, jamais atteint non plus et pourtant toujours promis. » Dans les *Poèmes en prose* apparaissent un monde désolé, des isolés (« le rêve est un isolement », écrit Reverdy) qui passent sur la terre (« l'art est éminemment terrestre »). Les poèmes s'intitulent *Plus loin que là*, *Toujours seul*, *le Voyageur et son ombre*, *l'Intrus*, *Des êtres vagues* ou *l'Homme impassible* :

> Il se penche au bord du parapet et tient sa tête, trop petite, par les oreilles. L'arête du toit fait une parallèle à ses épaules et la cheminée a l'air d'être son cou.
> Les nuages font marcher la maison dans le jardin. Au milieu des fils de fer et des branches, elle s'arrête; on ne regarde plus en l'air.
> Les toiles d'araignées se déchirent avec un bruit de soie quand on ouvre enfin la fenêtre, et lui, dont la tête n'a pas changé, a perdu son beau royaume d'autrefois.

Titres douloureux et tragiques de tableaux, avec *Traits et figures* sous le regard du peintre :

> Une éclaircie avec du bleu dans le ciel; dans la forêt des clairières toutes vertes; mais dans la ville où le dessin nous emprisonne, l'arc de cercle du porche, les carrés des fenêtres, les losanges des toits.
> Des lignes, rien que des lignes, pour la commodité des bâtisses humaines.
> Dans ma tête des lignes, rien que des lignes; si je pouvais y mettre un peu d'ordre seulement.

Des poèmes semblent la transcription d'un rêve, ainsi la *Belle Étoile* :

J'aurai peut-être perdu la clé et tout le monde rit autour de moi et chacun me montre une clé énorme pendue à mon cou.
Je suis le seul à ne rien avoir pour entrer quelque part. Ils ont tous disparu et les portes closes laissent la rue plus triste. Personne. Je frapperai partout. Des injures jaillissent des fenêtres et je m'éloigne.
Alors un peu plus loin que la ville, au bord d'une rivière et d'un bois, j'ai trouvé une porte. Une simple porte à claire-voie et sans serrure. Je me suis mis derrière et, sous la nuit qui n'a pas de fenêtres mais de larges rideaux, entre la forêt et la rivière qui me protègent, j'ai pu dormir.

Il éprouve de tout le poids de son corps terrestre *la Saveur du réel* :

Il marchait sur un pied sans savoir où il poserait l'autre. Au tournant de la rue le vent balayait la poussière et sa bouche avide engouffrait tout l'espace.
Il se mit à courir espérant s'envoler d'un moment à l'autre, mais au bord du ruisseau les pavés étaient humides et ses bras battant l'air n'ont pu le retenir. Dans sa chute il comprit qu'il était plus lourd que son rêve et il aima, depuis, le poids qui l'avait fait tomber.

Si des poèmes s'intitulent *Carnaval, Saltimbanques, le Bilboquet*, le décor est trompeur et ce ne sont point des images attendues qui surgissent. L'homme seul y apparaît fragile, fragmentaire, dispersé parmi les formes, les lignes, les plans qui se juxtaposent pour créer, en de multiples correspondances, une réalité, une matérialité indestructibles. Chaque poème met en cause et en action l'univers entraîné par les temps cosmique et humain. Et c'est bien le battement, la palpitation du pouls humain qui se confondent avec la rumeur du monde. On pourrait reconnaître un peintre cubiste nouveau qui est tout simplement Reverdy et non tel ou tel de ses amis. C'est l'homme dispersé, de passage dans un labyrinthe, un Icare sauvé par le poème et ses métamorphoses, comme ce *Patineur céleste* :

On a transformé le trottoir en vélodrome. Il n'y a qu'un seul coureur. Alors pourquoi court-il si vite ?
On ne voit pas ses mains et le guidon remplace les pédales. Il monte.
On a peur de le voir tomber et qu'une lourde voiture l'écrase; mais au coin de la rue une glace absorbe son image qui tourne. Il est sauvé.

Tout Reverdy est déjà là. Dans *Quelques Poèmes*, 1916, on retrouve son art d'animer l'objet recréé par le mot dans une immobilité aérienne sans qu'on perçoive l'espace et la durée. Pas de lyrisme, d'effets « poétiques », pas de pittoresque, de narration. Les images s'échelonnent et se lient les unes aux autres. Les êtres anonymes passent avec leur poids de silence. On sent sourdre une angoisse retenue, une menace métaphysique vague et l'on attend le cri de délivrance qui ne vient pas. Au cœur de cet univers fatal, on retient les signes, les masses, les mouvements, les objets et une tristesse innommée qui jette ses pulsations. Le poète utilise volontiers le « on » impersonnel. Ainsi dans *P.O. Midi* :

On passe comme des bœufs
Sur le quai les lumières s'allongent et les yeux
Le wagon tourne sur la roue du milieu

> Les chevelures se dressent dans la nuit
> Les mots qui passent font du bruit
>
> Je voudrais m'arrêter pour regarder dehors
> Au fond il y a un homme tranquille qui s'endort
> Je voudrais voir dedans
> Le train qui nous emporte est immobile dans le vent

De la prosodie classique, il n'a pas refusé tous les éléments. Si le vers est libre, on peut reconnaître la présence de l'alexandrin et de ses divisions et aussi la rime, fût-elle approximative. Dans *la Lucarne ovale*, 1916, prenons un exemple :

> Demain
> Le soir ferme sur lui une immense paupière
> Et la peur durera autant que la lumière
>
> Il faut passer un espace infernal
> Risquer plus que l'on n'a
> Et partir revenir s'en aller

Ici encore, on trouve l'homme en mouvement, l'homme qui recherche son mouvement et son temps propres distincts de la rythmique universelle. Pierre Reverdy est en quête d'un manque inconnu, d'une identification aux objets, de nouvelles significations et de nouvelles distances avec soi-même et d'une durée dans l'immobile présence des choses : « L'art durable ne saurait être que statique. » Chaque poème reprend les mêmes thèmes, le même ton. Dans *les Vides du printemps* :

> J'ai couru comme un fou et je me suis perdu
> Les rues désertes tournent
> Les maisons sont fermées
> Je ne peux plus sortir
> Et personne pourtant ne m'avait enfermé
> J'ai passé des ponts et des couloirs
> Sur les quais la poussière m'aveugla
> Plus loin le silence trop grand me fit peur
> Et bientôt je cherchais à qui je pourrais demander mon chemin

Monde désolé, marqué par les rides et les ruines du temps, par l'attente :

> Dans la rue où personne ne passe
> Entre le numéro 13 et le numéro 30
> Quelque temps qu'il fasse
> Tout ce jour-là et les suivants
> Je suis là j'attends
> Et je t'attends

Le recueil contient aussi des poèmes en prose parmi les plus beaux que Reverdy ait écrits. Choisissons *La Vie dure* :

Il est tapi dans l'ombre et dans le froid pendant l'hiver. Quand le vent souffle il agite une petite flamme au bout des doigts et fait des signes entre les arbres. C'est un vieil homme; il l'a toujours été sans doute et le mauvais temps ne le fait pas mourir. Il descend dans la plaine quand le soir tombe; car le jour il se tient à mi-hauteur de la colline caché dans quelque bois d'où jamais on ne l'a vu sortir. Sa petite lumière tremble comme une étoile à l'horizon aussitôt que la nuit commence. Le soleil et le bruit lui font peur; il se cache en attendant les jours plus courts et silencieux d'automne, sous le ciel bas, dans l'atmosphère grise et douce où il peut trotter, le dos courbé, sans qu'on l'entende. C'est un vieil homme d'hiver qui ne meurt pas.

Si la poésie de Reverdy est dépouillée, si elle tend à l'impersonnalité, elle n'en est pas pour autant inhumaine, bien au contraire, car il y règne une sorte de pulsation, de halètement, un pathétique quotidien. Parfois, heureusement, comme il l'écrit, « Un rayon de soleil perce le toit » et c'est une poussée heureuse d'autant plus appréciable qu'elle est rare. Dans *Allégresse,* il y a cette femme allégorique qu'il sauve de la noyade :

> Après lui avoir dit mon nom
> Qu'elle ne connaissait pas
> Je me mis à sécher à l'endroit le plus chaud
> Je la vis revenir à la vie et embellir
> Puis comme la chaleur augmentait
> Elle disparut
> Évaporée
> Je me mis à pousser des cris et à pleurer
> Puis j'éclatai de rire
>
> J'avais un moment recueilli la renommée
> Dans mon intimité
> J'ouvris la porte et me mis à courir
> A travers champs à chanter à tue-tête
> Quand je rentrai le calme s'était fait chez moi
> Et le feu qui s'était éteint fut rallumé.

« La vie est ma seule source », dira-t-il et il aurait pu dire *ma* vie, loin des sources livresques, poète à l'état pur, à l'état de création, méditation aussi où l'on est *Toujours là :*

> J'ai besoin de ne plus me voir et d'oublier
> De parler à des gens que je ne connais pas
> De crier sans être entendu
> Pour rien tout seul
> Je connais tout le monde et chacun de vos pas
> Je voudrais raconter et personne n'écoute
> Les têtes et les yeux se détournent de moi
> Vers la nuit
> Ma tête est une boule pleine et lourde
> Qui roule sur la terre avec un peu de bruit

Toujours là et toujours un peu plus près de lui-même, il répond à son désir de « Créer l'œuvre d'art qui ait sa vie indépendante, sa réalité et qui soit son propre but ». C'est un « Voici l'homme » permanent. Dans *les Ardoises du toit,* 1918, il pousse son art vers la composition plastique. Sa discipline le conduit à l'isolement du monde, et même à l'isolement du moi qui s'épanche et côtoie le lyrisme, fût-il atténué et intérieur. Le poème-constat cherche un espace qui lui est propre, de nouveaux rapports entre les mots, le blanc des phrases. Exigence du poème toujours recommencé hors le passé, hors l'avenir. Statique comme une nature morte et parlant une langue laconique. L'objet est nu, séparé de l'autre. Sur la page blanche le silence parle autant que la voix, les choses sont placées, immuables, immobiles. La syntaxe perd ses pouvoirs, l'enchaînement ou la séparation des mots suffisent. Ils sont comme les maillons d'une chaîne rompue par les blancs. Les choses créent leurs propres images, les images leurs sensations. Le poète nomme, rejette le cliché. Les titres des poèmes sont généralement courts, un mot : *Façade, Réclame, Matin, Feu, Auberge, Cadran, Route, Abîme, Départ...* Aucun souci d'embellissement, de charme. Le poème liminaire :

>   Sur chaque ardoise
>   qui glissait du toit
>   on
>   avait écrit
>   un poème
>   La gouttière est bordée de diamants
>   les oiseaux les boivent

Un autre exemple de cet art que l'on prend au hasard, car tout dans le livre est de même qualité, avec une avance de plusieurs lustres sur la poésie future (soixante ans après, pas un poème n'a pris une ride), *Façade* :

>   Par la fenêtre
>   La nouvelle
>   Entre
>   Vous n'êtes pas pressé
>   Et la voix douce qui t'appelle
>   Indique où il faut regarder
>   Rappelle-toi
>   Le jour se lève
>   Les signes que faisait ta main
>   Derrière un rideau

Chez Pierre Reverdy l'absence de ponctuation n'a rien d'arbitraire et sa présence choquerait même. Toujours des tableaux avec leurs lignes, leurs volumes, leurs silences. *Fausse Porte ou portrait* :

>   Dans la place qui reste là
>   Entre quatre lignes
>   Un carré où le blanc se joue
>   La main qui soutenait ta joue
>   Lune
>   Une figure qui s'allume
>   Le profil d'un autre
>   Mais tes yeux
>   Je suis la lampe qui me guide
>   Un doigt sur la paupière humide
>   Au milieu
>   Les larmes roulent dans cet espace
>   Entre quatre lignes
>   Une glace

Suivra un court recueil curieusement intitulé *les Jockeys camouflés*, 1918, quatre longs poèmes en plusieurs parties, mélange de vers et de prose, vastes et haletants, pleins de fantasmes qui courent et que le poète poursuit pour les fixer dans l'exigence du poème. Les nuages et les chevaux courent, les feuilles tremblent, les étoiles regardent, la cavalcade roule sur les toits, il y a des images froides, des plaintes, des couleurs parfois fantomatiques.

Dans le poème *Autres Jockeys, alcooliques*, il se demande : « Tout aurait-il existé déjà ? » Le poème est traversé d'hallucinations comme si le poète revenait d'un autre monde, de l'autre côté du miroir. Dans *Midi*, il dit :

Le caractère de l'homme se modifie. Il peut sourire. Il tendrait la main. Et il faut alors regagner les endroits où se tient le plus de monde – car là-haut personne ne donne. On entre en faisant du bruit.

Il griffonnait des rayons dans l'espace plus droits que ceux de la lune. Rayon de la lune, il se dressait, regardait tout le monde de haut et de travers avant de tomber sur un grabat, lit ou caisse sans ressorts, et ronflait en ajoutant à la nuit des mots qui s'exhalaient en vapeur d'alcool.

Chaque pas que nous faisons est plus qu'un voyage.

Nous n'avons pas besoin de nous presser.

Partout une même voix, dans *la Guitare endormie*, 1919, *Étoiles peintes*, 1921, *Cœur de chêne*, 1921, *Cravates de chanvre*, 1922, même ascétisme, même mouvance dans une région personnelle aux intimités étranges, aux présences furtives, où, sans effets, sans épanchements, l'émotion naît du lieu clos de la ville moderne. Chaque poème est un tout refermé sur lui-même, dans le cadre de la page, comme un tableau, une composition, un équilibre de mots-objets. Il peut écrire : « La logique d'une œuvre d'art, c'est sa structure. Du moment que son ensemble s'équilibre et qu'il tient, c'est qu'il est logique. »

Pierre Reverdy ne cherche nullement à étonner. Artiste probe, il garde son naturel et sa simplicité, il pourra écrire à Jean Rousselot : « L'instinct, bien supérieur chez moi à l'intelligence... » car il ne joue pas à l'intellectuel mais au poète. Et, poète, il n'oublie pas l'honneur de l'artisanat, celui qui se sert du matériau et qui le domine, l'anime, en extrait toute la richesse en le situant dans un ensemble. Le lecteur pourra étudier et admirer la force de l'image nouvelle et libre, l'insolite de nouveaux rapports et de nouveaux enchaînements, la beauté de l'équilibre, tout en ressentant, comme un supplément d'âme, une intensité dramatique et humaine. Il nous enseigne que l'homme passe parmi les choses réelles et qu'il les confronte selon sa personnalité. Les personnages du nouveau drame humain ne sont pas ceux de la tragédie grecque, mais les objets avec leur puissance de lignes, de volumes, de formes, de couleurs. Dans le même poème, sans cesse recommencé, toujours quelque chose passe et se passe tandis que la voix de Reverdy sourd, lente à nommer ou prompte à poursuivre le fugitif qui tente de se dérober à toute approche. Ainsi un instant de la saison *Hiver* :

> La fourrure de neige aux épaules du chat
> Pour des mots qui résonnent entre les dents plus claires

                    Une étincelle aux lèvres
          Le cou plus gros plus gras
                    la feuille ouverte au bout du bras
          La rue s'éclaire au passage des formes
                    les trous de la façade évitent les rayons
                    la lanterne perdue
                    le tapage nocturne
                    Et les coups de talon
          Minuit
       Rien sur la rive
                    Où glisse le trottoir
                    les ombres qui se suivent
                    Et la lune au séchoir

En le citant, nous avons conscience de trahir le poème qui se situe dès lors dans un espace qui n'est pas le sien. C'est pourquoi nous renvoyons le lecteur à l'œuvre elle-même dans sa page. Autre chose : il y a une telle égalité de valeur d'un poème à l'autre que tout choix est arbitraire et ne peut avoir que valeur d'exemple.

Pierre Reverdy parle.

Les notes esthétiques du *Gant de crin,* 1927, touchent à l'art, à la métaphysique, à la religion. Un besoin les domine, celui du réel et il est le moteur de ces investigations dont nous donnons quelques exemples :

L'art, c'est l'amour du vrai et c'est aussi l'amour du faux; du vrai en ce qu'il repose sur la recherche des justes rapports entre les choses, du faux en ce qu'il aboutit toujours à un résultat factice. Mais, pour que cette fiction mérite d'être considérée, il faut que celui qui la crée soit animé d'un grand amour du vrai.

La nature est nature, elle n'est pas poésie. C'est la réaction de la nature sur la complexion de certains êtres qui produit la poésie. La nature ne donne pas ce que donne l'orchestre.

Je n'ai pas eu à préserver ma plume, c'est elle qui m'a préservé.

L'art est une chose éminemment terrestre.

Pierre Reverdy ne cesse de s'interroger sur son art. L'individualisme de sa recherche domine. Pierre Reverdy est un solitaire, le contraire d'un chef d'école, il refuse l'appellation de cubiste littéraire, de dadaïste ou de surréaliste. Par certains aspects, on peut le comparer à Apollinaire, mais, comme l'observe Robert Kanters, « Apollinaire charriait des alcools et des poisons doux et tendres, tandis que celle (la poésie) qui est venue du mont Reverdy a toujours gardé la fraîche et cristalline pureté de l'eau des torrents. » Dans *le Gant de crin,* la vie spirituelle même est abordée par un artiste épris de l'amour du vrai. Sa conversion au catholicisme, dont Max Jacob est en partie responsable, ne l'éloignera jamais de la réalité concrète. Il croit en Dieu en libre penseur. Sa recherche poétique ne se modifiera pas pour autant. Encore quelques extraits essentiels du *Gant de crin :*

Il ne faut pas confondre ce qui est obscur avec ce qui est trouble. Le trouble suppose un mélange adultère, une impureté.

Nous prétendons qu'une œuvre n'est obscure qu'en présence d'un lecteur ou d'un spectateur qui projette mal sur l'œuvre le rayon de sa lampe, son esprit.

L'image est une création pure de l'esprit. Elle ne peut naître d'une comparaison, mais du rapprochement de deux réalités plus ou moins éloignées.

Plus les rapports des deux réalités rapprochées seront lointains et justes, plus l'image sera forte, plus elle aura de puissance émotive et de réalité poétique.

L'analogie est un moyen de création, c'est une *existence de rapports;* or de la nature de ces rapports dépend la force ou la faiblesse de l'image créée.

La fréquentation des grands peintres du XXe siècle lui a appris à considérer le métier. Au contraire de bien des poètes qui repoussent toute problématique et la remplacent par un lyrisme vague ou de brillantes définitions, Reverdy se mesure avec la création et ne parle jamais inutilement. S'il y a lyrisme, il n'est pas étourdissement, état d'ivresse ou déplacement d'air. « Aujourd'hui, écrit-il, toutes les préoccupations des poètes sont orientées vers les racines. » Le poète est pour lui un « spectateur particulier et supérieur, subtil, pénétrant, imaginatif, et capable de relier toutes choses par des rapports qu'il est seul capable de leur découvrir et de faire voir » et « son rôle est d'extraire de toutes choses, de tout spectacle, de tout accident dans le domaine physique ou moral, la substance qu'il transportera ensuite sur un autre plan, celui de l'art, puis son pouvoir créateur accomplira la sublime transformation ». Il s'agit bien « de réaliser dans l'œuvre un faisceau d'émotions natives directement issues du fonds intime du poète et de livrer à l'esprit du lecteur cette force concentrée capable de provoquer en lui une émotion forte et d'alimenter une riche efflorescence de sentiments esthétiques ».

La poésie n'est pas pour Reverdy un art de distraction, mais un mode de connaissance de soi : « Ce qui pousse le poète à la création, c'est le désir de se mieux connaître, de sonder sa puissance intérieure constamment, c'est l'obscur besoin d'étaler sous ses propres yeux, cette masse qui pesait trop lourdement dans sa tête et dans sa poitrine. » Nul ne sait mieux que lui que « l'œuvre d'art lutte contre le déséquilibre du mouvement », qu'elle est « un équilibre de forces, de formes, de valeurs, d'idées, de lignes, d'images, de couleurs », que « le décoratif, c'est le contraire du réel » et que « en art la jouissance esthétique découle de cette privation de la réalité dont l'œuvre n'est que le reflet ».

Il est aussi utile de lire les écrits sur son art de Reverdy que de lire ses poèmes. Toute connaissance de la poésie moderne devrait commencer par la lecture du *Gant de crin* comme des notes de *Nord-Sud, Self Defence* et *Autres Écrits sur l'art et la poésie* (1917-1926), de *Note éternelle du présent,* ses « écrits sur l'art » (1923-1960), de *Cette émotion appelée poésie.* Qu'il écrive des chroniques de revue, qu'il réponde à des enquêtes, qu'il traite de ses peintres, Braque, Juan Gris, Henri Laurens, Léger, Picasso, etc., qu'il traite des circonstances de la poésie ou de la fonction poétique, qu'il situe le poète par rapport au monde extérieur ou qu'il parle de Lautréamont, Apollinaire, Rimbaud, Cadou, Georges Herment, il tente sans cesse de discerner la vie sans se soucier des aléas de la postérité : « Critiques désolés de ne pas trouver de poètes dignes de votre époque, laissez dormir la poésie. Elle se réveillera de votre songe, dès que vous ne serez plus là. » C'est là la plus belle réponse du poète à de scandaleux manques et à de paresseux oublis.

Les Fruits au rameau de cet arbre.

Si, dans les apparences, Reverdy semble toujours recommencer le même poème, il faut un regard particulièrement vif, une attention constante pour découvrir, d'un livre de poèmes à l'autre, une évolution qui s'opère discrètement et se manifeste par une variation du vocabulaire et de la syntaxe, une montée d'images plus secrètes conduisant vers les univers abstraits, l'invisible. Auprès de l'ensemble réuni sous le titre de *Plupart du temps,* un autre grand ensemble porte le titre magnifique de *Main d'œuvre,* 1949. On trouve là les recueils suivants : *Grande Nature,* 1925, *la Balle au bond,* 1928, poèmes en prose, *Sources du vent,* 1929, *Pierres blanches,* 1930, *Ferraille,* 1937, *Plein Verre,* 1940, *le Chant des morts,* 1948, deux inédits : *Cale sèche* (1913-1915) et *Bois vert* (1946-1949).

Pierre Reverdy sait, comme l'exprime Michel Manoll, que « la grande lumière noire, le grand soleil qui règnent sur cette poésie, c'est la Nature », *la Grande Nature* qu'il affronte, qu'il recompose, qu'il interroge. Là il dit *Je tenais à tout :*

> Dans les cloisons de l'air écoute un bruit de pas
> Les oiseaux tournent sur ma tête
> Leurs cercles ne resteront pas
> Mais au fond de l'allée la porte s'est ouverte
> On chante bas
> Les gens qui passent
> N'écoutent pas
> Si vos yeux regardaient en l'air
>
> On n'ira pas plus haut que les marches
> Du grenier ou du paradis
> Le temps s'écaille
> Dans la chambre où mon ombre a peu à peu grandi
> La cloche appelle les passants
> Ceux qui s'en vont et ceux qui rentrent
> On voudrait ne pas entendre
> Mais il faut bientôt repartir
> On ne peut pas toujours dormir
> Oublier l'heure qui passe
> Connaître ce qui va venir

Cette poésie simple et naturelle, à l'écoute de quelque chose d'éternel est bien d'un poète sachant que « les œuvres qui ne sont que le fidèle miroir d'une époque s'enfoncent dans le temps aussi vite que cette époque ». Derrière les mots, on sent cette vibration intérieure d'un homme qui a dit : « Celui qui n'aime pas est un arbre sec. » Michel Deguy dira : « On s'aperçoit que la poésie est quelque chose de très humble; la " vie " et " l'œuvre " de Pierre Reverdy " échangent une réciprocité de preuves ", comme disait Mallarmé de l'homme et de son séjour terrestre. » Reverdy cherche *la Réalité impalpable* selon le titre d'un des poèmes de *la Balle au bond* :

> Il marchait au milieu du ciel les yeux baissés et les autres passants le regardèrent. Un peu plus bas, aux fenêtres, les têtes pendaient. Et les formes blanches qu'avaient laissées la lune, la nuit passée, se ranimèrent. La foule criait; au moins tous ceux qui s'étaient reconnus. On emportait le jour par morceaux dans toutes les rues de la ville. Et les cheveux du vent, mêlés au flot de gens et de voitures, s'engouffraient entre les murs et se nouaient. Tout le monde courait sans savoir vers où. Les pavés attachaient les regards. La terre. Le jour entrait parfois sans ressortir. Le mouvement s'étendait jusqu'aux fossés, qui bordaient les dernières maisons, et, au-delà, on retrouvait le terrain plat. Le calme. Des ombres immobiles. Et le soleil reprenait partout sa place, sans qu'on puisse le toucher ni le prendre, au gré de son désir.

Tous les paysages réels et les paysages d'âme du poète se retrouvent dans l'ample recueil *Sources du vent* : solitude, murmures, lueurs, errances, traces, voix lointaines, rêves, ville, et ce *Chemin tournant* :

> Il y a un terrible gris de poussière dans le temps
> Un vent du sud avec de fortes ailes
> Les échos sourds de l'eau dans le soir chavirant
> Et dans la nuit mouillée qui jaillit du tournant
> Des voix rugueuses qui se plaignent

Des alexandrins, des rimes reviennent comme une nostalgie. Parfois on touche au classicisme :

> Je ne veux plus partir vers ces grands bols du soir
> Serrer les mains glacées des ombres les plus proches
> Je ne veux plus quitter ces airs de désespoir
> Ni gagner les grands ronds qui m'attendent au large
> C'est pourtant vers ces visages sans forme que je vais
> Vers ces lignes mouvantes qui toujours m'emprisonnent
> Ces lignes que mes yeux tracent dans l'incertain

En d'autres lieux, d'autres formes, comme *Perspective* :

> La même voiture
> M'a-t-elle emporté
>   Je vois d'où tu viens
>   Tu tournes la tête
> Minuit
> Sur la lune
> Finit de sonner
>   Au coin de la rue
>   Tout est retourné

Les éléments, les lieux, les choses établissent là représentation matérielle de l'apparence qui oriente et étaie l'imaginaire. Chaque poème, issu de

l'immobile, s'anime dans l'instant et retourne à l'immobilité, comme si le souffle poétique pétrifiait l'objet. Le temps se contracte tandis que l'espace s'amplifie. Tout semble ne venir que pour fuir, objet, temps, espace dans le mouvement de l'univers.
Des réseaux de correspondances se tissent ténus. Jamais un poète n'alla aussi loin dans la recherche de sensations et de perception de l'invisible à ce point que les poètes les plus subtils, pris dans la prison de la forme, n'ont pas toujours su sonder « les pulsations intermittentes des deltas » de l'être. Dans *Plein Verre,* cette fin du poème *Main-Morte* :

>   Quand on referme violemment la porte sur la nuit
>   Il n'y a plus à placer là que le murmure
>   La seule clef sans bruit qui force la serrure
>   Entre l'aveu confus et le lien du mystère
>   Les mots silencieux qui tendent leur filet
>   Dans tous les coins de cette chambre noire
>   Où ton ombre ni moi n'aurons jamais dormi

Promis à un destin de cubiste, Pierre Reverdy s'en est échappé par une vision tourmentée, un individualisme qui rejette tout système. Son tellurisme, son amour panique et convulsé de la nature sous sa forme la plus durable, le minéral, sa spiritualité inventent un nouveau romantisme, non pas celui du lyrisme éloquent, mais toute une poétique nouvelle de mouvements, de rythmes, d'images, de sensations de l'homme nouveau proche de cet « étranger » de Camus que Reverdy préfigure. Et voilà qu'une dimension nouvelle apparaît dans deux recueils : *Ferraille,* 1937, *le Chant des morts,* 1948.

Dans *Ferraille,* les lignes ne sont plus dispersées, les blancs de silence qui organisaient dans la page le poème ont disparu. De nouveaux jeux de symboles apparaissent, le rythme affirme plus d'unité, les images liées évoquent un univers plus mobile, avec ses brisures, ses éclatements, le souffle s'amplifie. Il y a des écartèlements de l'être, des flux et des reflux. Voici *le Cœur tournant* :

>   Il ne faut pas aller plus loin
>   Les bijoux sont pris dans la lyre
>   Les papillons noirs du délire
>   Remuent sans y penser la cendre du couchant
>   A peine revenu des voyages amers
>   Autour des cœurs jetés au fond des devantures
>   Sur l'avant-scène des prairies et des pâtures
>   Comme des coquillages nus devant la mer
>   A peine remués par l'amour de la vie
>   Des regards qui se nouent aux miens
>   Des visages sans nom des souvenirs anciens
>   Diamants de l'amour qui flottent sur la lie
>   Pour aller chercher au fond dans la vase
>   Le secret émouvant du sang de mon malheur

Il faudrait citer tout le poème car il est un cri d'amour où l'on répète « je t'aime » :

> Je t'aime sans jamais t'avoir vue que dans l'ombre
> Dans la nuit de mon rêve où seul je peux y voir
> Je t'aime et tu n'es pas encore sortie du nombre
> Forme mystérieuse qui bouge dans le soir

Dans *Tendresse* on trouve un Reverdy ouvert à l'autre, une présence amicale, une tonalité nouvelle :

> Mon cœur ne bat que par ses ailes
> Je ne suis pas plus loin que ma prison
> Ô mes amis perdus derrière l'horizon
> Ce n'est que votre vie cachée que j'écoute

En tous lieux de *Ferraille,* « le sourire éclatant des façades déchire le décor fragile du matin ». Le poète apparaît corps et âme, présence physique, sensuelle et spirituelle, il dit :

> Et, ce soir, je voudrais, dans un effort surhumain, secouer toute cette épaisseur de rouille — cette rouille affamée qui dévore mon cœur et me ronge les mains. Pourquoi rester si longtemps enseveli sous les décombres des jours et de la nuit, la poussière des ombres. Et pourquoi tant d'amour et pourquoi tant de haine. Un sang léger bouillonne à grandes vagues dans des vases de prix. Il court dans les fleuves du corps, donnant à la santé toutes les illusions de la victoire.

Reverdy est un voyageur fasciné. Il dit encore : « Ce soir je voudrais dépenser tout l'or de ma mémoire. » Où se reflétait l'instant apparaît la permanence, au tumulte de l'objet se substitue la tragédie de l'homme seul en attente de son devenir. Conscience : « La poésie semble donc bien rester le seul point de hauteur d'où l'homme puisse encore, et pour la suprême consolation de ses misères, contempler un horizon plus clair, plus ouvert qui lui permette de ne pas complètement désespérer. Jusqu'à nouvel ordre — jusqu'au nouveau et peut-être définitif désordre — c'est dans ce mot qu'il faut aller chercher le sens que comportait autrefois celui de liberté. » Dans *Ferraille,* il dira le « tendre baiser de l'aube », « les poumons du monde », « les lèvres de la terre », le « rêve à fond de cale », les « fards du soleil », « les grains de la pensée », les mains qui « saignent contre son cœur », « la poitrine en feu » et

> Les pulsations intermittentes le courant trop rapide des artères et la soif qui tenait entre les quatre lignes de ma porte ma misère endormie

Poésie du corps humain où le poète se souvient après les grandes époques du rêve de l'argile qui le compose. L'artère, le sang, le muscle deviennent objets du poème. L'être est là dans l'orgueil de sa fragilité vivante. Il était temps de reconnaître un mérite à l'animal en nous. Et ce sont plus que des « frissons nouveaux », des palpitations nouvelles. Les poètes de l'école de Rochefort se souviendront de la leçon. Et chez eux, comme chez Reverdy, le corps terrestre et le corps humain participeront d'un ensemble cosmogonique. Dans un poème de *Ferraille* intitulé *le Cœur écartelé,* on lit :

> Ses yeux ont perdu la lumière
> Et ses pieds traînent sur la mer
> Comme les bras morts des pieuvres
> Il est perdu dans l'univers
> Il se heurte contre les villes
> Contre lui-même et ses travers
> Priez donc pour que le Seigneur
> Efface jusqu'au souvenir
> De lui-même dans sa mémoire

Pierre Reverdy est un poète existentiel. *Le Chant des morts* a réuni des poèmes écrits durant la Seconde Guerre mondiale. Ce sont ceux d'une solitude haute et tragique, d'une immobilité forcée devant l'univers détruit, une attente devant un monde calciné, des sentiments et des émotions qui battent dans le vide ambiant, un temps d'abîme, d'emprisonnement dans la cendre et le gel où tout belvédère montre le cauchemar du vide. Poèmes poignants de l'être lucide dont Michel Manoll dit : « L'art n'a pas pu surmonter le malheur de la destinée et c'est le fond même de la souffrance que nous atteignons, comme si le poète, surgissant de cet art foudroyé, dont il a dirigé lui-même l'éclair, s'intégrait dans le périssable cycle humain, touché jusqu'au fond de l'être par la révélation d'un irrémissible destin. » C'est le temps de la honte, du « couvre-feu du mépris », du « son des pas comptés dans le labyrinthe des tombes ». Ce que le poète voit :

> La nuit glacée dans le sous-sol de l'hôpital
> La terre est aplatie comme une nappe d'ombre
> Un cadavre de cendre qui s'imbibe de sang
> C'est le désastre du réveil d'une traînée de nombres
> Des êtres fabuleux qui ont l'œil au nombril

Il exprime le temps terrible, le temps inhumain, mots pris dans ses poèmes, avec les haies de la douleur, le désert de la misère où l'espoir n'a plus de place, les chants conservés dans la gorge, la peur qui casse les membres, monde fermé « à double tour » où il dit :

> Je suis si loin des voix
> Des rumeurs de la fête
> Le moulin d'écume tourne à rebours
> Le sanglot des sources s'arrête
> L'heure a glissé péniblement
> Sur les grandes plages de lune

C'est le temps où le poète peut dire : « Le monde est ma prison / Si je suis loin de ce que j'aime », où « la poitrine résonne comme un sol creux », où parmi les images qui se mêlent « dans les remous des ondes prisonnières » on trouve

> Des oiseaux migrateurs sans orientation
> Et tous ces hommes morts sans rime ni raison
> Tant de cœurs desséchés
> Sans plomb
> Comme des feuilles

Le silence qu'il aimait dans la guerre est devenu *le Silence infernal* :

> A tous ceux qui ont pris la honte à son revers
> A tous ceux qui n'ont pas de chambre sur la rue
> A tous ceux qui se lavent les mains dans le malheur
> Que la mort sonne à leurs oreilles
> Un vent de feu souffle entre les lames du caisson
> Carcasse à la mine rebelle

Poème tragique au cœur de l'œuvre de Pierre Reverdy le spectateur, poème qui en quelques vers dit tout de ce réel auquel l'homme du temps de guerre est lié :

> De ces visages nus ensoleillés par la douceur
> Je n'ai pas démaillé les filets du mensonge
> Encore la rigueur du temps amassé goutte à goutte
> Et les boules gonflées dans la tempête du miroir
> Seul dans le dénuement la haine qui te pousse
> Écoute le remous de la mort qui attend

Il dit l'homme de chute en chute mais n'exclut pas la joie si peu pesante qu'elle soit :

> Une seule poignée de joie dans la balance
> Une montagne de tristesse en contre-bas

La solitude immobile, le silence glacé, le vide et ses tentations sont encore présents de *Cale sèche* à *Bois vert* et aux derniers poèmes de *Liberté des mers,* confrontés à la réalité des choses, et il en naît un effort tragique pour reconstituer le monde par le verbe à partir d'une survivance devant des gouffres qui n'en finissent pas de s'ouvrir. Le poète, glaneur de rêve, jusque dans l'obscur reste conscient. La densité des images, leur simplicité souvent porteuse d'énigmes s'accompagnent de l'arrière-tremblement de l'homme profond en contact avec une réalité sans cesse renouvelée et, de lumière en lumière, brillante jusqu'à l'aveuglement solaire.

Et toujours, parallèlement au poème, le regard artisanal en même temps que métaphysique, sur l'art dont il est le servant, on le voit encore dans *le Livre de mon bord,* notes 1930-1936, publié en 1948, et l'on ne saurait mieux clore cette rencontre avec un poète qui a marqué sans grands éclats mais avec éclat une rupture avec le passé qu'en citant quelques-unes de ses phrases :

La poésie — il me semble qu'elle s'élabore dans une autre planète, d'où je suis aujourd'hui descendu — ou tombé.

La poésie est à la vie ce que le feu est au bois.

La poésie n'est ni dans la vie ni dans les choses — c'est ce que vous en faites et ce que vous y ajoutez.

L'art n'est pas affaire de sensation, mais d'expression.

Le poète est maçon, il ajuste des pierres, le prosateur cimentier, il coule du béton.

Pour le poète, le champ est circonscrit à son unique passion, à la pulsation de sa vie intérieure.

On ne peut connaître et apprécier Pierre Reverdy que par un long et permanent tête-à-tête avec son œuvre car elle se refuse au regard distrait; il faut avoir pour le lire l'œil d'un prospecteur et une conscience de début de monde car il se sépare de ce qui a été écrit avant lui non par esprit révolutionnaire mais par prise de conscience d'un art personnel. Il ne cherche jamais à séduire et si certaines phrases éclairent sa poésie, on ne saurait oublier qu'il s'attache avant tout au destin universel du poète et du poème, à la fonction poétique enracinée en l'humain, sources intemporelles. Laissons conclure Jean Rousselot : « De l'intérieur vers l'extérieur, du bas vers le haut, toute sa volonté et toute sa conscience tendues, crispées — en quoi il se sépare radicalement du surréalisme et de sa médiumnité —, Reverdy n'a pas cessé de tendre la main vers cette réalité suprême qui, parfois, dans les éclairs de l'image, vient baiser au front la réalité terrestre et la nôtre. D'ordre religieux sont donc finalement ce concassement, ce bouleversement, cette redistribution des choses que, par le langage, poursuit inlassablement Reverdy. Il faut, pourrait-il dire après Goethe, que le secret sorte, dussent les pierres le proclamer. »

8
Pierre Albert-Birot

Le Pyrogène d'Apollinaire.

> Pierre Albert-Birot est une sorte de pyrogène
> Si vous voulez enflammer des allumettes
> Frottez-les donc sur lui
> Elles ont des chances de prendre
> Trop peu de pyrogènes aujourd'hui
> Mais je ne dis rien des allumettes

Ces vers composent la première des cinq strophes d'une préface de Guillaume Apollinaire aux poèmes de son ami et dont les trois mots du titre ne forment qu'un : *Poèmepréfaceprophétie*. Cet Albert-Birot ainsi dénommé « pyrogène » et que l'on désignera souvent sous le nom de *Pab*, formé de ses initiales, vécut de 1876 à 1967, mais par ce privilège du temps donné aux poètes, lorsqu'on lui demandait des éléments de biographie, il se plaisait à déclarer : « Je suis né le 1er janvier 1916, en même temps que ma revue *SIC*, qui eut cette particularité d'être à la fois ma mère et ma fille », comme l'a rappelé la femme du poète, le critique Arlette Albert-Birot dans une préface à la réédition par Jean-Michel Place de la célèbre revue. Des poètes de sa génération, en dépit d'un vif regain d'intérêt pour son œuvre, Albert-Birot reste le plus méconnu alors qu'il se situe au rang des meilleurs, aussi avons-nous à cœur de le situer ici à la place qu'il mérite, pour son inlassable activité au service de la création poétique nouvelle et pour une œuvre si riche de surprises qu'elle provoque sans cesse l'étonnement, à ce point que toute nouvelle expérience, Pierre Albert-Birot l'a déjà tentée avec plus d'un demi-siècle d'avance. Ceux qui ont, comme l'auteur de ces lignes, connu cet homme resté jeune et enthousiaste dans son grand âge, l'ont aimé, le payant en cela de retour car nul plus que lui n'aima son art et tous les arts, l'univers et sa ville, les êtres et les choses; on a pu dire de lui : « Vivre est une fête perpétuelle. Il ne cesse de s'émerveiller de cette splendeur qu'est l'existence. Il dit un oui enthousiaste et persuasif à la vie. Après l'avoir lu, l'escalier que l'on descend est plus beau, le ciel est plus clair, l'homme est plus humain. » Il est vrai que « avec lui la poésie va partout » :

> Mais parfaitement la Poésie
> Prend l'autobus et le métro
> Elle monte même quand c'est complet
> En surcharge
> Comme les gardiens de la paix.

Il naquit à Angoulême, y fit ses premières études, avant le lycée de Bordeaux, enfant amoureux des humanités, lisant, écrivant, dessinant, peignant dès le plus jeune âge. La séparation de ses parents provoqua des troubles dans sa vie et ses études, et, lorsqu'il monta avec sa mère à Paris, sa curiosité s'alimenta à l'école sauvage de la vie qui est celle de la poésie. Comme Apollinaire, Reverdy, Jacob, les arts plastiques l'attiraient. Il fréquenta l'école des Beaux-Arts, ses ateliers de sculpture et de peinture avec des maîtres comme Falguière ou Gustave Moreau. Sa vocation se dessina ; pendant cinquante ans, il serait restaurateur d'art, se partageant entre deux sanctuaires, celui des travaux de la main artiste, celui des livres et de l'écriture. Il épousa la sœur du peintre Georges Bottini, et plus tard une jeune musicienne, Germaine de Surville, et ce sera en compagnie de cette dernière la grande aventure de *SIC*, revue d'avant-garde fondée en 1916. Pour cela, Albert-Birot apprit le métier d'imprimeur, car la revue allait utiliser tous les procédés typographiques possibles : variété des polices de caractères et des corps, dispositions nouvelles dans l'espace de la page, calligrammes, etc. Les collaborateurs affluèrent, futuristes, dadaïstes, futurs surréalistes, peintres, poètes et critiques, qui seront les grands noms du xxe siècle. Citons entre autres Chana Orloff, Leopold Survage, Ossip Zadkine, Pablo Picasso, Apollinaire, Tzara, Reverdy, Cendrars, Soupault, Dermée, Radiguet, Cocteau, Drieu La Rochelle, Luciano Folgore, Igor Stravinski, Aragon... *SIC*, née de l'idée « d'affirmation en réaction contre tout négatif », eut pour autre titre de gloire d'organiser, en 1917, la bataille d'Hernani de l'avant-garde, cette représentation des *Mamelles de Tirésias* de Guillaume Apollinaire qui fit scandale. Ce « drame surréaliste » ouvrirait par ce néologisme les voies que l'on sait. Scandale aussi que certain *Poème à crier et à danser* qui est à proprement parler un poème lettriste. *SIC* fut le lieu de l'audace, le terreau du futur où le réel trouvait sa transfiguration. *SIC,* ce sont les initiales de Son, Idées, Couleurs en même temps que l'adverbe venu du latin. Cette revue fut le lieu de rencontre de toutes les initiatives et de toutes les forces nouvelles, mais Pierre Albert-Birot, farouchement indépendant, n'adhéra à aucune des écoles qui devaient en naître.

La guerre terminée, les dadaïstes et les surréalistes occupèrent le devant de la scène. En 1919, Albert-Birot poursuivit ses multiples activités : peintre, sculpteur, ébéniste, restaurateur, antiquaire, imprimeur, il était tout à la fois, et poète, romancier, dramaturge, traducteur, metteur en scène, acteur même. Ses drames et ses comédies portent des situations nouvelles, les dialogues sont pleins de verve, d'un burlesque qui annonce les Ionesco et les Obaldia. Sans repos, tous ses desseins durent, amples et ambitieux. Pour les livres de poésie, citons : *Trente et Un Poèmes de poche*, 1917, *Poèmes quotidiens*, 1919, *la Joie des sept couleurs*, 1919, *la Triloterie*,

1920, *la Lune ou le livre des poèmes,* 1924, cinq recueils réunis sous le titre *Poésie 1916-1924,* 1967, *Poèmes à l'autre moi,* 1927, *Ma morte,* 1931, *le Cycle des poèmes de l'année,* 1937, *Amenpeine,* 1938, *la Panthère noire,* 1938, *Miniatures,* 1939, *les Amusements naturels,* 1945, *Cent Dix Gouttes de poésie,* 1952, *Graines,* poèmes-missives, 1965, *Silex,* poèmes des cavernes, 1966, *la Belle Histoire,* 1966, *Cent Nouvelles Gouttes de poésie,* 1967, etc.

Entre 1918 et 1929, il travaillera pour le théâtre multipliant les drames pour marionnettes, drames comiques, drames tragiques, pantomimes, polydrames où bien des auteurs puiseront matière sans indiquer leurs sources : *Matoum et Trevibar,* 1919, *Larountala,* 1919, *l'Homme coupé en morceaux,* 1921, *le Bondieu,* 1922, *les Femmes pliantes,* 1923, *Image,* 1924, réédités chez Rougerie, ainsi que de nombreux inédits.

Parmi les nombreux ouvrages en prose se détachent les livres de *Grabinoulor,* 1921-1967, épopée rabelaisienne et surtout birotesque jetée sur le papier sans paragraphes et sans ponctuation, selon Clancier « Tarzan du fantastique », apparentée par Jean Paulhan à Don Quichotte, voyage imaginaire, fantasmagorique et parfois bon enfant où l'absurde devient source de poésie, où le voyageur est homme et ange, rêve et réalité, sorte de Maldoror du temps et de la légende, de l'histoire et de prodigieuses géographies. On mentionnera ce livre comme un « classique du Surréalisme », ce qui ne laissera pas d'étonner un poète se voulant hors des groupes futuristes, dadaïstes ou surréalistes.

Mentionnons enfin ses traductions de *l'Iliade,* de quelques vers de *l'Énéide,* des *Euménides,* d'un fragment d'*Agamemnon.* Se confrontant à Homère, Virgile, Eschyle comme aux textes hagiographiques du moyen âge comme *le Jeu d'Adam* et *la Vie de saint Léger,* Albert-Birot donne des œuvres qui s'apparentent, selon Jean Follain, le plus fidèle ami du poète, « à la beauté de certains bois gravés ». Il faut lire le *Pierre Albert-Birot* de Follain dans la série des « Poètes d'aujourd'hui ». En plus d'un excellent choix de textes, on y trouve le meilleur portrait du poète et l'évocation de ses itinéraires. Vers 1930, les « dîners Grabinoulor », rue des Canettes, réunissaient les amis et admirateurs du poète. Follain nous dit encore : « Il n'aime pas regarder en arrière, ne désire que vivre le présent, son présent. Poète, il le demeure du présent. Il se refuse à penser la mort... Il conserve une vision adamique. Sans révolte ouverte, il accepte un monde fait pour les hommes et tout autant pour lui, parmi eux. » Et plus loin : « Homme du oui, poète du oui, il ordonnance une cosmogonie à la puissance de son imagination soleilleuse. » Un poète d'assentiment.

Ô Poème, architecture de pensée.

Guillaume Apollinaire dans sa préface en vers aux *Trente et Un Poèmes de poche* a exprimé le dépouillement et la simplicité du poète et montré que « la tendresse est la réalité / Où il découvre des nouveautés poétiques ». On le voit dans :

Quel est cet enfant blond qui court en riant après ses billes de couleurs?
mes billes
C'est moi
Et quel est le poète qui écrit ce poème?
Cet enfant blond qui courait en riant après ses billes de couleurs

Des poèmes sont porteurs d'un programme ou, déjà, d'un art poétique :

        Que vas-tu peindre ami? L'invisible
        Que vas-tu dire ami? L'indicible
        Monsieur car ces yeux sont dans ma tête
        — N'ayez pas peur, c'est un poète.

Et bientôt les surprises calligrammatiques ou le poème aux mots collés aux mots :

Formesitaliennes   ovalitésmollesenmarchetenteellipsoïdale — tendrementcolorée senlumièreblonde —
Mes pieds et mon dos se réchauffent
Le feu prend

Pour Albert-Birot le poème comme la création est ininterrompu, et il affirme sa totale liberté le plus naturellement du monde :

        La nature n'a pas de point
        Le jour n'est pas séparé de la nuit
        ni la vie de la mort
        les ennemis sont unis par la haine
        Vae soli
        Pourquoi? Puisqu'il n'existe pas
        Ce livre n'est pas
        séparé
        de ceux qui le suivront
        et de point
        je n'en mets point

Souvent il compose un poème comme un paysage avec ces sapins verts qui se dressent dans la page :

        cielbleu
        s
        t
        r
        e
        v
        s
        n
        i
        p
        a
Maisons blanches   s
Tu offres ton corps chantant au sable à la mer au soleil Ton corps est sablemer soleilmaisonsblanchessapinsverts
        cielbleu
        Que fais-je?
     Je suis au coin du feu
     Il neige.

Les *Poèmes quotidiens*, 1919, ont pour titres les noms des saints du calendrier. Ce sont des instantanés à la brièveté et au prolongement sensible des haïkaïs qui traduisent des images immédiates, des moments d'observation minutieuse et rêveuse :

SAINT-ANTOINE

La nuit passée
Je glisse sur le jour
Comme un patineur qui fait des huit
Les deux mains dans les poches
Les bombes gothesques
Ont chu sur Paris
Comme un patineur qui fait des huit

Dans *la Joie des sept couleurs*, 1919, comme dans *la Triloterie*, et les recueils qui suivront, Pierre Albert-Birot invente des délires et des délices typographiques : utilisation de grosses lettres, de petites capitales, poèmes en pavés compacts, tableaux, calligrammes, poèmes placés à la verticale de la page, etc. Ces dispositions difficiles à reproduire ici ont autant d'importance que l'union des mots elle-même. On retient qu'un grand souffle lyrique les parcourt, que le poème est en fête et en joie :

Le monde aujourd'hui a la forme d'une romance
Je ne sais où je finis où je commence
Et je fais le tour infini
Du monde infini que je suis

Il dit : « Et clown je crève la carte postale. » Et simplement : « Il faut que je fasse un beau poème / Parce que je suis bien. » Ou bien : « Je voudrais être noir pour mieux aimer le soleil. » Il peut entrecouper ses poèmes d'onomatopées :

Je peux courir sur la route où l'on entend chanter
rrrrr   rrrrr A   rrrrr A
cotcotcotcotcotcotcotcotcotcotcotcotcot   dète
cotcotcotcotcotcotcotcotcotcotcotcot   dète
La poule a pondu

Pierre Albert-Birot pourra dans *la Triloterie*, 1920, dans *la Lune*, 1924, multiplier ces sons, et, tranquillement, sans manifeste et sans tapage, inventer dans un « essai de poésie pure » le *Poème à crier et à danser* fait pour enthousiasmer Dada et donner une référence aux futurs lettristes :

```
an   an   an   an   an   an   an   an
an   an   an
iiii      i
pouh    pouh    pouh    pouh        rrra
sl       sl              sl
drrrrr                   oum   oum
an   an   an   an
aaa      aaa      aaa              tzinn
iii      iiiii
ha   ha   ha   ha   ha   ha   ha
rrrrrrrrrrrrrrr                é
```

Il sait en jouer mais n'en point faire un système, puisque des poèmes de toutes libertés côtoient ses recherches les plus avancées. C'est un catalogue d'inventions constantes : poèmes lettristes, graffitis, poèmes timbres-poste, poèmes anecdotiques et de circonstance, haïkaïs, poèmes de mètres longs, compacts, affiches, poèmes pour assiettes à dessert ou sur les pièces d'un appartement, images populaires où fleurit le précepte subtil, petite prose, et aussi bien essais classiques dans tous les genres : élégiaque, sentimental, héroïque, patriotique, magnifique, parodies. Grabinoulor est en verve et étonne sans en avoir l'air, le plus tranquillement du monde. Souvent, c'est à rendre fou le plus habile des typographes. C'est aussi la malice d'écrire une parodie non loin de ses recherches les plus hardies, de dicter même au poète traditionaliste la réponse qu'il lui pourrait faire :

> Ne créons pas, crois-moi, de ces verbes nouveaux
> Pour peindre avec des mots l'extase et le délire,
> Regarde-moi, ma sœur, car les mots les plus beaux
> Sont ceux que l'on ne sait pas dire.

Le jeu-imitation est une manière pour lui de parodier les vieilles épîtres du temps de La Fontaine ou de s'arrêter un instant au Péguy patriotique. Il sait aussi tendre une *Main amie* à Guillaume Apollinaire :

> Oui il y a eu peut-être un cadavre avec des fleurs dessus
> Lui qui aimait tant les ballets russes les obsèques auront lieu
> Je veux vivre je veux vivre les obsèques auront lieu mercredi
> C'est un rire assassiné il y a du noir qui grimpe et du soleil qui regarde
> Il est trop lourd pour les quatre hommes celui qui avait des ailes

A l'opposé de ces longs vers qu'affectionne Albert-Birot et qui s'arrêtent à temps pour ne pas être des versets, on trouve la brièveté d'haïkaïs dépouillés :

> La plume à côté du papier
> Attend que le poète
> Les unisse

ou bien des *Images populaires* comme :

Homme et femme sont unis comme couleur et forme

L'image est le baiser du poète

L'espérance est une lampe de poche

Le sourire est le décolleté du visage

La joie est en cristal et la tristesse en carton

La plupart de nos idées sont cousues après nous comme des volants à une jupe

On trouve tout, la bonne humeur et le bel humour, la gravité et le jeu, le pastiche et la création, le calligramme et le poème classique, et cependant Pierre Albert-Birot, grâce à son intériorité, à la part personnelle qui entre dans chaque œuvre, se garde d'être un quelconque bateleur. Sa muse se nomme liberté et liberté est sœur de l'amour. Lisons *le Masque* : Non, j'étais fou, garde ton voile, amante, garde ton voile. Garde même le masque qui couvre ton visage, garde-le. Au contraire, ton corps imparfait, égare-le sous de riches ornements qui te donnent l'aspect d'une reine. Et laisse-moi croire que tes bras sont un divin collier.

Sans cesse il colle les mots aux mots selon un procédé peu employé avant et après lui. Ce n'est pas le mot-valise mais le mot-chemin de fer :

Palais ? Non
ateliercirculaireassourdissantauxyeux
vapeurpistonsbiellescourroiesrouesengrenagessifflementsgrincementsretentissements

Et voici des poèmes à plusieurs voix, l'entrée du slogan de prospectus dans le poème, les chiffres et les fleurs devenus objets de poésie, le poème-pancarte et le poème-affiche... on n'en finit pas de découvrir et de chasser l'ennui du poème.

Délaissant les casses en folie du typographe, il lui arrivera de donner à ses poèmes une présentation plus habituelle sans pour cela délaisser les moyens de ses transfigurations. Ayant déblayé le terrain en supprimant l'éloquence, la syntaxe, la rime, les épithètes et la ponctuation, ayant appréhendé la réalité par les substantifs et l'action par la musculature du verbe, ayant joué de toutes les recherches simultanées en tous domaines, de la peinture au théâtre, de la phonétique au cinéma, les *Poèmes à l'autre moi,* 1927, 1954, affirmeront une confession plus personnelle, plus intériorisée encore, en multipliant les formes. Un *Premier Poème* dit son intention :

En signes humains je dirai
Moi qu'on représente à volonté par Pierre Albert-Birot
Et qui suis en train de vivre plus de dix-neuf siècles après le Crucifié
Plus de cinq mille ou cinq cent mille peut-être après la mort des premiers yeux
  sur la Terre
Dans Paris qui vit avec moi et me donne l'élan de ses mille rues et de ses millions
  d'habitants
Moi qui n'ai pas été moi avant d'être et qui ne serai pas moi après [...]

Cet « autre moi », il va le cerner dans la sphère des poèmes, traduisant l'unité des apparents contraires, des contradictions complémentaires, vie et mort, instant et éternel, le Je et l'Autre, le passé, le présent et l'avenir, et ce faisant, il ne cesse d'y voir juste. Il dit : « Et je ne serai jamais que moi tant que je ferai une différence entre le jour et la nuit » et tente le poème de la réconciliation entre lui-même et l'autre moi. Il le dit en vers classique dans le *Troisième Poème :*

> Tu vois je me réconcilie
> Avec moi tout entier merci
> Et merci veux-je dire aussi
> A la lumière qui nous lie

Si intérieur que soit le poème, il ne se sépare pas du quotidien et semble immobiliser l'heure entre l'instant et le permanent :

Et puis on ne sait plus très bien quelle heure il était ni dans quel sens était le fauteuil ni quel futur était présent
Le jour heureux d'être aujourd'hui ne sait plus qu'il a dans le dos le passé gueule qui regarde sans bouger

Il sait que « le monde entier vit de nos regards et de nous-mêmes dans l'échange, l'offrande, le don » :

> Mon regard s'étale sur tout ce que je regarde
> Il y a de moi sur tout ce que j'ai vu
> Et chaque chose vue m'a donné de soi
> Don au donateur
> Universelle générosité

Un poème s'adresse aux « chevaliers-soleil », les grands mystérieux de cette geste médiévale qui n'a cessé de requérir la curiosité du poète et ce *Vingt-Deuxième Poème* flamboie comme une enluminure :

M'épée disaient vos chevaliers ma sainte amour au service chrétien
Homme et cheval d'un seul morceau pas de visage des franges et de l'acier
Rollanz Veillantif et Durandal Dieu et Charlemagne et Raous et Berniers
Armures cris soleil boue et sang la mort éblouissante sait éblouir la vie [...]

La confrontation du moi et du moi autre se confond dans l'univers en mouvement, mêlant rêve et réel, dans un ensemble fabuleux et épique comme dans le long et puissant *Trente-Troisième Poème* aux strophes éloquentes dont voici un exemple :

Trinité je reçois tout l'Univers dans ma solitude et tout l'Univers me parle et quand je mets ma main sur ma poitrine c'est tout l'Univers que je tiens et tout l'Univers me prend saoulerie des mots-toupies qui ronflent espérance-oiseau-certitude-cathédrale

Je dis mes forêts mes océans mes êtres mon ciel mes mondes et voici que tout cela et moi et tout avec la couleur et la direction et le jour et l'heure et c'est lui c'est vous bruns et blonds grands et petits qui vous croyez encore avecque vous quand vous êtes ma poitrine sous ma main

Sous le titre de *Ma morte,* 1931, des poèmes pour sa femme Germaine, simples et émus :

> J'ai mis le cache-nez
> Que tu m'avais donné
> Si doux si souple et si chaud
> Et j'ai dit c'est elle que je mets autour de mon cou
> Tu es ma laine douce
> Toi froide du dernier froid

On lira encore *le Cycle des douze poèmes de l'année,* 1937, puis *Amenpeine,* 1938 :

> Il fait tant la moue si grosse moue Amenpeine
> Que sa bouche en devient museau
> Mais que la vie est insolente insolente
> Trop de printemps sur les joues
> Trop d'air dans les idées
> Trop d'amour sur les bancs
> Amenpeine allonge allonge sa moue

La Panthère noire, 1938, affirme encore qu'il est l'homme qui trouve, l'exploration en personne et non l'exploitation. Comme dit Jean Follain, « Le plus petit geste peut chez lui alimenter une rêverie sans fin. Tout lui est transparent, fabuleux; chaque divagation lui est aussi réelle que tout. » Transfiguration encore que ces cris de la rue dans le poème :

> A la livre au kilo les morts dépecés plumés grands parés cadavres appétissants
> Innocentes cervelles pensée de mouton sur faïence tassée contre son cœur et ses rognons
> Gigots biftecks et rôts tranches de vie au grand couteau poulets martyrs lapins en sang
> Ouïes béantes poissons tout nacre affalés sur les tables pauvres amours en morgue
> Puante symphonie argent noyés d'un air noyés d'air ces fils de l'eau ventre archétype

Le ventre de Paris devient poème et « Tout le monde a faim pour honorer la bouche que les miracles de la lumière s'initient au mystère du feu ». Et toujours l'autre moi présent à qui Albert-Birot s'adresse :

> Quelquefois quand ta vie joue en toi pour toi seul une grande musique
> Fais des cérémonies avec toi tout soie montre-toi grand seigneur
> Envers toi tout vivant sois cérémonieux par émerveillement
> Fais-toi des beaux saluts bien inclinés tu es devant son Altesse

Et des plongées métaphysiques vers les mystères de la naissance :

> Tu n'étais pas né personne n'en savait rien
> Te rappelles-tu ce néant-duvet trou-insouvenance
> Ce doux-mou cette paix qu'on est quand on n'est pas né
> Au n° 20 d'une rue jouait à la poupée ta mère
> Dans les rues d'une ville ta mère était une écolière
> Ailleurs qui sait dans les rues d'une ville ton père
> Était un écolier poches bourrées bourrées de billes

C'est ce poète nouveau qui, ne pourfendant jamais l'art classique parce qu'il en respecte l'artisanat supérieur, dira à sa manière que la prosodie a ses vertus : « Le poète qui " chante " en vers réguliers est aidé par les lois prosodiques dressées autour de lui, tellement qu'il semble possible de croire qu'un esprit non poète au sens le plus miraculeux du mot mais convenablement teinté de désirs poétiques et donc de l'intelligence " ad hoc " sera poussé par ces lois mêmes à découvrir des feux poétiques auxquels il n'a jamais su venir s'il n'avait eu que son inspiration. » Il respecte la langue et la grammaire qui sont fixées, mais il reconnaît au poète le droit de piétiner certaines lois quand sa force expressive l'y pousse, ce qu'il ne fait guère d'ailleurs. Dans *Miniatures*, 1939, il donnera

« trente jeux prosodiques », multipliant les recherches, entrecroisant vers de sept et huit pieds, s'adonnant à l'alexandrin, mêlant rimes et assonances ou jouant sur une seule rime, tentatives qu'il poursuivra dans *les Amusements naturels,* 1945. Là il rapproche le français moderne des premiers textes médiévaux comme il rêve que les hommes du futur le fassent avec son poème, on le voit dans *Siècles* où le souffle puissant dompte le temps, où l'espérance immortelle marie l'Éternité et l'Infini. « Bonjour mon lecteur d'un siècle qui viendra dans des mille ans », écrit-il. Il affirme : « Je suis l'homme de l'aurore » et tout poète semble parler par sa voix :

Il va il va l'homme de tous les temps il parle aux âges de tous les âges et à toi
   qui le déchiffres il parle de ceux qui sont morts et de ceux qui naîtront
Et de belles couleurs passent dans sa tristesse quand il sait qu'il s'en ira si loin
   parler du commencement à ceux de la fin
Sur la grand-route des interminables naissances de jeunesse en jeunesse il cueille
   et lui tout plein de mort il affirme à la mort qu'il vit

Exercices que ceux d'un sonnet ou d'une comptine, d'un poème en pavé ou d'un calligramme et des essais de mètres nouveaux comme dans les *Poèmes de midi et demi,* quatorze seizains de vers étrangement agencés avec un souvenir de la langue de jadis. Avant chaque seizain, des chiffres arabes entre parenthèses indiquent le rythme et la place des césures. Il y a le long vers de dix-huit pieds coupé 6-6-6 qui donne un chant de plénitude :

   Dans la nuit ce grand sac plein de villes d'argent étoiles et godailles
   Tandis que boulanger offre l'Août en farine au bel enfer du pain
   Gueules tout de travers sur les trottoirs tournants étalent des médailles
   La Polaire en sait long bien avant Charlemagne et son père Pépin
   Et sa mère au grand pié l'idéal à plein ventre a hoqueté sa plainte

Dans des vers de treize syllabes découpés 6-7, il fait entrer les maîtres du haut savoir ancien :

     Depuis le jour d'Adam mille savoirs bout à bout
     Avons mis sur l'enclume et je te frappe et te forge
     Aristote et Newton et l'Allah du marabout
     Feu de la vérité qu'importe que l'on s'égorge

Dans son grand âge, il reviendra volontiers à ces poèmes proches du haïkaï qui, auprès des longs poèmes inspirés, parsèment son œuvre. *Cent Dix Gouttes de poésie,* 1952, et *Cent Nouvelles Gouttes de poésie,* 1967, témoigneront de cet aspect de son art épris de contention :

      Peut-être ferions-nous de plus beaux poèmes
      Si nous mettions les mots au soleil
      Avant de nous en servir
      Ils deviendraient dorés
      Et chauds

On retrouvera ce ton dans *Graines,* 1965 :

> Je tourne la tête de tous les côtés
> Je cherche un miracle
> Et je trouve un poème
> C'est peut-être le miracle
> Que je cherchais

Ne croyons pas cependant que l'âge a réduit son chant, car il y a le grand souffle qui traverse *Dix Poèmes à la mer,* 1954, un éblouissement perpétuel où « la plus belle heure épouse l'heure éternelle », où flamboient les étés :

> Trois ou quatre mille Étés que de miel que de miel Aphrodite à Paphos Aphrodite à Paphos
> Vingt mille Étés cent mille Étés au parler d'or qu'on offre ici en écriture cent mille Étés
> Que de chenilles et que de papillons il faut pour friser l'âme d'un poète cent mille Étés

Et il répète inlassablement : « Cent mille Étés dans mon cœur cent mille Étés dans mes yeux cent mille Étés cent mille Étés vous dis-je. » Comme chez Blaise Cendrars ou Apollinaire, on trouve dans les œuvres diverses de Pierre Albert-Birot un appréciable supplément de poésie, qu'il s'agisse d'*Image,* 1924, premier drame tragique, de *Cinéma,* 1920, poèmes dans l'espace et projets de scénarii, d'un *Catalogue de l'antiquaire,* 1923, où, se référant à son métier, à l'un de ses métiers, il décrit poétiquement aussi bien des objets anciens que des amateurs d'antiquailles. Partout la poésie et lorsque l'on aborde le continent *Grabinoulor,* on découvre un géant de la littérature et l'on comprend Max Jacob, Apollinaire et Cendrars qui l'admiraient, y voyaient un chef-d'œuvre.

Grabinoulor, un des autres moi du poète, est une épopée issue d'un esprit singulièrement imaginatif. Le verbe est torrentiel. La suppression de la ponctuation fond, comme le dit l'auteur, « la langue en barre ». Les phrases interminables évoquent quelque mouvement perpétuel. Quant aux aventures et aux découvertes de Grabinoulor, elles naissent de l'énormité et de la bouffonnerie, des acrobaties verbales qui conduisent au vertige métaphysique, d'une rencontre subtile du fantastique et de la sagesse. Rien ici n'est interdit ou impossible : la vie et la mort se parcourent en tous sens, la création se fait en instantanés car Grabinoulor est doué de tous les pouvoirs : la vitesse qui lui fait aller d'un lieu à l'autre le temps de nouer une cravate, la faculté de marcher sur la terre et sur l'eau, dessus et dessous, dans l'espace et le temps, à la recherche de l'Empire des morts ou du Bondieu, ce qui ne l'empêche pas de faire l'amour et d'aimer le boudin ou la tarte, de transformer la vieille allégorie du Temps en un tank, de rétablir la terre dans sa forme sphérique, de disserter sur Jonas et la baleine avec le Roy Henry ou de défendre devant Louis XIV le nombril de Jésus, et cela et mille autres choses avec une langue pure, riche, pleine d'éclats superbes qui enlèvent la prose pour la porter à hauteur de poésie et de haute poésie. Citer un extrait serait trahir. Qu'on lise *Grabinoulor* comme on lit Rabelais ou Joyce !

Singulière destinée que celle de Pierre Albert-Birot, en quelque sorte dissimulé derrière les écoles qu'il avait précédées. On ne voit pas d'œuvres qui aient pu mériter ces épithètes en chaîne de Max Jacob disant que Grabinoulor « est à la fois gai, vivant, actuel, intelligent, fantaisiste, poétique, réaliste, osé, plus qu'osé, psychologique, synthétique, typique, truculent, simple, classique, universel, surprenant, bizarre, banal, vécu et même expérimenté, aimable et odieux, pessimiste, optimiste, sérieux, humoristique et plus qu'humoristique ». Il faudrait unir ces épithètes et dire que c'est « grabinoulesque » comme on dit « rabelaisien ». Un autre ouvrage exprime un autre Pierre Albert-Birot, c'est *Rémy Floche, employé*, 1934, exprimant la quotidienneté et explorant ainsi une autre face du monde que le poète n'a cessé de fouiller et de transfigurer poétiquement.

Poète de l'acquiescement, tout l'œuvre de Pierre Albert-Birot semble dire le contenu de ces deux vers extraits de *Mes galaxies* :

> Et maintenant aimons-nous à toute vapeur
> Comme deux trains lancés l'un contre l'autre à même voie

Il est à souhaiter que ce grand méconnu trouve enfin sa place de poète majeur et que ses œuvres soient mises à la disposition des lecteurs sans oublier ses inédits. Pierre Albert-Birot, poète considérable.

Les avant-gardes

I
Tentations et tentatives

Retour en arrière.

Les années qui précédèrent l'avènement des tendances unanimistes, fantaisistes et futuristes ne furent point mornes : à l'aube de 1900, auprès de combats d'arrière-garde venant à la suite des mêlées de la fin du siècle, il existe des tentatives de clarification, des essais destinés à promouvoir une poésie en accord avec la marche du temps dans l'ombre du Symbolisme et du Classicisme dont certains tentent de se dégager.

Le Naturalisme de Bouhélier est de 1897 et il reste actif. Cette réaction contre l'idéalisme mallarméen allait de pair avec les métamorphoses qui conduisaient déjà un Verhaeren, mais aussi des symbolistes tels que Henri de Régnier, Francis Vielé-Griffin ou Maurice Maeterlinck, à s'ouvrir aux secrets de la nature, comme les y invitaient le bucolique et réaliste Francis Jammes, le Gide des *Nourritures terrestres* avec l'appui d'écrivains venus d'horizons divers tels que l'ardent Maurice Barrès, le combattant Paul Fort, Adolphe Retté, les frères Marius et Ary Leblond, futurs prix Goncourt, Maurice Pujo, puis les fondateurs du *Collège d'Esthétique nouvelle* de 1900 avec Bouhélier, Maurice Le Blond, Albert Fleury, Eugène Montfort, avant-goût de l'Unanimisme de Jules Romains.

Une question se posait : l'esthétique symboliste était-elle inconciliable avec les « épousailles du Poète avec la Vie, la Nature »? Des poètes symbolistes en participaient déjà. En 1905, Remy de Gourmont, André Gide, Henri Ghéon, Édouard Dujardin, dans *le Mercure de France, l'Ermitage, la Revue des Idées*, s'employaient à un effort de conciliation. Et de même en 1906, dans la revue *Antée* autour de Christian Beck, Bouhélier, Henri de Régnier, Jammes, Claudel que rejoignaient Charles-Louis Philippe, Anna de Noailles et Colette, Eugène Montfort. Ce fut le temps de *la Crise des valeurs symbolistes* qu'analysera Michel Décaudin. Les valeurs les plus diverses se rejoignent sous une bannière composite, les traits étant plus volontiers dirigés contre l'Humanisme, le mouvement de Fernand Gregh, « coppéisme » banal selon Beck que contre le Symbolisme où de grands noms, depuis celui de Verlaine, sont respectés.

Les idées de *la Phalange* sont voisines par de mêmes refus. De 1903 à 1908, *les Marges* de Montfort donnent une vision d'un lyrisme élargi jusqu'à Paul Claudel. D'autres synthèses seront tentées dans *l'Occident* pour unir le Néo-Symbolisme, le renouveau chrétien et le paganisme méridional de Marc Lafargue et Emmanuel Delbousquet longtemps avant qu'Anna de Noailles ne crée sa Pléiade provençale. On a pu observer que les mouvements opposés au Symbolisme ancien s'appuyaient sur un esprit du sud, un esprit de lumière face aux brumes du nord.

Autre recours : le Naturisme de Bouhélier, mais il connut trop de métamorphoses pour s'imposer comme une école cohérente. Lorsque, fin 1902, apparut l'Humanisme de Fernand Gregh, ce dernier se faisait le porte-parole de tendances existantes et déjà dépassées : ouvrir les fenêtres sur la vie, d'autres y avaient déjà pensé et l'avaient exprimé dans une meilleure forme que celle d'un manifeste banal : « Ce qui a manqué souvent aux Parnassiens et aux Symbolistes, c'est l'humanité... Après l'école de la beauté pour la beauté, après l'école de la beauté pour le rêve, il est temps de constituer l'école de la beauté pour la vie. Nous ne proscrivons pas le symbole, mais qu'il soit clair... Nous sommes las d'une certaine impassibilité et d'une certaine incohérence... » Des idées plus pénétrantes avaient déjà été annoncées par Bouhélier. Il n'empêche que Fernand Gregh poursuivit son combat dans *les Lettres* de 1906 avec Henri Barbusse et Abel Bonnard aux destinées si dissemblables, Maurice Magre et Léo Larguier, et encore Charles Muller et Paul Reboux, Marcel et Jacques Boulenger, Jean Valmy-Baysse, Marcel Ballot, Sébastien-Charles Leconte.

Pullulement de doctrines, certes, mais renouvellement timide. Qui se souvient du Synthétisme de Jean de La Hire et de sa revue *l'Idée synthétique* avec pour collaborateurs Léon Bocquet, Léon Deubel, Hector Fleischmann et Charles Vildrac ? En tête d'un roman de Jean de La Hire, *le Vice provincial,* il écrivait : « Dans l'être humain les classiques n'ont étudié que l'âme, les romantiques, le sentiment, les réalistes, la sensation... Dans l'un ou l'autre cas, c'est une tranche de vie incomplète... La Synthèse doit employer à la fois les trois agents de l'analyse, et procéder selon les conséquences logiques de cette fusion. »

Depuis le Romantisme, chaque mouvement avait sa tendance sociale. C'est d'un humanisme ainsi considéré que procéda Maurice Magre. Dans *la Chanson des hommes,* 1898, ce jeune homme de vingt et un ans écrivait : « J'ai voulu chanter la vie, ses tristesses et ses rêves, et les joies sensibles pour lesquelles on lutte. J'ai tâché de dire la beauté de l'effort, la pureté du travail, qu'il faut être bon et simple, aimer. Assez longtemps le poète a rêvé loin des hommes. L'art est devenu dans ses mains le luxe, le privilège d'une élite. Il faut désormais que sa voix s'élève pour tous. » Chaque génération et cela jusqu'à nos jours apportera cette revendication. Mais au début du siècle, la nouvelle génération y était préparée par ceux qui avaient reçu le message de Walt Whitman comme Émile Verhaeren, les poètes populaires des diverses nuances, les Coppée, Rictus, Richepin, Clovis Hugues, etc. Une poésie au service du peuple, c'est ce que réclamaient les amis de Maurice Magre. Cela s'accompagnait d'un désir de réformes prosodiques sans grande hardiesse puisqu'il s'agissait simplement d'un assouplissement de la prosodie déjà amorcé par bien des poètes.

Du Naturisme et de l'Humanisme social, des idées de Paul Fort et Francis Jammes, en un temps où se préparait une plus forte avant-garde, devait naître un « Congrès des poètes » de Paris et de Lille en 1901. L'année suivante parut un ouvrage collectif, *la Foi nouvelle,* avec un manifeste répétant que « la fonction essentielle de la poésie est d'exprimer la vie dans sa splendeur et dans sa force » et qu'il faut « réintégrer en quelque sorte la santé dans l'art ». Mais le retentissement fut faible car ces tendances n'étaient que le résumé de tendances illustrées déjà par des poètes de plus haut vol que les membres du groupe parmi lesquels on comptait Adolphe Boschot, Mafféo-Charles Poinsot, Georges Normandy, Pierre de Bouchaud, Han Ryner, Robert Randau, Fernand Rivet, Louis Payen, Léonce Cubelier de Beynac, Edmond Blanguernon, Anne Osmont, Gabriel Tallet et Adolphe Lacuzon qui pensait déjà à un ambitieux mouvement : l'Intégralisme.

Adolphe Lacuzon et l'Intégralisme.

C'est dans la *Revue bleue,* en 1904, qu'Adolphe Lacuzon (1870-1935) lança le manifeste de l'Intégralisme contresigné par des poètes issus comme lui de *la Foi nouvelle,* Cubélier de Beynac, Boschot, Leconte et Léon Vannoz. Les connaissances scientifiques et mathématiques de Lacuzon le prédisposaient à lancer une forte doctrine, mais cela n'alla pas sans quelque confusion. De plus, Adolphe Lacuzon ne put l'illustrer par une œuvre, en dépit de l'excellent accueil fait à son premier recueil, un long poème bavard intitulé *Éternité,* 1902, précédé d'une étude sur la poésie, et à *la Foi nouvelle du poète et sa doctrine : l'Intégralisme,* 1904, sans oublier un essai sur l'Intégralisme, *Au commencement était le rythme,* 1905, par Jacques Roussille, analyse assez superficielle. Si l'on ajoute que le pape donna à Lacuzon une consécration en condamnant l'Intégralisme dans une encyclique sur le modernisme, on peut parler d'un retentissement international. En 1917, Frédéric Lefèvre dans *la Jeune Poésie française* consacrera soixante-treize pages sur deux cent soixante à Lacuzon considéré comme un maître, un des plus grands poètes de sa génération, avec des analyses étendues et admiratives sur un médiocre poème. Mais, en un temps où un manifeste en chassait rapidement un autre, la portée de la doctrine de Lacuzon fut réduite, d'autant qu'elle n'était illustrée que par des poèmes sans qualité. Nous tenterons cependant de dégager les idées forces de ce mouvement sans avenir, mais qui a une existence historique du flot bourbeux des manifestes.

Pour Lacuzon, le vers libre n'est pas condamné, mais ne relève que du laisser-aller et du pis-aller. La poésie n'est pas l'apanage de la littérature ou même du vers, mais ce dernier constitue « la forme du langage qui tend à la plus haute expression du rythme, le rythme étant la condition essentielle de toute poésie ». Pour ce scientifique les règles sont liées aux lois physiologiques de l'ouïe, de l'instinct et de la race, mais elles ne sont ni exclusives ni définitives. Le rythme est le geste de l'âme; il n'est pas constitué par la césure et la coupe des strophes : on se réfère à la théorie des harmoniques de Helmholtz, aux ondes de Hertz, aux rayons Roentgen, aux découvertes biologiques. Tout dans l'univers est vibrations, combinaisons de vibrations, forces de mouvement, nombres et séries, associations de rythmes, le monde entier n'étant que leur vaste orchestration, l'homme étant un rythme dans le rythme intégral, un accomplissement universel. Pour Lacuzon encore le vers eurythmique doit avoir sa place dans la prosodie. Il développe ces idées : la poésie réalisée est la forme transcendantale du savoir; la poésie, phénomène subjectif, est la volupté de la Connaissance; la poésie est infiniment perfectible, c'est une création perpétuelle; la création poétique est une intégration, non une synthèse; le symbole poétique intègre la Connaissance en puissance, le rythme, facteur émotif, l'identifie à la vie psychique, et crée la poésie. A la science s'ajoute l'enthousiasme quasi romantique de l'idéaliste :

> Notre doctrine ne s'oppose systématiquement à aucune autre. Au contraire, en déclarant la poésie infiniment perfectible et création perpétuelle, elle appelle tous les élans de l'individualisme noble. Son but serait de réassigner à la poésie sa mission prophétique... L'idéal humain recule toujours, recule dans l'infini, mais dans l'infini, aujourd'hui, nous pouvons jeter beaucoup plus de lumières! Et n'est-ce pas à ces fins que nous ont préparées tous nos glorieux devanciers, grands initiés de tous les âges, prophètes et voyants, grands émancipateurs de la conscience humaine, dont nous ne pouvons évoquer le souvenir sans une étreinte du cœur, mais dont le verbe puissant sonne si haut tout au fond de notre rêve que nous levons la tête pour les suivre?

Il peut à bon compte passer pour un annonciateur : « Il existe dans la génération qui demain paraîtra devant la vie une puissance intellectuelle énorme. Elle s'y trouve pêle-mêle, sans cohésion, c'est un pur chaos de savoir, et dans chaque conscience, elle suscite des conflits. Mais qu'un souffle passe et toute cette force immense s'ordonne, s'organise, et peut-être se magnifie. Et peut-être aussi à cette heure où si volontiers on parle de décadence, sommes-nous à deux pas d'un siècle de Périclès. »

Il était vrai qu'une puissance intellectuelle énorme s'amorçait, mais elle ne serait pas dans le sens souhaité par Lacuzon épris de lyrisme prophétique, mais qui aligna des bataillons d'alexandrins sans nouveauté et qui n'illustraient guère la situation et les espoirs de la poésie au moment où elles furent énoncées. De plus tout cela restait trop vague pour connaître un avenir. Et trouvait-on quelque trace d'ambitieuses théories dans le poème *Éternité* ? Il déroule des quatrains sans nouveauté à l'image de ceux que nous citons ici :

> Ô nature, ai-je dit, ne me sens-tu frémir ?
> Mon cœur qui s'ouvre à toi n'est plus qu'un offertoire,
> Et l'enfant que j'ai là, dans mes bras pour dormir,
> C'est son oblation que j'offre à ta gloire.

> C'est tout l'espoir humain qui gît à mon côté,
> Et dans cet angle obscur du temple où tu m'exiles,
> Je me confesse à toi de notre pureté,
> Notre amour est pareil à tous tes évangiles...

Aucun manifeste, aucune école ne peuvent être durables s'ils ne sont pas soutenus par des textes de valeur. Or on cherche vainement la trace des idées scientifiques de Lacuzon dans son œuvre poétique. Il fit illusion, il n'eut pas de postérité.

De l'Impulsionnisme au Dynamisme, dix écoles en « isme ».

Aucune œuvre poétique de valeur ne vint non plus justifier la théorie exposée par Florian-Parmentier (1874-1951) dans *la Philosophie de l'Impulsionnisme*, 1905, dans *l'Effort septentrional* qu'il dirigeait avec Philéas Lebesgue, avant l'avènement de *la Revue impulsionniste* et même d'une Fédération impulsionniste internationale, car sur ce mouvement il parut quelque deux cent cinquante articles et Florian-Parmentier reçut six cents lettres en toutes langues. Il s'agissait d'un mouvement de synthèse ne refusant l'apport d'aucune des doctrines, écoles et tendances du XIXe siècle. Tout était subordonné à l'impulsion, à l'inspiration, à cet enthousiasme créateur qui pousse le poète « à fixer son rêve », à « exprimer cette connaissance latente dont l'émotion lui a donné conscience ». Nous sommes proches de l'Intuitionnisme de Bergson, mais Florian-Parmentier affirma n'avoir lu le philosophe qu'après avoir échafaudé sa théorie. Cependant tout cela restait confus et sans véritable portée. Florian-Parmentier dans *Par les routes humaines*, 1910, et *la Lumière de l'aveugle*, 1924, se montra comme un poète traditionaliste, épris d'idéal et de philosophie généreuse sans grande portée. Il ne devait connaître quelque succès que par une œuvre de guerre *l'Ouragan* aux solides qualités et par la documentation de son *Histoire contemporaine des lettres françaises de 1885 à 1914*.

Ces groupements du début du siècle, Henri Martin-Barzun en comptera quarante et Florian-Parmentier en citera une douzaine comme dignes de considération encore que nous puissions être réservé sur des mouvements tels que le Néo-Romantisme d'André Joussain, auteur des *Chants de l'aurore* qui contient sa doctrine, le Visionnarisme de 1908, le Primitivisme de 1909 que Touny-Lérys opposa au Futurisme, le Subjectivisme de Han Ryner, le Sincérisme de Louis Nazzi, l'Intensisme de Charles de Saint-Cyr, le Druidisme de Louis de Gonzague Frick, et encore le Floralisme, l'Effrénéisme et autres ismes.

Plus moderne pouvait apparaître le Dynamisme, théorie d'Henri Guilbeaux (né en 1884), poète français d'origine wallonne, auteur d'une anthologie des poètes allemands contemporains, artisan du rapprochement franco-allemand espéré, collaborateur de *l'Effort libre* de Jean-Richard Bloch. Pacifiste il passa en Suisse durant la guerre, puis en Russie où il apprit qu'un conseil de guerre français l'avait condamné à mort. Guilbeaux était un admirateur passionné de Verhaeren qui est avec Whitman à l'origine de ses théories que justifièrent Philéas Lebesgue, Henri Strentz et A.-M. Gossez dans leurs *Essais d'expression d'une esthétique,* 1913. Ces poètes se voulaient anti-passéistes, anti-statistes. Ayant le sentiment du pathétique social, ils voulaient répondre en poètes à l'avènement du machinisme de l'ère industrielle, du capitalisme international et des luttes prolétariennes par des rythmes en accord avec ces phénomènes, par une vision réaliste, une langue populaire moderne et technique. C'est dans une conférence sur « la poésie des machines » qu'en 1913 Guilbeaux avait jeté les bases du mouvement. Il fallait pour cela une langue solide « comme les ouvrages construits en béton armé » et Guilbeaux créa pour cela le verset dynamique, tentative de structuration du langage. Proches des poètes sociaux du xixe siècle *(voir préc. vol.),* ils ajoutaient à leurs préoccupations l'ampleur des rythmes frappants du monde moderne avec son immense grouillement, ses gares, ses usines, ses villes tentaculaires. Guilbeaux écrivait dans les revues des proses lyriques qu'il voulait réunir sous le titre d'*Hymnes et psaumes.* Henri Strentz, avant de participer au mouvement, avait publié *Premières Odes,* 1895-1897, *Regard d'ambre,* 1906, recueils moyens, puis il tenta de ressusciter le théâtre populaire, celui des tréteaux de foire, avec un *Théâtre de Hans Pipp,* 1922-1923, plein d'humour qui pouvait laisser prévoir un Ghelderode par exemple. Le Dynamisme se situait entre l'Unanimisme et le Futurisme et cela limita son avenir, d'autant que ces deux mouvements proposaient des œuvres plus significatives, mais le Dynamisme était une tentative d'arracher la poésie à l'esthétisme pour qu'elle traduise les convulsions et les métamorphoses du monde. En cela le souvenir de la doctrine mérite d'être arraché à l'oubli.

Synchronisme, Dramatisme, Simultanéisme...

Quelques mouvements se piquent de modernité. Or une analyse montre qu'ils sont dépendants du Futurisme de Marinetti même si leurs promoteurs n'en font pas l'aveu. Il s'agit d'accommodements de diverses sortes, parfois aussi d'équivalences : l'air du temps, c'est bien connu, peut susciter des phénomènes parallèles.

Marcel Faivre, dit Marcello-Fabri (1889-1945) était un philosophe amoureux des mots, né en terre de soleil, en Algérie où il fut fonctionnaire puis colon. Disciple de René Ghil, il tenta d'unir le symbolisme orchestral de ce dernier à la pensée nietzschéenne et à la philosophie orientale. Lyrique, il use de « conglomérats verbaux » et son esthétique est composite. Auteur de plusieurs recueils : *Hallucinations, l'Homme qui devint Dieu, les Chers Esclavages, De l'île déserte, Cryptogammes, Poèmes synchroniques, Notre-Dame de la Chair,* il fonda une revue *l'Age nouveau* qui lui survécut jusqu'en 1960. Ouvert aux tendances esthétiques nouvelles, son Synchronisme resta sans avenir, les voix simultanées elles-mêmes dépassant son projet.

Nicolas Beauduin (1881-1963) était fort proche de lui. Il offre l'exemple d'un poète tenté par le modernisme à l'image de Marinetti et qui, expérience faite, revint aux rythmes assagis de ses premières amours : c'est pourquoi nous étudions l'ensemble de son œuvre dans un chapitre plus approprié. Sa tentative de synthèse dionysiaque et panthéiste, proche du Futurisme, point trop éloignée de mouvements tels que le Simultanéisme, l'Intégralisme, l'Impulsionnisme, et non plus de l'Humanisme social et de l'Unanimisme, ne manquait pas d'intérêt. Pour répondre à la puissance des énergies nouvelles qui produisent la vitesse et aux incessantes inventions, Nicolas Beauduin prôna, dans le sillage de Verhaeren et de Whitman, la technique du Synoptisme des polyphans destiné à exprimer « le pluralisme cinématique de l'époque ». Il se servit de méthodes proches de celles du jeune art cinématographique : multiplication des gros plans et des plans secondaires, thèmes en surimpression, images simultanées destinées à faire naître une polyphonie de rythmes, de sonorités, d'idées, de graphismes, avec le recours indispensable aux artifices typographiques : variété de caractères, calligrammes de la poésie figurée comme au temps de Rabelais puis de Panard qui seront exploités par Reverdy dans *le Voleur de Talan,* 1917, par Apollinaire dans ses « poèmes-conversations » et les dadaïstes dans leurs poèmes simultanés. A cela on ajoute l'usage de l'onomatopée, des signes mathématiques, des accolades, etc. Le *Manifeste du paroxysme* de Beauduin, rappelons-le, est de 1911. Voici comment il composait un *Poème sur 3 plans* :

```
Regrets
qu'un charme obscur nuance          (Les plats d'étain sur la crédence
(1 par 1,2 à la fois c'est trop)     brillent très doux dans le silence)
température moyenne                 Et ton cœur chante sur un air
de 15 au-dessus de 0                mélancolique et tendre à l'âme
                                     comme un vieil air
                                     de bonne femme
              aussi vieux que le chant du soir et de la mer
Le chat ronronne
L'heure passe — et sonne
Silence           La vie glisse et s'efface apparition dans
         tour à tour                              [la glace
Rêve              Les formes du monde estompent leurs
                                                  [contours
```

Les grandes idées de Beauduin étaient d'intégrer l'univers et non de s'y annihiler, de déifier l'homme las d'attendre un secours divin, d'en faire le héros et le héraut de la conscience universelle, ce qu'il exprima dans des poèmes plus traditionnels avec un certain orphisme. Dans son expérience, Beauduin ajoutait finalement de nouveaux plans au *Coup de dés* de Mallarmé; malgré toute sa science et son bon vouloir, il fut dépassé par son projet, n'en rejoignit pas les ambitions et revint à une poésie classique lui permettant l'expression d'une pensée dirigée vers l'ésotérisme.

De ces mouvements, on pourra rapprocher le Dramatisme d'Henri Martin-Barzun (né en 1881), cet affilié du groupe de l'« Abbaye » sans cesse à la recherche de nouveauté. Barzun était au fond un poète hugolien comme en témoigne sa *Terrestre Tragédie,* 1907, « épopée de la conscience humaine réalisant la synthèse de l'individuel et du collectif par la méditation philosophique, le chant lyrique, l'idéologie sociale », vaste poème auquel il ajoutera des volets au fur et à mesure de l'avancée de ses recherches. Poète sans grande qualité, il fut un animateur et un inventeur plein d'idées dont devaient profiter des poètes mieux doués que lui comme Jules Romains, Apollinaire, Marinetti ou Tzara qui lui reconnaît la paternité du poème simultanéiste, c'est-à-dire à plusieurs voix parlant ensemble tout en prônant une utilisation pas uniquement formelle.

Henri Martin-Barzun créa le Dramatisme, lyrisme multidimensionnel, dans la revue *Poème et drame,* 1912, comme dans *l'Ère du drame,* 1912, *Du symbole au drame,* 1913, *Voix, rythmes et chants simultanés,* 1913, ses essais théoriques. Il s'exprime ainsi : « Après le symbolisme, l'art poétique d'un art nouveau, voix, rythmes et chants, simultanés, expriment l'ère du drame. A la strophe lyrique, unité de chant de la poésie monodique, devra succéder la période dramatique, c'est-à-dire l'ensemble organique où s'affronteront ces voix, rythmes, forces, présences simultanées, avec les chants et les voix, les chœurs simples, alternés, combinés. » La polyphonie, pour Barzun, est seule capable de révéler « la vision multiple et totale de l'Individuel, du Collectif, de l'Humain, de l'Universel » dans le poème dramatique. L'Instrumentalisme de René Ghil *(voir préc. vol.)* est le point de départ d'une telle conception et sera plus tard une base pour certaines composantes de la Verbophonie. Le système de Barzun, déjà revendiqué par Cendrars et Delaunay, trouva en son temps des alliés comme Sébastien Voirol, Fernand Divoire, Carlos Larronde, Georges Polti, Paul-Napoléon Roinard, René Arcos, Pierre Jaudon, Tancrède de Visan, Alexandre Mercereau, Guillaume Apollinaire. Le goût de la grande orchestration des mots était dans l'air.

Le Simultanéisme découle du Dramatisme, la différence étant que le Simultanéisme est influencé par le cubisme pictural, celui d'un Robert Delaunay, et non plus par l'art dramatique et l'instrumentation musicale seuls. Proche parent du Futurisme, le Simultanéisme court d'instantanés photographiques rapidement saisis à des images brusques et fugitives comme celles qu'on peut voir d'un véhicule filant dans la campagne à vive allure. Il s'agissait pour le poète d'un nouvel art de voir quasi cinématographique et non plus seulement de rechercher des équivalences par des artifices typographiques. C'est en quelque sorte la naissance du poème-conversation tel que le conçoit Apollinaire dans *les Fenêtres,* le Cendrars des *Dix-Neuf Poèmes élastiques* et de *la Prose du transsibérien* éditée sur un dépliant. Nous étions sur la route qui va du *Coup de dés* aux poèmes-objets des surréalistes. Par le Simultanéisme, on pouvait aboutir à une œuvre achevée. Le Dramatisme en son temps ne bénéficiait pas d'assez bonnes techniques de diffusion, celles qui auraient permis de synthétiser parfaitement les paroles sur un fond d'ensembles polyphoniques. En 1917, Barzun organisa avec le groupement *Art et liberté* de Carlos Larronde une audition de poèmes simultanéistes : *Légende de la montagne* de Barzun, *Exhortation à la victoire* de Fernand Divoire, *le Sacre du printemps* de Sébastien Voirol. En 1919, l'Odéon présenta *Naissance du poème,* prose symphonique de Fernand Divoire. Ce furent des échecs ou des demi-échecs. L'œil d'alors, l'oreille n'avaient pas le pouvoir de prendre possession complète de textes multiples et de plusieurs voix à la fois et sans doute cette nouveauté s'adressait-elle à des spectateurs trop rapidement surpris. Il n'empêche que Barzun poursuivit en Amérique l'enseignement du Simultanéisme inscrit au programme de Poétique moderne de plusieurs établissements : Universités Harvard et Lehigh, Collège de Bethlehem, etc.

Le Simultanéisme tenta donc de suivre le processus de l'esprit, les idées se mouvant par ensembles et par fragments s'agrégeant dans le poème. C'était comme une vision de l'univers où chaque parole déclenchait des inspirations multiples, des correspondances de sonorités, une vision voulant étreindre l'univers dans une prise directe et totale. Il pouvait en naître dans le poème plus de richesse, plus de souplesse, plus de diversité en faisant éclater les cadres traditionnels du poème. C'est surtout Barzun, mais avec des poèmes peu convaincants, et Divoire avec plus d'art qui en sont les représentants.

Après *la Terrestre Tragédie* où il mettait un réalisme prophétique dans la tradition de *la Légende des Siècles* voyant l'humanité en proie à la guerre et à la destruction et tentant d'apporter des remèdes, Barzun mit en pratique sa théorie simultanéiste (qu'il appelait aussi Orphisme ou Panrythmique) dans *l'Universel Poème*, 1914, puis ce fut *l'Orphéide* dont le titre rappelle les pires auteurs d'épopée du premier Empire où l'on voit Orphée et Pythagore en appeler à la paix du monde fondée sur la science et le droit avec masses chorales, instrumentation musicale, polyphonie. Cela fut pris en considération hors de nos frontières, souvent avec l'ironie facile qu'engendre l'utopie, parfois aussi avec sérieux, notamment par les expressionnistes allemands comme Johannès Schlaf et Richard Dehmel qui trouvaient dans le Simultanéisme un instrument de création.

L'autre simultanéiste, Fernand Divoire (1883-1951), était infiniment plus séduisant. Deux hommes cohabitèrent en lui : l'homme quotidien, journaliste à l'esprit mordant et vif, fondateur du premier « courrier littéraire » à *l'Intransigeant* en 1909, auteur de livres divers comme son *Introduction à la stratégie littéraire*, 1912, qui connut le succès; l'autre Divoire, celui qui nous intéresse le plus, fut un poète partagé entre de sages poèmes, pleins de retenue et d'émotion, et des tentatives simultanéistes où son sens de la poésie lui servit de fil d'Ariane pour ne pas se perdre dans l'univers mouvant des voix simultanées. Il a publié maints recueils : *Poèmes*, 1906, *Flandre*, 1909, *la Malédiction des enfants*, 1909, *l'Amoureux*, 1912, et il s'affirmera avec *Symphonaire* et *Flandre*, 1909, poèmes simultanés proches de Verhaeren par l'inspiration, par *Exhortation à la victoire*, 1914, chœur tragique déjà cité, *Ames*, 1918, épopée avec le long poème *Perceval-Parsifal*, avec *la Naissance du poème*, 1919, autre poème symphonique, *Ivoire au soleil*, 1922, *Orphée*, 1922, *le Discours des enfants*, 1922, *l'Homme du monde*, 1926, *Itinéraire*, 1928, etc.

Il écrivit des poèmes agréables et sans grande portée, propres à recueillir, comme dit Georges Duhamel, « les applaudissements d'une vingtaine de mains gantées dans un salon » :

> Je ne sais rien d'elle, sinon
> Qu'en me penchant sur sa main nue,
> Pendant qu'on me disait son nom,
> Tout à coup, je l'ai reconnue.

Touché par la grâce simultanéiste, il multiplia les rythmes, les mètres, la répétition des mots avec un grand souffle poétique :

> La forêt, qui se dresse en hautes avenues,
> La forêt, infini de harpes sous la nue,
> La forêt, infini de tentes sous la nue,
> La forêt, infini de flèches vers la nue,
> La forêt de pleine venue.

Le Simultanéisme était aussi Orphisme et il multiplia les chants de gloire à son lointain modèle, *Orphée le pur* :

> Quand Orphée accepta l'amour de la dryade,
> Austère dieu jaloux, il vivait sous ta loi.
> Les noires panthères nomades
> Entendaient alors dans sa voix
> La voix juste qui persuade.
> Alors s'ouvrait devant son calme éclat
> — Rayonnement modérateur du solitaire —
> La foule barbare et prompte aux colères
> Des Hyperboréens rieurs, ses frères.
> Mais il passait, ne les connaissant pas.

Le fond du lyrisme de Divoire est sobre; une part de lui-même, la plus profonde, est intimiste, il est « un homme qui cherche la vraie chair de son cœur », qui cherche l'essence cachée des choses, avec ferveur :

> Ah! qu'il en demeure toujours
> Quelque flèche, au soleil, debout.
> Qu'il y ait toujours quelque chose de nous
> Qui rie au soleil et qui aime.

Voici encore un de ses poèmes où sa verve apparaît dans un chant multiplié (il aimait les « poèmes avec parenthèse », *Itinéraire* entre autres le montre), il s'agit d'*Entr'acte* :

> Vagabonde, furibonde, inféconde
> poussée
> Vie-cinéma hachée en millièmes de secondes
> les lignes fondent, le reste aussi. Nouveau monde.
> Toute la tête occupée aux virages de la ronde.
>
> Où sont les mythes et les vieux secrets du monde
> angles, nombres? Et cœtera...
> Amis perdus.
> Les mites s'y sont mises.
> Toute une vie nouvelle s'y est mise
>
> > vivante, grouillante, imprécise
> > hantise, sottise, bêtise, surprises,

et qui souille, grouille, pulvérise, fertilise
divise, divinise, éternise
à sa manière...

Futuristes, dadaïstes, cubistes, surréalistes iront plus loin et plus profond que les diverses écoles que nous venons d'entrevoir et les rejetteront dans le silence, mais certaines tentatives n'auront pas été lettre morte, certains créateurs plus doués avoueront leur dette au passage, d'autres la tairont, mais l'histoire de la poésie française s'honore d'un certain nombre de créateurs qui, dans le sillage de l'Unanimisme, ont été résolument anti-passéistes, bien que souvent leur tempérament s'accordât plus volontiers à une poésie plus conformiste. Mais il est temps d'en venir au Futurisme qui précéda ou accompagna la plupart de ces mouvements sans avenir.

Marinetti et le Futurisme.

Le Futurisme est sorti tout armé du cerveau d'un homme, Filippo Tommazo Marinetti (1878-1944), poète de formation italienne et française, né à Alexandrie. Dès le lycée il écrivit des poèmes inspirés par l'Égypte comme *l'Aurore sur le canal Mahmudieh* qui étonnaient ses professeurs français et ses condisciples. C'est là, avoua-t-il, qu'il prit « la manie de la déclamation conçue comme expression pulmonaire et labiale des rythmes façonnés lancés avec plus ou moins d'intensité et des tons différents ». Déjà s'affirmaient donc sa vocation littéraire et son esprit contestataire puisqu'il publia une revue, *le Papyrus*, comblée « de poésie romantique et d'invectives anticléricales contre les jésuites ». Il dut poursuivre ses études à Paris tout en se sentant « invinciblement italien ». Inspiré par Victor Hugo il écrit alors des poèmes et même un drame inspiré par la Venise renaissante. Sarah Bernhardt le révéla en 1897 en récitant son poème *les Vieux Marins*. En 1898, il publia un poème dans l'*Anthologie-Revue* intitulé *l'Echanson*, puis ce furent des recueils publiés parallèlement à ses collaborations aux revues de l'époque, *la Vogue, la Plume, la Revue blanche*, etc. où il donnait des chroniques sur l'Italie et des poèmes. Il y eut *la Conquête des étoiles*, 1902, poème épique en vers libres en dix-neuf chants, titre digne de la science-fiction, space-opera où l'Éclaireur d'Or, chevalier fantastique, conduit la mer dans un combat fantastique avec le ciel :

> Mort aux Étoiles ! Mort aux courtisanes
> lubriques qui nous harcèlent de leurs regards
> de pourriture, par la fente humide
> de leurs paupières mi-closes et pareilles à des vulves !

Ce poème démesuré est orchestré comme du Wagner avec un souffle hugolien, des maladresses, des naïvetés emportées par une sorte de violence héroïque, de titanisme grotesque : déjà le poète semble prêt pour le Futurisme, pour son penchant guerrier. Puis ce sera le monologue d'une momie macabre dans un poème en prose, *la Momie sanglante*, 1904, que suivra *Destruction* la même année où en trois chants échevelés il invoque « la mer toute-puissante » pour qu'elle le délivre de l'Idéal ou de l'Infâme Réalité, examen intérieur, souvenirs de l'enfance égyptienne, réalité du machinisme et solitude existentielle, voyage en train du « Démon de la vitesse » avec images mouvantes, exotisme et l'écho de vieilles terreurs, hostilité du monde, névrose fin de siècle, thèmes crépusculaires, appel à la destruction :

> Détruisons ! Détruisons ! Détruisons !...
> Puisqu'il n'est de splendeur que ce verbe effroyable
> et fracassant comme un marteau cyclopéen,
> détruisons ! Détruisons ! Détruisons !...
>
> Quand tout sera détruit. Ô ! Plus ne nous donnons la peine
> de rebâtir les fabuleux échafaudages
> d'un Grand Monde idéal,
> sur les ruines de l'Ancien !...
> Quoi que nous rêvions, nous n'enfantons que Haine.
> La main de l'homme ne sait construire
> que des cachots, et forger que des chaînes !...

Il existe un Marinetti futuriste avant le Futurisme. Il se distingue de ses contemporains, comme l'écrit Alexandre Mercereau dans une revue moscovite par « le lyrisme un peu débordant, la fougue sans limites, l'enthousiasme exubérant, l'ardeur infatigable d'un tempérament indéniablement personnel ». Derrière cela des souvenirs, des influences nombreuses, Mallarmé, Baudelaire, Verhaeren, Maeterlinck et le symbolisme décadent. On pense à des tableaux de William Blake. Il a le culte de la force destructrice, de l'énergie physique, de celle des éléments déchaînés dont il traduit la symbolique, du primitivisme. Giovanni Lista dans le « Poètes d'aujourd'hui » qui lui est consacré écrira : « De *la Conquête des étoiles* à *Destruction*, à la fois flagellante et flagellée, souveraine et esclave, toute-puissante, infinie, divine, rebelle, véhémente, turbulente, embrasée, aventureuse, tentaculaire, maudite, gloutonne, pillarde, crépusculaire, sensuelle, sournoise, infatigable, vengeresse, libératrice, la mer avec sa " démence liquide ", est la véritable protagoniste de l'imaginaire marinettien », et il citera Bachelard : « L'être voué à l'eau est un être en vertige. Il meurt à chaque minute, sans cesse quelque chose de sa substance s'écroule. » D'autres œuvres suivront qui paraissent par les soins de ses propres traductions en français et en italien (il sera aussi le traducteur en italien de Mallarmé), des œuvres en prose comme *le Roi Bombance*, tragédie satirique, 1905, ou en vers comme *la Ville charnelle*, 1908, qui sera en italien *Lussuria-velocità*. On peut encore employer les épithètes de Lista en ajoutant pour toutes ces œuvres des fautes de goût que le flot emporte, un côtoiement souvent du pompiérisme qui n'est pas le seul apanage des poètes classiques. Sa volonté de puissance se fixe, comme les mordus de vitesse d'aujourd'hui, sur *l'Automobile* qu'il voit déjà s'envoler et qu'il appelle « Mon Pégase » :

> Dieu véhément d'une race d'acier,
> Automobile ivre d'espace,
> Qui piétines d'angoisse, le mors aux dents stridentes !
> Ô formidable monstre japonais aux yeux de forge,
> Nourri de flamme et d'huiles minérales,
> Affamé d'horizons et de proies sidérales,
> Je déchaîne ton cœur aux teuf-teufs diaboliques,
> Et tes géants pneumatiques, pour la danse
> Que tu mènes sur les blanches routes du monde.
> Je lâche enfin tes brides métalliques... Tu t'élances,
> Avec ivresse, dans l'Infini libérateur !...

Son automobile de 1908, il la transmue en véhicule fabuleux, digne des monstres mécaniques de la science-fiction et ce n'est pas par hasard qu'il citera J.-H. Rosny comme un des précurseurs du Futurisme aux côtés de Zola, Whitman, Paul Adam, Mirbeau, Kahn et Verhaeren.

En 1908, au volant d'une Fiat quatre cylindres il sera accidenté et trouvera l'orgueil de surmonter l'épreuve, nouvelle source d'énergie créatrice.

En 1909, comme stimulée, son action s'intensifie. Il ébauche un *Manifeste de fondation du Futurisme,* adresse un *Manifeste politique aux électeurs futuristes,* proclame *Tuons le clair de lune !,* publie *les Poupées électriques,* drame avec une préface sur le Futurisme qu'il traduira en italien sous le titre significatif *Elettricità sessuale,* 1920, après l'avoir remanié. En 1910, ce sera *Mafarka la futuriste,* roman africain; en 1911, *le Futurisme;* en 1912, le *Monoplan du Pape,* roman politique en vers libres, *la Bataille de Tripoli;* et surtout, le *Manifeste technique de la littérature futuriste,* trois ans après le manifeste encore vague du *Figaro.*

C'est un manifeste essentiel, énergique, violent, incendiaire, modèle pour les manifestes futurs. Le mouvement se veut antiphilosophique, anticulturel et sportif, il prêche une morale de l'action s'opposant à la sédentarité livresque, l'assaut du futur par les coureurs de risque, les pionniers de la vie moderne. En voici le préambule :

> Ce fut en aéroplane, assis sur le cylindre à essence, le ventre chauffé par la tête de l'aviateur que je sentis tout à coup l'inanité ridicule de la vieille syntaxe héritée de Homère. Besoin furieux de délivrer les mots en les tirant du cachot de la période latine. Elle a naturellement, comme tout imbécile, une tête prévoyante, un ventre, deux jambes et deux pieds plats, mais n'aura jamais deux ailes. De quoi marcher, courir quelques instants et s'arrêter presqu'aussitôt en soufflant !...
> Voilà ce que m'a dit l'hélice tourbillonnante, tandis que je filais à deux cents mètres, sur les puissantes cheminées milanaises. Et l'hélice ajouta...

Ce qu'ajouta l'hélice, c'est le *Manifeste* lui-même, serré et imagé d'exemples. Ses principaux points : destruction de la syntaxe en disposant les substantifs au hasard de leur naissance; emploi du verbe à l'infini pour qu'il s'adapte élastiquement au substantif et ne le soumette pas au *moi* de l'écrivain qui observe ou imagine; abolition de l'adjectif pour que le substantif nu garde sa couleur essentielle; abolition de l'adverbe, vieille agrafe qui tient attachés les mots ensemble; emploi d'un double pour chaque substantif : homme-torpilleur, femmerade, place-entonnoir, porte-robinet; plus de ponctuation, d'arrêts des points et virgules et emploi de signes mathématiques ou musicaux; gradation d'analogies plus vastes; plus de catégories d'images nobles ou grossières, élégantes ou basses, excentriques ou naturelles; chaîne des analogies en filets serrés d'images; maximum de désordre; détruire le « Je » dans la littérature; obsession lyrique de la matière, introduction de trois éléments négligés : bruit, poids, odeur, et physiologie intuitive de la matière; l'imagination sans fils; faire crânement du « laid » en littérature et tuer la solennité; les mots en liberté; haïr l'intelligence...

Ce Manifeste fit grand bruit, et aussi des soirées futuristes qui finissaient souvent avec l'intervention de la police. En Italie surtout l'influence du Futurisme, dès ses débuts, a été politique; jusqu'en 1915, Marinetti prêchera l'entrée de son pays dans la guerre, sera partisan de l'intervention dans l'affaire de Fiume, etc. Propagandiste ardent, Marinetti fera dans les capitales internationales des conférences et des lectures poétiques, recrutera des groupes un peu partout, à Paris, Berlin, Zurich, Londres, Moscou, l'Amérique. Ses *Paroles en liberté*, 1912, ses manifestes sur tous les arts, théâtre, peinture, sculpture, architecture, musique, l'aspect romantique de l'aventure et les programmes d'action pratique se mêleront de plus en plus, et la guerre de 1914, le fascisme auront des rapports étroits avec le mouvement.

Cet esprit révolutionnaire réapparaîtra à diverses époques dans les grandes convulsions de la poésie et de la littérature. Exprimant l'union de l'art et de la vie, Marinetti s'opposa aux préciosités héritées du Symbolisme de Gabriele d'Annunzio son rival, tout comme le faisaient en Italie les tenants de la poésie crépusculaire, mais qui procédaient encore d'un symbolisme fragile et languide. Le Futurisme eut de la vie une conception dynamique et réaliste marquée par l'action pratique et l'intervention dans les affaires du monde. Il fut en lutte, avec romantisme, contre le Romantisme et ses dérivés. Loin de la rêverie n'ayant d'autre but qu'elle-même, il s'agissait d'exprimer les forces de la vie nouvelle dans un incessant concert d'idées et de faits. A ce nouvel univers en proie à la vitesse, au pullulement désordonné, une forme sage ne pouvait, selon Marinetti, plus convenir. Le poète devait avoir recours à la musculature du verbe qui est action, oublier l'épithète qui ralentit tout comme la ponctuation, violer les prisons de la syntaxe, s'ouvrir à de neuves analogies, aux expressions scientifiques et techniques. C'est donc un mouvement puissant et structuré qui s'exprimera encore dans le *Supplément* au *Manifeste technique* et que suivront des essais comme *la Splendeur géométrique et mécanique de la sensibilité numérique*, 1914, et bien d'autres essais théoriques avant le Manifeste révolutionnaire de 1937, *la Révision du Futurisme*, et nous citons encore *le Théâtre synthétique futuriste*, 1915, *la Nouvelle Religion-Morale de la vitesse*, 1916, *Futurisme et fascisme*, 1924, etc.

Le *Supplément* au Manifeste de 1912 était complété par des fragments d'un poème dicté par la même intuition « élastique » dont voici le début :

BATAILLE
POIDS + ODEUR

Midi 3/4 flûtes glapissement embrasement toumbtoumb alarme Gargaresch craquement crépitation marche Cliquetis sacs fusils sabots clous canons crinières roues caissons juifs beignets pain-àhuile cantilènes échoppes bouffées chatoiement chassie puanteur cannelle   fadeurs flux reflux poivre rixe vermine tourbillon orangers-en-fleur filigrane misère dés échecs cartes jasmin + muscade + rose arabesque mosaïque charogne hérissement   savates mitrailleuses = galets + ressac + grenouilles Cliquetis sacs fusils canons ferraille atmosphère = plomb + lave + 300 puanteurs + 50 parfums pavé-matelas détritus crottin charognes flic-flac entassement chameaux bourricots tohubohu cloaque
Souk-des-argentiers dédale soie azur galabieh pourpre oranges moucharabieh arches enjambement bifurcation placette pullulement...

Durant quelques lustres, Marinetti sera investi de charges officielles par l'Italie fasciste. Il sera un des premiers élus de l'Académie italienne fondée par Mussolini. Participant à la regrettable guerre d'Éthiopie, il en écrira le poème : *Poema affricano della divisione 28 ottobre,* 1937. Infatigable, il a multiplié les manifestes, les essais critiques sur tous les arts, les poèmes, mais sa renommée s'estompa et il mourut durant la guerre civile italienne enfoui sous les décombres de la chute du fascisme. On ne saurait le limiter à un rôle politique qui fut un échec et à ses compromissions paradoxales avec l'Italie fasciste. Il a représenté un moment fort de la culture européenne et a le mérite d'avoir recherché « autre chose » en littérature et en poésie. Il porte en lui les contradictions de notre siècle, un mélange d'idées hybrides et d'options ambiguës. Giovanni Lista le définit fort bien : « Les contradictions marinettiennes invitent alors à réfléchir sur l'Œdipe et le rôle du passé dans l'hypothèse révolutionnaire, sur la révolution conçue comme fête du pulsionnel et de l'anarchie contre les modèles du marxisme, sur la conception adialectique du nouveau et l'adhésion inconditionnelle aux mythes du Progrès. » Si datés que soient aujourd'hui son œuvre et ses manifestes, ils ont des rapports étroits avec les thèmes essentiels de la nouvelle culture. Du Futurisme marinettien, il en reste des idées plus que des œuvres et l'ensemble du mouvement a contribué à des transformations littéraires et artistiques, ce qu'on distingue dans maints aspects du surréalisme en France comme chez Apollinaire ou chez les dadaïstes, dans l'œuvre des poètes russes réunis autour de Maïakovski rallié au mouvement dès 1911, dans celles de maints poètes comme le Portugais Fernando Pessoa, l'Espagnol Guillermo de Torre ou l'Américain Ezra Pound. Aujourd'hui, on retient de Marinetti les œuvres théoriques, l'esprit du mouvement, car les œuvres du poète italo-français ne sont guère enthousiasmantes. Il fut surtout un animateur, un provocateur, et comme le dit Serge Fauchereau dans une remarquable étude : « Un riche oisif, poète médiocre recherchant par sport autant que par conviction des idées provocantes, apologiste de la violence et de la guerre, mégalomane vantant à tout bout de champ aussi bien ses " succès fantastiques auprès des femmes " (comme d'Annunzio) que son génie de " poète le plus original du monde littéraire ". » Fantoche littéraire, selon Cocteau « charmant camelot », selon Antonio Gramsci, « esprit petit-bourgeois en décomposition », méprisé par Dada et les surréalistes, fêté naïvement par maints poètes mondains qu'il combattait, personnage peu sympathique en vérité, il n'en reste pas moins qu'il est le véritable père du Futurisme, étonnant et détonnant mouvement d'avant-garde soutenu par des théories et non des œuvres, grand par son influence surtout moins peut-être dans la poésie française que chez les grands poètes russes du Futurisme et du Constructivisme.

Le Grand Soleil futuriste.

Voudrions-nous trouver une introduction aux chapitres qui vont suivre que Marinetti nous la donnerait. En 1924, la « revue synthétique illustrée » *le Futurisme* jette sous la plume de son directeur un appel à toutes les forces futuristes mondiales en établissant un panorama mondial des « futuristes sans le savoir » et des « futuristes déclarés », peintres, poètes, musiciens, sculpteurs de tous les pays du monde. Il s'agit de créer la grande religion du renouveau, d'unir toutes les forces vives contre l'ennemi commun : « le Passéisme, avec ses renoncements, ses plagiats, ses litanies endormeuses », d'ouvrir « de nouvelles brèches dans l'avenir », de créer « avec une foi absolue dans l'impérissable Génie de la terre ». Le ton est lyrique, inspiré, au fond romantique avec ses exclamations et ses coups de trompette. Il s'adresse à un Paris conquis « par la T.S.F. de tes nouveaux poètes, grands émetteurs de Radios, créateurs de films éclairs, orchestrateurs du grand clavier de tes vibrations électromagnétiques, peintres des sons, mathématiciens des forces et chromatistes inédits! ». Il sait, Marinetti, que ces « esprits puissants », ces novateurs « contre tous les retours et contre les pessimistes » sont ses proches et il dit avant de les citer : « Ce sont en réalité des futuristes. » Le monde entier est là et il cite les hérauts du monde nouveau ville par ville. Il donne la meilleure part aux poètes français, il n'oublie pas les poètes de Belgique, les Pierre Bourgeois, Franz Hellens, Georges Linze, Pierre-Louis Flouquet et d'autres. Ce tableau lyrique des forces les plus vives de la poésie d'avant-garde est fort significatif. Marinetti veut tout réunir sous la bannière de son mouvement avec un vif enthousiasme, mais il a affaire à de si fortes individualités que la plupart échapperont d'une manière ou d'une autre au dénominateur commun qu'il leur donne. Lisons ce tableau :

> Sous le pullulement des néo-néo-néo passéistes, sur les petites chapelles littéraires, sur les petites maisons closes où intriguent de jeunes vieillards, il passe, le souffle violent de leur lyrisme dynamique, cinématique, synoptique, synchroniste, simultanéiste, motlibriste, bruitiste, tactile!
> Voici le polyplaniste *Nicolas Beauduin*, l'auteur de l'*Homme cosmogonique*, le chantre paroxyste du jazz-band et des Grands Express internationaux.
> Voici *Pierre Albert-Birot*, créateur de l'*Homme coupé en morceaux*, vision polytonale.
> Voici le Sans Fil *Blaise Cendrars*, filmeur de rêves nègres, émetteur de Radios, écraniste solaire du monde entier.
> Voici *Jean Cocteau*, collectionneur de roses électro-chimiques, voyageur du Cap de Bonne Espérance.

Voici *Paul Dermée*, dardant son *Volant d'Artimon* vers le zénith futuriste.
Voici *Fernand Divoire*, le simultanéiste aux voix révélatrices, le poète polyphonique.
Voici *Drieu La Rochelle*, le lyrique mesureur de la France.
Voici *Valery Larbaud*, le poète des wagons-lits.
Voici *Henri Martin-Barzun*, toujours debout sur le pont de Brooklyn.
Voici *Alexandre Mercereau*, l'Évangéliste lyrique, centrale électrique des lettres modernes.
Voici le poète des *Feuilles de température*, Paul Morand, très puissant œil futuriste.
Voici l'alchimiste verbal *Pierre Reverdy*, chercheur de la moderne pierre philosophale.
Voici *André Salmon*, l'auteur de *Prikaz*.
Voici *Max Jacob*, l'auteur du *Laboratoire central*, voici *Ivan Goll*, auteur des *Cinq Continents*.
Voici *Henry de Montherlant*, le grand sportif, et d'autres qui viennent au Futurisme, centre-du-monde : *Marcel Sauvage, Supervielle, Géo Charles, Marcello Fabri, Malespine, Soupault, Aragon, Breton, Tzara*, jongleurs de mots en liberté...

Si les poètes cités ne suivront pas Marinetti surtout dans ses idées néfastes, si la plupart représentent des phénomènes simplement parallèles au Futurisme, il en est plus d'un qu'influencent les manifestes et le ton marinettiens. Un regard vers ses textes autographes, comme *le Bombardement d'Andrinople*, sur maints poèmes motlibristes manuscrits ou typographiés en délire comme *Dunes, Montagnes + Vallées + Routes × Joffre, Vitesses en automobile*, sur la *Marche futuriste*, « poème phonétique abstrait avec recherche d'une pluritonalité des onomatopées », sur ses applications du livre-théâtre qui hantait déjà Mallarmé, sur des « combinaisons dynamiques d'objets » comme son *Autoportrait*, un regard sur l'ensemble de l'œuvre écrite ou peinte montre en lui un incontestable précurseur comme on le reconnaît aujourd'hui si l'on en juge par la masse du corpus critique le concernant, Giovanni Lista étant le maître de ces recherches.

2
Dada

Au Cabaret Voltaire.

Entre 1916 et 1922 se déploie l'entreprise Dada dont on ne saurait mésestimer l'importance historique, même si le 23 septembre 1922, après tant de combats, son principal promoteur, Tristan Tzara (1896-1963) en prononça, à Weimar, l'oraison funèbre. Les « ismes » étant en faveur, les tenants de Dada furent communément appelés dadaïstes. Ce mouvement subversif naquit de la guerre et pendant la guerre de la précipitation révolutionnaire due au conflit. Son histoire peut se diviser en deux périodes : la première, zurichoise, s'étend de 1916 à 1919, la seconde, parisienne, correspond à la phase de fermentation ou d'incubation du Surréalisme. Le mouvement Dada ne se limite pas à Paris et à Zürich, il est international.

Tout débute donc à Zurich au Cabaret Voltaire où, autour de Tristan Tzara, un groupe s'est formé, un de ces groupes comme il en existait au XIXe siècle, comme il en existera jusqu'à nos jours, la différence avec le passé étant une accélération de toutes choses sous le feu de nouveaux enthousiasmes. Avant d'en parler, situons Tzara : il vient de Roumanie où la langue française, sœur latine, au temps du Parnasse et du Symbolisme fut à l'honneur; dans le précédent volume nous avons parlé de ces poètes roumains de langue française que furent Alexandre Macedonski, Alexandre Sturdza, Charles-Adolphe Cantacuzène, Hélène Vacaresco, Anna de Noailles, Julia Hesdeu, et tous ceux dont on traduisait les œuvres en français comme Démètre Bolintineanu, Marylie Markowitch, Jean Lahovary, la reine Carmen-Sylva et ces « bonjouristes » toujours près à « fransquillonner » comme disaient leurs détracteurs. La Roumanie est la nation où l'on se tint le plus au courant des mouvements littéraires français et internationaux : Romantisme, Parnasse, Symbolisme, Ghilisme, avant Futurisme, Dada, Surréalisme, eurent leurs groupes et leurs revues. Tristan Tzara, jeune poète, au début, dès le lycée, poète symboliste, fonda une revue, avec Ion Vinea et Marcel Iancu, intitulée *Simbolul* où l'on recevait ce qu'il y a de plus languide dans l'art symboliste;

nous étions en 1912 et Tzara avait seize ans. Avec ce jeune homme pénétrons au Cabaret Voltaire tel que le définit Georges Hugnet dans son *Dictionnaire du Dadaïsme* : « Lieu de naissance de Dada ou plus exactement lieu où, en 1916, se tinrent les premières assises de Dada et où eurent lieu ses toutes premières manifestations. Ce cabaret, situé au n° 1 de la Spiegelgasse, à Zurich, avait comme animateurs Hugo Ball et sa femme, Emmy Hennings. L'activité artistique du cabaret faisait vivre le couple et quelques-uns de leurs amis, poètes et artistes besogneux, comme eux victimes de la guerre, comme eux pacifistes ou réfractaires, et, comme eux, réfugiés en Suisse. Ces amis se nommaient Tristan Tzara, Hans Arp, Marcel Janco, Adla et Otto Van Rees, Sophie Taeuber, auxquels se joignit presque immédiatement Richard Huelsenbeck. Les murs de l'endroit servaient à exposer les œuvres des peintres du groupe tandis que se déroulaient dans le local des spectacles d'avant-garde allant des récitations de poèmes et des danses au théâtre de marionnettes et aux *krippen Spiele,* jeux de crèche figurés par les poupées de Emmy Hennings... » C'était le temps des premiers balbutiements de Dada traduits en manifestations violentes parmi toutes sortes d'expositions et de spectacles : peintures de Van Rees, Arp, Picasso, Eggeling, Segal, Janco, Slotky, Nadelmann; cartes-poèmes futuristes de Marinetti, Gangiullo, Buzzi; lectures de poèmes et d'œuvres diverses d'Apollinaire, Salmon, Max Jacob, Jarry, Laforgue, Rimbaud; vers simultanéistes de Barzun et de Divoire; musiques allant de *Sous les ponts de Paris* aux balalaïkas russes et à la musique nègre, chansons populaires et joyeuses cacophonies. Chacun traduit, récite, chante, mime, discute, admire, attaque. Déguisé, Hugo Ball invente une nouvelle espèce de vers qu'il définit « vers sans mots » ou « poèmes sonores dans lesquels le balancement des voyelles n'est considéré qu'en fonction de la valeur de la ligne initiale ». On peut entendre cela qui montre la parenté avec les futurs lettristes d'Isidore Isou et de Maurice Lemaître :

> Gadji beri bimba
> glandridi lauli lonni cadori
> gadjama bim beri glassala
> Glandradi glassla tuffm i zimbrahim
> blassa galassasa tuffm i zimbrahim.

En ces lieux on pouvait exécuter aussi bien *Sambre-et-Meuse* que Liszt ou Debussy, prôner les esthétiques les plus diverses avant l'éclosion de Dada, les créateurs présents venant de tous les horizons, les Allemands étant surtout marqués par l'Expressionnisme. Univers de bouillonnement, de création incessante, d'ouverture à l'avenir. Le terreau est riche et varié : Cubisme d'Apollinaire, Max Jacob, Cendrars, Futurisme de Marinetti, Poésie simultanée, Expressionnisme, Synchronisme, Dramatisme et « autres ismes » selon le terme de Serge Fauchereau dans le titre d'un livre indispensable à la connaissance internationale de ces mouvements. Ajoutons que, déjà, l'on s'intéresse à la psychanalyse présente à Zurich avec une importante société. On connaît bien Hölderlin, Sade, Novalis,

Jarry, Rimbaud, Lautréamont. Bientôt fleurira une revue en trois langues, *Cabaret Voltaire,* où apparaît le mot Dada. Nous sommes en juin 1916 et ce sera le départ pour des revues paraissant sous le signe Dada dans tous les pays du monde, en Allemagne surtout, mais aussi en France, Belgique, Hollande, Autriche, Yougoslavie, Tchécoslovaquie, États-Unis. Fondent des revues Johannès Baader, Man Ray, Picabia, Arthur Cravan, René Crevel, Georges Limbour, Raoul Hausmann, Louis Aragon, André Breton et Philippe Soupault, Marcel Duchamp, Pierre Reverdy, Pierre de Massot, Céline Arnault, Paul Éluard, Pierre Albert-Birot, Paul Dermée, Roger Vitrac... Dans ces publications Dada se retrouvent ceux qui s'apparenteront au groupe surréaliste, en particulier Benjamin Péret, Georges Ribemont-Dessaignes, Jacques Rigaut, Jacques Baron, etc. *Sic, Nord-Sud, Littérature* sont les revues d'accueil et de combat, mais il faut compter aussi avec une foule de manifestations, congrès, foires, festivals, bals, des expositions, des poèmes-objets, des tracts, des papillons comme l'un d'eux où se rejoignent les noms les plus différents : peintres comme Arp, Chirico, Marie Laurencin, Picabia, Picasso, mais aussi, ce qui reste curieux Charlie Chaplin, Georges Clemenceau, le Prince de Monaco, et encore Bergson, Cocteau, Léon Daudet, Drieu La Rochelle, Gide, Morand, Romains, Valéry, et ce qui s'explique mieux Erik Satie et Darius Milhaud. Mais des noms ont dû être ajoutés pour la fantaisie et la provocation. On ne saurait donner ici la liste complète de tous ceux qui se sont ralliés à Dada avant de se rallier au Surréalisme. Et ces lignes ne sauraient traduire l'intensité des activités dadaïstes. Elles se situent partout en Europe et aux États-Unis, elles contiennent en germe toutes les futures avant-gardes, et elles sont une mine étonnante.

Dada, c'est quoi Dada ?

Si Marcel Duchamp et Picabia entraîneront Tristan Tzara à Paris, lieu d'épanouissement, Dada est avant tout zurichois, et, sans rien enlever à ce poète et cet homme remarquable qu'est Tzara, ambassadeur avant d'être pape, il faut souligner l'importance des poètes et des artistes allemands surtout dans notre domaine, Hugo Ball et Richard Huelsenbeck, fondateurs au même titre que Tristan Tzara. Avec la revue *le Cabaret Dada 1916* parut la collection Dada inaugurée comme il se doit par un manifeste : *la Première Aventure céleste de Monsieur Antipyrine,* critique créative de la poésie que son auteur, Tzara, fit suivre d'une illustration de vingt-cinq poèmes présentant pêle-mêle mots et onomatopées agités dans un chapeau et déversés tels quels sur le vide papier.

Tandis que des échanges se font avec Paris, que Tzara collabore à *Nord-Sud* et à *Sic,* à Zurich *Cabaret Voltaire* se métamorphosera en *Dada I,* puis *Dada II,* publiant le *Manifeste Dada 1918* appelant à la subversion : « Je détruis les tiroirs du cerveau et ceux de l'organisation sociale. »

C'est à Paris que Tristan Tzara multiplie ses activités en se ralliant à l'équipe de *Littérature* (revue ainsi titrée par dérision) du trio Aragon-Breton-Soupault. Il y a là André Gide dont les soties et *les Caves du Vati-*

can ont fait un précurseur, Paul Valéry qu'on honore pour son long silence, mais qui sera bientôt rejeté, tout comme Jean Paulhan. Guillaume Apollinaire lui-même, s'il n'était pas mort à temps, n'aurait-il pas été rejeté, lui qui était las de ce monde ancien ébranlé par la révolution russe et les mouvements d'une bouillonnante avant-garde ? Mais Dada lui-même, soupçonné de jeu intellectuel, sera mis en cause par Breton. En attendant, Tzara et *Littérature* multiplient les provocations jusqu'à faire riposter la grande presse et les gens en place. C'est le temps le plus ardent où l'on ouvre le feu par des tracts incessants, des papillons enflammés, des manifestes, des revues comme *Proverbe* que lance Éluard, *391* puis *Cannibales* de Picabia, *Z* de Paul Dermée, etc. Désormais, c'est dans les petites revues que s'élabore la nouvelle poésie. Cependant, un conflit sourd entre Breton et Tzara, le premier craignant que le nihilisme à tout prix devienne une pose, le second s'insurgeant contre tout ce qui n'est pas l'idiotie à l'état pur. La bagarre éclate entre eux à l'occasion du procès, « mise en accusation et jugement » de Maurice Barrès, aux Sociétés savantes en 1921, où fusent des répliques célèbres. Voilà que Breton prépare un Congrès pour la détermination des directives de la défense de l'esprit moderne et Dada qui nie tout refuse aussi le « moderne ». Tristan Tzara refuse donc d'appartenir au comité, lequel est bientôt désavoué, Breton étant mis dans la même charrette, par un groupe curieusement composé où l'on trouve ses propres membres et ses partisans : Éluard, Ribemont-Dessaignes, Radiguet, Cocteau, Arland, des artistes comme Man Ray, Arp, Zadkine, Metzinger, Survage, un musicien comme Satie, etc. Au sein de Dada, les contradictions sont mises à jour. Voilà que Tzara, Éluard et Ribemont-Dessaignes lancent *le Cœur à barbe,* lequel « ne contiendra ni littérature, ni poésie », que Breton relance *Littérature* avec une interview de Freud par Breton et un article de Tzara sur Lautréamont, « homme négatif » qui affirme sa liberté dans la destruction universelle. Entre les deux revues, c'est la guerre et la rupture. Chez les dadaïstes et les surréalistes, on n'en finira jamais de se battre. Le conflit est entre Breton et Tzara, ce dernier étant chahuté lors de la représentation de son *Cœur à gaz* et le tout se résolvant en coups de poing. Sur les lieux de Dada s'affrontent deux champions, Tzara, celui du cœur à barbe ou à gaz, Breton, celui du nouveau, conflit qui se répétera sans cesse au long de l'histoire du Surréalisme, histoire fort compliquée faite de ruptures et de rapprochements, d'exclusions incessantes. En fait, il y a continuité entre les deux mouvements comme sait le voir Breton. Si Tzara oubliera, ou semblera oublier, le mythe de la désintégration universelle, notamment dans son roman *Faites vos jeux,* 1923, si l'acte de décès de Dada sera publié, il ne s'agira jamais que d'un repli ou d'un armistice. Dada sera toujours prêt à renaître, à se mettre au service de toute action révolutionnaire et, même sans que cela soit reconnu, transparaîtra dans d'autres mouvements : les tracts de mai 1968 tout comme certaines manifestations lettristes seront dans la tradition inaugurée au Cabaret Voltaire. Des ouvrages seront indispensables à la parfaite connaissance du mouvement Dada : *l'Aventure Dada* et le *Dictionnaire du Dadaïsme* de

Georges Hugnet, *Déjà jadis* de Georges Ribemont-Dessaignes, l'*Histoire du Surréalisme* de Maurice Nadeau, les ouvrages, essais, anthologies de Yves Duplessis, Serge Fauchereau, Philippe Audoin, Marcel Jean, Jean-Louis Bédouin, etc., et on lira avec intérêt les rééditions des revues de cette époque par Jean-Michel Place.

Oui, mais, c'est quoi Dada ?

Certes Dada, cette réunion de deux syllabes volontairement insignifiantes, n'est pas né par hasard et correspond aux désarrois d'un temps donné. Il eut ses précurseurs qui pourraient bien être Lafcadio et le père Ubu, Lautréamont et quelques autres. Parallèlement un Jacques Vaché, dans ses *Lettres de guerre* qui seront publiées sous les auspices de *Littérature,* sans avoir jamais appartenu à Dada (il mourut en 1919) a émis des idées bien proches de celles de Tzara et de ses amis. Après Maurice Nadeau, nous citons par exemple :

> Nous n'aimons ni l'art ni les artistes (à bas Apollinaire)... nous ignorons Mallarmé, sans haine, parce qu'il est mort. Nous ne connaissons plus Apollinaire — CAR — nous le soupçonnons de faire de l'art trop sciemment, de rafistoler du romantisme avec du fil téléphonique, et de ne pas savoir les dynamos. LES ASTRES encore décrochés! — c'est ennuyeux — et puis parfois ne parlent-ils pas sérieusement! Un homme qui croit est curieux. MAIS PUISQUE QUELQUES-UNS SONT NÉS CABOTINS...

Nihiliste, Jacques Vaché ne croyait guère qu'à ce don de Jarry qu'il appelait l'*umour* : « sera umore celui qui toujours ne se laissera pas prendre à la vie cachée et SOURNOISE de tout ». Le meilleur introducteur à Dada est sans doute ce Jacques Vaché qui n'appartint pas au mouvement. Le lecteur de poèmes classiques pourra être surpris et désorienté par les productions dont nous allons parler. Il faut pour comprendre Dada se transporter dans ce temps d'une guerre affreuse où les esprits désespérés par la destruction de millions d'êtres humains ne pouvaient plus croire à rien de durable ni de permanent. Nul plus que les poètes du groupe de Zurich ne ressentit cette décomposition du monde, cette angoisse qui allait s'instaurer à jamais, et ils furent en révolte contre l'art établi, la société et sa morale en faillite. Dans un monde prêt au sommeil et à la mort, il fallait trouver de nouvelles manières d'être pour tenter de vivre. Scandaliser l'opinion devenait un moyen de sortir la société bourgeoise de sa léthargie, de s'évader des idées reçues et des ordres de la tradition de quelque ordre qu'ils fussent. Ainsi Georges Ribemont-Dessaignes écrira : « Qu'est-ce que c'est beau ? Qu'est-ce que c'est laid ? Qu'est-ce que c'est grand, fort, faible ? Qu'est-ce que c'est Carpentier, Renan, Foch ? Connais pas. Qu'est-ce que c'est moi ? Connais pas, connais pas, connais pas. » Dès lors que l'on pense ainsi, par refus, une école littéraire échappe aux modèles esthétiques connus et supprime toute échelle des valeurs. Les manifestes deviennent la création importante, Dada se mettant en cause lui-même : « Les vrais dadas sont contre dada. Tout le monde est directeur de *Dada.* » On détruira l'idée même de manifeste et l'on pourra lire : « J'écris ce manifeste pour montrer qu'on peut faire les actions opposées ensemble, dans une seule fraîche respiration; je suis contre l'action; pour la continuelle contradiction, pour l'affirmation aussi, je ne suis ni pour ni contre et je ne m'explique pas car je hais le bon sens. »

Un des paradoxes de Dada qui n'est pas à un paradoxe ou à une contradiction près, réside sans doute dans l'excellence du style des manifestes, un luxe étant de refuser le littéraire par des modes somme toute littéraires. Le lecteur qui ne verrait là que désordre et incohérence serait de courte vue. Les positions, si elles varient, se métamorphosent, pour ne pas sombrer dans ce qui est reproché à l'ennemi, aux récupérateurs de tous ordres, sont toujours nettement affirmées. Ne part-on pas d'une phrase de Descartes : « Je ne veux même pas savoir qu'il y a eu des hommes avant moi. » Mais si le philosophe part de l'ignorance préalable, Dada ne peut ignorer ce qu'il veut détruire. Plus tard, Tristan Tzara écrira : « Cette guerre (1914-1918) ne fut pas la nôtre; nous l'avons subie à travers la fausseté des sentiments et la médiocrité des excuses... Dada naquit d'une révolte qui était commune à toutes les adolescences, qui exigeait une adhésion complète de l'individu aux nécessités profondes de sa nature, sans égards pour l'histoire, la logique ou la morale ambiantes... » Il dira aussi : « Il s'agissait de fournir la preuve que la poésie était une force vivante sous tous ses aspects, même antipoétiques, l'écriture n'en étant qu'un véhicule occasionnel, nullement indispensable, et l'expression de cette spontanéité que, faute d'un qualificatif approprié, nous appelions *dadaïste.* » Aujourd'hui, ne nous laissons pas trop prendre à l'aspect infantile, idiot ou sénile de ce mot Dada qui aurait été trouvé au hasard du dictionnaire. Derrière l'anarchisme, la subversion, on trouve un mouvement s'intéressant à toutes les formes de l'art. Peintres, poètes, musiciens, artistes de toutes sortes en sortiront qui feront le siècle, car, même à l'apogée du Surréalisme, le Dadaïsme noyé dans la Seine restera secrètement le feu central de la création incessante.

Les manifestations Dada appartiennent à l'histoire de la poésie au moment où elle est remise en question. La destruction de l'homme classique provoquera chez les surréalistes le désir de créer une nouvelle humanité régénérée, totale, intra et extra muros. Qui pouvait comprendre que Tristan Tzara annonçant la lecture d'un manifeste la remplaçait par celle d'un article de journal pris au hasard tandis que Paul Éluard et Théodore Fraenkel sonnaient de la cloche? Là où d'aucuns ne voyaient que des amusements de potaches mal élevés, de vaines provocations, de stériles agitations conduisant à une impasse (et le danger était effectivement l'impasse), à partir de la destruction se préparait la création, même si chemin faisant certains devinrent l'essence même de ce qu'ils attaquaient dans leur jeunesse.

Pour donner une idée de la manière dont le public recevait ces manifestations, Maurice Nadeau a cité un article de D'Esparbès décrivant une exposition de collages de Max Ernst :

Avec le mauvais goût qui les caractérise, les dadas ont fait appel cette fois au ressort de l'épouvante. La scène était dans la cave et toutes les lumières éteintes à l'intérieur du magasin ; il montait par une trappe des gémissements. Un autre farceur, caché derrière une armoire, injuriait les personnalités présentes..., les dadas, sans cravate et gantés de blanc, passaient et repassaient... André Breton croquait des allumettes, Ribemont-Dessaignes criait à chaque instant : « Il pleut sur un crâne », Aragon miaulait, Philippe Soupault jouait à cache-cache avec Tzara, tandis que Benjamin Péret et Chouchoune se serraient la main à chaque instant. Sur le seuil, Jacques Rigaut comptait à voix haute les automobiles et les perles des visiteuses...

Ces hommes « sans cravate et gantés de blanc » en feront bien d'autres, s'en prenant aux hommes de lettres en renom comme Maurice Barrès, Anatole France et même André Gide, le père de Lafcadio : « Si vous lisez André Gide tout haut pendant dix minutes, vous sentirez mauvais de la bouche. » Marcel Duchamp montrera la Joconde avec des moustaches et les procès seront dominés par un humour dévastateur s'exerçant aussi bien contre les accusés que contre le jury. Toute l'histoire du Dadaïsme et du Surréalisme qui le suivra sera dominée par les lettres dites d'engueulade, les exclusions fracassantes.

Donnons dans le désordre quelques extraits de textes et des manifestes de Dada et l'on verra que l'aspect destructif s'accompagne de dynamisme créateur :

Pas de pitié. Il nous reste après le carnage l'espoir d'une humanité purifiée... Ainsi naquit Dada d'un besoin d'indépendance, de méfiance envers la communauté. Ceux qui appartiennent à nous gardent leur liberté. Nous ne reconnaissons aucune théorie... Je vous dis : il n'y a pas de commencement et nous ne tremblons pas, nous ne sommes pas sentimentaux. Nous déchirons, vent furieux, le linge des nuages et des prières, et préparons le grand spectacle du désastre, l'incendie, la décomposition...

... Tout produit du dégoût susceptible de devenir une négation de la famille est dada ; protestation aux poings de tout son être en action destructive : DADA ; connaissance de tous les moyens rejetés jusqu'à présent par le sexe pudique du compromis commode et de la politesse : DADA ; abolition de la logique, danse des impuissants de la création : DADA ; de toute hiérarchie et équation sociale installée pour les valeurs et par nos valets : DADA...

... Nous en avons assez des académies cubistes et futuristes : laboratoires d'idées formelles. Fait-on l'art pour gagner de l'argent et caresser les gentils bourgeois ? Les rimes sonnent l'assonance des monnaies et l'inflexion glisse le long de la ligne du ventre de profil. Tous les groupements d'artistes ont abouti à cette banque en chevauchant sur diverses comètes. La porte ouverte aux possibilités de se vautrer dans les coussins et la nourriture...

Cependant, nous le verrons en rencontrant individuellement ces dadaïstes, à partir de nouvelles valeurs qui sont surtout la spontanéité et le recours au hasard, à l'écriture et au dessin automatiques, des œuvres seront édifiées dans tous les domaines, car Dada, nihiliste apparemment seulement, s'ouvre sur l'espoir d'un art et d'une poésie libérés des habitudes et des contraintes :

Chaque page doit exploser, soit par le sérieux profond et lourd, le tourbillon, le vertige, le nouveau, l'éternel, par la blague écrasante, par l'enthousiasme des principes ou par la façon d'être imprimée. Voilà un monde chancelant qui fuit, fiancé aux grelots de la gamme infernale, voilà de l'autre côté : des hommes nouveaux. Rudes, bondissants, chevaucheurs de hoquets.

Les slogans de Dada seront des variations sur les négations du groupe. Il en est de tous ordres et de tous niveaux et l'on comprend leur destination. Ils vont de l'astuce à la puérilité volontaire, de la recherche poétique à la facilité, du charme à la platitude comme en témoigne ce choix :

> Dada se charge de la police à pédales et de la morale en sourdine. – Dada ne parle pas, Dada n'a pas d'idée fixe. – Dada n'attrape pas les mouches. – La Sainte Vierge déjà fut dadaïste. – Dada est contre la vie chère. – Dada est contre le futur, Dada est mort, Dada est idiot. – Dada doute de tout. Dada est Tatou. Tout est Dada. – Dada est la plus grande escroquerie du siècle. – Dada ne signifie rien. – Dada est le bonheur à la coque. – Dada a le cul en porcelaine et l'aspect français. – Tout produit du dégoût susceptible de devenir une négation de la famille, est Dada. – Impossible n'est pas Dada. – Un État dans l'État c'est Dada dans Dada. – Dada est le portemanteau du système nerveux.

Tristan Tzara donne une recette « Pour faire un poème dadaïste », tout comme quelques années auparavant Georges Duhamel en donnait une pour faire un poème parnassien. Voilà la dérision :

> Prenez un journal.
> Prenez des ciseaux.
> Choisissez dans ce journal un article ayant la longueur que vous comptez donner à votre poème.
> Découpez l'article.
> Découpez ensuite avec soin chacun des mots qui forment cet article et mettez-les dans un sac.
> Copiez consciencieusement.
> Le poème vous ressemblera.
> Et vous voilà « un écrivain infiniment original et d'une sensibilité charmante, encore qu'incomprise du vulgaire ».

Ce mode d'emploi, il se trouvera que Raoul Hausmann reproche à Tzara de ne pas le mettre en pratique. Ribemont-Dessaignes ira fort loin dans la négation ; et aussi Picabia, ou Louis Aragon :

> Plus de peintres, plus de littérateurs, plus de musiciens, plus de sculpteurs, plus de religions, plus de républicains, plus de royalistes, plus d'impérialistes, plus d'anarchistes, plus de socialistes, plus de bolcheviques, plus de politiques, plus de prolétaires, plus de démocrates, plus de bourgeois, plus d'aristocrates, plus d'armées, plus de polices, plus de patries, enfin assez de toutes ces imbécillités, plus rien, plus rien, rien, RIEN, RIEN, RIEN.
> De cette façon nous espérons que la nouveauté qui sera la même chose que ce que nous ne voulons plus s'imposera moins pourrie, moins immédiatement GROTESQUE.

Ces hommes se cherchent, tentent de se libérer du sort fait à l'homme, de l'esclavage de la raison, de la logique et du bon sens. André Breton s'écrie : « Je me garde d'adapter mon existence aux conditions dérisoires ici-bas de toute existence. » Comment échapper à la force de l'ordre, se délivrer de son propre type humain et d'une expérience fondée sur l'utilité, le profit, avec la raison pour police ? Bientôt, une autre police se substituera à cette dernière, celle de la pureté et du désintéressement, ou, du moins, le tentera-t-on sous le regard de juge du pape du Surréalisme.

Des œuvres Dada.

Les anthologies du Surréalisme fleuriront, englobant le Dadaïsme, car les frontières sont mouvantes, comme l'a fort bien défini Serge Fauchereau : « Le lecteur est invité à laisser de côté les classifications et concepts trop commodes de la critique traditionnelle (biographies, influences, genres...). La littérature est le domaine de l'aléatoire, du mouvant, et les œuvres, comme les époques et les cultures, débordent l'une sur l'autre. » Si, comme le dit ce critique, les dénominations en « isme » sont de pure convention et ne recouvrent que des idées générales, il a cherché « la spécificité des mouvements à travers quelques représentants typiques (Marinetti, Maïakovski, Ball, Péret), ou qui proposent un point de vue original (Stramm, Khlebnikov, Soupault), ou en scrutant l'œuvre de certains écrivains qui sont à cheval sur plusieurs " ismes " (Goll, Pessoa, Tzara) ». La meilleure compréhension est proposée par son ouvrage *Expressionnisme, Dada, Surréalisme et autres ismes* qui a le mérite de saisir ces mouvements dans leur ensemble international. Fidèle aux grandes lignes de notre propre ouvrage, après avoir tenté de donner une idée générale des mouvements, nous rejoindrons les créateurs dans leur individualité. Existe-t-il une poésie proprement Dada ? Nous le croyons et de nombreux exemples nous sont proposés.

Aux bataillons bien alignés du poème classique, aux rythmes mesurés des versets, au poème en prose, au simple vers libre vont succéder d'autres créations singulières, déroutantes, éclatées, mettant en jeu d'autres pouvoirs. Il va falloir inventer de nouveaux modes d'expression sonore ou graphique, et même une nouvelle langue. Les hommes du groupe Dada de Zurich fonderont une Société anonyme pour l'exploitation du vocabulaire dadaïste. Société vraiment anonyme, la poésie étant faite par tous et non par un puisque les poèmes seront écrits en collaboration, sans souci de préméditation et de logique, et sans tenir compte, au besoin, de la diversité des langues. C'est déjà le poème automatique des surréalistes comme le soulignera Hans Arp : « Cette poésie automatique sort d'une manière immédiate des intestins ou de tout autre organe du poète qui ait accumulé ses réserves. Rien ne doit l'empêcher, la contrecarrer, ni le postillon de Longjumeau, ni l'hexamètre, ni la grammaire, ni l'esthétique, ni Bouddha, ni le sixième commandement. Le poète crie, vocifère, soupire, bégaie comme cela lui chante. Des niaiseries, ce que les hommes nomment généralement des riens, lui sont aussi précieuses que la plus haute rhétorique. Car dans la nature une particule est aussi belle et importante qu'une étoile, et ce ne sont que les hommes, dans leur vanité, qui décident de ce qu'il faut nommer beau ou laid. » Mais, dira le lecteur, que cela peut-il donner? Arp, Serner et Tzara composèrent un poème en allemand selon cette méthode dont Georges Hugnet a donné la traduction. Le titre en est *l'Hyperbole du coiffeur-crocodile et de la canne* :

> Le feu de saint-elme court autour des barbes des anabaptistes – ils sortent de leurs verrues des lanternes de mineurs – et trempent leurs croupions dans les mares – il chantait la boulette à clous sur la glace flottante – et sifflait si tendrement autour de l'angle la tremblotante – qu'une grille de fonte dérapa – 4 eugènes en tournée scandinave millovitch caisse bleue est un succès de tonnerre – parmi la crême à cheveux du trot – canal – le serin le plus négligent enjamba le pieu en bouillie – d'un sac à beurre dans le plumage de zinc – course de terreur devant la paroi raide – le bon père enfonce – dans la tête le tomahawk – la mère crie pour la dernière fois son coassement accompli.

Une autre forme de poème dadaïste est celle provoquée par la méthode de Tzara : « Prenez un journal... » Ce sera le hasard, la loterie. Chaque mot d'un texte élu devra être utilisé et les poètes au travail pourront comparer leurs productions à partir des mêmes mots. A la suite de son mode d'emploi, Tzara a apporté un exemple dont voici le début :

> Lorsque les chiens traversent l'air dans un diamant comme les idées et l'appendice de la méninge montre l'heure du réveil programme (le titre est de moi) prix ils sont hier convenant ensuite tableaux / apprécier le rêve époque des yeux / pompeusement que réciter l'évangile genre s'obscurcit / groupe l'apothéose imaginer dit-il fatalité pouvoir des couleurs / tailla cintres ahuri la réalité un enchantement / spectateur tous à effort de la ce n'est plus 10 à 12 / pendant divagation virevolte descend pression / rendre de fous queue leu-leu / chairs sur une monstrueuse écrasant scène / célébrer mais leur cent soixante adeptes dans pas aux mis en mon sacré / fastueux de terre bananes soutint s'éclairer...

Autre forme de la poésie Dada, le poème dit phonétique qui sera en langage inventé composé de sons organisés. La chose n'était pas nouvelle et Georges Hugnet a rappelé divers essais de langue inventée, « du XVIIe au XXe siècle, de l'Espagnol Gongora aux Allemands Scheorbart et Morgenstern », la langue « zaoum » du poète russe Vélimir Khlebnikov et les tentatives de l'avant-garde russe des cubo-futuristes et ego-futuristes, notamment Alexandre Kroutechénykh et Vassoli Kaminsky qui introduisaient dans leurs œuvres des passages en langage inventé sans dépasser « les limites et les effets de l'harmonie imitative ou des jeux de mots à intention ». Dada participera de ces nouvelles formes avec le poète russe Ilia Zdanévitch, dit Illiazd (1874-1975) qui publia en langue « zaoum » et de plus avec des caractères cyrilliques, *le Dentule Phare* 1923, avec Raoul Hausmann, avec Hugo Ball, Kurt Schwitters, Man Ray, et Tzara qui fait s'exprimer quelques personnages en langue inventée dans *la Première Aventure céleste de Mr Antipyrine*, 1916. Pour la plupart de ces productions, il était fait appel aux trésors de la typographie comme en témoignent ces pages dues à Raoul Hausmann, Iliazd, Hugo Ball et Man Ray :

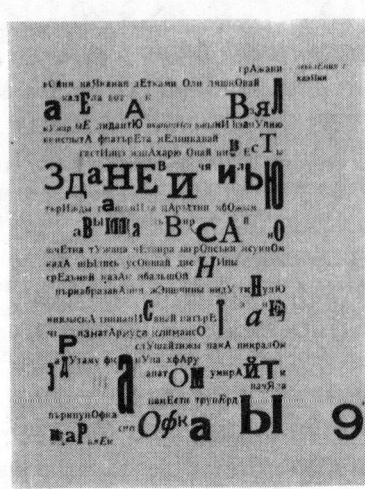

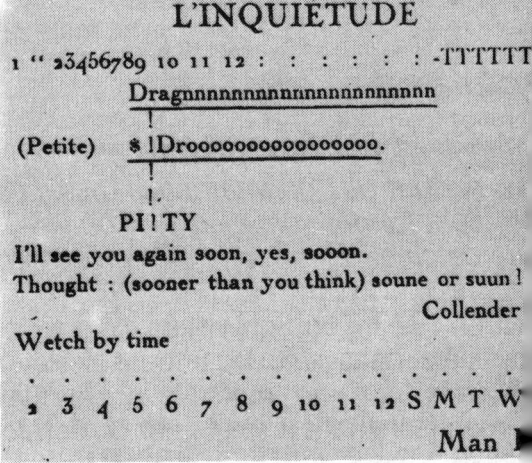

S'ajoutent à cela d'autres recherches comme celles du poème chimique, du poème statique ou optique, spectacle par pancartes installées sur des chaises et recevant des mots dont on épuisera toutes les combinaisons possibles en changeant entre deux levers de rideau l'ordre des sièges. Hugnet explique : « Avec un nombre donné de mots, il s'agissait, par les combinaisons multiples qui peuvent en résulter, de donner à chacune d'elles l'image poétique que cette transformation suscite. Le sens de cette forme d'expression est que la poésie ne réside pas dans les mots mais dans l'acte poétique qui exprime l'intention du poète aux limites de la poésie élaborée. » Hugnet ajoute : « Cette idée si chère à Tristan Tzara et qui le préoccupera sa vie durant l'amènera plus tard à définir ce qu'il entend par poésie latente et par poésie moyen d'expression et à les opposer l'une à l'autre, puis plus tard encore à un essai de réalisation du poème perpétuel : *la Rose et le chien*, 1958. »

Le recours au poème orthophonétique ou phonétique, aux caractères typographiques des différentes polices et des différents corps n'était nullement gratuit : il s'agissait de donner aux lettres les caractères d'une écriture musicale en unissant les constituantes du poème nouveau comme s'en est expliqué Hausmann : « Je pensais que le poème est le rythme des sons. Pourquoi des mots ? De la suite rythmique des consonnes, diphtongues, et comme contre-mouvement de leur complément de voyelles, résulte le poème qui doit être orienté simultanément, optiquement et phonétiquement. Le poème est la fusion de la dissonance et de l'onomatopée. Le poème jaillit du regard et de l'ouïe intérieure du poète par le pouvoir matériel des sons, des bruits et de la forme tonale, ancrée dans le geste même du langage. L'optique spirituelle, la forme spatiale et la forme matérielle sonore ne font pas le poème, elles le constituent... Le poème phonétique divise le temps-espace en valeurs de nombres prélogiques, qui orientent le sens optique par le pouvoir de notation des lettres écrites. Chaque valeur dans un tel poème se manifeste d'elle-même et obtient une valeur sonore selon que l'on traite les lettres, les sons, les amassements de consonnes-voyelles par une déclamation plus haute ou plus basse. Pour exprimer cela typographiquement, j'avais choisi des lettres plus ou moins grandes ou plus ou moins maigres ou grasses, leur donnant ainsi le caractère d'une écriture musicale. » Il s'agissait des premiers pas vers une poésie parfaitement non-objective, abstraite.

Une des particularités de Dada sera, ainsi, sans renier le livre, d'employer d'autres supports de communication. Comme au temps des mazarinades ou de la Révolution où couraient les billets et les libelles, on en revient à ces feuillets éphémères que sont les tracts, papillons, prospectus, affiches, cartons, manifestes, littérature rapide, au jour le jour, témoins d'une humeur, d'une colère, d'un coup de tête, d'un désir de dire vite en visant juste. Y. Poupard-Lieussou et M. Sanouillet ont réuni des *Documents Dada* qui situent bien « Dada dans son vol hors du temps, tel qu'en lui-même enfin le vierge, le vivace et le bel aujourd'hui le changent ». Il fallait, en effet, pour mieux appréhender le Dadaïsme, rassembler les éléments d'un puzzle difficile. Certes, Dada n'avait pas inventé ces modes déjà chers aux futuristes, mais il les utilisa, leur donna sa marque particulière, plus que tout autre mouvement. Il y eut, et cela s'est répandu de nos jours, tentative de contact direct avec le public : ainsi, Arthur Cravan, « le poète aux cheveux les plus courts du monde », vendait la revue *Maintenant* aux portes des stades sur une voiture de marchande des quatre saisons. Le poète devenant une sorte d'homme-sandwich distribuant des prospectus-poèmes : un scandale pour la bourgeoisie lettrée. Il faut parler de nécessité : il s'agissait de contourner l'univers de la librairie, avec ses traditions poussiéreuses, sa lenteur, pour aller au plus utile, comme le fera la publicité. On sera donc typographe, on ira aux vieilles casses, aux vieux caractères pour composer dans quelque cave, hors des normes, des imprimés où le mot, la lettre prendront leur vie propre. Finis les bataillons militaires de l'ordre typographique. Naît la création dans le mélange des polices de caractères, des bâtons, des italiques, des corps et des graisses; on emploie des filets gras, des structures horizontales, verticales ou obliques pour créer des œuvres optiques. Les Allemands iront dans ce domaine plus loin que les Français relativement modérés. Les Surréalistes, s'ils garderont ce goût de la fantaisie, de la contestation, de l'anarchie typographique contre les us et traditions d'un métier, ne le feront pas sans quelque esthétisme, revenant peu à peu à plus de classicisme. Le corpus des tracts et des feuillets volants de Dada introduit à un univers d'innocence, de création et d'heureuse liberté. Comment ne pas penser à ces vers prémonitoires d'Apollinaire qui, lui, alla jusqu'au calligramme : « Voilà les prospectus, les catalogues / Les affiches qui chantent tout haut... »?

Chez Dada, le poème rejoignait la représentation spatiale et la musique comme en témoignent telle *Sonate présyllabique* ou telle *Ursonate* fondée sur le scherzo. On le voit, Dada n'était pas que négation et les recherches savantes abondent. Citons encore cette technique verbale de Richard Huelsenbeck, le poème bruitiste : « Le poème bruitiste décrit un tramway tel qu'il est, l'essence même du tramway avec les braillements du rentier Schulze et le grincement des freins. » Le poème bruitiste, dans sa récitation, pouvait s'accommoder de bruitages obtenus par le maniement d'une crécelle ou d'un quelconque objet à portée de la main.

Le poème simultané de Barzun et Divoire, les recherches de Guillaume Apollinaire, les intentions de Cendrars ou Jules Romains, intéressèrent Dada, mais en repoussant l'aspect imitatif et stylisé, l'acception naturaliste du monde et son mouvement, le dramatisme universel. Il s'agit, dans le poème simultané Dada, non pas d'imiter la nature ou de créer un esthétisme, mais de créer un acte poétique passant avant un effet suscité. Dès lors les poèmes simultanés d'un Tzara remplacent la vertu musicale par la discordance phonétique, les différentes voix s'exprimant sans souci de s'harmoniser sur le plan du sens ou celui des sons. Mais Dada dut bien reconnaître que les formes inventées par des précurseurs comme Barzun et Divoire étaient nouvelles et inusitées.

Les recherches de Dada furent multiples et nous en exposons les principales pour montrer que la négation d'un ordre s'accompagnait de la création de choses jamais vues. Il arriva cependant aux dadaïstes de recourir à des formes plus régulières, celles du vers libre, cela comme un acte d'anticonformisme à Dada lui-même. En général, comme l'a souligné Serge Fauchereau, « les poèmes ne vont plus s'étaler joliment en strophes mais dévaler la page avec violence; bien que Tzara ne parle ni d'écriture automatique ni d'inconscient, la vitesse de composition du poème est donnée comme essentielle ». L'étude des rapports de Dada avec les théories de Reverdy et de quelques autres, de Marinetti aux surréalistes est singulièrement enrichissante, de même que les comparaisons des diverses théories au sein même du mouvement Dada.

Une parenthèse : « Nous voilà, dira le lecteur fervent de poésie classique bien loin de la poésie telle que nous la concevons et s'agit-il vraiment de poésie ? » Il peut ne pas apprécier ces recherches, ce qui est bien son droit, et il ne retrouvera pas les modes qui le charment, mais on ne saurait, ne serait-ce que par probité intellectuelle, se référer aux seules manifestations tapageuses, à l'insignifiance même du mot dada, pour refuser la considération due à des hommes soucieux d'invention et de recherche, répondant au fond à ce désir d'Arthur Rimbaud : « Changer la vie. » D'aucuns, comme Henri Clouard, ne retiendront que le retentissement de quelques cris d'angoisse, ce qui est de courte vue, et il est choquant que l'on parle d'extravagance et d'insincérité. Le critique classique dit : « L'entreprise fut peut-être de fumisterie, à coup sûr de sarcasme et de démission humaine à la Lautréamont. Ces jeunes gens ne voulaient pas laisser de traces sur terre. Ah, disaient-ils, s'affranchir, même d'une inspiration à fixer ! Se désintéresser de tout, sauf d'une Révolution et n'importe laquelle ! Bien entendu, plus de critique, plus de morale, plus de goût... Le clown Grock a été un Dada. » Pourquoi pas ? Un homme comme Marcel Raymond, intelligent et ouvert à la nouveauté, reconnaît qu'on peut comprendre dans un temps donné ces négations inhumaines philosophiquement logiques, légitimes, mais ne voit que les intentions négatives, ubuesques. Nous ne crierons pas au fou ou au « plaisir aristocratique de déplaire ». Car chez Dada, à notre sentiment du moins, la part créative l'emporte sur la part négative.

Dada s'il eut son acte de mort ou de suicide officiel lorsque, en 1921, les Quatz'Arts noyèrent son effigie dans la Seine, comme l'avaient été celles du Cubisme et du Futurisme, n'en a pas moins, d'une manière ou d'une autre, continué son existence à travers le Surréalisme et plus tard des écoles nouvelles, se réclamant ou prenant soin de ne pas se réclamer de ses recherches, comme le Lettrisme (Isidore Isou, Maurice Lemaître, François Dufrêne et l'important groupe de leurs amis) qui respecte Tzara, le Spatialisme (Pierre Garnier, Henri Chopin...), la poésie verbophonique (Arthur Pétronio) proche de René Ghil, les créations d'Altagor, André Martel, les travaux de la chaîne internationale *Doc(k)s* et d'autres groupes aujourd'hui.

Parlons donc d'un épilogue provisoire, si l'on peut dire. Dada, négation de l'art traditionnel aussi bien que de l'art dit « moderne », Tristan Tzara assisterait-il à ce « Congrès international pour la détermination des directives et la défense de l'esprit moderne » à l'appellation fort classique convoqué par André Breton ? Non, pour lui il s'agissait déjà de passé. Et, sans lui, un tel congrès était voué à l'échec. La rupture se fit avec quelque violence. Les futurs surréalistes (le nom n'était pas trouvé) venus manifester en juillet 1923 à une représentation du *Cœur à gaz* de Tzara furent mal reçus. André Breton et Benjamin Péret n'eurent pas le dessus, et, comme l'a rapporté le plus sûr historien du Surréalisme, Maurice Nadeau : « Pierre de Massot s'en tira avec un bras cassé, et Eluard après être chu dans les décors, avec une note d'huissier lui réclamant 8.000 francs de dommages et intérêts ! » Tout cela n'est guère sympathique et non plus les attaques sans grandeur de Breton contre Tzara, lui reprochant de ne pas avoir inventé le mot Dada, le Dadaïsme n'étant plus pour lui « qu'une manière de s'asseoir ». Et voilà que Breton-Bonaparte réunit ses troupes après cette injonction : « Lâchez tout. Lâchez Dada. Lâchez votre femme. Lâchez votre maîtresse. Lâchez vos espérances et vos craintes. Semez vos enfants au coin d'un bois. Lâchez la proie pour l'ombre. Lâchez au besoin une vie aisée, ce qu'on vous donne pour une situation d'avenir. Partez sur les routes. » Il salue sa vieille garde et ses jeunes soldats : « Picabia, Duchamp, Picasso nous restent. Je vous serre les mains, Louis Aragon, Paul Éluard, Philippe Soupault, mes chers amis de toujours. Vous souvenez-vous de Guillaume Apollinaire et de Pierre Reverdy? N'est-il pas vrai que nous leur devons un peu de notre force? » Il salue ses nouvelles recrues : « Mais déjà Jacques Baron, Robert Desnos, Max Morise, Roger Vitrac, Pierre de Massot nous attendent. Il ne sera pas dit que le dadaïsme aura servi à autre chose qu'à nous maintenir dans cet état de disponibilité parfaite où nous sommes et dont maintenant nous allons nous éloigner avec lucidité vers ce qui nous réclame. » Le général en chef va emmener ses soldats vers de nouvelles aventures comme y invitent de nouvelles manières d'être et de penser à partir de nouvelles conceptions de l'homme fondées sur les découvertes de la science et de la philosophie et dont André Breton a le mérite d'avoir la connaissance et surtout l'intuition. Mais sans le grand balayage de Dada tout cela aurait-il pu avoir lieu?

3

Tristan Tzara

De Samuel Rosenstock à Tristan Tzara.

L E 16 avril 1896, Philippe et Émilie Rosenstock furent les parents d'un bébé qu'ils prénommèrent Samuel, qui serait un jour Tristan Tzara (1896-1963) et qui consacrerait plus d'un demi-siècle à la poésie. C'était à Moinesti, en Roumanie. Seize ans après, le jeune Samuel, élève dans un lycée de Bucarest, y fonde, en compagnie de Ion Vinea et de Marcel Janco, la revue *Simbolul* où l'adolescent publie ses premiers poèmes, dans sa langue maternelle, sous la signature de S. Samyro. Ces « premiers poèmes » *(Primale Poeme)* seront réunis bien plus tard et présentés par Sasa Pana, et traduits en français par le poète Claude Sernet en 1965, et certains par Colomba Voronca dans la revue *le Pont de l'Épée* en 1970. Par la suite, Tzara écrira uniquement en français. Ces poèmes roumains d'un très jeune homme ne sont pas ceux qu'écrivent habituellement les débutants : auprès de poèmes intimistes, élégiaques, on trouve des accents modernes, de l'humour et des images nouvelles, un ton de révolte comme dans celui intitulé *l'Orage et le chant du déserteur* :

Regarde : en poussière et en âme s'en va mon corps,
Car je languis après toi avec l'orage et le hurlement des sirènes,
Plus haut que les nuages contre lesquels se sont écrasés les obus furieux.

Dans le même poème, il est dit encore : « Il fait si noir que seules les paroles sont lumière. » Il surprend par sa précocité et son art déjà sûr quand il entonne un *Chant de guerre* :

Nous nous hâtons vers les frontières,
Devant les églises nous ne faisons plus le signe de la croix;
Nos amoureuses
Si elles pouvaient se muer en eau de fontaine, en ombre de noyers
Pour que nous nous arrêtions...

Élève brillant, ses études au lycée sont couronnées par un certificat délivré à « Samuel Rosenstock, de nationalité israélite », ce qui se précisait alors en Roumanie. En 1915, il quitte Bucarest pour Zurich où il s'inscrit à la faculté de Philosophie et Lettres. Il a laissé à son ami Ion Vinea des poèmes qui seront édités dans la revue *Chemarea* et signés pour la première fois Tristan Tzara : le papillon est sorti de sa chrysalide. Durant quatre ans, période zurichoise, Tzara va célébrer la fête Dada. Nous en avons dit la naissance : Hugo Ball inaugurant le Cabaret Voltaire avec sa compagne Emmy Hennings, Hans Arp, Marcel Janco, Tzara. Avec Huelsenbeck et Janco, Tzara lit des poèmes, des chants nègres, des poèmes simultanés. Le mot Dada sera trouvé au hasard des pages du Larousse. N'oublions pas que la première publication Dada est de Tzara : les seize pages subversives de *la Première Aventure céleste de Monsieur Antipyrine*. Durant ces années, les prises de contact se multiplient : Paul Guillaume, le marchand de tableaux qui mettra Tzara en relation avec Max Jacob, Apollinaire, et, par ce dernier, Reverdy; échange de lettres avec les Italiens Chirico, Maria d'Arezzo, Moscardelli, Gino Cantarelli, Aldo Fiozzi, Enrico Prampolini (les poèmes de Tzara fleurissent dans nombre de revues italiennes); publication de textes et de poèmes par les soins de Reverdy et Albert-Birot. C'est avec Apollinaire que Tzara a le plus d'affinités, Picabia ne dira-t-il pas : « Apollinaire aurait certainement été *Dada,* comme Duchamp et moi, s'il n'était pas mort prématurément. » Et l'on verra évidemment les numéros successifs de la revue *Dada,* des expositions. Le mouvement gagne vite. Tzara entretient des relations épistolaires suivies avec Picabia, Paul Dermée, Éluard, avec les artistes allemands tels que Raoul Hausmann, Franz Jung, Karl Einstein, Herwart Walden, et d'autres. Zurich est la capitale, le carrefour d'où partent les manifestes (voir plus haut). C'est en 1918 que paraît le fameux *Manifeste Dada.* Nous en avons dit les circonstances : le sens de cette subversion dépasse l'objet littéraire. Dada est né de la guerre dans une Europe en ruine où de jeunes hommes vigilants se lancent dans la plus inattendue des aventures intellectuelles.

En 1919, à Paris, toutes les tendances d'avant-garde ou presque, et tout au moins les plus importantes, voient en Dada la possibilité d'une naissance éclatante. Ainsi Breton, Soupault, Aragon, Éluard, Ribemont-Dessaignes. En avril 1919, Tzara fait son entrée à *Littérature* avec sa *Maison Flake* qui étonne :

déclenchez clairons l'annonce vaste et hyaline animaux du service maritime
forestier aérostatique tout ce qui existe chevauche en galop de clarté la vie
l'ange a des hanches blanches (parapluie virilité)
neige lèche le chemin et le lys vérifié vierge
3/25 d'altitude un méridien nouveau passe par ici
arc distendu de mon cœur machine à écrire pour les étoiles
qui t'a dit « écume hachée de prodigieuses tristesses-Horloge
« t'offre un mot qu'on ne trouve pas dans le larousse
et veut atteindre ta hauteur

Le jeune Tzara a une singulière avance sur la plupart de ses contemporains, ce qui va hâter l'évolution des jeunes tenants d'un esprit nouveau défini par Apollinaire. D'autres sont à l'unisson déjà et les préoccupations de Dada deviennent celles des futurs surréalistes. L'état d'esprit change à la vitesse grand V. Dans cette année 1919 où le monde est en proie à l'anarchie, Tzara arrive à Paris précédé de sa réputation. Dada s'implante à Paris, Dada est accueilli avec enthousiasme et les manifestations se multiplient. Elles sont bientôt suivies par une véritable foule, et c'est le désordre, la clameur, les échanges de coups, les envois de projectiles, les insultes de la presse. On aime dérouter. Tzara le dira : « Malgré la grande part de gratuité de nos actes, destinés à dérouter les mieux intentionnés à notre égard, un sens polémique très vif, soutenu par des invectives acerbes, caractérisait notre prise de position négative sur le plan de la réalité. » Et Aragon s'en mêle : « Le système DD vous fait libre : brisez tout, visages camards. Vous êtes les maîtres de tout ce que vous casserez. On a fait des lois, des morales, des esthétiques, pour vous donner le respect des choses fragiles. Ce qui est fragile est à casser. Éprouvez votre force une fois ; après cela je vous défie bien de ne pas continuer. Ce que vous ne pourrez pas casser vous cassera, sera votre maître. » Cependant, on joue *Antipyrine,* on publie *Bulletin Dada, Dadaphone,* on prépare *Dadaglobe.* Tzara collabore à *Littérature, 391, Proverbe, Cannibale,* etc. Et il y a *Dada almanach* publié à Berlin, *Die Schammade* à Cologne par les soins de Max Ernst et J. Baargeld. Tzara, parallèlement, est étudiant en chimie. Il reçoit sa carte d'identité de la préfecture de Police. Il voyage : Zurich, Bucarest, la Turquie, la Grèce, l'Italie.

Proverbe d'Éluard, *391* de Picabia, Z de Paul Dermée, *Cannibale* sont revues actives. En 1920, Dada a proclamé : « Tout le monde est directeur de Dada » comme, en 1921, il offre « 50 francs de récompense à qui trouve le moyen de nous expliquer Dada » et s'insurge contre « ce qui n'est pas l'idiotie pire réclamée par Dada ». Picabia a manifesté son impatience, Breton s'oppose à Tzara lors du procès Barrès. Tout semble séparer les deux hommes. Dada le destructeur ne prépare-t-il pas sa propre perte? L'activité Dada continue : sabotage d'une conférence de Marinetti sur le tactilisme, publication du *Cœur à gaz* de Tzara en public, et Tzara voyagera encore à travers l'Europe.

Dès le début de 1922, nous l'avons dit, Breton prend l'initiative d'un « Congrès pour la détermination des directives de la défense de l'esprit moderne ». Or, pour Dada le « modernisme » même est chose périmée. Tzara se récuse : « Mais je considère que le marasme actuel, résulté du mélange des tendances, de la confusion des genres et de la substitution des groupes aux individualités, est plus dangereux que la réaction. » La riposte du comité organisateur ne se fait pas attendre. Ses membres « tiennent à mettre l'opinion en garde contre les agissements d'un personnage connu pour le promoteur d'un " mouvement " venu de Zurich » et il ne se peut « que le sort de l'entreprise dépende des calculs d'un imposteur avide de réclame ». Tzara dédaigne de répondre, mais d'autres, réunis à la Closerie des Lilas, le feront pour lui en flétrissant « les préparatifs bureaucratiques et ridicules » et en affirmant le rejet de ces « histoires de pape » car il faut défendre la liberté. Ceux-là se nomment Paul Éluard, Georges Ribemont-Dessaignes, Érik Satie, et bientôt quarante-cinq personnalités présentes vont retirer leur confiance au Comité de Paris. Citons : Man Ray, Zadkine, Metzinger, Kisling, Cocteau, Radiguet, Survage, Arp, Arland. C'est en avril la première rupture avec Breton. Trois mois plus tard, on publiera *le Cœur à barbe*, « journal transparent ». Tzara portera la parole Dada sous forme d'une conférence, « Dada à Paris » en Allemagne et participera, avec Richter et Arp, au Congrès constructiviste de Berlin organisé par Théo Van Doesburg.

Dans *les Feuilles libres,* en 1923, Tzara commence la publication d'un roman d'éducation sentimentale inattendu et qui ne sera jamais achevé. Il recueille ses poèmes de 1911 à 1922 dans *De nos oiseaux* imprimé pour les éditions Stock mais qui ne sortira que six ans plus tard chez Kra. En juillet une représentation du *Cœur à barbe* est sabotée par Breton, Aragon, Éluard, Péret qui saccagent le théâtre. Si, en 1924, les *Sept Manifestes Dada* sont publiés, ils expriment l'éloignement de Tzara du Surréalisme en gestation. Cependant, dès 1922, on a pu lire des poèmes qui marquent, chez Tzara, une naissance lyrique en jaillissement spontané d'images et de mots. La dernière page du recueil *De nos oiseaux* annonce à paraître *l'Arbre des voyageurs* et *l'Homme approximatif,* ce dernier livre paraissant en 1930 et classé comme œuvre surréaliste. Il y a en effet entre les dictées de l'inconscient prônées par Breton et ses amis et les poèmes de Tzara une parenté évidente. Il se produit alors des phénomènes étranges, paradoxaux, difficilement explicables : *Littérature* déchaîne des polémiques contre le poète en même temps que le groupe lui adresse des invitations auxquelles il se rend avec scepticisme. Il sait seulement que Breton cherche à édifier les fondements d'une nouvelle école littéraire qui n'aurait pas pu exister sans la révolution Dada.

C'est en 1925 que le Conseil des ministres de Roumanie entérine le nom de Tristan Tzara qui se marie en août à Stöckholm avec Greta Knutson, fait construire en 1926 au 15, avenue Junot, à Montmartre, une maison moderne par l'architecte viennois Adolph Loos et où le jeune couple, plus tard, accueillera les réunions surréalistes. En 1927 un fils, Christophe, naîtra. En 1929, tandis que l'œuvre poétique de Tzara se poursuit (il a publié l'année précédente *Indicateur des chemins du cœur* où l'homme profond, avec son intensité et sa fraîcheur, est magnifiquement présent), il rencontre les surréalistes, collabore au dernier numéro de *la Révolution surréaliste.* Il sera à leur côté pour défendre contre les sabotages de la Ligue des Patriotes le chef-d'œuvre qu'est *l'Age d'or,* publiera son « essai sur la situation de la poésie » dans *le Surréalisme au service de la Révolution,* donnera avec *l'Homme approximatif* la meilleure des contributions à l'aventure surréaliste, signera la brochure *Paillasse,* texte en commun signifiant l'exclusion d'Aragon du groupe. Mais Tzara ne renie nullement Dada comme en témoigne la reprise de textes de cette période dans *l'Antitête,* 1933. Il apportera la notion de « rêve expérimental », dénouant ainsi quelques-uns des problèmes de l'écriture automatique.

Il a adhéré avec René Crevel à la Maison de la culture fondée par Aragon en 1934 et en 1935, dans une lettre aux *Cahiers du Sud,* il annonce son retrait du groupe surréaliste. C'est la fin pour un temps de son amitié avec Éluard et la naissance de relations étroites avec Char et Crevel. Il militera au sein de l'Association des écrivains et artistes révolutionnaires, fondera avec Aragon, Caillois et Monnerot un Groupe d'études pour la phénoménologie humaine, sera le délégué de l'Association pour la défense de la culture auprès des intellectuels espagnols en compagnie d'Ehrenbourg. C'est le temps des grands bouleversements où il ne cesse d'apporter son soutien aux révolutionnaires espagnols. Ainsi il publie avec Vicente Alexandre *Deux Poèmes* et le produit de la vente ira à ces derniers. En 1938, délégué du Pen-Club à Prague, il publiera peu après la *Deuxième Aventure céleste de Monsieur Antypirine*, puis, en 1939, le recueil *Midis gagnés*. C'est l'année aussi où s'engage sa procédure de divorce.

Durant la période d'occupation, 1940-1945, il doit entrer dans la clandestinité : *Je suis partout* l'a dénoncé, le régime de Vichy l'a poursuivi à Sanary et la Gestapo à Aix-en-Provence. Il passe deux ans sous une fausse identité à Souillac. Il continua à écrire, conscient que la poésie est une réalité : « Elle s'exprime elle-même. Mais pour être valable, elle doit être incluse dans une réalité plus large, celle du monde des vivants. » Il collabora aux périodiques de la Résistance comme *les Lettres françaises*, *les Étoiles du Quercy* ou *Confluences* et assura le secrétariat de la revue *le Point*. Depuis 1936, Tzara s'était senti poète responsable, même s'il prenait quelque distance avec la poésie engagée, lui qui allait « à la rencontre d'une innocence nue ». La guerre d'Espagne, l'occupation allemande, les réalités de la guerre l'ont marqué et l'ont intégré à son temps. Certes l'imagination maintient ses droits mais la destinée humaine l'imprègne. En 1947, il s'expliquera volontiers sur son idée de littérature engagée : « Il ne peut y avoir d'engagement qu'envers l'ensemble de la vie, dans la mesure où le poète reconnaît dans l'homme le centre de ses préoccupations. Il existe, il a toujours existé une poésie de circonstance. C'est une poésie dont le contenu est limité à un événement précis, mais qui est illimitée dans la mesure où elle est poésie. Pour ma part, à la poésie de circonstance, je préfère la poésie *de la* circonstance. Je veux dire par là que du particulier, il s'agit de passer à l'universel. » Ces sages propos, fort judicieux d'ailleurs, semblaient loin du jeune Tzara de Zurich. Ainsi va la vie, et Tzara, à la Libération, poursuit une action commencée dans la Résistance, à l'époque où sous la signature de T. Tristan paraissaient des poèmes de qualité dans les revues clandestines : à Toulouse devenue libre, il est chargé de mission à la Propagande (c'est le poète René Laporte qui l'a nommé), puis il s'occupera du Comité national des Écrivains dont il avait été le délégué pour le Sud-Ouest aux sombres années, enfin il présidera le Centre des intellectuels et surtout prendra une part importante à la fondation de l'Institut d'études occitanes dont il attendait, selon de vieux rêves, la réintégration de la tradition nationale à ses sources vives occitanes. Tzara voyait loin. Mais qu'on se rassure : malgré ces multiples activités de participation, le poète ne devenait pas un personnage officiel comme en témoignent ses articles, par exemple *Poésie latente et poésie manifeste* qui affirme sa fidélité à lui-même, ses poèmes : *Entre-Temps, le Signe de vie, Terre sur terre, le Cœur à gaz*, recueils de valeur, la réédition des

Vingt-Cinq Poèmes, la lecture-spectacle de *la Fuite,* évocation dramatique de juin 1940, etc. En 1947, il sera naturalisé français et adhérera au parti communiste français. Ce sera l'année d'une conférence à la Sorbonne : *Le Surréalisme et l'après-guerre* qui semblera nous ramener à l'époque des anciens combats, André Breton étant bien entendu le météore perturbateur et Francis Crémieux le défenseur musclé. L'année suivante, en Suisse, berceau de Dada, à Genève où se tiennent des Rencontres internationales, Tzara s'oppose au philosophe Gabriel Marcel et au romancier anglais Charles Morgan pour proclamer que *L'Avant-garde est d'un seul tenant* dont voici un trop court extrait :

> On sait quelle importance j'ai accordé au surréalisme, qui a fait de la poésie une activité liée aux manifestations de la vie, une manière de vivre. Il a su rendre consciente la transformation de la révolte du poète en un sentiment révolutionnaire. Il a essayé à la suite de Baudelaire, de Rimbaud, de concilier le rêve et l'action. Mais je dois dire qu'agiter des gris-gris de sorcier, comme les surréalistes le font aujourd'hui, ne me semble pas constituer la méthode la plus efficace pour effectuer ce changement radical de la société actuelle dont ils avaient fait dépendre l'intégration de leurs activités dans le comportement humain. Les mythes ne se créent pas à partir du cabinet de travail, mais dans l'ardeur de l'action et l'exaltation du combat.
> La poésie est action. Elle ne se laisse pas cadenasser dans des systèmes clos. Si la poésie ne doit pas servir l'homme, si elle ne doit pas l'aider à se libérer des contraintes intérieures, d'ordre moral, et extérieures, d'ordre social, elle n'est plus qu'objet de jouissance, simple amusement.

René Lacôte et Georges Haldas, dans un des « Poètes d'aujourd'hui » consacré à Tzara, pourront justement écrire que, chez ce dernier, « l'amour de l'homme authentique est depuis toujours le moteur essentiel » et aussi « que le démolisseur de 1916 et le *maître de l'espoir* de 1951 (selon une expression de Léon-Gabriel Gros, dans ses *Poètes contemporains*) sont aussi d'un seul tenant ».

Entre 1945 et 1963, telle sera la démarche de Tzara. En 1950, il fera des entretiens radiophoniques avec Georges Ribemont-Dessaignes en réaffirmant ses positions et donnera *De mémoire d'homme,* somme de son expérience poétique. Il prendra aussi la défense du poète turc Nazim Hikmet, voyagera et donnera des conférences, par exemple sur « l'Esprit révolutionnaire de la poésie française », sur « Langage et Poésie », sur « Picasso et la Poésie ». En 1956, il marquera sa divergence avec les intellectuels communistes à propos de la Hongrie. Tandis que son activité poétique se poursuivra, il entreprendra des recherches sur le contenu anagrammatique des œuvres de Villon et de Rabelais. Passons sur le Grand Prix international de poésie à Taormina pour un recueil de poèmes choisis : *De la coupe aux lèvres.* Homme de culture universelle, Tzara avait toujours manifesté un goût cher à ses aînés immédiats et à ses contemporains pour l'art africain, constituant une importante collection de sculptures et de masques. Véritable expert, auteur d'articles et de conférences sur ce sujet, il fut à Salisbury, en Rhodésie, au Congrès pour la culture africaine. Le 24 décembre 1963, à la veille de Noël, Tzara meurt à Paris, rue de Lille, dans cet appartement qu'il avait réintégré en 1946.

L'année suivante, comme s'il fallait revenir aux origines et lui assurer une seconde naissance, paraissaient ses *Premiers Poèmes* de l'époque roumaine. On ne l'oubliera pas, comme en témoigne la publication de ses *Œuvres complètes* en d'épais volumes aux éditions Flammarion, texte établi, présenté et annoté de magistrale façon par Henri Béhar. Tzara : un des esprits les plus libres de notre temps.

Nous avons tenté de montrer l'homme à travers les grandes lignes de son existence et dans un précédent chapitre au cœur de Dada, nous en venons maintenant à ses poèmes qui sont avec leur poète « d'un seul tenant ».

Poésie avant les années trente et poésie de théâtre.

La Première Aventure céleste de Monsieur Antipyne est de 1916, aux éditions Dada. C'était la première œuvre, œuvre théâtrale, que suivraient à travers les temps *Mouchoir de nuages, le Cœur à gaz, la Deuxième Aventure céleste..., la Fuite*. Novateur dans la poésie, Tzara l'est de la même manière dans un théâtre où les mots, au nom de la destruction, sont jetés comme des bombes destinées à faire exploser splendidement des phrases incohérentes mais chargées d'images nouvelles, jamais imaginées. Toute référence à la réalité est éliminée, les structures habituelles de la dramaturgie sont bouleversées dès *Monsieur Antipyrine* qui tient du manifeste par ses personnages qui se nomment M. Bleubleu, M. Cricri, la Femme enceinte, M. Antipyrine, Pipi ou la Parapole si ce n'est Tristan Tzara lui-même qui jette ses idées Dada : « Dada est l'art sans pantoufles ni parallèle ; qui est contre et pour l'unité et décidément contre le futur... » en même temps que ses images, ses onomatopées ses chants qu'on dira plus tard lettristes quand un mouvement les codifiera. La poésie entre dans l'art du spectacle au cours de ce qu'on pourra prendre pour élucubrations et qui est surtout humour abracadabrant. La *Deuxième Aventure,* 1938, avec de nouveaux personnages semblables aux premiers, et cette fois M. Absorption, Mme Interruption, M. Saturne, Oreille, le Cerveau désintéressé ou *Monsieur Aa antiphilosophe,* personnage cher à Tzara, échangeront onomatopées et propos éclatés. Ce feu d'artifice constant se retrouvera dans *le Cœur à gaz* mettant en jeu et en dialogues souvent laconiques comme jadis dans les blasons des nommés Œil, Bouche, Oreille, Nez, Sourcil, etc., devenus personnages, puis dans *Mouchoir de nuages,* on trouvera des échanges plus sages, avec un humour plus voilé et insidieux, notamment dans le commentaire qui suit chacun des actes, un poème s'insérant même à l'acte IX où le poète monologue sur son amour :

> L'amour me cache les yeux du cœur et du cerveau.
> Les poissons rapaces, les monstres des nuages,
> les haines, les douleurs, les crises, les horreurs,
> les vices, les microbes, et les mauvais génies,
> me frappent, m'humilient, me mordent et déchirent
> l'allure préparée avec des soins propices
> que je devais porter ce soir au bal de l'Opéra.

Là encore, par une utilisation subtile de la dérision, le dramaturge s'affirme iconoclaste. D'un tout autre ordre sera *la Fuite,* 1947, évocation des journées de la guerre qui serait de peu d'intérêt si des passages empreints de poésie surréaliste ne lui donnaient de l'altitude.

Les Vingt-Cinq Poèmes, 1918, sont significatifs de la dislocation de la poésie, de l'arrangement nouveau de ses particules, de la spontanéité dans l'incohérence, en somme des mots tirés d'un chapeau et recopiés dans leur suite, sans composition, et jetant à tous les vents les images du hasard. C'est là l'expression même de Dada. Cependant, en y regardant de près, on s'aperçoit que les mots du chapeau ont été sélectionnés par le poète selon l'idée d'une thématique polarisant tel ou tel propos correspondant à telle ou telle inspiration et, dès lors, tout n'est pas accidentel, même s'il en ressort une image du chaos. Il n'y a pas à proprement parler contrôle, mais lucidité dans le désir de faire éclater le langage. La ponctuation, bien entendu, ne rentre pas dans le jeu, mais le rythme est présent : ce n'est pas par hasard qu'une longue phrase est suivie d'un mot seul qui semble tomber pour servir de départ à une autre longue phrase ou à une autre suite de mots isolés. Le sens est détruit, mais le rythme et l'image sont souverains. Les mots, par leurs nouvelles unions, mots du dictionnaire, mots inventés ou onomatopées si ce n'est créations « lettristes » ou arrangements de sons, les mots lavés de leur acception quotidienne, hors logique, hors discipline, prennent des significations nouvelles et permettent des arrangements infinis. Nous nous trouvons devant un réservoir d'images et certaines annoncent le Surréalisme. Lisons un extrait du poème intitulé *la Grande Complainte de mon obscurité deux :*

je t'aime les citrons qui gonflent sur la glace nous séparent ma mère mes veines
   le long du seigneur
ma mère
ma mère ma mère tu attends dans la neige amassée électricité
fabuleux
discipline
les feuilles se groupent en construction d'ailes nous tranquillisent sur une île et
   montent comme l'ordre des archanges
feu blanc

On ne peut croire que la construction soit toujours résultat du hasard ou de l'accident tant certaines phrases véhiculent une beauté qui sera celle des surréalistes et annoncent les futures recherches. Faisons, au hasard de ces *Vingt-Cinq Poèmes,* une cueillette de vers :

le sel se groupe en constellation d'oiseaux sur la tumeur de ouate

baze baze baze regardez la tiare sousmarine qui se dénoue en algues d'or

que je sois dieu sans importance au colibri

les souvenirs en spirales rouges brûlent le cerveau sur les marches de l'amphithéâtre

de la lampe d'un lys naîtra un si grand prince
que les jets d'eau agrandiront les usines

ton cerveau éponge transparente

nos visages n'ont pas de forme comme les étoiles

La lecture de Tzara, de Tzara le nihiliste, nous persuade que ce nihilisme débouche sur autre chose que le néant, mais sur, si l'on ose dire, la construction du chaos. Ce n'est pas seulement cette « extraordinaire débauche linguistique » dont parle Marcel Raymond se référant à Tzara lui-même mais un brassement intense de vocables bouleversant la linguistique pour une écriture qui ne veut plus mentir et ne veut plus se soumettre aux asservissements de la logique.

Toujours dans la collection Dada, le recueil *Cinéma calendrier du cœur abstrait maisons*, 1920, procède encore des idées chères au groupe, c'est-à-dire qu'on écrit comme si les mots venaient de naître et que, déjà, on les marie par amour ou par hasard. Cela donne tantôt une impression de gratuité, sans doute voulue, mais le plus souvent on trouve de la fraîcheur, de l'éclat et des éclatements verbaux. Prenons au hasard :

somnifère profondeur qui cuit le coucou kaki
cloche autodidacte et tempérée à sueur d'humidité cacao
d'autres liqueurs cérébrales troublent la grande ourse
dans les creusets
frémir comme des ficelles cultivées à l'équateur
l'appareil guillotine la marche familière des wagons

Il n'est guère facile de deviner sans ponctuation que « maisons » est la deuxième partie du livre. Là nous sommes dans l'humour et dans le clin d'œil aux amis :

arp a un oiseau dans le petit téléphone
arp est une barbe de candélabre
il a un gonocoque comme montre

Poèmes pour Otto Flake, Arp, Picabia, Breton, Maya Chrusecz, Ribemont-Dessaignes, Soupault, Éluard, Aragon. Parfois il semble qu'on ne soit pas éloigné du macaronisme de Louis de Gonzague Frick tant les néologismes et les emplois de mots rares et pris pour la bizarrerie de leurs consonances abondent. Lisons *Crylomine bémol Francis Picabia* et nous verrons que Dada se résout par l'humour et même la cocasserie :

agraffe pipe pipi pompon de cœuroline
sur le camion matin camomilait étoilite et gravonixe
le pourquoi transruban de bain monsieur
bandage la bisexualité des paysages cardinal amette
au pompon poisson
aux doigts ribemont-dessaignes g r d lubrifiant
jette le poing dans le visage du balcon tempête voiturette
du thé ou de l'essence? cela m'est complètement dada

C'est évidemment bien différent d'Henri de Régnier ou de Paul Valéry et l'on conçoit qu'un esprit classique puisse se choquer et parler de « n'importe quoi », mais n'est-ce point fait aussi pour cela ? Si, oubliant notre sainte logique, nous suivons les étapes de cette démarche dada jusqu'au moment où Tzara va s'intégrer au Surréalisme, si nous sommes de bonne foi et ouvert à la nouveauté, nous voyons quelles perspectives s'ouvrent à la poésie. Toujours illustré par Arp, *De nos oiseaux*, 1923, rassemble des poèmes écrits entre 1912 et 1922, comme s'il fallait jeter à la face des détracteurs qui s'apprêtent à enterrer Dada la moisson de dix années. En quelques endroits on utilise les prestiges de la typographie. Ce livre, comme un chant du cygne, montre la diversité et l'unité d'une libre inspiration, d'une fécondité qui semble inépuisable, parfois de trop de virtuosité, mais avec de belles gerbes d'étincelles et un sens poétique et plastique affirmé. A celui dont on dit qu'il est chef d'école mais qui s'en moque bien, se joint ce « voyant lyrique » comme l'écrit Soupault dans un long article de *Manomètre*. Tzara apporte au groupe dans lequel il s'intégrera de magnifiques présents en même temps qu'il indique aux surréalistes des directions à suivre. Qui lira cette œuvre, incluse dans l'édition critique d'Henri Béhar chez Flammarion, trouvera matière à rêve et même à émotion (ainsi le poème *la Mort de Guillaume Apollinaire*) au fil de ces images souplement articulées, de ces mots qui paraissent en couleurs, d'une sorte de musculature du verbe en liberté. Il y a plaisir d'oreille, de bouche, de regard et d'esprit et, bientôt l'idée de gratuité s'efface. Lire *Cirque* (« tu fus aussi étoile »), *Liquidation esthétique* (« nos tristesses dont nous extrayons le miel »), *le Cierge et la vierge* (« sur le dos de l'hôpital la sangsue pleure sans instrument »), *Soir* (« les pêcheurs reviennent avec les étoiles des eaux »), *Longue-Vue* (« l'air aux cheveux blonds à l'approche du capricorne »), *Herbier des jeux et des calculs* (« je passe mon temps à compter les rayons du soleil »), *Eau sauvage* (« il me met dans un état de souffrance respectueuse »), *Autour* (« mais à quoi bon puisque je t'aime / conquérir les cris du monde »), lire la série de *Crime, Arc, Boxe, Chanson dada, les Saltimbanques, Surface maladie, Hirondelle végétale*, etc., lire poème à poème et l'on verra qu'auprès de tout ce qui est Dada et à partir de Dada s'élève un lyrisme d'amour.

On le verra encore dans *Indicateur des chemins du cœur*, 1928, où se révèle une évolution vers la phrase rythmique et chantante, peu à peu dépouillée du grincement dada, avec ses éclats et ses dérisions. C'est comme une oasis, un repos après tant de jeux verbaux et apparaît le Tzara sentimental parfois entrevu, et cela dès le premier poème *Voie* :

> quel est ce chemin qui nous sépare
> à travers lequel je tends la main de ma pensée
> une fleur est écrite au bout de chaque doigt
> et le bout du chemin est une fleur qui marche avec toi

Ce sont bien des poèmes d'amour qui ont remplacé les excentricités et les mots pris dans le chapeau du hasard comme en témoignent encore les derniers vers du poème *Accès* :

et pourtant mon repos ne trouve pas sa raison
que dans le nid de tes bras la marée de la nuit
après l'éclat des orages criards ruisselle la mort
c'est le corps décousu d'une panoplie de la terre
qui s'égrène au collier de nos rêves d'oubli

Lisons bien : le nid de tes bras, la marée de la nuit, la mort qui ruisselle, le collier de nos rêves, mais ne voilà-t-il pas des images qu'un poète symboliste aurait pu réunir? De même *l'Arbre des voyageurs*, 1930, dédié à Greta possède un ton intimiste :

tu viens tu manges tu nages tu rêves tu lis
tu cours après le clair l'illimité pourquoi de tes actions
tu te demandes parfois d'où tu viens si seul
correctement vêtu et illisible selon l'allure de la chanson
avec l'heure incommode et lourde dans ton sommeil

Le Surréalisme est présent dans ce livre dense, fortement articulé, d'une intense contention. Les mots, les images se suivent, se juxtaposent, se heurtent, se choquent comme les pierres d'un champ jaillis du chaos. Ce poème plein d'accidents où le recours à la vieille allitération apporte un rythme, où les consonnes donnent un ton rocailleux, se distribue en trois parties, chacune dominée par une thématique : la minéralité sonore dans *l'Arbre des voyageurs*, les éléments en mouvement dans *A perte de nuages*, et encore dans *le Feu défendu* avec ses alternances de vents contraires. Dans cette tempête d'images née d'un profond lyrisme, c'est une sorte d'homme animal certes, mais aussi végétal et minéral, qui apparaît, soumis à ses contradictions, recherchant ses raisons de durer, sensations, idée du bonheur inédite de la beauté, réceptivité et recherche du renouveau parmi les éléments. Loin des canons prosodiques, mais dans un rythme fluide, agréable à l'oreille, avec des allitérations et des rappels de sonorités, les poèmes sont dominés par un constant mouvement. Images de lumière : « la lumière du jour s'allume à tes lèvres », « la lumière de tes cheveux étouffe dans le tunnel ». Images d'ombre qui est encore lumière : « ombre mendiante aveugle au soleil », « dans l'ombre arborescente il n'y a plus de vaincus », « la nuit éclairant la nuit ». Le poème est soumis à tous les éclairages, à tous les ressacs et jusqu'au corps qui devient composante de l'univers en naissances douloureuses et emportements météorologiques. Il faudrait tout citer, mais peut-être ces six lignes donneront-elles une idée de l'ensemble :

salis mouillés lambeaux de nuit nous avons élevé
en nous chacun de nous une tour de couleur si hautaine
que la vue ne s'accroche plus au-delà des montagnes et des eaux
que le ciel ne se détourne plus de nos filets de pêche aux étoiles
que les nuages se couchent à nos pieds comme des chiens de chasse
et que nous pouvons regarder le soleil en face jusqu'à l'oubli

Ce livre marque dans l'œuvre de Tzara le début d'un tournant que nous allons surprendre dans le plus beau de ses livres, celui qui marque, après l'instauration du chaos, la conquête d'un souffle et une marche lyrique vers sa tentative de purification du monde.

De *l'Homme approximatif* aux *Midis gagnés*.

Alors que s'ouvrent les années trente, paraît *l'Homme approximatif*, 1931, salué dès sa publication comme un sommet surréaliste. Jean Cassou en dira l'importance : « Extraordinaire poème primitif, l'un des plus résolus, des plus complets témoignages de la poésie contemporaine... Tristan Tzara produit une œuvre positive, abondante, généreuse, passionnée, et qui imite tout ce qu'il y a de plus ardent et de vorace dans la création. Dans le domaine de l'esprit, c'est souvent d'un sol calciné que renaissent les forêts vierges. » Georges Hugnet dira plus tard : « Une force cosmique met en marche ce miraculeux poème, lourd de débris de roc, d'alluvions, de laves et de bolides, et l'animent l'humanité et sa chanson perpétuelle, la circulation de l'espoir et de la détresse, le cri d'amour et l'appel que rénove l'oubli. » Et il parlera encore d'une « mappemonde qui chante ». Citons encore Marcel Raymond : « le seul poème de grande envergure qui puisse légitimement se rattacher au surréalisme », René Lacôte qui parlera de « longue coulée volcanique » et de « lyrisme torrentiel », Serge Fauchereau de « grand poème de la maturité de Tzara ». Michel Leiris écrit : « Alors que tant de poètes ont l'air de regarder le monde comme s'il n'était fait que pour eux, Tzara était si proche des choses que ses poèmes ont aisément l'allure d'un entrecroisement de soliloques qui jailliraient de toutes parts. L'on n'est pas sûr, quand on les lit, que ce soit le poète qui parle plutôt qu'une goutte de sang, un tronc d'arbre, une lampe électrique ou un caillou. » Hubert Juin a fort bien montré l'évidence de l'image chez Tzara : « Lorsqu'il parle de l'" image ", il faut le comprendre bien : elle a cessé, une fois pour toutes, dans cet univers prodigieux, d'être un ornement. Elle est devenue un instrument. Mieux encore : un acte. La réduire aux vanités de l'esthétique, c'est la trahir. Elle n'a pas mission de nous conforter dans le langage, mais de nous tirer hors du langage même. Elle doit être " la brèche ouverte au cœur de l'armée de nos ennemis les mots "... »

Il semble que Tzara, après avoir blanchi la page du poème, après avoir fait table rase par tous les moyens qui étaient bons à Dada, peut entreprendre une naissance véritable au verbe. Cela ne va pas toujours sans quelque incertitude et les références ne manquent point à tel ou tel poète d'avant Dada. On reconnaît çà et là quelque musique ou quelque écho de Baudelaire, des poètes symbolistes ou d'Apollinaire, mais existe-t-elle cette région de haut lyrisme où les poètes ne se rejoignent pas ? Il se peut que le bon connaisseur de la poésie actuelle ne trouve pas l'intense surprise des jeunes hommes d'il y a cinquante années et il est nécessaire, comme toujours, de situer chaque œuvre dans son temps, mais nous affirmons que des poèmes comme *l'Homme approximatif*, d'aussi grands projets constructifs, ne sont pas monnaie courante. On peut lire encore :

quel est ce langage qui nous fouette nous sursautons dans la lumière
nos nerfs sont des fouets entre les mains du temps
et le doute vient avec une seule aile incolore
se vissant se comprimant s'écrasant en nous
comme le papier froissé de l'emballage défait
cadeau d'un autre âge aux glissements des poissons d'amertume

On sent dès le début de l'œuvre que l'essor est pris pour un jaillissement que les deux précédents recueils laissaient pressentir. « Ce qui frappe d'abord, écrit Henri Béhar, c'est l'extraordinaire unité de ton et l'ampleur inhabituelle de cette œuvre élaborée pendant près de cinq ans. Ici s'impose une voix tendue, sonore et rocailleuse, psalmodiant parfois, piétinant souvent, comme pour prendre son élan et donner une portée supérieure à ce qui s'énonce. » Pour cet éditeur lucide de Tzara, il s'agit du « premier recueil de poésie abstraite », tout en reconnaissant qu'on peut dire aussi « poésie concrète » en se référant aux vertus physiques et non symboliques. Le souffle fera certes parler d'épopée, mais pour Béhar, il convient plutôt de voir « un chant qui ressasse les incertitudes d'un individu s'éprouvant dans ses faiblesses » et il parle de la reprise inconsciente certainement des « procédés de la poésie orale traditionnelle avec ses reprises, ses parallélismes, ses échos, ses associations phoniques ». Aux pouvoirs mnémotechniques du rythme régulier, de la rime ou de l'assonance chère à la geste médiévale, répondent la reprise, l'envolée et la souplesse articulatoire. Le poète dit :

je sais que je porte la mélodie en moi et je n'en ai pas peur
je porte la mort et si je meurs c'est la mort
qui me portera dans ses bras imperceptibles
fins et légers comme l'odeur de l'herbe maigre
fins et légers comme le départ sans cause

C'est bien un être de chair qui parle sans oublier jamais « la chaleur que tisse la parole » :

je parle de qui parle qui parle je suis seul
je ne suis qu'un petit bruit j'ai plusieurs bruits en moi
un bruit glacé froissé au carrefour jeté sur le trottoir humide
aux pieds des hommes pressés courant avec leurs morts
autour de la mort qui étend les bras
sur le cadran de l'heure seule vivante au soleil

Les images sont innombrables et l'on peut penser à une sorte de reconstruction dynamique de l'univers. C'est aussi une aventure de la pensée à travers tous les thèmes du sort de l'homme et nous dépassons de loin les faits littéraires qui situent Tzara. Lisons encore pour avoir envie de lire l'œuvre dans son entier :

de tes yeux aux miens le soleil s'effeuille
sur le seuil du rêve sous chaque feuille il y a un pendu
de tes rêves aux miens la parole est brève
le long de tes plis printemps l'arbre pleure sa résine
et dans la paume de ta feuille je lis les mains de la vie

Certes, on ne détaille pas la coulée d'une lave, on la reçoit dans son tout volcanique et tumultueux, c'est pourquoi, une fois de plus, citant quelques vers, nous avons l'impression de trahir ce qui vaut non seulement par le détail mais par la force de l'ensemble. Ce n'est jamais un simple automatisme de la pensée poétique, mais un plus ample projet et une direction voulue de l'œuvre. C'est aussi, selon le poète hongrois Gyula Illyès, « l'ordre dans les ruines » et disons avec Serge Fauchereau que « *l'Homme approximatif* est un des plus beaux hymnes d'espoir et de liberté de la poésie moderne », un chant autour duquel l'œuvre future de Tzara sera gravitation.

Où boivent les loups, 1932, réunit *Piège en herbe,* 1930, *la Fonte des ans,* 1931, *Où boivent les loups,* 1931, *le Puisades regards,* 1932. Ces poèmes, après *l'Homme approximatif,* font penser à une maîtrise du torrent bien que l'inspiration en soit voisine. Point de surprise, mais un ton de plus en plus persuasif, quelque chose qu'on pourrait dire presque élégiaque ou tout au moins nostalgique, et, dans la combinaison des images, une puissance qui n'exclut pas un regard d'aurore sur les choses, comme si elles venaient de naître, mais elles viennent effectivement de naître. L'architecture s'épure, il y a même une certaine netteté, une ordonnance du rythme, un balancement de la phrase qui feront parler à Serge Fauchereau de retrouvailles avec « le ton et l'alexandrin de Du Bellay ». Il ne s'agit point de compter la mesure à l'ancienne manière, mais quelle distance parcourue depuis les *Vingt-Cinq Poèmes!* Pour donner une idée de l'humanité, de la gravité, de la tendresse de Tzara, il n'est point besoin d'aller chercher loin. Il peut nous dire « j'ai éteint mon amour sur le sentier de la guerre » ou « le visage penché de la belle chercheuse / se reflète dans la flamme où vécut la splendeur ». Il a ainsi des grâces renaissantes mêlées à des climats baudelairiens. Un poète symboliste est-il si éloigné de vers comme :

une lente humilité pénètre dans la chambre
qui habite en moi dans la paume du repos

Il sait mêler un paysage d'âme à un paysage réel et s'inscrire dans la nature :

lorsque le soleil ouvrit sa nouvelle paupière
sur les joues de l'été les nuits coulaient sous des larmes
le ciel jeta des morceaux de souffrance dans la nuit
par monceaux s'entrechoquaient les vagues en quête de nuits de cristal

Il y a bien chez Tzara un sentimental, un élégiaque, un intimiste, un poète mélancolique et des vers, de multiples vers, semblent non pas jaillis de l'écriture automatique mais bien donnés par les dieux, et il y a là quelque différence. On lit :

lorsque les feuilles se pressent contre les feuilles et s'accouplent leurs corps
   humides et souples
et se tapissent les émois de la rosée première
au sein d'un chant

flétris de lèvres autour du lit
il y a des yeux qui ne peuvent s'endormir
jalousement coupés à la hauteur des paroles en bas âge
à ranimer les hardes de nuit
à faire tourbillonner dans l'abandon la poussière chaude de nos mains

Tristan Tzara, comme il est peu semblable à l'idée que souvent l'on s'en fait, la petite histoire si nécessaire qu'elle soit, la période Dada occultant le poète intérieur et maître de la confidence murmurée qu'il est devenu. Cependant, parallèlement à ses poèmes aux phrases disposées comme des poèmes, Tzara, d'une inépuisable fécondité, écrivait des textes en prose comme il l'avait fait durant la période Dada, et dans *l'Antitête,* 1933, on trouve les uns et les autres mêlés sans qu'il y ait disparité. Ici c'est le domaine de la liberté entière et d'une entière fantaisie. Cet ensemble qui couvre dix-sept années de création est, tout en gardant son unité, le reflet de son évolution. Les chocs de mots, les images incohérentes, unies par le rythme des phrases, offrent un parallèle saisissant avec les œuvres dictées par l'inconscient chez ses amis (ou ennemis) surréalistes. Un exemple par le début du poème intitulé *la Pétrification du pain :*

> Flotter sa peau et dilater les pores jusqu'à ce qu'on y voie des fêlures de larmes et des restes de repas. Agrandies dans le rêve de l'enfance, je vois de très près les miettes sèches de pain et la poussière entre les fibres de bois due au soleil. Pour le baiser de l'anniversaire, le vent envoie sa fiancée, une tendre salutation d'écharpes palpant sa chair bien nourrie. Et devant l'église couverte de neige, le vieux s'en va obliquement dilaté à la mesure de sa tache noire et lourde. Le drame est écrit sur un parchemin qui sert de nuage et de sac à ces sortes d'événements en dentelle.

Il y a ainsi dans *l'Antitête* de fort belles proses qui ont des allures classiques en dépit de surgissements imprévus. C'est que Tzara, poète complet, sait utiliser savamment toutes les ressources de la prose. Là il ponctue de longues phrases comme pour les clarifier et découvre comme un prosateur de haut vol des unions et des arrangements de mots infinis dans un perpétuel jaillissement d'images.

Avant l'entracte tragique de la guerre, un livre : *Midis gagnés,* 1939, réunion de *Abrégé de la nuit,* 1934, *les Mutations radieuses,* 1935-1936, et *Midis gagnés,* 1935-1938, où l'on retrouve des poèmes publiés auparavant sous la forme de plaquettes. C'est dans *Midis gagnés* qu'on trouve cet admirable poème à Federico Garcia Lorca inspiré par sa mort et qui a pour titre *Sur le chemin des étoiles de mer :*

> quel vent souffle sur la solitude du monde
> pour que je me rappelle les êtres chers
> frêles désolations aspirées par la mort
> au-delà des lourdes chasses du temps
> l'orage se délectait à sa fin plus proche
> que le sable n'arrondissait sa hanche dure
> mais sur les montagnes des poches de feu
> vidaient à coups sûrs leur lumière de proie
> blême et courte tel un ami qui s'éteint

La poésie de Tzara, dans un temps où augmentent les inquiétudes du monde, où l'Espagne est en sang, où la terre s'enflamme, tout en poursuivant son évolution patiente, reçoit des courants, reflète par ses thèmes le chaos, non pas de manière arbitraire, mais par un parallèle aux événements sous des signes de tempête, de feu, de guerre. Nous sommes fort éloignés de ce nihiliste du début puisque le poète s'ouvre au monde en ce qu'il a de plus cruel et de plus oppressant. Ce sentimental blessé peut écrire dans *le Surréalisme et l'après-guerre* que « la poésie est plongée dans l'histoire jusqu'au cou » comme en témoignent ses publications de l'après-guerre, en 1946 : *Entre-Temps, le Signe de vie, Terre sur terre*, recueils de poèmes écrits dans le désastre. D'un livre à l'autre, le langage se structure, s'organise avec de plus en plus de sûreté, un rythme mieux marqué, une coulée plus sobre, parfois un dépouillement inattendu qui n'empêche cependant pas le jaillissement spontané des premiers poèmes et leur contenu de violence, d'inattendu, de véhémence et d'humour en maints lieux. De la gravité aussi : « J'ai attaché au cou de la jeunesse / les grelots de la solitude », toujours une secrète mélancolie et cette recherche de l'âge mûr où l'être recense poétiquement ses raisons d'exister. Dans un excellent choix, Georges-Emmanuel Clancier, retenant le poème *Maturité*, en a dit : « D'une beauté à la fois simple et solennelle, il anime les paroles les plus fraîches, les plus neuves, alors qu'il naît sous l'aveu de l'amertume causée par le temps : cette blessure des hommes. » Nous atteignons là, il est vrai, hors la recherche de la nouveauté, hors les conceptions nouvelles, à la grande poésie humaine comme en témoignent ces trop courts extraits :

> entends-tu blancheur de trop de veilles
> ce nom à l'aile battant de branche en branche
> sur le seuil de chaque rive ce sont toujours les mêmes
> je suis resté sur place mes pas seuls sont ailleurs
>
> le temps a fait son nid empreint de surdités
> où les éponges éteintes et lourdes sans remords
> un long déchirement tiennent lieu de mémoire
> et d'abondants échos se brisent contre la vitre
>
> dehors le paysage avance menaçant
> les hêtres ont des gestes liés de durs reproches
> que jettent par la fenêtre les brassées de colère
> taciturne tu écoutes le désir remuer au cœur de l'hiver

Ainsi nous pourrions penser que, quels que soient la jeunesse d'un homme, ses expériences, ses combats et ses refus, il est un lieu de son âge où affleure le souvenir, où des êtres disparus, des ruines, des vertiges viennent frapper à la porte. Le turbulent Tzara est devenu un amoureux de la vie et trouve, au versant de son âge, une prise de conscience et un approfondissement sans rien renier de ses conquêtes anciennes. A travers son œuvre, on a vu bien des présences revenir, Apollinaire, Lorca, Machado... Il appartient bien, Tzara, à une communauté humaine. Il distribue de poème à poème sa violence et sa tendresse, couple étrange marchant cependant bien la main dans la main.

D'autres livres vont naître dans une période féconde et belle : *Phases*, 1949, *Sans coup férir*, 1949, *De mémoire d'homme*, 1950. Dans *Phases*, la poésie semble apaisée, se dispense en phrases plus courtes, avec cependant une vigilance tourmentée :

> va mon enfant dors mon cheval
> il n'y a pas assez de paix
> dans les justes mains des cimes
> pour couvrir la voix des villes

et l'on retient plus particulièrement le poème *Pour Robert Desnos* dont voici une strophe :

> à la tête un seul espoir
> dans la tête une forêt
> par le brisement d'étoiles
> j'ai connu la mélodie
> d'où se lève la mémoire
> il n'y a plus de voix sonnante
> dans Paris pavé de feuilles
> un été manque à l'appel
> je suis seul à le savoir

De mémoire d'homme est construit en vers comme en prose et se distribue en quatre parties : *le Temps détruit*, poèmes, *le Déserteur*, poème en prose, *le Bœuf sur la langue* et *le Poids du monde*, l'ensemble formant une sorte d'autobiographie poétique, en liberté, pleine de ferveur et parfumée d'humour. Il dit : « Je ne chante pas, je sème le temps », mais ce ne sont point regrets du temps passé, c'est bien l'homme au présent qui est là, l'homme parmi les hommes qui partage le pain et l'amertume. Si les poèmes sont pleins de ce regard « où la lumière lèche la joie des enfants », s'il « a pris l'homme à la source », s'il jette « une clarté de silence jouant sur le velours des forts », on sait aussi qu'il s'agit d'une « nouvelle voyance » née de Tzara le surréaliste, chantre du tragique quotidien saisi dans ce qu'il a de concret, sans éloquence, sans abstractions, la poésie étant « activité de l'esprit » et non pas « moyen d'expression ». La partie en prose, *le Déserteur*, est une confession fabuleuse, avec des éclairs de cet humour particulier au Surréalisme et à Tzara surtout, avec des phrases comme : « Il n'y a plus de pauvres, ainsi en avaient décidé les nénuphars avoués » ou bien « Paris était alors voué aux jeux de canifs et le moindre m'as-tu-vu, comme chacun sait, découpait des tranches de lard dans la cuisse de l'éternité » ou encore, alors que « Tout était désordre et ferveur », ce retour en arrière et cet aveu : « A ma honte, je dois l'avouer, je m'étais pris pour le centre corrosif du monde, moi qui ne cherchais qu'effacement, cachette et polie désaffection à l'exemple de l'aï dont j'avais emprunté les allures gommées ».

Parler seul, qu'illustra Joan Miro, se lit avec délectation. C'est comme, en un jardin, une cueillette de mots, un jeu de jardinier qui se laisse aller à délivrer des images avec un plaisir simple, comme dans une chanson d'enfant :

> dans des cahiers de lait
> les enfants ont grandi
> ils ont rusé avec le miel des doigts
> ils ont bâti la coulemelle
>
> hérisson hérisson
> tapi sur le toit
> hérisson de dimanche
> caché dans la manche

Nous ne sommes pas éloignés de certains poèmes de Desnos ou des *Chansons* de Soupault, mais parfois il se rapproche d'Éluard par les rythmes et les souples ondulations. Tzara montre qu'il a toujours le goût de la trouvaille et de la joliesse, mais, dès que l'on pense tomber dans le convenu, ou bien il casse son image et détourne le poème de la fin que l'on attend, ou bien il casse l'image et repart sur un rythme inattendu. Présences végétales et minérales toujours comme pour donner à l'homme un lit et une représentation qui lui conviennent :

> insensé voici l'homme aux crispations de cristal
> à la rumeur de sable au passé de poupée
> à la démarche creuse dans un lit de détresse
> et cependant présent au passage du printemps

Le réservoir d'images de Tzara paraît inépuisable. Cependant, il en paraît plus économe dans ce long poème de la marche de l'homme vers l'universel qu'est *la Face intérieure,* 1953, où il tend à plus de clarté, utilise un mode presque traditionnel, se montre soucieux de dire et d'être compris dans l'immédiat. Il semble quitter parfois la spontanéité et se montrer conscient pour donner la parole à « l'homme au milieu du chemin » :

> j'ai écouté la plainte j'ai vu passer les gens
> courbés insouciants sous la surdité de la pluie
> chacun portait en lui une part de la clarté
> mettait un frein aux joies œillères aux souffrances

Nous trouvons là sans doute le poème non de circonstance, mais *de la* circonstance comme l'a défini Tzara soucieux de ne pas tomber dans certains pièges de la « poésie engagée » qui fleurit à ce moment-là, mais se montrant poète responsable.

Est-ce déjà l'arrivée du grand âge ? Tzara aime se retourner vers les amis d'autrefois, Unik, Rigaut, Max Jacob, Crevel, Desnos, Éluard, se retourner aussi vers une forme du poème qui est d'avant lui dans un temps où le recours à des prestiges classiques semble s'amorcer un peu partout, chez les jeunes poètes comme chez les anciens surréalistes, Aragon en tête. Un nouveau livre, en ce sens, sera loué, c'est *A haute flamme,* 1955, illustré par Picasso, qui porte une solennité nouvelle, et fera regretter aux uns, comme Serge Fauchereau qui ne voit là qu'une « pièce montée un peu lourde », les anciens livres, mais ravira beaucoup les autres, comme Georges Haldas parlant d'« admirable discours discontinu » et disant encore : « Une sorte de purification du sentiment dionysiaque de la vie par l'exercice d'un intellect intransigeant, cruel parfois, rigoureux, sceptique. » Ici deux conceptions de la marche de la poésie se heurtent. Lorsque Tzara écrit « je vais à la rencontre d'une innocence nue », ne fait-il pas qu'affirmer ce que ses poèmes d'antan disaient sans le dire ? Et l'épopée incohérente de *l'Homme approximatif* ne nous parlet-elle pas mieux dans son mystère, que ce poème où le poète parle plus que ne se parle le poème ? Lisons ces lignes de mémoire :

> mille ans mille ans passèrent et ce n'était qu'une nuit
> un peu plus un peu moins à coup sûr et profond
> sur la route s'engouffre que sais-je le passé
>
> le souci d'aujourd'hui me conduit en avant
>
> allons toujours plus loin en arrière
> à Zürich dans la brume de l'adolescence
> je me vois éclore dans la lumière d'œuf
> ô mes jeunes années

Serge Fauchereau, après avoir indiqué qu'il ne prétend pas à l'objectivité, écrit : « Tout cela est touchant mais ennuyeux sur plusieurs centaines de vers et je ne doute pas que l'auteur intransigeant des *Vingt-Cinq Poèmes* l'aurait trouvé parfaitement gâteux (j'exagère peut-être). » Il est vrai qu'on ne s'attendait guère à trouver chez ce père de Dada des vers comme :

> les belles de jadis sont aujourd'hui grand-mères
> et à travers leurs rides il n'y a que moi qui sache
> redécouvrir la grâce inscrite dans leurs rires
> la poussière vive des rêves endormis

Les recueils qui suivront seront eux aussi d'une écriture sage. Ce seront *la Bonne Heure, Miennes, le Temps naissant*, en 1955, *le Fruit permis*, 1956, *Frère bois*, 1957, *la Rose et le chien*, 1958, *Juste présent*, 1961. On trouve là différents mètres, différents genres, poèmes en prose à la coulée simple et sans chaos de *Miennes*, vers courts de *la Bonne Heure* ou du *Temps naissant* :

> un lourd amour couvert de mousse
> partage l'or de ma pensée
> tonneau où sonne la mémoire
> ivresses songes sourdes nuits

et encore ton de l'élégie de la mélancolie et de tout cela qui est la parole d'amour dans *le Fruit permis* :

> le monde tend ses bras vers de nouveaux sourires
> qui viendront confondre l'éternité des pas

> l'éternité des pas qu'efface le vent ivre
> suivant le jour qui passe
> passant passant sans trace l'amour fuit avec toi

ou bien dans *Frère bois* plus laconique :

> tu ouvres les ailes
> pour partir en voyage
> tu te moques de nous
> cheval
> à ton âge

Nous pensons que le grand Tzara n'est pas celui de ses dernières années, dans ces poèmes, de qualité certes, mais qui valent surtout par ce qu'ils gardent de ses hautes époques, de ses vastes orchestrations violentes et de sa tendresse à mi-voix. Il savait que « sous chaque pierre, il y a un nid de mots et c'est de leur tournoiement rapide qu'est formée la substance du monde ». Le rêve chaotique de la création du monde est passé par sa voix, et l'on a pensé parfois, au fil de la lecture à ceux-là qui, au siècle renaissant, Du Bellay, Du Bartas, entreprenaient l'inventaire de la Création dans un ordre trop sage alors que le dieu avait peut-être mis, comme Tzara, les mots, les choses dans un chapeau pour les en tirer et les unir. Il les connaît bien, ces poètes de l'ancienne France, et surtout François Villon dont il percera les secrets anagrammatiques avant que Jean Dufournet ne prenne le relais.

Ajoutons que la publication des *Œuvres complètes* permet de retrouver, non seulement les créations, mais aussi ces autres créations que sont les traductions du poète, et ces proses poétiques ou vouées à des mises au point en tel ou tel temps de l'aventure poétique collective et individuelle, et que, là aussi, la grandeur s'affirme, la grandeur, mais aussi la vérité et l'intransigeance de la démarche. S'il fallait conclure, nous reprendrions ces mots de Marcel Raymond qui a su distinguer « ces révolutions titaniques et ces visions du dessous » dans l'œuvre de Tzara : « Les choses, et la vie, et l'homme, " approximatif ", sont mimés ici en leur nudité, rendus à leur non-sens absolu, pris dans le mouvement qui les conduit du désordre primordial vers l'ordre à jamais inconcevable pour l'intelligence d'une réalité brute et impénétrable. »

Le Surréalisme

I

Regard sur le Surréalisme

Événement et avènement.

Cent ans après les Romantiques de la génération de 1820 va se constituer un mouvement d'une telle ampleur qu'il englobera tous les arts et les dépassera par une tentative inouïe de transformation de la vie humaine. L'urgence apparaît de libérer l'être humain de son esclavage et des contraintes d'une civilisation vouée à l'utilitaire. Il existe une masse énergétique, vitale, inemployée chez l'être soumis à la torpeur, et l'extraire pour ouvrir l'horizon, dépasser le champ du possible, sera la tâche des surréalistes. Tourner le dos à l'intelligence froide, au rationalisme paralysant, par un abandon à l'automatisme, permettre cette plongée en soi-même dans l'univers instinctif où sommeillent depuis les origines nos désirs refoulés et nos forces créatrices, sont les premières notions de ce Surréalisme qui évoluera sans cesse sans que change son but : la restitution de l'homme dans son intégralité. Le voyage vertical, ascendant et descendant, est proposé qui permettra au créateur de ramener ses trouvailles du dedans à la surface de lui-même pour permettre la synthèse du réel intérieur et de la réalité. Joë Bousquet pourra écrire : « Le surréalisme n'a pas cherché le surhomme, mais l'homme. » Pour André Breton et ses amis, il s'agira de découvrir les richesses intérieures, mais plus encore de les réaliser. A cette fin la révolte contenue dans les mouvements d'avant-garde sera nécessité; cependant il faudra, par-delà l'esprit individuel, opérer une action incessante de subversion et de bouleversements sociaux. Les tendances et les actes, la théorie et la pratique se compléteront et s'harmoniseront. Briser les tours d'ivoire, s'opposer à l'art pour l'art comme à la révolution pour la révolution, changer l'homme seront les tâches. Des armes et des clés : l'humour, l'automatisme, l'art, les arts; des alliés : la psychanalyse permettant d'interpréter l'expérience, le marxisme brisant les obstacles, et le recours à de riches explorations déjà tentées et aidant au nouvel épanouissement.

Ce prodigieux mouvement atteindra tous ses buts et même les dépassera. Il ne s'agit point d'une chapelle parisienne qui a « réussi » dans l'étroitesse de l'Hexagone, mais bien d'un mouvement international qui sera le reflet d'une époque et la nourriture de générations d'artistes et d'écrivains. En 1934, André Breton écrit : « Le surréalisme, poursuivant son cours, s'est répandu tumultueusement non seulement dans l'art, mais dans la vie ; il a provoqué des états de conscience nouveaux, renversé des murs derrière lesquels il passait pour immémoriablement impossible de voir, il a, et cela on le lui accorde de plus en plus, modifié la sensibilité ; il a fait faire un pas décisif à l'unification de la personnalité, de cette personnalité qu'il avait trouvée en voie de plus en plus profonde dissociation. » Maurice Nadeau, dans son *Histoire du Surréalisme,* ouvrage indispensable et inégalé, l'a affirmé familièrement dans son introduction : « Le surréalisme ? C'est un tout. Un tout vivant. Il est entré dans la vie de tous les jours. Tel roman est surréaliste, telle pièce de théâtre a un " air " surréaliste. L'affiche de publicité qui vous arrête dans la rue, la devanture du magasin qui vous aspire, sont devenues surréalistes. Toute manifestation qui sort de la vie plate et commune, et pour peu qu'elle étonne, est surréaliste. Cette fin de civilisation est surréaliste. » On ne peut mieux situer le phénomène que Nadeau que nous citons encore. S'agit-il d'un mouvement poétique ? Il répond : « Certes ! Et quel mouvement ! Si l'on parle de " révolution " romantique, quel terme pourrait convenir à ce raz de marée qui, non seulement a englouti le Romantisme et sa queue, mais tout ce qui s'apprenait dans les écoles et se lisait à la veillée, et qui a laissé sur le rivage : *l'Union libre* d'André Breton, *les Yeux fertiles* de Paul Éluard, *Une vague de rêves* d'Aragon, *De derrière les fagots* de Benjamin Péret, et mille concrétions mystérieuses venues du fond des mers avec leur reflet d'outre-monde. Des richesses, il y en a pour tous. Il n'est pas besoin d'approcher la main, il suffit d'ouvrir les yeux, il suffit de voir. » On parlera de tous ceux-là qui ont nom de légende, Jacques Vaché, Jacques Rigaut, René Crevel, Arthur Cravan, Philippe Soupault, et tant d'autres, de Tristan Tzara toujours présent aux Antonin Artaud, René Char, Henri Michaux, Robert Desnos, E. L. T. Mesens, Scutenaire, Raymond Queneau, l'équipe du *Grand Jeu,* Jacques Prévert, tout ce qui compte dans le siècle et que nous retrouverons dans leur itinéraire personnel.

Mouvement poétique, mais aussi mouvement artistique. Pensons à Pablo Picasso, Max Ernst, Salvador Dali, Yves Tanguy, Giorgio de Chirico, André Masson, Giacometti, René Magritte, Victor Brauner, Juan Miro, Man Ray, Picabia, Duchamp, et quelques dizaines d'autres, certains écrivant des poèmes de mots en marge de leurs poèmes d'images.

Sans doute les poètes surréalistes trouvaient-ils des précurseurs, au XIXe siècle, et parmi leurs aînés immédiats, des présences proches aussi que leurs revues pourraient accueillir. Il faut jeter un regard en arrière, sans remonter trop loin dans l'histoire de notre art, pour dire la prise de conscience philosophique d'un Vigny, Victor Hugo plongeant vers les abîmes, écoutant les siècles, tentant de suggérer le mystère de la vie, Gérard de Nerval dans sa quête d'un autre royaume, Baudelaire à la recherche des correspondances secrètes, quêtant l'ivresse des paradis artificiels, Rimbaud, épris d'absolu, prisonnier de l'enfer, en proie à l'infini vertigineux, voyant, prophète, refusant l'hypocrisie sociale, Lautréamont le révolté superbe se mouvant avec une liberté démoniaque entre la peur et l'angoisse, Guillaume Apollinaire « à la recherche d'un nouveau langage » et inventant ce néologisme : « surréalisme », sans imaginer sa fortune, Alfred Jarry, créateur d'Ubu l'anarchiste parfait, et ces compagnons, futuristes et dadaïstes, ces poètes de lignes proches. Mais les surréalistes ne cherchent pas un tableau généalogique avec des ancêtres apparaissant comme des preuves. Ils s'inventent eux-mêmes. Héritiers, continuateurs, certes, mais de quelques-uns seulement, et qui n'ont pas connu le nouveau vertige de l'histoire la plus dramatique de tous les temps.

De quoi sont-ils nés ? Ils sont nés de cet humus politique, social, philosophique, scientifique de leur époque d'après une guerre, d'avant une autre guerre. La guerre de 1914-1918 se termine sur une double défaite : celle des vainqueurs et celle des vaincus réduits au même état de délabrement moral, de faillites en chaîne, faillites de la condition humaine. Des hommes ont fait cette guerre, en sont sortis marqués par le dégoût des « civilisations » qui tuent, civilisations dont ils repoussent les aspects et les manifestations de quelque ordre qu'ils fussent, l'affreuse boucherie n'ayant rien résolu. Au lendemain des combats règne une euphorie factice et les nouvelles découvertes, avion, auto, cinéma, T.S.F., apparaissent comme des subterfuges masquant l'envers de ce progrès : stagnation de la pensée, esclavage par la machine, et la nouvelle civilisation, malgré toutes les espérances, ne fait que multiplier l'emprisonnement des êtres, la logique, la raison raisonnante se faisant les instruments de cette aliénation. Seuls quelques lieux de la philosophie permettent quelque ouverture : Hegel et sa dialectique, encore qu'elle soit un système, Bergson et son « élan vital », encore qu'il ne soit pas défini, Freud, plongeur de l'inconscient. L'action des surréalistes se portera sur le langage. A la révolte anarchique de Dada va succéder un véritable programme de recherches et surtout d'application. Si le domaine poétique est privilégié, on n'en veut pas moins mener un combat général destiné à promouvoir une nouvelle idée des rapports de l'homme avec l'univers, de l'individu avec la société. Cette lutte, qui se proposera, selon Aragon, d'aboutir à « une nouvelle déclaration des droits de l'homme », ne se fera pas en un jour : pour les historiens, quatre phases seront à distinguer dont nous parlerons et qui s'étendront jusqu'à nos jours.

Combat, programme, doctrines.

Entre 1922 et 1924, le Surréalisme va se dégager de Dada en retenant ses éléments positifs : le permanent procès intenté à l'art, à l'esthétique, à la « littérature » d'arrière ou d'avant-garde ; l'activité poétique éclatée et surtout séparée de ses formes vieillies d'expression littéraire ; l'édification lyrique de la fabulation née de la copulation des mots lâchés en libertés loin de la phrase classique.

Les surréalistes seront donc contre les b-a ba, les C.Q.F.D., les deux et deux font quatre, les idées alibis. Qu'elle éclate, cette vieille phrase avec sujet, verbe et complément! mais on l'utilisera cependant avec art dès lors qu'il s'agit de codifier le nouvel anti-système. Les mots eux-mêmes, selon de nouveaux mariages, vont prendre de nouvelles significations. Le langage sera mis en action pour recréer le monde envoûté par vingt siècles de christianisme de faillite. Selon des conceptions nouvelles, inédites, la poésie sera mode de connaissance : par elle l'âme parlera à l'âme, le rêve à la pensée, les images ne seront plus des ornements de surface mais des projecteurs ou des éclairs d'orage destinés à illuminer les cavernes de l'être. Certes on reconnaît que maints poètes du passé, fût-il récent, ont reçu l'inspiration, ce qui fait le prix de certaines œuvres, mais, désormais, inspiré on le sera sans cesse, et, de plus, on sera l'inspirateur. Quelques expressions tirées des *Vases communicants* nous assurent que le poète surréaliste sait « mêler l'action au rêve », « confondre l'interne et l'externe », « retenir l'éternité dans l'instant », « fondre le général dans le particulier ». Ces théories sont dynamiques. Leur expression ne va pas sans quelque romantisme. On se reconnaît, nous l'avons dit, quelques antécédents : Nerval, les pré-romantiques, Bousingots de la bataille de 1830, les romantiques allemands, Sade, Baudelaire, Rimbaud, les « poètes maudits » comme Corbière, Cros, Nouveau, Lautréamont, Jarry, Apollinaire et les deux Jacques, Vaché et Rigaut, les deux suicidés. Cela n'ira pas sans quelques réserves : Baudelaire apparaît trop attaché à l'incompatibilité du rêve et de l'action; à Rimbaud, on fera grief de son influence sur Paul Claudel. Rien n'est laissé à l'abandon et une somme considérable d'intelligence critique anime ces jeunes hommes, ces jeunes juges qui ne cesseront d'instruire des procès. C'est un bouillonnement constant et il est souvent difficile d'en suivre toutes les phases.

Le grand accusé sera le Réalisme, moins pour lui-même que pour les insuffisances de ses tenants, les romanciers d'observation, car, pour un André Breton, qu'observent-ils? Rien d'autre que la surface du réel. Ils croient faire œuvre scientifique en se limitant à décrire des rapports de cause à effet entre des états d'âme artificiels et des objets sans mystère; ils restent à l'extérieur de l'être et ne voient pas sa réalité profonde; leurs données sont simplistes, conduites par une mince logique, leur psychologie balbutiante et étroite, leurs données arbitrairement choisies et toujours dans les zones du conscient et de la logique. Ces réalistes, ces matérialistes, ces naturalistes, ces psychologues d'occasion ne se doutent même pas des trésors de nos profondeurs hors la raison, hors la logique. Tout est arbitraire, sans fécondité, extérieur. Au poète, à l'artiste de révéler la confusion du monde et de contribuer comme le dit Breton « au discrédit total » de ce qu'on appelle la réalité.

André Breton et Philippe Soupault, dans *les Champs magnétiques*, 1920, ouvrent la voie à l'exploration de l'activité psychique infrarationnelle et en cela ils sont en accord avec les théories de Freud. Dès lors, les premiers essais d'écriture automatique apportent des révélations inconnues : on cultive le « hasard objectif » et ce sera le jeu du « cadavre exquis » qui pourra apparaître comme un jeu de société, mais conduira en fait à de véritables créations, à des plongées en soi inconnues jusqu'alors. Tout homme ou toute femme est médium et peut exploiter ses facultés. Les rêves parlés, les récits de rêves, les exercices littéraires ou graphiques vont se multiplier. A partir de ces expériences en principe hors de tout effet d'art, les révélations seront constantes et souvent pleines d'art et de beauté, mais dans un sens nouveau. Sans cesse étonnés par leurs découvertes, en 1924, les surréalistes vont ouvrir un « Bureau de recherches surréalistes ». Nous verrons que les célèbres revues, si recherchées aujourd'hui, sont le support de ces tentatives. A noter *Une vague de rêves* qui paraît dans le n° 2 de *Commerce,* le *Premier Manifeste du surréalisme* dès le n° 1 de *la Révolution surréaliste.* Il s'ouvre sur une définition comme on en trouve dans les dictionnaires :

Surréalisme. n. m. Automatisme psychique pur par lequel on se propose d'exprimer, soit verbalement, soit par écrit, soit de tout autre manière, le fonctionnement réel de la pensée. Dictée de la pensée, en l'absence de tout contrôle exercé par la raison, en dehors de toute préoccupation esthétique ou morale.
Encycl. Philos. Le surréalisme repose sur la croyance à la réalité supérieure de certaines formes d'associations négligées jusqu'à lui, à la toute-puissance du rêve, au jeu désintéressé de la pensée. Il tend à ruiner définitivement tous les autres mécanismes psychiques et à se substituer à eux dans la résolution des principaux problèmes de la vie...

C'est là une définition de base qui appellera sans cesse des développements. La poésie sera une « interprétation paranoïaque de la réalité » selon la formule de Dali. Plus de raison déformante, mais des moments d'apparente vacuité intellectuelle où l'esprit, sans cadres et sans desseins, disposera les éléments du réel selon les lignes de force non de la raison, mais du monde naturel. Il s'agit de libérer l'imagination de la contrainte logique, d'être en état de grâce, d'ouverture, de naïveté pour saisir l'imprévu, la valeur poétique d'objets apparemment peu poétiques, d'états d'âme, de circonstances et d'accidents jusqu'alors négligés. Tout peut porter valeur poétique et valeur scientifique. Le plus banal en apparence sera souvent le plus intéressant en sur-réalité. La chose la plus étrangère à la poésie contient une charge latente de poésie qu'il faut faire exploser grâce à l'irrationnel. On peut s'apercevoir que le progrès poétique à travers les temps est toujours né d'une telle démarche et que pour le vrai poète, tout est ou peut être poésie.

La poésie est autre chose que l'art des vers ou l'art littéraire. Elle est à la fois dans les choses et dans la manière de les appréhender. Elle doit être vécue plus encore qu'écrite ou peinte. Elle est chose difficile et facile à la fois. Difficile car il faut se délivrer de la tradition logique; facile dès lors qu'on a retrouvé un état nu, hors la logique. *L'Immaculée Conception* de Breton nous apprendra qu'il est trop facile d'opposer le fou à l'esprit dit sain. Les maladies mentales, les dérèglements involontaires, bien étudiés, pourront permettre à l'esprit qui veut se « dresser poétiquement » de « reproduire dans ses grands traits les manifestations verbales les plus paradoxales » et « de se soumettre à volonté les principales idées délirantes ». L'esprit qui s'est dégagé, a retrouvé sa souplesse, son pouvoir d'accueil, peut recevoir les trésors d'apparents dérèglements. Le Surréalisme est un acte de foi envers l'unité du monde. Il est un comme l'esprit est un. La distinction des deux mondes, extérieur et intérieur, n'est qu'un leurre. Éluard dans *Donner à voir* écrit : « A la limite, nous avons tendu à donner la réalité intérieure et la réalité extérieure comme deux éléments en puissance d'unification, en voie de devenir commun. » Et André Breton : « Tout porte à croire qu'il existe un certain point de l'esprit d'où la vie et la mort, le réel et l'imaginaire, le passé et le futur, le communicable et l'incommunicable, le haut et le bas cessent d'être perçus contradictoirement. » Il nous apprend encore que l'écriture automatique n'est qu'un moyen entre autres de saisir, débarrassée de notre logique intellectuelle, la démarche de notre vie psychique, et de nous apercevoir que cette démarche est tout à fait analogue à celle des phénomènes du monde extérieur et que nous aurons par là la révélation de l'unité foncière du monde psychique et du monde matériel. Il voit le même désordre dans le mouvement brownien et dans les propos sans suite de nos idées livrées à elles-mêmes, la conscience totale et parfaite de cet accord étant une des conditions premières de l'état poétique. « Je crois, dit-il, à la résolution future de ces deux états, en apparence si contradictoires, que sont le rêve et la réalité, en une sorte de réalité absolue, de *surréalité,* si l'on peut dire. » Sans cesse l'affirmation sera répétée.

Le cours de l'existence humaine et le rêve ont en commun leur coulée absurde, leurs bizarres enchaînements, leur suite inexplicable. L'image donnée par le rêve est celle de la vérité et non des mensonges et des simplifications arbitraires d'un ordre logique des choses. Le rêve, pour les surréalistes, n'est pas une évasion, un exil, un refuge, et non plus l'envers du réel, mais un de ses aspects les plus signifiants. Ce n'est pas, comme chez les premiers romantiques, la quête d'un monde idéal, mais une union de l'être avec l'univers.

La poésie, de tous temps, a été une approche de l'essence du monde. Les nouveaux poètes savent qu'elle est le moyen de la pénétrer et lui donnent une force essentielle. Il s'agit de découvrir et de capter : « Si les profondeurs de notre esprit, écrit Breton, recèlent d'étranges forces capables d'augmenter celles de la surface, ou de lutter victorieusement contre elles, il y a tout intérêt à la capter. » Et la poésie permet cette capture. Freud apporte un appui aux surréalistes lorsqu'il écrit :

> Nos poètes sont, dans la connaissance de l'âme, nos maîtres à nous, hommes vulgaires, car ils s'abreuvent à des sources que nous n'avons pas encore rendues accessibles à la science... C'est des poètes, malgré tout, dans la suite des siècles qu'il est possible de recevoir et qu'il est permis d'attendre les impulsions susceptibles de replacer l'homme au cœur de l'univers, de l'abstraire une seconde de son aventure dissolvante, de lui rappeler qu'il est, pour toute douleur et pour toute joie extérieure à lui, un lieu indéfiniment susceptible de résolution et d'écho

Les négations essentielles sont venues de Dada, le commando d'avant-garde qui a semé la ruine dans les arts. On serait porté à croire que les surréalistes vont construire sur des ruines, surtout après coup, après que nous sûmes qu'ils fondaient un nouvel art et une nouvelle esthétique. Les hommes nouveaux, ces surréalistes issus de Dada comme le poussin de l'œuf, songent plutôt à la subversion. Leur mode de connaissance, leurs explorations vont leur permettre découvertes et créations, l'imagination explorant la mine d'or du roi Salomon de l'inconscient, découvrant un nouveau merveilleux, un nouveau fantastique, une nouvelle féerie, en ces lieux où ils sont pionniers, rêve, folie, états hallucinatoires. Et il y a, affirmé, non pas le désir d'ajouter une avant-garde à celles qui l'ont précédée, mais de se livrer à une recherche constante. Nous verrons plus loin que *la Révolution surréaliste,* « la revue la plus scandaleuse du monde » ouvre en grand les portes de l'inconscient.

Une des démarches est de déconcerter, non pour épater le bourgeois qu'on déteste autant que le détestaient les Romantiques de 1830, mais parce que c'est un moyen de révéler à l'esprit ses erreurs et ses routines. Il s'agit, ne l'oublions pas, de libération de l'homme. La poésie a agrandi son domaine, ses pouvoirs : elle est devenue instrument d'enquête; elle seule peut apporter une solution au problème de notre vie; il faut se libérer des modes de pensée contraignants. Philippe Van Tieghem en a suivi les combats : « Le pire des esclavages c'est, pour l'homme, d'être enchaîné par un mode de pensée qui, en lui donnant du monde un aspect faux, l'empêche de vivre librement. Libéré d'un Dieu imaginaire dont le rôle est de justifier un autre monde, asile des paresses et des peurs, libéré d'une morale dont les impératifs ne sont que les frères inavoués des impératifs de la raison, l'homme, par la vue poétique du monde, se retrouvera lui dans sa totalité, non en face, mais au milieu d'un monde fraternel dont il aura retrouvé l'intime fraternité. » Car, comme dit Breton dans son texte essentiel : *Qu'est-ce que le Surréalisme?,* il aura découvert cette « féerie intérieure » auprès de laquelle « toute activité préméditée de l'esprit paraît pauvre et fade ». Un étonnement permanent nous est proposé et qui débouche sans cesse sur le merveilleux découvert dans l'objet réel et non dans quelque mysticisme de quelque autre monde. Le Surréalisme est une quête de cohérence de l'homme dans un monde cohérent, de liberté dans un monde libre, d'ouverture « à l'état anarchique » de la bande des désirs : on comprend l'amitié de Sade. Si le Surréalisme apparaît aujourd'hui comme la suite normale de Baudelaire, Rimbaud, Lautréamont, ceux que nous avons précédemment nommés, il apporte une révolution comme on n'en avait jamais vue avant lui, non seulement une théorie mais des mises en pratique de valeur. Des perspectives inouïes sont ouvertes à la poésie et à tous les arts. Il y aura des dérivations, des décalages, mais l'avenir est ouvert. Essayons de nous reporter à l'époque héroïque pour montrer quelques phases du combat, puisqu'il s'agit ici d'histoire de la poésie.

Sur les techniques nouvelles de recherche.

Une des armes les plus sûres est l'humour, et plus particulièrement l'humour noir, « politesse du désespoir » selon Boris Vian, mais, pour les surréalistes, moyen de subversion et d'insoumission. Comme au temps de Rabelais, le rire secoue l'hypocrisie sociale. Il devient ricaneur, sardonique, grinçant. Il permet un recul devant le spectacle des marionnettes dont on voit les ridicules, les gestes illusoires, les conventions. Ce monde soumis à la raillerie peut aussi être source de plaisir et les surréalistes ne se priveront jamais de cela. Mais cet humour, s'il permet de voir les choses dans leur triste réalité, est à double tranchant et soumet au désespoir. Il est lucidité entière. « Sentir la vanité lamentable, écrit Marco Ristich dans *la Révolution surréaliste*, comme l'a montré Yves Duplessis, l'absurde irréalité de tout, c'est sentir sa propre inutilité, c'est être inutile. Alors, il faut bien s'anéantir, ou bien se transformer, se dépasser par une négation substantielle, Vaché s'est tué, Dada est devenu le Surréalisme... Le Surréalisme va droit à la zone interdite. » Lisons encore : l'humour « est dans son essence une critique intuitive et implicite du mécanisme mental conventionnel, une force qui extrait un fait ou un ensemble de faits de ce qui est donné comme leur normale, pour les précipiter dans un jeu vertigineux de relations inattendues et surréelles. Par un mélange de réel et de fantastique, hors de toutes les limites du réalisme quotidien et de la logique rationnelle, l'humour, et l'humour seul, donne à ce qui l'entoure une nouveauté grotesque, un caractère hallucinatoire d'inexistence... et une importance dérisoire, à côté d'un *sursens* exceptionnel et éphémère, mais total... » Arme libératrice, dépaysante, anti-rationaliste, destructrice des manières routinières de penser, anti-utilitaire, l'humour suscite l'inattendu. On le verra dans des déplacements d'objets hors leur cadre convenu. « Ainsi, dit Yves Duplessis, une statue placée dans un fossé revêt une tout autre valeur que sur son socle, de même une main isolée du bras change de signification. » Pensons par exemple aux collages de Max Ernst ou de Prévert, aux rencontres d'objets hétéroclites dans les expositions surréalistes, aux poèmes-objets, aux romans et aux poèmes en collages, aux dessins animés, aux films des Marx Brothers qu'Artaud admira dès leur naissance, à tout cela, absurde apparemment, hétéroclite, mais qui ajoute à la critique du monde établi une dimension de conquête, celle d'un univers où tout est nouveau, où tout naît de mariages inattendus, où tout est aventure. Le beau, comme l'a dit Lautréamont, peut naître de « la rencontre sur une table de dissection d'une machine à coudre et d'un parapluie ». Les Buñuel, Dali retiendront cette leçon. Qui sait si les surréalistes ne seront pas parfois dépassés par leurs découvertes et ce qu'elles suscitent de nouvelles découvertes ? Mais l'étonnement fait partie du jeu. A partir de la destruction de la réalité par l'humour naît un nouvel univers provoqué par la rencontre des objets ou des images.

L'humour est non seulement une arme mais aussi une clé introduisan à l'univers de l'imagination, et, de là, à une raison supérieure unissant le monde du rêve à la réalité, à une conception philosophique nouvelle où le poète rejoindra, par des voies différentes, les conquêtes de la science, à, comme l'écrit André Breton, « un rationalisme ouvert qui définit la position actuelle des savants (par suite de la conception de la géométrie non euclidienne, puis d'une géométrie généralisée, de la mécanique non newtonienne, de la physique non marwellienne, etc.) ne pouvait manquer de correspondre un *réalisme ouvert* ou *surréalisme* qui entraîne la ruine de l'édifice cartésien-kantien et bouleverse de fond en comble la sensibilité ».

L'humour sera une des armes de l'action subversive dirigée contre les valeurs établies. Il règne parmi les chahuts, les scandales, les pamphlets, les apostrophes, les lettres d'insultes, sur ce qui frisera, pour les gens en place, le mauvais goût, en attendant plus tard les *Charlie-Hebdo* et *Hara Kiri*. Les batailles d'Hernani sont monnaie courante. Il existe chez les surréalistes une agitation de surface qu'on imitera souvent par la suite, comme mode publicitaire plus que par conviction profonde, mais d'une surface qui repose sur un volume d'une ampleur évidente. Cet esprit de bataille, de querelles régnera extra et intra-muros et l'histoire du Surréalisme est une longue suite de colères, de rejets et d'excommunications quand il ne s'agit pas d'expéditions punitives, le tout ponctué par des textes incendiaires d'une qualité d'humour parfait et qu'on cite encore comme modèles.

L'excessif étant le lot quotidien, pour l'extérieur, ces jeunes gens seront des énergumènes. Ne voit-on pas, au banquet Polti, Desnos et Breton interrompre une péroreuse prêtresse de salon littéraire, Mme Aurel, par de violentes protestations qu'on juge peu galantes ! Il en est de même à un banquet Saint-Pol Roux. Toujours protestations contre les manifestations de la société bourgeoise. Les surréalistes sont aux aguets des occasions de se manifester et chaque matin qui se lève est un matin de combat. Et voilà qu'on oublie qu'Anatole France fut aux côtés de Jaurès pour ne retenir que ce qui faisait le bonheur de la droite, le style français porté à sa perfection classique. L'insulter alors que sa gloire est reconnue et que sa mort provoque un deuil national, voilà qui mécontente tous les bords, scandale énorme. Voilà que le « pur génie français » est « un vieillard comme les autres » pour Éluard, un « personnage comique et si vide » pour Soupault et le célèbre « Avez-vous giflé un mort » d'Aragon sans compter le *Refus d'inhumer* de Breton qui, pour tous, dépassera les bornes :

Loti, Barrès, France, marquons tout de même d'un beau signe blanc l'année qui coucha ces trois sinistres bonshommes : l'idiot, le traître et le policier. Avec France, c'est un peu de la servilité humaine qui s'en va. Que ce soit fête le jour où l'on enterre la ruse, le traditionalisme, le patriotisme, l'opportunisme, le scepticisme et le manque de cœur ! Songeons que les plus vils comédiens de notre temps ont eu Anatole France pour compère et ne lui pardonnons jamais d'avoir paré les couleurs de la Révolution de son inertie souriante. Pour y enfermer son cadavre qu'on vide si l'on veut une boîte des quais de ces vieux livres « qu'il aimait tant » et qu'on jette le tout à la Seine. Il ne faut plus que mort cet homme fasse de la poussière.

Aragon avait écrit dans ce pamphlet *Un cadavre* ces lignes : « Il me plaît que le littérateur que saluent à la fois aujourd'hui le tapir Maurras et *Moscou la gâteuse* ait écrit... » Une polémique avec Jean Bernier, directeur de la revue communisante *Clarté* suivit : à Bernier qui relevait « Moscou la gâteuse », Aragon répondit en termes vifs. Pour lui, la révolution russe, à l'échelle des idées, était « au plus une vague crise ministérielle ». Pour lui, comme pour ses amis, « les problèmes posés par l'existence humaine ne relèvent pas de la misérable petite activité révolutionnaire qui s'est produite à notre Orient au cours de ces dernières années ». La révolution est bien affaire d'idées. Ainsi, de 1924 à 1929, la Centrale surréaliste connaîtra des démêlés avec le groupe *Clarté*, le problème étant d'adhérer ou non à la révolution bolchevique, au parti communiste français : la transformation du monde semble de peu de sens aux surréalistes si l'on ne change pas la vie; d'autre part, se replier sur l'autonomie interne est un risque de complicité de fait avec les forces conservatrices. On verra en 1928 Pierre Naville passer du côté de *Clarté*, Breton en proie à ses propres divisions polémiquer, notamment avec Georges Bataille, avec l'équipe du Grand Jeu dont nous parlerons, exclure les Soupault, Artaud, Vitrac et d'autres qui riposteront, tout cela n'allant pas sans contradictions. Se reporter à *l'Histoire du Surréalisme* de Nadeau est indispensable.

Revenons-en à ce que l'on pourrait appeler poésie-pamphlet. Imaginons les jeunes surréalistes à ce banquet autour d'un Saint-Pol Roux qu'ils admiraient. Voilà que des conservateurs sont présents, que Mme Rachilde dit « qu'une Française ne peut pas épouser un Allemand ». Breton se lève et dit les propos injurieux pour son ami Max Ernst présent. Un fruit s'écrase sur un personnage officiel. Des cris : « Vive l'Allemagne, vive la Chine, vive les Riffains ! » et même un « A bas la France ! » de Michel Leiris qui sera passé à tabac au commissariat. Scandale énorme. Surréalistes en quarantaine. Et voilà que Paul Claudel a traité dans une interview à *Comœdia* l'activité du groupe de pédérastique, en ajoutant qu'il avait mérité de la patrie pour avoir permis durant la guerre la vente par l'Amérique de « grosses quantités de lard » à la France. Paul Claudel, grand poète, maniait souvent la gaffe. Riposte anathémique dont on extrait : « Nous saisissons cette occasion pour nous désolidariser publiquement de tout ce qui est français en paroles et en actions. Nous déclarons trouver la trahison et tout ce qui, d'une façon ou d'une autre, peut nuire à la sûreté de l'État plus conciliable avec la poésie que la vente de " grosses quantités de lard " pour le compte d'une nation de porcs et de chiens... » Les forces conservatrices se liguèrent contre eux et pour riposter il fallait bien en venir à une action politique. D'autres exemples de ces textes où tout se mêle :

Noms de clowns qui me viennent à l'esprit : Julien Benda, M. Thiers, Goethe, Paul Fort, l'abbé Brémond, l'auteur de *Rien que la terre*, Raymond Poincaré, Gyp, le pasteur Soulié, André Maurois, Ronsard, Julien Benda très spécialement.
Le baron Seillères est plutôt un palefrenier...
André Gide n'est ni un palefrenier ni un clown, mais un emmerdeur.

C'est Aragon qui parle dans son *Traité du style* avec un talent étonnant, et rien n'échappe à sa vindicte, pas même Dada le père, pas même la vulgaire postérité de Rimbaud, et non plus les auteurs de solution religieuse, Maritain, Massis ou Cocteau, et non plus Freud lui-même qui « fardé outrageusement dans une toilette suggestive arpentant le bitume de la surprise, fait la retape des écrivains sur le retour ». Empressons-nous de dire qu'il n'y a pas que cela dans ce traité polémique qui contient une mise au point. Trois ans avant la publication de cet important ouvrage, la *Déclaration du 27 janvier 1925*, tract reproduit par Nadeau pour la première fois, donnait déjà quelques précisions :

1° Nous n'avons rien à voir avec la littérature. Mais nous sommes très capables, au besoin, de nous en servir comme tout le monde.

2° Le surréalisme n'est pas un moyen d'expression nouveau ou plus facile, ni même une métaphysique de la poésie. Il est un moyen de libération totale de l'esprit et de tout ce qui lui ressemble.

3° Nous sommes bien décidés à faire une Révolution.

4° Nous avons accolé le mot de surréalisme au mot de Révolution uniquement pour montrer le caractère désintéressé, détaché et même tout à fait désespéré de cette révolution.

5° Nous ne prétendons rien changer aux erreurs des hommes mais nous pensons bien leur démontrer la fragilité de leurs pensées, et sur quelles assises mouvantes, sur quelles caves, ils ont fixé leurs tremblantes maisons.

6° Nous lançons à la société cet avertissement solennel. Qu'elle fasse attention à ses écarts, à chacun des faux-pas de son esprit, nous ne la raterons pas...

7° Nous sommes des spécialistes de la Révolte. Il n'est pas un moyen d'action que nous ne soyons capables au besoin d'employer...

Le Surréalisme n'est pas une forme poétique.

Il est un cri de l'esprit qui se retourne vers lui-même et est bien décidé à broyer désespérément ses entraves.

Et au besoin par des marteaux matériels.

Aragon, dans le *Traité du style*, précisera que le Surréalisme n'est pas un truc permettant une « diarrhée inépuisable » bien que « le premier chien venu se croit à même d'égaler ses petites cochonneries à la poésie véritable ». Il s'agit de rigueur fondée sur le langage, « c'est-à-dire en fin de compte sur les mots, sur leur sens, qui n'est pas celui du dictionnaire, mais qui éclôt de chaque syllabe, de chaque lettre ». Le Surréalisme est hors la littérature, Aragon ne tient pas à ce qu'il figure, bien installé, après d'autres courants dans les « petites collections » des critiques — ce qui se fera inévitablement, et comment ne pas le faire ? mais en le situant bien dans sa vérité et dans ses particularités, car il s'agit, qu'on le veuille ou non, d'écriture et de poésie. En dépit de paradoxes parfois faciles, d'un côté raisonneur, il s'agit, comme l'écrit Nadeau, « d'un document irremplaçable pour l'histoire et la compréhension du surréalisme », faisant justice des « jugements erronés », repoussant les assimilations au freudisme, à la relativité, à la gratuité, à l'idolâtrie de Rimbaud, au goût du suicide, à la vaticination, à l'écriture automatique à laquelle sont assignées de strictes limites. Intransigeant, intelligent, Aragon montre là une conception du monde en avance sur son époque et, à maints égards, encore en avance sur la nôtre.

A ces écrits indispensables, il est permis de préférer la mise en action des poèmes, des proses, toujours d'un style admirable, que sont des œuvres comme *le Paysan de Paris* d'Aragon, de *Nadja* de Breton qui nous font quitter le quotidien des polémiques. Ici nous touchons au merveilleux surréaliste. Avec l'humour, il en est une mamelle. Ce merveilleux apprivoise l'étrange, le surnaturel, le fantastique, le rêve, l'idéalisme magique, l'imagination, la présence des choses cachées derrière les choses. En quête du « hasard objectif », le poète éprouve le quotidien qui lui permet par-delà ses apparences la rencontre dans le monde extérieur d'êtres d'intériorité, de présences supranormales qui semblent jaillis du rêve, comètes de hasard identifiables socialement, et pourtant âmes errantes, issues du mystère qui intègrent la banalité dans le fantastique et qui mettent le poète dans un état d'inquiétante étrangeté. Il faut lire *le Paysan de Paris, les Pas perdus, Nadja* et tant et tant de textes, pour voir que des événements normaux portent un pouvoir de projection dans un monde enchanté. En se débarrassant des idées admises, des contraintes, des platitudes critiques, on trace une voie nouvelle et le spectacle débouche sur le merveilleux, l'inattendu, la magie. « Il y a, écrit Aragon, d'autres rapports que le réel que l'esprit peut saisir, et qui sont aussi premiers, comme le hasard, l'illusion, le fantastique, le rêve. Ces diverses espèces sont réunies et réconciliées dans un genre qui est la Surréalité. » Les surréalistes savent bien que le merveilleux « se perd dans chaque homme qui avance dans sa propre vie comme dans un chemin de mieux en mieux pavé, qui avance dans l'habitude du monde avec une aisance croissante, qui se défait progressivement du goût et de la perception de l'insolite ». Ce merveilleux fragile, à protéger, il est partout si le regard s'y prête, s'il sait voir ce halo entourant les objets et les lieux. Dès lors, par un nouveau regard, un autre regard (qui fut celui des romantiques allemands ou des romans gothiques) le surnaturel est à portée de la main, le merveilleux, comme écrit Pierre Albert-Birot, « accomplit le miracle de se fondre avec l'ordinaire et le quotidien de la façon la plus naturelle du monde », le noyau de l'univers peut être atteint si l'on se dégage des illusions qui masquent le monde réel. Des lieux chargés de mystère sont propices à cette quête et les surréalistes ont le goût des passages parisiens avec leurs boutiques, avec leurs serrures qui débouchent sur l'infini, des châteaux, ceux du *Moine* de Lewis que traduit Artaud, du *Revolver à cheveux blancs* de Breton ou *Au château d'Argol* de ce Julien Gracq qui apparaîtra en fin de course. L'atmosphère des romans noirs introduit à cette recherche, mais aussi tous les lieux chargés d'ombre et de mystère. Et de rêve.

Car la vie du rêve, chez les surréalistes, est aussi importante que celle de la veille. Elle porte en son mystère, hors de toute logique et de tout raisonnement, une vérité. Rêver, c'est pénétrer au fond de la mine de soi-même pour trouver des pépites. Humour noir, roman noir, drapeau noir, c'est dans la nuit que se trouve la clarté. Que de rêves seront contés par les surréalistes, de Giorgio de Chirico à André Breton en passant par tant d'autres. J.-A. Boiffard, Paul Éluard, Roger Vitrac préconisent que le rêve soit raconté dans les familles chaque matin. Un papillon surréaliste proclame : « Parents, racontez vos rêves à vos enfants ! » C'est toujours la recherche d'une autre réalité que celle apparente, un recours à la spontanéité du rêve qui, comme le Surréalisme, « tend à la récupération totale de notre force psychique par un moyen qui est la descente vertigineuse en nous, l'illumination systématique des lieux cachés et l'obscurcissement progressif des autres lieux ». Nous sommes proches de l'univers d'un Gérard de Nerval, des romantiques allemands. Le rêve est vérité entière, la seule vérité peut-être, car son univers d'images, de souvenirs refoulés, de désirs cachés, de tendances qu'on croit honteuses, ne fait pas de tri, ne retient pas seulement le pratique. Laisser dans l'ombre les révélations apportées par le rêve, c'est se mutiler d'une partie de soi-même. Il s'agit non pas de vague songerie mais de cette rêverie féconde qu'étudiera, après Bergson, après Freud, mais d'une autre manière Gaston Bachelard. Ce domaine sans interdits dont la mémoire ne retient que des bribes mais où le possible est sans limites, comment se fait-il qu'il ait fallu attendre le Surréalisme pour le réhabiliter, en extraire le sens total de l'être en passé, en présent, en futur. Il existe un bonheur de rêver et l'on ira jusqu'à la provocation du rêve, cette seconde vie qu'interrompt la veille. Les récits de rêves des surréalistes, cependant, ont une qualité qui n'est point courante et, dans la narration, intervient, qu'on le veuille ou non, l'art littéraire. Il suffit de lire tel ou tel récit de rêve pour constater qu'il n'arrive pas à tout un chacun qu'une femme lui prenne le bras et dise : « Matrice hypercomplexe », comme chez Raymond Queneau ou que nous lisions un véritable poème en prose comme dans cet extrait de Leiris :

... Entre le sommeil des voix et le règne des statues, une rose enrichit le sang où se baigne le bleu corporel assimilable par fragments. La saveur des couronnes qui descendent au niveau des bouches closes suggère un calcul plus rapide que celui des gestes instantanés. Les laminaires ont tracé des cercles pour blesser nos fronts... Je pense au guerrier romain qui veille sur mes rêves ; il élève son bouclier à hauteur de mes yeux et me faire lire deux mots :

atoll et *sépulcrons*

Si le pari de Pascal peut se figurer par la croix obtenue en développant un dé à jouer, que pourra m'apprendre la décomposition du bouclier ?

Si nous lisons ces textes dans leur entier, nous nous apercevons que le rêve, tout en gardant son importance psychologique et métaphysique, est inspirateur et est conduit par les surréalistes au-delà de ses propres données. Il y a rêve et création.

Élucubrations, diront certains. Mais qui nous donnent la possibilité de nous mieux connaître. On pense aux aliénistes donnant des pinceaux et des couleurs à leurs patients pour qu'ils s'expriment sur la toile, se délivrent et se fassent connaître dans leur totalité. Sans cette libération, l'être resterait impénétrable. On touche à l'univers hallucinatoire, incohérent, à une somme de véhémence inouïe. Tout s'amplifie et devient visible autour du délire de l'esprit. Nous pénétrons dans le grand théâtre paranoïaque où l'être est à la fois théâtre, mise en scène et acteur. C'est la conquête de l'irrationnel, cette partie jusqu'alors négligée de nous-mêmes, irrationalité concrète qui, pour un Salvador Dali, est nutrition. Ce qu'il écrit pour la peinture, à partir de son système de la paranoïa-critique, peut s'appliquer à toutes formes d'art, et notamment à la poésie :

... Comment voulez-vous qu'ils les (mes tableaux) comprennent quand moi-même qui suis celui qui les *fais* je ne les comprends pas non plus. Le fait que moi-même, au moment de peindre, je ne comprends pas la signification de mes tableaux, ne veut pas dire que ces tableaux n'ont aucune signification : au contraire, leur signification est tellement profonde, complexe, cohérente, involontaire, qu'elle échappe à la simple analyse de l'intuition logique... Toute mon ambition sur le plan pictural consiste à matérialiser avec la plus impérialiste rage de précision les images de l'irrationalité concrète.

Dali écrira encore : « Tous les médecins sont d'accord pour reconnaître la vitesse de l'inconcevable subtilité fréquente chez le paranoïaque, lequel, se prévalant de motifs et de faits d'une finesse telle qu'ils échappent aux gens normaux, atteint à des conclusions souvent impossibles à contredire... et qui, en tout cas, défient toute analyse. » Dans un texte essentiel, *l'Immaculée Conception,* André Breton et Paul Éluard ont entrepris de simuler le fonctionnement automatique de l'esprit tout en répondant par la pratique, de manière exemplaire, aux théories des manifestes surréalistes. Mettant en commun leurs ressources, comme cela eut lieu dans maintes œuvres comme *les Champs magnétiques* ou *Ralentir travaux,* et se référant en cela à l'idée que « la poésie doit être faite non par un seul mais par tous », ces poètes vont affirmer entre autres « que l'essai de simulation de malades que l'on enferme remplacerait avantageusement la ballade, le sonnet, l'épopée sans queue ni tête et autres genres caducs ». Il s'agit bien d'une « gymnastique mentale » et de « la recréation d'un état qui n'ait plus rien à envier à l'aliénation mentale ». Reconstituer des délires, simuler la folie est non seulement expérience difficile, mais dangereuse où le poète risque d'être la proie des monstres, mais une fois de plus l'humour sert à la fois d'arme et de bouclier, avec sa charge de provocation conduisant, hors de la vulgarité, aux trente-deux positions.

La lecture de ce texte, comme de maints textes obtenus par l'écriture automatique, révèle des beautés inconnues, une foule d'images, une mise en œuvre de vocables prenant des significations nouvelles, des mariages de mots venus de toutes parts et jamais rapprochés avant, une poésie active et vous transportant dans des régions inexplorées. Tout cela ne s'imite pas : l'ange du bizarre est présent et l'on ne fera pas mieux, sinon, dans les années qui suivront, bien des plagiats dégradés. Disons par parenthèse qu'il ne s'agit pas d'écrire n'importe quoi par imitation ou reprise malhabile de la technique surréaliste. On est tenté de placer ici une mise en garde de Roger Caillois, passager surréaliste, écrite en 1933 dans *le Surréalisme au service de la Révolution :*

Il est de fait que la poésie continue à bénéficier d'une indulgence de mauvais aloi qui tend à lui conférer de dangereux avantages en la sauvegardant, sous prétexte d'intrusion sacrilège, de tout examen critique tant soit peu précis et rigoureux. A une telle complaisance, la poésie a plus à perdre qu'à gagner, car il suffit qu'on puisse supposer qu'elle en vit, pour qu'elle soit immédiatement disqualifiée. Or tant d'œuvres précisément se présentent comme poèmes, alors qu'il est difficile d'y trouver autre chose que les plus inexcusables escroqueries sentimentales, artistiques ou intellectuelles, qu'il n'est pas possible à une pensée sévère de ne pas considérer la poésie comme le droit donné à n'importe qui de dire n'importe quoi... Au contraire, c'est justement dans la mesure où le surréalisme a considéré la poésie comme un fait et l'a systématiquement épuisée en tant que telle jusqu'en ses limites extrêmes, limites qui sont à leur tour des faits poétiques susceptibles d'un développement concentrique et ainsi de suite, qu'il s'est acquis en propre le droit d'entreprendre avec quelque validité la critique de l'imagination empirique.

Haut lieu du Surréalisme : l'écriture automatique. André Breton, dans un état entre sommeil et veille, lit dans son esprit des phrases qui lui apparaissent « comme des éléments poétiques de premier ordre », il entend des choses jamais entendues, il voit des choses jamais vues. N'a-t-il pas relaté, dans le *Premier Manifeste,* qu'il entendit un soir, au moment où le sommeil allait le prendre, une « phrase qui me parut insistante, phrase oserai-je dire qui *cognait à la vitre* », des mots comme « prononcés à la cantonade ». C'est en se mettant volontairement dans cet état que Philippe Soupault et André Breton décidèrent de s'exercer à laisser la parole aux dictées de l'inconscient. Pour ce faire, il fallut se débarrasser des sollicitations du monde extérieur et de ses données logiques. Et ce fut la découverte du lien naturel existant entre l'automatisme du rêve et les manifestations de la poésie. Ces paroles de l'intérieur, comme dites par les sibylles ou les prophètes, se traduisent dans le premier document public, *les Champs magnétiques,* 1920. Cette expérience en commun, et non par un seul homme clos dans sa subjectivité, donna des fruits superbes, bien qu'il ne s'agît pas au départ de faire œuvre d'art, mais de découvrir systématiquement les profondeurs de l'inconscient. Breton s'en est expliqué dans *les Pas perdus :* « Soupault et moi nous songeâmes à reproduire volontairement en nous l'état où elles se formaient (ces phrases énigmatiques). Il suffisait pour cela de faire abstraction du monde extérieur, et c'est ainsi qu'elles nous parvinrent deux mois durant, de plus en plus nombreuses, se succédant sans interruption avec une rapidité telle que nous dûmes bientôt recourir à des abréviations pour les noter. » Ils tentèrent cette expérience « avec un louable mépris de ce qui pourrait s'ensuivre littéralement ». Il s'agissait là, une fois de plus, d'un acte d'indépendance envers toutes les formes de littérature et de toutes les formes de l'arbitraire.

Certes, Breton et Soupault inventaient, ou plutôt systématisaient un état qui trouva ses exemples dans le passé. Breton lui-même cita une lettre d'Horace Walpole révélant la nature spontanée de son ouvrage *le Château d'Otrante,* rédigé dans un état second. D'autres exemples existent chez les romantiques allemands comme Achim von Arnim, et Nerval a connu cet état. Le résultat de ces plongées de deux hommes dans l'abîme : inespéré. Les images sont d'une grande beauté poétique, suggestives de ces profondeurs de l'être, plus peut-être que la peinture car

Breton « tient les inspirations verbales pour infiniment plus riches de sens visuel, pour infiniment plus résistantes à l'œil que les images visuelles proprement dites ». Le sommeil rêve et voit clair.
Beauté des images surréalistes : nouvelle beauté. Phrase essentielle de Breton : « La Beauté sera convulsive ou ne sera pas. » Un texte la suit dont nous donnons quelques extraits (mais il faut tout lire) :

... Il ne peut, selon moi, y avoir beauté — beauté convulsive — qu'au prix de l'affirmation du rapport réciproque qui lie l'objet considéré dans son mouvement et dans son repos. Je regrette de n'avoir pu fournir, comme complément à l'illustration de ce texte, la photographie d'une locomotive de grande allure qui eût été abandonnée durant des années au délire de la forêt vierge...
Passant de la force à la fragilité, je me revois maintenant dans une grotte du Vaucluse en contemplation devant une petite construction calcaire reposant sur le sol très sombre et imitant à s'y méprendre la forme d'un œuf dans un coquetier. Des gouttes tombant du plafond de la grotte venaient régulièrement heurter sa partie supérieure très fine et d'une blancheur aveuglante. En cette lueur me parut résider l'apothéose des adorables *larmes bataviques*. Il était presque inquiétant d'assister à la formation continue d'une telle merveille...
L'œuvre d'art, au même titre d'ailleurs que tel fragment de la vie humaine considérée dans sa signification la plus grave, me paraît dénuée de valeur si elle ne présente pas la dureté, la rigidité, la régularité, le lustre sur toutes ses faces extérieures, intérieures, du cristal...
Une telle beauté ne pourra se dégager que du sentiment poignant de la chose révélée, que de la certitude intégrale procurée par l'irruption d'une solution qui, en raison de sa nature même, ne pouvait nous parvenir par les voies logiques ordinaires...
La beauté convulsive sera érotique-voilée, explosante-fixe, magique-circonstancielle ou ne sera pas.

« Érotique-voilée » : dans ses *Entretiens* avec André Parinaud, Breton, après avoir rendu justice à la conscience littéraire de maints poètes de son temps, non point surréalistes, mais symbolistes ou post-symbolistes, avoue que leur conception de la Beauté n'était pas la sienne; dans cette lointaine époque, vers 1913, la Beauté commençait à lui faire l'impression « d'une femme voilée en train de se perdre dans le lointain ».
Proche de l'idée de la beauté, l'idée d'amour. Elle est *l'Amour fou* selon le titre de l'ouvrage de 1937. Chez les jeunes surréalistes, auprès de la révolution, l'amour est la plus grande source d'inspiration. André Breton le dit : « Les plus beaux poèmes d'Éluard, de Desnos, de Baron, publiés à cette époque (vers 1933), sont des poèmes d'amour. » A ces noms, il faut ajouter le sien, celui d'Aragon, presque de tous. L'amour est le sujet d'exaltation. On lutte contre les accusations d'immoralités portées contre Charlie Chaplin, on accueille Gengenbach parce qu'il a tenté de se suicider par désespoir d'amour. Dans l'avant-dernier numéro de *la Révolution surréaliste*, ne trouve-t-on pas des questionnaires dignes des débats de cours d'amour, on n'ose dire du courrier du cœur, mais qu'importent les questions, ce sont les réponses qui comptent. Tout de même : « Quelle sorte d'espoir mettez-vous dans l'amour? Comment envisagez-vous le passage de *l'idée d'amour au fait d'aimer?* Feriez-vous à l'amour le sacrifice de votre liberté? L'avez-vous fait? Le sacrifice d'une cause que jusqu'alors

vous vous croyiez tenu de défendre, s'il le fallait, à vos yeux, pour ne pas
démériter de l'amour, y consentiriez-vous ?... » L'amour fou, l'amour
unique dépasse heureusement cela. Et les proses, et les poèmes, les plus
admirables sans doute qui aient été écrits sur ce sujet éternel. Pour Breton, l'acte sexuel n'est pas une chute de l'amour, il ne le ruine pas dans sa
réalisation même, et il y a du romantisme lorsqu'il écrit : « Les sordides
considérations qu'on lui oppose (à l'amour), la guerre sournoise qu'on
lui fait, plus encore les représentations violemment antagonistes toujours
prêtes à l'assaillir qui abondent autour de lui, sont, il faut bien l'avouer,
trop souvent de nature à le confondre. Mais cet amour, *porteur des plus
grandes espérances qui se soient traduites dans l'art depuis des siècles,* je vois
mal ce qui l'empêcherait de vaincre dans des conditions de vie renouvelées. » Et Breton envisage le plus parfait amour avec cette fougue
qu'avaient les troubadours : « L'amour réciproque, tel que je l'envisage,
est un dispositif de miroirs qui me renvoient, sous les mille angles que
peut prendre pour moi l'inconnu, l'image fidèle de celle que j'aime, toujours plus surprenante de divination de mon propre désir et plus dorée
de vie. » Faut-il insister sur « l'inconnu » « miroir », « désir », « divination » ? L'amour tel qu'il est envisagé ne peut-il être lui aussi, au même
titre que le rêve, le hasard objectif, l'écriture automatique, moyen de pénétration dans les profondeurs de l'être en même temps que vie réelle, en
somme totalité. De *l'Amour fou* aux *Yeux d'Elsa* en passant par les intimités éluardiennes, les surréalistes, à travers tous leurs avatars personnels, ne
cesseront de nous en persuader. Et, comme dit un vers de Breton : « La
poésie se fait dans un lit comme l'amour. » Il dira aussi : « Dans l'amour,
ce n'est pas non plus le bonheur que j'ai cherché, mais bien l'amour. »
Le désir, l'amour, la liberté sexuelle règnent partout dans les œuvres.
Breton va plus loin : pour lui l'amour est un briseur d'esclavage social et
contribue au progrès de la culture; loin des conceptions frivoles, sa
conception de l'amour est de nature « à faire la part la plus belle à l'activité poétique comme moyen éprouvé de fixation du monde sensible et
mouvant sur un seul être aussi bien que comme force permanente d'anticipation ».

Itinéraires et conquêtes.

Avant de revenir à l'histoire proprement dite du mouvement, et il n'est
point d'histoire aussi mouvementée, aussi bouillonnante, aussi vivace, et
de donner quelques points de repère, après avoir évoqué ces grandes
lignes que sont l'humour, la subversion, le scandale, le merveilleux, l'écriture automatique, le rêve, la beauté, l'amour, quelques visites encore
s'imposent. On lit toujours avec délectation les lettres de rupture ou
d'adhésion, les lettres « d'engueulades », les innombrables lettres qui
sont des manifestes : *Adresse au Pape* (« Le monde, c'est l'abîme de l'âme,
Pape déjeté, Pape extérieur à l'âme, laisse-nous nager dans nos corps,
laisse nos âmes dans nos âmes, nous n'avons pas besoin de ton couteau
de clarté »); *Lettre aux écoles du Bouddha* (« Venez. Sauvez-nous de ces

larves. Inventez-nous de nouvelles maisons »); *Lettre aux médecins-chefs des asiles de fous* (« Les fous sont les victimes individuelles par excellence de la dictature sociale ; au nom de cette individualité qui est le propre de l'homme, nous réclamons qu'on libère ces forçats de la sensibilité... nous affirmons la légitimité absolue de leur conception de la réalité, et de tous les actes qui en découlent... »); *Lettre ouverte à M. Paul Claudel* : (« Notre activité n'a de pédérastique que la confusion qu'elle introduit dans l'esprit de ceux qui n'y participent pas... »). Textes sur la révolution, sur Trotski, échanges violents entre les surréalistes eux-mêmes lors des ruptures, tout est à lire pour bien saisir le mouvement dans son ensemble. On découvre là du style, de la verve, un recours à toutes les possibilités de la rhétorique pamphlétaire, un étonnant réservoir d'images.

Comme Dada, les surréalistes ont utilisé amplement le tract, le papillon, l'affiche. Les papillons, on y cite aussi bien Gaston Leroux : « Le presbytère n'a rien perdu de son charme... » que Hegel : « On ne saurait rien attendre de trop grand de la force et du pouvoir de l'esprit » ou Racine : « Ariane ma sœur !... » et, en gros caractères : « Joie énorme comme les couilles d'Hercule ! » ou encore des affirmations : « Le Surréalisme c'est l'écriture niée... Si vous aimez l'amour vous aimerez le Surréalisme... Le Surréalisme est à la portée de tous les inconscients... » ou encore des proverbes comme : « Vous qui ne voyez pas, Pensez à ceux qui voient. » Des proverbes, Paul Éluard et Benjamin Péret en mettront 152 au goût du jour en 1925, avec cet humour qu'on trouvera chez Jacques Prévert :

> Les éléphants sont contagieux.
>
> Il faut battre sa mère pendant qu'elle est jeune.
>
> Les cerises tombent où les textes manquent.
>
> Ne grattez pas le squelette de vos aïeux.
>
> Un rêve sans étoiles est un rêve oublié.

Et il y a les jeux collectifs comme le cadavre exquis, selon un système où chacun ignore ce qu'a écrit le précédent. Il faut en lire le commentaire dans *Donner à voir*, 1939, de Paul Éluard : « C'était à qui trouverait plus de charme, plus d'unité, plus d'audace à cette poésie déterminée collectivement. Plus aucun souci, plus aucun souvenir de la misère, de l'ennui, de l'habitude. Nous jouions avec les images et il n'y avait pas de perdants... » La surprise régnait lorsque, le papier déplié, on pouvait lire :

> La grossesse en papier buvard file une quenouille rouge auprès du renégat ciré comme un cercueil.
>
> Le dortoir des petites filles friables rectifie la boîte odieuse.
>
> La rue Mouffetard, frissonnante d'amour, amuse la chimère qui fait feu sur nous.
>
> Le sexe sans fin couche avec la langue orthodoxe.

Mêmes révélations dans le jeu des questions et des réponses où deux pensées séparées se rejoignent comme ici André Breton et Benjamin Péret :

- P. Qu'est-ce qu'un magistrat?
- B. C'est un voyou, un saligaud et un con.
- B. Qu'est-ce que le viol?
- P. L'amour de la vitesse.
- B. Qu'est-ce que le service militaire?
- P. C'est le bruit d'une paire de bottes tombant dans un escalier.

Il y a encore le jeu des « Si Quand » aux résultats surprenants et qui font penser parfois aux fatrasies du moyen âge :

- J.T. S'il n'y avait pas de guillotine
- S.M. Les guêpes enlèveraient leur corset
- S.M. Quand les aéronautes auront atteint le septième ciel
- Y.T. Les statues se feront servir des soupers froids
- S.M. Si l'ombre de ton ombre visitait une galerie de glaces
- A.B. La suite serait infiniment remise au prochain numéro.

On fera des recherches expérimentales, par exemple « sur certaines possibilités d'embellissement irrationnel d'une ville ». On pose la question d'un monument : *faut-il conserver, déplacer, modifier, transformer ou supprimer*

l'Obélisque?
- A.B. A transporter à l'entrée des Abattoirs où une immense main gantée de femme le tiendra.
- P.E. L'insérer délicatement dans la flèche de la Sainte Chapelle.
- T.T. L'arrondir et faire poser à son sommet une plume d'acier à sa mesure.

Notre-Dame?
- A.B. Remplacer les tours par un immense huilier croisé en verre, l'un des flacons rempli de sang, l'autre de sperme. Le bâtiment servira d'école sexuelle pour les vierges.

le Panthéon?
- T.T. Le trancher verticalement et éloigner les deux moitiés de cinquante centimètres.

Autre procédé : le sommeil hypnotique, le plus connu étant celui de Desnos où le poète en sommeil écrit sur Breton, Éluard, Chirico, Péret, des visions, des dessins, des prophéties. Et toujours Desnos, dans un sommeil hypnotique, écrira les jeux de mots et contrepéteries célèbres de *Rrose Selavy* :

La solution d'un page est-elle la pollution d'un sage?

Rrose Sélavy se demande si la mort des saisons fait tomber un sort sur les maisons.

Rrose Sélavy voudrait bien savoir si l'amour, cette colle à mouches, rend plus dures les molles couches.

Rrose Sélavy n'est pas persuadée que la culture du moi puisse amener la moiteur du cul.

Ne voyons pas là seulement jeu de société plus ou moins réussi. Pour les surréalistes il s'agit de laisser l'inconscient s'exprimer par-delà les codifications de l'esprit. Les analogies, les rencontres fortuites, les invraisemblances, les chocs de mots, de dessins, de pensées sont pour les surréalistes des moyens pour se libérer de la banalité du convenu, pour entrer dans le domaine de l'étrangeté, pour laisser se révéler l'être intérieur par l'automatisme, et l'on voit dans les exemples que l'humour libérateur est sans cesse présent. Et l'on débouche sur cette poésie surréelle qui peut être le lot de tous, car, dit Tzara : « On peut être poète sans avoir jamais écrit un seul vers. » Lisons cet extrait de *Donner à voir*, 1939, de Paul Éluard :

> L'hallucination, la candeur, la fureur, la mémoire, ce Protée lunatique, les vieilles histoires, la table et l'encrier, les paysages inconnus, la nuit tournée, les souvenirs inopinés, les prophéties de la passion, les conflagrations d'idées, de sentiments, d'objets, la nudité aveugle, les entreprises systématiques à des fins inutiles devenant de première utilité, le dérèglement de la logique jusqu'à l'absurde, l'usage de l'absurde jusqu'à l'indomptable raison, c'est cela — et non l'assemblage plus ou moins savant, plus ou moins heureux des voyelles, des consonnes, des syllabes, des mots — qui contribue à l'harmonie d'un poème. Il faut parler d'une pensée musicale qui n'ait que faire des tambours, des violons, des rythmes et des rimes du terrible concert pour oreilles d'âne.

Éluard donne ainsi l'indication précise de ce qu'est pour lui « la nature de la poésie ». Il sait qu'il n'invente pas les mots, mais il sait qu'il invente des objets, des êtres, des événements que ses sens sont capables de percevoir. Il dit : « Ma raison se refuse à nier le témoignage de mes sens. L'objet de mes désirs est toujours réel, sensible. » Il sait que le rêve est une réalité vivante, comme le poème, mais du deuxième « rien ne se perd, ni ne change », car « Le poème désensibilise l'univers au profit des facultés humaines, permet à l'homme de voir autrement, d'autres choses. Son ancienne vision est morte, ou fausse. Il découvre un nouveau monde, il devient un nouvel homme ».

Dix ans avant ce texte, en collaboration avec André Breton, il avait, dans le n° 12 de *la Révolution surréaliste*, donné des *Notes sur la poésie*, les deux poètes ne se privant pas de transformer des phrases de ce Valéry aux conseils de qui, Breton à ses débuts, faisait grand cas. Quelques-unes de ces notes :

> Un poème doit être une débâcle de l'intellect. Il ne peut être autre chose.
> Débâcle : c'est un sauve-qui-peut, mais solennel, mais probant; image de ce qu'on devrait être, de l'état où les efforts ne comptent plus.
>
> Dans le poète :
> l'oreille rit,
> la bouche jure;
> C'est l'intelligence, l'éveil qui tue;
> C'est le sommeil qui rêve et voit clair;
> C'est l'image et le phantasme qui ferment les yeux :
> C'est le manque et la lacune qui sont créés.
>
> Le lyrisme est le développement d'une protestation.

Quelle fierté d'écrire, sans savoir ce que sont langue, verbe, comparaisons, changements d'idée, de ton; ni concevoir la *structure* de la durée de l'œuvre, ni les conditions de sa fin; pas du tout le pourquoi, pas du tout le comment! Verdir, bleuir, blanchir d'être le perroquet...

Nous sommes toujours, même en prose, conduits et consentants à écrire ce que nous n'avons pas voulu et que ne veut peut-être pas même ce que nous voulions.

Perfection
c'est *paresse*.

Cette poésie, Paul Éluard, dans une conférence à Londres en 1936, la dira « inséparable de la Révolution », la dira opposée à tout ce qui, dans la société, est fait pour humilier et retourner en arrière, et combattra ce bien, ce beau attachés à l'idée de propriété. C'est un refus du poète d'être exploité, et « la poésie véritable est incluse dans tout ce qui ne se conforme pas à cette morale, qui, pour maintenir son ordre, son prestige, ne sait construire que des banques, des casernes, des prisons, des églises, des bordels ». Il dit que le poète est descendu des sommets : « Ils sont allés dans les rues, ils ont insulté leurs maîtres, ils n'ont plus de dieux, ils osent embrasser la beauté et l'amour sur la bouche, ils ont appris les chants de révolte de la foule malheureuse, et, sans se rebuter, essaient de lui apprendre les leurs. » André Breton disait, dans *les Vases communicants* : « Ils (les poètes) seront déjà dehors, mêlés aux autres et en plein soleil et n'auront pas un regard plus complice et plus intime qu'eux pour la vérité lorsqu'elle viendra secouer sa chevelure ruisselante de lumière à leur fenêtre noire. » Il faut saluer cette tentative souvent menée à bien de partager le pain de la poésie et d'en faire le bien de tous, de dire à chaque homme qu'il est un poète qui s'ignore, que tout est prétexte à poésie, et surtout l'acte le plus insignifiant : « On peut partir d'un fait quotidien : un mouchoir qui tombe peut être pour le poète le levier avec lequel il soulèvera tout un univers. »

Les surréalistes affirment le contraire de Valéry qui aurait préféré écrire en toute conscience quelque chose de faible plutôt qu'un chef-d'œuvre à la faveur d'une transe. C'est pour cela qu'ils en diffèrent et qu'ils se séparèrent de lui au début des années vingt, eux qui préféraient l'instinctif, la folie, l'écriture automatique plutôt que l'art et la ruse. Et pourtant, le poète du *Cimetière marin* et les surréalistes avaient en commun ce désir d'élargir le champ du possible, en commun la même recherche de l'absolu.

Le lecteur des proses surréalistes aura sans doute été surpris de leur perfection somme toute classique, et il en est de même pour maintes œuvres poétiques. Cet « autre chose » des surréalistes s'inscrira dans une longue et belle histoire. Car il ne faut pas oublier que l'extraction des richesses inconscientes s'accompagne de rigueur, Aragon le dit à propos des textes surréalistes : « Et il en est d'eux comme des rêves : ils ont à être bien écrits. » Cela explique cette considération d'un critique, Louis Carette : « C'est la forme, c'est le style qui porteront *Nadja* et *le Paysan de Paris* sur les rives de la postérité. » Certes, mais ces textes ne seraient rien sans une nouvelle et puissante inspiration, sans un fond de révélation. Autre chose : les surréalistes, comme tous les grands poètes, vont arracher le lecteur à la paresse, lui demander une attention nouvelle, un remodelage de son esprit : il ne s'agit pas de lire avec le recours à la culture et à la raison, avec ce désir de compréhension immédiate qui ne fait qu'apporter des œillères, avec l'acquis d'une culture fanée d'artifices, mais avec une ouverture entière, des pièces vides préparées pour l'accueil, une prédisposition à recevoir l'univers le plus riche et le plus varié. La récompense alors sera d'être changé soi-même, d'entrevoir un monde nouveau parce que jusqu'alors inexploré, cette face cachée de nous-mêmes que nous ne connaissions pas. Alors, à lui, ce lecteur, les fantasmagories étranges, le merveilleux, la féerie, la lumière des images, le jour extrait de la nuit et la nuit extraite du jour, l'angoisse métamorphosée en beauté, à lui de nouvelles routes à parcourir, et l'accueil, la maison où l'on n'entre pas sans désir ni plaisir : « J'annonce au monde, écrit Aragon dans *le Paysan de Paris,* ce fait divers de première grandeur : un nouveau vice vient de naître, un vertige de plus est donné à l'homme, le Surréalisme, fils de la frénésie et de l'ombre. Entrez, entrez, c'est ici que commencent les royaumes de l'instantané... Le vice appelé Surréalisme est l'emploi déréglé et passionnel du stupéfiant image, ou plutôt de la provocation sans contrôle de l'image pour elle-même, et pour ce qu'elle entraîne dans le domaine de la représentation de perturbations et de métamorphoses ; car chaque image à chaque coup vous force à réviser tout l'Univers. ... Ravages splendides : le principe d'utilité deviendra étrange à tous ceux qui pratiquent ce vice supérieur. »

Ainsi ces poètes sont les hérauts d'une mission libératrice et dynamique comme toute révolution et le Surréalisme embrasse tout le fonctionnement de l'esprit devenu inséparable de la poésie. Cette prise en main des destinées de la pensée va se traduire dans tous les arts : dans les images animées du cinéma, dans ces autres images animées de la peinture, de l'architecture, du théâtre, de la danse, etc. Le nouveau naîtra mais tout en se condamnant à la liberté du renouvellement constant.

Revenons à l'histoire...

Nous avons vu dans les années vingt des phénomènes successifs : dégagement de Dada, multiples recherches, définitions du Surréalisme, manifestes, combats, agitations, et surtout création d'œuvres. Un tournant s'est amorcé en 1927 quand surviennent les ruptures. Aragon, Breton, Éluard, Péret, Unik se sont inscrits au parti communiste français. On rompt avec Artaud qui publie *A la grande nuit ou le bluff surréaliste,* avec Vitrac, on polémique avec Naville qui passera l'année suivante à *Clarté,* tandis qu'en 1928 les événements se succèdent : Desnos s'éloigne, Picasso se rapproche, en Belgique Mesens lance la revue *Variétés,* des relations ont lieu avec l'équipe remarquable du *Grand Jeu* de Roger Gilbert-Lecomte, René Daumal, Roger Vaillant et Josef Sima. En 1929, ruptures avec Desnos, Baron, Leiris, Prévert, Queneau, Limbour, dis-

Regard sur le Surréalisme . 247

tances avec Masson et Tanguy, et, en revanche, adhésions nouvelles : René Char, Salvador Dali, Georges Hugnet, Georges Sadoul, André Thirion, ralliement de René Magritte et rapprochement avec Tzara, l'année suivante arrivée de Giacometti et surtout fondation du *Surréalisme au service de la Révolution,* et surtout la création incessante d'œuvres et de chefs-d'œuvre dans tous les domaines et dont nous parlerons en suivant les auteurs dans leur destinée personnelle et collective.

Les années 1930 à 1939 seront celles d'une crise s'aggravant tout comme la conjoncture internationale, crise au cœur du groupe, mais non pas crise au cœur de la création. Agitation : en 1930, les surréalistes exclus ripostent par un pamphlet anti-Breton devenu à son tour « Un cadavre », Breton et Char saccagent un bar : *le Maldoror.* En 1931, on diffuse des tracts hostiles à l'exposition coloniale. En 1932, Breton défend Aragon inculpé pour son poème *Front rouge,* mais cela entraîne la rupture avec Aragon, celui-ci ayant désavoué publiquement Breton. Des ruptures encore : avec Alexandre, Sadoul, Unik. Des ralliements : Georges Bernier, Maurice Henry, Roger Caillois, Gilbert Lély, Jules Monnerot, Guy Rosey, et des contacts avec le philosophe Ferdinand Alquié. En 1933, l'année du suicide de Raymond Roussel, Breton fonde la revue *Minotaure,* entre à l'Association des écrivains et artistes révolutionnaires de Paul Vaillant-Couturier et en est bientôt exclu. On verra dans les années qui suivent René Char prendre ses distances, les surréalistes lancer un appel à la lutte au moment du 6 février 1934, composer une plaquette de poèmes en l'honneur de Violette Nozières, la jeune parricide. En 1935, Breton et Éluard se rendent à Prague, Breton est exclu du Congrès des écrivains pour la défense de la culture (il a giflé Ilya Ehrenbourg), il rompt avec le parti communiste français, il tente de lancer avec Georges Bataille un mouvement extrémiste de gauche, *Contre-attaque,* où l'on trouve Éluard, Péret, Roger Blin, Maurice Heine, etc., mais Breton sera le premier à rompre. Durant le temps de ces combats, le Surréalisme a volé à travers le monde et l'on ne compte plus ses manifestations. Paris est bien la capitale du monde surréaliste et Breton en est le pape. Crevel qui s'est suicidé ne verra pas Breton ouvrir rue de Seine la galerie *Gradiva,* les expositions surréalistes un peu partout, à Copenhague, aux Canaries, à Prague, à Londres avec le groupe anglais, au *Museum of Modern Art* de New York. En 1936 et 1937, Péret va se battre en Espagne, Éluard flétrit les assassins de Guernica, Artaud est interné. On voit des nouveaux venus qui feront parler d'eux : Léonora Carrington, les peintres Hans Bellmer et Matta, Octavio Paz : sans cesse le sang nouveau. Pour le Surréalisme, 1938 sera une année d'apogée, avec l'Exposition internationale du surréalisme qui fait fureur, rend les objets surréalistes à la mode, se répand. Cette année-là, Breton rencontre Trotski au Mexique, rompt avec Éluard, Julien Gracq publie *Au château d'Argol,* dans le monde entier, des expositions, des manifestations, des groupes, vie intense et Paris devenu La Mecque ou Rome. Et puis, 1939, la guerre, bientôt la dispersion : Breton, Éluard, Péret mobilisés tandis que Mayoux est réfractaire, que Max Ernst est arrêté. On a exclu Dali, on s'est éloigné d'Hugnet, rapproché de Jacques Hérold, de

Gracq. En 1940, Breton, à Marseille, a des ennuis avec la police à l'occasion d'un voyage de Pétain, Péret incarcéré s'évade. En mars, Breton rejoint la Martinique où il est interné dans un camp avant de rejoindre l'Amérique : il vivra cinq ans à New York où il retrouvera Ernst et Masson tandis que Péret atteint le Mexique et qu'en France se fonde *la Main à plume*. Cependant à New York les surréalistes exilés ne restent pas inactifs : fondation de *VVV,* organisation d'une exposition surréaliste avec Marcel Duchamp. Durant cette période, le monde surréaliste non seulement continue mais développe ses activités un peu partout, le corpus des œuvres surréalistes s'enrichit sans cesse, et il n'est guère de créateur qui ne ressente cette influence grandissante.

Les surréalistes, dans leur âge mûr, ont gardé et même amplifié leur sens du combat, leur sens de l'œuvre. Ils éblouissent la jeune génération, ils ont tout pour eux, la jeunesse, la richesse et l'enthousiasme, une intelligence nouvelle enrichie par les trésors du monde intérieur. Ils ont en commun d'être beaux : il suffit de regarder leurs multiples photographies. Mario Prassinos nous disait que, jeune garçon, il avait été étonné par ces hommes d'âge d'été, Breton, Aragon, Char, Éluard, qui portaient la beauté printanière sur leur visage.

En 1945, Breton visite l'Arizona et le Nouveau-Mexique, découvre la culture indienne, assiste aux cérémonies rituelles. Durant son voyage il écrit l'*Ode à Charles Fourier,* visite Haïti et les Antilles françaises, il se lie avec Magloire-Saint-Aude, Aimé Césaire, et René Depestre. C'est au printemps de 1946 qu'il revient à Paris. La guerre a révélé des oppositions internes. Éluard, Aragon, Char, beaucoup d'autres ont milité dans la Résistance. De nouvelles forces spirituelles, d'autres courants idéologiques dominent la jeunesse. Certains combats apparaissent comme des combats d'arrière-garde. Pourtant quel jeune poète ne doit pas quelque chose au Surréalisme admiré, déjà respecté comme appartenant à l'Histoire. Breton avec la certitude d'un homme chargé de pouvoirs va secouer cet univers, le vieux lion ne renonce pas. Une soirée en l'honneur d'Antonin Artaud sorti de l'asile a lieu au théâtre Sarah-Bernhardt où Breton apparaît et parle au public. Le 11 avril 1947, on se croirait reporté un quart de siècle en arrière quand Breton intervient violemment à la conférence de Tristan Tzara à la Sorbonne sur *le Surréalisme et l'après-guerre :* on se bat dans la salle. En juin, à la galerie Maeght, Exposition internationale du Surréalisme, fondation de *Cause,* bureau d'études du mouvement surréaliste. C'est le temps où un nouveau venu, le Mauricien Malcolm de Chazal publie *Sens-Plastique* que l'année suivante, 1948, Breton désigne à l'attention du public comme il soutient Garry Davis, le « citoyen du monde », et c'est la mort d'Artaud, les exclusions de Brauner, de Matta, d'Alexandrian, de Jouffroy, de Tornaud, ce qui ne veut pas dire grand-chose sinon que Breton règne, car tous ces exclus restent de grands surréalistes. Comme s'il fallait que la balance se maintienne, les départs sont compensés par des arrivées : Legrand, Adrien Dax, Jean-Pierre Duprey, Michel Zimbacca. La plus grande partie des nouveaux poètes, dans les marges du mouvement, reconnaît sa dette sans se soumettre au maître.

L'année 1949 est dominée par l'affaire du faux de *la Chasse spirituelle* attribuée à Rimbaud où Breton combat en montrant sa clairvoyance. En 1950, ne veut-on pas lui attribuer le « Prix de la Ville de Paris » à ce Breton qui est contre tous les prix et contre tous les honneurs ! Bien entendu, il refuse d'avance. Un tel prix ne l'obligerait-il pas à s'exclure lui-même ! Sans cesse les surréalistes, malgré maintes contradictions, veulent garder leurs distances, ne pas entrer dans le système, sauvegarder une idée qu'ils ont de la tenue et de la rigueur. Cette année-là, Breton acquiert une maison à Saint-Cirq-Lapopie où il sera accueillant à ses amis et aux jeunes poètes qui lui rendent visite durant les périodes de vacances. C'est le temps des bilans : publication de l'*Almanach surréaliste du demi-siècle*. Et la bataille continue : campagne contre le « réalisme socialiste » en peinture, rupture avec Pastoureau, Waldberg, Herold, Marcel Jean qui publiera plus tard une *Autobiographie du Surréalisme*, 1978. En 1952, Breton fait le point au cours de seize *Entretiens* avec André Parinaud : déjà le Surréalisme est entré dans l'Histoire. Le temps des grands bouleversements semble terminé, pas celui des œuvres et de la fidélité de tous y compris des grands exclus. Péret se penche sur l'ethnologie, Breton sur l'occultisme. Chacun veille au grain. Nous avons assisté à des réunions de la place Blanche le dimanche après-midi où le groupe sous la houlette du berger commentait l'événement, préparait, inventait. C'était toujours plein de passion. Et toujours de nouvelles affaires : André Breton frottant du doigt dans la grotte de Cabrerets un tracé préhistorique dont il met en doute l'authenticité et, se voyant condamné, faisant l'éloge de la haute fiction dans une préface au *Melmoth* de Robert Maturin, présentant une exposition sur l'art gaulois, fondant la revue *le Surréalisme même*, lançant la notion d'art magique, s'élevant contre la guerre d'Algérie, recevant dans son groupe Simon Hantaï, Joyce Mansour, Radovan Ivsic, Jean-Claude Silbermann, Alain Jouffroy, condamnant l'intervention russe à Budapest, incitant le parti communiste français à la déstalinisation, recevant Vincent Bounoure et Guy Cabanel, rejetant Max Ernst, et des morts : Tanguy, Péret, Reverdy, des suicidés : Dominguez, Paalen, Duprey. L'érotisme sera le thème d'une nouvelle exposition internationale en 1959. L'année suivante, Breton influence de son esprit le Manifeste des 121 dont il est un des signataires. Un jeune poète, Jean-Louis Bédouin, contribue par ses écrits personnels et ses essais à mieux faire connaître le Surréalisme. Breton de son côté ne cesse de présenter de jeunes peintres. Expédition punitive contre Hugnet qui a insulté Péret par Vincent Bounoure, Mayoux et Schuster, ce qui leur vaut une condamnation. En 1962, Breton prendra la parole lors des obsèques de Natalia Sedova Trotski au Père-Lachaise, préfacera des expositions, des livres comme *Miroir du merveilleux* de Pierre Mabille, préparera activement la nouvelle Exposition internationale du Surréalisme qui a lieu en 1965 à la galerie *L'Œil*. L'année 1966 sera noire : André Breton, ramené d'urgence du Lot à Paris, meurt le 28 septembre à l'hôpital Lariboisière, décès aussi de Victor Brauner, Arp, Giacometti. Une décade surréaliste a lieu à Cerisy-la-Salle. Le groupe continue, fonde *l'Archibras* en 1967, plusieurs membres sont invités à Cuba, les publications continuent avec Schuster, Bounoure, Bédouin, Joyce Mansour. La plupart des aînés sont morts : Éluard en 1952, Tzara et Braque en 1963, mais les Soupault, Aragon, Michaux, Char sont présents et d'autres comme Gracq, Mandiargues continuent. Le Surréalisme, désormais, reconnu ou non, est partout. Que 1969 voie la dispersion progressive de cet ardent groupe surréaliste, l'ombre, la grande ombre de Breton reste présente à ce point qu'on ne le croirait pas mort et que le Surréalisme, dans ces régions intérieures qu'il a si bien explorées, le garde intact.

Et voilà que, sans cesse, on réédite les grandes revues porte-parole du mouvement. Chacun peut lire aujourd'hui les rééditions des revues futuristes, dadaïstes, surréalistes. Les historiens peuvent consulter *la Révolution surréaliste, le Surréalisme au service de la Révolution, Littérature* et beaucoup d'autres.

La Révolution surréaliste donna son premier numéro le 1er décembre 1924, avec pour directeurs Pierre Naville et Benjamin Péret. Il marquait la naissance du plus grand mouvement poétique du siècle. Plus d'un demi-siècle après, tout y paraît actuel. Sévère comme une livraison scientifique, elle affirmait dès le premier numéro ses buts : « L'activité inconsciente de l'esprit semble n'avoir été explorée qu'à des fins discutables (psychologiques, médicales, métaphysiques, poétiques). La révolution surréaliste se propose de libérer absolument cette activité : il faut aboutir à une nouvelle déclaration des Droits de l'Homme. » On nous précise que le lecteur trouvera « des chroniques de l'invention, de la mode, de la vie, des beaux-arts et de la magie ». Il s'agit d'apporter du nouveau dans la vie et non pas dans la littérature. On y lit des récits de rêves et des essais d'écriture automatique. Et une enquête : « Le suicide est-il une solution ? » Les réponses se trouveront dans le n° 2 où apparaissent les noms de Leiris et d'Artaud et un nouveau manifeste : « Ouvrez les prisons, licenciez l'armée. » C'est Artaud qui composa le n° 3, le plus violent et le plus revendicatif, le plus incisif et le plus opposé aux vieilles valeurs, avec les fameuses lettres au pape, aux recteurs des universités, aux médecins-chefs, etc., dont nous avons parlé. André Breton, redoutant quelque peu le paroxysme d'Artaud, prend la direction du n° 4. Il faut que le mouvement économise ses forces au lieu de les jeter toutes dans la bataille. Bientôt la question se posa de savoir s'il fallait unir ses forces à celles du parti communiste, d'où l'ouverture des crises dont nous avons dit les difficultés. Le dernier numéro de *la Révolution surréaliste* est de 1929 : apparaissent René Char, Luis Buñuel et Salvador Dali. Cet ensemble de numéros exprime bien ce désir des surréalistes de saisir la vie dans son entier et de tenter de résoudre les contradictions de l'écriture et de la vie. On y peut lire : « Toute découverte changeant la nature, la destination d'un objet ou d'un phénomène constitue un fait surréaliste. »

On oublie souvent de dire que deux mois avant la publication du premier numéro de *la Révolution surréaliste*, en octobre 1924, paraissait une revue intitulée *Surréalisme*, sous la direction d'Ivan Goll, auteur de manifestes allemands surréalistes, non pas dissident, mais parallèle, et même concurrent comme en témoignent certains échanges de coups au théâtre des Champs-Élysées entre Breton et Goll, en attendant une tardive réconciliation. Goll réunissait des collaborateurs de qualité : le défunt Apollinaire et, bien vivants, Marcel Arland, Pierre Albert-Birot, René Crevel, Joseph Delteil, Robert Delaunay, Paul Dermée, Jean Painlevé, Pierre Reverdy.

Entre *la Révolution surréaliste* et *le Surréalisme au service de la Révolution*, il n'y eut que quelques mois de silence puisque le premier numéro de la nouvelle revue est de juillet 1930 avec André Breton pour directeur et Paul Éluard pour gérant. Après la crise, les crises, les exclusions et les accueils, de nouvelles forces sont lancées dans la bataille. Malgré maintes déceptions, on se rapproche du communisme, les surréalistes ne déclarent-ils pas qu'en cas d'agression impérialiste contre la Russie soviétique, ils se rallieraient aux ordres de la IIIe Internationale. On lit dès le n° 1 un article de Breton sur le suicide de Maïakovski : « La barque de l'amour s'est brisée contre la vie courante. » Dans la livraison suivante on lira entre autres un article de Breton sur les « rapports du travail intellectuel et du Capital », un hommage à Sade et surtout des pages de *l'Immaculée Conception*. Le n° 3 contient le prélude à ce qui sera l'affaire Aragon : relation du pèlerinage de Moscou avec Georges Sadoul par cet article : « Le Surréalisme et le devenir révolutionnaire. » Cependant Salvador Dali, à partir de sa thèse de la paranoïa-critique, préfère fabriquer des objets surréalistes. Deux démarches tandis que Breton tente de concilier ces contraires qui se résolvent dans un effort de création de la vraie vie. Breton s'opposait « à tout contrôle extérieur de nature politique ou autre ». On n'oubliera pas l'étude de Tzara : « Essai sur la situation de la poésie », poésie comme activité de l'esprit et comme expression de l'esprit, on n'oubliera pas ces six livraisons (la revue cesse de paraître en 1933) sous couverture blanche et verte dont le titre phosphorescent est lisible dans l'obscurité. Le meilleur et le plus pur de l'activité surréaliste s'y reflètent.

Ces importantes revues avaient été précédées par *Littérature,* titre suggéré par Valéry et adopté dans un esprit de dérision. Dès 1919, on avait pu y lire Lautréamont, les *Lettres de guerre* de Jacques Vaché, et, auprès des jeunes, des valeurs déjà confirmées, Apollinaire, Gide, Larbaud, Fargue, Max Jacob, Paulhan, et ceux qui « montent » : Soupault, Aragon, Tzara... qui peu à peu, avec Ribemont-Dessaignes, Éluard, Picabia, Péret, Pansaers, Rigaut, et, un peu plus tard, Desnos, Crevel, Baron, Vitrac, remplaceront les aînés. C'est le temps où l'on publie Ezra Pound, où l'on commence à trouver Dada trop puéril, où l'on reprend Pindare et Alcuin, Rimbaud, où Soupault écrit sur Raymond Roussel. Cette revue montre les phases d'une évolution où l'on se dégage de Dada comme des formes traditionnelles, mais n'oublions pas que c'est Dada qui a permis au Surréalisme de prendre conscience de lui-même. Entre 1919 et 1924, la métamorphose se produit. Dès 1920, avec le départ de Paul Valéry, *Littérature* devient une revue surréaliste.

Minotaure prendra le relais du *Surréalisme au service de la Révolution* dès le 1er juin 1933. Cette revue n'apportera pas de bouleversements sensibles, mais, au cours de douze numéros publiés par Albert Skira, elle tiendra sa promesse d'être « constamment actuelle » et d'exprimer les nouvelles tendances dans les domaines de la poésie, de la science et des arts plastiques. C'est une publication luxueuse où l'on peut parler de la mission Dakar-Djibouti par la voix de Paul Rivet, Marcel Griaule, Michel Leiris, où s'expriment Claparède et Lacan. Les illustrations sont abondantes et *Minotaure* est le lieu de la mise au point des recherches entreprises précédemment par les surréalistes qui donnent là quelques-uns de leurs plus beaux textes et un ensemble éclectique opérant le rassemblement de tout ce qui compte en un temps donné et comptera dans l'avenir.

Durant la Seconde Guerre mondiale, tandis que *VVV* paraissait à New York, un groupe composé de Jean-François Chabrun, Marc Patin, Noël Arnaud, Léo Malet, entretint en France occupée la flamme surréaliste jusqu'en 1944 : c'était *la Main à plume* diffusant plaquettes et tracts, publiant *Poésie et vérité* de Paul Éluard en 1942. Après la Libération, on trouve notamment *la Révolution la nuit*, 1946, avec Yves Bonnefoy, Yaroslav Serpan, Claude Tarnaud, illustrations de Victor Brauner et Hérold, un numéro spécial de *Quatre Vents* s'intitule *l'Évidence surréaliste*, 1946. Puis, en 1952, c'est *Médium*, feuille d'informations surréalistes qui deviendra revue l'année suivante, mais dont les collaborateurs ne sont pas tous surréalistes : on y trouve Pierre Vendryès, Raymond Abellio, René Alleau, auteur des *Aspects de l'alchimie traditionnelle;* on s'attache à établir des analogies entre Surréalisme et alchimie soulignées dans le second manifeste. En 1956, *le Surréalisme même* fondé par André Breton fera une large part à l'art plastique et aux jeunes poètes venus grossir le mouvement : Jean-Claude Silberman, Alain Joubert, Jean-Louis Bédouin, Guy Cabanel, Gérard Legrand, entre autres. Et l'on ne saurait oublier des dizaines de publications surréalistes ou dans la marge du Surréalisme comme *Brief, la Brèche, Phases, l'Archibras,* etc. Une place à part doit être donnée au *Grand Jeu*, cette communauté dont nous parlerons. Et il y a la masse des revues étrangères comme *Surrealismus* à Prague, *Nadrealizam danas i ovde* en Yougoslavie, *Gaceta de arte* en Espagne, *Konkretion* au Danemark, *l'Échange surréaliste* au Japon, etc..., sans compter maintes revues des temps futuristes, cubistes, dadaïstes où le Surréalisme fait déjà ses armes dans le secret avant même que le mouvement s'affirme : *les Soirées de Paris, Maintenant, Sic, Nord-Sud, 391, Proverbe, Cannibale, L'Invention et Proverbe, L'Œuf dur, Documents, Les Cahiers verts,* etc., mais toutes les revues ne feront-elles pas bientôt large part au Surréalisme : *N.R.F., Cahiers du Sud, Confluences, Fontaine, L'Arche...* Nous en oublions forcément.

Pour ne pas conclure.

Le Surréalisme s'est répandu à ce point dans la vie courante comme dans la littérature et la poésie qu'il est l'humus dans lequel a germé la part la plus vive de la poésie contemporaine. Il est présent non seulement dans les œuvres et dans les créations du groupe, des groupes successifs, mais dans toute la vie de la poésie à une époque donnée, y compris chez maints poètes qui ne se réclament pas du Surréalisme ou même le repoussent et le vouent au musée et à la bibliothèque. Il s'est répandu dans les arts, dans les sciences et dans les mentalités.

On ne conclut pas. Qu'importe si le mouvement s'est disséminé car son influence est à jamais présente, non dans certaines manifestations qui se veulent surréalisantes et ne sont que, comme le dit Georges Dupeyron, « les ultimes refuges de l'idéologie bourgeoise à bout d'expédients : religion, magie, érotisme sublimé, etc. », non, comme il le dit encore en s'enlisant « dans l'immobilisme et le vide de l'art pour l'art, de l'ésotérisme pour l'ésotérisme », mais dans un recours à la force poétique ambiante et intérieure à l'être qui ne se dissout pas avec un mouvement. Aragon nous a prévenus : « Si vous écrivez, selon une méthode surréaliste, de tristes imbécillités, ce sont de tristes imbécillités. » Retenons, plus que la méthode, l'exemplarité qui a fourni des œuvres et qui a permis une nouvelle lecture d'œuvres antérieures, qui a permis cet affranchissement commencé au temps du Romantisme et qui a continué la lutte avec des armes nouvelles et singulières. Comme le dit si bien Jean-Louis Bédouin : « Je ne crois pas qu'on puisse être poète, se dire poète, et se résigner à ne plus devoir ses meilleures raisons de vivre à ce grand rêve et à cette grande espérance. » La poésie surréaliste a bien valeur de contre-poison : « Elle seule peut encore combattre avec efficacité la léthargie qui nous menace; elle seule peut repassionner la vie. Elle n'annonce donc pas seulement ce changement, cette révolution totale dont il lui appartient de garder l'image parfaitement pure de toute altération. Elle tend à la préfigurer et nous rappelle ainsi, inlassablement, que cette ultime révolution reste la véritable fin, le but grandiose de toute poésie, à défaut de quoi, comme l'a proclamé Lautréamont, " les gémissements poétiques de ce siècle ne sont que des sophismes ". Et c'est déjà commencer de changer la vie que de le désirer ardemment. »

Nul ne niera, sous peine de mauvaise foi, l'originalité poétique des œuvres du mouvement dans tous les domaines par la naissance d'une nouvelle esthétique, d'une nouvelle manière d'appréhender le monde en ouvrant à la vie les portes du rêve et en donnant la clé du merveilleux illuminant l'existence. L'élan surréaliste, opposé aux manières habituelles de penser, si habituelles qu'on n'en imaginait pas d'autres, s'apparente à tout grand mouvement de pensée désireux de résoudre le problème de la destinée et de l'harmonie de l'homme dans l'univers. Une possibilité a été donnée de se libérer en libérant le monde. Si elle n'a pas atteint ses buts ou ne les a atteints qu'en partie, il n'empêche qu'Icare a osé s'approcher du soleil.

Non, on ne saurait conclure, car à défaut d'un épanouissement de la liberté, nous possédons des armes miraculeuses. Quant au poète, il n'est plus le même qu'il était après ce foudroyant passage. Maintenant, après avoir tenté, imparfaitement, de donner une idée de ce que fut le mouvement surréaliste, nous rejoindrons les créateurs dans leurs œuvres, dans les poèmes qui ont jalonné leur quête ardente, et dans leur vie propre, pour certains ici entrevue, avec ses avatars, ses routes divergentes, ses incertitudes et ses conquêtes, et ce sera encore une fête de la poésie.

2

Trois précurseurs

Tout au long de cette histoire de la poésie, le mot « surréalisme » est revenu, car au même titre que baroque, précieux, romantique et d'autres mots essentiels, il permettait de situer telle ou telle œuvre du passé qui était la racine, avant même que le mot eût sa fortune. On sait que les surréalistes l'empruntèrent à Apollinaire comme pour lui rendre hommage, et qu'il aurait pu céder la place, de l'aveu même de Breton, à supernaturalisme (Nerval) ou à idéoréalisme (Saint-Pol Roux). Nous avons vu que les racines les plus fortes et les plus évidentes se trouvaient chez Lautréamont et Rimbaud les visionnaires, chez Jarry et Roussel, chez Apollinaire et quelques autres. Il y a le terreau Dada et quelques présences considérables, des peintres comme Chirico, Picabia, Duchamp, et des hommes tôt disparus qui furent des précurseurs, selon l'expression de José Pierre, ces « trois suicidés de la société » que sont Arthur Cravan, Jacques Rigaut, Jacques Vaché.

Fabian Avenarius Lloyd, dit Cravan, poète, boxeur.

Arthur Cravan naquit en 1887 et disparut en 1920, il semble lors d'un naufrage dans le golfe du Mexique. Que sait-on de lui? C'est une présence mystérieuse et l'on sait gré à Maria Lluïsa Borras d'avoir apporté des éclaircissements. Il naquit à Lausanne et son vrai nom est bien Fabian Avenarius Lloyd, fils de Clara Hutchinson dite Nelly, et d'Otho Lloyd, anglais. La mère de ce Fabian qui sera Arthur, on l'a dite sœur ou belle-sœur d'Oscar Wilde. Cravan écrira : « A plusieurs reprises, ne m'avait-on pas instruit sur ma naissance mystérieuse; éclairé très vaguement, en me laissant supposer qu'Oscar Wilde pouvait être mon père? » L'enfant a un frère qui se prénomme Otto, « mon crétin de frère ». Sa mère se remarie avec un Suisse, le docteur Henri Grandjean et son père aussi s'est remarié de son côté et a eu deux enfants. Fabian passe son enfance à Lausanne, fait ses études à St. Gallen, il ne s'entend guère avec sa mère : « Mon enfance de garçon terrible, dans tous les lycées, écoles et instituts d'Europe... » François Bott écrira : « Passant ironique, voyageur de chaque moment, Cravan n'a cessé de déserter. Il s'est quitté lui-même, il a quitté les villes, les villages, les paysages, afin de donner à chacune des " mille âmes " qui habitaient son corps un lieu de résidence : " Je me lève Londonien, je me couche Asiatique. " ou " Je voudrais être à Vienne et à Calcutta. " Né à Lausanne le 22 mai 1887, il fit sa première fugue à New York, dès 1903. Dans la suite de sa vie, il allait très souvent *disparaître*. » A seize ans, il rejoint donc l'Amérique, se trouve à New York, puis en Californie, exerçant divers métiers avant de revenir à Lausanne, métiers réels, métiers mythiques souvent, le vrai et le faux étant une seule et même chose pour cet être qui veut être tout : villa et cigare et mille autres choses. Donnons au passage quelques extraits :

Arthur Cravan / chevalier d'industrie / marin sur le Pacifique / muletier / cueilleur d'oranges en Californie / charmeur de serpents / rat d'hôtel / neveu d'Oscar Wilde / bûcheron dans les forêts géantes / ex-champion de France de boxe / petit-fils du chancelier de la reine / chauffeur d'automobile à Berlin / cambrioleur / etc., etc., etc.

J'avais dix-sept ans et j'étais villa...

Car si j'avais su le latin à dix-huit ans je serais empereur — Quel est le plus néfaste : le climat du Congo ou le génie? — les plants de (carottes) en forme de tombeau — la pensée sort du feu — étoiles, désespoir du poète et du mathématicien — plus vierge et plus furieux — à un homme discipliné ne suffit-il pas, comme changement dans sa vie, de s'asseoir une fois par mois à l'autre bout de sa table d'étude? — J'ai pensé un instant à signer Arthur I...

Je suis ce que je suis : le bébé d'une époque. Mon cœur secoué comme une bouteille — passer avec plus de rapidité de l'enthousiasme à la démoralisation la plus complète —
Je suis la belle Flora, *Laurent* de Médicis...

Retrouvons-le en 1909. Il séjourne à Berlin, à Munich, revient à Lausanne, s'installe à Paris, adopte le pseudonyme d'Arthur Cravan. Oublions donc Fabian Lloyd. Van Dongen pourra témoigner : « J'ai bien connu Arthur Cravan entre 1910 et 1914. J'avais à ce moment un petit atelier rue Denfert-Rochereau et Cravan était mon voisin. On se voyait journellement. Il éditait à cette époque une petite revue. » Il s'agissait de *Maintenant* qu'il vendait, selon le témoignage d'André Breton dans une voiture des quatre-saisons : le numéro vingt-cinq centimes, et cela « en haine des libraires étouffantes où tout se confond et, à l'état neuf, déjà tombe en poussière ». Parlons de sa revue : *Maintenant*.

Les livraisons ont peu de pages et il est clair que, sous son pseudonyme ou utilisant d'autres pseudonymes, Cravan en est le seul rédacteur. Le n° 1 (avril 1912) a au sommaire un poème intitulé *Sifflet* :

> Le rythme de l'océan berce les transatlantiques
> Et dans l'air où les gaz dansent tels des toupies,
> Tandis que siffle le rapide héroïque qui arrive au Havre
> S'avancent comme des ours les marins athlétiques
> New-York! New-York! Je voudrais t'habiter

Poème du voyage, comme Levet, comme Cendrars, comme Larbaud, voyage qui se raconte, bateau qui sans être ivre porte un chant de pionnier :

> Le commerce a favorisé ma jeune initiative :
> Huit millions de dollars gagnés dans les conserves
> Et la marque célèbre de la tête de Gladstone
> M'ont donné dix steamers de chacun quatre mille tonnes
> Qui battent des pavillons brodés à mes initiales,
> Et impriment sur les flots ma puissance commerciale.
> Je possède également ma première locomotive :
> Elle souffle sa vapeur, tels les chevaux qui s'ébrouent,
> Et, courbant son orgueil sous les doigts professionnels,
> Elle file follement, rigide sur ses huit roues...

Au même sommaire une description physique d'Oscar Wilde et des échos de ce genre : « Nous sommes heureux d'apprendre la mort du peintre Jules Lefebvre — Le 3 avril, au Cirque de Paris, le nègre Gunther et Georges Carpentier se rencontreront dans un beau match de boxe — Le bruit que fait Marinetti est pour nous plaire : car la gloire est un scandale. » Et des publicités comme on en trouvera à chaque numéro avec des « maisons recommandées à messieurs les étudiants » ou l'adresse d'un restaurant où l'on peut rencontrer les poètes, les marlous et les boxeurs.

La boxe, c'est vrai qu'il est boxeur. Avec son frère Otho, Cravan fait partie des poulains de Cuny, boxeur célèbre. Et bientôt Cravan est champion de France des mi-lourds (en 1910) mais est battu par Cussot Brien la même année.

Van Dongen le décrit : « C'était un grand type, très beau, très gentil, très bien habillé et un peu lent. » Cravan joue les dandies. D'ailleurs son origine le lui permet. Il peut dire qu'il est le « mysterious Sir Arthur Cravan, le poète aux cheveux les plus courts du monde » mais aussi « la supériorité de l'homme, c'est d'avoir un cul ».

Revenons à *Maintenant*. Au n° 2, le récit d'une visite à André Gide (il s'est recommandé de sa parenté avec Oscar Wilde) : « On dira peut-être de moi que j'ai des mœurs d'Androgide. » Ce texte est touchant : c'est bien la visite au grand homme du jeune homme prêt à toutes les impertinences :

« — Monsieur Gide, commençai-je, je me suis permis de venir à vous, et cependant je crois devoir vous déclarer tout de go que je préfère de beaucoup, par exemple, la boxe à la littérature. »
« — La littérature est pourtant le seul point sur lequel nous puissions nous rencontrer », me répondit assez sèchement mon interlocuteur.
Je pensais : ce grand vivant !

On lira plus loin :

M. Gide n'a pas l'air d'un enfant d'amour, ni d'un éléphant, ni de plusieurs hommes : il a l'air d'un artiste; et je lui ferai ce seul compliment, au reste désagréable, que sa petite pluralité provient de ce fait qu'il pourrait très aisément être pris pour un cabotin. Son ossature n'a rien de remarquable ; ses mains sont celles d'un fainéant, très blanches, ma foi ! Dans l'ensemble, c'est une toute petite nature. — M. Gide doit peser dans les 55 kilos et mesurer 1 m 65 environ. — Sa marche trahit un prosateur *qui ne pourra jamais faire un vers...*

Ce sera dans les numéros successifs qu'on trouvera tous les poèmes en vers de Cravan et nous en parlerons plus loin. Il continue à publier ses documents sur Wilde. Ainsi le n° 3 annonce : « Oscar Wilde est vivant ! » La nuit du 23 mars 1913, il a reçu sa visite et il s'est présenté en ces termes : « Je suis Sébastien Melmoth. » Ce texte est parsemé des réflexions personnelles de Cravan. Citons : « Toute la littérature, c'est ta, ta, ta, ta, ta » ou bien « Enfin, dernière extravagance, j'imaginais le *prosopoème,* chose future, et dont je renvoyai, du reste, l'exécution aux jours heureux — et combien lamentables — de l'inspiration. » ou encore : « J'étais descendu dans mon ventre, et je devais commencer à être dans un état féerique... » Et au bout de la narration de la rencontre et des dialogues, quand l'homme errant disparaît, cette fin : « Errant dans les rues, je rentrai lentement, et je ne quittai point des yeux la lune secourable comme un con. » Le n° 4 de la revue sera consacré à l'exposition des Indépendants. Pour lui, « les peintres, — ils sont 2 ou 3 en France... » et cela qui ravira les surréalistes : « Si j'avais la gloire de M. Paul Bourget, je me montrerais tous les soirs en cache-sexe dans une revue de music-hall et je vous garantis que je ferais recette. » C'est un tir à boulets rouges auquel n'échappent ni Maurice Denis, ni Chagall, ni La Fresnaye, ni Metzinger, ni Segonzac, ni les Delaunay, ni Van Dongen (qui selon lui a fait des choses admirables), ni même ceux dont il n'a pas vu l'envoi comme Kisling ou Marie Laurencin qui « aurait besoin qu'on lui mette une grosse... quelque part pour lui apprendre que l'art n'est pas une petite pose devant le miroir ». De même on lit : « Je ne prétends pas que je ne forniquerai pas une fois *Madame Delaunay,* puisque, avec la majorité des hommes, je suis né collectionneur. » Misogyne, raciste quand il parle du « juif Apollinaire ». Au fond, ce qu'aime Cravan, ce sont les futuristes, ce qu'il souhaite : « Ô ! De la musique ou de la peinture qui serait simplement voyou ! » Il précise dans un post-scriptum : « Je ne peux pas me civiliser. » et donne cet avertissement : « Ne pouvant pas me défendre dans la presse contre les critiques qui ont hypocritement insinué que je m'apparentais soit à Apollinaire ou à Marinetti, je viens les avertir que, s'ils recommencent, je leur tordrai les parties sexuelles. » Il faudrait se méfier de ce colosse ! : « Cravan mesurait plus de deux mètres. Son corps d'athlète, admirablement proportionné, supportait une tête olympienne, mais ses yeux avaient souvent une expression vague et étrange », dit Gabrielle Buffet-Picabia, à quoi il semble répondre : « Et ce n'est pas pour des prunes que j'ai de pareilles prunelles. » Et aussi : « Qu'il vienne celui qui se dit semblable à moi que je lui crache à la gueule. » Nous sommes fort loin des poètes distingués du Symbolisme. C'est le temps des grands inquiétants qui s'annonce : « Arthur Cravan, dit encore Gabrielle Buffet-Picabia, était un personnage exceptionnel et inquiétant qui réunissait en lui sans préméditation tous les éléments de surprise qu'on pouvait désirer pour une démonstration qu'on n'appelait pas encore DADA. » Le n° 4 de *Maintenant* sera réédité et complété par les clôtures des incidents, celui avec Apollinaire, celui avec Suzanne Valadon qu'il avait traitée de « vieille salope » (il rectifie en disant qu'elle est une « vertu ») et par l'annonce d'un n° 5 « où l'on verra Arthur Cravan en progrès ».

Ce n° 5 est consacré au texte *Poète et boxeur,* où sont mêlés prose et vers, où il donne de ses nouvelles : « Houiaiaia! Je partais dans 32 heures pour l'Amérique... » Il doit y lutter selon la méthode thibétaine. Le texte est court et l'on cueille au passage : « J'avais 17 ans et j'étais villa » ou « J'avais 34 ans et j'étais cigare » et à la prose s'agglutine le poème, ainsi :

... Nous passerons des après-midi entières à nous aimer assis sur les canapés du salon, les têtes en plongée et les ventres lucides. A tes moindres exigences nous sonnerons les bonnes. Vois-tu les tapis jetteront leurs flammes
Les tableaux de valeur, les meubles engraissants :
Les bahuts en boule et les dressoirs centrés
    Aux plexus rougissants,
Boucheront jusqu'aux bords nos organes dorés.
    Les murs paralytiques,
      Éliminant les saphirs,
    Exécuteront des gymnastiques...
I say, boy! here we are; Liverpool, c'était la voix de mon manager. Allllright.

Il attribue comme toujours des textes à des personnages inventés comme Édouard Archinard, W. Cooper, Marie Lowitska ou Robert Miradique. Ici trois pensées sous le titre *Pff* de Marie Lowitska : « Il est plus méritoire de découvrir le mystère dans la lumière que dans l'ombre. » « Tout grand artiste a le sens de la provocation. » « Les abrutis ne voient le beau que dans les belles choses. » Dans les divers numéros de *Maintenant,* on a pu trouver des poèmes. Ainsi *Des paroles* signé Édouard Archinard est une suite assez plate. On préfère *Hie!* qu'il signe de son nom :

Je voudrais être à Vienne et à Calcutta,
Prendre tous les trains et tous les navires,
Forniquer toutes les femmes et bâfrer tous les plats.
Mondain, chimiste, putain, ivrogne, musicien, ouvrier, peintre, acrobate, acteur;
Vieillard, enfant, escroc, voyou, ange et noceur; millionnaire, bourgeois, cactus,
   girafe ou corbeau;
Lâche, héros, nègre, singe, Don-Juan, souteneur, lord, paysan, chasseur,
   industriel,
                 Faune et flore :
Je suis toutes les choses, tous les hommes et tous les animaux!

A propos de ce numéro consacré au Salon des Indépendants, il est intéressant de savoir qu'Apollinaire a avoué avoir goûté le « savoureux pamphlet » mais déploré les injures faites aux femmes. Cravan fut condamné à huit jours de prison pour injures à l'adresse de l'épouse de Robert Delaunay.

Lorsque la guerre survient, Cravan reste en dehors. Lisons : « Je serais très froissé d'être entraîné par un pays » ou encore : « Je me suis retiré dans ma tour d'acier » ou bien : « J'ai rêvé d'être assez grand pour fonder et former à moi seul une république. »

Cravan va se retrouver à Barcelone en 1916. Il y a là son frère Otho, Marie Laurencin, les Picabia, et Gabrielle Buffet-Picabia témoigne : « Nous le retrouverons à Barcelone en 1916, où il avait abouti après un long périple en Europe centrale. Comment avait-il réussi à tromper la vigilance des frontières sans être arrêté ou même inquiété ? Et ceci sans aucune ressource normale ou avouée. On aurait voulu connaître ses exploits, mais il parlait peu en général et se taisait surtout sur ce sujet brûlant. » La même dame ne lui disait-elle pas : « Cravan, si vous me jurez que vous n'emporterez pas l'argenterie, que vous vous conduirez correctement avec les dames, que vous ne vous saoulerez pas... » Nous sommes bien entre Rimbaud et Dada. Bon : « Tout noble a du voyou en lui et tout voyou du noble parce qu'ils sont les deux extrêmes. » Il faudrait ici faire donner la musique : *Plaza de Toros monumenta. Domingo 23 Abril de 1916. Gran Fiesta de boxeo*. Jack Johnson, un Noir de 110 kilos contre Arthur Cravan, un Blanc de 105 kilos. Inhabituel chez les poètes, n'est-ce pas ? Johnson, champion d'Europe, met Cravan K.O. au premier round. Lire Cravan : « Ah ! laisse-moi rire, rire mais rire comme Jack Johnson ! » Il va quitter l'Europe : « J'aurais eu honte de me laisser entraîner par l'Europe — qu'elle meure, je n'ai pas le temps. » Merveilleuse préface-coupure de José Pierre pour *J'étais cigare* chez Losfeld ! On suit pas à pas : « Adieu fougère souveraine de la Tour Eiffel... » Le jour de Noël 1916, Cravan embarque de Barcelone sur le *Montserrat*. Destination New York. Autre passager : Léon Trotski. Il témoigne : « Un boxeur, littérateur à l'occasion, cousin d'Oscar Wilde, avouait franchement qu'il aimait mieux démolir la mâchoire à des messieurs yankees, dans un noble sport, que de se faire casser les côtes par un Allemand. »

En 1917, les Picabia le retrouvent à New York « en mauvaise posture », sans ressources, subsistant grâce à quelques amis peintres dont Frost. Il dort dans Central Park et raconte à Picabia : « Les écureuils sont devenus mes amis, ils couchent dans mes poches. Et comme tous les amis, il faut que je les quitte. » (Rimbaud : « Je m'en allais, les poings dans mes poches trouées. ») En mars 1917, que fait-il ? Breton parle : « Arthur Cravan, pendant la guerre, une foule accourue aux Indépendants de New York pour l'entendre parler de l'humour moderne, se faisant traîner sur la scène pour n'émettre que des hoquets et commencer à se déshabiller au grand émoi de l'assistance, jusqu'à ce que la police vînt mettre brutalement fin à son manège... » Tiens, plus tard, les lettristes, au palais de Chaillot, feront aussi des bruits divers, du rôt au hoquet. Mais Arensberg pourra le sauver in extremis de la prison en payant une amende.

Le mois suivant, l'entrée en guerre des États-Unis le fait aller au Canada, puis au Mexique où il épouse une poétesse anglaise rencontrée à New York dont il aura une fille. Elle se nomme Mina Loy. Des zones de brume sur sa vie vont s'étendre. « On signale, dit Breton, son passage comme professeur de culture physique à l'académie athlétique de Mexico : il prépare une conférence sur l'art égyptien. Sa trace se perd à peu de temps de là dans le golfe du Mexique où il s'est engagé de nuit sur une embarcation des plus légères. » Le « bébé d'une époque » disparaît comme jadis Villon. Qui sait s'il ne reviendra pas ou s'il n'est pas revenu quelque jour sous le nom de Dada? Sa vie portait le mystère, il en est ainsi de sa mort. Gabrielle Buffet-Picabia : « Après l'armistice, sa femme le chercha dans toutes les prisons et dans tous les pays du monde, mais ne retrouva aucune trace de sa présence ou de son passage; il semble de plus en plus certain que le mystère qui entoure la disparition de ce personnage ne sera jamais éclairci. » On lira des phrases comme : « Vous ne pouvez pas comprendre, je suis Musset, Beethoven, celui qui a fait le coup dans la ruelle des Reculettes... » ou « Mon bonheur n'est pas dans mon cerveau, il est dans ma jeunesse. » Ou « J'étais sérieux, mais par perversion. »

Arthur Cravan fut l'homme de l'inépuisable humour. Nostalgique de l'innocence première, précurseur de Dada, personnage de légende des surréalistes, pour lui, l'art et la littérature sont des alibis « parce que la vie n'a pas de solution ». Il est un mythe, et nous ne sommes pas en accord avec Michel Sanouillet qui demande qu'on le ramène à de plus justes proportions : la poésie a besoin de ces êtres qui, astres flamboyants, la traversent et lui donnent du sel et un sens. Il est au fond un personnage de ce Cendrars qu'il ne nomme jamais parce qu'il le trouve laid ou de Soupault. Que son œuvre en vers intégrée à la prose qui la suscite ne soulève pas toujours l'enthousiasme est possible. Mais il a fait rêver des générations et est en cela poème. « L'entreprise, écrit Breton, semble avoir présenté une vertu décongestionnante de premier ordre. Il est impossible de ne pas y découvrir les signes avant-coureurs de Dada, bien que la solution au malaise intellectuel soit ici cherchée d'un tout autre côté... Dans la mesure même où il professe que " tout grand artiste a le sens de la provocation ", ses moyens sont l'aveu cynique et l'injure. »

Pour ne pas le quitter sur une disparition, lisons encore un extrait d'une lettre à Félix Fénéon datée du 27 septembre 1916 :

Cher Homme, Je sors de la jaunisse et j'achève ma villégiature ici. Je n'ai pas tenu ma promesse quant aux vers que je vous avais promis. J'ai voulu m'instruire. J'ai fait de l'arithmétique, de la grammaire et du latin, de l'histoire, de la philosophie; et je vais me mettre à l'algèbre, à la géométrie, physique, chimie, etc., etc., et au grec. Ça ne me gâtera pas, il n'ai (sic) pas pour un sou de pédantisme en moi, au contraire, je me sens de plus en plus vierge et furieux. Vous savez que je lis déjà Apulée, Phèdre et en latin. J'ai fait du droit romain et ce qu'il y a de plus drôle, c'est que ça m'a vivement intéressé. L'étude c'est comme un voyage...

... J'ai fait un autre combat pour un nommé Frank Hoche, homme dur, que j'avais du reste copieusement battu aux points bien qu'on ne m'ait accordé que le match nul. Quantité de boxeurs sont arrivés à Barcelone et, comme dirait « l'Auto », il y aura du pain sur la planche. Marie Laurencin avec son Fritz, Gleizes, Picabia, Valentine de Saint-Point collée avec deux saligauds de « Montparnasse » ont fait partie de la colonie étrangère de Tossa sans compter mon crétin de frère avec sa Caucasienne. Je me suis retiré dans ma tour d'acier. Je suis content de vous avoir écrit et je vous envoie mes véritables amitiés.

Arthur Cravan, boxeur et poète : « Les connaisseurs respireront dans ces pages le climat pur du génie, du génie *à l'état brut*... » (Breton). Arthur Cravan, poète à l'état sauvage : « J'étais fou d'être boxeur en souriant à l'herbe. »

Jacques Rigaut, Agence générale du Suicide.

Il se peut que Jacques Rigaut (1899-1929) ne fasse qu'appartenir à la petite histoire du Surréalisme, mais il faut lui ajouter les hautes dimensions de la mort. Suicidé à trente ans, comme Jacques Vaché à vingt-trois et René Crevel à trente-cinq, il appartient à la légende surréaliste. Il avait adopté face à son suicide l'attitude de l'humour noir. Son suicide, il l'annonçait à ses amis sans cesse comme imminent. N'a-t-il pas écrit dans *Littérature* un texte décrivant trois de ses suicides, mais en indiquant : « Ce qui importait, c'était d'avoir pris la décision de mourir, et non que je mourusse... »! N'avait-il pas fondé une « Agence générale du Suicide » avec tract publicitaire promettant une mort assurée et immédiate et en indiquant des tarifs : Électrocution, 200 F, Revolver, 100 F, Poison, 100 F, Noyade, 50 F, Mort-parfumée (taxe de luxe comprise), 500 F, Pendaison, suicide pour pauvres, 5 F. Le suicide était sa hantise : « Il y a des gens qui font de l'argent, d'autres de la neurasthénie, d'autres des enfants. Il y a ceux qui font de l'esprit. Il y a ceux qui font l'amour, qui font pitié. Depuis le temps que je cherche à *faire* quelque chose! Il n'y a rien à faire : il n'y a rien à faire! » Dans ses *Papiers posthumes*, 1934, on put lire : « Un homme qu'épargnent les ennuis et l'ennui trouve peut-être dans le suicide l'accomplissement du geste le plus désintéressé, pourvu qu'il ne soit pas curieux de la mort! Je ne sais absolument pas quand et comment j'ai pu penser ainsi, ce qui d'ailleurs ne me gêne guère. Mais voilà tout de même l'acte le plus absurde, et la fantaisie à son éclatement, et la désinvolture plus loin que le sommeil et la compromission la plus pure. »

André Breton : « Jacques Rigaut trouve dans le milieu que nous formons l'écho malgré tout nécessaire à ce paradoxe de grande envergure enveloppé de l'humour noir. » Dadaïste, puis surréaliste, Rigaut participe au procès Barrès et à d'autres manifestations. Peu d'écrits, mais citons de courts extraits :

Chaque Rolls-Royce que je rencontre prolonge ma vie d'un quart d'heure. Plutôt que de saluer des corbillards, les gens feraient mieux de saluer les Rolls-Royce.

Penser est une besogne de pauvres, une misérable revanche.

Le suicide est, quoi qu'on veuille, un acte-désespoir ou un acte-dignité. Se tuer, c'est convenir qu'il y a des obstacles effrayants, des choses à redouter, ou seulement à prendre en considération.

Et maintenant, réfléchissez les miroirs.

Pourquoi, de toutes les choses qui me sont arrivées, est-ce celle-là où ma participation est rigoureusement nulle, que je me rappelle le plus souvent ?

Essayez, si vous le pouvez, d'arrêter un homme qui voyage avec son suicide à la boutonnière.

L'immobilité des objets me fascine. Je regarde le fauteuil jusqu'à me prendre pour lui.
Erreur, tout mouvement.

Vous êtes tous des poètes et moi je suis du côté de la mort...

Le 5 novembre 1929, Jacques Rigaut se tira une balle dans le cœur. Écoutons-le encore : « Le néant m'enveloppait aussi sensiblement que l'eau s'ajuste au corps. Ce n'est pas sans répugnance que j'emploie le mot néant, écart de vocabulaire chez tout autre que moi. Un néant familier ; ôtez votre pelure, vous êtes ici chez vous. Un néant que je suis le seul à connaître, dont j'ai seul le droit de parler. » Et André Breton : « Le plus beau présent de la vie est la liberté qu'elle vous laisse d'en sortir à votre heure, liberté au moins théorique mais qui vaut peut-être la peine d'être conquise par une lutte acharnée contre la lâcheté et tous les pièges d'une nécessité faite homme, en relation par trop obscure, par trop peu suivie, avec la nécessité naturelle. » Jacques Rigaut, sans le poème, appartient à l'histoire de la poésie.

Jacques Vaché ou l'Umour sans H.

Dans les *Lettres de guerre,* 1919, de Jacques Vaché (1895-1919), le Surréalisme est déjà présent, et aussi dans sa manière d'envisager la vie et de se comporter : refus de la vie quotidienne tout en en suivant en surface les rites au profit de la fabulation et du merveilleux, comme Rigaut disant : « je mourrai quand je voudrais mourir » et n'ayant d'autre maître que soi. Proche de l'univers de Jarry, nous narrerons sa rencontre à Nantes avec André Breton en 1916 et nous dirons son influence sur lui, mais laissons parler Breton, le témoin : « Je te vois, Jacques, comme un berger des Landes : tu as de grosses échasses de craie. Le boisseau des sentiments n'est pas cher cette année. Il faut bien faire quelque chose pour vivre et la jolie relève à la capote souillée est une laitière dans le brouillard. Tu méritais mieux, le bagne par exemple. » Il avait fait la guerre sous l'uniforme anglais et c'est ainsi vêtu qu'il apparut à la bataille des *Mamelles de Tirésias* avec un revolver à la main : « Je suis attaché en qualité d'Interprète aux troupes britanniques. — Situation assez acceptable en ce temps de guerre, étant traité comme officier — cheval, bagages variés et ordonnance — Je commence à sentir le Britannique (la laque, le thé et le tabac blond). » Et plus loin dans ces *Lettres de guerre :* « Mon rêve actuel est de porter une chemisette rouge, un foulard rouge et des bottes montantes — est d'être membre d'une société chinoise sans but et secrète en Australie — Je ne nie d'ailleurs pas qu'il y ait là du vampire. » Et plus loin encore : « Êtes-vous sûr qu'Apollinaire vit encore, et que Rimbaud ait existé ? Pour moi je ne crois pas — Je ne vois guère que Jarry (Tout de même, que voulez-vous, tout de même — ... — UBU).... » Et encore ceci : « Et puis vous me demandez une définition de l'umour — comme cela ! — *Il est dans l'essence des symboles d'être symboliques* m'a longtemps semblé digne de contenir une foule de choses vivantes... » Breton dira : « J'ai connu un homme plus beau qu'un mirliton. Il écrivait des lettres aussi sérieuses que les Gaulois. » Il aimait signer Harry James ou Jean-Michel Strogoff et il présentait Breton à ses amis sous le nom d'André Salmon. Breton : « Nous nous entretenions de Rimbaud (qu'il détesta toujours), d'Apollinaire (qu'il connaissait à peine), de Jarry (qu'il admirait), du cubisme (dont il se méfiait). Il me reprochait, je crois, cette volonté de modernisme, qui depuis... Mais n'anticipons pas. Cela allait chez lui sans snobisme. " Dada " n'existait pas encore, et Vaché l'ignora toute sa vie. Le premier, par conséquent, il insista sur l'importance des gestes, chère à M. André Gide... Jacques Vaché était passé maître dans l'art d'" attacher très peu d'importance à toutes choses ". » Breton nous l'a montré à l'hôpital, puis se faisant embaucher comme débardeur de charbon, passant son temps dans les bouges du port, allant de café en café et de cinéma en cinéma.

« Jacques Vaché, témoigne Breton, s'est suicidé à Nantes quelque temps après l'armistice. Sa mort eut ceci d'admirable qu'elle peut passer pour accidentelle. Il absorba, je crois, quarante grammes d'opium, bien que, comme on pense, il ne fût pas un fumeur inexpérimenté. » Un de ses amis mourut en même temps que lui du même poison. Breton écrit : « Les très rares concentrés de résistance absolue sont les *Lettres* dites *de guerre,* de Jacques Vaché et *les Jours et les Nuits, journal d'un déserteur,* d'Alfred Jarry qui gardent toute leur vigueur de contre-poison. »

Comme Cravan et Rigaut, Vaché n'a cessé de hanter, de fasciner les surréalistes dans leurs plus hautes exigences. L'Umour, l'umour sans h, le « sens de l'inutilité théâtrale et sans joie de tout », la plaisanterie qui a pour certains assez duré, Vaché, Ubu maigre, dandy de la dérision, cohérent, fidèle à lui-même, écrivain sans le vouloir, laissant pour seule trace bien involontaire quelques lettres, voilà un modèle et un mythe, une haute figure qui ne cessa d'accompagner l'aventure surréaliste. Cravan, Rigaut, Vaché, sont réunis aujourd'hui dans un livre de la collection 10/18 sous le titre *Trois suicidés de la société,* chacun à sa manière, et sans le vouloir, étant un précurseur.

3

André Breton

Un regard sur quatorze lustres.

La vie d'André Breton se confond avec la vie même du mouvement dont il a été le pivot central : nous n'emploierons pas à dessein cette expression de « pape du Surréalisme » qui nous déplaît. Aussi, relatant ici, avant d'en venir à son œuvre, la coulée de son existence, risquons-nous de nous répéter, mais il nous semble qu'il est important de le situer chronologiquement. Il naît avant le siècle, le 18 février 1896, à Tinchebray dans l'Orne et est élevé à Saint-Brieuc par son grand-père maternel. C'est en 1900 que sa famille s'installe à Pantin, en 1906 et jusqu'en 1912 qu'il est élève au collège Chaptal. Comme cela est arrivé à nombre de poètes, il a la chance de rencontrer là un professeur de rhétorique qui lui fait connaître les œuvres de Baudelaire, de Mallarmé, d'Huysmans. En 1913, inscrit au P.C.N., il suit des études de médecine. A ce moment-là, une des revues les plus prisées est *la Phalange* dont nous avons parlé. Il y publie trois poèmes (livraison de mars 1914) et il fait la connaissance de Paul Valéry à qui il a dédié un sonnet, de même qu'il a fait hommage à Vielé-Griffin. Dès le premier quatrain, on voit se dessiner l'influence du maître :

> Rieuse et si peut-être imprudemment laurée
> De jeunesse qu'un faune accouru l'aurait ceinte
> Une Nymphe au rocher qui l'âme (Sinon peinte
> L'ai-je du moins surprise au bleu de quelque orée).

Il avouera, dans ses *Entretiens* avec André Parinaud qu'à l'époque, d'une part, « ma présence physique sur ces bancs de l'amphithéâtre ou à ces tables de laboratoire est loin d'impliquer la même présence de l'esprit », et, d'autre part, qu'il ne songe pas à se faire « un nom dans les lettres », simplement il éprouve « un appétit indistinct pour tout ce qui a lieu au dehors ». Il ne connaît alors de Rimbaud que quelques pièces d'anthologie, il aime le rare (Mallarmé, Huysmans, Gustave Moreau). Ne sommes-nous pas dans ce Symbolisme auquel il rendra justice : « La critique de notre temps est très injuste envers le symbolisme. » Il dut certes s'y opposer, mais il gardera de ces poètes qui ont fréquenté les Mardis de Mallarmé la « tenue », le fait qu'ils honoraient la beauté, même si elle diffère de celle qu'il prônera, et qu'« ils ne mettaient rien au-dessus de la qualité, de la noblesse d'expression ». Breton rendra justice à Vielé-Griffin : « Son vers est le plus ensoleillé, le plus fluide », à René Ghil si décrié en son temps par le Symbolisme même, mais mainteneur du « vouloir » d'un « art difficile et sacré », à Valéry dont il connaissait par cœur *la Soirée avec M. Teste*, Valéry dont il lisait les poèmes sans parvenir « à en épuiser le mystère ou le trouble », dont il aimait « la pente très glissante de la rêverie, volontiers érotique d'ailleurs » et à qui il avouera devoir « au mental, un certain goût du scabreux » et dont la fascination venait aussi de son silence de quinze années. Et Breton reconnaîtra : « ...il n'en reste pas moins que Valéry m'a beaucoup appris. Avec une patience inlassable, des années durant, il a répondu à toutes mes questions. Il m'a rendu – il a pris toute la peine qu'il fallait pour me rendre difficile envers moi-même. Je lui dois le souci durable de certaines hautes disciplines... »

En 1915, mobilisé dans l'artillerie, Breton fait ses classes à Pontivy avant d'être versé à Nantes dans le service de santé. Il connaissait les explosions cubistes et futuristes et la guerre apportait une bien autre explosion. Début 1916, il fait à Nantes la connaissance de Jacques Vaché, l'homme chez qui « tout était bravé » et dont il dira : « Devant l'horreur de ces temps, à quoi je n'avais encore vu opposer autour de moi que réticences et murmures, il m'apparut comme le seul être absolument indemne, le seul qui eût été capable d'élaborer la cuirasse de cristal tenant à l'abri de toute contagion... Il eut très bien pu se donner comme le petit-fils de M. Teste, s'il n'avait eu une vue aussi désinvolte de la famille que du reste. L'" énormité " de ce qui se passait et, si l'on peut dire, de ce qui se passait communément alors le mettait dans une aise extraordinaire. » Au contact de Vaché, Breton va se voir développer « un principe d'insubordination totale », le sens de l'humour, ou plutôt de l'« umour », le goût de l'acte gratuit et même le « mauvais goût », une certaine forme de dandysme. A l'époque, un homme fort différent fascine Breton, c'est Apollinaire, et il est partagé entre ces deux pôles, mais c'est surtout Vaché qui le retient, l'initie à Rimbaud dont bientôt Breton est possédé : « Tout mon besoin de savoir était concentré, était braqué sur Rimbaud! »

Fin 1916, André Breton est affecté au centre psychiatrique de la IIe armée à Saint-Dizier où l'on soigne les hommes atteints de troubles mentaux. Il en gardera « un grand respect pour ce qu'il est convenu d'appeler les égarements de l'esprit humain ». Rappelé à Paris, il va beaucoup fréquenter Apollinaire, être avec son ami Vaché au combat des *Mamelles de Tirésias*, par le bon Guillaume rencontrer Soupault, puis, chez Adrienne Monnier, Louis Aragon (ils suivront ensemble des cours de médecine auxiliaire au Val-de-Grâce), et surtout les trois mousquetaires, Breton, Soupault, Aragon, vont collaborer à la revue *Nord-Sud* qui alors est axée sur le cubisme (Pierre Reverdy la dirige, on y lit Apollinaire, Max Jacob, Braque) et est accueillante aux jeunes comme Tzara et d'autres. Bientôt vont disparaître Apollinaire et Vaché. En 1918, Jean Paulhan fait connaître Paul Éluard à Breton. La nuit, pendant leur garde à l'hôpital, Breton et Aragon se lisent Lautréamont à voix haute. Breton continue certes à fréquenter Valéry, mais le retour de ce dernier, qui écrit *la Jeune Parque*, à la poésie lui paraît une sorte de trahison envers M. Teste. Avec ses jeunes amis, il rend visite le dimanche à Reverdy, à Montmartre, et c'est un temps de réflexion, de controverse. La guerre finie, l'année 1919 sera celle d'une naissance, celle de la revue *Littérature* avec Aragon et Soupault, celle du premier texte d'écriture automatique, *les Champs magnétiques* écrit en collaboration avec Soupault, celle du premier recueil de poèmes de Breton, *Mont de Piété*. Breton est alors en relation avec les poètes qu'on peut grouper et non pas définir autour du mot cubisme, avec aussi Gide, Fargue, Valéry bien sûr, Morand, Giraudoux, Drieu La Rochelle, Jean Paulhan faisant la liaison avec les plus jeunes. Ces derniers correspondent avec Tzara, l'accueillent à Paris en 1920. Dès janvier le groupe se lance dans l'action dadaïste. Apparaissent Picabia, Benjamin Péret, Jacques Rigaut. L'année suivante ce sera l'organisation de la saison Dada, l'exposition Max Ernst, le procès de Barrès. Mais bientôt, alors que Dada semblait ouvrir des portes, Breton s'aperçoit que « ces portes donnent sur un corridor qui tourne en rond » et assène, avec ses réserves, et même ses louanges qui le portent au bord de la consécration, un coup très dur à Dada. En 1923, scandale à la représentation du *Cœur à gaz* de Tzara, publication du recueil de poèmes et de textes automatiques de Breton, *Clair de terre*. Nous avons déjà dit l'action surréaliste de cette période montante : le pamphlet *Un cadavre* contre Anatole France. Devant cela, le couturier Jacques Doucet dont Aragon et Breton sont les bibliothécaires se sépare d'eux. Louis Vauxcelles provoque Breton en duel. Il y a surtout : le *Manifeste du Surréalisme*, l'ouverture du Bureau de recherches surréalistes dirigé par Antonin Artaud, la naissance de *la Révolution surréaliste*, dont Breton assumera bientôt la direction seul tandis que le mouvement entre dans sa période raisonnante. Il se passionne pour la révolution d'Octobre, lit le *Lénine* de Trotski, et c'est le scandale du banquet Saint-Pol Roux, la première exposition du Surréalisme, l'année suivante, 1926, les lettres d'insultes aux écrivains consacrés, la mise à sac des *Nouvelles littéraires*, l'ouverture de la galerie surréaliste, la rencontre de Nadja dans la rue, l'entrée au parti communiste en 1927, les jeux : le cadavre exquis, le jeu de la vérité, etc. Un an plus tard, Breton prend ses distances avec les communistes et publie *le Surréalisme et la peinture*.

Nous abrégeons ici ce parcours d'une vie : il suffit de se reporter au chapitre sur le Surréalisme où nous disons les crises, les exclusions, les combats, les nouvelles arrivées, les tentatives, les créations. Les grands faits de la vie de Breton y sont tout entiers. On verra surtout paraître *Nadja* en 1928 et le *Second Manifeste du Surréalisme* en 1930, où est approfondi le sens philosophique d'une démarche, où Breton résiste contre les déviations et les pressions politiques, naître *le Surréalisme au service de la Révolution, l'Immaculée Conception* (avec Paul Éluard). 1932 est l'année des *Vases communicants* et de *Misère de la poésie*, de la rupture avec Aragon dont il a pris la défense au moment de *Front rouge*. En 1933, fondation de *Minotaure* où Breton publie *le Message automatique*.

Il se marie en 1934 avec Jacqueline Lamba qui lui inspirera *l'Amour fou* et qui lui donnera une fille, Aube, deux ans plus tard. En 1938, Exposition internationale du Surréalisme, voyage au Mexique où il rencontre Diego Rivera et Léon Trotski, avec qui il écrit *Pour un art révolutionnaire indépendant* et fonde la F.I.A.R.I. (Fédération internationale de l'art révolutionnaire indépendant). Nous avons dit ses années de guerre, ennuis avec Vichy, départ pour New York, fondation de *VVV*, exposition du Surréalisme, conférence à Yale : *Situation du Surréalisme entre les deux guerres*. C'est là qu'il rencontre Elisa qu'il épousera, et l'on sait aussi la suite : voyages en Arizona et au Nouveau-Mexique, aux Antilles, retour à Paris où son premier acte public est de fêter Antonin Artaud, organisation d'une nouvelle exposition internationale, *Ode à Charles Fourier*... La reprise du combat, jusqu'à la mort de Breton, connaîtra ses grandes heures qui sont celles de l'histoire du Surréalisme, les phases principales en étant la bataille à la conférence de Tzara en 1947, le soutien au « citoyen du monde » Garry Davis en 1948 et la découverte de Malcolm de Chazal, la fondation de *Néon*, l'affaire de *la Chasse spirituelle*, la campagne contre le réalisme socialiste en peinture, la revue *Medium*, puis *le Surréalisme même*, la notion d'art magique, la nouvelle Exposition internationale, la revue *la Brèche*, la prise de position dans la guerre d'Algérie et le « Manifeste des 121 »... Jusqu'au bout, André Breton a soutenu ses options fondamentales sans se soucier de l'irritation qu'il provoquait chez ses amis et ses adversaires. Il a été le pivot de la plus belle aventure collective de la pensée. La dissolution du groupe marquera-t-elle un échec ? Absolument pas et nous donnons raison à Jean-Jacques Brochier quand il écrit dans *l'Aventure des surréalistes* : « Il n'est même pas sûr que le surréalisme se soit arrêté, ni qu'il soit arrêtable... C'est que le surréalisme est un état d'esprit radical. Il prétend, comme le disait Breton, changer le monde en même temps que changer la vie, reconnaître l'individu, l'homme, et peut-être le changer aussi. » Et l'on pourrait répéter avec Breton lui-même ces paroles de 1951 dont il se disait « redevable à sept de mes plus jeunes amis » : « Le Surréalisme seul nous paraît avoir jusqu'ici défié les processus de pétrification qui n'épargnent ni les systèmes ni les hommes. Alerter sans relâche ce qui n'est pas encore gagné par l'aphasie, battre en brèche constamment les dogmes économiques et moraux qui font peser sur l'homme une oppression séculaire..., chercher enfin les remèdes inédits qu'exigent l'étendue et la virulence du mal : tels sont les impératifs qui découlent pour nous des principes qui n'ont jamais cessé d'être ceux du surréalisme... » Il concluait ses *Entretiens avec André Parinaud* de la manière la plus belle et poétique : « Chateaubriand dit superbement : " Enfant de la Bretagne, les landes me plaisent. Leur fleur d'indigence est la seule qui ne se soit pas fanée à ma boutonnière. " Je participe aussi de ces landes, elles m'ont souvent déchiré mais j'aime cette lumière de feux follets qu'elles entretiennent dans mon cœur. Dans la mesure où cette lumière m'est parvenue, j'ai fait ce qu'il était en mon pouvoir pour la transmettre : je mets ma fierté à penser qu'elle n'est pas éteinte encore. A mes yeux, il y allait par là de mes chances de ne pas démériter de l'aventure humaine. »

Nous allons trouver André Breton sur les lieux de l'amour fou qui est aussi celui de la poésie et nous serons en un pays d'exploration du merveilleux vécu, aussi bien dans ses poèmes vibrant de l'émotion de la pensée aimantée par les mots que dans la densité de sa prose, une des plus belles qui soient. Car il est vrai que l'importance du mouvement surréaliste, son histoire, ses convulsions, la part prépondérante que Breton y a prise en maître d'intransigeance, l'importance même de la bibliographie surréaliste, l'articulation incessante des théories et des manifestes tendent parfois à faire oublier l'œuvre personnelle d'un maître de son art.

De *Mont de Piété* à *l'Amour fou*.

« Un grand poète, écrira Alain Jouffroy, ne s'exprime pas : il parle, il écrit, et sa parole, son écriture, voilà la liberté devenue lionne, voilà le monde devenu lion, voilà l'histoire qui fait claquer toutes les portes et se pulvériser les barreaux. » Cela pourrait servir d'exergue à cette œuvre de poète qui commence avec *Mont de Piété*, 1919, avec deux dessins d'André Derain. Il ne s'est pas séparé, le jeune poète, d'un certain goût de la préciosité mallarméenne visible dans ses premiers essais de potache. Il a certes délaissé la forme fixe, mais encore reste-t-il des décasyllabes et un alexandrin dès la première strophe du livre :

> L'attachement vous sème en taffetas
> broché, projets
> sauf où le chatoiement d'ors se complut.
> Que juillet, témoin
> fou, ne compte le péché
> d'au moins ce vieux roman des fillettes qu'on lut !

et si l'on y regarde de plus près, on trouve tout simplement un quatrain d'alexandrins :

> L'attachement vous sème en taffetas broché,
> Projets sauf où le chatoiement d'ors se complut.
> Que juillet, témoin fou, ne compte le péché
> D'au moins ce vieux roman des fillettes qu'on lut !

On voit là un mode de brisure de la forme vieille par un procédé quelque peu facile, mais Breton ne s'en tient pas là. Il utilise aussi le poème en prose, avec quelque incertitude et surtout entrecoupe les mots d'espaces blancs, écrivant *Monsieur V* (Paul Valéry) :

                            A la place de l'étoile
           L'Arc de Triomphe
           qui ne ressemble à un aimant que pour la forme
                            argenterai-je
                            les jardins suspendus

Bientôt chacun des mots va éclater dans le blanc qui l'isole et l'humour naîtra de rapprochements inattendus et l'on verra la bizarrerie et l'humour opérer des unions incongrues, tirer ses effets du hasard ou du poème fait de découpages de quelque catalogue et unis baroquement. Ainsi ce *Corset mystère*, curieux montage où l'on trouve selon les différentes polices de caractères un objet à rêver et à regarder : « Un château à la place de la tête / c'est aussi le Bazar de la Charité / jeux très amusants pour tous âges : / Jeux poétiques, etc. / Je tiens Paris comme — pour vous dévoiler l'avenir — votre main ouverte / la taille bien prise ». Dès *Mont de Piété*, une direction est prise.

Dans *Clair de terre*, 1923, le poème a lui seul pour sujet. Le poète laisse sa main obéir à la voix qui parle en lui et tracer automatiquement les mots et les images d'un jaillissement spontané, sans rien de logique, rien de prévu, texte venant d'on ne sait où, fort ou fragile, ouvert à la chance, à l'harmonie comme au chaos. Mais on trouve les pages les plus diverses dans ce livre : par exemple, sous le titre *PSTT* la liste des nommés Breton de l'annuaire des téléphones côtoie des poèmes en prose, ou bien sept mots en gros sur la page, si ce n'est un seul mot : ÎLE, placé en travers, et le plus souvent des écrits qui ont la forme du poème libre, comme ce *Tournesol* dont l'action est imaginaire et qui s'accomplira pour devenir le message central de *l'Amour fou* quatorze ans plus tard. Lisons :

> La voyageuse qui traversa les Halles à la tombée de l'été
> Marchait sur la pointe des pieds
> Le désespoir roulait au ciel ses grands arums si beaux
> Et dans le sac à main il y avait mon rêve ce flacon de sels
> Que seule a respirés la marraine de Dieu

On ne niera pas que de cette nouvelle donnée de l'écriture naît une mystérieuse poésie comme des signes venus d'ailleurs :

> Je ne suis le jouet d'aucune puissance sensorielle
> Et pourtant le grillon qui chantait dans les cheveux de cendre
> M'a jeté un coup d'œil d'intelligence
> André Breton a-t-il dit passe

Le poème soumis aux aventures du jet spontané rapporte de ses voyages de magnifiques présents et des poèmes comme ces *Cartes sur les dunes* qu'il dédie à Giuseppe Ungaretti :

L'horaire des fleurs creuses et des pommettes saillantes nous invite à quitter les salières volcaniques pour les baignoires d'oiseaux. Sur une serviette damée rouge sont disposés les jours de l'année. L'air n'est plus si pur, la route n'est plus si large que le célèbre clairon. Dans une valise peinte de gros vers on emporte les soirs périssables qui sont la place des genoux sur un prie-Dieu. De petites bicyclettes côtelées tournent sur le comptoir. L'oreille des poissons, plus fourchue que le chèvrefeuille, écoute descendre les huiles bleues. Parmi les burnous éclatants dont la charge se perd dans les rideaux, je reconnais un homme issu de mon sang.

Pour Louis Aragon il écrit *Au regard des divinités,* pour Desnos *le Buvard de cendre,* pour Man Ray *Tout paradis n'est pas perdu,* et sont encore dédicataires Gala Éluard, Francis Picabia, A.-T. Fraenkel, Paul Éluard, Max Ernst, Marcel Noll, Raymond Roussel, Pierre Reverdy, Pablo Picasso, et les poèmes coulent, chargés d'images belles comme une naissance, avec des surprises parfois, le croirait-on ? de vers qui sont classiques :

> Voici les Pères blancs qui reviennent de vêpres
> Avec l'immense clé pendue au-dessus d'eux.
> Voici les hérauts gris ; enfin voici sa lettre
> Ou sa lèvre : mon cœur est un coucou pour Dieu.

Mais ce n'est là, peut-être, qu'un accident de la dictée automatique, et l'on peut lire plus souvent des passages comme celui-ci :

> Les coqs de roche passent dans le cristal
> Ils défendent la rosée à coups de crête
> Alors la devise charmante de l'éclair
> Descend sur la bannière des ruines
> Le sable n'est plus qu'une horloge phosphorescente
> Qui dit minuit

Un ouvrage, rappelons-le, a précédé *Clair de terre,* ce sont *les Champs magnétiques,* 1920, écrits avec Philippe Soupault, collaboration qui suffirait à elle seule à nous démontrer les complexités de la recherche, puisqu'il ne s'agit pas de la démarche d'un seul homme enfermé dans sa subjectivité. Nous avons déjà parlé de cet acte d'exploration de l'inconscient où l'on peut voir la vraie naissance du Surréalisme et de son aventure dans les régions prophétiques et cosmiques. Le *Manifeste* de 1924 sera illustré d'un long poème en prose, *Poisson soluble* qui répond à une manière de faire dont Breton exposera plus tard le secret (dans *les Vases communicants*) : « Comparer deux objets aussi éloignés que possible l'un de l'autre, ou, par toute autre méthode, les mettre en présence d'une manière brusque et saisissante demeure la tâche la plus haute à laquelle la poésie puisse prétendre. En cela doit tendre de plus en plus à s'exercer son pouvoir inégalable, unique, qui est de faire apparaître l'unité concrète de deux termes mis en rapport et de communiquer à chacun d'eux, quels qu'ils soient, une vigueur qui lui manquait tant qu'il était pris isolément. Ce qu'il s'agit de briser, c'est l'opposition toute formelle de ces deux termes ; ce dont il s'agit d'avoir raison, c'est de leur apparente disproportion qui ne tient qu'à l'idée imparfaite, infantile, qu'on se fait de la nature, de l'extériorité du temps et de l'espace. Plus l'élément de dissemblance immédiat paraît fort, plus il doit être surmonté. C'est toute la signification de l'objet qui est en jeu. » Certes, c'est un jeu où le hasard a une telle part que tout un chacun n'est pas certain d'y gagner, mais sous la main de Breton, les mariages sont sans cesse féconds, comme ils l'étaient chez Lautréamont dont on retrouve même la machine à coudre sinon le parapluie : « Dans la craie de l'école, il y a une machine à coudre. » Après des ensembles essentiels comme *les Pas perdus,* 1924, qui détermine les thèmes dominants du Surréalisme face à Dada et réunit un panthéon d'articles : sur Jarry, Lautréamont, Ernst, Apollinaire, Vaché, et où, sous le signe de mots clés comme émotion et connaissance, l'alchimie du verbe de Rimbaud sera remplacée par la chimie du verbe où « les mots font l'amour », après *Légitime Défense,* 1926, *Introduction au discours sur le peu de réalité,* 1927, *le Surréalisme et la peinture,* 1928, mises au point et explorations essentielles, paraît un des chefs-d'œuvre du Surréalisme, une prose chargée de mystère et de poésie, une randonnée aux limites du vertige : c'est *Nadja,* 1928. En quête de l'autre réalité, attendant ce hasard objectif qui sait paraître en marge de la vie quotidienne pour unir le rêve et le réel, la rencontre d'une inconnue, quelque part dans Paris, une femme réelle, identifiable, repérable, et quand même, en quelque sorte, fantôme, révèle le supra-normal par une sorte de « vertu magique ». Fragile, son sourire imperceptible, son maquillage inachevé, elle est le mystère qui passe, l'être venu d'un inconnu mystérieux. Là où d'autres verraient une folle échappée de quelque asile et menant une vie délirante, Breton voit le plus profond de lui-même, ce qu'il porte aussi de fantomatique. Le poète se demande : « Qui suis-je? » et se répond : « Tout ne reviendrait-il pas à savoir qui je hante? » et s'il pose la question : « Qui êtes-vous? », c'est pour entendre : « Je suis une âme errante. » L'appel mystérieux des ténèbres domine ce texte tout en gris lumineux. L'homme vivant est alors, plus que la ville en ruine ou le château ténébreux, le lieu hanté lui-même. Et Nadja l'inconnue centre sur elle tout le goût du merveilleux surréaliste : « C'est, dira Breton, une magicienne, dont tous les prestiges jetés dans la balance pèseront peu en regard de l'amour pur et simple qu'une femme comme celle qu'on voit passer à la fin du livre », car « toutes les séductions qu'elle exerce sur moi restent d'ordre intellectuel, ne se résolvent pas en amour ». Nadja surgit, non dans le secret de la chambre, dans le demi-sommeil de l'écriture automatique, mais en plein jour, en pleine rue, parmi la foule, irruption du supra-normal. Des mots de la ville, ici « bois-charbons », sont comme une étoile noire, conductrice, pour orienter le poète dans le labyrinthe des rues. Tout se transfigure et la quotidienneté banale entre dans le fantastique par le texte et par les images photographiques qui constellent le livre. On entre, comme cela est souvent arrivé chez Nerval, dans un état d'« inquiétante étrangeté », au bord de l'abîme métaphysique et le lecteur est lui-même bientôt habité, hanté par le fantôme, symbole de tout cela que refuse le plus communément la pensée, univers des puissances nocturnes, du secret, de l'autre moi, de l'âme, de la mort ou de l'au-delà, arrachement à l'oubli des vieilles angoisses et des terreurs enfantines, de l'au-dedans fantasmagorique qui surgit dans une beauté troublante. *Nadja* restera comme le témoignage le plus troublant de la recherche originelle et de l'appel aux puissances occultes issus du Surréalisme. Par la rencontre d'une femme qui n'est pas la femme aimée, mais une apparition « placée originellement sous le signe du spontané, de l'indéterminé, de l'imprévisible ou même de l'invraisemblable » et dont il attend tout. Et, par-delà le mystère, il y a ce goût, ou plutôt cette mystique des rencontres qui sont dans *Nadja* celle d'un être, et un peu partout celle des objets, des mots, des signes. Breton parle bien de « la rue, que je croyais capable de livrer à ma vie ses surprenants détours, la rue avec ses inquiétudes et ses regards, était mon véritable élément ». C'est là que le passant exceptionnel peut être un porteur de clés.

C'est en 1930 que parut cette œuvre collective : *Ralentir travaux*, fruit d'une collaboration entre Breton, Char et Éluard, œuvre collective puisque seules trois préfaces sont signées par leurs auteurs respectifs. Ainsi Paul Éluard apporte son éclairage au projet : « Il faut effacer le reflet de la personnalité pour que l'inspiration bondisse à tout jamais du miroir. Laissez les influences jouer librement, inventez ce qui a déjà été inventé, ce qui est hors de doute, ce qui est incroyable, donnez à la spontanéité sa valeur pure. Soyez celui à qui l'on parle et qui est entendu. Une seule vision, variée à l'infini. Le poète est celui qui inspire bien plus que celui qui est inspiré. » C'est le champ d'espace délimité par la voix qui recevra les mots du poème. L'auteur importe peu. Le mot est une pierre qu'ajoute le cantonnier et la poésie est faite par tous. Ces pierres sont fort différentes les unes des autres, mais il y a aussi des signes d'humour comme dans *Page blanche* :

Le marbre des palais est aujourd'hui plus dur que le soleil
Première proposition

La seconde est un peu moins bête
Le jeûne des vampires aura pour conséquence la soif qu'a le sang d'être bu
La soif qu'a le sang d'épouser la forme des ruisseaux
La soif qu'a le sang de jaillir dans les endroits déserts
La soif qu'a le sang de l'eau fraîche du couteau

On ne saurait qui des trois poètes a lancé ces merveilles : « Nous avons jeté la maison par la fenêtre » ou « Aux dernières nouvelles la terre a été pondue » mais l'inspirateur et l'inspiré sont unis dans le travail collectif.

La même année 1939 qui est celle du *Second Manifeste*, paraît une autre œuvre de Breton, en collaboration avec Éluard, *l'Immaculée Conception*, mise en pratique des théories surréalistes, avec *les Champs magnétiques* et *Ralentir travaux*, nouvelle œuvre collective où aucun texte n'est signé, bien que la plume ne soit souvent tenue que par l'une ou l'autre main. Il n'est pas interdit de découvrir ici ou là tel ou tel apport, de trouver un maître d'œuvre qui serait plutôt Breton, mais nous préférons prendre ce livre pour ce qu'il est : un ensemble composite écrit en convergence avec l'activité paranoïa-critique définie par Dali, mais dont les intentions vont plus loin. Dès le préambule, *les Possessions* (de son aveu de la main de Breton), « on découvre sans peine que la préoccupation majeure est de réduire l'antinomie de la raison et de la déraison, qui, parmi d'autres, a été une des ambitions permanentes du surréalisme. » Laissons encore Breton parler de ce livre : « Indépendamment d'un vieux compte à régler avec les psychiatres — au moins ceux de l'ancienne école —, il s'agit de longs démêlés dont on trouvera trace dans *Nadja,* en épigraphe au *Second Manifeste,* dans divers autres textes signés d'Artaud, de Crevel ou de moi — il y va, en effet, ici encore, de l'" objectivation critique et systématique des associations et interprétations délirantes ". D'où la part importante faite, dans ce livre, à la simulation verbale de " diverses maladies qu'on enferme ". Dans ses proses aux éclats renouvelés nous est montré l'Homme, ce mannequin, avec sa logique, ses institutions, ses travers ou ses tabous, que les tracés automatiques condamnent de manière inattendue, une place provocante étant donnée à l'amour thème majeur. »

L'Union libre, 1931, sera un des poèmes les plus cités de Breton. Ici coexistent un ordre descriptif et un délire, une énumération minutieuse et des flots d'images hors la logique sous le seul signe de la poésie insistante, envoûtante de litanies d'une singulière fraîcheur :

Ma femme à la chevelure de bois
Aux pensées d'éclairs de chaleur
A la taille de sablier
Ma femme à la taille de loutre entre les dents du tigre
Ma femme à la bouche de cocarde et de bouquet d'étoiles de dernière grandeur
Aux dents d'empreintes de souris blanche sur la terre blanche
A la langue d'ambre et de verre frottés
Ma femme à la langue d'hostie poignardée
. . . .

Ma femme aux fesses de printemps
Au sexe de glaïeul
Ma femme au sexe de placer et d'ornithorynque
Ma femme au sexe d'algue et de bonbons anciens
Ma femme au sexe de miroir

Ce blason changeant du corps féminin est, de la manière la plus simple, caractéristique du merveilleux et du fantastique sexuels des surréalistes en même temps que de leur désir d'élucidation de l'amour. *L'Union libre* est un tableau vivant et une célébration entière.

Dès la préface du *Revolver à cheveux blancs,* 1932, André Breton exalte l'imagination en trois phrases clés : « Imagination n'est pas don mais par excellence objet de conquête. » Tout d'abord, puis : « Je dis que l'imagination, à quoi qu'elle emprunte et — cela pour moi reste à démontrer — si véritablement elle *emprunte,* n'a pas à s'humilier devant la vie », et, enfin : « L'imaginaire est ce qui tend à devenir réel. » Dès lors le poète peut dire : « Mais où sont les neiges de demain ? » ou ce qui clôt ce poème-préface : « Il y aura une fois... » C'est aussi une description des pièces mystérieuses d'une maison communautaire, demeure idéale où tout est fait pour capter le rêve et les terres foudroyées du hasard. C'est une maison mentale, un espace du dedans se résolvant en merveilleux. Suivent les poèmes comme des voyages où l'inattendu surgit au détour de la ligne, où parfois s'amorce un discours bientôt cessé tandis que la poésie poursuit ses crépitements ininterrompus. Voici le début de *la Mort rose* :

Les pieuvres ailées guideront une dernière fois la barque dont les voiles sont
faites de ce seul jour heure par heure
C'est la veillée unique après moi tu sentiras monter dans tes cheveux le soleil
blanc et noir
Des cachots suintera une liqueur plus forte que la mort
Quand on la contemple du haut d'un précipice
Les comètes s'appuieront tendrement aux forêts avant de les foudroyer
Et tout passera dans l'amour indivisible

Il faut bien lire ces poèmes pour en découvrir les secrets renouvelés et parfois à partir de la confidence directe comme dans *les Attitudes spectrales* :

Je n'attache aucune importance à la vie
Je n'épingle pas le moindre papillon de vie à l'importance
Je n'importe pas à la vie
Mais les rameaux du sel les rameaux blancs
Toutes les bulles d'ombre
Et les anémones de mer
Descendent et respirent à l'intérieur de ma pensée

Et surgissent toujours, comme dans *Les écrits s'en vont,* des images de beauté :

Le satin des pages qu'on tourne dans les livres moule une femme si belle
Que lorsqu'on ne lit pas on contemple cette femme avec tristesse
Sans oser lui parler sans oser lui dire qu'elle est si belle
Que ce qu'on va savoir n'a pas de prix
Cette femme passe imperceptiblement dans un bruit de fleurs
Parfois elle se retourne dans les saisons imprimées
Et demande l'heure ou bien encore elle fait mine de regarder les bijoux bien en
face
Comme les créatures réelles ne font pas

La femme inconnue, la fée, la passante, Nadja, ce pourra encore être la mystérieuse *Violette Nozières* qui inspirera un poème portant son nom, rencontre avec le fait divers, avec « la belle écolière du lycée Fénelon qui élevait des chauves-souris dans son pupitre », survol d'une vie, d'un jugement jusqu'à une ultime rencontre :

Longtemps après la cavalerie et la chevalerie des chiens
Violette
La rencontre ne sera plus poétiquement qu'une femme seule dans les bosquets
introuvables du Champ-de-Mars
Assise les jambes en X sur une chaise jaune

Après l'exploration des états du rêve dans *les Vases communicants,* 1932, la mise au clair de *Qu'est-ce que le surréalisme?* en 1933, *l'Air et l'eau,* 1934 montre un nouveau jaillissement de la poésie née de la rencontre des mots en liberté greffés sur le monde infini des sensations. On peut le prendre comme un ensemble poétique en divers poèmes où, comme en témoignent ces ouvertures de chaque partie, la phrase-image donne essor à l'imagination :

Monde dans un baiser
Le joueur à baguettes de coudrier cousues sur les manches
Apaise un essaim de jeunes singes-lions [...]

Le poisson-télescope casse des pierres au fond des livres
Et le plaisir roule ces pierres
Comme vont à dos d'âne de très jeunes filles d'autrefois
En robes d'acacia [...]

Je rêve je te vois superposée indéfiniment à toi-même [...]

L'aigle sexuel exulte il va dorer la terre encore une fois
Son aile descendante
Son aile ascendante agite imperceptiblement les manches de la menthe poivrée
Et tout l'adorable déshabillé de l'eau [...]

Le marquis de Sade a regagné l'intérieur du volcan en éruption
D'où il était venu [...]

Il n'est guère d'années où Breton ne publie un ou plusieurs ouvrages. En 1934, c'est encore un recueil de textes parus de 1924 à 1933, *Point du jour*. En 1935, *Position politique du surréalisme*, recueil d'interviews et de conférences. En 1936, ce beau texte poétique en prose qu'est *Au lavoir noir*, et les *Notes sur la poésie* dont nous avons parlé. En 1937, *le Château étoilé, De l'humour noir*, et surtout *l'Amour fou*. Ce texte en prose est un des plus beaux du Surréalisme. L'auteur de ces lignes ne cache pas le préférer à maints poèmes de Breton. Trois ans plus tôt, le poète a rencontré Jacqueline Lamba. Fin 1935 naît leur fille Aube à qui s'adresse le dernier texte d'un livre où se retrouvent tous les charmes de Breton et dont une description ne saurait donner l'idée. Nous disons charme au sens magique et nous disons aussi illumination intérieure, interférences entre l'homme et l'univers, la vie et le rêve, l'attente et la rencontre, l'inanimé et l'animé, la beauté ainsi définie : « La beauté convulsive sera érotique-voilée, explosante-fixe, magique-circonstancielle ou ne sera pas. » Dans ce texte, elle est, elle naît du désir : « Il s'agit de *ne pas*, derrière soi, *laisser s'embroussailler les chemins du désir* », elle est proche de l'amour : « Amour, seul amour qui soit, amour charnel, je t'adore, je n'ai jamais cessé d'adorer ton ombre vénéneuse, ton ombre mortelle. » Et cet amour est celui des rencontres fortuites, comme celle de Nadja et de tant d'autres offrant à l'instant par l'effet de ce hasard qui apporte la transparence : « C'est comme si tout à coup la nuit profonde de l'existence humaine était percée, comme si la nécessité naturelle consentait à n'en faire qu'une avec la réalité logique, toutes choses livrées à la transparence totale. » Avec ce livre en liberté, « à la pointe de la découverte », Breton écrit à la fois un poème et une chronique, faisant allusion à telle enquête ou contant une quête au marché aux Puces en compagnie de Giacometti (André Breton fut un familier des « Puces » tout comme Roger Caillois en quête de pierres, nous les y rencontrions souvent) car la trouvaille a un rôle catalyseur et les objets singuliers comme un demi-masque de métal forcent les analogies. Breton nous dit hésiter au seuil de l'inconnu sans limites. Est-il démonstratif parfois, ce qui amène un rien de froideur ? La glace chez lui n'est que de surface, car il y a toujours cette ouverture, cet étonnement devant les choses et les rencontres qui fait naître une chaleur exquise. Nous avons parlé de ce *Tournesol*, poème de 1923, et de son accomplissement plus tard qui s'épanouit dans cet *Amour fou*. Il y a là cette présence, l'amour fou, difficilement définissable, qui est miracle jaillissant et continuité, « porteur des plus grandes espérances qui se soient traduites dans l'art depuis des siècles ». Ici Breton disserte quelque peu, écarte l'idée de la chute du potentiel amoureux entre deux êtres après l'acte sexuel, écarte surtout l'idée de péché, donne des clés ou en simule le don pour cet amour fou qu'il faut atteindre comme jadis on quêtait le Graal ou la Rose, et : « Après cela, après seulement, nous pourrons peut-être nous mettre sérieusement à parler d'amour et de bonheur. » Le finale de ce texte, nous pouvons dire : de ce poème, est une lettre à Aube, sa fille, une prose merveilleuse pleine de tendresse grave et de grandeur émue, sans doute la plus belle lettre d'amour qui ait été écrite. Ce que l'amour fou comporte à nos yeux de mystère et d'insolite se résout en simplicité et en clarté, coule comme l'eau de la source première. André Breton manie la prose comme un classique, avec un tour de plume frôlant souvent la préciosité, mais on aime qu'il appelle sa fille au berceau « Écusette de Noireuil », qu'il lui dise : « Ma toute petite enfant, qui n'avez que huit mois, qui souriez toujours, qui êtes faite à la fois comme le corail et la perle, vous saurez alors que tout hasard a été rigoureusement exclu de votre venue. » Un surréaliste, un homme de combat, s'émerveille devant l'enfant comme devant les rencontres insolites. Il regarde cette petite main et la montre :

> J'ai tant admiré, du premier jour, votre main. Elle voltigeait, le frappant presque d'inanité, autour de tout ce que j'avais tenté d'édifier intellectuellement. Cette main, quelle chose insensée et que je plains ceux qui n'ont pas eu l'occasion d'en étoiler la plus belle page d'un livre! Indigence, tout à coup, de la fleur. Il n'est que de considérer cette main pour penser que l'homme fait un état risible de ce qu'il croit savoir. Tout ce qu'il comprend d'elle est qu'elle est vraiment faite, en tous les sens, pour le *mieux*. Cette aspiration aveugle vers le mieux suffirait à justifier l'amour tel que je le conçois, l'amour absolu, comme seul principe de sélection morale qui puisse répondre de la non-vanité du témoignage, du passage humains.

Ici, Breton est « surréaliste dans la fraîcheur » et la phrase qui ferme le livre et l'œuvre en même temps est, dans sa simplicité, un soleil des mots : « Je vous souhaite d'être follement aimée. »

De *l'Amour fou* au dernier acte.

Un des actes importants de Breton, après le *Dictionnaire abrégé du Surréalisme*, en collaboration avec Paul Éluard, 1938, et les documents réunis dans *Trajectoire du Rêve*, 1938, ouvrages illustrés, comme *l'Amour fou*, de photographies, est la publication de l'*Anthologie de l'humour noir*, 1940, qui sera remaniée en 1950 et reprise en 1966. Cet humour noir, Jacques Vaché l'avait défini comme « le sens de l'inutilité théâtrale — et sans joie — de tout ». André Breton qui a lu les études de Freud élargira le propos : « L'humour représente une revanche du principe de plaisir attaché au surmoi sur le principe de réalité attaché au moi, lorsque ce dernier est en trop mauvaise posture. » Plus tard, Boris Vian enjolivera en parlant de « politesse du désespoir ». Comme jadis le baroque, l'humour noir sera le point de ralliement des poètes et des écrivains les plus divers. Il ne s'explicite pas, ne peut servir à des fins didactiques, mais Breton le rend sensible, il unit ses manifestations en un seul manifeste. Comme dit Bédouin : « l'ouvrage est de ceux qui ruinent toute tentative de classification définitive des idées et des hommes » et le poète Bédouin dit encore : « Les textes qui en constituent le corps, de même que les précieuses introductions que Breton leur consacre — il y aurait lieu de saluer en lui, à la seule lecture de ces quarante notes critiques aussi concises qu'un poing fermé, aussi ramifiées que les cinq doigts de main, prolongées chacune d'un fleuve mental et de tous ses affluents, un des plus grands " critiques " de ce temps, — ces textes, dis-je, ne s'adressent plus à personne. Ils n'ont pas été réunis dans le but de convaincre, de démontrer. Ils ne servent d'illustration à aucune thèse. Ils brillent et ils brûlent, ils sont des armes. »

Cet humour noir naît de la contradiction, de la contestation qui frappe le réel d'inanité, de la rencontre de contraires ou d'objets éloignés, on se rappelle la définition de la beauté selon Lautréamont : « la rencontre fortuite, sur une table de dissection, d'une machine à coudre et d'un parapluie » et aussi cette idée d'une « notable quantité d'importance nulle ». Certes l'humour noir est un point d'incidences pour la plupart des surréalistes et l'on trouve Prévert, Rigaut, Dali, Jean-Pierre Brisset, Raymond Roussel, Marcel Duchamp, Duprey, etc., et aussi bien Quincey, Nietzsche, Kafka en ce qu'ils ont de contestataire au même titre que les manifestations Dada et surréalistes. Un Lautréamont apparaît dominé par cet humour qu'on suit chez les uns et les autres dans toutes ses phases : le Harrar de Rimbaud, les vagabondages de Nouveau, l'œuvre de Sade, Vaché « humoriste professionnel comme on dirait révolutionnaire professionnel », Baudelaire et son dandysme, « le revolver braqué au centre des plus beaux poèmes » de Charles Cros, Lewis Carroll et le non-sens, l'inattendu Gide qui fut baptisé en un temps « l'Oncle de Dada », Jarry, les proches parents du Surréalisme.

C'est durant la période d'exil que Breton écrit ses *Prolégomènes à un troisième manifeste du surréalisme ou non* qui paraîtront en 1946. C'est le temps où rien n'est plus précaire que l'existence humaine, où il y a dégradation des œuvres et des idées, où les décorateurs plagient les grands peintres du Surréalisme, où des systèmes libérateurs comme le Freudisme et le Marxisme sont en faillite. Il y a quelque chose de désespéré dans ce constat de rapines, de fausses interprétations, d'imposture et Breton pense à des êtres invisibles qui peuvent coexister avec l'homme et qui seraient « les Grands Transparents ». A son retour à Paris, Breton verra que ses craintes sont fondées : ici instauration d'un ordre bourgeois, là le stalinisme, et le Surréalisme pris dans ses apparences seules, en proie à nombre de trafiquants qui s'en prévalent. Breton devra sans cesse combattre, faire des mises au point en employant les armes les plus cinglantes. Cependant, il a écrit *Pleine Marge* :

Je ne suis pas pour les adeptes
Je n'ai jamais habité au lieu-dit La Grenouillère
La lampe de mon cœur file et bientôt hoquette à l'approche des parvis

Je n'ai jamais été porté que vers ce qui ne se tenait pas à carreau
Un arbre élu par l'orage
Le bateau de lueurs ramené par un mousse
L'édifice au seul regard sans clignement du lézard et mille frondaisons

Il a écrit un long et beau poème, *Fata Morgana* :

Si j'étais une ville dis-tu Tu serais Ninive sur le Tigre
Si j'étais un instrument de travail Plût au ciel noir tu serais la canne des cueilleurs dans les verreries
Si j'étais un symbole Tu serais une fougère dans une masse
Et si j'avais un fardeau à porter Ce serait une boule faite de têtes d'hermines qui crient

Dans sa prose, il ne cesse de réaffirmer les nécessités salvatrices qui peuvent sauver l'homme. Il y a l'amour car « rien ne l'empêchera de persister à y voir la vraie panacée pour combattre », car « l'Amour, la Poésie, c'est par ce seul ressort que la pensée humaine parviendra à reprendre le large ». Il faut repassionner la vie, éveiller la conscience, démystifier la guerre en lui ôtant le monopole de l'exaltation et en démultipliant l'aventure. C'est *Arcane 17,* 1945, qui porte les mots de ce combat, affirme qu'il faut changer la société et l'entendement humain de l'intérieur et à un « niveau planétaire », problème qui dépasse la condition sociale et rejoint la condition spirituelle et cosmique de l'homme en marche vers « l'être à atteindre ». Toutes les œuvres polémiques, critiques, esthétiques, tous les manifestes, toutes les mises au point tournent autour de ce pivot, que ce soit *Situation du Surréalisme entre les deux guerres,* 1945, *le Surréalisme et la peinture* qu'il republie augmenté en 1946 ou l'ensemble des *Manifestes* en 1946 aussi, ou encore *Signe ascendant,* 1947, qui tourne autour du plaisir intellectuel sur le plan analogique et en flétrit le faux usage. Là il cite Charles Fourier : « Le diamant et le cochon sont hiéroglyphes de la 13e passion (harmonisme) que les civilisés n'éprouvent pas. » Et il se réfère à Malcolm de Chazal, Reverdy, Baudelaire, le *Cantique des Cantiques,* Swedenborg, Apollinaire, Péret. Il élèvera une célèbre *Ode à Charles Fourier,* 1947.

Charles Fourier que nous avons rencontré dans un précédent volume représenta pour Breton la rencontre de deux idéaux : la transformation du monde de Marx, le changement de la vie de Rimbaud, synthèse opérée dans l'utopie de Fourier avec sa croyance à un futur édénique, sa générosité entière, sa croyance irraisonnable qui demeure celle des poètes.

Le poème de Breton est un des plus graves et des plus émus qu'il ait écrit. Il est né au cours d'un voyage dans l'ouest américain. Le plus souvent en longs versets, ce poème est à la fois évocation, salutation et union entre le passé (« Tiens il y avait autour de cent ans que tu étais mort ») et le présent (« Je te salue du Névada des chercheurs d'or »). C'est un hommage poétique à une grande leçon dont les signes sont sans cesse présents :

Parce que se perd de plus en plus le sens de la fête
Que les plus vertigineux autostrades ne laissent pas de nous faire regretter ton
   trottoir à zèbres
Que l'Europe prête à voler en poudre n'a trouvé rien de plus expédient que de
   prendre des mesures de défense contre les confetti
Et que parmi les exercices chorégraphiques que tu suggérais de multiplier
Il serait peut-être temps d'omettre *ceux du fusil et de l'encensoir*
Je te salue de l'instant où viennent de prendre fin les danses indiennes
Au cœur de l'orage

C'est bien tout au long du poème l'exaltation du parcours de « Fourier tranchant sur la grisaille des idées et des aspirations d'aujourd'hui » car si l'amélioration du sort humain ne s'opère que lentement et par de froids calculs, « le vrai levier n'en demeure pas moins la croyance irraisonnée à l'acheminement vers un futur édénique et après tout c'est elle aussi le seul levain des générations ». C'est dans son ensemble un poème dynamique, un réservoir d'images qui sont poésie, et l'appel à une approche qui est leçon d'avenir :

Parce que persistent on ne peut plus vainement à s'opposer les rétrogrades conscients et tant d'apôtres du progrès social en fait farouchement *immobilistes* que tu mettais dans le même sac
   Je te salue de la Forêt pétrifiée de la culture humaine
   Où plus rien n'est debout
   Mais où rodent de grandes lueurs tournoyantes
   Qui appellent la délivrance du feuillage et de l'oiseau
   De tes doigts part la sève des arbres en fleurs

Suivra en 1948 un libelle, *la Lampe dans l'horloge*, nouvelle constatation de désastre : « l'histoire se joue avec des dés pipés », « la transformation du monde, qui demanderait à être repensée, est revendiquée par un parti figé dans un dogmatisme centenaire », et sur le plan des idées « les grands messages isolés » sont absents, on ne voit guère que l'apparition du *Sens plastique* de Malcolm de Chazal où « la clé réside dans la volupté, au sens le moins figuré du terme, envisagée comme un lieu suprême de résolution du physique et du mental ». Pour Breton, il faut en revenir à l'homme avant qu'il ne soit trop tard, et, dans une deuxième partie, le spectre de la destruction totale par le péril atomique se montre : la France, celle des mouvements audacieux et libérateurs, de la révolte cathare à la Résistance, se doit de donner le signal. Ces propos d'il y a plus de trente années sont hélas toujours d'actualité.

Des épingles tremblantes, 1948, en prose et en vers, sont des poèmes illuminés par le voyage et des Antilles réelles et transcendées par l'imaginaire déploient leurs trésors poétiques. Il y a là une féerie des mots, Breton allant jusqu'à composer un poème en citant simplement les noms relevés sur *la Carte de l'Ile* : La Jambette, Favorite, Trou-au-chat, Pointe La Rose, Sémaphore de la Démarche, Pointe du Diable... poésie géographique, rencontre d'analogies merveilleuses. Il écrit ainsi *Anciennement Rue de la Liberté* :

> Le grand industriel noir exhibe une serviette en peau d'iguane blanche
> Dans les plaidoiries de vents chargés de fleurs
> Le léger catafalque de la créole
> Démesurément exhaussé d'autruches
> Fait eau de tous les reflets de la savane
> Pouvoir des pointes les lucioles m'ont traversé de part en part
> La nuit tropicale conjugue toutes les sonneries de l'entracte

On connaît l'affaire de *la Chasse spirituelle*. Le pamphlet de Breton, *Flagrant Délit*, 1949, sera, à propos de ce faux, une mise au point et une critique contre cette prétendue découverte et son usage. La même année, *Au regard des divinités*, est publié en fac-similé. *La Clé des champs*, 1953, est un important recueil de textes, articles et conférences, touchant à l'histoire du mouvement, à ses rapports avec les événements historiques et politiques, à ses grands thèmes directeurs, ainsi que des articles sur Jean Ferry et Raymond Roussel dont Ferry a éclairci le sens, sur Jarry, sur la manière dont Camus envisage Lautréamont dans *l'Homme révolté*, et Sartre, Baudelaire dans l'ouvrage qu'il lui a consacré. On lira encore *Adieu ne plaise*, 1954, *l'Art magique*, 1957, en collaboration avec Gérard Legrand, où l'idée que tout art est magique et permet dans son domaine propre de « résoudre l'énigme du monde », où une vaste enquête enrichit l'ouvrage avec des réponses de Heidegger, Jean Paulhan, Claude Lévi-Strauss, Roger Caillois, Jean Wahl, Julien Gracq, André Malraux, entre autres.

Par parenthèse, combien de fois nous sommes-nous aperçus que l'abondance même de l'information donnait des connaissances vagues. On ne saurait savoir qui est André Breton sans lire non seulement les textes indispensables à la connaissance du Surréalisme, mais surtout ses poèmes. Ils montrent un être multiple, riche, et venant de l'intérieur, permettent de saisir tous les aspects de sa personnalité. L'un d'entre eux attache particulièrement et nous osons, envisageant cet homme de conscience, parler d'innocence au meilleur sens du terme, d'innocence originelle. Ne devrait-on pas faire lire à tous, et particulièrement aux enfants, cette lettre à sa fille Aube, devenue Écusette dans *l'Amour fou*? On y ajouterait ce délicieux poème extrait d'une courte suite de trois poèmes sous le titre *Oubliés* qui est de 1948, et qui s'intitule *Écoute au coquillage* :

> Je n'avais pas commencé à te voir tu étais aube
> . . . .
>
> Je vois ce qui m'est caché à tout jamais
> Quand tu dors dans la clairière de ton bras sous les papillons de tes cheveux
> Et quand tu renais du phénix de ta source

Dans la menthe de ta mémoire
De la moire énigmatique de la ressemblance dans un miroir sans fond
Tirant l'épingle de ce qu'on ne verra qu'une fois

Dans le même recueil, on lira *Je reviens* et *Sur la route de San Romano* dont on extrait ces lignes sur la poésie :

> La poésie se fait dans un lit comme l'amour
> Ses draps défaits sont l'aurore des choses
> La poésie se fait dans les bois
> ....
> L'acte d'amour et l'acte de poésie
> Sont incompatibles
> Avec la lecture du journal à haute voix
> ....
> L'étreinte poétique comme l'étreinte de chair
> Tant qu'elle dure
> Défend toute échappée sur la misère du monde

André Breton affirme un mariage incessant de la poésie et de l'amour. Il scelle l'alliance avec les peintres sans cesse. On le verra encore lorsque, lui qui fut tant illustré (par Derain, Picabia, Picasso, Ernst, Dali, Magritte, Giacometti, Duchamp, Miró, Wilfredo Lam, Kurt Seligmann, Matta, Baskine, Arshile Gorki, Tanguy, Kiesler, André Masson, Toyen, Henri Rousseau, Slavko Kopac, etc.) illustre à son tour par des poèmes en prose 22 gouaches de Joan Miró. Cette série de 22 poèmes et de 22 gouaches est ainsi présentée comme une union de deux arts et plus que d'une célébration où la recherche d'une équivalence forme un ensemble concret. De ces œuvres de Miró, André Breton dit : « Elles participent et diffèrent l'une de l'autre à la façon des corps de la série aromatique ou cyclique de la chimie ; considérées à la fois dans leur progression et leur totalité, chacune d'elles y prend aussi la nécessité et la valeur de chaque composante de la série mathématique ; enfin le sentiment d'une réussite ininterrompue, exemplaire, qu'elles nous procurent, garde ici, au mot série, l'acception qu'il prend dans les jeux d'adresse et de hasard. » A son tour, Breton réussit une série et en prend par le texte la mesure, le rythme, la démarche, le même chemin de méditation grave et d'ouverture à l'imaginaire. Gérard Legrand put écrire : « Issu chacun d'une rêverie produite par l'image, ils n'en répondent pas moins, par la constance de leur timbre, à l'unité d'inspiration du peintre. A l'enchantement que nous procurent les sigles et les astérismes de Miró, vient s'ajouter — sans jamais s'astreindre à l'évocation littérale — celui d'un autre tissu féerique, où sur la trame de l'enfance, de la destinée et de l'amour, se joue l'évocation toujours frémissante du contact de l'homme avec la nature et la légende, doubles interprètes de son horoscope spirituel. *Constellations* (c'est le titre de cet ensemble paru en 1959) apparaît ainsi comme l'un des moments les plus révélateurs, à tous égards, de la poésie, voire de la pensée, d'André Breton. » Jamais l'œuvre picturale ne connut avec l'œuvre poétique aussi bel accord et, même s'il est un peu vain de présenter l'un sans l'autre, lisons *la Poétesse* :

> La Belle Cordière de nos jours retrouve sa mission, qui est de faire grésiller le sel de la terre. Elle mire l'instant où le soleil doit devenir « noir comme un sac fait de poil » et le vent joncher la terre de figues vertes. C'est, il semble, amorcé, quoique la lune persiste à répandre l'odeur de seringa. Les jeux de l'amour et de la mort se poursuivent sous le péristyle dans des détonations d'armes à feu. Des taillis où couve une chanson ensorcelante perce par éclairs et ondule la pointe du sein de la belladone. Lamiel, le tison aux doigts, s'apprête à incendier le Palais de Justice.

Une des missions de la poésie est de donner à voir et de laisser à entendre. C'est une constante de l'œuvre poétique de Breton. En 1961, une mince plaquette offre simplement quatre phrases réunies sous le titre *le La,* une par page, sorties de la nuit et datées (Nuit du 27 au 28 octobre 1951, Nuit du 6 au 7 février 1959, etc.). Une courte introduction précède : « D'un immense prix, par suite, m'ont toujours été ces phrases ou tronçons de phrases, bribes de monologue ou de dialogue extraits du sommeil et retenus sans erreur possible tant leur articulation et leur intonation demeurent nettes au réveil — réveil qu'ils semblent produire car on dirait qu'ils viennent tout juste d'être proférés. Pour sibyllins qu'ils soient, chaque fois que j'ai pu je les ai recueillis avec tous les égards dus aux pierres précieuses. » On le sait, ces phrases dictées par la pensée ont souvent été le départ d'un texte, elles ont donné « le *la* » et Breton avoue : « Même, si à beaucoup près, " la bouche d'ombre " ne m'a pas parlé avec la même générosité qu'à Hugo et s'est même contentée de propos décousus, l'essentiel est qu'elle ait bien voulu me souffler parfois quelques mots qui me demeurent la *pierre de touche,* dont je m'assure qu'ils ne s'adressaient qu'à moi seul... » La voix de la bouche d'ombre de Hugo, le vers donné par les dieux de Valéry, le *la* de Breton sont bien proches. Breton rappelle que *les États généraux,* un poème de 1943, qui est sans doute celui auquel il tient le plus, est ainsi né d'une phrase : « Il y aura toujours une pelle au vent dans les sables du rêve », phrase qui se distribue comme un titre tout au long de l'œuvre. Lisons les phrases qui donnent le « la » :

L'O dont le claquement de peau réside en l'ut majeur comme une moyenne
La lune commence où avec le citron finit la cerise
On composera donc un journal dont la signature, compliquée et nerveuse, sera un sobriquet
Si vous vivez bison blanc d'or, ne faites pas la coupe de bison blanc d'or

Phrases sibyllines certes et qui échapperont à l'esprit logique, mais où le poète verra cette échappée et cette surprise, cet essor et cet envol de l'imaginaire qui restent son plus grand bien. Cette mince plaquette de la fin de la vie de Breton affirme en fait une genèse. Elle pourrait se situer tout au début de son chemin poétique, lui donnant, comme avant une orchestration le coup de diapason, le la d'où il semble que tout va naître. Il est mort ou du moins le croit-on, André Breton, nous l'avons dit le

28 septembre 1966, et son corps terrestre a été enterré en ce cimetière des Batignolles où sont beaucoup de ses frères surréalistes. Le faire-part portait ces seuls mots : André Breton — 1896-1966 — *Je cherche l'or du temps*.

Je cherche l'or du temps.

La place prépondérante d'André Breton dans l'histoire de la poésie n'est plus à démontrer; elle s'accompagne d'une place essentielle dans la grande histoire de la pensée humaine. Il serait temps que l'on s'en aperçût : en période de faillites de toutes sortes, et plus particulièrement intellectuelle, soumis aux désespérances de toutes sortes, à la lèpre ambiante qui ne sait ni l'atteindre ni le désespérer, constatant avec horreur les enlisements, dénonçant aussi bien le pouvoir technocratique corrupteur que les irresponsabilités de la science, André Breton a voulu sauver les principes vivants de la pensée salvatrice, et sa valeur d'avenir, et sa souveraineté; il a écarté la paralysante logique, et, en cela, offert aux sciences humaines la possibilité d'une renaissance; il a ouvert les yeux sur des manières d'être et des systèmes de pensée cachés dans notre être intérieur, dans l'expression des maladies mentales ou de l'univers primitif en voie de disparition, dans les lieux de la magie, de la mystique, de l'ésotérisme et dans l'univers hérétique. En cela, il a montré des voies infinies, il a aidé, et c'est, à travers le temps, le plus haut rôle du poète, à recréer l'être humain dans son entier. Sa vie fut, selon l'expression d'Alain Jouffroy, « un poème sans fin », à la fois son poème personnel et son aventure collective. Combien de fois nous arrive-t-il, devant le viol des foules, devant les atteintes faites à l'individu, de nous tourner vers lui pour reprendre espoir : c'est en cela qu'il est toujours vivant.

L'itinéraire de Breton et celui du Surréalisme s'accompagnent d'un si étonnant corpus d'anecdotes qu'elles ne servent souvent qu'à masquer les signes essentiels de l'œuvre et du mouvement. Introduisant « au génie d'André Breton », Alain Jouffroy fit un portrait des poètes dont nous reproduisons ici un court extrait : « ... Ces hommes sont intolérants, violents, absolus, on les admire et on les hait, on les vénère et on les craint, on les lit et leur lecture change la vie, on leur parle et l'on ressent un vertige inexplicable, parfois on perd leur piste, mais toujours on la recoupe au moment où on s'y attend le moins, on voudrait pouvoir tout leur dire et l'on désire ne jamais les décevoir : ils savent si bien vous révéler à vous-même, ils suscitent en vous une telle nostalgie de la vérité que, face à eux, le mieux qu'on puisse faire, c'est d'être soi-même et tous les hommes qu'on hérite de soi, le mieux qu'on puisse espérer, c'est d'incarner toutes les pensées brisantes dans chaque geste, dans chaque silence, dans chaque mot. » Comme André Breton correspond bien à cette image ! Admiré et haï, ses détracteurs auront beau jeu de jouer sur une seigneurie, prononcer le mot de pape, s'étonner que ce maître d'un navire difficile ait, pour lutter contre les tempêtes et les mutineries, une intransigeance et une autorité. Il faut l'avoir rencontré, pour trouver un homme fraternel, ouvert aux jeunes poètes, d'une rare probité intellectuelle et morale. Il était un homme d'étonnement : « Tiens une étoile pourtant il fait grand jour. » Philippe Audoin écrira justement dans *les Surréalistes* : « On s'est gaussé de ces contraintes, de tout ce rituel reconduit de jour en jour. C'est omettre le *consensus* permanent qui les fonde; c'est surtout méconnaître que l'originalité du groupe surréaliste, son pouvoir d'attraction, son exceptionnelle durée étaient à ce prix. Rien de concerté, cela va de soi. On dirait mieux que c'est *parce que* le groupe s'est, dès le début, comporté de la sorte et a reproduit par la suite le modèle originel, qu'il a eu le destin exceptionnel que l'on sait. » Nous pourrions parodier et dire que Breton n'avait de dictatorial que la confusion qu'il entretenait dans l'esprit de ceux qui ne participaient pas de son mouvement. Il ne fut pas le père fouettard, mais l'antipère, comme l'a montré Sarane Alexandrian dans un *Breton par lui-même*, l'antipère comme Gide l'avait été pour la génération précédente, comme Sartre le sera aussi. Alexandrian écrit : « Lorsqu'on parle d'André Breton, on évoque avant tout le fondateur du surréalisme, l'homme qui a insufflé à une communauté de poètes et d'artistes ses exigences de rigueur. Si légitime que soit un tel jugement, il risque d'entraîner des erreurs sur sa personne et sur son œuvre; en le portant, on assimile le surréalisme à une école littéraire, quand ce fut un parti poétique, créé avec la foi d'un parti politique révolutionnaire, et on fait de Breton un simple animateur d'avant-garde, alors qu'il représente un type d'écrivain que les jeunes intellectuels recherchent, et trouvent rarement : l'antipère. » Cette mise au point s'impose aujourd'hui où, Breton n'étant plus là pour répondre, des fables se forgent à partir de faits dont on n'étudie plus les causes. Il faut lire ce qu'il dit aux étudiants de Yale : « Non, ni la vieillesse ni même la maturité vaticinante ne sauraient avoir des droits sur vous : j'irai jusqu'à dire que c'est à vous de les tenir en respect, de les rappeler à la décence lorsqu'elles s'offrent à éclairer votre lanterne. » Il sait, Breton qu'« il n'est pas d'épaules humaines sur quoi faire reposer l'omniscience » et s'il a eu dans les combats cette attitude du lion auquel il ressemblait, il garda jusque dans le grand âge l'enthousiasme de la jeunesse et la liberté du poète, l'humour du révolutionnaire et la courtoisie du grand seigneur, le sens de la fraternité et du combat juvénile. C'est chose rare.

Il est aussi arrivé souvent que le maître du jeu (« Il faut changer le jeu et non pas les pièces du jeu », écrivit-il) fasse oublier le poète qui était en lui. C'est pourquoi nous avons surtout insisté sur cet aspect sans pour autant oublier chez lui sa mystique des rencontres fortuites, son sens de l'osmose du réel et de l'imaginaire, sa manière de faire bon usage du rêve et d'aborder consciemment la réalité, son culte des images qu'elles soient poétiques ou plastiques, sa révérence et sa référence au sacré, à l'occulte, à tout ce qui vient du dedans de l'être, et surtout cet amour de l'amour fou et la plus vaste opération qui ait porté sur le langage. Nous n'avons pas dit ici son immense influence dans le temps des nouvelles générations, dans l'espace de tous les arts, poésie, cinéma, théâtre, peinture, etc., et dans l'espace géographique en des temps où il n'était pas facile en maints pays étrangers d'être surréaliste. Il écrivit un « Jugement de l'auteur sur lui-même » avec lequel nous pourrions conclure :

> Héraclite mourant, Pierre de Lune,
> Sade, le cyclone à tête de grain
> de millet, le tamanoir : son plus
> grand désir eût été d'appartenir
> à la famille des grands indésirables.

Mais on ne conclut pas, car la recherche de l'or du temps reste ouverte. Comme dit Alexandrian, et l'on ne saurait mieux dire : « C'est exactement l'illusion qu'il nous laisse quand on a achevé de le lire : il reviendra. Longtemps encore, dans les générations futures, son nom refleurira sur de jeunes lèvres cherchant à parler la langue des enchantements. Il fait désormais partie, avec Baudelaire, Rimbaud, Apollinaire et quelques autres, de cette cohorte de revenants sublimes qui hantent le château intérieur des hommes pour les préserver des atteintes du temps. »

4
Benjamin Péret

« Se lancer dans la littérature... »

Cette dame qui se rendit un jour à l'« Hôtel des Grands Hommes » pour acquérir un numéro de *Littérature* destiné à son fils « qui voudrait se lancer dans la littérature », alors que ce dernier, le jeune Benjamin sortait à peine de la guerre, devait avoir eu sur lui une emprise assez grande puisque, encore adolescent, elle l'avait poussé à s'engager dans l'armée. Homme de l'ouest, Benjamin Péret (1899-1959) était né à Rézé, près de Nantes, d'un père, modeste employé originaire du Lot, et d'une mère de famille bretonne et vendéenne. La guerre, il devait la faire d'un bout à l'autre : après la période d'instruction militaire dans les cuirassiers (il dira : « un véritable bagne »), il fut dirigé à Salonique où il contracta une dysenterie amibienne qui le fit renvoyer en France où il connut l'hôpital avant d'être envoyé sur le front de Lorraine.

Comme André Breton, il fut tout d'abord tenté par Mallarmé, ce qui étonne quand on connaît la suite, mais il détruisit ses poèmes d'alors. Peu après le voyage de sa mère, il apparaît à Paris à un vendredi de *Littérature* et fait immédiatement connaissance de Breton, Aragon, Éluard et leurs amis. C'est le temps des tumultes, des bagarres et des provocations que nous avons tenté de relater et le chemin, de Dada au Surréalisme, est celui de ses nouveaux compagnons. On peut voir Péret au procès Barrès tenir le rôle du Soldat inconnu, « vêtu d'un uniforme français très fatigué (qui) s'avance au pas de l'oie et répond en allemand ». Nous sommes en 1921 et c'est l'année de la publication de la première œuvre, *le Passager du Transatlantique,* poèmes aussi dénués de « littérature » que ceux de Soupault qui, d'ailleurs, en rendra compte dans *Littérature* : « Je n'aime pas beaucoup faire le maître d'école, mais je dois déclarer que ce *Passager du Transatlantique* est un livre remarquable, un des plus remarquables qui aient paru depuis dix ans. » Plus tard, Jean-Louis Bédouin le retrouvera sans rides, propre à encore faire le scandale de nos jours, mais surtout « de nature à retenir tous ceux qui aiment vraiment la poésie, qui aiment l'amour (car), c'est, au sens où l'on dit d'un métal qu'il est chimiquement pur, l'absolue pureté de ces poèmes... ». Qu'on retrouve les influences de Dada, de certaines recherches d'Apollinaire, des poèmes-conversations, est certain, mais la révélation de l'écriture automatique apportera bientôt d'autres dimensions, encore qu'elles soient apparentes ici. Hans Arp a illustré l'ouvrage comme Max Ernst illustrera le suivant, *Au 125 du boulevard Saint-Germain*, 1923. Il s'agit d'un conte et toute une partie de l'œuvre de Péret sera ainsi en prose au meilleur sens du terme, prose incluant la poésie et l'imagination débridée, décapante. Durant les années 20, et surtout dans le temps des sommeils hypnotiques, Péret en écrira beaucoup et l'on peut citer entre autres ces textes aux titres inhabituels : *Mort aux vaches et au champ d'honneur, la Brebis galante, Aglaé s'ennuie devant une fraise des bois, Et les seins mouraient, la Fleur de Napoléon, Une ornière vaut une jument, le Nègre et la soucoupe enflammée*, etc. Il n'en est pas, et aussi parmi ceux écrits plus tard, qui ne nous entraînent vers l'inattendu, l'insolite, la cocasserie et l'humour qui mérite bien, comme chez Vaché de perdre son h. Il le sait bien : « De l'uniformité naît l'ennui, de l'ennui la réflexion, de la réflexion le dégoût de la vie, du dégoût de la vie des artichauts, des artichauts des vaches, des vaches des enfants, des enfants Napoléon, mais vous voyez bien que je dis cela pour plaisanter. » Il ne cesse partout d'être poète et poète surréaliste en multiplication d'images au cours de ces brèves odyssées. Octavio Paz l'a bien défini, cet art : « Les textes en prose de Péret, depuis l'hallucinant *Au 125 du boulevard Saint-Germain*, s'écoulent avec une sorte de constance dans l'imprévu, comme un fleuve qui ne suit pas son cours mais l'invente. L'humour de Péret, ce n'est pas l'étincelle aveuglante que produit la révélation de l'absurde, mais cette sorte de ramollissement général dont souffre la réalité corrodée par une imagination liquide. C'est-à-dire une imagination en mouvement perpétuel. La prose de Péret coule, glisse entre les doigts, est un jaillissement ininterrompu. Et la forme que prend son repos, c'est le vertige. » Il y a dans ces contes une telle liberté, une telle diversité qu'une simple citation d'un extrait ne saurait être exemplaire. Lisons cependant :

Un coup de pistolet donna le signal du départ et une dame blonde s'éleva verticalement dans les airs, puis glissa légèrement par-dessus quelques bouquets d'arbres, franchit aisément une rivière et se posa le plus simplement du monde au pied d'un seringa fleuri.
Vingt ans qu'elle n'était pas revenue dans ce pays où elle s'entendait si bien avec le mistral! Elle étreignit à pleins bras l'arbuste au pied duquel elle se trouvait. Des petits lapins frisés tombèrent des branches fleuries et sautillèrent autour d'elle. Elle en fut émue, et le bruit de la mer qui déferlait tout près accrut son émotion. Elle se gonfla rapidement, devint gluante, puis poisseuse et s'étala enfin comme une large tache de sang sur le gazon.

Souvent, dans ces contes, il adore prendre le ton du roman populaire, mettre en scène des personnages historiques, faire semblant d'être édifiant par paraphrase, faire parler des personnages pontifiants, des ministres baroques, élever des plaidoiries, et il n'est rien qui soit plus réjouissant, même dans le tragique, même s'il se met en jeu en face du sinistre M. Deibler.

On se souvient que 1924 est l'année de la fondation de la *Révolution surréaliste* qu'il dirige avec Pierre Naville, et c'est aussi celle de la publication des poèmes d'*Immortelle Maladie*. Là jaillit la poésie immédiate et naturelle. On ne peut s'exprimer plus simplement et plus directement : véritablement « les yeux blancs s'ouvrent à la lumière de la fête »; il tente de dire le meilleur de lui-même :

> Courir sur mon miroir comme un aveugle
> et chanter dans l'oreille des dieux
> voilà mes désirs aujourd'hui
> Mais le vent aura chassé les êtres de leur élément naturel
> avant que je passe dans l'avenue plantée de moribonds
> qu'un souffle salé ferait renaître
> et qu'un cri de paon ferait mourir

Il collabore avec Paul Éluard pour cette œuvre typiquement surréaliste : *152 Proverbes mis au goût du jour,* 1925. C'est là qu'on peut lire ces courtes phrases pleines de prolongements comme « Les éléphants sont contagieux », « Les grands oiseaux font les petites persiennes », « Écraser deux pavés avec la même mouche », « Taquiner le corbillard » ou « Un rêve sans étoiles est un rêve oublié ». Il continue l'écriture de ses contes, il épouse en 1927 Elsie Houston, une cantatrice brésilienne, et la même année entre au parti communiste (il collabora quelque temps au journal *l'Humanité*) et surtout publie *Dormir, dormir dans les pierres,* qu'illustre Tanguy. On distingue l'énorme goût, l'énorme gloutonnerie du poète pour les mots concrets avec leur puissance de sons et de couleurs leur capacité d'imagerie, leur liesse et leur déferlement, leur pouvoir de métamorphoses :

> Jetez les orties dans le gosier du nègre
> borgne comme seuls savent l'être les nègres
> et le nègre deviendra ortie
> et soutane son œil perdu
> cependant qu'une longue barre de cuivre se dressera comme une flamme
> si loin si haut que les orties ne seront plus ses enfants
> mais les soubresauts fatals d'un grand corps d'écume
> salué par les mille crochets des eaux bouillantes
> que lance le pain blanc

Il en est de cette poésie comme de Péret qui ne suscita jamais la tiédeur ou l'indifférence. On l'aime ou on la déteste. On ne peut pas obliger à l'aimer. Du moins peut-on distinguer ce qu'elle a d'unique. André Breton écrit : « Il fallait un détachement à toute épreuve, dont je ne connais bien sûr pas d'autre exemple, pour émanciper le langage au point où, d'emblée, Péret a su le faire... Jamais les mots et ce qu'ils désignent, échappés une fois pour toutes à la domestication, n'avaient manifesté une telle liesse... Tout est délivré, tout poétiquement est sauvé par la remise en vigueur d'un principe généralisé de mutation, de métamorphose. On ne se borne plus à célébrer les " correspondances " comme de grandes lueurs malheureusement intermittentes, on ne s'oriente et on ne se meut que par une réalisation ininterrompue d'accords passionnels. »

Durant la période des sommeils hypnotiques, Péret était, avec Desnos et Crevel, un des plus aptes à l'expérience : rapidité du sommeil, accueil rapide du rêve, et Robert Benayoun pourra parler d'un « don de partance » qui a fait de lui « à l'ère de l'écriture automatique, un véritable coureur de fond, un oiseau véloce aux détentes incomparables ». Nous trouvons ce propos en préface à une réédition du *Grand Jeu* dans la collection Gallimard. Ce livre est de 1928. On y trouve abondance et diversité. Cela va de la comptine inversée (« Ah fromage voilà la bonne madame ») à des portraits à coups de mots projetant comme des pierres le pirate, le malade imaginaire, les beautés du ciel et de la terre, ou bien ses amis du groupe, ainsi ce *Portrait d'André Breton :*

> Les gazelles ont caressé leur mémoire
> il en sort tout un équipage
> avec de grandes dames sans yeux
> un beau visage découvert
> une voiture dont les oreilles écoutent écoutent écoutent et meurent d'ennui
> L'ennui cultivé en des serres inestimables
> se développe en capitaine de forbans
> J'en suis

Beaucoup de poèmes sont des festivals d'« umour » et l'on peut dire que le poète surprend par son aptitude à la trouvaille : longues suites où les mots en liberté se libèrent et se vengent de leur vieux pouvoir de suggestion pour devenir matériaux de la création sans autre arrière-plan, suites de petites phrases toutes en muscles où les mots se livrent à d'absurdes métamorphoses, emploi de tout un système algébrique, ton soudain de la chanson, poèmes toujours qui montrent des choses, sortes de proverbes parfois : « Mieux vaut changer de montre / que de hurler à la lune ». Au long de son œuvre, il a toujours aimé prendre des titres un peu brutaux, comme ces phrases jetées dans la conversation courante, « je ne mange pas de ce pain-là », « un point c'est tout » ou « Plein les bottes » comme ce poème qui commence ainsi :

> L'oreille des lampes écoute les feuilles tomber dans le sel
> Le sel aujourd'hui a la forme de son sein
> et danse danse
> Il dansera tout le jour et la nuit ne l'arrêtera pas
> il dansera ainsi jusqu'à ce que les chevaux de frise meurent
> comme meurent les glaciers et les neiges.

Il est des mots réputés nobles, poétiques, et d'autres longtemps répudiés par le poème parce que sans noblesse, mais Victor Hugo sut mettre une tempête dans l'encrier et abolir cette distinction, André Breton l'a remarqué et montré que Péret, lui, a aboli « les distinctions entre les objets nobles et non nobles ». C'est ainsi qu'on verra surgir dans sa poésie des mots peu fréquentés par les poètes, du gigot à la sardine en passant par la chaussette, le tube d'aspirine ou le tire-bouchon, à ce point que les mots désignant des objets plus couramment fréquentés par le poème en prennent, par contagion, les plus extraordinaires significations. De même, il sait prendre une expression courante comme « de derrière les fagots », la donner pour titre à un recueil et en transformer le sens. Lorsqu'il publiera le livre ainsi intitulé, en 1934, ce sera trois ans après le retour d'un séjour au Brésil où son activité politique lui valut l'incarcération, puis l'expulsion peu après la naissance de son fils nommé Geyser. *De derrière les fagots,* 1934, donc, apporte des poèmes qui semblent avoir pris le large, mais on reconnaît toujours le ton propre à Péret :

> Mille parapluies et mille bouteilles de Pippermint
> se battant autour d'un alambic
> engendrent plus ou moins une avalanche de pelotes d'épingles
> qui piquent rageusement les ponts et chaussées
> endormis dans les champs d'asperges

On verra avec surprise, comme au temps du hareng saur de Charles Cros, du homard amoureux de la boîte de corned-beef de Jarry, surgir comme de quelque marché, comme dit Bédouin, « la profusion de plantes potagères, de comestibles, de viandes de boucherie, de crustacés, d'aromates, qui figurent, au même titre que tous autres êtres ou objets dans la poésie de Péret ». Curieusement, cela ne fait pas fantaisie gratuite, ni manière de se singulariser ni même agression chez cet homme agressif, et non plus poésie gastronomique chansonnière, mais tout coule naturellement dans le poème comme si, enfin, rien ne saurait en être exilé. Bientôt, on s'aperçoit que, dans le monde des êtres et des objets, rien ne saurait être méprisé ou tenu pour inférieur. Bédouin nous dira combien en cela il est près de la réalité : « Toutes proportions gardées, je dirai que la nourriture, au sens le plus concret du terme, revêt à ses yeux cette sorte de dignité que lui reconnaissent tant de peuples sauvages. Ceux-ci, on le sait, prêtaient non seulement à leurs aliments une valeur sacrée, mais aussi le sens d'un rite à l'acte de se nourrir. » On trouvera par la suite des titres comme *le Gigot, sa vie, son œuvre* (lorsque, en 1957, il réunira ses contes) ou bien *Trois Cerises et une sardine*. Pour ne point perdre de vue ce recueil de 1934, citons quelques vers :

> Ah que les os sont maigres par temps de pluie
> quand les pépinières de nez grecs
> retentissent du cri strident des œufs rouges
> qui parfois pleurent des larmes de biftecks
> parfumés comme une bête de somme
> quand les pommes demandent justice
> et quand les lorgnons crèvent les yeux des ministres
> de la troisième république

Benjamin Péret est un des surréalistes qui n'ont pas manqué une manifestation collective et a constamment entretenu de sa flamme les activités du mouvement. En 1935, il accompagne André Breton aux Canaries pour une Exposition internationale du Surréalisme. Il va gagner l'Espagne dès le début de l'insurrection et militer contre Franco. C'est le temps d'un livre violent, *Je ne mange pas de ce pain-là*, 1936, cette phrase qu'on gravera un jour sur son tombeau au cimetière des Batignolles. On lit :

> Vive le 6 février
> grogne le jus de chique
> vêtu en étron fleurdelysé
>
> Que c'était beau
> Les autobus flambaient comme les hérétiques d'autrefois
> et les yeux des chevaux
> arrachés par nos cannes-gillettes
> frappaient les flics si répugnants et si graisseux
> qu'on aurait dit des croix de feu

Péret ici se donne tous les luxes, y compris celui du goût qu'on dit mauvais, en des poèmes qui pourraient en faire le précurseur de *Hara-Kiri* ou *Charlie-Hebdo*, et il est vrai qu'il n'est guère que dans le dessin satirique qu'on aille si loin :

> Pue pue pue
> Qu'est-ce qui pue
> C'est Louis XVI l'œuf mal couvé
> et sa tête tombe dans le panier
> sa tête pourrie
> parce qu'il fait froid le 21 janvier

ou bien, on le voit encore, lorsqu'il élève un hymne aux combattants patriotes, d'un anarchisme total :

> J'ai reçu des pattes de lapin dans le cul
> j'ai été aveuglé par des crottes de bique
> asphyxié par le fumier de mon cheval
> alors on m'a donné la croix d'honneur
> . . . .
>
> Pour rappeler mon ruban
> je me suis peint le nez en rouge
> et j'ai du persil dans le nez
> pour la croix de guerre
>
> Je suis un ancien combattant
> regardez comme je suis beau

La même année, paraît *Je sublime*, illustré par Max Ernst. Il y a là des poèmes plus proches de ceux des premiers livres, avec toujours une abondance de mots mis habituellement à la porte du poème et de grandes et belles suites poétiques sous le signe de l'amour, de cet amour proche de l'amour fou de Breton, l'amour qui ne peut être que sublime, car chez Péret on ne vit pas dans le tiède. On trouve des vers très beaux comme « Des vols de perroquets traversent ma tête quand je te vois de profil » ou « je t'aime comme la fougère d'autrefois aime la pierre qui l'a faite équation / je t'aime à tour de bras / je t'aime comme un poêle rouge dans une caverne. » Il jette des litanies comme savait le faire Breton :

> Mon avion en flammes mon château inondé de vin du Rhin
> mon ghetto d'iris noirs mon oreille de cristal
> mon rocher dévalant la falaise pour écraser le garde-champêtre
> mon escargot d'opale mon moustique d'air
> mon édredon de paradisiers ma chevelure d'écume noire
> mon tombeau éclaté ma pluie de sauterelles rouges
> mon île volante mon raisin de turquoise
> ma collision d'autos folles et prudentes ma plate-bande sauvage
> mon pistil de pissenlit projeté dans mon œil
> mon oignon de tulipe dans le cerveau
> ma gazelle égarée dans un cinéma des boulevards
> ma cassette de soleil mon fruit de volcan
> . . . .
>
> je t'aime

La poésie, la belle, la délirante coule dans la phrase avec une succession d'images appelant d'autres images dans un rebondissement incessant où se mêlent les mots du quotidien et ceux de l'éternel mariés le plus naturellement du monde. La poésie rebondit d'un vers à l'autre comme une balle sur les marches d'un escalier :

> Meurtri par les grandes plaques de temps
> l'homme s'avance comme les veines du marbre qui veulent se ménager des yeux
> dans un torrent où les truites à tête de ventilateur
> traînent de lourds chariots de mousse de champagne
> qui noircissent tes cheveux de château fort
> où la pariétaire n'ose pas s'aventurer
> de crainte d'être dévorée
> au delà de la grande plaine glacière où les dinosaures couvent encore
> leurs œufs d'où ne sortiront pas de tulipes d'hématite
> mais des caravanes de hérissons au ventre bleu

On reste étonné par la multiplicité des éléments réunis dans un même poème. Il y a là une générosité indéniable : Péret poète, amoureux ou militant va jusqu'au bout. Il revint d'Espagne où la révolution était écrasée en un temps de menace internationale. Militant trotskiste, il songea à aller au Mexique, comme Breton en 1937, publia *Trois Cerises et une sardine*, 1937, poème où on le retrouve fidèle à lui-même, unissant les mots et les images en un festival baroque. Lorsque la guerre éclate, il doit rejoindre Rennes comme soldat de deuxième classe et poursuit sous l'uniforme son travail de militant, ce qui le fait incarcérer en mai 1940 à la prison de Rennes. Libéré au moment de la défaite, l'auteur de *Je ne mange pas de ce pain-là,* poursuivi par les journaux de collaboration, doit se cacher, passer durant l'hiver 1940 la ligne de démarcation, rejoindre Breton à Marseille, vivre dans le dénuement, pour finir par trouver miraculeusement un visa pour le Mexique et un bateau pour l'y conduire.

Benjamin Péret idolâtré ou haï.

Au Mexique, il restera près de huit années, épousera une femme peintre, Remédios Varo, vivra selon son habitude modestement, trouvant, grâce à sa connaissance de la langue espagnole, des collaborations aux revues. En 1942, le groupe de *la Main à plume* a publié son conte *les Malheurs d'un dollar*, en 1943, les Éditions surréalistes à New York *La parole est à Péret*. Arrêtons-nous à l'année 1945 qui est celle de deux événements et commençons par le plus fastueux, la publication à l'Age d'or du recueil ou plutôt du long poème en plusieurs parties, *Dernier Malheur dernière chance* écrit à Mexico en 1942. C'est le temps du plus grand souffle, du poème odyssée où le ton est celui général de son œuvre, mais amplifié, entraînant dans sa coulée de large fleuve toutes les merveilles et tous les décombres. C'est l'abandon entier à la voix de l'inspiration, l'ouverture des portes béantes de l'inconscient, la disponibilité de l'inspiration, la place faite au poème seul, un ouragan. Comme la citation paraît vaine, comme on veut dire au lecteur de bonne volonté, celui qui n'a pas pris Péret en haine dès ses premiers mots, de lire le poème complet puisqu'une grande partie de ses *Œuvres complètes* est parue chez l'éditeur Éric Losfeld qui repose aujourd'hui près de son ami au cimetière des Batignolles. Lisons cependant :

Que les vampires des profondeurs aspirent goulûment
des plans de tranches de melon plus denses qu'un sort
jeté aux espoirs des murs barbus qui croient au Prophète
pour entraver leur course échevelée de raz-de-marée gobant des peuples sans front
Que les chevelures couvent d'imperceptibles œufs de mains tentées
rayons disloqués chantant des hymnes d'arcs de triomphe
se brisant en baisers émerveillés de leurs chaînes
et qui tourbillonnent parmi les éclats soulevés dans la tour d'une trombe

Ainsi le poème sur plusieurs pages s'étend et déroule ses articulations qui seraient peut-être monotones si la charge d'images n'apportait ses vives colorations. On ne peut dire que le poème s'apaise, mais le lyrisme automatique laisse passer, dans sa coulée régulière, presque majestueuse, comme un fleuve peut l'être, des beautés de rivière souterraine au sortir de la source et ayant emporté le sentiment et même l'émotion. C'est « le flot continu des haleines emmêlées sans prunelles et sans voix », c'est « copeaux de soleil dressant leur tente sur un corail mouvant ».

L'autre événement de 1945, c'est la publication à Mexico d'un texte qui va dresser contre Péret presque tout le monde de la poésie. Nous verrons plus loin que des poètes groupés autour de Paul Éluard, entre autres Louis Aragon, Pierre Emmanuel, André Frénaud, Jean Tardieu, Eugène Guillevic, Francis Ponge et d'autres qui devaient honorer l'histoire de la poésie, publièrent un petit livre sous le beau titre de *l'Honneur des Poètes*, poésie de la Résistance à l'envahisseur, exaltation de l'esprit national au service de la libération. Quelle mouche ne pique-t-elle pas Benjamin Péret qui, sous un titre excessif publie *le Déshonneur des Poètes!* A notre avis, il s'est trompé, mais ce qui donnait plus de force à son pamphlet, c'est qu'il venait d'un homme qui avait payé son tribut à l'idée de liberté : n'oublions pas ses souffrances de deux guerres, sa guerre d'Espagne, ses incarcérations, son exil. Opposé à ce texte, il serait malhonnête de notre part de nous en tenir à un titre agressif sans tenter d'analyser le contenu du livre. Le fidèle ami de Breton, le plus fidèle d'un bout à l'autre du parcours, est en désaccord ici avec le discours de Yale prononcé par Breton en 1942 et qui n'opposait nullement l'esprit de Résistance à la démarche poétique. Sans doute Péret a-t-il été horrifié par l'aspect « national » des poètes résistants, par le retour, pour la plupart d'entre eux, et notamment Aragon, à la prosodie classique avec ses alexandrins et ses rimes. Il aurait préféré que les poètes s'engagent physiquement dans la lutte, ce qui leur est d'ailleurs arrivé, plutôt que de mettre leur poésie au service de la cause, car du poète il dit : « Sa qualité de poète en fait un révolutionnaire qui doit combattre sur tous les terrains : sur celui de la poésie par les moyens propres à celle-ci et sur le terrain de l'action sociale sans jamais confondre les deux champs d'action sous peine de rétablir la confusion qu'il s'agit de dissiper et, par suite, de cesser d'être poète, c'est-à-dire révolutionnaire. » Cet amoureux de la liberté réplique paradoxalement à ceux qui chantent la liberté : « D'abord, de quelle liberté s'agit-il ? De la liberté pour un petit nombre de pressurer l'ensemble de la population ou de la liberté pour cette population de mettre à la raison ce petit nombre de privilégiés ? De la liberté, pour les croyants, d'imposer leur dieu et leur morale à la société tout entière ou de la liberté pour cette société de rejeter Dieu, sa philosophie et sa morale ?... Tant que les fantômes malveillants de la religion et de la patrie heurteront l'ère sociale ou intellectuelle sous quelque déguisement qu'ils empruntent, aucune liberté ne sera concevable : leur expulsion préalable est une des conditions préalables de l'avènement de la liberté. Tout "poème" qui exalte une "liberté" volontairement indéfinie, quand elle n'est pas décorée d'attributs religieux ou nationalistes, cesse d'abord d'être un poème et par suite constitue un obstacle à la libération totale de l'homme, car il le trompe en lui montrant une "liberté" qui dissimule de nouvelles chaînes. Par contre, de tout poème *authentique* s'échappe un souffle de liberté entière et agissante, même si cette liberté n'est pas évoquée sous son aspect politique ou social et, par là, contribue à la libération effective de l'homme. » Ce texte survenant en période passionnée, toute à l'événement immédiat, semblait émaner d'une autre planète. Jamais aucun poète ne fut plus détesté que Péret à ce moment-là. Il y avait cependant là l'ouverture d'un débat essentiel, mais sans doute ne retint-on que l'insulte, l'expression d' « agents de publicité » et toute cette argumentation à contre-courant, au fond facilement réfutable, sans mettre en doute la bonne foi entière de Péret et sa fidélité à des idéaux qu'il avait maintes fois exprimés, notamment dans *La parole est à Péret* : « Cependant, vouloir soumettre dictatorialement la poésie et toute la culture au mouvement politique me paraît aussi réactionnaire que de vouloir l'en écarter. »

Avec ce livre, Péret donnait des armes à ses ennemis, et, des ennemis, nul n'en eut plus que lui. Par parenthèse, nous nous sommes souvent demandé : « Mais qu'a-t-on contre Péret? » Il semble qu'il gêne parce qu'il ne peut pas être situé, parce qu'il échappe aux lunettes et aux balances. On l'évite, on le contourne, on l'écarte. Qu'il soit permis de lui préférer tel ou tel autre surréaliste se conçoit, mais on ne peut oublier qu'il représente quelque chose de tout à fait particulier dans le domaine poétique et humain. Nous nous sommes aussi demandé si les esprits les plus apparemment libres n'ont pas été secrètement choqués par les colères, les blasphèmes de cet antibourgeois, antimilitariste, anticlérical, par cet ultra, cet irrédentiste, ce véhément qui s'en prit comme nul n'avait osé le faire aux valeurs historiques, Jeanne d'Arc, Louis XVI, Napoléon, comme à ses contemporains Clemenceau, André Gide, les institutions officielles comme la Société des Nations, les Anciens Combattants et même le pape, le moindre événement lui étant prétexte à une furie vengeresse.

Nous reviendrons sur cet aspect, mais il est plus agréable, nous l'avouons, de lire ses poèmes. Avant que ses amis ne se cotisent pour lui payer son voyage de retour à Paris en 1948, il publie ses livres : *Un point c'est tout* en 1946 où les tremblements de l'amour sont comme des tremblements de terre, où tout est amour absolu charrié par un flot d'images. On peut lire :

J'ai tellement de seins dans ma poitrine
que deux cratères fumants s'y dessinent comme un renne dans une caverne
pour te recevoir comme l'armure reçoit la femme nue

et toujours ce déferlement, ces images qui projettent sur d'autres images toujours inattendues et jetant la poésie à l'état pur :

Je voudrais te parler cristal fêlé hurlant comme un chien dans une nuit de draps
   battants
comme un bateau démâté que la mousse de mer commence d'envahir
où le chat miaule parce que tous les rats sont partis
Je voudrais te parler comme un arbre renversé par la tempête
qui a tellement secoué de fils télégraphiques
qu'on dirait une brosse pour les montagnes pareilles à la mâchoire intérieure
   d'un tigre
qui me déchire lentement avec un affreux bruit de porte enfoncée

On lira *A tâtons*, on lira les poèmes de *Feu central*, on lira *Toute une vie*, poème écrit en 1949 à l'île de Sein, exaltation du « lâchez tout », de l'écriture automatique et de la « liberté liberté couleur d'homme », grand poème véhément, le seul où apparaissent des allusions à des faits et à des combats, le poème pour son ami André Breton :

Le temps était aux aurores boréales invisibles dans les salles d'attente du dictionnaire
Tu lançais le Manifeste du surréalisme

comme une bombe explosant en vol de paradisiers faisant le vide dans la basse-cour
et les éclats atteignaient au passage quelque digne vieillard à trogne d'élégie qui soupirait en ajustant son regard en purée

Il est indéniable que Péret est le surréaliste le plus fidèle, le « surréaliste exemplaire » selon l'expression de Serge Fauchereau. On le verra dans toutes les publications des dix dernières années de sa vie, contes ou poèmes toujours illustrés par des peintres tels que Max Ernst, Tamayo, qui ont succédé en cela à Arp, Brauner ou Tanguy. Et cette poésie gagne toujours en ampleur, on le voit dans *Air mexicain,* 1952, qui multiplie des phrases longues comme des versets, reçoit les images mexicaines avec leur forte coloration et leur violence, montre les souffrances d'un peuple exploité qui « chante comme une forêt pétrifiée avec ses oiseaux sacrifiés en plein vol ». Apparaît toute une mythologie :

Le serpent à plumes s'en retourne méditer chez lui laissant son cri qui bondit de la neige à la fumée repart du maïs et s'arrête au signal de la méduse alors que le séjour de toute naissance s'éclaire d'un vagissement de pistil emporté par le vent
Les dieux sont allés hiverner au cœur des hommes et attendent en muant que les sauvages nouveau-nés des forêts qui les soutiennent arrivent à les prendre pour les hisser au sommet d'un nuage pyramidal
Deux fois les flammes ont emplumé les cimes en deuil sans que le colibri sorcier ait encore vu celui qui roussit son maître dévorer un glissement venu du plus profond d'une nuit sans seigneurs

Désormais le poème repose sur un argument, entraîne des idées et cela sans rien renier des prestiges de l'automatisme. Une part importante de l'œuvre de Péret est consacrée au monde ancien de l'Amérique du Sud et, comme dit Bédouin, il parle « sur la même longueur d'ondes que le conteur de la Guyane, le magicien esquimau, le sacerdote maya ». Rappelons, dans ces domaines, ses publications : *le Livre de Chilam Balam de Chumayel,* 1955, et ce livre composé la même année mais qui ne paraîtra qu'après sa mort : *Anthologie des mythes, légendes et contes populaires d'Amérique,* 1960. Toute une partie de son œuvre et notamment l'*Histoire naturelle* est proche de ces récits de la mythologie américaine.
Entre deux livres de poèmes, entre deux contes, il publie sous un pseudonyme, Satyremont, un livre au titre de contrepèterie : *les Rouilles encagées,* 1954, énorme farce qu'on peut dire rabelaisienne où l'on se moque du curé et du militaire comme on parodie le roman érotique en le démystifiant. En 1956, il publie son *Anthologie de l'amour sublime,* et l'année suivante *Des cris étouffés,* un poème où chaque phrase commence par « celui » : « Celui qui du haut de la falaise siffle en ourlet de vague à l'autre qui lui répond par une branche morte croulant sous le poids des orchidées », pour en arriver, après cette longue énumération d'êtres en accueil comme le premier des hommes, à un rassemblement intense :

Tous se sont rassemblés sous la cupule d'un gland grande comme une planète perdue
et s'embrassant et s'entre-déchirant ont allumé un soleil qu'ils ne voient pas

Cette œuvre poétique est complétée par ces *Autres Poèmes* parus dans le tome deux des *Œuvres complètes* où l'on trouve notamment, comme chez Breton, *Violette Nozières* « belle comme un nénuphar sur un tas de charbon », *Picasso* et son « grand rire » et d'autres poèmes limpides que suit un ensemble intitulé *Dernièrement,* nouvelle moisson imagée, épopées magiques, parfois grand rendez-vous d'objets, d'êtres et de choses :

> La braise à face de portefaix dépenaillé
> La vis au rire de vieille fille hystérique
> La soupière qui rit plus bêtement qu'une chèvre
> L'os à moelle qui chante des marches militaires
> L'adverbe qui jette des regards d'envie
> La clé anglaise qu'on pousse dans un fauteuil à roulettes

et l'énumération se poursuit en liberté créant d'infinis vertiges.

Lorsque paraît son anthologie américaine, on y retrouve, dans la préface, un texte qui se trouvait dans *La parole est à Péret,* légèrement remanié, message posthume puisque Péret est mort le 18 septembre 1959 d'une thrombose de l'aorte. Il faut revenir en arrière dans ce texte où le poète se place « à l'extrême pointe du mouvement culturel, là où il n'y a à recevoir ni louanges ni lauriers, mais à frapper de toutes ses forces pour abattre les barrières sans cesse renaissantes de l'habitude et de la routine ». Et, définissant la condition la plus habituelle du poète, il définit bien la sienne, celle d'un poète que nous pouvons dire maudit si l'on en juge au peu de diffusion de son œuvre alors que ses compagnons sont tellement plus fêtés que lui : « Il ne peut être aujourd'hui que le maudit. Cette malédiction que lui lance la société actuelle indique sa position révolutionnaire; mais il sortira de sa réserve obligée pour se voir placé à la tête de la société lorsque, bouleversée de fond en comble, elle aura reconnu la commune origine humaine de la poésie et de la science et que le poète, avec la collaboration active et passive de tous, créera les mythes exaltants et merveilleux qui enverront le monde entier à l'assaut de l'inconnu. »

Benjamin Péret fut donc le combattant de la plus haute exigence, et l'on aime qu'Éluard l'ait dit « un homme ressemblant ». Bédouin a bien parlé de ses torrents merveilleux et de ses jungles, il a montré que la poésie de Péret porte au partage : « Elle n'est pas de celles qu'on peut garder pour soi. Comme une joie qui soudain vous inonde, et qu'il faut faire partager, dont il faut extérioriser le trop-plein. Poésie faite pour être lue à haute voix, pour être offerte, dans un sentiment de fraternité universelle qui embrasse aussi bien le moineau que la fraise des bois, le pain que le volcan ou le fil à coudre, les pingouins, les couvercles de pianos, la salade ou le bout de l'oreille, que les locomotives, le cyclone, le vin blanc ou " la pointe des seins qui rencontre le vent frais et lui dit bonjour ". »

Dans le rejet de Péret par la critique, Jehan Mayoux a cherché des explications : il s'agit, selon lui, d'un système de défense, et « Tout se passe comme si la critique, ne pouvant l'inclure dans quelque système explicatif lénifiant, incapable de réfuter ses propositions théoriques, avait décidé, faute de mieux, de recourir à son égard à la politique du silence. » Et il peut parler de ce rejet des fonctions d'agressivité et de discrimination propres à cet opposant-né, à ce véhément, mais aussi à ce spontané grand charrieur, grand extracteur d'images. Il est des fois où l'on préférerait l'honnête combat au déshonorant silence.

En 1962, Georges Hugnet, rendant hommage à Éluard, eut pour lui des paroles si insultantes : « tire-au-flanc, pousse-au-crime, parasite, etc. », que les jeunes surréalistes, Jehan Mayoux, Vincent Bounoure, Jean Schuster s'indignèrent jusqu'à passer aux actes, que de partout en France et dans le monde s'élevèrent des protestations. Même après sa mort, la malédiction s'ajoutait à celle de sa vie, mais de hautes voix pourront s'élever pour le saluer. Elles viennent du temps de sa jeunesse : « J'en parle de trop près comme d'une lumière qui, jour après jour, trente ans durant, m'a embelli la vie » (A. Breton), « Un grand poète comme on n'en fait plus » (Aragon), et d'autres : « Une doctrine d'impatience passionnée, la volonté de prendre à la gorge le monde afin de lui faire cracher son noyau » (Audiberti), « Personne n'a moins triché » (Emmanuel Berl), « Nulle concession au siècle » (Alain Bosquet), « Poète d'un seul tenant » (Julien Gracq), « L'homme d'un seul tenant » (Gérard Legrand), « L'ennemi acharné et impitoyable de toutes les formes d'avilissement » (Alain Jouffroy), « Une certaine manière d'envisager le combat révolutionnaire » (Maurice Nadeau), « Simple comme un enfant, profondément bon... » (André Pieyre de Mandiargues), etc.

Cependant, les hommages, les reconnaissances, les salutations, l'action de l'« Association des Amis de Benjamin Péret », n'ont pas percé le mur de silence, n'ont pas pu, jusqu'à ce jour, mieux faire connaître la masse de poésie onirique, réelle, explosive de Péret, de ce Péret que Serge Fauchereau appelle « l'indésirable » et dont il dit, et nous aurons la même conclusion que lui, que l'œuvre est « la plus irréductible, de quelque façon qu'on s'y prenne, et la plus résistante – je pèse mes mots – du Surréalisme ».

5
Philippe Soupault

L'Homme transparent.

Le connaissant bien et l'aimant, l'auteur de ces lignes ne pourra parler de Soupault sans une vibration particulière, cette sorte d'hésitation si souvent ressentie devant ce que l'on ne voudrait pas trahir. Présent aux batailles de Dada et du Surréalisme dont il est un des fondateurs, survivant à la plupart de ses contemporains, ayant plus que tout autre le don de percevoir les battements de cœur de son temps, il apporte l'image du « poète au sens le plus pur du mot », comme il est dit dans l'anthologie Kra, où l'on ajoute ces phrases si justes qu'elles semblent tout contenir et rendre vain notre projet : « La poésie affranchie de tout plumage, de tout linceul, jaillit de ses écrits, comme une source fraîche, si nue qu'elle n'est qu'un élan brillant et fort. C'est le don du rocher frappé à Moïse, le plus liquide, le plus scintillant de son cœur. Il a dépouillé la poésie de ses brillantes couleurs, de ses touchants oripeaux et, faisant place nette, il lui rend une virginité. »

Philippe Soupault est né à Chaville le 2 août 1897, Chaville, le bois de Chaville aux fraîcheurs de muguet et d'amourettes du dimanche, mais ce n'est pas le bois et ses merveilles qui lui donneront dès son jeune âge une sensation d'étouffement, c'est cet héritage des traditions bourgeoises, car il est né au cœur d'une famille riche issue du règne de Louis-Philippe et du Second Empire. Ses jeunes années sont celles du refus silencieux et apparemment docile, mais avec quel regard de juge ! de cette classe sociale aisée dont il dira dans *Histoire d'un blanc* : « J'ai beaucoup de mépris pour cette classe de la société et j'assiste avec plaisir à sa lente décomposition, trop lente à mon gré. » S'appuyant sur deux principes, religion et bonnes mœurs, « en réalité, elle ne respecte véritablement que l'argent ». Point de manichéisme cependant : ce père médecin qu'il perdit jeune lui a laissé un souvenir agréable et peut-être héritera-t-il de sa désinvolture, de sa gaieté et de sa franchise. Ce Maurice Soupault fut connu comme l'auteur d'un traité sur *les Maladies de l'estomac,* de là à appeler le jeune Philippe « le fils de l'estomac »... Comme le rappelle Henri-Jacques

Dupuy, dans un « Poètes d'aujourd'hui », c'est du côté oncles et tantes que les choses se gâtaient et qu'il trouvait un univers qui lui était étranger. On situerait facilement le milieu en rappelant par exemple le nom de l'oncle Louis qui n'était autre que Louis Renault, celui des automobiles. Notre Philippe semblait destiné à la profession d'avocat ou de médecin comme le fut son jeune frère. Or qu'aimait-il plus que tout au monde ? Les jardins et les fleurs : « Ce sont eux, ces bois, ces gazons, ces massifs de fleurs que je parcours dans mes rêves, un de ces jardins dont je distingue avec peine les contours, qui est comme gonflé d'un brouillard plus profond encore que mes premiers souvenirs. » Ces fleurs, on les verra surgir dès son premier recueil, *Aquarium,* 1917. Mais nous n'en sommes pas encore là. L'enfant, « amoureux de cartes et d'estampes », lit éperdument et dans le désordre qui est l'ordre le plus heureux, et toujours heureusement en dehors des programmes scolaires qui l'ennuient et lui semblent hors de question, et que lit-il ? Par exemple *les Belles Images, les Jeudis de la Jeunesse,* les *Lundis* de Sainte-Beuve, les bonnes vieilles traductions juxtalinéaires, *le Capitaine Corcoran,* les *Contes* de Grimm et d'Andersen, et la *Bible* riche en merveilles, *Salammbô, l'Histoire d'Angleterre* de Guizot, avant qu'il ne découvre Balzac, Stendhal, Gide, Rimbaud... Jacques-Marie Laffont pourra écrire : « Qu'il s'agisse de Musset, d'Henri Rousseau, de Guillaume Apollinaire, de Lautréamont, de Paolo Uccello, de Baudelaire, d'Eugène Labiche, ou bien, plus près de nous, du peintre Papazof ou de Michel Lancelot, l'auteur du premier Manifeste surréaliste a prouvé un désir de connaître et d'aimer autre chose que sa propre littérature... » Ouverture à l'autre, c'est ce que nous aimons chez lui. Et voilà que loin des grisailles collégiennes, la vraie vie va surgir dans le temps des vacances. C'est le pays rhénan, celui d'Apollinaire qui le bouleverse, puis Cabourg où il fait la rencontre d'un homme curieux, hors du commun qui se nomme Marcel Proust. Proust et Soupault, quelle rencontre ! dirons-nous, mais quelle fascination pour le jeune garçon ! Il écrira :

Vers six heures du soir, au moment où le soleil disparaissait, on apportait sur la terrasse du grand hôtel un fauteuil de rotin. Pendant quelques minutes, on attendait. Puis Marcel Proust s'approchait lentement, une ombrelle à la main. Il attendait encore sur le seuil de la porte à la tombée de la nuit... De sa voix douce, presque douloureuse, il parlait du temps « comme des Anglaises », disait-il, puis de ses maladies « compagnes chéries ».

« Deux voix se choquent en rebondissant », écrira Soupault et, pour *l'Éternel Automne,* Laffont pourra parler de « vertigineuse rétrospective proustienne de toute sa vie en poésie ». Comme Verlaine et Rimbaud, comme Apollinaire encore, Soupault découvre Londres, et c'est là qu'il aura la révélation de lui-même par une de ces rencontres magiques des poètes, Claudel à Notre-Dame, Max Jacob dans un cinéma, Jules Romains rue de Rome... La Tamise, après le Rhin, le fait poète : « Tout à coup, devant la Tamise qui charriait des cargos, mon cœur se mit à battre, un flot d'images comme du sang me monta au cerveau. Pendant une seconde, je vis deux mille cinq cents villes, une forêt, des yeux et surtout des mains qui s'agitaient. Dans ma bouche, les mots se bousculaient... » L'air qu'il respire a déjà un goût apollinarien comme en témoigne le poème *Westwego* qu'il commença alors :

> Je me promenais à Londres un été
> les pieds brûlants et le cœur dans les yeux
> près des murs noirs, près des murs rouges
> près des grands docks
> où les policemen géants
> sont piqués comme des points d'interrogation
> On pouvait jouer avec le soleil
> qui se posait comme un oiseau
> sur tous les monuments
> pigeon voyageur
> pigeon quotidien

L'anniversaire de Soupault, celui de ses dix-sept ans, a lieu le 2 août 1914, jour de la guerre. Le jeune homme revient de Folkestone à Paris voyant la mobilisation et tout cela, si absurde pour lui : on allait donc se battre avec ces Rhénans qu'il avait tant appréciés ? La famille se replie sur Saint-Jean-de-Luz, et l'on voit les premiers convois de blessés, le sang, la souffrance. La boucherie de la Marne fait surgir chez Philippe un immense dégoût. Que peut prouver une tuerie ? L'amitié de son cousin Deschamps qui mourra à la guerre et à qui il dédiera sa *Rose des vents* lui fait découvrir sa conscience d'homme. Et voilà qu'à la rentrée, il devient un brillant élève avec un maître de philosophie au Lycée Condorcet exceptionnel : Jules Lachelier. Amitiés fécondes, avec Robert Bourget-Pailleron qui sera romancier, avec Emmanuel Fay qui se suicidera car il « ne pouvait pas vivre dans un monde où tout le monde triche ». Après son baccalauréat, on impose à Philippe l'étude du droit. Ajourné au conseil de révision, il songe à s'engager pour fuir l'ambiance de l'« arrière », mais un second conseil le déclare « bon pour le service » et le voici cuirassier à Tours où il découvre la camaraderie et l'amitié des chevaux. On l'envoie au peloton des élèves-officiers où jugé mauvais esprit il est seulement soldat de 1re classe. Et voilà qu'il sert, avec cinquante autres, de cobaye pour un sérum antityphoïdique qui le jette à l'hôpital pour six mois. Certains mourront et lui, désespéré, n'est guère loin de ces rives, mais il trouvera une autre issue, qui se nomme poésie ou entrée dans le merveilleux.

Il rencontre Apollinaire envers qui il ne reniera jamais sa dette, à qui il ne ménagera jamais son admiration et son enthousiasme et c'est le Mal-Aimé qui fera publier dans la revue de Pierre Albert-Birot, *Sic,* en mars 1917, le premier poème de Soupault, intitulé *Départ*, et c'est effectivement un départ vers ce qu'il ne quittera plus jamais :

> L'heure
> Adieu
>
> La foule tournoie
> un homme s'agite
> Les cris

> des femmes autour de moi
> chacun se précipite me bousculant
> Voici que le soir tombant
> j'ai froid
>
> Avec ses paroles j'emporte son sourire

La même année, il va publier *Aquarium*. Il n'a pas vingt ans. Il a beaucoup lu, et l'on sent que non seulement Apollinaire, mais aussi Cendrars, Reverdy ne sont pas loin, mais déjà la note personnelle perce. Il va rencontrer ceux de sa vraie famille. La grande aventure a commencé et sa vie personnelle se confond avec celle de la poésie. Livre à livre, nous tenterons d'en suivre les étapes, des temps surréalistes jusque dans les années qui suivent.

Prophète de l'esprit nouveau.

Guillaume Apollinaire était le point de rencontre de ses jeunes admirateurs : au nombre de ces derniers, André Breton, dont il montre un sonnet à Soupault, puis le lui fait rencontrer au Flore, en compagnie de Max Jacob, Francis Carco, Raoul Dufy, puis Breton présentera à Soupault Théodore Fraenkel et Louis Aragon. Soupault-Breton-Aragon : trois poètes qui ne se quitteront pas, du moins durant leurs jeunes années, élaboreront ensemble les formes neuves et jetteront violemment leurs refus. De tous, Soupault est sans doute celui qui est venu le plus vite au moderne, qui en a le sens le plus aigu. Il est vrai que la première plaquette, *Aquarium*, 1917, avec son format à l'italienne, son esthétique cubiste et ses artifices typographiques, sa vision immédiate d'un monde, son refus de la logique, pouvait surprendre bien que tout y soit fort naturel et bien clair. Nous avons montré la publication de *Littérature*, la revue de ces trois poètes unis par leur recherche et dont le premier numéro est de mars 1919. Nous ne serons pas loin des manifestations Dada d'où sortira le Surréalisme. Ce Dada, Philippe Soupault, même après la rupture, en gardera quelque chose, puisque, en 1922, au cours d'une conférence reprise dans *les Pas perdus*, Breton disait : « Seul à l'heure actuelle, Philippe Soupault n'a pas désespéré de Dada et il est assez émouvant de penser que jusqu'à sa mort il demeurera peut-être le jouet de Dada comme nous avons vu Jarry demeurer celui d'Ubu. Il s'agit encore d'un de ces quiproquos charmants et qui peuvent passer, en cette matière où la plus grande clairvoyance ne fait jamais reculer l'obscurité, pour ce qui a été trouvé de plus fin. Les exemples de tels quiproquos, auxquels les ouvrages de Philippe Soupault empruntent pour une grande part leur saveur, ne font pas défaut, je veux bien le croire, dans sa vie. » Peut-être serait-il bon de préciser ici qu'avec *Aquarium*, Soupault était quelque peu en avance sur ses amis et que Dada était contenu dans sa recherche, avec sa manière de détourner le poème de la direction qu'il semble prendre pour jeter une phrase apparemment absurde du genre « la servante entre en tapant lentement » ou « je courbais le dos en pensant à ma concierge » quand ce n'est pas, comme à la fin du poème *Carrefour*, ceci :

        mais
        le
        retard

        un
        ré
        ve
        rb
        èr
        e

André Breton pourra dire dans ses *Entretiens* : « L'apport d'un Soupault consiste dans un sens aigu du moderne... Il y va de l'affranchissement total à l'égard aussi bien des modes de pensée que d'expression préétablis, en vue de la promotion nécessaire de façons de sentir et de *dire* qui soient spécifiquement nouvelles et dont la quête implique, par définiticn, le maximum d'*aventure*. Soupault y apportait des dispositions naturelles très enviables : il paraissait, en particulier, en être quitte avec la " vieillerie poétique " que Rimbaud, de son propre avis, n'avait jamais réussi à éliminer. » Et Breton nous dit que Soupault était le seul « à laisser le poème comme il vient, à le tenir à l'abri de tout repentir » et il citera le dernier poème de *la Rose des vents*, 1920, de Soupault, intitulé *Dimanche :*

    L'avion tisse les fils télégraphiques
    et la source chante la même chanson
    Au rendez-vous des cochers l'apéritif est orangé
    mais les mécaniciens des locomotives ont les yeux blancs
    la dame a perdu son sourire dans les bois

Comme dit Henri-Jacques Dupuy : « De plus en plus, vis-à-vis de ses compagnons, Philippe Soupault était en pointe en ce qui concerne l'affranchissement vis-à-vis des canons de l'art. Il fut l'un des plus résolus et l'un de ceux qui ont le plus sincèrement " joué le jeu ", l'un de ceux qu'embarrassaient le moins les scrupules ou les regrets. » Guillaume Apollinaire devait mourir avec la guerre. D'autres étaient présents comme Reverdy que Breton et Soupault allaient visiter. Et puis, de nouvelles rencontres comme celle de Tzara qui va s'installer dans ce Paris (qui sera *le Paris des Surréalistes* selon le titre d'un pertinent essai de Marie-Claire Bancquart), comme celle d'Éluard, de James Joyce. Une dame vint même recommander son fils qui voulait faire de la littérature et fut fort mal reçue; or, ce fils s'appelait Benjamin Péret. C'est le temps où Soupault est de toutes les batailles que nous avons narrées. Henri-Jacques Dupuy le dira même possesseur d'un génie d'imprésario du scandale. Séances à propos de la revue *Littérature,* lectures des manifestes Dada, manifestation au Théâtre de l'Œuvre où Soupault joue avec Breton et Éluard l'acte II d'une pièce en trois actes écrite avec Breton et intitulée *S'il vous plaît,* bataille de la salle Gaveau en compagnie des dadaïstes où un sketch de Breton et Soupault encore, *Vous m'oublierez*, déclenche une bataille. La révolte alors est Dada et Soupault s'y donne à cœur joie, mais cela n'empêche pas qu'avec Breton, à la lumière des phares de la poésie tels que Lautréamont, Rimbaud, Apollinaire, on cherche à mieux capter et retenir le merveilleux entrevu dès lors que la logique est repoussée. Ils se livrent séparément à leurs expériences d'images spontanées, puis se communiquent les résultats, s'étonnant de la bizarrerie, du merveilleux, de l'humour, de la surprise incessante. Ils décident d'écrire un livre en quinze jours. Ce sont *les Champs magnétiques,* 1920, la première œuvre surréaliste, celle qui contribue à élucider le mystère poétique, promet ses trésors. Reportons-nous au chapitre sur le Surréalisme et à celui sur André Breton pour rappeler simplement quelle est la part de Soupault. En 1920, Soupault publie son deuxième livre de poèmes : *Rose des vents,* avec quatre dessins de Marc Chagall. Il donne aussi dans la revue de Picabia, *Cannibale,* un poème jeté à la va-comme-je-te-pousse, *Litanies,* où défilent ses proches :

    André Breton n'est pas malade
    Philippe Soupault est interné
    Louis Aragon est fou
    Th. Fraenkel est malade
    André Breton est malade
    Francis Picabia ressemble à Francis Picabia
    Paul Éluard est malade
    Philippe Soupault est mort
    Aragon (Louis) n'est pas mort
    Éluard a perdu sa montre
    Tzara est à Paris

et les litanies absurdes se poursuivent jusqu'au mot de la fin qui a cinq lettres. On en a assez de l'intelligence, on crétinise, on se permet tout, en choisissant ce qui scandalise, on est anti-bourgeois, anti-clérical, anti-tout. Ce qui caractérise le plus sûrement Soupault est le sens de l'amitié, il adore glisser les noms de ses amis dans des poèmes ou leur en dédier. Un coup d'œil sur les dédicaces des poèmes de *Rose des vents* situe ses amitiés, ses admirations : Apollinaire à qui il dit : « Je voudrais allonger mes bras pour / secouer la tour Eiffel et le Sacré-Cœur de Montmartre », André Spire, Pierre Reverdy, Marcel Herrand, Aragon, Tzara, Cendrars, Gide, Chirico, Marie Laurencin, Breton, Éluard, et même... Soupault.

Suivra en 1922, *Westwego,* le poème commencé en 1917. C'est le poème du voyage. *Westwego :* nous allons vers l'Ouest. C'est le nom d'une petite ville de Louisiane, c'est aussi un but, un lieu mythique qui est sans doute simplement le Voyage. On pense à Apollinaire quand il montre Londres et se souvient de ses premières lectures comme l'histoire d'Angleterre de Guizot ou les bandes illustrées :

    dans ce musée sonore
    chez madame Tussaud
    c'est Nick Carter et son chapeau melon
    il a dans sa poche toute une collection de revolvers

> et des menottes brillantes comme des jurons
> Près de lui le chevalier Bayard
> qui lui ressemble comme un frère
> c'est l'histoire sainte et l'histoire d'Angleterre
> près des grands criminels qui n'ont plus de nom

« Étrange voyageur voyageur sans bagages », Soupault poursuit son poème itinérant, et comment ne pas penser à Blaise Cendrars, lorsqu'il écrit :

> je suis assis à la terrasse d'un café
> et je souris de toutes mes dents
> en pensant à tous mes fameux voyages
> je voulais aller à New York et à Buenos Aires
> connaître la neige de Moscou
> partir un soir à bord d'un paquebot
> pour Madagascar ou Shan-ghaï
> remonter le Mississipi

On reconnaît des signes, des clins d'œil à Apollinaire, à Cendrars, mais aussi à ses frères, à ses contemporains :

> il y a tant de choses qui dansent devant moi
> mes amis endormis aux quatre coins
> je les verrai demain
> André aux yeux couleur de planète
> Jacques Louis Théodore
> le grand Paul mon cher arbre
> et Tristan dont le rire est un grand paon

On les reconnaît bien sûr : André Breton, Jacques Rigaut, Louis Aragon, Théodore Fraenkel, Paul Éluard, Tristan Tzara dont le rire grand paon éclate en tous lieux de scandale et ce grand bonjour :

> Bonjour Rimbaud comment vas-tu
> Bonjour Lautréamont comment vous portez-vous

Tous les amis sont là et on reconnaît bien Soupault, le gentil Philippe comme on disait le gentil Nerval, et aussi Paris avec sa nuit lumineuse, ses odeurs fortes, Paris navigation, Paris de l'amitié, de la vie, d'une vie tellement forte que le poète n'a pas craint de faire acte d'humour noir par des *Épitaphes*, 1919, pour Cravan, Ribemont-Dessaignes, Picabia, Fraenkel, Marie Laurencin, Aragon, Éluard, Tzara, Breton, sans savoir que le premier va bientôt disparaître. Voici pour *Tristan Tzara* :

> Qui est là
> Tu ne m'as pas serré la main
> On a beaucoup ri quand on a appris ta mort
> On avait tellement peur que tu sois éternel

Ne pourrait-on croire qu'il imagine la mort de Dada ? Lorsque la séparation aura lieu entre Breton et Tzara, trois ans plus tard, Soupault opte pour les surréalistes, mais sans joie : « Je fus le premier à déplorer cette *rupture*... Ce fut assez triste : une agonie des amitiés. » Ce mouvement Dada qu'il avouera avoir aimé et détesté risquait la désagrégation : « Peu à peu et très sûrement nous perdions contact et nous devenions nos propres esclaves. Certains eurent peur. L'esprit d'équipe est de plus en plus rare. J'étais prêt. J'aimais mieux m'appeler Philippe Dada que Philippe Soupault... Tout est fini maintenant. J'écris des romans, je publie des livres. Je m'occupe. Et allez donc ! »

Désabusé, aérien, Philippe, s'il participe encore aux combats surréalistes jusque vers 1925, a d'autres occupations littéraires qui suscitent l'impatience de Breton et l'ironie d'Aragon. Il dirige les *Écrits nouveaux*, la *Revue européenne*, il satisfait son goût du voyage, des rencontres avec tout ce qui compte dans la littérature mondiale. Aux sommaires, on voit durant un temps ses amis les surréalistes, mais aussi Reverdy, Valéry, Jouve, Milocz, et aussi Michaux. Sa revue est une des meilleures qui soient, d'autant que Valery Larbaud l'aide à faire connaître ce domaine étranger, avec Thomas Mann, Gottfried Benn, Rainer-Maria Rilke, Bertolt Brecht, Frank Wedekind, avec James Joyce, Edward Estlin Cummings et Virginia Woolf, avec Alexandre Blok et Maxime Gorki, avec Ortega y Gasset. Et ne voilà-t-il pas qu'il publie des romans ! *Horresco referens !* Le pire aux yeux de ses amis est qu'ils sont bien accueillis. On lira *le Bon Apôtre*, 1923, 1981, au style limpide, histoire d'un aventurier devenu poète d'avant-garde, personnage éblouissant qui finit par l'exil et le silence : comment ne pas penser à Rimbaud, à Cravan, à Vaché ? Henri de Régnier et François Mauriac en disent l'intérêt, ce dernier parlant d'une « incroyable richesse spirituelle ». Puis ce sera *A la dérive*, 1923, *les Frères Durandeau*, 1924, qui frôle le Goncourt et que cette académie recommande d'où la colère des surréalistes, Éluard en tête, *le Voyage d'Horace Pirouelle*, 1925, ce Noir riche et fêté (Soupault met souvent des Noirs en scène dans ses romans ; ne se déguisait-il pas en nègre aux temps Dada !), *le Bar de l'amour*, 1925, et *En joue*, 1925, 1981, *Corps perdu*, 1926, tout cela avec des bonheurs divers. Sa facilité de plume est aussi grande que celle du romancier Aragon. Il publie un nombre incroyable de livres. (Il y aura encore *Écrits de cinéma 1918-1931*, en 1979, présenté par Odette et Alain Virmaux, *Vingt Mille et Un Jours*, en 1980, entretiens avec Serge Fauchereau, *Mémoires de l'oubli 1914-1923*, en 1981 ; et aussi *Écrits sur la peinture*, en 1980.) Mais la poésie dans tout cela ? Rassurons-nous, elle n'est point absente de sa prose, on le voit encore dans *Carte postale*, 1926, et la même année, un recueil surgit, *Georgia* :

> Je ne dors pas Georgia
> je lance des flèches dans la nuit Georgia
> j'attends Georgia
> je pense Georgia
> Le feu est comme la neige Georgia
> La nuit est ma voisine Georgia
> j'écoute les bruits tous sans exception Georgia
> je vois la fumée qui monte et qui fuit Georgia

Comme il est homme d'amitié, Soupault est homme d'amour, et, à sa manière d'amour fou, passionné, espérant, désespérant, avide, et il ne cesse de chanter la femme et le corps. Il divinise, il dynamise, il onirise, et cela partout dans son œuvre. Il crée dans *Georgia* un univers entier, avec « la lumière des océans et des rivières », les vents, les cris d'oiseaux, les paysages, les estuaires, la nuit ou les objets comme des boules de billard. Il est homme de liberté et auprès des grands poèmes on trouve ce qui pourrait être nommé chanson ou fable comme *Crépuscule :*

> Un éléphant dans sa baignoire
> et les trois enfants dormant
> singulière singulière histoire
> histoire du soleil couchant

Après le poème se fera attendre. Que de romans! Citons-en quelques-uns : *le Cœur d'or*, 1927, *le Nègre*, 1927, *les Dernières Nuits de Paris*, 1928, *le Grand Homme*, 1929, 1981, *les Moribonds*, 1934. Et des essais, des études : *Henri Rousseau*, 1927, *Guillaume Apollinaire*, 1927, *Histoire d'un Blanc*, 1927, *Lautréamont*, 1927, *William Blake*, 1928, *Terpsichore*, 1928, *Jean Lurçat*, 1928, *Paolo Uccello*, 1929, *Charlot*, 1930, *Baudelaire*, 1930. Et des contes : *le Roi de la vie*, 1928. Et une foule d'articles qu'il semble oublier dès qu'il les a écrits. Des années où il publie trois ou six livres. Des essais de haute qualité, des romans réussis qui sont parfois plus proches de la poésie que du roman, d'autres simplement agréables, mais jamais rien d'un bas niveau. Reconnaissons qu'il n'oublie jamais le poème. Ainsi, entre 1921 et 1937, il écrit ce qu'il appelle modestement *Chansons* et qui est plus que le terme désigne. Qu'il soit exclu du groupe surréaliste n'empêche nullement, on s'en doute, que le surréalisme soit dans ses poèmes. Il y a dans ces chansons de l'humour, de la dérision, toujours de l'insolite, des pirouettes, des moments de charme comme dans ce *Vertige :*

> Charles le Musicien et sa sœur Trottinette
> vont au bois, vont au bois
> sans savoir où ils vont
> Un éléphant veut gober le soleil
> et la rivière cueillir une fleur en passant
> Trottinette et son frère Charles le Musicien
> où vont-ils où vont-ils
> personne ne le saura personne ne le sait

Entre 1920 et 1930, il écrit *Bulles Billes Boules* où il réunit aussi des poèmes épars, d'un ton plus grave, mais sans vaine rhétorique, sans effets et sans fioritures, quête ardente de son propre visage à travers les voyages du corps et de l'esprit qu'on retrouve dans *Étapes de l'Enfer*, poèmes écrits entre 1932 et 1934, d'où se détache un long poème, *Il y a un océan*, poème du voyage, mais non point toujours exaltant et chargé d'aventures comme chez Cendrars, Larbaud, Morand, plutôt randonnée du désespoir qui perce un peu partout, à la fois chez le poète et dans un monde dont il pressent les futures convulsions. Étant dans une ville dont « les millions de fenêtres reflètent le ciel », il pense aux « autres villes désespérées », il oublie ses souvenirs dans cette « minute précise comme un coup de feu », il dit :

> Je n'écoute plus les vieilles chansons
> je ne tourne plus la tête
> me voici brusquement délivré
> un peu d'amertume au coin de la bouche
> Plus besoin de s'attendrir
> je suis seul comme une pierre

Dans *Sang Joie Tempête,* poèmes de 1934 à 1937, même détresse, même abandon exprimés à voix basse sans éclat, mais avec un ton déchiré, la souffrance, la mort « pâle comme la vanité », l'odeur de l'agonie, l'océan comme un chaos, la rage aussi :

> Foutez-moi à la mer
> mes amis
> mes amis quand je mourrai
> Ce n'est pas qu'elle soit belle
> et qu'elle me plaise tant
> mais elle refuse les traces
> les saletés les croix les bannières
> Elle est le vrai
> silence et la vraie solitude

Il se dit *Fils de la guerre* : « La guerre est en nous... » Il regarde les *Fantômes de l'aurore* :

> Ils sont deux
> misérables attendris vaincus
> décidés à tout avouer
> à prétendre à la défaite
> à se livrer
> à l'heure fixée pour la délivrance
> et pour la rémission

En 1937 paraissent ses *Poésies complètes,* 1917-1937. A travers les métamorphoses de vingt années, les poèmes ont en commun spontanéité et simplicité, clarté et liberté. Poète d'instinct, Soupault traduit l'immédiat en images directes, avec une désinvolture qui cache le plus souvent une extrême gravité, un dépouillement qui dissimule les richesses glanées par les sens en éveil constant, par les puissances du rêve recréées par la veille. Chaque poème est le réceptacle des impressions les plus diverses, les plus inattendues, et de ce charme particulier que Henri-Jacques Dupuy définit fort bien : « Le charme profond de cette poésie n'est pas toujours perceptible à première vue. Certains lecteurs habitués à la luxuriance tropicale de Breton, à la prestigieuse rhétorique d'Aragon, aux savantes évidences d'Éluard, sont tentés de trouver le surréalisme de Soupault un peu clair, un peu délayé. Mais, si la forêt vierge a son mystère, le désert a également le sien, fait de nudité et de déchirante pureté, sous un ciel écrasant comme quelque découverte métaphysique. » Et l'on est tenté de penser à Reverdy.

En lisant les poèmes de l'immédiat avant-guerre, on est frappé par le ton d'inquiétude qui règne, par la menace devant le temps d'orage. N'oublions pas que Soupault n'a pas cessé de parcourir le monde, de rencontrer les esprits les plus lucides, les intellectuels les plus avertis. La guerre existe avant la guerre, sur le sol d'Espagne. Le malaise social est partout. Pour celui qui a vécu l'horreur d'une autre guerre, aucune menace n'est abstraite, on le voit dans la dernière strophe de *Fils de la guerre :*

> Entendez-vous dans les campagnes
> les cris de tous ces affamés
> de ceux qui veulent mourir une bonne fois
> avec le sourire aux lèvres
> et parce qu'on leur a dit que c'était beau...

Guerre partout, guerres présentes et guerres à venir, avec le défilé des « imbéciles multicolores » sur les futurs champs de bataille que sont les pays parcourus par Soupault le voyageur sans bagages. On peut s'étonner qu'il soit absent des grandes prises de position collectives, mais peut-être est-il trop indocile pour cela, continuant à repousser toutes les logiques, mais il combat à sa manière, par la poésie et par des articles où il montre son antipathie pour toute forme de pensée qui achemine l'homme vers la guerre et quand l'irrémédiable se produira il sera au premier rang de ceux qui en sentiront les effets. Hors des mouvements, ce fils de la guerre évolue dans les mêmes sphères de pensée que ses anciens amis, que tous les poètes et tous les écrivains soumis malgré leur révolte à la fatalité du désastre alors que le monde autre est leur idéal sacré.

Rien que ce trou dans l'espace et le temps.

Parallèlement à sa vie littéraire, Soupault assuma des responsabilités journalistiques dont il ne garde pas un très bon souvenir. Chef des informations puis rédacteur en chef adjoint au quotidien *l'Excelsior* où un modeste employé se nomme Hô Chi Minh, il a la sensation de perdre son temps. Il n'est pas fait pour les emplois sédentaires. Aussi est-il heureux de se rendre, durant deux ans, de 1938 à 1940, à Tunis pour y fonder le poste de radio. Mais à la défaite, le régime de Vichy le limoge. En 1942, il est arrêté, devient le détenu nº 1234, ce qu'il racontera dans un ouvrage paru en 1945 à New York, *le Temps des assassins,* avec pudeur, passant volontiers sur la torture à l'électricité qu'il a subie pour parler des détails d'une arrestation, de l'horreur de l'instruction, de la solitude du secret, et aussi, comme au temps d'une autre guerre, d'une camaraderie qui s'instaure avec des co-détenus venant de tous les horizons. On le retrouve à Alger en 1942 parmi les résistants, écrasé d'un dégoût qui se renouvelle devant les magouilles qui vont suivre. En 1943, deux publications chez l'éditeur Charlot, l'ami de Camus, de Roblès, *Souvenirs de James Joyce* et une pièce d'après un conte des frères Grimm, un de ses amours d'enfance, *Tous ensemble au bout du monde.*

Le monde, il va le parcourir de nouveau, et c'est à se demander s'il est un poète qui ait voyagé autant que lui. En 1943, il est chargé de réorganiser l'Agence française de presse au Canada, aux États-Unis, en Amérique du Sud dont il parcourt tous les États avant d'être « Visiting professor » en Pennsylvanie et de donner des cours chez lui sur « le roman de Benjamin à nos jours » et « la poésie de Baudelaire au surréalisme ». En 1943, paraît dans *Fontaine,* la revue de Max-Pol Fouchet, son *Ode à Londres bombardée* dont une traduction en anglais sera faite l'année suivante et publiée chez Charlot par Norman Cameron, le traducteur aussi de Rimbaud. Serge Fauchereau pourra justement écrire : « Ces vers ont une retenue qui avait peu cours chez de nombreux poètes de la Résistance, si utiles en leur temps et si rarement lisibles aujourd'hui... » Il n'est que de lire pour juger :

> Cette nuit Londres est bombardée pour la centième fois
> nuit noire nuit d'assassinat et de colère
> l'ombre se gonfle de l'angoisse à venir
> Déjà les premiers coups dans le lointain
> et déjà les premières flammes les premiers signaux
> Tout semble prêt pour le trouble le tremblement la peur...

Et c'est de cette ville en proie que venait le « cri espéré » : « Ici Londres Parla Londra London calling ». Cette « capitale de l'espérance » est la ville de son enfance, celle d'Apollinaire, en un discret rappel :

> Thomas Dekker se glissant de taverne en taverne
> et Thomas de Quincey buvant l'opium poison doux et triste
> et sa pauvre Anne allant rêvant
> Cette nuit où Londres est bombardée pour la centième fois

On pourra lire une *Ode à Bogota,* une *Ode à Paris* (« Je suis l'assassin assassiné et le criminel qui chante »). Durant sa période de prison, Soupault a seulement pu lire Labiche : il pouvait plus mal tomber car la peinture des bourgeois par Labiche a ravi Soupault qui écrira un *Eugène Labiche,* 1945, comme il donnera l'année suivante un essai sur *Lautréamont* aux « Poètes d'aujourd'hui », mais surtout la poésie est présente en 1946 avec *l'Arme secrète.* Il s'agit de ce qu'il appelle *Chansons.* Dans un avertissement, Soupault donne quelques précisions : il constate la passion de ses contemporains pour tout ce qui se fredonne, se siffle, se murmure, se chante, faisant référence à *Lili Marlène* et à *la Vie en rose,* mais surtout à la *Chanson de la plus haute tour* de Rimbaud, aux « chansons » d'Apollinaire : *Cors de chasse* ou *Guy au galop,* les *Banalités* ou les *Quelconqueries* qui permettaient au poète de « reprendre contact ». Soupault fait ensuite l'éloge des bulles de savon et de l'insolite si important dans sa vie et parle de son désir d'expérimentation. Il ne cesse de faire des expériences, il en sera ainsi jusqu'à sa mort et il ne sera jamais un homme « sérieux ». Il nous renseigne sur les circonstances de ces compositions et c'est là le plus intéressant : « Depuis le 14 décembre 1945, je me réveillais chaque nuit vers trois heures du matin... Si j'en avais le goût et le courage (ce qui dépendait, je crois, de ma fatigue) je pouvais noter ce que je considère comme une chanson que j'entendais assez distinctement m'être dictée. Si je ne notais pas ce poème, il réapparaissait la nuit suivante, plus ou moins (mais plutôt moins que plus) modifié par les pressions subies pendant la journée précédente mais toujours plus nettement. » Ces aventures nocturnes sont évidemment plus proches de l'écriture automatique que de la composition insipide des paroles de quelque vie en rose. Ces chansons de *l'Arme secrète* seront reprises en 1949 sous le titre de *Chansons* et constituent une part importante de l'œuvre de Soupault. S'y ajouteront des chansons de l'époque Dada. Nous nous trouvons dans le domaine de la plus parfaite liberté et de la diversité. On découvrira des échos, des signes, des clins d'œil : à Laforgue (« Sa vie fut un calvaire sa mort romantique »), aux vieilles complaintes, aux *nursery rhymes* (tout comme Mallarmé), avec un goût du non-sens marqué, de l'humour Dada. Toutes les ressources lui sont bonnes, et notamment l'allitération :

> Près des villes miraculeuses
> puisque vous rêvez rêveuse
> sur les rives de la vie

et, à côté, du coq-à-l'âne, du faux slogan comme celui-ci :

> Pomme poire et pendulette
> c'est émouvant
> Rien n'égale la satinette
> c'est évident

à côté de joyeusetés, de pastiches (« Parlons parlons puisque tout parle »), d'un ton qui fait penser Max Jacob, à Queneau, à Tardieu, et comme le rappelle Fauchereau, aux *Chansons pour le repas de l'ogre,* 1947, du poète trop peu connu Edmond Jabès, à côté de la bulle de savon, de l'anarchisme décapant à la Prévert, à côté aussi des grâces verlainiennes et des préciosités dont on se moque en les parodiant, il y a soudain l'arrêt, le recul, le regard, la raison de tout cela :

> Je me bats le jour je me bats la nuit
> batailles contre la mélancolie
> cette vieille pieuvre toujours éveillée
> qui me guette au coin des années
> au coin des rues et des souvenirs
> et lance son refrain mourir
> alors que je veux vivre mille fois

Ces poèmes qui luttent contre l'insomnie du poète, poésie quasi thérapeutique, sont aussi des sursauts de l'humour contre les maux de l'homme, contre la mort, car

> Nous sommes tous des orphelins
> vêtus de sombre et de chagrins

Nous pouvons sourire et rire et vivre car c'est la vie devant les jeux, les apparentes gratuités du genre « Où est le pope où est le pape / où est la barbe de papa » ou devant les comptines qui sont la joie enfantine à l'état de grâce :

> Où donc est M. Pepinet
> Qui donc est M. Pepinet
> Il est fier comme Artaban
> Il est beau comme un astre
> Il est tiré à quatre épingles
> Il est bête comme une oie

et apprendre que M. Pepinet « c'est vous c'est moi c'est nous tous », nous pouvons nous enchanter à cette suite en Ah :

> Je vous l'avais bien dit Ah
> C'est bien de votre faute Ah
> Bien la peine de faire le malin Ah
> Vous l'avez bien cherché Ah
> Ça vous fera une belle jambe Ah
> Vous voilà dans de beaux draps Ah

et voir que le lieu commun peut grandir par le poème au tir bien ajusté, nous pouvons trouver Soupault adorable, plein de charme, spontané, désinvolte, impertinent, maître en l'art du pied de nez, mais il n'empêche : dès que le poème ou la chanson oublient tout cela nous nous trouvons dans ces lieux du plus profond de l'homme où fleurissent la mélancolie, la tristesse profonde de l'être face à son destin et qui livre, comme il l'a fait depuis François Villon, le chant le plus pur de lui-même :

> Spécialiste des pèlerinages
> je cours pour toujours souffrir
> je suis trop grand pour mon grand âge

Il peut jouer de la « chanson vécue » ou chanter une « berceuse » où passent des paires de claques, des morpions, une douzaine d'huîtres, un éléphant, un goupillon, une salade, un potiron, il sait aussi élever comme dans *Au ciel* une consolation :

> Il y a toujours une étoile
> pour les aveugles et pour les fous
> pour les ingrats et pour nous
>
> Il y a toujours un nuage
> pour les sourds et pour les muets
> pour tous les fous et pour nous
>
> Il y a toujours un souvenir
> pour les sans-cœur et les fous
> les raisonneurs et pour nous

Passe le temps. Philippe Soupault tout au long de son cours reste fidèle à lui-même. Mais que sont ses amis devenus ? Aragon s'est fait le chantre de la poésie nationale, « le poème en vers entièrement régulier, rythmé et rimé » et s'il n'en restait pas quelque chose dans ses vers, on pourrait croire que les anciens combats ont été vains. Breton s'oppose à lui et attaque ses conceptions avec force. Et Soupault que le goût de ce dernier pour l'occultisme n'intéresse guère peut paraître bien futile à ses amis, lui qui chante, qui aime ce qui est la poésie à l'état naissant, comptines, complaintes, contes. Que publie-t-il, ce grand semeur de mots ? En 1946, il y a eu encore son *Journal d'un fantôme* qui montre un curieux Paris d'après-guerre, comme si la rupture avait été de beaucoup plus d'années, comme si une nouvelle race était née entre-temps, repoussant ces aînés devenus des fantômes : « Comme la discrétion est la qualité naturelle des fantômes, ils n'osent pas insister, ils craignent, de peur de déranger, de reprendre cette place qui fut la leur. Alors ils errent. » Mais il aime les jeunes, il les a toujours aimés. Quelques regrets cependant : « Toutes ces filles et tous ces garçons, inquiets, timides, angoissés, dolents, attentifs, désireux de s'instruire et de voir clair, je les trouve très sympathiques mais je voudrais leur donner un peu d'explosif à avaler... » Il suffira d'attendre un peu. Il y aura chez Soupault des périodes de silence. Après 1947 et ce poème *Message de l'île déserte* et ce roman *le Grand Homme,* on verra en 1949 ses *Chansons,* en 1950 un *Essai sur la poésie,* en 1951 une pièce radiophonique, *La fille qui fait des miracles,* et, enfin, en 1953, un livre de poèmes, *Sans phrases* que précède, en guise de préface, un « Entretien » avec Raphaël Cluzel, dont nous extrayons quelques petites phrases :

Je ne sais pas ce que je serais devenu si je n'avais pas connu la poésie ; j'ai voué ma vie à la poésie. Je sais que c'est une libération, que grâce à elle je me détache, je m'évade... Je rencontre un moi qui, j'en suis sûr, est sincère, naturel, sans arrière-pensées, lorsque je puis, sans circonstances atténuantes, subir la poésie.

Je crois que nous ne pourrons vivre que dans l'illogique.

Le succès corrode comme l'acide – ou corrompt. Il y a une association pourriture-succès qu'on est bien obligé de dénoncer. Je crois aux ratés, aux vrais. Les deux poètes que j'admire le plus, Isidore Ducasse et Arthur Rimbaud, furent des ratés intégraux.

Les poèmes qui suivent nous disent, dès le premier, *Danser la capucine,* une lassitude du jeu et s'il y a humour il est sous-jacent. Philippe ne veut jouer ni au bourgeois ni au prolétaire, ni au poète maudit ni à l'académicien qu'il ne sera jamais, il dit :

> J'ai envie de nager
> nu comme un ver
> comme un poisson dans l'eau tiède
> d'une rivière phosphorescente
> ainsi qu'aux plus beaux jours

Devant la souffrance, il dit *Taisez-vous s.v.p.* car

> Nous savons que vous ne savez pas oublier
> que vous attendez l'heure et la minute et la seconde
> mais qu'elles sont lentes et lentes et mortelles
> quand on étouffe quand on rage et qu'on délire
> qu'on écoute et que le silence est une souffrance

Le temps qui passe, les jours comptés, les « bonsoir bonne nuit bonne année », les meilleurs vœux, les cadeaux, les condoléances, l'anniversaire (celui de Guillaume Apollinaire), tout cela passe dans les poèmes qui sont de plus en plus poignants. Le surréaliste Soupault en cela n'est pas si éloigné de ces poètes du passé qui, dans leur grand âge, se livraient à la méditation, mais la différence est qu'ici la poésie prend le pas sur la moralité. Il dit : « A quoi bon ces adieux ces larmes cette souffrance », il dit « autant en emporte le vent », il réclame le « silence comme le sourire de la bien-aimée », il se conseille :

> Surtout ne pas revenir en arrière
> les regrets sont des anémones
> qui n'attendent que le remords...

S'il regarde une montre, c'est parce qu'il n'a pas fini d'espérer et s'il se rend au *Café du coin,* titre d'un poème, c'est pour y saisir une image vive de l'humanité. Au poète, il dira : « Sois comme l'eau / celle de la source et celle des nuages » car l'eau est la purification, la vie pour les vivants et la mort pour les naufragés.

Tous ces poèmes sont d'une singulière richesse. Il est loin d'en avoir fini avec l'écriture. On a réédité maints romans comme *les Dernières Nuits de Paris, le Nègre,* ses traductions des *Chants d'innocence et d'expérience* de William Blake, on a réuni chez Grasset ses *Poèmes et poésies* 1917-1973, on a livré un document irremplaçable, *Apprendre à vivre* (1897-1914) suivi de *Soupault vie et œuvre* par Jacques-Marie Laffont, on réédite l'essai de « Poètes d'aujourd'hui » par Henri-Jacques Dupuy. Nous avons vu que Soupault a lui-même publié dans cette collection : un *Lautréamont,* puis un *Alfred de Musset* avant de collaborer à un livre sur la chanteuse Hélène Martin. Musset et Soupault, cela intrigue. Cela nous renseigne autant sur l'un que sur l'autre. De Musset, Soupault aime les chansons telles que « A Saint-Blaise, à la Zuecca », il déteste les romantiques *Nuits,* il remarque dans la *Confession d'un enfant du siècle* un ton de libération qu'on retrouve dans la poésie contemporaine (quelques jeunes gens en mai 1968 ne craindront pas de se référer à Musset), il aime que Musset soit aussi peu homme de lettres que possible. Il glissera d'ailleurs, parmi des phrases empruntées à maints grands auteurs, dans *Rendez-vous!* paru dans deux livraisons des *Lettres nouvelles* en 1957, quelques souvenirs de Musset du genre « Un homme qui me ressemblait comme un frère... vêtu de noir ». On lira en 1963, ses *Profils perdus,* évocations, parfois reprises dans d'autres livres, de ses amitiés, nous savons lesquelles, Apollinaire, Crevel, Cendrars, Reverdy, avec une note particulière pour André Breton et Benjamin Péret, du goût pour Bernanos, et des rejets comme ceux de Valéry, de Léautaud surtout, de Cocteau encore plus.

Les poèmes sont devenus rares chez Soupault, à moins qu'il ne nous ménage quelque surprise, mais nous pourrons clore ce trop bref exposé ou cette évocation par *Crépuscules* (1960-1971) qu'on trouve à la fin des *Poèmes et poésies* et qui est fort proche de *Sans phrases* qui le précède. *Trop longtemps* est le titre du premier poème où une apparition multicolore qui est sans doute une représentation de la mort dont il a oublié le nom lui reproche de vivre encore trop longtemps. C'est l'époque où les souvenirs prennent un goût de cendre, où les amis sont devenus fantômes, mais où le poète refuse de se prendre au tragique, arborant un sourire désabusé, narquois, disant : « N'aimer que les mains vides / et l'attente du pire et du meilleur » ou bien, comme dans un soupir :

> Comme la nuit est lente cette nuit
> avec tous ces nuages qui passent si lentement
> malgré les vents et les orages

Mais si la mort sourit qui prétend s'appeler délivrance, s'il faut « écraser les souvenirs comme les feuilles mortes », on sait que la fin de l'homme Soupault sera dans la clarté comme il le sait évoquer dans *Année lumière* :

> Une étoile dans mes mains grandes ouvertes
> Un regard une étincelle une joie
> Des millions d'années lumière et une seconde
> Comme si le temps était aboli
> et que le monde entier se gonflait de silence

Cette étoile qui brille pour le poète seul, il nous a semblé qu'elle illuminait toute sa route poétique. Nous ne jouerons pas au jeu de la comparaison avec ses amis, mais sans doute est-il le plus attachant et celui qui diffuse le plus de charme.

« Il était comme sa poésie, témoigne André Breton, extrêmement fin, un rien distant, aimable et aéré. » C'est ainsi que nous le connaissons comme nous connaissons sa poésie telle que la définit Pierre de Massot après une lecture des *Chansons :* « Tout ce que nomme cet Ariel se transmue en diamant, l'univers irisé dans lequel il nous entraîne a la transparence de la cellophane. » On lisait dans l'anthologie Kra : « Philippe Soupault au regard net éveille la Belle au Bois Dormant. Il est dans la vie comme dans ses poèmes. » Mais peut-être sa poésie ressemble-t-elle plus encore à ce portrait physique d'Henri-Jacques Dupuy : « Une allure racée de grand lévrier. Un visage aigu qui coupe le vent. Des lèvres minces qui sectionnent les mots et l'ironie comme la machine à jambon. Des yeux brillants d'intérêt ou d'humour, d'affabilité parisienne ou de gentillesse vraie. Des mains de pianiste. De longues jambes, qu'assis il enroule en torsade. » Comme tous les Surréalistes (il suffit de regarder les portraits d'Éluard, de Breton, d'Aragon, de Crevel, d'Artaud...), Soupault unit à la beauté physique un charme étrange et secret, Dupuy le montre bien : « Philippe Soupault donne parfois l'impression d'être " en fuite " : il court, il fuit l'excessive curiosité, il redoute les murs, les pièges, les contraintes. » Nous pouvons témoigner de son attention à l'autre, d'une manière de ne jamais se prendre au sérieux, d'un goût du rire et de la fantaisie, d'une réelle fraternité de contacts dès lors qu'il vous a choisi, et surtout d'un grand, d'un immense amour de la poésie.

A la naissance du mouvement surréaliste, puis en dehors de tout mouvement, il n'a cessé de se proclamer surréaliste et de le prouver par ses œuvres. Il fuit ce qui n'est que « littérature » et lui préfère les glanes ardentes du voyage. Clancier le dit : « Le dépouillement, le choix de moments simples, monotones souvent, mais purs; non pas *des* émotions mais *une* émotion ténue, fragile, voilà qui rapprocherait Philippe Sou-

pault plus de Reverdy par exemple que des *voyants* et des *violents*. »
Annexant le réel à son univers intérieur par une écriture directe, rapide,
sans fards, transparente, il rêve sa vie, il vit son rêve, métamorphose au
fil de la plume la poésie en action, attend la surprise, la reçoit et semble
étonné et ravi de l'offrir. Et, auprès d'« une *aura* musicale, un univers
d'ondes rayonnantes » dont parla Marcel Raymond, il y a cette manière
de traverser les époques de souffrance et de les transformer en moments
de poésie cristalline et pure. Comme Apollinaire riche de charmes, comme
Reverdy parfois difficile à retenir, ses poèmes demandent une vive attention, mais dès que l'on a capté leur musique étrange, on se sent soudainement un peu moins seul et tout à fait pénétré par le fluide magique.

6

René Crevel

Le Poète de la mort difficile.

Il était beau, René Crevel, plus beau que tous les jeunes premiers de son temps, beau comme un surréaliste, et Éluard pouvait dire : « René Crevel n'avait pas tous les défauts, mais il avait toutes les qualités. Même la beauté. »

Il naquit à Paris, rue de l'Échiquier, le 10 août 1900, presque avec le siècle, près de la porte Saint-Denis, moins d'un mois après son voisin des Halles, Robert Desnos, et il n'est pas indifférent de savoir que Jacques Prévert et Yves Tanguy sont de la même année. Son père était « imprimeur de musique spécialisé dans la chansonnette ». Pourquoi sa mère lui fit-elle subir la circoncision en 1903 ? Cela « lui a laissé, dit-il dans *les Pieds dans le plat*, des souvenirs inavoués d'une telle force et en telle quantité que, malgré le nombre de revanches voluptueuses, ses cauchemars, jusqu'au printemps 1932, confondaient le sang et le sperme ». La famille habitera 15, rue de la Pompe. L'enfant du 16e arrondissement sera un petit bourgeois bien élevé, catholiquement élevé, avec dès ses cinq ans, lors de la promenade dominicale, l'affublement « d'un chapeau melon, d'un col dur, d'une cravate régate, d'un complet veston de coupe anglaise et d'une canne en bois d'amourette », dit-il dans *le Clavecin de Diderot*. On lui apprend comme il se doit le piano : « Ce petit est une oreille », dit-on, mais « Une oreille, parce que je ne voulais pas être une simple oreille, je renonçai à mon oreille. J'oubliai, d'un coup, les notes, le doigté, le morceau que je savais par cœur... »

Tout semble heureux, calme, paisible, mais voilà qu'un soir de 1914, le jeune garçon assiste à un spectacle horrible : son père, las des « médiocrités terrestres », se pend. Scènes atroces : sa mère le conduit devant le corps, insulte ce mort à la fin scandaleuse : « Ce suicide, — pour ma formation et ma déformation, — fit plus que tout essai postérieur d'amour et de haine. » N'insistons pas ici sur Freud et les complexes, mais ne l'ignorons pas. Au lycée Janson-de-Sailly, Crevel a un camarade de classe : il se nomme Michel Leiris qui se souvient d'un garçon « indifférent à tout ce qui pouvait se faire ou se dire dans la classe, tant du côté des maîtres que de celui des élèves », d'une « manière de somnambule », mais plus tard, bien plus tard, Leiris le verra s'imposant « par sa vivacité, sa gentillesse et cette liberté d'allure avec laquelle il traversait les milieux les plus socialement hétéroclites ». Son indifférence n'empêchera pas Crevel, à dix-sept ans, de recevoir un prix spécial de composition française. A dix-huit ans, à la Sorbonne, « ce musée Dupuytren de toutes les sénilités », il entreprend une thèse sur son auteur favori, *Diderot romancier*. Le service militaire le fait rester à La Tour-Maubourg et il fait la connaissance de Marcel Arland, Jacques Baron, Max Morise, Georges Limbour et Roger Vitrac, d'où la naissance de la revue *Aventure*, la rencontre au café Certà, passage de l'Opéra, de ceux qui animent *Littérature*, Breton, le groupe Dada.

En 1922, Arland et Crevel font paraître l'éphémère revue *Dés*, il collabore à *Littérature*, et, en fin d'année, c'est le temps des sommeils hypnotiques. André Breton a raconté dans *les Pas perdus* cette « entrée des médiums » dont Crevel a pris l'initiative, et aussi dans ses *Entretiens*. On voit Crevel heurter de la tête le bois de la table tournante et se lancer dans une improvisation parlée : « Le sujet de cette improvisation, traité d'une manière décousue, est de l'ordre du fait divers. Volubilité extrême, excluant toute espèce d'hésitation. Le contenu émotif doit être considérable, si l'on s'en rapporte aux signes d'agitation qui sont donnés. Diction irrationnelle, alternant sans motif appréciable le déclamatoire et le psalmodié... Crevel, avec ce beau regard adolescent que nous gardent quelques photographies, les séductions qu'il exerce, les craintes et les bravades aussi promptes à s'élever en lui... » Cependant, l'année suivante, 1923, les choses ne vont pas si bien. Les avis sur les sommeils hypnotiques seront divers et Crevel lui-même se lassera. C'est le temps de la rupture : mort de Dada, avènement du Surréalisme, mais Crevel est hésitant comme si tout cela l'ennuyait prodigieusement : il tient un rôle dans *le Cœur à gaz* de Tzara alors qu'il est en opposition avec Breton. On connaît la suite : cette bagarre au théâtre Michel, l'expulsion par la police de Breton, Éluard, Péret, Desnos. Éluard qui a giflé Crevel, Desnos qui dans une lettre à Picabia parlera de ce « petit con salonnard »... Il est vrai que Crevel fréquente divers milieux, aussi bien les bas-bleus et les snobinards que des garçons qu'il rencontre dans un bal aux Batignolles : « Ce qu'il cherchait, témoigne Soupault, c'était, tout naturellement, les occasions de se révolter et d'exprimer sa révolte. » Il y a certainement là une note de dandysme baudelairien, mais l'homme est pétri de contradictions. Ainsi on le verra collaborer à *Surréalisme*, la revue d'Yvan Goll, et se rapprocher de Breton jusqu'à faire acte de surréalisme absolu, suivre l'aventure surréaliste et y participer activement. Il y sera fidèle, à travers tous les avatars, jusqu'à sa mort, ce jeune homme dont Gertrude Stein a dit, et Serge Fauchereau nous l'a appris : « Il était jeune et violent, malade et révolutionnaire, gentil et tendre », portrait au fond d'un romantique surréaliste. Le cliché n'est pas loin.

Contrairement à ses amis, sa première œuvre est un roman; il publiera d'ailleurs surtout des romans et des essais, des livres pamphlétaires, non point « romans de poète » comme on dit de manière péjorative, ni poésie de roman, et il écrira peu de poèmes. « Crevel écrit comme un enfant se raconte une histoire. Le mot sans cesse relance l'imagination. Les sonorités sont prétextes aux variations les plus saugrenues; la pulpe épaisse des "morphèmes" inintelligibles devient promesse de desserts plantureux dont on se lèche les lèvres desséchées par le verbe utilitaire... » C'est Claude Courtot qui écrit cela dans son *René Crevel* de la collection « Poètes d'aujourd'hui » (à lire absolument) et nous ne résistons pas au plaisir de citer encore : « Ce qui frappe le lecteur, c'est l'incroyable débit verbal de Crevel. Paradoxalement, cette œuvre assez mince en quantité (une dizaine de titres) donne vraiment l'idée d'une parole intarissable. » Et encore : « On sent chez Crevel le désir de s'enivrer de mots, le désir de s'étourdir *jusqu'à ne plus savoir où l'on est, où l'on en est,* la volonté de faire du langage l'exutoire du drame intérieur. » Tout cela qui est juste et bien dit s'appliquerait mal à un romancier ordinaire et fort bien au poète qu'est Crevel même s'il oublie de « faire en vers », mais quels poèmes en prose ne tirerait-on pas de tous ses livres! D'ailleurs si l'on jugeait le roman en termes de critique courante, que de réserves à faire! et que dirait-on d'un romancier aussi désinvolte, aussi vagabond, aussi inattendu et qui transgresse les lois? Il n'empêche : dès *Détours*, 1924, l'aventure naît, de l'enfance à l'âge d'homme, le véritable âge ingrat, car il faut prendre le large, s'éloigner de l'imposé et du tout tracé, trouver l'amour, fût-il autre que celui qu'on attend. On sent là le désir poétique de protéger l'enthousiasme, et la poésie vient tout naturellement dans les mots, sans être forcée, elle vient en jeunesse, en grâce, en rapidité, en humour, et le mot « roman » prend des ailes.

Dès lors, chaque année de cette courte existence, une œuvre nouvelle naîtra. Jusqu'à 1927, Crevel sera secrétaire de rédaction aux *Nouvelles littéraires*, ce lieu où passent tant d'écrivains, mais il en est souvent absent : la maladie. En 1925, la tuberculose se déclare : on parlera des abus sexuels et lui-même de « l'usage intermittent d'alcaloïdes divers » qui détériorent la santé. Chaque année, il fera plusieurs mois de sanatorium, comme Éluard. En 1926, année de la mort de sa mère, il devra subir un traitement psychanalytique. « Maintenant, c'est encore cette vieille garce de santé qui me joue des tours », écrira-t-il d'Allemagne où il se soigne à Renaud de Jouvenel en 1928. Cependant les publications sont régulières.

Mon corps et moi, 1925, est le fruit d'une méditation alors qu'il est dans un hôtel de montagne et le livre s'ouvre comme un poème qui sera celui de la solitude; en proie à la double tyrannie de la chair et de l'esprit, sondant la mémoire décevante et l'intelligence qui aboutit au doute, voyant l'indépendance de son corps, il s'interroge sur une harmonie possible et jusqu'ici mal étudiée. Il écrit au fil de ses idées sans qu'on puisse parler d'écriture automatique, le conscient et l'inconscient étant inséparables. *La Mort difficile*, 1926, est encore une confession, celle de l'enfant du début de siècle. Ce livre a une trame romanesque, des personnages, mais on retient surtout la vivacité de style, le non-conformisme, le désir d'aller au plus près du vrai, l'aspect désemparé du jeune homme de bonne famille pris entre les habitudes de sa classe sociale et les penchants de sa nature qui vont vers la révolte et l'homosexualité; on pourrait dire aussi que c'est le livre du suicide, maladie héréditaire. Dans *Babylone*, 1927, par le truchement d'une petite fille, Crevel montre encore un monde rebelle à l'être pur, où l'enchantement est dans le regard, non dans la chose regardée, mais où le regard peut s'éteindre devant la réalité rugueuse. On trouve l'alternative de l'amour exalté, de l'aventure, de l'imagination, de la fantaisie, d'une part, et, d'autre part, le quotidien bourgeois, le grand éteignoir. Par-delà la trame du conte dont on ne fait que donner une idée vague, il faut lire ce livre où chaque phrase apporte sur un ton inimitable un enchantement digne d'un Lewis Carroll plongé dans le réel. C'est adorable, précieux, plein de fantaisie, de tournures heureuses. Cette prose n'est jamais de la prose, mais de la poésie à l'état pur et dont les joyaux courent de phrase en phrase délicieusement. Tentons d'en donner une idée en citant deux passages :

> Petite fleur de cirage, caprice de couleuvre, anguille, goutte de plomb fondu, braise du ciel, on lui en donne des noms. Les mains appuyées à son flanc deviennent plus lourdes que les barques ivres de mort. Voyageurs, ce serait trop simple, si, une fois pour toutes, acceptaient de vous ensevelir les vagues d'onyx. Il faut partir, continuer la vie, et dans le soleil à chaque pas, de mieux en mieux, apprendre à savoir qu'il n'est de plus doux oasis que la rue de la négresse.
> ....
> Femme couronnée de paille naturelle, il faut renoncer au bleu de la tendresse, au rouge du désir, au jaune de la joie, et même au mauve de la fatigue. Sur les quais, les tonneaux, lentement, perdent leur parfum feutré de géranium. Terre insensible, heure vide, Babylone, après les tics, les morsures, c'est grand silence. Une digue continue dans la mer ce sol charnel, ce grand corps de continent que l'insolation divinise.
> Une femme, une ville, luttent d'indifférence.

Dans *Êtes-vous fous?*, 1929, René Crevel invente son double : Vagualame et le force dans ses retranchements intimes impitoyablement. On voit Vagualame chez la voyante dans une suite de tableaux où la verve moqueuse le dispute à l'autoportrait assez acide et à la confidence ironique :

> Moi, Vagualame, René Crevel, je suis de retour à Paris.
> On bâtit des maisons neuves rue des Paupières-Rouges. Alors, pour me consoler, je cours les cartomanciennes. On me presse de devenir sérieux et, au lieu de demander aux autres, et à moi-même : « Êtes-vous fous? », d'achever un livre sur Diderot, entrepris depuis des années, soit d'en commencer un sur Berlin, où j'affirme, si volontiers, que tout est parfait.

Les milieux du cirque lui proposent leur pittoresque et leur insolite dans une deuxième partie tandis que la troisième est consacrée au séjour en Suisse au sanatorium. S'il y a parfois des chutes d'intérêt, elles sont vite oubliées dès que Crevel-Vagualame jette sa virulence contre les médecins et les psychanalystes, contre les malades et les femmes du monde qui l'entourent, quand il s'indigne : « Un révolté, qu'un révolté, un seul, mais un au moins, hurle donc à grands cris d'écarlate », quand il se durcit pour ne pas subir le « bas mensonge romantique ». On aime souvent qu'il laisse sa plume courir en folie, en délire, pour jeter un enchaînement déchaîné de mots débridés qui forment musique grinçante :

> Il pleure les ovaries, comme dit le Suissaud, les ovaries ravies à leurs nids, pour un exil sur une hanche droite de godelureau, bébés fous, bébés ivres, mes petits coquillages absinthiques, palourdes d'amour, martins-pêcheurs, martins pêchés, ovaries plus attendrissantes que vos cousines patronymes les demoiselles otaries, les otaries, chères filles, arrachées aux délices des glaces originelles pour jouer du violon ou du cor de chasse dans la poussière des music-halls, entre un numéro d'équilibriste japonais et les efforts d'un couple d'acrobates syphilitiques à maillots verts déteints sous les bras...

Souvent on reconnaît celui qui dans la revue *le Disque vert* adressait un hymne de reconnaissance à Lautréamont : « Beaux couteaux, les phrases glissaient entre les os de mon crâne. » Comme le dit Claude Courtot : « Un souffle de " sauvagerie " parcourt en effet toute l'œuvre de Crevel. » Il lâche la bride et donne sans cesse de vigoureux coups d'éperons. C'est un festival de grincement, de satire, de fantaisie débridée, de jeu des mots, de violence pure, avec des délices, des choses exquises qui s'opposent à l'oppression. Toujours le grand mariage de la colère et de la poésie.

Des textes qu'il consacre à l'art plastique, le plus important est *Dali ou l'anti-obscurantisme*, 1931. Pour Crevel, la spécialisation, ce « cloaque de volontés mutilatrices pour l'extase du devoir accompli »; a fait sombrer la civilisation dans l'obscurantisme. La riposte de Dali qui brise « la vêture traditionnelle » des objets en ouvrant la porte au délire soulève à la fois l'enthousiasme de Crevel et sa colère contre toute opposition à l'artiste libre dans un déluge de feu pamphlétaire comme seuls savent le diriger les surréalistes, et ce feu est fait d'images sans cesse renouvelées, tout comme, d'ailleurs, dans deux autres courts essais sous forme de préface à des plaquettes de reproductions : *Paul Klee*, 1930, un des premiers textes sur ce peintre, et *Renée Saintenis*, 1930. On voit qu'il marie le pamphlet et l'étude d'art pour que naisse le poème : « Arraché le masque des métaphores faciles, nous trouverons de belles injures pour vitrioler la sagesse des nations », écrit-il à propos de Klee dont il dit les merveilles :

> Dès lors, comment ne point appeler miracle, Paul Klee, cette excursion au plus secret des mers d'où vous êtes revenu, avec, dans le creux des paumes, un trésor de micas, de comètes, de cristaux, une moisson d'hallucinants varechs et le reflet des villes englouties...

Ainsi, à la virulence contre tout ce qui est figé, contre les « contremaîtres des grandes usines à juger, ventriloques de la pensée » que sont pour lui les critiques épris de traditions esthétiques, s'ajoute la reconnaissance poétique d'un art frère.

En 1932, Crevel, au moment de la rupture avec Aragon, se place du côté des surréalistes et signe le tract *Paillasse*. Il publie une œuvre qui lui tient au cœur depuis son adolescence, *le Clavecin de Diderot,* un de ses plus violents ouvrages, suite de pamphlets, de satires convulsives, partiales, emportées contre tout ce qu'il déteste : le mensonge occidental d'une civilisation contraignante et policière avec ses masques d'humanisme et de vertu, la religion et les partis, l'université et la médecine, ces bavards, la littérature endormie et endormante, la sclérose de la psychanalyse, les compromissions, le colonialisme, etc. Ce clavecin est celui des sens qui, comme disait Diderot, « sont autant de touches qui sont pincées par la nature qui les environnent et qui se pincent souvent d'elles-mêmes ». Alors Crevel parle : « Aux soigneurs et philanthropes, amateurs et professionnels des États capitalistes, je demande : Pourquoi accorder et raccorder ce clavecin sensible, comment s'étonner qu'il ne réponde pas juste, s'il continue à être touché, pincé injustement... » Pour Crevel, l'Encyclopédie est à refaire et pour cela, il mêle les argots scolaire et populaire, jette d'ironiques citations, traite de tous les sujets, vous parle aussi bien de jeter au fumier le soldat inconnu, les Douaumont et autres reliquaires qu'il condamne les psychanalystes valets du capital, à moins qu'il ne glisse des pages émouvantes sur la mort d'un caniche. En un temps où « la parole est à l'universitaire », il oppose la jouissance en citant Feuerbach, le délire bachique en citant Hegel, la paranoïa-critique en citant Dali, et les poètes ont droit à leur paquet : Claudel qui veut « embigoter » la poésie ou l'abbé Brémond et sa poésie pure, car : « La poésie, faut-il encore répéter qu'elle n'a rien à voir avec ces chants plus ou moins rimés et rythmés qui flattent les choses et les êtres bien en place et les laissent à leur place. » Il y a plusieurs demeures dans la maison de la poésie, et notre livre qui retrace son histoire le montre; celle de Crevel se nomme révolution. Son post-scriptum au *Clavecin de Diderot* est un poème à sa manière où l'on voit des personnages ubuesques comme « les grosses molles républiques » qui font penser aux « têtes molles » de Lautréamont, « relevant leurs jupes de mensonge ». Ici, Crevel joue au potache :

> et souviens-toi si M. l'intellectuel
> pense avec ses bretelles,
> et Monsieur de la psychologie
> avec son parapluie,
> le gracieux poète
> avec ses tire-chaussettes
> leurs compères
> Messieurs les militaires
> avec quoi pensent-ils donc
> sinon
> avec mitrailleuses et canons?

Crevel met véritablement *les Pieds dans le plat,* 1933, dans un ouvrage portant ce titre qui commence en récit picaresque et caricatural pour exploser en pamphlet dans son troisième tiers sans souci de continuité du récit. Ce déséquilibre, Crevel ne manque pas de s'en expliquer : « Tout s'éparpille, mais au centre de l'éparpillement demeure la colère. » Et cette colère est au fond personnage au même titre que sa galerie de ceux pour qui la révolution est prétexte à jeux d'esthètes. Elle le conduit aux limites extrêmes de la grossièreté scatologique comme chez Benjamin Péret, rien n'étant trop offensif pour flétrir « un régime fauteur de chômage et de guerre » car ne point le dénoncer serait en être complice, tout le livre étant un appel à la révolution comme au temps de « Robespierre l'incorruptible et Marat le premier théoricien de l'insurrection armée », en faisant penser parfois à ce qui dictait à Saint-Just son *Organt*. Tout cela est sans nuances, d'un bloc, procédant à coups de hache et de marteau, unissant dans le même opprobre le racisme des États colonialistes comme la France et l'Angleterre à l'extérieur et les États-Unis sur leur propre territoire et l'antisémitisme d'Hitler. Qu'il y ait des insuffisances est incontestable et Bataille parlera de son « incapacité de résister au plaisir de faire le malin, de jouer un rôle de caniche mal élevé », de son « abondance de citations — et ainsi ridicules — d'auteurs qui n'ont absolument rien de commun avec sa littérature de malade énervé » en oubliant la force corrosive qui entraîne tout cela.

Les deux dernières années de la vie de Crevel seront celles d'un homme déchiré, communisme et Surréalisme se conciliant mal chez lui alors qu'il tient des deux bords, signant avec les surréalistes des textes peu favorables au parti, ce qui l'en éloigne, ou bien, lorsqu'il s'en rapproche, oubliant de dire l'importance historique du Surréalisme. Toujours est-il qu'au début de 1935, il est du côté communiste par désir d'efficacité révolutionnaire, parce qu'il croit à « la société sans classes, sans Églises, sans frontières ». Cependant son dernier acte public sera d'être l'avocat des surréalistes auprès des communistes pour qu'ils participent au Congrès international des écrivains pour la défense de la culture, ce qui sera une bataille perdue. Le 18 juin 1935, il se suicide.

« Le poète ne flatte ni ne ruse, écrivait-il en 1927, dans *l'Esprit contre la raison*. Il n'endort pas ses fauves pour jouer au dompteur, mais toutes cages ouvertes, clés jetées au vent, il part, voyageur qui ne pense pas à soi, mais au voyage. » Et aussi : « L'individu sent qu'il va éclater dans sa prison terrestre. » Le suicide, une certaine idée du poète maudit, feront couler beaucoup d'encre, dire, comme dans les lettres de condoléances, les pires banalités, alors que le silence conviendrait tellement mieux. Ayant lu les numéros spéciaux de *Temps mêlés*, 1954, des *Cahiers du Sud*, 1956, et d'*Action poétique*, 1965, Claude Courtot s'est violemment insurgé contre toutes les conclusions, les regrets et les fleurs : « Non, messieurs, Crevel ne portait pas " le suicide à la boutonnière ", comme un Jacques Rigaut. A celui-ci offrez, si le cœur vous en dit, des bouquets de suicides fraîchement cueillis, il en fera des confettis pour ses fêtes. A Crevel réservez la rose rouge, et ne vous vexez pas si, avec son romantisme très particulier, il la laisse poétiquement se faner dans le verre à dents, quand le carnaval de la vie quotidienne le restitue à sa chambre de solitude... » Ne pourrait-on pas se hasarder à dire que la voix de Crevel aurait pu être celle-là ? Il n'empêche que les livraisons nées de la ferveur, fût-elle erronée, gardent une importance en des temps où tout s'oublie. Certes, si un Léon-Gabriel Gros pense que, si Crevel avait consenti à vivre, il aurait pu devenir notre Joyce ou tout au moins notre Miller, nous préférons ce qui est à ce qui aurait pu être, et c'est bien Crevel que nous devons considérer selon ce que dit Gros : « Son œuvre, si violente soit-elle, respire la beauté, et il y a on ne sait quelle suprême élégance chez lui dans la colère, les insultes et la scatologie... » Mais Crevel est un des êtres les plus insaisissables qui soient, des plus complexes et des plus contradictoires. Il y a la colère, il y a la merveille, il y a cette fragilité de l'insurgé qui disait dans un de ses rares poèmes en vers : « Tu as le remords d'avoir tué ton père sans avoir même acquis cent années de souvenirs. / Toujours les neurasthénies comme des fleurs en mie de pain. » Ou bien : « Tu as froid mais ne sais ni mourir ni pleurer. » Peu de poèmes en vers, mais qu'importe ! ce n'est ni une faiblesse ni un manque, car, hors des chants rimés et rythmés dont il se moque, Crevel est sans cesse, toujours, partout un poète et un poète qui ne vieillit pas car il est la jeunesse même, avec ses étonnements, ses révoltes et sa formidable puissance de vie.

7
Antonin Artaud

« La Vie est de brûler des questions. »

« Quand on a lu Artaud, écrit Alain Jouffroy, on ne s'en remet pas. » Et il dit aussi : « Artaud ne peut être considéré ni comme un écrivain, ni comme un poète, ni comme un acteur, ni comme un metteur en scène, ni comme un théoricien, mais comme un homme qui a tenté d'échapper à toutes ces définitions, et auquel la société dans laquelle nous vivons a opposé la plus grande résistance, la plus grande surdité, la plus grande *répression* possible. » L'aventure humaine d'Artaud dépasse les concepts auxquels nous sommes habitués, et décrire le périple de son existence, c'est raconter l'histoire de la tempête, aussi, puisque notre tâche est de renseigner, poserons-nous simplement quelques jalons, la vraie vie étant ailleurs.

Antonin Artaud (1896-1948) est né officiellement à Marseille le 4 septembre 1896. Il écrira : « Ce n'est pas une façon de naître, que d'être copulé et masturbé neuf mois par la membrane, la membrane bâillante qui dévore sans dents comme disent *les Upanishads*, et je sais que j'étais né autrement, de mes œuvres et non d'une mère. » Il écrira aussi : « Je ne suis né que de ma douleur » et la douleur, c'est son héritage de naissance. A cinq ans, on le sauve avec peine d'une méningite. Quelques années plus tard, il connaîtra des « périodes de bégaiement et d'horrible contraction physique des nerfs faciaux et de la langue ». Il n'est pas indifférent de savoir qu'une de ses sœurs meurt étranglée quatre ans après la mort de son frère Robert. Le père ? Artaud répond : « J'ai vécu, jusqu'à vingt-sept ans, avec la haine obscure du Père, de mon père particulier. Jusqu'au jour où je l'ai vu trépasser. Alors, cette rigueur inhumaine, dont je l'accusais de m'opprimer, a cédé. Un autre être est sorti de ce corps. Et pour la première fois de la vie, ce père m'a tendu les bras. » On pense à *Totem et tabou*. Il écrit très tôt des poèmes, des « sonnets mystiques » d'une forme parfaite et l'on y trouve le souvenir de ses frères pathétiques, Rimbaud, Baudelaire ou Verlaine, un navire mystique, des lieux fantastiques, des images de jardins mystérieux, de bars, d'absinthe, avec des éclairages sacerdotaux, poèmes qui honoreraient bien des poètes et qui figureront en appendice dans les *Œuvres complètes*. De nouveaux troubles nerveux assaillent Antonin Artaud à la veille de ses vingt ans. Il interrompt ses études pour entrer pour la première fois dans une maison de santé. L'opium calme ses maux. Mobilisé, il sera réformé après neuf mois à cause de son état de santé et de son somnambulisme. Il connaît plusieurs maisons de santé avant d'être soigné durant deux ans en Suisse. C'est le temps déjà de l'homme en lutte contre ses nerfs. La maladie n'a pas besoin chez lui de stimulation, elle est là, la vieille ennemie qui ne le quittera jamais.

Il suffit de regarder une photographie pour voir un physique exceptionnel où la beauté se pare d'étrangeté et son regard, le plus beau qui soit au monde, est inoubliable. Florence Loeb écrira : « Il est l'homme le plus beau, l'homme le plus vrai, l'homme le plus généreux. L'homme le moins homme. » Artaud disait : « Je suis une torche vivante. » Et son regard brûle : « Beaucoup ont été éclairés et quelques-uns, les plus proches, brûlés », dit Roger Blin. La femme du docteur Toulouse qui le soigne en 1920 témoignera que le docteur « comprit en voyant Artaud qu'il avait devant lui un être tout à fait exceptionnel, de cette race qui donne des Baudelaire, des Nerval ou des Nietzsche ». Ce docteur Toulouse le soignera durant dix années, l'aidera aussi à publier ses poèmes, à écrire dans les revues.

A Paris, Antonin Artaud se mêle aux milieux d'avant-garde et devient acteur. Il rencontre Max Jacob, André Masson, Michel Leiris, Dubuffet et Lugné-Poe qui lui donne ses premiers rôles au théâtre avant que tant d'hommes remarquables ne s'intéressent à lui, comme Charles Dullin qui l'engage dans sa troupe, lui fait découvrir l'improvisation qui le passionne comme le passionne et le bouleverse même une troupe cambodgienne qu'il voit à Marseille en 1922. L'amour-passion naît lorsqu'il rencontre Génica Athanassiou : on publiera *les Lettres à Génica*. Le 1er mai 1923, un refus de poèmes de Jacques Rivière à la N.R.F. accompagné d'une invitation à rencontrer Artaud sera le départ d'une correspondance courte, mais étonnamment révélatrice dont nous parlerons. La même année naissance d'un livre : *Tric-Trac du Ciel,* 1923, à la Galerie Simon. Artaud travaille alors dans la troupe de Georges Pitoëff et tient des rôles au cinéma. Il travaille à *l'Ombilic des limbes,* au *Pèse-Nerfs* qui paraîtront en 1925 alors qu'Artaud aura adhéré au Surréalisme. Ce qu'il écrit alors est bouleversant, hors des communes mesures avec ce que l'on connaissait, à la fois lucide, fulgurant, vertigineux. Il dirige le numéro 3 de *la Révolution surréaliste* et c'est le temps des fameuses lettres : aux recteurs des universités européennes, au pape, au Dalaï-Lama, aux écoles du Bouddha, aux médecins-chefs des asiles de fous, mais, au moment où le Surréalisme selon lui dévie de sa route en se rattachant au communisme, il apporte sa rupture : *A la grande nuit ou le bluff surréaliste,* 1927.

Il fonde alors avec Roger Vitrac et Robert Aron le Théâtre Alfred Jarry, monte *le Songe* de Strindberg où les surréalistes manifestent, joue au cinéma avec Luitz Morat, Abel Gance, Karl Dreyer, G.-W. Pabst.

travaille à des textes qui seront publiés plus tard : *le Théâtre et son double,* 1936. Sa tragédie, *les Cenci,* en 1935 est représentée dix-sept fois. Il donne *Héliogabale ou l'anarchiste couronné,* 1934.

Comme Breton, comme Péret, Artaud va connaître l'Amérique. Pour lui c'est le Mexique où, après avoir prononcé des conférences à Mexico, il va rester plusieurs mois dans une tribu sans contacts avec la civilisation, les Tarahumaras, dont le nom sonne comme dans un poème de Michaux. L'homme est en quête. Il revient à Paris, repart pour l'Irlande à la recherche de la sagesse druidique. Sans nom d'auteur, il publie *les Nouvelles Révélations de l'Être,* 1937, *Au pays des Tarahumaras* dans la N.R.F. qu'on reprendra en 1945. Il a en Irlande sa souffrance pour habituelle compagne et la canne de Saint-Patrick à treize nœuds, sceptre de puissance. Il parcourt l'Irlande, se fait expulser d'un collège de jésuites à la suite de quelque scandale, se bat dans les rues et reçoit un coup de barre de fer dans le dos, est arrêté par la police dans un état de dénuement et d'exaltation mystique, est expulsé d'Irlande et, sur le bateau, mis sous camisole jusqu'à l'arrivée au Havre. On pourrait dire que toute sa vie Artaud n'a cessé de voyager, non seulement au Mexique ou en Irlande, mais aussi et surtout dans son univers imaginaire.

Abominable période que celle de ses hôpitaux : en 1938 à Sainte-Anne puis à Ville-Évrard jusqu'en 1943, époque où, selon le docteur Ferdière, « les psychopathes meurent de faim par milliers dans les asiles », où les nazis les ont condamnés à mort. Le docteur Ferdière l'en extrait et, après des années de souffrance dans les asiles, Artaud est à Rodez où il retrouve le goût de l'écriture et du dessin qui a toujours été pour lui plus qu'un violon d'Ingres. On trouve trace de cette époque dans les confidences de Ferdière et dans un numéro de *la Tour de feu : Antonin Artaud ou la santé des poètes.* A Rodez, Artaud a sa chambre. Le médecin pratique l'art-thérapie et l'on verra Artaud traduire le poète anglais Southwelle, des chapitres d'*Alice au pays des merveilles,* lire beaucoup, et lorsqu'une traduction paraît dans *Poésie 44,* Ferdière lui dit : « On retrouve votre nom dans les publications ! », ce qui illumine Artaud. Il y a le traitement par électrochoc dont on fera grief au médecin, mais qui affirme la chose indolore et bienfaisante. « Il y avait délire, délire chronique, ce délire rendait Artaud violemment anti-social, dangereux pour l'ordre public et la sécurité des personnes. » De l'adoration religieuse au blasphème, Artaud passait par tous les états. Mais peu à peu, Artaud en détresse et en péril, ravagé, vieilli prématurément, reprit vie. Les amis étaient rares. Il reçut à Rodez la visite d'Henri Thomas, de Dubuffet, d'Adamov, les lettres de Jean-Louis Barrault.

Cependant, Barrault, Dubuffet et quelques autres organisèrent à Paris un spectacle au Théâtre Sarah-Bernhardt avec vente de tableaux qui produisit beaucoup d'argent. Artaud dont l'état s'améliorait nettement fit un séjour libre dans un village près de Rodez et put être libéré et revenir à Paris où on l'installa dans un pavillon isolé de l'asile d'Ivry. Certains ont le souvenir d'une « conférence » d'Artaud, le 13 janvier 1947, au Vieux-Colombier, intitulée *Tête-à-Tête.* Georges Charbonnier écrira :

« Ce jour-là il a parlé pour les coprolaliques, pour les aphasiques, pour les discrédités du mot et du verbe, les parias de la pensée. / Ce jour-là il a crié / CRIÉ / il a poussé véritablement des cris / des cris en effondrement central de l'âme / et cela devant ses amis et devant les maîtres de la pensée, devant des *crédités* du mot et de la parole, devant ceux qui n'avaient jamais perdu la mémoire des " tours par lesquels on s'exprime et qui traduisent avec exactitude "... » Là où André Gide vit un fou, un prodigieux acteur, un cabot, un pitre, « conscient de son délire orphique et en jouant », d'autres comprirent et eurent peur. Georges Charbonnier : « Et le spectacle parfait du *Théâtre de la cruauté* dont Antonin Artaud a rêvé toute sa vie s'est déroulé dans la salle... du choc d'Antonin Artaud et de ceux qui s'étaient rassemblés pour entendre une conférence, un texte préparé. » Artaud a joué Artaud. Il a joué sa Passion, comme dans chaque conférence de lui, mais l'avait-on oublié ? Anaïs Nin a témoigné à propos d'une autre « conférence » sur *le Théâtre et la peste :* « Il avait le visage convulsé d'angoisse, et ses cheveux étaient trempés de sueur. Ses yeux se dilataient, ses muscles se raidissaient, ses doigts luttaient pour garder leur souplesse. Il nous faisait sentir sa gorge sèche et brûlante, la souffrance, la fièvre, le feu de ses entrailles. Il était à la torture. Il hurlait. Il délirait. Il représentait sa propre mort, sa propre crucifixion. » A cela répondaient les rires, le dilatement de la rate du vulgaire qui ne reçoit que ce qu'il attend. Artaud parlait de tout son corps, de toute sa chair, de tous ses nerfs torturés.

André Breton a témoigné : « Après Rodez, certes, il restait grande trace sur son noble visage des épreuves subies et rien n'était plus bouleversant que le ravage de ses traits. A deviser avec lui, on ne l'en voyait pas moins obéir aux mêmes sollicitations que dans sa jeunesse, y apporter la même fougue qui, malgré tout, savait encore se tempérer de gaîté (j'entends encore son rire inchangé) : rien en lui n'avait été terni des dons de l'esprit et du cœur. De là à dire qu'il était " guéri ", au plein sens du terme, est un pas que je ne puis franchir : disons que le délire, envahissant quelques années plus tôt, était en 1946 nettement circonscrit. » En proie cependant à des hantises, Artaud croyait qu'au Havre, au retour d'Irlande, avait éclaté une émeute destinée à· l'empêcher de faire des révélations et que Breton avait été tué en se portant à son secours. « Force, écrit Breton, me fut de lui répondre, en propres termes (de manière à le heurter le moins possible) que, sur ce point, mes souvenirs ne corroboraient pas les siens. Il me regarda avec désespoir et les larmes lui vinrent aux yeux. Quelques secondes interminables... Sa déduction fut que les puissances occultes dont il s'était attiré la hargne avaient réussi à tromper ma mémoire. »

Les quelques années d'après-guerre d'Artaud ne sont qu'un sursis. Il n'a rien perdu de ses immenses facultés intellectuelles. « C'est une erreur, dit Breton, trop répandue de croire qu'en pareil cas l'idéation est foncièrement compromise et que tous les territoires qui dépendent d'elle (la maladie) sont touchés. Rien n'est si simple. De la part d'Artaud, de très grands écarts de jugement sur les fins dernières, d'extrême violence écumant en une totale débauche verbale manifestent une tension interne de l'espèce la plus poignante, dont rien ne pourra faire que nous ne soyons longtemps secoués. » Artaud est atteint d'un cancer à l'anus. Aucune douleur, aucun enfer sur terre ne lui sont épargnés. Pour calmer son mal, il prend de fortes doses de chloral et de laudanum. Et cet homme, dans un sursaut, écrit ses plus belles œuvres : *Artaud le Mômo, Pour en finir avec le jugement de Dieu, Suppôts et supplications,* et surtout l'ouvrage hyperlucide consacré à celui qui comme Lautréamont, Baudelaire, Rimbaud, un des rares poètes qu'il n'ait pas décrié, est son frère en martyre et en génie, *Van Gogh ou le suicidé de la société.*

Le 4 mars 1948 au matin, on trouva Artaud mort assis au pied de son lit. Quelques heures plus tard, on volera tout ce qu'il possède et les livres, les notes, les manuscrits. Son cri part des « cavernes de l'être » et : « A jamais la jeunesse reconnaîtra pour sien cet oriflamme calciné. »

Cette oriflamme calcinée.

Notre invitation à connaître, à lire Artaud, nous paraît pauvre : il y faudrait tout l'art de Georges Charbonnier dans cet essai sur *Antonin Artaud* dans la collection « Poètes d'aujourd'hui ». Tentons cependant, dans notre contexte historique, de le suivre dans ses principales œuvres. Après les poèmes des débuts, marqués par des influences, il entame dès le 1er mai 1923 une correspondance avec Jacques Rivière qui durera jusqu'au 8 juin 1924, et qui sera publiée en 1927. Artaud envoie des lettres accompagnées de poèmes toujours refusés qui, eux, ne sont pas à la hauteur de sa prose, cette dernière semblant en avance sur ce qu'il écrira bientôt. En juin 1923, Artaud écrit à son correspondant : « Je souffre d'une effroyable maladie de l'esprit. Ma pensée m'abandonne à tous les degrés. Depuis le fait simple de la pensée jusqu'au fait extérieur de la matérialisation dans les mots... Ces tournures, ces expressions mal venues que vous me reprochez, je les ai senties et acceptées. Rappelez-vous : je ne les ai pas contestées. Elles proviennent de l'incertitude profonde de ma pensée... les lambeaux que j'ai pu regagner sur le néant complet. » Jacques Rivière, en bon directeur littéraire, parle de « maladresses » et d'« étrangetés déconcertantes ». Il n'a pas tort, mais il ne voit pas sur le coup que si les poèmes sont un peu comme ce que tout le monde écrit, avec cependant des réussites, les lettres décrivent en fait les poèmes à venir. Mais peut-être Rivière, dans un échange qui ressemble à un tournoi, va-t-il faire passer Artaud du poème d'honnête qualité au grand commentaire tragique des œuvres qui suivront. Toujours est-il que ces lettres montrent la vraie naissance d'Artaud.

En 1923, il publie *Tric-Trac du Ciel,* qui sera écarté par sa volonté de ses *Œuvres complètes* : « Ce petit livre de vers ne me représente en aucune façon. » C'est vrai qu'ils ont « un petit air désuet d'une littérature à la Marie Laurencin, à la Dignimont, à la Utrillo, à la Francis Carco, à la André Salmon, à la Raoul Dufy, farces d'un style qui n'en est pas un et qui fut je crois instauré par Matisse, comme l'aveu d'une impuissance enragée, comme d'un dandy qui ferait glacer ses manchettes, n'ayant pour col de chemise que le tronc d'un guillotiné ». Et pourtant, auprès de petits quatrains de peu d'intérêt, il y a des lueurs :

> Rassasie-nous nous avons faim
> De commotions inter-sidérales
> Ah verse-nous des laves astrales
> A la place de notre sang

Il suffit que deux années passent pour que naissent les premières grandes œuvres. Tout d'abord, *le Pèse-Nerfs,* 1925. Ces textes en prose couvrent en tout environ trente pages. Ils sont courts et révélateurs et leur assemblage est moins disparate qu'il n'y paraît. On pense à la *Correspondance avec Jacques Rivière,* mais plusieurs tons au-dessus. Artaud s'adresse à quelqu'un qui peut être « vous », « ceux qui », « chers amis », à une femme dans « Trois lettres ménage », à « il » ou « on », c'est-à-dire les autres, l'homme commun, le psychanalyste, à qui il tente d'imposer ce qui chez lui est peu directement préhensible. Il est contre la pétrification, contre la segmentation rassurante du monde, contre la matière quand elle est objet de trituration, contre l'œuvre même bien qu'il faille passer par elle, contre tout ce qui laisse en dehors. Il se sait le possesseur des signes d'une vie supérieure et de ceux de la mort, il sait que « la vie est un point », que « l'âme n'a pas de tranches, ni l'esprit de commencements ». Il craint les trous, les déperditions, les arrêts, les dénaturations de l'esprit. Il ouvre l'espace à l'esprit et le précipite dans le Vide : « Je crois aux aérolithes mentaux. » Il sait que « la vérité de la vie est dans l'impulsivité de la matière », et que « l'esprit de l'homme est malade au milieu des concepts ». Il se livre en son entier profond :

Je me suis mis souvent dans cet état d'absurde impossible, pour essayer de faire naître en moi de la pensée...

J'imagine une âme travaillée et comme soufrée et phosphoreuse de ces rencontres, comme le seul état acceptable de la réalité...

Je n'ai visé qu'à l'horlogerie de l'âme, je n'ai transmis que la douleur d'un ajustement avorté. Je suis un abîme complet...

Je suis témoin, je suis le seul témoin de moi-même...

Savez-vous ce que c'est que la sensibilité suspendue, cette espèce de vitalité terrifique et scindée en deux, ce point de cohésion nécessaire auquel l'être ne se hausse plus, ce lieu menaçant, ce lieu terrassant...

C'est dans *le Pèse-Nerfs* qu'il dit : « Toute l'écriture est de la cochonnerie » et « Toute la gent littéraire est cochonne... » en employant l'épithète chère à Léon Bloy. Il stigmatise : « Tous ceux qui ont des points de repère dans l'esprit... tous ceux qui sont maîtres de leur langue, tous ceux pour qui les mots ont un sens, tous ceux pour qui il existe des altitudes dans l'âme, et des courants dans la pensée, ceux qui sont l'esprit de l'époque, et qui ont nommé ces courants de pensée... » Il dit : « Je pense à leurs besognes précises, et à ce grincement d'automate que rend à tous les vents leur esprit... » Il ne souhaite pas d'œuvres, pas de langue, pas d'esprit, rien, « Rien, sinon un beau Pèse-Nerfs ». Il apparaît que les grands malades de l'esprit, ce sont les autres. On ressent l'impression constante d'un appel au secours qui n'est pas seulement pour lui-même. Déjà, Artaud nous invite à tout reconsidérer, nos manières de penser et nos habitudes, et cela avec une singulière énergie, celle du poète, à condition qu'on en ait la notion la plus vaste. Et, dans *le Pèse-Nerfs,* à côté d'invectives à ceux qui ne veulent pas comprendre qu'il faut cesser de dormir dans l'absence de la pensée, règne ce que Jouffroy appelle « un calme effrayant mais dominateur, un calme qui s'établirait au-dessus de nos propres déchirements, dont il veut nous rendre maîtres... ». Ici, Artaud le solitaire, l'irrécupérable, face à face avec son corps, son esprit, donne de la pensée en direct, assiste à Antonin Artaud. On pourrait parler avec Daniel Odier de « fragments d'espace collés dans un cri » car « chaque texte d'Artaud est un arrachement qui entame le domaine du corps, comme celui de l'esprit; car où placer cette limite qui scinde l'être en deux ? » *Le Pèse-Nerfs* est l'écho d'un bouleversement interne, l'appel au jaillissement, à l'explosion qui dépasse l'idée, et ces textes serrés, cohérents, dont pas une ligne n'est inutile, non seulement bouleversent les idées plus ou moins reçues, mais encore sont d'une terrible beauté avec leur grand désir qui part de la substance vitale même. On écoute encore :

> Il ne me faudrait qu'un seul mot parfois, un simple petit mot sans importance, pour être grand, pour parler sur le ton des prophètes, un mot témoin, un mot précis, un mot subtil, un mot bien macéré dans mes moelles, sorti de moi, qui se tiendrait à l'extrême bout de mon être,
> et qui, pour tout le monde, ne serait rien.

Comme le *Pèse-Nerfs, l'Ombilic des limbes,* 1925, est de ces écrits heureusement résistants à la critique traditionnelle. Il contient des poèmes en prose, des poèmes en vers, tous jaillis du plus profond de son corps en proie à la souffrance. Dès les premières lignes qui jettent comme un manifeste des phrases éblouissantes, on est vertigineusement saisi :

> Là où d'autres proposent des œuvres je ne prétends pas autre chose que de montrer mon esprit.
> La vie est de brûler les questions.
> Je ne conçois pas d'œuvre comme détachée de la vie.
> Je n'aime pas la création détachée. Je ne conçois pas non plus l'esprit comme détaché de lui-même. Chacune de mes œuvres, chacun des plans de moi-même, chacune des floraisons glaciaires de mon âme intérieure bave sur moi.

Son dessein est clairement indiqué : « Je voudrais faire un Livre qui dérange les hommes, qui soit comme une porte ouverte et qui les mène où ils n'auraient jamais consenti à aller, une porte simplement abouchée avec la réalité. » Ne nous a-t-il pas dit : « Je souffre que l'Esprit ne soit pas dans la vie et que la vie ne soit pas l'Esprit. » Il y a là des lignes magnifiques, une sorte d'épopée intérieure, d'écoute des profondeurs comme il n'en fut jamais, « une grande ferveur pensante et surpeuplée », « un vent charnel et résonnant » et des tempêtes, des tremblements d'espace, toute une masse tournoyante. Les textes sont divers. Ainsi celui où l'on voit Paolo Uccello « en train de se débattre au milieu d'un vaste tissu mental où il a perdu toutes les routes de son âme et jusqu'à la forme et à la suspension de sa réalité », et des lettres : au docteur, au législateur sur la loi des stupéfiants, une étonnante *Description d'un état physique* sur deux pages qui est le grand poème du corps malade :

> une sensation de brûlure acide dans les membres,
> des muscles tordus et comme à vif, le sentiment d'être en verre et brisable, une psur, une rétraction devant le mouvement, et le bruit. Un désarroi inconscient de la marche, des gestes, des mouvements. Une volonté perpétuellement tendue pour les gestes les plus simples,
> le renoncement au geste simple,
> une fatigue renversante et centrale, une espèce de fatigue aspirante. Les mouvements à recomposer, une espèce de fatigue de mort, de la fatigue d'esprit pour une application de la tension musculaire la plus simple, le geste de prendre, de s'accrocher inconsciemment à quelque chose,
> à soutenir par une volonté appliquée.

Cette minutieuse description avec ses états d'engourdissement, de rupture de la correspondance des nerfs, du vertige mouvant, de l'exacerbation du crâne, de la décorporisation de la réalité, de ce lieu où « les choses n'ont plus d'odeur, plus de sexe », où « les mots pourrissent à l'appel inconscient du cerveau » est bouleversante, le corps étant véritablement dans les mots. Jamais les états physiques n'ont été ainsi incarnés dans le verbe. On lira aussi sous forme épistolaire des considérations sur le cinéma, et l'on trouvera sous le titre *le Jet de sang* uns courte pièce qui a l'apparence d'une farce où dialoguent le jeune homme, la jeune fille, la nourrice, le prêtre, le bedeau, la maquerelle et Dieu, farce qui se termine par la mort de tous. Il y a dans cet ensemble quelque peu disparate à première vue, en fait les diverses facettes d'un Artaud qui se livre dans son entier. On trouve aussi des poèmes, bien différents de ceux du *Tric-Trac du Ciel*, poèmes courts, insolites et souvent cruels :

> Avec moi dieu-le-chien et sa langue
> qui comme un trait perce la croûte
> de la double calotte en voûte
> de la terre qui le démange.
>
> . . . .
> Sous les seins de la terre hideuse
> dieu-la-chienne s'est retirée,
> des seins de terre et d'eau gelée
> qui pourrissent sa langue creuse.

Les textes de la période surréaliste sont ceux d'une simple traversée de peu d'années. André Breton se défiait de ce qu'il avait d'exacerbé, d'excessif, et le terrain de la révolution pour Artaud n'était pas le social, mais dans son corps, dans le réel absolu, dans l'intérieur, vers les régions innominables, non seulement pour l'extraction des images en beauté, mais pour y voir vraiment. Cet homme qui a « une imagination stupéfiée » et ses rêves sont d'un « mauvais rêveur » : « Mes rêves sont avant tout une liqueur, une sorte d'eau de nausée où je plonge et qui roule de sanglants micas. Ni dans la vie de mes rêves, ni dans la vie de ma vie je n'atteins à la hauteur de certaines images, je ne m'installe dans ma continuité. Tous mes rêves sont sans issue, sans château fort, sans plan de ville. Un vrai remugle de membres coupés. » Le temps du Surréalisme visité par Artaud est aussi celui de poèmes comme *la Rue* :

> La rue sexuelle s'anime
> le long des faces mal venues,
> les cafés pépiant de crimes
> déracinent les avenues.
>
> Des mains de sexe brûlent les poches
> et les ventres bouent par-dessus ;
> toutes les pensées s'entrechoquent
> et les têtes moins que les trous.

Surréalisme ou pas, il ne dévie pas de la route Artaud, il dit : « Tous les systèmes que je pourrai édifier n'égaleront jamais mes cris d'homme occupé à refaire sa vie. » Il dit : « Je ne me livre pas à l'automatisme sexuel de l'Esprit. Je peux seulement transporter mon esprit ailleurs avec ses lois et ses organes... Je me livre à la fièvre des rêves, mais c'est pour en retirer de nouvelles lois. Je recherche la multiplication, la finesse, l'œil intellectuel dans le délire, non la vaticination hasardée. Il y a un couteau que je n'oublie pas. » Il dit : « Quittez les cavernes de l'être. Venez. L'esprit souffle en dehors de l'esprit. Il est temps d'abandonner vos logis. Cédez à la Toute-Pensée. Le Merveilleux est à la racine de l'esprit. » Il dit : « Nous avons moins besoin d'adeptes actifs que d'adeptes bouleversés. » On connaît ses adresses au pape ou au Dalaï-Lama ou aux écoles du Bouddha qui ont introduit une autre dimension dans le Surréalisme. Il écrit aussi « sur moi-même », à personne ou à la momie, « cette chair qui ne se touche plus que dans la vie ». Sa rupture avec les surréalistes est violente : « Deux ou trois principes de mort et de vie sont pour moi au-dessus de toute soumission précaire, dit-il, et le Surréalisme est mort du sectarisme imbécile de ses adeptes. » Pour lui, avec lui, il dit avoir « tous les hommes libres, tous les révolutionnaires véritables qui pensent que la liberté individuelle est un bien supérieur à celui de n'importe quelle conquête obtenue sur un plan relatif ». On connaît ce cadavre exquis avec Breton et on pense cependant à de beaux moments de camaraderie, une lueur amicale dans la vie d'Artaud mais qui n'a pas écarté sa personnalité un seul instant de son chemin.

Après cette période, Artaud publie *l'Art et la mort*, 1929. La mort, pour lui, n'est pas un thème parmi d'autres, c'est le Thème. Pour en traiter, il a recours non pas au délire, mais à une argumentation servie par des phrases aux belles et longues périodes, on dirait presque : à la manière de Breton. Il montre la sensation de la mort, sensation d'angoisse et de rêve, peur qui est déjà la mort :

La force même du désespoir restitue, semble-t-il, certaines situations de l'enfance où la mort apparaît si claire et comme une déroute à jet continu. L'enfance connaît de brusques réveils de l'esprit, d'intenses prolongements de la pensée qu'un âge plus avancé reperd. Dans certaines peurs paniques de l'enfance, certaines terreurs grandioses et irraisonnées où le sentiment d'une menace extrahumaine couve, il est incontestable que la mort apparaît comme le déchirement d'une membrane proche, comme le soulèvement d'un voile qui est le monde, encore informe et mal assuré.

Il traite d'une connaissance de la mort saisie sur le plan nu des sens, et, devant elle, la parole du mortel ne peut être qu'incantation, « musicalité infinie des ondes nerveuses », et il dresse sans doute un éloge de la mort comme Érasme élevait un éloge de la folie. Suit, selon un genre inauguré par Breton, une *Lettre à la voyante,* et il semble se libérer de l'emprise de la démonstration lorsqu'il écrit des textes sur Abélard : en toute liberté, sa phrase sautille, s'exclame, rebondit dans une sorte d'allégresse ; il rencontre des frères comme encore Uccello, mais c'est toujours en fait Artaud qu'il rencontre à travers eux : « Pauvre homme ! Pauvre Antonin Artaud ! C'est bien lui cet impuissant qui escalade les astres, qui s'essaie à confronter sa faiblesse avec les points cardinaux des éléments, qui, de chacune des faces subtile ou solidifiée de la nature, s'efforce de composer une pensée qui se tienne, une image qui tienne debout. » Un grand texte encore : *l'Enclume des forges :* « Ce flux, cette nausée, ces lanières, c'est dans *ceci* que commence le feu. Le Feu de langues. » *L'Automate personnel* est dédié à Jean de Boschère, autre épris d'absolu. Là, comme dans de nombreux textes, et tout particulièrement dans *la Vitre d'amour* qui suit, Artaud explore en lui la chair, le désir, l'érotisme et ses pouvoirs, ses relations avec la mort, l'idée de castration et d'impuissance (Artaud n'était nullement impuissant) et nous côtoyons des abîmes, une sorte de fascination et d'horreur du sexe, fascination devant l'obscène et le diabolique, « horreurs, ordures, scatologie, crimes, tromperies qui s'attachent à l'idée de l'amour ». Cela rejoint le fantastique et ce n'est pas par hasard qu'il fait intervenir de manière burlesque Pierre Mac Orlan, Hoffmann, Achim von Arnim, Lewis ou Gérard de Nerval. L'amour s'idéalise : « ...il n'y eut plus que l'amour : Héloïse au manteau, Abélard à la tiare, Cléopâtre à l'aspic, toutes les langues de l'ombre, toutes les étoiles de la folie. / Ce fut l'amour comme une mer, comme le péché, comme la vie, comme la mort. » Dans *l'Art et la mort,* peinture du sexe, de la chair, de la mort, Artaud revient sans cesse à lui-même, à Artaud physique dont le cerveau brûle, dont l'être se sait mortel, et qui sent « l'odeur du néant, un relent d'absurde, le fumier de la mort entière... » Çà et là, on trouve « l'humour léger et raréfié » et au cœur de cette polyphonie de douleur, de rire amer, de lieux viscéraux, d'angoisse, de prolifération, un royaume d'images vertigineuses, du début à cette fin : « Une lumière de fin du monde remplit peu à peu ma pensée. Il n'y eut bientôt plus qu'une immense montagne de glace sur laquelle une chevelure blonde pendait. »

Chaque texte d'Artaud, et la moindre lettre, le moindre article, porte une richesse infinie. Dans l'anonyme *les Nouvelles Révélations de l'Être,* 1937, il poursuit ce qu'on pourrait nommer quête ou confession si ce n'était autre chose et bien plus que cela, et ce grand refus du Vide qui est en lui et qui est sa souffrance. Croyant refuser le monde, il refusait le Vide, et il a reçu une singulière clarté : « Car je sais que ce monde n'est pas et je sais *comment* il n'est pas. »

Durant les périodes de l'avant-guerre, celles de sa nuit, il publie encore *le Théâtre Alfred Jarry et l'hostilité publique,* 1930, avec Roger Vitrac, *Héliogabale ou l'anarchiste couronné,* 1934, *le Théâtre et son double,* 1938.

Héliogabale est un livre somptueux comme le cours des grandes fêtes solaires de l'Antiquité et que traverse un soleil étrange, une multiplicité d'éléments mystérieux, des rencontres sans nombre de lieux, d'êtres et d'objets, la recherche à travers la transmutation matérielle des formes d'une idée de la purification. Georges Charbonnier écrit : « *Héliogabale* est le livre du paroxysme, de l'écartèlement, de la trituration sanglante, de l'arrachement mortel de l'être à l'être qui retourne contre soi toutes ses forces, tout l'absolu de ses forces, dans une anticontraction mortelle *érotique.* » Héliogabale, à la fois l'homme et la femme, le désir d'autohumiliation, la torture sanguinaire des hommes en place et la nourriture lyrique du peuple par le pain et les jeux, la perversion et la destruction des valeurs qui marquent la décadence, les rites :

Le rite de l'ablution, le rite de l'abandon, du détournement, du dépouillement ; le rite de la nudité complète et dans tous les sens ; le rite de la force corrosive et du bondissement imprévu du soleil correspondant à l'apparition du sanglier sauvage ; le rite de la rage du loup alpestre et celui de l'obstination du bélier ; le rite de l'émanation des chaleurs tièdes et celui du grand crépitement solaire à l'époque où le principe mâle marque sa victoire sur le serpent ; tous ces rites, à travers dix mille chambres, se répondent journellement, ou de mois en mois, et de couples d'ans en couples d'ans, – ils se répondent d'une robe à un geste, et d'un pas à un jet de sang.

Le Théâtre et son double groupe des essais : *le Théâtre et la peste, la Mise en scène et la métaphysique, le Théâtre alchimique, Théâtre oriental et théâtre occidental* avec les deux manifestes sur *le Théâtre de la cruauté* dont la publication en revue avait précédemment éveillé l'attention. Dans une langue digne de ses autres œuvres, belle, colorée, ardente, parfois ésotérique, Artaud tente de faire rendre au théâtre sa grandeur métaphysique, son vrai sens qui est d'être accordé au drame, à la souffrance originelle de l'homme, le faire revenir aux sources pures de la tragédie antique, des mystères médiévaux comme à sa réalisation extrême-orientale, « une utilisation magique et de sorcellerie de la mise en scène ». Il peut assimiler le théâtre à la peste, à cette calamité qui ramène l'esprit à la source des conflits. En faire une manifestation religieuse, un mystère physique qui ramène le spectateur à son corps. Par la cruauté peuvent naître le choc, l'intensité, et même la thérapeutique, le mode de guérison. « La cruauté, c'est d'extirper par le sang et jusqu'au sang dieu, le hasard bestial de l'animalité inconsciente humaine partout où on peut le rencontrer. » Ce théâtre traque la vie dans ses plus intimes repaires. C'est un corps à corps avec le spectateur pour briser les barrières, pour permettre l'accomplissement : « Lorsque je récite un poème, ce n'est pas pour être applaudi mais pour sentir des corps d'hommes et de femmes, je dis *des corps,* trembler et virer à l'unisson du mien, virer comme on vire, de l'obtuse contemplation du bouddha assis, cuisses installées et sexe gratuit, à l'âme, c'est-à-dire à la matérialisation corporelle et réelle d'un être intégral de poésie. » Artaud transfigurateur.

Son importance dans l'histoire du théâtre n'est plus à démontrer et l'on comprend que Jean-Louis Barrault puisse dire : « C'est un peu le Van Gogh de la poésie théâtrale ». Artaud fut l'homme de théâtre complet, il l'a ressenti physiquement, il en a connu toutes les alchimies comme auteur, décorateur, metteur en scène, théoricien, acteur, poète. Notre propos dans cette histoire de la poésie n'est pas d'en examiner toutes les facettes, mais peut-être ne sera-t-il pas indifférent au lecteur de connaître les pièces ou les films (pour ces derniers quel tremblement n'avons-nous pas chaque fois que nous le voyons paraître!) qu'il a joués :

AU THÉÂTRE : *les Olives,* d'après Lope de Rueda, *Mariana et Galoan* par Alexandre Arnoux d'après *le Romancero mauresque,* le *Divorce* de Regnard, *l'Hôtellerie* de Francesco de Castro, *Visites de condoléances* de Calderon, *La vie est un songe* de Calderon, *l'Avare* de Molière, la *Mort de Souper* de Nicole de La Chesnaye, *la Volupté de l'honneur* de Pirandello, *Antigone* de Jean Cocteau, *Monsieur de Pygmalion* de Jacinto Grau, *Huon de Bordeaux* d'Alexandre Arnoux, *la Petite Baraque* d'Alexandre Blok, *Celui qui reçoit les gifles* de Léonid Andréieff, *Six Personnages en quête d'auteur* de Pirandello, *R.U.R.* de Karel Tchapek, *Mathusalem* d'Yvan Goll.

AU CINÉMA : *Mater dolorosa* d'Abel Gance, *Faits divers* de Claude Autant-Lara, *Entracte* de Picabia et René Clair, *Surcouf* de Luits Morat, *le Juif errant* de Luits Morat, *Napoléon* d'Abel Gance où il est Marat, *la Passion de Jeanne d'Arc* de Karl Dreyer où il est le moine Massieu, *l'Argent* de Marcel L'Herbier, *Tarakanova* de Raymond Bernard, *l'Opéra de Quat'sous* de Pabst, *Verdun, vision d'histoire* de Léon Poirier, *Faubourg Montmartre* de Raymond Bernard, *la Femme d'une nuit* de Marcel L'Herbier, *les Croix de bois* de Raymond Bernard, *Coup de feu à l'aube* de Serge de Poligny, *Mater dolorosa* d'Abel Gance, version parlante, la première étant muette, *Sidonie Panache* et *l'Enfant de ma sœur, Liliom* de Fritz Lang, *Lucrèce Borgia* d'Abel Gance où il est Savonarole.

Les œuvres personnelles au théâtre d'Antonin Artaud sont : *le Jet de sang* (dans *l'Ombilic des limbes), Ventre brûlé ou la Mère folle, la Pierre philosophale,* une adaptation de *l'Atrée et Thyeste, les Cenci.* Il a écrit des scénarios : *la Coquille et le clergyman, la Révolte du boucher, les Dix-Huit Secondes.*

Il a traduit *le Moine* de Lewis, *Crime passionnel* de Ludwig Lewisohn, *le Chevalier Malte-Tapis* d'après Lewis Carroll.

Nous refermons cet entracte. La dernière œuvre publiée avant la guerre, avant la longue maladie, est donc *le Théâtre et son double* de 1938. Tout ne portait-il pas alors à croire que c'en était fini de l'œuvre d'Artaud? On ignorait que dans un sursaut de lucidité, d'hyper-lucidité, il allait donner après les périodes de nuit des textes figurant parmi les plus beaux, peut-être les plus beaux, mais Antonin Artaud n'a jamais rien écrit qui soit inférieur, et tout est hardiesse, nouveauté, intelligence, à ce point que, croyant les richesses épuisées, on trouve toujours de nouvelles richesses. Celui qui a lu telle ou telle œuvre d'Artaud n'en finira jamais avec lui et sera tenté par sa possession et aussi de l'arracher aux idées vagues que l'on en a, à partir de l'anecdote ou d'une autre idée reçue du poète maudit qu'il est et qu'il dépasse en même temps. Avec lui, pour la première fois, le verbe se fait chair et nerfs.

Le Retour d'Artaud le Mômo.

En août 1937 étaient parus dans la N.R.F. deux textes sans nom d'auteur : *la Montagne des signes* et *la Danse du Peyotl* qu'on retrouve dans une plaquette *Au pays des Tarahumaras,* 1945, et qui seront repris et complétés plus tard dans *les Tarahumaras,* 1963. C'est la rencontre d'Artaud avec une « race tombée du ciel dans la sierra »; il a voulu quitter l'homme, ce menteur qui refuse l'idée, pour retrouver, dans la nature première, ses frères de sang. Il est parti à la recherche de l'Être, de l'Un, Ciguri, à la fois Dieu et le peyotl qu'on utilise « comme une sarbacane pour passer les fleuves » et cet Un diffère des doctrines chrétiennes. Il écrit à Henri Parisot : « C'est vous dire que ce n'est pas Jésus-Christ que je suis allé chercher chez les Tarahumaras mais moi-même, moi, M. Antonin Artaud, né le 4 septembre 1896 à Marseille, 4 rue du Jardin-des-Plantes. » Il est avide de trouver l'authenticité, les sources vraies, l'« avènement de l'Homme non pas né mais Inné », l'homme fondamental, au cœur de la réalité, délivré de son corps, de la matière, de la sexualité « sans sombrer dans l'irréalité, l'illusoire, le non-fait, le non-préparé », de l'appartenance à un sexe, mâle et femelle étant identiques. On lit : « La vérité est que les Tarahumaras méprisent la vie de leur corps et qu'ils ne vivent que par leurs idées; je veux dire dans la communication constante et quasi magique avec la vie supérieure de ces idées » et « Il n'y a pas chez eux de geste perdu ; de geste qui n'ait un sens de philosophie directe » et « Ils vous envoûtent; ils disent que vous y voyez trop clair, que ce monde est faux, que les choses ne sont pas ce qu'elles apparaissent, que vous le savez, que vous êtes le seul à vouloir le dire. » Il ne s'agit ni d'un reportage ethnologique, ni d'un conte philosophique, ni d'une fable exotique, ni d'un voyage imaginaire, et on ne voit pas de quelle œuvre on pourrait rapprocher *les Tarahumaras* si ce n'est parfois de l'*Ailleurs* de Michaux dont le projet est autre. Il ne s'agit pas non plus d'un ouvrage à part dans l'œuvre d'Artaud, mais d'une nouvelle démarche initiatrice. Les qualités poétiques sont grandes et le style celui d'un homme qui écrit bien le plus naturellement du monde. Le Tarahumara véritable, c'est sans doute Artaud qui reviendra chez les hommes qui se sont trompés et qui repartira vers l'Irlande comme vers un nouveau cycle purificateur.

Les *Lettres de Rodez,* 1946, étaient adressées à Henri Parisot. Après un si long silence, un silence de mort, la voix souffrante, torturée, prophétique se faisait entendre de nouveau. Ces lettres seront complétées en 1949 et suivies de *Coleridge le traître.* Une fois de plus, la force du verbe entraîne un tourbillon de révélations, de découvertes éblouissantes dans une langue claire et vibrante, qu'il nous parle de l'occulte prenant son appui dans le mystère du corps humain, du sexe, de la drogue, de la perception ou du poème. On voit qu'il n'y a pas eu, en fait, de véritable interruption dans la pensée d'Artaud et qu'il a traversé une crise mystique, trop intense peut-être pour un cerveau humain, car, comme l'affirme Breton, « la maladie d'Antonin Artaud ne fut pas de celles qui entraînent, au sens psychiatrique, un déficit intellectuel ». On peut être troublé lorsqu'il parle des causes de son internement au Havre : pour le commun des mortels, il ne s'agissait peut-être pas de l'empêcher de divulguer des choses, mais qui sait si, dans le secret de l'inconscient, il ne s'y glissait pas quelque chose : l'homme n'aime guère qu'on cesse de l'imiter, qu'on prenne une autre conscience de la vie et de l'Être. « Nous avons réduit Antonin Artaud à la mendicité », dit Georges Charbonnier.

L'année 1947 est celle de deux grands livres (mais en est-il chez Artaud qui ne soient pas « grands »?) : *Artaud le Mômo* et *Van Gogh, le suicidé de la société*. *Artaud le Mômo* : cinq poèmes : *le Retour d'Artaud le Mômo, Centre mère et patron Minet, l'Exécution du Père-Mère, Insulte à l'inconditionné, Aliénation et magie noire*. On rejoint le lieu où le poème brûle comme brûle le cri d'un prisonnier de l'enfer, où le poème est fouet, poignard. Ce n'est plus la belle phrase aux riches périodes, mais le déchaînement incantatoire, les rythmes syncopés, nerveux, grinçants, brisés, les variations phonétiques, le poème craché à la face, imprécatoire, blasphématoire, grouillant de cris, farci de mots inventés jetés comme des borborygmes :

> Ce n'est pas un esprit qui a fait les choses mais un corps, lequel pour être avait besoin de crapuler
> avec sa verge à bonder son nez.
> Klaver striva
> Cavour Tivina
> Scaver Kavina
> Okar triva

Pas d'éloquence, pas de rhétorique, mais une lacération incessante de la langue :

> Mais quoi donc à la fin, toi le fou ?
> Moi ?
> Cette langue entre quatre gencives,
> Cette viande entre deux genoux,
> Ce morceau de trou
> Pour les fous.

Poèmes du refus : refus des parents et de la naissance, haine du sexe et de la génération : « chate mite et patron minet / sont les deux vocables salauds / que père et mère ont inventés ». Poésie qui rue, qui crache, qui bave, qui piétine, qui invective, qui jette sa haine contre le charnel, la « barbaque », la condition humaine. Il triture les mots comme une chair dont il faut extraire les cris : « Avec la barbaque / Qu'on se débarrasse / Des *rats* de l'*inconditionné*. » Il hurle, « Mornes de morve la salive », il a recours à l'insulte, à l'obscénité, il hurle hors des mots, il nie « Même la négation / Par le cri / L'insulte / L'obscène », il énumère ce que les autres n'ont pas senti car

> l'imposition du dehors qui dort
> comme un dedans, éclaté des latrines
> du canal où l'on chie la mort,

ne valent pas les desquamations
du con d'une boniche morte

Quand la boniche qui le porte
pisse en arc-boutant
son pis
pour traverser
la syphilis.

On n'avait jamais vu cela auparavant : un être qui refuse la grille de toute forme, qui jette les mots comme de la viande extraite du corps et de l'esprit torturé. Et le dernier texte, *Aliénation et magie noire*, est un réquisitoire contre la psychanalyse et l'utilisation de l'électrochoc. Jamais le lecteur n'aura reçu telle bouleversante insulte, telle lacération, tels cris jetés, hurlés par un homme atteint en lui-même et se brisant contre les murs de sa prison.

Van Gogh ou le suicidé de la société, 1947, est un vaste poème, un oratorio d'une grande unité et d'une densité rare. La peinture de Van Gogh, pas plus que l'écriture d'Artaud, n'est celle d'un fou. Le peintre ne représente nullement la folie, mais Artaud sait représenter lucidement ce que les autres appellent l'aliénation mentale. L'être d'exception sera appelé malade mental. Il s'agit en fait pour la société d'un être dangereux dès lors qu'il conteste les injustices et les tares, qu'il se fait l'ennemi des institutions, dangereux donc persécuté, surtout si ladite société en sent l'irrécupérabilité. Pour Artaud, « l'aliéné authentique est un homme qui a préféré devenir fou, dans le sens où socialement on l'entend, que de forfaire à une certaine idée supérieure de l'honneur humain ». Pour le poète Artaud, les psychiatres, ces érotomanes, sont les agents de la société, ceux qui poussent les internés au crime, qui les « suicident ». Sans doute est-ce là l'idée centrale du livre, mais Artaud n'est pas un écrivain qui suive une thèse selon la logique du réquisitoire, qui emploie la parole et les méthodes de ses ennemis. Le génie lui dicte ses déferlements, ses vagues, ses orages, et cela en des phrases étonnamment expressives où se rencontrent les prestiges de cette très belle écriture qui a souvent agacé Artaud lui-même et ce qui est souffle poétique à l'état pur. Il est bientôt clair qu'Artaud a découvert en Van Gogh non pas même son double, mais lui-même. L'acteur Artaud est devenu le personnage qu'il joue. Il est Van Gogh lui-même et il se voit en même temps : « Sans littérature, j'ai vu la figure de Van Gogh rouge de sang dans l'éclatement de ses paysages venir à moi. » Comme écrit Georges Charbonnier : « Le *Van Gogh* d'Artaud c'est l'insertion d'Antonin Artaud – retranché de la société, retranché de la réalité, retranché des autres et de soi-même – non pas dans la société, mais parmi ceux qui ont " la force sempiternelle pour eux ". C'est l'arrachement à la solitude et, en quelque sorte, l'acceptation de l'humain, l'acceptation de l'humain suicidé, modifié, refait, doué – enfin – de la force sempiternelle. » Et Charbonnier ajoute (il faut absolument lire son « Poètes d'aujourd'hui ») : « Le *Van Gogh* est la découverte de la légitimité absolue du soi *retranché*. » Antonin Artaud EST puisque Van Gogh a été. Comme avaient été Gérard de Nerval, Baudelaire, Edgar Poe, Lautréamont. Mais Van Gogh les incarne tous. Et *Van Gogh* est Antonin Artaud. » Et celui qui assume la révolte, qui recherche le moi humain parle : « En face d'une humanité de singes lâches et de chiens mouillés, la peinture de Van Gogh aura été celle d'un temps où il n'y eut pas d'âme, pas d'esprit, pas de conscience, pas de pensée, rien que des éléments tour à tour enchaînés et déchaînés... » Et tout n'est pas que désespoir : « Un jour la peinture de Van Gogh armé de fièvre et de bonne santé, reviendra pour jeter en l'air la poussière d'un monde en cage que son cœur ne pouvait plus supporter. »

Les immenses feux d'artifice de Van Gogh, Artaud leur trouve un correspondant dans l'écriture : « ...corbeaux noirs avec au-dessous une espèce de plaine livide, vide en tout cas, où la couleur lie-de-vin de la terre s'affronte éperdument avec le jaune sale des blés ». Pour Artaud, Van Gogh est le plus grand des peintres parce qu'il n'est pas peintre, mais « la réalité elle-même, le mythe de la réalité même », parce que sa peinture fait sonner un « timbre supra-humain ». Artaud qui écrit dans la revue *84, Je n'ai jamais rien étudié,* voit en Van Gogh « un pauvre ignare appliqué à ne pas se tromper », un boucher qui creuse le monde, un illuminé qui « entasse des corps » et Artaud avance dans son discours poétique de la même manière, en accumulant les coups de pinceau du verbe en traits d'une violente cadence. Et c'est l'histoire d'un crime :

> Et il ne s'est pas suicidé dans un coup de folie, dans la transe de n'y pas parvenir,
> mais au contraire il venait d'y parvenir et de découvrir ce qu'il était, lorsque la conscience générale de la société, pour le punir de s'être arraché à elle,
> le suicida.

Et Artaud parle pour tous ceux qui se sont heurtés à la haine, à la stupidité de la société et de ses psychiatres, en affirmant : « Car ne sommes-nous pas tous comme le pauvre Van Gogh lui-même, des suicidés de la société! » Cet ouvrage dicté par toutes les énergies accumulées par Artaud, écrit avec enthousiasme et détresse, reprend certes tous les thèmes des précédents livres, les organise avec une sorte de joie tragique : en Van Gogh il a trouvé son frère, son autre moi, et de plus il y met toute sa maîtrise, il dit tout de lui.

Comme dans *Artaud le Mômo,* comme dans *Pour en finir avec le jugement de Dieu,* comme dans certaine lettre à Pierre Loeb qui est un poème, comme en tant d'autres lieux, *Ci-gît,* 1948, est le lieu d'une écriture éclatée qui montre le corps pantelant, la tentative d'échapper à la filiation : « Moi, Antonin Artaud, je suis mon fils, / mon père, ma mère / et moi. » Il ne cesse d'y trancher les liens, et la parole échappe aux habitudes logiques :

> C'est ainsi que l'on
> tira de moi
> papa et maman
> et la friture de ji en
> Cri
> au sexe (centre)

```
        du grand étranglement
        d'où fut tiré ce croi
                        sement de la bière
        (morte)
        et de la matière
        qui donna vie
        à Jizo-cri
        quand de la fiente de
                        moi mort
                                fut tiré
        le sang
                dont se dore
                        toute vie usurpée
                                        dehors
```

Il écrivit : « Le style me fait horreur, et je m'aperçois que quand j'écris j'en fais toujours, alors je brûle tous mes manuscrits et je ne garde que ceux qui me rappellent une suffocation, un halètement, un étranglement dans je ne sais quel bas-fonds, parce que ça c'est vrai. » Ainsi son œuvre va d'une écriture belle à la tentative d'exprimer les luttes en lui, les entrechoquements, les carnages, par l'emploi de mots qui sont des cris, qui oublient d'être des mots parfois pour être les bruits de l'être dans une sorte de lettrisme. « Nous ne sommes pas encore au monde », écrit-il l'année de sa mort. Cet hyper-lucide n'aura cessé de lutter contre la folie sociale.

Que dire? Ici nous n'avons rien dit : nous n'avons fait qu'effleurer. Pour parler d'Antonin Artaud il faut la voix d'Antonin Artaud. On la trouve chez Gallimard dans les seize volumes des *Œuvres complètes*. Et l'on voit que l'on n'en aura jamais fini avec lui, qu'il échappe aux classifications de l'histoire. Il s'agit cependant, d'un bout à l'autre de ses proses, d'un bout à l'autre de ses poèmes, de poésie et de plus que poésie. Maurice Blanchot écrit : « Quand il parle de la vie, c'est du feu qu'il parle; quand il nomme le vide, c'est la brûlure du vide, l'ardeur de l'espace à vif, l'incandescence du désert. Le Mal est ce qui brûle, force, excorie. Si, dans l'intimité de sa pensée et dans la violence de sa parole, il a toujours senti l'attaque de quelque chose de méchant, il a reconnu en ce Mal, non pas le péché, mais la cruauté et l'essence même de l'esprit que " le cœur vrai du poète souffrant " est voué à abriter. » Et il est vrai que sa violence « indique l'insurrection venant de la profondeur de l'être : comme si l'être n'était pas seulement l'être, mais déjà dans son fond " le spasme de l'être " et ce " rapace besoin d'envol " par lequel furent soulevées sans relâche la vie et la poésie d'Antonin Artaud. »

Nés du Surréalisme

I

Louis Aragon

SI, dans le cadre d'un chapitre, nous tentons de donner quelques repères chronologiques touchant à la vie de Louis Aragon (né en 1897), sans doute le lecteur souhaitera-t-il en connaître plus sur une vie active, foisonnante. Aussi indiquons-nous le livre de Pierre Daix, *Aragon une vie à changer,* 1975, où le poète est suivi « du drame de l'enfant à qui l'on a fait croire qu'il était orphelin, au merveilleux printemps du groupe surréaliste; de la rencontre d'Elsa puis de l'entrée au Parti communiste, à l'épanouissement de la Résistance; de la traversée du désert, dans la guerre froide et le stalinisme, à la troisième carrière ouverte par *le Roman inachevé* et *la Semaine sainte...* » Nous lisons sur la couverture du livre de Pierre Daix : « Où trouver l'unité d'un tel destin? » dès lors que l'homme, le militant, le poète, le romancier, Aragon multiforme ne cesse de dérouter étant « aux prises depuis l'enfance avec une vie à changer » et l'on cherche des voies pour trouver le portrait total d'Aragon. Où? « Dans l'ouverture d'esprit de l'athée face à la foi des chrétiens ou des musulmans? Dans la constante d'une opposition aux entreprises coloniales et d'une recherche de la paix, par où Aragon rejoint la lignée des Jaurès et des Romain Rolland? Dans une mobilité qui l'a fait passer de l'anarchie au parti, du Surréalisme au Chant national de la Résistance, de l'antimilitarisme au courage sur les champs de bataille, du stalinisme à la déstalinisation? « Ce poète de la fidélité (est-il encore indiqué) a passé toute *une vie à changer,* mais, au-delà de contradictions si éclatantes, n'a-t-il pas souffert comme un romantique dans notre siècle de fer? N'est-ce pas là son ultime roman? » Il se pourrait bien que les métamorphoses profondes de l'homme se traduisent non seulement par ses actes, ses prises de position, ses romans, ses essais, mais aussi et surtout par les métamorphoses de sa poésie.

Quelques repères, quelques dates.

La vie de Louis Aragon offre cette particularité d'avoir été truquée dès sa naissance, le 3 octobre 1897. Sa mère? Une jeune femme de vingt-quatre ans, déjà soutien de sa famille, et qui le présentera, cet enfant, comme son petit frère. Dès la naissance, elle a dû le dissimuler : chez une nourrice en Bretagne durant treize mois. « Elle devait attendre 1917 pour s'infliger de me dire la vérité », dit le poète. Le père ? Il a cinquante-sept ans, une famille, une situation officielle, il aidera matériellement la jeune femme. Aragon ? Un nom inventé. On aurait pu trouver plus mal. L'enfant, élevé dans un monde de femmes, de l'avenue de Villars va vivre avenue Carnot où sa mère a créé une pension de famille : « On s'ennuie à cinq ans seul sur le macadam / Que je la haïssais cette avenue Carnot. » Louis fait ses premières études à Saint-Pierre de Neuilly, non loin de la nouvelle demeure. *Le Mentir vrai* nous parlera de *l'Enfant écorché vif*. Précoce, intelligent, avide de lecture, mais l'imaginerait-on autrement ? le jeune Louis Aragon est fort en français. Il est en sixième quand on lit aux élèves de quatrième, pour l'exemple, une narration du jeune écolier. Dans la classe se trouve quelqu'un qui en témoignera : il se nomme Henry de Montherlant. Louis reçoit comme prix une anthologie commentée de Barrès : « C'est dans ce livre, dit le poète, que j'ai découvert un certain nombre de choses touchant l'écriture et, au-delà des problèmes qu'elle pose, j'ai éprouvé une espèce de passion pour Barrès, lequel a joué sur mon développement intellectuel un rôle indiscutable ; je ne l'ai jamais renié depuis. » Aragon a un oncle écrivain : il signe Edmond Toucas-Massillon une chronique théâtrale dans *la Nouvelle Revue moderne* qu'il administre, puis dirige ; il signe Luc Lestrange un roman, *Vierges d'Orient* ou bien un poème languide dans le goût symboliste. Le grand homme de la revue est Han Ryner. C'est le temps du modern' style : « Mon oncle avait dans sa chambre au sixième, tenant avec des épingles sur l'andrinople des murs, à côté d'un Audrey Beardsley, le portrait de Cléo de Mérode et celui de Polaire, et des cartes postales de Rafael Kirschner, le Viennois, où l'image étroite en marge d'un grand aplat vert pomme représentait des filles nues, la tête renversée, en camaïeu beige et blanc sur fond d'or, rendant en forme de cœur la fumée de leur cigarette. » Tout ce qu'il y a d'insolite dans cet art ouvre au modernisme des arts. L'oncle écrivain, mais aussi le père, le vrai père qui n'est autre que Louis Andrieux, le préfet de police, auteur de *Souvenirs* bien connus. On pourrait parler de vacances dont il sera question dans *les Beaux Quartiers*. C'est en 1914, le 27 juillet, que Louis passe la première partie de son baccalauréat latin-sciences. Il accède à l'adolescence, comme ses amis surréalistes, dans le grand bouleversement de la guerre. Nous avons dit sa rencontre avec Breton au Val-de-Grâce, leur commune admiration de Mallarmé, Rimbaud, Apollinaire, Lautréamont, Jarry, mais Breton, dans une période d'inimitié, a dit qu'Aragon « mettait en poésie, Villon bien au-dessus des modernes et, parmi les contemporains, donnait largement le pas, sur Apollinaire d'*Alcools* au Jules Romains des *Odes et Prières* ». Le jeune Aragon brille chez Adrienne Monnier, apparaît comme quelqu'un d'exceptionnel et ce qu'il admire, à moment ou à un autre, dans sa diversité, débouchera sur Aragon lui-même dans son originalité entière.

Fondation avec Soupault de *Littérature* en 1919. Pratique de l'écriture automatique : *Feu de joie*. Arrivée à Paris de Tzara. Tracts, manifestes, manifestations. Tandis qu'Aragon dadaïse, cela ne l'empêche pas de publier *Anicet*, 1921, puis *les Aventures de Télémaque*, 1922, *la Défense de l'infini*, 1923, qu'il brûlera par la suite. Son goût exploratoire de l'inconscient, du merveilleux aboutit à « une production d'images sans précédent » : *Une vague de rêves*, 1924. La même année, le groupe surréaliste fait le procès du roman pris comme simple divertissement alors qu'il s'agit de changer la vie. Aragon entre en conflit avec le parti communiste, mais la guerre du Maroc amènera un rapprochement. Les publications se suivent : *le Libertinage*, 1924, *le Paysan de Paris*, 1926, avec *Nadja* de Breton une des plus belles quêtes du merveilleux quotidien. La littérature des années 1925-1928 fait l'objet d'une attaque violente : *le Traité du style*, 1928. Sa liaison avec Nancy Cunard s'exprime douloureusement dans *la Grande Gaîté*, les poèmes de 1929. L'année précédente, il a rencontré Elsa Triolet. Représentant en 1930 les surréalistes au Congrès des écrivains révolutionnaires de Kharkov où l'on affirme la primauté de la littérature prolétarienne sur le Surréalisme, il va publier *Front rouge* qui l'expose aux poursuites judiciaires. Breton prendra à sa manière sa défense dans *Misère de la poésie*, 1932, mais Aragon n'est pas d'accord car on y attaque le communisme. C'est la rupture dont nous avons parlé et Aragon, à travers les fluctuations de l'histoire, sera fidèle à son engagement communiste, adhérant au parti en 1936, séjournant en Union soviétique à trois reprises, faisant siennes les thèses de Jdanov sur le réalisme socialiste. Ses publications : *les Cloches de Bâle*, 1934, *les Beaux Quartiers*, 1936 (les deux premiers volumes du *Monde réel*).

La guerre, la période d'occupation, la Résistance : le parti communiste se veut défenseur de la tradition culturelle française dont Aragon se fait le chantre. La patrie se confond avec la femme aimée et Aragon ressuscite l'ancienne poésie française, celle de la geste, des romans courtois, des trouvères et des troubadours qui apparaissent, dès lors qu'il les aborde, nettoyés de la poussière des ans, neufs, modernes. Aragon réinvente, ressuscite, mobilise tous les trésors de la poésie française. Paraissent les grands recueils, les poèmes que toute la France connaîtra, qui feront de lui un poète national : *le Crève-Cœur*, 1941, *Cantique à Elsa*, *les Yeux d'Elsa*, *Brocéliande*, 1942, *le Musée Grévin*, 1943 (sous le pseudonyme résistant de François la Colère), tandis que paraissent la suite du *Monde réel*, le roman *les Voyageurs de l'impériale*, 1942, et, après la Libération, ces œuvres aux accents nationaux : *la Diane française* et *En étrange pays dans mon pays lui-même*, 1945. Un roman, un de ses plus beaux romans, *Aurélien*, montre qu'il n'a pas oublié l'amour fou cher aux surréalistes.

Jusqu'en 1956, c'est le temps de la guerre froide, du communisme stalinien, de la poésie engagée où Aragon, comme le parti, se plie aux thèses jdanoviennes. Voici *le Nouveau Crève-Cœur*, 1948, *les Yeux et la mémoire*, 1954, exaltation du parti communiste à la tête d'une culture nationale. Le cycle du *Monde réel* se clôt avec les volumes de ce vaste ensemble *les Communistes*, 1949-1951, et c'est le temps de nombreux essais : *l'Homme communiste*, 1953, *Journal d'une poésie nationale*, 1954, *la Lumière de Stendhal*, 1954, *Littératures soviétiques*, 1954. Venu le temps du dégel et de la destalinisation, un poème *le Roman inachevé*, 1956, se fait l'écho de bien des déceptions. Délivré de Jdanov, Aragon laisse libre cours au lyrisme ou à l'épopée dans *Elsa*, 1959, *le Fou d'Elsa*, 1963, et tant de beaux recueils qui suivront.

Auteur déjà d'une œuvre immense, connaissant une gloire mondiale, Aragon va offrir l'exemple d'un esprit qui n'est jamais en repos, qui va de conquête en conquête, qui reste éternellement jeune dans son temps. On le voit avec un des plus importants romans du siècle, *la Semaine sainte*, 1958, qui dépasse le roman historique et l'épopée pour traduire, dans un style éblouissant, tout ce que l'histoire comporte d'ambiguïtés. Rien de ce qui se passe n'est étranger à Aragon et il prend naturellement sa place parmi toute avant-garde, on le voit dans ses essais : *Collages*, 1964, *Je n'ai jamais à écrire ou les incipit*, 1969, sans oublier les romans exploratoires de nouveaux territoires comme *la Mise à mort*, 1965, *Blanche ou l'oubli*, 1967.

En 1970, c'est la mort d'Elsa, l'aimée, l'inspiratrice, l'autre partie de lui-même, celle qu'il n'a cessé de célébrer et qui a eu un rôle prépondérant dans l'élaboration de son œuvre, l'incitant à participer à un vaste projet révolutionnaire, celle, dit-il, « à qui je dois d'avoir trouvé du fond de mes images l'entrée du monde réel ». Une symbiose s'est opérée entre l'œuvre d'Elsa et celle de Louis comme en témoigne la publication des *Œuvres croisées d'Elsa Triolet et d'Aragon*. On lira aussi un numéro d'*Europe* consacré à *Elsa Triolet et Aragon*, 1967.

La dernière phrase de *Blanche ou l'oubli* était : « Jusqu'ici les romanciers se sont contentés de parodier le monde, il s'agit maintenant de l'inventer. » C'est bien un poète qui parle et qui transmet l'expérience de la poésie. On le verra se libérer de l'intrigue classique en la disloquant selon les caprices de la mémoire, conquérir par le mentir-vrai, entre roman et confession, entre imagination qui est réalité et monde réel, de nouveaux lieux de la prose romanesque où l'Histoire est intégrée habilement en utilisant des techniques récentes : montages filmiques de Jean-Luc Godard, apport de l'essai de Michel Foucault, *les Mots et les choses*, pour dégager de nouvelles problématiques par la linguistique. On peut ajouter qu'Aragon, incessant découvreur, se fait l'ami de tout créateur nouveau et, par sa voix de grand aîné, le porte haut dans l'actualité. On lira : *Henri Matisse*, roman, 1971, *Théâtre/Roman*, 1974, *le Mentir vrai*, 1980, de nouveaux ensembles poétiques comme *le Voyage de Hollande et autres poèmes*, *Élégie à Pablo Néruda*, *les Chambres*, on écoutera des dizaines et des dizaines de chansons tant sa poésie s'y prête, dues à Joseph Kosma, Francis Poulenc, Georges Auric, Claude Arrieu, Léo Ferré, Jean Ferrat, Georges Brassens, Charles Léonardi, Yanni Spanos, Hélène Martin et tant d'autres.

Nous citons simplement quelques témoignages cités dans le *Dictionnaire des Œuvres* à la suite de l'article de Guy Le Clec'h : « Nul n'aura été plus habile détecteur de l'insolite sous toutes ses formes » (André

Breton). « Un grand poète, dont les poèmes présentent presque toujours leur pouvoir dans un besoin d'exalter le règne du cœur » (Jean Cocteau). « Musset est gauche auprès de lui » (Jean Paulhan). « Aragon est toujours celui que l'on ne croit pas, qui nous émerveille plus qu'il ne nous émeut » (Gaëtan Picon). « Il y a surtout cette façon de chez nous de parler d'amour, de retrouver dans la tendresse de la femme le visage du bonheur, de dire d'un même vers l'amour d'une femme et celui de la patrie » (Roger Garaudy). Trois hauts lieux en effet : l'Amour, l'Histoire, le Langage. Trois quarts de siècle de création ne se résument pas en quelques pages et c'est une petite flânerie à travers ses livres de poèmes que nous proposons ici.

De *Feu de joie* à *Hourra l'Oural*.

Au temps où André Breton partage ses amis avec Louis Aragon, incorporant ce dernier à un groupe de jeunes prêts à toutes les aventures libératrices, au temps même de Dada à Zurich, le futur poète national, le jeune Louis commence à publier en revue : il y a *Charlot sentimental* dans *le Film* de Louis Delluc en mars 1918, il y a dans *Nord-Sud* le premier poème, *Soifs de l'Ouest,* sur des thèmes américains :

> Dans ce bar dont la porte
> Sans cesse bat au vent
> une affiche écarlate
> vante un autre savon
> Dansez dansez ma chère
>   nous avons des banjos
> Oh
> qui me donnera seulement à mâcher
> les chewings-gums inutiles
> qui parfument très doucement
> l'haleine des filles des villes...

Les poèmes d'alors sont ceux d'un garçon qui se cherche et c'est bien naturel. Il peut aussi bien écrire un sonnet sur *Satan, ses pompes et ses œuvres* nous montrant qu'il connaît fort bien sa prosodie, qu'il est bien le maître de ses phrases et qu'il peut déjà manier l'ironie, avec, comme le remarque Daix, le « ton des libertins du XVIIe siècle ». Ce sonnet, on l'oubliera dans *Feu de joie,* 1920, le premier recueil, avec un dessin de Picasso, où l'on peut distinguer les sources de tout ce qui fera Aragon. Il aime les mots, il les rend déjà tout neufs comme des jouets, il sait qu'avec eux on peut tout faire : on peut les économiser comme Reverdy, les faire chanter comme Apollinaire, les faire se heurter de manière cocasse, les rendre insolents ou précieux, surtout les dépouiller de la ponctuation ou bien les ponctuer par des blancs, extraire des trésors de sensations, les marier, les démystifier, les mettre en majuscules du dimanche et traduire inquiétudes, nostalgie ou révolte, en extraire au besoin l'étonnement, et se vouloir *Acrobate :*

> Bras en sang Gai comme les sainfoins
> L'hyperbole retombe Les mains
>
> Les oiseaux sont des nombres
> L'algèbre est dans les arbres
> C'est Rousseau qui peignit sur la portée du ciel
> cette musique à vocalises
>
> Cent A Cent pour la vie
>
> Qui tatoue
>
> Je fais la roue sur les remparts

Il manie déjà habilement la chose précieuse : « Vous que le printemps opéra / Miracles ponctuez ma stance » qui sent son petit maître du préclassicisme. Il sait jouer de la chanson triste, manier l'ellipse, passer du coq à l'âne avec une singulière fraîcheur, saisir les plus délicates images : « Le groom nègre sourit tout bas / pour ne pas salir ses dents blanches », user de la trouvaille, varier les rythmes, être charmeur et savant, harmonieux et même romantique aux lumières crues d'un casino : « Et la fille se pâme et murmure Weber / Moi je prononce Wèbre et regarde la mer » en laissant passer le souvenir d'un air de Nerval. Se manifeste aussi, souvent caché, car il aime casser les rythmes, un certain goût pour l'alexandrin qu'il oublie parfois de découper en petits morceaux :

> Ma jeunesse Apéro qu'à peine ont aperçue
> Les glaces d'un café lasses de tant de mouches
> Jeunesse et je n'ai pas baisé toutes les bouches
> Le premier arrivé au fond du corridor
> 1 2 3 4 5 6 7 8 9 10 Mort
> Une ombre au milieu du soleil dort c'est l'œil

Alors que paraît *Feu de joie*, au temps de Dada le libérateur, au temps de la mise en question du langage, Aragon publie sans signer, dans la revue *Proverbe* d'Éluard, ce poème qu'on retrouvera dans *le Mouvement perpétuel*, poèmes de 1921-1924, publié en 1926 avec deux dessins de Max Morise, *Persiennes* :

> Persienne ?
> Persienne   Persienne   Persienne
> Persienne persienne persienne persienne persienne
> persienne persienne persienne persienne persienne
> persienne persienne persienne persienne persienne
> Persienne persienne persienne persienne
> Persienne ?

Voilà le nettoyage du langage façon Aragon, mais n'a-t-il pas été capable, dans la revue *Cannibale*, de signer l'alphabet comme Duchamp signe un ustensile ou un urinoir. Le titre est *Suicide* :

> A b c d e f
> g h i j k l

```
         m n o p q r
         s t u v w
         x y z
```

De quoi effrayer, n'est-ce pas ? Où est la poésie à laquelle le commun des mortels se réfère dans tout cela ? En cherchant bien, peut-être trouverait-on une signification ou un début de signification dans l'arrangement typographique. Mais il n'est pas que ces provocations dans *le Mouvement perpétuel*, que ces références à un moment historique du langage dont on se défie, même si, dans ce livre composé entre les périodes Dada et Surréalisme naissant, la dédicace semble injurieuse : « Je dédie ce livre à la poésie et Merde pour ceux qui le liront. » On nous a avertis et seuls se décourageront ceux qui n'attendent pas un éveil dans la négation même, dans le défilé des clichés mis à nu, dans l'attirail et le bric-à-brac poétique jetés pêle-mêle afin de les détruire dès lors qu'ils sont énoncés. Ici on liquide, on fait son affaire au poème, on brûle pour assurer la renaissance. Talent gaspillé ? Pas toujours car on se laisse prendre au jeu, c'est là la rançon du talent. Il y a de tout et même le ton boy-scout en mal de B.A. : « Nous avons fait le bien comme ils ont fait le mal / Nous avons empêché d'écraser un aveugle... » et de ces poèmes à l'envers, sous-écrits, naît une étrangeté. Ou bien un Aragon Don Quichotte surgit dans un *Poème de cape et d'épée* :

> Les chevaliers de l'ouragan s'accrochent aux volets des boutiques
> Ils renversent les boîtes à lait comme de simples mauviettes
> Ils tournent autour des têtes
> Ils vont nostalgiquement s'appuyer à la boule barbue des coiffeurs
>
>   Chevaliers de l'ouragan
>   Qu'avez-vous fait de vos gants

Certains poèmes apparaissent comme des jeux, des exercices. Certes on ne peut dire que le poète fait ses gammes, mais ces expériences lui serviront plus tard, on le verra, et ce qui frappe, lorsqu'on lit ces poèmes plus d'un demi-siècle après leur publication, c'est ce goût de la musique des mots, ces cadences, ces rythmes, ces sonorités, ces rimes internes. Comme le dit Pierre Daix, « Aragon prête une oreille affinée à ce qui subsiste de chant dans les ruines de la poésie ». Dada ici est fredonné, et s'il y a dérision, démontage de la poésie comme d'une montre par un enfant qui veut deviner son mécanisme, la poésie et la montre ne cessent pas de marcher, cela contre tout ce qu'on attend. On décompose, on fait trébucher les mots et la pensée sur des césures insolites et qui se révèlent efficaces. Aragon pourra en parler plus tard : « On voit dans ces poèmes la marque d'une certaine opposition à la poésie qui se faisait parmi nous, à notre mode poétique. » Or l'opposition à quelque poésie que ce soit, faite par un authentique poète, se métamorphose en poésie même contre son gré. Cependant, si on lit le sonnet *Un air embaumé*, on peut trouver autre chose que le désir de décourager « l'amateur de bonne vieille poésie » et ce tercet final a quelque chose d'un tombeau à la manière mallarméenne :

> ... Sur la tombe Mille regrets
> Où dort dans un tuf mercenaire
> Mon Sade Orphée Apollinaire

S'il démonte la syntaxe en toute connaissance de cause, cela agace moins qu'il le voudrait et même prend un tour poétique inattendu :

> Dans une neige de neige
> un enfant une fois
> jeta l'âme de lui
> et il ne savait pas
> il ferme les paupières des yeux
>
> Un couple
> il veut dire un homme et une femme
> une fois une fois
> tout le long du chemin
> un couple d'eux deux

Avec Daix, on peut dire : « Aragon, au lieu de mettre la poésie au pas illogique de Dada, fait de Dada la poésie » tant il est vrai qu'il met une marque puissante et personnelle dans ses entreprises, fussent-elles de démolition, d'une démolition qui ne le détruit jamais.

Cette voie se poursuit dans *la Grande Gaîté*, 1929, où la dérision devient volontiers auto-dérision. Un amour blessé, celui qu'il a connu avec une amie d'Ezra Pound et de William Carlos William, la fascinante Nancy Cunard, l'amour américain que suit l'amour russe d'Elsa, et dont il parlera dans *le Roman inachevé* bien plus tard, laisse ses traces dans cette « grande gaîté » qui est antiphrase. Daix en dit : « C'est malgré tout le premier recueil lyrique d'Aragon, bien que le poème y soit volontairement prosaïque, le chant étranglé, le rythme affaissé, comme un discours assourdi au point d'en perdre le timbre de sa propre voix... » La dérision, le désespoir, la colère, Aragon retourne tout cela contre le poème lui-même, n'hésitant pas à prosaïser, bêtifier, se moquant de la chose écrite et de son lecteur :

> Oh ma zizi
> Oh ma zizi
> Tes petits seins tes petits
> Pieds
> Pieds pieds pieds pieds
> Tes petits pieds sur mes grands seins

Quel amateur pourrait en effet se trouver satisfait de ces choses menues, de ces pirouettes s'il ne voyait dans cette entreprise d'anti-poésie, de désintégration, d'auto-férocité de l'humour, de langage brut et désarticulé, le degré zéro du lyrisme où un *Art poétique* n'est que cela :

> On me demande avec insistance
> Pourquoi de temps en temps je vais à
> La ligne
>
> C'est pour une raison
> Véritablement indigne

>   D'être con
>   Chiée par écrit

Sur les ruines de l'amour détruit, sur les ruines d'un monde qui détruit jusqu'à l'amour, Aragon passe cependant au poème qui n'est pas seulement révolte contre le poème, mais révolte contre l'ordre établi par la satire de la *Clique des têtes à claques*, autrement dit curés, militaires, policiers ou ministres. Les gens en place et leurs statues dont il faut « piétiner le plâtre » ont droit aux invectives d'Aragon la Colère et règnent un tohu-bohu désespéré, un pessimisme constant :

>   Un exhibitionniste naïf en matière de sentiment
>   Un caractère au moral comme au physique
>   Nom de Dieu tout ça n'est guère amusant
>   Comme attraction c'est zéro

De l'insulte cocasse à l'exacerbation, ces poèmes passent mieux entendus que lus, mais il y a de grandes coulées du cri, sortes de longues missives comme *Poème à crier dans les ruines* d'une étonnante violence, d'une virulence inapaisée devant le rejet de tout ce qui établissait la communauté des goûts et des choses rencontrées d'un couple défait qui crache sur ce qu'il a aimé et dont le poète semble étonné de parler au passé. Le cri ici entre dans le poème et l'on voit qu'Aragon ne sait aimer et souffrir qu'avec démesure.

Il a dans ces premiers recueils forgé des armes qui sont dérision, injure, violence et il s'en servira bientôt à des fins plus vastes. Sa révolte s'amplifie, trouve ses objets, car, revenu d'U.R.S.S., il a vu le visage de la Révolution. La réalité immédiate, l'arme de manière de plus en plus efficace. Il va frapper au cœur et à la tête de toutes les puissances oppressantes qui portent le masque de la société libérale. C'est *Persécuté persécuteur*, 1931, une bombe chargée de lyrisme explosif, une force assez rare dans la poésie française depuis Agrippa d'Aubigné et Hugo dont l'exemple se trouve dans le poème *Front rouge* qui ouvre le recueil comme une blessure, une œuvre syncopée, haletante, un langage poétique sauvage, outrancier, démesuré qui va lui valoir une inculpation d'incitation à la violence. Il écrit : « Descendez les flics / camarades / descendez les flics », il jette :

>   Feu sur Léon Blum
>   Feu sur Boncour Frossart Déat
>   Feu sur les ours savants de la social-démocratie

La politique, les entreprises coloniales, il les combat de toute sa violence avec les armes du Surréalisme entrant dans le réel et le bouleversant; on le voit dans ces poèmes armés qui se nomment *Front rouge, le Progrès, Mars à Vincennes, Un jour sans pain, Prélude au temps des cerises, Lycanthropie contemporaine*, etc. Et encore dans *Tant pis pour moi* :

>   Ainsi que le cœur qui se déchire au début de l'absence
>   le grisou sautera dans Paris
>   avec un long bruit de luxe brisé

> Les enfants regarderont la dernière passe du bordel
> éclaté comme une grenade
> Puis joueront à une marelle révolutionnaire et philosophique
> où CIEL se lira DRAPEAU ROUGE
> et TERRE TERRE comme si de rien n'était

C'est la naissance du grand lyrisme révolutionnaire en longues phrases percutantes, ce que 1789 n'a pas trouvé après ses périodes de poésie badine, c'est le rythme brutal, la musculature du verbe au service de l'idée, avec les éclaircies parfois du regard sur l'avenir où les enfants « joueront à saute-mouton par-dessus les fleuves de larmes ». Georges Sadoul écrira : « Si tout n'est pas défendable dans *Front rouge* qu'Aragon n'aime pas, il n'en fut pas moins un événement poétique puisqu'il contribua à déterminer une évolution capitale chez son auteur et chez d'autres, comme le prouva la suite de l'histoire, la suite de l'Histoire de France, la suite de l'histoire de la poésie française. » C'est en effet à partir de cet ensemble démesuré qu'Aragon connaît sa puissance et va pouvoir la diriger dans toutes ses œuvres, sa création se mettant au service de son idéologie. Le voilà grand forgeron du langage combattant. On le voit bientôt dans *Hourra l'Oural*, 1934, qui contient encore *Front rouge* et célèbre le combat des travailleurs soviétiques aux prises avec le grand projet de l'Oural. Ici, selon Aragon, la chose précède le mot et non le mot la chose. Le poème est lui-même un chantier en voie d'organisation puisqu'on y passe de la spontanéité et de l'automatisme à la netteté et à l'efficacité de l'expression. La Révolution ici marque une étape constructive et la technique poétique doit répondre à un fait nouveau, prendre ses assises et sa signification dans le monde réel, dans les faits de la révolution en marche, car

> La
> technique
> dans la période
> de reconstruction
> décide
> de
> tout

Certes, Aragon ne perd rien de sa virtuosité qui se manifeste en allitérations : « longue file des morts au morfil des années », en harmonie imitative : « Tonnerre du minerai tombant aux concasseurs », ne dédaigne pas au passage la rime ou l'assonance :

> Au fait que disait-elle au début de ce poème
> la voix aérienne qui saute à mesure qu'on s'en va
> d'un pavillon vers l'autre et qui reprend l'antienne
> sans laquelle un quelque chose assurément manque au panorama

L'habileté de sa parole, une manière particulière de parler prosaïque dont il sait extraire la poésie. Et certains poèmes comme *la Ballade des vingt-sept suppliciés de Nadiejdinsk* (« C'étaient des jeunes et des vieux / Mais tous étaient partisans rouges... ») laissent auguror les poèmes de la Résistance et en sont la source. On est souvent proche de *Persécuté persécuteur* surtout lorsque le poète se fâche, mais le goût pour le chant s'y affirme, un recours au merveilleux moderne, celui des chantiers du socialisme, l'accompagnant :

> Ce qu'il y a de merveilleux
> Ouvrez braves gens les oreilles
> ce qu'il y a de merveilleux
> Ouvrez braves gens vos grands yeux
>
> C'est que le travail ne soit plus
> dans le monde socialiste
> c'est que le travail ne soit plus
> une honte un poids comme il fut

Cela tient de la complainte et bientôt de la pédagogie, celle d'un monde idéal, quelque peu claironnant et naïf, où les soldats rouges parlent aux enfants :

> Ils leur disent d'apprendre mieux
> Et la technique et les machines
> Et les enfants ouvrent des yeux
> Bleus bleus bleus bleus bleus bleus bleus bleus

Le service de la poésie ne se sépare pas de l'accouchement du socialisme et tant pis si la poésie telle qu'elle est conçue y laisse quelques plumes. Aragon n'a-t-il pas écrit dans *Commune* en 1933 : « Au risque de passer pour un démagogue et un charlatan, je vous dirai que moi je défends la poésie quand je défends l'Union Soviétique. » Et n'oublions pas que *Hourra l'Oural* est dédié aux militants tués les 9 et 12 février 1934, noms qui réapparaîtront dans *le Roman inachevé*. Dans cet ensemble où l'on se sert de la prosodie classique en quatrains d'octosyllabes convenablement rimés comme un défi à la poésie moderne, parfois la rime extravague :

> Là-bas Non plus loin Là-bas Lorsqu'
> On vous aura dit qu'aujourd'hui
> Cela prend le nom de Sverdlovsk

Il est vrai qu'Aragon peut dire : « Que d'amis j'ai perdus... » car cette révolution, ce défi jettent le silence sur lui, Aragon poète. D'autant que *les Cloches de Bâle*, 1933, *les Beaux Quartiers*, 1936, occultent sa poésie. Pourtant, dans l'avant-guerre immédiat, Aragon publie dans les revues des poèmes sous son nom et sous pseudonyme, mais cette période de silence du poète sera de courte durée : ne possède-t-il pas toutes les armes poétiques par lui seul forgées et trempées pour répondre aux événements qui se préparent!

Du *Crève-Cœur* au *Nouveau Crève-Cœur*.

Aragon romancier, journaliste, préparait dans le silence son évolution poétique et l'apparition du *Crève-Cœur*, 1941, après la drôle de guerre, la débâcle, en temps d'occupation, apparut comme s'inscrivant dans une renaissance poétique française. Aragon y revenait à ce qu'il appelle « vers comptés », épisodiquement employés dans les précédents recueils, alexandrins, décasyllabes, octosyllabes, et rimes, mais rimes selon une conception nouvelle, avec l'emploi du rejet, de la rime intérieure, ce qui nous ramenait aux recherches médiévales, aux travaux de rhétorique, à la chanson française, après un arrêt, le temps de découvrir de nouveaux assouplissements. Ce recueil se complétait par une étude, *la Rime en 1940*, où le poète cherchait les raisons d'une désaffection de la rime dans le poème alors qu'elle vivait toujours dans la chanson : « La dégénérescence de la rime française vient de sa fixation, de ce que toutes les rimes sont connues ou passent pour être connues, et que nul n'en peut plus inventer de nouvelles, et que, par suite, rimer c'est toujours imiter ou plagier, reprendre l'écho affaibli de vers antérieurs. » Il demandait : « Qui a fait entrer encore dans le vers français le langage de la T.S.F. ou celui des géométries non euclidiennes ? » Pour Aragon, après la décomposition du vers, « aussi habituelle que le taratata des pieds bien comptés du XVIIIe siècle », il apparaît que « la poésie logorrhéique de ces dernières années aura le même sort que les vers à l'aune du temps des bergeries » — ce à quoi, pour nous, la lecture de grandes œuvres ne saurait nous faire souscrire. Qui sait si ce désir de rénover et de renouveler les rimes, d'en augmenter le nombre, proposé par tout autre que l'ancien surréaliste, aurait recueilli l'intérêt et les suffrages ? N'importe, le fait est là et le poète propose ses échantillons de « l'enjambement moderne, surenchère à l'enjambement romantique, où ce n'est pas le sens seul qui enjambe, mais le son, la rime, qui se décompose à cheval sur la fin du vers et le début du suivant » :

> Ne parlez plus d'amour. J'écoute mon cœur *battre*
> Il couvre les refrains sans fil qui l'ont grisé
> Ne parlez plus d'amour. Que fait-elle là-*bas*
> *T*rop proche et trop lointaine ô temps martyrisé

Il montre que « l'emploi simultané de la rime enjambée et de la rime complexe permet l'emploi dans le vers français de tous les mots de la langue sans exception, même de ceux qui sont avérés sonorement impairs et que jamais personne n'a jusqu'ici mariés à d'autres mots avec l'anneau de la rime ». Il donnera des exemples pris dans ses poèmes, faisant rimer « ivresse » avec « vivre est-ce » ou par trois « nos fils aiment » avec « un défi sème » et avec « emphysèmes » et propose donc des équations poétiques nouvelles, notamment en donnant trois rimes enjambées au mot *Ourcq* :

> Que les heures tuées
> Guerre à Crouy-sur-Ourcq
> Meurent mal et tu es
> Mon âme et mon vau*tour*
> *C*amion de buées
> Mélancolique amour
> Qui suit l'avenue et

> Capitaine au long *cours*
> *Q*uitte pour les nuées
> Les terres remuées

Nous trouvons dans *le Crève-Cœur* des poèmes classiques qu'animent quelque mot inattendu, quelque « électroscope » comme ici :

> Le temps a retrouvé son charroi monotone
> Et rattelé ses bœufs lents et roux c'est l'automne
> Le ciel creuse des trous entre les feuilles d'or
> Octobre électroscope a frémi mais s'endort

Ainsi Aragon redécouvre à sa manière ce que tant de poètes n'ont pas quitté, ce qui lui paraît tout neuf et le conduira peu à peu vers ses réussites, mais il n'empêche que les parasites d'une *Petite Suite sans fil* proposent de bizarres pariades de sons :

> Hilversum Kalundborg Brno L'univers crache
> Des parasites dans Mozart Du lundi au
> Dimanche l'idiot speaker te dédie Ô
> Silence l'insultant pot-pourri qu'il rabâche

Mais que de grâces, que de beautés ! En temps de malheur, c'est la renaissance du chant français qui surgit au cœur de l'événement et on lira *les Amants séparés* en pensant à la fois aux séparations de la guerre et aux amis politiques arrêtés, mais c'est bien l'amour qui est au premier plan :

> Comme des sourds-muets parlant dans une gare
> Leur langage tragique au cœur noir du vacarme
> Les amants séparés font des gestes hagards
> Dans le silence blanc de l'hiver et des armes
> Et quand au baccara des nuits vient se refaire
> Le rêve si ses doigts de feu dans les nuages
> Se croisent c'est hélas sur des oiseaux de fer
> Ce n'est pas l'alouette O Roméos sauvages
> Et ni le rossignol dans le ciel fait enfer

Lamento des couples séparés par la guerre encore dans *le Temps des mots croisés* où « La nuit du moyen âge / Couvre d'un manteau noir cet univers brisé ». Il tente cet air de valse qu'on retrouvera dans maints poèmes avec *la Valse des vingt ans* : « Bon pour le vent bon pour la nuit bon pour le froid / Bon pour la marche et pour la boue et pour les balles / Bon pour la légende et pour le chemin de croix. » Ou bien il retrouve le ton d'Apollinaire :

> Jeunes raisons vieilles folies
> Où vont les spectres des monarques
> Et les modernes Ophélies
> Notre monde atroce démarque
> Le royaume de Danemark
>
> Homme il est pourri ton royaume
> Hélas hélas pauvre Yorick

> Pauvre Pierre ou pauvre Guillaume
> Morts de vos rêves chimériques
> Sans avoir trouvé l'Amérique

Combien connaissent par cœur des poèmes comme *les Lilas et les roses* qui précède une future et tragique union de la rose et du réséda ! On voudrait citer en entier ce poème qui commence ainsi :

> Ô mois des floraisons mois des métamorphoses
> Mai qui fut sans nuage et Juin poignardé
> Je n'oublierai jamais les lilas et les roses
> Ni ceux que le printemps dans ses plis a gardés

On voudrait citer encore *Vingt Ans après, Deux Poèmes d'outre-tombe, le Printemps, Tapisserie de la grande peur, Complainte pour l'orgue de la nouvelle Barbarie, Richard II quarante, les Croisés*, tout! La Poésie est entrée dans l'Histoire. On entend comme une sonnerie, un rappel : « Et blessés à mourir surent qu'Eléonore / C'était ton nom Liberté Liberté chérie. » Le peuple va trouver ici le chant de sa souffrance et de ses premiers espoirs avec le murmure premier d'une Résistance, ce qu'Aragon appelle « contrebande littéraire », la poésie trouvant la nouvelle vocation d'être en plein jour l'expression de la colère interdite, l'art d'exprimer des idées dangereuses avec des mots permis, des mots de tous les jours rassemblés comme les armes de la nuit. « C'est, écrit Sadoul, pour cette raison profonde que *le Crève-Cœur* fut un recueil d'une parfaite homogénéité, un même esprit inspirant les poèmes d'avant et d'après juin 1940, leur " contrebande " s'élevant par des moyens détournés contre deux formes successives de répression ou d'oppression. »

Les Yeux d'Elsa, 1942. Ce recueil contient non seulement quelques-uns des plus beaux poèmes d'Aragon, mais aussi des proses éclairantes, à commencer par la préface *Arma virumque cano* où Aragon revient sur la question de la rime, la poésie nationale, la réinvention du langage poétique, avec des allusions aux faits de l'époque, au folklore de Pétain : « On nous scie les pieds avec le folklore ces temps-ci. » A quoi il répond : « Je chante l'homme et ses armes, c'en est plus que jamais le moment. » En appendice, il reprend *la Rime en 1940* (fragments) et donne deux textes : *la Leçon de Ribérac, Sur une définition de la poésie*. La « leçon » est celle du troubadour Arnaut Daniel, celle des mythes et des chants du moyen âge, des troubadours et trouvères, de la morale courtoise, avec cette conclusion : « Le " clus trover " permettait aux poètes de chanter leurs Dames en présence même de leur Seigneur. Il n'était pas si fermé qu'il ne le fut pour d'autres poètes, et il a engendré par le monde de grands poèmes où passe à jamais l'air de chez nous. » Ainsi Aragon éveille une lointaine armée pour venir au secours de la France et « l'hermétisme de la poésie contemporaine » est là pour communiquer, pour « changer la société » pour lutter contre l'occupant et les collaborateurs. La Poésie sera la parole de la France bâillonnée. C'est là une de ses plus belles aventures.

Une parenthèse : pour nous qui nous efforçons de suivre la poésie et se poètes en tentant de ne rien écarter, il est bon de souligner qu'Arago indique : « Il n'y a aucunement là de ma part l'intention d'éclipser quelque poésie que ce soit » et il est heureux qu'un poète puisse s'épanouir dans la diversité des chants de tous.

L'amour d'Elsa représente la pureté au cœur des ruines, la force de lutter et de s'opposer, l'affirmation de la vie, mais Elsa n'est pas un symbole, elle est l'amour présent, l'amour de la femme qui se lie à l'amour de la patrie. Tout le monde connaît le poème qui donne son titre à l'ensemble, ce chant d'harmonie et de beauté qui se déroule et nous émerveille entre le premier et le dernier quatrain :

> Tes yeux sont si profonds qu'en me penchant pour boire
> J'ai vu tous les soleils y venir se mirer
> S'y jeter à mourir tous les désespérés
> Tes yeux sont si profonds que j'y perds la mémoire
> . . . .
>
> Il advint qu'un beau soir l'univers se brisa
> Sur des récifs que les naufrageurs enflammèrent
> Moi je voyais briller au-dessus de la mer
> Les yeux d'Elsa les yeux d'Elsa les yeux d'Elsa

Comme Musset, Aragon écrit une série de *Nuits : la Nuit de mai*, celle des spectres de la défaite : « O revenants bleus de Vimy vingt ans après / Morts à demi je suis le chemin d'aube hélice », *la Nuit de Dunkerque* : « La France sous nos pieds comme une étoffe usée / S'est petit à petit à nos pas refusée », *la Nuit d'exil* : « Reverrons-nous jamais le paradis lointain / Les Halles l'Opéra la Concorde et le Louvre », *la Nuit en plein midi* :

> Il règne sur la ville une nuit négatrice
> L'Arlequin blanc et noir noir et blanc devenu
> N'y voit rien de changé sinon que les actrices
> Accrochent au moyen d'épingles à nourrice
> L'ombre des rayons X à leur épaule nue
> Équation-fantôme aux belles inconnues
> Ces jours-ci s'est ouvert le Carnaval de Nice
> Personne excepté moi ne s'en est souvenu

Aragon célèbre des *Fêtes galantes* comme s'il fallait rassembler tout le trésor français et sans oublier un certain humour ou un franc-parler comme dans *les Folies-Giboulées,* avant d'en revenir au drame avec *Les larmes se ressemblent* ou le poème *C,* celui des ponts de Cé jouant sur une rime unique. Et voilà qu'apparaît comme une évasion le plus beau des poèmes du voyage, avec *l'Escale :* « Les voyageurs d'Europe entre eux parlaient d'affaire / Les yeux de la vigie adoraient l'horizon » qui contient les plus beaux vers qui soient :

> Andromède Andromède ô tendre prisonnière
> N'est-ce pas toi qui pleures et Méduse qui rit
> Le moderne Persée aurait-il entrepris
> Sur le cheval volant l'école buissonnière
> Aux jours que nous vivons les héros ont péri

> Je n'attends plus des Dieux que l'injure dernière
> Va dire qu'Andromède est morte à sa manière
> Dans ses cheveux dorés en pensant à Paris

Suivent des « plaintes » comme au temps médiéval, avec des sujets cherchés très loin dans l'Histoire et qui font renaître une Renaissance historique appelant à une renaissance française, avec ouverture sur le faible espoir qui va grandir. Ainsi dans *Richard Cœur-de-Lion*, dans *Pour un chant national*, où il unit le lointain Bertrand de Born au poète contemporain Alain Borne. Un poème s'intitule *Contre la poésie pure* où passent des images dignes de cette poésie pure qui ne peut avoir cours en temps tragique. Le poème *Plus belle que les larmes* s'ouvre sur une diatribe qui a son destinataire, Drieu La Rochelle :

> J'empêche en respirant certaines gens de vivre
> Je trouble leur sommeil d'on ne sait quel remords
> Il paraît qu'en rimant je débouche les cuivres
> Et que ça fait un bruit à réveiller les morts

Encore un poème où s'opère le rassemblement des vieilles chansons : « La belle que voici va-t'en de porte en porte », des poètes comme Racine ou Lamartine, des personnages historiques comme François roi de France ou Duguesclin, des peintres comme Ingres ou Courbet, des noms géographiques qui illuminent le poème de leurs belles sonorités et rassemblent la tapisserie française, villes, montagnes, fleuves où passent des êtres légendaires, Quatre fils Aymon ou Compagnons de la Marjolaine, et l'on termine : « Dansons ô mon enfant dansons la capucine / Ma patrie est la faim la misère et l'amour. » Il faut citer le magnifique *Cantique à Elsa*, ce poème en six parties qui s'ouvre ainsi :

> Je te touche et je vois ton corps et tu respires
> Ce ne sont plus les jours du vivre séparés
> C'est toi tu vas tu viens et je suis ton empire
> Pour le meilleur et pour le pire
> Et jamais tu ne fus si lointaine à mon gré

Joie pour l'auteur de ces lignes de citer ces vers connus par cœur, de célébrer un amour où « Aucun mot n'est trop grand trop fou quand c'est pour elle », d'aller de « Ce que dit Elsa » au « Regard de Rancé », de recevoir la musique en écoutant cette *Elsa-Valse* où le poème célébrant une « valse inconnue entraînante et magique » est entrecoupé par les mots mêmes de la valse :

> Cette valse   est un vin   qui ressemble   au Saumur
> Cette valse   est le vin   que j'ai bu   dans tes bras
> Tes cheveux   en sont l'or   et mes vers   s'en émurent
>   Valsons-la   comme on saute un mur
> Ton nom s'y murmure   Elsa valse   et valsera

Ainsi cette poésie de tradition française que d'aucuns croyaient épuisée renaît plus jeune que jamais dans *les Yeux d'Elsa*, jeune parce que fertilisée par les assouplissements donnés par le Surréalisme comme jadis les rhétoriqueurs ont assoupli notre langue. Il dit : « Mon amour n'a qu'un nom c'est la jeune espérance » et, soudain, par ce livre, par ces vers qui sont sur toutes les bouches, la poésie apparaît plus que jamais salvatrice et les hommes seuls de la France blessée voient surgir du passé français ressuscité une immense espérance.

La voix ne cessera plus de retentir. Marianne a pris le nom d'Elsa. Et voici *Brocéliande,* 1942, qui, comme *les Yeux d'Elsa,* sera publiée à Neuchâtel mais gagnera la France en dépit des censures, et sera suivie par *En français dans le texte,* 1943. Le recours au trésor médiéval indiqué dans *la Leçon de Ribérac* se poursuit dans *Brocéliande,* long poème où, à travers les mythes hérités de Chrestien de Troyes, s'affirme une permanence nationale en temps de censure, et le poème a ses clés (par exemple les évocations des résistants martyrs). La fin du poème débouche même sur une prophétie, celle de la libération en août, et qui surviendra bien en août, mais deux ans plus tard. Ici alternent les parties en vers réguliers et les longues laisses de vers libres que traverse un souffle lyrique :

> Ô l'épaisse toison d'étoiles sur nos têtes
> Ce soir d'août le ciel d'aînesse échoit aux mains d'audace
> Ce soir d'août dénie à l'héritier son domaine
> Dénie à l'affameur affamé son droit planétaire
> Son droit de faire la loi dans la nuit...

En tous lieux, du vers mesuré au vers libre, Aragon montre sa maîtrise, une manière de dominer l'événement en le rendant fidèlement, de montrer l'époque en montrant le futur espéré. Ainsi en vers réguliers est le poème *En français dans le texte* où le poète en exil, en retrait, imagine ce Paris qu'il aime tant dans sa lutte quotidienne et c'est *le Paysan de Paris chante,* c'est *le Médecin de Villeneuve :* « Dans ce pays de fenêtres étranges / Il fait trop nuit pour qu'un sanglot dérange », c'est un *Art poétique* en distiques où s'affirme la volonté d'une poétique nouvelle où passe l'ombre des fusillés de mai 1942 :

> Pour mes amis morts en Mai
> Et pour eux seuls désormais
>
> Que mes rimes aient le charme
> Qu'ont les larmes sur les armes
>
> Et que pour tous les vivants
> Qui changent avec le vent
>
> S'y aiguise au nom des morts
> L'arme blanche du remords

Le Paysan de Paris à la rencontre du *Musée Grévin,* ce n'est point étonnant, et c'est en 1943, aux éditions de Minuit, qu'Aragon, devenu François la Colère, publie ce titre, tout de suite après une première édition à Saint-Flour, livre qui sera réimprimé en tract, car l'édition en est clandestine. Une édition définitive sortira en 1946. Le poème, en huit parties, alternant alexandrins et octosyllabes, est un cri s'amplifiant sans cesse, un acte de soulèvement, un acte de résistance contre la terreur nazie, la trahison de Vichy, l'asservissement, un appel à la liberté qui sera reconquise. Il nous dit, dans le poème, *C'est une absurdité que de mettre des rimes...* qui sera rimé, comme chez Verlaine lorsqu'il proteste contre le « bijou d'un sou », il nous dit : « Les mots français gardent l'espoir d'un doublesens » et il faut insister dans cette Histoire sur une vocation nouvelle de la poésie (« Il brûle dans les yeux une autre poésie ») qui devient une combattante de l'ombre. Dans ces « Olympiques de souffrance », le salut grave aux héroïnes, ces Maries qu'il salue, et qui sont Marie-Louise, Danièle ou Maïe, le rappel des géhennes :

> Auschwitz Auschwitz ô syllabes sanglantes
> Ici l'on vit ici l'on meurt à petit feu
> On appelle cela l'exécution lente
> Une part de nos cœurs y périt peu à peu

Et la plus belle salutation qui soit, qui ait jamais été à la France, celle d'Orléans, Beaugency, Vendôme, celle « De Lille à Roncevaux de Brest au Mont-Cenis » :

> Je vous salue ma France aux yeux de tourterelle
> Jamais trop mon tourment mon amour jamais trop
> Ma France mon ancienne et nouvelle querelle
> Sol semé de héros ciel plein de passereaux
>
> Je vous salue ma France où les vents se calmèrent
> Ma France de toujours que la géographie
> Ouvre comme une paume aux souffles de la mer
> Pour que l'oiseau du large y vienne et se confie

Et le poète s'en prend au « réveil noir des traîtres », aux bourreaux, aux fantômes d'un futur musée de cire que ses vers écrasent déjà, Laval, Hitler, Mussolini, Pétain, qu'il peint aux couleurs de leur noirceur, avant d'abandonner ces pantins pour en revenir à ce « pays dévasté par la peste / Qui semble un cauchemar attardé de Goya » :

> J'écris dans ce pays où l'on parque les hommes
> Dans l'ordure et la soif le silence et la faim
> Où la mère se voit arracher son fils comme
> Si Hérode régnait quand Laval est dauphin

Poème terrible et haletant, dans la lignée vengeresse de Peire Cardenal le troubadour des armes satiriques, d'Agrippa d'Aubigné des *Tragiques*, de Victor Hugo des *Châtiments*. Les plus beaux chants sont ici et encore dans *la Diane française*, 1945, puis 1946, sans compter de nombreuses éditions, et dont tous les poèmes seraient à citer, poèmes de 1942-1944, comme la célèbre *Ballade de celui qui chanta dans les supplices* qu'il signa tout d'abord Jacques Destaing : « Et s'il était à refaire / Je referais ce chemin / Une voix monte des fers / Et parle des lendemains » et qui se termine par l'exécution d'un martyr qui chante la Marseillaise et aussi : « Une autre chanson française / A ses lèvres est montée / Finissant la Marseillaise / Pour toute l'humanité. » C'est là qu'on trouve aussi l'union de deux autres chants, celui du chrétien et celui du non-croyant, unis dans la Résistance, *la Rose et le réséda* :

> Celui qui croyait au ciel
> Celui qui n'y croyait pas
> Tous deux adoraient la belle
> Prisonnière des soldats

C'est là qu'on trouve la *Légende de Gabriel Péri*, le *Conscrit des cent villages* où chantent les noms de France : « Il faut reprendre ô saoulerie / Ce déroulement implacable / Et boire et boire les vocables / Où flambe et tremble la patrie » et il faut dire que la France de ce temps fut la France d'Aragon, que, durant des années, ces poèmes seront sur toutes les bouches, avant qu'on ne les chante comme Brassens avec un des plus nobles et beaux, *Il n'y a pas d'amour heureux* :

> Rien n'est jamais acquis à l'homme Ni sa force
> Ni sa faiblesse ni son cœur Et quand il croit
> Ouvrir ses bras son ombre est celle d'une croix
> Et quand il croit serrer son bonheur il le broie
> Sa vie est un étrange et douloureux divorce
>   *Il n'y a pas d'amour heureux*

Et ce vers tant de fois cité : « Le temps d'apprendre à vivre il est déjà trop tard. » Ainsi Aragon a réhabilité le poème d'amour comme un poète pétrarquisant de jadis. Certes, ces poèmes ont fait grincer des dents. D'aucuns n'ont voulu y voir que des imitations d'Apollinaire ou de Villon, si ce n'est le Péguy des *Tapisseries*, d'aucuns ont été agacés par ce retour aux règles prosodiques, alors qu'il y avait renouvellement et originalité incontestables. D'autres ne virent que des rythmes de musique militaire prêts à célébrer l'épopée communiste dans cette *Diane française* qui se termine en effet par une reconnaissance *Du poète à son parti* :

> Mon parti m'a rendu mes yeux et ma mémoire
> Je ne savais plus rien de ce qu'un enfant sait
> Que mon sang fût si rouge et mon cœur fût français
> Je savais seulement que la nuit était noire
> Mon parti m'a rendu mes yeux et ma mémoire

Il faut pour bien comprendre situer historiquement de tels poèmes, rappeler cela comme le fit Georges Sadoul : « On récitait les poèmes de la Résistance dans les maquis, dans les prisons, dans les chambres de torture, dans les camps d'extermination. Leurs copies tombaient (aussi) des avions alliés, circulaient par les nuits de couvre-feu, se retrouvaient dans les poches des fusillés avant d'être inscrits sur les monuments qui commémorèrent leur sacrifice... » Qu'on le veuille ou non, la poésie, c'est aussi ce flot d'armes parachutées, ces messages, ces ultimes compagnons des hommes sacrifiés. L'honneur des poètes.

Et, en 1948, comme pour clore une période d'Aragon, *le Nouveau Crève-Cœur*. Nous sommes en pleine guerre froide et le contexte politique n'est guère favorable à ce nouvel ensemble, l'accueil reste mitigé et ce sera à la postérité de juger. Aragon y reprend la veine poétique du premier *Crève-Cœur* dans un autre contexte, celui des guerres coloniales, de la Résistance déjà oubliée, de la fierté nationale qui s'éteint, de « la nouvelle duperie » en un temps de « naufrageurs de chimères ». Certains ont des titres peu courants : *Chanson du conseil municipal* ou *Un revirement de la politique est possible en France* et le rappel d'*Olivier Bachelin*, celui des Vaux-de-Vire, les chansons de France comme celle de Jean le Vacher de Chauny, la prose de sainte Catherine ou celle de la reine Blanche et des ouvriers apportent de la fraîcheur. A moins que ce soit *Matisse parle* : « Je défais dans mes mains toutes les chevelures / Le jour a les couleurs que lui donnent mes mains. » Des poèmes sont consacrés à Elsa comme *Amour d'Elsa*, rappelant les beaux poèmes déjà inspirés par elle, laissant augurer ceux qui suivront. De même, une autre partie, *le Cri du butor*, annonce des thèmes qui se développeront plus tard. On a l'impression d'un temps de méditation, de confession, de reprise de souffle, de poèmes qui préfèrent l'intériorité à l'éclat, mais il n'empêche que de beaux chants l'animent comme encore ce poème de l'amitié, *le Romancero de Pablo Neruda* qui se termine sur la sensible évocation du bouvreuil du Chili.

Le Fou d'Elsa.

Les caravanes de la paix, en 1949, ont rappelé à Aragon les tristes caravanes de l'exode de 1940 et il se veut la mémoire du pays écartelé dans *Mes caravanes,* 1954, et ce sont des poèmes comme *l'Invention des caravanes, Chanson de la caravane d'Oradour, Jeu des relais de la jeunesse,* cantate à mille voix, au temps du premier congrès international de la Paix, au temps de la poésie engagée où l'on dédie *la Patrie en danger* à Jacques Duclos, où l'on consacre un poème, *Il revient,* au retour de Maurice Thorez. Poésie de circonstance, poésie de responsable, que complètent des sonnets ou un poème écrit pour la mort de *Madame Colette*.

Plus important est le recueil *les Yeux et la mémoire*, 1954. Il retrouve là les accents proches de ceux du *Crève-Cœur,* des *Yeux d'Elsa*, de *la Diane française,* même si les thèmes sont différents, les dangers et les espoirs n'étant plus les mêmes. On lisait sur le prière d'insérer : « Qu'on ne s'y trompe pas, Aragon, dans ce large poème qui part des prophéties du *Cheval roux,* le roman d'Elsa Triolet, de ses évocations terribles, est un poète du bonheur. C'est le bonheur des hommes qui est le but de cette polémique, de cette violence et de cette douceur verbales comme on en a rarement vu dans la littérature française. Et ce poème, écrit à la première personne, donne un sens plus clair, sinon nouveau, à la quête du bonheur selon Helvétius et Stendhal, du bonheur selon Saint-Just. » Cet ensemble est tout entier en vers comptés de différents mètres et apparaît comme l'autobiographie poétique d'un homme qui a beaucoup vu et beaucoup participé, du Surréalisme à l'engagement politique, et qui se voit dans une perspective d'avenir, passé et présent liés par l'actualité comme la guerre du Guatémala ou les accords de Genève. Ces poèmes objectifs et pensés ont cette particularité de donner à un même sujet des éclairages et des musiques différentes. Ils donnent l'impression d'un homme qui a beaucoup à dire tant les mots se pressent : « C'est une chose étrange à la fin que le monde / Un jour je m'en irai sans avoir tout dit » et il déverse la même richesse de paroles dans ses poèmes que dans ses romans sans se soucier de certains dangers. Sa spontanéité volubile, avec un rien de chansonnier au meilleur sens du terme et de rhétoriqueur, un soupçon de Béranger et beaucoup de Hugo, mêle avec art l'apprêté et le négligé pour faire jaillir soudain parmi les parties en gris les couleurs éclatantes de la beauté poignante. Aragon, s'étant fait l'interprète de l'âme publique, comme Hugo, a beaucoup à dire, et il a choisi l'abondance, la générosité de la parole incessante. Une grande maîtrise du vers français comparable à celle d'un Malherbe jadis, un art didactique digne de Boileau le conduisent à aligner des bataillons mesurés pour convaincre. S'il n'avait, au fil de longs discours, la vivacité du style, le ton convaincu du militant ou de l'amoureux, les trouvailles qui lui sont bien particulières, de l'élégance jusque dans le ton quotidien, on risquerait de ne trouver là qu'un poète qui parle en vers et s'englue dans le prosaïsme, et l'on chercherait « la veine lyrique pratiquement étouffée depuis 1942 » selon Pierre Daix qui écrit aussi : « La démesure cache mal l'angoisse. Non qu'on puisse mettre en doute la sincérité du poète, sa croyance. Il chante parce qu'il croit, mais pour être capable de croire, aussi. Croire pour pouvoir vivre encore. Cette dialectique intime se dissimule sous l'aspect politique du poème, sous la volonté d'affirmer la singularité du poète communiste. » Et Daix cite :

> J'ai souvent envié le vers de Paul Claudel
> Quand sur nos fusillés se levait le destin
> Pourquoi n'auraient-ils pas à leurs épaules d'ailes
> Les Martyrs couleur de matin

Nous sommes donc loin du Surréalisme, même si le visage pur de certain *Paysan de Paris* apparaît de temps en temps. Mais Aragon est un homme à surprises et ne cesse d'étonner. Voilà que *le Roman inachevé*, 1956, renoue avec le lyrisme personnel, avec la tendresse, se libère de ses gangues prosodiques en multipliant justement les rythmes, en entraînant les mots dans une danse amoureuse. Tout nous dit le réel profond de la vie d'un homme qui se penche à la première personne sur lui-même, revit les moments de la vie en la recomposant dans un auto-roman aux cent actes divers, un roman fleuve qu'animent les eaux tumultueuses de la mémoire qui choisit. La force du langage fait éclater les digues de la forme et aux mètres classiques habituels s'ajoute, repris du lointain XVIe siècle, le long vers de seize syllabes :

> Tu m'as conduit dans la garrigue à l'heure où l'air n'est que cigales
> Les troupeaux anciens n'ont laissé qu'un peu d'une terre frugale
> Et ce parfum de la lavande on dirait foulé de leurs pieds
> Qui croît des pores de la pierre à tort et travers jointoyée
> C'est la terre d'un songe ancien comme il tombe des sarcophages

et, comme si le trop plein ne pouvait être contenu, le poème éclate en prose :

Ô forcené qui chaque nuit attend l'aube et ce n'est que l'aube une aube de plus une pâleur qui s'installe et la fatigue et tout ce qu'on s'est imaginé de folie et de lumières s'évanouit dans ce sentiment de lassitude ô forcené qui se débat chaque nuit dans les lieux communs qu'il s'est construit les dilemmes abstraits les chants sourds qui peuplent l'âme de fantômes de fontaines

La liaison, sans doute, se fait là avec la prose de ses grands romans, prose souvent poésie à force de décoller de l'habituel. « Je me souviens », dit le poète et, dès lors, apparaissent l'enfant entouré de femmes, Dada et le Surréalisme, le souvenir des amis :

> Nous avons comme un pain partagé notre aurore
> Ce fut au bout du compte un merveilleux printemps

Oui, l'homme au fort de son âge se souvient : « Je ne récrirai pas ma vie / Elle est devant moi sur la table » et c'est le temps des amours, de Nancy à Elsa, des amours qui se brisent, des voyages, des désespoirs et des renaissances, du présent, tout cela dans une liberté entière qui fait surgir des fragments de conversations, de l'humour, du coq-à-l'âne avec une maîtrise rare. Et la confession : « Quoi je me suis trompé cent mille fois de route » ou « Inexorablement je porte mon passé » ou :

> Je traîne avec moi trop d'échecs et de mécomptes
> J'ai la méchanceté d'un homme qui se noie
> Toute l'amertume de la mer me remonte
> Il me faut me prouver toujours je ne sais quoi
> Et tant pis qui j'écrase et tant pis qui je broie
> Il me faut prendre ma revanche sur la honte

Qu'il parle de sa jeunesse ou du présent, il ne refuse pas les problématiques langagières : « Ici commence la grande nuit des mots » ou « Cette cage des mots il faudra que j'en sorte ». Aux dilemmes de la vie répond le chant, aux désastres répond le poème et, au-dessus de tout, c'est l'appel à l'eau pure du bonheur qui s'affirme comme en témoigne cette *Prose du bonheur et d'Elsa* qui conclut ce vaste ensemble.

Elsa : ce prénom devient synonyme d'Amour, comme jadis la Délie était l'Idée. Après *le Cantique à Elsa*, *les Yeux d'Elsa*, paraissent *Elsa*, 1959, *le Fou d'Elsa*, 1963, *Il ne m'est Paris que d'Elsa*, 1964. Poèmes d'amour, de passion, de désespoir, de mélancolie, certes, mais aussi rencontre de la femme et du pays aimés, rencontre de tous les thèmes d'une poésie aux multiples visages. *Elsa*, 1959, parle le désespoir de l'homme amoureux ou la jalousie, cela qu'on développe dans *la Mise à mort*. On y peut trouver aussi une musique de jasmin venue d'Espagne. Longs vers de seize syllabes, vers libres, alexandrins apportent de longs développements, notamment sur le Temps, le lendemain du poème qui veut aborder aux époques lointaines, le désir d'une survivance. Souvent c'est le ton de la lettre amoureuse et cela ne va pas, malgré la maîtrise du vers, sans quelque prosaïsme, quelque soumission à la rime. Le Temps, et les espaces historiques et géographiques dans *le Fou d'Elsa*, 1963, les siècles passés comme légende : l'Espagne musulmane et juive du moyen âge, l'islam et le judaïsme, la découverte des cultures comme au temps de la Renaissance, la grande période amoureuse, la femme se substituant à l'idée de Dieu, lecture du passé préparant la lecture de l'avenir. Et les événements présents ne sont pas étrangers, comme l'a dit Aragon dans ses *Entretiens avec Francis Crémieux*, 1964 : « C'est sans doute par les événements de l'Afrique du Nord que j'ai compris mes ignorances... » Grand poème où sont mêlés « la prose et le vers, et des formes hybrides du langage qui ne sont ni l'une ni l'autre de ces polarisations de la parole » et ce sont des chants, des poèmes mesurés, des versets, des vers libres, des proses rythmées recevant la narration historique. Sur des trames passées, le « Fou » qui chante une femme future, Elsa, dans Grenade, connaît la prison, la torture, la mort, mais a sans cesse chanté ce futur qui pour nous est passé, Don Juan, saint Jean de la Croix, Chateaubriand, l'Elsa du présent. *Le Fou d'Elsa* est une œuvre complexe, riche de clés, méditation lyrique, symphonie où « la femme est l'avenir de l'homme », touchant à la religion, à la philosophie, à l'histoire, à la psychologie, somme étonnante : « Si vous voulez que je comprenne ce qui vient, et non pas seulement l'horreur de ce qui vient, laissez-moi jeter un œil sur ce qui fut. C'est la condition première d'un certain optimisme. »

Ce poème est si divers que citer des parties serait trahir et l'on ne résume pas une épopée d'un tel souffle où l'on peut glaner tant de beautés, du ton de l'auteur de cantiques à celui du conteur oriental. On voit là passer un souffle ardent et prophétique dans un poème au continuel dépassement de lui-même et dont l'abondance anachronique nous éblouit. Pierre Daix écrit : « Il y a aussi dans *le Fou d'Elsa* le creuset d'une nation, les scories et le métal pur. Comme Hugo presque au même âge, Aragon a besoin de suivre l'Histoire dans le flux et le reflux des siècles, pour en découvrir un sens qui transcende ce que le présent a d'insupportable. Comme chez Hugo, son chant se nourrit de l'exotisme du passé, des civilisations perdues, de leur langage étrange. La distance est ici morale. L'amour naît du malheur absolu et, parfois, le bien du cynisme. Rien n'est joué ni donné par avance. Rien n'est joué ni donné une fois pour toutes. Dans cet immense poème prose et scansion mêlées servent à changer sur toutes choses, toutes valeurs, sur toute vie, la lumière... » C'est Aragon renouvelant l'Histoire, c'est Aragon contant une histoire, c'est Aragon chantant un amour qui véritablement ici est beaucoup plus que l'amour avec peut-être un vers comme un coup de diapason avant l'ouverture symphonique : « J'ai passé dans tes bras l'autre moitié de vivre. »

Entre deux recueils sous le signe d'Elsa, il y a eu *les Poètes*, 1960, encore un long poème où Elsa entrera pour rejoindre nos héros, Omar Khayyam, Pouchkine, Hölderlin, Verlaine, Marceline Desbordes-Valmore dans *le Voyage d'Italie*, Nerval dans *Prose de Nerval*, Desnos dans *la Complainte de Robert le Diable*, Carco dans *Quai de Béthune*, Maïakovski dans *Dis-*

cours, Antonio Machado dans *la Halte de Collioure,* Dassoucy dans *les Amants de la place Dauphine,* le Surréalisme dans *Quatorzième Arrondissement,* des jeunes poètes, des camarades qui vont porter leurs poèmes chez Gallimard ou qui parlent de leur art dans *la Nuit des jeunes gens. Les Poètes,* c'est le titre, et ce pourrait être « les Poèmes » car il s'agit bien du recommencement et de l'invention du poème, du désir de création et de son drame sans oublier l'humour et l'ironie, une certaine tendresse lyrique qui trouve ses moules dans des vers de tous les mètres, de l'octosyllabe au vers de dix-huit à vingt syllabes et au verset. Et parmi « les Poètes », Aragon bien sûr, Aragon à la première personne qui nous dit dans un *Épilogue* : « Je me tiens sur le seuil de la vie et de la mort les yeux baissés, les mains vides / Et la mer dont j'entends le bruit est une mer qui ne rend jamais ses noyés / Et l'on va disperser mon âme après moi vendre à l'encan mes rêves broyés / Voilà déjà que mes paroles sèchent comme une feuille à ma lèvre humide. » Faut-il parler après cette lecture d'un immense amour de la poésie ? « Je peux me consumer de tout l'enfer du monde / Jamais je ne perdrai cet émerveillement / Du langage. » Un des mérites de ce livre est d'unir la tragédie des poètes à la tragédie de l'Histoire, de les situer à ces sommets où les portent leurs étranges pouvoirs.

Chez Louis Aragon, toujours et partout l'aisance langagière et imagière, le sens du concret et de l'imaginaire, les mots dominés et parfois l'heureux laisser-aller à la domination des mots, l'art du trouveur comme aux temps médiévaux, comme aux temps surréalistes, la parole en liberté, la jouissance d'un rythme, l'abondance du flot mesuré, la maestria, trop peut-être diront ceux qui boudent le mètre, la mesure, le rythme, la rime dont le poète se joue.

Le charme se poursuit dans *le Voyage de Hollande,* 1964, poème du pays réel restitué vivant : campagnes, villes, maisons, tulipes et musées, Breughel d'Enfer ou de Velours, pays néerlandais, et une dominante Amour, une tentative d'atteindre par les mots ses sommets. Arrivant en un lieu : « Je suis venu à travers le pays de nulle part », il s'en sert comme tremplin, comme délivrance : « J'ai dépassé le lieu de moi-même le lieu d'être moi » et le transforme en amour, en défi au Temps, le vieil irréversible. Il piège des fragments de l'aujourd'hui, il glane ses confidences, il s'assimile à ce qu'il voit : « Je suis cette demeure ouverte », il revoit sa vie comme en un rêve, en respire l'amertume : « Elsa pourquoi le songe a-t-il goût d'agonie », Elsa qui ne le quitte pas réapparaît dans le titre d'un album anthologique, *Il ne m'est Paris que d'Elsa,* poèmes urbains écrits entre 1940 et 1960 derrière lesquels se profile l'ombre du « Paysan » de jadis et à quoi s'ajoutent quatre inédits : celui qui donne son titre à l'ouvrage, *Chagall à l'Odéon, Fernand Léger, la Mort à Paris.* Là encore tous les mètres, avec une préférence pour les longs vers :

> Tout un quart de siècle qui retombe sur vous comme pluie et poussière
> A peine ont-ils le temps d'aimer les amoureux ont des cheveux d'argent
> Trouvez trouvez sur le plan de Paris la rue de la Belle-Épicière
> Où notre courte et longue histoire est pareille à celle de bien des gens

Souvenons-nous des poèmes sur le tremblement de terre de Lisbonne au XVIIIe siècle. Au printemps de 1965, un séisme a ravagé le Chili et la maison d'un poète chilien, Pablo Neruda, le grand Neruda. Aragon écrit pour son ami la fameuse *Élégie pour Pablo Neruda,* 1966. Ainsi la terre s'en prend aux plus fervents de ses fils, les poètes. C'est une déploration, une plainte où les vers d'Aragon se mêlent à ceux de son ami. Le Peuple, ses guitares, son vin, sa douleur... On écoute :

> Que sommes-nous venus faire dans l'histoire des hommes
> Que souffrir
> Que sommes-nous venus chercher dans leur folie
> Pourquoi s'être jeté entre eux bétail sacrificatoire
> Quel crime avions-nous pu commettre apparemment
> Par la pensée ou la parole

Le temps qui ne passe pas, le chant d'amour qui s'élève vers Elsa, femme et princesse lointaine, patrie et poème, s'expriment dans *les Chambres,* 1969, et Elsa, dans *Le rossignol se tait à l'aube,* en citera un extrait :

> Il fera si beau de mourir quand ce sera
> Le soir d'enfin mourir d'enfin
> D'enfin mon amour d'à mourir le soir d'enfin
> Mourir
>
> Un soir d'aubépines en fleurs aux confins des parfums et de la nuit
> Un soir profond comme la terre de se taire
> Un soir si beau que je vais croire jusqu'au bout
> Dormir du sommeil de tes bras
> Dans le pays sans nom sans éveil et sans rêves
>   Le lieu de nous où toute chose se dénoue

Poème prémonitoire. Mort et survie d'Elsa. Aragon lui survit, écrit : *Henri Matisse, roman,* 1971, *Théâtre/Roman,* 1974, *le Mentir vrai,* 1980. Aragon dans le grand âge, portant devant son visage ridé par les intempéries le masque de sa jeunesse. Ne nous prépare-t-il pas quelque hautaine surprise? On ne conclut pas, à la vie de le faire. On a l'impression de n'avoir pas tout dit, de n'avoir pas cerné au plus près toutes les ambiguïtés de l'œuvre, peut-être de n'avoir rien dit, mais si ces affleurements de la parole ont éveillé chez le lecteur le désir de bien lire, d'éloigner les idées reçues, rapides devant cette œuvre de romancier-poète, de poète-prosateur, de maître du poème, si ces affleurements ont suscité quelque vrai lecteur, cette flânerie sur de longs chemins n'aura pas été vaine. Notre temps superficiel et pressé par les gestes sans importance n'a souvent que des idées vagues sur Aragon alors qu'il reste tant à lire, à dire, à aimer. Qu'il s'arrête quelques instants sur les plages d'Aragon et la mer lui semblera moins amère!

2
Paul Éluard

« Tout jeune, j'ai ouvert mes bras à la pureté. »

Connaissez-vous Saint-Denis, la ville noire de fumée, la ville rouge de cœur, la ville blanche des époques royales ? C'est là que le 14 décembre 1895 est né un bébé nommé Eugène-Émile-Paul Grindel qui prendrait vingt et un ans plus tard le nom de sa grand-mère maternelle, Éluard, qui serait Paul Éluard. Mais il n'oubliera pas son nom : il écrira l'histoire merveilleuse d'une petite fille nommée Grain d'aile. Il était le fils d'une couturière, Jeanne-Marie Cousin à qui il ressemblera, et de Clément-Eugène Grindel, comptable, puis marchand de biens, qui réussira dans ses affaires et fera de son fils unique un homme hors du besoin durant toute sa vie. Ces parents, de moyenne bourgeoisie, étaient des gens simples. Le père gardait une tradition de socialisme et de laïcité. Paul sera élève à Saint-Denis, puis à Aulnay-sous-Bois, ici et là près du canal de l'Ourcq, décor rêvé pour les poètes unanimistes, puis on habitera rue Louis-Blanc, près du canal Saint-Martin et Paul poursuivra ses études à l'École Colbert, études bientôt interrompues car une hémoptysie se déclare et contraint l'adolescent à entrer au sanatorium de Clavadel, près de Davos, en Suisse. Ce séjour sera pour Paul la découverte, après les paysages urbains et gris, de la nature et du soleil sur la neige, et surtout celle de l'amour. Elle est russe, brune, d'une grande beauté : c'est Hélène Dmitrovna Diakonova Gala, bientôt Gala tout court. Éluard écrira bientôt : « Un seul être / A fait fondre la neige pure / A fait naître des fleurs dans l'herbe / Et le soleil est délivré. » Elle retournera en Russie en 1914 pour deux ans, viendra à Paris en 1916, sera Gala Éluard en 1917, lui donnera une fille, Cécile, l'année suivante.

Au sana, Paul Éluard lit beaucoup, non seulement les grands poètes du XIXe siècle comme Lautréamont, Baudelaire, Rimbaud, Nerval, mais aussi les contemporains comme Max Jacob, Apollinaire et quelques autres, et surtout Walt Whitman et ses *Feuilles d'herbe* et ses héritiers, les poètes de L'Abbaye, Romains, Vildrac, Duhamel... Il lisait encore aussi bien Héraclite que Novalis, Jean-Paul que Shelley, mais c'est surtout l'influence de l'Unanimisme qui le marquera en partie ; il est bien vrai que dès ses premiers poèmes, on reconnaît une voix personnelle, encore maladroite, mais appliquée à s'exprimer par le mot juste et la phrase claire, une voix ouverte à la mélancolie, harmonieuse, prête pour chanter l'amitié des hommes, prête à chanter l'amour.

A peine sorti du sana, Éluard est jeté dans la guerre. En 1914, il est mobilisé, ce poète (car il a publié l'année précédente à compte d'auteur *Premiers Poèmes* comme il publiera en 1914 des *Dialogues des inutiles* qu'il ne gardera pas), et il est affecté à l'hôpital d'évacuation numéro 18 où il voit la réalité sanglante de la guerre. Comment ne pourrait-il pas être pacifiste ? Il lit *le Bonnet rouge* que publie le libertaire Miguel Almereyda, il lit un nouveau journal, *le Canard enchaîné*. Les poèmes qu'il écrit paraissent sous forme de feuillets polycopiés et il signe Paul Éluard. Ils seront dans *le Devoir et l'inquiétude*, 1917, avant de donner en 1918 *Poèmes pour la paix,* ce message à « toutes les personnalités engagées dans — ou contre — la conduite de la guerre ». La paix est pour lui inséparable de l'amour et, comme l'a indiqué Raymond Jean dans son *Éluard* des « Écrivains de toujours », Gala y rayonne :

> Splendide, la poitrine cambrée légèrement
> Sainte ma femme, tu es à moi bien mieux qu'au temps
> Où avec lui, et lui, et lui, et lui, et lui,
> Je tenais un fusil, un bidon — notre vie !

Le jeune Paul Éluard est tout à sa bonne chanson de jeune mari, de jeune père, tout en clarté, tout en aspiration au bonheur. Cela n'empêche pas les idées de fermenter, et bientôt les rencontres, à commencer par Jean Paulhan qui publie *le Spectateur* et qui s'intéresse aux recherches verbales d'Éluard (il préfacera *Exemples*), puis ce seront de jeunes poètes qui publient dans les revues, notamment *Nord-Sud* de Reverdy : Breton, Soupault, Aragon, en attendant Tzara, en attendant Dada. Ils sont nés de la guerre, ils partagent les mêmes révoltes et les mêmes espoirs. C'est le commencement de la grande aventure collective que nous avons narrée et avec laquelle l'histoire d'Éluard se confond : se reporter en arrière. En 1920, Paul Éluard a sa feuille de poésie, *Proverbe,* il publie une œuvre typiquement Dada, *les Animaux et leurs hommes, les Hommes et leurs animaux* où apparaît son désir de renouvellement du langage qu'il va bientôt, avec ses amis, inventer. En 1921, il publie *les Nécessités de la vie et les conséquences des rêves.* L'année suivante, effondrement de Dada, avènement du Surréalisme. Éluard a donné *les Malheurs des Immortels, Répétitions,* 1922. On verra naître les grandes œuvres, celles où rayonne un surréalisme dont la leçon ne quittera plus jamais le poète. Désormais, le poète est sorti de sa coquille, il est le maître de ses mots, il ne va plus cesser d'unir les images, de les faire chatoyer, éclater, jeter leur insolite bientôt familier, leur musique subtile : on parlera de diamants noirs. Ces œuvres seront, avant 1930, *Mourir de ne pas mourir, Capitale de la douleur, l'Amour la Poésie.* Les accompagneront les œuvres expérimentales comme *152 Proverbes mis au goût du jour,* 1925, avec Péret, comme *Ralentir travaux,* 1930, avec Breton et Char, *l'Immaculée Conception,* 1930, avec Breton.

Signalons un fait étrange : en 1924, la disparition de Paul Éluard. Tout le monde le croit mort. S'est-il enfoncé dans la nuit comme Cravan ? S'est-il suicidé ? Les journaux donnent des notices nécrologiques. Breton écrit : « Quel est-il ? Où va-t-il ? Qu'est-il devenu ?... » Sept mois plus tard, Éluard réapparaît. Durant sept mois il a parcouru le monde, fait son « voyage d'Urien », un voyage qu'il qualifiera de ridicule et dont il ne tirera aucune narration, sans doute le vrai voyage est-il en lui, mais sans doute ne connaîtrons-nous jamais tous les secrets de cette fugue.

Pour le Surréalisme, ce sera la période des grands affrontements, la période raisonnante. En 1926, Éluard adhère au parti communiste, collabore à la revue *Clarté.* En 1927, il signe avec Aragon, Breton, Péret et Unik, la *Lettre des cinq* aux surréalistes non communistes. Le Surréalisme est au service de la révolution. L'activité militante et l'activité poétique iront main dans la main. Il rompra certes avec son parti, écrira un texte très dur, *Certificat,* contre Aragon, restera un surréaliste révolutionnaire et s'engagera souvent : congrès d'Amsterdam-Pleyel en 1933, appel à la lutte contre le péril fasciste en 1934, entrée au Comité de vigilance des intellectuels en 1935. Et cela n'empêchera nullement la poursuite de sa recherche intérieure, de son auto-exploration, de la poésie et de l'amour. En 1928, il retourne au sanatorium. En 1929, c'est la rencontre de son deuxième amour : Maria Benz, dite Nusch, avec qui il vivra dix-sept années. La même année, une autre rencontre : René Char.

Durant ces années trente, on verra éclore bien des livres : *Dors,* 1931, *la Vie immédiate,* 1932, *Comme deux gouttes d'eau,* 1933, *la Rose publique,* 1934, qui clôt un certain tour de poésie expérimentale, *Nuits partagées,* 1935, *la Barre d'appui, les Yeux fertiles,* 1936, *l'Évidence poétique, Appliquée, les Mains libres, Quelques-Uns des mots qui jusqu'ici m'étaient mystérieusement interdits,* 1937, *Cours naturel,* 1938, *Médieuses, Chanson complète, Donner à voir,* 1939, le *Livre ouvert I, 1938-1940,* 1940. Ses œuvres se partagent entre un grand éditeur, la N.R.F., et d'autres éditeurs fort grands mais de dimensions artisanales : Cahiers libres, José Corti, G.L.M. (le poète Guy-Lévis Mano), le Sagittaire, comme à ses débuts il avait publié chez Gonon, Au Sans Pareil, aux Cahiers du Sud, aux Éditions surréalistes.

Les années trente ont été pour lui actives et à ses engagements politiques qui lui feront prendre position contre le franquisme, s'engager plus violemment au moment de Guernica (*la Victoire de Guernica* dans *Cours naturel, Solidarité,* illustré par Miró, Picasso, Tanguy, Masson, vendu au profit des républicains espagnols) et signer maints appels, se joint son activité littéraire : conférences à Prague avec Breton pour l'Exposition surréaliste, en Espagne pour la rétrospective Picasso, à Londres pour l'Exposition internationale du Surréalisme. En 1938, il organise avec Breton une autre célèbre exposition surréaliste et collabore avec lui au *Dictionnaire abrégé du surréalisme.* Lorsque la guerre éclate, on peut dire que la conscience politique et vigilante d'Éluard et sa conscience poétique ne sont qu'une seule et même chose.

Comme le dit Raymond Jean, « Dès lors, la vie d'Éluard, comme elle s'était confondue avec l'histoire du surréalisme, va se confondre avec l'histoire de la Résistance. De 1940 à 1944, le poète déploie une activité où chaque livre, chaque publication, chaque prise de position est un acte de guerre contre l'occupant, un épisode d'une inlassable lutte clandestine. La poésie ne se sépare plus du combat politique et patriotique. » Mobilisé dans l'intendance en 1939, démobilisé en 1940, Éluard regagne Paris, et, en 1941, s'engage dans la Résistance. En 1942, il revient définitivement au parti communiste. Dans *Sur les pentes inférieures*, 1941, apparaissent les premiers poèmes de Résistance. C'est le temps où « Paris a froid Paris a faim », le temps où la poésie connaît une nouvelle aventure : en 1942, les avions de la Royal Air Force parachutent comme des armes sur les maquisards des milliers d'exemplaires de *Poésie et Vérité 42*, publié par la revue *Fontaine*, là se trouve un poème, *Liberté*, ce mot qui jaillira sur les murs et dans les consciences. Depuis Hugo, la poésie n'avait jamais été si militante et combattante. Et, disons-le bien, sans nulle trace de pompiérisme chez Éluard, sans nul reniement à sa vérité poétique profonde, sans abandon de ce qui lui est particulier, clarté, force et vérité. En 1943, avec Aragon, il anime le Comité national des écrivains, rassemble avec Jean Lescure les textes de *l'Honneur des poètes*, publie nombre d'appels, de poèmes qui animent l'idée de lutte et d'espoir, donne sous le nom de guerre de Jean du Haut, les *Sept Poèmes d'amour en guerre*. De novembre 1943 à février 1944, il doit se cacher à l'hôpital psychiatrique de Saint-Alban en Lozère où il compose *Souvenirs de la maison des fous*, qui sera publié en 1946. De retour à Paris, début 1944, il poursuit son combat clandestin, fonde un journal, *l'Éternelle Revue*, publie pour la libération de Toulouse *les Armes de la douleur*, puis, à la libération de Paris, enfin au grand jour, *Dignes de vivre*, *Au rendez-vous allemand*, *A Pablo Picasso*. Le prestige d'Éluard comme celui d'Aragon est alors immense. Par eux et quelques autres, il est arrivé cette chose rare : la poésie au premier rang du combat, la poésie armée, et une poésie qui ne serait pas née avec autant de puissance et de nouveauté si les bouleversements surréalistes ne l'avaient pas assouplie et pour ainsi dire forgée. La révolution de 1789, après un temps de poésie académique, n'avait pas pu produire cela. Avec Aragon, Decour, Paulhan, Vercors, ceux de *l'Honneur des poètes*, les connus, les inconnus qu'on trouvera dans le grand recueil des poètes résistants de Pierre Seghers, s'est constituée une véritable épopée à la mesure du siècle et de ses tragédies.

Amour et liberté sont les thèmes du poète en maints recueils et surtout dans *Poésie ininterrompue I*, 1946. Période d'engagement continuel en poésie et partout, de voyages et de conférences : Tchécoslovaquie, Italie, Yougoslavie, Grèce. En Suisse, il apprend la mort de Nush : « Mon amour si léger prend le poids d'un supplice. » Il traverse une période de désespoir, de vide qu'on voit dans *Le temps déborde*, 1947. Allait-il se taire à jamais ? Non : une vue fraternelle du monde lui fera dépasser son mal, connaître un regain de lucidité, une lucidité blessée, un engagement total à être le porte-parole de la paix et de la liberté partout où elles sont en danger. Sans cesse des livres paraissent comme *le Livre ouvert, 1938-1944, I et II, Le temps déborde, Corps mémorable,* l'anthologie *Le meilleur choix de poèmes est celui qu'on fait pour soi,* 1947. Il faudrait s'arrêter sur les grands rassemblements anthologiques d'Éluard comme encore *La jarre peut-elle être plus belle que l'eau?* et *Première Anthologie vivante de la poésie du passé,* 1951. Au cours de cette longue histoire il nous est souvent arrivé d'y faire référence, car si les anthologies ont pour habitude de ramener à la surface toujours les mêmes poèmes attendus, Éluard s'est fait prospecteur, et, à part certains rejets comme celui de La Fontaine, il a redécouvert maints poètes totalement oubliés. Fermons la parenthèse. On lira surtout de nouvelles œuvres, de nombreux écrits sur l'art et notamment sur Picasso, *Poèmes politiques,* 1948, *Une leçon de morale,* 1949. Ces poèmes engagés, « de l'horizon d'un homme à l'horizon de tous », ces poèmes où la poésie a pour but la vérité pratique, ne sont pas toujours le meilleur d'Éluard et d'aucuns à ce moment-là le contesteront, préféreront ses poèmes d'amour, ainsi *le Phénix,* 1951, dont l'auteur de ces lignes a été fier de publier les premiers extraits, *Trois Poèmes pour Dominique,* dans une modeste revue provinciale, *la Cassette.* Car Éluard ne méprisa jamais les publications les plus obscures et ne cessa d'encourager les jeunes. Ah! cette lettre avec la magnifique signature où le L de Paul et le E d'Éluard s'entrecroisent comme des épées! C'est G.L.M. qui publia ce livre d'amour. Dominique? C'est Dominique rencontrée au congrès mondial de la Paix à Mexico en 1949, qui sera sa femme, sa compagne de lutte, son inspiratrice, celle avec qui il passera les derniers moments de sa vie dans la propriété qu'elle possède à Bénac, en Dordogne. Ils se sont mariés en 1951. L'année suivante, Éluard donne à Genève une conférence sur la poésie de circonstance, participe à Moscou aux cérémonies d'anniversaire de Victor Hugo et de Gogol, publie *les Sentiers et les routes de la poésie,* achève *Poésie ininterrompue II.*

Durant l'été 1952, Paul Éluard subit une première attaque d'angine de poitrine. Le 18 novembre, à neuf heures du matin, à son domicile parisien, il meurt d'une nouvelle crise cardiaque. Nous nous souvenons de la chapelle ardente au Centre National des Écrivains où, avec les poètes, nous nous relayions pour nous tenir, par quatre, près de son corps, en pleurs ou la gravité sur le visage, dernière image de la mort du poète veillé fraternellement par ses compagnons. Ce jour-là, le monde entier était en deuil, la poésie entière était en deuil, il n'y avait plus d'affrontements, de querelles, et par-delà les hommes, il y avait l'espérance humaine, l'honneur d'un art, la fraternité des poètes.

La Communication des eaux.

« Jusqu'à la fin, entre la " poésie volontaire " et la " poésie involontaire ", la communication des eaux ne cessera jamais », écrit Claude Roy dans une préface aux *Poésies 1913-1926* de Paul Éluard. Le jeune Grindel n'ignorait rien de la poésie classique (ses anthologies le prouveront), rien des formes, rien des rythmes, et si, avec ses amis, il les repoussera, ce sera en toute connaissance de cause : désapprendre après avoir appris pour vraiment inventer, innover. Et pourtant, une part d'Éluard est déjà présente chez Grindel, et s'il y a les naïvetés et les banalités du débutant, on trouve une singulière aspiration à la clarté : « L'ombre attendait ces échappées / Que nous faisons vers la clarté » ou « Leurs grands gestes font peur au grand froid du dehors » ou « Je mènerai mon enfant / Partout où je n'ai pas été ». Mais bientôt la guerre, la misère lui dictent *le Devoir et l'inquiétude*, 1917 : « Oh! le bruit terrible que mène la guerre parmi le monde et autour de nous! », puis ses *Poèmes pour la paix*, 1918, chants du poète qui retrouve la vie, la vraie vie et la joie. Il dit : « Je rêve de toutes les belles / Qui se promènent dans la nuit », il chante le travail de ses dix doigts et le travail de sa tête, il cherche une amoureuse, et tous les fruits éclairent son jardin. C'est le temps de sa préhistoire, celui aussi de ses recherches qui dépassent la prosodie traditionnelle, celui où la chenille s'apprête à devenir papillon. Il n'y a encore rien de bouleversant, rien d'insolite, rien de singulier sinon des promesses qui seront tenues.

Dans la préface du livre *les Animaux et leurs hommes...*, 1920, après avoir dit la vanité des variations sur le beau et le laid, il affirme : « Essayons, c'est difficile, de rester absolument purs. » Il peut désormais connaître l'« amour des fantaisies permises du soleil, des citrons, du mimosa léger ». Naît un bestiaire heureux où l'animal rit. Son cortège d'Orphée est en liberté et le poète peut être cheval, vache, porc, poule, poisson, oiseau, chien ou chat selon son gré, en complicité avec le monde animal. Déjà, Éluard a uni tout cela qui est lui-même : coulée naturelle de la phrase, simplicité du ton, surgissement non forcé des images, sincérité de l'inspiration, économie des mots et grande force de suggestion. On comprend que son désir de contention lui dicte *Pour vivre ici*, 1920, onze haïkaïs, petites gouttes de poésie, comme « Le vent / Hésitant / Roule une cigarette d'air » ou « Une plume donne au chapeau / Un air de légèreté / La cheminée fume ».

Un livre marque une étape importante de son évolution : *les Nécessités de la vie et les conséquences des rêves*, précédé d'*Exemples*, 1921. On trouve là, après des lignes de Jean Paulhan, un recours aux sources inconscientes, irrationnelles, à toutes les recherches verbales, en bref aux prestiges surréalistes. Il en donne des exemples tout d'abord dans des poèmes-portraits ou plutôt dans la marge du portrait : des promeneurs, un ouvrier, un boxeur, un dormeur ou un musicien lui inspirent des variations sensibles, certains poèmes étant courts comme ses haïkaïs, et, bientôt, on trouve de courts poèmes en prose, moissons imagées, courtes phrases pleines de trouvailles ou des « définitions » comme celles-là :

Un homme vivant monté sur un cheval vivant rencontre une femme vivante tenant en laisse un chien vivant.

Boire du vin rouge dans des verres bleus et de l'huile de ricin dans de l'eau-de-vie allemande, horizon lointain.

Je n'aime pas la musique, tout ce piano me prend tout ce que j'aime.

Ce sont des confidences ou des tableaux qu'on pourrait dire naïfs au meilleur sens du terme, avec de l'ingénuité, un humour discret, des gentillesses fleuries. On dirait que « La plus belle, sans idées, celle d'aujourd'hui rêve d'une autre. » C'est la diversité dans la clarté d'une lumière nouvelle. Le rapport du poème avec son titre est souvent des plus subtils et cela crée un peu d'insolite en plus. On voit qu'il appartient à une communauté car les noms des amis surréalistes ou qui le seront bientôt reviennent, et aussi Jean Paulhan à qui il dédie : *Ami ? Non* ou *Poème-Éluard* :

> Notre réunion est aussi pure que les verres de la table avant le repas.
> Nous sommes nombreux.
> Nous ne chantons pas, nous ne rions pas, nous ne pleurons pas.
> Nous parlons peu.
> Nous ne faisons des gestes qu'en rêve,
> Nos yeux sont noirs chez l'un, bleus chez l'autre, gris chez moi,
> Mais il est nécessaire,
> Nécessaire que nous ne nous connaissions pas.

Tout être, tout objet l'intéressent, l'inspirent, que ce soit un jardinier, une héroïne, un amour, un ami, si ce n'est Chéri-Bibi qui lui sont prétexte à dire tout autre chose que ce que l'on attend. Ainsi, *Cachée* : « Le jardinage est la passion, belle bête de jardinier. Sous les branches, sa tête semblait couverte de pattes légères d'oiseaux. A un fils qui voit dans les arbres. » Ou bien cette *Berceuse* : « Fille et mère et mère et fille et fille et mère et mère et fille et fille... »

Les Malheurs des Immortels, 1922, comme *Au défaut du silence,* 1925, union de Paul Éluard et de Max Ernst, révèle la plus parfaite cohésion entre le poème plastique et le poème écrit devenus inséparables et dont on ne sait plus lequel des deux inspire l'autre. Dans le premier de ces livres, des poèmes en prose cherchent non pas une description du dessin, mais des correspondances secrètes s'établissent et une création parallèle; dans le second, on trouve aussi des poèmes en vers, parfois d'une seule ligne comme « Elle m'aimait pour oublier, elle vivait pour mourir », comme « Dans les plus sombres yeux se ferment les plus clairs », comme « Pleure, les larmes sont les pétales du cœur. » Déjà, Max Ernst avait illustré Éluard : *Répétitions,* 1922, où le poète lui avait fait l'hommage d'un poème ayant pour titre son nom. Cet ensemble et celui de *Mourir de ne pas mourir,* 1924, se retrouveront dans un de ses plus admirables ensembles, *Capitale de la douleur,* 1926, avec des poèmes plus récents : *les Petits Justes* et *Nouveaux Poèmes.* Nous sommes, dès *Répétitions,* en des lieux surréalistes, en des lieux éluardiens, des champs où fleurissent d'énigmatiques images, des cieux traversés d'éclairs poétiques, une poésie unissant le réel et le rêve extrait des profondeurs de l'inconscient : « Des aveugles invisibles préparent les linges du sommeil » ou « Au milieu d'une île étonnante / Que ses membres traversent / Elle vit d'un monde ébloui ». Il y a quelque chose de particulier à Éluard : un immense calme, une sorte de noble simplicité, une parole qui semble pesée aux balances du silence, une manière naturelle d'apprivoiser l'insolite. Sa poésie ressemble à ce poème de *Mourir de ne pas Mourir,* un de ses plus beaux, *l'Amoureuse* :

> Elle est debout sur mes paupières
> Et ses cheveux sont dans les miens,
> Elle a la forme de mes mains,
> Elle a la couleur de mes yeux,
> Elle s'engloutit dans mon ombre
> Comme une pierre sur le ciel.
>
> Elle a toujours les yeux ouverts
> Et ne me laisse pas dormir
> Ses rêves en pleine lumière
> Font s'évaporer les soleils,
> Me font rire, pleurer et rire,
> Parler sans avoir rien à dire.

Il dit aussi « la vérité sans la dire » et tente sans cesse de trouver des nids d'accueils dans un monde pas toujours accueillant. Sans cesse le poème porte les alternatives de bonheur et de malheur en subtiles modulations, sans oublier les difficultés du sort de l'homme, mais toujours en revenant à l'amour, ce mariage de la flamme et de l'eau, ces deux éléments sans cesse en métamorphose dans sa poésie. Dans un *Choix de poèmes,* on retrouvera cet étonnant *Pour vivre ici* qui pourrait être des années sombres de l'Occupation mais vient d'après une autre guerre, en 1918, et qui unit déjà le feu et l'eau :

> Je fis un feu, l'azur m'ayant abandonné,
> Un feu pour être mon ami,
> Un feu pour m'introduire dans la nuit d'hiver,
> Un feu pour vivre mieux.
> . . . .
> J'étais comme un bateau coulant dans l'eau fermée,
> Comme un mort je n'avais qu'un unique élément.

Tous les poèmes de *Capitale de la douleur* semblent vouloir, ces éléments, les unir. Il y a dans *Mourir de ne pas mourir* le passage de la douleur de l'homme : « Il est triste en prison et il est triste quand il est libre. » Mais ce désespoir paraît conjuré bientôt par les *Nouveaux Poèmes* qui, délivrant le flot intérieur du poète, en images somptueuses et insolites, vont tout naturellement vers l'amour comme si Dante avait trouvé sa Béatrice pour le guider hors de l'enfer, lui donner la clé du monde : « Je chante pour chanter, je t'aime pour chanter / Le mystère où l'amour me crée et me délivre. »

Après *les Dessous d'une vie ou la pyramide humaine,* 1926, rêves, poèmes, textes surréalistes, que l'auteur entend bien différencier, après *Défense de savoir,* 1928, voici *l'Amour la Poésie,* 1929, qui contient les poèmes du précédent ouvrage et d'autres. Ce « livre sans fin » est dédié à Gala. Dès le début, on retrouve le ton de la fin de *Capitale de la douleur* sans rupture, ininterrompu, poèmes de l'amour qui exorcise, conjure, donne confiance dans la durée comme si le poème avait chargé, et il l'a, d'immortaliser les moments du bonheur amoureux, et en cela les merveilles naturelles peuvent l'aider et le dire de l'instant devient le dire à jamais :

> Je te l'ai dit pour les nuages
> Je te l'ai dit pour l'arbre de la mer
> Pour chaque vague pour les oiseaux dans les feuilles
> Pour les cailloux de la nuit
> Pour les mains familières
> Pour l'œil qui devient visage ou paysage

Paul Éluard a le goût d'énumérer les merveilles, de nommer éperdument, on le verra dans ses meilleurs poèmes. Il est là, il regarde, il donne à voir un monde qui soudain paraît transparent, fraternel, à notre mesure. Sérénité sans doute, mais parfois au cours du livre, une douleur, une amertume remontent, des choses à dire, plus graves, plus révoltées : « Je parle pour les hommes qui se taisent / Les meilleurs. » Cependant, rejoint-il des zones nocturnes que sa passion y met aussitôt de la lumière. Le vocabulaire n'est ni étendu ni recherché, ce sont ces mots de tous les jours, mais lavés, nettoyés, propres, prêts pour l'envol de l'image qui, elle, est naissance et rajeunit ce qui la fait naître.

La Vie immédiate, 1932, a quelque chose de profondément triste, triste comme un amour qui se meurt, celui de Gala, et des poèmes en prose apportent des confidences directes : « Au terme d'un long voyage, je revois toujours ce corridor, cette taupe, cette ombre chaude à qui l'écume de mer prescrit des courants d'air purs comme de tout petits enfants, je revois toujours la chambre où je venais rompre avec toi le pain de nos désirs, je revois toujours ta pâleur dévêtue qui, le matin, fait corps avec les étoiles qui disparaissent. » Et : « Ténèbres abyssales toutes tendues vers une confusion éblouissante, je ne m'apercevais pas que ton nom devenait illusoire... » Ou encore : « Au-dessus de toi, ta chevelure glisse dans l'abîme qui justifie notre éloignement. » On suit dans cette aventure de l'amour les tentatives de sauvetage du bonheur ancien qui ne font que précipiter la chute. Et les poèmes en vers suivent le même rythme :

> Adieu tristesse
> Bonjour tristesse
> Tu es inscrite dans les lignes du plafond
> Tu es inscrite dans les yeux que j'aime

Et toujours la litanie : « Femme avec laquelle j'ai vécu / Femme avec laquelle je vis / Femme avec laquelle je vivrai... » Ce serait lassant parfois et bien prosaïque si la sensualité et l'harmonie ne s'en mêlaient. Éluard a su extraire du surréalisme des débuts un surréalisme bien à lui, personnel, insolite, élégant, racé, raffiné jusqu'à la préciosité. Et, auprès de son merveilleux sentimental qui lui fait transcender un incident de parcours amoureux jusqu'à l'éterniser, il y a ce merveilleux sexuel qui mêle la vision érotique à l'onirisme et, malgré le vague des rêves qui ne fait qu'apporter le trouble, la description est précise. Éluard peut dire : « Je m'obstine à mêler des fictions aux redoutables réalités », ce que répètent de toutes les manières et sur tous les tons ses amis, car c'est vrai que son corps féminin est là, présent, en étant encore un rêve :

> Toute nue, toute nue, tes seins sont plus fragiles que le parfum de l'herbe gelée et ils supportent tes épaules. Toute nue. Tu enlèves ta robe avec la plus grande simplicité. Et tu fermes les yeux et c'est la chute d'une ombre sur un corps, la chute de l'ombre tout entière sur les dernières flammes.
> Les gerbes des saisons s'écroulent, tu montres le fond de ton cœur. C'est la lumière de la vie qui profite des flammes qui s'abaissent, c'est une oasis qui profite du désert, que le désert féconde, que la désolation nourrit. La fraîcheur délicate et creuse se substitue aux foyers tournoyants qui te mettaient en tête de me désirer. Au-dessus de toi, ta chevelure glisse dans l'abîme qui justifie notre éloignement.

Il n'est pas un poème de *la Vie immédiate* qui ne contienne son lot d'images belles par le cheminement des mots simples et l'on peut multiplier les citations insolites. Quelques vers glanés : « Le grand malentendu des noces de radium » ou « L'amour, c'est l'homme inachevé » ou « Tu peux sortir en robe de cristal / Ta beauté continue » ou « Entre la merlette héraldique et l'étoile de l'ail » ou « Toutes les rivières trouvent des charmes à leur enfance » ou « Tes yeux ont contredit les puits lunaires » ou « Les yeux cernés à la façon des châteaux dans leur ruine » ou « Le réveille-matin qui fait des copeaux du dormeur », etc. Il sait extraire du Surréalisme, de ses expériences, ce qu'il y a de plus poétique et de plus durable. Il y a donc l'amour déchiré, mais aussi l'amitié des peintres et des poèmes s'intitulent *Yves Tanguy, Salvador Dali, Max Ernst* : les surréalistes sont liés aux peintres, pas aux musiciens car leur musique leur suffit bien que certains d'entre eux consentent à la chanson, à la mise en chansons, comme Desnos, Aragon ou Queneau. On citera souvent le poème à Salvador Dali :

> C'est en tirant sur la corde des villes en fanant
> Les provinces que le délié des sexes
> Accroît les sentiments rugueux du père
> En quête d'une végétation nouvelle
> Dont les nuits boule de neige
> Interdisent à l'adresse de montrer le bout immobile de son nez.

Toutes les strophes commencent par « C'est en... ». Éluard a souvent besoin d'un appui, d'une sorte de coup de diapason au poème qui retenu à cette pierre va dérouler ses anneaux. Il dédie à René Char *Pour un moment de lucidité,* et le lecteur qui connaît bien les poètes amis verra sans cesse des signes de complicité. Peu à peu l'amour de Gala s'éteint, Gala qui sera Gala Dali, et Éluard passe au nouvel objet de ses amours : le nom de *Nusch* est le titre d'un poème où naissent : « Les sentiments apparents / La légèreté d'approche / La chevelure des caresses. » Comme ses amis, il repousse la ponctuation, mais pas tout à fait : jamais dans la prose qui est au fond classique, et, dans le poème, il ne retient guère que le point en fin de strophe ou de poème.

Entre *la Vie immédiate* et *la Rose publique*, 1934, une *Critique de la poésie* pour affirmer que le poète n'oublie pas la vie présente :

> C'est entendu je hais le règne des bourgeois
> Le règne des flics et des prêtres
> Mais je hais encore plus l'homme qui ne le hait pas
> Comme moi
> De toutes ses forces.

Il ajoute : « Je crache à la face de l'homme plus petit que nature / Qui à tous mes poèmes ne préfère pas cette *Critique de la poésie*. » C'est un des rares moments de violence, hors de ses poèmes politiques, d'Éluard. Nous intercalons ici une opinion de Breton à propos de l'attitude d'Éluard dans leur rupture : « La poussée soudaine d'une sorte de sentiment " olympien " chez lui, s'appuyant sur une confiance toujours plus grande en sa propre valeur... C'est vrai qu'Éluard était le seul d'entre nous pour qui la critique n'eût guère depuis longtemps que des louanges. Les quelques mouvements de violence qu'on lui avait connus ne lui étaient pas personnellement imputés, ils étaient attribués à la contagion, mis au compte de ses amis. On ne voulait retenir de lui que ses poèmes, lesquels étaient totalement dénués d'agressivité et, contrairement à la plupart des poèmes surréalistes, relevaient du seul critère esthétique. Sur cette pente le surréalisme le bridait, limitait son besoin d'expansion. Je n'en étais pas à découvrir qu'il supportait mal les prohibitions que le surréalisme avait édictées sur le plan littéraire et autres. A cet égard, les titres de certains de ses ouvrages (*la Rose publique, Facile*) marquent une revendication très nette. »

La Rose publique, 1934, qui contient de nouvelles merveilles, montre une inspiration élargie, allant du désespoir personnel à une plus vaste vision, celle de tous et de la commune misère. Plus que le chant d'amour, on trouve la confidence établie sur un souvenir qui semble à la fois reculer dans des zones d'ombre tout en s'approchant dans la lumière du poème éclairant un regret, une nostalgie, une plainte. Ainsi dans *Comme deux gouttes d'eau* l'image lointaine du sanatorium en Suisse : « On a brisé le globe alpestre / Où le couple érotique semblait rêver... » ou bien le temps où l'homme se retourne et fait ses comptes : « De tout ce que j'ai dit de moi que reste-t-il / J'ai conservé de faux trésors dans des armoires vides », et il parle de lui-même en s'attendrissant quelque peu, aussi aime-t-on que l'horizon s'élargisse :

> L'homme
> Ses bizarres idées de bonheur l'avaient abandonné
> Il imposait sa voix inquiète
> A la chevelure dénouée
> Il cherchait cette chance de cristal
> L'oreille blonde acquise aux vérités

Les titres sont très longs et sont, autant que des titres, des arguments : *Une personnalité toujours nouvelle, toujours différente, l'amour aux sexes confondus dans leur contradiction, surgit sans cesse de la perfection de mes désirs. Toute idée de possession lui est forcément étrangère.* Certes le livre reprend tous les thèmes déjà délicieusement développés dans les précédentes œuvres, mais il les soumet à de nouveaux éclairages, leur donne toujours plus de relief. Il est un moment dans la vie d'un poète où le renouvellement s'impose pour qu'il ne se contente pas de s'imiter. Au cours de ces années 30, l'événement apportera son aide, l'événement personnel, l'amour de Nusch, comme ce qu'on appelle les événements auxquels Éluard est sensible. *La Rose publique*, en ce sens, avec ses rappels, ses nostalgies d'antan, le rappel de ce qu'il a vu (ce « J'ai vu » au début de bien des vers) semblent marquer non pas un tournant dans l'œuvre (car on reconnaîtra toujours la manière et la voix), mais comme un adieu à quelque chose qu'une autre va remplacer, et cet adieu, ce regard sont d'une pureté grandiose. Il n'est que de lire les poèmes intitulés *Ce que dit l'homme de peine est toujours hors de propos, Passer le temps, Elle se fit élever un palais* ou *Rien d'autre que vivre et voir vivre,* pour être ébloui.

On pourrait répéter les mêmes épithètes à propos des *Yeux fertiles*, 1936, à cette différence près que l'amour de Nusch « pâle et lumineuse » chasse les nuées malfaisantes en apportant sa force vitale, un pouvoir de magnifier les êtres et la nature, inspire les images simples, directes de la femme porteuse de l'idée de bonheur. Cet ensemble réunit *la Barre d'appui, Grand Air, Facile,* trois volets de poèmes. Peut-être est-ce parce que les images abstraites sont rares que Francis Poulenc sera tenté de les parer de souriante musique. Quoi de plus clair que :

> On ne peut me connaître
> Mieux que tu me connais.
>
> Tes yeux dans lesquels nous dormons
> Tous les deux
> Ont fait à mes lumières d'homme
> Un sort meilleur qu'aux nuits du monde

Quelle douceur, quel apaisement lorsqu'il fait naître le bonheur quotidien en mots de tous les jours ! comme ici *A Pablo Picasso* :

> Bonne journée j'ai revu qui je n'oublie pas
> Qui je n'oublierai jamais
> Et des femmes fugaces dont les yeux
> Me faisaient une haie d'honneur
> Elles s'enveloppèrent dans leurs sourires

A travers les images heureuses et apaisées, celles qui chassent le noir de la révolte, les présences humaines dictent l'espoir, bientôt l'espoir en la révolution. Nous sommes en 1936 et Éluard, en Espagne, rencontre les amis poètes comme Ramon Gomez de la Serna qui présente Picasso, comme Lorca, Bergamin, Alberti, ces Espagnols à la voix chaude, au contact amical. Il écrit même là-bas une « Chanson espagnole » qu'il intitulera *Intimes,* un des poèmes les plus délicieusement sensuels des *Yeux fertiles* où l'on voit qu'il voudrait le monde à l'image de son amour. On lira aussi :

> Tu te lèves l'eau se déplie
> Tu te couches l'eau s'épanouit

> Tu es l'eau détournée de ses abîmes
> Tu es la terre qui prend racine
> Et sur laquelle tout s'établit

La femme est « la ressemblance » et cet amour n'est pas un exil du reste du monde, mais le lieu où se puise la force d'exister et de lutter. Dans l'*Évidence poétique*, 1937, fragment d'une conférence prononcée à Londres en 1936, nous trouvons ces phrases qui pourraient être placées en épigraphe à toute son œuvre :

> Toutes les tours d'ivoire seront démolies, toutes les paroles seront sacrées et l'homme, s'étant enfin accordé à la réalité, qui est sienne, n'aura plus qu'à fermer les yeux pour que s'ouvrent les portes du merveilleux.

> Le pain est plus utile que la poésie. Mais l'amour, au sens complet, humain du mot, l'amour-passion n'est pas plus utile que la poésie. L'homme, en se plaçant au sommet de l'échelle des êtres, ne peut nier la valeur de ses sentiments, si peu productifs, si antisociaux qu'ils paraissent.

> Le poète est celui qui inspire bien plus que celui qui est inspiré. Les poèmes ont toujours de grandes marges blanches, de grandes marges de silence où la mémoire ardente se consume pour recréer un délire sans passé.

> La solitude des poètes, aujourd'hui, s'efface. Voici qu'ils sont des hommes parmi les hommes, voici qu'ils ont des frères.

> Depuis plus de cent ans, les poètes sont descendus des sommets sur lesquels ils se croyaient. Ils sont allés dans les rues, ils ont insulté leurs maîtres, ils n'ont plus de dieux, ils osent embrasser la beauté et l'amour sur la bouche, ils ont appris les chants de révolte de la foule malheureuse et, sans se rebuter, essaient de lui apprendre les leurs.

Un témoignage direct des préoccupations générales du poète sera donné avec *Cours naturel*, 1938. La mission du poète est de tout dire, de tout dénoncer de ce qui est nuisible à l'homme. Le premier poème est significatif : « Le ciel s'élargira / Nous en avions assez / D'habiter dans les ruines du sommeil / Dans l'ombre basse du repos. » Le poète se tourne vers l'avenir et sa poésie passionnée est une poésie de participation aux souffrances et aux espérances des hommes, une poésie d'indignation, de pitié, de combat, mais au cœur même de l'événement tragique qui semble nier son espoir, il l'affirme sans cesse :

> Nous aborderons tous une mémoire nouvelle
> Nous parlerons ensemble un langage sensible.

Contre « les bâtisseurs de ruines », ceux du « temps de l'iniquité », ceux qui « comblent d'ordures », il s'élève et un de ses plus beaux chants, celui qui marque son engagement dès l'avant-guerre est *la Victoire de Guernica*, Guernica ville martyre et symbole de liberté, correspondant poétique de la fresque de Picasso, et la sobriété, le dépouillement du poème pétri d'humanité, en quatorze courtes séquences, apportent des notes bouleversantes :

                        1
            Beau monde des masures
            De la mine et des champs

                        2
            Visages bons au feu visages bons au froid
            Aux refus de la nuit aux injures aux coups

                        3
            Visages bons à tout
            Voici le vide qui vous fixe
            Votre mort va servir d'exemple

 Et ce poème sur un événement connu a alors quelque chose de prophétique. La poésie d'Éluard sera inséparable de l'histoire et chanter l'amour, le corps féminin entrera dans ces nouvelles dimensions car ils seront l'échec de l'horreur, la paix intérieure contre la guerre, le futur heureux contre le présent tragique.

« **La Poésie doit avoir pour but la vérité pratique.** »

 En 1939, Paul Éluard publie sous ce titre qui exprime toute sa poésie : *Donner à voir* des proses et des poèmes déjà publiés et qui regroupés prennent un intérêt particulier, notamment tous les poèmes sur les peintres. La même année, ses nouvelles œuvres sont *Médieuses* qu'illustre Valentine Hugo, *Chanson complète,* qu'on retrouve dans *le Livre ouvert I, 1938-1940,* publié en 1940. Le titre d'un poème de cette *Chanson complète* montre le climat de son écriture : *Nulle Rupture* « La lumière et la conscience m'accablent d'autant de mystères, de misères que la nuit et les rêves. » En effet, le passage du rêve à la réalité, chez Éluard, se fait sans rupture, car, pour le poète, tout est réalité et le temps qu'il vit devient un stimulant, une incitation à une vision plus large où l'enfant, les femmes, le paysage prennent une portée universelle, celle d'un hymne à la vie : « Il n'y a de fête qu'ici / Dans cet œuf que la terre et le jour ont couvé ». Toujours de précieuses images et un désir de nommer :

   Je nommerai ton front
   J'en ferai un bûcher au sommet de tes sanglots
   Je nommerai reflet la douleur qui te déchire
   Comme une épée dans un rideau de soie

 Il nous dit *Les vainqueurs d'hier périront* ou « Les diamants crus du jour polissent du sang dur » ou « Seul le feu pousse bien dans ces yeux malheureux » et ou aussi une étoile rouge « gagne malgré tout du terrain sur l'horreur ». En un temps de monstre, le maître de l'espoir fait avec une ferveur entière l'inventaire des richesses humaines en images qui ont force de jouvence. Un *Blason des fleurs et des fruits* dans *le Livre ouvert II, 1939-1941,* en 1942, témoignera de ce désir de rafraîchissement des cœurs et du poème. Ses poèmes sont bien « de persistance ». Jean Paulhan a préfacé *Sur les pentes inférieures* qui fait partie de cet ensemble dont « tous les poèmes, écrit Louis Parrot, maintes fois reproduits, constituent la magnifique cantate de notre époque traversée d'espoir et de tristesse » et Paulhan dit : « Une entreprise ruineuse qui ronge autour de la poésie tout ce qui fut la poésie, perd aujourd'hui ses terreurs, puisqu'il ne redoute ni le récit et la fable, ni l'énigme et le proverbe, ni la partie grise et le vers doré » et il est vrai que les poèmes d'Éluard procèdent de la fable communicable et qu'ils sont comme des « nouvelles » qu'il faut apporter aux hommes de la France prisonnière. *Le Livre ouvert,* dans ses différentes parties, est le livre du renouvellement total : à l'amour s'est ajoutée une dimension historique universelle, une dimension de dignité retrouvée, et, dès lors, les harmonies éluardiennes sont moins précieuses, plus graves, plus intenses. Jusqu'à ses « raisons de rêver » qui sont raisons de vivre dans un goût de totalité :

> Je fus homme je fus rocher
> Je fus rocher dans l'homme homme dans le rocher
> Je fus oiseau dans l'air espace dans l'oiseau
> Je fus fleur dans le froid fleuve dans le soleil
> Escarboucle dans la rosée
>
> Fraternellement seul fraternellement libre.

Il reprend le poème de 1918 : « Je fis un feu, l'azur m'ayant abandonné » et cela suffit pour nous montrer l'unité de son œuvre, pour nous faire mieux lire, à la lumière des poèmes nouveaux, ce que contenaient ses poèmes anciens et l'ensemble apparaît comme une geste continuelle.

Si, dans *Livre ouvert,* Paul Éluard exprime son opposition aux occupants de manière indirecte, voilée, allusive et non moins parlante pour qui sait bien lire, les recueils, les minces plaquettes qui seront réunis dans *Au rendez-vous allemand* en 1944, messagères clandestines de l'espérance, comme *Poésie et vérité 42,* ne peuvent « guère laisser de doute, dit Éluard, sur le but poursuivi : retrouver, pour mieux nuire à l'occupant, la liberté d'expression » car « il fallait bien que la poésie prît le maquis » afin d'échapper aux censeurs, qu'elle prît l'air aussi puisque, nous l'avons dit, ces poèmes seront parachutés sur la France. Ces poèmes ont été si connus qu'il nous paraîtrait presque vain de les citer, mais le temps passe et de nouvelles générations ont besoin de savoir, de savoir que, comme l'a écrit Claude Roy, « De 1940 à 1944, des millions d'hommes et de femmes ont été véritablement amoureux de la liberté. Ils ont lu et compris *Liberté* comme on lit et comprend une déclaration d'amour. » Peut-être le mot clé du poème était-il au départ « amour » comme on l'a indiqué. Pour nous c'est le même mot. De simples extraits pour le souvenir :

> Sur mes cahiers d'écolier
> Sur mon pupitre et les arbres
> Sur le sable sur la neige
> J'écris ton nom
>
> Sur toutes les pages lues
> Sur toutes les pages blanches

> Pierre sang papier ou cendre
> J'écris ton nom
>
> . . . .
> Sur la santé revenue
> Sur le risque disparu
> Sur l'espoir sans souvenirs
> J'écris ton nom
>
> Et par le pouvoir d'un mot
> Je recommence ma vie
> Je suis né pour te connaître
> Pour te nommer
>
> Liberté.

Les poèmes de combat d'Éluard portent une envoûtante simplicité, un ton simple et direct, et sans rien renier des origines littéraires du poète. En un temps donné, sa langue fut celle de son pays et cette poésie, à laquelle tant de Français se refusent absurdement, fut comprise par tous. Les hommes et les femmes qui ont vécu cette époque du *Couvre-Feu* (« Que voulez-vous la porte était gardée ») ou des sinistres placards annonçant des mises à mort comprirent la signification de cet *Avis* :

> La nuit qui précéda sa mort
> Fut la plus courte de sa vie
> L'idée qu'il existait encore
> Lui brûlait le sang aux poignets
> Le poids de son corps l'écœurait
> Sa force le faisait gémir
> C'est tout au fond de cette horreur
> Qu'il a commencé à sourire
> Il n'avait pas *un* camarade
> Mais des millions et des millions
> Pour le venger il le savait
> Et le jour se leva pour lui.

Les *Sept Poèmes d'amour en guerre,* 1943, *Poésie et vérité 42,* tout cela qui porta la vie, était d'une extrême simplicité de ton. Qu'on lise *Gabriel Péri, L'aube dissout les monstres, A celle dont ils rêvent,* comme les poèmes qui correspondent à ses prises de conscience, de *Pour vivre ici* de 1918 à *la Bataille de Guernica,* et l'on trouve la même manière dépouillée, convaincante et originale. Car, comme l'a écrit Raymond Jean, « Il y a une continuité, une obstination de cette voix qui ne renonce jamais à répéter que les hommes ont droit au pain et à la lumière et qu'ils veulent vivre debout. L'Espagne, le Paris de l'occupation, la Résistance, c'est au fond la même chose : le grand livre blanc, le grand livre noir de la douleur, de la misère et de la colère. »

« Ils ignoraient / Que la beauté de l'homme est plus grande que l'homme » ou « Ils vivaient pour mourir ils étaient inutiles » ou « Nous oublierons ces ennemis indifférents » pour parler des monstres, les montrer sans caricature, tels qu'en eux-mêmes et dans leur barbarie étrange. Parle-t-il de Gabriel Péri, ce sont encore les mots les plus nus, ceux de la grandeur : « Un homme est mort qui n'avait pour défense / Que ses bras ouverts à la vie / Un homme est mort qui n'avait d'autre route / Que celle où l'on hait les fusils. » Comment le dirait-on mieux ?

Qui aurait pu supposer que les grands poètes de la Résistance, bientôt sacrés par le peuple poètes nationaux, comme Éluard, comme Aragon, se recruteraient parmi les rangs des surréalistes ? Le grand chambardement, le grand assouplissement du langage, la nouvelle langue véritablement, celle unissant le rêve à la vie, celle unissant les mots les plus éloignés les uns des autres ont permis de dire, de donner à voir et à comprendre, à espérer et à lutter. Éluard a rejoint la voix des grands lutteurs de l'histoire de la poésie, la voix populaire des chants de la Révolution ou de la Commune, la voix de Hugo la Colère, et jamais celle de Déroulède — car là était le danger — et Éluard n'y a pas sombré, il lui a suffi d'être fidèle à lui-même et de parler au plus juste de la vérité. On pourrait parler aussi de ses premières lectures, de cette voix unanime qui lui a été chère, on le reconnaîtra par la place qu'il donne dans son anthologie aux poètes de l'Abbaye, aux unanimistes.

La guerre finie, le combat continua. Il y eut *Poésie ininterrompue,* 1946, et la fidélité au poème qui, à travers ses aventures, n'oublie pas la dangereuse traversée. Le plus important poème est celui qui a donné son titre à l'ouvrage. L'engagement n'a pas fait perdre à Éluard ses biens les plus précieux : en pleine maturité, le poète procède au grand rassemblement des heures de sa vie, unit ses époques de création dans une sorte d'épopée spirituelle où on le reconnaît toujours en le retrouvant nouveau. Ainsi ce début étonnant : trente vers composés uniquement d'épithètes où le connaisseur retrouve (voir *la Poésie du XVIe siècle,* pages 20-21) la voix d'André de La Vigne, grand rhétoriqueur, qui écrivait ainsi : « Adverse, aiguë, ardante, agonieuse... » durant des vers et des vers. Éluard, en épithètes féminines, semble poursuivre, plus de cinq siècles après, ces litanies :

>   Nue effacée ensommeillée
>   Choisie sublime solitaire
>   Profonde oblique matinale
>   Fraîche nacrée ébouriffée
>   Ravivée première régnante
>   Coquette vive passionnée
>   Orangée rose bleuissante...

pour montrer une femme solitaire. Dans *Poésie ininterrompue I et II,* à travers les méandres du dit en liberté qui va par strophes ou par distiques, on voyage « de la lumière à la lumière » jusqu'à la fidélité de la vie. Le poème a grandi en souffle, il charrie de plus en plus de trésors dans de vastes ensembles aux titres parlants : *le Travail du Poète,* dédié à Guillevic, *le Travail du Peintre,* à Picasso, *A l'échelle animale* où il se souvient sans doute de *Les animaux...*, *l'Age de la vie* pour **René Char**, *Ailleurs ici partout, Blason dédoré de mes rêves, Epitaphes, Abolir les mystères, le Château des Pauvres,* son ultime poème.

En 1946, Éluard a publié aussi *le Dur Désir de durer* (il faudrait dire au passage la beauté des titres), de durer dans un monde où « La capitale du soleil / Est à l'image de nous-mêmes », période heureuse que la mort de Nusch va briser. En 1947, sous le pseudonyme de Didier Desroches, *Le temps déborde,* sera consacré entièrement à Nusch. C'est un temps de nuit dont Claude Roy a témoigné : « Je ne vois pas d'avenir, me disait-il, il n'y a rien devant moi. » Éluard écrivait la veille de la mort de sa femme : « D'aimer, j'ai tout créé : réel, imaginaire, / J'ai donné sa raison, sa forme, sa chaleur / Et son rôle immortel à celle qui m'éclaire. » Le poète va surmonter son désespoir et l'on trouve des échos de cette lutte dans ses *Poèmes politiques,* 1948. Là, en prose et en vers, il confie sa révolte, sa détresse, ses colères, il s'adresse à la morte, il dit ses doutes, trace un portrait de l'amour défunt. C'est la description de son enfer, le regard vers l'avant, puis le regard vers l'après, le chemin qui va « De l'horizon d'un homme à l'horizon de tous », le vrai titre au fond du livre. Aragon a préfacé le recueil et l'on trouve là un écho de ses préoccupations nationales qu'il faut situer historiquement, « car nous avons passé des temps de la divine utopie à ceux de l'efficience humaine » et Aragon, s'il cite un poème, choisit : « Il y a des maquis couleur de sang d'Espagne / Il y a des maquis couleur de ciel de Grèce » qui n'est pas le meilleur et traduit une tentation de retour à la prosodie régulière, ce que nous ne blâmons pas, mais qui n'est pas ici le chef-d'œuvre du poète. Il n'empêche qu'Éluard trouve dans ces *Poèmes politiques* d'autres accents pour chanter les libertés grecque et espagnole, et ce ton on le retrouvera dans *Une leçon de morale,* 1949, qui s'insurge en fait « contre toute morale résignée ».

Tel le phénix qui renaît de ses cendres, le couple va renaître avec la rencontre de Dominique qui sera sa femme jusqu'à son dernier jour. Cette renaissance à la fois du couple et de la poésie amoureuse s'affirme dans *le Phénix,* 1951, un des chants d'Éluard les plus mesurés et les plus significatifs. « Le Phénix, c'est le couple – Adam et Ève – qui est et qui n'est pas le premier. » C'est le livre de la joie d'aimer, l'évidence même, la foi en la permanence, en la durée et en la fécondité de l'amour, son donner à voir et à vivre. L'enthousiasme, l'idéalisme, celui qui construit les cités futures, l'exaltation, tout ce qui est création perpétuelle rayonne dans ce livre où « Dominique aujourd'hui présente » prend force de symbole sans quitter terre, sans oublier l'intimité et les moments simples du bonheur d'aimer. « C'est à partir de toi que j'ai dit oui au monde » ou « Tu es venue plus haute du fond de ma douleur » ou « Tu m'as couvert de ta confiance » sont des phrases simples et d'une belle portée. Et le poète ne craint pas d'écrire « Nous deux » dans la clarté de son chant :

> Nous deux nous tenant par la main
> Nous nous croyons partout chez nous
> Sous l'arbre doux sous le ciel noir

> Sous tous les toits au coin du feu
> Dans la rue vide en plein soleil
> Dans les yeux vagues de la foule
> Auprès des sages et des fous
> Parmi les enfants et les grands
> L'amour n'a rien de mystérieux
> Nous sommes l'évidence même
> Les amoureux se croient chez nous.

Poésie ininterrompue II, 1953, paraîtra après la mort d'Éluard, et nous avons parlé plus haut de son ultime poème, *le Château des Pauvres*. Il nous montre que, d'un bout de sa vie à l'autre, Éluard a été fidèle à lui-même. Nous ne parlerons pas de chant du cygne car ce serait, dans le cas d'Éluard qui n'a rien écrit que de très beau tout au long de sa vie, le pire des clichés. Il est juste cependant de voir que l'œuvre éluardienne si riche se termine par un chant d'amour :

> Je t'aime je t'adore toi
> Par-dessus la ligne des toits
> Aux confins des vallées fertiles
> Au seuil des rires et des îles
> Où nul ne se noie ni se brûle
> Dans la foule future où nul
> Ne peut éteindre son plaisir
> La nuit protège le désir
> L'horizon s'offre à la sagesse
> Le cœur aux jeux de la jeunesse
> Tout monte rien ne se retire

(De nombreux ouvrages paraîtront après sa mort, les anciens seront sans cesse réédités. Il est facile de trouver les œuvres de Paul Éluard, que ce soit dans les deux volumes des *Œuvres complètes* de la Bibliothèque de la Pléiade magistralement édités par Lucien Scheler, ou dans les nombreux livres de poches comme la collection Poésie/Gallimard où les préfaces sont remarquables.)

Léon-Gabriel Gros a eu raison de rappeler que « Aux antipodes du lyrisme de l'évasion elle (sa poésie) est un perpétuel acte de présence » et qu'il s'agit d'une poésie morale (sans moralisme) s'adressant aux « hommes réels ». Le discours de Paul Éluard joue souvent sur d'heureuses discontinuités, l'oubli de constructions syntaxiques alourdissantes, et, sans inutilités, elle a une solidité de pierre. Là où d'autres n'auraient fait régner que la sécheresse, Éluard ne cesse d'offrir une eau pure, celle de la femme, celle du diamant qui a aussi l'éclat du feu. Il se dresse face aux forces nuisibles, il fait acte de présence, il donne véritablement à voir ce qui était là et que nous ne voyions pas. Poète de l'amour, il n'est pas celui de l'élégie sentimentale, mais d'une approche de la connaissance, le mot Amour touchant au plus près le mot Poésie et lui étant, sous le signe de la création possible, en quelque sorte, synonyme. Né du Surréalisme, l'ayant fait naître, il a su en retenir l'esprit plus que la lettre, c'est-à-dire qu'il l'a dépassé. Le monde éluardien est à la mesure du monde habitable, à la mesure de l'homme posé devant « ce grand miroir habitable » où il se reconnaît. Mais qui sait si le plus pur de lui-même n'est pas en ce qui échappe à nos définitions? Poésie de conquête et non d'évasion, poésie active, agissante, jaillie d'une expérience personnelle et d'une participation incessante au monde, avec Éluard, la Poésie est devenue plus belle que nul n'aurait su la rêver.

*Trois maîtres
de l'humour corrosif*

I
Robert Desnos

Le Fils du mandataire.

Tout commence aux Halles de Paris, les vraies, celles de la grande et de la petite histoire, celles où les amoureux de la poésie urbaine et du fantastique social sont allés la nuit pour cueillir des étoiles et longeant des rues qui se nomment Quincampoix, de la Grande-Truanderie, Nicolas-Flamel, des Lombards, près de Notre-Dame et de la Tour Saint-Jacques, de ce lieu où Gérard de Nerval fut trouvé pendu, où François Villon jadis... Mais nous sommes en 1900. Ce M. Lucien Desnos, mari de Claire Guillais, et que tout le monde prend pour Tristan Bernard tant il lui ressemble, est mandataire aux Halles pour la volaille et le gibier. Il n'habite pas encore rue Saint-Martin (ce sera en 1902) mais 32, boulevard Richard-Lenoir, ce boulevard cher à certain commissaire Maigret. Le 4 juillet 1900 naît là Robert Desnos (1900-1945). A deux ans il sera donc dans ce quartier des Halles et l'on cite son dernier écrit avant son arrestation aux sombres années car tout ce qu'il aime est là :

> Les charmes de la rue de la Verrerie, les marchands de cierges, les petits ateliers de mécanique où la limaille jaillissait parmi les étincelles bleues.
> Importance de l'enseigne « John Tavernier » le fabricant de bonbons de la rue du Cloître-Saint-Merri.
> Les éplucheuses de queues de cerises. Muraour et l'odeur des orangers. La carderie. La construction des nouveaux magasins du Bazar de l'Hôtel-de-Ville. Le mendiant à l'ombre de la rue Saint-Bon. La crémerie Mauguin rue Saint-Martin. La petite fille de la rue des Juges-Consuls.

Ah! combien ces lignes sont chères à notre cœur. Il a quarante-quatre ans quand il les écrit. Mais retrouvons le petit garçon élevé religieusement puis envoyé à la Laïque, à la Communale de la rue des Archives, école Turgot où il obtient son « certif » en 1913, son brevet en 1916. Et, auprès de l'école officielle, il y a celle souvent plus passionnante des lectures en marge, les poètes, et aussi la littérature enfantine et populaire : *les Belles Images, les Pieds Nickelés* dans *l'Épatant, l'Intrépide, Nick Carter, Buffalo Bill* et ce *Fantômas* qui sera un des mythes surréalistes grâce à

Desnos qui n'oubliera jamais les merveilles inspiratrices de son enfance. L'adolescent décide d'arrêter ses études. En 1917, commis de droguerie, il fait tous les travaux et aime traduire les prospectus en plusieurs langues. Ses premiers écrits paraissent dans *la Tribune des jeunes* en 1918, mais c'est en 1919, alors qu'il est secrétaire de Jean de Bonnefon, journaliste et écrivain, qu'il écrit *Prospectus, le Fard des Argonautes, l'Ode à Coco*. Il est en relation avec Henri Jeanson, Armand Salacrou (qui nous confiera un jour que des slogans publicitaires célèbres comme pour la Marie-Rose, « la mort parfumée des poux » sont de Desnos) et une jeune femme, Rirette Maîtrejean, qui a connu les anarchistes de la bande à Bonnot. C'est le poète Louis de Gonzague Frick dont nous avons parlé ici, qui lui donne accès aux revues et lui fait connaître les milieux d'avant-garde. C'est le temps de Dada, celui où il fait la connaissance de Roger Vitrac qui lui fait connaître André Breton. Son service militaire interrompant sa vraie vie, à son retour il est du groupe de la revue *Littérature* avec les surréalistes : « Le surréalisme est à l'ordre du jour et Desnos est son prophète », écrira Breton en 1924. C'est en 1922 le temps que nous avons relaté des expériences où Desnos, comme Crevel, se révèle un sujet particulièrement réceptif, le temps des « espaces du sommeil » comme il dira. Alors qu'on croyait Desnos sceptique, il est le plus médium de tous, étonnant ses amis Breton, Crevel, Péret, qui se livrent au même exercice, qui vont chercher au fond du sommeil la vérité surréaliste. Ce sont les fameux exercices de *Rose Selavy*, l'écriture automatique, le merveilleux.

Desnos, nous l'avons vu, est de toutes les manifestations du groupe. Parallèlement il écrit des critiques cinématographiques dans les journaux et des scénarios. En 1925, épris sans retour d'Yvonne George, la chanteuse, il en fait son étoile poétique et Man Ray réalise cinématographiquement un de ses poèmes, *l'Étoile de mer*. Pour vivre il fait tous les métiers : commis de librairie, journaliste, caissier, rédacteur, échotier ; il écrit sur commande pour Jacques Doucet et lui vend des manuscrits. En 1926, il habite rue Blomet, près du Bal Nègre ; là il rencontre tout un univers cosmopolite et des amis qui sont fort proches de lui et de ses goûts, Jacques et Pierre Prévert, Marcel Duhamel, futur fondateur de la *Série noire*, Raymond Queneau. Et il publie ses livres de poèmes : *Deuil pour deuil*, 1924, *C'est les bottes de sept lieues cette phrase « Je me vois »*, 1926, *The Night of loveless nights*, 1930, *Corps et biens*, 1930, un texte « osé », *la Liberté ou l'amour !* qui lui vaut la censure et la correctionnelle, un roman en collaboration avec Renée Dunan et sous pseudonyme, *la Papesse du diable*, 1929, « roman de mystère, de magie et d'amour ». Il n'a pas oublié ses lectures populaires, et les Eugène Sue, les Gaboriau, les Ponson du Terrail.

Cependant, un fossé se creuse : lorsque, en 1927, Breton, Éluard, Aragon, Péret, Unik s'engagent au parti communiste, Desnos fait partie des opposants, de ceux qui trouvent incompatibles une mission militante politique et une activité surréaliste. L'écart ira s'accentuant et lorsque, en 1929, Breton voudra donner un nouvel essor à son mouvement, Desnos, comme Leiris, Masson, Limbour, Bataille, sera absent. En fin d'année, la publication du *Second Manifeste* : « Une grande complaisance envers soi-même, c'est essentiellement ce que je reproche à Desnos... » C'est le temps des exclusions, du pamphlet Anti-Breton, *Un cadavre,* et Desnos écrit : « Le surréalisme est tombé dans le domaine public, à la disposition des hérésiarques, des schismatiques et des athées... » On pourrait dire dès lors qu'il existe auprès du Surréalisme des dissidents de marque. Les amis de Desnos sont nombreux, ceux du début, Roger Vitrac, Théodore Fraenkel, le peintre Malkine, Armand Salacrou, Henri Jeanson, tant d'autres comme Picasso, Miró, Félix Labisse, Paul et Lise Deharme, Jean-Louis Barrault. Il vit alors avec une fort belle femme, reine de Montparnasse, Youki Foujita qui sera Desnos, et qui sera son inspiratrice : en 1931, après la mort d'Yvonne George, l'étoile, ce sera donc Youki, la sirène, et son poème *Siramour,* 1931, fera la liaison entre ses deux amours, tandis que *le Livre secret,* 1932, où poèmes et gouaches alternent (car Desnos est aussi un merveilleux artiste) sera composé pour Youki, de même que *les Nuits blanches* qui réunit les récits de rêves de Youki et les chansons de Desnos.

Le poète a transporté le Surréalisme dans le domaine public, le journalisme, la radio, la chanson, le cinéma et même la publicité : pas élitiste, Desnos! Mais la vie du couple Youki-Robert sera difficile en ces périodes de crise. Comme au temps de la droguerie, Desnos fera un peu de tout : de la gérance d'immeubles, des travaux de librairie, des conférences à la radio, et surtout, en 1933, une émission célèbre, avec Paul Deharme, le mari de la poétesse délicieuse Lise, *la Grande Complainte de Fantômas,* et encore des publicités célèbres grâce à Salacrou : la Marie-Rose, le vermifuge Lune, la Quintonine, le Thé des familles, le vin de Frileuse feront partie du folklore quotidien des Français qui ignorent qu'un grand poète est derrière des slogans célèbres. Desnos est rédacteur publicitaire aux studios Foniric (qui deviendront un jour R.T.L.), à Radio-Luxembourg, au Poste parisien où il adaptera le poème de Walt Whitman, *le Salut au monde* avec Alejo Carpentier (étonnante rencontre!) pour la musique, et plus tard, *la Clé des songes,* 1938, cette activité l'empêchant de mener à bien l'entreprise d'un roman commencé en 1931, *la Raison sociale ou les horreurs de l'amour.*

Dès 1936, il se contraint à écrire un poème par jour (il triera ensuite) et surtout pour les enfants de ses amis : *le Parterre d'Hyacinthe, la Ménagerie de Tristan* pour le fils des Deharme, *la Géométrie de Daniel* pour le fils de Darius et Madeleine Milhaud qui sera le peintre Daniel Milhaud. Il a publié *les Sans Cou* en 1934 avec l'aide amicale de Salacrou. Les publications sont rares mais non point la création. Il fait de la critique musicale à la T.S.F. comme il écrit des textes destinés à être mis en musique : *la Cantate pour l'inauguration du Musée de l'Homme, la Cantate de quatre éléments,* et Milhaud fait la musique, comme il écrit des lyrics pour le film *Panurge,* des chansons de variété qu'on met en musique, il écrit des commentaires pour les documentaires cinématographiques, il aidera son ami Jean-Louis Barrault à monter *Numance.*

La guerre d'Espagne l'amène à prendre des positions. Déjà en 1936, il s'était rangé du côté du Front populaire, il avait milité contre le fascisme, le capital, le principe marxiste de la lutte des classes, contre l'antisémitisme et le fascisme. Il ne cessera pàr les journaux, par la parole à la radio, de lutter contre l'esprit de soumission et de défaite. L'antimilitariste de 1914 n'a sans doute pas changé, mais la montée des périls, le fascisme l'ont amené à prendre des positions nationalistes. Il participa activement aux manifestations de l'Association internationale des Écrivains pour la Défense de la Culture, présentant des spectacles, animant les Maisons de la Culture. Il publia des poèmes, des critiques de disques dans *Commune, Europe, Ce soir,* le quotidien de Louis Aragon. Il est de ceux qui savent la guerre inévitable et le 3 septembre 1939, sergent fourrier, il ira de Nantes en Lorraine, sera un des sacrifiés de la drôle de guerre, connaîtra la débâcle. « Il nous faudra du courage », écrit-il à Youki Desnos.

Il faut bien vivre : le 10 septembre 1940 il entre à *Aujourd'hui* créé par Henri Jeanson qui quittera son poste deux mois après pour être remplacé par Georges Suarez. Desnos reste. Il lutte. Il doit abandonner sa chronique *la Revanche des médiocres* et se contenter de chroniques littéraires. Sa colère s'exprime cependant bientôt dans des polémiques comme celle avec Louis-Ferdinand Céline. Il y récolte de se faire traiter de « philoyoutre, antifasciste, enjuivé, perdu de tout ». Il doit se contenter de brefs articles apparemment neutres mais où il maintient l'idée de lutte et d'espoir. Dès juillet 1942, il appartient à un réseau de résistance, *Agir,* auquel il transmet les informations que son métier lui permet de recueillir, aide à la confection de faux papiers d'identité.

Pour le plus grand bien de la poésie, son travail au journal lui laisse du temps, et, contrairement aux années trente, durant les années 1942-1944, il publie beaucoup. On lira *Fortunes,* 1942, qui rassemble les œuvres de 1930 à 1937, *État de veille,* 1943, qui continue 1936-1937 et propose des chansons, des poèmes « en apparence plus classiques », le roman sur les drames de la drogue, *Le vin est tiré,* 1943.

En 1944, il a beaucoup travaillé aussi : des livres comme *Contrée, le Bain avec Andromède, Trente Chantefables pour les enfants sages* seront publiés après son arrestation. Il a achevé *Calixto,* il a élaboré des nouvelles, *Jours de noces,* un recueil, *Sens,* il a écrit des scénarios, des adaptations de romans pour le cinéma, projeté des opéras-films, des ballets. Il a publié dans les revues clandestines : *Profil littéraire de la France, Poésie 42, Lettres, l'Honneur des poètes, Europe, Méridiens, Confluences, Messages, Poésie 44.*

Le 22 février 1944, en même temps que le poète André Verdet, Robert Desnos est arrêté et incarcéré à Fresnes où il subit deux interrogatoires avant d'être transféré à Compiègne. Le 27 avril, mille sept cents hommes sont déportés en représailles à la condamnation à mort de Pucheu en Algérie. Desnos est de ceux-là, et commence la plus tragique des odyssées : Auschwitz, Buchenwald, Flossenbourg, Floha en Saxe. Beaucoup sont morts. Desnos lutte contre la détresse, l'humiliation, la faim. Et ce fut le typhus. Puis le 3 mai 1945, la fuite des SS devant l'arrivée des Russes et des partisans tchèques. Il y avait des médecins qui essayaient de sauver des hommes, mais le camp était un mouroir.

Dans la nuit du 3 au 4 juin, un étudiant tchèque, Josef Stuna, est de service au baraquement n° 1. Il lit la liste des malades et voit : « Robert Desnos, né en 1900, nationalité française. » Il sait, cet étudiant, ce qu'est le Surréalisme, il a lu Éluard, Breton, il se souvient d'un portrait de Robert Desnos dans *Nadja*, il cherche parmi deux cent quarante morts-vivants et s'arrête devant un de ces squelettes dont le regard presque éteint s'abrite derrière de grosses lunettes. Stuna demande : « Est-ce que vous ne connaissez pas le poète français Robert Desnos ? » et le malade essaie de se dresser, répond : « Le poète français... c'est moi. » Stuna va chercher son amie, l'infirmière Alena Tesarova qui parle mieux le français que lui, et ils parlent, ils font tout pour sauver le poète qui voudrait vivre. On écoute Pierre Berger : « Ces trois êtres, dont l'un était promis à la mort, parlèrent de tout : de Paris, de la Liberté, de la Fraternité, de la Poésie, des arbres, du vent, des océans. Desnos disait ce qu'avait été la Résistance française contre les Allemands et aussi ce qu'avait été le Surréalisme, cette résistance à l'obscurantisme du monde. Alena Tesarova lui apporta une fleur d'églantier. La fleur se fana très vite. Le poète la garda quand même près de lui. Au bout de trois jours il entra dans le coma. Le 8 juin à 5 heures du matin, il mourut... » N'oublions jamais.

Vous avez le bonjour de Robert Desnos.

Sans cesse, Desnos sera édité et réédité et l'on verra fleurir des inédits. Pierre Berger écrivait : « Nos arrière-enfants auront, mieux que nous, le bonjour de Robert Desnos » et il ne se trompait pas. Nous remontons le cours de la rivière-vie pour mieux la parcourir ensuite. *Deuil pour deuil*, 1924, sera la première publication sinon la première œuvre, des poèmes la précédant, mais ce livre en prose est bien un texte poétique, avec des images comme des vagues qui moutonnent sur la mer et nous entraînent vers des découvertes sensibles avec des images d'eau devenue miroir : « Le miroir impassible et toujours neuf ne révèle que moi-même. » L'amour va parmi les ruines d'une ville : « Amour me condamnes-tu à devenir le démon tutélaire de ces ruines et vivrai-je désormais une éternelle jeunesse à travers ce que les décombres blancs me permettront de voir de la lune ? » La description imagée, surréaliste, des lieux, des édifices s'accompagne d'humour : « Je constatai que la femme de gauche était devenue un gigot d'agneau à collerette de Malines. Un homme impassible la découpait » et aussi de confidence : « Je ne crois pas en Dieu, mais j'ai le sens de l'infini. Nul n'a l'esprit plus religieux que moi. Je me heurte sans cesse aux questions insolubles. Les autres ne sauraient être posées que par des êtres sans imagination et ne peuvent l'intéresser. »
Des eaux-fortes d'André Masson illustrent ce livre au long titre : *C'est les bottes de sept lieues cette phrase : « Je me vois »*, 1926. Un des poèmes, soit dit au passage, *Destinée arbitraire*, donnera le titre d'un recueil établi par Marie-Claire Dumas, avec des inédits pour la collection Poésie/Gallimard où l'on retrouve aussi d'autres recueils de Desnos comme *Fortunes* et *Corps et biens* (que les lecteurs se précipitent!). *C'est les bottes...* est un des

recueils les plus spontanés et les plus purs de Desnos : une poésie de petit matin, claire comme le jour, y naît devant nous, un abandon au langage, une confiance dans les mots porteurs de la merveille. On trouve des vers libres et des vers classiques qui sont épris de liberté. On peut lire : « Je vais goûter le silence cette belle algue où dorment les requins. » On peut trouver des clichés décalés : « Il fait pluie » ou « Qu'on me fiche la guerre ! » ou bien des proverbes modifiés par l'insolite : « Si vous rencontrez un corbillard déchaussez-vous » ou bien :

> Voici venir le temps des croisades.
> Par la fenêtre fermée les oiseaux s'obstinent à parler
> comme les poissons d'aquarium.

C'est une suite pleine de charme et de délicatesse : « On n'inscrit pas d'initiales à la craie / dans la forêt blanche de l'amour » et même un sonnet, *les Gorges froides*, car Desnos est sans préjugés, dont voici le premier quatrain :

> A la poste d'hier tu télégraphieras
> que nous sommes bien morts avec les hirondelles.
> Facteur triste facteur un cercueil sous le bras
> va-t'en porter ma lettre aux fleurs à tire d'elle.

Il ponctue ou il ponctue à demi, ou bien il ne ponctue pas du tout, mais, revoyant ses manuscrits, il aura tendance à leur ajouter la ponctuation. Qu'importe ! La fraîcheur est là et ne le quittera jamais, et non plus le sens de la communication chaleureuse. On le voit encore dans *The Night of loveless nights,* 1930, qu'illustre Georges Malkine, et qui sera repris dans *Fortunes*. C'est la nuit des nuits sans amour où se mêlent l'érotisme, le désespoir, la révolte pour s'achever dans l'affirmation de l'amour absolu, chant de la sirène (Youki) et de l'étoile (Yvonne George), poème se composant de longs quatrains d'alexandrins qui sont farcis de prose, de vers libres. Dès le départ, le lyrisme apparaît, qui fait présager le souffle :

> Nuit putride et glaciale, épouvantable nuit,
> Nuit du fantôme infirme et des plantes pourries,
> Incandescente nuit, flamme et feu dans les puits,
> Ténèbres sans éclairs, mensonges et rouèries.

Ces vers pourront satisfaire tout amateur de poésie classique et ils ont un singulier pouvoir d'envoûtement, mais ils ne sont pas exempts de verbalisme et d'éloquence avec leurs rimes souvent attendues. Il semble plus à l'aise en prose ou en vers libre ; nous le préférerons souvent dans ses chansons ou ses poèmes plus spontanés. Mais ce poème, si parfois il parle trop, nous parle :

> Toujours avoir le plus grand amour pour elle
> Il n'y a pas de trahison corporelle
> Et que ton cœur batte toujours pour elle
> Que tes yeux se ferment sur son unique image.

Il passe par toutes les formes de l'amour, et même l'amour courtois : « Mourir après elle / Est le rôle dévolu à l'amant / A lui seul le droit suprême / De graver un nom sur une pierre périssable. »

Corps et biens, 1930, réunit la plupart des poèmes écrits de 1919 à 1929. C'est le livre des débuts et de la première période du Surréalisme, celle de toutes les audaces et de toutes les prospections. *Corps et biens*, comme un vaisseau qui se perd ainsi, comme un bateau ivre et nous avons, dans cet ensemble détonnant, une singulière ivresse des mots et d'images où l'on ressent presque physiquement les états du poète, de l'angoisse à la rage, de l'ironie à la colère, du désespoir à l'apocalypse dans un grand déferlement de langage qui semble soumis à tous les vents. La diversité en est grande, des poèmes non point sages mais sagement rimés du *Fard des Argonautes*, 1919, de *l'Ode à Coco*, 1919, à cette *Rrose Selavy*, 1922-1923, dont l'initiateur ne sera nommé que par une énigme : « Rrose Sélavy connaît bien le marchand du sel », aux aventures éclatées de *l'Aumonyme*, 1923, à ces ensembles intitulés *Langage cuit*; 1923, *A la mystérieuse*, 1926, *les Ténèbres*, 1927, *Sirène-Anémone* pour Youki, *l'Aveugle, Mouchoirs au nadir, De silex et de feu, le Poème à Florence.*

On lit *le Fard des Argonautes* comme on fait un voyage et il nous arrive au passage de penser à Rimbaud ou à Apollinaire, celui de *la Chanson du Mal-Aimé* : « Va-t'en, va-t'en, va-t'en, qu'un peuple ne t'entraîne / Qui voudrait, le goujat, fellateur clandestin / Au phallus de la vie collant sa bouche blême... » et des vers une fois lus habiteront la mémoire :

> Les putains de Marseille ont des sœurs océanes
> Dont les baisers malsains moisiront votre chair.
> Dans leur taverne basse un orchestre tzigane
> Fait valser les péris au bruit lourd de la mer.

On comprend que le jeune homme de dix-neuf ans n'ait pas oublié ses lectures, Baudelaire par exemple. Ainsi dans l'*Ode à Coco* (qui pourrait être Malperché), poème au langage dru, aux images multicolores où il avoue : « Le poison de mon rêve est voluptueux et sûr », farci de noms propres, de noms de pays et de rappels mythologiques, dans une étonnante virtuosité, avec un goût des vocables qui font dresser l'oreille comme : podagre, rastaquouère, maelstroms, proxénètes, etc., des personnages baudelairiens : bigote obscène, putain pâle aux fards décomposés, nonnes prostituées, buveurs de vin ou amateurs de pavot, tandis que Rimbaud lui dicte : « Les maelstroms gueulards charrieront des baleines / Et de blancs goélands noyés par les moussons. »

D'une tout autre eau est *Rrose Selavy* tant de fois citée ici pour que nous nous y arrêtions longtemps, mais il y a une parenté entre le langage qui souvent agresse l'oreille et celui des poèmes que nous avons vus à ses débuts. Ainsi : « Rocambole de son cor provoque le carnage, puis carambole du haut d'un roc et s'échappe à la nage » ou bien : « Rrose Selavy nous révèle que le râle du monde est la ruse des rois mâles emportés par la ronde de la muse des mois. » On n'en est pas si éloigné dans *l'Aumonyme* quand on lit : « Jetez le lest vers l'est, lestes ballons. » S'il veut suggérer le mystère des amours, il suffit d'une rencontre : « Je l'aime, elle roule si vite, la grande automobile blanche. » Il adore l'à-peu-près que ce soit dans le calembour : « L'art est le dieu lare / des mangeurs de lard » ou dans le jeu : « — Rien ne m'intéresse / — Rie, en aimant, Thérèse. » Il se répand en inventions chaotiques, en jeux gratuits, jouant souvent les joyeux fumistes. Ces jeux vont se poursuivre dans *Langage cuit* avec ses aphorismes bizarres, ses contrepèteries approximatives, ses trouvailles homonymiques, ses tortures de la syntaxe et ses vers pour exercices vocaux : « La chasseresse sans chance / de son sein choie son sang sur ses chasselas... » et aussi des moments d'authentique poésie. Mais ne méprisons point trop ses calembours du genre « Martyre de saint Sébastien : mieux que ses seins ses bas se tiennent » dans la mesure où lâchant la bride des mots le poète voulait voir jusqu'où ils iraient sans se soucier que ce fût trop loin; cela fait partie, comme le dit si bien René Bertelé, d'« un mécanisme perturbateur de la pensée logique, libérateur et donc poétique; un certain ordre conventionnel était troublé au profit d'un autre singulier, burlesque, à base de dérision et d'absurde ». Et : « Ainsi, non seulement était imposée au langage une cure de désintoxication intellectuelle, mais en même temps étaient mises à nu certaines couches profondes du subconscient, à travers lesquelles, on peut le remarquer, apparaissent souvent celles de l'érotisme et de la profanation, que le surréalisme a plus particulièrement dégagées. Desnos, en tout cas, s'est livré avec passion à ce traitement expérimental du langage. Il a fait mener aux mots un train d'enfer... »

Il ne s'agit pas de tout admirer alors simplement parce que c'est écrit et écrit par Desnos. Il se cherche lui-même à travers ses recherches, mais c'est peut-être dans la deuxième moitié de *Corps et biens* qu'est le meilleur Desnos, dans *A la mystérieuse* où l'homme face à l'amour imaginaire poursuivi à travers les espaces du sommeil lui parle en longs monologues :

J'ai tant rêvé de toi que tu perds ta réalité.
Est-il encore temps d'atteindre ce corps vivant et de baiser sur cette bouche la naissance de la voix qui m'est chère?...
J'ai tant rêvé de toi qu'il n'est plus temps sans doute que je m'éveille...
J'ai tant rêvé de toi, tant marché, parlé, couché avec ton fantôme qu'il ne me reste plus peut-être, et pourtant, qu'à être fantôme parmi les fantômes et plus ombre cent fois que l'ombre qui se promène et se promènera allègrement sur le cadran solaire de ta vie.

Il parcourt les espaces du sommeil car, il le sait, « Dans la nuit il y a naturellement les sept merveilles du monde et la grandeur et le tragique et le charme. » Il a des mots d'amoureux au cœur trop lourd : « Si tu savais... » et celle-là, cruelle et silencieuse, il lui adresse les plus belles lettres amoureuses : « Loin de moi et semblable aux étoiles, à la mer et à tous les accessoires de la mythologie poétique... » Il dit : « Moi qui suis Robert Desnos, pour t'aimer. » On retrouve ce ton dans les vingt-quatre poèmes des *Ténèbres*. Nous voudrions suggérer qu'il s'agit là d'une poésie qui n'oublie pas l'alchimie et l'automatisme surréalistes tout en s'inscrivant dans une tradition lyrique, comme dans les plus belles proses, les hautes voix chantant l'amour et la mort. La ligne devient toujours plus dépouillée, plus coulante, plus insistante et il semble que ce ne soit pas seulement le merveilleux surréaliste qui la fait parler, mais tout un ensemble, comme dit Bertelé, « une imagination ardente, nourrie sans doute de toutes les poésies, de toutes les histoires, des vieux contes et des vieilles chansons, de leurs symboles et de leurs secrets, aussi bien que de leurs rythmes et de leurs cadences, mais nourrie avant tout de ses propres rêves, se libère et s'épanche, et sait nous communiquer, naturellement, le merveilleux le plus troublant ». Il y a là des vers splendides et nous voudrions en glaner parmi ces *Ténèbres* quelques-uns, d'un poème à l'autre, comme on cueille une fleur dans un bouquet en espérant qu'elle en est l'ambassadrice :

C'est le minuit passé dressant son torse nu au-dessus des beffrois et des peupliers

Y mourir ô belle flammèche y mourir

Une pierre précieuse s'endort dans l'écrin bleu de roi
Et voilà que sur le chemin s'agitent les cailloux fatigués

Je t'apporte une petite algue qui se mêlait à l'écume de la mer et ce peigne

Je déclare que je suis le bûcheron de la forêt d'acier

Mais nous n'en finirions pas de citer ces fruits du lyrisme, de l'onirisme, de la vision. C'est au grand jour le sommeil et le rêve, l'inconnu vertigineux recueilli sur la page précieuse. Et la lecture de *Corps et biens* donne bien le panorama d'une évolution des jeux apparents des mots à la libération des songes. Plus formels certes sont les poèmes de la fin comme *Sirène-Anémone, l'Aveugle, Mouchoirs au nadir, De silex et de feu, le Poème à Florence,* mais dix ans se sont écoulés depuis les quatrains d'alexandrins de ses dix-neuf ans qu'influençait Rimbaud : toujours un peu de verbalisme, mais le Surréalisme est passé par là et un langage plus souple, plus délié qu'auparavant porte les paroles d'une confidence qui semble inépuisable et s'envole souvent de la forme tracée du poème en quatrains d'alexandrins comme si décollait l'avion de la parole. Il ne dédaigne pas une certaine préciosité et des joliesses, des perles baroques et des images marines. On préfère cela à quelques facilités de l'éloquence prosaïque. *Corps et biens,* il n'empêche, est si riche de merveilles qu'on oublie quelques maladresses qui, après tout, disent l'humanité de Desnos, sa présence physique, sa voix au registre si vaste, si divers, dont les intonations multiples se reconnaissent comme étant du même poète chaleureux, allant de la confidence à la frénésie, de l'affirmation à la caresse par les mots, avec une manière très particulière de vous bouleverser en une phrase.

En 1942, *Fortunes* réunit les poèmes écrits à partir de 1929. Nous avons parlé de *The Night*... Nous découvrons d'autres œuvres essentielles. Plus tard, on y joindra cette *Cantate pour l'inauguration du Musée de l'Homme* qu'il regrettait de n'avoir pu joindre à cette édition de 1942 et qui constituait, selon Desnos, une étape entre *la Complainte de Fantômas* et *L'homme qui a perdu son ombre*, formant malgré leur diversité une sorte d'opéra poétique. Le premier poème, long poème où il utilise aussi bien le vers dit classique que le vers libre et la prose, est *Siramour*, au lyrisme abondant et qui ne se livre pas toujours facilement. Il nous dit : « Je parle ici de la sirène idéale et vivante » et l'on sait que Youki est cette sirène : « Ô sirène ! je te suivrai partout » et c'est là le poème en forme d'odyssée de son amour, de l'amour de lui-même qui est hippocampe avec la sirène. On trouve une idéalisation cosmique de l'être aimé sur un ton qui souvent est celui de la parole quotidienne avec ses lieux réels : « Nous avons bu de la bière au " Rendez-vous des camionneurs " » et, en même temps, ses lieux cosmopolites ou océaniques, avec ces images d'eau chères à Desnos, avec le château fantastique cher à maints surréalistes, les « sœurs parallèles du ciel et de l'Océan », toute une mythologie qui n'est jamais trop belle pour la sirène vivante. Après *The Night*... la troisième partie du livre : *les Sans Cou*, de 1924, ces quatre sans-cou qui ont des noms comme Anatole, Croquignole, Barbemolle, véritables Pieds Nickelés, suite de poèmes burlesques :

> Ils étaient quatre qui n'avaient plus de tête,
> Quatre à qui l'on avait coupé le cou,
> On les appelait les quatre sans cou.

Il aime réunir des personnages hauts en couleur qui semblent échappés d'un poème de Corbière : « Des béquillards, des goitreux, des bossus / Des gendarmes et des ivrognes. » On sait que Desnos est né et a vécu aux Halles non loin de la Cour des Miracles, mais chacun de ces personnages est là pour crocheter la poésie au passage. Desnos médite aussi à mi-route de sa vie et c'est un peu bavard, un peu banal. On préfère qu'il soit inspiré par les images de l'imaginaire pur comme dans *le Bœuf et la rose* :

> De connivence avec le salpêtre et les montagnes, le bœuf noir à l'œil clos par une rose entreprend la conquête de la vallée, de la forêt et de la lande.

Des jeux parfois comme celui sur le mot « comme » ou bien la fantaisie riche de métamorphoses de *la Bouteille à la rivière*. Parfois le ton direct qui lui est cher : « Vous avez le bonjour, Le bonjour de Robert Desnos, de Robert le Diable, de Robert Macaire, de Robert Houdin, de Robert Robert, de Robert mon oncle... » ou le ton canaille : « Ma gosse, dit-il, et " mon gosse ", dit-elle » et une *Baignade* avec un distique en couplet : « Nous allons pisser dans les trèfles / Et cracher dans les sainfoins. »

On en arrive ainsi à *la Complainte de Fantômas*, 1933. En maints lieux de ce livre, et plus particulièrement au XIXe siècle, nous avons dit cette poésie populaire authentique qui naît des complaintes écrites par quelque inconnu sur un fait divers, un crime célèbre. Robert Desnos a dévoré les ouvrages de Pierre Souvestre et Émile Allain, cette série des *Fantômas* et le personnage inventé, et aussi ses comparses ou ses ennemis, Lady Beltham, Hélène, Juve, Fandor, il les prend pour réels et en sixains de vers de sept ou huit pieds conte les sinistres forfaits du personnage qui porta la terreur dans les chaumières :

> Allongeant son ombre immense
> Sur le monde et sur Paris,
> Quel est ce spectre aux yeux gris
> Qui surgit dans le silence?
> Fantômas, serait-ce toi
> Qui te dresses sur les toits?

Certains des poèmes de la période où il s'astreignait à écrire un poème par jour sont dans *les Portes battantes,* 1936. Le ton est de plus en plus familier, populaire : « Nous étions quatre autour d'une table / Buvant du vin rouge et chantant / Quand nous en avions envie » ou « Au coin de la rue de la Verrerie / Et de la rue Saint-Martin / Il y a un marchand de mélasse. » Et ces vers ouvrent à la poésie urbaine avec plus ou moins de bonheur. Parfois il revient aux quatrains d'alexandrins et il s'y glisse quelque didactisme, on l'aime chaque fois qu'il est le rêveur aux « sources de la nuit ». Un souvenir de Victor Hugo passe dans une autre partie de *Fortunes,* le poème *le Satyre* que suivent les tercets de *L'homme qui a perdu son ombre* et ceux de *Bacchus et Apollon,* qui ne sont pas du meilleur Desnos. Dans une postface, il écrit : « Une de mes ambitions, en effet, est moins de faire maintenant de la poésie, rien n'est moins rare, que des poèmes dont mes camarades et moi, vers 1920, nous niions la réalité, admettant alors que, de la naissance à la mort, un grand poème s'élaborait dans le subconscient du poète qui ne pouvait en révéler que des fragments arbitraires. Je pense aujourd'hui que l'art (ou si l'on veut la magie), qui permet de coordonner l'inspiration, le langage et l'imagination, offre à l'écrivain un plan supérieur d'activité. Ai-je réussi? Je pense que oui en ce qui concerne *l'Évadé, Baignade, Coucou, la Ville de Don Juan, 10 juin 1936.* J'ai des doutes en ce qui concerne le reste du recueil. Je note pourtant des progrès dans la recherche d'un langage poétique, à la fois populaire et exact, et des trouvailles, particulièrement dans des fins de poèmes qui restent comme suspendus (et non pas achevés). » Cette autocritique est émouvante : il sait qu'il a tendance aux « moralités » qu'on trouve dans presque tous les poèmes de *Fortunes* et il sait que c'est souvent aux dépens de la poésie. Il donne ce livre comme un testament poétique : prémonition? On ajoutera sa *Cantate* du Musée de l'Homme qui montre bien son but : « L'opéra considéré comme la plus parfaite expression possible du lyrisme et du drame ».

Les Chants ultimes.

On lira heureusement beaucoup d'autres poèmes, souvent parmi les meilleurs de son œuvre. Ainsi *État de veille,* 1943, *le Bain avec Andromède,* 1944, *Contrée,* 1944, *Trente Chantefables pour les enfants sages,* 1944, et en

1945, après sa mort, *la Place de l'Étoile,* antipoème, ainsi que de nombreux inédits. Et n'oublions pas son roman *Le vin est tiré,* 1943, son livre sur *Félix Labisse,* 1945, sa prose poétique *la Rue de la Gaieté,* 1947. *État de veille* réunit des poèmes de 1936 et de 1942. En 1936, il se contraignait donc à écrire un poème par jour et le déchet fut grand. Comme dans *les Portes battantes,* on trouve ici des rescapés qu'il appelle « poèmes forcés » auxquels il ajoute des « couplets » destinés à la musique et des poèmes d'apparence plus classique. Les plus anciens proposent des histoires, celles du chameau, de l'ourse, du taureau ou de l'abeille, pièces familières et pleines de fantaisie. Peu à peu le ton devient fraternel : « Aujourd'hui je me suis promené avec mon camarade / Même s'il est mort, / Je me suis promené avec mon camarade. » Et ce ton de 1936, il le retrouve dans les poèmes, les couplets de 1942 où il chante les portes Saint Martin et Saint-Denis, la rue de Bagnolet, le trottoir d'été, le verre de vin ou le boucher. C'est le temps du Paris occupé et il y a de la mélancolie et de la nostalgie chez Robert, l'enfant des Halles, celui que les prestiges surréalistes n'ont jamais éloigné de la vérité des rues. On se récite encore aujourd'hui les poignants *Couplets de la rue Saint-Martin* :

> Je n'aime plus la rue Saint-Martin
> Depuis qu'André Platard l'a quittée.
> Je n'aime plus la rue Saint-Martin,
> Je n'aime rien, pas même le vin.

Le Bain avec Andromède qu'illustra Félix Labisse est composé de poèmes strictement classiques. Plus sages, ils portent moins d'ivresse cosmique qu'autrefois, mais on trouve d'intenses vibrations, une manière d'utiliser les mots qui montre que le temps de l'expérience surréaliste a porté ses fruits, un goût de la féerie et du vers dynamique qui charrie ses images comme un fleuve puissant :

> Est-il poitrine, où batte un cœur de chair et flamme,
> Qu'une lame, ou la griffe, aille ouvrir et piller,
> Est-il océan, lac ou fleuve que la rame
> Ou l'hélice, aille en flots, sans trace éparpiller,

> Est-il poitrine ou fleuve ou lac ou océan
> Ou terre, aussi fendue à renfort de charrues,
> Qui ne puissent livrer des moissons et, béants,
> Le noyé, le poisson, l'épave disparue?

Ces poèmes font penser parfois à ces œuvres de l'époque préclassique avec le baroquisme, la préciosité, le recours mythologique comme au temps de Théophile de Viau, avec parfois, dans la construction, quelque chose de quasi malherbien. Ne pouvons-nous pas aussi penser à un courant classique qui va de Jean-Baptiste Rousseau à Paul Valéry? Cela peut paraître inattendu :

> Quel sera, monstre, mon supplice?
> Déjà, dérisoire, ton nom
> Devient mot d'amour et complice
> De ma honte et de notre union.

> J'adopterai, d'abord, la pose
> Propice à ma métamorphose.
> En t'épousant, que je m'endorme,
> Par volupté, je prends ta forme.

Ce ton classique, on le retrouvera dans une bonne partie de l'ensemble de poèmes de 1943, *Sens*. Les poèmes, là, prennent l'air de la campagne avec des collines au printemps, un crépuscule d'été, une fenêtre, un cheval. Il chante « le parfum du thym et le bourdonnement des insectes » ou la naissance d'« un agneau étonné de vivre ». En 1944 paraît *Contrée*, tableaux de campagne encore, peu originaux, sauf quand s'y glisse un ton de complainte dans des octosyllabes où il semble plus à l'aise, mais 1944, c'est aussi l'année de ces *Chantefables pour les enfants sages* qui vont ravir les écoliers et ceux qui n'ont pas oublié leur enfance. Il flotte çà et là un souvenir de Max Jacob. Curieusement, ces poèmes pleins de fraîcheur, ingénus, délicieux, en liberté, lient Desnos à la plus belle tradition populaire en même temps qu'ils montrent ce qu'il y a de plus authentique en lui : ce petit garçon des Halles qui survit dans son âge mûr. Qui ne connaît, dans ce bestiaire adorable, le fameux *Pélican ?*

> Le capitaine Jonathan,
> Étant âgé de dix-huit ans,
> Capture un jour un pélican
> Dans une île d'Extrême-Orient.

Poésie populaire, d'un autre ordre, argotique, au ton canaille, celle des sonnets *A la caille* où pour flétrir Pétain ou Laval on ne mâche pas ses mots, le premier étant *Maréchal Ducono* et le second *Pétrus d'Aubervilliers :*

> Parce qu'il est bourré d'aubert et de bectance
> L'auverpin mal lavé, le baveux des pourris
> Croit-il encore farcir ses boudins par trop rances
> Avec le sang des gars qu'on fusille à Paris ?

En lisant les autres poèmes de cet ensemble, on trouve une multitude de vocables argotiques propres à ravir les amateurs de langue verte. L'enfant du vieux Paris n'a pas oublié le langage des siens et l'on trouve le souvenir du temps des Coquillards en poèmes verts et drus qu'il faut, pour les apprécier, situer dans le temps de leur écriture.

Dans ces temps clandestins, Desnos écrit beaucoup et l'on ne cessera de recueillir ses textes dans de nombreuses publications. Dans un ensemble comme *Calypso*, 1962, poèmes de 1942-1943, s'affirme cette volonté du poète d'ordonner le poème, de le cadencer, de le rythmer, et il n'échappe pas toujours à l'exercice, à une inspiration presque romantique, les meilleures réussites étant lorsqu'il oublie une prosodie trop mécanique pour faire entendre sa voix profonde qui est la voix du charme, de la complainte douce-amère qui le rapproche parfois des poètes de l'École fantaisiste.

Heureusement, dans ce temps de l'Occupation, le poète participe à la Résistance et son amour de l'intelligence, de la liberté, sa haine de la guerre lui inspirent un de ses plus beaux chants, un poème haletant, tremblant d'espoir, un cri d'accueil à la liberté espérée, une œuvre où tout Paris vibre et chante, un Paris que Desnos connaît dans son cœur, dans sa chair. Il se sent investi d'une sorte de mission du chant, il est *le Veilleur du Pont-au-Change* selon le titre du poème, celui aussi du Point-du-Jour, de la porte Dorée ou de la Poterne des Peupliers. C'est Paris menacé, Paris espérant, Paris des résistants, des camarades, qui chante par sa voix :

> Je suis le veilleur de la rue de Flandre,
> Je veille tandis que dort Paris.
> Vers le nord un incendie lointain rougeoie dans la nuit.
> J'entends passer des avions au-dessus de la ville.
>
> Je suis le veilleur du Point du Jour.
> La Seine se love dans l'ombre, derrière le viaduc d'Auteuil,
> Sur vingt-trois ponts à travers Paris.
> Vers l'ouest j'entends des explosions.

La ville comme un corps humain, la ville qui lui inspire ses litanies : je suis le veilleur... Il est alors Valentin Guillois (le nom de sa mère était Guillais, il s'en faut d'une voyelle). Aux quatre points cardinaux, le veilleur est à l'écoute des voix de la ville et du lointain, « au-delà des espaces atlantiques » et le poète nomme les villes comme les résistants, « enfants de vingt ans au sourire de source », nomme les héros du travail clandestin, « imprimeurs, porteurs de bombes, déboulonneurs de rails, incendiaires... », nomme tous ceux qui par le monde parlent « une langue qui n'a qu'un mot : Liberté! » et ayant nommé les camarades, les proches, il jette son grand bonjour au monde : « Bonjour, bonjour, le soleil va se lever sur Paris... » Il exprime dans un autre poème ce dilemme : « Ce cœur qui haïssait la guerre voilà qu'il bat pour le combat et la bataille! » Mais le mot « Liberté a suffi à réveiller les vieilles colères » et il en est ainsi « Car ces cœurs qui haïssaient la guerre battaient pour la liberté au rythme même des saisons et des marées, du jour et de la nuit. »

En janvier 1944, il écrivit des *Réflexions sur la Poésie* qui semblent donner le ton à une partie importante de la poésie à venir. Certaines phrases sont significatives de son art :

> Villon, Gérard de Nerval, Gongora me paraissent avec le grand Baffo des sujets de réflexions actuelles quant à la technique poétique. Unir le langage populaire, le plus populaire, à une atmosphère inexprimable, à une imagerie aiguë; annexer des domaines qui, même de nos jours, paraissent incompatibles avec le satané « langage noble » qui renaît sans cesse des langues arrachées du cerbère galeux qui défend l'entrée du domaine poétique, voilà qui me paraît besogne souhaitable sans oublier, je le répète, certains motifs impérieux d'inspiration actuelle...

Desnos nous dit aussi que « la grande poésie peut être nécessairement actuelle, de circonstance... elle peut donc être fugitive ». Mais en fait, il ne fait que répéter ce que disait Hugo en mieux. On préfère qu'il cherche au-delà du Surréalisme, au-delà de l'automatisme, « quelque chose de très mystérieux à réduire » et situe ce mystère du côté de Nerval, « de qui il faudra bien repartir pour se libérer de Mallarmé, de Rimbaud, de Lautréamont » en ajoutant que les portes de ce domaine « ne s'ouvriront peut-être qu'avec un mot trouvé dans les ballades en jargon de Villon ».

Ces phrases et aussi celles sur Gongora et Baffo nous renseignent fort bien sur l'évolution de la poésie de Desnos dans ses dernières années. Le médium du Surréalisme, le proclamateur du droit à la liberté sexuelle a certes trouvé sa dimension personnelle quand, mêlant sa nostalgie des rythmes classiques à son amour du langage populaire, il s'est fait lyrique, a rejoint des lieux proches de ceux d'Apollinaire, de Prévert, de Queneau ou de Max Jacob, en fait il est le meilleur là où il est le plus spontané, hors des théories un peu simplistes : c'est là son trésor. Nous ne voulons pas en faire un naïf, un ingénu, car l'homme est cultivé et conscient, mais dans son œuvre inégale, on distingue cela qui est un bien des plus précieux : la voix fraternelle de l'ami qui accompagne notre marche, le copain des Halles, des rues de Paris au fantastique social et au surnaturalisme nervalien, et citer son *Dernier Poème* est peut-être lui rendre le meilleur hommage. Il s'adresse à Youki, la sirène inspiratrice :

> J'ai rêvé tellement fort de toi,
> J'ai tellement marché, tellement parlé,
> Tellement aimé ton ombre,
> Qu'il ne me reste plus rien de toi.
> Il me reste d'être l'ombre parmi les ombres
> D'être cent fois plus ombre que l'ombre
> D'être l'ombre qui viendra et reviendra
> Dans ta vie ensoleillée.

2
Raymond Queneau

« Le monde était changé, nous avions une histoire. »

Veut-on savoir ce que furent les années d'apprentissage de Raymond Queneau (1903-1976)? Il suffit de lire le plus délicieux des romans en vers, sa première œuvre, *Chêne et chien,* 1937. Cela commence bien comme une autobiographie :

> Je naquis au Havre un vingt et un février
> en mil neuf cent et trois.
> Ma mère était mercière et mon père mercier :
> ils trépignaient de joie.

Nous saurons tout, et de la manière la plus exquise : le magasin spacieux et les demoiselles qui y travaillent, le père qui a vécu en Extrême-Orient et est « comptable colonial » sur son livret de famille, la mère « fille de capitaine et fille de Havrais ». Peu à peu toute une mythologie se presse : Panama et l'Emprunt russe, les jeux d'une enfance heureuse, l'école où l'on apprend « bâtons, chiffres et lettres », puis le lycée du Havre :

> Le lycé' du Havre est un charmant édifice,
> on en fit en 'quatorze un très bel hôpital;
> ma première maîtress' – d'école – avait un fils
> qu'elle fouettait bien fort : il pleurait, l'animal!

Il aime ses parents, pleure en pensant à leur mort possible, voyage avec eux dans la région : Fécamp et la Bénédictine, et Paris cette aventure! Le papa lit Buffalo Bill, la maman l'emmène en promenade et si le petit garçon est triste, il suffit d'un potiron sur une brouette pour le faire rire. Mais c'est bien le Queneau qui a adhéré au Surréalisme en 1924 qui se souvient :

> Des objets singuliers :
>   le cornet acoustique
> grâce auquel on communiquait

de la chambre à coucher avecque la boutique
en salivant dans le sifflet ;
l'écrase bifteck-cru rouillant dans la cuisine...

Surréaliste ce vers : « le soleil maternel est un excrément noir ». Mais le livre d'images se poursuit : couronnement du roi George V, les cinémas Pathé ou Kursaal, *l'Épatant* et *le Bon-Point,* Croquignol, Ribouldingue et Filochard, et aussi l'étude :

A quelques pas des gazomètres,
j'appris le grec et le latin,
le français et la géomètr-
ie et l'algèbre et le dessin.

On trouve dans *Chêne et chien* la double source du roman et du poème de Queneau. Dans ce portrait d'une enfance qui semble banaliser la poésie, la rendre prosaïque ; insidieusement c'est le contraire qui se produit, car l'on va de conquête en conquête, de surprise en surprise, de métamorphose en métamorphose. Bientôt, on distingue, dans le trésor de la langue quotidienne, l'intelligence du regard enfantin demeuré chez l'homme Queneau habile à montrer la dérision de la banalité, les ridicules de la société, les manières de parler en clichés, en poncifs, ce qui s'allie à son humour, sa cocasserie, une certaine tendresse. Il a l'art de dégager les moments essentiels de sa vie d'enfant. Pour cela il assouplit sa langue, réinvente sa vie par le langage, transcende le réel par l'exercice d'un style où les mots font des jeux entre eux, s'allongent ou se raccourcissent, castrent leurs e muets ou leurs consonnes, en même temps qu'ils racontent une vie, une ville, une famille, une enfance un rien amère. Queneau aussi se moque de ce qui est « littérature », de ce que tout autre prendrait au sérieux, et l'on distingue son sourire narquois, son ambiguïté, sa distance avec le bavardage des autobiographies. Tous ceux qui les font fleurir dans le roman devraient bien lire *Chêne et chien* avant leur entreprise. L'enfance ici est mise en jeu.

Au lycée du Havre, Queneau brille dans toutes les matières, recueille tous les prix. Vers la fin de 1920, la famille habite à Épinay-sur-Orge. Le poète fait ses études en Sorbonne : licencié de philosophie, les mathématiques le passionnent, mais aussi le cinéma, le billard, les échecs. Il se passe des choses à Paris : le Surréalisme auquel il adhère en 1924, avant d'accomplir son service militaire dans les zouaves en Algérie puis au Maroc, et, au retour, d'entrer dans cette banque au nom d'alexandrin : le « Comptoir National d'Escompte de Paris ». Ses amis sont surtout ceux de la rue du Château : Jacques Prévert, Yves Tanguy, Marcel Duhamel qui lancera la *Série noire,* Georges Sadoul qui fera l'histoire du cinéma, quelle équipe ! On se mêle donc aux activités du groupe, on se marie en 1928 avec Janine Kahn, et l'année suivante on rompt avec André Breton à qui Pierre Naville l'avait présenté, cela pour des raisons « strictement personnelles ». On lira dans *la Révolution surréaliste* ce texte bien dans la note qui commence ainsi : « Des canons de neige bombardent les vallées du désastre permanent. » Mais s'il existe *des* surréalismes, celui de Queneau est bien le sien.

Au début des années 30, le futur encyclopédiste s'affirme : recherches à la Nationale sur les « fous littéraires » ou plutôt, selon lui, les « hétéroclites » pour une *Encyclopédie des sciences inexactes* que refuseront les éditeurs et qui, huit ans plus tard, transformée en roman, sera *les Enfants du limon*. Il collabore à *la Critique sociale* de Boris Souvarine avec Georges Bataille, effectue un voyage en Grèce d'où il rapporte son roman *le Chiendent*, 1933, à la fois tentative de langage parlé dans le texte littéraire et construction mathématique reflétant les idées de Platon, Descartes, Husserl, et « Prix des Deux-Magots » créé en son honneur. A l'École des Hautes Études, le poète suit les cours d'Henri-Charles Puech et d'Arthur Kojève. Naissance de son fils Jean-Marie en 1934. Un roman, *Gueule de pierre*, 1934, qui se poursuivra dans *les Temps mêlés*, 1941, puis *Saint Glinglin*, 1948, ensemble fort curieux autour de la ville natale, sorte de Havre mythique, où sont introduits la psychanalyse et l'hommage aux « solutions imaginaires » de la Pataphysique. L'autobiographie apparaît non seulement dans le poème *Chêne et chien* où l'on est passé de l'enfance à l'adolescence et à la psychanalyse, où l'on a mis Boileau en épigraphe, mais aussi dans *les Derniers Jours*, 1936, le monde des études, et dans *Odile*, 1937, où l'on trouve ce qui le détache du Surréalisme : « Devenus esclaves des tics et des automatismes, ils se félicitent de leur transformation en machine à écrire. » Et aussi : « Le véritable inspiré n'est jamais inspiré : il l'est toujours ; il ne cherche pas l'inspiration et ne s'irrite contre aucune technique. »

Dès 1936, lecteur d'anglais aux éditions Gallimard, et membre du comité de lecture. Il connaît bien la littérure de langue anglaise, s'enthousiasme à Faulkner et Caldwell, fréquente Miller, traduit pour *Mesures* des auteurs tels que Whitman, Vachel Lindsay, Miller, Marianne Moore, William Carlos William, Hart Crane, St-John Crèvecœur, de grands romanciers comme Georges du Maurier, Amos Tutuola, Sinclair Lewis, Maurice O'Sllivan, William Saroyan.

En 1939, un beau roman, *Un rude hiver,* qui met en scène le Havre et montre les relations de l'écrivain avec son père. Puis, la guerre : mobilisation dans un régiment colonial vers Sedan, retour à Fontenay-le-Comte, puis à Saint-Léonard-de-Noblat où il vivra avec sa femme le temps de l'Occupation chez le peintre Élie Lascaux, avec des aller-retour à Paris pour Gallimard. Et des romans joyeux, allègres comme *Pierrot mon ami,* 1943, *Loin de Rueil*, 1944, *le Dimanche de la vie,* 1952, se suivront dans le temps, entrecoupés par les recueils de poèmes que nous gardons pour la bonne bouche, *Zazie dans le métro,* 1959, *les Fleurs bleues,* 1965, *le Vol d'Icare*, sans oublier les *Œuvres complètes de Sally Mara,* 1962, cet auteur inventé par Queneau qui allie l'humour au langage vert. On s'arrête à *Bâtons, chiffres et lettres*, 1950, un instant, car ce recueil d'essais contient des textes qui affirment la diversité et l'unité de l'écrivain : trois textes consacrés aux mathématiques qui seront intégrés plus tard à un ensemble, *Bords,* 1963, une nouvelle édition des *Bâtons, chiffres et lettres,* en 1965, ne retenant que les textes littéraires, et notamment des préfaces à Flaubert, Faulkner, Hugo, Jean Queval (qui lui consacrera notamment, en plus d'articles et d'études remarquables, un volume de la collection « Poètes d'aujourd'hui » que nous recommandons), des hommages à Prévert, Fantômas, ce Defontenay que nous avons rencontré au cours de cette histoire, une conversation avec Georges Ribemont-Dessaignes, et surtout des articles sur le langage, les modes parlés en rupture avec l'académisme, pour que le français en évolution devienne « populaire, lisible et compréhensible, donné pour tous », des études sur les graphies (pictogrammes, délire typographique, etc.), des notes diverses, des études sur l'Ouvroir de littérature potentielle, l'Oulipo, ses travaux, ses recherches de nouvelles structures, en bref, un ensemble dynamique sous le signe de la créativité. La mise en œuvre apparaîtra notamment dans *Exercices de style*, 1947, *Cent mille milliards de poèmes*, 1961.

Il est à noter qu'en 1951, Raymond Queneau est entré au collège de Pataphysique et, en même temps, à l'académie Goncourt. Il faudrait encore parler de quelques tableaux, de scénarios, de dialogues, de commentaires, de chansons (Juliette Gréco, les frères Jacques, Jean-Claude Pascal), de textes interprétés (Jacques Fabbri, Zizi Jeanmaire, Roland Petit, Denise Benoît, etc.). Il faudrait parler de Queneau scientifique, celui qui a fait, par exemple, une communication à l'académie des Sciences, du maître de *l'Encyclopédie de la Pléiade*, de l'analyste du langage. La mort de Janine Queneau en 1972 le bouleverse, le met en retrait de tout, et il meurt quatre ans plus tard, laissant un journal inédit, une immense ferveur chez ceux qui l'ont bien connu. Aujourd'hui « les Amis de Valentin Brû », nom d'un personnage de Queneau, publient des cahiers appréciés. Nous le rejoignons sur le lieu du poème celui dont Maurice Nadeau a dit qu'il fut « l'un des rares penseurs " pas en toc " de ce temps ».

Plaisir à Queneau.

Quoi qu'il fasse, Raymond Queneau met les rieurs de son côté, et ceux-là mêmes, s'ils regardaient plus loin, verraient qu'ils sont les dupes, que le Queneau « marrant » est en fait grinçant, qu'il décape de son humour féroce tous les ordres et toutes les conventions, qu'il prend les masques et les tics de ceux qu'il veut ridiculiser. Là où d'aucuns ne verront que le langage parlé, il y a, en fait, une utilisation savante de ce langage ; là où l'orthographe phonétique, les coupures inattendues, les élisions nous font sourire se cache la critique même, et la plus sarcastique, de notre soumission à l'habitude. Maurice Nadeau parle justement d'« une veine burlesque dans la tradition de la poésie française des " Macaroniques ", de Villon et des " Grotesques " du XVIIe siècle » et Jean Rousselot dira : « C'est l'esprit de Jarry (Ubu, la Chanson du décervelage), celui du dadaïsme et celui de Max Jacob — quand Max Jacob s'amuse — qui l'emporte, chez lui, sur celui du surréalisme... » Tantôt sentencieux comme Boileau, cosmique comme Du Bartas, épique comme eût voulu l'être Voltaire, argotique comme Bruant, philosophique comme Mme Ackermann ou Sully-Prudhomme, mais toujours pour se moquer de ses modèles... » On aime le voir se déguiser en baladin, en gazetier, en poète satirique à la Boileau du *Repas ridicule* ou en Mathurin Régnier, en burlesque, en didactique, sans jamais se prendre au sérieux et en moquant jusqu'à ses modèles. Ce faisant il donne un sérieux coup de balai dans la maison de la poésie pour la débarrasser de la poussière des jours et de la littérature.

Chêne et chien : selon Dauzat les deux étymologies du nom de Queneau qui fait écho : « Chêne et chien, voilà mes deux noms, étymologie délicate. » Et Jean Blot écrira : « Entre Chêne et Chien, entre l'arbre spirituel et la bête, il n'est passage, ni transition; alors l'idéal se met à rêver de l'instinct qui soupire après l'idéal. Du sommet du monde à son tréfonds, de la tête au cœur, la distance est trop grande pour être surmontée, mais cet espace qui les sépare se nomme pourtant la vie, se nomme la réalité. Chez Queneau, il sera meublé seulement par le rêve, le jeu et la nostalgie. » *Chêne et chien* : le bric-à-brac de l'enfance devient trésor d'Ali Baba alors même que Queneau semble avoir pris pour tâche de dépoétiser, de jouer du mirliton (comme il jouera aux quilles malherbiennes ou au billard), mais ce mirliton-là est moins gratuit qu'on ne le croit et il faut lire au troisième degré :

> Mes chers mes bons parents, combien je vous aimais,
> Pensant à votre mort oh! combien je pleurais,
> peut-être désirais-je alors votre décès,
> mes chers mes bons parents, combien je vous aimais!

Cela nous semble déboucher tout naturellement sur « le psychanalysis » de la deuxième partie : « Je me couchai sur un divan / et me mis à raconter ma vie... » et c'est là qu'il raconte l'emploi de son temps ou un rêve :

> Je raconte un rêve :
> un homme une femme
> se promènent près d'une rivière
> un crocodile derrière
> eux
> les suit comme un chien.
> Ce crocodile c'est moi-même...

Mais « Il y a tant de rêves qu'on ne sait lequel prendre » et il faut sans cesse revenir en arrière quitte à se heurter le nez où qu'on aille. Et puis l'herbe, le chêne, le sable, l'étoile, le chien, le cœur, sur lesquels il n'a « rien à dire » mais il le dit bien en débouchant sur le soleil : « *La Science de Dieu :* le soleil c'est le diable. » Pour lui, l'astre préféré des poètes, est poubelle, dépotoir, charnier, sépulcre blanchi. Et il y a les gens, les voisins, « tant de hurlements, tant de bavardages, et qu'on n'entend pas ». D'un poème à l'autre la confession, la promenade « d'Vaugirard à Passy », l'aveu tragique :

> Car si privé d'amour, tu voulus tuer
> ce fut toi la victime.

Drôle, Queneau ? Allons donc ! tragique, oui. Sans jamais rien de gratuit. Il ne se contente pas de jouer les Boileau et les Delille, il rejoint Laforgue. La troisième partie de *Chêne et chien,* c'est *la Fête au village.* Cela commence lyrique :

> Elle était si grande si grande la joie de leur cœur de joie
> qu'au-dessus des montagnes il dansait le soleil et qu'elle palpitait la terre
> elle jaillissait la source entre les rochers et pissait en riant
> Si grande si grande qu'au-dessus des collines gambillaient les étoiles...

Et, alors qu'on s'attend au développement de ce lyrisme, soudain, le ton quasi patoisant du chansonnier fin de siècle, comme un Gaston Couté inspiré par Francis Jammes :

> Les v'la qui s'amènent pour la fête
> tout vieux d'un an de travaux et tout jeunes d'oubli
> bien bons pour la culture et pour d'autres métiers
> Les v'là qui s'amènent avec la femme avec les fils avec les filles
> avec les tout petits enfants
> avec les animaux avec les beaux habits
> avec les richesses avec les économies
> avec de la joie de l'orteil au plumet
> avec des couy' au cul avec des poings aux bras
> avec du proverbe plein la langue avec du chant plein le gosier...

Et Queneau s'en donne à cœur joie : « *Comment vas-tu yau de poêle,* disent les gas au maître / *Ça vatte et ça vient* qu'il répond / Le grand âne pète si fort que les maisons ça tombe / *Grammercy adonc on habistera les campaignes ousqu'y a nos vignes dame oui.* » Là, c'est un tableau langagier et l'on n'est pas sûr que Queneau se moque. Il écoute les gens du village comme il écoute les amis des zincs, du café Dupont où il écoute le petit peuple pour extraire le vif, le cocasse, l'inattendu, le vrai au fond, pris sur le chantier de la langue, à ce point, dit Nadeau, « qu'on arrivait à en oublier que la poésie était d'abord, pour lui, une façon d'apprivoiser la fatalité de mourir ». Et Nadeau dit encore : « L'œuvre poétique de Queneau est une longue et rieuse danse macabre, sur un accompagnement d'accordéon construit avec autant de rigueur que *l'Art de la fugue.* » Et : « *L'Instant fatal, les Ziaux, Battre la campagne,* ce sont les méditations sur la mort d'un athée tranquille qui, plutôt que de larmoyer, rit aux larmes, rit gravement. Mais l'apparence disloquée et sarcastique de ses poèmes, chansons de route pour aider à vivre ceux qui se savent mortels, a souvent trompé. Ce qui en surgit finalement, ce n'est pas la gouaille d'un refrain, c'est la pureté d'un chant. » Jamais Queneau, lorsqu'il parle d'art poétique, ne joue au cuistre ou au parfumeur, jamais il ne se paie de mots ronflants :

> Bien placés bien choisis
> Quelques mots font une poésie
> les mots il suffit qu'on les aime

> pour écrire un poème
> on sait pas toujours ce qu'on dit
> lorsque naît la poésie
> faut ensuite rechercher le thème
> pour intituler le poème
> mais d'autres fois on pleure on rit
> en écrivant la poésie
> ça a toujours kékchose d'extrême
> un poème

Avec *les Ziaux,* 1943, on trouve le plus bel exemple d'une poésie en liberté, libre de tout, libre même de choisir la contrainte. L'explication du titre : « Les eaux, les yeux, les eaux des yeux, les ziaux ». Ce livre contient quelques-uns des plus beaux poèmes de Queneau et montre sa diversité. Poésie des villes : Le Havre, Paris, Londres : « L'obscurité des loups qui meurent de misère / les faubourgs sont trop loin pour la clarté des jours ». Des poèmes rimés ou non, libres ou classiques :

> Les oiseaux bleus dans l'air sont verts dans la prairie
> qui les entend les voit qui les voit les entend
> leur aile déployée élargit leur patrie
> mais à travers leur plume un feu toujours s'étend

Queneau peut aussi bien décrire un almanach Hachette que composer une pièce sur *Muses et lézards* en jouant sur ces deux mots qu'écrire des poèmes sceptiques, désespérés comme *les Chiens d'Asnières* : « on enterre l'espoir on enterre la vie / on enterre l'amour » ou tracer le portrait admirable de *l'Homme du tramouai* (tramway), image de solitude totale, rencontrer *les Joueurs de manille* et peu de poèmes sont le reflet de tant d'humanité blessée. C'est là qu'il est le plus près de Laforgue, avec cette simplicité populaire : « Misère de ma vie et vie ô ma misère »; c'est là qu'on trouve *l'Explication des métaphores,* un de ces poèmes qui marquent une époque :

> Loin du temps, de l'espace, un homme est égaré,
> Mince comme un cheveu, ample comme l'aurore,
> Les naseaux écumants, les deux yeux révulsés,
> Et les mains en avant pour tâter le décor.
>
> — D'ailleurs inexistant. Mais quelle est, dira-t-on,
> La signification de cette métaphore :
> « Mince comme un cheveu, ample comme l'aurore »
> Et pourquoi ces naseaux hors des trois dimensions ?
>
> Si je parle du temps, c'est qu'il n'est pas encore,
> Si je parle du lieu, c'est qu'il a disparu,
> Si je parle d'un homme, il sera bientôt mort,
> Si je parle du temps, c'est qu'il n'est déjà plus,
>
> Si je parle d'espace, un dieu vient le détruire,
> Si je parle des ans, c'est pour anéantir,
> Si j'entends le silence, un dieu vient y mugir
> Et ses cris répétés ne peuvent que me nuire.

Il faudrait tout citer de ce poème admirable, un de ceux, et ils sont nombreux dans *les Ziaux*, où Queneau va au plus près de la condition humaine. Par-delà sa mise en œuvre des mots, les audaces rythmiques, argotiques, baroques, par-delà la saine irrévérence, on trouve dans son livre une protestation contre la mort et contre les hideurs urbaines. L'homme est grave et ne joue pas. Du plus traditionnel au plus incongru passent d'un homme l'arrière-tremblement, le sens profond. Ainsi, dans *l'Instant fatal*, 1948, ce poème, cette chanson célèbre :

> Si tu t'imagines
> si tu t'imagines
> fillette fillette
> si tu t'imagines
> xa va xa va xa
> va durer toujours
> la saison des za
> la saison des za
> saison des amours

qui dans son apparente fragilité, dans son jeu phonétique, met en jeu la coulée du temps, car Queneau a sa vision philosophique du monde, on l'a vu dans *le Chiendent*, 1933, qui devançait ce sens existentiel de l'absurde de Sartre et de Camus, et le doute : « Je mdemande sqщ'on fait icigo / sur cette boule d'indigo » et la méditation sur les lieux communs et proverbes du genre : « Il faut de tout pour faire un monde » ou « Quand on est vieux on n'est plus jeune », et des poèmes comme *le Hâvre de grâce* (« La mort s'affirme pure au creux des brèches sèches »), *l'Espèce humaine, Si la vie s'en va, les Pauvres d'autrefois, Trains dans la banlieue ouest*, etc., montrent la détresse, le dérisoire, en allant du plus savant au plus simple, de la vie créatrice de langage à la mort éteigneuse de philosophies. Dans cet *Instant fatal* où les variations sur un thème se multiplient en se diversifiant, Queneau, comme toujours, ne semble pas se prendre au sérieux, mais il n'en est pas de même pour tout ce qu'il anime. C'est du pur Queneau, mais il apparaît des ombres proches, de Villon à Laforgue en passant par tous ceux qui ont chanté l'humaine condition, l'essentiel de l'homme précaire. Pour le connaisseur, il y a un maniement du langage, une création en liberté, en liberté rigoureuse qui peut le faire classique comme Boileau et Malherbe, novateur comme... Queneau, maître ès-langage comme un rhétoriqueur, vert et dru comme un chansonnier, direct pour susurrer la « chanson du néant » :

> Je crains pas ça tellment la mort de mes entrailles
> et la mort de mon nez et celle de mes os
> Je crains pas ça tellment moi cette moustiquaille
> qu'on baptisa Raymond d'un père dit Queneau
>
> Je crains pas ça tellment où va la bouquinaille
> les quais les cabinets la poussière et l'ennui
> Je crains pas ça tellment moi qui tant écrivaille
> et distille la mort en quelques poésies

Toujours partout la parole qui bat comme un cœur, la prosodie revivifiée par des trouvailles sur le chantier et qui constamment s'invente, la bonne santé des mots devenus créatures vivantes, les inflexions de la voix intérieure restituée, ce qu'appelle Olivier de Magny, « une rhétorique sublime, une rhétorique de l'émotion », la gravité jusque dans le jeu, la simplicité, mieux : le naturel réinventé.

Cosmogonies et navigations.

Qui aurait osé tenter un chant du monde des origines dans une perspective évolutionniste et scientifique sinon un homme de savoir comme Queneau ? Dans sa *Petite Cosmogonie portative,* 1950, il a rejoint, à sa manière, les grands projets de la poésie scientifique du XVIe siècle célébrée par son ami Albert-Marie Schmidt, oulipien, de Scève, de Du Bartas, en se souvenant sans doute des grandes œuvres didactiques et mnémotechniques du moyen âge, abécédaires ou bestiaires, volucraires ou lapidaires, avec, pour préserver du naufrage, le recours au baroque, au cocasse, à une forme particulière d'humour qui est celui du savant. Voilà deux cent trente alexandrins en six chants rimés, assonancés à la diable, que précèdent des tables précises comme dans un manuel scolaire. A l'origine, le remous, le chaos, l'ivresse, la naissance de la terre, les planètes, les cristaux, les virus, l'enfantement de la vie, le monde qui fulgure dans un chant ininterrompu, avec ses grandeurs hugoliennes, le grand savoir encyclopédique et l'encyclopédie langagière où se mêlent le savant et l'argotique comme dans un poème burlesque où les mots les plus rares et les mots les plus triviaux se font la nique :

> le diam et la perlouze ont pas même origine
> l'un c'est du minéral appliqué scolastique
> s'efforçant vers de purs concepts géométriques
> l'autre c'est l'animal souffrant d'une diarrhée
> qui lui exalte une hypocrite maladie
> pour en sublimer un complexe monovalve...

On est surpris par l'appareil du vocabulaire végétal, animal, minéral, de cette ivresse du bateau humanité qui aménage son espace, du souffle épique et du bouillonnement d'images comme si une caméra magique filmait pour nous le gigantesque accouchement de la terre-mère. Et cette verve intarissable s'accompagne d'une parfaite connaissance scientifique avec ce recours à Hermès chargé d'un complément d'explication :

> Hermès explique donc à ces français lecteurs
> la clarté de ce carme en six parts divisé
> Mercure ajuste donc leur castuce artésienne
> au naïf synopsis de ce petit poème
> Hermès expose donc le très simple projet
> que tracera ma plume à l'aide de vocables
> pour la plupart choisis parmi ceux des Français

Il ne fait pas de doute que Queneau se moque de ces didactiques suiveurs de l'abbé Delille qui mettaient tout en rimes, et pourtant, parmi la gouaille et le côté carabin, en peu de vers au fond, apparaît bien la genèse hénaurme jusqu'à l'apparition de l'homme au sixième chant : « Le singe (ou son cousin) le singe devint homme / lequel un peu plus tard désagrégea l'atome » et voici les fruits de son génie : le feu capté, l'outil, les machines, le passage du règne minéral au règne machinal, des inventions des Grecs aux machines à calculer, aux instruments ménagers et aux « sauriens du calcul ». Mais tout ce que charrie le poème au passage on ne saurait ici l'inventorier, et ces rappels littéraires :

> On parle de Minos et de Pasiphaé
> du pélican lassé qui revient d'un voyage
> du vierge et vivace et du bel aujourd'hui
> on parle d'albatros aux ailes de géant
> de bateaux descendant des fleuves impassibles
> d'enfants qui dans le noir volent des étincelles
> alors pourquoi pas de l'électromagnétisme

Au fond la réjouissance intelligente n'est pas si fréquente en poésie et l'on ne saurait bouder un plaisir qu'on retrouvera dans un commentaire versifié sur un court métrage d'Alain Resnais consacré aux matières plastiques, *le Chant du styrène*, 1957, en pensant aux noms de ces nouvelles matières, aux noms de bergers grecs, dont parle Roland Barthes dans ses *Mythologies*.

Un recueil anthologique, sous le titre de la chanson célèbre, *Si tu t'imagines*, en 1952, permettra de suivre l'évolution du poète, puis ce sera cet étonnant *Cent mille milliards de poèmes*, 1961, qui sera sans doute le chef-d'œuvre de ce groupe oulipien cher à Queneau et que le livre de Jacques Bens, *Ou Li Po*, 1980, permet de connaître et de montrer cette joie fraternelle de Queneau avec le groupe : Noël Arnaud, Jacques Bens, Claude Berge, Jacques Duchateau, Latis, François Le Lionnais, Jean Lescure, Jean Queval, Albert-Marie Schmidt, en attendant Marcel Benabou, Luc Étienne, Paul Fournel, Georges Pérec et Jacques Roubaud salués ici au passage. *Cent mille millards de poèmes :* un gadget (pourquoi pas?), un jeu, une trouvaille, comme dit Queval : « Fallait le faire, mais bien plus encore y avoir pensé. » De quoi s'agit-il? De dix sonnets seulement, simplement, mais dont les vers, grâce à des onglets savamment disposés, sont interchangeables, si bien que le lecteur peut à sa guise, en déplaçant les vers, par un système de progression mathématique, en composer cent mille milliards, de quoi lire, dit Raymond Queneau sans rire, « pour 190.258.751 années plus quelques plombes et broquilles ». Un canular, certes, mais bien de Queneau, et une manière d'utiliser le matériau langagier à la portée de tous, une plongée vers l'humour mathématique, sans doute une dénonciation du langage et de sa prise au sérieux.

Après deux livres étonnants, détonnants, Raymond Queneau en reviendra à sa, à ses manières. Voici *le Chien à la mandoline*, 1965, où l'on retrouve des sonnets, l'hommage à Prévert, tel poème de *Si tu t'imagines* et des inédits cernés entre deux phrases, au début : « Il n'est donc rien que je n'espère / quand je vois que tout cimetière / me sert à me faire la main » et à la fin : « Tout ce que je demande c'est de mettre un peu de terre dans le creux de la main / Juste un peu de terre dans laquelle je pourrais m'enfouir et disparaître. » C'est une sorte de journal intime, à la fois journal de l'homme (qui se souvient du Havre par exemple) et de l'explorateur des mots qui propose un usage du français simplifié, rendu au naturel avec ses simplifications phonétiques. On pourrait parler d'un passe-temps, d'un jeu encore, d'un appareil de dérision si la mort présente n'apportait sa gravité, si, souvent, on n'oubliait le travail rhétorique pour rejoindre le cri jeté avec un sourire désabusé, la douleur qui ne se paie pas de mots à l'approche du néant, de l'inconnaissable qui échappe à toute métaphysique. Ce chant menacé par la mort s'exprime de manière directe, on ose dire : à la bonne franquette, ou par d'amers constats : « Quand enfin de ce qui existe / il ne demeure presque rien » ou par des interrogations :

> On appelle à grands cris le phoque sur la grève
> Pourquoi donc évoquer l'animal et son rêve
> Et pourquoi tant de cris au bord de l'océan.

Mais le poète n'oublie pas les exercices de style pour reprendre un titre célèbre, une intense réjouissance langagière qui fait le bonheur du café-théâtre. Il dit : « Prends ces mots dans tes mains et vois comme ils sont faits. » Et ce sont des sonnets dans la plus belle tradition ornementée et savante, le poème pour Alain Resnais repris ici, des recettes d'art poétique : « C'est bien vrai qu'il faut dire il neige quand il neige » à moins qu'il n'entretienne son lecteur du solstice d'hiver à Rome.

Les titres des recueils qui suivront sont établis sur une même construction : *Courir les rues,* 1967, *Battre la campagne,* 1968, *Fendre les flots,* 1969, et l'on retrouve le paysage urbain, le paysage campagnard, le paysage marin, bien d'autres choses encore qui complètent *Chêne et chien* et forment une tétralogie. Dans *Courir les rues,* on est à Paris, avec topographies, chronologies, archéologie, érudition, à quoi s'ajoutent des tonalités mélancoliques avec façades dégradées, statues nichées au hasard, déchets. Comme on le dit dans le *Dictionnaire des Œuvres* : « Dans le fanatisme méthodique d'une utilisation langagière, il y a toujours à explorer. On trouvera donc dans cet almanach : les titres ajoutés, signalisateurs; des calembours cachés; des devinettes; des poèmes à forme fixe; un poème en prose né peut-être à l'ombre des *Fleurs bleues* (le roman de 1965); des escholeries (ne pas confondre fils [garçon] de la vierge et fils [pluriel de fil] de la vierge); des textes " traités " (et Baudelaire après le passage de l'ordinateur); un regard jeté sur les futilités de la lecture (et de l'écriture par conséquent); des pastiches déclarés (Verlaine, Prévert — et le ton prévertien ici et là); d'autres pastiches; les jeux surréalistes d'un être conscient... » Et l'on peut ajouter le ton de la chanson :

> Dents de loup dents de loup
> posés sur la fontaine
> qu'attendez-vous qu'attendez-vous
> pour mordre la laine
> des agneaux entre les clous

> qui mènent à la fontaine
> dents de loup dents de loup
> mortes à la peine.

La fontaine, La Fontaine : on pense à ce dernier en lisant *Battre la campagne* où l'on peut retrouver *l'Agneau et le loup, la Fourmi et la cigale, la Poule, le Renard et le coq* et *l'Oie, le chapon, le cheval, la Grenouille qui voulait se faire aussi ronde qu'un œuf, le Rat des villes et le rat des champs,* etc. Ne cherchons pas cependant la moralité ou la contre-moralité du fabuliste : ce serait volontiers plus proche de Franc-Nohain que du bonhomme La Fontaine et ce n'est ni l'un ni l'autre. D'ailleurs ses poèmes animaliers (mais, comme Florian, il glisse aussi autre chose que l'animal) ne se ressemblent pas entre eux. Ainsi sa grenouille « plus cornue qu'un dodécaèdre » n'a pas de rapports directs avec « le chat de la mère Michel » qui rêve « aux hirondelles de Rocroi », ses « colimaçons tragiques » qui finiront dans l'assiette, son cheval qui chante, son oie qui garde enfin ses plumes grâce à la pointe Bic ou à la machine à écrire sont bien réjouissants. Mais il n'est pas que l'animal et l'imagination bat toute la campagne. Ainsi un homme peut dire : « Aussi vrai que je m'appelle Grégoire / ça ne se passera pas comme ça », le soleil peut penser à Copernic, à Kepler, à Galilée, à Anaximène ou à Héraclite, tout en restant celui de la nature et de la poésie :

> Le soleil rouge comme une boule
> se prépare à prendre ses quartiers d'hiver
> il s'enveloppe de brume
> il hésite à descendre
> dans les sous-sols de l'horizon

Nous verrons au fond toute la matière cosmologique qu'il a mise savamment en œuvre ailleurs : le roc, l'animal, le minéral, le végétal, tout cela qui le lie aux autres recueils. Ainsi le bucolique comme dans la nuit : « Elle replie soigneusement la couverture / qu'elle étendait aux quatre pôles de l'horizon », les jardins, les eaux, les marais, les cimetières, les ruines, les hommes face à tout cela, qu'ils soient quotidiens ou légendaires. Et sans oublier jamais qu'il met *la Main à la plume* :

> J'écrirai des poèmes
> sur le lait le beurre la crème
> J'écrirai des odes en vers heptasyllabiques
> sur les vaches les brebis les biques

Et sans oublier cette bonne vache à lait, cette bonne tarte à la crème pour députés en mal de discours qui se nomme *la Culture* et qu'il sait rendre vivante :

> Dans la friche on sème les mots
> on y sème aussi des phonèmes
> des morphèmes des sémantèmes
> roses roseaux au bord de l'eau
> bruns grains fichés dans les labours

> verts coquelicots des prairies
> noirs lys au fond des forêts
> dans la friche on sème des mots
> pour qu'ils repoussent bien plus beaux

Au Queneau cultivateur succédera le Queneau marin dans *Fendre les flots* : « La vie est une navigation, on le sait depuis Homère. L'auteur regarde s'embarquer un enfant dans une ville maritime, il le suit à travers vents et marées... La première partie du recueil est moins autobiographique que la seconde ; entre les deux se place un intermède de sonnets. » Les poèmes sont courts, ramassés, et il n'en est guère qui ne se réfère au maritime, à cette eau que Bachelard a montrée porteuse de mémoire : on voit Queneau jouant avec le mot ru, suivre le ruisseau, naviguer solitaire, éveiller la rhétorique des marées, rencontrer les poissons des abysses ou les hippocampes, survoler l'océan, jeter sa bouteille à la mer, parler des escales et des ports, inviter au voyage, s'interroger : « Quel est ton nom ? — Mon nom est naufrage. » Sans cesse il maîtrise son bateau ivre sur l'océan langagier, et, comme toujours, il va du plus neuf au plus classique, du vers libre au sonnet rigoureux. Moins de jeux de mots, d'orthographe cancre ou phonétique qu'ailleurs, le libre parler certes toujours, mais une gravité constante, de la générosité et du sourire, des flashes tragiques comme « Il y a sur ce papier une tache de sang / comment après cela écrire un poème sur l'Océan » et jamais l'oubli de son *Projet* comme une sorte d'art poétique caché :

> Je parlerai d'une voix plus claire
> les poissons deviendront poissons
> les algues seront des algues
> les monstres marins resteront des monstres marins
> Je ne saluerai plus les mots
> je ne transformerai plus les poissons en alouettes
> les algues en rosiers et les monstres marins en machines à écrire
> Seules se perpétueront les sirènes
> dessalées par la distance du temps

Ne pourrait-on pas dire en le lisant ce qu'il dit lui-même : « J'entrai dans la caverne où s'entassent les ors » ? Queneau de franc-parler, Queneau précieux, Queneau qui chante les règnes et met le monde en images, Queneau qui fend le flot de ses paroles, Queneau penseur, savant, philosophe, métaphysicien, pataphysicien, ah ! comme nous l'aimons, comme nous aimons cet artiste qui n'oublie pas l'artisanat et clôt son œuvre par un *Recueillement :* au double sens de recueillir et de se recueillir :

> J'écrirai le mot fin comme arrivé au port
> cette fin n'est autre qu'un recommencement
> je ne laisse pas mes poèmes à leur sort
> je vais les recueillir en bien les ordonnant

Cet homme qui oppose au tragique de la tragédie humaine un sourire bienveillant, destiné généralement à la comédie, a réussi ce miracle de donner des poèmes où la vie énorme et quotidienne, la vie admirable et bête, partout triomphe et donne à son œuvre la marque de la durée. Ceci, savez-vous, aide à vivre et Queneau, c'est comme un ami cher qui marche à vos côtés et de temps en temps vous adresse un sourire.

L'œuvre entier de Queneau est le lieu d'union des antithèses et l'on y voit aller main dans la main ou presque le désespoir et la sérénité, la science et la naïveté étonnée, l'universel et le quotidien, le baroquisme et la simplicité, le clin d'œil amusé à ce qui fut et le regard intense vers ce qui doit durer, le constat et la découverte. Poète comme Laforgue, romancier comme Diderot, homme comme Queneau, Queneau mon ami, frais chanteur de l'existant comme du néant, parfait critique de la langue écrite et écrivant comme pas un, faisant cuire à petit feu ses *Exercices de style,* suspectant toute beauté de style et se faisant maître de celui qu'il invente, son étonnante aventure, unique et indispensable à notre époque, ne cessera de nous donner à méditer, à penser, à remettre en question. A vivre.

3
Jacques Prévert

« Neuilly, pour moi, c'était la fête... »

CELA se passait en 1900, le 4 février, deux jours après la Chandeleur, à Neuilly-sur-Seine, le lieu de la fête à Neu-Neu. Elle s'appelait Suzanne et était une Auvergnate de Paris, elle avait un mari d'origine bretonne qui se prénommait André, et elle eut ce jour-là un petit garçon qui fut Jacques Prévert (1900-1977). Il y a déjà un enfant Jean, il y en aura un autre six ans plus tard, Pierre, le frère, l'ami donné par la nature, qui sera le cinéaste. Une vraie famille française. On s'aime bien : « Ta mère, c'est une fée, disait papa. C'est pour cela que j'avais peur, quand elle me lisait des contes, qu'elle disparaisse dans l'histoire, comme les fées qu'elle évoquait », écrira Jacques. Le père est employé d'assurances, il en meurt d'ennui, il aurait voulu être acteur, écrivain, comme Zola et Alexandre Dumas, il a même écrit un roman-feuilleton. On a un chat qui s'appelle Loubet : c'est déjà du Prévert. Bientôt, ce père sera chômeur, vivra de petits métiers, par exemple visiter les pauvres pour savoir s'ils méritent qu'on les aide. On vivra quelques mois à Toulon où Jacques empêchera son père de se suicider. Il y a le grand-père, Auguste Prévert, qui est « quelque chose comme Marguillier » à Saint-Nicolas-du-Chardonnet, royaliste, croyant : Jacques aura une éducation religieuse. Chez des amis, le dimanche, il joue avec un bel enfant aux cheveux bouclés : Louis Aragon. On se distrait : les petits ânes du Luxembourg, le cinéma dans un café des Gobelins, l'Odéon, les livres comme *les Mille et Une Nuits* : enchantement. A son tour, l'adolescent Jacques Prévert va connaître les métiers, les combines peu avouables, les grands magasins qui l'emploient. En 1921, parti pour la Syrie, Jacques rencontre Marcel Duhamel à Constantinople. L'année suivante, avec Tanguy, on travaille à dépouiller les journaux pour un argus de la presse. Amusant de savoir qu'il tient au cinéma le rôle d'un futur polytechnicien, dans *les Grands* d'Henri Fescourt. Marcel Duhamel a une boutique et un petit logement où il loge Prévert et Tanguy. C'est rue du Château, haut-lieu surréaliste où viendront Desnos et Malkine, puis Péret et Aragon, puis André Breton, Michel Leiris, Soupault, Queneau. Les exclusions du groupe surréaliste se succéderont : pour Prévert, ce sera en 1928 à cause d'une farce jugée « de mauvais goût ». En novembre 1929, dans la revue *Transition*, un texte de Prévert : *Un peu de tenue ou l'histoire du lamentin*. En 1930, *Mort d'un Monsieur* pour le pamphlet *Un cadavre*, des articles dans *Documents* et dans *Bifur*, et puis des films publicitaires comme acteur ou comme scénariste avec Jean Aurenche et Paul Grimault. Un homme encouragera Prévert; il se nomme Henri Michaux et publie *Un certain Plume*. On trouve la signature de Prévert, entre celles de Claudel et Ribemont-Dessaignes, dans la revue *Commerce*, et c'est *Tentative de description d'un dîner de têtes à Paris-France*. En 1932, il donne au *Groupe de choc Prémices* une saynète en collaboration avec Jean-Paul Dreyfus (Le Chanois), *Vive la Presse*. Le groupe s'appellera *Octobre* et Prévert lui confiera des sketches, des pièces comme *la Bataille de Fontenoy*. Pierre Prévert tourne *L'affaire est dans le sac* d'après un scénario adapté par Jacques. En 1933, avènement du monstre Hitler et, sous le titre, de *l'Avènement d'Hitler*, une pièce immédiate où Prévert se fait la tête du dictateur. Le groupe *Octobre* créera de nouvelles pièces choisies par Gémier, Vildrac, Dabit, Nizan, Moussinac, Pomiès, Antoine. Ce théâtre ouvrier français est présenté à Moscou. *Citroën* et *la Bataille de Fontenoy*, premier prix à ces olympiades de la scène. Le travail sur l'actualité de Prévert se poursuit en 1934 avec le groupe qui se produit dans les usines, les banlieues ouvrières. On cite *Marche ou crève, Fantômes, Il ne faut pas rire avec ces gens-là, 14 juillet, le Palais des mirages*. Et Prévert adapte pour Marc Allégret *l'Hôtel du Libre-Échange*. Les textes pour la scène et le cinéma vont se multiplier : *Suivez le druide*, à Saint-Cyr-l'École, *la Famille Tuyau de Poêle* à la Renaissance et à l'Athénée, des dialogues, des scénarios : *Un oiseau rare* de Richard Pottier, *le Crime de Monsieur Lange* de Jean Renoir. On ne saurait tout citer de ses œuvres de spectacles. Au cinéma encore *Jenny*, 1936, *Drôle de drame*, 1937, adaptation de *Quai des brumes* de Mac Orlan pour Carné, des *Disparus de Saint-Agil* pour Christian-Jaque, de *Remorques* pour Grémillon, et aussi de *Lumière d'été*, et, pour Carné *les Enfants du paradis*, dialogues de *Sortilèges* pour Christian-Jaque, commentaire d'*Aubervilliers*, court métrage d'Eli Lotar, scénarios multiples comme *les Portes de la nuit*, dialogues des *Amants de Vérone* pour André Cayatte... Jacques Prévert lie l'histoire du cinéma à l'histoire de la poésie.

Et les textes ? Ils sont épars dans les revues comme *Soutes* de Luc Decaunes *(la Crosse en l'air)* et s'il y a un premier recueil en 1943, il est clandestin et dû à un jeune professeur de lycée, Emmanuel Peillet. Ainsi des amis, des admirateurs veillent. Prévert, aussi peu homme de lettres que ce soit, se soucie peu de ses écrits. Il les jette au vent comme un frais chanteur, comme un arbre ses feuilles. Ainsi l'acteur Raymond Bussières, Bubu, un bon copain, en connaît même par cœur qu'on n'a jamais publiés. Heureusement, il y a René Bertelé qui, avec obstination et ferveur, ramasse, trie, recueille, et c'est, fin 1945, *Paroles*, un chef-d'œuvre d'art populaire. Pas besoin de matraquage publicitaire : le public reconnaît son poète, son enchanteur anarchiste et sentimental, et le succès sst immense, les tirages plus grands que ceux des prix Goncourt, des millions d'exemplaires. Avant d'y revenir, traçons un tableau des publications qui vont suivre avec le même succès, provoquant cette ruée énorme, cet intérêt soudain pour la poésie qu'on n'avait pas connu depuis le gentil Paul Géraldy avec qui il n'a rien à voir. On s'enchantera dans toutes les classes sociales, et plus particulièrement dans les classes populaires, et à tous les âges puisque Prévert inventera à sa manière le livre pour enfants (*le Petit Lion*, 1947, *Contes pour enfants pas sages*, 1947, *Des bêtes*, 1950, *Bim le petit âne*, 1951, *Lettres des îles Baladar*, 1952, *l'Opéra de la lune*, 1953, etc.), mais les limites entre œuvres pour petits et grands ne sont pas fortement marquées car il y a de la fraîcheur et de la jeunesse partout, et aussi bien dans les ensembles comme *Grand Bal du printemps*, 1951, *Charmes de Londres*, 1952, *Lumières d'homme*, 1955, *la Pluie et le beau temps*, 1955, *Histoires*, 1963, *Spectacle*, 1961, *Fatras*, 1966, *Choses et autres*, 1972, *Arbres*, 1976.

On pourra suivre l'itinéraire de Prévert dans un numéro spécial du *Magazine littéraire*. Bornons-nous ici à quelques indications avant de le rejoindre dans son œuvre qui est inséparable de sa naissance, de son milieu, de sa biographie. Ayant vécu dans le Midi pendant la guerre, il se retrouvera à Saint-Paul-de-Vence, auprès de son ami André Verdet, à la suite d'un accident : tombé du premier étage d'une porte-fenêtre sur les Champs-Élysées, il resta longtemps dans le coma. Plus tard, à Paris, il habita près du Moulin-Rouge un appartement-capharnaüm avant de vivre dans la campagne normande jusqu'à sa mort. Mais il faudrait encore parler des créations et des reprises, des émissions de radio (l'une d'elles, des extraits de *Spectacle*, fut même censurée), de la Rose rouge, de la Fontaine des Quatre-Saisons, d'un texte sur l'affaire Henri Martin, d'un livre sur Joan Miró, d'une adaptation pour Marcel Delannoy de *Notre-Dame de Paris*, d'un sketch avec son frère Pierre pour *les Amours célèbres* de Michel Boisrond, de délicieux livres de collages, etc. Cet homme qui connut la gloire à l'âge de quarante-cinq ans parce qu'il ne la recherchait pas fut un homme qui faisait son travail et, en même temps, l'auteur de ces lignes peut en témoigner, un homme toujours disponible pour la rencontre, le verre de l'amitié, l'échange de la parole jamais inutile et vulgaire. Empruntons quelques traits à Jean Queval : « ...il se tenait à une grande table, tout seul : un poème écrit au crayon feutre traînait là, ou bien c'étaient les matériaux d'un futur collage — de belles filles nues, le pape, des dorures, des verdures... Il travaillait et ne travaillait pas, accueillant un visiteur ou un autre, qu'il écoutait (il écoutait bien), et encore il parlait et parlait. Tout de suite, le visiteur était projeté loin de toute trivialité commune. Prévert, lui, se tenait droit comme un I. Son regard bleu, on ne peut le décrire, on en peut dire seulement ce qu'il écrivit de celui de Vincent Van Gogh : " Le regard bleu et doux / Le vrai regard lucide et fou / De ceux qui donnent tout à la vie. " Faisons tout de même un correctif : il y avait aussi de la dureté dans le regard de Prévert sur le monde. » Ce regard, ce double regard, nous allons le rencontrer dans ses mots simples et vrais, jamais abstraits, loin de tout intellectualisme, à la fois naturels et chargés d'idées. Quel bonheur que ce soit celui-là que le public ait choisi plutôt que les faussaires et les affamés de publicité ! Et ce souhait : que cette rencontre avec une forme de poésie l'ouvre à la poésie et le mette peu à peu en contact avec son immense diversité, avec tous les grands de ce temps que nous rencontrons et qui n'ont pas eu le même bonheur alors qu'ils le méritent cent fois !

Un jour le vrai soleil viendra.

« La poésie de Prévert, dit Jean Rousselot, n'est pas exempte d'intentions, ni même d'" idées "; mais ce n'est pas le marxisme qui les lui a fournies : dans sa poésie cocasse et révoltée, le drapeau noir des anarchistes du XXe siècle surgit au milieu des couleurs de l'arc-en-ciel surréaliste. » Et Jean Malignon : « La poésie de Prévert est incroyablement gaie, claire et fraîche; adorable fleur aquatique poussée par miracle dans le bouillon de culture surréaliste. » *Paroles,* 1945, est un livre foisonnant qui pose, d'un coup, tout Prévert, le discoureur insurgé contre la sottise et l'atrocité du temps, le caricaturiste, le satirique, le disciple de Daumier qui peint ses portraits ridicules, le fustigeur du bourgeois (qui, il faut le dire, est toujours ravi d'être fustigé et lira lui aussi), le gars marrant qui n'a pas peur du mauvais jeu de mots, de l'à-peu-près, de la contrepèterie, du mauvais goût que la bonne sauce poétique fait passer, enfin et surtout l'homme fraternel, l'ami des humbles, des humiliés et offensés, des amoureux qui s'aiment et des pauvres qui souffrent. Pour se payer les têtes de son fameux dîner, il a recours à un art de la satire bien français, depuis le moyen âge jusqu'aux Mathurin Régnier et Boileau, mais ici renouvelé par des procédés nés du Surréalisme, sans oublier une tradition de libre pensée et d'anti-conformisme. S'écoule une liste bien longue, car, pour Prévert, il y a matière, dont voici le début :

> Ceux qui pieusement
> Ceux qui copieusement
> Ceux qui tricolorent
> Ceux qui inaugurent
> Ceux qui croient
> Ceux qui croient croire
> Ceux qui croa-croa
> Ceux qui ont des plumes
> Ceux qui grignotent
> Ceux qui andromaquent
> Ceux qui majusculent

et cela se poursuivra ainsi jusqu'à « Ceux qui courent, volent et nous vengent, tous ceux-là, et beaucoup d'autres entraient fiévreusement à l'Élysée en faisant craquer les graviers, tous ceux-là se bousculaient, se dépêchaient, car il y avait un grand dîner de têtes et chacun s'était fait celle qu'il voulait... » avant de donner la nomenclature antithétique de ceux qui vont être ravis de le lire car il parle en leur nom, il trouve la voix de ceux qui n'auraient su aussi bien l'exprimer, ceux...

ceux qui vieillissent plus vite que les autres
ceux qui ne se sont pas baissés pour ramasser l'épingle
ceux qui crèvent d'ennui le dimanche après-midi parce qu'ils voient venir le lundi
et le mardi et le mercredi, et le jeudi, et le vendredi et le samedi
et le dimanche après-midi.

D'un côté « Ceux » qui portent majuscules, de l'autre ses amis, et il est d'une sincérité entière là où cela friserait chez d'autres la démagogie. Certes, beaucoup retiendront ses poèmes pour le trait d'esprit, la trouvaille, l'humour grinçant et pourtant bonhomme, la cocasserie, la pirouette qui ne sont pas toujours de la poésie, mais sans doute la petite porte par laquelle elle ne demande qu'à s'engouffrer. Il ne faut pas oublier que maints poèmes ont été écrits comme cela, pour les amis, sur une nappe en papier de restaurant ou improvisés. On conçoit qu'il imite le discours politique qui, lui-même, offre des exemples de ce genre : « La plus noble conquête de l'homme, c'est le cheval, dit le président, et s'il n'en reste qu'un, je serai celui-là. » Prévert ne manque jamais de trouver sa joie dans le lieu commun bien asséné ou l'évidence première pour en extraire une dérision digne de quelque Gavroche ou de quelque Poulbot. Son entreprise de démolition marche bien. Ses outils sont merveilleux d'efficacité. Ainsi il suffit d'inverser les termes, de donner de la faconde, d'appliquer le contrepet au groupe de mots pour inventer la dérision d'un *Cortège* :

> Un vieillard en or avec une montre en deuil
> Une reine de peine avec un homme d'Angleterre
> Et des travailleurs de la paix avec des gardiens de la mer
> Un hussard de la farce avec un dindon de la mort
> Un serpent à café avec un moulin à lunettes
> Un chasseur de corde avec un danseur de têtes
> Un maréchal d'écume avec une pipe en retraite

Cela peut ne plus en finir et les amateurs de collages, de jeux de société peuvent continuer, mais attention : ce n'est pas gratuit. Les contrastes entre l'homme de peine et la reine d'Angleterre, entre le veilleur de nuit et la femme de journée, la moquerie sur les phrases célèbres, les militaires, les prêtres, les académiciens sont bien élaborés et faits pour démolir par l'insolite toutes les conventions sociales, historiques, religieuses, morales.

Mais il y a autre chose chez Prévert que le détracteur des gens en place. Celui que nous préférons est le poète urbain, sentimental, mélancolique, humain et fraternel, en un mot populaire, celui qui aime les amants, les enfants comme *le Cancre* :

> Il dit non avec la tête
> Mais il dit oui avec le cœur
> il dit oui à ce qu'il aime
> il dit non au professeur
> il est debout
> on le questionne

et tous les problèmes sont posés
Soudain le fou rire le prend
et il efface tout
les chiffres et les mots
les dates et les noms
les phrases et les pièges
et malgré les menaces du maître
sous les huées des enfants prodiges
avec des craies de toutes les couleurs
sur le tableau noir du malheur
il dessine le visage du bonheur

Comme ils aimeront cela, les anciens de la Communale ! Et aussi cette très grande faute d'orthographe d'écrire *giraffe* avec deux *f*. Quant à ceux qui regrettent quelque amour enfui, ils aimeront la tendresse mouillée de :

Rappelle-toi Barbara
Il pleuvait sans cesse sur Brest ce jour-là
Et tu marchais souriante
Épanouie ravie ruisselante
Sous la pluie
Rappelle-toi Barbara...

« Affectant les allures du blasphème ou du " canular ", il serait (le lyrisme de Prévert), écrit Léon-Gabriel Gros, essentiellement un chant d'innocence. Il y aurait même en Prévert, que les manuels de littérature tiendront quelque jour (et à juste titre, car il est également cela) pour le seul satirique de la période actuelle, le plus tendre des élégiaques et le plus passionné de cette " raison ardente " que saluait Apollinaire. » Et aussi, en maints poèmes, l'illustration d'un mythe, celui « d'une vérité prenant racine dans le peuple, dans la souffrance collective et quotidienne, qui est le mythe central du lyrisme de Prévert, ce lyrisme à la fois révolté et tendre, qui alterne entre deux fidélités, celle qu'il voue à la fleur de feu, et celle, non moins exaltante, qu'il garde à la sentimentalité, à la classique petite fleur bleue préservée envers et contre tous ». Ces poèmes sont bien ceux du monde présent, sans idée d'autre monde ou de transcendance, et s'il y a blasphème : « Notre Père qui êtes aux cieux / Restez-ici », suit la salutation des choses : « Et nous nous resterons sur la terre / Qui est quelquefois si jolie... / Avec toutes les merveilles du monde. » Cela n'est pas du nihilisme, mais une manière de suspecter ce qui semble établi. Certes, pour beaucoup, il y aura l'accusation du mauvais goût, du trait facile. Cependant est bien poète à part entière le Prévert mis en musique par Kosma, le Prévert qui tourne de si jolies chansons comme celles qu'on entendit dans le film *les Visiteurs du soir*, comme *Sables mouvants* :

Démons et merveilles
vents et marées
au loin déjà la mer s'est retirée
et toi
comme une algue doucement caressée par le vent
dans les sables du lit tu remues en rêvant
Démons et merveilles

Ne faudrait-il lire qu'un livre de Prévert, ce serait *Paroles*. Il y a là tout rassemblé : le film cocasse et tendre de la vie au quotidien, le regard tendre et malicieux du mauvais garnement au cœur sentimental, la mélancolie des *Feuilles mortes* qu'on ramasse à la pelle avec les souvenirs et les regrets, des héros qui ne sortent pas d'Homère mais du coin de la rue. Cependant d'autres livres apporteront un supplément de plaisir. Ainsi son *Grand Bal du printemps*, 1951, à la louange du Paris populaire, *Charmes de Londres*, 1952, qu'on publiera ensemble en 1976. Dans le premier, les rues aux noms qui font rêver, les gens, qu'ils soient « Maraîchers d'avant-guerre / jardiniers du beau temps » ou « Fous de misère / cavaliers d'abattoirs / dames des Halles » sont les héros de la fête, et aussi tous les exilés du monde :

> Étranges étrangers
> Kabyles de la Chapelle et des quais de Javel
> hommes des pays lointains
> cobayes des colonies
> Doux petits musiciens
> soleils adolescents de la porte d'Italie
> Boumians de la porte de Saint-Ouen
> Apatrides d'Aubervilliers
> brûleurs des grandes ordures de la ville de Paris

De nombreuses citations de poètes aimés : Nerval, Baudelaire, Char, Michaux, Éluard, donnent des coups de diapason pour sa musique tantôt jolie, tantôt fort poétique :

> Et les hommes mûrs parlent aux fruits verts
> qui dans l'arbre du tant bien que mal
> se balancent aux agrès du vent

Il appliquera un traitement identique aux *Charmes de Londres* et là aussi apparaît une poésie de noms propres : « Quand Sir Jack l'Éventreur téléphonait aux dames de Mayfair ou de Piccadilly... » en citant volontiers ceux qui ont aimé Londres comme Philippe Soupault ou Paul Gilson, si ce n'est Flora Tristan ou Charlie Chaplin dont l'univers est si proche du sien, et encore : Thomas de Quincey, Lewis Carroll ou Jonathan Swift, William Blake ou Hugh Lofting, l'auteur du *Docteur Doolittle* cher aux enfants de naguère.

Histoires, en 1948, unissait les deux noms de Jacques Prévert et d'André Verdet, puis chacun reprit ses textes sans qu'on soit pour cela fâché puisqu'un des plus beaux poèmes, « C'est à Saint-Paul-de-Vence... » sera toujours dédié à Verdet lors de l'édition uniquement de Prévert de 1963 qui contient en plus d'inédits des œuvres venant de livres précédents comme *le Grand Bal du printemps, Charmes de Londres, Contes pour enfants pas sages*. Il est certain que le succès public a amené à publier beaucoup de livres dont certains critiques diront qu'ils sont des « ressucées », ainsi Pierre de Boisdeffre : « Mais on ne tire pas indéfiniment le même feu d'artifice : Prévert n'a pas eu le courage de rompre avec le style – brillant mais *daté*, donc éphémère – qui avait fait sa fortune. A dates fixes, il donne encore d'amusantes représentations. Mais beaucoup de ces feux ne sont plus que des pétards mouillés (*Fatras,* 1966). » Nous n'envisageons pas Prévert de cette manière : c'est-à-dire comme un homme de lettres condamné à un perpétuel renouvellement, mais comme un ami qui vous raconte des histoires sans se soucier des ressemblances avec celles d'avant-hier, et qui, en fait, ne sont pas tout à fait les mêmes, mais des reprises accompagnées de nouvelles musiques, un mariage de feuilleton et de féerie, une salve de coq-à-l'âne et de lieux communs, le tout poussé jusqu'à ce point où le burlesque devient la poésie. Il est aussi le réaliste observateur des choses, grave parce que souriant, peintre, aquarelliste faisant amitié avec ce qu'il retrace, s'émerveillant des choses les plus communes :

> Comme par miracle
> Des oranges aux branches d'un oranger
> Comme par miracle
> Un homme s'avance
> Mettant comme par miracle
> Un pied devant l'autre pour marcher

Prévert est le baladin de ses ballades populaires, le paladin en lutte contre nos maux, traquant l'image calamiteuse du côté du « Boulevard de la Chapelle où passe le métro aérien » et où « De vieilles poupées font encore le tapin à soixante-cinq ans », jetant des apparitions fantastiques :

> Des oubliettes de sa tête
> comme le diable de sa boîte
> s'évade un fol acteur
> drapé de loques écarlates

Comme Pierre Mac Orlan, il excelle à traquer sans en avoir l'air le fantastique quotidien tout en jetant un regard apitoyé sur les êtres qu'il croise. C'est un parler familier qui touche et derrière lequel le vœu apparaît d'une autre humanité.

Les livres se sont multipliés : contes pour enfants qui sont aussi contes pour les hommes, *la Pluie et le beau temps, Images, Spectacle, Fatras, Choses et autres, Arbres* (avec les gravures de Georges Ribemont-Dessaignes). Livres qui se ressemblent, certes, mais où il y a toujours du nouveau, une manière inédite de dire *Les enfants qui s'aiment :*

> Les enfants qui s'aiment s'embrassent debout
> Contre les portes de la nuit
> Et les passants qui passent les désignent du doigt
> Mais les enfants qui s'aiment
> Ne sont là pour personne
> Et c'est seulement leur ombre
> Qui tremble dans la nuit

Ce recueil, *Spectacle,* 1951, réunit les compositions scéniques, les divertissements satiriques de Prévert : *le Tableau des merveilles, la Bataille de Fontenoy, Branle-Bas de combat*, et des citations des bêtes noires et têtes de Turc : Pascal, Bossuet, Jouhandeau, Mauriac, Pétain, Bruckberger, des aphorismes, des chansons comme celle citée ci-dessus, des descriptions de peintures de Miró, Chagall ou Picasso, des textes difficilement classables, le tout ayant un aspect fourre-tout comme sur une table de travail en désordre. On retrouvera ce désordre dans le bien nommé *Fatras*, 1966, qui pourrait aussi s'intituler « Fatrasie ». Là encore il dit ses goûts (Boris Vian, Lorca, Rimbaud ou Blake) et ajoute à la liste de ses dégoûts Teilhard de Chardin, Alexis Carrell, le général puis le maréchal Pétain, De Gaulle, etc. Des citations font quelque peu remplissage et l'on préfère ses évocations de tout un bestiaire familier ou bien du Temps « à la terrasse de l'Univers ». Prévert nous dit ce qu'il pense de l'alittérature ou l'art sans images auquel il répond par ses collages étranges à la manière surréaliste. On trouvera des humains sous-mariniers survivants de l'ultime désastre comme des poèmes de ce genre :

> Comme cela nous semblerait flou
> inconsistant et inquiétant
> une tête de vivant
> s'il n'y avait pas une tête de mort dedans

Confidences, aphorismes, poèmes, saynètes, contes encore dans *Choses et autres*, 1972. On trouve des jeux de mots : « Napoléon Ier : Homme de sacre et de code » ou « Eurêka : Œufs carrés ! » Et toujours, bien sûr, le gentil blasphème : « Dieu a besoin des hommes, mais les hommes n'ont pas besoin de lui » ou « La France est la fille aînée de l'Église et Jésus-Christ le cadet de mes soucis. » Mais on monte un peu plus haut quand il affirme : « Et la Fée Électricité devint chaisière de la mort. » Citons :

La Beauté s'appelle plurielle.

Nul n'est insensé qui ignore la loi.

Les technocrates de l'avenir seront sans doute les cancres de la vie.

Il n'y a pas cinq ou six merveilles dans le monde, mais une seule : l'amour.

L'homme est un mammifère chevaleresque et hippophage.

Parmi tant de choses inégales, ce que l'on peut dire, c'est qu'on ne s'ennuie jamais et que la poésie se dissimule toujours au coin de quelque page comme on le verra encore dans *Soleil de nuit*, 1980. Prévert, c'est une présence à part, un anti-académique, un exaltateur du haut savoir des cancres et des enfants terribles. Il est pour les choses simples : pour lui le péché originel n'existe pas; l'exploitation de l'homme par l'homme est un crime; les imbéciles doivent être fustigés. Il n'écrit pas dans une tradition figée, il ne cherche pas la parole seconde mais une réalité première, abordable par tous, que nul ne lui a appris sinon la vie. Des intellectuels aussi avertis que Georges Bataille qui verra que chez Prévert les mots ont un sens premier ou que Maurice Saillet qui l'affirmera « maître de la parole » n'ont pas méprisé celui-là que tant de gens ont lu. Par-delà les guignols qu'il dépeint apparaissent le merveilleux amoureux et cette sorte de courage quotidien qu'anime le sourire. Il a toujours, comme dit Léon-Gabriel Gros, « l'air de deux airs » en même temps qu'il « témoigne pour l'homme concret, pour l'homme de la rue » et c'est bien la meilleure des choses qu'un poète parle pour ceux qui ne parlent pas et subissent. Citons encore Gros : « Il est à notre lyrisme ce que Charlot fut au cinéma. La même générosité, le même brio et avec en plus cette gouaillerie dans l'invective, ce sourire un peu crispé qui empêchent Prévert de verser dans la grandiloquence, et qui font aussi qu'on ne sait jamais s'il se prend ou si on doit le prendre au sérieux. » Mais n'oublions pas qu'il sait être violent dans ses convictions et que, sous le masque du jeu, il sait être le Zorro qui venge les déshérités de la vie. Cela fait bien passer quelques facilités et quelques complaisances qui sont peu de chose auprès de cet amour sans cesse répété pour les êtres, de ses caricatures de l'académisme, de ses caricatures aussi de l'homme pour lui donner une prise de conscience du possible, d'un monde autre dont il ne fait pas la promesse, dont il ne suggère pas que nous puissions le rejoindre par le seul rêve, préférant la prise de conscience au repos de l'esprit, la liberté conquise à ses faux-semblants, la parole directe de celui qui n'est pas dupe à l'automatisme de la pensée rationnelle qui préfigure, comme le dit Gros, l'automatisme des gestes sociaux. Prévert fait le constat et c'est déjà un point de départ pour changer la vie.

*Le temps
des grands transparents*

I

René Daumal, Roger Gilbert-Lecomte
et
le Grand Jeu

La Métaphysique expérimentale du *Grand Jeu*.

EN 1928, des hommes en rupture avec le Surréalisme fondèrent une revue de groupe : *le Grand Jeu,* qui ne se situe nullement dans la dépendance surréaliste et ne forme pas un sous-groupe, les recherches ayant commencé à Reims vers 1922-1924 au lycée : là René Daumal et ses condisciples, Robert Meyrat, Roger Gilbert-Lecomte, Roger Vaillant, avaient formé une sorte de communauté initiatique : les Simplistes. Les créateurs du *Grand Jeu* furent donc Daumal, Gilbert-Lecomte, Roger Vaillant et Josef Sima, que rejoignirent Georges Ribemont-Dessaignes, Pierre Minet, André Rolland de Renéville et Maurice Henry, de même que Pierre Audard, Monny de Boully, Georgette Camille, Hendrik Cramer, Jack Daumal, André Delons, Marianne Lams, J. Seifert, Carlo Suarès. Y collaborèrent également René Crevel, Robert Desnos, André Gaillard, René Guénon, Gomez de La Serna, Michel Leiris, Saint-Pol Roux, Roger Vitrac, et on y étudia le Victor Hugo des tables tournantes, on y publia des inédits de Rimbaud. Des illustrateurs : Artür Harfaux, Maurice Henry, Man Ray, André Masson, Dida de Mayo, Josef Sima.

Trois numéros parurent, un quatrième resta en épreuves, l'ensemble ayant été réédité par Jean-Michel Place en 1977. Renouant avec la tradition de l'illuminisme romantique, ces auteurs ont mis l'accent sur leurs préoccupations métaphysiques plus volontiers que sur l'expérimentation de l'infrarationnel par le langage ou la définition d'une attitude politique. Leurs rapports sont étroits avec la science, la philosophie, la religion, la prophétie ou les mythes. Chaque numéro, copieux, contient des essais, des textes et des poèmes, des chroniques. Dès le premier numéro, on avertit que le titre *le Grand Jeu* n'a rien à voir avec celui pris par Péret et que cette rencontre est purement fortuite de part et d'autre. On y trouve des essais de Maurice Henry, Roger Gilbert-Lecomte sur la *Nécessité de la révolte;* le deuxième est en grande partie consacré à *Rimbaud,* inédits et essais; le troisième est principalement consacré à l'univers des mythes; le quatrième fait état de *Premiers Comptes Rendus d'une expérience supralogique,* par Daumal et Gilbert-Lecomte qui tracent ensuite sous le titre de *Retours de flamme* la « revue rapide de ce que le Grand Jeu n'a pas réussi à dire assez depuis quatre ans », tandis que Rolland de Renéville, André Delons et René Daumal fixent *la Doctrine*.

La différence entre *le Grand Jeu* et le Surréalisme est que le premier a étudié au plus près « tous les procédés de dépersonnalisation, de transposition de conscience, de voyance, de médiumnité » dans toutes les directions mentales sans craindre de pousser l'expérience vers le plus dangereux comme l'aliénation, la drogue ou l'intoxication, tandis que le second, le Surréalisme, délaissant les sommeils et les approches du surréel se tournait plus volontiers vers la littérature et l'engagement politique. Il existe entre les deux des points de coïncidence nullement dépendants, le but étant ici et là, selon des procédés différents, la recherche de ce « point d'où la vie et la mort, le réel et l'imaginaire, le passé et le futur, le communicable et l'incommunicable cessent, selon Breton, d'être perçus contradictoirement ».

L'esprit du *Grand Jeu* est incarné par deux poètes : Roger Gilbert-Lecomte et René Daumal, dont les voies sont différentes et même opposées et qui ont vécu l'aventure du « Grand Jeu » jusqu'à leur mort. Nous les rencontrerons plus loin, ainsi que leurs amis, et nous verrons les tentatives d'écrire un livre de Gilbert-Lecomte et leur haute signification, l'œuvre de René Daumal qui a conquis une des premières places dans la poésie contemporaine. Car si, historiquement, le Surréalisme a réussi et *le Grand Jeu* connu un échec, il n'en reste pas moins que cet échec exemplaire porte une singulière pureté et qu'il représente un haut moment de la pensée et de la poésie. Un exemple de la hauteur de vues de ces hommes réside dans leurs œuvres, et aussi dans les termes de Daumal répondant aux griefs de Breton dans le *Second Manifeste* sur un ton particulièrement élevé.

René Daumal ou *les Pouvoirs de la Parole*.

Il naquit, René Daumal (1908-1944), en Ardennes, à Boulzicourt, une commune ouvrière empoussiérée de charbon, au pays de Rimbaud, le 16 mars 1908, d'un père professeur d'École normale rétrogradé instituteur en raison de ses idées par trop socialistes, et d'une mère d'ascendance germanique. Le passage des Huns avait sans doute laissé chez les Daumal ce type mongol inscrit sur le visage. Enfant précoce, René Daumal fréquente des sorcières en Auvergne ou a des hallucinations en Anjou; il apprend à compter sur un prunier, invente des machines volantes, tout au moins en imagination, fait des recherches entomologiques, pense inventer le phonographe en ignorant que Charles Cros l'a précédé en cela. Jean Biès dans un des « Poètes d'aujourd'hui » consacré à Daumal découvre ces itinéraires et cette singularité d'un garçon de seize ans (nous sommes en 1924) qui recherche comme un hippie d'aujourd'hui les paradis artificiels par le tétrachlorure de carbone, l'éther, l'opium ou le Vin qui sera celui de la Connaissance. C'est le temps des études secondaires à Reims, des « Simplistes » qu'on retrouvera au *Grand Jeu* et l'on pourrait faire toute une histoire des rencontres de collège et de régiment, depuis les jeunes gens du collège de Coqueret à la Renaissance jusqu'aux potaches de Reims se soumettant aux expériences dangereuses.

De 1925 à 1927, René Daumal est pensionnaire à Paris au lycée Henri-IV, avec Alain pour professeur, puis prépare l'École normale et est étudiant libre. Même durant les cours, il use de stupéfiants, fait essai de haschisch à dix-neuf ans, respire les alcools qui servent à tuer les coléoptères et fait éclater les limites du possible, et, nous dit Jean Biès : « Tout en donnant en pâture à son insatiable curiosité intellectuelle des ouvrages de psychopathologie et d'astrologie, tout en s'intéressant au matérialisme dialectique, et à l'Islâm, il se livre à divers essais de visualisation et à des séances de rêve éveillé; s'exerce à l'écriture automatique, que lui révèle le Surréalisme naissant. » Au bord de l'anéantissement, amoureux de sa mort, le poète prend tous les risques. Il écrit des poèmes, un récit visionnaire, *le Vieux Mugle,* commence une étude sur *la Révolte et l'ironie.*

Ses premiers poèmes sont publiés dans *le Grand Jeu* qu'il crée, nous l'avons dit, en 1928, avec Gilbert-Lecomte et ses autres amis. Au numéro 1, on lit son texte *Liberté sans espoir,* appel au renoncement, « destruction incessante de toutes les carapaces dont cherche à se vêtir l'individu », au refus de l'espoir pour que les hommes « jettent leur humanité dans le vaste tombeau de la nature, et qu'en laissant leur être humain à ses lois propres, ils en sortent » et aussi ce poème : *Entrée des larves* où on lit :

Les mouettes et les mouchoirs claquaient dans l'air et cassaient du bleu dans les vitres, des steamers de cristal s'enfuyaient par-delà les nuages.
Quand le soir vint, ce fut le tour des vieillards; ils envahirent les rues, assis sur leurs tabourets de bois grossier, ils charmaient les pigeons et buvaient du lait chaud.

On lira au numéro 2 *Mise au point ou Casse-Dogme* en collaboration avec Gilbert-Lecomte, réaffirmation de la fonction destructrice du groupe, et au numéro 3 *Nerval le Nyctalope,* voyage au pays de la longue épreuve du sommeil et ces très beaux poèmes, plus que beaux, bouleversants qu'on trouvera dans *Contre-Ciel* à la revue *Commerce,* et, enfin, ce texte d'une *Lettre ouverte à André Breton* « sur les rapports du surréalisme et du Grand Jeu », à la fois critique du *Second Manifeste,* mise au point de ce qui sépare et de ce qui unit les deux mouvements, avec cette vive réserve : « Prenez garde, André Breton, de figurer plus tard dans les manuels d'histoire littéraire, alors que, si nous briguions quelque honneur, ce serait celui d'être inscrits pour la postérité dans l'histoire des cataclysmes. »

Au début des années 30, Daumal se consacre au sanskrit, il fait une rencontre importante, celle d'Alexandre de Salzmann qui lui « rend l'espoir et une raison de vivre » et c'est le moment où *le Grand Jeu* est en crise : le quatrième numéro ne paraîtra pas. Il passe sa licence de philosophie. Puis, attaché de presse d'un danseur hindou, Uday Shankar, il se rend aux États-Unis où il retrouve Vera Milanova qu'il épousera. Il travaille à son récit *la Grande Beuverie.* En 1933, le service militaire à

Nancy dont il est réformé. Après une période de gêne matérielle, installé à Genève, il collabore à la N.R.F. publiant *le Non-Dualisme de Spinoza*. A Jean Paulhan, il déclare « ne plus savoir écrire de poèmes ». Son intérêt va tout entier au sanskrit : il travaille à un *Traité de grammaire et de poésie sanskrites* et fait des traductions de cette langue. Il collabore à *Mesures* et écrit des textes philosophiques. En 1936, habitant aux environs de Paris, il travaille pour les encyclopédies Quillet, fait paraître *Contre-Ciel* et écrit des poèmes en prose, il achève *la Grande Beuverie*, 1938, envisage un livre sur l'obscurantisme moderne, mais est atteint en 1939 de tuberculose pulmonaire. Passant un mois à Pelvoux, dans les Alpes, c'est là qu'il écrit le premier chapitre du *Mont Analogue*. Mauvaise santé, difficultés matérielles. Il tentera de résoudre le problème de ces dernières en traduisant de l'anglais les études de Suzuki sur le Zen. Il collabore à un numéro spécial des *Cahiers du Sud* sur l'Inde et entreprend la traduction du *Rig-Veda*, des *Upanishad*, de la *Bhagavad-gîtâ* dont des fragments paraîtront dans les revues et dans la collection *Spiritualités vivantes* de Jean Herbert. La maladie l'oblige à vivre entre Allauch et Pelvoux. Il collabore à la revue *Fontaine* qui avait publié *la Guerre sainte* en 1940, en lui donnant en 1942 *Poésie noire et poésie blanche, Quelques Textes sanskrits sur la poésie* et *Mémorables*. En 1943, il écrit *Un souvenir déterminant*, travaille au *Mont Analogue*, ce qu'il fera jusqu'à sa mort à Paris, le 21 mai 1944, alors qu'il n'avait que trente-six ans. De son vivant, si l'on excepte les textes dans les revues et les traductions, il n'avait pu au jour que : *le Contre-Ciel*, 1936, et *la Grande Beuverie*, 1938. Paraîtront des œuvres posthumes : *le Mont Analogue*, 1952, *Chaque fois que l'aube paraît*, 1953, *Poésie noire, poésie blanche*, 1954, *Lettres à ses amis*, 1958, *Tu t'es toujours trompé*, 1970, *Bharata*, 1970, et d'autres inédits divers comme *les Pouvoirs de la Parole I et II*.

Peu de poètes ont eu une vie spirituelle aussi intense que René Daumal, du *Grand Jeu* à la rencontre de Gurdjieff, de l'Inde et de la poésie, vivant sa recherche de l'absolu d'un bout à l'autre d'une vie offerte aux angoisses du temps et cherchant sa transcendance en marge des religions et des croyances habituelles, du côté de l'Orient lumineux. Poète, il est de ceux qui ont fécondé la poésie française au contact de sources autres, écartant ainsi les menaces d'étouffement, à ce point qu'il est plus proche des poètes les plus lointains que de ceux que nous avons rencontrés au fil de cette longue histoire. A l'écoute du fascinant George Ivanovitch Gurdjieff (1872-1949), *la Grande Beuverie* de Daumal procède des principes philosophiques de son maître et le conduit à une expérience d'introspection apparemment rabelaisienne, en réalité allant très loin dans l'observation de la manière humaine de penser, dans la critique virulente de la société, dans l'analyse de l'individu, conduisant vers la connaissance de soi. *Le Mont Analogue*, inachevé, mais qui, dans son état, n'est plus une simple ébauche, décrit l'attitude du véritable chercheur dont le corps et l'esprit sont ensemble engagés dans une quête de la connaissance allant, par le symbolisme de la montagne, vers la certitude d'un « mont analogue » unissant la terre et le ciel : « Il faut que son sommet soit inaccessible mais sa base accessible aux êtres humains tels que la nature les a faits. Il doit être unique et exister géographiquement. » Car « La porte de l'invisible doit être visible. » Ce mont, au cours du récit, des hommes l'atteindront, comme dans un ouvrage de science-fiction, en attendant l'aspiration capable de permettre à leur navire de franchir la courbure de l'espace. C'est par la pataphysique et son humour si particulier que Daumal rend plus étrange et indéfinissable encore, par la poésie, que l'on atteint au symbole et à la connaissance : « Depuis que l'éclat des neiges du mont Analogue a brûlé la peau de mon front, depuis que la grande aventure dont je rêvais dans mon enfance est devenue non seulement une entreprise possible, mais la seule issue vers la liberté, c'est la deuxième fois que je prends la plume pour écrire un livre. » Ce récit, ce témoignage inachevé puisque la mort surprit sans doute Daumal avant le sommet du mont est une invitation à pénétrer dans l'invisible, le supranaturel, au moyen des clés du poète.

D'un livre à l'autre, René Daumal fait rayonner ses sujets, qu'il s'agisse de Spinoza, de Nerval, de la philosophie hindoue ou de la poésie et de l'expérience mystique libératrice dans *Chaque fois que l'aube paraît*, des approfondissements des phénomènes du langage dans *les Pouvoirs de la Parole*, et les fait vivre par son intelligence et sa sincérité, car pour lui : « Ce n'est pas la pensée d'un auteur qui nous intéresse, mais ce que nous pensons en lisant son œuvre. » Jusque dans l'introspection la plus minutieuse, il s'agit bien de communication.

La recherche de la poésie qui est le cœur de nombreux essais ne quitte jamais ses routes spirituelles. Elle est l'activité salvatrice qui seule peut sauver le monde du désastre. La poétique hindoue qu'il explore entre dans son art poétique personnel en lui fournissant son allure, ses rythmes, sa respiration. Il sait que « L'art n'est pas une fin en soi : il est un moyen au service de la connaissance » et que le poète, avant d'écrire un poème, doit « se discipliner et s'ordonner lui-même afin de devenir un meilleur instrument des fonctions supranaturelles ; — en somme, une sorte de *yoga* ». Et surtout : « imposer silence aux jeux de mots, aux vers mémorisés, aux souvenirs fortuitement assemblés... » et, bien sûr : « silence à l'ambition, au désir de briller... » Comme écrit le poète Jean Biès : « ...s'il aspirait avant tout à une philosophie en acte, il ne pouvait que vouloir *vivre* aussi une poésie-instrument. » L'effort de sa trop courte existence est tendu vers la volonté du poète qui se sait condamné et que presse le besoin de dire autrement : « Désapprendre à rêvasser, apprendre à penser, désapprendre à philosopher, apprendre à dire, cela ne se fait pas en un jour. Et pourtant nous n'avons que peu de jours pour le faire. » Le doute ne le quitte pas quant à la valeur de ses poèmes : « L'ai-je (le don poétique)? Souvent j'en doute, parfois je crois en être sûr... »

En 1954, sous un titre emprunté à un essai essentiel : *Poésie noire, poésie blanche* furent réunis les poèmes de Daumal, la première partie réunissant *le Contre-Ciel* qu'un prix littéraire décerné par Julien Benda, André Gide, Jean Giraudoux, Adrienne Monnier, Jean Paulhan, André Suarès et Paul Valéry avait désigné à l'attention du public : le prix Jacques Doucet. Pour Daumal : « Le poète blanc cherche à comprendre sa nature de poète, à s'en libérer et à la faire servir. Le poète noir s'en sert et s'y asservit... » Pour lui : « De fait, toute poésie humaine est mêlée de blanc et de noir : mais l'une tend vers le blanc, l'autre vers le noir. » Mettant les pouvoirs de la parole au service de la connaissance, la poésie de Daumal est tendue vers le « blanc ». Signifier, posséder son vrai moi sont ses tâches. Le « Je » n'est plus chose narcissique et complaisante, mais identification à l'univers, support d'un message de voyant s'adressant à qui veut s'initier, mais dans une vive clarté amicale avec l'emploi de mots et d'images qui sont les clés de la révélation. Chanter les combats intérieurs, les luttes de l'homme contre les ennemis qu'il porte en lui, et, par le chant, mettre à jour les puissances hostiles pour les combattre et trouver la paix du cœur, telle est sa démarche : « Le poète nous fera assister à la bataille qu'il livre contre l'illusion, il parlera de lui-même, de ses tourments, il laissera parler ses passions, ses manies, ses sens, pour les mieux combattre, les vaincre et les enfermer dans le tombeau d'une parole mesurée. » Lire Daumal nécessite une vive attention, non pas qu'il soit ésotérique, au contraire il cherche la clarté jusque dans l'abstraction, mais parce que tout est tendu, à partir d'une négation vécue, parfois criée, à faire jaillir le cri de liberté et de vérité :

> Quel beau carnage sans colère en ton honneur, regarde :
> dans cette nuit polaire aussi blanche que noire,
> dans ce cœur dévasté aussi bien feu que glace,
> dans cette tête, grain de plomb ou pur espace,
> vois quel vide parfait se creuse pour ta gloire.

Toujours sa poésie est la plus intérieure à l'homme et nul abandon au charme, même s'il est présent, n'est permis. Toujours l'éveil et toujours le qui-vive. Comme le dit Jean Biès : « Celui qui n'est pas l'homme des tolérances, des indulgences, n'est pas davantage l'homme des facilités : dans son perpétuel qui-vive d'insatisfaction, Daumal s'oppose aux poètes de son temps, aux courants, aux écoles, aux mouvements, en querelle dont le voici devenu spectateur, quand il aurait pu en être l'inoubliable héritier. On trouverait peu de tentatives semblables à la sienne, dans l'histoire de nos Lettres, depuis plus de cinquante ans. Peut-être parce que nul plus que lui n'a cherché à exprimer l'indicible; et parce que son effort sollicite véhémentement le nôtre. » L'univers oriental, ses maîtres spirituels lui ont appris à se mettre en état, en ascèse de poésie, en réceptivité pour rejoindre le verbe suprême. Pour lui le poème est une matière vivante comme un corps dont le moindre mouvement est destiné à « ébranler tout un monde d'associations, de sens figurés et dérivés, de suggestions dont il faut connaître les lois ». Claudio Rugafiori écrit : « Il utilisera donc toutes les ressources de son art, non pour faire rêver de mondes imaginaires ou pour revêtir de beauté ou de laideur ce monde », mais « pour indiquer au lecteur, juste à temps, à quel niveau de soi-même et à quelle tension il doit se trouver ». Tenter d'obtenir ce résultat, c'est penser que seule une certaine essence peut animer un poème digne de ce nom et que sa réussite est nécessairement liée à cette essence. Car :

« Tout dépend de l'attitude originelle de la personne qui parle — et (comme elle ne reste pas immobile) de la danse en elle de son essence.
Danse immobile, centre et moteur de tout mouvement.
Essence silencieuse, père de toute parole. »

ainsi que l'écrivait Daumal à Paulhan vers 1936. Chaque poème est à ce point un tout qu'on n'ose l'amputer par des citations. Osons cependant montrer comment s'ouvre le grand poème *la Guerre sainte* :

Je vais faire un poème sur la guerre. Ce ne sera peut-être pas un vrai poème, mais ce sera une vraie guerre.
Ce ne sera pas un vrai poème, parce que le vrai poète, s'il était ici, et si le bruit se répandait parmi la foule qu'il allât parler —
alors un grand silence se ferait, un lourd silence d'abord se gonflerait, un silence gros de mille tonnerres.
Visible, nous le verrions, le poète; voyant, il nous verrait; et nous pâlirions dans nos pauvres ombres, nous lui en voudrions d'être si réel, nous les malingres, nous les gênés, nous les tout-chose.

Et le poème n'est ni discours philosophique, ni œuvre de science, ni chant enthousiaste, ni une invocation magique : « Ce sera un peu de tout cela, un peu d'espoir et d'effort vers tout cela, et ce sera aussi un peu un appel aux armes... » Daumal se garde de faire de vains bruits avec sa bouche : tout est « sérieux et lourd de sens ». Clancier dit : « On se trouve en présence d'une étonnante alliance entre la fougue et les rythmes et la précision des mots qui, ainsi portés, lancés, deviennent de véritables armées en marche, détruisant en cadence des pans de plus en plus larges de la mauvaise conscience. » René Daumal a cherché à retrouver cette poésie première à ses origines, l'esprit qui se trouve sous la surface de chaque chose, le vertige, l'angoisse des mots, les promesses du soleil rimbaldien, la poésie située à une telle altitude qu'elle l'obligea à se dire non-poète pour qu'il ne soit pas terrassé par tant de lumière. Itinéraire unique de la poésie à la connaissance : à notre art ses plus hautes fonctions dans les lieux ouverts et fermés de la recherche noire et blanche.

Roger Gilbert-Lecomte, « aveugle-voyant des ténèbres blanches ».

Co-directeur du *Grand Jeu*, Roger Gilbert-Lecomte (1907-1943), proche de Daumal par l'amitié et surtout une quête parallèle, pratiqua l'usage des stupéfiants, l'occultisme, étudia les textes sacrés de l'Inde et du Tibet, connut l'obsession de la vie intra-utérine. Il fut, comme Artaud, un porteur d'angoisse et de révolte, un visionnaire en quête de révélations dont il voulut donner la synthèse avant de mourir épuisé par l'abus de la morphine. Il a laissé une œuvre en prose et en vers réunie aujourd'hui dans les deux volumes des *Œuvres complètes*, 1977, chez Gallimard. Ses amis, Arthur Adamov et Pierre Minet, ne cessèrent de publier ses inédits, et ce dernier écrit dans un avant-propos : « Ces poèmes retracent toute sa carrière. Partis comme lui de l'humour, d'une vue désopilante des choses, de la joie de vivre à l'envers, ils expriment la fermeté de sa vision, la richesse de ses convictions à l'époque précisément où, aidé de René

Daumal, il se hâtait de récolter, en prévision des sécheresses prochaines. Les derniers d'entre eux — joyaux tirés de la boue de la route, larmes au creux de l'épouvante, appels dans la pleine tempête, dans l'ouragan de la solitude — sont aussi les plus beaux et composent cette couronne de gloire avec laquelle il se présente aujourd'hui devant nous. Voici donc mon ami lancé dans l'avenir. En dépit de sa noirceur, sa parole est de celles qui ramènent à l'Esprit, rappellent à l'homme ses vraies dimensions, et empêchent qu'il ne soit un mort vivant. » Il est vrai que ces poèmes surprennent par leur charge de vie, par leur témoignage d'une présence qui ne ressemble à nulle autre, d'une intelligence aiguë lui permettant de trouver en la poésie un mode essentiel de connaissance, de voyance : « L'inspiration poétique — exactement *créatrice* — est la forme occidentale de la voyance. »

Ce poète ne douta jamais de sa réputation future et l'intérêt suscité par son œuvre parmi les jeunes générations répond à une attente. De son vivant, il ne publia que deux recueils de poésies : *la Vie l'Amour la Mort le Vide et le Vent,* 1933, et *le Miroir noir,* 1937. Ne connaîtrait-on que ces deux livres (que suivront les inédits des *Œuvres complètes*), ils suffiraient à assurer une connaissance de sa personnalité. Jean Bollery le dit : « ...même si l'on n'avait réédité que ce qu'il a lui-même publié, la résonance poétique de Roger Gilbert-Lecomte serait aussi forte et singulière, aussi unique que celle de son contemporain Antonin Artaud, et l'œuvre existerait : dense, chargée d'ondes — splendide —, toujours, et c'est peut-être ce qui nous la rend plus proche encore, évitant le discours ou le narguant — un mot, une image, un rythme, comme on fait la nique à un prof —, parce que toujours, en filigrane, on perçoit une qualité que je ne sais pas définir autrement que par le mot *fragilité* : ce poète, dont l'intelligence, comme celle de Daumal, stupéfie, est resté un être naïf, — neuf : *Depuis jamais / Je sais toujours.* »

La surprise du lecteur naît de la rencontre avec des formes très diverses : on trouve la chanson parodique, les rencontres d'humour qui sont le fait des textes automatiques, le calembour, le jeu des mots dont on extrait de neuves significations, une sorte de franc-parler, le goût de la farce, de l'onomatopée, sans que cela limite cette poésie à la drôlerie, car la parodie moque, l'humour fustige, la rage grandit, et ce sont des armes contre la bêtise, la niaiserie, le désespoir prenant un masque et se montrant bientôt en quête de splendeur. Il lutte contre ce qui est bas, se rit des états d'âme et des descriptions, cherche à abolir le moi et tout individualisme. Il raille, par exemple, *l'Histoire de France à l'école du soir,* et, démolissant la phrase et ses clichés, la réinvente à sa façon :

(Je dis bien.) Lisse-toi rôde œuf rance allez colle du sou erre. Ouvre hache cour ornée par lac caca démis franche aise.
Note rabot paix y sape aile l'affre anse mets-y sape pelée eau très froid légaux laids ses habits tant ça pelait les gauleoies ils savaient des œufs bleus aidés mousses tachent tombe haine.
Légaux lois : *« Nous ne craie gnon qu'une chose c'est que la scie elle nous tonde sur la tête. »*

Au lecteur de déchiffrer : Clos vice : « *S'ouvrent vingt toits du vase de soie zon!* » ou bien « Nappe ô Léon en neige hip te ». Poursuivant son travail décapant, il peut aussi bien parodier une chanson française en jeux proprement jarryques :

> Vive la gale, vive la gale
> Vive la gale aux doigts crochus
> Vive la gale vive la gale
> Vive la gale au crou du tul

Mais voici qu'apparaissent des poèmes de haut vol, sans éloquence et sans rhétorique, rythmés et nerveux, aux beautés somptueuses et l'on pourrait faire une ample moisson d'un poème à l'autre :

> Grande statue de femme en cire pâle et lourde
> La statue qui pivote avec une lenteur effroyable toujours
> Toupie tournant dans l'huile de dormir
> Phare aux yeux fermés dont la face à éclipses
> Ne projette que les rayons paralytiques de l'effroi

> Entre les lèvres du baiser
> La vitre de la solitude

> Je m'écorche aux cristaux qui dansent dans mon corps

> Aveugle anéanti dans les caves de l'être

Des poèmes parodiques à ceux plus graves, ceux qui tentent de franchir nos limites, il court des fulgurances, de grands éclats de langage transportant dans l'ailleurs comme on en trouve chez les grands Voyants, Blake ou Novalis, Lautréamont ou Rimbaud, Baudelaire ou le Victor Hugo de *Dieu* et de *la Fin de Satan*. Il ne faudrait point extraire des vers, il faudrait trouver les mots incitant le lecteur à aller droit aux textes pour qu'il découvre lui-même les actes de cette poésie, celle de la mort en soi pour revivre en un Esprit qui brise les limites humaines, dans le grand combat du doute et de l'espoir :

> Espace que détient mon corps statufié dans l'espace
> Mon corps est le seul lieu où je ne me sais pas
> Le seul lieu où je ne sois pas
> Moi qui suis le vent d'avant tout mouvement
> Le vent vivant après toute vie révolue
> Le vent qui vient de plus loin que la forme oculaire de l'infini de l'homme

La poésie de Gilbert-Lecomte établit de nouveaux rapports entre le support du langage et l'instrument de la connaissance. On peut parler du double voyage : des limbes d'avant la naissance à l'inconnu d'après la mort que sonde le prophète. Toujours le naître, le mourir, le renaître. Poète à l'écoute, Gilbert-Lecomte provoque la voix, provoque le délire (et les stupéfiants ne sont sans doute qu'un adjuvant au stupéfiant-image), entend rugir « les lions intérieurs du cœur », charge la poésie de sang et de larmes. Nous-mêmes écoutons « l'angoisseux l'agonisant » et voyons par lui la « mort dernière » et la « naissance première », et l'angoisse : « Cette angoisse universelle, sans nom, est un appel du tréfonds de l'être humain vers une Révélation-révolution salvatrice. L'esprit humain agonise dans l'attente de la toute imminent catastrophe, du plus grand bouleversement de l'histoire. C'est la veillée funéraire, la sueur de sang avant la grande mort de la seconde phase de la pensée humaine, la destruction de toutes ses institutions et la prodigieuse naissance, sur ses ruines, de la troisième phase : celle de la synthèse humaine. » Ces lignes sont extraites d'un essai de Gilbert-Lecomte : *la Lézarde,* et l'on dit ici qu'il serait absurde de croire connaître ce poète en lisant uniquement ses poèmes. Comme chez Daumal ou Leiris, prose et poésie ne vont pas l'une sans l'autre. Citons encore ces lignes particulièrement convaincantes qui éloignent de la poésie toute gratuité et sont le vrai message :

> Il s'agit de donner à la culture rationnelle et scientifique de l'homme d'aujourd'hui la base, le fondement, les racines, sa vieille âme d'autrefois, son âme des buissons avec son monisme dialectique, destructeur de toutes les antinomies (matière-esprit, rêve-réalité, etc.), son sens des symboles et des analogies, des rites et des mythes universels qui unissent l'homme à la terre et la terre au ciel.
> C'est là le rôle immense de ceux que j'appelle poètes, créateurs, prophètes. Seuls à l'avant-garde de l'esprit humain, ils luttent « aux frontières de l'illimité et de l'avenir ».

L'exigence de Gilbert-Lecomte s'exprime partout, et aussi bien dans des œuvres comme *Monsieur Morphée, empoisonneur public,* 1929, protestation contre les lois sur la drogue ou la littérature jugée scandaleuse, promesse poétique et métaphysique du destin humain par un Morphée-Maldoror arracheur de masques, révolutionnaire du corps et de l'esprit, grand germinateur par les doctrines orientales d'un Occident détruit, en même temps que grand incendiaire poétique, dans les proses et poèmes de *Testament,* 1955, témoignage des moments où se produit « l'extraordinaire et rarissime conjonction de nature, de race, d'hérédité, de tempérament, de caractères physiologiques, sans compter l'apport morbide, les troubles pathologiques presque toujours nécessaires en notre ère maudite, pour ouvrir la fissure foudroyante par où l'âme universelle filtrera lentement dans la conscience privilégiée endormie », dans *l'Horrible Révélation, la seule,* 1973, recherche des clés perdues, du secret d'Atlantis, voie du devenir de l'Esprit, dans sa correspondance, dans tous ses textes, comme dans telle préface à la *Correspondance* de Rimbaud où se lisent ces phrases magnifiques :

> Je vois d'abord planant dans l'air supérieur, depuis les premiers âges de l'homme, un Esprit qui est le feu du vent. Le vent éternel qui dépasse le vent et fait immobile la lenteur des cyclones et des trombes sur la surface des eaux vivantes. Et les souffles de feu dans les chaudières de l'empyrée dilatent intensément l'éther subtil par tout l'espace. Sous la pression de plusieurs mondes, le souffle de l'Esprit fuse, siffle et tonne par la tête de ses hommes-soupapes, les voyants.

Nul n'est plus lucide dans l'extase que Gilbert-Lecomte, nul n'est plus sensible aux éléments proches de la parole, promesse de connaissance.

Pris entre le double vertige du silence et du verbe, douloureusement le poète se livre à leurs ivresses et en délivre les somptuosités comme dans ce poème, *les Quatre Éléments* :

> Si je dis Feu mon corps est entouré de flammes
> Si je dis Eau l'Océan vient mourir à mes pieds
>
> Vaisseau vide immergé dans un cristal solide
> Creuse momie aux glaces prises et je dis Air
>
> Terre et le naufragé prend racine et s'endort
> Sous les feuilles au vent de l'arbre de son corps
>
> De sa bouche le songe engendre un rameau d'or
> De sa bouche terreuse expirant ses poumons
> Retournés vers le ciel tonnante frondaison
>
> Moisson rouge au soleil de minuit et de mort

En liberté entière, Gilbert-Lecomte use de toutes formes, du poème le plus classique et rimé aux vers en liberté et à la prose poétique, car il sait bien que les vieilles querelles n'ont finalement guère d'importance au regard de l'expressivité. Lit-on un *Épithalame* et naît la joie des mots angoissants à force de rareté et de difficulté de prononciation :

> Avant l'âge me suis décrépi, à vu :
> rhomboèdre lascif ingurgitant
> anthracite à aérolithe matrimonial qu'il
> qualifia monsieur et chair poirier
> (à saucisses fumantes) le paloma des veaux
> et des morues la pudeur chez
> les cryptogames vasculaires et le sentiment
> de l'honneur chez les trilobites, les
> larmes hyalines de l'indien féculant
> (cf. Dekobra — De l'origine de la pudeur) Après la copulation
> l'éléphant mâle dégoûté pour cacher à sa vue toute
> charnalité bourre le sexe de sa femelle de pelures
> de bananes de branchages de mottes de terre et de
> billes d'agates, de chaussettes, de pertuisanes...

Roger Gilbert-Lecomte écrit cela cinquante ans avant que d'autres l'imitent ou le retrouvent. Le vocabulaire en délire, le chant parodique, la charge d'humour, le titre inattendu (*l'Épopée du morpion, Or un éléphant nain..., le Lyon rouge, le Noyé noyau*, etc.) voisinent avec le sage sonnet (souvent aux rimes rares), le haïkaï (comme en écrivait son ami René Maublanc), le poème très classique, le poème en prose, le récit de rêve. Il y a, comme chez Max Jacob, du cocasse, mais à la manière Gilbert-Lecomte qui nargue le discours, le viole pour le conduire vers d'autres destinées. Le miracle est, qu'à travers tous les genres et toutes les formes, on le reconnaisse, et que sa variété ne nuise pas à la cohérence de l'ensemble : partout on reconnaît la voix irremplaçable, inimitable, avec sa charge de gravitations, ses ondes, son aura, ce qui fit écrire à René Daumal : « Toute la nuit, il essaya de s'arracher du cœur le mot imprononçable, mais le mot grossissait dans sa poitrine et l'étouffait et lui montait dans la gorge et tournait toujours dans sa tête comme un lion en cage. » Lire Gilbert-Lecomte, c'est recevoir un cri, particier à de violents combats entre le doute et l'espérance, revivre pré-natal, voir l'être refuser ses limites et cette poésie, dans la voie des prophètes, dans la voie de l'humour au pied de la prophétie, est singulièrement dynamique, bouleversante même. On y décèle une ouverture poétique pour le destin humain. Gilbert-Lecomte : le poète face à sa plus haute tâche, l'homme face au vertige. A lire : *Roger Gilbert-Lecomte et le Grand Jeu*, 1981, par Alain et Colette Virmaux.

Georges Ribemont-Dessaignes, vers le plus grand jeu.

Il tenta, cet aîné du *Grand Jeu*, tous les genres : poésie, roman, théâtre, esthétique, journalisme, peinture, radio. Participant largement à l'activité Dada, évoluant dans la marge du surréalisme vers une poésie imagée, lyrique, ironique, toujours humaine, toujours moderne, il attendit 1945 pour que soit réunie son œuvre poétique : *Ecce homo*. La lecture de ses mémoires : *Déjà jadis, ou du mouvement Dada à l'espace abstrait*, 1958, apporte un vivant témoignage sur une riche période de la poésie française. N'oublions pas ses romans trop peu connus : *l'Autruche aux yeux clos*, 1924, *Smeterling*, 1945, et surtout son œuvre théâtrale qui est poésie de scène : *l'Empereur de Chine*, 1915, fut écrit alors que l'auteur ignorait le mouvement Dada, il y fait évoluer une réalité dans un monde de rêve en disloquant des flots de parole conduisant des personnages stéréotypés volontairement, hors de la psychologie de mode à l'époque, dans le domaine de la bouffonnerie la plus ravageuse. Ce même aspect excentrique se retrouve dans *le Serin muet*, 1920, dont la fantaisie, l'absurde naturaliste, le rapprochent de Jarry, dans *Zizi de Dada*, 1921, dans *le Bourreau du Pérou*, 1928, pièce décousue à l'écriture brisée, rapide, riche d'humour et de bouffonnerie dans l'esprit Dada, insolite, avec des personnages comme Nabuchodonosor, le Bourreau, Amour et Alcaline, dans *Faust*, 1931, et quatre autres pièces jouées mais non publiées : *Arc en ciel, Larmes de couteau, Daniel, l'Arbre de la Liberté*. Ce sont les lieux où Ribemont-Dessaignes impose sa vision d'un monde absurde et incohérent par le bouleversement des mises en pratique esthétiques et par leur dérision. En ce sens, *l'Empereur de Chine* reste comme une des pièces les plus étranges du théâtre moderne d'avant-garde.

Ses poèmes ont paru dans des revues comme *Dada, 391, Littérature, Proverbe, Cannibale, Sturm, Little Review*, etc. Il fut, de 1929 à 1931, rédacteur en chef, sous la direction de Pierre Lévy, de la revue *Bifur*, prolongement du Surréalisme, mais coupée de la doctrine mère, en toute liberté et sans exclusions, les poètes de l'époque s'y retrouvant, avec des grands noms comme Henri Michaux et Jean Lurçat, Jean Giono et André Malraux, Benjamin Fondane et Brice Parain, Jean-Paul Sartre et Eugène Dabit, Hans Arp et Vladimir Pozner, Jean Giraudoux et André Salmon, les hommes du *Grand Jeu* et Michel Leiris, Blaise Cendrars et Philippe Soupault, et des traductions de Kafka ou Vsevolod Ivanov, cela dans toutes les directions de l'art libéré par les révolutions Dada et surréaliste. On parle des débuts poétiques de Ribemont-Dessaignes dans l'anthologie Kra en ces termes : « ... Il écrivit ensuite des poèmes d'une incroyable âpreté, d'une brûlante rudesse. Son vers file et se plante comme une flèche, après avoir tout renversé sur son passage. Il s'accroche avec cruauté. Cette poésie qui ne doit qu'à Jarry et à Lautréamont semble au premier abord trop cruelle, mais on finit souvent par aimer cette sécheresse parfois majestueuse, parfois ironique. Comme les hurlements des grandes affiches et des signaux lumineux, les écrits de ce poète, l'un des plus avancés du mouvement Dada, sont ou veulent être essentiellement " modernes ". » Lisons celui intitulé *Intérêts* :

> Le rat crevé qu'on a dans la cervelle et la cervelle de l'estomac
> Les étoiles du Zambèze et l'oiseau des lèvres
> La vertu américaine
> L'alcool de peau et le pain des yeux
> La richesse du riche et le vice d'hiver
> Le rire tiède et l'algue d'urine
> L'eau des genoux tristes
> Les petits os cariés
> Et les demoiselles des roseaux du sang
> Tamtam du biberon et bonbons du cœur.

Poète Dada parallèlement à Dada, puis au cœur du mouvement, Georges Ribemont-Dessaignes en a exprimé la négation essentielle dans des poèmes violents rejetant le monde et des phrases furent exemplaires du mouvement : « Qu'est-ce que c'est beau? Qu'est-ce que c'est laid? Qu'est-ce que c'est grand, fort, faible? Qu'est-ce que c'est Carpentier, Renan, Foch? Connais pas. Qu'est-ce que c'est moi? Connais pas, connais pas, connais pas. » Cette agressivité de l'absurde se poursuivit dans les textes du *Grand Jeu,* poèmes comme *Nuit d'amour* ou *Sérénade à quelques faussaires :*

Croque-morts de Dieu, avez-vous épousseté le cercueil,
Avez-vous craché sur votre ventre avant d'aller au combat?
Chacals des cimetières, avez-vous entre les dents l'odeur des âmes
Et toi tonnerre noir de l'épouvante,
Claquement des côtes,
As-tu fait d'un seul coup éclater le cœur du lion et la vessie du cochon?
Assez, faux-bourreaux, police humide, faux scandales,
Vendeurs de bazars!

On trouve un texte, *Politique,* polémique sur le Surréalisme et le communisme, sur les positions de l'homme devant la société, sur la « bureaucratie de la haine », contre l'enlisement de l'Esprit : « Peut-être afin de réveiller la masse en marche sur la voie de sommeil et de ténèbres, et de la dresser une fois pour toutes contre son sort, les seules voix ayant chance d'être entendues seront celles qui jailliront du vide complet de l'individu, vide du cœur, de l'âme, de l'esprit. »

Mais la poésie de Ribemont-Dessaignes se modifiera avec le temps comme si le temps de la violence et de l'absurde était révolu. *Ecce homo* donnera à son œuvre un ton nouveau, plus familier et plus humain, et l'on trouvera une construction répartie en préludes, récitatifs, ariosos, duos, quintettes et finale. C'est le temps de la méditation solennelle, lyrique, tempérée par des tours simples et populaires. La guerre est passée et le poète songe au bonheur possible. Il regarde la nature et s'interroge sur la nature de l'homme : est-il une erreur dans cette harmonie ? son rôle n'est-il pas d'être lui aussi créateur ? la mort nous ouvrira-t-elle les portes du monde réel ? que restera-t-il de l'univers ? Entre lumière et nuit, recourant aux mythes et aux dieux comme à ses symboles personnels, le poète pose l'éternelle question de l'être face à la décomposition. A partir des origines il quête les moments de beauté, de pureté, de vie avec une générosité entière, mais dans le grand débat du durable et du périssable, dans le grand combat du bien qui lutte contre la dégradation et du mal qui gaspille sa création délirante, c'est le pessimisme qui doit triompher en dépit de tous les efforts. Il peut parler de ces « jardiniers qui cultivent le cœur », de la « tourterelle des ténèbres », la vision finale est terrible :

> Vois ce chien, le vaste univers,
> Rongeant sans frein ses propres os,
> Suçant sans fin ses propres os,
> Et quand tombe la fin dernière,
> Du grand, de l'immense univers
> Il ne reste plus rien qu'un os.

Avant cette fin, nous aurons cependant parcouru dans *Ecce homo* les sentiers d'une vraie poésie à la fois dense et souple, imagée et d'une heureuse expression, ainsi lorsque parle Ariane dans sa cage de verre quand viennent « mille et trois » de tous les lieux et de toutes les professions du monde :

> Ils sont venus mille et trois,
> Et les mains pleines de fleurs,
> Avec des rires, des larmes,
> Aucun n'a dit : Sois la mort —
>
> Et chacun se reconnaît
> Au coffret des mille feux,
> Ô mon beau passant de cœur,
> Qu'espères-tu que je sois ?
>
> Tu vois la rose publique
> Sur le tombeau des secrets.
> J'ai les plus beaux yeux du monde
> Mais ce sont des yeux de verre.

En dépit de quelques passages où la poésie se dilue, *Ecce homo* reste un beau livre et marque le passage d'un ancien Dada vers une vision élargie sans que la révolte s'y dissolve, l'itinéraire complet de Georges Ribemont-Dessaignes allant de la destruction à la construction d'un nouvel univers humain plus habitable. De Dada au Surréalisme, du réalisme à la spiritualité méditative, les étapes de la vie d'un homme s'affirment et témoignent de générosité et d'attention à l'être.

André Rolland de Renéville, classique du Grand Jeu.

Contrairement à ses amis du Grand Jeu, Rolland de Renéville (1903-1960), pourtant proche de l'expérience métaphysique et mystique de Daumal et de Gilbert-Lecomte, ne chercha pas la révélation par le dérèglement de tous les sens prôné par Rimbaud, mais par une extrême concentration de la pensée, son poème, par sa forme parfaite prosodiquement, s'inscrivant dans la tradition d'un Maurice Scève, d'un Nerval, d'un Mallarmé. Il est au fond un mainteneur de la tradition du symbolisme ésotérique. Il est l'auteur d'études remarquables : *Rimbaud le Voyant, l'Expérience poétique, Univers de la Parole,* et d'un livre de poèmes, *la Nuit, l'esprit.* Présent dans tous les numéros du Grand Jeu par des textes en prose : sur Rimbaud, la Parole, les Images, le premier contenant des poèmes en prose. « La poésie de Rolland de Renéville, écrit Jean Rousselot, est longuement méditée et d'une rigueur extrême; chaque mot, chaque image, chaque symbole y prennent place selon des lois parfois obscures mais rigoureuses : c'est une œuvre d'alchimiste dont le profil esthétique est d'une beauté certaine. » Cette poésie, en dépit de ses qualités formelles, nous entraîne moins loin dans l'espace du dedans qu'il n'y paraît, et l'on préfère les proses de ce sage magistrat. Lisons cependant un quatrain pris au hasard et qui témoigne à la fois des qualités prosodiques du poète et du ton appliqué et embarrassé du manieur d'épithètes :

> Fais silence, les mots, reste calme, les gestes
> Engendrent un rayon recourbé vers tes os
> Qui racle sur la piste en cendres du cosmos
> Des diamants maudits pleins de nombres funestes.

Autour du Grand Jeu.

Parmi les collaborateurs de la revue, qui ne connaît Maurice Henry (né en 1907) dont les dessins, les caricatures font partie de l'histoire du graphisme de notre temps? Mais qui connaît l'écrivain qu'il fut? Pratiquement personne. Il illustre certes le *Grand Jeu* par ses dessins, mais plus encore par ses poèmes. Il a d'ailleurs publié *les Abattoirs du sommeil*, 1937, *les Paupières de verre*, 1946, en plus de ses recueils de dessins. Faisant partie du groupe du *Grand Jeu*, il rejoignit les surréalistes en 1932. Dans *le Grand Jeu*, il s'éleva contre les interdits et affirma dans de fort beaux textes la *Nécessité de la révolte* : « Je me révolte contre tout. Je sens que déjà mes pieds quittent le sol, que d'admirables ailes s'attachent à moi pour m'aider à échapper à ces démons. J'ai envie de crier, de supplier, de pleurer, mais le froissement des plumes blanches me brise le cœur. Alors je hurle. Ne me touchez pas! Je vais être divin! » Et des poèmes surréalistes dignes de plus grands :

Reine insensible des moines de la terre coupée coupée en deux par la poupée brisée
Les débris sont restés dans ma main sur le sol comme une fraise murmurant je t'aime à la voix aveugle
J'ai brisé la défroque du peuple et mes doigts écorchent le sang qui frappe encore comme une brute.
Je t'aime a dit la voix le long des longues avenues désertes où les réverbères sont les bornes du désespoir...

Maurice Henry illustra volontiers ses propres poèmes, on le voit encore dans *le Surréalisme au service de la Révolution* lorsqu'il publie un poème en prose, *Ce que tu voudras*. Pour lui : « Un tableau surréaliste s'écrit comme un poème et se mange comme un objet de première nécessité. » Lisons :

Ce que tu voudras. Elle a, la nuit, des culottes de ciseaux et dans la bouche, entre les dents et la langue, le gant des grands oiseaux qui s'obstinent à vouloir mourir. Je ferai ce que tu voudras. La tête au front lisse, avec cette insaisissable étoffe, est-ce velours ou soie, et de quelle couleur, dans laquelle s'enfoncent les doigts, contre laquelle crissent les ongles — l'horizon se déchire — et que depuis l'enfance elle caresse sur l'oreiller de roche spongieuse, parce qu'une fois les yeux fermés elle fait l'amour, le rideau retombe. Je te donnerai ce que tu voudras...

Certains collaborateurs du *Grand Jeu*, bien oubliés, donnèrent des contributions de valeur. Ainsi Pierre Audard et sa *Dormeuse-Étoile :*

> La flamme qui m'appelle aux portes de la ville
> lumière de la brisure et lumière des yeux morts
> la flamme aux gouttes de sang et aux poings de sel
> c'est le sein couvert de flèches et de forêts
> où les animaux viennent mordre et chercher la race perdue...

Ainsi Monny de Boully, dans ses proses lyriques, son essai sur « la Genèse des monstres » ou un poème haletant, halluciné, d'un grand souffle, *les Moyens de l'Être :*

Ô sérénissime Moyen de l'Être ô larves impondérables
Dévêtu de la Splendeur hautaine qui te rend semblable à tes semblables
Superbe pont de perdition arc-en-ciel noir de sang arc-bouté voûté
Comme un fœtus dans le ventre gros de la terre

Ainsi Georgette Camille et un poème : *Combat dans la nuit,* le poème « traduit du Petit-Pointu par Jack Daumal », *l'Incantation du Grand Désastre* d'André Delons :

> Lourde des trois saisons suspendues à sa tête
> marchant par le hasard et disant le destin
> la voix tremble en voyant quel sera l'espace
> trois visages imprévus se rencontrent soudain
> et dansent devant elle pour éprouver l'orage
>
> goth veineiénéla veinen goth
> goth veineiénéla veinen

Parmi les poètes français du *Grand Jeu*, on lit encore Pierre Minet, cet ami de Gilbert-Lecomte, dont les *Poèmes* ou une *Lettre* portent le même charme, le même sourire à la fois fervent et sceptique qui guide ses itinéraires :

> Un petit pastel de mon âme, s'il vous plaît?
> Pourquoi cherchez-vous encore où se trouvent les béatitudes? Le temps est au soleil, peut-être y arriverez-vous plus facilement.
> Je suis devenu un petit taureau pensif — je recule devant mille obstacles avec des bonds craintifs. Un petit taureau poétique, ah! ah!

Si Roger Vailland (1907-1968) suivra d'autres routes, il est au départ du *Grand Jeu* où collaborent Michel Leiris, Roger Vitrac ou André Gaillard, ce qui est dire l'excellence des sommaires.

André Gaillard, l'assoiffé d'éternel.

La vie d'André Gaillard (1894-1929) fut courte, passionnée, active et très remplie. Si l'on trouve de lui dans *le Grand Jeu* un beau poème lyrique, c'est que ses préoccupations sont proches de celles de ses amis de la revue :

> Et la neige immortelle envahit les saisons
> Plus haut que le bonheur, plus haut que le silence, autour des monts courbés sur le ciel insensible comme un corps sans amour penché sur sa splendeur interdite et perdue, elle s'enroule et se déroule à l'infini.
> Les prisonniers ont faim.
> La nuit est là, fragile et toute trouée d'échos.
> On aiguise une lame, une corde se brise, le cristal résonne, un marin meurt en mer.

Marseillais, Gaillard fut un des premiers animateurs des *Cahiers du Sud* et c'est là qu'en 1940, sous le titre d'*Œuvres poétiques* que furent réunis ses recueils : *Fond du cœur, la terre n'est à personne, l'Ombre et la proie, Chemins de la passion*. Dans sa préface, Léon-Gabriel Gros a su montrer un poète épris d'absolu et de pureté, luttant contre des maux qui sont l'éphémère, la fuite du temps, la mauvaise utilisation du peu qui nous en est imparti par la soumission aux routines et aux enlisements. « Entre l'homme-vivant et l'homme-machine, écrit Gros, entre le moi de la vie profonde et le Il de l'activité extérieure, une lutte constante est engagée. Qu'importe si la chair s'épuise, si la raison se perd, l'aventure valait d'être vécue. Aussi bien y a-t-il là le seul principe moral, qui, ayant un autre sens que social, ne consacre pas une abdication; la morale de ceux qui pour sauver leur vie n'hésitent pas à la perdre. » Le lyrisme pathétique de Gaillard s'accompagne toujours de dépouillement, de recherche de la vérité la plus nue et la plus douloureuse :

> Et rien ne lui répond le temps l'eau ni le vent
> N'ont tenu leurs serments ni livré leurs secrets
> Seule au cou de l'amour épouse du silence
> La chair qui se déchire épuise l'avenir.

Présence de la mort, voix triste, émue, c'est bien, comme dit Léon-Gabriel Gros, « le message terrible de la poésie qui ne se lasse point de répéter que l'homme se consume sur les bûchers de la Connaissance et de l'Amour » et il est vrai, comme l'observe Clancier, que, dépouillé des décors qui chargent parfois le Surréalisme, Gaillard livre la solitude de la pureté. Écoutons la voix claire et nue du poète :

> Une morte demeure plus vivante en mon cœur
> Que la plus belle des vivantes,
> Et vous mes femmes à venir, mes femmes d'aujourd'hui,
> Mes femmes de tous les âges
> Reculez
> Reculez dans la ruse et le pardon.

La poésie d'André Gaillard est significative d'une tendance née dans la marge du Surréalisme et de la révolte contre le sort fait à l'homme, quittant la somptuosité imagée pour aller vers une parole simple et forte d'une sincérité totale.

2

Michel Leiris et Georges Limbour, Roger Vitrac et Georges Bataille

Michel Leiris, vers la totalité.

MICHEL Leiris est né en 1901 à Paris. Il a commencé à écrire à l'âge de vingt ans sous l'égide de Max Jacob, un de ceux qu'il tient pour incontestables. Ami de Raymond Roussel, il a apporté des témoignages directs, irremplaçables. Dès ses premiers contacts avec le monde de la littérature, il apporta une personnalité bien différente de celle de la plupart des jeunes poètes. Sa démarche, bien qu'il ne rêvât que d'écrire des poèmes, n'est pas celle d'un jeune plein de tranquillité et d'assurance : il est, comme il le sera sa vie durant, en proie au doute, à la difficulté d'écrire, à une « folle exigence à l'égard de l'écriture » qu'il doit compenser par la recherche, par le rite. Souci de perfection, contraintes de toutes sortes qui pour d'autres seraient paralysantes, probité intellectuelle, voici quelques-unes de ses caractéristiques, mais il en est d'autres que nous tenterons de cerner sans être sûr d'y parvenir tant cette personnalité est riche, complexe et attachante. « *Écrire des poèmes, être un poète,* telle fut en fait mon ambition de jeunesse. Pas question, en ce temps, d'essayer de déterminer ce que c'est que *vivre poétiquement.* Tout était contenu dans mon désir d'écrire des poèmes capables d'être confrontés avec ceux que j'aimais. Comme la fabrication de l'or pour le philosophe hermétiste (qui y voyait plutôt qu'une réussite de laboratoire l'accomplissement de l'œuvre de perfection), faire de tels poèmes m'aurait prouvé que chargé d'un secret débordant toute esthétique et toute morale j'étais dans la ligne juste, état de grâce aussi peu définissable et, à plus forte raison, codifiable que celui de sainteté. » Ainsi Michel Leiris, porteur des plus hautes ambitions de la poésie, toute sa vie sera porteur d'incertitudes quant à son œuvre et dominé par le plus haut souci : ne jamais mentir.

« Loyauté de Michel Leiris », pouvons-nous dire avec Alain Jouffroy qui donne ce titre à sa préface d'une réédition de *Haut Mal* où il écrit des lignes si justes qu'elles tracent un portrait moral du poète au plus précis, montrant un écrivain accusé et s'accusant lui-même de forfanterie ou d'irréalisme alors qu'il se pourrait qu'il pêchât « par un excès consternant de timidité ». Jouffroy écrit : « Maître des mots, il se croit dépossédé de la réalité, maître des images et, dans ce domaine, plus créateur quelquefois que ne l'est le peuple lui-même, il souffre d'une maladie qui ampute son emprise réelle sur les lecteurs. Or, aucun crime particulier ne justifie sa mauvaise conscience, sinon l'obsession lancinante de sa solitude, de sa distance spécifiques, où il lui arrive de trouver précisément les conditions de son éveil et de sa lucidité. Poète, il évite rarement d'éprouver une sourde haine ou du dégoût pour ses propres écrits; romancier, il demeure vulnérable à toutes les critiques qui mettent en évidence le caractère superficiel de ses descriptions et de ses analyses; essayiste, il s'interroge sans cesse sur la valeur d'échange et la valeur d'usage de son propre langage, qu'il est toujours le premier à contester... » Michel Leiris est un homme inquiet, fragile, sans cesse menacé, y compris par le poison de la gloire. En cela, à son insu, sans doute a-t-il apporté un modèle pour nombre de jeunes poètes soucieux de vérité et d'authenticité, désireux de tout dire et ne craignant pas de s'exposer à tous les dangers.

A ses débuts, il trouvera en André Masson un ami et un guide qui lui fera entrevoir tout un univers, sera présent lorsqu'il se trouvera dans une impasse. Michel Leiris a vingt-trois ans en 1924 : à quelques années près l'âge de ses amis surréalistes, et c'est l'année du *Manifeste du Surréalisme* d'André Breton. Durant cinq ans Leiris participera au mouvement, tentera ses expériences, et, lorsque, en 1929, il s'en éloignera avec Bataille, il en gardera le souci majeur, les buts de libération psychologique et sociale de l'homme. « Dans le Surréalisme, écrit Leiris, ce qui m'attira d'emblée, et que je n'ai jamais renié (même si j'ai rejeté littérairement l'abandon à l'automatisme et me défie de plus en plus d'un merveilleux trop aisément trituré), c'est la volonté qui s'y manifestait de trouver dans la poésie un système total : sous une forme propre à nourrir l'imagination, le beau, le bien, le vrai, rebrassés dans l'irrespect des idées reçues et décoiffés des majuscules qui les posent en principes figés. Totalité, certes, que je persiste à poursuivre, mais en m'y prenant au plus mal... »

Michel Leiris a assisté aux sommeils de Desnos, il a lui-même visité « le pays de mes rêves » et en a décrit les phases avec une précision rare. Sa première œuvre est *Simulacre,* 1925, parole poétique simulant le délire prophétique. Comme écrit Pierre Chappuis dans le volume des « Poètes d'aujourd'hui » consacré à Leiris, « Avec une extraordinaire justesse, ce premier titre désigne l'arête sur laquelle, partagé entre son goût du spectacle et sa méfiance à l'endroit de tout embellissement (crainte de se donner le beau rôle), Michel Leiris n'a cessé d'inconfortablement se tenir, arête du vrai et du faux, de l'authentique et de l'inauthentique ou, tout aussi bien, de la poésie et de la négation de la poésie ». Michel Leiris lui-même dira dans *Biffures* que sa recherche verbale « n'était qu'un *simulacre,* une pantomime verbale du même ordre que les symboles mimiques et faux-semblants divers employés couramment en magie noire comme en magie blanche et destinée à me découvrir l'ineffable – image de l'absolu — en copiant sur le plan lexicologique l'action matérielle d'un démiurge ». L'œuvre qui suit est *le Point cardinal*, 1927, un récit, un poème-récit, étrange voyage en rond comme dans une cage circulaire où les mots sont comme des glaçons, où, pris dans le tourbillon on rêve de lézarde, où, dans la suie blanche et les nuages de sel gemme, les chiffres et les lettres forment de mystérieuses scies qui n'entament pas un monde lisse; le sexe devrait faire fondre la cage, mais seules restent la voix et ses images sans qu'on sache jamais qui parle sinon celui dont les sens vont s'émousser, dont les membres vont se disperser « vraie Jéricho réduite en poudre par l'amour d'une voix »... « tandis que mon être véritable se dégageait, prenant aux yeux de l'ombre l'apparence d'un échafaudage fragile de lettres, prêt à crouler, lui aussi, au moindre souffle ».

L'expérience surréaliste marquera l'œuvre de Leiris de façon durable. Marié en 1926, Michel Leiris voyagera cette année-là en Égypte, y retrouvant le poète Georges Limbour. Lorsque, en 1929, il rompra avec les surréalistes, il commencera une psychanalyse. L'a-t-elle influencé ? A une question de Madeleine Chapsal, il répondra : « A mesure que l'idée poétique s'est affirmée je me suis dégagé de cette influence. Maintenant j'ai même une sorte de répugnance à l'égard de la psychologie : le rôle d'un écrivain n'est pas de fournir purement et simplement des matériaux au psychologue. Toutefois je dois littérairement quelque chose à la psychanalyse, et je le dois notamment à l'œuvre intitulée *la Psychopathologie de la vie quotidienne* : l'importance accordée par Freud à des faits très menus m'a énormément frappé. »

A partir de 1930, Leiris s'oriente vers l'ethnographie en reliant ses observations à sa quête poétique d'une surréalité érotico-magique. Participant à la mission Dakar-Djibouti dirigée par Marcel Griaule, il verra sa culture ethnographique se vivifier au contact direct des peuplades primitives d'Afrique et il s'attachera plus particulièrement aux aspects expérimentaux du mouvement en ce qui touche au langage, au rêve, à la mémoire et à l'inconscient. Sa relation de voyage, *Afrique fantôme*, 1934, ressortit de la poésie, marquant ses débuts dans la littérature ethnographique et amorçant en même temps les récits autobiographiques qui représentent le noyau central de son œuvre. Loin du Paris littéraire, encore inexpérimenté, Leiris est l'enquêteur de Marcel Griaule. Il verra, au cours de ses recherches, s'estomper le cliché utopique du bon sauvage et de la fraternité, se préciser le dédain de l'exotisme et revenir les incertitudes, la solitude qu'il tentait de fuir. Les études ethnographiques le passionnent, puis l'irritent parce que trop abstraites, lui qui recherche la poésie vécue, le contact, la familiarité et qui ne trouve que la distance et une puissance négative désamorçant les chimères. Il en restera le produit d'une curiosité qui s'accompagne de prudence, les marques d'une objectivité enchantée et les prises de conscience qu'une communauté entre les hommes ne peut qu'être fondée par l'histoire et par la révolution comme on le verra dans d'autres œuvres lorsqu'il ira d'Afrique noire aux Antilles de son ami Césaire, en Égypte, en Afrique du Nord, dans le Sud Oranais où, mobilisé en 1939, il connaîtra la joie de découvrir le

Sahara. On lira sa traduction de textes initiatiques : *la Langue secrète des Dogons de Sanga*, 1948, *Contacts de civilisations en Martinique et en Guadeloupe*, 1955, *la Possession des aspects théâtraux chez les Éthiopiens de Gondar*, 1958, *Cinq Études d'ethnologie*, 1969, et *l'Afrique noire*, en collaboration avec Jacqueline Delange dans *l'Univers des formes*. Ajoutons, pour rester dans le domaine du voyage, que Leiris se rendit en Chine populaire en 1955, au Japon en 1964, à Cuba en 1967, puis en 1968.

L'exercice de la poésie est son constant souci. Il écrivait en 1933 : « Je n'ai jamais en tout cas cessé de faire confiance à certaines formes de révélation, – en un mot : à la poésie. Mon désespoir de ces derniers temps vient de ce que cette source m'a paru tarie. Fidèle à mon principe, je n'ai pas voulu truquer, c'est-à-dire essayer d'artificiellement la ranimer. Justement parce que j'ai une idée très haute de la poésie, il m'est absolument impossible de la considérer autrement que comme une révélation, un grand bain de lumière qu'on ne peut qu'attendre patiemment et désirer... »

Michel Leiris est aussi l'auteur de plusieurs études critiques : sur Raymond Roussel qu'il voyait chez ses parents, sur son premier conseiller en poésie, Max Jacob, sur son compagnon à la revue *Documents* et au Collège de sociologie Georges Bataille, sur son ami Georges Limbour, sur son cadet Pierre Guyotat, sur Picasso, Masson, Miró, Giacometti ou Francis Bacon. Dès 1945, Leiris s'est trouvé au côté de Jean-Paul Sartre au comité de rédaction des *Temps modernes* comme il sera au comité de *l'Éphémère* en 1969. Il se trouvera avec Sartre uni dans une même lutte et une même vigilance et présent dans toutes les circonstances graves de notre temps.

Si nous avons insisté sur le second métier de Leiris (et ce terme est-il propre?), c'est qu'il est inséparable de sa recherche poétique, l'un et l'autre étant tournés vers la connaissance de l'homme tant par l'introspection issue du Surréalisme que par la voie plus générale de l'ethnologie. Une œuvre remarquable est *Glossaire, j'y serre mes gloses*, 1940. Il s'agit là d'une tâche surréaliste à laquelle Leiris se livra durant des mois, et qu'il reprit souvent, et cela dès le numéro 3 de *la Révolution surréaliste*. Le titre est jeu de mots ou plutôt jeu *des* mots pour éloigner l'idée d'esprit et donner au calembour ses lettres de noblesse. C'est un glossaire, un recueil de mots isolés classés alphabétiquement mais en même temps un antidictionnaire puisqu'on se sépare de toute définition admise, révolution, explosion, nouvelle lecture du mot devenu arme corrosive contre la logique bourgeoise et les valeurs établies dénoncées du même coup. Leiris n'écrivit-il pas cette phrase qui devait devenir un des commandements du Surréalisme : « Une monstrueuse aberration fait croire aux hommes que le langage est né pour faciliter leurs relations mutuelles »? Les mots sont donc violés, autopsiés, disséqués, pourvus d'une intense charge poétique et leurs nouvelles définitions ne sont pas gratuites mais fondées sur la forme du mot, sa sonorité, ses allitérations en puissance, ses rapports avec d'autres mots proches, les sensations qu'il évoque, l'inconscient qu'il recèle dans l'emploi courant, sa charge de sensualité. Comme l'écrit Chappuis : « La langue a sa vie propre, en dehors de nous, en dépit de nous, toujours créant et se recréant tant qu'elle n'est pas morte, tant qu'elle est *parlée*. Elle a ses propres surprises, ses écarts, déformations, courts-circuits, télescopages, dérivations, contaminations, sans cesse déviant, sans cesse se remodelant. » Parfois les mots s'usent et ont besoin d'un renouveau. On pense en lisant les « définitions » de Leiris qu'il accélère quelque mouvement latent, qu'il accouche le mot, qu'il fabrique du sens, fait parler, déracine. Il ne s'agit pas d'un jeu, mais du plus sérieux et du plus créateur des travaux puisqu'il permet la découverte dans les mots de « leurs vertus les plus cachées et les ramifications secrètes qui se propagent à travers tout le langage, canalisées par les associations de sons, de formes et d'idées... Alors le langage se transforme en oracle et nous avons là (si ténu qu'il soit) un fil pour nous guider, dans la Babel de notre esprit ». Il ne s'agit plus d'une algèbre morte mais d'une langue en devenir dans la diversité que quelques exemples ne peuvent recouvrir :

rumeur : brume des bruits qui meurent au fond des rues.
simulacre : hurlant sur la cime âcre, je feins la lutte.
futur : solfatare des turbines à l'affût. Déconfiture fatale des rues et des hures.
géant : étrange, grand et étranger.
logique : qu'elle gise en loques !

A ce *Glossaire* feront suite des *Bagatelles végétales* et un butin supplémentaire, les « bagatelles » de 1956 prenant forme de poèmes comme en témoigne le début de *Pitreries pour peintre piètre* :

Achille à chéchia de chinchilla.
Actéon achetant un accordéon.
Archange changeant un arc en arquebuse à obus.
Baobab au beau bois haut ; boa au bas.
Bazar à sabirs bizarres.
Burgraves gravés au burin.
Chérubins de chair humaine, en char-à-bancs.
Coolies au licol, s'emmêlant sans mélancolie. [...]

Un des plus importants recueils de poèmes est ce *Haut Mal*, 1943, réunissant des plaquettes de plusieurs époques comme *Failles*, 1924-1934, *la Néréide de la mer Rouge*, 1934-1935, *Abanico para los toros* (éventail pour les taureaux !) dédié à Pablo Picasso, et enfin *la Rose du désert*, 1939-1940. Le lecteur trouvera cet ensemble dans la collection Poésie-Gallimard complété par *Autres Lancers*, 1924-1968, comprenant *D'enfer à ce sans nul échange*, 1939-1947, *Vivantes Cendres, innommées*, 1957-1958, *Orées*, 1966-1968.

Une des particularités des œuvres de Leiris est qu'elles forment un tout, un « enchevêtrement particulièrement complexe de textes, qui se recoupent, se disjoignent et se ramifient comme les voies ferrées aux approches d'une grande gare de triage, qu'on invente en quelque sorte la *lecture* qui correspond le plus fidèlement au système — à la fois total et fragmentaire — de l'écriture de Leiris », écrit Jouffroy. Ainsi pour interpréter au plus près les poèmes de *Haut Mal*, leurs révoltes et leurs conjurations, est-il bon d'avoir la connaissance des autres œuvres non seulement poétiques de manière directe, mais aussi poétiques par l'autobiographie, de *l'Afrique fantôme,* 1934, à *l'Age d'homme,* 1939, *Nuits sans nuit,* 1945, *Nuits sans nuit et quelques jours sans jour,* 1961, qui en est l'édition définitive (Leiris a repris et complété la plupart de ses ouvrages), les quatre volumes de *la Règle du jeu : Biffures,* 1948, *Fourbis,* 1955, *Fibrilles,* 1966, *Frêle Bruit,* sans oublier ses essais critiques sous le titre de *Brisées,* 1966.

Le premier volet de *Haut Mal,* intitulé *Failles,* marque particulièrement la conjuration et la condamnation des évidences quotidiennes, « des décombres de journées pourries » contre lesquelles il jette sa foudre. Il lui faut s'arracher coûte que coûte à cette contrainte, cette « couche d'embûches », vivre le poème « en dépit des chiourmes rationnelles et des syntaxes bariolées ». Partout les « bizarres serpents de la colère » sifflent avec une violence d'autant plus forte qu'elle semble naître dans le calme et la lucidité. Tout au long de *Haut Mal,* Leiris invective : il s'en prend à la création, au temps, à la vie, à la mort et fait éclater une rage dévastatrice destinée à le délivrer d'un univers dur comme un minéral qui le déchire. On lit dans le cours du poème *les Galériens :*

Il est des heures
mieux vaudrait être galériens qu'être où nous sommes
Nous roulons nous tanguons pareils aux autres hommes
mais un boulet imaginaire de métal rouge nous parcourt des chevilles aux yeux
plus consternant que des hoquets d'ivrogne

Un souffle parcourt ces poèmes qui sont vraiment d'un maître des mots, d'un dompteur qui sait sa vie en danger et va au plus violent, d'un homme de chair qui lutte contre la pétrification comme le feuillage qui sera houille dans le massacre. Sans cesse il cherche cette « pâture ardente / pour nourrir ses troupeaux enchantés ». Le propos voyage : à Savannah où « les pendus ont des bagues » ou chez le chasseur de têtes si ce n'est l'amoureux des crachats ou dans les « fringales carnassières » d'un festin. Partout on trouve ce qui blesse : « Décaper l'acier de la vie, ressusciter l'éclair des primitives déflagrations. » La nature que Leiris édifie est sèche et pétrifiée, menacée par l'invasion liquide de la féminité dont il donne ici une image :

Les femmes que j'aime ce n'est jamais celles que vous croyez qui ont des seins
    pointus des ongles de poignard et des yeux de phosphore
celles dont les paroles sont onduleuses comme la route que suivent les torrents
J'aime celles dont la bouche est pareille à une robe déchirée
entr'ouvrant son accroc luisant sur la blancheur terrible d'une épaule
près du collier qui brinqueballe ainsi que grelottent des dents
des dents de carnassier aux babines aussi douces que du lait
malgré les griffes qui s'accrochent dans le vent

Un poème montre un touriste se promenant dans Barcelone et apparaît là un thème cher à Leiris, celui du taureau :

> Les taureaux qu'on tue à coups d'épée
> au grand soleil dans les arènes
> ont le regard moins éperdu
> que cette femme qui pourrait être reine des anges (...)

La dernière strophe du poème *la Mère* : « Viendra-t-il jamais à l'esprit d'une de ces innocentes salopes de se traîner pieds nus dans les siècles pour pardon de ce crime : nous avoir enfantés ? » est sans doute un sommet de cette idée de la porteuse de vie qui est porteuse de mort et cette fin vient après des strophes denses et serrées, litanies d'invectives, avec, dans un délire de couleurs, des expressions comme : voleuse des nuits, bête en folie, statue aveugle, chienne, ogresse, ange de la mort, etc. Michel Leiris emploie toute forme pour aller jusqu'au fond de l'inconnu, vers la rupture avec ce qui lui est exécrable contre toutes les idées reçues, jusqu'en ces lieux viscéraux rejoints par une syntaxe en mouvement se glissant dans les souterrains de l'être. Tout *Haut Mal* est un flot tumultueux faisant fi de tous les rythmes comme si le poète était pressé de dire avant que la parole ne le quitte. Il y a même çà et là des quatrains purement classiques comme :

> Ils ne pouvaient hanter que d'étranges coulisses
> où les baisers vendus par des lèvres sans tain
> permettent d'entrevoir triste feu d'artifice
> les miroirs éclatés au fond des spasmes feints

Dans le deuxième volet du *Haut Mal*, cette *Néréide de la mer Rouge*, on retrouvera de ces quatrains au fond sages parmi les vers libres. La mer ici est le pouls du monde, la manifestation de la vie, le bateau ivre peut-être de Leiris, le voyage « pour saluer cette Vérité dépouillée jusqu'aux os » où il hésite entre des voix mal accordées, un mélange de poésie à la manière du siècle de Baudelaire et de Rimbaud et avec en même temps une sorte de surréalisme pesant, la difficile union du baroquisme et d'une tentative classique, des arrêts dans les ports en forme de notes de voyage moins convaincantes, une fin qui porte un prosaïsme que sa prose même rejette toujours.

Nous avouons une préférence pour *Abanico para los toros*. Leiris écrit : « En marge de la *corrida*, il s'agissait de forger un équivalent poétique de quelques-uns des mouvements, phases, passes, épisodes divers dont se compose cette tragédie, à chaque seconde traversée d'imprévu en même temps que soumise à une architecture stricte, qu'est le combat d'un taureau. » Ce sont des commentaires rythmés d'éléments réels et les poèmes courts portent des titres comme *Mano à mano, Cartel, Artiste, Vara, Caida, Quite, Veronica*, etc., jusqu'au *Final* :

> De toile
> de sable
> de cuir saignant et de brocard
>
> blason de l'opéra funèbre

> quand le taureau
> retrouve la bauge de son ombre
> écrasée comme lui sur le sol
> fruit trop mûr becqueté par des oiseaux criards

Considérant la littérature comme une tauromachie, Leiris a étendu cette idée que faire un livre est faire un acte et que les réalités de la tauromachie sont aussi bien applicables à l'homme même face à son destin, et Joseph Tubiana a montré que l'ethnologie aussi bien pouvait être ainsi considérée par Leiris. C'est pour le poète le recours au rite, à la cérémonie, à un acte de risque de mort qui affirme la liberté. Il a écrit en effet *Tauromachies*, 1937, *Toro*, 1951, et il est sans cesse revenu sur ce sujet, notamment dans la préface de *l'Age d'homme* : « Ce fait que le danger couru dépend d'une observance plus ou moins étroite de la règle représente donc ce que je puis retenir, sans trop d'outrecuidance, de la comparaison que je m'étais plu à établir entre mon activité comme faiseur de confession et celle du torero. »

Et, par parenthèse, ne pourrait-on pas dire qu'il en est de l'œuvre de Michel Leiris comme de la corrida : elle a ou bien ses opposants farouches ou bien ses admirateurs inconditionnels, « Tant il est évident, écrit Christiane Baroche, que Leiris ne peut vraiment atteindre que ceux qui lui ressemblent, que ceux qui arpentent avec lui cette longue descente, ce long retour aux causes premières et au néant. »

Le quatrième volet de *Haut Mal* intitulé *la Rose du désert* offre le dépouillement qui convient au titre :

> Frère et sœur
> comme l'aiguille et le fil
> comme la larme et l'œil
> comme l'aile et le vent

Des images passent : jeux de l'homme, étranger de la légion, une brute, « le bel âge de sable » et des gazelles « dans un galop léger, l'ange de la mort » ou « les minimes concrétions balayées aux quatre coins du corps » de *la Rose des sables*.

Dans *Autres Lancers*, le grand poème en forme de déflagration a laissé la place à de plus subtils enlacements, à des phrases entourées de silence, plus économes. Un poème s'intitule *Avare* :

> M'alléger
> me dépouiller
>
> réduire mon bagage à l'essentiel

Les poèmes sont courts, contenant parfois seulement une phrase lapidaire, comme une sentence : « S'extraire du ventre quelques vérités / comme de mauvais cailloux qui s'y seraient formés » ou « Et tes flancs incurvés comme un été toscan », sorte de vers donné par les dieux qui serait pour d'autres le départ d'un poème. Mais il s'agit ici de blasons ou de pierres sinon de cendres sans oublier de temps en temps une pointe discrète d'humour et quelques rappels surréalistes. Le plus remarquable est *Vivantes Cendres, innommées,* poèmes d'un suicide et d'un retour à la vie et à l'amour, jouant sur des allitérations : « ...que vainqueur du vertige / ou vaincu par ses vagues / je voue à un avenir de vif-argent » ou sur des métaphores, des allégories, des symboles cherchant « le point dont l'infime cœur noir suffit pour que le zéro soit aboli », interrogeant *Poésie ?* :

> Cette chose sans nom
> d'entre rire et sanglot
> qui bouge en nous,
> qu'il faut tirer de nous
> et qui,
> diamant de nos années
> après le sommeil de bois mort,
> constellera le blanc du papier.

Des images reviennent comme celles du taureau estoqué et du matador porteur de mort qui sont l'un et l'autre lui. Des obsessions, des hantises, le langage du plus profond de soi, l'attente d'une réponse sans doute impossible, l'homme comme une terre « dont l'unique continent se réduirait / à une plaine de glace et une montagne de feu / encerclant quelques pieds d'herbe fraîche » et, comme il écrit dans *Orées,* recueil écrit en partie à La Havane :

> Mais si vers un avenir pour nous présent
> l'étoile plus que millénaire
> a projeté son rayonnement
> mon courage se fera diamant.

Un rayonnement jaillit de ces poèmes consacrés à Giacometti, à *Cuba,* aux *Écumes de La Havane* qui sont parmi les plus beaux que Leiris ait écrits. Par exemple :

> Tant qu'à la froide neutralité de la feuille blanche
> en divaguant
> je n'aurai pas infusé sa brûlure,
> le poison qui me tourmente
> ne cessera de ronger mes entrailles.

On apprécie ces lignes de Christiane Baroche : « La cérébralité de Leiris est un scalpel d'une précision pétrifiée, clinique, terriblement tenue en main, c'est l'instrument sadique d'un pouvoir masochiste d'autodissection. Les coups sont précis ; le sujet pantelant les réclame et les suscite. La vérité, toute la vérité, devient ici le champ clos d'une destruction souvent rageuse, mais discrète, réservée, contrôlée. » Et son écriture, Maurice Nadeau la dit : « rapetassante et fusante, tissante et décapante, vagabonde et labyrinthique, rêveuse et dispensatrice d'enchantement », ce qui lui donne « une si grande liberté d'allure qu'elle nous fait croire à la possibilité d'une communication universelle ».

Gérard de Nerval, tant admiré par Leiris, entre Aurélia et Pandora, lui donne son titre *Aurora* pour un roman de 1946, roman « noir » ou « frénétique » ou « surréaliste », marée d'images, orage de mots, quête verbale, « imagination laissée dans son état sauvage ». Aurora, c'est aussi Or aura, Eau-Rô-Rah, or aux rats, Horrora, O'rora selon les métamorphoses de la quête splendide dans ce récit de Damoclès Siriel (anagramme de Leiris), tout en signes, en érotisme aux images de gel et de marbre immobiles, plus que roman, poème fascinant d'amour et de mort au goût d'absolu. Lire encore : *Le Ruban au cou d'Olympia*, 1981, suite de sa grande tentative autobiographique.

Parler de Leiris est la chose la plus difficile qui soit au monde et la maladresse même du propos peut dire la grande originalité d'une œuvre si subtile, si cérébrale qu'elle fait naître à foison d'autres cérébralités alors que plus que nulle part ailleurs la chair tourmentée apporte ses vibrations parfois cruelles, cette fascination, cette inquiétude qui sont propres à Michel Leiris. Chez lui les mots tracent la face d'ombre de l'être, portent des pouvoirs nouveaux, insoupçonnés, conduisent par la mêlée irrationnelle vers l'aveu, la confession. Ils sont conduits par des rites érotiques ou mortels en même temps qu'ils les conduisent. La cruauté sadomasochiste, le goût du sacré, les horreurs de la nature, la femme comme idole vénérée ou haïe, une sorte de solennité blessée, des rages et des moments d'harmonie d'autant plus intenses, des paysages étranges qui en même temps sont ceux de l'être, ce ne sont là que quelques points de repères et qui n'ont pour but que d'inciter à lire Michel Leiris, encore trop mal connu, non seulement dans ses proses mais aussi dans ses poèmes qui forment un tout. Leiris, c'est l'homme mis à nu sans indulgence ni pitié, sans jamais la moindre complaisance, sans jamais la moindre facilité car il s'agit d'exploration et non de narcissisme. « Son œuvre, écrit Alain Jouffroy, est une plaie saignante sur l'épaule nue et parée d'une femme trop inconsciente et trop aimée dont nous acceptons la présence à nos côtés par notre seule insertion dans la société, et que nous ne déchirons jamais assez profondément par les gestes et par les mots. »

Un proche de Leiris : Georges Limbour.

Les taureaux de l'Espagne, les amitiés de Cuba, celle d'André Masson, la discrétion en poésie, Georges Limbour (1900-1970) a bien des points communs avec Michel Leiris qui a préfacé ses *Soleils bas* suivis de poèmes, de contes et de récits, 1919-1968, que l'on trouve dans la série Poésie/ Gallimard. Né à Courbevoie, mais ayant beaucoup vécu au Havre, la patrie de Queneau, de Salacrou, il n'a cessé de voyager, « avide de belles lectures autant que d'école buissonnière » (Leiris), ce « baladin dont l'imagination romanesque était hantée par des filles sans attaches, acteurs calamiteux, pianistes de bars nocturnes, mendiants et autres déclassés ou déracinés qui, avec quelques infirmes, s'ajoutent aux bohémiens et aux brigands des *Soleils bas*, vagabond dont l'écriture (l'une des plus déliées qui soient) vagabonde d'image à image et marie en chemin le familier

et le cosmique, charlatan par définition mais aussi bien démiurge... »
(ibid.). Il est de cette génération qui rencontra le Surréalisme sur son chemin, trouvant dans leur expérience de libération une voie parallèle à la sienne. Entré dans l'enseignement, il choisira les postes lointains et ne rêvera qu'au voyage sa vie durant, publiant peu de poèmes, en écrivant sans cesse depuis *Soleils bas*, 1924, mais trop avide de perfection pour ne pas en éliminer grand nombre, ce qu'il appelait « faire de temps à autre, à l'occasion, délicatement, décemment, une toilette mortuaire ». Ses rares poèmes sont souvent narratifs, volontairement prosaïques parfois, comme dans *Motifs* cette histoire imagée :

> La jeune fille avec son amant prit la fuite
> le village accusa sitôt les Bohémiens
> et la gendarmerie se mit à leur poursuite
> de son côté et moi du mien.

L'inspirent les forteresses de Carpates dans un *Faux Château* ou des *Bergers sans moutons* dédiés à Max Jacob, des Calabrais ou le poivre de Cayenne (« C'est une fleur brûlant le feu »), si ce n'est une cornemuse ou *les Défroques d'Arlequin* ou *la Brûleuse de café* en vers classiques soigneusement rimés, à moins qu'il ne prenne du souffle et de l'altitude dans ses poèmes de l'âge mûr comme *le Manteau rouge :*

> A la fin de ce long jour gris couleur de cendre
> Tu marchais près de moi dans ton manteau de braise
> Et peut-être devais-je, pour te trouver et prolonger
> plus longtemps ta lueur
> souffler doucement sur la ville

Les plus parfaites œuvres de Georges Limbour ne sont pas versifiées. A ceux qui veulent trouver le chemin de sa poésie, nous conseillerions plutôt la direction de la prose de ses contes, récits, romans. Citons : *l'Illustre Cheval blanc*, 1930, *les Vanilliers*, 1938, où, à partir d'un fait réel, le vanillier qui, cultivé, ne donne plus de fruits, il rejoint l'insolite et le surnaturel, alors même que Limbour tire sans cesse le récit vers la réalité, *la Pie voleuse*, 1939, histoire d'une mystification en forme de farce, *l'Enfant polaire*, 1945, avatar d'Orphée ou du « poète assassiné », *le Bridge de Madame Lyane*, 1948, où un être est doué d'un pouvoir de métamorphoser la réalité en féerie, *le Calligraphe*, 1959, *la Chasse au mérou*, 1963, roman fabuleux où la féerie même semble naître à l'insu de l'auteur : « Toutes ses aventures passées, c'était comme s'il les eût rêvées, c'était comme s'il les eût vécues; c'est bien pareil au bout de la vie. » D'autres œuvres : au théâtre, *Élocoquente*, 1967, *les Espagnols à Venise*, opéra-bouffe; critique picturale : des livres sur André Masson, Jean Dubuffet, André Beaudin, Hayter, de nombreux articles disséminés dans les revues, journaux, catalogues d'exposition. Partout, Limbour a su « transformer toutes choses en supports de beauté » (Leiris) et Jean Cocteau écrivit : « Les aveugles me donnent volontiers tel ou tel maître. Jamais leur maladroite canne blanche n'a touché Limbour, mon maître véritable. »

Roger Vitrac, l'Amour, la Mort et la Nuit.

Ne séparons pas ici Roger Vitrac (1899-1952) de son ami Georges Limbour : avec René Crevel, ils fondèrent la petite revue *Aventure* dont les sommaires sont riches puisqu'on y trouve auprès de ce trio notamment : Pierre Mac Orlan, Louis Aragon, Henry Cliquennois, Jacques Baron, Marcel Arland (qui ensuite fondera *Dés*), Jean Cocteau, Paul Morand, Max Morise, André Dhôtel (qui publie des poèmes), Tristan Tzara, André Breton.

Roger Vitrac sera surtout connu comme auteur dramatique. Ayant pris part au mouvement Dada puis au Surréalisme, il commença au théâtre par *les Mystères de l'Amour,* 1927, drame à trente-huit personnages, certains muets ou ne prononçant que quelques mots, pas vers le théâtre sans parole où le mot quitte son sens habituel pour rejoindre l'absurde, la vacuité, le comique : « Ma mère vous enchien ce panier de voie... » Bizarrerie de la mise en scène, mélange d'ironie et d'érotisme, il s'agit d'un théâtre nouveau et poétique. La plus connue de ses pièces, *Victor ou les enfants au pouvoir,* 1929, est une farce à l'humour corrosif, chef-d'œuvre du théâtre surréaliste aux phrases éclatantes, éblouissantes, feu d'artifice où se joue et se déjoue la comédie bourgeoise, comme ce sera le cas dans *le Coup de Trafalgar,* 1936, où sont ridiculisés les champs d'investigation de la science, où le patriotisme, les masques de l'amour, le sentimentalisme des pacifistes ou des poètes deviennent des mascarades, des coups de Trafalgar. Enfin, *les Demoiselles du large,* 1938, sont un drame où l'analyse psychologique porte loin, avant qu'il ne revienne à la bouffonnerie avec *le Loup-Garou* ou *le Sabre de mon père.*

L'excellence de ses pièces, leur charge de poésie neuve, ne doivent pas faire oublier ses œuvres poétiques : elles seront réunies dans *Dés-Lyre, Poésies complètes,* 1964, qui groupe des œuvres éparses entre 1921 et 1948, du *Faune noir,* 1925, et de *Humoristiques,* 1927, à *Connaissance de la mort* et *Cruautés de la nuit* et à des œuvres parues dans des revues. Contrairement à ce que l'on pourrait imaginer, Vitrac, à ses débuts, n'est pas du tout un poète d'avant-garde. Comme André Breton par exemple, il a reçu le message du Symbolisme et l'on s'en aperçoit dans sa première plaquette, *le Faune noir,* qui est d'un honnête disciple d'Henri de Régnier. Il évoluera vers un art plus neuf, plus fort, mais ne quittera pas tout à fait la forme régulière. Ainsi, Serge Fauchereau a-t-il pu être surpris « de le voir en 1923, dans un poème dédié à André Breton, aligner des vers comme ceux-ci... » et Fauchereau cite, en le voyant plus proche de Toulet que de Mallarmé :

> Le paysage, orteil de glace et de délices
> Reprend les doigts de nos cœurs.
> Le trouble de la pierre aux ombres qui rougissent
> Gonfle les tiges de la peur.

> Ici, les bras sanglants, cygnes de nos poitrines
> Portent les têtes de l'amour :
> L'une est le vaisseau clair des dents de la voisine
> L'autre les ailes du vautour.

Les poèmes qui suivront garderont toujours quelque chose de la forme et du ton symbolistes tout en témoignant d'une tentation : celle de rejoindre les aspects énigmatiques du Surréalisme, et l'on pourrait parler de transition entre les deux grandes écoles si ce n'était une vue un peu simpliste. Des *Humoristiques* aux *Cruautés de la nuit,* toujours un aspect ciselé, baroque, recherché, un désir d'inattendu, de rare, de surprenant comme si, remarque encore Fauchereau, « pour faire accepter la régularité de ses quatrains, l'auteur a disloqué le sens comme peu avant l'avaient fait Max Jacob et Jean Cocteau ». Et Fauchereau, qui dans un ouvrage remarquable sur les écoles nouvelles de l'époque présurréaliste a su montrer des rapports existant entre les doux fantaisistes et certains poètes plus épris de nouveauté, poursuit en parlant de « marivaudage surréaliste » et conclut : « Vitrac est un des rares poètes surréalistes à avoir parfois aimé le jeu pour le jeu sans arrière-pensée (chez Soupault, chez Desnos, cela participe d'un autre état d'esprit). En cela il fait figure de fantaisiste parmi les surréalistes. » Cet aspect léger est significatif dans un poème en prose intitulé justement *Madrigal* :

> Entre le grenadier et l'explosion des jolies mouettes que vous êtes, il y a quelque chose de plus délicat que les rouages d'une montre. Un renard sourit entre le meilleur du vitrail et le plus clair de la rosée.
> Il y a un pistolet sur chaque page d'un livre.
> La nuit vous laisse dans la main de chair d'un homme grave qui vous modèle en rêvant.
> N'attendez plus du hasard et des causes : tout se sépare comme l'ombrelle de la main quand tombent les beaux jours.

Mais Vitrac ne se contente pas du « joli » et de l'aimable. Il sait, comme dit Marcel Raymond, « faire jaillir de l'ombre des images nées aux troubles de la vie physiologique ». Tour à tour soumis à quelque gratuité du jeu, à l'attendrissement, puis au sourire doux-amer, désabusé, à quelque désespoir grinçant parmi le charme entier, il sait se soumettre à des métamorphoses qui font que, tout en étant le poète, l'homme précaire, il peut être incendie, explosion, tonnerre, grisou, barrière en feu ou volcan. Il sait dépouiller la chair humaine et aller jusqu'au squelette final de la Mort, cette jeune fille :

> Là-bas le calvaire de la grande dent
> montée comme un ange descend
> fixe comme le fruit de la cible mouvante
> ou la statue couchée dans le lit des amants
>
> Là-bas l'os de la femme transparente
> gravé tout le long de dessins d'animaux
> et drapé dans une grande étoile
> ton grand tibia avec un casque de diamant

Il se dit « le cousu », cousu comme une bouche privée d'une parole qu'il faut reconquérir : « Toi tu as le grisou le tonnerre et les aurores boréales. » Il a exposé en métaphores son art poétique : le poème, il faut pour le créer « l'écrire », « le rêver », « l'oublier », « rechercher son contraire », « l'humaniser », enfin « le retrouver en l'analysant ». Vitrac poète n'a pas cherché à imiter qui que ce soit, à se soumettre à des impératifs d'école, il expose une personnalité entière, parfois difficilement analysable, à la fois claire dans son expression somme toute classique et, en même temps, portant toutes les richesses de l'énigme.

Ce fondateur, avec Artaud, du Théâtre Alfred-Jarry, offre, du surréalisme sur le mode aérien de ses pièces si riches d'humour de toutes nuances, du noir au rose, à ses poèmes si particuliers et si originaux sans rien jamais qui soit d'un ordre courant et attendu, l'image d'un créateur entier, pionnier du mode poétique à la scène et explorateur du moi profond par l'exercice du poème.

Georges Bataille et la poésie.

Il serait absurde de séparer un Georges Bataille (1897-1962) qui serait « poète » d'un Georges Bataille qui reçoit plus volontiers les dénominations de romancier, philosophe, essayiste, et, si l'on veut, de pornographe, mystique, ethnographe, économiste, mais peut-être plus encore « joueur » car ainsi qu'il est dit dans l'essai de Jacques Chatain qui lui est consacré : « Peut-être commençons-nous juste à entrevoir l'ampleur des questions, intolérables et contagieuses, qu'il se pose et nous pose. » Il faut cependant bien rappeler ici qu'auprès de ses textes en prose difficilement classifiables, il y a des textes courts ayant typographiquement la présentation du poème, des réflexions sur la poésie qu'on ne saurait isoler d'œuvres qui pourraient porter comme sous-titre le titre de son premier essai, *l'Expérience intérieure*, puisqu'il s'agit chez lui d'une enquête continuelle sur le fond essentiel d'un moi et de l'existence pure dénuée de ses attributs, d'une entreprise salubre de démolition mais débouchant sur le néant, la négation, la mort, la foudre et l'abîme. Tout en rappelant quelques titres comme *le Coupable, la Littérature et le mal, l'Abbé C., Histoire de rats, Madame Edwarda, Histoire de l'œil, l'Orestie, Ma mère, la Part maudite, l'Érotisme, le Bleu du ciel, les Larmes d'Éros*, etc., et conseillant le recours à ces textes avec des guides qui pourraient être Alain Arnaud et Gisèle Excoffon-Lafarge (*Bataille* dans « Écrivains de toujours »), Jacques Chatain (*Georges Bataille* dans « Poètes d'aujourd'hui ») à quoi il faudrait ajouter des études éparses signées des plus grands noms de la pensée contemporaine : Maurice Blanchot, Jacques Derrida, Jean Duvignaud, Michel Foucault, Pierre Klossowski, Julia Kristeva, Michel Leiris, Jean Wahl, sans oublier Philippe Sollers, René de Solier, Raymond Queneau, Jean Puel, Denis Hollier, Michel Deguy, François Cuzin... (mais l'on n'en finirait pas de citer tant d'études suscitées par ce chercheur des « tentatives impossibles » comme a dit Jean-Paul Sartre à son propos), nous nous arrêterons simplement un instant ici sur *la Haine de la Poésie*, 1947, reparu sous le titre *l'Impossible,* 1962, le premier prêtant sans doute à une fausse interprétation, et sur *l'Archangélique,* 1944. Rappelons auparavant quelques étapes : naissance à Billom (Puy-de-Dôme), thèse à l'École des chartes, carrière de bibliothécaire, direction de la revue *Documents,* signature avec Leiris, Masson, Limbour, Ribemont-Dessaignes, Vitrac, du pamphlet *Un cadavre* et précision de l'originalité de sa position par rapport au Surréalisme, collaboration à *la Critique sociale,* à *Acéphale,* au Collège de sociologie avec Caillois, Leiris, Monnerot, fondation de la revue *Critique...* Hanté par l'« apothéose de ce qui est périssable », les états extrêmes, « au bord des limites » où se rejoignent joie et douleur, extase érotique et extase mystique, le fascinent et l'on n'en finit jamais d'explorer une œuvre si riche et ouvrant des portes sans fin.

On peut lire dans la préface de *l'Impossible :* « Il me semblait qu'à la poésie véritable accédait seule la haine. La poésie n'avait de sens puissant que dans la violence de la révolte. Mais la poésie n'atteint cette violence qu'évoquant l'impossible. » Dans les trois parties de l'ouvrage : *Histoire de rats, Dianus, l'Orestie,* se poursuit une expérience mettant en jeu la mort et l'érotisme, retenons la troisième, *l'Orestie,* suite de brefs poèmes accompagnés de réflexions sur la poésie comme : « L'éclat de la poésie se révèle hors des beaux moments qu'elle atteint : comparée à son échec, la poésie rampe. » Ou bien : « La poésie qui ne s'élève pas au non-sens de la poésie n'est que le vide de la poésie, que la belle poésie. » Tout au long de son œuvre on trouvera des textes ayant la forme du poème et ne se distinguant souvent de sa prose que par la présentation typographique. On le voit notamment dans *l'Expérience intérieure, le Petit, Sur Nietzsche, la Tombe de Louis XXX,* et, de manière suivie dans *l'Archangélique,* mais il s'agit plutôt que de poèmes au sens habituel, de bribes, de fragments, d'éclats où le chant est brisé dès qu'esquissé comme pour ironiser ou rire. On lit :

> Bande-moi les yeux
> j'aime la nuit
> mon cœur est noir
>
> pousse-moi dans la nuit
> tout est noir
> je souffre
>
> le monde sent la mort
> les oiseaux volent les yeux crevés
> tu es sombre comme un ciel noir

Plus que des cris il semble s'agir de l'espace qu'aurait creusé ce cri, poèmes laconiques, chansons dérisoires, toujours état de tension dans les images de l'extase charnelle voisine de la mort :

> Je te trouve dans l'étoile
> je te trouve dans la mort
> tu es le gel de ma bouche
> tu as l'odeur d'une morte

> tes seins s'ouvrent comme de la bière
> et me rient de l'au-delà
> tes deux longues cuisses délirent
> ton ventre est nu comme un râle
>
> tu es belle comme la peur
> tu es folle comme une morte

Bataille dit : « le néant n'est que moi-même / l'univers n'est que ma tombe / le soleil n'est que la mort » ou bien « mon sexe est un soleil mort » ou encore : « ma tête sucrée / qu'épuise la fièvre / est le suicide de la vérité ». Poésie de pulsions, qui se nie en se dépassant, négativité, et çà et là une sorte de goût du coq-à-l'âne ou plutôt de la fatrasie médiévale, pulsions, tensions, parodie, excès, répétition, rien n'est plus difficile à définir (et le faut-il?) que ces textes qui semblent suivre plusieurs routes à la fois car ils ne sont pas isolables d'un ensemble singulier et complexe. On lit dans *la Maladie d'Arthur Rimbaud* : « Le mouvement de la poésie part du connu et mène à l'inconnu. Il touche à la folie s'il s'accomplit. Mais à l'approche de la folie le reflux commence. A peu près toute la poésie n'est qu'un reflux : le mouvement *vers* la poésie, par là vers la folie, cherche à rester dans les limites du possible. La poésie est de toute façon négation d'elle-même : elle se nie en se conservant et se nie en se dépassant. » Bataille ouvre des cycles parodiques sans fin :

> Tout le monde a conscience que la vie est parodique et qu'il manque une interprétation.
> Ainsi le plomb est la parodie de l'or.
> L'air est la parodie de l'eau.
> Le cerveau est la parodie de l'équateur.
> Le coït est la parodie du crime.

Celui qui dit : « j'aime la mort je la convie / dans la boucherie du Saint-Père », celui qui ironise sur ses élans, celui qui jette la dérision, ne se prend-il pas, entre le jeu et le sarcasme, parfois, à la culpabilité de la « belle poésie »? Ce n'est point impossible : ne veut-il pas tout tenter? Et même (dérision?) un fort classique sonnet :

> Je rêvais de toucher la tristesse du monde
> au bord désenchanté d'un étrange marais
> je rêvais d'une eau lourde où je retrouverais
> les chemins égarés de ta bouche profonde
>
> j'ai senti dans mes mains un animal immonde
> échappé à la nuit d'une affreuse forêt
> et je vis que c'était le mal dont tu mourais
> que j'appelle en riant la tristesse du monde
>
> une lumière folle un éclat de tonnerre
> un rire libérant ta longue nudité
> une immense splendeur enfin m'illuminèrent
>
> et je vis ta douleur comme une charité
> rayonnant dans la nuit la longue forme claire
> et le cri de tombeau de ton infinité.

Il ne peut nous être reproché de nous éloigner de la poésie en parlant d'hommes comme Bataille dont l'activité principale ne fut pas le poème, et non plus lorsque nous citons le nom de Roger Caillois (1913-1978), auteur d'une œuvre géante, tant de livres parmi lesquels *les Impostures de la poésie, Poétique de Saint-John Perse, Art poétique, Approches de l'imaginaire*..., élucidations, mises en garde, toujours dynamiques, témoignages orientés vers le but de défricher l'univers sensible afin « d'y déceler des corrélations, des réseaux, des carrefours, des régularités, en un mot quelques-unes des réverbérations mystérieuses dont se trouve marqué ou illuminé l'épiderme du monde, depuis les dessins des pierres dans la matière inerte jusqu'aux images des poètes dans le jeu apparemment libre de l'imagination ». De même, nous citons Pierre Mabille, ce « surréaliste à l'écart » que Breton appelait « homme de grand conseil » et aussi « de grande conjecture », « de grand secret » ou « de grandes fraternités humaines ». Pierre Mabille (1904-1952) dont les Éditions du Sagittaire comme les Éditions Plasma, de nos jours, ont reconnu l'importance en rééditant ses œuvres : *Thérèse de Lisieux, Traversées de nuit,* et il faut rappeler *le Miroir du merveilleux,* aux Éditions de Minuit, *la Construction de l'homme, Égregore ou la Vie des civilisations, la Conscience lumineuse.* Chirurgien, puis professeur à l'Institut français de Mexico, puis attaché culturel à Haïti, en abordant toutes les grandes questions qui préoccupent l'homme de notre temps, les provoquant sans cesse, dans le but de parvenir à « une connaissance générale dans l'étendue et dans la profondeur, véritable compréhension systématique du monde et non addition laborieuse et encyclopédique de savoirs particuliers ». Comme l'indiqua André Laude dans un article des *Nouvelles littéraires,* « Pierre Mabille rejoint, il va sans dire, le combat de Breton et des surréalistes » et il nous rappelle, entre autres, les études de Mabille sur Bachelard, Lautréamont, Leonora Carrington, William Blake, les mythes, les rites, les miroirs obsessionnellement présents en divers lieux de l'humanité, cela dans un but émancipateur constant. Après Laude, nous citons ce que dit Mabille de la poésie : « Sa grandeur exceptionnelle est d'engager le temps à venir, de créer des déterminations sensibles qui excèdent en tous sens son domaine propre, de les douer d'une force mystérieuse de propagation. » Et nous soulignons ici l'importance de cette phrase d'un « pourvoyeur de lumières » que les poètes peuvent reconnaître, par ses préoccupations, même si elles ne s'expriment pas par le poème, comme un des leurs.

3
René Char

René Char au soleil des eaux.

Poète universel, grand fascinant de la poésie contemporaine, René Char a vu le jour en 1907, le 14 juin, à l'Isle-sur-Sorgue, en terre vauclusienne, pays de soleil et d'orages violents, à la lumière dure, éblouissante, sauvage, terre toujours présente en ses poèmes, terre de création généreuse dont Pierre Guerre dit : « Jouant souvent le rôle d'un contrepoids à la condensation de sa pensée, elle a peut-être permis à Char de créer la matière poétique si dense qui est la sienne. Elle est le domaine inépuisable, le garant de vérité des mots. » Rejetons le mot terroir : l'universalité de René Char n'est pas à démontrer, ses poèmes s'étendent dans l'espace à d'autres terres, mais c'est au « soleil des eaux » qu'elle trouve son plus parfait miroir. Objet de tant d'études, de traductions, vers lui monte la ferveur des nouvelles générations et ce n'est pas sans hésitation, sans crainte de profanation, sans quelque arrière-tremblement de la plume que nous écrivons ces lignes. Nous tenterons un bref itinéraire avant de tenter de pénétrer l'intériorité de sa poésie.

On lit dans *le Poème pulvérisé* : « De si loin que je me souvienne, je me distingue penché sur les végétaux du jardin désordonné de mon père, attentif aux sèves, baisant des yeux formes et couleurs que le vent semi nocturne irriguait mieux que la main infirme des hommes. » Son père, Émile Char, était industriel du plâtre, maire de sa ville, et sa mère était Marie-Thérèse Rouget, de Cavaillon. Le grand-père maternel, enfant de l'Assistance publique, avait reçu pour nom Charlemagne dont il ferait Char-Magne avant que son fils Émile ne l'abrégeât en Char. L'enfance de René Char se déroule donc dans cette ville de l'Isle-sur-Sorgue dont les armoiries sont l'eau et les roseaux en flammes avec deux hérons pour tenants, avec cette devise : « Ardet in hostem. » La rivière, la Sorgue, son entourage, parents et amis apparaissent un peu partout : *la Sorgue* dans *Fureur et Mystère*, dans *les Matinaux* ces *Transparents* qui s'expriment, dans *Fureur et Mystère*, ce *Louis Curel de la Sorgue* et *Suzerain*, dans *le Soleil des eaux*, ces êtres plus vrais que nature, ces pêcheurs dont les traits sont des traits d'hommes, etc. On trouvera des images des lieux où il grandit, les Névons dans *Placard pour un chemin des écoliers, Fureur et Mystère, les Matinaux* ou *la Parole en archipel*.

En janvier 1918, René Char perd son père. Ses études se font à l'école communale de l'Isle-sur-Sorgue, au lycée d'Avignon. En 1924, il séjourne en Tunisie et l'année suivante suit des cours à l'École de commerce de Marseille, avant d'être artilleur à Nîmes en 1927 et 1928. Il signe René-Émile Char des poèmes écrits entre 1922 et 1926 qui paraissent sous le titre *les Cloches sur le cœur*, 1928, et qu'il détruira en partie. Il fait paraître dans sa ville natale la revue *Méridiens* en 1929 et publie *Arsenal* qui lui vaut entre autres l'amitié de Paul Éluard qui vient en Vaucluse. Puis Char monte à Paris où il se lie avec Breton, Aragon et Crevel. Jusqu'en 1934, il sera le compagnon des surréalistes. En 1930, *Ralentir travaux*, en collaboration avec Breton et Éluard, fondation et collaboration avec ses amis du *Surréalisme au service de la Révolution*. En 1931, intense participation aux activités surréalistes : tracts sur *l'Age d'or* ou l'exposition coloniale, actions diverses, voyages en Espagne avec Paul et Nusch Éluard, Francis Curel. En 1932, c'est à Saumane, Vaucluse, qu'il écrit une partie des poèmes du *Marteau sans maître* qui paraîtra en 1934 avec l'illustration de Kandinsky, la prière d'insérer de Tzara. C'est le temps où Char s'éloigne sans fracas des surréalistes. Cependant, l'année suivante, celle du suicide de René Crevel, il jugera durement certains propos surréalistes dans une lettre à Benjamin Péret qui en divulguera le contenu. Administrateur en 1936 de la « Société anonyme des Plâtrières du Vaucluse » créée par son grand-père, il en démissionnera en 1937 pour incompatibilité. Il a mieux à faire : par exemple publier *Dépendance de l'adieu*, 1936, chez Guy-Lévis Mano, le poète, l'imprimeur, l'ami de toujours, ou recevoir Éluard et Man Ray, plus douloureusement subir une attaque de septicémie dont il se remettra sur la côte méditerranéenne. *Moulin premier*, 1937, inaugure la veine de textes poétiques et aphoristiques. Temps de la guerre d'Espagne, de la collaboration aux *Cahiers d'art* de Christian Zervos, du *Placard pour un chemin des écoliers*, 1937, de *Dehors la nuit est gouvernée*, 1938, d'une enquête sur *la Poésie indispensable* qu'il rédige et à laquelle répondront tous les poètes qui comptent, de la rédaction de nombreux poèmes de *Fureur et Mystère* ou *Recherche de la base et du sommet*.

La guerre. René Char mobilisé à Nîmes dans l'artillerie lourde puis en Alsace au front, la débâcle, le retour à l'Isle-sur-Sorgue où on le dénonce comme communiste à Avignon, d'où une perquisition. Il rencontre Breton à Marseille, séjourne à Céreste dans les Basses-Alpes. René Char est un des tout premiers résistants : sous le nom d'Alexandre il adhère à l'armée secrète et est chef de secteur, son organisation effectuant les premières actions contre l'ennemi, collaborateurs, armée italienne, puis allemande à partir de 1942. Les actions sont nombreuses et incessantes : appartenant au réseau Action, le capitaine Alexandre prépare les parachutages d'armes, forme les maquis, voit mourir des amis chers comme Émile Cavagni, le poète Roger Bernard fusillé par les SS, se rend à Alger où il prépare la libération en informant les Anglais et les Américains sur la guerre des maquis, revient libérer son pays. On lira *Feuillets d'Hypnos* dans *Fureur et Mystère*, *Note sur le maquis*, *La liberté passe en trombe*, *Roger Bernard*, *Dominique Corticchiato* dans *Recherche de la base et du sommet*, entre autres, poèmes de ces cinq années de guerre.

Dominique Fourcade dans l'importante livraison de *l'Herne* consacrée à René Char (ouvrage dont la lecture est indispensable car on y trouve les textes de Saint-John Perse, William Carlos William, Pierre Reverdy, Octavio Paz, Albert Camus, Roger Munier, Gilbert Lély, Martin Heidegger, Paul Éluard, Georges Bataille, Maurice Blanchot, une trentaine d'autres de haute qualité) précise : « Char ne fut le résistant qu'il a été historiquement qu'en absolue continuité avec le poète qu'il était. Cela signifie qu'il eut, durant ces années de Maquis, à infléchir et à transfigurer la matière de la vie, et qu'il y employa les ressources mêmes que nous voyons à l'œuvre dans ses poèmes. Une seule alchimie douloureuse là comme ici en action. S'agissant d'un poète – du poète qu'il y a en l'homme – les frontières du concret et de l'abstrait sont essentiellement à revoir : le poétique, seul levier du monde, opère de l'un à l'autre et dans les deux sens une transfusion permanente, bénéfique à l'apparition du réel... » Et Fourcade ajoute ceci d'essentiel : « On ne saurait cependant parler, à propos de René Char, de littérature engagée au sens où l'entend l'idéologie contemporaine. On parlera par contre, et comme d'un cas littéraire unique, d'une nature poétique telle qu'elle l'engage simultanément dans la lutte armée contre la barbarie et dans un approfondissement de la connaissance par l'écriture. » Les poèmes de Char sont purement poèmes, « écrits pour respirer, écrits pour vaincre » et Fourcade dit encore : « Ce sont les plus beaux textes issus de la Résistance, les seuls où soit sensible le poids bien spécifique du vivre des années d'alors : Char ne se fait pas le chantre d'un combat qu'il n'aurait pas vécu. » Le véritable honneur des poètes, c'est là qu'il se trouve et que rien ne saurait atteindre.

Les renseignements chronologiques de *l'Herne* (voir aussi un numéro spécial du *Magazine littéraire*) couvrent encore les années 1945 et 1946 et nous parlent des publications du poète, de son amitié avec Georges Braque, avec Albert Camus, avec Henri Matisse, avec Lucienne Bernard, la veuve du poète Roger Bernard dont Char présente les poèmes de *Ma faim noire déjà*. Comme si, après ces années fécondes que suivra tant de fécondité, la biographie n'avait plus d'importance qu'en rapport avec les œuvres créées, Char lui-même, en accord avec Fourcade, a arrêté sa chronologie en 1946 avec la parution de *Feuillets d'Hypnos*. Dès lors nous le rencontrerons ici dans ses œuvres, ou, du moins le tenterons-nous tant la matière est riche, en rapport avec la vie réelle comme en témoigne par exemple son action contre les fusées atomiques dont la base est en Vaucluse. Nous avons rendu visite à Char dans sa maison près de l'Isle-sur-Sorgue parmi ces végétaux chéris depuis l'enfance, nous avons connu l'homme solide, à la parole droite, se tenant à l'écart le plus qu'il peut, de cette vie qu'on nomme « littéraire » avec ce qu'elle comporte de dérisoire et nous avons découvert l'homme dans sa terre natale, sans rien d'un mage, mais ne disant que paroles éclairantes. Combien de poètes contemporains en ont été illuminés ! Char n'est pas de ceux qu'on inclut facilement dans une « histoire » comme la nôtre et nous craignons la maladresse de notre ferveur. Tant de hautes œuvres critiques ont été consacrées à celui dont Camus a dit : « Char. Calme bloc ici-bas chu d'un désastre obscur », et Octavio Paz a intitulé un poème : *René Char no nos engana* (René Char ne nous ment pas) que nous ne donnons ici que des repères en tentant, d'une œuvre à une autre, de donner au lecteur le désir de lire ses textes, proses et poèmes, et d'en recevoir le choc magique et métamorphosant. Auparavant écoutons Gaëtan Picon : « Et, si le mot Beauté monte à nos lèvres, épelé lentement par le poète, c'est que la beauté est ici son propre désir, son avide soif. A chaque instant, le soc ouvre le sol de l'être, nous ouvre à l'être, dans la retombée brillante des images que son acier réfléchit. Mais la réflexion est le feu de la fusion, et c'est dans la tension du désir que l'être prend corps et stature. »

« Pour que le même amour revienne. »

La première œuvre de Char a pour titre *les Cloches sur le cœur*, 1928, ouvrage détruit dont il retiendra *Premières Alluvions*, 1945, à la revue *Fontaine*, poèmes écrits entre 1923 et 1925, et ces poèmes de la première jeunesse montrent déjà la nature du poète à la fois nocturne et ardent, net et sans facilité comme dans ce poème, *le Sol de la nuit* :

> Pour que le même amour revienne
> A cette cheminée qui fume
> A cette maison qui saigne
> Et le vide serait meilleur
> Qu'ils soient heureux ceux qui tuèrent
> Dans la mansarde du serpent.

Lorsque paraissent les deux éditions successives d'*Arsenal*, 1929 et 1930, Char atteint à cette perfection qui ne le quittera plus et Pierre Berger pourra écrire : « D'*Arsenal* aux *Poèmes militants*, c'est la pureté de la vie secrète des choses qui guide le poète à travers un royaume dont les plus sensibles sujets psalmodient les secrets du vent, de la montagne et des eaux. » Déjà toutes les caractéristiques ultérieures du poète sont présentes : intelligence avec le monde, violence, hauteur noble du ton, goût de la sentence et de l'absolu, vibration profonde, désir d'une construction dirigée (en un temps plutôt soumis à l'écriture automatique), noces tragiques de l'homme et de la terre sans rien qui puisse se rapporter à quoi que ce soit déjà lu : originalité totale d'une parole nouvelle. Audace incessante, révolte exaspérée, volonté farouche de durer : « L'esprit même du château fort / C'est le pont-levis. » Pour lui, *l'Amour*, c'est : « Être / Le premier venu. » Les livres et plaquettes qui suivront sont *le Tombeau des secrets*, 1930, poèmes et photos, *Artine*, 1930, qu'illustre Salvador Dali, *L'action de la justice est éteinte,* 1931, ces deux derniers aux Éditions surréalistes, deux cahiers : *Paul Éluard* et *Hommage à D.-A.-F. de Sade,* 1933, le grand voisin du Vaucluse. La première grande édition collective sera *le Marteau sans maître,* 1934, illustré par Kandinsky, aux Éditions surréalistes, que suivra *Moulin premier,* 1936, qu'on rééditera en l'incluant dans *le Marteau sans maître* en 1945.

Dès sa première édition, cet ensemble des premiers livres de Char *(Arsenal, Artine, L'action de la justice est éteinte, Poèmes militants, Abondance viendra),* comme l'écrit Fourcade, « ce livre commotionnant marque une date dans l'histoire de l'expression (car histoire de la poésie il y a) ». Et nul ne saurait mieux dire : « A ouvrir le recueil, on ne peut se défendre du sentiment que la bouche y veut constamment gagner sur la main ; veut parler, veut crier, jurer même plus vite, plus fort que la main n'écrit, ne peut relater. Cependant le murmure de la main en poésie toujours l'emportera ; et la pure parole vraie, le sens-son neuf et imputrescible, ce dont l'avenir a une faim perpétuelle et qu'il ne cessera de reconnaître comme sien, c'est la main minutieuse et (relativement) plus lente qui le procure. En poésie, c'est la main, non la bouche qui franchit authentiquement le mur du sens-son. *Le Marteau sans maître* pas plus qu'aucun grand livre n'échappe à cette loi. Et c'est miracle, pareille main ferme, dans l'évidente bousculade de poèmes que dut être à ce moment l'œuvre de René Char. » Nous sommes en effet en période chaude, surréaliste, et il y a plus souvent chez René Char parallélisme avec le grand mouvement qu'influence véritable. Le poète découvre le monde, son monde, et le révèle avec une dureté de roc, une volonté farouche d'habiter jusqu'à l'absence et le silence. Et cette poésie riche de préoccupations humaines, expressive, déjà est celle de la construction dans un monde en proie aux menaces, aux désagrégations, aux violences, aux attentats, comme si Char prévoyait les futurs cataclysmes. C'est une maîtrise constante de l'instant, un défi au temps irréversible, une alliance aussi de contradictions complémentaires, une émergence de la totalité. Et la lucidité n'interdit jamais l'émotion. Ainsi lorsqu'il écrit *Poètes :*

> La tristesse des illettrés dans les ténèbres des bouteilles
> L'inquiétude imperceptible des charrons
> Les pièces de monnaie dans la vase profonde
>
> Dans les nacelles de l'enclume
> Vit le poète solitaire
> Grande brouette des marécages.

Dans *le Marteau sans maître,* on trouve les magnifiques proses de Char, notamment dans *Abondance viendra* ou *Artine.* Toujours splendide, la narration :

> Le livre ouvert sur les genoux d'Artine était seulement lisible les jours sombres. A intervalles irréguliers les héros venaient apprendre les malheurs qui allaient fondre sur eux, les voies multiples et terrifiantes dans lesquelles leur irréprochable destinée allait à nouveau s'engager. Uniquement soucieux de la Fatalité ils étaient pour la plupart d'un physique agréable. Ils se déplaçaient avec lenteur,

se montraient peu loquaces. Ils exprimaient leurs désirs à l'aide de larges mouvements de tête imprévisibles. Ils paraissaient en outre s'ignorer totalement entre eux.

Le poète a tué son modèle.

Moulin premier, 1937, s'accorde à ces poèmes et précise discrètement quelques hautes lignes de son état d'esprit poétique. Ces phrases condensées tentent de circonscrire l'horizon du poète et rappellent la nécessité et les exigences d'un art révélateur de trésors enfouis, facilement oubliés et que le poète a pour mission de rappeler :

Aptitude : porteur d'alluvions en flamme.
Audace d'être un instant soi-même la forme accomplie du poème. Bien-être d'avoir entrevu scintiller la matière-émotion instantanément reine.

Ce *Moulin premier* qui rassemble sentences, aphorismes, fragments, rêves, apporte une singulière richesse de pensée qu'on retrouvera tout au long de l'œuvre, le livre de raison de la poésie, et non pas le didactisme facile habituellement dévolu aux moules qu'il choisit. Des phrases peuvent surprendre le lecteur non prévenu et qui n'irait pas chercher derrière les mots : « Je ne plaisante pas avec les porcs » ou bien « A partir de la courge l'horizon s'élargit. » Ou cette merveille : « Le chien errant n'atteint pas forcément la forêt. » Il y a aussi des lignes de défense : « Les boueurs de poésie sont en général privés du sentiment de la poésie; inaptes à percer les voies de son action... », des prises de hauteur : « Il advient au poète d'échouer au cours de ses recherches sur un rivage où il n'était attendu que beaucoup plus tard, après un anéantissement. Insensible à l'hostilité de son entourage arriéré le poète s'organise, abat sa vigueur, morcelle le terme, agrafe le sommet des ailes. » Dynamisme toujours et la confidence d'une *Commune Présence,* poème qui donnera son titre à un choix de poèmes en 1964, où Georges Blin écrira : « Commune présence du poète à lui-même et des autres en lui, accolade de vérité qui pointe entre deux choix, comme l'épi. Le poète est maître de rapprocher ses routes sur le damier du temps. Ou de se suivre sur de plus longs silences. Logique autrement foliée, ce sera toujours la rose, unique et collégiale, la rose en flamme des vents d'" amont ". » Au temps du *Moulin premier,* on écoute :

> Tu es pressé d'écrire
> Comme si tu étais en retard sur la vie...

et il est vrai que, dès les premiers livres, Char donne l'impression d'être dépositaire d'un tel message, si ardent, si nombreux, qu'il lui faudra une longue vie pour le délivrer. Et nous irons de grandeur en grandeur sur le chemin de la beauté.

Après *Dépendance de l'adieu,* 1936, qu'illustre Picasso, c'est *Placard pour un chemin des écoliers,* 1937, avec cinq pointes sèches de Valentine Hugo, où Char, en un temps dévastateur où les conflits préparent d'autres conflits, où « la fosse commune est rajeunie », pense aux enfants tués de la guerre d'Espagne, et dit : « Quant à *Placard pour un chemin des écoliers* puis-je dire tout simplement à son propos que j'ai couru ? Ceci fut cause d'une chemise trempée, d'une soupe refroidie, même d'une promesse de rendez-vous quand les volets sont tirés. Cependant la persécution et l'horreur mijotent déjà leur branle-bas. » L'enfance selon René Char, terre idéale où fleurit la beauté, est lieu menacé, lieu traqué, cible de la subversion, et le poète porte haut l'espoir comme un bouclier. Les pressentiments funestes du poète s'affirment dans les débuts de la catastrophe. Le poète, par la force allégorique du poème, sa force, ses appels répond charnellement, attentif à l'essentiel qui est la construction de la vie humaine. On voit, pathétique, « Les poings serrés / Les dents brisées / Les larmes aux yeux / La vie... » et des halètements, des tremblements, tout un univers transparent que le lecteur ne peut ressentir qu'à la condition d'une attention et d'une participation entières, car tout est subtiles vibrations « au fond de la nuit la plus nue ». Lisons la première strophe de *Compagnie de l'écolière* :

> Je sais bien que les chemins marchent
> Plus vite que les écoliers
> Attelés à leur cartable
> Roulant dans la glu des fumées
> Où l'automne perd le souffle
> Jamais douce à vos sujets
> Est-ce vous que j'ai vu sourire
> Ma fille ma fille je tremble

Partout « l'hallucinante expérience de l'homme voué au mal, de l'homme massacré et pourtant victorieux » et la quête d'une résistance au mal déjà.

Bientôt, un autre livre comme une suite plus haute portée au paroxysme : *Dehors la nuit est gouvernée,* 1938, poèmes du monde interne où « la poésie, insolite et cinquième élément, sème ses planètes dans le ciel intérieur de l'homme », où s'étend une « lumière mentale » régnant sur des tableaux de Braque, Cézanne, Zurbaran, Georges de La Tour, non point illustration mais création parallèle où il s'agit avant tout de préoccupations humaines, de désir de communication par l'exaltation des valeurs fondamentales qui sont la poésie même : exaltation de l'aventure, de la liberté, de la fraternité, de l'amour, grand combat contre la « fausse aurore dallée de fossiles célestes et de bissacs de larmes », violence et tendresse, soif inextinguible de beauté, vaste clarté visionnaire sur l'avenir espéré autre que celui promis par l'époque. Les vers sont plus longs, la soif de dire sans apaisement. La chair est présente partout avec sa voracité, et l'homme en proie dans la nature souffrante, et des affrontements, des angoisses, des affrontements avec le destin, l'espérance toujours : « Nous ne nous avouons pas vaincu quand dans l'homme debout le mal surnage et le bien coule à pic. » Espoir des désespérés : « Ils étreignent enfin ce présent digne d'eux / Qu'un devenir de maîtres leur brisait » Ici, Char s'affirme comme la conscience poétique de son temps.

Fureur et Mystère.

En 1948, une édition collective en partie originale, sous le titre de *Fureur et Mystère*, groupe des œuvres essentielles : *Seuls demeurent*, 1945, *Feuillets d'Hypnos*, 1946, *la Conjuration, les Loyaux Adversaires, le Poème pulvérisé*, 1947, *la Fontaine narrative*, qui viennent après *le Visage nuptial*, 1938, qui se rattache encore à *Dehors la nuit est gouvernée* tout en formant charnière avec *Fureur et Mystère*. Là, comme l'indique Fourcade, « l'expression se fait plus linéaire, la parole moins mouvementée ». Comme dans *Seuls demeurent* où réapparaît le poème en prose rencontré dans *Abondance viendra*. On lit *Congé au vent* :

A flancs de coteau du village bivouaquent des champs fournis de mimosas. A l'époque de la cueillette, il arrive que, loin de leur endroit, on fasse la rencontre extrêmement odorante d'une fille dont les bras se sont occupés durant la journée aux fragiles branches. Pareille à une lampe dont l'auréole de clarté serait de parfum, elle s'en va, le dos tourné au soleil couchant.

Il serait sacrilège de lui adresser la parole.

L'espadrille foulant l'herbe, cédez-lui le pas du chemin. Peut-être aurez-vous la chance de distinguer sur ses lèvres la chimère de l'humidité de la Nuit ?

Toute la fraîcheur, la sensualité de Char se trouvent dans ces proses où d'une phrase à l'autre se transmet une énergie créatrice incessante, d'un poème à l'autre ces instants d'une claire circonstance. Soudain, tout paraît plus visible et plus familier, une nomination et une métamorphose des choses les rendant plus réelles. Et chacune s'inscrit dans un ordre vivant, une neuve distribution de l'univers. Pour Maurice Blanchot, René Char instaure « la primauté du poème non seulement sur le poète, mais sur la poésie même. L'une des grandeurs de René Char, celle par laquelle il ne semble pas avoir d'égal dans ce temps, c'est que sa poésie est révélation de la poésie à elle-même, poésie de la poésie et, comme le dit à peu près Heidegger de Hölderlin, poème de l'essence du poème. Aussi bien dans *le Marteau sans maître* que dans *Seuls demeurent*, il n'est pas de mouvement important qui ne pousse l'expression poétique à mettre la poésie en face d'elle-même et à la rendre visible, dans son essence, à travers les mots qui la cherchent ». Et Léon-Gabriel Gros qui le cite ajoute : « Cette poésie est métaphysique au sens étymologique, elle jaillit et s'élève au-dessus du monde physique, de l'univers des sensations, mais c'est à partir de la matière qu'elle élabore une nouvelle matière, elle est le fait de l'esprit participant au devenir des choses dans " l'insondable gouffre des ténèbres en perpétuel mouvement " s'efforçant de définir " le grand lointain informulé ". »

Même aux moments qui semblent de repos, arrêts devant la beauté, il y a mouvement, promesse d'une accélération, d'une précipitation du réel comme c'est le cas dans les *Feuillets d'Hypnos*, itinéraire vivant et spirituel de la Résistance. Là le poète est plus que jamais engagé dans le combat de l'homme et Yves Battestini peut écrire avec justesse : « Ainsi *Feuillets d'Hypnos* apportait la preuve que l'antinomie de l'action et de la poésie, ces deux pôles de la vie, pouvait disparaître. Ces feuillets, qui marquaient selon le vœu de leur auteur " la résistance d'un humanisme conscient de ses devoirs, discret sur ses vertus, désirant réserver l'inaccessible champ libre à la fantaisie de ses soleils, et décidé à payer le prix pour cela ", réflétaient l'aventure pathétique du maquis sur un plan transcendant, l'action se doublant en ces pages d'une morale et d'une esthétique. Alors la liberté ne brillait pas moins fugitive que la crosse d'un colt au poing d'un guetteur; à peine si, au loin, le chant d'un rouge-gorge magnétise les chemins silencieux et hostiles. Char a vécu ces jours et les a fait revivre en des fragments sobres parfois jusqu'à l'énigme, mais traversés d'appels à l'indomptable espérance au bien, à la beauté. » Des citations ne sauraient suffire (lecteur, au texte!) mais nous lisons cependant :

> Rouge-gorge, mon ami, qui arriviez quand le parc était désert, cet automne, votre chant fait s'ébouler des souvenirs que les ogres voudraient bien entendre.

> Entre les deux coups de feu qui décidèrent de son destin, il eut le temps d'appeler une mouche : « Madame. »

> Je n'ai pas peur. J'ai seulement le vertige. Il me faut réduire la distance entre l'ennemi et moi. L'affronter *horizontalement*.

> Face à tout, *à tout cela*, un colt, promesse de soleil levant !

> Les ténèbres du Verbe m'engourdissent et m'immunisent. Je ne participe pas à l'agonie féerique. D'une sobriété de pierre, je demeure la mère de lointains berceaux.

> A tous les repas pris en commun, nous invitons la liberté à s'asseoir. La place demeure vide mais le couvert reste mis.

René Char nous dit encore que « La lucidité est la blessure la plus rapprochée du soleil » ou « Le fruit est aveugle. C'est l'arbre qui voit » ou il s'interroge : « Sommes-nous voués à n'être que des débuts de vérité ? » Il n'y a pas, dans *Feuillets d'Hypnos*, à proprement parler de vers, or tout est poésie, et poésie comme la définit si bien Vittorio Sereni : « Anti-élégiaque, anti-narrative, anti-discursive, la poésie de Char est dans son ensemble poésie d'illumination, elliptique, oraculeuse. Elle a ses racines dans l'instant et dans ce qui est lié au phénomène, et donc — en dépit des apparences — dans le quotidien. Mais elle n'est, en aucune façon, poésie du quotidien dans la mesure où elle refuse d'être gestion poétique de la quotidienneté » et c'est ce qui différencie les poèmes des années noires de Char de ceux des poètes de la Résistance. Dans les autres parties de *Fureur et Mystère* sont groupées les œuvres du poète dans les trois moules essentiels qu'il a choisis : poème en prose, poème en vers, aphorisme. Partout « le poème est ascension furieuse » et « un fiévreux en-avant pour ceux qui trébuchent dans la matinale lourdeur ». Et, dans une haute lucidité, toujours cette naissance au monde, cet étonnement, ce bonheur d'écrire, cette plénitude dans l'affrontement ou le mariage des contraires, cette vision démiurgique de l'univers lavé des miasmes destructeurs. Qui les a lus est attaché à jamais à ces proses qui s'intitulent par exemple *Louis Curel de la Sorgue* (cette Sorgue si souvent rencontrée au même titre que maints lieux du pays que l'on nomme « le pays de Char » : Montmirail, Thouzon, Venasque, Le Thor, Lourmarin, la Balandrane, Maussane, le Lubéron...), *Plissement, Cette forêt qui nous portait, Fenaison, Suzerain, Chanson du velours à côtes, Bien égaux, la Compagne du vannier, Crayon du prisonnier, Fastes, Calendrier, Pénombre, J'habite une douleur,* ou cette *Madeleine à la veilleuse* (par Georges de La Tour) :

Je voudrais aujourd'hui que l'herbe fût blanche pour fouler l'évidence de vous voir souffrir : je ne regarderais pas sous votre main si jeune la forme dure, sans crépi de la mort. Un jour discrétionnaire, d'autres pourtant moins avides que moi, retireront votre chemise de toile, occuperont votre alcôve. Mais ils oublieront en partant de noyer la veilleuse et un peu d'huile se répandra par le poignard de la flamme sur l'impossible solution.

Même vision créative dans les poèmes en vers comme *Sept Parcelles du Lubéron, Un oiseau..., Post-Scriptum, le Visage nuptial, Evadné, la Patience...* « Pourquoi *poème pulvérisé ?* Parce qu'au terme de son voyage vers le Pays, après l'obscurité pré-natale et la dureté terrestre, la finitude du poème est lumière, apport de l'être à la vie », écrira Char dans *la Bibliothèque est en feu.*

Jamais l'aphorisme, en aucun lieu de la littérature, n'a porté tant d'universalité et tant de poésie. Lisons à ce propos Jean Starobinski : « Dans leur écriture si forte et si impérieuse, les aphorismes semblent au premier abord se refermer sur une définition, circonscrire une vérité, enclore un précepte. Mais prêtons-leur toute notre attention : nous verrons peu à peu la réponse se faire interrogative; l'absence, le futur, le lointain prendre place au cœur de cette forme apparemment close et en faire craquer la coque; la définition mise au service de l'indéfinissable, et le précepte n'enjoindre que pour affranchir. Ayant choisi, entre tous les modes d'expression, celui qui suppose la plus grande contrainte, Char en fait la clé d'une libération. Le resserrement de la parole engendre l'élargissement du sens. L'aphorisme énonce autoritairement l'ordre du monde, mais, selon l'expression si belle de Char, c'est " un ordre insurgé ". » Lisons dans *A la santé du serpent :*

Au tour du pain de rompre l'homme, d'être la beauté du point du jour.

Dans la bouche de l'hirondelle un orage s'informe, un jardin se construit.

Il y aura toujours une goutte d'eau pour durer plus que le soleil sans que l'ascendant du soleil soit ébranlé.

Tu es dans ton essence constamment poète, constamment au zénith de ton amour, constamment avide de vérité et de justice. C'est sans doute un mal nécessaire que tu ne puisses l'être assidûment dans ta conscience.

Il reste une profondeur mesurable là où le sable subjugue la destinée.

Il n'est pas digne du poète de mystifier l'agneau, d'investir sa laine.

Si nous habitons un éclair, il est le cœur de l'éternel.

Tout en René Char nous répète : « Le poète transforme indifféremment la défaite en victoire, la victoire en défaite, empereur prénatal seulement soucieux du recueil de l'azur. » Et : « Magicien de l'insécurité, le poète n'a que des satisfactions adoptives. Cendre toujours inachevée. » Dans *Fureur et Mystère,* sans cesse une fulguration de l'instant, un déchirement et une recomposition, un soulèvement de la parole arrachée à la nuit restée présente, un élan, car tout est fait pour ascendre, dans *Fureur et Mystère* et en tous autres lieux où le feu intérieur de l'homme s'attise à la violence du vent.

Des *Matinaux* à la *Parole en archipel.*

Parce que, en 1948, René Char écrit un court poème mettant en scène trois personnages, deux joueurs de guitare et un chasseur : *Fête des arbres et du chasseur* (et qu'on trouvera en tête des *Matinaux*) et que la même année la Radiodiffusion française donne, avec une musique de Pierre Boulez, *le Soleil des eaux,* que l'année suivante il publie *Claire,* on voit que, parallèlement à son œuvre poétique en vers, en prose, en aphorismes, il est tenté par la représentation scénique. Pour *le Soleil des eaux,* nous empruntons quelques phrases à la présentation du poète lui-même : « ...un récit dialogué mettant en scène des êtres aux bases populaires bien établies et dont les traces exemplaires font encore entendre dans ma mémoire et dans d'autres mémoires que la mienne leur bruit familier de source. Le visage du pain quotidien, son exigence directe donnaient à ces hommes des traits qui étaient bien, je crois, des traits d'hommes... Le temps avait, il est vrai, une signification amie. Machiavel pourrissait sur son fumier, sans doute parce que l'idiot du village en savait aussi long que lui sur les turpitudes du Prince... ». L'action se situe en 1904 et tout se joue entre des pêcheurs de la Sorgue et une fabrique qui pollue les eaux, procès institué contre la technique dévastatrice contre laquelle Char ne cessera de lutter, non point procès facile à une époque, mais appel à de déchirantes ressources humaines. Délivrance d'une rivière par une déchirante tragédie où brûle la flamme d'un amour, où apparaissent des personnages originaux et d'une grandeur simple avec cette affirmation que « dans le pire de l'enfer, il y a quand même quelque chose ou quelqu'un à sauver ».

Tous les liens entre les divers tableaux de la pièce *Claire* sont poétiques. Claire, c'est la rivière née des « violentes amours de la nuée et du glacier », c'est aussi le nom des jeunes filles qui apparaissent au cours de ces tableaux où des amants se déchirent, une dame stupide bavarde, des paysans prennent leur souper, des maquisards font une expédition punitive chez un collaborateur, un poète dialogue avec une jeune femme... Pièce de ferveur et d'attente où tout semble venir de naître, des complicités avec la création, vol vers les supplices, mais aussi « vers les grands prologues pleins d'espoir ».

Les Matinaux, 1950, réunissent les poèmes de 1947 à 1949. Ces « matinaux », ce sont les « premiers levés », les découvreurs, les pionniers, les purs, ceux qui s'éloigneront des voies toutes tracées, ceux qui feront glisser de leur bouche « le bâillon d'une inquisition insensée, qualifiée de connaissance et d'une sensibilité exténuée » et qui occuperont « tout le terrain au profit de la seule vérité poétique constamment aux prises, elle, avec l'imposture, et indéfiniment révolutionnaire ». Nous sommes dans un monde réel, loin des évanescences rêveuses, un monde dense, elliptique, où les instants sont mis en liberté, car :

> Le cheval à tête étroite
> A condamné son ennemi,
> Le poète aux talons oisifs,
> A de plus sévères zéphyrs
> Que ceux qui courent dans sa voix.

Exigence continue, recours à l'animal (« Qui, mieux qu'un lézard amoureux, / Peut dire les secrets terrestres? »), au végétal, au minéral, à tous les accidents de la nature, à ces *Transparents,* vagabonds « lunisolaires » qui dialoguent avec l'habitant le temps du repos, et toujours la nature, le « pays », le « contre-sépulcre » :

> Dans mon pays, les tendres preuves du printemps et les oiseaux mal habillés sont préférés aux buts lointains.

> La vérité attend l'aurore à côté d'une bougie. Le verre de fenêtre est négligé. Qu'importe à l'attentif.

> Dans mon pays, on ne questionne pas un homme ému.

Et, partout, cette haute morale du vivre en sentences : « On n'emprunte que ce qui peut se rendre augmenté. » Ou cette exaltation de la liberté : « Il y a des feuilles, beaucoup de feuilles sur les arbres de mon pays. Les branches sont libres de n'avoir pas de fruits. » Faut-il parler d'un humanisme méditerranéen renouvelé? Georges Mounin écrira : « Du grand paysage méditerranéen, René Char a su tirer, comme Héraclite ou Lucrèce, ou Leconte de Lisle, ou Nietzsche, cette suprême vertu : le sens exact de la mort. » Beautés naturelles qui sont aussi beautés violentes, car, comme dit Char : « ... L'essaim, l'éclair et l'anathème, trois obliques d'un même sommet », beautés abruptes, dures et en même temps lumineuses comme un premier matin. Aussi, rencontre d'êtres : *l'Amoureuse en secret, l'Adolescent soufflé, Anoukis et plus tard Jeanne, les Inventeurs, les Seigneurs de Maussane,* titres de proses ou de vers où passent des menaces qui semblent engendrer immédiatement des réponses d'espoir, courtes épopées hermétiques, et toujours marche en avant du poème comme s'il était condamné à courir plus vite que le temps. Char dit : « Allez à l'essentiel : n'avez-vous pas besoin de jeunes arbres pour reboiser la forêt? » Char dit : « A toute pression de rompre avec nos chances, notre morale, et de nous soumettre à tel modèle simplificateur, ce qui ne doit rien à l'homme, mais nous veut du bien, nous exhorte : " Insurgé, insurgé, insurgé... " » Char dit : « Entre *ton* plus grand bien et *leur* moindre mal rougeoie la poésie. » Char dit : « Nous sommes des passants appli-

qués à passer, donc à jeter le trouble, à infliger notre chaleur, à dire notre exubérance. Voilà pourquoi nous intervenons! Voilà pourquoi nous sommes intempestifs et insolites! Notre aigrette n'y est rien. Notre utilité est tournée contre l'employeur. » Le choc avec des forces éternelles d'où surgissent peut-être le mariage et la Fête comme dans *Grège* :

> La Fête, c'est le ciel d'un bleu belliqueux et à la même seconde le temps au précipité orageux. C'est un risque dont le regard nous suit et nous maintient, soit qu'il nous interpelle, soit qu'il se ravise. C'est le grand emportement contre un ordre avantageux pour en faire jaillir un amour... Et sortir vainqueur de la Fête, c'est, lorsque cette main sur notre épaule nous murmure : « Pas si vite... », cette main dont l'équivoque s'efforce de retarder le retour à la mort, de se jeter dans l'irréalisable de la Fête.

A une sérénité crispée, 1951, puis 1965 à la fin de la nouvelle édition de *Recherche de la base et du sommet*, se compose en majeure partie de sentences, de pensées-poèmes, d'aphorismes où les mots sont crispés autour du sens qu'ils doivent révéler, une attention constante étant demandée car dans ces ellipses tout dit un peu plus que lui-même. Il faut lire ces fragments comme on lit par exemple les fragments des pré-socratiques où l'on se trouve au seuil de l'inconnu à percer. Nous sont dits les pouvoirs dont nous disposons et qui sont ceux de la poésie, de l'amour, de la beauté, de la pensée de la vie saisie dans ses limites extrêmes ou tragiques. Rien, malgré l'hermétisme, qui soit abstrait, rien qui soit sec malgré la condensation de la phrase car le recours aux puissances naturelles apporte une eau pure, une signification transcendante. On ne résume pas, on écoute, on tente de percer. Par exemple :

> Aucun oiseau n'a le cœur de chanter dans un buisson de questions.

> La souveraineté obtenue par l'absence dans chacun de nous d'un drame personnel, voilà le leurre.

> L'essentiel est sans cesse menacé par l'insignifiant. Cycle bas.

> L'oiseau et l'arbre sont conjoints en nous. L'un va et vient, l'autre maugrée et pousse.

> Au centre de la poésie, un contradicteur t'attend. C'est ton souverain. Lutte loyalement contre lui.

> L'expérience que la vie dément, celle que le poète préfère.

Sous-jacente aussi une poétique active, celle d'un ordre insurgé. Il dit : « Toute association de mots encourage son démenti, court le soupçon d'imposture. La tâche de la poésie, à travers son œil et sur la langue de son palais, est de faire disparaître cette aliénation en la prouvant dérisoire. » Ou bien : « Les actions du poète ne sont que la conséquence des énigmes de la poésie. » Ou cela très méditable : « Le poète se remarque à la quantité de pages insignifiantes qu'il n'écrit pas. Il a toutes les rues de la vie oublieuse pour distribuer ses moyennes aumônes et cracher le petit sang dont il ne meurt pas. » Signifier, tel pourrait être le maître verbe de Char. Et il n'est pas indifférent de savoir que *A une sérénité crispée* se termine par un magnifique poème d'amour :

> Tu es mon amour depuis tant d'années,
> Mon vertige depuis tant d'attente,
> Que rien ne peut vieillir, froidir ;
> Même ce qui attendait notre mort,
> Ou lentement sut nous combattre,
> Même ce qui nous est étranger,
> Et mes éclipses et mes retours.

La Parole en archipel représente huit années de la poésie de Char, poèmes écrits entre 1952 et 1960 et publiés en 1962, recueil unissant *Quatre Fascinants, la Minutieuse*, 1951, *la Paroi et la prairie*, 1952, *Lettera amorosa*, 1953, *le Rempart de brindilles*, 1953, *Poèmes des deux années*, 1955, *La bibliothèque est en feu et autres poèmes*, 1956, à quoi s'ajoutent *l'Amie qui ne restait pas, Lascaux, Au-Dessus du vent, Quitter*. La prière d'insérer fut de Maurice Blanchot et nous la citons car on ne saurait mieux dire : « Si l'on jugeait utile de ressaisir en peu de traits la force du poème tel qu'il s'éclaire dans l'œuvre de René Char, l'on pourrait se contenter de dire qu'il est cette parole future, impersonnelle et toujours à venir où, dans la décision d'un langage commençant, il nous est cependant intimement parlé de ce qui se joue dans le destin qui nous est le plus proche et le plus immédiat. C'est, par excellence, le chant du pressentiment, de la promesse et de l'éveil, – non pas qu'il chante ce qui sera demain, ni qu'en lui un avenir, heureux ou malheureux, nous soit précisément révélé –, mais il lie fermement, dans l'espace que retient le pressentiment, la parole à l'essor de la parole, il retient fermement l'avènement d'un horizon plus large, l'affirmation d'un jour premier. L'avenir est rare, et chaque jour qui vient n'est qu'un jour qui commence. Plus rare encore est la parole qui, dans son silence, est réserve d'une parole à venir et nous tourne, fût-ce au plus près de notre fin, vers la force du commencement. Dans chacune des œuvres de René Char, nous entendons la poésie prononcer le serment qui, dans l'anxiété et l'incertitude, l'unit à l'avenir d'elle-même, l'oblige à ne parler qu'à partir de cet avenir, pour donner, par avance, à cette venue, la fermeté et la promesse de la parole. » Dans ce livre, comme partout ailleurs, le diamantaire Char ramasse dans le poème qui est parole ce que tout autre laisserait courir en d'innombrables strophes, le langage prenant ainsi toute la force et toute sa dignité. Pas de folle griserie des mots, mais des mots surgissant comme un groupe d'îles, un archipel dans la mer du silence, un archipel de sérénité et de densité. Il dit : « Nos paroles sont lentes à nous parvenir, comme si elles contenaient, séparées, une sève suffisante pour rester closes tout un hiver... » Et quelle somptuosité dans ces rencontres animales de *Lascaux* ou dans ses *Quatre Fascinants* comme *le Taureau, la Truite, le Serpent*, « prince des contresens » et *l'Alouette*! :

> Extrême braise du ciel et première ardeur du jour,
> Elle reste sertie dans l'aurore et chante la terre agitée,
> Carillon maître de son haleine et libre de sa route.
>
> Fascinante, on la tue en l'émerveillant.

Poèmes, proses, aphorismes, partout le même resserrement, la même manière d'unir les mots sans mensonge, le même souci du durable hautement équilibré. « Mon métier est un métier de pointe », écrit-il et toujours ce respect du poème en desseins serrés :

> Le dessein de la poésie étant de nous rendre souverain et nous impersonnalisant nous touchons, grâce au poème, à la plénitude de ce qui n'était qu'esquissé ou déformé par les vantardises de l'individu.
> Les poèmes sont des bouts d'existence incorruptibles que nous lançons à la gueule répugnante de la mort, mais assez haut pour que, en ricochant sur elle, ils tombent dans le monde nominateur de l'unité.
> Dans le poème, chaque mot ou presque doit être employé dans son sens originel. Certains, se détachant, deviennent plurivalents. Il en est d'amnésiques. La constellation du Solitaire est tendue.
> Dans la nuit, le poète, le drame et la nature ne font qu'un, mais en montant et en s'aspirant.

C'est bien à une gigantesque mise en œuvre de la nature que Char procède à ce point (où gravant des images vraies et durables, nouvelles et complexes) qu'il nous fait sans cesse offrande d'abeilles ou d'oiseaux, de jours et de nuits, d'arbres ou de mers où nous mirer, où nous reconnaître plus vrai que nature. Car son chant est général et non limité à des états d'âme. Inlassablement il illumine et il surélève, nous arrache à notre nanisme en un temps où fleurit le dérisoire. Oui : « Faire un poème, c'est prendre possession d'un au-delà nuptial qui se trouve bien dans cette vie, très rattaché à elle, et cependant à proximité des urnes de la mort. »

Durant cette période des poèmes de *la Parole en archipel*, Char fit paraître *Recherche de la base et du sommet*, 1955, qui reparaîtra, augmenté, en 1965. On y trouve *Pauvreté et privilège*, *Alliés substantiels*, *la Conversation souveraine* et la deuxième version de *A une sérénité crispée*. Ces textes circonstanciels, des notes, des lettres, des poèmes, des « bandeaux » pour ses œuvres composent *Pauvreté et privilège*. Ils ont trait à l'actualité dans le temps des *Feuillets d'Hypnos* et l'on rencontre par exemple des textes pleins de retenue sur les jeunes martyrs de la Résistance comme Roger Bernard et Dominique Corticchiato, des notes sur le maquis ou sur Paris, sur l'après de la guerre, œuvre dédiée « à tous les désenchantés silencieux » mais « fermes devant la meute rageuse des tricheurs » dont on cite ici les lignes d'une *Prière roque* : « Gardez-nous la révolte, l'éclair, l'accord illusoire, un rire pour le trophée glissé des mains, même l'entier et long fardeau qui succède, dont la difficulté nous mène à une révolte nouvelle. Gardez-nous la primevère et le destin. » Il y aurait toute une étude à faire sur Char et les peintres et *Alliés substantiels* rassemble des pages qui leur sont dédiées : *Braque* : « Œuvre terrestre comme aucune autre et pourtant combien harcelée du frisson des alchimies! », *Balthus*, « L'œuvre de Balthus est verbe dans le trésor du silence », *Victor Brauner*, « la fable de notre grandeur désemparée », *Giacometti*, *Ghika*, *Jean Hugo*, *Wifredo Lam*, *Miró*, *Picabia* ou *Nicolas de Stael*, et encore *Vieira da Silva* : « Son sens du labyrinthe, sa magie des arêtes, invitent aussi bien à un retour aux montagnes gardiennes qu'à un agrandissement en ordre de la ville, siège du pouvoir », ou *Max Ernst* et *Chirico* grâce à qui « *la mort surréaliste,* entre tous les suicides, n'a pas été hideuse ». *La Conversation souveraine,* troisième partie de l'ouvrage, s'adresse aux frères en poésie, aux « Grands astreignants » admirés ou aimés. Ces textes s'ouvrent sur une « page d'ascendants pour l'an 1964 » où apparaît en abrégé une sorte d'histoire des grands, de l'antiquité à Éluard, et des textes sont consacrés, avec générosité et avec le même sens de la formule lapidaire et heureuse que dans ses aphorismes, à Antonin Artaud, Maurice Blanchard, Albert Camus, René Crevel, Paul Éluard, Héraclite, Victor Hugo, Apollinaire, Reverdy, Rimbaud (une étude essentielle), Sade, Saint-John Perse, et aussi Yves Battistini, Jacques Dupin, Jean Sénac, Franz Hellens ou Guy-Lévis Mano. C'est là qu'on trouve encore son enquête sur « la Poésie indispensable » et des *Réponses interrogatives à une question de Martin Heidegger* sur Rimbaud, sur la poésie et l'action : « La poésie ne rythmera plus l'action, elle en sera le fruit et l'annonciation jamais savourés, en avant de son propre jardin. »

Commune Présence, le Nu perdu et l'incessante moisson.

Durant ces vingt dernières années, celles de la haute gloire de Char, celles de son influence rayonnante sur la jeune poésie, le poète, protégeant sa solitude, dans son Comtat-Venaissin, ne cessera de délivrer ses messages. Paraîtront des choix comme *Commune Présence,* 1964, où des poèmes issus de divers ensembles seront ordonnés en de nouvelles parties et où l'on trouvera la version définitive de *Lettera amorosa* et des poèmes de *Retour amont* encore inédits, de nombreuses plaquettes, notamment chez G.L.M. (Guy-Lévis Mano) qu'on retrouvera dans des ensembles. Ce sont par exemple des textes *Sur la Poésie, 1936-1974,* qu'il nous adressa avec cette dédicace « A R.S. ces orages pèlerins souvent à proximité des monts qu'il sait. », et si nous citons cela c'est pour dire que tout chez Char, lettres ou dédicaces comprises, procède de la création lapidaire, *l'Age cassant, Impressions anciennes, la Provence point oméga* où, comme ses pêcheurs du *Soleil des eaux,* Char lutte contre le poison, nucléaire cette fois, tant de plaquettes précieuses qui feront les délices de ses amis.

Retour amont, 1966, en mots simples et chantants, ceux du quotidien durable, portés par un rythme traduisant ce qui est brusquement découvert et aussitôt saisi, donne à la poésie de nouvelles fêtes au cœur du pays réel. « Revers des sources : pays d'amont, pays sans biens, hôte pelé, je roule ma chance vers vous. M'étant trop peu soucié d'elle, elle irriguait besogne plane, le jardin de vos ennemis. La faute est levée. » Et il dit ces paysages du poétique découverts dans les paysages réels du pays natal. Un poème, *le Nu perdu* donnera son titre à un autre livre en 1971 qui groupera les poèmes de 1964 à 1975 : *Retour amont, Dans la pluie giboyeuse, le Chien de cœur, l'Effroi la joie, Contre une maison sèche* et d'autres œuvres comme *la Nuit talismanique* et *Aromates chasseurs.* Chaque poème, chaque aphorisme partout semblent s'inscrire sur des « tables de longévité » et il n'est pas une ligne qui n'entraîne dans la pensée d'infinis prolongements. En six mots : « L'âge d'or n'était qu'un crime différé », où ne nous entraîne-t-il pas ? Tout vient aussi du vrai, peut naître du rateau du jardinier ou de « la scie rêveuse », tout dit le « permanent invisible » au côtoiement de la mort, cette éveilleuse de lieux communs pour tout autre que celui qui sait que le poème répond par sa vie propre, que c'est « le poète qui porte le poème sur toute sa personne ». Poèmes à lire, poèmes à regarder aussi dans ce livre à part : *la Nuit talismanique* que publia Skira. Au cours de nuits sans sommeil qui lui refusaient leur eau pure, Char s'illumina avec une simple bougie, celle dont parle Bachelard dans *la Flamme d'une chandelle* dont la flamme précaire et vacillante suggère d'intenses rêveries nées des antithèses. A cette lueur apparurent « la maison, son habitant, son mobilier » et au message essentiel des poèmes dictés par la nuit s'ajouta le travail de la main artiste et le poète orna la page d'images d'une grande beauté nées de précaires outils : encre de Chine de couleur, bâtons de cire, pointes rougies au feu, écorces de bouleau, plumes, couteaux, crayons... Ensemble unique et baume guérisseur ! Tout poème de René Char est « salve d'avenir » et *Floraison successive,* il est le jour serré entre deux nuits et qui n'oublie ni celle qui le précède ni celle qui le suit, il est le veilleur du monde :

> La mort où s'engouffre le Temps
> Et la vie forte des murailles,
> Seul le rossignol les entend
> Sur les lignes d'un chant qui dure
> Toute la nuit si je prends garde.

Tout en lisant ce *Nu perdu,* tout en lisant, relisant tant de lignes, comment ne pas penser que « parler de » devient facilement profanation. Mais en temps de sommeil comment ne pas tenter les mots qui éveilleraient à cette lecture salvatrice ? Au « chaos sanglant et boursouflé » s'oppose l'âge où « le monde était un blanc chaos d'où s'élançaient des glaciers rebelles ». Lire Char, c'est retrouver cette origine, cet espace, retourner « au jour aérien et à son allégresse noire ». Actuel et futur en même temps qu'originel le poème. Pierre Guerre a pu parler d'une « gerbe rayonnante des contraires » et se référer à Héraclite « dont l'ascendant et l'empreinte sur René Char sont primordiaux » et Camus dire que « Char revendique avec raison l'optimisme tragique de la Grèce présocratique » car pour lui « un secret s'est transmis de sommet en sommet, dont Char reprend, après une longue éclipse, la dure et rare tradition ». François Fédier, Jean Beaufret nous ont montré cette rencontre avec les présocratiques qu'ont interrogés « un peintre : Braque, un poète : Char, un philosophe : Heidegger » alors qu'est apparue cette aurore de notre siècle où « Poésie et Pensée puissent en venir parfois à se retrouver et à se rejoindre, à se rencontrer pour s'entendre en ce premier matin où les mots sont encore des signes » (Jean Beaufret). Le chant incessant de Char semble ne jamais s'éteindre et on lira encore *Chants de la Balan-*

drane, 1977, *Fenêtres dormantes et porte sur le toit,* 1979, en attendant d'autres gestes de la pensée poésie, on suivra le rythme de ces « ruisseaux prodigues qui poussent leurs eaux dans des terres de plus en plus accablées ». On verra, face aux « utopies sanglantes du XXe siècle » naître « le rêve, cette machine à fortifier le présent » et l'on pourra dire avec Char : « Si le monde est ce *vide,* eh bien ! je suis ce plein. »

Au plus près de ce qu'il aime, René Char nous apparaît encore dans ce choix de poésies qu'il traduit avec Tina Jolas : *la Planche de vivre,* 1981, où sont Raimbaut de Vaqueiras, Pétrarque, Lope de Vega, Shakespeare, Blake, Shelley, Keats, Brontë, Dickinson, Théodore Tioutchev, Nicolas Goumilev, Anna Akhmatova, Boris Pasternak, Ossip Mandelstam, Maïakovski, Marina Tsvétaeva, Miguel Hernandez, puis Hölderlin traduit par Pierre-Jean Jouve et Pierre Klossowski, ceux qu'il hante, ceux qu'il est, dans l'union des langues, dans la langue commune, poésie.

Comme l'a écrit René Ménard : « Char déchire la nuit d'éclairs et appelle l'aurore de ses rosées. » Et il est pour Yves Battistini « ce poète témoin des temps de ténèbres, comme une fascinante armure d'aurore ». Jamais autant de rigueur ne se lia à tant de fluidité, jamais temps de torpeur ne connut pareil éveil, jamais le réel ne précipita à ce point la poésie, jamais l'inconnu ne fut plus visible, jamais l'anéantissement ne fut à ce point bravé, jamais l'impossible ne connut cette fascination, jamais ne régna aussi pur le commencement, jamais l'avenir n'apparut à ce point comme une réalité historique, jamais le savoir du cœur ne rejoignit ainsi les sentes de l'esprit, jamais la vie ne fut ainsi inventée, jamais le thym, le mélèze et le silex ne nous furent aussi présents. Éveil incessant que cette œuvre car, nous dit Char encore : « La poésie vit d'insomnie perpétuelle. » Honneur de notre siècle où un homme grava : « L'influx des milliards d'années de toutes parts et circulairement le chant jamais rendu d'Orphée. »

4

Henri Michaux

« **Emportez-moi dans une caravelle.** »

Hors des mouvements, des groupes, des chapelles, sans rien d'un homme de lettres, Henri Michaux (né en 1899 à Namur), le plus discret, secret, caché, est sans doute celui qui s'introduit dans l'esprit du lecteur avec une rapidité, une immédiateté de porte brutalement ouverte. Cet « explorateur du dedans » s'est visité comme il a visité la planète. Issu d'une famille d'architectes rochefortois, d'un milieu traditionnel, ses études faites, à Bruxelles, en 1922, à Dunkerque, il s'embarqua comme matelot sur un grand voilier qui touchera Brême, Cardiff, les Amériques, Dakar. Revenu au pays, Michaux ira du fonctionnariat au négoce avant de devenir répétiteur dans un collège ardennais. Cela ne durera pas : le voici à Paris, secrétaire de Jules Supervielle, faisant la connaissance de Max Ernst et Chirico, entreprenant de longs voyages en Amérique du Sud, en Turquie, en Extrême-Orient. Ainsi en 1927, il accompagne le poète Alfredo Gangotena en Équateur, en 1931 il part pour les Indes, la Chine, le Japon, Ceylan, revient par l'Égypte. Paris est désormais et à jamais son port d'attache : c'est là qu'il sera secrétaire des éditions Kra, participera à la fondation de la revue *Mesures,* commencera à dessiner, peindre, exposer des œuvres d'un raffinement sauvage. Partout, toujours, Michaux offre l'image d'un homme en voyage, qu'ils soient, ces voyages, imaginaires ou intérieurs, réels ou transposés, immobiles ou en mouvement, l'image d'un homme libre, refusant tout conformisme, allant jusqu'au bout de ses désirs. De 1955 à 1960, il a fait l'expérience, sous contrôle médical, de plusieurs drogues dont la mescaline, et a tiré de cette traversée livres et œuvres picturales. Le Musée national d'art moderne l'a exposé; il a refusé, tout comme Leiris, le Grand Prix national des lettres. Comment le situer? C'est là cette difficulté que connaissent tous ceux qui abordent une œuvre indéfinissable. Un homme qui parle de lui-même et qui échappe à la biographie et à la psychologie, un homme qui écrit ou peint, mais qu'on n'ose appeler écrivain ou peintre, un homme qui voyage dans le réel et dans le rêve en en rapportant des relations exactes, un homme tous terrains et tous territoires, toujours à la recherche de lui-même, « un solitaire, un retiré », comme disait André Gide dans *Découvrons Henri Michaux,* en 1941, voilà qui est singulier. Jean Terrasse, faisant allusion à un titre de Raymond Bellour dans un des cahiers de *l'Herne,* posait la question : « Michaux est-il Narcisse ? Nul poète qui ait mis tant de passion à se chercher lui-même. Michaux est le seul sujet de l'œuvre de Michaux. Du moins, en apparence. Car, ses livres fermés, c'est sur moi-même que je m'interroge, ce que j'hésite à appeler " mon âme " (...) devient ma préoccupation exclusive, lancinante. En même temps, je me transforme. Ineffables, insaisissables métamorphoses. Je suis inquiet. Ou rageur, ou violent. Aphasique, presque toujours. Qui m'a volé mes certitudes ? » Oui, Michaux, poète de l'avatar et de l'exorcisme, ne cesse d'inquiéter son lecteur, de l'amener à sa propre interrogation. Qu'il utilise le « je », le « il », le « on », il est (et nous sommes) le sujet du texte, l'« être à envahir », comme dit encore Terrasse, « un sujet " impersonnel ", mal assuré dans son existence, suivi d'une avalanche, d'une cascade de verbes, c'est-à-dire d'actions se précipitant si furieusement les unes contre les autres que le poète, pour les exprimer, est parfois obligé (comme dans presque tous les poèmes de *Qui je fus*) de créer des vocables aux sonorités tumultueuses, violentes ». Mais on verra que Michaux est le marieur de l'extrême violence et de l'exquise douceur, de la randonnée cosmique et du mirage des continents de feu dans le souvenir des magies ancestrales vivant dans le cœur inquiet de l'homme civilisé. Forceur d'intensité, ce rebelle rythme les harmonies de formes nouvelles et évocatrices de l'ailleurs et de l'au-dedans, donnant à la poésie sa plus belle aventure. Claude Roy : « Ce qu'il y a d'inlassablement douloureux pour lui, c'est... l'incapacité très sincère de se dénouer, d'accomplir sa liberté autrement que tout seul, dans son trou de rat qu'on pique sans relâche avec un tisonnier ardent. » Pour Gaëtan Picon, Michaux est « celui que nous sommes devenus à un moment de l'Histoire – celui qui a survécu à la mort de Dieu, à la faillite de la Science » et « peut-être le seul poète qui ait su, sans tricherie, sans illusions, et avec la grandeur désespérée dont elle est digne, lui donner le seul visage qui convienne : celui de la catastrophe ». Comment situer un homme sur qui les noms d'écoles, les épithètes, les commentaires, la biographie ne prennent pas ? Tentons une courte phrase : « Tout recommencer » et tentons surtout de lui laisser la parole.

« **La vie est courte, mes petits agneaux.** »

On se posera la question de savoir si Michaux, par l'ascétisme de son langage, n'est pas le vrai surréaliste, « l'homme qui abolit les mots et nous livre à l'état pur les produits souterrains de l'esprit » (Jean-José Marchand). Il a beaucoup lu, certes, et, à l'exception de Lautréamont, pas toujours des poètes au sens habituel du mot : Ruysbroeck l'Admirable, Pascal, Ernest Hello, mais sans subir une influence décisive. Il a commencé par voyager, puis Franz Hellens, homme d'intuition, a vu ce que cachait ce jeune homme, il a publié dans *le Disque vert* : *Cas de folie circulaire*, puis *les Idées philosophiques de Qui je fus*, une plaquette : *Fable des origines*. Un autre livre : *les Rêves et la jambe* paraît à Anvers chez *Ça ira*. Il a des amis fraternels : Hellens, Supervielle, surtout des peintres comme Max Ernst, André Masson, Paul Klee, Salvador Dali, Bernal, enfin l'attentif Jean Paulhan qui ouvre les portes de la *N.R.F.* et on lira Michaux dans *Commerce*, dans *Mesures*. Heureux temps où, entre deux voyages, le jeune Michaux retrouve ces amis, et encore Rolland de Renéville, René Daumal, Bernard Groëthuysen. Dis-moi qui tu hantes. Et c'est *Qui je fus,* 1927. De quoi surprendre. Le recueil est aussi hétéroclite que dense, tous les thèmes sont présents, tous les fantasmes, toutes les recherches d'un passage, d'un détournement du piège de l'existence, et l'on est dans le présent de l'aventure. On va à l'essentiel : la recherche de l'unité et de l'autonomie du moi, et cela par éclatements, reprises, cris, extravagances, rage, humour, multiples ressources de la parole éclatée puis unie, burlesque, grotesque, le but étant délivrance. Langage et pré-langage, pulsions parfois exprimées hors la convention langagière et qui dit tant : « et glo / et glu / et déglutit sa bru / gli et glo / et déglutit son pied / glu et gli / et s'englugliglolera » : de quoi surprendre les lecteurs de la *N.R.F. !* car entre Proust et Valéry... on trouve *le Grand Combat* :

> Il l'emparouille et l'endosque contre terre ;
> Il le rague et le roupète jusqu'à son drâle ;
> Il le pratèle et le libucque et lui barufle les ouillais ;
> Il le tocarde et le marmine
> Le manage rape à ri et ripe à ra.
> Enfin il l'écorcobalisse.

D'aucuns, comme l'écolier que nous fûmes, s'y enchanteront comme à Rabelais. Les plus perspicaces ressentiront dans tout Michaux le tragique d'une table rase, d'une liquidation de la réalité extérieure et vaine, non point pour se laisser aller aux joies de l'imaginaire et y trouver confort intellectuel, mais pour dénoncer l'illusion d'un inconscient qui résoudrait tous les problèmes. Certes, ce n'est pas le langage qu'on liquide puisque c'est l'arme idéale, mais le monde et ses clichés. Il y faut de la violence et surtout de l'humour pour écarter le sérieux bourgeois :

Magrabote, mornemille et casaquin
fortu mon père, forsi ma mère
nous allâmes à trois giler dans la rigole
rigolants à la rigole de tout ce qui rigole
magrapon et loupedieu
indifférents désormais à toutes questions d'épingles, de ristourne sur les petits
    pois et autre menus menus de menus riens,
perdus et contents sur un plateau de 400.000 mètres dans toutes les dimensions, à
    toutefois près la hauteur, qui est moins considérable dans l'ensemble.

Le poète travaille sa langue, l'assouplit, la dresse, la dompte, joue de l'énumération et de l'incantation, s'appuie au besoin sur la cheville, répète ses appels. Il fait appel à l'illumination qui détruit les preuves :

« Quand ce qui est incroyable sera regardé comme une vérité de l'ordre de " 2 et 2 font 4 ". » Ou bien : « Quand l'imprimerie et ses succédanés ne seront plus qu'une drôlerie, comme la quenouille ou la monnaie d'Auguste l'Empereur. » Il prend le ton du discours : « Il faut toujours être en défiance, messieurs, toujours pressés d'en finir, le jurer et remettre son serment en chantier tous les jours, ne pas se permettre un coup de respiration pour le plaisir, utiliser tous ses battements de cœur à ce qu'on fait, car celui qui a battu pour sa diversion, mettra le désordre dans les milliers qui suivront. » Il énumère ce qui menace : « On n'est pas tous nés pour ouvrir les fenêtres / Mais beaucoup sont nés pour être asphyxiés. » Il jette l'anathème : « Malheur à ceux qui s'attarderont à quatre pour une belote, ou à deux pour la mielleuse jouissance d'amour qui les fatiguera plus vite que les autres. » Sombre avenir même pour les illuminés : « Les sons rentreront dans l'orgue et l'avenir s'invaginera dans le Passé comme il a toujours fait. »

On n'en finit pas de faire table rase, mais une vie s'emploiera à interroger le fantasme, à l'inventer, le réinventer par le langage qui pèse, contrôle, ce qui s'amorce dans les livres suivants.

Ecuador, 1929, se présente comme un journal de route, un carnet de bord d'un genre particulier, un ensemble de notations, d'ébauche de descriptions des paysages entrevus comme pour résister à l'attrait d'un voyage qui ne serait que voyage, de pensées, d'exclamations, de réflexions, de rencontres, de narrations de faits, avec l'éclat vif de poèmes qui illuminent cette diversité. Il est, comme écrit Gide « hors de l'ornière des conventions, de l'appris par cœur » et Gide ajoute : « Sensation ou pensée, il la suit, sans souci qu'elle paraisse étrange, bizarre ou même saugrenue. Il la prolonge et, comme l'araignée, s'y suspend à un fil de soie, laissant le souffle poétique l'emporter, il ne sait lui-même où, avec un abandon de tout son être, qui nous fait souvenir de ce que dit Nietzsche, que : nous ne sommes parfaitement sincères que dans nos rêves. » Michaux déconcerte Gide qui tente de percer son mystère et de se persuader « que son étrangeté même reste humaine ». Bien sûr, Michaux parle de voyage et emploie tous les mots qui se relient à cette idée, mais il sait que « les poètes voyagent, mais l'aventure du voyage ne les possède pas ». Il dit : « On aura parcouru 4.000 milles et on n'aura rien vu... » Ainsi lorsque, dans le « pays maudit d'Équateur », Quito le retient, on a tendance à penser qu'il s'agit surtout des deux syllabes du mot :

> « Quito est derrière cette montagne. »
> Mais qu'y a-t-il derrière cette montagne ?
> Quito est derrière cette montagne.
> Mais que verrai-je derrière cette montagne ?

Ce monde qu'il voit, même s'il le ravit par quelque spectacle, une montagne, un fleuve, une jeune fille, il en a besoin pour se battre, pour y trouver la faille où passer. Il y cherche, lui qui se croit gravement malade, qui n'oublie pas le mot de « raté » qu'emploient les familles dès qu'il y naît un poète, une faille par où passer, une guérison, un exorcisme. Pour s'arracher, il lui faut un monde violent, équatorial, en transe, un adversaire à sa mesure. Mais toujours il y a un malaise naissant, comme le dit Bertelé, « du décalage entre ce que tel mot évoque dans l'imagination et ce à quoi il correspond dans la réalité » comme le dit cet exemple :

> Ma chambre donne sur un volcan.
> La fenêtre de ma chambre donne sur un volcan.
> Enfin un volcan.
> Je suis à deux pas d'un volcan.
> Il y avait donc dans notre propriété un volcan.
> Volcan, volcan, volcan...

C'est le mot qui l'attire, et voilà qu'il ne correspond pas à l'idée qu'il s'en fait, ou à sa musique particulière. N'y découvre-t-il pas l'inattendu : du gazon. Il ricane :

> Ah! Ah!
> Cratère ?   Ah!
> On s'attendait à un peu plus de sérieux...
> Nous rencontrerions volontiers un peu plus de sérieux...
> Qu'est-ce que cette sorte de vallée riante?...
> On n'est pas venu chercher du printemps ici,
> On est venu chercher du volcan.

Du volcan, oui, et de l'ivresse, des agresseurs : hommes, bêtes, arbres géants, images qui ne le quitteront jamais et qui s'expriment dans une foule de notations rapides, acérées, sensibles. Il fuit la belle page, la description à la Chateaubriand dont il serait fort capable, l'exotisme qu'il raille puisqu'il n'apprend rien, puisqu'il ne perfectionne pas l'homme. Ecuador nous livre bien, écrit Bertelé, « le désaccord fondamental entre les revendications d'une subjectivité tyrannique, éprise de pouvoir, d'efficacité et d'intervention, gouvernée par les plus libres démons de l'imagination la plus impérieuse, inquiète d'absolu, d'enrichissement et de perfectionnement » et ce « désaccord, il naît de peu de choses ou de beaucoup : d'un paysage mal harmonisé, d'un visage humain où l'on cherche en vain ce qu'on voudrait y lire, d'une situation matérielle ou morale mal engagée ». Sa prise de conscience du réel le conduit à une sorte de pessimisme qui sera tonique, à un aperçu du vide à combler, comme un trou dans la poitrine :

> Il souffle un vent terrible.
> Ce n'est qu'un petit trou dans ma poitrine,
> Mais il y souffle un vent terrible...
> Dans le trou il y a haine (toujours) effroi aussi et impuissance :
> Il y a impuissance et le vent en est dense,
> Fort comme sont les tourbillons,
> Casserait une aiguille d'acier,
> Et ce n'est qu'un vent, un vide...

Là où d'autres auraient écrit un reportage, il livre un film intime, celui d'une inquiétude, d'une lutte, un voyage dans son propre cerveau, dans son corps.

Mes propriétés, 1929, qu'est-ce? Une confession, un portrait, la narration d'un combat, un discours, une tentation de l'imaginaire, une reconstruction de la parole, un repeuplement de l'espace intérieur? Il y a de tout cela, et aussi une résistance aux agressions internes et externes par la force d'une autre agression. Parfois une allusion biographique : « Ceux qui m'ont mis au monde, ils me le paieront... » ou « Mère m'a toujours prédit la plus grande pauvreté et nullité ». On trouve des poèmes en prose qui commencent en sages narrations : « Cela se passait sur la jetée de Honfleur... » ou « Autrefois, j'avais trop le respect de la nature... », à moins qu'il ne note « Le panaris est une souffrance atroce ». A partir de ceci ou cela peuvent naître des émanations de l'esprit dont on s'éveille brusquement, de l'humour qui fait placer des chameaux à Honfleur ou bien une orchestration de la douleur physique :

Alors, je me mis à sortir de mon crâne des grosses caisses, des cuivres, et un instrument qui résonnait plus que des orgues. Et profitant de la force prodigieuse que me donnait la fièvre, j'en fis un orchestre assourdissant. Tout tremblait de vibrations.
Alors, enfin assuré que dans ce tumulte ma voix ne serait pas entendue, je me mis à hurler, à hurler pendant des heures, et parvins à me soulager petit à petit.

Ainsi le poète crée le bruit où se perdre et se reconstruire. Ou bien, il décrit avec un humour qui l'emporte sur la colère ses occupations :

Je peux rarement voir quelqu'un sans le battre.
D'autres préfèrent le monologue intérieur. Moi, non. J'aime mieux battre.
Il y a des gens qui s'assoient en face de moi au restaurant et ne disent rien, ils restent un certain temps, car ils ont décidé de manger.
En voici un.
Je te l'agrippe, toc.
Je te le ragrippe, toc.
Je le pends au porte-manteau.
Je le décroche.
Je le repends.
Je le redécroche.
Je le mets sur la table, je le tasse et l'étouffe.
Je le salis, je l'inonde.
Il revit.

Ces « propriétés » de Michaux sont un terrain mouvant que l'on tente de peupler, où l'on tente de bâtir vainement, car rien n'y tient et tout se métamorphose, déverse des contenus inattendus : « Pour la trente-deuxième fois redevenant chlorydrate d'ammonium, j'ai encore tendance à me comporter comme de l'arsenic et, redevenu chien, mes façons d'oiseau de nuit percent toujours. » Des jambes d'un homme peuvent sortir des caisses, des capitaines, des femmes. Son crâne à lui, Michaux, est plein de cavalerie et d'instruments de musique. Et cet univers en mouvement naît souvent dans ce pré-langage qui n'appartient qu'à lui :

Quand les mah,
Quand les mah,
Les marécages,
Les malédictions,

> Quand les mahahahahas,
> Les mahahamaladihahas,
> Les hondregordegarderies,
> Les honcucarachoncus,
> Les hordanoplopais de puru para puru,
> Les immoncéphales glossés,
> Les poids, les pestes, les putréfactions...

Tous les produits innommables de l'imagination hallucinée, les avatars, se dilatent, se rétrécissent, se déversent, éclatent, et, soudain apparaissent avec une étonnante pureté des chants simples et beaux, ainsi *Amours, Je suis un gong,* ou *Emportez-moi :*

> Emportez-moi dans une caravelle,
> Dans une vieille et douce caravelle,
> Dans l'étrave, ou si l'on veut, dans l'écume,
> Et perdez-moi, au loin, au loin.
>
> Dans l'attelage d'un autre âge.
> Dans le velours trompeur de la neige.
> Dans l'haleine de quelques chiens réunis.
> Dans la troupe exténuée des feuilles mortes

Ce livre sera uni à *La nuit remue,* confidence d'un ordre plus proche de *Plume* et de *Qui je fus.* Ainsi *Mon roi* semble développer tel « grand combat » :

Dans ma nuit, j'assiège mon Roi, je me lève progressivement et je lui tords le cou.
Il reprend des forces, je reviens sur lui, et lui tords le cou une fois de plus.
Je le secoue, et le secoue comme un vieux prunier et sa couronne tremble sur sa tête.
Et pourtant, c'est mon Roi, je le sais et il le sait, et c'est bien sûr que je suis à son service.
Cependant dans la nuit, la passion de mes mains l'étrangle sans répit. Point de lâcheté pourtant, j'arrive les mains nues et je serre son cou de Roi...

Le mot « malheur », qui est souvent revenu dans ses livres, est la présence la plus forte : « Le malheur va revenir. Son grand essieu ne peut être bien loin. Il approche. » C'est toujours le grand combat de l'homme assiégé qui invente ses remparts, ses armes, mais est cerné par tout, par le bruit d'une automobile unique qui passe sous sa fenêtre, les obsessions et leurs maux qu'il faut déjouer en en inventant d'autres plus forts. Une prose aussi, *l'Ether,* court essai sur une expérience libératrice entrevue, et surtout des poèmes qui restent dans la mémoire de ceux qui les ont lus, *Iceberg* (« Combien hauts, combien purs sont tes bords enfantés par le froid. »), le très haut, très pur et dépouillé *Ma vie :*

> Tu t'en vas sans moi, ma vie.
> Tu roules,
> Et moi j'attends encore de faire un pas.
> Tu portes ailleurs la bataille.
> Tu me désertes ainsi.
> Je ne t'ai jamais suivie.

Léon-Gabriel Gros lisant ce poème dans son entier écrira : « Ce prince de la découverte connaît mieux que personne les limites de ses pouvoirs; cette œuvre dont on a tendance à croire qu'elle est délivrance, tant l'humour et l'imagination s'y donnent libre cours, se place au contraire sous le signe de l'insatisfaction. » Il est vrai que Michaux ne s'accommode pas du jeu, pas plus qu'il ne s'abandonne à quelque lyrisme dionysiaque ou fait l'apologie de l'évasion. L'expérience est celle de la vie, donc de la lutte, de ce combat qui dure tout l'espace de l'œuvre. Il est *Contre!* comme le dit le poème qui porte ce titre :

Je vous construirai une ville avec des loques, moi !
Je vous construirai sans plan et sans ciment
Un édifice que vous ne détruirez pas.
Et qu'une espèce d'évidence écumante
Soutiendra et gonflera, qui viendra vous braire au nez,
Et au nez gelé de tous vos Parthénons, vos arts arabes, et de vos Mings.
. . . .
Dans le noir nous verrons clair mes frères.
Dans le labyrinthe nous trouverons la voie droite.
Carcasse, où est ta place ici, gêneuse, pisseuse, pot cassé ?
Poulie gémissante, comme tu vas sentir les cordages tendus des quatre mondes !
Comme je vais t'écarteler !

Cette ville faite de loques, sans doute Michaux la rencontre-t-il en Asie, le continent qui apparaît dans *Un barbare en Asie*, 1932, né d'un voyage « contre », c'est-à-dire fait pour expulser attaches, patrie, appartenances culturelles et habitudes. Tout est différent d'*Ecuador* : nous sommes dans l'intemporel; l'exploration n'est plus celle du « je », mais une tentative d'adhésion, d'enrichissement par la fascination : « J'arrive aux Indes, j'ouvre les yeux, et j'écris un livre. Comment n'écrirait-on pas sur un pays qui s'est présenté à vous avec l'abondance des choses nouvelles et dans la joie de revivre ? » Il ne s'agit plus de combat ou d'agression, mais de regard critique et de vérification, en prenant bien garde de ne pas céder aux facilités aliénantes de l'accord total, en demandant à l'humour le recul et l'approfondissement. Rencontres donc de l'Hindou et de sa nudité, de son attention à lui seul qui est relié à tout, mais aussi asocial, enfermé dans ses castes, sans la notion de liberté. Michaux cherche à comprendre, à trouver le rythme qui reflète la découverte d'un réel « autre » selon des concepts infiniment subtils. Le « barbare » occidental découvre ainsi l'Inde, la Chine et son génie du signe, le Japon qu'il déteste, car il y retrouve la frénésie industrielle et les impératifs de l'efficience, les Malais, Javanais, Balinais qu'il célèbre pour leur beauté physique, leur musique, leur théâtre d'ombres. Ces éthiques, ces esthétiques, il les soumet à son intelligence, à son intuition, et c'est une condamnation de nos mœurs européennes qui clôt le livre. René Bertelé dit justement : « Malgré ses apparences de reportage objectif, *Un barbare en Asie* n'est pas plus soumission au réel qu'*Ecuador*. Seulement, en Asie, plus qu'en Amérique, il y a eu rencontre – une rencontre féconde, effervescente, entre les fantômes familiers et une réalité étrange, parfois saugrenue, parfois fantastique, toujours proche du merveilleux ; et, par un glissement naturel aux lois de l'esprit du poète, d'un imperceptible décalage, nous sommes déjà en *Grande Garabagne* ou *Au pays de la magie.* »

Il est imaginaire, ce *Voyage en Grande Garabagne,* imaginaire comme chez Rabelais, Swift, Butler, ou Defontenay dans *Star* au XIXe siècle, imaginaire mais bien de Michaux qui est ici émerveillant démiurge de pays, de peuplades, de faunes et de flores bien décrits, avec la précision d'un Buffon. Cela ravissait Gide : « Il raconte des mœurs, des coutumes, des plaisirs, des maladies, des nourritures, qui n'ont qu'un très lointain rapport avec les nôtres ; et une sorte de poésie mystérieuse ; mais aussi un malaise indéfinissable se dégage bientôt de tout cela. Le malaise vient de la relation qui s'établit involontairement en notre esprit entre l'imaginaire et le réel. Et ce malaise, parfois, traversant la bouffonnerie, tourne à l'angoisse... Il excelle à nous faire sentir intuitivement aussi bien l'étrangeté des choses naturelles que le naturel des choses étranges. » Or l'imaginaire ainsi prospecté par ce qu'il faut bien appeler un visionnaire est en tous points vraisemblable ; on y croit, on y est jusque dans tel bestiaire : « Les Paradrigues, si agiles, surnommés jets de pierre, les singes Rina, les singes Tirtis, les singes Machellis, les singes " ro " s'attaquant à tout, sifflant par endroits plus aigu et tranchant que perroquets, barbrissant et ramoisant sur tout le paysage jusqu'à dominer le bruit de l'immense piétinement et le bruflement des gros pachydermes. » Et ces peuples étranges, les Hacs ou les Emanglons, pris dans leurs mœurs et coutumes, leurs spectacles cruels, leurs délits, leurs cruautés, leurs maisons sans fenêtres, mais aux fenêtres peintes sur les murs, leur art oratoire muet, leur thérapeutique, leur art de la guerre, leur justice, leur pratique du suicide ou de l'euthanasie, leur philosophie, leur religion, telle manière d'envisager « que l'homme n'est pas un être, mais un effort vers l'être », tout cela va très loin et le narrateur, Persan ou Huron, Ingénu qui ne sait rien des coutumes, ne cesse de tendre ses miroirs vers l'explication fabuleuse, le raisonnement par l'absurde, l'émerveillement par la légende, mais où apparaît au fond une image de nous-mêmes moins lointaine qu'on ne le pourrait croire, lucide et désespérée. Toujours il ajoute « aux millions de possibles » et nous sommes d'emblée au plus haut de ce que le genre science-fiction tente, dans une de ses parties, de réinventer. Ce *Voyage en Grande Garabagne,* 1936, en s'unissant à *Au pays de la magie,* 1941, et à *Ici, Poddema,* 1946, formera l'ensemble intitulé *Ailleurs,* 1948, trilogie de l'imagination incessante, de l'invention et de la découverte. Voyages imaginaires, randonnées initiatiques, rencontres inouïes, ce pendant à *Ecuador* et à *Un barbare en Asie* qui peuvent être pris comme tremplins, est un exercice, une expérimentation des pouvoirs du créateur entraîné à la liberté d'univers où tout est mouvement, métamorphoses, anxiétés que l'on ressent physiquement et intellectuellement, monde sans repos, interventions, obsessions.

« Je vous écris d'un pays lointain. »

Entre *Mes propriétés* et *La nuit remue,* Henri Michaux avait publié *Un certain Plume,* 1930. En 1937, on voit paraître *Plume, précédé de Lointain intérieur,* ensemble composite groupant d'autres œuvres, et formant plus tard une sorte de grand montage donnant toute la diversité de Michaux. Nous parlerons tout d'abord de *Plume,* nom propre d'un personnage qui peut faire penser à plume à écrire ou à plume d'oiseau, mais, dès lors qu'on l'a connu, qui prend une existence telle qu'on ne pense plus qu'à lui-même hors de tous rapprochements. Il se présente comme un personnage mythique et réel, plongé dans des situations embarrassantes, singulières, et qui cherche à « s'en sortir ». Il porte en lui quelque chose d'intime, de familier, où peut se reconnaître l'homme de notre temps, mal adapté à la société telle qu'elle nous est faite, écrasé par une foule de conventions sociales qu'il ne comprend pas. La chance n'est pas avec lui, tout le persécute, lui qui ne demande que sa part de bonheur en ce monde, n'est pas un combattant ni un agresseur, fait penser à quelque Charlot égaré dans Kafka, connaît passivement des aventures absurdes, est le coupable permanent qui « a fini par s'habituer » au sort défavorable. Tout ce qu'il fait, en tous lieux, restaurant, cinéma, train, paquebot, et même en rêve, se retourne contre lui, sans cesse malmené, ne comprenant pas ce qui lui arrive, coupable né alors qu'il est plein d'innocence, soumis à une absurdité quotidienne, tragique sous des apparences d'humour. Il vit dans cet exil qui est celui d'un « étranger » hors du monde organisé, hiérarchisé, convenu, d'un homme au fond coupable de poésie. A-t-il en voyage les pires ennuis qu'il y répond par sa philosophie personnelle : « Mais il ne dit rien, il ne se plaint pas. Il songe aux malheureux qui ne peuvent pas voyager du tout, tandis que lui, il voyage, il voyage continuellement. » Un exemple des situations absurdes qu'il connaît sans cesse : « Plume déjeunait au restaurant, quand le maître d'hôtel s'approcha, le regarda sévèrement et lui dit d'une voix basse et mystérieuse : " Ce que vous avez là dans votre assiette ne figure pas sur la carte. " Plume s'excusa aussitôt. » Ces textes d'avant une guerre ont quelque chose de réel et de prémonitoire de notre condition présente et ils n'ont pas pris une ride. Sans cesse l'humour intervient comme un détonateur, nous dit à sa manière que l'homme n'est pas fait pour cela. René Bertelé écrit : « Si, dans le monde d'Henri Michaux, le monde nous est peint toujours aux prises avec la précarité décevante des réalités extérieures, inquiet de progrès, d'intervention et d'efficacité, en proie aux culpabilités et aux interdits héréditaires mais s'efforçant de s'en affranchir par l'ascèse de l'humour et de la création artistique; si, dans ce monde apparemment étrange, mais au fond si familièrement humain, si foncièrement quotidien, il y a place pour tant d'angoisses, d'appréhensions, d'antagonismes et de souffrances, c'est parce que la plus haute exigence en commande les vicissitudes : celle d'un absolu par lequel l'esprit, délivré un instant de tout ce qui le limite, sépare et obscurcit — matière, corps, formes et catégories, conventions de la raison, de la morale et du langage — atteint à son unité en affirmant sa singularité. Contradiction apparente : c'est peut-être dans la revendication de sa singularité que l'homme touche à l'universel. » Michaux cependant, contant Plume, y met un certain entrain, ravit par l'anecdote, par la chute bien trouvée et il y a une certaine joie de lecture, mais bientôt le lecteur est saisi par ce cauchemar permanent et n'oubliera pas le grand frisson tragique qui parcourt des aventures où l'extraordinaire pénètre à pas de loup dans l'ordinaire.

Dans ce même livre, on trouve réunis des opuscules : *Lointain intérieur (Entre centre et absence, la Ralentie, Animaux fantastiques, l'Insoumis, Je vous écris d'un pays lointain), Poèmes, Difficultés,* bien sûr *Un certain Plume, Chaînes,* une pièce annonçant le théâtre d'avant-garde comme celui d'Adamov, à quoi s'unit *le Drame des constructeurs.* En prose ou en vers, toutes les parties nous apportent inquiétudes, combats, déflagrations, autoportraits sans cesse réajustés, et il est difficile de donner une idée de la diversité. On trouve des plongées dans la chair et l'esprit souffrants : « C'était à l'aurore d'une convalescence, la mienne sans doute, qui sait ? qui sait ? brouillard ! brouillard ! on est si exposé, on est tout ce qu'il y a de plus exposé... / " Médicastres infâmes, me disais-je, vous écrasez en moi l'homme que je désaltère. " » Ou bien : « La difficulté est de trouver l'endroit où l'on souffre. S'étant rassemblé, on se dirige dans cette direction, à tâtons dans sa nuit, cherchant à la circonscrire, puis à mesure qu'on l'entame, le visant avec plus de soin » et des visions, des apparitions, un univers à nul autre pareil. Et *la Ralentie,* la vie ralentie : « Ralentie, on tâte le pouls des choses... », un long poème à la progression sûre. Et ces *Animaux fantastiques,* compagnons de lit du malade. Et *l'Insoumis,* ce portrait angoissant. Et ce poème de l'absence d'espoir, de l'approche du surnaturel, du temps inexorable, où l'épistolière du bout du monde ne cesse d'interroger gravement : *Je vous écris...* C'est là un des poèmes les plus sensibles, les plus émouvants de Michaux, en douze paragraphes étranges où vibre une émotion comme dans cette cinquième partie de la lettre :

Je vous écris du bout du monde. Il faut que vous le sachiez. Souvent les arbres tremblent. On recueille les feuilles. Elles ont un nombre fou de nervures. Mais à quoi bon ? Plus rien entre elles et l'arbre, et nous nous dispersons gênées.
Est-ce que la vie sur terre ne pourrait pas se poursuivre sans vent ? Ou faut-il que tout tremble, toujours, toujours ?
Il y a aussi des remuements souterrains, et dans la maison comme des colères qui viendraient au-devant de vous, comme des êtres sévères qui voudraient arracher des confessions.
On ne voit rien, que ce qu'il importe si peu de voir. Rien, et cependant on tremble. Pourquoi ?

Ce poème est encore un voyage angoissé, un appel, un étonnement. D'autres *Poèmes* font penser à ceux de *La nuit remue,* ainsi *Repos dans le malheur :*

> Le Malheur, mon grand laboureur.
> Le Malheur, assois-toi,
> Repose-toi,

> Reposons-nous un peu toi et moi,
> Repose,
> Tu me trouves, tu m'éprouves, tu me le prouves,
> Je suis ta ruine.

Tout l'art de Michaux s'exprime dans *Télégramme de Dakar,* synthèse étonnante du style télégraphique et du tam-tam. On lira *Sur le chemin de la mort* (« Sur le chemin de la Mort / Ma mère rencontra une grande banquise »), le très dépouillé *Dans la nuit* (« Nuit / Nuit de naissance / Qui m'emplis de mon cri »), *Chant de mort,* ou *Comme pierre dans le puits* :

> Je cherche un être à envahir
> Montagne de fluide, paquet divin,
> Où es-tu mon autre pôle. Étrennes toujours remises,
> Où es-tu marée montante?
> Refouler en toi le bain brisant de mon intolérable tension!
> Te pirater.

Ceci encore : « La rage n'a pas fait le monde mais la rage doit y vivre. » Jules Supervielle écrit : « Dans son laboratoire de poète visionnaire et studieux, c'est lui seul qui sert de cobaye. » Antoine Berman : « Il faut enfin évoquer l'écriture de Michaux : à la fois froide, précise et lyrique, souvent visitée par l'humour, on la croirait surgie *ex nihilo*. C'est en vain qu'on y chercherait des influences, des ressemblances. Œuvre d'un solitaire, elle est elle-même solitaire, sans filiation, sans origines décelables... » Nous parlons ici d'une œuvre unique. Il n'est pas une ligne qui n'apporte des révélations sur l'être intérieur, avec des allusions d'autobiographie abstraite qui la parsèment comme dans *Ecuador* et *les Difficultés,* avec ces pays de la métamorphose, ces espaces du dedans, ces espaces de l'ailleurs.

« Un jour j'arracherai l'ancre qui tient mon navire loin des mers. »

Si, dès l'avant-guerre, tout semble être posé chez Michaux, son exploration ne s'en poursuivra pas moins dans une grande quantité de livres, de plaquettes qu'il réunit ensuite dans des ensembles plus vastes. Après les pages choisies de *l'Espace du dedans,* 1944, on lira *Épreuves, Exorcismes,* 1945. Cet ensemble groupe la production poétique de la période de la guerre, à l'exception de *Au pays de la magie.* Mais les misères du temps, l'absurdité tragique, il les avait décelées bien avant que n'éclate le conflit. Une préface qui pourrait figurer en tête de la plupart de ses livres contient une affirmation essentielle :

> Il serait bien extraordinaire que des milliers d'événements qui surviennent chaque année résultât une harmonie parfaite. Il y en a toujours qui ne passent pas, et qu'on garde en soi, blessants.
> Une des choses à faire : l'exorcisme.
> Toute situation est dépendance et centaines de dépendances. Il serait inouï qu'il en résultât une satisfaction sans ombre ou qu'un homme pût, si actif soit-il, les combattre toutes efficacement, dans la réalité.
> Une des choses à faire : l'exorcisme.

L'exorcisme, réaction en force, en attaque de bélier, est le véritable poème du prisonnier.

Nous trouvons là une signification de la littérature et une issue : la recette d'exorcisme. Le ton est grave qui décrit les maux subis avant de déboucher sur l'Homme et sa condition : « Je n'ai pas entendu le chant de l'homme, le chant de la contemplation des mondes, le chant de la sphère, le chant de l'immensité, le chant de l'éternelle attente. » Non : « J'entendis des paroles dans le noir. Elles avaient la gravité des situations périlleuses au cœur de la nuit entre personnages d'importance » ou « l'air même était devenu policier ». Temps de chocs, de déflagrations comme dans *Lazare, tu dors* : « Guerre de nerfs / de terre / de rang / de race / de ruines / de fer / de laquais / de cocardes / de vent / de vent / de vent / de traces d'air, de mer, de faux / de frontières, de misères qui s'emmêlent / qui nous emmêlent / sous le cric / sous le mépris. » Ici Michaux dénonce en scandant, décrit, donne à voir, à défaut de pouvoir exorciser car il est trop tard et c'est son honneur de sortir ainsi de lui-même comme en témoigne encore cette admirable *Lettre* qu'il adressa à René Tavernier pour *Confluences* et dont nous citons les dernières lignes :

Nous nous sommes regardés dans le miroir de la mort. Nous nous sommes regardés dans le miroir du sceau insulté, du sang qui coule, de l'élan décapité, dans le miroir charbonneux des avanies.
Nous sommes retournés aux sources glauques.

Durant cette période, Michaux s'est beaucoup consacré au dessin : « J'écris pour me parcourir. Peindre, composer, écrire : me parcourir. Là est l'aventure d'être en vie. » Comme Hugo, Max Jacob, Cocteau, tant d'autres, il unit deux vocations et, durant de longues périodes, il quitte la plume pour le pinceau, invente des formes animales, végétales, ectoplasmiques, des paysages, des têtes sans tronc, de fiévreuses visions qui ne ressemblent à aucune autre création picturale et sont en accord avec son œuvre dans son entier. Car il illustre ses textes ou bien ce sont ses textes qui illustrent les dessins.

La Vie dans les plis, 1949, paru après l'ensemble *Ailleurs,* est un autre grand ensemble puisqu'il contient : *Liberté d'action,* 1945, *Apparitions,* 1946, *Portrait des Meidosems,* 1948, *Lieux inexprimables, Vieillesse de Pollagoras.* Ces textes écrits entre 1945 et 1948 renouvellent tous les thèmes de Michaux, les situent dans une nouvelle dimension. Ainsi, les facultés de création fantastique, d'humour noir, de sobriété dans le dessin, de grâce apparaissent-elles dans une nouvelle lumière, qu'il s'agisse des poèmes comme *Et c'est toujours* que nous citons ci-dessous ou des grandes proses créatrices.

et c'est toujours la vieille sangle
et c'est toujours l'enseveli vivant
et c'est toujours le balcon écroulé.
Le nerf-pincé au fond du cœur qui se souvient
l'oiseau-baobab qui fouaille le cerveau
le torrent où l'être se précipite

et c'est toujours la rencontre dans l'orage
et c'est toujours le bord de l'éclipse
et c'est toujours derrière la palissade des cellules
l'horizon qui recule, qui recule...

Il nous décrit les mœurs des *Meidosems* avec la même minutie d'entomologiste que dans *Ailleurs* et l'on pense à *Ici, Poddema*. Il part d'un nouveau tremplin de création : ses dessins inspirateurs et ses personnages ont le génie du signe, sont des êtres de hauteur, aux limites de la vie et de la mort, assez proches de Michaux ou de Plume, soumis aux cruautés, esprits végétaux, « grands singes filamenteux » qui s'inscrivent dans la géographie imaginaire d'un auteur surprenant. Il s'exprime avec un tel naturel pour décrire ces univers prodigieux que sa tranquillité de ton assure la vraisemblance. Il lui suffit de dire, de décrire, d'affirmer, de donner ces détails inventés mais « qu'on n'invente pas » pour nous convaincre, pour qu'on y soit. En cela il se rattache au Rabelais de l'île des Papefigues, au Swift de Gulliver, aux homuncules nés de la mandragore d'Achim d'Arnim, et il est de la famille de Lewis Carroll, de Jarry, de Butler, sans oublier les grands visionnaires, Jérôme Bosch, William Blake, Kafka, Artaud, sans qu'il ressemble jamais à aucun d'entre eux. Rousselot peut écrire : « Ce qui distingue celui-ci et fait d'un livre comme *la Vie dans les plis* un apport considérable à l'Imaginaire et à la poésie, c'est la rigueur d'enchaînement de ses visions, leur constance atmosphérique, la continuité sans faille de ce monde étrange, en perpétuel renouvellement pourtant, où nous sommes introduits par le poète. Il n'y a guère que Kafka pour avoir su faire d'une création intérieure, d'un rêve-debout, une aussi logique et durable réalité. » Toujours continue le grand combat, et surtout dans ces *Apparitions*, avec leur jardin des supplices, leurs ateliers de démolition, dans une fabuleuse énumération incantatoire, leur monde de cauchemar avec ces appareils torturants : thermocautères sillonnant les chairs, appareil à éventrer, sabre ondulant qui perce à distance... Tandis que l'être attaqué « ne trouve rien à leur dire. Exactement rien. Sous les coups qui continuent, je m'enfonce dans une paralysie d'adieu ». Les lieux réels, les parcs, les déserts de *Lieux inexprimables* portent la même angoisse, la même magie, un certain non-sens qui fait répéter : « Le problème de l'oignon qui traverse la savane dans un crépitement hébété, qu'est-ce qu'il dit ? Oignon, voilà ce qu'il dit. Oignon. » Des paroles émouvantes, en rapport avec le vrai, sont dites par un nouveau double dans *Vieillesse de Pollagoras* où l'on trouve une émouvante et si rare allusion à un fait personnel : « Le démantèlement commença avec la mort de quelqu'un avec qui je vivais. Ce quelqu'un était femme, c'est-à-dire propre à s'insinuer dans tous les couloirs de l'âme. » Ici et là, partout, la voix de Michaux nous convainc sans chercher à le faire. C'est comme une voix qui nous parle, nous indique des itinéraires ou nous invite à les créer, à mettre au monde nos désirs inconscients, nos angoisses, nos fascinations du néant tout en créant, entre l'agression et l'absence de l'être, un lieu de silence qui nous bouleverse et nous fait mal, exorcisme sans doute encore.

Incomparable Michaux.

Il faut placer à part un livre de Michaux : *Nous deux encore*, 1948, poème en deux parties né de la fin tragique de sa femme, Lou, victime d'un accident du feu, où le drame souterrain apparaît au jour : « Air du feu, tu n'as pas su jouer. Tu as jeté sur ma maison une toile noire. Qu'est-ce que cet opaque partout ? » Michaux parle d'un événement réel, d'un bouleversement, d'une tragédie vécue : « Dans l'instant la coupe lui a été arrachée. Ses mains n'ont plus rien tenu. Elle a vu qu'on la serrait dans un coin. Elle s'est arrêtée là-dessus comme sur un énorme sujet de méditation à résoudre avant tout. » Ou : « Elle s'élançait quoique immobile vers le serpent de feu qui allait la consumer. » Ainsi l'être aimé a « disparu du film de cette terre » et l'homme douloureux lui parle une ultime fois de la vie, du devenir, du salut par l'amour : « Je ne connaissais pas ma vie. Ma vie passait à travers toi. Ça devenait simple cette grande affaire compliquée. » Ou : « Lou, je parle une langue morte, maintenant que je ne te parle plus. » Cet ensemble bouleversant est unique : « Qui sait si en ce moment même tu n'attends pas anxieuse que je comprenne enfin, et que je vienne, loin de la vie où tu n'es plus, me joindre à toi, pauvrement, pauvrement certes, sans moyens mais nous deux encore, nous deux... » Derniers mots à une femme, heure où l'homme tente de se réinventer, de se situer, déchirant cri d'amour qui dit, en contrepoint à son œuvre, hors les grands ensembles, la profonde humanité de l'être.

Michaux groupera dans *Passages*, 1950, édition augmentée en 1963, des textes divers, proses, poèmes, essais, travaux divers, confidences qui nous renseignent sur Michaux, ses désirs, ses rêves, ses problèmes, ses sentiments, sa création, ses goûts, ses découvertes, le dessin, la peinture, la musique, aussi sa soif de liquidations, l'enfance, le Temps, écrits théoriques peut-être plus que poétiques mais où la phrase vivante, l'énergie qui la sous-tend, la sincérité entière nous révèlent le poète dans son entier, avec sa richesse de pensée, son originalité de création. La lecture de ces textes non situables dans ses ensembles nous persuaderait, si nous n'étions déjà persuadés, qu'il existe bien un univers Michaux. Sa vie, son caractère y sont vivement éclairés de même que ses conceptions artistiques et intellectuelles.

Face aux verrous, 1954, est le dernier livre de Michaux avant la période d'expérience de la mescaline. On trouve là *Mouvements*, 1951, *Poésie pour pouvoir*, 1949, *Tranches de savoir*, 1950. Le premier texte fut écrit sur des signes, mouvements, taches, « signes surtout pour retirer son être du piège de la langue des autres », retour au poème énumération-incantation, au lyrisme déferlant, en somme « poésie pour pouvoir », exorcismes encore, combat contre les accidents, reprise martelante des mêmes mots. Quant aux *Tranches de savoir*, c'est en aphorismes tout Michaux angoissé, en situation de malaise, absurde et profond, imagé et pensé, visionnaire et homme d'humour, se mouvant avec facilité dans un univers compliqué, exaltant, aux prises avec sa substance mentale et physique, ses métamorphoses, avec un univers où se mêlent la bactérie et la jeune fille, exprimant ainsi notre réduction à nous-mêmes, notre recherche d'un complément. Et ces textes de haut métier seraient semblables à ceux qui ont précédé si Michaux ne se réécrivait constamment, s'il ne découvrait en tout objet, toute chose la matière d'un renouvellement, d'une nouvelle bataille. Le réservoir d'images semble inépuisable comme est inépuisable l'énergie qui les met en mouvement, énergie qui ne peut naître que d'une crise, d'un accident, d'un événement. Jamais poésie ne donna à ce point la place qui est sienne au physique, à la vie du dedans, à la substance charnelle, nerveuse : « Chaque nuit par condamnation, une petite charrue laboure en ma moelle un petit sillon. » Longtemps, le poète, Lautréamont mis à part, oublia cela. On imagine parfois que Michaux va céder au sommeil, à l'indifférence, mais par le pinceau qui trace et la plume qui écrit, il repart toujours vers de nouvelles investigations, souffrant sans fin de son propre corps comme Valéry jouissait de son cerveau.

Une nouvelle période s'ouvre, celle inaugurée par *Misérable Miracle,* 1956, l'expérience de la mescaline, non pas prise comme fleuve d'oubli mais comme torrent de l'activité mentale, miracle qui serait vraiment misérable et décevant au possible s'il n'y avait, au prix d'intenses souffrances, un désir de recherche. Des images vont surgir avec une rapidité de film en folie projeté sur plusieurs écrans à la fois comme si un seul ne pouvait suffire, images se multipliant d'elles-mêmes dès lors que l'attention parvient au prix d'efforts douloureux à fixer l'une d'elles. C'est une lutte incessante de l'intelligence et de la conscience qui cherche une synthèse, un combat surhumain devant un déferlement tel que l'esprit ne peut suivre. « ...et l'on se trouve alors, dit Michaux, pour tout dire, dans une situation telle que cinquante onomatopées différentes, simultanées, contradictoires et chaque demi-seconde changeantes, en seraient la plus fidèle expression. » Cette exploration se fait par les mots, les signes, les dessins, le poète devenant enregistreur, voyeur du « cirque rétinien », du feu d'artifice, regardant mille images, « cent Empire State Building, toutes fenêtres éclairées, la nuit, ne combleraient pas d'autant de taches de couleurs distinctes, l'écran inouï de ma vision... » Il a écrit directement, il a réécrit, ajouté des notes marginales. Ce sont des observations, des descriptions, des recettes savantes, des parcours, des orages, des excès, quelque chose de démoniaque. Cette expérience ne peut-elle déboucher que sur l'aliénation? Dans *l'Infini turbulent,* 1957, les expériences se poursuivent, et de la douleur, de la frustration, le poète va vers une sorte d'extase, de révélation : « L'incroyable, le désiré désespérément depuis l'enfance, l'exclu apparemment que je pensais que moi je ne verrais jamais, l'inouï, l'inaccessible, le trop beau, le sublime interdit à moi, est arrivé. J'AI VU LES MILLIERS DE DIEUX. » Chaque drogue expérimentée lui apporte ses surprises, ses visions. Il jette les notes de son expérience, les commente et se pose des questions, le miracle étant peut-être que, sans scepticisme et sans mysticisme, il enregistre, se met volontairement en danger et, parcourant tous les phénomènes, fait à la fois œuvre d'expérimentateur et de poète. C'est un voyage en Enfer où le miracle n'est plus misérable et dans *Paix dans les brisements,* 1959, surgit un flux vertical de signes et d'images déroulés comme dans une écriture idéographique. Michaux voit là « l'arbre de vie qui est une source » et « qui, sans interruption même d'une seule seconde, traverse l'homme du premier instant de sa vie au tout dernier, ruisseau ou sablier qui ne s'arrête qu'avec elle ». On débouche sur une euphorie transformant l'Enfer en Paradis : « mes déchets ne collent plus à moi / je n'ai plus de déchets / purifié des masses / purifié des densités ». C'est une vaste orchestration du délire et de l'hallucination qui rejoint les hauts moments de la poésie de Michaux, s'accorde à un tout désireux de ferveur autant que d'exactitude.

Dans *Connaissance par les gouffres,* 1961, Michaux prend du recul pour analyser les effets des drogues diverses et s'étendre sur le statut de l'aliéné, drogué ou malade mental. Il définit les états, cherche le temps du drogué, dit l'influence des cadres, évoque les effets de la poésie du stupéfiant, de la démence fondus dans un « grand jeu » violent où les mots perdent leur sens. Rien de plus émouvant que l'évocation de cette longue plainte qui, venant des fous, parcourt les âges. Il parle de la langue de base, poétique, du malade, langue métaphorique incomprise par les autres. Au cours de ces relations, écrites dans une langue pure et belle, sans cesse naît quelque mouvement nouveau s'ouvrant sur un autre dans un incessant jeu de miroirs. Le poète répond, sans parler des dangers qu'il court, à cette recherche « d'un sentiment inconnu de l'Unité des choses » et, en cela, nul ne sera allé aussi loin que lui, avec autant de lucidité et d'intelligence passionnée. Une somme couronnera cette somme « mescalienne » : *les Grandes Épreuves de l'esprit,* 1966. Il s'agit de déterminer la différence entre le mental normal et le mental anormal, mescalien ou psychologique, où s'opère cette soustraction, qui permet de saisir le véritable fonctionnement de l'esprit, sa vraie nature. Une double intention, scientifique et métaphysique, anime ce livre qui envisage, avec abondance de notes souvent scientifiques, tous les aspects et tous les prolongements de cette recherche opérée sur lui-même. Il s'agit de décrire les souffrances du drogué, mais surtout de livrer la clé du mystère, de montrer l'existence illimitée du « je » fécondé et augmenté par les choses qui viennent à lui. Si cet ouvrage et ceux qui l'ont précédé relèvent de l'expérimentation scientifique, la recherche métaphysique s'exprimant le plus souvent à l'aide d'images et de métaphores proches de celles des poèmes, la création poétique est sans cesse présente. Différent de ces livres écrits sur le vif, *Vents et poussières,* 1962, livre, avec recul, une prose magnifique qui n'est pas un simple bilan de ses expériences, mais une œuvre de création où se renouvellent des thèmes comme la difficulté d'exister et d'exister dans un corps comme celles de l'action, du voisinage, de l'acceptation du sort commun. Le monde comme tombe, le monde comme métamorphose, le monde comme liquide : « L'eau qui nous permet de vivre nous fait lentement mourir », le monde comme minéral avec pour habitants « des peuples de poussières », la sécheresse, la tentation de rejoindre la nature : « Mon œuf écoutait le monde. Seulement mon œuf absorbait le monde », les thèmes embryologiques, l'illusion du voyage : « Vous avancez et la résistance est là contre vous », l'agir : « Avec des airs de vouloir méditer, il faut que j'agisse, moi. » Ce sont là quelques-uns des centres d'intérêt de ce livre qui s'attache encore à la description de peintures d'aliénés, à la nostalgie de la virginité, à l'horreur de la naissance, à l'inconscient, à l'œil, avec toujours le poème énumérant et incantatoire, l'étouffement de l'être, le recours à l'ailleurs, l'intégralité face à la précarité : « Mon bassin de retenue est silencieux. J'entends le chant tout simple, le chant de l'existence, réponse informulée aux questions informulées. » Il s'agit toujours pour Michaux de trouver le passage, le couloir parmi tous les domaines explorés comme nul ne l'a jamais fait avant lui.

Dans son grand âge, la quête incessamment se poursuit. On l'a vu à travers maintes plaquettes publiées chez *Fata Morgana* ou chez *G.L.M.*, à la revue *l'Herne* aussi, ou à la *N.R.F.*, un des plus beaux textes étant dans *Poteaux d'angle* au contenu souvent aphoristique qui apporte un enseignement hors didactisme, le suc d'une longue et difficile expérience, d'une expérimentation qui ne refusa aucune difficulté. On lit par exemple :

> Dans un pays sans eau, que faire de la soif ?
> De la fierté.
> Si le peuple en est capable.

On lit : « Le soc de charrue n'est pas fait pour le compromis. » On lit : « Que détruire lorsqu'enfin tu auras détruit ce que tu voulais détruire ? Le barrage de ton propre savoir. » On lit : « Condamné, tâche d'en sortir. Va suffisamment loin en toi pour que ton style ne puisse plus suivre. » On lit : « Garde ta mauvaise mémoire. Elle a sa raison d'être, sans doute. » Ces textes viennent en contrepoint à l'œuvre entier, mais, plus qu'une postface, ils donnent au contraire l'impression que tout n'est pas fini, qu'il reste à parcourir, que l'exploration sera sans fin.

On ne conclut pas. Les livres de Michaux sont autant d'étapes d'un itinéraire extra-littéraire, une invitation à la mobilité, à l'aventure et à la remise en question permanentes, un refus de se complaire, de stagner, et l'on découvre un univers d'exil et de douleur insoutenable traversé par les pouvoirs d'un esprit conscient, libre et sans illusions, cela au moyen d'une langue nette, incisive jusqu'à la cruauté, libre et allant de l'emploi du prélangage à la splendeur métaphorique, hardie, avec une vie réelle, une mythologie, une symbolique exorcisantes, des armes contre les forces hostiles, une manière de rejoindre secrètement l'universel à partir de la lutte individuelle. C'est l'œuvre de la sincérité absolue, de l'expérience devenue expression, de l'imagination révélatrice, de la fable réelle, de la voix qui est chant et cri, cri dans le chant. Et n'oublions pas la beauté pathétique, le fantastique, le poème comme rite, la poésie qui fait front contre l'implacable, qui reste le talisman contre le sort contraire. Rien de plus exaltant, rien n'est plus bouleversant que cette voix dans le concert universel qui apporte sa protestation dans la grandeur.

*La grande arche
du Surréel*

I
Le Surréalisme et alentour en Belgique

Les Grands Surréalistes belges.

DES auteurs comme André Blavier, Serge Fauchereau, Christian Bussy, André Miguel ont montré la totale originalité et la parfaite indépendance parallèlement au mouvement parisien des surréalistes belges, qu'il s'agisse des poètes, des peintres et, nous ajoutons : des musiciens, car, comme l'a montré Serge Fauchereau, alors que André Breton et ses amis, à l'exception toutefois de Ribemont-Dessaignes à l'époque Dada, marquaient une aversion pour l'art musical, celui-ci, en terre belge, figurait parmi les activités prioritaires du mouvement, le véritable compositeur surréaliste belge étant Edgar Varèse bien qu'il vécût à l'écart du mouvement. Le grand élan poétique belge a débuté vraiment cinquante ans après la fondation du jeune État avec le Symbolisme de *la Jeune Belgique* et de *la Wallonie*, et cet essor se poursuivra sans cesse avec les poètes belges d'esprit nouveau, l'aspect Dada des revues *Œsophage* et *Marie*, les œuvres de Clément Pensaers et Paul Neuhuys, le Modernisme de *Résurrection* puis de *Ça ira*, le Surréalisme de *Correspondance*, de *Distances*, de *Musique*, de *Variété*, du groupe « Rupture » : *Mauvais temps*, en attendant *le Surréalisme révolutionnaire*, *Phantomas*, *les Lèvres nues*, *le Daily Bul*, *Temps mêlés*, *Rhétorique*, *Fantasmagorie*, *Vendonah*, nombres de numéros spéciaux de revues, et le groupe *Cobra*, toutes plus ou moins surréalistes ou dans l'orbite du mouvement, auquel certaines s'opposent, sinon dans sa tradition, mais n'anticipons pas. Nous parlerons seulement ici du premier mouvement surréaliste belge.

Si l'on a pu en dégager des lignes de force, encore faut-il, comme en France, montrer les individualités et distinguer *des* surréalismes plutôt qu'*un* Surréalisme. On peut dater de 1924 cette naissance autour de *Correspondance*, la revue, les tracts, avec Paul Nougé, Camille Goemans, E.L.T. Mesens, Marcel Lecomte, les maîtres du Surréalisme belge, avec, bien sûr, Henri Michaux dont nous avons parlé, René Magritte, André Souris, Louis Scutenaire et sa femme Irine, ceux du groupe du Hainaut : Achille Chavée, Fernand Dumont, Marcel Havrenne, de nouvelles recrues comme Paul Colinet, Marcel Mariën, Christian Dotremont, Paul Bourgoignie ou Tom Gutt.

Ce que les surréalistes belges ont en commun avec leurs amis de Paris, c'est l'esprit de révolte, mais ils restent rebelles aux illusions verbales, se méfiant des formules séduisantes et des systèmes, refusant de se reconnaître « dans ces miroirs faussés qu'on nous tend de toutes parts ». Il ne s'agit nullement de se faire un nom dans la littérature. La lucidité, l'intransigeance sont grandes chez ces hommes qui ne font pas partie des ouailles de Breton et ils se méfient de son idéalisme comme ils prendront leurs distances avec l'écriture automatique, l'ésotérisme, le spiritualisme, le prophétisme, peut-être une certaine légèreté d'esprit bien parisienne. Pour arracher les masques, leurs armes préférées sont l'humour, l'ironie, la mystification, la provocation. Leurs activités, conférences, concerts, expositions, tracts, revues, n'ont rien à envier à celles de leurs amis et auxquelles ils participent parfois. Certains, comme les surréalistes du Hainaut, seront plus proches de Breton. André Miguel pourra écrire : « L'on peut dire que le surréalisme du groupe de Bruxelles apparaît comme beaucoup plus proche de la conception actuelle de la littérature (in *le Domaine poétique international du surréalisme*, 1978) : écriture du travail, travail de l'écriture... beaucoup plus proche de la conception actuelle que le surréalisme selon Breton dont la doctrine était encore imprégnée par les idées romantiques d'abandon à l'inspiration ou au flux montant de la parole des profondeurs inconscientes, aux images du rêve. » Il est vrai que les surréalistes belges apparaissent directement liés au symbolisme : leurs premières œuvres, généralement, montrent les sources de leur inspiration plus volontiers que leurs correspondants français. Un mouvement donc, des mouvements d'une réelle originalité comme l'a si bien montré Serge Fauchereau dans le tome II de son *Expressionnisme, Dada, surréalisme et autres ismes* consacré au « Domaine français », et aussi Christian Bussy dans son *Anthologie du surréalisme en Belgique,* et encore André Blavier dans une étude sur « le groupe surréaliste belge » paru dans *la Belgique sauvage* aux éditions Phantômas.

Paul Nougé, l'homme aux lèvres nues.

Si les surréalistes belges avaient dû avoir un pape, il se serait nommé Paul Nougé (1895-1967), mais s'il fut le théoricien du groupe il ne souhaita pas être autre chose que poète. Francis Ponge a écrit qu'il était « non seulement la tête la plus forte (longuement couplée avec Magritte) du surréalisme en Belgique, mais l'une des plus fortes de ce temps ». Biochimiste de profession, Nougé eut une vie des plus actives : en 1919, il participa à la fondation du parti communiste belge; en 1924, il fonda la revue *Correspondance,* sous forme de tracts et, l'année suivante prit contact avec les surréalistes français, le groupe « Correspondance » signant le tract *la Révolution d'abord et toujours;* en 1928, il fonde la revue *Distances;* en 1939, il est mobilisé dans l'armée française. Peu soucieux de réunir ses œuvres en volumes, il faudra attendre 1956 pour que soient rassemblés ses écrits théoriques sous le titre *Histoire de ne pas rire,* et 1966 pour que soit rassemblée son œuvre poétique : *l'Expérience continue.* Mentionnons, après la dissolution du groupe belge, en marge de l'activité surréaliste, sa collaboration à diverses entreprises, et surtout *les Lèvres nues* animée par Louis Scutenaire et Marcel Mariën. C'est là qu'il publia *Un portrait d'après nature,* 1955, *le Jeu des mots et du hasard,* 1955, et les grandes œuvres déjà indiquées, poésie et théorie. Auparavant, il avait publié *Clarisse Juranville,* 1927, *René Magritte et les images défendues,* 1943, *la Conférence de Charleroi,* 1946.

La revue-tract *Correspondance* (de 1924 à 1926) éditée en collaboration avec Marcel Lecomte et Camille Goemans, à tour de rôle par chacun d'eux sur papier de couleur, montre l'originalité du groupe qui ne s'adresse pas seulement aux surréalistes, mais aussi aux grands de l'époque, Paulhan, Valéry, Gide, Larbaud, etc. Elle vaut par son exercice critique souvent acerbe. Lisons quelques affirmations : « Regarder jouer aux échecs, à la balle, aux sept arts nous amuse quelque peu, mais l'avènement d'un art nouveau ne nous préoccupe guère. L'art est démobilisé par ailleurs, il s'agit de vivre. Plutôt la vie, dit la voix d'en face. » C'est Nougé qui écrit cela et « la voix d'en face » est celle de Breton. A ce dernier, Nougé écrira : « J'aimerais assez que ceux d'entre nous dont le nom commence à marquer un peu *l'effacent.* Ils y gagneraient une liberté dont on peut encore espérer beaucoup. » Car Nougé se méfie du carriérisme littéraire et veut rester en marge et, si ses œuvres furent publiées, ce fut uniquement par les soins de Marcel Mariën. Même le discret Lecomte sera soupçonné de vouloir faire carrière. Dans *Correspondance,* on a aimé composer des textes parallèles par exercice : lettre de Nerval composée par Nougé, récit romantique par Goemans, roman à clé par Irène Hamoir (Irine Scutenaire), non pas parodies mais véritables études d'une écriture. Lorsque le Surréalisme belge voit sa naissance officielle en 1927, son importance étant reconnue par le groupe français, il se distingue par ses engagements propres, par son action politique et poétique, par des rejets quasi nihilistes, Nougé écrivant en 1928 : « Je ne crois pas aux systèmes politiques. Je ne donne mon adhésion à aucune métaphysique ni à aucune religion. Je n'ai ni conviction ni foi définies. Je ne découvre en moi de constant, de certain, donc d'essentiel comme la vie que je dois bien m'accorder — que cette obscure nécessité d'agir qui cherche inlassablement sa justification et son objet. » Auparavant, il avait écrit : « Nous mettons l'accent sur les *puissances* occultes de l'esprit : nous *croyons* en ces puissances occultes, nous *croyons* à des puissances encore inconnues de l'esprit ; nous *croyons* en ses possibilités non encore manifestées. » Il a dit encore : « Il est temps de se rendre compte que nous sommes capables aussi d'inventer des sentiments et, peut-être, des sentiments fondamentaux comparables en puissance à l'amour ou à la haine. » Ces pèlerins d'une recherche constante et enthousiaste que sont les surréalistes belges ne se laisseront arrêter par aucun dogme, le Surréalisme lui-même étant remis en question comme en témoigne cet encadré dans une réédition par l'Age d'homme en 1980 des écrits théoriques de Nougé : « Exégètes, pour y voir clair, RAYEZ le mot surréalisme. » Jean Paulhan, comme Ponge, admira la rigueur d'esprit de ce Nougé qui envoyait à Gide une sangsue dans un bocal afin qu'il se chargeât de la nourrir. Bien que rallié au communisme, Nougé et ses amis critiquent après la guerre ceux qui sont revenus à la prose traditionnelle et aux sentiments démagogiques, notamment Aragon, pour Mesens « Déroulède des faubourgs », mais aussi Breton qui selon Nougé se perd « dans le passé romantique, dans l'utopique avenir » et le « surréalisme révolutionnaire », avec Chavée, Dotremont, Magritte, Mariën, Nougé, Scutenaire, reprendra les mêmes attaques.

Comme l'a remarqué Pierre Dhainaut, Nougé eut pour véritable interlocuteur non pas Breton, mais Paulhan avec qui il partageait un même désir d'élucidation. Il refusait les délices de l'automatisme et se méfiait de l'inspiration, de cette attente aux dépens de l'action, de « l'éclosion des miracles » et de « l'ascension des merveilles ». Dhainaut écrit justement : « Les exemples sont nombreux de cette activité critique autant que productrice. En les modifiant d'un mot, voire d'un simple signe de ponctuation, l'on transforme des phrases usagées (notamment les règles grammaticales de Mme Juranville ou les récits pornographiques en poèmes). Nougé de cette façon put saisir certains " ressorts " du langage et s'en servir. Le collage ne se confond pas avec la dérision, il ne s'achève pas en admiration : l'une est assez futile et l'autre s'épuise. Il s'agit d'une entreprise insidieuse et séditieuse, la plus riche : " Je parle sans perdre de temps. " Puis vient l'expérimentation proprement dite, manipulations directes, phonétiques et sémantiques. Nougé suggéra " d'établir des systèmes de plus en plus complexes par le choix et le rapport des éléments (...) et ensuite de résoudre ce système en poèmes ". Entre autres, *cils/silence = cire/sirène* : " Un silence a scellé / les cils des sirènes ", ou bien : " La cire du silence / vaut les cils des sirènes ", etc. Équations poétiques assez proches de celles de Roussel ou de Brisset mais qu'un retour inspiré à la poésie n'altère pas : intactes, elles se veulent utiles. Enfin, les nouveaux proverbes : " Il faut penser à travers tout ", " Il faut partir le doigt sur les lèvres ". Langage à la fois banal et radicalement neuf, respecté mais réinventé, imaginé, ouvrant l'imagination, subversif. Liberté de l'esprit, liberté du langage : dans le jeu des mots, dans le jeu de la pensée. » Nougé fut un esprit étonnamment cohérent qui sut redéfinir le langage comme part intégrale de l'être et non comme outil littéraire, il fut un explorateur des facultés de l'esprit sachant démonter le mécanisme de la création pour rejoindre l'essentiel loin des habitudes du langage et des mauvais plis entretenus par la vocation littéraire. Un poème est significatif de cette pensée et de ce retrait des coteries :

> Ils ressemblaient à tout le monde
> Ils forcèrent la serrure
> Ils remplacèrent l'objet perdu
> Ils amorcèrent les fusils
> Ils mélangèrent les liqueurs
> Ils ont semé la question à pleines mains

> Ils se sont retirés avec modestie
> En effaçant leur signature

Certains poèmes, fort courts, sont comme des épigrammes au sens ancien du mot et visent à l'essentiel en peu de mots :

> Chacun y mettait du sien.
> La forêt, ses croupes bleues.
> Le ciel, son plus blanc nuage.
> L'eau, sa transparence.
> Marie toute nue, son corps au fil de l'eau.
> Et toi, dans le paysage, ton pas égal vers la mer.

Il est bien rare qu'un nom, un prénom ne se glisse pas dans ses vers, Marie, Marthe ou Simone, dans un décor de calme et d'intimisme où se dessine comme un secret qu'il faut préserver. Il dit :

> Au cœur sombre de mon hiver
> Je vous nomme mes amies
> Sans connaître votre histoire
>
> Marquise Thaïs Directoire
> Sibéria Armide Westminster
> Elfe Médicis Mary

Ses poèmes en vers plus longs, ses proses répandent cette harmonie et ce grand calme des œuvres longuement mûries et dépouillées dont on retient un souvenir ravi. Ainsi dans sa *Vie d'Albukerke, la Dernière Apparition, l'Amateur d'aubes, Présence, Passage de midi, Pigeon vole,* ou *le Voyageur* :

> Un homme abandonne son corps endormi.
> Il s'avance au travers du sommeil.
> Il marche sur les eaux, sur les villes et sur les campagnes, sur les jeux de la lumière et de la nuit.
> Il marche sans la rompre sur la chaîne délicate des saisons et des pensées les plus ténues.
> Il s'avance vers un visage de chair que ses lèvres de chair ne rencontreront pas.

Le poème de Nougé est celui d'êtres en attente « au tournant de la nuit », de solitaires qui regardent « les formes rondes des beaux nuages », d'enfants qui chantent dans le noir pour oublier la peur. Il aime les lieux secrets où l'on retrouve « la marche liquide des premiers instants du monde », les jeux d'ombre et de lumière, les couleurs et ce blanc qui « partout crie vengeance / pour les yeux usés de la lingère ». Des femmes se dévêtent dans la nuit et naissent la sensualité, l'érotisme : « Haut, j'ai baisé la cuisse nue / Brûlante humide de plaisir », naît l'amour des corps comme dans un blason : « Yeux verts, fronts lunaires, chevelures infinies et légères comme l'air qui les porte, lèvres charmantes à peine émues d'un souffle, visages sans corps suspendus pour l'éternité sur leur amour. » Nougé soigne sa prose, ne triche jamais avec les mots, comme on joue aux échecs : « Le jeu d'échecs laisse l'esprit complètement à découvert, sans retraite possible, sans mensonges, sans faux-semblants. » Homme d'action, théoricien sans failles, il reste toujours un poète maniant les mots comme des caresses, des murmures, des silences, qui montre les choses en ayant l'air de les cacher et cet art est infiniment subtil. Ce n'est pas l'emploi, chez ce surréaliste autre, du stupéfiant-image mais un dépaysement sans arbitraire, une manière unique d'envisager ces choses si familières qu'on ne les voit plus, un naturel constant qui est en soi originalité.

Camille Goemans, le poète ami des peintres.

Co-fondateur de *Correspondance*, Camille Goemans (1900-1960), né à Louvain, après des études de médecine interrompues pour le droit, sera un directeur de galeries : il exposera des peintres tels que Max Ernst, et créera la galerie qui porte son nom où se retrouveront Arp, Magritte, Tanguy, Miró, Man Ray, Dali qu'il découvrit. Il collabora en 1922 au *Disque vert* de Franz Hellens, y introduisant un camarade de collège nommé Henri Michaux. Il créa d'autres revues comme *Distances,* avec Paul Nougé, *Réponse, Artes,* et ne se soucia pas de publier ses propres œuvres éparses dans les revues. Fervent admirateur de son ami Magritte, il le fit connaître en France et composa des poèmes accompagnant ses toiles. De son vivant, un seul recueil : *Périples*, 1924, puis la posthume *Œuvre 1922-1957,* en 1970 par les soins d'André de Rache. Vers réguliers ou libres, textes en prose, aphorismes composent son œuvre. Les poèmes en vers sont généralement courts et denses comme dans *Étrange Effroi dans l'avenir* :

> Étrange effroi dans l'avenir
> des nouvelles banques en construction
> et toute une ville sera donc occupée
> à compter de l'argent?
> Mais notre place?

Il a dédié à Paul Éluard les neuf parties de ses *Poèmes pour la guerre,* en prose. Une étude minutieuse de sa prose montre que bien souvent elle est en fait composée d'alexandrins classiques. Ainsi dans *la Charmeresse* où le lecteur pourra aisément les déceler :

Radieuse et debout, les seins enrubannés ou pareils à l'amour ennoblissant un torse; dans l'aire que le jour de blancs cordeaux amorce; pareille à ces fruits d'or des gouffres ramenés par l'intercession lumineuse des lignes, on la voit qui s'éveille et bande l'arc des signes.

Cette utilisation est fréquente dans son œuvre et lui donne une singulière harmonie. Comme bien des surréalistes, il cultiva l'aphorisme. En voici quelques-uns :

L'on ne joue qu'avec le feu.

L'innocent est plus coupable.

Il faut préférer parfois aux poètes, les faiseurs de vers. La poésie est ailleurs.

Travailler pour l'éternité et détruire à mesure.

Tant va la plume à l'encre qu'à la fin ça se sent.

Un beau mensonge vaut mieux qu'un long discours.

Vivre d'amour et de poison.

Marcel Lecomte écrivit que Nougé et Goemans « tenaient la littérature pour un exercice de l'intelligence, un exercice de précaution intellectuelle que seule la littérature permettait » et ces hommes étaient aussi proches de Paul Valéry que des surréalistes.

Marcel Lecomte et la volonté d'être.

Contrairement à ses amis Nougé et Goemans, Marcel Lecomte (1900-1966), né à Saint-Gilles (Bruxelles), a publié de nombreux livres. Il rencontra Clément Pansaers qui lui fit connaître Dada, puis Magritte et, ayant formé le groupe *Correspondance* en 1924, il en fut exclu l'année suivante (cependant chez les surréalistes belges les exclusions n'avaient pas la fréquence de celles du groupe parisien) avant de retrouver Goemans et Nougé en 1928 à la revue *Distances*. Ami lui aussi des peintres, il fut intéressé par l'ésotérisme traditionnel et son histoire. Il collabora notamment à *Résurrection, Vie des Lettres, Aventure*, et publia entre autres *Répétition*, 1925, *le Vertige du réel*, 1936, *les Minutes insolites*, 1936, *la Servante au miroir*, 1941, *l'Accent du secret*, 1944, *le Sens des tarots*, 1948, et enfin *le Carnet et les instants*, 1964, où l'on peut lire : « Il me semble que je n'ai jamais fait que tendre à lier mes méditations du réel à ma volonté d'être. Je me suis " laissé aller " au curieux effort de concevoir mes rapports avec un certain réel qui me devait placer sur le chemin de l'authentique, du poétique, bien plus que ne le pouvait faire peut-être le rêve. » Lecomte vécut à l'écart à Bruxelles, comme le dit Pierre Seghers, « mystérieusement lent, massif, évoluant avec une sorte de componction dans une chambre envahie par les livres. Touché par le Surréalisme, il se tenait en retrait. Sa poésie chargée de secret et de présence était celle d'un contemplatif, comme eux ardent. Minutieusement, il écrivait comme peignait Georges de La Tour, dans une lumière environnée d'ombre. L'essentiel de ses plaquettes a été repris par Jean Paulhan, dans *l'Accent du secret*, 1959, aux éditions Gallimard ». Il est bien, comme le dit le titre d'un poème, *le Spectateur effacé* :

Ce n'est pas un homme sans mémoire. Il attend les gestes et les paroles. Il guette les coïncidences au milieu des rues, dans la foule d'un café. Et qu'elles soient touchantes ou déconcertantes, ces coïncidences, peu importe car il les copie pour leur accent, leur ton brusque, leur dessin dur et net.
Il cherche leur présence. Il songe aussi à ces hommes qui se rencontrent à plusieurs reprises dans la même journée, mais sans se connaître.

D'autres titres de poèmes en prose sont significatifs de cette attention minutieuse qui est celle aussi de ses amis de *Correspondance* : *le Règne de la lenteur, le Personnage et son climat, l'Objet familier, le Rayon du regard*. Bien qu'en marge du mouvement, il entretint des relations suivies avec André Breton ; d'ailleurs, certains des poèmes de Lecomte font songer à *Nadja* par cette impression de vie en attente de ce qui pour l'un est coïncidence, pour l'autre hasard objectif. Certains poèmes font penser à des natures mortes de Chardin, des intérieurs de Vermeer. Loin du vacarme, il ne cessa d'écrire, de collaborer aux revues comme *Monde nouveau, Phantomas, Synthèses* dont il tint la chronique littéraire. Il semble, comme Valéry, jouir sans fin de son propre cerveau ; il était attiré par des philosophes comme Nietzsche et Durkheim, par l'Allemagne d'Hölderlin. Avec lui, « c'est comme si la vie courante avait cessé de courir », put écrire Jean Paulhan. Il semblait que le quotidien le rassurât, qu'il se voulait spectateur non point passif, mais témoignant et se confrontant avec les êtres et les choses. Silencieux, immobile, actif, Marcel Lecomte le subtil observateur sut mieux que personne saisir *le Rayon du regard* ou *le Sens de l'invisible,* selon des titres de poèmes en prose. Et, dans ses premiers poèmes, en vers, on retrouvait, comme l'a montré Serge Fauchereau, « la mélancolie urbaine d'un Jules Laforgue, mais déjà les signes qui seront chers à Lecomte sont présents : les images insolites, les gestes à signification secrète, les miroirs, la lenteur, la passante... On a l'impression que Lecomte se sent à l'étroit dans le vers libre, le verset même, et que l'écriture tend vers la prose ». C'est donc en prose que Lecomte fixera le mieux ses impressions, ses atmosphères, et si l'on excepte un petit roman ou de brefs récits comme *l'Homme au complet gris clair* ou *les Minutes insolites,* des notes et des réflexions, le meilleur de lui-même se livrera dans le poème en prose. Le nouveau roman s'il cherchait des précurseurs en trouverait un avec Lecomte qui évoque pour Fauchereau « si souvent Chirico, Kafka et Hoffmannsthal ». Le monde de Lecomte est celui du silence, du calme et de l'immobilité. Refusant les engagements et les doctrines, fidèle à sa recherche, minutieux dans l'élaboration de ses textes, délicatement onirique, entre veille et sommeil, il s'est confronté au monde avec une intense volonté d'être en passé, en présent, en éternité.

E.L.T. Mesens, poète, peintre, musicien.

S'il fut un homme doué pour tous les arts, ce fut bien E.L.T. Mesens (1903-1971), né à Bruxelles. A quinze ans, il rencontra Erik Satie qui l'orienta vers la musique à laquelle il décida de se consacrer. Il fut le professeur de piano du frère cadet de René Magritte, le trop peu connu Paul Magritte (mort en 1975), poète toujours oublié, qui disait : « Ma vie est consacrée à la musique » et aussi « La littérature, on s'en fout », mais dont Louis Scutenaire présenta un livre de poèmes étranges et révoltés, *les Travaux poétiques,* 1974. Mesens donna en 1922 un premier concert à Bruxelles et tenta des expériences pour une musique nouvelle. Il dirigea des galeries comme l'Époque et la galerie qui porte son nom, comme Cabinet Maldoror, et fut secrétaire au Palais des Beaux-Arts de Bruxelles. Défenseur du Surréalisme, il édita des revues comme *Œsophage, Marie.* Entre 1938 et 1958, il se fixa à Londres, dirigeant la London Gallery et publiant une revue *London Bulletin,* devenant un promoteur de la plastique contemporaine, pratiquant lui-même les arts plastiques et surtout les collages. Sait-on que, en 1941, il collabora aux émissions de la B.B.C. et est l'auteur de la fameuse ritournelle : « Radio-Paris ment, Radio-Paris ment... Radio-Paris est allemand. » Il fera de grandes expositions à Paris, Milan, Londres, Knokke-le-Zoute. Fondateur en 1933 des éditions Nicolas Flamel, il avait publié le livre collectif des surréalistes consacré à Violette Nozières. On peut ajouter qu'il assura à Londres l'exposition *Surrealist Diversity* en 1945, mais ces multiples occupations s'accompagnèrent d'une création poétique bien particulière, appuyée sur son sens plastique comme sur un humour fécond proche de celui d'Erik Satie.

Les œuvres de Mesens sont : *Femme complète*, 1933, *Alphabet sourd aveugle*, 1933, *Troisième Front*, 1944 (ses poèmes et textes de Londres), *Poèmes*, 1959. E.L.T. (Édouard Léon Théodore) Mesens fut à l'école de Dada et, en plein cœur du Surréalisme, il en reste quelque chose, un agencement burlesque du réel immédiat et des manières habituelles de penser. Le ton est toujours direct, très vivant, parfois fleuri de quelques préciosités (« J'ai mis la lampe d'ébène / Sur la tête de la beauté »), de sensualité car il aime chanter le corps féminin, l'amour non pas fou mais infini, et ses images originales faites de rencontres inattendues et troublantes touchent directement et de la même manière que telle *Proclamation* :

> Nous avons déjà renversé les tables de multiplication
> Nous ne rentrerons plus à la maison du crime
> Nous sommes infatigables jusque dans le sommeil
> Tenez-le-vous pour dit

> Aujourd'hui c'est
> Autour du monde
> Au
> Tour
> du
> Monde

Louis Scutenaire et Irine.

Louis Scutenaire né en 1905, à Ollignies (Lessines), compagnon des poètes dont nous avons parlé, écrit depuis l'âge de quinze ans, a fait de nombreux voyages, a collaboré à de nombreuses revues comme *Documents*, *London Bulletin*, *l'Invention collective*, *les Deux Sœurs*, *View*, *les Cahiers du Sud*, *Phases*, etc. Il est étonnant qu'un homme qui suscite la ferveur de tous ceux qui connaissent son œuvre soit ignoré souvent des anthologies. Parmi ses livres : *Patrimoine ou petite poésie* (avec trois dessins de l'auteur car Scutenaire dessine), 1927, *les Haches de la vie*, 1937, *le Retard*, 1938, *les Secours de l'oiseau*, 1938, *Frappez au miroir* (illustré par Magritte), 1939 (le premier est signé Jean-Victor Scutenaire, les trois autres Jean Scutenaire, il sera Louis à partir des suivants), *les Degrés*, 1945, *Mes inscriptions*, 1945, *Mes inscriptions II*, 1974, *Mes inscriptions (1964-1972)*, 1981 et d'autres proses traversées d'éclairs poétiques comme *les Vacances d'un enfant*, 1947, ou *les Jours dangereux*. *Les Nuits noires*, 1972, sans oublier des œuvres poétiques ou critiques où passent des noms : Magritte, Jane Graverol, Pierre

Alechinsky, René Char, œuvres toujours illustrées par les artistes les meilleurs, et aussi, en collaboration avec Paul Colinet, *la Terreur dans les enveloppes*, 1974, œuvre dense comme toute son œuvre si étendue et diverse.

« J'écris, dit Scutenaire, pour des raisons qui poussent les autres à dévaliser un bureau de poste, abattre le gendarme ou son maître, détruire un ordre social. Parce que me gêne quelque chose : un dégoût ou un désir. » Chez lui tout est force, musculature, percussion et, utilisant volontiers le martèlement, la répétition, la rupture de ton, la saccade, il écrit par vérité et par désir de persuader. En prose ou en vers, il donne toujours une impression de puissance, comme dans *Poème* :

> Où sont les filles fortes qui aimaient les taureaux
> Où donc les délicates pâmées sous un nuage
> Et les artistes qui se damnèrent pour un cygne ?
>
> Elles sont dans vos fièvres elles sont dans vos bras
> Elles sont dans vos couches elles sont dans vos livres
> Et vous êtes leurs bêtes et leurs spectres de brume.

Il exprime sans fin « La faim des renouvellements / Des changements brutaux » avec une extrême finesse, car la force de sa parole n'empêche pas qu'il soit souvent bouleversant. A la différence de ses amis belges, il ne dédaigne pas ses *Textes automatiques* selon le titre d'une de ses œuvres. Le livre le plus connu est le monumental *Mes inscriptions (1945-1963)*, 1976. En ce lieu étonnant, Scutenaire viole le proverbe, lui fait rendre gorge, en étant parfois proche du traitement que lui infligèrent les surréalistes français, mais le plus souvent dans le voisinage du jeu pataphysicien ; cependant au cours de ces quelque trois cents pages de grand format emplies de phrases percutantes, de proverbes, de poèmes en prose, d'observations, d'hommages, de vers, allant de quelques mots à de plus longs paragraphes, il y a une telle diversité (puisque cela va de l'observation du réel aux abstractions de la pensée en passant par tout ce que suggèrent le réel et la création littéraire et artistique) qu'il faudrait dire comme Marcel Mariën : « Je préfère m'en tenir à ce que lui-même écrivait de Balzac : que la meilleure étude qui ait paru sur son œuvre était cette œuvre elle-même. » Une telle lecture décourage la citation qu'il faut pourtant tenter :

> Le marquis de Sade sortit à cinq heures.
>
> L'homme cherche la nouveauté dans les cimetières.
>
> L'extrême singularité de Paul Magritte. L'un de ses projets : ouvrir une boutique où l'on vendra des nourrissons.
>
> L'esclave qui aime sa vie d'esclave a-t-il une vie d'esclave ?
>
> Devant les lézardes, ils ont tendu les grandes idées.
>
> Un aveugle aimait les oiseaux : pas pour leur chant, pour leurs couleurs.
>
> Chère bonne corde, cher rire noir du pistolet, cher poignard aigu, chers étangs glauques, cher carbone, cher cyanure, chers accessoires de la comédie de la mort.
>
> Les aigles planaient, majestueux comme des haillons.

Éclair. René Char écrivit : « Je me dressai plein d'empressement et me hâtai vers " Mes inscriptions " du grand particulier Louis Scutenaire. Je les lis, elles, pas folles, pas permissives aux coacquéreurs des lopins de l'air, tête baissée, lecture tige après tige d'un champ de seigle toujours vert, contigu à celui de l'Irlandais Swift. Monde où l'âme du hérisson peut s'étaler dans les délices d'un départ définitif. » Louis Scutenaire eut l'orgueil justifié d'écrire : « Tout ce que je dis ou j'écris me paraît vrai, vérifié ou vérifiable. » Et aussi : « Ne jamais faire quelque chose seulement pour ceux qui l'aiment mais le faire pour qu'on l'aime et le faire contre ceux qui ne peuvent l'aimer. » Il peut affirmer : « Nous ne sommes point de ceux que l'on envoie en ambassade. » Il sait que « La folie n'est pas toujours libération de l'esprit » et garde sans cesse une lucidité préservée. Quelques-uns dont nous sommes pensent que, quelque jour, oubliées les idées frontalières, Louis Scutenaire sera redécouvert et situé à une juste et haute place.

Autre oubliée des anthologies, Irène Hamoir, qui doit à Magritte son nom de plume d'Irine, oubli qu'avec Tom Gutt nous déplorons; lorsque parut son œuvre sous le titre *Corne de brume* (1925-1976), Gutt écrivit : « Voici tout l'acidulé, le sautillant, tout le nostalgique, voici le jour et la nuit tendres et durs, le jour et la nuit purs, voici les mots utiles comme la fuite, comme le désir, voici les mots sans faute (me comprenne qui voudra), voici les mots seuls que nous aimons, que nous puissions aimer : ceux qui refusent de servir. Voici à nous les mots d'Irine. » Poèmes, lettres, petits éclairs d'actualité, brèves confidences, poèmes en prose, tout est en effet direct, un chat est appelé un chat et l'on ne s'ennuie jamais tant tout est inattendu et curieux. Comme dit la préface signée « H. » : « Il faut prendre ce recueil d'Irine pour un coup de fouet. Un petit coup de fouet. » Et l'on rencontrera des personnages étranges comme Adéla, la magicienne Renelle, Rose c'est la vie et, toujours dans le voisinage de Desnos, Lady Beltham, une béate ou des clowns, l'on rencontrera des comptines et du non-sens, des poèmes qui restent en suspens, du cocasse : « Le pathétique du tire-bouchon. » Cela ne semble pas porter à conséquence, mais, le livre quitté, on a l'impression d'avoir vogué dans des pays étranges, d'avoir lu un livre beaucoup plus épais, aussi court et aussi long qu'un rêve.

D'autres poètes du groupe bruxellois :
Souris, Colinet, Mariën, Gutt, Bourgoignie.

André Souris (1899-1970), né à Marchienne-le-Pont, offre cette particularité d'être autant musicien que poète. En 1918, après sept années d'études au Conservatoire de Bruxelles, il était violoniste, compositeur, connaissait la direction d'orchestre. En 1925, une nouvelle série intitulée *Musique* l'attacha à *Correspondance*. Il écrivit la musique du *Dessous des cartes* avec Paul Hooreman, parodie de la musique des Six et des *Mariés de la tour Eiffel* de Cocteau. Sa carrière de chef d'orchestre, professeur, chercheur, appartient à une autre histoire que la nôtre, mais c'est en partie grâce à lui que les surréalistes belges ne vécurent pas, comme Breton et ses amis, en exil du monde musical, ce qui n'empêcha pas Souris d'écrire sur la peinture comme en témoignent certains titres : *le Monde de Paul Delvaux*, 1946, ou *Entre musique et peinture*, avec Magritte, 1972. Citons des articles sur *Paul Nougé et ses complices*, 1968, *Hommage à Babeuf*, 1969. Ce marieur des arts n'oublia pas la poésie et la prose qu'il maniait parfaitement. Il avait été attiré par les symbolistes et son recueil de poèmes *Bribes*, 1950, révéla des poèmes originaux où il joua habilement de la dissonance. Écoutons :

> Goutte à goutte
> l'oiseau-lyre
> épelle sa chanson
>
> tous les demi-dieux l'écoutent
> mais la grotte
> le reçoit
> et la cache au plus profond de l'eau.

Autre honneur de ce groupe, Paul Colinet (1898-1957), né à Arquennes, bien qu'il manifestât toujours une certaine indépendance (mais l'amitié est le meilleur des liens). Ami de René Magritte, il rencontra les surréalistes et collabora à leurs publications, fonda en 1945 l'hebdomadaire *le Ciel bleu*, puis, en 1949, un autre hebdomadaire, manuscrit, tiré à un exemplaire pour son neveu établi au Congo. Son premier poème, *Marie Trombone Chapeau Buse*, 1936, fut mis en musique par Paul Magritte comme le fera pour *le Chemin perdu*, 1936, Henriette Harlez. Colinet illustrera lui-même la couverture de ses *Histoires de la lampe*, 1942, et suivront une quinzaine d'ouvrages dont *la Nuit blanche*, 1947, *la Maison de Vénose*, 1947, *la Bonne Semence*, 1947, *Écriture*, 1947, *les Naturels de l'esprit*, 1947, à la revue *Fontaine*, et citons encore *la Lampe du valet de pique*, en flamand, 1963, *les Tziganes du paillasson*, 1970, avec deux dessins de Marcel Mariën, et même un *Dictionnaire de médecine amusante*, 1971, avec Edmond Kinds. S'il faut caractériser la poésie de Colinet, nous disons qu'elle ressemble à son nom tant elle est gentille et tendre, avec une vision cocasse de l'existence, de l'humour et de la fantaisie, parfois un éclair féroce qui jaillit dans cette douceur. Paul Éluard l'appréciait, de même que ses amis de la revue *Phantomas* qui lui consacrèrent un numéro spécial en 1959. Robert Frickx et Michel Joiret ont pu écrire : « La drôlerie de Paul Colinet n'est toutefois qu'un moyen, mais si la vérité est bonne à dire (ou à croquer) elle se trouve chez lui à la lisière même du réel. En définitive, l'enchantement d'une telle poésie tient moins au dépaysement qu'elle provoque qu'à l'éventail d'images acides qu'elle nous propose. » Comme Scutenaire aimait *les Pieds-Nickelés* et Irine *Fantômas*, il aime tracer un portrait du fameux détective *Nat Pinkerton*. Ses courts poèmes en prose sont délicieux. Ainsi *la Zone de recul* :

> Je me rassasiais de misérables et je m'emboîtais le pas.
> Quand la cage sortait de l'oiseau, j'arrivais à ma rencontre.

Quand la niche mangeait le chien, je confondais corps et biens.
Mais, au grand jour, je reprenais mes distances et me précédais normalement.

Il est le poète buissonnier de ses plaisirs, le gentil Colinet en liberté qui jette de la surréalité dans l'intimisme, de l'imagination dans la quotidienneté. Ainsi, *la Vie de famille :*

Un oncle fume une pipe, fait de la fumée, connaît le point de mire.
Un abbé décalque un lion, construit un cône de carton.
Un aîné étudie le défaut de l'épaule.
Une mère met son dé démesuré, perd une aiguille, bâille.
Un voisin apporte une montre de corne qui dort, dit son voyage d'Autriche, boit.
Une table jubile en quatre.
Un enfant s'embusque dans un château.
Un château a mille fenêtres.
Un gros temps ronfle dans une pelisse de pays.

La poésie sait naître de l'inattendu. On aime aussi les poèmes de Colinet mis en dimanche, avec des phrases comme : « Nous étions devenus des bouquets, dans les résilles chantantes du jour. » Une poésie qui sait mettre « toujours une fleur à la boutonnière », c'est assez rare au fond. Il procède souvent par énumérations, par rencontre des choses, des objets qui se mettent à vivre, à penser et à parler comme des humains : un clocher de village peut avoir sommeil, une maison noire être toute blanche, une béquille en deuil songer à ses parents. Tout est permis dans cet univers de liberté et de fine observation, de peinture heureuse et d'attention aux secrets du monde. Lire les *Œuvres* de Paul Colinet, 1981.

Sans doute avons-nous prévu de parler de poètes plus jeunes dans un prochain volume, mais n'hésitons pas à anticiper pour ne point les séparer de leurs aînés fraternels. Ainsi, Paul Bourgoignie (né en 1915) qui fut co-fondateur du *Salut public* en 1945, participa au mouvement du Surréalisme révolutionnaire et qui a publié *Moroses Mots roses,* 1968, *Lettres en jeux jeux de l'être,* 1969, *Lettres de mon moulin,* 1971. Avec Marcel Mariën, Christian Dotremont, Tom Gutt, Bourgoignie a été placé auprès des surréalistes belges du premier mouvement dans une *Anthologie du surréalisme en Belgique,* montrant ainsi la continuité du mouvement, et l'on peut voir à la fois une fidélité et un renouvellement. Les poèmes en prose de Bourgoignie chantent la beauté provocante et manifestent de cette sensibilité musicale qu'il prête à une passante, savent faire jaillir la source de vie du moindre incident avec un mariage de la puissance et de la minutie qui est constant.

Né en 1920 à Anvers, Marcel Mariën n'avait que dix-sept ans lorsqu'il rencontra Magritte et ses amis et il exposa des objets et des collages à l'exposition de Londres. On le voit s'occuper avec Magritte des éditions *le Miroir infidèle,* fonder la célèbre revue-éditions *les Lèvres nues,* réaliser au cinéma *l'Imitation du cinéma* (scandale en Belgique, interdiction en France!), voyager, travailler à Pékin entre 1963 et 1965, exposer des collages et des poèmes-objets, fonder la collection le *Fait accompli.* Ses poèmes ont du nerf, bousculent les tabous, il conteste, se bat pour *la Liberté de l'expression* (et c'est le titre d'un texte corrosif), observe son temps et extrait du fait divers (ainsi l'affaire Dominici) une poésie de dérision. Ne se permet-il pas de consacrer un poème érotique à sainte Thérèse d'Avila (« Quel beau couple nous eussions fait / Toi et moi / Corps unis comme une poignée de main... ») ou de donner des aphorismes, ce qu'adorent les surréalistes belges : « Le mauvais exemple est souvent le meilleur » ou « On dit plus en ne disant rien » ou « André Breton sera mort ou ne sera pas » ou « Dieu a peur de l'homme » ou « Tous les mots sont sincères » ou « Le cygne escorte toujours son reflet ».

Marcel Mariën a publié notamment *Malgré la nuit*, 1940, *les Poids et les mesures*, 1943, *les Corrections naturelles*, 1947, et, aux *Lèvres nues*, *Quand l'acier fut rompu*, 1957, *Théorie de la révolution mondiale immédiate*, 1958, *le Paraclet noir*, 1968, *Je-ne-sais-quoi*, 1970, *Un coupe-papier de Tolède*, 1970, *le Jour nul des poètes*, 1972, avec Magritte, *On aura tout vu*, 1972, etc. Mais Mariën a aussi écrit dans le contexte pictural ou plastique avec des textes en anglais ou en italien, et de nombreux autres livres dont un en collaboration « avec la marquise de Brinvilliers », ce qui est bien dans le goût surréaliste.

Tom Gutt (né en 1941 en Angleterre) joua dans le film de son ami Mariën, fonda la revue-édition *Après Dieu*, la feuille *Vendonah*, la collection *Une passerelle en papier*.

Tom Gutt, presque toujours illustré par Yves Bossut, a déjà une œuvre importante et nous reconnaissons qu'il est arbitraire de citer seulement : *Projet de réforme de la lettre A*, 1959, *Art poétique*, 1960, *Souvenirs de l'être*, 1961, *Chroniques du dégel*, 1963-1964, *Ambages*, 1967, *le Pain perdu*, 1970, *le Mal héréditaire*, précédé de *le Séton* de Louis Scutenaire, 1972, *les Travaux forcés*, 1975, *le Secrétaire perpétuel*, 1977... A lire ces œuvres, souvent de minces plaquettes, on est surpris de la cohésion existant entre les membres du groupe, non pas que quiconque abdique de son originalité, mais parce qu'une même flamme semble animer chacun : ainsi entre Scutenaire qui naquit quarante-quatre ans avant Gutt, il semble qu'il y ait fraternité et âge égal en poésie, mais ne pourrait-on pas en dire autant de ces surréalistes belges, gens proprement étonnants ? Il y a chez Tom Gutt de la diversité et cela va de tableautins comme « chère / chère Clara d'Ellébeuse / à la place de vos seins / oh / deux œufs de feutre » qui est au fond un hommage involontaire à Francis Jammes, à ce poème sensible, *l'Angoisse de l'angoisse* :

> de notre certitude il ne reste qu'un doute
> de ton rire une larme et de tes pleurs un rire
> ce que tu m'as donné je ne pouvais le recevoir
> la nuit lorsque j'avais peur du jour
>
> toi lorsque ton absence aurait seule suff:

Arrêtons-nous à Christian Dotremont (1922-1979), né à Tervuren, qui, après ses premiers contacts en 1940 avec le groupe de Bruxelles, fut de *la Main à plume* à Paris, fonda les éditions du *Serpent de mer* à Louvain, fonda ou rédigea des revues comme *le Ciel bleu*, 1945, *les Deux Sœurs*, 1946,

Strates, 1963, fut correspondant des *Lettres françaises,* participa au Surréalisme révolutionnaire, exposa des logogrammes, etc. Ses plaquettes et ouvrages sont nombreux, depuis *Ancienne Éternité,* 1940, jusqu'à *Ltation exa tumulte et différents poèmes,* 1970, en passant par une trentaine d'ouvrages dont *la Pierre et l'oreiller,* 1955, *la Chevelure des choses,* 1961, *Logogrammes I et II,* 1964, 1965, des études plastiques, des vers accompagnant des œuvres d'Alechinsky, Appel, Corneille, Jorn, Vandercam, Schellekens, Ubac, etc. (donner la bibliographie de ces poètes, c'est retrouver tout l'art surréaliste belge). Curieux Dotremont ! On le voit classique dans *l'Avant matin,* 1944, avec une belle maîtrise :

> J'écris à toi, ma Chine à écrire l'amour,
> et c'est toi que j'écris, toi qui par-dessus l'aube
> écris mon nom avec les froufrous de ta robe
> en crevant le soleil comme un cerceau de jour.
>
> Écuyère de ton mystère, et de mon ombre,
> tes cheveux d'Amazone infinie et de feu
> plus noir que le Tibet, plus haut que Lao-tseu
> dessinent lentement de nos baisers le nombre [...]

Il écrit des poèmes en prose farcis de tirets qui donnent un ton pathétique, des versets qui ne ressemblent à rien de connu, et ses poèmes en vers s'apparentent plus volontiers à la jeune poésie des années 1970 qu'à celle de ses aînés du groupe :

> mais qu'est-ce ainsi que mon vocabulaire
> sans l'aventure de l'écri
> telle que née de ma main
> menée durement d'une plume voleuse
> aux nuits meneuse au jour de mes tourments
> imprévisiblement visibles
> dans une fraîcheur noire et des ravines de blancheur
> dans la nature de l'écri

Tom Gutt regrettait l'absence dans l'anthologie de Christian Bussy de poètes comme Irine, André Lorent, Gilbert Senecaut, Jacques Wergifosse, Gérard Van Bruaene, Paul Hooreman et Roger Goossens. N'oublions pas qu'une anthologie, c'est-à-dire un choix, ne saurait être exhaustive. Il est vrai que Roger Goossens (1903-1954), auteur de *Magie familière,* 1956, est une de ces étoiles. Ses poèmes aux longs vers paraissent faussement prosaïques avec leur déroulement lyrique de long fleuve majestueux, leur respiration longue, leur imagination dans la confidence, leur maîtrise du temps autre que machinal. Un extrait :

> Je cours si vite après mon ombre que je la rattrape trois fois avant même d'avoir atteint ce bistro déjà trop célèbre
>   où des chanoines bouffis de sommeil trempent leur pain de Malvoisie,
>   de Prammos ou de Péparèthe, et de Lacrima le vendredi saint.
>   Et mon ombre enfin vaincue me suit comme ma femme ou mon chien.

Des noms, des noms, on pourrait en citer bien d'autres, ce que nous tenterons de faire au cours de ces pages, dans l'un ou l'autre volume, selon la chronologie, au fond assez libre, que nous avons choisie.

Achille Chavée et le groupe du Hainaut.

Achille Chavée (1906-1969), né à Charleroi, est un des poètes les plus considérables du Surréalisme belge et de la poésie tout court. Objet de ferveur, « les Amis d'Achille Chavée » publient son *Œuvre* complet. Après ses études de droit, il fonda le groupe *Rupture,* la revue *le Mauvais Temps;* avec Mesens il organisa une exposition internationale du Surréalisme, fit la guerre d'Espagne, fonda à la veille de la guerre le groupe surréaliste du Hainaut, entra dans la clandestinité aux sombres années puis fonda avec Pol Bury le groupe *Haute Nuit* en 1945, participa au Surréalisme révolutionnaire, fonda le groupe *Schéma,* 1956, activité inlassable comme celles de tous ces poètes unis ici. André Lorent le souligne dans une préface à son œuvre : « un auteur faisant entièrement confiance au hasard et à son exceptionnelle spontanéité » et aussi « une œuvre qui sera reconnue comme une des plus perturbantes de son époque; à la fois par ce qu'elle dit et par la manière de le dire ». Ce poète, résolument anticonformiste, indiscipliné et bagarreur dès l'enfance, lorsqu'il fonda *Rupture* avec André Lorent et Marcel Parfondry, se lancera dans l'action et dans la prospection des idées nouvelles et de la recherche dans l'enthousiasme. Il y aura des ruptures dans ce groupe bien nommé, mais des éclatements surgiront de nouveaux échanges, notamment lorsque Chavée fondera avec Fernand Dumont le groupe du Hainaut, lorsqu'il établira des recherches notamment sur la peinture abstraite. Ami de Breton et d'Éluard, il est plus proche d'eux que les surréalistes de Bruxelles, tout au moins par l'automatisme, le rêve, l'inconscient qu'il tint pour indispensable à l'acte de création poétique. Comme Breton, Chavée fut un rassembleur : « Les éditions et la revue *Daily-Bul* auxquelles Chavée a consacré plus tard toute son énergie, écrivent Frickx et Joiret, rassemblent autour de lui un véritable aréopage de poètes et d'intellectuels dont l'importance fut considérable dans notre vie littéraire. Les réunions de *Rupture* comme celles de *Daily-Bul* étaient bruyantes et animées. L'amitié, la bonne humeur, la fantaisie en cimentaient les réalisations... » et suit ce portrait de Chavée : « Il défend l'amour libre, la société prolétarienne, le rejet de toute contrainte dans le domaine de l'art. Il proclame la nécessité d'une révolution surréaliste internationale mais cherchera toujours à nuancer la pensée de Breton. » Et ceci sur sa poésie : « un échantillonnage très net de ce que l'esprit surréaliste pourrait signifier en matière de langage. Le refus du conventionnel s'y manifeste de prime abord (" Je suis un vieux peau-rouge qui ne suivra jamais la file indienne ") et le cynisme et la cruauté n'en sont pas exclus. Tous les tons s'y retrouvent cependant qui attestent la richesse d'une âme infiniment plurielle dans son essence même. Maldoror s'impose en filigrane avec son cortège de malédictions et ses métaphores viscérales. Chavée est un faiseur d'insolite : son humour grinçant est efficace... » Et l'on peut parler encore d'une thématique de la liberté, d'une inspiration bouillonnante, d'un humour corrosif, d'une démarche incisive, d'une profonde inquiétude qui se manifeste ainsi qu'un reste de romantisme qui reste çà et là, de jeux de mots incidemment à la manière de Michaux ou de Norge, d'une méfiance cependant de la lexicologie surréaliste, d'un jusqu'auboutisme, d'une poétique nouvelle et inimitable, comme ces historiens littéraires que, visiblement, Chavée a conquis. Or, l'auteur de ce livre, ayant dit un jour : « Je suis en bonne compagnie : l'œuvre de Chavée... », il vit un immense point d'interrogation se lever au-dessus des têtes. Mais, plutôt que multiplier les hélas, citons ses titres : *Pour cause déterminée*, 1935, *Le Cendrier de chair*, 1936, *Une foi pour toutes*, 1938, la *Question de confiance*, 1940; *D'ombre et de sang*, 1946, *Écorces du temps*, 1947, *De neige rouge*, 1948, *Écrit sur un drapeau qui brûle*, 1948, *Au jour la vie*, 1950, *Blason d'amour*, 1950, *Éphémérides*, 1951, *A pierre fendre*, 1952, *Cristal de vivre*, 1954, *Entre puce et tigre*, 1955, *Catalogue du seul*, 1956, *les Traces de l'intelligible*, *Quatrains pour Hélène*, 1958, *l'Enseignement libre*, 1958, *Laetare 59*, 1959... Avant de poursuivre, offrons-nous la respiration d'un extrait du poème *Identité* :

> Je suis je suis je suis ce que je ne sais pas
> un ustensile de comparaisons
> pour tamiser les vieux proverbes
> à l'heure où l'aube blanche s'écroule en larmes
> je suis un vieux péché de gloire morte
> posé très délicatement
> ainsi qu'une émeraude de naissance
> sur la falaise des coïncidences
> je suis un acrobate de fortune
> qui termine son numéro

Pierre Seghers parle : « Il a écrit l'un des plus poignants poèmes que je connaisse, dans cette chute d'images qui n'en finit pas d'illuminer de ses scintillements la forêt du langage... à l'extrême de la lucidité et de l'expérience. » Lisons encore :

> Je suis le grand seigneur d'une légende nue
> un gémeau allaité par la reine d'amour
> le truand de l'adieu sans esprit de retour
> la clepsydre épuisée de mesurer le temps
> la coupe de cristal et de hiérarchie
> par mon souci sur le marbre brisée
> la colonne d'Hercule en habit de clochard
> la sentence d'un nain dans le temple du soir
> le crachat d'un apôtre en terre de Judée
> le testament d'un roi qui a donné ses terres
> je suis un grand seigneur du temps de l'éphémère

Il est ainsi des poèmes qui font trembler le lecteur. Chavée est le meilleur révélateur qui soit des pouvoirs de l'écriture automatique et ses poèmes sont au niveau de ceux de Péret ou de Breton quand il ne les dépasse pas. Écriture automatique et spontanéité sont les moteurs de son intensité, de sa vérité imaginative et inventive. André Miguel qui lui a consacré un des plus remarquables « Poètes d'aujourd'hui » a pu fort bien le définir : « Comme Breton, Chavée avait le goût des mythes, d'un certain fantastique et aussi d'un certain prophétisme révolutionnaire. Mais son originalité fut de tourner sa mythologie, son prophétisme, son fantastique à la dérision et à l'autodérision, tout en gardant à son langage un ton lyrique inspiré. Le lyrisme de Chavée est un lyrisme constamment rompu, moqué, bafoué, mais qui n'en demeure pas moins lyrisme. »

Les dix dernières années de la vie de Chavée furent celles d'un développement fécond, comme en témoignent ces titres où de nombreux aphorismes rejoignent les poèmes : *le Prix de l'évidence, l'Éléphant blanc, le Sablier d'absence, Décoctions, De vie et mort naturelles, Adjugé, l'Agenda d'émeraude,* 1967, *le Grand Cardiaque,* 1969, *Au demeurant,* et les posthumes *Décoctions II,* 1974, *Sept Poèmes de haute négligence,* 1975, et quatre œuvres à paraître par les soins de ses Amis à La Louvière en Belgique.

Cette floraison imagée, ces infinies trouvailles, ces textes jaillis du plus profond de l'être, ces appels insolites, cette longue phrase qu'est son œuvre poétique apportent au lecteur attentif une réflexion philosophique comme il en est peu chez les philosophes eux-mêmes. Serait-il né de ce côté de la frontière qu'il figurerait au plus haut sommet de l'anthologie, apparaissant « ainsi qu'une émeraude / tombée du diadème de l'absolu ». Il est urgent de lire Achille Chavée.

Son compagnon, Fernand Demoustier, dit Fernand Dumont (1906-1945, mort au camp de concentration de Belsen), né à Mons, fonda avec Chavée le groupe *Rupture* en 1934, le groupe du Hainaut en 1938, fut déporté en 1942. Il a laissé *A ciel ouvert,* 1937, *la Région du cœur,* 1939, *Traité des fées,* 1942, les posthumes *la Liberté,* 1948, *l'Étoile du berger,* 1955, *Film surréaliste,* 1970. Un récit poétique, *l'Influence du soleil,* 1935, figure dans l'anthologie de Bussy, dont nous citons le dernier paragraphe pour le saluer :

> Bientôt, il s'achemina lentement vers le mystère d'une forêt bleuâtre et, au moment même où on allait le perdre de vue, ceux qui pour mieux voir s'étaient appuyés sur la paroi s'abattirent soudain dans un affreux terrain vague où, parmi les orties et des décombres, s'entrouvrait une rose rarissime car elle était de la couleur tristement prophétique du dernier crépuscule qu'il nous sera donné de voir avant de quitter la vie.

Autre compagnon de *Rupture,* Marcel Havrenne (1912-1957), né à Jumet, après sa captivité en Allemagne fut du groupe du Surréalisme révolutionnaire et fonda en 1953, avec Théodore Koenig et Joseph Noiret la revue *Phantomas.* Citons *la Main heureuse,* 1950, *Pour une physique de l'écriture,* 1953, *Ripopées,* sous le nom de Désiré Viardot, 1956, *Du pain noir et des roses,* 1957, que préfaça Jean Paulhan. Les écrits de Marcel Havrenne sont dominés par l'humour qui s'exprime notamment dans l'aphorisme qui, avec lui comme avec nombre de surréalistes, a su prendre une dimension poétique :

> Le cri aigre du paon contrefait la roue qui grince.

> La mère de tous les vices porte aussi le rêve de toutes les cimes.

Il y a des mots qu'on pourrait tout juste écrire au verso des feuilles de vigne.

L'étincelle ne sait pas si elle vient de l'enclume ou du marteau.

Du point de vue de l'écureuil, c'est peu de chose qu'un ouragan dans une noisette.

Du proverbe au poème, le plus court chemin ne se découvre qu'avec l'âge.

Et ceci sur le calembour, terreur des manuels de convenance : « Le calembour, ce fils naturel de la métaphore, fait souvent penser au bricoleur qui décroche, en gaulant des noix, une étoile dont il ne sait que faire. » Quant au chemin le plus court du proverbe au poème, il a permis à Havrenne d'écrire :

> La pierre et la fleur deux moments
> d'une même pensée
>
> Diamant foudre obscure et cécité parfaite
> roses qui noirciront graminées têtes folles
>
> Toute chose visible dissimule
> un poignard de beauté une demeure sûre
> un message pour toutes les heures
>
> Un arbre toujours vert nous cèdera son ombre
> le temps d'un regard vaudra plusieurs vies
>
> Nous laisserons à l'eau courante
> le plus clair de nous-mêmes.

Ainsi, à Bruxelles, dans le Hainaut, des poètes surréalistes à leur manière propre comme Nougé, Chavée, leurs amis, une poésie originale fleurit en terre belge et qui est de tous les lieux de la création de langue française sans frontière.

Dans le même temps, une foule de poètes majeurs, d'esprit nouveau ou ayant, sans appartenir aux groupes, reçu le message des mouvements d'avant-garde, Dadaïsme ou Surréalisme, Modernisme ou simplement présence dans leur temps, ont honoré en Belgique le poème. Au fil de ces pages, nous les rencontrerons et ce seront des retrouvailles heureuses.

Trois Fortes Présences.

Se tenant à l'écart des écoles et des modes sans méconnaître cependant certains grands courants comme Dada, Paul Neuhuys (né en 1897) a longtemps souffert de l'oubli, mais voilà que cinquante-sept ans après son premier recueil (*la Source et l'infini*, 1914) parut, par les soins d'Alain Bosquet, *le Pot-au-feu mongol*; 1980, où Bosquet écrivait : « A une époque, où, en France, on finit par faire à quelques poètes belges la place qu'ils méritent, rien ne paraît plus légitime que de célébrer Paul Neuhuys. A quatre-vingts ans, il convient de dire sa particularité, sa pensée originale et caustique, son lyrisme pincé et chaleureux à la fois, qui n'a pas vieilli d'une ride. » A propos d'*Octavie,* 1977, le même écrivit : « Dans le domaine de la nostalgie sous cape, qu'a-t-on écrit de plus poignant et de plus gifleur depuis Apollinaire ? » Nous citons d'autres titres du poète : *Loin du tumulte,* 1918, *le Canari et la cerise,* 1921, *le Zèbre handicapé,* 1923, *l'Arbre de Noël,* 1927, *le Marchand de sable,* 1931, *Naissance d'Adonis,* 1932, *la Fontaine de Jouvence,* 1936, *Fables,* 1939, *Inutilités,* 1942, *le Secrétaire d'acajou,* 1945, *la Joueuse d'ocarina,* 1947, *l'Herbier magique d'Uphysaulune,* 1949, *les Archives du prieuré,* 1953, *Salutations anversoises,* 1954, *la Draisienne de l'incroyable,* 1959, *le Carillon de Carcassonne,* 1960, *le Cirque d'Amaryllis,* 1963, *les Poiriers de Béotie,* 1965, *Septentrion,* 1967, *Ça n'a encore une fois pas marché,* 1972. A l'originalité des titres répond la spécificité de l'œuvre.

D'origine suisse par sa mère, Paul Neuhuys descend du côté paternel d'une famille de peintres hollandais. Après le premier livre où, sous une forme classique, apparaissait déjà « Un cœur plein de rumeurs, un cœur plein de remords », la guerre passée, il se libéra de bien des contraintes sans jamais oublier l'harmonie et le rythme jusqu'au sein de ses poèmes les plus libres. Ainsi *le Canari et la cerise* marqua une étape dans la nouvelle poésie de Belgique, ce livre paraissant aux éditions Ça ira dont nous avons dit l'importance. Norge a écrit : « Ceux qui voudront découvrir des portraits de famille à ce poète prononceront les noms de Jean Pellerin, Max Elskamp, Jean de La Fontaine. Il n'y a cependant qu'une parenté d'effluves et en l'énonçant, il importe de souligner combien l'accent de Paul Neuhuys demeure tout personnel. » La Fontaine, on pourrait en trouver des signes dans cette suite de titres des années 30 : *Naissance d'Adonis, Fables,* et, pourquoi pas ? *la Fontaine de Jouvence.* Pour le situer, rappelons quelques noms cités par Bosquet qui complètent l'album de famille : Peter Breughel et Charles de Coster pour la tradition de satire, « un Jean Cocteau plus douloureux, plus profond, plus grave sous ses rictus », ou bien : « Il est à la poésie allusive et fantaisiste ce que Michel de Ghelderode est au théâtre. » Qu'il narre ou qu'il chante, qu'il célèbre ou qu'il décape, toujours conscient que « la poésie est un jeu dangereux », il invente et demande au mensonge de le préserver des « ordinaires vérités ». Cela ne veut pas dire que la délicatesse et le charme soient absents :

> En passant devant la maison natale
> je me suis arrêté un instant,
> et derrière les vitres embuées
> j'ai cru reconnaître l'enfant
> dont la fièvre avait orné de roses le front,
> et qui, blotti contre sa jeune mère,
> soupesait d'une main légère
> un orgueilleux soldat de plomb.

Même s'il se libère des contraintes, il a souvent célébré dans la ligne de la grande poésie pré-classique :

> Fille des temps nouveaux, Atalante, Atalante,
> ah, que la terre est belle où tu poses le pied.
> Les amours ont bâti la forme de ta robe

> pour l'antique grief qu'il nous faut expier...
> Mais quand ta nudité dans la forêt s'éloigne
> un long frémissement t'acclame comme une aube;
> les sources et les nids entremêlent leurs chants,
> et, relevant sa blonde boucle ébouriffée,
> la dryade Euridyce entend la voix d'Orphée.

S'il a de multiples visages, Paul Neuhuys sait les rassembler et toujours se ressemble. Ce qui lui est le plus permanent est la sensibilité même lorsqu'un ricanement la veut cacher. Il possède l'art des discordances comme chez Michaux et il est de ceux qui s'accommodent d'un vocabulaire de son temps pour en extraire une sorte de baroquisme crispé, à moins qu'il ne mêle savoureusement l'ancien et le nouveau : « A Thèbes, sur l'autoroute / la centauresse prend en croupe / le soldat qui s'en allait / revoir Ariane à Naxos. » Il s'apparente, nous le répétons, à maints poètes des époques baroques en y ajoutant les dimensions de l'humour et de la cocasserie. Il a toujours cette liberté qu'on trouva chez Max Jacob ou Desnos, un goût de la complainte burlesque, du jeu des mots, de l'insolite. Plus que poète du voyage comme un Cendrars, il tente d'attirer à lui les continents par quelque tour de passe-passe bien personnel en se donnant le luxe de donner l'apparence de la facilité sans être jamais facile. Se souvient-il du poème de La Fontaine, *le Quinquina*, lorsqu'il écrit *la Vénézuélienne* :

> Quinquina du Pérou ou belle enquiquineuse
> explosive vénézuélienne
> chocolatl tomatl tlatacacacuetl
> qui éclate en coloris criards

et ne reste-t-il pas un souvenir de Laforgue dans sa manière d'apprivoiser la nostalgie?

> Hamlet du romantisme
> étincelant causeur
> il meurt d'un rhumatisme
> d'un rhumatisme au cœur

L'œuvre coule comme un fleuve léger, s'arrêtant de temps en temps sur le tourbillon d'une pirouette verbale, reprenant une course sinueuse et livrant des rives surprenantes. S'il aime tant les acrobaties, c'est qu'il possède bien son instrument et veut en tirer les accords les plus inattendus avec parfois la gravité soudaine d'un Erik Satie dans ses moments les meilleurs. Dans un temps de négativité, s'il nage dans la mer Dada, il sait la transformer en eau de Jouvence, il sait que la poésie « nous défend / contre le sérieux de la vie ». Revenant toujours à ses sources, il dira que la vieillesse est pour lui sa « cantilène de Sainte-Eulalie », c'est-à-dire la naissance de la poésie dans notre langue. Parfois certains tours nous ramènent à certains jeux prisés par les surréalistes : « Octobre fait tomber d'une octave Octavie » ou bien « Une ville construite en pâte d'abricot. » Car Neuhuys est peintre comme ses ancêtres autant que musicien ici unis :

> Voire... avec Morisot, Laurencin, Valadon,
>   se contenter de voir
>   la fillette au panier, l'enfant au violon
>   et le nu au miroir

Nous le voyons se rapprocher d'Apollinaire, de Cendrars, de Larbaud ou de Morand, lorsque dans ses *Salutations anversoises,* en beaux distiques, il fait entrer dans son port le monde moderne :

> Le rire des typewriters emplit tous les matins
> les banques d'où l'on tire les chèques sur Berlin
>
> Les hommes ont des têtes drôlement équarries
> et les belles dactylos aiment les grasses espiègleries
>
> Des connaissements verts et de bleus télégrammes
> s'envolent dans le ciel et sont comme des âmes
>
> Un marin allume une cigarette Kentucky
> Un nègre frissonne dans ses habits d'Européen
>
> C'est la ville des filles de joie et des hommes de peine
> Sirènes paquebots pianos mécaniques.

L'étendue de son registre est telle que l'on voudrait tout citer. Grinçant ou tendre, acide ou fleuri, il ne complique jamais le poème et tout est nourri et substantiel, clair comme le jour et l'eau de roche réunis, en inflexions subtiles jusque dans le calembour; il est dans son temps en même temps qu'il ramène à lui tous les autres car les allusions à l'histoire et à l'histoire littéraire sont nombreuses et jamais pédantes, à peine effleurées. Dans tel *Roman* qui débute ainsi :

> Nicolas Pauvoiseau naquit en 1900
> d'une mère wallonne et d'un père flamand
> A six ans, cet enfant était si maladroit
> qu'en mangeant sa tartine, il se mordait les doigts
> Sur les bancs de l'école il rencontra Félix
> Félix qui de sa brève existence fut l'x,

ne nous rappelle-t-il pas Raymond Queneau? Les allusions à une biographie parfois imaginaire sont nombreuses, car l'homme Neuhuys est présent partout, le style étant l'homme même, l'homme épris d'un ailleurs plus fraternel, d'un ici-bas métamorphosé, d'une poésie nourricière où les mots chantent, dansent, font l'amour, se réjouissent même si c'est parfois pour ne pas pleurer.

Nous pouvons parler de régions Dada à propos de Clément Pansaers (1885-1922), ne serait-ce qu'en se référant à son premier titre : *le Pan-Pan au cul du Nu nègre,* 1920, que suivront *Bar Nicanor,* 1921, *l'Apologie de la paresse,* 1921, et le posthume *Sur un aveugle mur blanc,* 1972. Et aussi à ces lignes : « Dada ainsi qu'il m'est arrivé de le dire plaisamment consiste à coucher par écrit les choses qui ne tiennent pas debout. Dada instaure une puissance négative. Il invertit radicalement la direction de l'intelligence. Dada n'a rien de commun avec tout ce que vous en pensez, car Dada ne pense pas. » C'est lui qui a fait entrer Dada à *Ça ira* et Neuhuys accueillit le mouvement, lui consacra une étude ainsi qu'à Pansaers, publia un numéro sur *Dada, sa naissance, sa vie, sa mort*. Comme l'écrit Serge Fauchereau, « tous les vers de Pansaers sont une insulte au bon sens et aux idées reçues » et il cite :

hantise quand même de la marescence à la ménopause en médiation désespérante sur la déhiscence plongeon dont le mirage arriver trop tard inutile à coller son image dans la moelle coagulée de sa maîtresse et dès lors crénom de mâle femelle pas le moindre amalgame

Liliane Wouters a donné un inédit fort significatif dont voici le début : (titre : *Positions respectives de NGC 205 et de Centaurus A*) :

>   *(quand faut-il jouer les*
>   *femelles?)* Dracula, son cheval
>   — samedi
>   sans ascenseur,
>   Lower Sloane Street : les os rêvés
>   par une breitschwang
>   swakara, toute à
>   ses bracelets
>   en altuglass, la
>   bouche à la dérive — singapore gin
>   sling, *You Can't Always*
>   *Get What You Want*, fumée zen...

Avant son entrée à *Ça ira*, Clément Pansaers avait fondé *Résurrection*, de tendance pacifiste en pleine occupation allemande (1917) et ses contacts avec *Littérature* sont de 1920. Georges Hugnet écrivit : « Poète d'une très libre inspiration et d'une verve spécialement cynique, il meurt jeune et laisse inédits des manuscrits qui existent, entre autres *Lamprido* (roman) et *Je blennorrhagie* (poèmes). » Pansaers fut sans doute de tous les dadaïstes le plus irréductible.

Dans *les Innocents* de Fernand-Louis Berckelaers connu sous le nom de Michel Seuphor (né en 1901), Seuphor étant l'anagramme d'Orpheus, nous avons recueilli quelques phrases qui situent ce créateur aussi exceptionnel que méconnu :

... Mais le premier quart de ce siècle nous a également apporté le dadaïsme. Sous les dehors de l'aventure et de l'insolence, il cachait une préoccupation profonde d'innocence et de détachement qui devait laisser des traces indélébiles dans les lettres et les arts de création.

Faites chanter la philosophie! Faites-la sortir de vos urbanisations de théories si bien réglées! Elle étouffe dans vos belles demeures de pierre faites pour l'éternité. Je demande qu'elle respire, qu'elle aille au grand air...

Quand ton ami devient gourou, fais-toi kangourou. Quand il se croit maître, retourne à la poussière, fais-toi millimètre. Lorsque partout autour de toi, tu ne vois que des dieux, enfonce-toi dans ta coquille, bien au fond, afin de te défaire de ce qui te reste encore et en sortir clown...

Nous pouvons parler de plus de soixante années d'activité inlassable au service de l'art et de la poésie. Dès les années 20, il participa aux mouvements de l'avant-garde des poètes et des peintres, déployant un éventail immense touchant au dessin, à la peinture, à l'esthétique, au roman, à la poésie. Marqué à ses débuts par le Dadaïsme, puis par le Surréalisme dont il a largement répandu les messages, et cela avec un dynamisme étonnant, fortifié par une foi sans failles, de l'humour, de la fantaisie, de la grâce, dès ses premiers livres. Nous citerons : *Te Parys in trombe*, 1924, *Carnet bric-à-brac*, 1924, *Seuphor en or*, 1924, *Cabaret*, 1925, *Diaphragme intérieur et un drapeau*, 1926, *Lecture élémentaire*, 1928, *l'Ardente Paix*, 1936, *Christophore et fête*, 1944, *le Silence*, 1944, *le Feu sur la montagne*, 1945, *Poème d'amour*, 1946, *Nus dits*, 1948, *la Vocation des mots*, 1966, *Brefs*, 1968, *Paraboliques*, 1968, et tous ses livres portent l'empreinte du poète, essais sur l'art, l'esthétique. Signalons que Jean-Michel Place, prenant le relais de maints éditeurs discrets, a publié une quinzaine d'ouvrages de lui ainsi que la réédition en fac-similé de ses revues : *Het Overzicht, Documents internationaux de l'esprit nouveau, Cercle et carré*.

A son propos, Gilles Plazy écrivait en 1978 dans *les Nouvelles littéraires* : « ... Avec un humanisme qui lui vient de Dada, dont il fut l'initiateur en Belgique, une fantaisie sans doute naturelle, une grâce acquise au cours d'une déjà longue vie de travail et de méditation, Michel Seuphor appartient à cette lignée de moralistes qui tient dans notre littérature le rôle de colonne vertébrale et dont les plus importants fleurons sont aujourd'hui René Char et E. M. Cioran. Avec eux, Seuphor compose une sorte de trinité : à l'humanisme poétique de l'un et au scepticisme ironique de l'autre, il apporte sa légèreté de ludion chinois. » Il faut avoir rencontré son personnage qui lui ressemble, par la sagesse et le rire, Dieudonné Calf, pour rencontrer l'innocence et la transparence, des messages qui littéralement donnent à vivre et à espérer au-delà des fureurs apaisées. Toute cette œuvre semble vouloir nous conduire au bonheur extrait des jours sans la facilité habituelle et l'optimisme reposant sur le vide.

Tous les peintres de notre temps jalonnent la vie de Seuphor, lui-même plasticien et nous n'en finirions pas de citer les Mondrian, Arp, Duchamp, Sonia Delaunay, etc. A le lire, on en vient à penser que le créateur le plus passé sous silence sera sans doute le plus durable et nous parions sur son avenir. Dans le lit de la prose, le poème apparaît tout naturellement. Il peut être onomatopée joyeuse, rire en lettrisme, Dada souriant, il reste toujours amitié des mots et des hommes comme dans cette « lyromanie pour Marcel Janco », *les Vieux Amis :*

janco hinco yinco colo

janco hinco tajmahal

janco colomayo trogo

janco calamistero

les vieux amis sont des crocodiles qui traînent un peu partout dans la maison et qui de temps en temps vous mangent un membre cru.
les jeudis treize à marée haute ils se mettent sur le dos afin que l'on fasse cuire comme un miroir leur ventre vertueux.

les vieux amis sont des maisons très hautes qui cachent une partie du ciel mais font très bien dans le paysage. Les soirs d'automne leur éclairage embaume tout alentour.

Ils peuvent être tout ces vieux amis : boutiques pleines de monde ou topinambours, toboggans, lacs ou hirondelles. Seuphor, c'est l'imagination sans frein, la création en liberté, la rigueur qui se cache derrière la simplicité. Il est le vagabond romanesque, poétique et moral (sans moralisme) qui va sur les chemins verts de la pensée, « artiste en marge de toutes ces compétitions de puissance, de préséances, d'orgueils » mais qui brigue la perfection, perfection « De quoi ? D'un jeu, d'un rêve, d'une mesure, d'un charme qui est en lui et qui, en quelque sorte, le porte. » Gilles Plazy : « Et point besoin d'aller en Orient pour rencontrer ce tendre bonze. » Qui sait si quelque jour les éducateurs en mal de message n'iront pas vers lui qui redonnerait le goût de vivre à un cadavre. Lisons encore :

L'incertitude est le lieu de toutes les naissances. L'hésitation, le trouble de l'esprit, le doute profond, tels sont les véhicules de la clarté.
Forge tes graines sur l'enclume des mots, frappe-les au coin de ton innocence.

— Quel dommage qu'Innocence ait cessé d'être innocence.
— Elle est toute où nous sommes, dit Calf.

L'œuvre de Seuphor est bien une leçon d'innocence puisée aux sources du plus grand bouleversement esthétique et social qui ait eu lieu. En 1926, au micro de la tour Eiffel, ces mots de Paul Dermée : « Un tour de force esthétique que seuls Picasso et Braque avaient réussi en peinture... Seuphor a placé dans ses poèmes *(Diaphragme intérieur)* des phrases-types de conversation, des exclamations populaires, de robustes pièces de monnaie de circulation quotidienne — et il a réussi à créer, avec ces éléments naturels, autour d'eux, de libres et d'émouvants poèmes. » Et Edmond Humeau : « Le burlesque vous tient souvent aux côtes quand la sagesse étouffe à déchausser la vigne des lieux-communs. Il en résulte une métaphysique rafraîchissante, une philosophie souriante qui s'apparente aussi bien à la générosité franciscaine ou bouddhique qu'au détachement d'un Spinoza. » Écoutons encore ce message :

Construire c'est faire un pont
entre ceci et cela.
Jouer aussi c'est faire un pont
entre connu et inconnu.
Et voici venir le temps
où toute structure sera jeu,
tout jeu sera structure.

Nous terminons sur ces lignes avec le vœu qu'on lise Michel Seuphor, car il y a plaisir à Seuphor, calme et souriant Orphée qui peut nous apprendre à nous aimer en aimant le monde et les arts du monde.

Dans ce chapitre, nous avons donc rencontré les poètes surréalistes belges ainsi que des poètes issus du Dadaïsme ou des courants nouveaux. Il est indispensable d'ajouter à ce propos qu'une étonnante floraison de poètes renouvelant l'art poétique s'est produite en Belgique, surtout à partir des années 20, dans la période qui a suivi le Symbolisme, une floraison et même une « forêt poétique » dont nous rencontrerons les grands arbres dans le troisième volume de cette *Poésie du vingtième siècle* où figureront des contemporains des poètes que nous avons entrevus ici. Certains, sans appartenir à aucun groupe, ont fortement ressenti les influences nouvelles, à moins que, et c'est le cas de plusieurs, ils n'aient eux-même tracé de nouvelles voies.

2

Avenues et ruelles du Surréel

Jacques Baron et *l'Allure poétique.*

Fidèle à lui-même, Jacques Baron (né en 1905), lorsqu'il réunira ses poèmes de 1924 à 1973, en 1974, leur donnera le titre du premier recueil, *L'Allure poétique,* publié cinquante ans plus tôt. S'y ajouteront les œuvres des années : *Paroles,* 1923-1927, *Peines perdues,* 1933, *Je suis né...,* 1952, *l'Imitation sentimentale,* 1956, *Nouveautés d'hiver,* 1974. Ajoutons qu'il publia des romans comme *Charbon de mer* et *le Noir de l'Azur* ainsi qu'un livre sur *l'An I du Surréalisme, suivi de l'An dernier.*

Participant à l'aventure surréaliste, à travers ses différentes œuvres et leurs métamorphoses, il en gardera la magie imagée jusqu'à travers ses inflexions les plus émues, un certain humour au spectacle d'une vie qu'il cherche à comprendre sans bien y parvenir, disant « l'histoire d'un homme qui se demande continuellement ce qui se passe et ne trouve pas de réponse satisfaisante, ni en lui-même ni au-dehors », à quoi s'ajoutera une humanité concrète et colorée sans que soient oubliées les cascades d'images. S'il quitta le Surréalisme en 1929, son empreinte restera qui est celle d'une génération. Dans son premier recueil, de 1924, nous choisissons le début du poème *Futur* pour donner une idée de son art de l'époque :

Demain on vendra des cerveaux de poètes dans de grands bocaux de lumière
des Peaux-Rouges accourront en portant la tête de leurs vaincus au bout des
    piques
les maisons tendront leur visage vers l'horizon riant
la mer décrira les cercles du décor
les étoiles se réuniront sur une montagne pour former un immense bouquet
    qui inondera la terre
et la plus belle femme du monde dansera sur le ciel comme une blessure saignante

On voit qu'il demande à la poésie d'être somptueuse, une poésie « comme un jour de fête » où l'on cherche le beau avec quelque repli parfois vers le désir de chantonner son humour et de jouer du coq-à-l'âne ou de la fatrasie, si ce n'est d'écouter un *Inconnu* :

> Il disait mes lèvres sont des grappes monstrueuses
> des panthères qui chantent
> plus douces que les oiseaux si doux de la colline
> et les taureaux sanglants des gros nuages obscurs

Ce ton, il le gardera dans *Paroles* et les œuvres suivantes en ajoutant à une vision cosmique une humanisation tout en se dépouillant peu à peu de quelques vaines parures. Il semble sans cesse prendre du recul pour regarder sa vie couler, pour regarder le spectacle des hommes :

> Le village flambait des chants des matelots
> Les vagues repliaient leurs sournoises rumeurs
> Les enfants écaillaient des poissons sur la grève
> Et le soleil dorait la peau des jeunes filles

Il sera contemplateur de visages, dira le spectacle de la rue, rêvera sur les hauteurs de la vie et verra la nature comme un reflet de l'humain à moins qu'il ne chante les nuits blanches ou l'amour d'une femme « plus belle qu'un roseau ». Un recueil comme *Je suis né...* porte dans son titre son projet : « Où est mon âme ? » demande-t-il dès le premier poème et si passe quelque hareng saur dans le souvenir de Charles Cros ou quelque éléphant, quelque jeu des mots (« Un escargot un escabeau un cabestan »), on le sent porté vers la simple interrogation humaine et vers la confidence, la méditation :

> Et pourtant c'était le jour
> Qui soulevait toute pierre
> Et c'était la voile au vent
> du temps qui passe en riant
>
> Sous les aveux enlacés
> à travers un âge d'homme
> S'enfuit cette ombre irritée
> de la statue que nous sommes

Les Quatre Temps, 1956, s'ouvrent sur un long poème en quatrains d'alexandrins qui seraient classiques si Baron ne s'autorisait des libertés au nom de l'humour et du burlesque :

> Comme c'était midi, les terrasses sans rides
> Des cafés exhibaient leurs lourds apéritifs
> Les poètes crachaient sur eux des fleurs splendides
> D'autres se partageaient la gloire des rosbifs

Mais toute peinture imagée débouche bientôt sur une vision de l'homme situé dans un univers où l'animal offre ses contrastes, et sur un retour à soi-même comme dans ces grands poèmes, odes voyageuses intitulées *les Grenouilles du Barada* ou *le Salut éternel* où le chant s'amplifie comme dans les grands poèmes d'Apollinaire *(Zone)* ou de Cendrars *(le Transsibérien)* avec une vision qui peut rappeler celle des poètes unanimistes mais amplifiée par la vision totale de splendeurs multiples rebondissant d'un vers à l'autre, avec toujours le retour à soi-même :

Je suis rentré très tôt en moi-même et je me suis projeté au-dehors, les mains en
   avant, paumes ouvertes, — les mains d'un aveugle —
Je me suis jeté, le corps et l'âme, à des milliers de milles salés et j'ai trouvé au
   point de chute, une forme étendue sur des milliers de vagues, sur les pointes
   des chapeaux blancs qui couvrent les têtes folles des vagues.

Partant du Surréalisme, Jacques Baron en est venu à une expression totale de la poésie par l'union de ces contraintes que sont le concerté et l'involontaire. On le voit encore dans *l'Imitation sentimentale,* 1956, où passent des muses, des dames, des plaisirs d'amour en souvenirs tendres ou sensuels, poèmes, lieds ou même sonnet sur un air de Rimbaud : « Comme je descendais les fleuves ravissants... » avec quelque souvenir de Max Jacob : *Depuis que Monsieur Papazoff est arrivé à Paris...,* ou bien il chante *André Derain* dont sa poésie a souvent les couleurs. On le voit encore dans *Nouveautés d'hiver,* 1974, recueil en clair-obscur où se subliment les jeunes et vieilles amours, où l'on interroge le jour :

> Jour qui se repose de ma nuit différente
> De ma nuit de miroir tournant aux ombres longues
> Après le cri d'amour je te perds pour te voir
> Jour plus divisé que l'ombre de ma vie

Jacques Baron, d'origine bretonne, fut, tour à tour, marin de la marine marchande, marin de la poésie tant elle offre de poèmes d'errance, de navigation et de découvertes, puis journaliste à la radio. Bédouin put écrire : « Baron reste, après cinquante ans d'aventures, un passionné de la vie, adversaire souriant des raseurs. » Souriant à la vie non parfois sans quelque mélancolie, d'*Aventure* la revue de Vitrac, de *Littérature* des surréalistes à aujourd'hui, ce poète amical reste une belle figure de notre aventure-poésie. « Le surréalisme, répète-t-il, c'était la fête, vous savez... »

Maxime Alexandre et *le Mal de nuit.*

Maxime Alexandre (1898-1976) serait-il le mal-aimé du Surréalisme, celui qu'on oublie dans les anthologies ou que l'on ne mentionne qu'en trois lignes ? André Breton lui-même le cite parmi les étrangers au Surréalisme alors qu'Aragon le cita parmi les précurseurs. Son premier ouvrage, *le Corsage,* 1931, parut bien aux Éditions surréalistes et il sera suivi de *le Mal de nuit,* 1935, *Sujet à l'amour,* 1937, *les Yeux pour pleurer,* 1945, *la Peau et les os,* 1956, sans oublier en prose *Hölderlin le poète,* 1942, au théâtre *le Juif errant,* 1946. Il fut bien parmi les signataires et les contributeurs du mouvement et sa poésie gardera toujours un éclairage surréaliste. S'y ajoutera, comme chez Jacques Baron, une vision humanitaire, confidentielle, au bord de l'élégie :

> Je pleure de ne pas voir
> Je pleure de ne pas aimer
> Aveuglé je regarde le jeu des enfants
> Je vois sans voir et je chéris sans aimer

> Je vois le corps nu de la terre
> Son mystère et sa vérité
> Les oiseaux en paix et les forêts immortelles
> Et la bouche pure je publie la complainte

Dans *la Révolution surréaliste*, aux côtés de Jean Koppen, Georges Sadoul, André Thirion, Benjamin Péret et d'autres, ne fut-il pas de ceux qui, scandaleusement, dénoncèrent les valeurs les plus établies? Mais peut-être put-on lui reprocher de dépouiller sa poésie des prestiges premiers, d'aller vers de plus en plus de simplicité et de ne garder du Surréalisme qu'un halo, un charme orientant seulement sa poésie. Nous n'éloignerons pas des rives de la poésie celui-là qui écrit :

> Ô verdure vagues sans fin feux follets d'une lisière
> Où paraît la belle bête blanche aux cornes de cristal
> Les yeux du berger annoncent une moisson ardente
> Le charme des ailes sur le gazon d'un rêve.

Pierre de Massot entre Dada et Breton.

C'est Francis Picabia qui introduisit ce jeune Lyonnais, Pierre de Massot de Lafond (1900-1969) auprès de Tristan Tzara et des milieux Dada, l'accueillant chez lui à Paris après qu'il eut reçu son poème *Suite cocasse en ut mineur*. Dès lors, il participa au mouvement et collabora aux revues, eut des relations d'amitié avec Marcel Duchamp et Érik Satie. En 1922, il se révéla comme le premier historien de Dada en publiant *De Mallarmé à 391*, suite d'études sur Apollinaire, Cendrars, Max Jacob, Cocteau, Radiguet, Picabia, etc. Bientôt en contact avec André Breton qu'il admira et aima jusqu'à être bouleversé par sa mort à laquelle il ne survécut guère, il resta réservé à l'égard de l'expression poétique surréaliste mais partagea les positions révolutionnaires du groupe, signant par exemple le manifeste *la Révolution d'abord et toujours* en 1925. Ses premiers poèmes furent disséminés dans les petites revues comme *Écouen-nouvelles, la Vache enragée, Mécano, Manomètre, la Nervie, les Feuilles libres* ou *391*. Il consacra des études à *Saint-Just ou le divin bourreau*, 1925, *Étienne Marcel, prévôt des marchands*, 1927, *Francis Picabia*, 1966, *André Breton ou le septembriseur*, 1967, ainsi que plusieurs essais. Sur le plan poétique, citons : *Soliloques de Nausicaa*, 1928, *Cinq Poèmes*, 1946, *Mots clés des mensonges*, 1954, *Tiré à quatre épingles*, 1959, *le Mystère des mots*, 1961. Journaliste, militant communiste, il démissionna de son parti après les événements de Budapest. Jacques Baron put le dire « le moins connu, le plus perdu des poètes de la première époque surréaliste » et parler du « cri d'amour au fond d'un abîme ». Au contraire de ses amis qui ont presque tous trouvé une large audience, on ne connaît guère ses plaquettes de petits tirages, une trentaine d'exemplaires, tirés pour ses amis. Picabia, Duchamp, Cocteau, Picasso, Braque, Villon l'illustrèrent, Gide le préfaça. Voilà bien un poète qui devrait susciter études et publications afin qu'il lui fût rendu tardive justice, des témoignages comme ceux de Jacques-Henry Lévesque, Michel Perrin, André Breton, Jacques Baron, Poupard-Lieussou (voir le numéro de *Poésie 1* consacré à Baron, Massot et Soupault), Jean-Louis Bédouin. Si cette poésie, au fil d'une vie, se métamorphose, de quelque *Mode d'emploi pour Rrose Sélavy* pétri d'humour à des poèmes du cœur mis à nu, à une « bien-aimée d'un autre monde » jusqu'à de courtes séquences, partout il y a une vibration intense, un besoin d'effusion et l'on comprend que Breton l'ait lu « soulevé d'un flot d'émotion ». Voici la fin d'un *Poème* pour Georges Auric, en 1923 :

> Toutes les fleurs de tous les mondes et nos lèvres
> pour que s'exhausse une aube à jamais sans éclat
> idéal vouloir s'endormir comme une étoile
> sur la plage où s'allume un incendie de glaives
> chaque soir quand les cuirassiers baisent ton bas.

En 1932, il demande « Fantômes de l'Amour qu'êtes-vous devenus ? » et, en mots sonores, avec des jurons au besoin, apporte sa révolte et se dit déserteur. Dans *Cinq Poèmes*, en 1943, on peut trouver encore révolte et douleur devant la Mort ou bien rencontrer des Esquimaux dans leur igloo, tandis que, dans les années 50, il donne des poèmes brefs, de trois à cinq vers, parfois presque des haïkaïs comme *Chat* :

> Monarque oriental aux yeux pailletés d'or
> perché comme un pacha sur un chaud mirador
> le cher chat chercheur dort

On le voit jouer de l'allitération dans les deux vers de *Mythologie* : « Si l'opale a pâli dans l'eau ô Palès / ne pardonne jamais aux plâtres qui te laissent », mais nous n'oublierons pas les poèmes-jeux comme celui-là pour Marcel Duchamp :

> Un cœur de pierre dans une poitrine de veau
> Un homme de paille dans une maison de verre
> Une fille de joie dans un train de plaisir
> Une bille de clown dans un homme de peine
> Une gueule de raie dans un panier de crabes
> Une queue de morue dans un enfant de chœur

Et non plus ceux plus graves et plus imagés à la fois, comme ce poème : *De tout repos*, 1962, dont voici les dernières lignes :

> Une feuille de saule respire dans l'eau de la Mer Morte
> et sa pâleur a la douceur de ton épaule
> et du vent bleu des nuits septentrionales
>
> Promets-moi de me cacher le soleil
> avec la dentelle cruelle de ton sourire

Georges Hugnet et *le Chèvre-feuille*.

Georges Hugnet (1906-1975), s'il a fait partie du groupe surréaliste, en a connu quelques orages. Dans son appartement-librairie du boulevard de Montparnasse où foisonnaient les livres rares et les œuvres d'art, il réunissait les artistes et poètes surréalistes autour de Hans Bellmer et Paul Éluard et comptait des amitiés fidèles comme celles de Max Jacob et Jean Cocteau. En plus de ses livres de poèmes, il a laissé des témoignages, publiant dès 1934 une *Petite Anthologie poétique du surréalisme,* puis *l'Aventure Dada,* 1957, *Anthologie Dada,* 1971, *Pleins et déliés,* 1972, *Dictionnaire du dadaïsme,* 1976. Parmi ses nombreuses publications poétiques, nous citons *40 Poésies de Stanislas Boutemer,* 1928, *Droit de varech,* 1930, *Ombres portées,* 1932, *l'Apocalypse,* 1932, *Enfances Onan,* 1934, *Non-Vouloir,* 1942, *la Sphère de sable,* 1943, *le Chèvre-feuille,* 1943, puis, après un temps de silence, *Ici la voix,* 1954, longue rhapsodie en vers libres mêlés de strophes classiques dont les thèmes sont ceux de l'occupation allemande, du marché noir, des crimes nazis, et que suit une série de proses, *les Revenants futurs* au ton de pamphlet contre le marasme des arts et les poncifs des temps actuels. Jean Rousselot dit : « C'est peut-être avec ces derniers textes, d'une souple et scintillante écriture, chargés d'images insolites, fantastiques et parfois terrifiantes, qu'il a apporté sa contribution la plus sûre et la plus profonde au surréalisme. » Dans ses autres poèmes, nous avons tout particulièrement remarqué ses portraits en poèmes de peintres comme Hans Arp, Hans Bellmer, Marcel Duchamp, Max Ernst, Leonor Fini, René Magritte, Joan Miró, Pablo Picasso, Man Ray. Lisons cet extrait de *Pablo Picasso* :

> La forêt belle comme un rendez-vous
> attend la feuille qui court folle au bras de l'espoir.
> Chaque buisson détient la soie ou le velours
> qui vêtira la vagabonde.
> Et le silence compte sur ses doigts.
> Mais valsez tournesols aux squelettes de tziganes.

Certains poèmes, comme celui qu'il publia dans « l'Honneur des Poètes » sous le nom de Mado le Bleu paraissent bien discoureurs et prosaïques, c'est qu'ils correspondaient au besoin d'une expression immédiate. Mais les proses d'*Ici la voix,* inspirées aussi par l'événement, sont souvent de parfaits poèmes :

> Les fontaines chantent. Dans la salle de bal, on entend le bruit des jupes et des jupons, des velours et des soies, des rires et des cristaux. La fougère déroule ses plumes d'autruche. On danse au ministère de la Marine. Dégustation d'huîtres et de coquillages sous l'églantine et le chèvrefeuille. Le bouton d'or et la jacinthe, la violette et le narcisse vivent avec leur temps. Les feuilles de l'an passé régatent, vent arrière, sur l'eau des bassins...

Yvan Goll, surréaliste parallèle.

Curieuse destinée que celle de cet Alsacien, Yvan Goll (1891-1950) qui publia ses premiers poèmes en langue allemande, participa en 1912, à Berlin, aux activités expressionnistes avant de se réfugier en Suisse en 1914. Lié à Stefan Zweig, Pierre-Jean Jouve, James Joyce, Hans Arp, il participa aux mouvements pacifistes, se rapprocha des mouvements d'avant-garde comme Dada tout en restant un poète lyrique comme en témoignent ses

Élégies internationales, 1915, à la fois pamphlet et réquisitoire, son *Requiem pour les morts de l'Europe,* 1916, dédié à son grand ami Romain Rolland. En 1917, il s'allia à Claire Studer, traductrice en allemand de Jouve et qui serait le poète Claire Goll. En 1919, Goll traduit en allemand Mallarmé, Claudel et Whitman, les poètes russes Alexandre Blok, Andréi Biély, Essénine et Maïakovski son ami, ainsi que Georges Trakl. La même année il fait paraître deux anthologies réunissant l'une les poètes allemands, l'autre les écrivains français, tous pacifistes, de Romain Rolland aux poètes de l'Abbaye et de l'Unanimisme. Il écrit aussi des pièces qui préfigurent le Théâtre de l'Absurde. Le couple s'installe à Paris où l'on rencontre, au café Certà, Breton, Tzara, Éluard, Aragon, Soupault, Albert-Birot, tandis qu'il fréquente d'autres mouvements comme les Ultraïstes de Madrid ou les Zénitistes de Zagreb. En 1922, il publiera une grande anthologie, *les Cinq Continents,* groupant les plus grands poètes du monde.

Il est à noter que dès 1919, dans une étude sur Mallarmé, il écrivait : « L'œuvre d'art doit surréaliser l'actualité... Le poète doit chanter la surréalité... », qu'il précisa cet appel au Surréalisme dans les préfaces de ses œuvres théâtrales et qu'en 1920, sans la moindre affiliation avec André Breton, il publia dans une « Collection surréaliste », que le n° 1 de sa revue *Surréalisme* précéda de quelques jours le manifeste de Breton avec qui, lors d'une soirée de « danses surréalistes », il échangea des coups de poing avant de devenir, le temps ayant passé, son ami, puisque Breton collabora à la revue américaine de Goll, *Hémisphères,* et qu'il préfaça une traduction de Césaire par Goll en langue anglaise. Il fut donc, Goll, le maître d'un surréalisme parallèle.

Après 1921, l'activité des deux poètes, Claire et Yvan, fut incessante, les amitiés nombreuses : André Malraux, Max Jacob, Marc Chagall, Albert Gleizes, Robert Delaunay, Fernand Léger, Foujita, etc. Parallèlement aux pièces, aux traductions, des poèmes comme *le Nouvel Orphée,* 1923. Antonin Artaud jouera dans la pièce Mathusalem. Puis ce seront, après l'aventure de la revue *Surréalisme* des *Poèmes d'amour,* 1925, en dialogue avec Claire Goll, *Poèmes de jalousie,* 1926, *Poèmes de la vie et de la mort,* 1927, *Chansons malaises,* 1934, et surtout ce cycle de *Jean sans terre* auquel Goll travaillera sans cesse durant des années et dont paraîtront dès 1936 de multiples versions. On ne saurait tout citer, mais il faut indiquer les poèmes sur Cuba, ceux du cycle américain : *l'Élégie d'Ihpetonga,* 1949, *le Mythe de la roche percée,* 1947, *le Char triomphal de l'antimoine,* 1949, suite de sonnets occultes, il faut signaler la création de revues éphémères comme *Apollinaire* ou *Jeune Europe,* sans cesse des traductions par Goll de poètes essentiels, sans cesse la traduction des poèmes de Goll (*Chansons malaises* en douze langues) et de nombreux romans sur « le désordre du monde moderne », œuvres satiriques et lyriques comme *Sodome et Berlin,* 1929, ou *Lucifer vieillissant,* 1934, et encore des œuvres poétiques comme *les Géorgiques parisiennes,* 1951, *les Cercles magiques,* 1951, marqués par une inspiration cosmique, magique, alchimique, un livret d'opéra, *Phèdre,* 1948. Il entreprend de nouveaux cycles de poèmes comme *Baala, Multiple Femme* en français ou, en allemand, *Neila, Das Tramkraut,* et tant d'inédits de celui qui a voulu, selon la parole d'Éluard, « réduire la différence qu'il y a entre le monde et nous ». Éluard devait être particulièrement sensible à maints poèmes d'amour comme :

> Tes cheveux sont le plus grand incendie du siècle
> Ton front est l'écran où passent les secrets des hommes
> Tes yeux sont deux diamants fixés dans les orbites du Sphinx
> Tes lèvres des yoles jumelles qui dansent sur la Mer Rouge
> Quand tu parles les acacias fleurissent
> Quand tu pleures il y a éclipse de soleil
> Mais quand tu souris naissent de nouvelles étoiles.

Ou bien à la douceur aromatique de *Chansons malaises* :

> Je veux parfumer l'aube comme l'anis
> Pour que ton cheval trouve plus vite
> Le sentier de ma solitude
>
> Je veux être plus faible que le nuage
> Suspendu au-dessus du volcan
> Et qui tombe au premier souffle du vent
>
> Plus douce que la pistache verte
> Tes dents aimeront me broyer
> Me mêler à ta chair

Peu avant sa mort (il fut emporté par une leucémie), s'identifiant au personnage de son long poème, il disait, désabusé : « Jean-sans-Terre meurt avec un cœur français, un esprit allemand, un sang juif et un passeport américain. » Des poèmes dans le goût expressionniste au ton tendu, lyrique, pathétiques, aux images neuves, portant ses convictions humanitaires aux multiples poèmes de l'amour partagé et à ceux de la recherche ésotérique, des pièces annonciatrices d'un nouveau théâtre à ses romans audacieux, Goll offre une vaste stature de poète mondial. Il était Jean le Feu, disant : « J'ai mis le Feu à la forêt de mes ancêtres. » On écoute cet *Ars poetica 1945* :

> Voici Poète le château où tu résideras
> Comme au cœur d'un diamant aux 72 facettes lumineuses
> Château magique Diamant dialectique
> Que Raziel édifia et tailla

L'Antirose, par Yvan et Claire Goll, en 1965, reprend ce dialogue amoureux d'« un couple immortel, un Tristan et une Yseult de l'ère de l'atome » comme écrit Paul Guth, poèmes tendres, avec de beaux éclats à défaut d'une constante originalité. Veuve, Claire Goll défendra la mémoire du bien-aimé, publiant encore son *Élégie de Lackawanna* qui s'inscrit dans le cycle américain, de même qu'elle poursuivra une œuvre personnelle dont nous parlerons. L'élégie d'Yvan Goll apporte le meilleur de lui-même, sa féerie imagée, en marge du Surréalisme, son aspect poète errant cherchant à sonder l'insondable, visionnaire à la conscience sociale en éveil :

> Amérique prends garde aux venins verts du lierre indien
> Aux plumes de coqs déjà plantées dans ton échine

> Prends garde au triangle de l'oiseau nickelé
> J'entends tes fleuves frapper leurs écailles de cuivre
> Et les oreilles de tes moules emplies
> Du suicide éternel des eaux et de la créature

Plus que tout autre poète, Yvan Goll a participé de l'univers, a su écrire en français, allemand, anglais, lancé des mouvements littéraires, le dernier en date étant le Réisme dont Maurice Nadeau publia le manifeste dans *Combat* en mars 1950, après la mort du poète, uni les éléments de la culture poétique internationale par ses traductions incessantes, milité pour le pacifisme, écrit une œuvre personnelle en utilisant tous les moules possibles, donné au théâtre de nouvelles ouvertures, au récit et au roman de nouveaux chocs. Cependant, ce poète singulier et divers est généralement délaissé (voir ses *Œuvres* chez Émile-Paul), souvent oublié dans les meilleures anthologies. Comme quoi un poète multiple, de dimension mondiale, traçant l'épopée de l'homme d'aujourd'hui, peut être oublié dans le siècle même où il est apparu : ce n'est qu'une injustice parmi tant d'autres en un temps voué à la parfumerie plutôt qu'au chant profond.

Compagnons surréalistes.

Pierre Unik (1910-1945) adhéra au Surréalisme en 1925 et fut, en 1927, avec Aragon, Breton, Éluard et Péret, un des signataires de la brochure *Au grand jour* marquant l'engagement des surréalistes en faveur de la révolution sociale et d'une activité politique militante. Il signera d'autres tracts comme celui soutenant Charlie Chaplin, collaborera aux revues, entre autres *Variétés* à Bruxelles. En 1932, il suivra Aragon et Sadoul dans leurs activités au service du parti communiste. Prisonnier des Allemands durant la guerre de 1939, il disparaîtra en 1945 après s'être évadé d'un camp de prisonniers en Tchécoslovaquie. Ses œuvres sont *le Théâtre des nuits blanches*, 1934, et le posthume *Chant d'exil*, 1973. Purement surréalistes, ses poèmes, très imagés, oniriques, unissent un monde imaginaire, comme celui de son « château de cartes » à un monde réel, tragique où passent tribunaux, prisons, casernes, écoles :

> des grammaires abyssales enseignent l'A B C des profondeurs
> où la lumière est   mais oui la lumière
> un vain mot
> des huissiers circulent aux confins des atolls
> un jour un courant pas encore étudié emportera les bancs du tribunal
> parmi les flots d'encre des seiches

à moins que ce ne soit un monde déserté, celui de *la Société sans hommes* dans un univers soumis aux puissances végétales avec leur « ardeur visqueuse et verte » :

> alors se présente à mon esprit avec une intensité bouleversante
> l'absurdité des groupements humains
> dans ces maisons pressées l'une contre l'autre

comme les portes de la peau
parmi le vide poignant des espaces terrestres

Pierre Naville figura parmi les surréalistes, avant de se séparer à la fois d'eux et des communistes pour exercer son activité dans les cercles communistes d'opposition. Henri Pastoureau (né en 1912) sera dans le groupe de 1932 à 1950. Il est l'auteur notamment de *le Corps trop grand pour un cercueil,* 1936, *Cri de la méduse,* 1937, *La rose n'est pas une rose,* 1939. On peut lire dans son premier recueil que préfaça André Breton :

une fois mort on mettra un dirigeable sur mes yeux
je partirai par la porte du sud-ouest
j'entrerai dans le petit café-tabac où l'on vend de si beaux dés à coudre en chair
   d'enfant nouveau-né
un repas me sera servi dont je ne mangerai rien

Il semble un peu partout dans son œuvre être lié à la mort, une mort qui continue à vivre à sa manière, dans le rêve, à être la sœur du sommeil « par-dessus les collines dangereuses » quand « une femme aux yeux fidèles / sème ses lèvres au vent ».

« Surréaliste révolutionnaire », Jehan Mayoux (né en 1904) eut, en marge de son activité de professeur et d'inspecteur de l'enseignement, une intense activité sociale, s'occupant de syndicats au temps du Front populaire, refusant de répondre à l'ordre de mobilisation en 1939 et pour cela condamné à cinq ans de prison avant d'être prisonnier des Allemands et libéré en 1945 et enfin pleinement réintégré dans ses fonctions à la suite d'une pétition faite en sa faveur par des associations d'anciens prisonniers de guerre. Signataire en 1960, avec ses amis surréalistes, du « Manifeste des 121 » contre la guerre d'Algérie, il sera de nouveau suspendu de ses fonctions. Surréaliste fidèle depuis 1932, il ne cessa de participer au mouvement. Ses œuvres : *Trainoir,* 1935, *Maïs,* 1937, *le Fil de la nuit,* 1938, *Ma tête à couper,* 1939, *Au crible de la nuit,* 1948, *A perte de vue,* 1958. Ajoutons qu'il fut, avec Marie-Louise Mayoux, un des signataires en 1932 du texte *Du temps que les surréalistes avaient raison.* Jean Rousselot écrivit : « Il y a toujours, dans les mailles de l'imagerie extrêmement insolite et parfois burlesque de ses poèmes, des propositions morales fort intelligibles. » Ajoutons qu'une vive clarté, un soleil d'amour et d'amitié, habitent ses poèmes où « une main nue parle au reste du monde », où la nature avec ses eaux et ses étés apporte ses présents de beauté :

La rivière porte son ombre
Qui ne dort pas comme celle des arbres
L'ombre est aussi une maison
Maison toujours trop grande
Où l'on entre comme dans une rivière
Sans se baisser
L'amour est une lumière dans la grande ombre de la maison
C'est une maison d'ombre dans la grande lumière
Des hommes

Un remarquable témoignage sur les premières années du Surréalisme est celui de Marcel Jean (né en 1900), *Autobiographie du surréalisme*, 1978, « portrait par lui-même » du mouvement pris dans son unité et sa pérennité. Marcel Jean, peintre, poète, collectionneur, est aussi un important essayiste : *Histoire de la peinture surréaliste*, 1959 et 1967, *Genèse de la pensée moderne*, 1950, en collaboration avec Arpad Mezei, de même que son édition des *Œuvres complètes commentées* de Lautréamont, 1971. Poète, il a publié *Pêche pour le sommeil jeté*, 1937, et l'on signale également *Mnésiques, rêves et souvenirs*, 1942. On peut lire :

Ce que je cherche est à la portée de mon corps
En me couchant sur le sol il se penchera sur moi
Ce n'est ni mon ombre ni mon double ni ma moitié ni un autre moi-même
C'est une algue dont chaque tentacule est un corps frotté de poudre douce
C'est la surprise des achats d'après-midi
C'est un cercle de réveille-matin sans timbre qui dansent sur une toile transparente
C'est l'attente jamais déçue
Ce que je cherche écoute aux portes
Et je le conjure à tâtons.

Des textes de Guy Rosey (né en 1896) ont figuré dans la *Petite Anthologie surréaliste*, 1934. Participant au mouvement entre 1932 et 1940, il a publié *la Guerre de 34 ans*, 1932, *Drapeau nègre*, 1933, *Violette Nozières*, 1933, dont il donnera, trente ans plus tard, une nouvelle version, *André Breton*, 1939, avant un long silence dont il sortira en 1963 avec *Tirer au clair la nuit*, puis *Seconde Ligne de vie*, 1965, qui rassemble des versions nouvelles de ses premiers recueils, *Ce testament public*, 1966.

De *la Main à Plume* à quelques autres chantiers.

Jean-François Chabrun le remarquait : « René Clair s'étonnait, un jour, de la disproportion entre l'incontestable importance du surréalisme et la minceur des œuvres qu'on lui doit. » Et Chabrun, citant *Nadja* de Breton, *les Yeux fertiles* d'Éluard, *Monsieur Miroir* de Soupault, *l'Homme approximatif* de Tzara, les toiles de Max Ernst, Chirico, Tanguy, lui donnait raison, ce à quoi nous ne pouvons souscrire si l'on en juge par l'ampleur de la moisson, par les avatars et les métamorphoses du mouvement jusqu'à nos jours, par son influence secrète sur tant d'œuvres poétiques. Nous voudrions parler ici de cette relève, durant les années d'Occupation, de *la Main à Plume* dont Chabrun, Marc Patin, Noël Arnaud, Léo Malet et quelques autres furent les artisans, ce qui nous donnera l'occasion de présenter quelques créateurs. Durant l'exode, en compagnie de Benjamin Péret, Chabrun, Malet et Beno Stenberg furent incarcérés à Rennes sous l'inculpation de reconstitution de ligue dissoute (le trotskisme) tandis que Breton se dirigeait sur Marseille avant l'Amérique. Imaginons le café le Dôme aux débuts de l'Occupation où se rejoignirent ces poètes et de nouveaux arrivants, comme Oscar Dominguez, Vulliamy, Hérold, et, après le départ de Péret, des réunions avec ces hommes nommés Robert Rius,

Marco Menegoz, Jean Simonpoli, futurs assassinés par les Allemands, avec les hommes de la revue néo-dadaïste *Réverbères,* comme Jean Marembert, Michel Tapié de Céleyran, Pierre Kast, revue dont Chabrun s'était séparé avec Jean-Claude Diamant-Berger et Gérard de Sède pour rejoindre André Breton, Christian Dotremont, Marc Patin. De cela devait naître *la Main à Plume* avec la part active de Patin, Chabrun, Robert Rius, Laurence Iché, Manuel Viola, bientôt Noël Arnaud, le futur oulipien, avec des collaborateurs israélites qui se cachaient sous le pseudonyme de Paul Chancel : Adolphe Acker, Émile Guikovaty, Hans Schoenhoff et Jean-Claude Diamant-Berger. Huit membres de *la Main à Plume* moururent fusillés ou dans les bagnes nazis. Du côté des illustrateurs, on trouve Oscar Dominguez, Aline Gagnaire, Raoul Ubac, Gérard Vulliamy, Picasso. *La Main à Plume* eut aussi des publications comme *la Conquête du monde par l'image* en 1942, avec le groupe de Bruxelles *Intervention collective* uni à *la Main à Plume,* Éluard, Picasso, Arp, Paul Delvaux, Maurice Henry, Georges Hugnet, Valentine Hugo, René Magritte, Léo Malet, Maurice Blanchard, et citons encore des plaquettes comme *Pleine Marge* d'André Breton, *les Malheurs d'un dollar* de Benjamin Péret et surtout *Poésie et Vérité 1942* de Paul Éluard. Le groupe, comme au temps des premiers surréalistes, eut ses tracts comme celui rédigé par Noël Arnaud : « Vos gueules, Nom de Dieu ! » qui visaient aussi bien Georges Bataille, Paul Claudel, Léon-Paul Fargue, Drieu La Rochelle et la *N.R.F.* que le groupe *Messages* qui s'était désolidarisé (Jean Lescure, Raoul Ubac, Gilbert-Lecomte), ses exclusions et ses colères. On vit de nouveaux arrivants comme Boris Rybak le philosophe et Gérard de Sède, futur auteur du *Trésor des Templiers,* comme André Stil, le futur romancier et membre de l'académie Goncourt qui écrivait alors des poèmes surréalistes, Pierre Dumayet, futur romancier et homme de médias, Édouard Jaguer, Charles Bocquet, militant communiste, Marco Menegoz. La dernière publication fut *le Surréalisme encore et toujours,* et lorsque survint la Libération, des publications étaient en route : *Informations surréalistes,* des plaquettes de poèmes, un cahier consacré à *l'Objet,* un *Avenir du surréalisme* que devait faire paraître André Stil après la Libération. Michel Fauré va publier une *Histoire du surréalisme sous l'occupation,* les numéros de *la Main à Plume* vont être réédités. Une double source utile !

Jean-François Chabrun (né en 1920) restera fidèle à la poésie, publiant des plaquettes comme *Idée première,* 1952, tandis que Noël Arnaud (né en 1919), après avoir été membre du groupe Néo-Dada *les Réverbères,* animateur de *la Main à Plume,* membre du groupe surréaliste-révolutionnaire, dirigera ses activités vers de très sérieux groupes de recherche comme le collège de Pataphysique et l'Oulipo, vers la critique (Jean Dubuffet, Boris Vian, Alfred Jarry) sans oublier ses *Poèmes pour Cécile,* 1941, ou *Poèmes,* 1968. Ce personnage truculent, amical, ami de la langue verte, derrière le sourire et le goût du canular, est en fait un poète et un critique de valeur.

Léo Malet (né en 1909) sera curieusement un des maîtres de la littérature policière, écrivant tout d'abord sous divers pseudonymes, puis sous son nom, notamment la série des *Nestor Burma* que connaissent bien les amateurs. Comme pour Maurice Henry avec ses dessins, cela fait oublier son œuvre poétique. A partir de 1930, ayant envoyé des textes automatiques à André Breton, il fera partie des manifestations du groupe, et il faudra attendre 1975 pour avoir la révélation d'une œuvre poétique importante : *Poèmes surréalistes (1930-1945)* et découvrir année par année une floraison originale de contes, récits de rêves, jeux surréalistes, poèmes en prose et en vers, souvent textes courts comme des haïkaïs. Quelques titres : *Ne pas voir plus loin que le bout de son sexe*, 1936, *J'arbre comme cadavre*, 1937, *Hurler à la vie*, 1940, *le Frère de Lacenaire*, 1943, *Vie et survie du vampire*, 1961, etc. Il lui suffit parfois de deux vers pour composer un portrait : « Des lèvres épaisses / à couper au baiser. » Il dit : « Je suis cœur de la tête aux pieds » et les trouvailles purement surréalistes s'accompagnent d'une grande délicatesse, la poésie étant sa Nadja à lui qu'il va chercher dans un Paris labyrinthique qu'on retrouvera dans ses romans nourris eux aussi de poésie. Son univers est libertaire et tendre, révolté et mélancolique, d'une sincérité constante. Son lyrisme contenu part bien du Surréalisme qui est le tremplin d'une manière de dire fort personnelle. Sans « littérature », avec simplicité, il rejoint de troublants mystères et cette œuvre poétique, dans sa minceur, est un exemple de perfection, avec une sorte d'arrière-tremblement de la plume qui, sans cesse, touche au cœur. Il a le goût des vampires, des assassins célèbres, des personnages dignes de Lautréamont, des visions nocturnes, des belles actrices et de l'amour. C'est très beau. On lira le début de *Murmure* :

Nyctalope, tu tomberas comme une poupée, comme la neige, comme on s'endort. Enrobée de neige noire, tu sombreras à chaque instant dans des nuages de tempête. Mais comme la tête du noyé plonge et émerge, ta tête blonde, brune, châtain, me heurtera, moi, le ciment du quai, la racine tordue de la rive. Ma méditerranée, ma soif, ta tête blonde, brune, châtain, lancée telle une grenade de parfum sur le plateau de la balance, ne fera nullement trembler le fléau.
Nyctalope, je sais que l'amour *partagé*, au sens terrible de ce mot, c'est vous. C'est vous la vie à grand feu, ton rire religion nouvelle, vous toute entière êtes le détail, la robe est le tout.

Anthologistes, n'oubliez pas Léo Malet, « Celui qui signe avec ses lèvres de la marque rouge de l'amour ! »
Nous lirons donc ces revues comme *la Main à Plume* puisque la ferveur du temps les réédite. Au passage, nous voudrions dire au lecteur que lire les textes, les poèmes dans le contexte d'une revue leur apporte une neuve dimension. Dans *la Révolution surréaliste*, par exemple, auprès des grands poètes dont nous parlons, que de découvertes à faire de créateurs moins connus : textes de Georges Malkine, Jacques-André Boiffard, Max Morise, Théodore Lessing, Pierre Brasseur (oui, l'acteur), Claude-André Puget (oui, le dramaturge), Gengenbach, André Thirion, Jean Koppen, Marcel Fourrier; poèmes de Maurice Béchet, Marco Ristitch, Jacques Viot. Et dans *le Surréalisme au service de la Révolution* : textes d'Albert Lalentin, Maurice Heine, Pierre Yoyotte, J. Monnerot, Ferdinand Alquié, Gilbert

Lely, Francis Ponge; poèmes de Symone Monnerot, Greta Knutson, César Moro, Guy Rosey.

Sur le chantier des revues, faut-il rappeler *391* de Picabia, la *N.R.F.* bien sûr même si une doctrine poétique particulière ne s'y manifeste pas, *Commerce,* pour y retrouver auprès de Valéry, Fargue et Larbaud, les Aragon, Artaud, Breton, Vitrac, *Jeunesse* de Jean Germain et Pierre Malacamp, où l'on trouve Kanters, Picon, Rousselot, Parrot, Bousquet, Norge, Follain, *Sagesse* de Fernand Marc et ses feuillets anthologiques, *Dernier Carré* de Fernand Marc et Jean Rousselot pour les lire auprès de Lucien Becker, Jean de Boschère, Camille Bryen, Pierre Albert-Birot, Armen Lubin, René Lacôte, Jean Follain, Paul Frederic Bowles, *Mesures* d'Henry Church pour y trouver Jean Paulhan, Bernard Groethuysen, Henri Michaux, Giuseppe Ungaretti, James Joyce, *Littérature,* avec tous les grands surréalistes et même Paul Valéry, *VVV, les Cahiers du Sud* avec Jean Ballard, André Gaillard, Léon-Gabriel Gros, René Nelli, Jean Tortel, Toursky, *le Mercure de France, l'Éternelle Revue* de Paul Éluard et Louis Parrot, *le Goéland* de Théophile Briant, *le Grand Jeu,* bien sûr, *le Journal des poètes* de Pierre-Louis Flouquet, *Medium,* et ses « Informations surréalistes », *Méridiens, Minotaure, le Navire d'argent* d'Adrienne Monnier, *Nord-Sud* de Reverdy, *Poésie 40* et la suite de Pierre Seghers, *Septembre* d'Henri de Lescoët, *Soutes* de Luc Decaunes, *le Surréalisme même, la Tour de feu* de Pierre Boujut, *Verbophonie* d'Arthur Pétronio, *Manomètre* d'Émile Malespine et Anna Cathelin où l'avant-garde lyonnaise, dadaïste, constructiviste, homothétique et suridéaliste, s'ouvre aux mouvements internationaux, etc. Toutes ces revues, ces chantiers de la poésie, seront suivis, après la Libération, par des dizaines d'autres que nous ne manquerons pas de rencontrer.

Venus des Amériques.

Deux poètes, le Chilien Vicente Huidobro et l'Équatorien Alfredo Gangotena se sont mêlés à l'aventure poétique de la première partie du siècle, et cela dans notre langue parallèlement à la leur. Vicente Huidobro (1893-1948) vécut à Paris et à Madrid. En 1914, il écrivait : « La poésie doit être une réalité en soi, non la copie d'une réalité extérieure. Nous devons opposer une réalité intérieure à la réalité extérieure. » Ses poèmes sont volontiers voués aux saisons : « Je possède la clef de l'automne » ou « L'été tout d'un coup sur le trottoir d'en face ». Il est aussi de l'époque des naissances : jazz-band, dancing, film, avion :

> L'Avion
>
> L'Avion
> Ce morceau de terre détaché de la terre
> Fait le printemps de l'air.

Son livre, *Horizon carré,* 1917, montre qu'il sait unir le nouveau à l'ancien : si Paris lui a apporté ses jongleries, il sait rester fidèle à son lyrisme, avec quelque chose de solitaire et d'aristocratique, de profondément mélancolique avec des élégances de madrigal. Un univers clos, la moindre alternance de lumière et d'ombre, du froid et du chaud, il les traduit à merveille :

> Larmes astrologiques sur nos misères
> Et sur la tête du patriarche gardien du froid
> Le ciel blanchit notre atmosphère
> Parmi les paroles glacées à moitié chemin.

A Madrid, on lui chercha querelle, l'accusant même de plagier Reverdy, ce à quoi l'on ne saurait souscrire. Mais son passage discret dans notre poésie a laissé de subtiles traces. Huidobro est habité par un état de grâce qui ne procède pas du divin mais du poétique. Chez lui tout débouche sur la recherche d'un absolu et la parole prend son vol vers les espaces cosmiques en vibrations sensibles.

Alfredo Gangotena (1904-1944) qu'on trouve dans l'*Anthologie des poètes de la N.R.F.*, fit ses études en France et rencontra ses poètes. Ce poète qui a fait de Lucrèce Borgia son « ancêtre bien-aimée », que ce soit dans *Absence*, 1932, ou dans *Orogénie*, 1928, affirme une grandeur tragique, touchante et naturelle, celle des hautes solitudes inguérissables. Ses poèmes libres et largement déployés sont ceux de la ferveur et de la beauté, avec des accents qui rappellent souvent Milocz. Sa voix est celle des éléments naturels et Max Jacob a parlé d'une « voix de métal », Hubert Dubois de « voix de sable et de pierre ». Jean Cassou dit : « sonore musique de piano » et, à propos d'*Orogénie*, Jean Cocteau parle de génie. Quel témoignage que celui d'Henri Michaux : « Alfred Gangotena est un des rares poètes que j'ai rencontré qui ne me soit apparu comme un être moyen et bâti comme tout le monde. » D'autres comme Jules Supervielle ou Jacques Maritain l'ont hautement distingué. On lisait dans *Absence* :

> Hommes heureux et d'ailleurs, comme je regrette la fraîcheur de vos ombres!
> Vous ne saurez jamais en quel éloignement vous vous trouvez de ce lieu d'enfer, de cette argile inégale et sombre.
> Je te hais, Nature!
> Terre horrifique, qu'ai-je à faire de tes royaumes?
> Pense plutôt à l'arbre nourri de cendres dont la sève implique désespoir.

Gangotena était atteint d'une grave maladie. Celui qui écrivit « Aux fûts de mes artères s'ajustent les flammes des rideaux » était atteint dans son sang. Exprimant les tissus du corps humain dans une poésie qu'on pourrait dire physiologique (« Mon corps est triste à pourrir lentement ») ses poèmes, ceux d'un homme atteint d'hémophilie, sont traversés d'angoisse, de tristesse, d'exaltation, de froideur, de lyrisme, toujours d'attention au monde, aux fleurs et aux pierres, en veilleur inquiet :

> Le cri vert du crapaud, dans mon âme, aussitôt se liquéfie.
> Et comme la taupe
> Qui mime les voûtes de la terre,
> La phrase, urgente missive, déchire son enveloppe.

Face à la nature et dans la nature, là où « Les arêtes du silex, la frondaison des roches et le calcaire / Jaillissent dans mes yeux », la présence d'un homme précaire. « Face à cette violence, à cette lourdeur, à cette opacité, écrivit Julien Lanoë, ces poèmes nous montrent des mains nues, des prunelles sensibles, le réseau des veines à la fleur des tempes et le va-et-vient du sang inquiet dans les racines profondes. » Lisons encore ce grand poète qu'on devrait mieux connaître :

> Mais, ô Lazare, qui mouillera mes lèvres, en ces lieux venant?
> Qui de ce monde pourra mâcher la broussaille de mon exil?
> Ah! l'infortune prend en moi les formes du contenant;
> Et l'âme sinistre s'embourbe,
> Qui salit le temple et salit les soies eucharistiques de son asile!

Deux Brésiliens sont apparus au ciel des lettres françaises. Vincent Monteiro (né en 1898), peintre et poète, a été l'animateur du « Salon de la Poésie » à Paris et, sur sa *Presse à bras,* il a imprimé les poèmes de ses amis avec ses vives forces et son goût très sûr. Si ses livres furent connus après la Seconde Guerre mondiale : *Canevas,* 1946, *le Petit Cirque,* 1948, *Beau Sexe,* 1950, *Mon onde était trop courte pour moi,* 1956, et le déchirant *Broussais-la-Charité,* 1957, il avait débuté par *Quelques Visages de Paris* en 1925. Il y avait quelque chose du peintre néo-cubiste qu'il était dans des poèmes directs et généreux, pleins de tendresse et de fraternité, avec une sorte d'ingénuité, de candeur et l'on dirait même de modestie touchante, celle d'un homme qui se veut simple serviteur de la poésie. Une sorte de tristesse sourd derrière un humour discret. Peut-être restera-t-il comme l'homme aux écoutes des ondes :

> Nous ferons la traversée du Pacifique
> Nous quitterons l'atmosphère pour la stratosphère
> Nous chercherons les myriades et les nébuleuses
> Aucun appareil détecteur ne pourra contrôler notre joie
> Notre onde courte allongée sur la couche d'Heaviside fera écran
> Et nul rayonnement étranger
> ne pénétrera notre couche
> ionisée

Autre Brésilien d'expression française, A. D. Tavarès-Bastos, qui fut délégué du Brésil auprès de l'Unesco, a laissé des poèmes appréciés par ses amis surréalistes, Breton, Éluard, Desnos. Il est visiblement attiré par l'énigme, le mystère, l'indéchiffrable mais qu'il exprime avec clarté, nous rappelant l'églogue et la fable :

> Le cortège des blondes demoiselles suit les champs et les collines. Les loups n'inquiètent personne. Tant mieux pour les orphelines. Mais les pas de l'ogre immense font trembler la poitrine de la terre. Elle seule, la fiancée, à peine ose respirer, couchée dans le sous-bois. Il y a des chiens tout près qui aboient. Des mésanges se trompent sur ses cheveux. La chevauchée frôle le silence qui se tapit sous les branchages. Où en sommes-nous dans nos pensées? Quel beau souci nous semble étrange?...

Tavarès-Bastos a publié *Ballades brésiliennes, Cynismes, l'École des disparus,* et, avec Pierre Darmangeat, une *Introduction à la poésie ibéro-américaine.*

Les quatre poètes que nous avons rencontrés, et notamment Huidobro et Gangotena, sont des poètes français. Ils s'ajoutent à ceux que nous avons pu rencontrer, comme les surréalistes venus d'Amérique latine, à ceux que nous rencontrerons encore comme Robert Ganzo dont l'œuvre poétique, publiée dans les années 50, a été singulièrement marquante, et qui sera dans le prochain volume.

Un poète nommé G.L.M.

Alors que l'imprimerie a abandonné le plomb, Guy Lévis Mano (1904-1980) fera-t-il un jour figure d'incunable? Ce fou de typographie, ce fou de poésie commença ses recherches vers 1920, mariant les caractères différents et violant les mises en page, jouant aux calligrammes et faisant éclater le poème, alliant la recherche d'avant-garde à la qualité classique. Que de revues, que de livres, de plaquettes, de cartes postales poèmes même, comme des bijoux! Chevalier du composteur et de la mise en train, G.L.M. a publié tout ce qui compte : Éluard, Breton, Jouve, Michaux, Prévert, tous les grands, surtout René Char l'ami de toujours, et des illustrateurs : Giacometti, Miró, Picasso, Max Ernst, André Masson, Valentine Hugo... Même son catalogue est une œuvre d'art.

Prisonnier de guerre, son confrère (doublement) Pierre Seghers le publia dans *Poètes prisonniers*. Il signait du nom de son caractère favori : Jean Garamond. Seul Béguin sut reconnaître qui cachait ce pseudonyme. Un long poème : *Images de l'homme immobile*, un autre : *Captif de ton jour et captif de ta nuit*, et qui portent tout le drame et tout l'espoir avec ce qu'il contient de prophétisme :

> Camarade
> tourne ton visage blond — et souris.
> Un sourire pour se croire plus grand que la vie.

Discret, silencieux, un peu triste, fervent d'une morale poétique refusant les honneurs et les prix, travaillant seul dans son atelier de la rue Huyghens, dans cette cour où Agnès Varda tourna des scènes de *Cléo de cinq à sept,* où Jeanne Bathori, la cantatrice, avait reçu Germaine Taillefer, Poulenc, Honegger, Milhaud, Durey, Auric, il vécut en spartiate et nous avons connu et aimé cet homme de rigueur et de bonté. La grande joie de sa vie fut la publication chez Gallimard de ses poèmes parce que René Char et Andrée Chédid avaient insisté. C'était *Loger la source,* 1971, avec un avant-poème de René Char, une édition collective réunissant *l'Extrême Adversaire*, 1954, *Il n'y a pas plus solitaire que la nuit*, 1957, *le Dedans et le dehors,* 1961, ce qui ne saurait faire oublier d'anciennes plaquettes depuis 1924, une foule de traductions de Carlos Rodriguez Pintos, Federico Garcia Lorca, S.T. Coleridge, saint Jean de la Croix, Pablo Neruda, José Herrera Petere, Rafaël Alberti, Ramon Lull, Lope de Vega, Shakespeare, Juan Ramon Jimenez, Gil Vicente, Lewis Carroll... Lire dans les « Poètes d'aujourd'hui » le *Guy Lévis Mano* de Pierre Torreilles et Andrée Chédid. En vers libres, en prose, en aphorismes, un parcours simple et créateur parmi des thèmes multiples, « en quête des vertes transhumances » ou s'adressant à la terre, aux murs, aux jardins, aux sources. Ici des poèmes à la respiration ample, chargés d'images, de sons, de couleurs, de floraisons qui jaillissent avec les mots. Poèmes faits de jours de patience et de nuits de solitude. Poème : phénix nous apprenant l'éternel retour des choses. Tout est frais et adulte, poèmes d'homme avec ce que cela comporte de déchirant, de précaire et de grandiose. Poésie-vérité. *Souveraine Réussite* :

> Il avait réussi le travail de ses mains   Ce travail était louangé   Il avait exprimé le dehors et le dedans de son corps d'homme   Pour cela on l'avait louangé   Il avait œuvré lentement sur l'œuvre des hommes avec ses mains et son esprit   On le glorifiait   Mais l'homme recevait la louange et n'en était pas glorieux   La souveraine réussite n'était point en lui   Il savait qu'il ne savait pas vivre.

Témoignage de René Char : « Lorsque la passion de donner l'existence à un recueil de poèmes s'unit à la connaissance de la poésie et de l'art d'imprimer, cela nous apporte d'admirables réussites et rétablit l'objet dans sa plénitude durable. Guy Lévis Mano est le seul aujourd'hui qui satisfasse à ce souci hautain. » D'Andrée Chédid : « Ce ton déchirant, cette parole qui sonne vrai, mais avec, en plus, comme un sentiment de l'indicible. » De Pierre Torreilles : « Cette voix rauque et murmurante use de mots à l'évidence douloureuse et capables de joie, sources de ce qui est la source même, irrécusable fondement de cette vie profonde qui l'anime. » Ajoutons que Guy Lévis Mano est le poète d'un long souffle qui se dispense en versets proches du verset claudélien :

> Chercheurs de brume aux voix viriles en quête d'âmes pour les halanges désertiques
> pour haler avec des doigts bruissants avec des yeux plissés avec des lèvres étirées vers un horizon de nuits à combler

Pour bien parler de lui, il faudrait emprunter ses propres mots. Aussi, écoutons-les : « Il priait un dieu qui n'était qu'à lui. Sa prière écoutait son dieu. Il veillait écoutant si dieu écoutait. » Ou : « L'homme parla longuement. Sa parole était chaude et dense. Longuement on l'écouta. On ne s'aperçut pas de son départ. Le silence continuait de parler. Le lieu avait gardé la parole. » Ou cette prière : « Dieu de petite bonté et de provende hasardeuse ne laisse pas faner la prière dans la surdité de ton ciel. » Jean le Typographe, G.L.M., l'homme présent et exilé, nous aurons entre nos mains ses travaux d'art, la poésie étant son vrai lieu. Lui qui fit tant pour les autres, nous n'oublierons pas le poète en lui car il fut digne de ceux-là dont il fut l'imprimeur-éditeur et son ton blessé de vérité et de lucidité, son sentiment de l'indicible sont infiniment troublants comme peut être troublante la plus parfaite clarté.

De chères présences : Neveux et quelques autres.

Ce Georges Neveux (né en 1900) qui fut le secrétaire général de l'Athénée de Louis Jouvet se montra surréaliste dans son recueil *la Beauté du Diable*, 1929, et dans ses pièces, *Juliette ou la clé des songes*, 1930, *le Bureau central des rêves,* 1930, et nous citerons : *le Voyage de Thésée,* 1943, randonnée de la pensée la plus haute dans l'absurde, *Plainte contre inconnu,* 1946, *Zamore,* 1953, *le Loup et la rose,* 1953, *le Système Deux,* 1955, *la Voleuse de Londres,* 1961, sans oublier des adaptations fort heureuses de pièces étrangères. Partout il s'agit au fond de poésie comme chez Giraudoux, Supervielle ou Cocteau lorsqu'ils se mêlent d'émerveiller le théâtre en amenant le spectateur à s'interroger sur le mystère des êtres. Pierre Seghers écrit : « Avec Georges Neveux quelques mots suffisent pour entrevoir la trace de l'instant, la fuite du temps, la solitude, l'au-delà du miroir. L'angoisse ne se clame pas, l'inquiétude se passe d'orchestre. Un petit air — mais verlainien, mais enchanté — suffit. » On a vu dans *la Beauté du Diable* son pouvoir de saisir « l'espace d'un moment » et de faire entrer le rire dans le poème :

> Je suis l'allégresse qui s'avance sur la terre,
> Ma mort, je l'entends qui rit à la face de Dieu, et j'en suis fier,
> Et j'en ris moi-même
> Comme ceci :
> Ha, Ha, Ha.

Il sait étendre et étreindre son lyrisme, le diriger vers la haute mer parmi les navires aux cargaisons splendides, les escadres conduites par des « capitaines au cœur de cuivre », « sur les bateaux sorciers et les bateaux prophètes » dans un chant coloré, riche d'images chatoyantes et voluptueuses, dans une salutation émerveillée « Jusqu'à la rade lointaine où brille / Un feu de bois entretenu par un nègre qui chante. » Toujours célébration :

Voici le soleil levant, les vrais navires, les vrais capitaines et les flammes véritables,
Les voici qui surgissent de tous les côtés,
Et, si ce sont les mêmes, qui donc le saura jamais sur la terre ou dans le ciel ?

Plus tard, il aura souci de resserrer ses poèmes comme dans un proverbe, de donner des *Proverbiales,* poèmes courts, dans *Fontaine* et *les Cahiers du Sud,* qui ont un air de « bonne chanson » et où l'art souriant de l'école des fantaisistes semble s'être régénéré dans la fréquentation de Max Jacob et des surréalistes. Là tout est charme ingénu, recours à la fable qui ne porte qu'une moralité, celle de la poésie. Volons au hasard deux de ces quatrains :

> La robe qu'on laisse tomber,
> La nuit, dans la forêt,
> La robe qu'on laisse tomber
> Revient seule au village.

> Ô ma truite, ma paille folle,
> Fumée où mille guêpes fuient,
> Vous ressemblez à mes paroles
> Dont je n'entends jamais le bruit.

Il s'agit là d'une des routes de Georges Neveux qui fait de la dentelle avec des légendes, des tapisseries avec les jeux de son imaginaire. Il faut pour le reconnaître dans son ensemble mouvant et animé, dans sa totale magie souriante, lire le théâtre autant que les poèmes car il est de ceux qui ont uni ces deux arts sous le signe de l'émerveillement constant servi par les délices du clair-obscur et du plus parfait langage, celui du secret partagé.

Lucien Scheler (né en 1902) est l'homme le plus proche d'Éluard dont il a publié les œuvres dans la Pléiade. Expert en livres anciens et modernes, extrêmement discret, il est l'auteur de la *Lampe-tempête*, 1945, le poète de revues et de tracts de la clandestinité (il cacha Paul Éluard en 1944), de *Sillage intangible*, 1958, *Devenir*, 1963, beaux livres illustrés par Picasso, Ubac. D'un goût très sûr, cet « alchimiste du songe », flétrissant le temps des assassins en phrases surréalistes :

> Des têtes cous tranchés dévalent aux ravins,
> Les intestins par chapelets ornent les branches,
> Des yeux hallucinés constellent les sapins,

a dans sa démarche quelque chose des poètes baroques du premier XVIIe. On le verra aussi dans un poème-objet, *Intra-Muros*, 1955, avoir recours, comme André de La Vigne jadis, comme Paul Éluard, à ces suites d'épithètes qui créent une magie incomparable comme en témoigne ce début du poème :

> Géante franche secourable libre farouche convoitée.
> Confiante pacifique abusée démantelée affamée ouverte.
> Partagée complice occupée exsangue impénétrable clandestine.
> Dénudée calcinée radiante hagarde monstrueuse interdite.
> Close oisive compassée prude envieuse morte.

Emmanuel Looten (1908-1974) publiera sur le tard de curieux poèmes à la fois ancrés dans un terroir flamand et comme ivres de l'alcool surréaliste. C'est un baroque comme put l'être James Ensor après Jérôme Bosch et l'on entend des échos de Michaux son ami et de Michel de Ghelderode. Le critique Antoine Adam, toujours intéressé par les poètes du nord de la France, le dit « un de ces hommes qui vivent puissamment enfoncés dans l'univers charnel et qui parlent avec force des poussées obscures de l'instinct. » Cet homme robuste et voué à l'imaginaire jusqu'à l'hallucination et la prophétie savait avoir cette légèreté qui est souvent l'apanage paradoxal des forts, une légèreté allant du précieux à l'aérien et que traversait souvent un trait brutal, cru, inattendu. Se mouvant dans une poésie plus plastique que musicale (il fut passionné de peinture d'avant-garde), il procède souvent par avancées brusques, jets de peinture sur la toile si l'on peut dire, et soudain raffinements de peintre primitif. On lui doit notamment : *l'Opéra fabuleux, le Grenier sur l'eau, Maison d'herbe*, 1953, *Horizon absolu*, 1957, *Timbres sériels*, 1959, *Khaim ou la première mort*, 1960, *Liturgies flamandes*, 1963, *la Saga de Lug Hallewijn*, drame poétique, 1950.

Autre présence fortement affirmée, celle de Gaston Chaissac (1910-1965), cordonnier vendéen, peintre naïf du dimanche, et poète à l'état sauvage, primitif du Surréalisme. Là aussi on peut parler de Jérôme

Bosch, de ces auteurs de fatrasies et coq-à-l'âne médiévaux, et aussi de Jean Dubuffet dont il épouse les nuances et les formes dans son œuvre essentielle, *Hippobosque au Bocage,* 1951. Il y a là quelque chose d'ingénu et pourtant de matois, avec un humour narquois, une manière abrupte d'apprivoiser le bizarre. Art abrupt, art brut, sans doute; art naïf, moins peut-être qu'il n'y paraît. Il commença par écrire des lettres, comme le fait aujourd'hui le facteur Jules Mougin dont nous parlerons, à Jean Paulhan, Jean Dubuffet, Jean L'Anselme, Michel Ragon, et il y eut des contes et des vers qui firent la matière de son ouvrage. Son attention aux manifestations de la vie rurale partout s'exprime. Connu dans les milieux de l'art et de la N.R.F. son éditeur, proche de Dubuffet, il eut la sagesse de ne pas jouer les paysans de Saint-Germain-des-Prés et de retourner dans sa Vendée auprès de sa femme institutrice. Sorte de facteur Cheval de la poésie, il trouva sa place naturelle dans l'*Anthologie de la poésie naturelle* de Camille Bryen et Alain Gheerbrant comme l'*Histoire de la littérature prolétarienne* de Michel Ragon auprès de son confrère cordonnier Magravou, de Georges Navel, Émile Bachelet, René Bonnet, Raoul Vergez, Jules Mougin, Roger Boutefeu, car Chaissac, autodidacte publiant dans *la Pierre à feu* ou *Maintenant* a toujours cette particularité d'offrir la surprise hors les lois de l'instruction publique tout en étant, prolétaire, bien plus savant qu'on ne le croit. On le voit tantôt didactique dans tel poème sur le marronnier ou les synonymes, d'une exquise maladresse sans doute quelque peu calculée un peu partout et cependant rendant un son d'authenticité. Il est le point où le Surréalisme paraît fleurir en terroir comme en témoignent quelques phrases :

Elle tomba pour ne plus se relever et criant au désespoir trépassa derechef mieux qu'à l'abattoir.

Un orage s'alluma comme une chandelle par la volonté de quelqu'un qui veut de la lumière et un banquier en déconfiture l'attisa avec l'espoir de surnager.

Ce fut sous la lanterne l'occasion de danser aux sons meuglants des cuivres fraîchement astiqués et les pompiers sanglés dans leur belle tenue se pavanèrent sans fin ni frein.

Lorsqu'il aligne ses vers, c'est maladroit et prosaïque mais avec des gentillesses primaires de bon aloi. Il est un des premiers à avoir considéré les déchets et les rebuts comme des « éléments picturaux de premier ordre » et son œuvre plastique correspond très exactement à son écriture. De l'humour ici qui va plus loin qu'on ne le saurait voir : « C'est certainement plus dans la nature de l'homme d'être valet de ferme que valet de chambre. » Comme le dit Serge Brindeau, « Ses remarques souvent amusées sont d'une pertinence que bien des universitaires, habitués à la prose des diplômables ou diplômés, seraient surpris de découvrir chez un petit cordonnier vendéen » et aussi : « L'art brut, tel que le conçoit Gaston Chaissac, est l'expression d'une conscience lucide et d'une ferme volonté de faire reconnaître en ce monde injuste la dignité de la personne. » On lit :

> Je n'ai à paître qu'un escargot
> Mon estomac grimace dans ma bedasse
> et ma denture s'escrime en vain à mordre dans la faim.

Il marie lui aussi le parapluie et la machine à coudre en plaçant « la sardine sous un ciel de lit ». C'est plein de bonne santé et d'imagination et il nous prouverait, si nous ne le savions déjà, que la poésie est ouverte à tous et qu'elle est partout.

Parmi les groupes qu'on peut dire néo-surréalistes, comme *Sagesse* qui avant-guerre publia en feuillets anthologiques une centaine de poètes ou *Dernier Carré*, on trouve Fernand Marc (né en 1900) leur animateur avec pour cette dernière revue Jean Rousselot (nous en parlerons dans le prochain volume). Disons ici que l'aîné animateur de ces mouvements, Fernand Marc, parfumeur de son état, fut le maître de courts poèmes baroques et émerveillés où l'influence de Mallarmé se mêle à celle des surréalistes de sa génération. Citons *Nomenclature,* 1932, *Circonstances,* 1937, *Estampes,* 1941, *les Clefs de l'orage,* 1947, *80 Comptines pour enfants sinistres,* 1936, *Enfantines,* 1945, ensembles raffinés et sensibles. Il écrivit : « Pierre par pierre j'ai construit de mes mains / Un univers de moi-même le souverain. » Et son aventure se situe dans l'insolite et non dans le sentimental ou le lyrique. On lisait dans l'anthologie de Louis Guillaume et André Silvaire ses amis : « Dépouillée, brillant parfois de mille facettes, se refusant à toute concession, cette poésie est savamment désaccordée. Entre chaque notation, une mince marge de silence renferme l'essentiel. On devine qu'un drame se joue derrière ces paravents magiques, au fond de ces paysages de méditation. » Chaque poème s'étend comme une longue phrase à ce point dépouillée en effet qu'elle aurait un soupçon de prosaïsme si quelque image tranquillement amenée au cours d'une narration simple et musicale ne vous enlevait au quotidien pour vous faire rejoindre le mystère des profondeurs :

> Architecture des architectures pour confondre le réel.
>
> Une main descend du ciel
> et son ombre – voilier à cinq mâts –
> voguant de village à cité
> de plaine à forêt
> fait apparaître un instant plus blanches
> toutes les pièces du jeu divin

Des poètes sont difficiles à situer. Ainsi ce Jean Le Louët (né en 1911) sorte de néo-surréaliste qui se dégagera de ces influences pour apporter les éclairs d'un réalisme apocalyptique dans le ciel de Rimbaud ou de Corbière. Ce violent, cet ébouriffé, connut dans l'avant-guerre son temps de gloire avant un exil espagnol avec des livres intitulés : *Fronde blessée,* 1935, *Disposer le passage,* 1935, *Esprits gardiens,* 1936, *Ceci passe,* 1937, *Un regard monte,* 1938, *Rédemption,* 1939. Son parcours, il l'a défini lui-même : « Que d'années il a fallu à tous ceux de mon âge pour sortir du surréalisme ! Puis, commis les premiers efforts, un autre danger apparaissait : ne pas rester des poètes de transition. Il fallait aller vers une vision totale de la poésie. Celle de Botticelli autant que des genèses de Bosch, où le ciel et l'enfer s'allient si majestueusement. Les événements tragiques de ce temps nous ont aidé à éviter l'incomplétude de notre métamorphose. Du post-surréaliste, il fallait devenir poète. Ce temps aura vraiment été pour beaucoup d'entre nous le passage de l'ouvrier de la Bible qui affine le métal de ses doigts, et il est dit qu'il s'assied et croise les jambes pour augmenter sa majesté de patience... » De souche bretonne, Le Louët, poète du tourment métaphysique, hanté par le désir de la connaissance, fait une poésie semble-t-il en pleine pâte sombre où grouillent comme chez Bosch des formes mystérieuses qu'il éclaire parfois violemment. C'est une poésie très forte, très contrastée, allant à l'essentiel par une voie difficile :

> Nous lui semblons la garde d'un chemin de ronde,
> La sentinelle aidant de sa lance fragile
> La fontaine à couler et le roi à dormir.
> Nous lui semblons longer une ville à parir
> Quand il assaillera l'air d'une seule part.

Il n'a pas dédaigné de chanter sa ville natale, Rouen, dans le souvenir de Nicaise le décapité et de saint Maclou dans un univers de « pluie pansue et herbagère » en peignant sa ville plus vraie que nature. Il ose regarder la mort en face comme Baudelaire décrivant sa charogne, dans ce poème intitulé *Cadavre* dont voici le dernier quatrain :

> Il était là couché. Couché comme on se couche
> Quand la mort vient sans draps, enfin hautainement.
> J'ai vu son oreille approchée de la mouche.
> Je le dévisageais comme un bourdonnement.

Depuis ce temps déjà lointain, Jean Le Louët, revenu à Paris, est resté dans un demi-silence, publiant rarement dans quelque revue peu connue. Qui sait si quelque chose ne jaillira pas quelque jour de la nuit épaisse où il s'est trouvé plongé.

Mentionnons Jean Desrives (né en 1915) qui fit un court passage dans la vie poétique avec *Bassesse du roc*, 1937, *l'Air de jouer*, 1939, *Origines*, 1942, selon Rousselot, auteur d'une poésie « accordée au rythme des saisons et des planètes, nourrie de fortes images végétales et minérales » et marquée de « l'accent somnambulique du surréalisme »; Claude Paris (né en 1898), narrateur lyrique proche à la fois de l'Unanimisme et du Surréalisme, auteur de *les Enfants poètes*, 1949, *A ma mesure d'homme*, 1960, *Paris la poésie*, 1961, *Voyages insolites*, 1966. Venu de Russie, il adopta notre langue et fit des nouvelles et récits; André Guilliot (né en 1903), dont Rousselot dit : « Sa poésie magique, narquoise, est d'un imagier surréaliste. » Ses titres : *Ariston*, 1934, *le Mystère de la dame à la licorne*, 1947, *l'Horloge*, 1951, « long récit poétique qui, de bout en bout, baigne dans une atmosphère enchantée digne de Lewis Carroll ».

Max Bucaille (né en 1906), peintre, poète et professeur de mathématiques, a, comme Max Ernst et Prévert, fait des collages ou bien il a fait des sculptures appelées « racines aidées » et sa poésie est proche de son inspiration plastique : *Images concrètes de l'insolite,* 1936, *les Pays égarés,* 1937, par exemple, en témoignent et, même si l'on reste en dehors des écoles, il y a là une manière surréaliste d'aborder les choses, surréalisme d'attention et de minutie. Professeur lui aussi, Norbert Lelubre (né en 1912) fut un ami des surréalistes et notamment de Desnos et d'Éluard qui l'ont, l'un et l'autre, marqué. Il fut l'un des *Poètes nantais* de son cadet Michel-François Lavaur, auprès des Paul Chaulot, Angèle Vannier, Claude Serreau, Alain Lebeau, Jean Laroche et des poètes de diverses générations unis par le même espace. Lire *Histoire sans limites, Deux Ballades, Cantate pour une mort, les Roses de Galilée,* c'est découvrir une poésie s'alimentant à la bonne source des travaux et des jours, d'une méditation imagée, avec le sang léger et mélancolique de la complainte arrachée aux choses de la vie vues par le regard qui n'oublie pas les lunettes surréalistes.

Un autre émerveillé-émerveillant est François Dodat, professeur lui aussi d'anglais et à Tournon dans la célèbre classe de Stéphane Mallarmé. Né en 1908, son œuvre est vaste qui comprend notamment *Lisières,* 1938, *le Temps des famines,* 1941, *Pièges,* 1943, *Règnes,* 1945, *l'Enfance du monde,* 1949, *l'Arbre émerveillé,* 1951, *Pour un théâtre olympique,* 1953, *Étrusques,* 1955, *Bestiaire I et II,* 1958-1959, *Actualités I et II,* 1970-1971, *Vérité des mots, erreur au-delà!,* 1976, ainsi qu'un *Langston Hughes* dans « Poètes d'aujourd'hui ». De lui, Loÿs Masson écrivait : « Dans l'abstraction, le surréalisme, l'insolite pur, l'absurde rendu étincelant, le poète orchestre le réel à sa manière, selon les lois mystérieuses qui relèvent parfois du merveilleux, mais d'un merveilleux subtilement clairvoyant. » Et Georges Mounin : « C'est un miniaturiste, un enlumineur, et peut-être un collectionneur. Mais les objets qu'il capture avec le plus délicat respect, ce sont ses émotions. » Poésie, dit René Tavernier « objective, réaliste et cependant vraie, belle, émouvante, avant tout, naturelle » et Rousselot parle de paysages mentaux qui rappellent ceux de Chirico et de Dali et le situe non loin de Lewis Carroll et Max Jacob. Et Pierre Seghers : « Il saisit au piège les reflets, capte l'insolite ou le quotidien et s'amuse en sourcier, dirait-on, à faire jaillir de singuliers geysers. » En vers libres, aphorismes poétiques, proses, il apprivoise sans cesse. Ainsi dans *Ces notables attentifs :*

> La captivité du sommeil retient sans doute ces notables attentifs qu'éblouit la douceur de ce monde. Ils achèvent les dernières étoiles où brille l'image lointaine de leurs maisons et, buveurs obstinés dans la rouille éternelle des souvenirs, ils changent en fumée tiède et claire le printemps vorace qui allume des épées neuves pour les villages du vent.

Observateur, il fait parfois penser au Jules Renard des regards naturels, avec un supplément de poésie. Voici une *Cigogne :* « Ingénieuse et pensive cigogne en veston d'architecte, qui trace la rose et l'aiguille au compas d'un soleil et d'un toit. » Voici le *Rhinocéros :* « Si plein de lui-même qu'il avait pris, de la corne au menton, l'aspect désinvolte d'un confortable et méditatif pardessus. » Tous les sujets lui sont bons, les hommes, les bêtes, les objets, l'histoire, et il excelle à tracer de courtes fables, comme celle de *l'Écureuil du Bon Dieu* : « L'idée du monde n'était pas encore parvenue à l'oreille du Bon Dieu, et son écureuil favori occupait tout entière la noisette du ciel. » Démiurge familier, santonnier du poème, Dodat est parfois proche de Jean Follain. Ainsi dans *le Téméraire* :

> L'oiseau du téméraire
> tourna lentement
> au-dessus du soleil
> et s'abattit comme un bouquet
> dans la mer éclaboussée de cris
> tandis qu'un grand laboureur
> vêtu de silence et de bure
> fermait à longs pas
> les derniers jardins de la terre

Ainsi il donne à voir comme dans quelque tableau primitif, ici le vol d'Icare, où tous les détails comptent. Dans *Poésie 44,* Pierre Seghers définissait déjà le poème avec des mots trente-cinq ans après valables pour l'ensemble de l'œuvre de Dodat : « On entre dans certains recueils comme l'on franchit les portes du Palais de la Découverte. Un poète est un chercheur, une sorte d'ingénieur du langage qui jette (ou fait sauter) des ponts entre le monde et lui. » Rien, il est vrai, qui ne charme plus que cette poésie au plus près des choses et en extrayant le sens secret. Poète et homme discret, Dodat n'a donné que des poèmes aux constructions achevées, toujours d'une grande rigueur et d'un parfait bonheur d'expression se faisant le reflet de choses intuitives et belles prises dans un ensemble vivant et cohérent. On gagne à le connaître.

De *Ruptures,* 1925, à *Cimaises,* 1956, Noël Bureau, en marge de son œuvre plastique, a tracé un itinéraire poétique marqué par son goût des couleurs et des formes. En vers, en prose, il peint des poèmes qui souvent racontent une histoire, à moins qu'ils ne décrivent les conquêtes du regard ou ramènent le spectacle à une condensation d'impressions exprimées en vers courts et condensés : « D'une terre d'ulcères / Le tesson sanctifié / Crie sa joie / A recevoir / Les stigmates du soleil. »

Une place particulière doit être réservée à Louis Parrot (1906-1948) car cet homme de vaste culture, parti de la recherche autodidacte, non seulement a éclairé d'une prose imagée, pleine de chatoiement et de méandres, les créateurs qu'il aimait (Éluard, Cendrars, Lorca, et aussi Mozart) et par ses notes critiques donné à voir et à connaître ses contemporains, mais aussi il s'inscrit dans son temps par une charge étonnante de poésie contenue dans ses recueils : *Cornemuse de l'orage,* 1927, *Misery Farm,* 1934 et 1945, *les Mystères douloureux,* 1945, *Œil de fumée,* 1953. Et l'on trouve de véritables pages de prose poétique dans ses nouvelles et ses évocations du parcours de sa vie : *le Poète et son image,* 1943, *Paille noire des étables,* 1944, *Nous reviendrons,* 1946, *Ursule-la-laide,* 1947, *la Flamme et la cendre,* 1949. On ne comprend guère le purgatoire dont souffre ce poète qui, dès son premier livre, sut unir le passé renaissant et baroque à la nouvelle poésie qui se faisait du côté de Cocteau et des surréalistes, et qui, par la suite, gagna sans cesse en grandeur, en spiritualité mystique dans la lignée, comme l'a indiqué Jean Rousselot, de Ramon Lull et Pierre-Jean Jouve, Thérèse d'Avila et René Guénon. Et le même n'hésite pas à écrire : « En vers libres ou en prose, au fil d'une imagerie étrange et poignante qui prend parfois les couleurs du misérabilisme, il prospecte les forêts les plus profondes de l'homme, s'interroge sur la " mystérieuse magie qui change le sang en ongle ", regarde le réel avec les yeux du Greco, déroule les anneaux du Serpent à plumes des Mayas. Ses meilleurs poèmes égalent en beauté ceux de Reverdy, de Jouve, de Breton et d'Éluard qui furent ses amis. » Pierre Seghers a rappelé que, journaliste, il réalisa l'exploit de rédiger seul le journal *Ce soir* durant la semaine de la libération de Paris. Vivant entièrement en poésie, il ne cessa de faire connaître ses amis, au risque de s'oublier lui-même. Si pour nous il n'atteint pas à la haute originalité de ses maîtres et s'il reste un homme en recherche, recherche interrompue par la mort, du moins est-il un pèlerin sincère sur la route du mystère douloureux, celui de l'être au monde voulant s'accorder, car, comme dit encore son plus fidèle ami, Rousselot, « Il s'acheminait lentement vers une expression personnelle qui eût réussi peut-être ce difficile accord de la sensibilité et de l'intellectualité que les poètes de notre temps s'efforcent de réaliser. » Et « les meilleurs de ses poèmes sont aussi pleins de pitié que de magie, d'effusions que de trouvailles éclairantes ». Nous parlerons d'un surréalisme intimiste et tendre, d'une délicate approche comme celle de quelque oiseau :

>   Oiseau peint comme une cruche
>   Où le soleil est chez lui
>   Une forêt dans ta gorge
>   Et son plumage d'eau vive.

Qu'il chante les haillons du pauvre ou le pays perdu, chaque poème narre une furtive aventure :

>   Et lorsqu'enfin elle arrive
>   Devant le trône du dieu
>   La mer n'est plus qu'une larme
>   Où brûle un feu triste et doux.

Pierre Seghers ne s'est pas trompé qui a longuement cité des extraits du *Poète et son image,* ces proses qui sont à la fois d'un maître du langage et de la phrase sinueuse et musicale et d'un poète à l'écoute de son temps comme lorsqu'il évoque : « C'était alors le temps où les poèmes de Pierre Reverdy provoquaient chez tous les jeunes gens cet étonnement un peu amer que nous donne la certitude de la perfection... » Lui-même à la recherche de cette perfection et d'une illumination bouleversante, il a semé sa route d'œuvres à la mesure de son ambition.

Après avoir parcouru ces avenues et ces ruelles du Surréel, sans doute est-il utile de préciser que sans cesse de nouvelles générations surréalistes vont surgir. Si des allusions en cours de texte ont été faites à tel ou tel créateur qui s'est fait connaître dans la période suivant la Seconde Guerre mondiale, cela n'empêchera pas, bien heureusement, que nous les retrouvions dans le prochain volume, Jacques Prével, Jean-Pierre Duprey, Guy Cabanel, Fernando Arrabal, Jean-Louis Bédouin, Vincent Bounoure, Alain Jouffroy, Jean Schuster, Gérard Legrand, Jean Malrieu, Roger Renaud, François-René Simon, Robert Benayoun – pour ne citer que ceux-là.

3

« Incroyables » et « Merveilleuses »

Malcolm de Chazal le Mauricien.

Fécond en révélations, le Surréalisme trouve, après la Seconde Guerre mondiale, chez un écrivain de l'île Maurice, vivant loin de tout, à Curepipe, l'homme d'un regain; c'est Malcolm de Chazal (1902-1981). Il descendait d'un disciple de Swedenborg émigré au XVIIIe siècle à La Réunion et il en reçut l'influence occultiste. Cet ingénieur, devenu fonctionnaire de l'administration des téléphones, donna la preuve d'une ingéniosité, peut-être d'un certain génie, avec une œuvre qui le révéla : *Sens plastique*, 1947, que devaient suivre, en suscitant moins d'intérêt, *la Vie filtrée*, 1949, *l'Ame de la musique*, 1950, *la Pierre philosophale*, 1951, *l'Évangile de l'eau*, 1952, *Petrusmok, le Sens de l'absolu*, 1956, *Sens magique*, 1957, et encore *Aggenèse*, 1951, *La bouche ne s'endort jamais*, 1951.

Sens plastique fut communiqué à Jean Paulhan par Francis Ponge et Paulhan lui consacra dans *le Figaro* un article d'un tel enthousiasme que, du jour au lendemain, Chazal fut fêté, admiré par les gens les plus divers, de Georges Duhamel à André Breton surtout qui vit dans le livre de ce torrentueux, ce tumultueux, qui s'attachait rien moins qu'à réinterpréter et réévaluer les rapports de l'homme avec l'univers, un ouvrage capital et une contribution nouvelle à l'esthétique surréaliste. Chazal se fondait sur l'analogie prise à différents niveaux, proche parfois d'un Jules Renard dans ses *Histoires naturelles*, souvent digne de la lignée d'un Saint-Pol Roux, le plus souvent très personnel et nouveau. Foisonnant, touffu, inégal, mais si chargé de richesses, *Sens plastique* put émerveiller par son étrangeté, sa bizarrerie, ses trouvailles. Quelques exemples :

Les vallées sont les soutiens-gorge du vent.

Le bleu s'enrhume dans le bleu-vert, et éternue dans le gris.

La volupté est un accouchement mutuel entre deux tombeaux charnels dans le cimetière désertique de l'esprit.

La rose, c'est les dents de lait du soleil.

Baiser : Deux papillons de chair sont en gobe-mouches mutuels dans l'azur empourpré de leurs ailes géantes – deux infinis dans un même ciel d'amour, cherchant frénétiquement à se confondre, comme la lumière et la couleur s'étreignant dans l'éclat.

Au long de ce copieux ouvrage, toutes les prairies de l'image sont parcourues et il est fleurettes de toutes sortes. Cela va du précieux au baroque, du joli à l'ampoulé, de l'évident au contestable, de l'ingénieux au génial, avec toujours, dans la phrase, quelque chose d'infiniment troublant, une manière de voir les choses autre que celle que nous connaissons, et il est des moments où l'esprit semble remis à neuf, des moments exquis :

La perle, avec ses gestes qui remontent, est l'absolu du déshabillé, semblant perpétuellement à la recherche de sa robe qu'elle ne trouve nulle part, et son caleçon éternellement absent. La perle, c'est le nu qui cherche à s'habiller. D'où son effet de vêtir la peau qu'elle couvre, en lui arrachant un peu de son nu. La perle désexue l'épiderme. Perles enrubannant le sein mettant à sa sexualité un cran d'arrêt.

Comme dit Paulhan dans sa préface, cela « semble chu comme un os, comme une pierre venue d'une autre planète ». De plus court au plus long, tout est précieusement serré comme un proverbe et c'est en même temps une fête de la métaphore, un festival de correspondances. Chazal parcourt « les couloirs entre les sens ». C'est à la fois poésie et « littérature-peinture » où le poète « donne à toute forme de vie corps et visage humains, afin de lui faire révéler ses secrets ». Formules qui explosent, versets qui délirent, partout on trouvera le vertige de la lumière, un trésor extrait des traditions ancestrales et du folklore infini d'un « enfer tropical d'une intransigeante beauté mythique ». Dans *la Vie filtrée,* on pourra lire : « Chercher le corset de la rime, le panier à salade des " pieds " du vers, et le carcan du nombre de vers – comme l'amour à l'horloge – tout cela je l'écarte d'instinct implacablement, plaçant la poésie avant tout dans la vie, et n'essayant pas de déformer ses gestes ailés dans des menottes et de comprimer ses pieds fragiles dans des brodequins. La poésie n'est pas autre chose pour moi que l'art de décrire l'invisible avec des images d'ange. » Ses poèmes en prose, comme ses pensées métaphoriques, sont de petites merveilles de liberté surveillée et lucide. Ses vers sont courts et forment en fait une phrase : « La pierre / N'entend / Son cœur battre / Que dans la pluie » ou bien : « Quand / L'œil / Est / Sédentaire / La / Bouche / Est / Nomade. » En fait, sous des formes différentes, c'est toujours le toucher analogique, le piège de la sensation, le réel révélé par la sensation, la pensée abstraite au service du visible, avec quelque chose, derrière cette science, d'innocent et d'originel, de mouvementé et d'éternel comme le premier matin du monde vu pour la première fois.

De tout cela, Chazal s'est expliqué en théoricien-poète, en métaphysicien. Il s'agit de dégager sans cesse la philosophie première de l'extravisible, de trouver une approche avec soi-même comme avec la création, de filtrer le monde des apparences afin d'en distiller la liqueur cachée. Les éléments et les sens innocemment consultés et mis en rapport avec une infinité de sujets révèlent des similitudes de gestes : « Tous les gestes de la nature se résument en un mouvement de danse. » Le mot lui-même est le tremplin de l'image permettant de découvrir les lois de la mécanique universelle, lois premières, images du silence, de la peinture solaire, de la pensée enfantine. Ses pérégrinations incessantes sont accompagnées de la découverte des idées-souches, ressorts premiers de la parole, antithèses du bien et du mal, de la lumière et de l'obscur dans les éclairages de l'esthétique, de l'espace, de la durée, du mouvement, de la température, de la consistance, et cela lui permet de définir de nouveaux systèmes philosophiques qui s'élaborent par la poétique des éléments et du mouvement. Qu'il s'agisse de ses recueils de notations, de ses courts poèmes qui leur ressemblent, de ses poèmes en prose lyrique, toujours Malcolm de Chazal expérimente le langage imagé et l'exploite comme un puissant réactif révélateur de la surréalité. C'est bien ce que Raymond Abellio appelle la « sensation chazalienne ». Comme dit Serge Brindeau, « Ce sera un " art de l'innocence ", un art de retrouver l'innocence, dans la sensation, dans le glissement psychique – spirituel – de la substance verbale » et une des tâches sacrées du poète est bien de retrouver le sens originel des mots, la source de la vie, la remontée de la vie comme d'un courant pour retrouver la royauté originelle. Pour tant d'innocence, pour tant d'enfance de l'art, il faut autant de conscience que d'innocence, de savoir que d'ignorance préalable, de science que d'étonnement, et le miracle du poète Chazal est sans doute d'être un composé infiniment subtil de tout cela, arrachant tant d'étincelles au brasier originel, multipliant le répertoire inépuisable de l'image, interprétant le monde rituellement, en prophète inspiré, en poète délirant pour nous apporter une vue fraîche et nouvelle du cosmos.

Par parenthèse, nous soulignons une fois de plus l'importance, depuis le XVIIIe siècle, de l'apport poétique venu des îles lointaines et l'île Maurice, c'est encore Édouard J. Maunick, Loÿs Masson, André Masson, Jean Fanchette, d'autres comme Raymond Chasle, Kenneth Nataniel, Jean-Georges Prosper, les cadets de Chazal et que nous rencontrerons dans d'autres espaces de cette histoire.

César Moro, le Péruvien.

Comme Dali ou Picasso, César Moro (1903-1955), né à Lima, s'exprime aussi bien en français qu'en espagnol. Arrivé à Paris en 1925, il y découvrit le Surréalisme et collabora à la revue *le Surréalisme au service de la révolution*. De retour au Pérou en 1933, il y fonda avec ses amis Emilio Adolfo Westphalen et Moreno Jimeno la revue *El uso de la palabra,* avant de séjourner de 1938 à 1948 au Mexique et d'y organiser avec André Breton et Wolfgang Paalen l'Exposition internationale du

Surréalisme de 1940. En français il a écrit : *le Château de Grisou,* 1943, *Lettre d'amour,* 1944, *Trafalgar Square,* 1954, *Amour à mort,* 1957, et en espagnol *la Tortuga ecuestre,* 1958, par les soins d'André Coyne. Il a collaboré à l'ensemble *Violette Nozière* entre autres activités surréalistes. Vers 1940, il s'opposa à son ami Breton qui, pour lui, n'insistait pas assez sur l'apport freudien et se contentait d'analyses superficielles et de banalités. Son œuvre est celle d'un poète lyrique et scintillant, « raidi sous l'effroi des rêves successifs et agité dans le vent d'années de songe » qui mêle salutation des « apparitions bienveillantes » et appels « devant le paysage tordu dans la tempête ». Cela jette des feux ainsi qu'une pierre arrachée à sa gangue minérale :

Intraitable à ton souvenir la voix humaine m'est odieuse
toujours la rumeur végétale de tes mots m'isole dans la nuit totale
où tu brilles d'une noirceur plus noire que la nuit
Toute idée de noir est faible pour exprimer le long hululement du noir sur noir éclatant ardemment

Le mouvement du Surréalisme au Pérou, pays bien préparé à recevoir ce message, comme l'a indiqué Sarane Alexandrian, à propos de précurseurs comme José Maria Eguren et César Vallejo, fut important. César Moro, par sa contribution en français, fait le lien avec des poètes de langue espagnole comme ceux déjà nommés et une douzaine d'autres, Xavier Abril, Javier Sologuren, Francisco Bendezu, Blanca Varela, Juan Larrea, Alfonso Rios, Arturo Corcuera, Carlos German Belli, etc.

Jindrich Heisler le Tchécoslovaque.

La Tchécoslovaquie qui compta tant de poètes surréalistes (citons Vitezalav Nezval, Jindrich Styrsky, Ludvik Kundera, Vratislav Effenberger, Zbynek Havlicek, Albert Marencin, Milan Napravnik, Pavel Reznicek, Karel Sebek, Roman Erben, Petr Kral, Karel Hynek, Stanislav Dvorsky) a vu naître Jindrich Heisler (1914-1953), né à Chrast. Ses premiers poèmes parurent dans la clandestinité. Arrivé à Paris en 1947, il participa aux activités surréalistes, anima *Néon* et *Solution surréaliste,* fit des recherches sur l'objet et le film. Ses poèmes sont imagés et dynamiques, animés comme un corps par une circulation puissante de sang vif, ce sont des suites où la sensation est mise à nu sans inutilités, avec rapidité et concision, où l'on va au plus signifiant et au plus près, car « il n'y a pas assez de temps / pour que les pierres volantes se regardent dans les yeux ». Il use sans modération du stupéfiant-image :

Deux poissons se rencontrent dans la bouche
dont les dents de lait heurtent contre d'autres dents
et luttent comme des couteaux de glace

Peu connu, il est heureux que Jean-Louis Bédouin lui ait fait place dans son anthologie surréaliste et cite ce poète venu de la Tchécoslovaquie pour apporter ses messages et l'originalité de sa participation publiée à

Prague ou à Paris : *Seules les crécelles,* dans la clandestinité, *Sur les aiguilles de nos jours,* 1945, *Cache-toi, guerre* (sur des dessins de Toyen), 1947, *les Spectres du désert,* 1956. On n'est pas plus purement surréaliste :

> Et pendant que des bois de cerf se confondent
> comme un écho qui se répète quatre fois
> du monde commerçant une rougeur monte
> sur quatre petits pieds de bois
> avec une lampe de mineur par laquelle elle respire

Ghérasim Luca le Roumain.

Sarane Alexandrian put écrire : « Le groupe surréaliste roumain a été le groupe le plus exubérant, le plus aventureux et même le plus délirant du surréalisme international. » Cela avec des poètes comme le magistrat Demetrescu qu'a salué Ionesco qui fut, avec Tzara, un de ceux qui ouvrirent la route à Breton, avec, dans son entourage, Vinea, Arghezi, Ciprian, Costin, qui, après le suicide d'Urmuz, en 1923, poursuivirent ses recherches dans les contextes futuriste et dadaïste, avec bientôt l'apparition de Victor Brauner et d'Ilarie Voronca que nous retrouverons, et leurs recherches en 1924 sur la pictopoésie, cette « superposition de surfaces géométriques, différenciées selon les couleurs et les reliefs, où les mots inscrits soutiennent par leur rythme le sens de la composition plastique ». La revue de Sacha Pana, *Unu,* reçut les œuvres de Brauner et d'Herold, les poèmes et textes de Géo Bogza ou de Stefan Roll, la revue *Alge* des poètes comme Paul Paun, Luca, Gellu Naum, ces deux derniers venant à Paris, revenant à Bucarest comme ambassadeurs du Surréalisme où se rallient Virgil Teodorescu, Trost et Paun.

C'est d'un riche univers qu'est donc surgi Ghérasim Luca (né en 1913) qui, après un séjour en Israël, se fixa à Paris en 1952, se donnant pour tâche, dit Bédouin, « d'épuiser les séries tonales du langage, en jouant à l'infini sur les rapports contradictoires du son et du sens ». L'œuvre est importante : *Héros-Limite,* 1953, *Ce château pressenti,* 1958, *la Clé,* 1960, *l'Extrême-Occidentale,* 1961, *le Sorcier noir,* 1962, *Sept Slogans ontophoniques,* 1964, *Apostroph'apocalypse,* 1967, *Sisyphe géomètre,* 1967, *Droit de regard sur les idées,* 1967, *Dé-Monologue,* 1969, *la Fin du monde,* 1969, *le Chant de la carpe,* 1973. En 1945, avec Trost, Luca avait publié *Dialectique de la dialectique,* « message-adresse au mouvement surréaliste international » où l'on affirmait l'existence du Surréalisme « dans une opposition continuelle envers le monde entier et envers lui-même, dans cette négation de la négation, dirigée par le délire le plus inexprimable, et cela, sans perdre, bien entendu, un aspect ou un autre de son pouvoir révolutionnaire immédiat ». Nous ne pouvons parler ici de l'œuvre roumaine, mais l'œuvre française est remarquable. Pierre Dhainaut, ce parfait connaisseur, le place entre Jean-Pierre Brisset et Marcel Duchamp : « Il possède le patient délire du premier, l'intelligence de l'autre. Sa passion demeure lucide, sa violence froide. » Luca n'éprouve pas, fût-ce en secret, la nostalgie que Breton maintenait d'une langue première enchantée, le souci de l'origine ou de l'unité ne le tourmente plus : comme Duchamp, il dédaigne la thèse, il a depuis longtemps renoncé à se justifier, mais le besoin l'anime d'établir une « morphologie de la métamorphose : " la mort, la mort folle, la morphologie de la méta, de la métamort, de la métamorphose ou la vie, la vie vit, la vie-vice, la vivisection de la vie "... » C'est une sorte de reprise incessante des syllabes, un voyage de mot à mot, une sorte d'engluement du mot à l'autre mot pris au piège pour capter tout le vocabulaire. Et ces mots multiples, il leur arrache leurs secrets, puise dans leur cœur : « Il arrache la hache de la pure lâcheté. » Dans un constant délire, avec humour et dérision, il mène sa « cabale phonétique » et ce sont des mariages et des divorces incessants charriant des rythmes, des analogies, des explosions, une étonnante gymnastique verbale qui dégage comme une sueur un monde infini de fantasmes et d'obsessions. Ce jusqu'au-boutiste dans la pratique du langage par tous les modes possibles, en employant ce qu'on pourrait appeler au sens noble le jeu des mots enfile de longues litanies, comme dans *Héros-Limite,* où il cherche *l'Écho du corps,* blasonnant à sa manière :

> entre la nuit de ton nu et le jour de tes joues
> entre la vie de ton visage et la pie de tes pieds
> entre le temps de tes tempes et l'espace de ton esprit
> entre la fronde de ton front et les pierres de tes paupières [...]

Ce héraut de la nouvelle rhétorique fait dire aux mots toujours plus que l'on ne l'imagine, fait la nique aux définitions moyennes des lexiques et il cherche sans cesse des analogies dans un univers où « le cou engendre le couteau », où il trouve dans le mot crime le cri et la rime, le sacré dans le massacre, etc. La faille dans les mots, leurs échos innombrables sont le ressort de ses poèmes, et l'on pense qu'il fallait tenter cela : « Ainsi, dit Dhainaut, Luca parle-t-il la légendaire *langue des oiseaux,* la plus ductile, la plus riche. » Aux écoutes de la langue, une extraction nouvelle et enrichissante où l'on crée à partir de la brisure une dynamique nouvelle.

Georges Henein l'Égyptien.

Dans *Arabies,* Jacques Berque a écrit, à propos de Georges Henein (1914-1973), né au Caire : « Homme d'authenticité si exigeante qu'il repoussait, avec dédain, toute triviale plaidoirie. » Il fut, avec Edmond Jabès, le grand poète égyptien de langue française. « Car, écrit Alain Bosquet, c'est sur les bords du Nil que le mouvement d'André Breton, après les bords de l'Hudson, connut ses ultimes soubresauts. » Étudiant à Paris, Henein adhéra au Surréalisme en 1934 et prit part à l'activité collective du mouvement jusqu'en 1950, ayant entretemps collaboré au *London Bulletin,* à *VVV,* et, en 1947, fondé au Caire, avec Ramsès Younane, la revue-édition *la Part du sable,* et il y eut en terre égyptienne bien d'autres revues ouvertes à la poésie dans son ensemble. Marcel Berthier a évoqué les réunions quotidiennes du Tommy's bar, du groupe *Art et liberté* où se croisaient Kamel El Telmisani, Albert Cossery, le peintre

Angelo de Riz, Maurice Fahmy, Ramsés Younane, Anawar Kamel, Kevis Santini, Yvette Habib-Sherringham, Jo Farna, Marie Cavadia, Lotfallah Soleiman, Lucien Padoux, Henri Pastoureau et enfin Ikbal El Alaily qui devient l'épouse de Georges Henein qui réunira des poèmes de toutes les époques dans *la Force de saluer,* 1979. Il est à souligner que Henein fut de même un prosateur de qualité. Parmi ses livres, nous indiquons : *Suite et fin,* 1934, *le Rappel à l'ordure,* avec Jo Farna, 1934, *Déraisons d'être,* 1938, et en 1945 trois livres, *Prestige de la terreur, Pour une conscience sacrilège, Qui êtes-vous Monsieur Aragon ?* et ensuite *Un temps de petite fille,* 1947, *l'Incompatible,* 1950, *Deux Effigies,* 1953, *le Seuil interdit,* 1956, des collaborations à des ensembles sur la politique, la peinture moderne, la littérature arabe, sur Nietzsche, Kafka, Kierkegaard. Empruntons à Berthier quelques éléments d'un portrait : « Angoisse/ambiguïté. Georges Henein avait voulu cette ambiguïté. A la fois annonciateur, révélateur et engagé, mais aussi en marge, avec recul, pour mieux cerner... Georges Henein a ouvert le feu comme un beau fruit. Scrutateur, il y cueille des soleils étonnés... Une volonté d'effacement. Prince et Combattant. Double tranchant autorisé par une sûre lucidité historique et sociale. Le Surréalisme (le Dadaïsme également) portent les stigmates d'un monde déchiré, en rupture... Je ne chargerai pas à ce carrefour de l'Histoire Georges Henein d'une aura messianique, qu'un sens aigu de l'humour et sa franchise courageuse auraient refusée, pourtant je ne peux m'empêcher de le voir en cette période prendre toute sa place. Sa vie et son œuvre en sont un symbole... » Il n'est pas absurde d'indiquer que nous trouvons dans son surréalisme clair-obscur des chemins de chaleur et de tendresse lucides, un univers de notations sensuelles et émerveillées sans qu'on veuille le paraître :

> Ses seins sont des oiseaux des îles qui se soulèvent une fois l'an pour se lisser amoureusement les plumes. Il faut être présent à la scène, car c'est alors que la pluie se met à tomber et que de silencieux serviteurs retirent les armes des fourreaux et les déposent sur des meubles bas dont, jusque-là, on ne s'expliquait pas l'usage. La pluie s'installe, les roues à aubes ne tournent plus que très lentement pour des bateaux dont les détails sont visibles des deux rives, avec leurs fiancés qui moisissent dans le grand salon...

Il y a en lui quelque chose d'un conteur oriental qui trouve en chemin le conteur surréaliste et les marie. Ses poèmes sont traversés de présences féminines toujours mystérieuses et qui grandissent dans la lumière :

> alors Lucrezia se lève comme un épi
> et la chambre s'agrandit à vol d'absinthe
> une pierre se détache avec un cri nocturne
> d'une façade bestiale
> et l'on sent que le visiteur du dehors va disposer de tout
> et chacun s'apprête pour le cérémonial

Ou bien il se penche sur sa vie, il devient « un homme est seul dans une rue qui est la seule rue de l'île » et qui apprend : « il y a un bateau par génération, lui dit-on, d'un air las, au bureau des renseignements d'une île », alors la patience orientale : « dans vingt ans un homme voguera de nouveau / l'avenir en tête / la tête blanchie ». En peu de mots, le voyage humain. Des prestiges surréalistes, du flot imagé, un homme véritable, de chair et de sang, toujours émerge, exprime simplement ses sentiments, trouve la sérénité : « c'est un instant toujours émouvant / que celui où l'on se demande / certains matins / si l'on va pouvoir reconnaître la vie ».

Étonnante Égypte qui donnera à la poésie française des créateurs tels qu'Edmond Jabès que nous retrouverons ainsi qu'Andrée Chédid, Joyce Mansour, Arsène Yergath, Mounir Hafez, tous ceux que nous avons cités auprès de Georges Henein à qui *le Pont de l'Épée* a rendu hommage en 1981, avec la participation d'Yves Bonnefoy, Henri Michaux, Joyce Mansour, André Pieyre de Mandiargues, Laurence Durrell, etc. Enfin, signalons le *Georges Henein,* 1981, d'Alexandrian chez Pierre Seghers, *A perte d'homme* et *le Voyageur du septième jour,* 1981.

Georges Schéhadé le Libanais.

Une influence surréaliste s'est fait sentir dès le premier recueil de *Poésies,* 1938, de Georges Schéhadé (né en 1910), ce Libanais de langue française qui naquit à Alexandrie, recueil qui sera suivi de *Rodogune Sinne,* 1947, *Poésies II,* 1948, *Poésies III,* 1949, *l'Écolier sultan,* 1950, *Si tu rencontres un ramier,* 1951, des plaquettes qui seront réunies dans *les Poésies,* 1952, 1967 et 1969. Au théâtre, Schéhadé triomphera avec des pièces proches des premiers drames surréalistes, d'Apollinaire par exemple, et nous citons *Monsieur Bob'le,* 1951, *la Soirée des Proverbes,* 1954, *Histoire de Vasco,* 1956, *les Violettes,* 1960, *le Voyage,* 1961, *l'Émigré de Brisbane,* 1965, internationalement connues et nous n'oublions pas les dialogues et le scénario du film *Goha* de Jacques Baratier et non plus une curieuse *Anthologie du vers unique,* 1977, et non plus la pantomime *L'habit fait le prince,* 1973.

L'œuvre poétique est peu abondante, mais d'une étonnante qualité faite de délicatesse, de nuances harmonieuses, de tendresse, de mélancolie et de gravité, avec souvent des moments déchirants. Avec Pierre Seghers, disons : « Une saveur surréaliste se goûte dans cette poésie musicale et veloutée, mais comme un fruit, pulpeuse. Insidieuse, chaude, prenante, la poésie de Georges Schéhadé est à l'opposé de celle des *farouches exterminateurs.* » Il nous disait dès ses premiers vers : « D'abord derrière les roses il n'y a pas de singes / Il y a un enfant qui a les yeux tourmentés » et cet enfant-là, avec « Les cheveux qui ont l'âge de l'amour », le tremblement de ses vingt ans, on le retrouve à travers tous ses âges. On lisait :

> Je rêve en criant dans la maison des feuilles
> C'est moi c'est moi disait la chanson fatiguée
> Oh qu'on la délivre
> Et que je m'en aille en emportant
> Le mannequin de perles
> Les bois sont morts
> Et par la plaie les feuilles s'envolent

Il y a chez ce poète un élégiaque à la sensibilité surréaliste et il n'est pas un de ses poèmes qui n'émeuve profondément, avec des apparitions comme des fontaines, des cygnes, des jardins, des colombes et d'autres oiseaux, des montagnes, des rivières, des églises, une mère qui revient souvent, et ces présences ne sont pas celles que nous connaissons, que nous attendons, mais d'autres plus réelles que le réel. On lit :

> La petite fille qui a une toux de montagne
> Qui garde l'herbe sur son visage
> La mûre des bois n'a pas retrouvé sa place
> L'écho et ses chiens parfumés ne s'en souviennent plus
> Je pense qu'elle a dû pâlir dans ses habits
> Avant de rejoindre l'envers des arbres
> Donnant sa part de nuit au corbeau du sable
> L'autre plus douce pour les marécages solitaires
> Ainsi dure au printemps la neige des amandes

Il y a bien chez lui un romantisme atténué, une douceur souveraine de civilisé et s'il emploie une méthode de notation surréaliste, il la vivifie sans cesse au contact de la nature par des inflexions spontanées et justes, par des silences et des transparences, par ce chant venu d'Orient et le chatoiement d'une sensibilité qui est de notre temps et pas d'un autre. C'est aussi merveille de voir qu'il a su transposer à la scène la même vérité poétique, en cherchant à équilibrer liberté et rêve, humour et pathétique, sourire et douleur, tout cela en demi-teintes convaincantes et qui nous touchent au plus secret de nous-mêmes. Gaëtan Picon dit : « Car c'est aussi une rumeur que j'entends, non moins que son parfum, chaque fois que j'ouvre le livre; et c'est en elle, aussi, que se perd ma lecture : dans cette voix lente et sourde, psalmodiante, du poète – et voici que je l'épouse maintenant comme si elle était mienne; je suis le récitant plus que le lecteur. » Et chaque lecteur ressentira les mêmes impressions, « l'écho d'une voix plus ancienne, dont l'autorité perce à travers le charme de l'inflexion personnelle, voix prophétique, sentencieuse de l'Aïeul, celle qui parle avec le froid au haut de la montagne, comme Dieu le fit, ou au seuil du jardin que nous avons quitté, quand le monde s'est ouvert devant nous, et dont l'exil et le regret n'auront pas de terme », il sera soumis « à cette rumeur d'émerveillement et de tristesse, à ce parfum d'ombre et d'ambre ». Il est peu de poètes qui donnent ainsi, en peu de mots, une aussi forte impression d'existence profonde comme si on se mêlait aux « grandes voix de l'air et du feuillage ». Que le lecteur le lise dans la collection « Poésie/Gallimard », il trouvera du bonheur douloureux, mais du bonheur d'écriture à perte de joie.

Les présents du Liban sont innombrables qui nous donne ceux-là dont nous attendons ici la venue, ainsi Laurice Schéhadé, la sœur du poète, ses poèmes musicaux, ses contes poétiques, ses poèmes en prose : *Récit d'Anne*, 1950, *Le temps est un voleur d'images*, 1952, *la Fille royale et blanche*, 1953, *Fleurs de chardon*, 1955, *Jardins d'orangers amers*, 1959, où l'on pouvait lire par exemple :

> Ivre du grand parcours des fleuves, je porte et je te donne, mon amour, une calebasse remplie de folies en haillons. Pour nourrir les oiseaux des fontaines, les innocents de la terre, un soir d'été je m'appuyais sur le ciel incendié et volais

à la nuit sa première étoile. Depuis — racine aux sommets ravagés, nid de tourterelles veuves — je me souviens d'années en allées — masque méchant de l'amour boiteux.

Ainsi succédant à la période classique de la poésie libanaise de langue française, celle de poètes comme Charles Corm (né en 1894), fondateur de la *Revue phénicienne,* traditionnel et romantique, comme E. Tyan, Joseph Rarès, Maurice Hajjé, M. Chiha, Michel Ghorayeb, Henri Hakim, Victor et Antoine Abizayd, Edmond Saad, Alfred et Camille Abousleiman, Charles Couri, Paul Jamati (qui appartient à la vie littéraire française) souvent néo-classiques, en attendant Fouad Abi-Zayd, surtout Fouad Gabriel Naffah, l'auteur de *la Description de l'homme, du cadre et de la lyre,* 1957, de poètes encore comme André Libérati, Salah Stétié, Andrée Chédid, Égyptienne d'origine libanaise, Vénus Khoury-Ghata, Nadia Tuéni, Antoine Mechawar, Samia Toutounji, Fady Noun, Claire Gebeyli, Marwan Hoss, Fouad El-Etr, Hoda Abib, Nouhad el Saad... Les citer ici n'interdit nullement que nous les retrouvions.

Aimé Césaire l'Antillais.

Certes la plus grande part de l'œuvre d'Aimé Césaire, né à Lorrain en Martinique en 1912, peut apparaître dominée par l'inspiration surréaliste; il accueillit André Breton à Fort-de-France, resta en contact avec les surréalistes dispersés aux années sombres à travers le monde, fonda dès 1940 avec René Mesnil la revue *Tropiques,* lieu de résistance à toutes les oppressions, certes c'est Breton qui préfaça cette première œuvre du jeune agrégé de lettres, *Cahier d'un retour au pays natal,* 1943, mais il y a chez lui, comme chez Léopold-Sedar Senghor le Sénégalais, Clément Magloire-Saint-Aude le Haïtien et chez quelques autres, un chant qui vient de plus loin que des années 20, un chant vers l'avenir, et nous pouvons parler d'une rencontre et d'une conjonction avec le Surréalisme plutôt que d'une obédience. Il est cependant heureux que Breton ait écrit : « Le premier souffle nouveau revivifiant, apte à redonner toute confiance, est l'apport d'un Noir. Et c'est un Noir qui manie la langue française comme il n'est pas aujourd'hui un Blanc pour la manier. Et c'est un Noir, celui qui nous guide aujourd'hui dans l'inexploré, établissant au fur et à mesure, comme en se jouant, les contacts qui nous font avancer sur les étincelles. » La magie se poursuivra dans toutes les œuvres de Césaire : *les Armes miraculeuses,* 1946, *Soleil cou coupé,* 1948, *Corps perdu,* 1949, *Ferrements,* 1960, *Cadastre,* 1961, comme dans *Discours sur le colonialisme,* 1951, *Lettre à Maurice Thorez,* 1957, l'étude historique *Toussaint-Louverture,* 1962, la tragédie lyrique *Et les chiens se taisaient, la Tragédie du roi Christophe,* 1964, *Une saison au Congo,* 1966, *Une tempête,* 1974. Professeur de lettres au lycée Schoelcher à Fort-de-France, maire de cette ville, député, Césaire est à la fois un politique et un poète, l'un et l'autre ne se séparant pas.

Avec Césaire, nous sommes en de nouveaux lieux géographiques de la poésie et il en monte une voix à nulle autre pareille, une voix qui parle et chante, qui s'élève au-dessus des pages du livre pour devenir le chant général d'un peuple comme celui de tous les peuples. On trouve peu d'exemples d'une telle violence, d'un tel étincellement imagé, d'une telle imagination apte à multiplier les analogies les plus surprenantes et vraies, les développements abondants comme dans ses arbres dont les branches forment de nouveaux arbres, poésie à l'image luxuriante d'une forêt vierge qui exprime les étapes de la révolte, les revendications de la négritude, les appels à l'insurrection contre la barbarie des trafiquants et des négriers. Mais, attention : il ne s'agit pas d'une poésie sauvage dont on apprécierait le pittoresque, mais bien d'une poésie où tout est expression minutieusement élaborée, où le vers en liberté suit tous les rythmes de la sensibilité, avec ses violences et ses apaisements soudains. Écoutons :

Ô terre mer almée retroussant tes aumusses mugissantes
flammes inaperçues où j'allume dès aujourd'hui mes grands écobuages à force
   de regarder les arbres je suis devenu un arbre et mes longs pieds d'arbre ont
   creusé dans le sol de longs trous à serpents de larges sacs à venin de hautes
   villes d'ossements
à force de penser au Congo
je suis devenu un Congo bruissant de forêts et de fleuves
où le fouet claque comme un grand étendard
l'étendard du prophète
où l'eau fait
kikouala-likouala
où l'éclair de la colère lance sa hache verdâtre et force les sangliers de la putréfaction à déboucher dans la belle orée violente des narines

Avant des poètes comme Césaire, savait-on que notre langue cartésienne était capable d'une telle expression, d'un tel enrichissement ? Il a amené un Jean-Paul Sartre à se préoccuper de poésie en parlant de lui ainsi : « Un poème de Césaire éclate et tourne sur lui-même, comme une fusée, des soleils en sortent qui tournent et explosent en nouveaux soleils, c'est un perpétuel dépassement. Il ne s'agit pas de se rejoindre à la calme unité des contraires, mais de faire bander comme un sexe l'un des contraires du couple " noir-blanc " dans son opposition à l'autre. La densité de ces mots jetés en l'air comme des pierres par un volcan, c'est la négritude qui se définit contre l'Europe et la colonisation. » Césaire écrit dans *les Armes miraculeuses* ce que nous citons ici avec le regret de devoir amputer un fleuve pour tenter de montrer la couleur de son eau :

nous frapperons l'air neuf de nos têtes cuirassées
nous frapperons le soleil de nos paumes grandes ouvertes
nous frapperons le sol du pied nu de nos voix
les fleurs mâles dormiront aux criques des miroirs et l'armure même des trilobites
s'abaissera dans le demi-jour de toujours
sur des gorges tendres gonflées de mines de lait
et ne franchirons-nous pas le porche
le porche des perditions ?

Son art, Aimé Césaire en a parlé et nous donnons ici quelques-unes de ses propositions :

La poésie est cette démarche qui par le mot, l'image, le mythe, l'amour et l'humour m'installe au cœur vivant de moi-même et du monde.

La démarche poétique est une démarche de naturation qui s'opère sous l'impulsion démentielle de l'imagination.

La connaissance poétique est celle où l'homme éclabousse l'objet de toutes ses richesses mobilisées.

Le beau poétique n'est pas seulement beauté d'expression ou euphorie musculaire. Une conception trop apollinienne, ou trop gymnastique, de la beauté risque paradoxalement d'empailler ou de durcir le beau.

Il nous dit encore que la musique poétique est intérieure et vient de plus loin que le son et qu'elle ne peut être « que le battement de la vague mentale contre le rocher du monde ». Il nous dit admirablement : « Le poète est cet être vieux et très neuf, très complexe et très simple qui aux confins vécus du rêve et du réel, du jour et de la nuit, entre absence et présence, cherche et reçoit dans le déclenchement soudain des cataclysmes intérieurs le mot de passe de la connivence et de la puissance. » Il y a humour parfois, et humour féroce, doublement noir comme dans ce bref extrait de *Soleil, cou coupé* :

> Le temps que
> > le sénateur s'aperçut que la tornade était assise
> > dans son assiette
> > sur ses grosses fesses de betterave
> > et les rondelles de saucisson de ses cuisses
> > vicieusement croisées
> et la tornade était dans l'air fourrageant dans Kansas-City

Dans le même livre, on trouve aussi bien un chant apaisé qui a la grande allure biblique comme chez un Paul Claudel ou un Saint-John Perse, avec la phrase solennelle, en majesté :

Maître des trois chemins, tu as en face de toi un homme qui a beaucoup marché.
Maître des trois chemins, tu as en face de toi un homme qui a marché sur les mains marché sur les pieds marché sur le ventre marché sur le cul
   Depuis Elam. Depuis Akkad. Depuis Sumer.
Maître des trois chemins, tu as en face de toi un homme qui a beaucoup porté.
   Et de vrai mes amis j'ai porté j'ai porté depuis Elam, depuis Akkad, depuis Sumer.

Comme l'écrit Lilyan Kesteloot : « L'acte poétique est son mouvement ultime, quand tout autre est devenu impossible, il est le dernier acte de liberté. » Liberté, son obsession féconde, celle d'un homme qui porte en lui le souvenir de la traite des Noirs, de l'Enfer, des « chiens » de garde. L'Afrique grandiose, avec ses forces telluriques plus puissantes que partout ailleurs, fleuves d'Afrique, mer d'Afrique, terre mère, terre d'ancêtres et de frères, là il trouve pureté et régénérescence, et des rythmes comme celui du tam-tam qui sont le poème. Certes la flore, la faune comme la flore et la faune étymologiques lui apportent les instruments de communication d'une réalité complexe et à vif, qui serait inextricable sans le souffle poétique. Terre de dilemmes, cet îlien qui vient d'une terre lointaine et s'exprime dans une langue de laquelle il faut extraire un chant fidèle, et son génie sans doute est d'y parvenir tout en connaissant les deux faces de la parole : la parole analogique de la poésie, et tout aussi bien la parole discursive de la théorie, de l'essai, du discours, et cela dans le courant le plus pur et le plus cartésien de la rhétorique française. Car Césaire, rassembleur de cultures, est un remarquable prosateur en toutes régions de la parole, qu'elle soit poétique ou non, encore que soit dans un sens poétique le discours qui veut soulever et enthousiasmer un peuple et assouvir sa faim de pain comme de liberté, de dignité et d'identité. Disons par parenthèse que beaucoup de gens n'ont pas saisi toute la portée du Surréalisme qui est pour Césaire non pas, comme le dit Kesteloot, « une idéologie, mais bien (comme) un moyen concret (comme) un instrument efficace de libération de l'esprit », et le poète n'est pas un suiveur, mais l'utilisateur d'un moyen de désintoxication, de déchiffrement et de défrichement.

Poète en prose, il en parle : « A partir du moment où le vers se faisait spécifiquement lyrique, où il se refusait à raconter, à décrire, à moraliser, où il se voulut coup de sonde dans les profondeurs et coup-cri de grisou, alors, par réaction, le poème en prose était né, réaménagement d'un équilibre entre l'idée et le sentiment, l'acte et la passion, le symbole et la réalité, l'intériorité et l'extériorité. Désormais, le partage du domaine poétique était fait : d'un côté incandescence et fusion de l'objet, de l'autre, et composant davantage avec l'allure des choses, s'installant parmi elles, une plus grande massivité, d'un côté le tragique, de l'autre une manière de sublime. » Des poèmes comme *C'est le courage des hommes qui est démis, De mes haras, Bucolique* ou *Intimité marine* (dont nous citons un extrait) montrent cette installation au cœur des choses :

> Tu n'es pas un toit. Tu ne supportes pas de couvreurs.
> Tu n'es pas une tombe. Tu ignores tout silo dont tu n'éclates le ventre. Tu n'es pas une paix. Ta meule sans cesse aiguise juste un courroux suprême de couteaux et de coraux. D'ailleurs en un certain sens tu n'es pas autre chose que l'élan sauvage de mon sang qu'il m'est donné de voir et qui vient de très loin lorsque le rire silencieux du men-fenil s'avance en clapotant du fond funèbre de la gorge de l'horizon...

L'automatisme surréaliste lui a permis de plonger dans ses profondeurs inconscientes et de retrouver en lui le pays natal d'Afrique. La tradition occidentale l'a imprégné, mais ne l'a pas entaché, mais est un élément de cette déchirure profonde par laquelle son moi intime s'est engouffré, accompagné de la beauté dans la révolte, de la poésie dans le chant de liberté entière, « l'indicible musique retenue prisonnière d'une mélodie quand même à sauver du désastre ».

Nous lirons d'autres poètes antillais et africains. En Martinique, en

Guadeloupe, les voix ont de singulières forces depuis Emmanuel Flavia Léopold (né en 1892), auteur de plusieurs recueils, de *la Clarté des jours* à *Adieu foulard, adieu madras,* poèmes classiques qui laissent passer à travers « La respiration monotone des plantes / Sous le crépitement des mondes inégaux » ou bien « Les ouragans hurleurs et dévoreurs d'espace » l'idée d'un quotidien surnaturel, mais en restant dans une ligne sage, lui refusant l'envol; depuis René Maran (1887-1960) à qui il faut reconnaître le mérite d'avoir été un des premiers à parler des Noirs d'Afrique dans *Batouala,* prix Goncourt 1921, et d'avoir fait pénétrer ses lecteurs au cœur des brousses, sans oublier la poésie dans *la Vie intérieure;* depuis Gilbert Gratiant, trop oublié, qui publia *Cris d'un jeune,* 1928, *Poèmes en vers faux,* 1935, *Credo des sang-mêlé,* 1950, etc., poèmes éloquents et imagés revendiquant une identité. La Martinique verra éclore des poètes comme le remarquable Georges Desportes (né en 1921) qui publiera dans la revue *Franc-Jeu* d'Édouard Glissant et dont la poésie libre et convaincante donne autant à voir qu'à entendre « une pop-musique trépidante au tonnerre du tam-tam », dans un dynamisme étonnant et dont il faut lire *les Marches souveraines, Sous l'œil fixe du soleil, Cette Ile qui est la nôtre.* Poète majeur, un des meilleurs de sa génération (nous le retrouverons), Édouard Glissant (né en 1928) est le poète de la splendeur et du lyrisme métaphorique, de la détresse et de la liberté depuis *Un champ d'îles,* 1953, *les Indes,* 1956, *le Sel noir,* 1960, son essai *Soleil de la conscience,* son roman *la Lézarde,* prix Renaudot 1958, d'autres poèmes en vers ou en prose où « le rythme est force rituelle, aussi bien que levier de conscience ». Et encore Charles Calixte ou Jeanne Hyvrard, tandis qu'en Guadeloupe, Guy Tirolien (né en 1917) s'engage dans la bataille de la négritude et est un de ceux qui, selon Aimé Césaire, « poussent d'une telle raideur le grand cri nègre que les assises du monde en seront ébranlées » tout comme Albert Beville dit Paul Niger (1917-1962), dans les poèmes d'*Initiation,* 1945, dans deux romans, *les Puissants* et *les Grenouilles du Mont Kimbo,* où sa voix a une singulière puissance dénonciatrice pour refuser « L'Afrique des Paul Morand et des André Demaison » et faire surgir une négritude forte et belle de la gangue dans laquelle elle fut tenue. Aimé Césaire l'a aussi salué, cet homme qui mourut dans la catastrophe d'un Boeing 707 s'abattant dans sa jungle natale. Et citons encore Florette Morand et Ernest Pépin, la romancière Simone Schwarz-Bart et ses épopées légendaires bouleversantes, en ces lieux où fleurit une poésie nouvelle. Nous retrouverons ces poètes.

Clément Magloire-Saint-Aude le Haïtien.

Né à Port-au-Prince, Clément Magloire-Saint-Aude (1912-1971) fonda en 1937 la revue *les Griots* avec Carl Brouard et Lorimer Denis, et encore, étrangement ce François Duvalier qui devait devenir le président de la République que l'on sait. Magloire-Saint-Aude rencontra André Breton en 1945 à Haïti. Il avait publié *Dialogue de mes lampes,* 1941, *Tabou,* 1941, et suivraient *Parias,* 1949, *Ombres et reflets,* 1952, *Veillée,* 1956, *Déchu,* 1956, à ses propres dépens. Il a été tout naturellement avec les poètes de la nouvelle génération lorsque ceux-ci luttèrent pour l'avènement d'une démocratie. Surréaliste, il est fort éloigné d'un Aimé Césaire et l'on pourrait rapprocher sa poésie elliptique, lucide, contrôlée, de celle de René Char. Cette poésie, Jean-Louis Bédouin la dit : « Secrète et solitaire, comme l'est son auteur, elle semble tout autant tissée de silences que tramée de paroles. Raréfié à l'extrême, le surréalisme n'en brille ici que de plus d'éclat. » Alain Jouffroy, dans *Opus international,* lui donna une place méritée. Comme ses amis antillais, Magloire-Saint-Aude se tourna vers le lointain pays natal, l'Afrique, celle des griots qui lui donna le titre de sa revue, et qui prit place naturellement dans son inspiration auprès des Caraïbes. Jean Chatard a écrit que si l'Afrique reste une constante préoccupation chez lui, il en est de même de la négritude, mais sans « le triomphalisme du poète martiniquais » (Césaire) bien que nous ne comprenions guère l'emploi du mot triomphalisme et dirions plutôt la force éclatante et somptueuse. Les poèmes de Magloire-Saint-Aude sont courts, économes, se divisent généralement en séquences de un à quatre ou cinq vers et nous en citons quelques-unes :

> Le poète, chat lugubre, au rire de chat.

> Le cœur, léché, fêlé par les veilles.

> Torpeur dans mon sang déganté sans amour.

> Aux feux intermédiaires,
> Pensées douces comme des tasses de vent.

> Sur ma face étoilée
> Sommeille mon cœur brun-mexicain
> Qui, beau-pâle,
> Éteint la limite
> Au duo du fossile.

Cela ne va pas sans quelque étrangeté concertée et l'on peut dire qu'un poète comme lui effacera les idées toutes faites que l'on pourrait avoir sur la poésie venue des pays de la négritude, mais sans doute reste-t-il unique en son pays. Haïti, nous l'avons vu dans *la Poésie du dix-neuvième siècle,* fut très tôt ouverte à la poésie, qu'elle soit d'expression française ou d'expression créole, cela dès la fin du XVIIIe siècle. Certes en ce temps la poésie était plus volontiers décorative et sentimentale que politique ou patriotique, mais on trouvait çà et là quelques germes. Dans la période allant des années 1927 à 1940, quelques noms s'imposèrent : J.-D. Baguidy, Étienne Bourand, Marcel Dauphin, Gervais Jastram, Fernand Martineau, Justinien Ricot. Après 1940, certains se penchèrent sur les misères humaines, sur le peuple, qui sont Régnor-C. Bernard, J. Lamane, Rodolphe Moïse, Carlos Saint-Louis. Auprès de Magloire-Saint-Aude reçurent le message surréaliste René Bélance, Roussan Camille, Antoine Dupoux, Marc-Pierre Salès. Une place à part doit être faite à quelques-uns comme Léon Laleau (né en 1892), ce diplomate qui signa en 1934 l'accord mettant fin à l'occupation de son pays par les États-Unis. Il se rattache d'une part au Symbolisme tel que le pratiquait Henri de Régnier, avant d'être influencé par les fantaisistes, puis par Max Jacob à ce point que Pierre Guéguen le disait « le Max Jacob noir » tandis que Léopold-Sedar Senghor dit retrouver chez lui « le badinage créole qui fut durant si longtemps le signe distinctif de la poésie des Iles ». Être apprécié par André Fontainas, Guéguen et Senghor est en soi une particularité. Quelques titres : *A voix basse,* 1920, *la Flèche au cœur,* 1926, *le Rayon des jupes,* 1929, *Abréviations,* 1929, *Musique nègre,* 1931, *Ondes courtes,* 1933, *Orchestre,* 1937. En Haïti où il semble que tout homme cultivé ait pratiqué naturellement la poésie, toutes les voix, tous les genres sont honorés en prose et en vers.

Auprès de Magloire-Saint-Aude, les grands qui s'imposent sont René Depestre (né en 1926), Jean Métellus (né en 1937), Denis Villard dit Davertige (né en 1940). Ce sont là de magnifiques poètes que nous retrouverons en temps utile, sur les lieux de leur génération, et nous citons encore Anthony Phelps et Jean-Claude Charles dans cette île de poésie qui nous prépare sans doute bien d'autres émerveillements. Ce sont là, selon le titre de Jacques Roumain (1907-1944), *Gouverneurs de la rosée* et maîtres de la poésie bouleversante et dérangeante.

La Femme surréaliste.

Nous empruntons ce titre à une publication des éditions *Obliques* qui mettait en valeur surtout le rôle des femmes en peinture et il est vrai que la rencontre de peintres surréalistes et fantastiques telles que Valentine Hugo, Leonor Fini, Dorothea Tanning, Leonora Carrington, Unica Zürn, Jeanne Graverol, Toyen, Bona, Manina, Myriam Bat-Yosef, et de nombreuses autres créatrices offrait un panorama d'une rare qualité. Les femmes poètes y trouvaient leur place comme elles la trouvent ici réunies, non pas pour les isoler sous le couvert de quelque malentendu dont nous nous sommes déjà expliqué, mais bien parce que des caractères communs les unissent par-delà autant de diversité que du côté masculin : elles ne sont pas seulement de « curieuses personnes » pour emprunter un titre de Lise Deharme, mais surtout elles ont la curiosité des êtres qui créent; ce ne sont pas des muses, même si certaines d'entre elles ont dans leur personnalité quelque faux air de Nadja, ce sont des poètes avec ce que cela comporte de féerie, de magie, de démons, d'anges et de merveilles. Surréalistes? Sans doute cette appellation comporte-t-elle quelque arbitraire : c'est comme chez tous les créateurs d'une époque : qui n'est pas passé par là? Retenons cependant le terme en ce qu'il comporte de liberté, d'indépendance, de non-conformisme. Les unes naquirent du Surréalisme, les autres contribuèrent à le créer; certaines en retinrent le frisson, d'autres le message intérieur; il en est qui restèrent proches du mouvement, d'autres qui choisirent de prospecter d'autres terres. Il n'est pas question de faire une synthèse de l'apport féminin, ce propos était bon pour les siècles passés sans doute; il s'agit de montrer les particularités de telle ou telle, comme de tel ou tel, tout simplement de les rencontrer sur les lieux du poème et sur les lieux de la vie et de tenter de recueillir encore une fois chez l'être humain des messages durables.

Comme Claire Goll, une Céline Arnauld (1895-1952) fut contemporaine des Amazones auxquelles nous avons consacré un chapitre. Il n'en est que plus étonnant de voir ce poète qui fut l'épouse de Paul Dermée nous offrir dès ses *Poèmes à claires-voies*, 1920, des chants en avance sur leur temps et qui se poursuivront dans *Point de mire*, 1921, *Guêpier de diamants*, 1923, *La nuit rêve tout haut* et *le Clavier secret*, 1934, *Heures intactes*, 1936, et l'*Anthologie Céline Arnauld*, 1936. Elle se suicida en 1952 pour ne pas survivre à son mari Paul Dermée. Sa poésie est touchée par une grâce persistante, éclairée par une lumière dorée, tendre comme une confidence, délicatement lyrique, s'abreuvant aux sources du concret, touchant à l'irréel par de fines observations dans un monde où « le lilas s'ouvre et raconte sa peine / à tous les passants », où la chicorée peut rire et le puits s'enivrer. « Ô cette nuit sans limites où rôdent des légendes », écrit-elle et ces légendes, elle les ramène à la surface des eaux. Ainsi :

> Les rues de mes rêves se resserrent
> En dansant sur les cordes de la lune
> Et les maisons blessées par des regards
> Se couvrent de portées de brume
> Les arbres n'ont qu'un seul pied sur le pavé étoilé
> Et là-haut les Chérubins ont des béquilles lactées

Céline Arnauld est une observatrice attentive des choses entrevues comme entre veille et sommeil : « Je ne sais plus si je dors / Car la lumière vacille dans l'héliotrope. » Son dialogue avec la lumière, la route, le vent, l'azur, les êtres réels ou mythiques se poursuit dans une douceur exquise où vibre quelque attente, où quelque douleur secrète ose à peine se montrer, elle est une émerveillante en clair-obscur, en demi-teintes, à mi-voix, à claire-voie.

Claire Goll (1891-1977) fut elle aussi la femme d'un poète et nous l'avons entrevue à propos d'Yvan Goll avec qui elle a collaboré pour ces livres déjà cités, *les Poèmes d'amour*, 1925, *les Poèmes de jalousie*, 1926, *les Poèmes de la vie et de la mort*, 1927, par exemple, et qui publia elle-même de nombreux recueils, des romans, un livre de souvenirs peu tendre pour ses contemporains. Proche de Rainer-Maria Rilke qu'elle a bien connu, il y a une connotation surréaliste dans beaucoup de ses poèmes, et l'on sait que, comme Yvan Goll, elle est l'héroïne d'un surréalisme parallèle à celui de Breton et de ses amis. On lui doit *les Larmes pétrifiées*, 1951, *Chansons indiennes*, 1952, tirées du fonds pré-colombien, *le Cœur tatoué*, 1958, chants peaux-rouges, *l'Ignifère*, 1967, et l'on trouve un choix de ses poèmes dans le « Poètes d'aujourd'hui » qui lui a été consacré par Edmée de La Rochefoucauld, Georges Cattaui et Armand Lanoux. Là on glane une foule de renseignements sur une vie humaine, intellectuelle, poétique peu banale. Nièce de Max Scheler, le fondateur de la phénoménologie, passionnant des poètes comme Rilke, Goll, Audiberti, elle vit dans ses poèmes propres comme dans ses dialogues avec son mari, toutes les étapes d'un amour passionné, violent, romantique, et qui va par-delà la mort de l'être aimé dans la pétrification des larmes. Et cet amour se mêle à la nature : « Hier, je buvais la lune dans ta main », tente de vaincre la solitude humaine, demande : « Apprends-moi à tutoyer les anges. » Tous les sentiments de détresse, d'abandon, parfois de lassitude se transmuent en un chant profond, douloureux : « J'ai gaspillé tes caresses / Je n'ai aucun disque de tes pas. » Veuve, elle a des cris de femme trahie, des cris d'être dépeuplé :

> Jamais plus une rose ne sera une rose
> A sa place voltigeront les pétales flétris
> Les paupières fanées des morts
>
> Le soleil est enterré avec toi
> La lune noyée dans une mare de larmes
> Ne montera plus à mon ciel.

Elle trouvera un écho à sa peine dans le tragique indien en traduisant leurs chants et leurs lamentos : « HE-YA, yo o we yo! / He-ya, que ne suis-je la guêpe / Dont ton doigt détourne le vol! » et c'est encore à son amour qu'elle pense en inconsolée lorsqu'elle écrit :

> AI-YA! Où sont tes yeux
> Au fond desquels je trouvais
> L'origine du monde
> Le milieu de l'univers
> Et les visions de Wakan Tanka?

Passionnée, amoureuse, solitaire, même lorsqu'elle regardera le petit jardin de la rue Vaneau sous sa fenêtre, « dernier vestige du paradis », un paradis semblable à celui des *Nouvelles Petites Fleurs de saint François d'Assise* qu'elle rédigea à New York avec Yvan, elle sera poète de toutes les amours. Il est vrai que dans tous ses poèmes, *Dix Mille Aubes,* par exemple, elle chante l'aimé de manière biblique : « Tu es doux / Comme les dattes / Des palmiers bibliques » et nous n'hésitons pas à dire que Claire et Yvan, poètes s'inspirant l'un l'autre, ont écrit une des plus éblouissantes sagas amoureuses qui soient, avec un flot d'images sensibles, de chants spontanés : « Avant toi je vivais dans un puits de mine / Ensevelie sous la poussière » ou bien « Quand j'entends la plainte d'une guitare / Une corde de mon âme saute toujours. » Plus proche de Louise Labé que d'André Breton ou Paul Éluard? Peut-être, mais l'Amour fou est ici présent, plus fort que tout, et l'on aime qu'il s'allie chez Claire Goll à un regard vers des frères de toutes races, les humiliés et offensés dont elle accompagne le chant de malheur de ses propres chants.

Nous saluons Valentine Penrose (1898-1978) qui a collaboré aux groupes surréalistes anglais et français. Première femme de Roland Penrose ses poèmes d'*Herbe à la lune,* 1935, apportèrent les mêmes beautés dans les deux langues : « Baignés dormons dans les cheveux et les sourires / des morceaux aveugles comme des baisers » et elle publia un *Erzsébet Bathory, la comtesse sanglante,* 1962, affirmant le goût surréaliste pour les personnages étranges et le roman noir. Nous saluons Leonora Carrington (née en 1917), admirable peintre et poète, auteur de contes fantastiques, pour *la Dame ovale,* 1939, pour le récit *En bas,* 1945, réédité en 1973, pour *le Cornet acoustique,* 1974, *la Porte de pierre,* 1976. Ses récits sont de la poésie à l'état pur et Jean Schuster écrit : « La grande nuit romantique a-t-elle jamais brûlé d'un feu si noir ? Quiconque n'en sera pas atteint au cœur et n'éprouvera pas l'effondrement de toutes les déterminations de l'être peut-il lire ce livre, ou un livre ? » Compagne de Max Ernst dans les années précédant la guerre, elle a parcouru des chemins au bord du délire et de l'abîme physique, comme un Antonin Artaud, jadis un Nerval et elle en a ramené l'or noir de la beauté insolite et troublante comme un joyau noir. Nous saluons un autre peintre de qualité en Marie-Laure de Noailles, dite Marie-Laure, un autre poète aussi qu'on pourrait situer dans des régions que hanteraient Jean Cocteau, les surréalistes et non loin Anna de Noailles. Elle fut quelque peu effacée par son rôle de maîtresse d'un salon littéraire, de découvreuse de talents, et il faut rendre justice à des livres comme *Dix Ans sur la terre,* 1947, *l'An quarante,* 1943, *la Viole d'amour,* 1944, *Cités perdues,* 1953, et à ses romans, car ils sont chargés d'images curieuses, mises en scènes comme pour un théâtre Cocteau, et c'est plein de spontanéité, de secrets, d'inventions :

> Tu t'en vas, tu reviens et tu descends les marches
> En pardonnant au chien et sans passer sous l'arche
> Où des esclaves tissent les toiles des araignées du désespoir
> Je t'aime parce que tu peuples l'avenir comme une barque sourde
> La forme des ténèbres a des mains de velours

Nous nous arrêtons à Anne-Marie Hirtz, dite Lise Deharme (morte en 1980), maîtresse de l'insolite, du cocasse, de la grâce acidulée, qui se partage en poèmes surréalistes, en imageries simples et dépouillées, en romans dont elle est toujours la fée. Comme a écrit Paul Éluard, « C'est tout de suite une autre vie, surprenante, entièrement fondée sur la passion de la vie merveilleuse et du bonheur, même immérité ». Décors dignes des fées de Perrault ou des personnages de romans gothiques, amours audacieuses, enfants tendres et naïvement cruels, elle a son monde à elle et la pureté de son style en est l'éclairage. André Pieyre de Mandiargues qui, comme Breton, Éluard ou Gracq, fut son ami, a dit que chez elle « la fonction sociale fut magnétique », qu'elle « a toujours aimanté l'esprit de ceux qu'elle approchait » et nous pouvons en apporter ici le témoignage direct. Poète, Lise Deharme semblait un personnage jailli de ses propres écrits. Qu'elle invente une Princesse Souris ou une petite fille de la Forêt Noire, qu'elle rencontre une Gertrude Stein ou un Ramon Lull, elle les rend plus réels que la réalité. Citons ses livres de poèmes : *Il était une petite pie, Cahier de Curieuse Personne, le Cœur de pic,* son journal, des romans, des contes, des nouvelles, cette œuvre collective : *Farouche à quatre feuilles* (avec André Breton, Julien Gracq et Jean Tardieu). Elle écrivait : « Écris tout ce qui te passe par la fenêtre » et excellait dans des textes brefs comme des haïkaïs, petites fables en réduction, petites musiques bizarres comme « Un revolver / un chemin de fer / sont des bijoux / dont je suis fou » ou bien elle faisait des variations sur un air de Nerval, à moins qu'elle ne se confie en joignant à quelque chose d'enfantin, de futile presque, des images gracieuses et inattendues, celles d'un surréalisme à goût de sucre et de rose dont le parfum ne fait pas publier les épines. A propos de ses récits, Marcel Schneider écrit : « Cet univers de féerie, et de féerie qui semble frivole, est en réalité une retraite de solitude où l'on fuit les hommes au profit des plantes, des animaux et des objets qui parlent à l'imagination. C'est pourquoi tous les poèmes, tous les contes et les romans de Lise Deharme ont pour thèmes directeurs le masque et la métamorphose, les malentendus de l'amour et de la vie. » Son vocabulaire est riche et varié, précieux et imagé, plein d'escapades inattendues, vers l'argot par exemple. Cela a à peine *le Poids d'un oiseau*, pour citer un de ses titres, à moins qu'on ne pénètre, et cela plus sûrement dans ses proses que dans ses poèmes, vers *le Château de l'Horloge*, pour rencontrer *la Comtesse Soir* ou *la Marquise d'Enfer*. Elle a toujours quelque chose d'insouciant et de libre, notamment lorsqu'elle écrit : « J'ai raté / le livre de ma vie / une nuit / qu'on avait oublié / de mettre un crayon taillé / à côté de mon lit. »

Gisèle Prassinos (née en 1920) a ceci de particulier qu'elle appartient, tout en ayant conservé à sa poésie à travers de belles évolutions une unité parfaite, à plusieurs générations poétiques. Dans l'avant-guerre, elle fut cette enfant de quatorze ans qui émerveilla les surréalistes, elle est aujourd'hui, une romancière, une conteuse, un des poètes les plus actuels qui soient. André Breton s'enthousiasma pour elle (faut-il rappeler que son frère Mario Prassinos est un des meilleurs peintres contemporains?) et l'on put lire dans *Minotaure* n° 6 un petit conte plein de spontanéité qui serait repris dans *Trouver sans chercher* en 1976 avec les autres proses d'extrême jeunesse (1934-1939), préface de Michel Décaudin, où l'on peut lire cette présentation de couverture : « Le ton de Gisèle Prassinos est unique. Tous les poètes en sont jaloux », a dit André Breton. Conte (réaliste, fantastique), récit, fable, histoire, scénario, discours, monologue, dialogue, chronique, commentaire, page de journal, autant de « modèles » qui ne sont adoptés par elle que pour être pervertis, transposés de manière bizarre, sortes de cadres à remplir. Parfois, des bouts de vers moralisateurs s'envolent, cocasses bulles de savon, à la fin du texte. Michel Décaudin écrit : Le pays des merveilles évidentes où nous mène par la main celle que le *Dictionnaire abrégé du surréalisme* a appelée Alice II. Ce qui émerveille dans ces textes d'une adolescente, c'est que la magie inventive, la diversité des formes, le langage en liberté naissent à partir d'un vocabulaire non pas choisi et précieux, mais celui que composent les mots de tous les jours. C'est le temps de l'innocence, un temps que Gisèle Prassinos réinventera avec beaucoup d'art lorsque la conscience supplantera l'automatisme de petites histoires et de vers écrits par amusement et par plaisir, mais l'on verra, par comparaison, par exemple dans *les Mots endormis,* 1967, qui réunit des textes et poèmes des diverses époques, ce même jaillissement de la nuit et ce même émerveillement des paroles de l'obscurité affleurant à l'aube lucide. Des mini-romans d'aventure et d'amour aux poèmes messagers de secrets enfouis, c'est toujours un « temps buissonnier » qui esquisse l'inattendu. Parmi ses livres de poèmes, citons encore *Facilités crépusculaires,* 1937, *l'Homme au chagrin,* 1962, *la Vie la voix,* 1974, *Pour l'arrière-saison,* 1979, mais la poésie est aussi dans une quinzaine de livres de prose qui montrent que, par-delà la jeune fille prodige, il y a chez Prassinos un poète durable. De la fabulation automatique du début, il est resté le meilleur, l'expérience et la spontanéité faisant bon ménage. Il faut quitter le piège des idées reçues, des images toutes faites pour la reconnaître dans son entier et non à partir d'un fait anecdotique. Ses poèmes en prose ont ceci en commun qu'ils commencent toujours par une phrase décisive, nous sommes dès l'entrée, sans nul préparatif, pris dans les rêts d'une aventure qui va nous entraîner hors du prévisible. Et c'est sans préparatifs, sans complication. Quelques-uns de ces incipits :

> Une femme à son balcon regardait le ciel, les cheveux au vent et les mains s'efforçant de les retenir...

> Il y avait, dans une vieille cour, sous la voûte de la cave, un ménage de chaudronniers qui était venu s'installer là un jour de forte pluie...

> Deux mendiants sortent d'un égout en tenant une tenaille ouverte, piquée de bleu...

> De petites fleurs nageaient dans le sang des vaincus...

> Je sais que ma sœur sent la banane...

Ces premières notes de musique donneront peut-être une idée d'ensemble où tout paraît simple et évident comme bonjour, mais nous entraîne vers des voyages insolites et pourtant vite familiers. On les réveille, ces « mots endormis » et l'on est surpris que tant de simplicité et de naturel porte tant de charme. Le poème en vers, lui, est d'une eau différente ; ce n'est plus la cascade joyeuse et bondissant parmi les pierres, mais plutôt le chant de la pierre elle-même tant tout est plus ramassé, élaboré, avec quelque laconisme, comme si on demandait à la phrase de se poursuivre dans l'esprit du lecteur. Le temps est venu pour Gisèle Prassinos du travail des mots, d'une sérénité recherchée, d'une méditation dont on garde le suc :

> Raison
> c'est toi qui pleures avant même l'éclat.

> A deux jours de la foudre
> sous l'arbre où trois fruits jutent encore
> je boirai le cortège.

> Là parmi les hiboux de mes pensées :
> ton pesant d'ombre
> l'accent de nos rames dans le détroit...

Chez Gisèle Prassinos, à travers les âges de la vie, la poésie la plus personnelle tient permanence et c'est le temps, la recherche qui lui donnent des inflexions fort diverses, avec ce miracle que le poète en tout lieu et tout temps se reconnaît imaginatif et ne se contentant jamais de sa propre imitation.

Une Égyptienne née en Angleterre, Joyce Mansour (née en 1928), apparut plus tard dans le monde surréaliste, puisque la revue *Médium* salua son premier livre, *Cris* en 1953, date de son installation à Paris, et que suivraient *Déchirures*, 1955, *Jules César*, 1956, *les Gisants satisfaits*, 1958, *Rapaces*, 1960, *Carré blanc*, 1966, *les Damnations*, 1967, *le Bleu des fonds*, 1968, *Ça*, 1970, *Histoires nocives*, 1973, *Orsa Maggiore*, 1976, avec Wifredo Lam, *Caniculaire*, 1977, *Faire signe au machiniste*, 1977... Proses ou poèmes, comme écrit Bédouin, « Une singulière liberté est ce qui frappe d'emblée » et tout est imprégné « d'un érotisme sombre, cruel, tout corrodé d'humour ». Il n'est pour s'en persuader que de lire le début de *l'Ombre de ma folie* :

> Si je mange de la chair
> Si je déchire tes paupières de mes mains
> Si je mange le cerveau de mon ennemi
> Vaincu
> Si je piège mon pubis de rats aux dents cariées
> Ce n'est pas pour me venger
> Ma rivière est sans encombre

Il passe un souvenir de Lautréamont chez cette ogresse du poème et du corps, ce vampire-poète qui peut écrire : « J'ai bu ta vie en trente nuits de rage », cette prêtresse de messes noires, cette héroïne de cauchemars, cette déchireuse d'Éros, cette cavalière d'Apocalypses rouges. Seghers écrit : « ... Qu'elle plonge dans les gouffres de la mer Rouge ou soit championne de course à pied, tout est provocation, révolte, révolution, grand sport chez Joyce Mansour, la plus vive, la plus aiguë, la plus " voyante " des poètes d'aujourd'hui. » Pour Alain Bosquet, à côté de ses poèmes, l'*Histoire d'O* n'est rien, ce qui n'est pas peu dire. Elle trouve la beauté dans la laideur des vices en même temps qu'elle est une chercheuse de vérité, une exploratrice du corps en feu :

> Invitez-moi à passer la nuit dans votre bouche
> Racontez-moi la jeunesse des rivières
> Pressez ma langue contre votre œil de verre
> Donnez-moi votre jambe comme nourrice
> Et puis dormons frère de mon frère
> Car nos baisers meurent plus vite que la nuit.

Elle vit, meurt, brûle et se noie dans la chair amoureuse sous l'empire des sens dans un royaume où « le sperme froid des fantômes » fait avancer « notre mort dans le goulot de la tombe ». Nécrophilie cruelle et marches de la folie mise en vers tranchants comme le scalpel, images directes et belles qui donnent à voir comme un Dali ou un Mata, elle va au plus loin de l'audace et du raffinement, mais, comme l'a observé Jean Rousselot, « elle se montre capable d'écrire de longs poèmes moins agressifs, moins systématiques, plus humains pour tout dire, et qui émeuvent étrangement ». Un frisson nouveau dans l'espace du surréel.

Qu'il s'agisse de récits étranges ou de poèmes, dès que nous soulevons quelque peu les voiles noirs sous lesquels se dissimule la beauté insolite, la poésie apparaît avec une évidence éblouissante. Comme Joyce Mansour, Nelly Kaplan, la cinéaste, l'amie de Breton, d'Abel Gance, de Soupault, de Mandiargues, est venue d'Argentine pour rencontrer les ombres de Rimbaud, de Lautréamont et du marquis de Sade. Mandiargues en parle si bien que nous ne pourrions guère ajouter à cela : « Sa culture est à la fois étendue et particulière, et si son goût va manifestement à la poésie, à l'érotisme, au conte fantastique, à la science-fiction et aux histoires de vampires, il m'a semblé trouver aussi comme des échos de *La Sorcière* de Michelet, il m'a semblé retrouver parfois le ton et l'humour glacial d'Alphonse Allais. » Ne parlons pas ici des films, *la Fiancée du pirate* étant le plus connu, mais citons des livres touchant au cinéma : *Manifeste d'un art nouveau : la Polyvision, le Sunlight d'Austerlitz, le Collier de Ptyx,* publiés sous son nom, et, sous le pseudonyme de son double, Belen, des titres fondés sur le jeu de mots, un humour qui ne va pas sans quelque provocation, ainsi *la Géométrie dans les spasmes, la Reine des Sabbats, le Réservoir des sens,* à moins que l'érotisme « scandaleux » n'éclate encore dans ses *Mémoires d'une liseuse de draps*. Il est difficile d'exprimer ce qu'il y a chez elle d'insolence un peu fanfaronne, d'humour toujours en demi-teinte, de rejet des conventions avec ce désir de ne point entrer dans d'autres conventions, cette manière de déployer le drapeau noir de l'humour avec un petit sourire en coin, d'intriguer avec science et d'offrir sa tendresse aux personnages les plus rares et les plus hallucinés. Elle se donne la profession de « chasseuse de Snarks » et il arrive qu'elle en rencontre dans les forêts de son imaginaire. Ayant fait ses études à l'Institut des Hautes Études Voluptueuses, cette voyante-voyeuse s'est vouée à « la culture et l'apprivoisement de fleurs carnivores, récente découverte révolutionnaire dans le domaine de l'avortement sans douleur ». Soupault nous confie : « Un ton nouveau, un humour percutant, un goût de l'insolite et cette franchise qui est comme un poignard me faisaient croire que je venais de découvrir enfin un nouveau poète, que, grâce à Belen, je pouvais enfin m'évader de la médiocrité quotidienne et trouver un univers qui ne ressemblait à aucun autre, un monde neuf où les mots étaient chargés d'une nouvelle puissance. » Avec Kaplan-Belen, nous sommes toujours dans l'attente de l'inattendu, au seuil d'une « maison de luxe et de luxure » où les rencontres peuvent être bouleversantes :

Un jour, peut-être, tout changera à nouveau. Mon intuition me dit que la relève sera faite par ces étranges mutants apparus après la première Grande Destruction, androgynes troublants aux yeux semés de poussière d'or. Pour l'instant, ils sont encore à notre service. Mais leur sourire étrange et l'étendue de leurs pouvoirs ne me trompent pas. Nous, les hommes, et les femmes qui aujourd'hui nous dominent, disparaîtrons dans les siècles à venir. Et je crois que ce ne sera qu'une justice.

Belen a bu aux liqueurs martiennes et, dans son ivresse inconnue aux non-initiés, elle excelle à disposer les pièces d'un jeu nouveau, chargé de pièges, où elle se prend elle-même avec tant de grâce ironique qu'elle en est la victime émerveillée et émerveillante.

Si, chez Nelly Kaplan, la cinéaste dissimule quelque peu le poète, il en est de même chez sa compatriote Léonor Fini dont la peinture qu'elle définit ainsi : « Une autobiographie incantatoire d'affirmation, volonté d'eprimer l'aspect fulgurant de l'être : la vraie question est de transformer sur la toile ce sens de jeu », dont la peinture ne doit pas faire oublier les textes : *le Livre de Leonor Fini*, 1975, *le Temps de la mue*, 1975, *Mourmour, conte pour enfants velus*, 1976, *le Miroir des chats*, 1977. *La Femme surréaliste*, chez *Obliques*, nous a proposé un extrait de *l'Oneiropompe* fort surprenant et on peut conseiller de lire en ce même lieu des textes qui sont voyage, navigation, découverte, donc poésie, de femmes peintres comme Jeanne Graverol, Giovanna, Mirabelle Dors, Bona de Mandiargues, Unica Zürn, Isabelle Waldberg, Meret Oppenheim, Greta Knutson, entre autres.

La prose prend aussi des ailes dans *les Écrits de Laure*, c'est-à-dire Laure Peignot, l'amie de Georges Bataille, où, sans cesse « des yeux d'enfant percent la nuit » et que traversent, selon Michel Camus, « des éclairs de génie ». Il y a là une quête : « Tout ce qui relève de la raison d'être est sacré pour moi, raison d'être encore, raison de vie, raison de mort », et une interrogation : « Toute émotion poétique est sacrée ? »

Une nouvelle génération surréaliste est apparue. Ainsi Marianne Van Hirtum, belge, qui est aussi peintre et qui a notamment publié dans la collection « Métamorphoses » lorsque André Breton et Jean Paulhan ont fêté sa venue. Nous citons *Poèmes pour les petits pauvres*, 1953, *les Insolites*, 1956, et des poèmes dans *Poètes singuliers du Surréalisme et autres lieux*, 1971. De telle prose où elle tue père et mère avec une petite fourchette ou avec une pince à sucre à des poèmes aux préciosités inquiétantes où passent faune et flore symboliques et délicatement analogiques passent des courants sensuels en petites musiques pénétrantes où se glisse quelque inquiétude. Lisons cet extrait :

> Tigres charmants
> qui allumez la belladone
> bêtes fleuries de soies
> écartez de nous le péril
> qui est d'exister mal
> en n'étant pas

Ainsi Jacqueline Duprey qui est l'épouse de Jean-Pierre Duprey (dont nous parlerons), ce poète disparu avant sa trentième année en laissant une trace durable, auteur de *Raison et coefficient de sécurité, Un chat égale trèfle, Un chemin semé d'embûches, Polaire*, et qui a écrit avec Jean-Pierre Duprey *la Seconde Forêt sacrilège*. Sans doute fut-elle une des premières à poser, comme l'a signalé Maurice Rapin, « le primat de l'écologie comme mode de rapport au monde » et à instruire le mouvement surréaliste du monde social et de celui de la femme. Ainsi Annie Le Brun que nous découvrîmes grâce à un petit livre de citations surréalistes : *Les mots font l'amour,* 1970, et qui avait déjà publié *Sur le champ,* 1967, illustré par Toyen, avant de donner *les Pâles et Fiévreux Après-Midi des villes,* 1972, *la Traversée des Alpes,* 1972, *Tout près les nomades,* 1972, *les Écureuils de l'orage,* 1974, *Annuaire de lune,* 1977, avant le livre-cri libératoire des lieux communs de la féminité, *Lâchez tout,* qui reprend dans un contexte neuf cette idée que la vraie vie est ailleurs. Dans *Sur le champ,* on lisait :

> Des troupeaux d'animaux de nuit accusaient le pourtour de mes yeux. La profondeur de leurs orgasmes pesaient au cœur de mes pupilles.
> Vous qui me connaissez, ne partez pas à la dérive des impressions : vous savez que je ne suis pas si belle qu'on le dit et que je ne mets du rouge à lèvres que lorsqu'il a le goût de la crème rose du crime...

Se refusant à tout conformisme, Annie Le Brun va d'une vérité consciente à des explorations poétiques où le physiologique et le mental se rejoignent en des correspondances extrêmement subtiles et qui témoignent du plus pénétrant des regards et de la plus incisive pénétration des choses.

Du *Testament de la fille morte,* 1954, de Colette Thomas, la première femme d'Henri Thomas, Bernard Noël a écrit : « Il laisse loin derrière lui la plupart des œuvres auxquelles on a fait un succès depuis vingt ans. » Parlant de Rimbaud, elle dit : « Et voici que maintenant je dis ce qu'il attendait qu'une femme dise. » Jacques Prével, l'écoutant dire un texte : « La voix d'Artaud, la passion d'Artaud, l'exaltation d'Artaud, la fureur et la violence d'Artaud. » Ce dernier, qui fit son portrait en 1947, a souvent écrit sur elle qui publia son livre sous le pseudonyme masculin de René car les exploits de son subconscient l'émerveillaient. Incarnée dans son écriture, devenue métaphore de la mort en elle portée, récit ultime d'une vivante, elle est pour Marcel Camus « la fin du narcissisme » et nous le citons : « D'où l'espèce de lyrisme fanatique de son écriture, sa forme à la fois axiomatique et contradictoire. D'où son émotion brûlante et brûlée. Tout le contraire de la sensiblerie poétique. Une violence sentimentalité de l'absolu. »

Sans doute le panorama esquissé dans ce chapitre où apparaît la femme poète du Surréalisme et de quelques alentours unie à ses sœurs pour des raisons de bonne consultation est-il incomplet, et telle ou telle autre créatrice dont nous parlerons en d'autres lieux du livre pourrait-elle s'y trouver, mais il en est ainsi de tous ceux et celles qui ont reçu à des degrés divers le message d'un mouvement et son puissant essor vers l'imaginaire et la recherche d'une identité.

De Roumanie, sœur latine, Fondane.

Nous avons salué Luca; dans les précédents volumes, nous avons rencontré les poètes roumains écrivant en français de l'époque du Symbolisme; nous nous arrêterons ici à des poètes de première grandeur : Benjamin Fondane, Ilarie Voronca, Claude Sernet, et aussi Pius Servien.

Pour B. Fundoianu dit Benjamin Fondane (1898-1944), nous pouvons parler d'un écrivain de vaste envergure, d'un philosophe, d'un critique littéraire, d'un poète, et, hélas! d'un destin brisé par la déportation nazie. A quatorze ans, en Roumanie, cette Roumanie des « bonjouristes » dont nous avons parlé, il publiait ses premières traductions de poèmes français en revue, dans *Floare albastra,* avant de collaborer aux revues *Mintuirea* et *Adevarul,* de se livrer à une activité inlassable qui l'amènerait à publier en roumain de nombreux ouvrages dont *Privelisti* (Paysages), 1930, poèmes assez traditionnels, et *Imagini si carta din Franta,* essais consacrés à Proust, Claudel, Mallarmé, Jammes, Gourmont. Au début des années 20, il s'installe à Paris, suivant les cours de Jacques Copeau, fondant le groupe théâtral de l'Îlot, fréquentant Ilarie Voronca, Claude Sernet, Marcel Janco, et bientôt Léon Chestov dont il sera l'ami et le disciple, Arthur Adamov, les amis des *Cahiers du Sud.* En 1930, il sera cinéaste. En 1932, il tiendra la rubrique de philosophie aux *Cahiers du Sud.* En 1938, il prendra la nationalité française. Son œuvre française est importante : il est le philosophe existentialiste de *la Conscience malheureuse,* 1936, le critique littéraire de *Rimbaud le voyou,* 1933, de *Baudelaire et l'expérience du gouffre,* entre autres, et le poète d'*Ulysse,* rédigé en 1929 au retour d'un voyage en Argentine, de *Titanic,* commencé au cours d'un second voyage argentin et publié en 1937, du *Mal des fantômes,* de *l'Exode,* de *Au temps du poème* et *Poèmes épars,* qu'on trouve aujourd'hui réunis sous le titre *le Mal des fantômes,* 1980, chez Plasma, qui publia ses diverses œuvres, avec des préfaces de David Gascoybe et Patrice Repusseau. Ce poète, trop peu connu, peut donc être facilement redécouvert. Ajoutons que sous le pseudonyme d'Isaac Laquedem, de ce Juif Errant qu'il fut, il collabora à *l'Honneur des Poètes.* Un numéro spécial de la revue *Non-Lieu* avec des études et témoignages, entre autres, de Michel Carassou, Roger Gilbert-Lecomte, Bernard Chouraqui, Léon Chestov, Victoria Ocampo, Robert Ganzo, etc. Fut-il, Benjamin Fondane, comme le veut Bernard Chouraqui, « l'anti-poète » (c'est-à-dire au fond le poète véritable)? Il est vrai que « le poète Fondane devint le penseur révolté Benjamin Fondane », mais un penseur qui ne se satisfait pas de son désespoir et reste sans cesse à la recherche d'une nouvelle réalité, ne prenant pas la poésie, l'anti-destin comme une ouverture sur la liberté, mais cherchant un au-delà. Lisons Chouraqui : « En s'évadant du champ esthétique parce qu'il y avait décelé, comme Chestov, une réduction et une moralisation pétrifiante de la beauté réelle et vivante – chaque personne, Fondane découvrit qu'il était non pas " poète ", mais un insurgé contre la science du bien et du mal. » Et aussi : « il choisit la vie *contre* le poème, il choisit Dieu *contre* le monde ». Or, cette pensée complexe, jamais en repos, partagée entre philosophie et poésie, souvent antithétiques, comme le dit Marina Vanci-Perahim, « Toute son œuvre est animée par le même désir de débarrasser la pensée humaine des contraintes de la logique et de la raison, de s'insurger contre la fausseté des évidences. » Son poème est celui de l'errance et de la nostalgie, de l'angoisse, du délire, parfois du dégoût et même du cynisme, et Claude Sernet a parlé de « cette sorte de chant de synagogue entendu dans son enfance, éloquent et pathétique, abrupt et déchirant, mi-lamentation et mi-prière, en même temps que simple cri : cri de révolte, de colère, de douleur et d'amour ». Toujours Fondane est au plus près de « la réalité blessante et insupportable de la condition quotidienne du poète, et partant, de l'homme », comme l'écrit John Kenneth Hyde. Ce philosophe de l'absurde est un des rares poètes qu'on peut dire existentiels, un poète s'évadant des frontières mentales par un lyrisme libre où apparaît le monde moderne sous le signe de ses contradictions, de ses éclatements, de ses fureurs :

> De toutes parts la vie éclate, de toutes parts
> des paroles, des cris, des bals, des épluchures
> et les lumières traînent leurs robes de soirées
> — qui versera cette nuit dans le goulot des nuits ?

Cette poésie est d'une ampleur lyrique étonnante, pleine de dynamisme et d'énergie, d'une diversité et d'une clarté totales. « En fait, écrivit Sanda Stolojan, il a beau " refuser le poème " devant la douleur du monde " qui est venue s'asseoir à sa table ", sa poésie, toute de révolte et de violence, revient parfois avec ses grands rythmes traditionnels et voilà Fondane le démolisseur, le briseur de beaux effets, écrivant des élégies où il s'agit de la mort et des poèmes qui chantent le périssable. » Ces poèmes sont admirables et souvent coulent comme de grands fleuves non pas impassibles mais tumultueux :

> Lorsque je revis les fleuves qui me séparaient de l'Être
> lorsque tout n'était que limbes, résidu, chaos, peut-être,
> quand le temps rouillait encore dans le fruit comme un couteau
> quelles formes incréées engrossaient la terre d'eau
> quels esprits, sans yeux ni pouces, modelaient l'absence énorme
> et donnaient aux choses molles poids, jaillissement en forme ?

Il utilise toutes les formes, tous les mètres et semble s'exprimer, selon l'intertitre d'un poème, avec « 40° de fièvre ». S'exprime-t-il selon un moule traditionnel, sa profonde originalité, sa richesse d'images le font éclater. Il a voulu écrire des poèmes « dans le goût dévorant de mon siècle », il a voulu « être de cœur avec mon temps, de chair avec l'histoire » par-delà résistances et refus, mais sans doute sur son temps est-il bien en avance. Refus du poème et quand même poème né d'un choc et d'une résistance, poème du monde en péril, à ce point que les temps atomiques semblent pressentis :

> Le monde se brise en morceaux comme une boule magique
> mais où sont donc les poissons, les tessons,
> les géographies sensibles ?
> Les fleuves d'un côté, les sciences bâtardes de l'autre,
> nous avons emporté avec nous tous les échantillons...

Le chant déchirant de Benjamin Fondane l'errant, le rebelle, n'en finira point de retentir. Mort en 1944 parce que Juif, il reste le poète de l'aujourd'hui déchiré.

De Roumanie encore, Sernet, Voronca, Servien.

Comme Luca et Fondane, Ilarie Voronca (1903-1946) a tout d'abord écrit en langue roumaine une douzaine de recueils parus avant et après son installation en France en 1925, il a animé un mouvement d'inspiration dadaïste, fondé des revues d'avant-garde. Des poèmes roumains paraîtront en version française : *Ulysse dans la cité*, 1933, *Patmos*, 1934, avant qu'il poursuive son œuvre dans notre langue : *Permis de séjour*, 1934, *la Poésie commune*, 1936, *La joie est pour l'homme*, 1936, *Pater Noster et Ébauches d'un poème*, 1937, *Amitié des choses*, 1937, *l'Apprenti fantôme et Cinq Poèmes de septembre*, 1938, *le Marchand des quatre saisons*, 1938, *Beauté de ce monde*, 1940, *Lord Duveen ou l'invisible à la porte de tous*, 1941, *les Témoins*, 1942, *Contre-Solitude*, 1946, *Poèmes choisis*, 1956 et 1967, *Poèmes pour glorifier le pied*, 1971, avec illustrations de Madeleine Follain, 1971, ainsi que des rééditions notamment par *Jalons* de Jean-Paul Mestas, sans oublier d'autres proses comme *Lord Duveen*, qui sont avant tout poésie : *l'Interview*, 1944, où apparaît Brancusi, *la Clé des réalités*, 1944, *Souvenirs de la planète Terre*, 1945. Et encore, au *Pont de l'Épée*, ses *Poèmes inédits*, 1965, hommage des jeunes poètes.

On a pu le situer dans la famille lyrique de Whitman et de Milosz, et l'on pourrait parler d'un unanimisme fraternel tant sa poésie est tournée vers les autres. Ce qui domine dans cette poésie où se rejoignent sous le signe de la modernité le souvenir des folklores d'Europe centrale et le long chant, la longue plainte du peuple juif, c'est le charme. Comme l'écrit Jean Rousselot : « L'amour que le poète voue à ses frères humains et qui s'étend à toutes choses s'exprime avec force et tendresse dans de longues laisses de vers libres, d'une ample et sonore respiration, d'un langage à la fois subtil et musclé, toujours concret au demeurant. » Il nous dit que *La joie est pour l'homme* :

> Plus pur en ma demeure qu'en sa neige un nuage,
> Vous me suivez mes murs comme des lévriers. Je me hâte
> Vers ces chasses de fumée. N'est-ce pas sur la route
> La poudre blanche de la nuit? Et au bout du regard
> La mer, comme une plus grande puissance de l'œil qui remplace la vue?

Il s'agit au long de l'œuvre d'une innocence consciente, d'un désir de parler directement, naturellement, avec « ces mots de tous les jours, ces mots méprisés, humbles, pareils aux vieux chiffons dont la fille du mendiant improvise une poupée suave ». Voronca est ce lyrique qui lit sur le visage des autres sa blessure et qui tente de la guérir par la substance vraie des paroles. Ce qui apparaît : une voix qui puise ses inflexions dans la nature et les jours, et celui-là qui n'eut cesse de chanter la beauté, la tendresse, la chaleur humaine en vers souples et enjôleurs, écrit : « Notre floraison à nous, c'est la mort. » Il se retranchera volontairement de la vie, ce grand communicant avec les êtres, lui dont Michel Giroud dira plus tard : « Ses poèmes ne sont ni des sublimations ni des rêves utopiques d'une société idyllique. Il prend conscience de son appartenance intime, consubstantielle à la collectivité des hommes. Il n'est plus le chantre individuel, son moi s'épanouit dans toutes les voix, il devient le poème anonyme de la foule et toujours le prophète, le visionnaire de l'invisible, aussi réel que le monde perçu par nos sens. » Ce monde, il en a la lucidité, il en connaît les contraintes, il en explore les données, il le rend visible à l'œil nu, il éveille « les paroles qui dorment en nous comme les éponges au fond des mers », il garde tous ses sens en éveil. Il interroge : « Un cri n'est-il que le cocon d'où sortira le ver à soie des orchestres futurs ? » Il cherche « une lumière très douce » et fait l'éloge du silence qui entoure la pensée. Était-il, comme l'a dit Léon-Gabriel Gros, le « poète de la réconciliation » ? Il rappelle que Marcel Raymond écrivit : « Ilarie Voronca chante à peu près seul, dans une aube où les fumées du jour ne se lèveront pas, un chant d'innocence ; il impose ses mains blanches sur l'homme réconcilié avec l'homme, et il annonce la bonne nouvelle de la Poésie. » Cet homme qui connaissait toutes les avant-gardes se maintint dans leur marge désireux avant tout de traduire ses propres visions, de délivrer son message personnel, de réincarner un monde à la dérive. S'engageant au service de l'homme, il a eu charge de guérir en métamorphosant. Il a écrit des vers admirables de fluidité et de transparence, avec parfois une certaine maladresse d'homme de sentiment dont la plume tremble un peu et c'est peut-être alors qu'il est le plus émouvant, mais souvent, une parfaite précision :

> Dans la bouche du monde la parole jamais dite
> Et que le monde veut dire par moi
> Et ta douleur mère est comme une lampe
> Qui éclaire ce visage hagard du monde
> Qui souffre à cause de moi et demande mon amour

Un poète qui chante la beauté du monde et l'amitié des choses, qui nous dit que la poésie est chose commune et que la joie est pour l'homme, la chose est rare ! Peut-être pourrait-on le définir par ces mots de Jean-Paul Mestas : « Un homme est dans la ville. Il est parmi les hommes et il cherche les hommes. Il se cherche... » et cet homme est un libérateur, un guide, un témoin, un secouriste qui sait que la plus haute poésie peut prendre sa source dans le prosaïsme des jours quotidiens. Il a apporté à la poésie française, comme un Milosz par exemple, cette mélancolie, cet irréalisme qui nappe le plus réel, ce ton légendaire qui nous viennent d'un ailleurs pour extraire des mots français une musique nouvelle, une autre respiration. Ilarie Voronca, dont un prix perpétue le nom, mais que perpétuent aussi ses beaux poèmes, n'a cessé d'être présent parmi nous, parmi ce « nous » auquel il voulut se mêler comme jadis un philosophe se mêla aux forces de la nature.

Il est juste que nous ne le séparions pas de son compagnon Claude Sernet (1902-1968), le frère de Colomba Voronca, l'épouse du poète. Lui aussi vivait pour la poésie et rassemblait des « mots d'accueil à l'aube » en pratiquant une poésie directe. Venu de Roumanie, il avait adopté notre langue et, en pays étranger, l'avait élue pour demeure. Naquit une œuvre importante : *Commémorations*, 1937, *Un jour et une nuit*, 1938, *Mais une île ou peut-être un rivage*, 1947, *Enfin, ces neuf poèmes*, 1948, *Poèmes dus*, 1949, *Jour après jour*, 1951, *D'une suite sans fin*, 1953, *Fidèle infidèle*, 1955, *Étapes*, 1957, *Aurélia*, 1958, *les Pas recomptés*, 1962, qui rassemble son œuvre poétique, *Éléments*, 1963. Nous avons connu ce poète naturel, ennemi des fards, à la parole directe, avec quelque auto-ironie dans le sourire et il faisait bon marcher du côté de Montparnasse avec ce frère à la main chaude, attentif à l'autre, s'efforçant de ne point se montrer trop blasé pour laisser une porte ouverte à l'espoir. Toute sa vie, il porta dans sa vie un frère, mais aussi dans son corps puisqu'on découvrit que par une curiosité de la nature il portait dans son corps l'embryon d'un frère jumeau. Pierre Seghers témoigne : « Il était la probité même, " ric-rac " disait-il, avec un malicieux sourire. Essentiellement occupé de poésie et de son écriture... Son lyrisme naturel se contrôlait par une exigence de tous les instants, une analyse sans faiblesse. Il posait sur la parole un œil d'horloger, artisan attaché à la perfection de l'écriture, comme à une poursuite qui l'entraînait toujours plus loin. » Tout dans ses poèmes est attente et interrogation : « Qui continue en moi ? Qui souffre et se tourmente ? / Et quel espoir trompé s'achève en désespoir ? » Parfois une lucidité tourmentée, la recherche d'une main fraternelle et des moments désespérés :

> Rien d'autre que l'abîme et que la nuit sans faille
> Que le désert d'un lieu fermé, gisant nocturne
> Que le croupi, le ravagé de l'heure...

Dans une ombre, il se dit « Échardonneur d'attente et nourrisseur d'oiseaux », il accueille ses peurs, il chante sa solitude devant « l'éternelle impasse » et « l'horizon barré d'épines », il puise un dur savoir aux gouffres de lui-même et appelle à l'aide dans l'angoisse et la solitude, cherchant ses intercesseurs dans la nature végétale, « L'ortie et le chardon, la ronce et la fougère ». Il est l'homme face au temps immuable, « tourné vers l'immobile et le parfait des terres » qui voit « le jour se fondre dans la nuit » interminablement. Et des mots vains apportent la rupture de l'absurde dans le chant le plus grave : « Aïe-aïe ! ah-ah ! oh-oh ! holà ! comment ? bah ! chut !... » Il y a en lui du guetteur d'infini, et du témoin de la vie mouvante de l'arbre et du ciel. Comme Claude Sernet se définit bien lui-même, citons-le : « L'homme cherchant sa route parle et s'entend parler ; le poète, qui le double (dans toutes les acceptions du mot), parle aussi et, d'abord, se voit parler. Cette ambivalence s'est traduite par une sorte d'oscillation permanente, de balancement dialectique, qui fait alterner les longues parties proprement lyriques et les chapitres intitulés " Poétique " où le poète scrute l'outil de la parole avant que l'homme, son support, se mette en marche vers l'aventure de ses tâtonnements. » Ces lignes nous disent bien la double démarche de Sernet soucieux de se rejoindre comme il l'est de rejoindre les hommes comme on le voit dans cette suite d'*Aurélia* avec ce retour : « Mille ombres dans cette ombre. »

Mais l'œuvre est diverse, avec un goût particulier pour le quatrain classique ou le distique. Nous ne dirons pas que l'originalité est constante, mais que chaque poème reflète une nécessité et une sincérité.

Rappelons que de Roumanie nous vint Pius Servien (1902-1959), surtout connu comme savant esthéticien des rythmes, mais aussi poète d'*Orient,* 1942, en français, et d'*Amor,* 1958, en roumain. Ses tercets relèvent de l'harmonie valéryenne et il n'est point étonnant que le poète de *Charmes* ait attiré l'attention sur eux. Poèmes formels, classiques, voilà pour le moule poétique, mais il ne faut pas qu'il fasse écran, car d'amples battements, un haut lyrisme venu du fond de soi hantent ces vers d'un musicien qui n'a certes pas la liberté et les éclairs d'un Fondane ou d'un Voronca, mais triomphe par un autre chant, une autre harmonie, venue de plus loin dans le temps (mais pourquoi la grande demeure du poème refuserait-elle la cohabitation?) mais portant l'intemporalité du poème :

> Soutiens-moi, mon cadavre. Et de ce monde aimé
> N'ayant nul vêtement qu'un peu d'ombre perfide,
> Par toi je suis étreint, par toi je suis armé.

Soulignons l'apport des écrivains, dramaturges, poètes venus de la sœur latine roumaine et en cela nous ne finirions pas de citer, auprès des quatre poètes rencontrés ici, tous ceux-là qui honorent notre langue : Mircea Eliade, Eugène Ionesco, E. M. Cioran, Basil Munteanu, Vintila Horia, S. Gurian, Al Cioranescu, C. Amariu, Luc Badescu, E. Turdeanu, Panaït Istrati, Tristan Tzara, M. Ghyka, Stéphane Lupasco, et, avant eux, Anna de Noailles, Hélène Vacaresco, la princesse Bibesco, mais il est vrai que les Roumains choisissant des secondes patries et des langues autres que la leur ont honoré toute la littérature mondiale, en Espagne, en Italie, en Grande-Bretagne, en Amérique Latine, étonnant phénomène!

4
Poésie et Arts plastiques

L'ŒUVRE plastique des grands artistes surréalistes a souvent occulté leur œuvre poétique. Il nous appartient donc, dans un tour d'horizon, de leur rendre justice. Leur part, dans la fondation de Dada ou du Surréalisme, est prépondérante. Au fil de ces pages, nous avons tenté de montrer combien étroite était l'union des écrivains surréalistes avec leurs amis venus des arts plastiques, les arts ne pouvant s'isoler du plus grand courant artistique du siècle. Nous verrons que des hommes qui appartiennent à l'histoire des beaux-arts trouvent naturellement leur place dans l'histoire de la poésie. Ici et là le stupéfiant-image, ici et là l'incarnation de l'esprit surréaliste, ici et là un développement non pas parallèle mais réalisé dans l'union. Tel peintre, tel sculpteur est naturellement poète. Il le sera souvent par la plume autant que par le pinceau ou le ciseau.

Jean Arp, l'ange et la rose.

Né à Strasbourg, Jean Arp (1887-1966) écrivit en français et en allemand. Il se réfugia en Suisse en 1914. Ayant été, avec Klee et Kandinsky, au cercle du « Cavalier bleu » à Zurich, il crée le fameux cabaret Voltaire et est un des co-fondateurs de Dada. Il est un des représentants les plus authentiques du militantisme d'avant-garde. A Zurich, il est avec Tzara, Ball, Janco, Huelsenbeck. Il utilise l'allemand pour glisser des phrases dans des compositions déjà proches des cadavres exquis, et le français aussi, en tirant les mots du chapeau, en jouant aux papiers déchirés. Il illustre ses amis comme Tzara, compose le *Manifeste Dada, En avant, Dada,* et participe à tous les travaux. Dans ses vers, ses proses, il fait jaillir des images insolites, des extravagances qui peuvent paraître gratuites, mais dont les variations sont en accord avec ses œuvres plastiques. Il n'est pas éloigné de l'écriture automatique de Breton et de Soupault quelques années plus tard. Arrivé en 1926 à Paris, il se lie avec Breton et ses amis. C'est à ce moment-là qu'il fait la connaissance de celle qui deviendra sa femme, Sophie Tauber, et dont l'influence sera profonde. A son propos, Huelsenbeck parle d'« un mélange de clownerie et de religion ». Hugo

Ball lui écrit en 1926 : « L'analyse verbale des futuristes était naturaliste, votre recherche personnelle, cher Arp, et la mienne sont *magiques*. » Dès 1927, les surréalistes le prendront pour l'un des leurs et on le verra aux diverses manifestations du mouvement. Sculpteur, peintre, écrivain bilingue à la recherche d'une poésie synthétique, il est proche, fort proche de l'écriture automatique. Alain Gheerbrandt a montré qu'il savait « fouiller cet au-delà du raisonnable et prouver l'inexistence de l'impossible », qu'« en toute situation fabuleuse il est à son aise », qu'« au subjectivisme de l'homme (il) a substitué le subjectivisme du monde ». Pour Clancier, « Arp est le poète de ce que je nommerais volontiers les métamorphoses en chaîne. » En cela il est proche d'un Péret. On distinguera des périodes différentes dans sa poésie, du jeu Dada au délire magique et de la magie un peu folle au langage s'épurant, se dépouillant, portant peu à peu un message apaisé et joyeux. L'œuvre poétique n'est pas immense et l'on a pu assez facilement la rassembler. Citons : *Poésies légères*, 1930, *Des taches dans le vide*, 1937, *Sciures de gammes*, 1938, *Poèmes sans prénoms*, 1941, *Rire de coquille*, 1944, le *Blanc aux pieds de Nègre*, 1945, le *Siège de l'air*, 1946, *Souffle*, 1950, *Rêves de mots et astres noirs*, 1953 (œuvres de la période 1911-1952), *Notre petit continent*, 1958, *Vers le blanc infini*, 1960, *l'Ange et la rose*, 1965, *Soleil recerclé*, 1966. L'ensemble de ses écrits, poèmes, essais, souvenirs 1920-1965 a été publié sous le titre *Jours effeuillés*, 1966.

Des poèmes comme *Firi* jouent sur la lettre et le son comme les futurs lettristes :

> lion de nuit é pli
> dépli ivri par pli
> débranche si pi si pli
> firi firi
> i
> gli

Mais bientôt, sans quitter l'humour qu'il définit : « l'humour est l'eau de l'au-delà mêlée au vin d'ici-bas » un chant d'une pureté quasi éluardienne :

> le corps des baisers ne se réveillera jamais
> il n'était jamais réel
> la mer des ailes berce cette larme
> la cloche parle avec la tête
> et les doigts nous conduisent à travers les champs de l'air
> vers les nids des yeux
> là se fondent les noms

Il peut confier : « C'est dans le rêve que j'ai appris à écrire et c'est bien plus tard que j'ai appris à lire. » Son œuvre, réellement magique, possède ses lieux de charme, ses trouvailles et parfois ses joliesses notamment quand il se fait conteur : « Il y avait une fois trois carafes... » mais le plus souvent il est d'un très haut lyrisme. Ainsi dans *Les rois coiffent*... :

> les rois coiffent les forêts brandissent les oiseaux grisés et vont aux thermes sur
> leurs cannes de fer

les bêtes en croissance dansent sur des cothurnes en verre
les troncs d'arbres se font leurs oiseaux sur mesure
les oiseaux flagellés perdent tout leur sang dans la colonnade
les fouets claquent et des montagnes descendent les ombres bien coiffées des bergers [...]

Chaque image est belle, d'une force onirique extrême, avec souvent de la fraîcheur : « ô que le monde est petit / ô que les cerises sont grandes » ou « les nuages sont nus, les nuages sont sans âge » ou « les mots sont des plantes rapides ». Cela va d'un bestiaire fantastique où « l'éléphant est amoureux du millimètre », où « la vache prend le chemin de parchemin », où :

> le papillon empaillé
> devient un papapillon empapaillé
> le papapillon empapaillé
> devient un grandpapapillon grandempapaillé

où, encore, « la puce porte son pied droit / derrière son oreille gauche »; cela va de la drôlerie à la fascination, à *la Joie noire* :

> les fleurs sont noires de joie
> le ciel est beau comme une flamme
> je m'envole par une journée de fleur
> voulez-vous voler avec moi

ou encore vers le Surréalisme inquiétant au images oniriques qui font éperdument rêver :

les parachutes des pendus ont des sexes parfumés.
les squelettes des parachutes. les squelettes des têtes. les squelettes des squelettes.
 les squelettes des nuages.
les nuages et les pendus portent des manchons en chair.

Nous ne craignons pas de dire que le peintre Jean (ou Hans) Arp est un des poètes les plus riches du Surréalisme. Il sait marier le quotidien à l'insolite, métamorphoser les choses et les objets les plus divers en matière poétique, donner à sa non-logique une évidence de clarté. Et si l'on sait que ses poèmes en allemand sont aussi beaux que ceux en français, nous le saluons doublement.

Francis Picabia, l'oiseau-réséda.

Francis Picabia (1879-1953) est né à Paris d'un père cubain et d'une mère française. Unissant en lui les deux arts de poésie et de peinture, « ce brûlot, ce flacon d'essence d'intelligence » va connaître et accélérer les aventures de l'esprit et de la peinture de ses premières amours impressionnistes jusqu'à la montée cubiste en 1914 avec des toiles qui font de lui une sorte d'incunable de cet art nouveau, l'art abstrait. Deux ans plus tard, il est à New York où il retrouve Marcel Duchamp, Arthur Cravan et Man Ray. Il sait déjà que « toutes les croyances sont des idées chauves » et que « connaissance ma force / il ne m'est plus rien de défendu ». Et voilà qu'en 1917, il lance la revue *391* dont on sait l'influence sur le mouvement Dada. André Breton pourra écrire : « le premier à comprendre que tous les rapprochements de mots sans exception étaient licites et que leur vertu poétique était d'autant plus grande qu'ils apparaissaient plus gratuits ou plus irritants à première vue ». Or, Picabia qui est un aîné pour tous ces jeunes hommes est d'une avant-garde absolue, d'une jeunesse entière et durable, et surtout d'une parfaite liberté. Initiateur du mouvement, formellement il n'adhéra jamais au Surréalisme, cette réserve venant peut-être d'un individualisme et d'un désir de se garder intact, ouvert à tout renouvellement d'une inspiration délirante, mais aussi parfois réfléchie, et il dit :

> N'ayez de reconnaissance pour personne
> ceux qui survivent sont les assassins.
> La mort est le prolongement horizontal
> d'un rêve factice,
> la vie n'étant pas vérifiable.

Cependant, après avoir porté l'incendie Dada à New York, Barcelone ou Paris, après avoir apporté à la nouvelle Apocalypse la provocation, l'hénaurme, mais aussi la voix libre, le rire émerveillé, la jeunesse intemporelle, sans se rallier officiellement, il fera route avec les surréalistes.

A partir de 1917, il publiera des livres de poèmes et de textes divers : *Cinquante-Deux Miroirs*, 1917, *Poèmes et dessins de la fille née sans mère*, 1918, *l'Ilot du Beau-Séjour dans le canton de la Nudité*, 1918, *l'Athlète des pompes funèbres*, 1918, *Râteliers platoniques*, 1918, *Poésie ron-ron*, 1919, *Pensées sans langage*, 1919, *Unique Eunuque*, 1920, *Jésus-Christ rastaquouère*, 1920, *la Loi d'accommodation chez les borgnes*, 1928, *Thalassa dans le désert*, 1945, *Choix de poèmes*, 1947, *Dits*, 1960. Il reste des inédits et il serait urgent de les réunir dans une publication complète des œuvres, y compris diverses plaquettes publiées à Alès par Pierre-Albert Benoit.

Dans un poème, *Nager*, il semble se définir lui-même :

> Je suis le mirage au-dessus de la littérature
> des absinthes bourgeoises.
> Supposition tendre d'alcoolique buvard,
> auteur fantôme d'un travail nouveau !

On le découvrira mis à nu plus sûrement encore dans une série d'aphorismes que l'on trouve dans *Jésus-Christ rastaquouère*, dans *391* ou dans *Littérature* :

> La connaissance est une vieille erreur qui pense à sa jeunesse.
>
> Le goût est fatigant comme la bonne compagnie.
>
> La plus belle découverte de l'homme est le bicarbonate de soude.
>
> Le monde est pour moi pétri de bon goût et d'ignorance collés.
>
> La peinture est faite pour les dentistes.
>
> La seule manière d'être suivi, c'est de courir plus vite que les autres.

Il y a, on le voit, sous le biais de l'humour qu'on pourrait dire non pas noir mais gris une logique très directe, ce qui n'empêche pas ses poèmes de se livrer au doux délire, de délivrer mille images : « Le hasard est une cigarette / qui donne faim. » ou « Prenez un verre de couleur, / jetez-y trois gouttes de froid, / vous aurez le parfum d'après. » Ou bien, le début de ce poème, *Cafetière de beurre* :

> Les guides à la main semant sa jolie langue
> tout essoufflée avec une gaule amazone
> la montagne bébé ramasse cinquante centimes
> dans le jardin sangsue anémone
> tombée d'une échelle carte postale.
> Le frein de la salade en ceinture de cuir
> une orange à la main souffle sur les vêtements
> d'un pâtissier qui fait les vendanges à l'hôpital
> du drapeau à la hampe de radis.

André Breton : « Dans sa revue *391,* il se prodigue contre les uns et les autres en pointes acérées, qu'il n'omet pas toujours de tremper dans le vitriol. En dehors de Tzara, qui l'a visiblement conquis, il n'épargne tout à fait parmi les vivants que Duchamp, dont l'influence sur lui est alors très grande, et Georges Ribemont-Dessaignes, qui partage la plupart de ses points de vue. En dépit de ce que nous trouvons alors d'un peu exaspéré, d'un peu paroxystique, j'apprécie pour ma part non moins l'insolente liberté de sa poésie *(Cinquante-Deux Miroirs, l'Athlète des pompes funèbres)* que le gout de l'aventure que manifestent à un degré indépassable ses entreprises sur le plan plastique... » Et aussi : « La belle vie a regardé, regarde et regardera par les fenêtres que Picabia a ouvertes si souvent à l'improviste, mais alors à une sorte d'improviste *royal*... La jeunesse de ce siècle aura coïncidé avec les fêtes que Picabia lui donnait et dont la seule règle fut de tendre à les rompre, dans toutes les directions, les cordes du possible. »

Picabia a parlé de « mots en liberté » et de « poésie ininterrompue », s'émerveillant, s'expliquant et se définissant par le mystère de n'être jamais le même sans pourtant changer. Pierre de Massot a su montrer dans une préface la coulée naturelle de sa poésie et les multiples ressources de ce contemporain et ami d'Apollinaire à la naissance des grands mouvements du renouveau de l'esprit moderne, loin des artifices et des préciosités. Entre peinture et poésie, l'une n'allant pas sans l'autre, l'édification d'une œuvre qui est création pure.

Salvador Dali, Narcisse métamorphosé.

Il se dira, Salvador Dali, né en 1904 en Catalogne, « prince dernier de l'intelligence catalane, colossalement riche », mais que ne se dira-t-il pas ! maniant le superlatif, délirant comme un illusionniste, projetant au-devant de lui tous les feux d'artifice de la publicité, ne craignant jamais de choquer et allant toujours un peu plus loin dans la provocation donquichottesque, ce qui est souvent pour lui une manière de tourner son époque en dérision. Cela n'enlève rien à notre sens à ses qualités que l'on pourrait énumérer interminablement : peintre, décorateur, théoricien, cinéaste, agent de publicité, inventeur de la méthode paranoïaque-critique, inventeur des montres molles, des objets psycho-atmosphériques-anamorphiques, célébrateur de l'artichaut ou de la corne de rhinocéros, excentrique, dandy, etc., qui risqueraient de donner de lui-même une idée gênante (ce qui ne le gêne guère : Avida Dollars, selon l'anagramme de Breton, du culte de ses moustaches à certaines positions pro-fascistes après la guerre en passant par la publicité pour le chocolat ou la banque et d'autres manifestations jusqu'à lui peu conciliables avec la création artistique, n'a pas craint le jugement de son époque, adorant le paradoxe et prenant la responsabilité de ses actes avec panache et cynisme), une idée gênante, mais qui ne retirera rien à son génie de créateur. La liste de ses activités pourrait être interminable. Qu'on se rassure : nous pourrions oublier qu'il fut ceci ou cela, mais qui ne le sait ? et même romancier et épistolier, nous n'oublions pas qu'il fut un des plus brillants surréalistes et un poète.

En 1928, Miró et Gala Eluard (qui deviendra Gala Dali) le rencontrent à Cadaquès et font connaître à ce peintre, qui a étudié son art selon les plus pures traditions et une technique académique qui lui permettra plus tard la « photographie en trompe-l'œil des images du rêve », le Surréalisme. L'année suivante, Dali fait dans le groupe à Paris une entrée fracassante. Il sera en 1930 de ceux qui, après maintes ruptures comme celles de Prévert et Queneau, avec Buñuel, Char, Sadoul, Thirion, affirmeront leur solidarité à Breton. On verra le film *l'Age d'or* avec Buñuel qui n'a rien perdu aujourd'hui de sa virulence et a jeté à l'état brut l'amour charnel, la liberté délirante, la morale libérée d'elle-même, provoquant la violence de la Ligue des patriotes et de la Ligue anti-juive. On aura la révélation, après Ernst et Miró, d'une peinture au contenu poétique, visionnaire, fantastique, comme dit Breton, « d'une densité et d'une force explosive exceptionnelles ». Dali a retenu la leçon de Vinci « qui invite à regarder fixement les taches des vieux murs, la cendre, les nuages, les ruisseaux, jusqu'à ce que de leur texture se dégagent des batailles, des paysages, des scènes fantastiques » comme le dit Breton qui dit encore : « Dès 1925, Max Ernst avait été le premier à donner une très vive impulsion en ce sens et même à rajeunir par le moyen du " frottage " cette démarche ancienne. Il n'empêche que Dali, en décidant de faire fonds *uniquement* sur ce mode de visualisation, ira, durant un temps, de conquête en conquête. Des toiles qui valaient mieux que la célébrité toute américaine dont elles jouissent aujourd'hui ne sont pas les seuls trophées de cette exploration sans retour : elle nous a valu, pour une part, on l'a vu, *Un chien andalou* et *l'Age d'or*, que je continue à tenir pour les deux films surréalistes les plus accomplis, ainsi que ses ouvrages lyriques de premier plan : *la Femme visible, l'Amour et la mémoire, Babaouo*. » Dali se définit donc, à travers ses métamorphoses, comme créateur de l'activité paranoïaque-critique qu'il définit comme « méthode spontanée de *connaissance irrationnelle* basée sur l'objectivation critique et systématique des associations et des interprétations délirantes ». Parmi ses poèmes et proses, écrits en français, signalons : *la Femme visible*, 1930, *l'Amour et la mémoire*, 1931, *Babaouo*, scénario, 1934, *la Conquête de l'irrationnel*, 1935, *les Métamorphoses de Narcisse*, 1937, et des romans comme *Visages cachés*, etc.

La poésie de Dali est inséparable de son œuvre picturale. Ainsi on retrouvera dans ses toiles ce personnage de *la Femme visible* nommé « le grand masturbateur » tel qu'il est décrit dans le poème :

> le grand Masturbateur
> son immense nez appuyé sur le parquet d'onyx
> ses énormes paupières closes
> le front mangé par d'affreuses rides
> et le cou gonflé par le célèbre furoncle où bouillonnent les fourmis

Cette poésie est celle de l'invisible soudain révélé et décrit au long d'énumérations et de figurations paranoïaques où défile tout ce qui surgit devant l'œil du peintre-poète : images sexuelles, physiques, fantastiques, des anachronismes, des rencontres de vases mythologiques et du Modern' Style, des oiseaux, les lacs...

> Il y avait
> aussi
> les ânes pourris
> les visages orientaux
> les reliefs impériaux
> les cascades maritimes
> au sable
> fait des plus petits
> coquillages
> aux couleurs froides
> et puis les tigres scientifiques

Dali invente sa mythologie et donne, dans cette *Femme visible*, auprès de parties sur le fameux âne pourri, ou la chèvre sanitaire, ou l'amour, une partie théorique où il expose sa méthode. Les mots sont réalistes :

> On pouvait y admirer
> plusieurs reproductions très réalistes
> du remarquable personnage irrésistible
> et délicat au chignon et aux seins de femme
> à la grosse verge et aux lourds testicules.
> Ainsi que les plus puérils simulacres
> de la poésie traditionnelle telle
> qu'une gifle appuyée contre un courant d'air
> et qui fait voir qu'elle dissimule
> et les petites semences à la braguette déboutonnée
> à la tête rasée
> avec une merde sur la tête...

La tentation scatologique se donnera libre cours dans *l'Amour et la mémoire* : « L'image de ma sœur / l'anus rouge / de sanglante merde / la verge / à demi gonflée / appuyée avec élégance / contre / une immense / lyre / coloniale / et personnelle. »

Avec Dali, on peut dire que toute activité fondée sur l'imaginaire est poésie. Un tableau nous en dit souvent plus long chez lui qu'un poème, ou plutôt nous en dit plus simultané, plus dense et plus riche. La poésie aussi sûrement que dans ce qui est poème peut se trouver chez lui non seulement dans ses manifestations et ses célébrations, mais aussi dans tel scénario, dans telle déclaration, dans tel argument de ballet comme celui intitulé *Guillaume Tell* et que, après Clancier, nous citons :

> La joueuse de harpe, ayant préalablement arrosé le tas de pain du contenu de trois bouteilles d'encre Pélican, se chausse de grands souliers métalliques et commence à exécuter une danse brutale en écrasant avec un grand bruit le pain, comme si elle était prise d'un délire pédestre de vendange. Cette femme devra avoir de grands et beaux seins qui déborderont de la chemise au cours de ses opérations turbulentes.

Disons au passage que les textes surréalistes portent souvent la poésie en des lieux hors du poème. Que Dali soit plus considérable comme peintre que comme poète est évident, mais son activité paranoïaque-critique est un des hauts lieux de la création.

Picasso langue de feu.

Il devait, Pablo Picasso (1881-1973), participer aussi aux aventures du langage poétique par une contribution bien particulière au Surréalisme avec de longs textes constitués d'une seule phrase non ponctuée et sans silences, sans coupures, où s'enchaînent les images dictées se développant, comme dit André Breton, « au gré d'un des plus grands vents intellectuels qui furent jamais ». C'est un tourbillon, un maelstrom interminable, puisque Picasso, à en faire perdre le souffle au lecteur, donne plusieurs versions successives, comme jadis dans les gestes. Durant les années trente, il fut ainsi pris de fièvre automatique et ces textes poétiques parurent dans un numéro des *Cahiers d'art* en 1936, un an après leur composition. Voici deux extraits de deux versions différentes :

> langue qui fait son lit peu lui importe la rosée qui frappe la jument faisant son riz au poulet dans la poêle et organise dans l'amour la nuit avec ses gants de rire autour de la ligne de feu plus offensée qu'elle ne paraît et si pâle de voir comme jambon ne sent et fromage frémit et l'oiseau qui chante et tord le rideau qui évente sa figure et la coupe dans la neige que suit dans ses rubans de melons de cabri de toutes les couleurs dans la flûte la coupe qu'en lui chantant comme si pouvait chanter la tête de mort qui lui mord la main et l'emporte suspendue par l'anneau enveloppé dans le bruit des ailes de mouches que la note du violon ne laisse pas respirer lui serrant le cou avec ses tenailles ronge le coup de poignard qui gonfle dans le ballon attaché avec des saucisses d'estramadure [...]

> ...à perte de vue la corde qui dans le ballon attaché par des saucisses d'estramadure avec la raison péremptoire du bleu si gracieux crache sur les crabes et les bouches de l'île et les nonnes qui fondent dans les voiles du vaisseau l'accusé qui assis dans sa chaise curule faisant des pets chacun portant le numéro gagnant de la loterie et arrangeant ses jupes à chaque instant avec ses fourchettes de vieil argent sans dent la peau ridée pelée dégoûtante quand passe la flèche si

rapide que l'évêque pisse et lui jette du poivre et du sel saute la raie et lit l'avenir dans l'œil du taureau *caracoles* pot-au-feu brisé cuiller en buis et montre-bracelet origan laurier et cuvette d'argent

Ces simples fragments peuvent montrer une bonne charge d'humour subversif et le lecteur remarquera la part importante des mots touchant à la nourriture et cela lui fera peut-être penser au même emploi de ces mots dans les poèmes de Benjamin Péret. Il est vrai qu'il y a là quelque chose de très particulier qu'on retrouvera dans sa pièce en six actes, *le Désir attrapé par la queue.* On retrouve le même aspect culinaire dans un autre contexte, Raymond Queneau l'a remarqué et a vu une allusion au travail du peintre et à sa « cuisine » colorée. Là se retrouvent des personnages curieux : l'oignon, le bout rond, le gros pied, la tarte, sa cousine, les deux toutous, le silence, l'angoisse grasse, l'angoisse maigre, les rideaux, personnages allégoriques qui rêvent du gros lot (on a vu dans ses textes l'allusion à la loterie) pour trouver sur la boule le mot « personne ». Cette pièce de 1941 est d'un caractère surréaliste qui correspond à des recherches tentées par le surréalisme plusieurs années auparavant. Les textes de Picasso chargés d'un délire automatique défiant le monde logique sont loin d'être le moins étonnant et le moins détonateur d'une œuvre multiple née d'une surpuissance créatrice comme il est peu donné d'en rencontrer.

Marcel Duchamp et les ready-made.

Non moins extraordinaire est Marcel Duchamp (1887-1968). Non seulement il apporte au Futurisme et au Cubisme des toiles d'une grande originalité comme son *Nu descendant un escalier* de 1913, avant de cesser de peindre en 1923 pour se consacrer au jeu d'échecs (cf. *l'Opposition et les cases conjuguées sont réconciliées,* avec Vitaly Halberstadt, 1932), mais il fait œuvre d'iconoclaste, souvent imité depuis en cela, en signant des *ready-made,* objets courants qui sont présentés comme des œuvres d'art par la vertu de son choix : le portemanteau, le peigne, le porte-bouteilles, l'urinoir, la roue de bicyclette ou la pelle à neige, puis des *ready-made aidés :* par exemple, Joconde embellie d'une paire de moustaches ou cage à oiseau remplie de morceaux de marbre blanc imitant des morceaux de sucre et traversée d'un thermomètre, ou les ready-made réciproques : « se servir d'un Rembrandt comme planche à repasser ». Et une foule de recherches dues à un des esprits les plus inventifs qui soient comme ses recherches optiques. Il y a les jeux de mots, les recherches verbales, les phrases construites de mots pliés au « régime de la coïncidence », les contrepèteries de *Rrose Selavy,* résultats de conversations télépathiques avec Desnos, l'un étant à New York et l'autre à Paris, etc. Ses « phrases construites de mots soumis au régime de la coïncidence » purent être l'accompagnement idéal des *ready-made,* ainsi *la Mariée mise à nu par ses célibataires, même.* C'est la grande œuvre, le grand Verre (il y consacre plus de dix années de sa vie) en plusieurs parties, l'anti-chef-d'œuvre sur verre et qui, à partir d'un système lumineux, débouche sur le grand insolite. C'est la passion bien connue des surréalistes pour le poème-objet si cher à André Breton, une manière entre autres pour Duchamp, « membre extérieur » du Surréalisme après avoir été co-fondateur de *Dada New York* avec, entre autres, Picabia et Man Ray, d'unir les éléments de la révolte dadaïste à la recherche et à l'aventure des surréalistes. Dans ses écrits, ses contrepèteries ou fausses contrepèteries, ses sentences qui dépassent le comique en abandonnant tout lyrisme, il met un humour, une ironie d'indifférence qu'il appelle « méta-ironie » et partout une ardeur subversive destinée à libérer les mots abstraits pour les charger d'un contenu neuf et en faire des « mots premiers » dans un grand nettoyage métaphysique. Pour André Breton, il « garde intacte toute sa puissance d'anticipation » et « il convient de le maintenir dressé, pour les barques futures, sur une civilisation qui finit ». Un livre essentiel de Marcel Duchamp est *Marchand du sel,* 1958, au titre encore fondé sur la contrepèterie, qui contient ses notes sur *la Mariée* et d'autres écrits. On lira aussi les *Dialogues avec Marcel Duchamp* de Pierre Cabanne, 1967.

Giorgio de Chirico et d'autres.

Les textes des peintres du Surréalisme sont souvent chargés de poésie. Giorgio de Chirico (1888-1978), sans prendre part aux mouvements nouveaux étonna par ses images de villes imaginaires et Marcel Jean peut écrire : « En vérité ce message était le surréalisme même, ainsi révélé avant que la notion prenne vie, et les toiles énigmatiques contenaient la semence de la peinture surréaliste en même temps qu'elles montraient déjà la fleur la plus pure. Il faut remonter à Giorgio de Chirico, à ses souvenirs transformés en rêves et en obsessions, pour découvrir le premier frisson surréaliste... » Cet extracteur du merveilleux ne cessa jamais de s'interroger sur le contenu de son art, ses méthodes et ses buts d'où, comme le dit Marcel Jean, « une véritable théorie poétique à laquelle le surréalisme pourra se référer plus tard ». Et c'est là, dans ces textes qui ne se parent pas du nom de poèmes, qu'il faut rechercher cette poésie qui naît de la toile ou qui fait naître la toile. Prenons à la paresseuse quelques citations :

> Vivre dans le monde comme dans un immense musée d'étrangeté, plein de jouets curieux, bariolés, qui changent d'aspect, que quelquefois comme de petits enfants nous cassons pour voir comment ils sont faits à l'intérieur – et, déçus, nous nous apercevons qu'ils sont vides.

> On a beau citer l'histoire, les raisons qui ont contribué à ceci, à cela, on décrit mais on n'explique rien pour l'éternelle raison qu'il n'y a rien à expliquer et pourtant l'énigme demeure toujours.

> Sur la terre il y a bien plus d'énigmes dans l'ombre d'un homme qui marche au soleil que dans toutes les religions passées, présentes et futures.

Dans son *Autobiographie du Surréalisme,* Marcel Jean a montré les jalons d'un homme face au sentiment de la fatalité, de l'énigme cachée dans chaque objet et que le peintre traduit par le mot allemand *stimmung,* ambiance, atmosphère, l'énigme qui entoure et imprègne les grandes œuvres d'art des temps antiques, médiévaux et renaissants et, aussi bien, l'art français du siècle classique avec son « bonheur de premier plan » :

> Quelque chose de terriblement superficiel – et comme le sourire d'un enfant qui ne sait pas pourquoi il sourit. Et puis quelque chose de féroce; comme une poitrine percée par une épée; quelque chose comme la blessure produite par une épée. Et plus que jamais je sentis que tout cela était là fatalement mais sans raison et ne contenait aucun sens.

Chaque fois que Chirico s'interroge sur les rencontres de l'art, sur son propre univers dans le temps et l'espace, sur les objets, les rythmes, les couleurs de ses toiles, non seulement il montre la cité qu'il édifie, non seulement il décrit et cherche des équivalences par les mots, mais aussi il fait œuvre poétique et l'on peut trouver la splendeur d'un poème en prose, comme ce *Jour de fête* poétique :

> Ils étaient peu nombreux, mais la joie donnait à leurs visages une étrange expression. Toute la ville était pavoisée. Il y avait des drapeaux sur la grande tour qui s'élevait à l'extrémité de la place, près de la statue du grand roi-conquérant. Des bannières claquaient sur le phare, sur les mâts des vaisseaux ancrés dans le port, sur les portiques, sur les musées, sur les portiques, sur les musées de tableaux rares.
> Vers le milieu du jour *ils* s'assemblèrent sur la grande place, où un banquet avait été disposé. Il y avait une longue table au centre de la place.
> Le soleil était d'une terrible beauté.

Giorgio de Chirico écrivit des essais sur Arnoldo Böcklin, sur Gustave Courbet, des récits comme *le Fils de l'ingénieur* ou *le Survivant de Navarin,* un roman : *Hebdomeros,* une nouvelle : *Monsieur Dudron.*

Évoquant ses écrits, nous rendons hommage à tous ceux-là, peintres, sculpteurs, qui ont écrit sur la page blanche comme sur la toile, qui ont extrait de la pierre ou du poème le rêve enfoui. Inspirateurs inspirés, ils sont de notre histoire. On lira les essais sur sa sculpture-objet *la Poupée* et sur l'*Anatomie de l'image* d'un Hans Bellmer (1902-1974), les albums de collages avec légendes, les décalcomanies et poèmes, le recueil de poèmes *Écritures,* 1971, de Max Ernst, les articles sur l'art de Roberto Matta (né en 1911), telle nouvelle d'Oscar Dominguez (1906-1958), tels articles d'Alberto Giacometti (1901-1966) dans les revues surréalistes, les nouvelles et les contes de Leonora Carrington (née en 1917), les poèmes et écrits de Marcel Jean (né en 1900) qui est peintre, les articles de René Magritte (1898-1967), etc., on lira les œuvres écrites comme on lira les tableaux d'Yves Tanguy (1900-1955), de Joan Miró, d'André Masson, de tous les grands imagiers du Surréalisme.

Le lieu qui n'intéresse guère les surréalistes est celui de la musique, encore qu'André Breton évoqua souvent devant l'auteur de ces lignes un homme qui lui était cher : Erik Satie, mais pour des raisons tenant plus à sa personnalité qu'à son art. Chirico a exprimé ce goût de tout autre musique, celle de la toile : « Alors la lumière et les ombres, les lignes, les angles commencent à parler et la musique se fait entendre, la musique cachée qu'on n'entend pas. Ce que j'écoute ne vaut rien, il n'y a que ce que mes yeux voient ouverts et plus encore fermés. Dans la musique il n'y a pas de mystère, voilà pourquoi c'est justement l'art qui plaît le plus aux hommes, dans lequel ils trouvent toujours plus de *sensations*. » Voilà bien une opinion qui reste discutable mais nous signalons un fait.

Dans les nouvelles régions de l'art, la poésie s'affirme chez Man Ray, à la fois peintre, photographe et écrivain, de ses *Champs délicieux,* rayogrammes, 1922, à son *Autoportrait,* 1963, en passant par ses albums de photographies qui ont donné à cet art un nouvel essor ; rappelons ses collaborations avec Paul Éluard : *Facile,* 1935, *les Mains libres,* 1937. Poésie aussi au cinéma, cet art du désir, selon Michel Leiris, « bond élémentaire qui pousse à sortir *hors de soi* » et l'on comprend que René Gardies cite dans une étude « Le cinéma est-il surréaliste ? » Octavio Paz : « Le surréalisme se propose moins la création de poèmes que la transformation des hommes en poèmes vivants. » Les surréalistes hantèrent les salles obscures pour s'abandonner aux miracles et aux pouvoirs de l'image. Un Louis Buñuel (né en 1905) répondait à ces désirs par une étonnante imagination cinématographique et rappeler ses rencontres avec Dali pour *Un chien andalou* ou *l'Age d'or,* et citer ses multiples œuvres paraît vain tant elles sont connues. Louis Buñuel est un poète comme est poète son assistant pour *l'Age d'or,* auteur lui-même de courts métrages surréalistes, travaillant aussi avec Jean Renoir, ce Jacques-B. Brunius (1906-1967) qui collabora à *VVV,* publia le tract *Idolatry and Confusion* avec E. L. T. Mesens et participa à de nombreux recueils collectifs. Vivant à Londres, en relations étroites avec le Surréalisme français, les poèmes qu'il a écrits depuis l'âge de vingt ans sont restés épars dans les revues et Jean-Louis Bédouin a pu souhaiter qu'on réunisse ses écrits de théoricien, de critique, de poète. Les poèmes qu'il a cités montrent une vive originalité. Ainsi *Carrefour inachevé :*

> Le Monument au Hanneton est une statue de cendre
> Avec en guise de piédestal une chaisière en prières
> Et sur la tête une sphère de bois de serpent
> Au pied de l'édifice se tient la charité
> Dans sa petite boutique attardante
> Toutes les trois heures un équipage de pantoufles
> Traverse la place déserte au grand galop
> Soulevant un nuage en forme de pied à coulisse
> Réveillant les trois inventeurs de places
> Qui sommeillent dans l'abreuvoir
> Où jadis allaient boire les papillons

Poésie visuelle, poésie qui donne à voir, aussi bien quand elle s'exprime en prose :

> Il y avait une fois une alouette-vertige qui avait réussi à mettre zéro franc de côté. Aussitôt elle alla chez l'orcanette, sa voisine, acheter du tournesol, chez le blaireau acheter du poil de martre, et se mit à peindre sur des toiles de regards finement tissés.

Ils sont bien, ces peintres, sculpteurs, photographes, cinéastes, les compagnons ardents des poètes surréalistes, tous poètes eux-mêmes et souvent sur la page blanche autant que sur la toile, dans la pierre, sur la pellicule et sur l'écran. On le voit encore avec un Max Ernst (1891-1976), peintre, sculpteur, qui, après avoir été Dada à Cologne en 1919-1920, vient à Paris en 1921 pour appartenir dès sa fondation au groupe surréaliste jusque vers 1950, à travers ses albums de collages avec légendes comme *la Femme 100 têtes*, 1929, *Rêve d'une petite fille qui voulut entrer au Carmel*, 1930, *Une semaine de bonté*, 1935, *Sept Microbes*, décalcomanies et poèmes, 1953, *Écritures*, poèmes, 1971, où l'on retrouve un texte paru dans *Littérature*, en hommage, et non sans humour, à *Jean Arp*, et dont voici un court extrait :

pour ne pas violer le goût de son père il partage en deux ses babines et tatoue
   tous les astérismes sur sa langue
ainsi que les diagrammes de toutes les inflorescences
ainsi que les poulpes

On a réuni aux Éditions Flammarion les nombreux écrits de René Magritte (1898-1967), peintre co-fondateur du groupe surréaliste belge dont on ne dira jamais assez l'importance. En plus de ses textes théoriques sur *la Pensée et les images*, il écrivit des poèmes dans des revues comme *391* ou *l'Œsophage*, et il n'est pas interdit de dire que tous ses textes, et encore *les Mots et les images*, sont de la critique poétique.

De même, le sculpteur et peintre Alberto Giacometti (1901-1966) qui fit partie du groupe de 1930 à 1935 a publié dans les revues des commentaires d'œuvres, des souvenirs d'enfance qui sont de véritables poèmes en prose où les « objets mobiles et muets » prennent vie. Il en est encore de même avec Yves Tanguy (1900-1955), surréaliste depuis 1926, lorsqu'il incorpore un texte écrit aux formes de l'objet dessiné qu'il décrit. Camille Bryen (1907-1976), avant de se consacrer à la peinture non figurative, fut l'auteur de nombreuses plaquettes marquées par le Surréalisme : *Oppoponax*, 1927, *les Quadrupèdes de la chasse*, 1934, *les Lions à barbe*, 1935, *Nuits massacrées*, 1938, *le Cloître du vent*, 1945, *la Chair et les mots*, 1948, *Parole*, 1949, *Temps troué*, 1952, *la Chasse aux lions*, 1952. Et rien n'interdit de placer ici un Jean Lurçat (1892-1966), le peintre, le rénovateur de la tapisserie, l'inventeur d'animaux fabuleux nés du langage, ou d'animaux réels que l'on trouve dans son livre *Mes domaines*, 1958, en vers ou en prose, comme ici ce *Bourdon de Malaisie* :

Je crawle autour du Singe, du Scorpion, du Boa. Je suis bleu comme la colère. Sur la gésine des marais, sur le gîte du serpent, sur la hutte du Malais dévoré par les fièvres, sous l'arc des grandes lianes où mijote la vermine, mon vol pesant évoque pour le migrant inquiet le tam-tam blafard des tueurs aux pieds nus, ou cette danse de Saint-Guy des derviches aboyeurs qui dévident sous la lune d'obscures mélopées. J'aime le sang des fauves, c'est mon sucre à moi. Faute de mieux je tombe sur l'homme, encore que rôde dans ses veines un miel fade venu du lait.

Le contenu de poésie de la peinture surréaliste a fait que les critiques d'art, les commentateurs de leurs œuvres ont reçu eux aussi le rayonnement. Ainsi un Max Morise (1903-1973) est l'auteur d'articles, de récits de rêves et de poèmes dans les revues du Surréalisme. Il a le mérite d'avoir, dès le premier numéro de *la Révolution surréaliste,* dans *les Yeux enchantés,* abordé le problème de l'activité surréaliste dans le domaine pictural, et l'on put lire au numéro 8 de la revue une chanson, couplets et refrain, « pour chanter en voyage » où on lit notamment :

> Moi je considère la vie
> Au fil des couteaux du futur
> Comme une papesse en folie
> Qui chérit la littérature

Comme lui, Pierre Mabille (1904-1952), co-directeur de la revue *Minotaure* en 1937-1938, a consacré sa plume aux peintres et est l'auteur des œuvres suivantes : *Thérèse de Lisieux,* 1937, *Égrégores,* 1938, *le Miroir du Merveilleux,* anthologie, 1940. Si Mabille écrit sur Seurat, s'il analyse un accident survenu à Victor Brauner, *l'Œil du peintre,* il unit à l'intelligence de l'œuvre les images proprement poétiques qu'elle lui dicte.

Il faudrait citer bien des textes de Robert Lebel (né en 1904) de *Masque à lame,* 1943, à *la Saint Charlemagne,* 1976, en passant par tant de textes illustrés (par Isabelle Waldberg, Ipoustéguy, Giacometti, Duchamp, Max Ernst), comme *Léonard de Vinci,* 1952 et 1974, au Soleil noir, *l'Oiseau caramel,* 1969, etc. Il fit partie du groupe surréaliste de New York et se dévoua inlassablement aux peintres. On peut lire dans *Masque à lame* :

Je n'emporterai rien de notre violence dilapidée. Un linge peut-être.
A l'ombre des théologales, il n'est jamais question d'amour.
Un jour je mouillerai mes doigts aux salives sacrées. On entendra chanter dans les tourelles. Et je m'éveillerai enfin de sommeil terrible et froid où vous n'existerez qu'à l'état de blessure.

Si ce chapitre ne prétend pas être exhaustif, signalons encore que le peintre Maurice de Vlaminck (1876-1958), l'initiateur du fauvisme, écrivit volontiers de courts poèmes sur les saisons qui rendent un son charmant et populaire parfois proche de celui de Prévert, et l'on pourrait citer encore Olive Tamari (né en 1905) qui a aussi célébré par l'écriture l'imagerie marine dans plusieurs recueils dont *le Grand Voyage de la mer,* 1964, Roger Toulouse (né en 1918), l'ami de Max Jacob, pour son *Quai Saint-Laurent,* 1947, vers libres, selon Rousselot, « nourris de curieuses et parfois violentes images ».

5

Splendeur du poème en prose

Nous ne redirons pas ici les mérites du poème en prose : à propos de Parny comme d'Aloysius Bertrand, Baudelaire, Mallarmé, Rimbaud et tant d'autres, nous l'avons fait dans les précédents volumes de cette Histoire, et depuis, tout au long des pages, nous l'avons rencontré sans qu'il soit besoin de répéter qu'il ne s'agit ni d'un compromis entre vers et prose, ni d'une prose plaquée de poésie, mais bien d'une forme originale et rigoureuse, d'une création née de l'unité profonde de la poésie. Nous pourrions reprendre, comme l'a fait André Silvaire dans un numéro de *Poésie vivante,* ce texte de Mallarmé : « Mobilisez autour d'une idée les lueurs diverses de l'esprit, à distance voulue par phrases détachées, en paragraphes permettant au poète qui ne pratique pas le vers libre, de montrer en l'aspect de morceaux compréhensifs et brefs, tels rythmes immédiats de pensée, ordonnant une prosodie. » Et Silvaire ajoutait : « Or, si l'on prend plus de hauteur, l'on découvre que le poème en prose garde cette rare originalité de n'avoir pas de règles fixes et définies. Il suppose toutes les libertés mais il n'en peut souffrir aucune, car il ne s'abandonne à aucune méthode, à aucun procédé, à aucune technique et ne s'appuie sur rien. Tout entier il est strictement et directement taillé à même la poésie. » Il n'est évidemment pas question de réunir dans ce chapitre tous les auteurs de poèmes en prose puisque rares sont les grands poètes de ce temps qui ne l'ont pas utilisé (faut-il citer Claudel, Fargue, Max Jacob, Saint-John Perse, Reverdy, Ponge, Jouve, Michaux, tant d'autres ?) mais de réunir de grands créateurs qui l'ont plus volontiers utilisé, chacun créant à lui tout seul un courant nouveau et original et ouvrant ses propres routes. Il faut simplement dire que des hommes surréalistes ou nés du Surréalisme en ont reçu, par les voies de Lautréamont ou Rimbaud, l'éblouissement pour nous éblouir à leur tour. Aurait-il eu, ce poème en prose, besoin de preuves et de lettres de noblesse, de cachets d'originalité, que les poètes surréalistes en auraient apporté l'offrande sans pour autant renier d'autres prestiges, mais il n'est pas ici que des créateurs surréalistes encore que la plupart ont été touchés par son grand souffle de liberté et de création.

Maurice Blanchard l'incomparable.

Maurice Blanchard (1890-1960), si l'on ne se référait qu'à sa biographie, pourrait bien se situer aux antipodes de l'idée qu'on peut se faire d'un surréaliste, lui qui vécut en marge du monde littéraire, connut seulement quelques amitiés, ne fréquentant personne d'autre que René Char. Cependant, il se dit « touché par la grande libération du Surréalisme », envie « l'élégance d'écriture d'Éluard et de Char », et comme l'a écrit Fernand Verhesen dans une préface (une autre est due à Jean-Michel Goutier) de *Débuter après la mort,* 1977, important recueil de ses textes réunis et présentés par Jean-Hugues Malineau, à propos d'une courte phrase de Blanchard : « Le " Tout est permis " avait un sens précis : tout est permis par la poésie, non en poésie, et Maurice Blanchard demeura étranger aux facilités qu'aurait pu lui offrir le langage libéré par le Surréalisme, de même qu'il ne consentit jamais à soumettre le sien à un automatisme illusoire. Le Surréalisme lui a "appris " la poésie, et l'a sauvé, c'est vrai, mais il ne fut en somme jamais surréaliste de stricte obédience. Quelle que fût l'estime que lui portait André Breton. » En effet, Breton le considérait comme un des plus grands et les témoignages de la haute valeur de son œuvre sont les plus choisis. Paul Éluard : « La force de Maurice Blanchard est sortie de la brutalité des gens heureux. La force de sa révolte est née au ciel stérile de sa misère. Les gens heureux ont bien essayé de la tuer, mais le feu n'était pas assez mûr, le temps manquait, la rose du crime ne s'ouvrit pas... » René Char : « ... Combien de pas a fait Blanchard, le véloce, le discret, le noueux, le bleuté, le déchirant Blanchard, sur la terre où nous respirons ?... » André Pieyre de Mandiargues : « Le désespoir et la rébellion, sous les pavillons desquels se présentent faussement tant d'écrivains et de peintres nouveaux, étaient si fortement et si spontanément la marque de Blanchard que l'on pourrait croire à un sang obscur qui eût charrié ces vertus ou ces poisons dans son corps spirituel dès le début de cette existence... » Noël Arnaud : « La poésie nouvelle lui doit le meilleur d'elle-même et, peut-être, l'anticorps de cette lyricopathie morne qui la menace déjà... » Et il faudrait citer Benjamin Péret, Julien Gracq, Hubert Juin, Jean Follain, Marcel Béalu, Gaston Bachelard, Guy Lévis Mano, Pierre Peuchmaurd, Éric Losfeld, Pierre Drachline, Jean-Claude Renault parmi ses fervents défenseurs. Et Jean Rousselot dira : « C'est peut-être le plus pur des surréalistes. »

Maurice Blanchard, né et mort à Montdidier, a parlé lui-même de ses premières années : « Maison natale à la base du verger le plus abrupt. Intersigne. Première enfance : " La vie est un miracle. " A huit ans, premier poème, en descendant la colline, à toute vitesse, par un soir de grand vent... A douze ans, apprenti serrurier, maréchal-ferrant. Un peu plus tard, une grande joie, la loi des dix heures, avec une ombre : nettoyer l'atelier le dimanche, ranger les outils et la ferraille... De seize à dix-huit ans, bagnes industriels de Paris et d'ailleurs, chauffé des rivets, percé des trous, limé de la blèche, puis neuf ans de navigation, guerre sur les bancs de Flandre, a massacré un peu, comme les autres, sans savoir mais comme pour se prouver qu'il savait faire l'idiot aussi. Croyait déjà qu'il y a une infinité de civilisations possibles bien qu'inimaginables. Politique, royaume de l'ordure. Entre temps, de dix-neuf à vingt-deux ans, crise indescriptible, boulimie de toutes les connaissances, digéré des cailloux, rattrapé la file des garçons instruits... » L'apprenti Blanchard sera ingénieur naval, pilote de combat durant la guerre de 14, un des rares rescapés de l'escadrille de Dunkerque, puis il se consacrera à l'aéronautique : « Depuis 1917, construit des machines nouvelles, pour aller plus vite, pour aller plus loin, travail qui demande la même catégorie d'activité que pour écrire un poème, exactement. » Il écrira à partir de vingt-sept ans des poèmes « pour se guérir », publiera sept ans plus tard, se libérera par l'écriture et la révolte, réduisant d'un livre à l'autre ses envois, n'ayant qu'une poignée de lecteurs fervents. Dans une lettre de 1949, il ne se souhaite que quelques lecteurs : Char, Breton, Parisot, Juin, Boschère. C'est d'un homme en marge que nous parlons. « Débuter après la mort, c'est bien », écrivait-il, car : « Il ne reste que le diamant, la pourriture est désintégrée. »

Le premier recueil fut publié sous le pseudonyme d'Erskine Gohst avec pour titre : *les Lys qui pourrissent,* 1929, dont seul un tiers subsistera dans *Malebroge,* 1934, que suivront : *Solidité de la chair,* 1935, *Sartrouville,* 1936, *les Barricades mystérieuses,* 1937, *C'est la fête et vous n'en savez rien,* 1939, *la Hauteur des murs,* 1947, *le Monde qui nous entoure,* 1951, *le Pain, la Lumière,* 1955, et de nombreuses autres plaquettes, des poèmes en revue, des inédits comme *Splendeurs et misères,* 1955-1956, *la Mort et le vagabond,* 1960, qu'on retrouve dans *Débuter après la mort,* 1977, Éditions Plasma.

Qui définirait mieux que Blanchard lui-même son art ? : « Ma poésie est un instinct animal qui m'a mené, après des années d'expérience vécue et dominée, à ne plus parler qu'à moi-même et pour moi-même – comme la fleur de l'été de Shakespeare qui pour elle seule vit et meurt. Car enfin jouer sur une probabilité de 1/500.000, n'est-ce pas absurde ? » Verhesen dit : « La fonction du poème de Blanchard est, par nature, insurrectionnelle, comme son surgissement ne se produit qu'à la faveur d'un rebond de clairvoyance, c'est-à-dire de révolte. » Blanchard écrit :

Ainsi le poème se fait. Comme une avalanche il se forme et s'il est poème il apparaît réel, debout, avec un commencement, un milieu et une fin. Ceci expliquerait la faillite d'un grand nombre de surréalistes qui ont cru qu'en attrapant des images comme on attrape des mouches on arrive à faire un être organisé, un cheval, par exemple, alors qu'en regardant les mains il n'y a qu'une bouillie de mouches. Dans un poème vivant quelques images polyvalentes apparaissent, disparaissent et reparaissent plus loin comme des truites dans leur ruisseau. On comprend très bien alors pourquoi les formes traditionnelles ne peuvent subsister...

« Nous autres étrangers sur la terre étrangère... », dit Blanchard l'homme en marge et cependant en connivence amicale avec le monde, un monde qui n'est pas douceur, mais terre vraie avec sa pesanteur et ses refuges. Voici *Étranger sur la terre étrangère* :

> Étranger sur la terre étrangère, dès l'aube les portes se sont refermées? La lumière du jour se brisa sur mes mains étoilées.
> Aujourd'hui un sourire a fleuri sur mes joues ravagées et c'est, peut-être, la fin de nos misères, ou bien le retour chez les ancêtres par les falaises crayeuses de mon enfance et les labyrinthes où des oiseaux aveugles attendent la nuit pour s'épanouir dans l'ombre en hurlant des malédictions qui feront pâlir les mères et trembler les enfants...

On ne saurait assez dire, et on ne saura l'exprimer ici, la diversité et l'unité à la fois de cette œuvre où le bain de rêve ou de cauchemar s'unit à la parole directe avec ses imprécations comme on n'en trouve guère que chez Benjamin Péret. Des poèmes en prose souvent, d'une beauté rare, avec, selon Pierre Seghers : « L'invention surréaliste, les courts-circuits de rapprochements insolites, les trouvailles sauvages, mais aussi, loin de la gratuité du jongleur, un poids de terre vraie, des tableaux entre Le Nain, Chardin et Dali. » Il faudrait ajouter à cela l'ardeur, la musculature du verbe, l'emportement, le cyclone, « l'énorme beauté qui va survenir », la tristesse et la fête, le souffle du vent de colère. S'il utilise le plus communément ce qu'il est convenu d'appeler poème en prose, on trouve ce qui peut être nommé verset et des poèmes en vers libres ou rimés comme par une sorte de dérision : ainsi tel sonnet où toutes les rimes sont en « an » : « Je suis le mâle, le glaive le dévorant, / Je suis l'insatiable et je suis l'instrument... », tel autre en « sucre » qui libère le vers et fait jaillir l'humour grinçant, ou bien des alexandrins :

> L'irréelle présence en l'âcre odeur des choses
> Fuit l'écœurant regard des visages en prose
> Fuit la blanche lumière des jours massacrés
> Fuit l'étouffante ardeur des désirs déchirés
> De l'ignoble remous voici la dernière onde
> La mer a refermé la paupière du monde

Ces poèmes en vers, il les enchâsse dans une prose et leur donne ainsi un pouvoir autre que celui qu'on imagine. On ne les isole ici que pour l'exemple, comme cette première strophe de *Note de protestation contre l'action du vent et des vagues* :

> L'origine et non la fin, ce vice absolu!
> Et encore faudrait-il tenir compte des percements d'isthmes et de la fonte prématurée des neiges!
> Le destin aux mains rouges a lâché sa proie pour un court instant, je suppose!
> Le vent s'est levé encore un coup pour caresser la terre et, ce soir, apaisé, il ira se reposer sur les prairies de l'Océan.
> J'ai vécu longtemps sous la peau d'un tigre, entre l'arbre et l'écorce.

Révolté, non révolutionnaire. La révolte? « C'est un diamant dont l'éclat se suffit à lui-même. » La révolution? « Les partis révolutionnaires sont des gangs qui veulent le pouvoir, non pour le bien des hommes, mais pour les " changer en sable " d'abord, et ensuite pour acquérir la propriété avec tous ses avantages. » Ainsi des textes polémiques comme *Urinez dans les urnes* qu'il ne faut pas oublier, car, comme dit Goutier : « Au temps de l'histoire subie, le poète veut substituer un temps autre, celui de l'homme réconcilié avec lui-même, le temps du désir. » D'aucuns, il est vrai, préféreront la beauté, la couleur, la splendeur, mais les prestiges d'une haute poésie expriment toujours « ce chœur alterné d'un monde créé et d'un monde rejeté, ce combat dans l'ombre, cette indécomposable symphonie, ces déchirements et ces sourires (qui) s'écouleront lentement dans l'obscurité et la solitude... » jusqu'à ce que « la terre vous soit légère et douce, / douce de la douceur des larmes de l'amour perdu et retrouvé ». On trouve donc l'invective burlesque, le courage stoïque au cœur de l'harmonie des mots choisis et soigneusement placés qui font surgir l'image insolite et souvent bouleversante. Ainsi maints poèmes dans *la Hauteur des murs, le Pain, la Lumière, la Fleur de l'été*, entre autres. Partout, chez Maurice Blanchard, « L'étrange pouvoir de la parole conduisait le navire ». Et cette parole est souvent cosmique, met en branle les grandes forces de l'univers à l'homme confrontées :

> Sur les cités englouties naissent les cyclones. Les cités englouties dorment dans leurs berceaux et l'épouse veille et chante. Les chevelures jouent et chantent. Et voici le dernier homme. Il est ivre. Il s'avance en titubant sur la mer sans oiseaux. L'homme libre a bu sa dernière paye, il insulte l'Océan qui achève les blessés, il insulte les poignards d'argent. Il insulte les équipages morts dont les yeux restent toujours ouverts et dont les mains sans oiseaux baignent dans les chevelures.

Ainsi certains poèmes comme *les Pelouses fendues d'Aphrodite* ou *Poètes de proie* se présentent comme des épopées tragiques avec parfois la promesse d'un Phénix au bout de la catastrophe ou une aurore : « Leur rire était l'aurore boréale d'un monde casqué de rêve et de ressentiment. » Fantastique et présent, bouleversant par sa simplicité directe et évocatrice, savant dans le maniement des mots, il est grand temps que ce poète hors du jeu littéraire sa vie durant, connu seulement de quelques centaines de lecteurs, soit situé à sa place : parmi les plus grands.

Julien Gracq insolite et fascinant.

Tout aussi discret et à l'écart de la vie littéraire est Louis Poirier, dit Julien Gracq (né en 1910) bien que connaissant une immense renommée internationale dont il semble peu soucieux. La vie calme de ce professeur de lycée ne prête pas matière au développement d'une biographie exceptionnelle et l'on pourrait dire que les étapes en sont marquées par ses œuvres, toutes publiées chez le même éditeur, José Corti. Autrement, cet agrégé d'histoire professa successivement à Quimper, Nantes, Amiens, puis au lycée Claude-Bernard à Paris. Un seul remous sans doute qui eut le mérite au moins de l'extraire d'une ombre relative : le refus du prix Goncourt en 1951 pour *le Rivage des Syrtes,* geste souvent mal interprété et en fait purement surréaliste de celui qui venait de publier un pamphlet célèbre : *la Littérature à l'estomac* et désirait rester fidèle à lui-même, ce qui est infiniment respectable. Ses œuvres donc, et que l'on dirait romanesques si tout texte de Gracq n'était en fait poème, sont : *Au château d'Argol*, 1938, *Un beau ténébreux*, 1945, *Liberté grande*, 1947, *le Roi pêcheur* (théâtre), 1948, *André Breton, quelques aspects de l'écrivain*, 1948, *le Rivage des Syrtes*, 1951, *Penthésilée* (adapté de Kleist), 1954, *Un balcon en forêt*, 1958, *Liberté grande, la Terre habitable* et *la Sieste en Flandre hollandaise*, 1958, *Préférences*, 1961, *Lettrines*, 1967, *la Presqu'île*, 1970, *Lettrines II*, 1974, *les Eaux étroites*, 1976. *En lisant, en écrivant*, 1981.

Il serait absurde de différencier au nom de la poésie ses romans ou nouvelles de ses poèmes en prose, de dire « poétique » toute prose de qualité à défaut d'autre superlatif. Chez Gracq la chose est évidente et nous citons volontiers Ariel Denis : « Ni poèmes romanesques ni romans poétiques donc, les textes de Julien Gracq contribuent à déplacer les frontières entre le " roman " et le " poème ". Ici les genres échangent leurs prestiges pour créer un enchantement nouveau : les mythes du récit d'aventures se trouvent placés dans une lumière entièrement différente ; le style purement narratif est évacué au profit d'une prose aussi lente que somptueuse, qui retarde sans cesse l'événement, jusqu'à le dissoudre dans le scintillement d'une langue devenue souveraine : c'est Stevenson et Jules Verne réécrits par Chateaubriand et André Breton... » Ce qui approche le roman du poème, c'est aussi l'incessante description de nature, l'état d'attente (et si la poésie était l'attente de la poésie ?), l'atmosphère insolite et fascinante, l'envoûtante musique (Gilbert Sigaux ainsi a comparé *le Rivage des Syrtes* « au prélude wagnérien d'un opéra qui ne sera jamais joué »). Dès *Au château d'Argol,* tout l'art de Gracq était posé. On reconnaissait une nouvelle voie et, en même temps, on pouvait penser, sans retirer en rien l'originalité de l'écrivain, aux grands récits romantiques et au Surréalisme à la fois, aux nouvelles d'Achim von Arnim, aux romans noirs comme ceux d'Ann Radcliffe, à Lautréamont, et dans son étrange demeure pouvait apparaître, auprès du cauchemar et de la beauté, de l'insoutenable tension, ce mystère qu'on trouve par exemple dans *Nadja* d'André Breton. Jamais romans ou récits n'avaient été aussi « impressionnants ». Paysages d'âme et paysages tout court dans *Un beau ténébreux* où dans la grisaille d'une Bretagne soumise aux violences de l'océan règne une atmosphère d'attente, de cauchemar et d'irréel ouaté. Partout intense plaisir de lecture et sensations multiples fortement ressentis par le lecteur qui se sent pris au charme, à la magie des phrases tellement évocatrices. Dans *le Rivage des Syrtes,* Gracq se dégage des contingences historiques et géographiques pour rejoindre un pays mythique qui emprunte cependant des éléments de réalité soigneusement mêlés. Il y a là quelque chose de solennel comme un rite avec ces paysages marins et la lente prise de possession de la mer, symbole de liberté, sur une sorte de cité délabrée, de Venise maudite, de civilisation en déclin (on peut penser à Spengler et au *Déclin de l'Occident* que Gracq a lu), de lieux décadents atteints du poison mortel de la beauté. On pensera à d'autres œuvres comme *le Désert des Tartares* de Buzzati ou *le Sei-*

gneur des anneaux de Tolkien comme à certains lieux fantastiques des romans de science-fiction. Il y a dans cette œuvre quelque chose d'estompé, d'indéfinissable, d'ambigu et de fébrile aussi difficilement descriptible que les tonalités, les blancheurs, les nuances du paysage et de la lumière. Rien n'est plus troublant que cette œuvre écrite encore avec, selon Gaëtan Picon, « cette longue phrase ouvragée et scintillante, éloquente et placide, dramatique en puissance et rassurante à la surface qui unit la période classique aux fastes de l'imagination romantique » et qui est bien « l'une des plus sûres, des plus efficaces, des plus authentiquement signées du moment ». La même magie peut naître avec un recours à l'histoire comme c'est le cas pour *Un balcon en forêt* qui se situe en 1939-1940 dans un lieu d'attente où la guerre proche est absente cependant et vide. Le style ici s'est dépouillé jusqu'à l'extrême simplicité. Le silence ambiant, la rumeur montante sont là, avec une singulière mesure, une lente patience qui fixe la lourdeur et la beauté des instants, tout ce qui se cache derrière la vie apparemment banale. Moins de prestiges et d'enchantements peut-être que dans les autres œuvres mais sans cesse un ton qui convainc et cet art des sensations qui a parfois quelque chose de racinien. Partout le mental et le visuel, intensément mêlés grâce aux prestiges d'un style exceptionnel. Dans les trois nouvelles de *la Presqu'île,* pas de références historiques ou romanesques au sens de l'intrigue, mais une quête, comme celle d'un chasseur prêt à débusquer l'imprévu que l'on attend sur une route ou dans un fauteuil de bar. Toujours, et on le voit encore dans les deux volumes de ses *Lettrines*, ou dans *les Eaux étroites,* cette quête proche de Bachelard, le style éveillant l'idée originale et l'imagination née de la matière, car, dit Philippe Faucher, « Les romans de Gracq figurent autant de fenêtres ouvertes sur l'illimité de la vie, indifférencié et inqualifiable. Mais c'est peu à peu qu'il est donné au lecteur d'assister au retrait des apparences, dans un mouvement de résorption qui découvre l'envers du monde et rature définitivement la conscience apparente des choses et des êtres. » On peut dire avec cet orfèvre qu'est André Pieyre de Mandiargues que toutes les œuvres, romans, récits, nouvelles, poèmes narratifs, « ont en commun le caractère d'être des récits à haute tension et de ne viser à rien d'autre ou presque, semble-t-il, qu'à faire ressentir au lecteur la présence de pareille tension derrière les mots de l'écriture ». Nous oserons ajouter que la lecture de Gracq, passionnante, sans ennui, nous met en présence sans les nommer des plus hautes questions de notre temps, nous lave de la quotidienneté sans l'annuler, qu'elle crée, à partir du visible, une intercession avec l'invisible. Elle est sans doute aussi emblématique, symbolique, couronnement à la fois du Romantisme en ce qu'il a de plus intérieur et du Surréalisme en ce qu'il a de plus fécond. Tout l'œuvre le prouve même si nous sommes tentés de nous arrêter au seuil des poèmes en prose proprement dits de *Liberté grande.*

S'agit-il cependant de poèmes et n'employons-nous pas ce mot par facilité? Sur le conseil d'Ariel Denis qui a publié un *Julien Gracq* dans la collection « Poètes d'aujourd'hui », nous avons lu des textes de *Liberté grande* et des passages des romans et nouvelles sans qu'apparaisse une réelle différence : « On donnera, écrit Ariel Denis, de cet état de fait un exemple assez clair : l'un des " poèmes " de *Liberté grande,* qui s'intitule *les Hautes Terres du Sertalejo,* " raconte " le voyage du narrateur et de ses deux compagnons à travers des paysages étranges et désertiques, qui semblent vaguement situés dans les Cordillères; l'une des " nouvelles " de *la Presqu'île* (de loin la plus belle), *la Route,* décrit l'errance de groupes nomades, par la voix d'un narrateur, au milieu d'incertains paysages d'après la fin des temps. Ces deux textes, séparés par bien des années de distance, sont rigoureusement interchangeables – c'est-à-dire que la " nouvelle " pourrait être parfaitement considérée comme " poème " et inversement... » Mais, comme dit Fargue, si « la poésie est le point où la prose décolle », décolle pour prendre de l'altitude, il y a constamment poésie chez Gracq et le nom du contenant importe peu. Ariel Denis va jusqu'à dire : « Les poèmes de *Liberté grande* – et particulièrement ceux qui se signalent le plus comme tels – sortes d'illuminations dans lesquelles le *courant* est tout de même un peu faible – sont évidemment moins porteurs de charge poétique que bien des passages de romans : le surgissement de Tängri vu de l'île de Vezzano (in *le Rivage des Syrtes*) est de loin le plus beau des " poèmes en prose " de l'auteur. »

Le contenu de *Liberté grande* est varié. Ainsi l'on peut mettre à part *les Hautes Terres du Sertalejo* et *la Sieste en Flandre hollandaise* pour la force qui en émane, la fidélité et la précision de paysages géographiques à la fois réels et fantastiques, pays réels et pays légendaires, nous donnant toutes les impressions d'altitude ou de pays plat, « terre habitable ». Inoubliable est l'impression d'altitude suffocante des Cordillères où l'être humain reçoit pleinement la nature, les hautes surfaces, l'abandon au voyage, devient « lieu pur d'échange et d'alliance » et connaît la joie au seuil du sommeil de pressentir l'adieu et le nouvel avènement. Mêmes impressions dans des poèmes plus courts, mais de même densité, tableaux insolites où l'imprévu n'est pas cultivé gratuitement, où, à la manière surréaliste, des choses viennent de lieux éloignés pour se juxtaposer avec un art si précis que passent dans l'esprit du lecteur les émotions, les sentiments, les images les plus imprégnantes. Gracq use à loisir de cette liberté qu'a apportée le Surréalisme sans l'ériger en système, sans se perdre, et ses paysages urbains ne le cèdent en rien à ceux de la nature réelle ou imaginée et encore réelle. Le grain serré de sa prose, l'intégration entière de l'expérience surréaliste à l'expérience classique, la longue phrase ouvragée, appliquée, scintillante, la fabrication stylistique consciente, la minutie de la description nous entraînent le plus sûrement possible vers la conquête de l'irrationnel, de la fable, du mythe, en des lieux de littérature haute et impolluable. Nous ne ferons pas ici de citation car tout est continuellement exemplaire et il faudrait tout citer : au texte donc! lecteur. Tout lire : courts poèmes en prose, textes plus longs, nouvelles, romans, et ainsi avoir un guide sûr et enchanteur pour l'exploration du mystère, un atlas poétique du monde avec ses mers, ses montagnes et ses plaines, atlas de l'envers du monde, géographie de l'être en attente, en tension, en espoir du message des choses et de la nature. Œuvre où l'on n'entre pas sans désir, où, par l'écriture, les lieux parlent à tous nos sens. La beauté.

Michel Fardoulis-Lagrange, recherche de la lumière.

Trop peu connu Michel Fardoulis-Lagrange (né en 1910) semble avoir voulu intérioriser le Surréalisme, le ramener, la période de protestation publique étant passée, vers une discipline de la pensée, comme il l'exprime dans *le Texte inconnu*, 1948 : « Ces textes, en apparence sans cohésion, ne sont pas le fruit du hasard ; ils correspondent à des " possibilités ", et ils peuvent soit relever de la poésie puisque tous leurs éléments se prêtent à une morphologie, soit constituer tacitement une provocation à l'égard de ce qui n'a pas été dit ou qui ne peut se dire. C'est sous cet angle, il me semble, que le surréalisme doit connaître sa discipline intérieure, car jusqu'à présent le jeu de sa provocation appartenait strictement au domaine public... » Conscient du fait que « celui qui communique se soustrait de plus en plus à son identité recherchée » Fardoulis-Lagrange sait que « le secret réside dans des détails infimes qu'on a négligés en route et qui éclairent d'une manière diffuse ce passé où notre tentative a expiré » et il ajoute : « Il serait donc absurde de prétendre à l'immédiateté par des voies traditionnelles. Le roman comme la poésie n'abordent que le côté le moins rigoureux de l'existence humaine, ainsi que l'historique. Quelle est donc la place de la littérature parmi ce choix de fulgurances ? » Elle sera pour lui souvenir mais non dépourvue d'anticipation. Il ne méconnaît pas le conflit entre opinion et réalité, connaît cette attitude de refus envers les possibilités qui frisent l'interdit, et avoue lucidement : « Pas d'issue possible. Et si le lyrisme reste comme la protestation la plus ample, l'épique s'irrigue dans des contrées indifférentes où tout consent à s'achever provisoirement en tant que représentation et silence. » On pourrait dire qu'à partir du dilemme, la recherche poétique n'a pas manqué de se poursuivre, tout en sachant que les traces s'effacent et que le langage fond comme neige, cela dans une œuvre composée de : *Sébastien, l'enfant et l'orange*, 1942, *Volonté d'impuissance*, 1944, *le Grand Objet extérieur*, 1948, *le Texte inconnu*, 1948, l'auteur utilisant la narration au besoin, parlant à la première personne, décrivant avec précision comme le fait Julien Gracq, partant à la recherche d'une fabulation surréelle, au moyen d'une « phrase qui libère l'activité humaine de ses attaches ténébreuses » et qui, « avec une parfaite suite dans les idées », annule « la discontinuité des lois naturelles ». Fardoulis-Lagrange n'a cessé de s'interroger et d'interroger la parole comme en témoigne cet extrait, début et fin d'un passage de son premier livre :

D'où vient-elle la phrase qui libère l'activité humaine de ses attaches ténébreuses,
   et permet à la main de s'avancer et de participer au recul du soleil ?
   L'inertie de l'expression vient d'être brisée par le visage du monde ; à l'intérieur de l'Idée, l'âme de l'*accident*
      continue à grandir.
      La vérité poétique est première.

Sans cesse, Fardoulis-Lagrange tente l'impossible : une lutte contre la réalité ambiante, une métaphysique « toute spontanée, simultanément sensorielle et hermétique » se dégageant du chaos des idées contraires. « Il existe un mot, écrit-il, dont le mûrissement est toujours retardé et qui rend l'humanité bègue. » Dans ses longues suites d'images, il cherche à apprivoiser dans le miroir du langage un soleil de beauté à travers un discours continu qui fait penser à quelque nouvelle rationalité troublante. Comme son *Merlin l'enchanteur* dont les souvenirs « contiennent un enseignement de grand style », il est toujours à la recherche d'une identité qu'on ne peut obtenir qu'en échange de la mort, mais si désillusionné qu'il soit, du moins édifie-t-il un monde à lui, avec son visage perdu et retrouvé, sa douleur qu'il tait et qui est cependant présente, ses belles perspectives imagées :

Orphée chante l'absolu, l'immuable, le parfait; le reptile mord dans la substance, mélange le sang et le venin et l'allégorie bouge. La lumière est pour le géomètre, les remous de l'Idée sont intérieurs, dans l'intimité de la purulence; des figures d'arbres et d'animaux se recomposent sans cesse sur la peau, aux bords enflammés de la matière de la femme, dans la blessure d'Euridyce, dans la blessure qui cherche à se refermer et à absorber musicalement le monde.

Il faut sans cesse « transformer une maladie ordinaire en incurable, pour arriver à l'infini ». Fardoulis-Lagrange, a écrit Justin Saget, suscite d'étranges lézardes qui promettent accès sur un monde plus diurne que le nôtre — un monde où l'on serait « capable de regarder de tous les côtés à la fois et de dominer toutes les époques ». Mais ceci n'est qu'une illusion, et l'on n'arrive jamais au bout de cette « traversée des apparences », car il y a « toujours la présence d'une chose étrangère et indiscrète au-delà des sens ». Se mesurer avec le mystère évident, chercher des perspectives nouvelles, étrangères, impossibles, est le lot de ce poète arrachant les bandeaux de ses yeux pour trouver toujours plus de lumière, cette quête étant en soi poésie et glanant au passage la beauté entrevue des richesses inaccessibles.

René de Solier, la chose regardée.

René de Solier (né en 1914) est l'auteur d'ouvrages de critique d'art : *Kandinsky*, 1977, *Germaine Richier*, 1947, et de recueils : *la Larderie*, 1945, *Un signe de tête*, 1948, *la Corde à puits*, 1948, *Contre Terre*, 1949, *les Gardes*, 1952, *la Grappe*, 1953. Il est un des rares auteurs de textes que l'on puisse rapprocher de Francis Ponge. Comme ses observations se situent dans un milieu naturel, que ce soit dans ses poèmes en prose ou dans son roman *les Gardes* qui tient de l'épopée campagnarde marquée par le baroquisme, on a pu parler de surréalisme campagnard, de fantastique paysan, Jean Rousselot indiquant même : « On pense à un Rollinat qui aurait lu les surréalistes, à un Jules Renard qui serait allé à l'école de Jarry. » Il faut pour bien le distinguer de ses contemporains aller au-delà des apparences, écarter l'idée agreste pour se rapprocher de celle d'un naturaliste, au sens scientifique, qui dresse un inventaire réel mêlé de surréalité avec une précision savante, une impassibilité d'observateur minutieux. Ses notations sont courtes, portent quelque chose de définitif, sans éloquence, sans données sentimentales, un peu comme les poètes scientifiques renaissants. Il ne cherche pas à créer du merveilleux, il voit celui qui existe, sa loupe ou son microscope observent, grossissent, et naît ce qu'on pourrait appeler un merveilleux scientifique. Qu'il observe le foehn, les pierres, les animaux, les végétaux, tout devient plus clair, mieux posé, évident. Quelques extraits suffiront-ils à en témoigner ? Tentons l'expérience :

> Dénichant l'ombelle d'une carotte sauvage, j'en couvre la campagne — toutes les fleurs à corselets épanouis au-dessus de leur tête étant dévastées — par un jet de baguette, l'osier que je fendille (il siffle mieux ainsi), cette trempe d'arme-éclair qui est la marque d'une lanière non mouchetée; des fleurets de Bohême.

> Cils dehors, la marmotte du Languard glousse pour l'épervier qui ne sent la mire. Parfois elle arrive la première, vers une proie énormie, qu'elle daube. Au fond du cirque, son cri fait le désert.

> L'eau de torrent se brise, à chaque buttée. Froide, ne répondant au tamis, en brins elle s'élève : la brume tient, tout au long des lacets.

Partout la phrase précise, nette, l'observation : « L'eau n'a pas la mémoire du ventre », « L'arbre foudroyé ignore où conduit le chemin de l'éclair », « Quelle morsure n'a le poids d'un acte fou ? », « La cicatrice des bois foudroyés ». Nul mieux que lui n'a défini, dans l'*Objet rhétorique,* ce « texte bref » qui est sa manière : « Science, érudition, manie algébrique — ce besoin de conclure, de parvenir au dernier terme — débouchent dans l'entreprise rhétorique acharnée, qui aime border la flèche, en venir à l'objet ou au texte bref. Là, seulement, nous aurons des traits francs, à condition d'entendre la parabole, un thème, sous-jacent à l'intelligence du récit... Dans cet ensemble, la rhétorique se définit par le mépris de la coulée, par des rétentions qui ne malmènent que l'homme exposé, trivial et soucieux de " faire joli "... En définitive, seul vaut ce qui est freiné. » René de Solier est un guetteur, un expérimentateur, un savant du langage qui réfléchit la durée, le devenir de la chose regardée, un spectateur pur, un de ceux qui permettent de mieux voir le monde, son expérience étant à la fois dans le regard et dans la chose regardée. Tout texte de lui est vérité infinie, netteté, précision, dépouillement, et son œil-piège est de ceux à qui rien n'échappe de l'immobilité apparente et du mouvement, du réel et de ce qu'il détient en sous-sol, car il s'agit de donner à voir, ce qui est création.

André Pieyre de Mandiargues au soleil d'Éros.

Poèmes en prose, en vers, récits, romans, théâtre, critique, André Pieyre de Mandiargues (né en 1909) a tenté tous les genres et les a marqués de sa personnalité profonde, créant une œuvre d'une remarquable unité qui est une des plus attachantes d'aujourd'hui. Comme chez Julien Gracq, on pourrait en extrayant des parties de ses récits et romans, et aussi bien de ses œuvres critiques, établir un vaste choix de textes poétiques. Rappelons ses titres romanesques : *le Musée noir,* 1946, *Soleil des loups,* 1951, *Marbre,* 1951, *le Lis de mer,* 1956, *le Cadran lunaire,* 1958, *Feu de braise,* 1963, *la Motocyclette,* 1963, *la Marge,* 1967, qui lui valut le prix Goncourt, *le Marronnier,* 1968, *Mascarets,* 1971, *Sous la lame,* 1976, sans oublier, sous le pseudonyme de Pierre Morion, l'érotique *l'Anglais décrit dans le château fermé,* 1953. Partout, Mandiargues apparaît comme un conteur et un narrateur, donnant autant de style dans les scènes où se situent ses romans et récits, appartements somptueux, palais, musées, lieux dignes de Sade : bordels ou chambres de torture, paysages, routes, que dans la description et l'action de ses personnages que fascinent le sang, la volupté, la mort, l'érotisme, la violence dans un contexte de chair réelle et d'imaginaire, le tout baigné de contrastes rassemblés : intelligence et sensualité, réalité et fantastique, beauté et bestialité, lumière et nuit. Des constantes baroques qui font penser à la fois aux poètes élisabéthains et aux surréalistes, au dolce stil nuovo et au romantisme allemand, réconcilient comme il est dit dans celui des « Poètes d'aujourd'hui » qui lui est consacré remarquablement par Salah Stétié, « le rêve méditerranéen et le songe nordique, au soleil noir étincelant d'Éros ». Les lieux de son désir, les décors de son imagination sont proches de ceux des peintres auxquels il a consacré des essais critiques à la fois intelligents et poétiques, ainsi : *les Masques de Leonor Fini,* 1951, *les Monstres de Bomarzo,* 1957, *Bona l'amour et la peinture,* 1971, *Chagall,* 1975, *Arcimboldo le merveilleux,* 1977, et encore *le Belvédère* ou *les Corps illuminés,* des préfaces, des collaborations à des œuvres collectives. Parmi ses proses, n'oublions pas le texte d'interviews *le Désordre et la mémoire,* et n'oublions pas non plus ses traductions d'Octavio Paz, Yeats, F. de Pisis, Mishima...

Dans son œuvre poétique, on trouve certes plus de poèmes en vers que de textes en prose, et l'inclure dans ce chapitre est en quelque sorte rendre hommage à son œuvre en prose dans son ensemble. Par-delà l'arbitraire de quelque classement, nous tenterons de le rejoindre sur ses lieux propres après quelques indications sans doute utiles, bien que la réponse à cette question : « Qui est-il ? » trouve un début de réponse dans sa propre recherche littéraire. Petit-fils de Paul Bérard, ami des impressionnistes, sa vie est marquée par son activité littéraire, ses voyages, ses relations amicales avec les surréalistes qui le tiennent pour un des leurs et avec les peintres. D'origine nîmoise, il est né à Paris dans une famille de tradition calviniste. Mais en épilogue de *l'Age de craie,* il a fort bien parlé de lui-même : « Vers l'âge de vingt ans, il commença d'écrire des poèmes pour lui seul et dans l'espoir de ressentir à nouveau la fièvre qu'il avait éprouvée à la lecture d'Agrippa d'Aubigné, des élisabéthains, des romantiques allemands, de Coleridge, de Lautréamont et des surréalistes. Entre l'étude et les lectures, il voyageait dans toute l'Europe et dans l'Orient méditerranéen. Réfugié à Monte-Carlo pendant la guerre, il y publiait son premier livre, *Dans les années sordides,* recueil de poèmes en prose et de petits contes étranges, puis l'année suivante, un long poème d'inspiration surréaliste : *Hedera ou la persistance de l'amour pendant une rêverie*. Depuis lors, il n'a cessé d'écrire et de publier. Il vit à Paris. »

Le premier recueil, *Dans les années sordides*, illustré par Leonor Fini, fait entendre d'emblée la voix du poète, comme s'il n'y avait pas eu de temps d'apprentissage, qu'il atteignît directement à la maîtrise. On peut parler de prose poétique à propos de ces ensembles denses, raffinés, envoûtants qui peuvent aussi bien raconter qu'évoquer sans être pourtant des contes ou des romans. Déjà le baroquisme étincelle, propose le mouvement dans l'immobilité, laisse s'épanouir une imagination en contact avec la nature et les objets les plus inattendus et l'on peut dire avec Stétié pour ce livre comme pour l'œuvre entier : « une concrétion, une cristallisation de la vie, des images de la vie, en leur singulier désordre ». Et cela dès la pièce liminaire dont voici le dernier paragraphe :

> Ce sont les heures infiniment longues des après-midi d'hiver et leur traînerie stérile; alors la conscience va se perdre en un demi-sommeil nourri de venaisons, de jambon de sanglier, de hures au vert, de lourds pâtés sauvages cloutés de girofle et de gingembre; le moka épicé fume par-dessus tous les vins des îles grecques; et le chariot sinistre des terreurs diurnes court au plafond qu'il écrase de ses prestiges, comme une énorme araignée blanche dansant sur des carcasses d'oiseaux-mouches.

Le poète va nous entraîner dans d'infinis voyages, nous offrir ce qui est son sel, l'inattendu, violence et beauté, climat oppressant et auquel pour rien au monde on ne voudrait s'arracher, faune étrange, lieux de cauchemar qu'éclaire un soudain soleil, personnages à demi rêvés, route boréale, terres arctiques, explorations de mines, profanations d'hosties, mystérieuse femme qui prend « des bains de souris », fantasmagorie, élégance tragique. Tout devient mythe, même lorsqu'il fait allusion à des événements réels comme les malheurs de la guerre :

> Sans doute y avait-il un peu de notre faute à l'origine des malheurs de ce pays. Sans doute avons-nous eu tort de laisser transformer tous nos canons en fontaines de vin chaud, en brûleurs de Bengale, en mortiers-surprise, en petits vents du nord. Et notre armée féminine, nos zouaves féminins aux seins d'opale et de lune par-dessus la taille de guêpe et la croupe hottentote, nos dragons féminins aux longs cheveux déployés par la charge, nos sapeurs féminins, nos belles sergentes-racoleuses qui dans les lieux d'arbres et d'ombre effeuillaient pendant les mois chauds le plaisir des noctambules, peut-être aurions-nous bien fait d'adjoindre à ces jolies un surcroît de gaillards...

Poursuivant sa biographie en pilule, le poète poursuit : « Bien que ses sympathies fussent acquises au Surréalisme, bien qu'il eût été lié avec certains surréalistes avant la guerre, cependant il n'est entré en rapport avec le groupe surréaliste et il n'a participé à son activité qu'à partir de 1947. Il se situe un peu en marge de ce groupe avec lequel il conserve d'étroites affinités spirituelles. » En fait, de 1947 à 1959, il collabore aux revues du Surréalisme, signe des manifestes, préface des catalogues d'exposition, et cela jusqu'à la mort d'André Breton. Mais quand bien même les activités littéraires de Mandiargues et leur extension l'amèneront-elles à prendre quelque distance avec le mouvement, son œuvre en reste-t-elle en grande partie marquée, mais tout autant par ses lectures, toujours au plus haut de la création dans l'espace et le temps, que par un apport personnel original.

Nous avons un goût très vif pour le deuxième livre, en fait le premier ensemble de poèmes en vers, *Hedera*, 1945, poème lyrique et surréaliste, scintillant comme un bijou de pierres colorées, poème d'amour où passent des merveilles animales dignes de Bernard Palissy, des femmes somptueuses comme dans quelque Gustave Moreau, poème aussi de voyance :

> Je vois blêmir de bruns étendards fumants
> Tous les drapeaux d'un monde inguérissable
> Quand grandit ce dur écheveau sombre
> L'ombre de ton corps sur un drap blanc
> Je vois rouiller le fer fondre la cire
> Choir le duvet de ces vaisseaux plumeux
> Que des chiens volants tirent en notre ciel
> Je vois au ruisseau les armes et leurs hommes
> Couler vers un sale bouquet de mains vertes
> Vers le sein gluant de la mère du monde
> Accroupie dans un antre d'eaux velues.

Dans *les Incongruités monumentales,* 1948, apparaît une dimension jusque-là sous-jacente, l'humour le plus exquis, édifice pour faire face au palais d'un roi imaginaire, rencontre surréaliste des objets les plus opposés qui soient, fatrasie et coq-à-l'âne, incessantes surprises d'une foisonnante imagination et en même temps fraîcheur et jeu d'enfant en proie aux images qui regarde passer l'ange du bizarre divaguant, libérant le langage des lourdeurs, apportant dans un sourire l'image du fracas. Dans *Astyanax,* 1956, illustré par Bona de Mandiargues, on retrouve des poèmes en prose comme dans le premier livre dont on retiendra notamment ceux qu'inspire la couleur qu'il s'agisse d'une baronne blanche, de blés noirs, de sable roux, de couleur du froid, de « vert pointu des seins », d'une « empourpreuse », du *Noir,* du *Rouge,* du *Blanc et vert,* mais tout cela foisonne de telles richesses, et aussi de tels mouvements musicaux, d'une telle débauche d'images, que le lecteur en reçoit une ivresse presque trop forte. Auprès de ces proses, des poèmes en vers comme cette admirable *Fleur de pierre pour saluer Antonin Artaud,* car il passe ici et là des figures connues, d'un Napoléon et d'une Joséphine à tel dédicataire du *Chant cruel* comme Maurice Blanchard, René Crevel salué au passage, et les peintres comme Hans Bellmer ou Dorothea Tanning. Au passage quelque jeu avec les mots et soudain une prose : *la Beauté scandaleuse* qui pourrait être un art poétique et nous faire imaginer « la Beauté sera scandaleuse ou ne sera pas » pour parodier Breton, des passages plus graves comme dans *Septuor :* « Damer des pions pour mieux damner un solitaire... » ou bien quelque réponse vengeresse à une insulte si ce n'est le ricanement de *l'Abaissement national :* « Car il est bien que les peuples qui ont vieilli apprennent à ramper. » Le ton le plus enjoué, piquant, libre, on le retrouve dans *Cartolines et dédicaces,* 1960, suite de poèmes quasi épigrammatiques au sens ancien du terme, art qu'on a dit mineur, mais qu'un Mallarmé ou un Toulet ne méprisèrent point, impromptus d'albums, notes de voyage, graffitis du genre « Au mur des chiottes / J'écris ton nom / Patriote », drôleries : « Colombey-les-deux-Églises / C'est un juron gaulois », gentillesses : « Un lis / Est l'arme / de Lise / Deharme », épigrammes flétrissant de leur sourire la bêtise institutionnelle, imagerie naïve : « Simple est l'enfant / Il a peint ses brebis en rose... »

L'Age de craie, 1961, réunit des poèmes composés à partir de la vingt-sixième année de l'auteur et recomposés, poèmes écrits « dans un état de bonheur et de bouleversement » où « La poésie, comme l'art, est inséparable de la merveille. » Auprès des grands poèmes en prose qui sont d'un visionnaire, ces poèmes en vers apparaissent d'une grande simplicité lyrique, d'un ton direct, avec toujours cette élégance « artiste » de la plume qu'on retrouve partout. L'amour, la sensualité s'expriment dans de courts portraits de femmes et l'on pourrait faire un choix d'images très belles :

> Trois filles nues battues du vent du nord
> Le sel brillait au bout de leurs menus seins gris
> Leurs pieds dans l'eau faisaient un clapotis
> Monotone Et la mort habitait leurs yeux clairs. [...]

> Tu voudrais que cette femme fût une épée nue devant toi [...]

> Fille en fièvre dans un drap d'eau [...]

> Tu as de petites oreilles
> Que je remplissais de bouvreuils [...]

Ici plus romantiques que surréalistes, la souffrance, le ciel qui pleure, la vieille tour, les nuits, le chevalier errant, les cavaliers morts, le silence, l'oubli, la mort apportent des notes sombres, douloureuses comme encore chez tel cerf emblématique qui « brame aux quatre vents », noble, comme venu d'un blason :

> Grand cerf que vois-tu hors de la tour des hommes
> Pour jeter si haut la tête dans l'air bleu
> Cerf chargé de cordes et de fers
> Cerf vaincu cerf lié sur la pierre d'antan
> Roi cerf humilié que vois-tu au dehors ?

En tous lieux, réels ou mentaux, Mandiargues rencontre le merveilleux, l'imaginaire, le fantastique au cœur de l'univers physique et ce sont d'incessants opéras, des féeries d'une grande netteté plastique dans des décors aux perspectives infinies. L'œil et l'entendement sont sans cesse sollicités, avec quelque repos lorsque dans la maison des mots le poète s'arrête pour écouter quelque sonorité cocasse. Entre deux romans, deux essais critiques, ou une pièce de théâtre comme *Isabella Mora*, 1973, on trouvera ces recueils composés souvent de trois parties sous le titre général de *Cahiers de poésie*. On lira *le Point où j'en suis*, suivi de *Dalila exaltée* et de *la Nuit l'Amour*, 1964, puis *Ruisseau des solitudes*, suivi de *Jacinthes* et de *Cha-*

peaugaga, 1968, et enfin *l'Ivre Œil,* suivi de *Croiseur noir* et de *Passage de l'Égyptienne,* 1979. Ajoutons, au théâtre, *Arsène et Cléopâtre,* 1981.

Dans le premier de ces ensembles, *le Point où j'en suis,* parmi la diversité des poèmes de toutes sortes, on est surpris par une musique plus heurtée, des vers courts, ramassés, elliptiques, avec de courtes questions, des jeux de portes tournantes du langage non loin d'un Max Jacob par exemple ou bien on trouve des poèmes qui sont notes de voyage comme :

> Je suis à Coïmbre autant dire au Portugal
> Les Français achètent des poupées en costume régional
> Moi j'ai acheté du savon à la « Droguerie astrale »
> Car j'ai bien l'intention de me laver les mains...

Cela surprend quelque peu comme surprendra ce *Chapeaugaga* où l'on se moque comme l'aurait fait Queneau de l'institution :

> L'acacacacacacaca
> Dédémie dédé
> Caseize cacahuit
> Déquarante
> Mie merde,

Ici, nous sommes assez d'accord avec Salah Stétié : « Les plus grands poèmes de Mandiargues ne sont pas des poèmes familiers. » Nous ne regrettons cependant pas que le poète aille de temps en temps au plus près de l'atelier langagier pour y forger ses armes, qu'il s'humanise en s'amusant pour nous confier : « J'aime l'ail en été mais l'oignon m'indispose », fasse quelques pirouettes et quelques pieds de nez. On lit avec bonheur ce *Ruisseau des solitudes* dont le poète dit qu'il est « le spacieux miroir de mon existence » et où se trouvent quelques-unes de ses plus belles pièces comme *Variante, Hautes Eaux, la Toute-Puissante, les Lettres à vos pieds* :

> Je jette à vos pieds toutes les lettres
> Qui composent le nom de mandiargues...

On s'arrêtera à ce poème en prose, *les Loups :* « Mes loups sont peut-être des roses blanches fleuries sur la spirale du grand rosier qui appartient à tous les hommes, quoiqu'il leur soit sévèrement invisible. » Et nous nous sommes demandé si, au fond, Mandiargues n'est pas plus accompli en prose qu'en vers, si ce n'est pas là que ses fantasmes et ses fantasmagories trouvent leur plus parfaite expression poétique, que le voyant et le voyeur s'expriment le plus sûrement et apportent le plus de surprises. Dans le même ensemble on trouvera « sept poèmes à couteau » dédiés à Magritte, en vers *Roue de pétales* ou un poème ému *Pour saluer la naissance de Sibylle,* sa fille, ou une autre prose *l'Innomé,* un poème de mai, *Rose pour une révolution* sur une phrase de Fidel Castro lue à La Havane : « Quand l'extraordinaire devient quotidien / C'est qu'il y a une Révolution! ». On aime aussi le bouquet de ses *Jacinthes,* blason de fleurs à la noblesse héraldique.

Des présences chères dans *l'Ivre Œil* (qui est aussi « Livre œil »), fantastique visuel. Ce sont, par exemple, Bona (« Ma Peintresse est un Tygre et déchire les hommes ») qu'il unit au seigneur Du Bartas et à Raymond Queneau, Enrico Baj, Max Ernst (« Deux yeux au bout de tes dix doigts »), André Masson (« l'image de mon ami »), Miró (« Il souffle un chant d'amour / Au rossignol effronté »), Domenico Gnoli, Hans Bellmer, Elsa Triolet, Aragon, Jean Follain, des tableaux et encore des tableaux, ceux des papillons de *Parapapillonneries,* enfileuse de Brasilia, sphinx des cyprès, psyché, grand liparide... Par le regard, l'ouïe, le toucher pour appréhender et donner à voir. Ainsi telle *Verte Chevelure* où apparaît Baudelaire, tel *Casoar* pour Pablo Neruda, telle *Jeune Sorcière* entrevue, la *Lune* ou un *Collier afghan* devenus poèmes jusqu'à ce poème d'un seul vers, *Bombe* : « La bombe qui tombait est remontée au ciel. » Du grand poème *Croiseur noir,* Stétié a dit qu'il était « le Dit (mandiarguien) du Vieux Marin » et l'on retrouve le ton le plus haut :

> Sabre de nuit qui tranche mon sommeil
> Surgit la courbe d'une étrave noire
> Puis la quiétude en moi se recompose
> Et le bleu tire un drap tranquille sur les fonds
> Pendant qu'un songe file entre deux eaux...

Nous lirons le délicat *Passage de l'Égyptienne,* nous lirons bien d'autres choses encore, romans, récits, nouvelles, critiques, théâtre. Il faut les mots de Marcel Schneider pour le lier à un ensemble cher : « Avec Sade il danse la carmagnole, avec Arnim il cueille la mandragore, avec Nodier il parle savamment de poètes méconnus, avec Mérimée de fouilles archéologiques, au Mexique de préférence, sa seconde patrie, avec Lautréamont il observe les ébats amoureux des requins, enfin il va bras dessus bras dessous avec les peintres du fantastique et du merveilleux. » Partout le rêve envahit la vie réelle, ouvre des brèches sur l'inconnu, débusque les choses cachées. L'érotisme délicat et cruel, l'humour noir ou rose, le bizarre apprivoisé, la familiarité de l'invisible avec ses monstres, ses fantômes, ses sibylles, ses chimères, du visible avec des personnages si insolites qu'ils semblent irréels, tout cela débouche sur l'envoûtement, le « réel absolu », la poésie même, celle d'un homme qui ne se lasse pas de contempler des spectacles ou de les susciter, d'un roi d'Onirie créant en son royaume des lieux, des atmosphères métamorphosant leurs hôtes et, qui sait? sans doute ses lecteurs.

Maurice Fourré, rêveur définitif.

Il est, Maurice Fourré (1876-1959), injustement ignoré. Sans doute eut-il le tort de faire partie de la catégorie des grands inclassables destinés au mieux à quelque cimetière des bizarreries littéraires. Comment se peut-il qu'un écrivain salué avec enthousiasme par André Breton, Julien Gracq, Michel Carrouges, Jean Cocteau, Gaston Bachelard, Gaston Chaissac et des dizaines d'autres soit absent de partout, histoire littéraire, anthologies, dictionnaires? Il faut remercier Philippe Audoin, présent sur les chemins du Surréalisme, qui a publié au Soleil noir un essai anthologique : *Maurice Fourré, rêveur définitif* suivi de *le Caméléon mystique*, inédit, 1978, et rappelons les grandes œuvres de Fourré : *la Nuit du Rose-Hôtel,* 1949, *la Marraine du sel,* 1955, *Tête-de-Nègre,* 1960, la première un peu connue, les deux autres ignorées. Des romans, certes, mais que le rêve habite, le rêve d'un homme de l'Ouest, et qui les situe dès lors à hauteur de poèmes. Qui est-il ? « Je suis un homme de l'Ouest, plein de douceur et de force cachée sous les coquetteries de la fuite aimable, des effacements masques de sourires et de rêves, et des entêtements vainqueurs. » En fait, les affèteries, les mièvreries du style sont la fleur de la peau qui cache la chair à vif, la révélation ésotérique et celtique, la quête spirituelle. Il n'est pas facile à cerner, à citer hors du contexte, à situer, ce rêveur de vies, cet homme dont l'écriture a des sautes d'humeur, qui préfère parfois les mots pense-bête jetés comme sur un agenda aux longs développements psychologiques, qui glisse entre deux phrases des mots disposés comme dans un poème éclaté si ce n'est quelque menu de restaurant ou quelque liste des apéritifs qu'il a bus. Tout semble surgir à l'improviste comme dans la vie, dans l'œil des vieilles caméras sautillantes, les dialogues se télescopent, on voyage, on voyage, on manie l'ellipse, on n'aime pas les trous blancs de l'explication, on ne prend pas son lecteur pour un non-lecteur, et l'amateur s'enchantera, trouvera à penser, à voir, à imaginer, à feuilleter des albums de portraits multiples qui sont bien pris en relief, à se livrer au jeu des vélocités et des ralentissements, du cinéma et des images fixes, art baroque au fond, art qui ne néglige pas le divertissement mais l'élève à hauteur de poésie.

On laisse ici parler Audoin qui s'adresse à Fourré : « Vous avez rêvé vos vies improbables. Vous vous êtes reconnu à la fois dans l'humble et très immature Dada de *la Nuit du Rose-Hôtel,* comme dans le triomphant et double Basilic de *Tête-de-Nègre.* Vous étiez le voyageur mercuriel de *la Marraine du sel* : le jeune V. R. P. Clair Harondel — et aussi le fragile saltimbanque en retraite dit Monsieur Gouverneur — mais plus encore Déodat XIV, Baron de Languidic, dit Tête-de-Nègre, qui régna sur les gorges du Blavet jusqu'au soir où il fut " assassiné " par l'apparition de son double. Et le double noir de ce podestat noir, c'était vous aussi, monsieur Maurice, vous, le responsable de tout ! » Et Michel Carrouges : « Quelle indicible fusion de tendresse, d'humour, de poésie et d'implacable lucidité ! » Humour curieux, insituable, à ce point original que Breton n'ose le citer dans son *Anthologie de l'humour noir,* de peur d'en dévier le sens, et cependant il a préfacé *la Nuit du Rose-Hôtel* et considère Maurice Fourré comme un maître de l'écriture. Cet éveilleur de la pensée endormie comme des hauts lieux de l'Ouest français mérite de ne pas sombrer dans l'oubli sous peine de scandale.

Ernest de Gengenbach le profanateur.

Ernest de Gengenbach, jeune prêtre, lorsqu'il écrivit à *la Révolution surréaliste* qu'il avait tenté de se suicider par désespoir d'amour, fut accueilli les bras ouverts comme en témoigne André Breton disant les goûts des siens pour les attitudes passionnelles. A la suite d'une crise sentimentale provoquée, selon Gengenbach, par une magicienne, cet abbé de messes noires et de messe d'or devenu poète surréaliste et mystique romantique a été considéré par Maurice Nadeau comme le personnage le plus pittoresque et troublant du moment, par Julien Gracq comme le plus provocant, profanateur et sacrilège, et Michel Leiris parle, dans *l'Age d'homme*, de ce « mythomane doublé d'un aventurier » dont la folie suscita chez lui « une crainte aiguë de devenir effectivement fou ». Gengenbach ne fit-il pas, en présence de Breton, un pacte avec Satan ! Parmi ses œuvres, citons *Satan à Paris*, *l'Expérience démoniaque*, *Judas ou le vampire surréaliste,* récit halluciné à la fois réaliste et fantastique, où une vie médiévale, antérieure, se prolonge dans la vie moderne. Pour lui, « les poètes sont les ravisseurs du Ciel et de l'Enfer » et il se fait le célébrant de cette épopée en forme de rapt. Il dit encore : « Qu'est-ce qu'une âme embrasée de l'amour divin, qui a ignoré toute la violence volcanique, toute l'exaspération désespérée de l'amour humain ? Et qu'est-ce qu'une âme passionnée, sentimentale ou sensuelle — Don Juan, Sappho, l'impudique Messaline, Casanova — qui n'a connu que les tortures de l'amour humain et n'a jamais essayé de se rencontrer avec le Principe même de l'Amour ? » Le regard « orienté vers le Ciel et qui conserve la nostalgie de l'Enfer » est celui d'un concélébrant d'une Messe d'Or, en prêtre de Lucifer avec une prêtresse de Vénus Aphrodite. Ne l'aurait-on pas classé, avant le Surréalisme, parmi les fous littéraires ? Cette œuvre est, selon l'expression d'Éric Losfeld, une « sorte de phantasbiographie romancée » écrite sur le ton de la narration, sans trop d'envolées, mais portant une hallucination constante et qui semble jaillir non de notre temps, mais d'un XIXe siècle gothique en un temps de frénétiques. Un poème, *Hosannah Satan,* jette ses litanies descriptives du démon avec une force singulière par tout ce qu'il charrie d'images violentes, agressives, non loin peut-être de l'ancêtre Lautréamont : « Il a sucé les seins des vierges / il a mangé la cervelle des moines... » L'abbé Judas n'a cessé jusqu'au silence définitif de conter la mascarade et la férocité, tenant plus de Pétrus Borel que de ses amis présents, de James Ensor que de Salvador Dali et chez lui l'angoisse et la mort composent d'étranges orchestres qui grincent de tous leurs archets sur les nerfs au cœur de l'interminable comédie satanique dont il est le personnage soumis à une aventure initiatique qui rejoint par instants l'érotisme fantastique, la beauté convulsive, le merveilleux infernal.

Gabriel Dheur et la transparence des jours.

« Ils m'ont mis sur mes épaules une tête de Monsieur. Ils m'ont mis des lunettes, une cravate, des boutons et des boutonnières et sur ma tête de Monsieur un inusable chapeau de Monsieur aux angles durs », écrit André Fayol, dit Gabriel Dheur (1906-1965) dans son *Journal*. N'appartenant à aucun groupe, Dheur semblait par sa formation aux antipodes de la poésie : inspecteur général à l'inspection des Finances, ce « Monsieur », avec un air comme les Messieurs en ont, était pris par les enfants pour un homme et par les hommes comme un enfant alors qu'il se disait « un âne aux douces oreilles » comme celui de Francis Jammes. Encore une fois, ne pas se fier aux apparences et aller au texte plutôt qu'au chapeau du bourgeois ou du Français moyen. Comme dit Seghers, « la Banque de France lui était due! Mais il devait être, en haut lieu, suspect de Poésie... » Dans son autoportrait, celui d'un *Journal* en trois volumes publié en 1956, on trouve, au cours d'une narration apparemment tranquille, le déroulement de la vie quotidienne que juxtapose le film intérieur d'un itinéraire spirituel où les images, imprévues et cocasses, touchent à la comédie par un humour frais et tendre, proche de Max Jacob, et à la tragédie par le déroulement d'une confidence où l'être absurde se confronte avec sa fin dernière. Serge Brindeau écrit : « Il écrivait ainsi, généralement sans ponctuation, des poèmes en prose où les objets et les scènes de la vie quotidienne, replacés dans un paysage onirique, accompagnés de réflexions diverses qui eussent paru banales dans un autre contexte, prenaient une tournure insolite, mystérieuse, sans que soit rompu l'équilibre entre l'imaginaire et le réel. » Dheur savait que « Les choses du monde sont ambiguës on ne sait jamais si elles sont avec nous ou contre nous. » Il semble que tout écrit de lui soit à la fois observation minutieuse du sablier qui fait couler son sable-temps et testament comme dans cet extrait du livre *le Monde transparent* qui lui valut le prix Max-Jacob :

ceci est mon testament lecteur inconnu tu vivras peut-être après moi je te lègue la clarté ouvre bien les yeux du cœur je te lègue la musique écoute-la c'est elle qui fait de la vie une chose de délices je voudrais aussi te léguer le courage je ne sais pas si j'en ai assez tâche de t'en procurer parce que le monde est dur prends bien soin de ce livre tu l'oublieras dans une armoire... il ne faut pas laisser perdre une arme de lumière dans cette agonie qui veut dire combat non seulement contre les puissances de chair nous sommes aidés par les anges sans cela nous serions vaincus...

Ainsi se déroule une prose qui paraîtrait bien courante si un humour discret ne la traversait, si dans la narration familière un ressort tendu n'apparaissait brusquement pour nous jeter dans un monde d'interrogation sur la précarité et le dérisoire avec une émotion savamment dissimulée dans la phrase fantasque et le dit ironique et conscient.

Marcel Béalu, mémorialiste de l'ombre.

N'attendons point pour le dire : il a écrit autant de poèmes en vers que de proses et nous pourrions le situer en d'autres chapitres de ce livre, un peu plus près de nous dans le temps, avec ses amis en Max Jacob, Jean Follain ou Henri Parisot, Jean Lescure ou Michel Manoll, Luc Bérimont ou Maurice Chapelan, Jean Rousselot ou René-Guy Cadou, mais nous aimons tant ses *Mémoires de l'ombre,* 1941, 1942, 1944, 1959, comme on le voit sans cesse réédités, remaniés, complétés, nous aimons tant ses *Contes du demi-sommeil,* 1960 et 1979, avec un commentaire d'Antonin Artaud et un salut de Jean Paulhan, et *l'Expérience de la nuit*, 1945, *Journal d'un mort*, 1947, *l'Araignée d'eau*, 1948, *l'Aventure impersonnelle*, 1954, *les Messagers clandestins*, 1956, pour ne citer que ceux-là avant d'en venir aux poèmes en vers, que nous n'avons pas voulu attendre. Marcel Béalu (né en 1908) est l'héritier direct de Kafka et d'Hoffmann, un fascinant, non pas un cruel mais un poète de la « cruauté d'être », ce qui fait comprendre le goût qu'eut pour lui Artaud, au même titre que son ami Max Jacob, André Pieyre de Mandiargues, nombre de ceux qui comptent. Cet ermite de la littérature, grand extracteur de symboles et de fantastique bien à lui, qu'on veut placer en marge injustement, est lu par un public rare, enchante les plus jeunes, car il montre des chemins qui relient le xixe fantastique aux capteurs de cet autre fantastique qui naquit aux abords de la science-fiction d'aujourd'hui et de demain. A notre avis, la critique, indifférente, ne l'a pas jusqu'ici situé à sa juste place, mais disons avec lui : « Réjouissons-nous de la lenteur des choses et persistons dans nos entreprises : plus le temps en freine la réalisation, moins il aura de prise ensuite pour les détruire. » Parole que nous pourrions situer en épigraphe de toute œuvre méconnue.

Quelques mots sur sa vie avant de parler de sa double vie. Vie ordinaire, sans légende : fils d'un coiffeur de Selles-sur-Cher, avant qu'on s'installe à Saumur et qu'on fasse dans la chapellerie. Sa chance, oui : sa chance! est de quitter tôt l'école. La mauvaise herbe (la bonne herbe) va pouvoir croître en liberté. Car, dit-il : « L'un des plus grands avantages d'être sorti tôt de l'école ou de n'y être pas allé du tout, c'est de découvrir les chefs-d'œuvre à l'âge pour lequel ils ont été écrits. » Et aussi : « La logique, l'esprit d'analyse, le raisonnement, sont les sleepings et les hôtels de luxe de la pensée. La vérité loge souvent dans de vieilles petites rues que l'on n'atteint qu'à pied. » Et Béalu vend des chapeaux : « Ne quitte jamais les chapeaux... » lui écrit Max Jacob. Bientôt, il vendra des livres, fera dans la bouquinerie la meilleure à l'enseigne du *Pont traversé* qui voyagera de la rue de Beaune aux rues Saint-Séverin et de Vaugirard. Un poète qu'on peut rencontrer en entrant dans une boutique, qu'on peut voir en chair et en os, qui vous accueille aimablement, mais oui, et qu'on ne peut découvrir dans son entier qu'avec quelque perspicacité. Il se paie le luxe d'être beau physiquement comme il est superbe intérieurement. Et son secret, il est non seulement derrière quelque ironie du sourire, mais dans une œuvre extrêmement riche et féconde. Oui, « la vie de chaque créateur a ses parties secrètes, comme honteuses, que rien ne révèle, zone que le biographe ne peut atteindre et qui rend le génie incompréhensible ». Ainsi le petit autodidacte provincial est monté à Paris. Il a fréquenté de fameuses librairies, celles de René Lacôte, Adrienne Monnier, André Silvaire l'éditeur de Milosz; il a été l'ami de René de Obaldia, de Fardoulis-Lagrange, de Michel de Smet, de Louis Guillaume, de Chaval, de Maurice Toesca, de Marcel Arland et quel jeune poète n'est pas passé par son officine! Avant d'en venir aux livres, nous le proclamons réaliste car le vrai réaliste est celui qui ne se contente pas de l'apparence des choses, de leur extériorité, de leur seule face visible, il cherche ce qui est derrière comme ce qui est au-dedans, en cela la vie est une bonne école.

Les amoureux des livres ont souvent de riches bibliographies. Ainsi Béalu adore les plaquettes, les livres rares, les éditions confidentielles, mais il est heureux qu'on en retrouve la matière quand cela se peut dans des livres plus facilement abordables. L'aventure commence par *Écrit dans la ville,* 1937, une demi-douzaine de plaquettes avant *les Mémoires de l'ombre,* le premier ensemble étrange, insolite, dérangeant qui donne le coup de diapason à l'œuvre dans son entier. Déjà, Max Jacob peut écrire : « On ne peut aller plus loin dans la perfection du poème en prose. » Et bientôt Jean Paulhan (nous ne citons pas pour la louange mais pour la définition que nous ne pourrions mieux donner) : « Lire une page de Marcel Béalu, c'est pénétrer dans un pays singulier, un pays qui pourtant doit bien exister quelque part, plus haut ou plus bas que la terre, le pays de derrière la glace, ou de derrière l'eau, ou de derrière le ciel, – ou de derrière nous... On y échange, lèvres closes, d'émouvants entretiens; on y rencontre des monstres mélancoliques, des noyées, des reflets, des membres épars; on s'y sent immatériel. Pourtant il semble bien que le cœur y frôle toujours le fil de quelque lame : c'est ce sens de l'angoisse qui détourne Marcel Béalu des prestiges trop faciles du musée Grévin. » Et Henri Parisot le dit « le seul poète français capable de rivaliser dans ce domaine (l'imagination) avec les Michaux et les Kafka ». Qu'il renouvelle le poème en prose est évident pour Michel Manoll, André Frénaud, Jean Rousselot, Yvon Belaval, Pierre Reverdy, Francis de Miomandre, Louis Guillaume, Yanette Delétang-Tardif, Gaston Bachelard, des dizaines d'autres, et notamment dans les nouvelles générations Alain Bosquet, Jacques Sternberg, Jean Roudaut, Hubert Juin, André Laude, André Chedid, Jean Guichard-Meili, Jean Joubert, Marie-Claire Bancquart, J.B. Baronian, et il faudrait encore citer Norge, Char, Pascal Pia ou Edmond Humeau. Nous ne pouvons que nous joindre à ce concert d'éloges qui ne parviennent cependant pas à percer l'opacité de l'indifférence contemporaine. Jamais à ce point, avec une telle observation, l'eau des songes secrets n'avait eu une telle coulée à la fois étrange et naturelle, avec tant d'images, de scènes se coulant les unes dans les autres en subtiles métamorphoses dans des régions inexplorées que Béalu, en Candide, en Narcisse, en Ophélie, parcourt en ramenant dans ses filets une évidence magique. « Seul le Nerval d'*Aurélia,* écrit Philippe Faucher, dans toute la littérature française, peut être comparé à Béalu pour l'aisance souveraine à rendre compte de la genèse souterraine des sentiments et des pensées chez l'homme. »

Nous insistons sur cela que l'on trouve dans tous ses recueils de poèmes en prose : quelque chose de sardonique, au bord du cynisme et non pas sans pudeur et ingénuité, qui dit en courtes histoires les misères de vivre et débouche sur le fantastique quotidien et peu banal, en sentes merveilleuses parce que naturelles, non pas au cœur du rêve mais entre rêve et réel, et il se passe, de l'un à l'autre bout du poème, bien des choses, et cela derrière des titres très simples qui pourraient être ceux de simples nouvelles. Dans ce « théâtre souterrain », il n'est point facile d'extraire, chaque historiette, chaque conte, chaque rêverie contenant la matière d'un roman. De *la Pérégrination fantasque* à *la Voyageuse souterraine*, des *Messagers clandestins* aux *Contes du demi-sommeil*, dans dix autres ensembles, tout se renouvelle sans cesse à partir de la nomination des choses et des êtres qui deviennent chaque fois prétexte à une nouvelle exploration. Il nous dit lui-même une conception essentielle de la vie : « Ce n'est pas en répétant Tu es mon frère que nous faisons œuvre fraternelle, mais en essayant d'exprimer ce qu'il y a de plus profond en nous, élaborant ainsi un miroir secret où se reconnaîtront nos frères véritables. » Ce faisant, Béalu, sur un ton narratif simple, naturel, sans heurts, en réaliste, nous trace la vie profonde de l'acte apparemment ordinaire, du propos quotidien, anodin, et trouve des conséquences et des prolongements insolites, burlesques, effrayants parfois et qui bientôt paraissent l'évidence même. Nous citons un court extrait des *Mémoires de l'ombre* dont le titre est *Regret des oiseaux* en sachant qu'il ne reflète qu'une part de cette diversité qu'est l'œuvre de Béalu :

> Ma tour était un phare englouti sous les eaux. Devant ses feux éteints et ses miroirs brisés, inutile guetteur je pouvais voir parfois, traversant les profondeurs opaques peuplées de lémures, un grand navire aux flancs troués se poser sur un lit de bulles roses. Loin de la nuit, loin du jour, enfoncés dans le silence, à plus de mille pieds sous les tempêtes et les ressacs, je vivais là, au milieu des étincelantes ténèbres où nulle heure ne sonna jamais. Le cœur léger d'être sans souvenirs, il m'arrivait souvent d'abandonner à ses propres moyens d'existence mon insolite méditation. A cheval sur la rampe de cuivre, je descendais en vrille, dans l'étroit escalier, jusqu'aux demeures humides, tapissées de pierres vivantes, où m'attendait ma douce, ma pâle jeune fille...

Toute cette poésie est de découverte incessante : « Il n'est pas toujours nécessaire de soulever la figure apparente pour voir celle cachée derrière » ou « L'aisance avec laquelle je traverse les murs me persuaderait volontiers de leur inexistence », qu'on trouve dans *Journal d'un mort*, sont les phrases clés d'une recherche de l'existence secrète, avec ses étonnements, ses épouvantes et ses cris. Jean Rousselot écrit : « Il donne de plus en plus libre cours à son anticonformisme foncier, à son humour agressif, à son imagination volontiers macabre, à son amour de l'insolite et du grinçant... » et il parle justement d'une « des plus audacieuses entreprises mythiques de l'esprit contemporain », tenant son « expérience de la nuit » comme une des plus « remarquables expériences menées par les poètes au cours des dix années qui suivirent l'éclatement du surréalisme ».

Une telle qualité a souvent éclipsé les poèmes en vers de Béalu, peut-être parce qu'ils sont parfois plus directs, plus proches de la surface des eaux, encore que leur diversité échappe à une définition globale. Il y a des poèmes d'actualité, d'amour, des contes, des poèmes de nature... Ce sont des œuvres courtes, contenues, pleines de grâce et de fantaisie moderniste comme chez Apollinaire ou Max Jacob et qui ont du relief et de la couleur, avec quelque chose de féerique et d'imagé qu'interrompt soudain la voix grave. Il s'agit toujours de rejoindre l'autre par-delà les impossibilités :

> Celle que j'aime habite un miroir
> Comment pourrais-je la rejoindre
> Dans ce fracas d'astres glacés
> Moi qui n'ai pas trop de silence
> Pour ne ressembler qu'à moi-même

Il y a chez cet enchanteur au « style mélodique », selon l'expression d'Antonin Artaud à son propos (il parle aussi du « bruissement de ses harmoniques internes »), quelque chose d'envoûtant et l'on ressent le frisson de l'aile du bizarre qui passe. Il est heureux aussi que ce personnage secret ait participé à l'aventure poétique de sa génération en donnant plusieurs anthologies, en publiant ses souvenirs, en étant présent aux bons rendez-vous. Et signalons en dernière minute : *Poèmes 1960-1980*, 1981.

D'autres poètes en prose.

Quel poète n'a pas tenté le poème en prose ? Il est évident que ce chapitre ne saurait être exhaustif : il nous permet simplement de rencontrer quelques-uns de ses servants. En d'autres lieux, nous rencontrerons un Charles-Albert Cingria. Nous pouvons dire qu'un spécialiste de la philosophie des sciences, Gaston Bachelard (1884-1962) en consacrant nombre d'ouvrages à l'analyse des thèmes poétiques en rapport avec l'imagination et la réalité, en éclairant de manière originale les phénomènes de la création, a composé des pages qui sont elles-mêmes à lire comme des poèmes en prose et l'on peut parler comme Jean Hyppolite d'un « romantisme de l'intelligence ». Qui ne s'enchanterait, même s'il marque un désaccord sur tel ou tel point, à cette manière d'aborder l'image, de la lire vraiment, de lui trouver des prolongements sans nul pédantisme, avec simplicité, chaleur et humanité, et d'ajouter à la création une autre création originale. Ceux qui, comme l'auteur de ces lignes, l'ont connu, fréquenté, savent quelle avidité de la nourriture poétique il avait, qu'elle vienne des plus connus ou des plus modestes, des romanciers comme Henri Bosco ou Marguerite Duras ou de quelque poète ignoré, pas toujours de premier ordre, mais dont quelque vers caché l'enchantait. Tout poète doit lire : *la Psychanalyse du feu*, 1932, *l'Air et les songes*, 1934, *Lautréamont*, 1939, *l'Eau et les rêves*, 1942, *la Terre et les rêveries de la volonté*, 1948, *la Terre et les rêveries du repos*, 1948, *la Poétique de l'espace*, 1957, *la Poétique de la rêverie*, 1960, *la Flamme d'une chandelle*, 1961.

On oublie généralement Maurice Heine (1884-1940), cet essayiste et critique, spécialiste et éditeur du marquis de Sade, qui collabora aux publications surréalistes à partir de 1930 et fut un temps codirecteur de la revue *Minotaure*. Tels textes sur les *Martyres en taille-douce* ou sur *les Idoles tibétaines*, derrière leur description minutieuse, ne sont pas éloignés de notre propos. De même Jean Ferry (1905-1974) qui étudia Raymond Roussel a suivi un itinéraire surréaliste à partir de 1930 et a publié *la Société secrète,* 1945, *le Mécanicien,* 1953, des ensembles de contes, l'un d'eux, *le Tigre mondain,* description d'un troublant numéro de cirque allant très loin dans le cruel imaginaire.

Toute œuvre fantastique se rapproche du poème en prose. On le voit avec Marcel Brion (né en 1895) qui unit à l'essayiste un romancier proche des romantiques allemands qu'il a étudiés, avec *la Folie Céladon* et maints autres livres nés d'une fantaisie intuitive en liberté errant dans des parcs et des forêts de mystère. On le voit dans les récits de Claude Seignolle, ce savant spécialiste de la sorcellerie puisée à ses sources populaires. On le voit chez Franz Hellens avec ses *Réalités fantastiques* et une œuvre dont nous reparlerons, chez Noël Devaulx (né en 1905), de *l'Auberge Papillon,* 1945, à *la Dame de Murcie,* 1961, œuvres insolites, parfois cocasses, se situant dans ces régions de l'absence, de la mort et du mystère chères à un Bataille ou un Blanchot, chez Charles Duits dans l'admirable *Ptah Hotep* où cet écrivain français d'origine américaine réussit à créer le langage d'un autre monde gardant sa lisibilité, dans la tradition d'un Defontenay (nous rejoignons ici le monde de la science-fiction. Lire Jacques Sadoul, *Histoire de la science-fiction moderne*) comme nous avons rejoint celui du fantastique (Lire Marcel Schneider, *la Littérature fantastique en France*).

Des poètes dont nous avons apprécié la prose poétique encore, comme René Leynaud (1910-1944), résistant, abattu à Lyon place Bellecour par les miliciens en 1944, et dont Albert Camus préfaça les textes posthumes, *Être,* 1947, cette prose de l'homme seul avec sa « déchirante volonté d'exister enfin hors de tout » et qui commence ainsi :

C'était, parmi le grand luisant des eaux, une de ces journées au ras du sol qui sur toute la ville avait fait son étendue de chuchotements mouillés et de chevaux au pas dans la pluie.
Sa chevelure silencieuse renversée, le ciel était un grand visage noyé dans quelque marécage d'automne morne et boueux au-dessus de ma tête où n'apparaissaient ni barques dans leur silence glissant ni sarcelles dans l'échappée de leurs cris.

Des poèmes en vers aussi toujours proches de la nature où le poète dit : « Je t'apporte le pur langage sans patrie » en des vers graves, aux résonances profondes :

> Je suis le vent gonflé des absents de là-bas,
> La fraîcheur qui s'altère sur la terre altérée,
> La douceur revenue où ploieront, aérées,
> Et fleurs des champs et feuilles orgueilleusement d'arbre.

Plaisir aussi à lire J. M. A. Paroutaud (né en 1912), auteur entre autres de *Temps fous,* que Robert Margerit dit possédé du « démon de la Perversité », autre pèlerin du sensible et de la réalité inaccessible à qui ne possède pas des clés, créateur incisif, cruel même, lorsqu'il répertorie en longs vers « les balles » de toutes sortes qui atteignent les corps, étrange comme un intersigne de la mort en description de combats immobiles et sans gestes.

Jules Tordjmann (né en 1915) commença par des recueils de vers chargés d'harmonies secrètes comme *Jardins en pente,* 1938, *Mémoire vive,* 1954, *Chants pour une ombre,* 1961, et le même mystère se retrouva dans des poèmes en prose, selon Rousselot, « rigoureusement ordonnés, lourds d'échos intérieurs, à la fois réalistes et insolites ».

Plus connu comme essayiste littéraire, Louis Perche (né en 1909), spécialiste de Paul Claudel, de Hugo, Valéry, Péguy, Jarry, Éluard, Anna de Noailles, et aussi Joubert et Brantôme, à qui il a consacré des ouvrages, a donné dans *Ville ouverte,* 1949, un remarquable ensemble de poèmes en prose.

Robert Delahaye (né en 1906), s'il est surtout poète en vers, a si bien parlé du poème en prose que nous le citons ici : « La poésie ne prend toute sa valeur et toute sa signification que lorsqu'elle s'insère dans l'une des formes de l'art du langage, comme le poème en prose, par exemple, qui est peut-être le plus jeune. Il ne se distingue d'ailleurs des autres genres de la poésie que par l'allure plus dégagée, plus alerte de l'expression, par son rythme plus souple, plus divers, et, surtout, par les possibilités qu'il offre à la pensée poétique d'allonger sa route. C'est en somme le chemin des écoliers de la poésie. » Animateur de la revue *Alternances,* Delahaye fut signalé par Joë Bousquet qui appréciait la forte densité de ses poèmes, et sans doute une spiritualité riche de panthéisme, d'un sentiment panique et cosmique du réel. Il a publié *La terre est immobile dans ma main,* 1937, *Hellébore,* 1937, *Découverte de la nuit,* 1947, *le Pain sur la table,* 1966. Écoutons *la Nuit en robe de soirée* :

J'ai caché mes mains; j'ai caché mes yeux; j'ai caché mes rêves. Mon sang se heurte aux sèves des forêts. Il roule sur les cailloux, brûlé d'images vagabondes. La nuit s'est métamorphosée en femme, par l'eau magique des étoiles. Elle approche à pas de velours, parfumée de vent et d'orages. Ses cheveux bercent la lune au fond du puits. Son cœur soulève de lointaines planètes. L'air est vivant et satiné. Il coule entre mes paumes avec la rondeur de jeunes seins. Toutes les voix du ciel et de la terre se sont tues. J'ai cessé de répondre aux chants d'équipages. Des jardins abandonnés m'ouvrent leurs allées silencieuses...

Auteur de romans érotiques, de souvenirs sensuels, l'auteur d'une remarquable anthologie du genre, Maurice Chapelan (né en 1906) a tout naturellement dans ses propres poèmes en prose rejoint l'art du plus ancien, Évariste Parny, dans de fraîches *Idylles,* mais ce subtil grammairien qui signe Aristide est soucieux de classicisme et, attentif, sans concession, il n'a pas manqué de marquer les limites d'un genre qu'il chérit, en souhaitant que le poème en vers retrouve droit de cité. Il a son franc-parler et ne s'égare jamais sur des sentes trop vagues à son goût. Il cite Voltaire : « Ô mes Velches, qu'est-ce qu'un poème en prose, sinon un aveu d'impuissance? » Mais cette mise en garde ne l'empêche pas de s'en servir pour tracer des tableaux délicieux : « Le chemin des écolières passait par ma chambre », et des évocations audacieuses et d'un réalisme au bord de la crudité qu'un nuage de poésie estompe avec un grand art.

Paul Palgen (1883-1966) a publié *la Route royale,* 1917, *Petits Poèmes d'amour,* 1918, *les Seuils noirs,* 1918, *le Pourpre sur les crassiers,* 1931, *Guana-*

bara, 1933, *Réveil à minuit,* 1948, *Poèmes en prose et en vers,* 1952. Bien des titres l'indiquent : ce Mosellan a aimé les mineurs et s'est penché sur leurs misères dans des vers réalistes et puissants. Pour cela tous les moules poétiques sont sollicités : alexandrin, vers de quinze pieds comme chez Baïf, versets, prose poétique. Il dit, à la manière d'un couturier : « Le flou, c'est la prose. L'ajusté, c'est le vers court, strict. Entre les deux, il y a l'organdi, le lamé, le somptueux, la traîne... » Mais pour dire que « tout l'univers a mal de la peine des hommes », il écrit en liberté entière et rejoint la grandeur :

> L'ancêtre que n'ont pas courbé les millénaires se rassied, haut et droit, sur son trône polaire. Et pendant que le temps, tout au long de ses joues et de son torse et de ses bras et de ses hanches, laissant couler ses cendres blanches, à mesure le change en son éternité, il contemple, immobile, dans les abîmes verts, les enfants de sa sève...

Après l'*Anthologie du poème en prose* de Maurice Chapelan, la complétant, parut sous la direction de Louis Guillaume et André Silvaire, un numéro de « Poésie vivante » consacré aux *Poèmes en prose,* où l'on trouva encore les Suisses Claude Aubert, Aloÿs J. Bataillard, Jean Hercourt, les Belges Pierre-Louis Flouquet et Fernand Verhesen, comme René de Solier, René de Obaldia, Jean-Joël Barbier, Armel Guerne, Loÿs Masson, Paul-Alexis Robic, Robert Mallet, Gaston Puel, Jacques Réda auprès de poètes dont nous avons parlé dans ce chapitre ou ailleurs dans ce volume, à moins que nous ne les rencontrions dans celui qui suivra.

6

Incessante exploration

Des voyages du monde aux voyages du moi, des poètes qui ne sont pas unis dans un chapitre par hasard, mais parce qu'il y a entre eux des points de convergence et, peut-être, parce que, obscurément, notre intuition nous dit que cela ne leur aurait pas déplu. Certaines affinités, dans l'espace méditerranéen ou dans les espaces de la pensée créatrice, en effet, les unissent, et aussi ils échappent aux classements et aux écoles, encore que la trace des grands mouvements et des grandes convulsions soit présente parce qu'ils les ont imprégnés de leur personnalité en même temps qu'ils en étaient eux-mêmes imprégnés.

Gabriel Audisio le Méditerranéen.

Les liens du Marseillais Gabriel Audisio (1900-1978) avec Alger sont étroits : il est à l'origine de cette école d'Alger où l'on a trouvé ces hommes qui ont pour nom Albert Camus, Emmanuel Roblès, Jean Amrouche, Jean Sénac, Kateb Yacine, Mouloud Feraoun, Jules Roy, Mohammed Dib et tant d'autres. A ses débuts, il a reçu la leçon de l'Unanimisme de Jules Romains dont la métrique et la stylistique l'ont séduit, ainsi que le remarqua Marcel Raymond, ce qui est aussi le cas de Louis Brauquier. Cela se sent surtout dans son premier recueil, *Hommes au soleil,* 1923, où l'on pouvait lire :

>   Mon pays,
> C'est toutes parts où des hommes.
>
>   Mon pays ?
> Toutes parts où des soleils.

Déjà il s'agit de traduire la rumeur du monde et l'on peut dire comme Robert Maumet : « Il appartient au poète de l'Unanime d'écouter cette rumeur du monde, cette pulsation primitive, et de la transposer dans l'œuvre de parole qui a nom *poème. Parole,* et non d'abord *écriture :* il faut le souligner plus encore à propos d'Audisio dont l'art poétique, tout entier de profération, d'incantation et de mémorisation (" Poésie qui ne chante pas n'habite pas la mémoire ") témoigne d'un souci de " tradition orale ", à vrai dire assez inhabituel chez un poète français du xxe siècle. C'est qu'en l'auteur des *Rhapsodies de l'amour terrestre*, le très européen Unanimisme s'est marié — et pour le meilleur — à la manière méditerranéenne qui, des aèdes grecs aux conteurs arabes, est une manière vocative et récitative. » Vaste est l'œuvre de cet homme d'amitié, de courage et de foi : poèmes, romans, essais, histoire, critique, œuvres théâtrales, tous les genres l'ont tenté avec un même bonheur. Nous citons ici ses livres de poèmes : *Hommes au soleil*, 1923, *Poème de la joie*, 1924, *Ici-bas*, 1927, *la Guirlande Abd-el-Tif*, 1927, *Antée*, 1932, *le Hautbois d'amour*, 1932, *Bucelle*, 1934, *Trois Chants du 14 juillet*, 1937, *la Cage ouverte*, 1938, *Blessures*, 1940, *Poèmes du lustre noir*, 1944, *Rhapsodies de l'amour terrestre*, 1949, *Dix-Sept Fables*, 1950, *Danger de vie*, 1953, *l'Hypocrite sacré*, 1954, *Canards sauvages et autres fables*, 1956, *le Zodiaque fabuleux*, 1957, *l'Ile introuvable*, 1961, *Fables*, 1966, *Racine de tout*, 1975. Poésie encore dans ses grandes proses lyriques comme *Sel de la mer* ou *Jeunesse de la Méditerranée*, dans son témoignage sur son incarcération par la Gestapo, *Feuilles de Fresnes*, 1946, dans son essai sur le poète *Louis Brauquier*, 1966, dans son livre de méditations critiques, *Misères de notre poésie*, 1943, cette suite d'aphorismes, de maximes, où la lucidité lui fait parler du « divorce entre la poésie et le public » en même temps qu'apparaissent quelques phrases marquantes :

La poésie n'a qu'une bouche mais elle a mille langues.

Qui *osera* chanter passera le cap.

Poésie qui ne chante pas n'habite pas la mémoire.

Poésie non mémorable, poésie caduque; poésie non mémorée, poésie morte.

Le voudrait-on définir que l'on pourrait parler comme Pierre Seghers, de lumière, de sève, de chaleur, de fraternité, comme Jean Rousselot de « son amour du soleil, de la mer et de l'aventure (qui) lui ont mis au cœur le goût d'une poésie ouverte, chantante, généreuse qui exalte l'effort, la splendeur physique, le combat pour l'avenir », comme Henri Bosco qui le décrit : « Un grand garçon, souple, bien découplé, tirant sur le roux, avec de grandes jambes faites pour le cheval, et cet air d'aller en avant qui ne vous trompe pas... » Les témoignages sont nombreux sur ce poète, cet humaniste méditerranéen qui aurait pu être un chef d'école si cela avait été dans ses goûts. Écoutons Jules Roy : « Audisio, Audisio, notre père à tous... nous sommes tous tes fils, légitimes ou non, même Kateb Yacine, même Amrouche, même Bourboune, ne parlons pas de Camus notre immortel... » Un numéro spécial de la revue *Sud*, intitulé *Audisio*, lui a été consacré avec les témoignages de Bosco, Brauquier, Francis Ponge, Léon-Gabriel Gros, Georges-Emmanuel Clancier, Robert Maumet, Jean Servier, Christian Caprier, Jean Tortel, Jules Roy, et il faut signaler la présentation des *Pages de Gabriel Audisio*, éditées par *Sud*, choisies et présentées par Robert Maumet et Marc Faivre.

Pierre Dimech écrivait justement : « Le rêve d'Audisio, ce fut la citoyenneté méditerranéenne, avec la mer comme patrie et Ulysse comme prince, un Ulysse éternel aux faces multiples, issu de rivages fraternels. » Comme cet Ulysse, enfant d'une mer où se brassent les races et les religions, Audisio est allé en tous lieux. N'était-il pas fait pour être navigateur ? Mais sa profession d'administrateur lui permettra de se rendre souvent à Alger, de traverser cette mer bordée de civilisations mais où il voit un baptême plus ancien, aux origines :

>Enfin ils apparurent,
>Premiers,
>Nés de l'eau diluvienne.
>
>Ils s'y mouvaient à grands coups de nageoires,
>Ventre d'écailles les yeux d'agate
>Et leur gosier un palais de corail.

Cette mer en profondeur, à la « racine de tout » selon un de ses titres, le ramène toujours à la méditation première : « Air eau feu leur mélange ici-bas / Terre la démiurge / Dans l'intelligence ouvrière de la grande fabrique ». Il faudrait pouvoir lire ce que nous lisions sur son visage : le rayonnement bleu de la bonté attentive et, par-delà la rêverie, l'action : engagé volontaire pour la première guerre, mobilisé puis résistant pour la seconde, luttant et déchiré, porte-parole de l'humanisme méditerranéen vivant, dressé vigilant devant l'éternel et tentant de donner au présent sa grandeur dans une permanence de l'intelligence souriante, car

>Il partira toujours une hirondelle
>De la poussière et des gravats. Toujours
>Un opéra de fleurs, de balancelles,
>Et des coraux buissonnant sur la mer
>Ressortiront du sel au jour des flots.

Habité des grands rythmes, Audisio les déverse dans les mots, en se méfiant toujours des tics d'époque et choisissant, selon René Bertelé, « l'expression lyrique, spontanée, de l'immédiat, libre chant de joie ou de douleur qui tente de fixer l'émotion d'un instant et de l'associer au monde ». Il se souvient d'avoir eu pour professeur de philosophie un nommé Jules Romains, dont il a retenu la générosité unanimiste, pour la porter sur le terrain de la vie. Il a pour la poésie les mêmes ambitions que pour l'homme : « Le poète ne sera sauvé que lorsque l'homme le sera : quand une communauté de croyance réunira les hommes et fera des poètes leur véridique voix. » Il va ainsi de la parole retenue à l'échappée soudaine d'un lyrisme de la joie :

>Ô printemps éclaté de miels et de papilles
>Trompes d'odeurs à tire d'ailes
>Des fleurs les creux des aisselles
>Des lèvres sur les feuilles
>Salut aux sèves, salut aux chants!

Il se livre aussi à une recension des merveilles du monde car, comme l'écrit Camille Schuwer qu'il cite, « Il est encore une heure d'aube et je suis seul à savoir. » Barques et ports, cloches et ruisseaux, maisons et routes, linges aux fenêtres méditerranéennes, il les élève dans un chant éperdu de beauté, et sa poésie « chantée, pleurée ou marchée » nous arrache à la désespérance, à la rouille des jours. Partout il met de la grandeur et de la fierté. Toujours dans sa voix, solaire ou apaisée, une sorte de jeunesse éternelle, un effort d'humaniste pour attendre sans terreur même si l'on est condamné comme Ulysse à la perpétuelle errance. Transparent comme l'eau, en humaniste encore, il se partage entre l'aphorisme et la fable, ou plutôt il les mêle en critique et en émerveillé de tout. Dionysos ou Ulysse, contemporain de son poème, il est témoin et acteur de son époque, grand intercesseur spontané entre les êtres et les choses, voué à « ce miracle étourdissant qu'est la vie » comme disait Gide, car Audisio est bien fervent de chanter les nourritures terrestres ou maritimes. Grand éveilleur de mythes, il leur demande une inspiration salvatrice, il puise dans des lointains proches ses offrandes lyriques pour affirmer la permanence du désir, la morale de la métamorphose.

L'œuvre est une, on le verra dans ses admirables essais comme par exemple *Ulysse ou l'Intelligence,* 1945, où il écrit : « La Méditerranée était la condition du héros de l'intelligence qui apparaît au bout de cet essai. » Et : « La liberté d'Ulysse, voilà où se fait pour nous la synthèse de ses figures, comme en lui-même il l'a faite dans l'intelligence. Et où serait la liberté de l'homme, sinon dans son intelligence. » Comme dans les poèmes, chaque ligne appelle une méditation du lecteur, mais cette intelligence de l'équilibre reste celle du poète et s'exprime en quête et en navigation, en esprit et en cœur, en connaissance et en écriture. Il est à la fois lucide et illuminé, grand communicant qu'éclaire une lumière nouvelle toujours appelée. Il a pu apparaître comme l'incarnation des valeurs méditerranéennes, celles notamment d'une générosité qui lui est congénitale. Le lire, c'est se plonger dans l'onde mère pour en rejaillir vivant, c'est non point retrouver le paradis perdu, mais se baigner dans l'or de sa recherche et trouver la beauté ressuscitée dans le poème. Une poésie qui chaque matin, comme une aube, reconstruit le monde.

Louis Brauquier le pilote.

Marqué lui aussi par la vibration unanimiste, plus classique que son grand ami Audisio, tout au moins dans la forme, Louis Brauquier (1900-1976) fut ce capitaine au long cours, voyageur sur toutes les mers, dont le cosmopolitisme et l'exotisme n'ont rien de littéraire, mais lui sont naturels et qu'il ne cessera de les chanter. Il se situe le plus naturellement du monde dans ces espaces de la poésie du voyage maritime qui furent ceux de Coleridge et on peut le voir dans la famille de Toulet ou de Levet. Toute son œuvre est mer et mémoire, mer concrète et mémoire originelle, peinture par les mots qui se poursuivra chez Brauquier par l'exercice de la peinture, humanité de la poésie vécue et immédiatement traduite. Marseillais et navigateur, bien différent, mais sans doute complémentaire de son ami Audisio, il va directement au réel, sait préserver, en dépit de ce « droit au but », une liberté d'allure assez rare. Les titres de ses livres parlent eux aussi immédiatement : *Et l'au-delà de Suez*, 1922, *le Bar d'escale*, 1926, *Eau douce pour navires*, 1931, *le Pilote*, 1935, *Liberté des mers* suivi de *le Pilote*, 1942, ensemble qui sera réédité avec *Écrits à Shangaï*, 1950, *Feux d'épaves*, 1970, une pièce de théâtre, *Pythéas*, 1932, enfin le posthume *Hivernage*, 1978, dans la collection de la revue *Sud* qui, après les *Cahiers du Sud* aux chers compagnons (Léon-Gabriel Gros, Jean Ballard, André Gaillard, Gabriel Bertin, François Prieur, Gérald Neveu, Toursky, Jean Malrieu, Gabriel Audisio...), lui rendra un hommage par un numéro spécial où brillent d'autres beaux noms : Saint-John Perse, André Chamson, Maurice de Brossard autre navigateur, Joël Amiot, Eliane Jasenas, Robert Maumet, Catherine Duncan, Gabriel Audisio, Jules Roy, Frédéric-Jacques Temple, Léon-Gabriel Gros. Nous retenons ces lignes du contre-amiral Maurice de Brossard : « Le cycle Brauquier s'accomplit, naturellement : Poésie, peinture, liberté. Tout se lie dans son caractère. Et c'est vrai, ses poèmes, il faut à la fois les lire et les regarder. Car il pense et il écrit avec une technique de peintre. Pas de frontière dans son art, tout se rejoint. Le chevalet et la table à écrire ne sont qu'un seul et même meuble. » Sans doute par lieux et par recensions se rapproche-t-il parfois de Saint-John Perse qui l'appréciait :

> Bâtisseurs de cités, constructeurs de navires,
> Légistes, armateurs, capitaines marins,
> Lanceurs de pont, cartographes et missionnaires,
> Persécuteurs, martyrs, morts ou vifs, hommes blancs...

Il dit : « Je n'ai pas épuisé le bonheur du voyage » et là il cherche « Un sentiment obscur que je n'ose livrer » qui est à la fois intrépidité et « peur des nouvelles cités », mort, « vieux capitaine » de Baudelaire aussi sans doute comme dans *le Pilote* :

> Dans le sommeil la mort intervient par le rêve ;
> Pour quel appareillage et quel étrange port
> L'Ile chassant sur ses ancres emmène-t-elle
> Le cadavre éveillé du Pilote-Major ?

Il nous dira « La liberté des mers avec leur solitude » comme le « calme du port » car « L'homme passe sa vie à lancer des amarres » et sa navigation réelle est aussi celle de la destinée. Pierre Seghers écrit : « Ex-capitaine au long cours comme José Gers, comme Conrad, encalminé à Madagascar ou en Australie, il y a composé des poèmes où la chaleur des îles, l'incandescence de la mer, l'odeur des quais, le regret de Marseille, sa ville, sont autant d'épices et d'alcools. » Certes, on retrouve une poésie de mots dans tout le vocabulaire des navires, des cargaisons et des ports, mais il est mis en œuvre et en mouvement par un homme qui sait de quoi il parle, ce qui éloigne tout ce qu'il pourrait y avoir d'artificiel dans cet emploi par tout autre que lui. Passent des souvenirs comme celui de Baudelaire lorsque Brauquier écrit par exemple :

> Des esclaves plus beaux que des cariatides
> Nous serviront les vins, les fruits et les parfums,
> Et les viandes chargées des épices torrides,
> Sur des plats d'or portés au bout de leurs bras bruns.

La forme classique le contraint quelque peu et l'on trouve quelque abus d'épithètes. D'un livre à l'autre, ce défaut s'atténuera et l'exotisme devenu nostalgie sera plus subtil, plus beau, on le voit dans *Hivernage*, poèmes de l'homme méditant, du voyageur au port, où il y a de la grandeur, du dépouillement, un ton parfois aphoristique, une manière de montrer l'insaisissable, de faire entendre le silence, d'unir les rayons et les ombres, d'une approche feutrée, insolite. Après l'homme d'action qui nous disait :

> Il est temps de réhabiliter le négoce
> Et de dire aux marchands que leurs gestes sont beaux,
> Et que nous n'usons plus de ces balances fausses
> Où l'or des commerçants laisse monter les mots.
>
> Il est beau d'importer du coton, de l'ivoire,
> Du camphre et des coprahs !...

après cet homme-là qui allait au plus près et au plus réel, ne craignant pas de chanter ce que les poètes généralement refusent, après ce capitaine qui donnait ses lettres de noblesse au bistrot du port, petit café des nostalgies où Rimbaud semblait s'éveiller dans la fumée des pipes :

> J'ai traversé les lourds étés phosphorescents,
> Je me suis enfoncé dans les Louisianes,
> Pour ressortir avec les fleuves triomphants.

après la poésie du voyage et de ses invitations, nous sommes heureux de trouver l'homme qui rêve dans la simplicité et le calme :

> L'homme écoute la nuit rêver dans le silence.
> Des voix, parfois, appellent, en vain,
>   puis renoncent.
> L'homme, alors, ouvre au ras de l'ombre,
>   et la regarde :
> Déjà l'étendue est redevenue muette,
> Immobile.

Sans doute ne faudra-t-il pas oublier celui-là, moins séduisant et moins riche apparemment, mais qui a su aller du voyage au voyage intérieur. Certes, on retiendra ce qui fait sa spécificité : le chant de la mer glorieuse, les odeurs des quais, les gens de mer, marins, dockers, armateurs qui font éclater ses vers rugueux et drus, qui le rapprochent du réalisme de Tristan Corbière sans qu'il quitte l'éternelle chanson du vieux marin qui veut retrouver sa jeunesse « dans un petit bar sur les quais de Pinède » :

> Il entrait pour s'asseoir dans la salle déserte.
> Il regardait longtemps, au-delà de la vitre,
> Les fanaux qui trouaient la brume des bassins,
> Et son cœur s'apaisait près du cœur des navires.

> Le patron me dira : « Vous attendez quelqu'un ? »
> Je répondrai : « Je pensais trouver un jeune homme
> Qui venait chaque soir ici, il y a dix ans,
> Je ne saurais vraiment comment vous le dépeindre...

Nous avons lu Louis Brauquier avec délices, nous avons vu le monde par son regard, et nous l'avons aimé d'aimer ainsi les choses et les êtres et de les avoir donnés à voir sans jamais se départir d'une ardente et tendre humanité.

Joseph Delteil l'impulsif.

Joseph Delteil (1894-1978) est bien un poète comme l'indiquent quelques titres : *le Cœur grec*, 1923, *le Cygne androgyne*, 1924, *le Sacré Corps*, 1977, où seront réunis contes, poèmes, préfaces et portraits, mais son expression véritable et la plus poétique se livre dans son œuvre en prose. Il lui fallait sans doute faire éclater tous les corsets prosodiques pour laisser s'exprimer son tempérament, son lyrisme sans frein, sa verve, sa truculence, son goût des images baroques, des outrances et de la bouffonnerie allant jusqu'à l'« hénaurme ». Il y aura romans et biographies romancées, fresques historiques, fabulations épiques, mais là encore il biffe l'idée de genre et, comme l'écrit Jean Rousselot : « C'est une fabulation emportée, épique, qui se joue de la chronologie, accumule les images savoureuses, sensuelles, légendaires et apocalyptiques. La réalité paysanne et le spectacle du monde moderne, les couleurs de la Bible et celles d'Épinal, la cocasserie de Rabelais et la frénésie des surréalistes, une constante faculté de faire siéger de compagnie les dieux et les hommes, les rois et les bergers... » On trouvera dans *Sur le fleuve Amour*, 1923, une sorte de rêve panique, érotique, cruel, anarchique où les mots sont en liberté. Car Delteil fut surréaliste jusqu'en 1925 et l'on se souvient d'une célèbre lettre d'insultes de Breton dans le n° 4 de *la Révolution surréaliste*. L'auteur de *Choléra* témoigne encore de son appartenance, mais surréaliste il le restera hors du groupe par la liberté, une manière d'associer l'imagerie à l'hallucination, ce burlesque qui fait parler les petites choses en langage hyperbolique et réduit les grandes à la trivialité et va jusqu'au calembour et à l'à-peu-près : « Le jeu de mots, écrit-il, est l'Éros de l'art » et aussi : « Ma langue, chérie, a deux clefs ; le plain-chant et le patois. Plus un pied de nez. » Mais le voilà, après l'abandon du groupe surréaliste, prix Fémina en 1925, avec une caricaturale et bouffonne *Jeanne d'Arc*, qui n'a point fait peur aux respectables dames du jury. *Saint Don Juan*, 1930, pourrait bien être son chant du cygne, car suivront une maladie et une crise mystique le conduisant à renoncer à la littérature et à se consacrer à ses vignes près de Montpellier en compagnie de sa femme Catherine Dudley, qui a introduit en France *la Revue nègre* et Joséphine Baker. Il y aura près de vingt ans de silence, mais non pas d'oubli total, bien que sa gloire ait baissé et que sa veine ait parue épuisée. Des hommes ont porté témoignage et ce ne sont pas les moindres. Ainsi Henry Miller parlant d'une « écriture pailletée d'esquilles de soleil, de lune et d'étoiles ». Ainsi François Mauriac : « Il avait de la pommelure; il sentait la résine fraîche et la vache landaise en rut. » Ainsi Henry de Montherlant : « Il avait des éclats, des drôleries, un pas de taureau sur les planches du Vèl'd'Hiv. » Comme écrit Guy Le Clec'h : « Il détonne dans la littérature d'entre les deux guerres par le mélange de verdeur (il aime le mot cru) et d'exigence spirituelle que manifeste le choix de ses sujets. » Mais Delteil, comme s'il avait repris souffle, sortit après la guerre de sa boîte pour offrir un *Jésus II*, 1947, où le Christ est transposé dans la vie contemporaine pour jeter au feu tous les conformismes; là encore, c'est un festival fantastique, lyrique, violent, fortement imagé, plein de pages tragiques, pour donner un *Saint François d'Assise*, 1960, plus apaisé, parce que livre de foi et d'amour, ce qui n'interdit pas les tumultes, l'agression et le délire, fussent-ils parés des célèbres petites fleurs. Il suffit de voir de quelle manière il brasse les mots, les dresse et les exalte dans une imagerie digne du moyen âge de la fatrasie et du coq-à-l'âne pour distinguer que nous sommes en présence d'un poète. Certes il y a de tout dans ce fleuve, ce torrent qui entraîne des scories et des somptuosités. Il publiera encore *Alphabet*, 1972, ce recueil d'aphorismes, un *Éloge de la cuisine paléolithique*, 1965, le recueil du *Sacré Corps*, 1977. Et partout cette attitude de rejet, ainsi qu'en témoignent ces lignes : « Je suis contre la guerre, contre la peine de mort, pour l'euthanasie, la pilule, le nudisme; contre l'argent, l'héritage, le travail, contre la charité, l'éducation, la culture. Je suis contre, contre, contre. » Il est facile de lui reprocher une recherche trop visible de la singularité, des effets trop brutaux, du mauvais goût, mais ses défauts sont sa personnalité et elle est fort riche à ce point qu'on ne regrette pas qu'il ait délaissé ses poèmes, où l'on jouait sur le charme et la drôlerie surréalisants, pour agrandir son propos jusqu'à l'imaginaire et l'apocalyptique, jusqu'à la démystification des sujets les plus tabous.

Joë Bousquet l'homme intérieur.

Comme Joseph Delteil, Joë Bousquet (1897-1950) a peu écrit de poèmes. Il y a *la Connaissance du soir*, 1945, et tout le reste est prose, mais à ce point translucide et extraite des profondeurs de l'être qu'on ne saurait séparer ce qui est poème de ce qui est essai, journal, monologue intérieur, correspondance. Ce n'est pas pour le tragique que nous rappellerons le drame de sa vie, mais parce que toute son expérience poétique et spirituelle en est issue. Il naquit à Narbonne et eut une jeunesse agitée. Engagé volontaire, il fut deux fois blessé : à Vailly en mai 1918, une balle lui sectionna la moelle épinière et il demeura paralysé des deux jambes, un rein détruit, le corps insulté par la guerre, immobilisé à jamais, grabataire jusqu'à sa fin. Deux ans avant qu'il mourût, l'auteur de ces lignes lui rendit visite et n'oubliera jamais ce visage pâle illuminé par la flamme du regard. Sans quitter ce monde, Bousquet pénétra dans ce qu'il a de plus intérieur, de plus surréel, de plus supernaturel comme chez le Nerval des *Chimères*. De sa blessure naquit la fleur vive, qui fut, selon une expression de Léon-Gabriel Gros, « l'avènement de la sensibilité ». Dès lors, devant ce grand rayonnant, il n'est point question de pathétique ou d'attendrissement, car il s'agit d'une victoire. L'homme va se reconquérir par l'écriture. Sa blessure de guerre devient, comme le souligne Antoine Berman, « non une malheureuse *blessure de guerre,* mais le symbole d'une blessure quasi ontologique, marquant l'humanité tout entière » et Joë Bousquet, parce que condamné à l'inaction physique, va triompher par l'écriture : « Ma parole donne un corps à ma pensée, dans le monde physique dont je n'ai plus que l'idée. » Dans son corps et au large de son corps, il va se reconnaître dans la transcendance de son langage, il va justifier son existence par les mots, avoir accès à la vie du rêve et de la réalité mêlés : « On obtient l'union majeure de la parole et du fait en devenant objet dans le monde dont tu es la voix. » Il ne s'agit pas de narcissisme, d'exercice de la délectation morose par un rêve devenu une sorte de suppléance, mais de parcourir une conception de l'existence dans un large champ de recherche. Naît le réalisme magique, la voix allant jusqu'à l'hermétisme translucide par le rêve et le langage : « Je suis le rêve de mes rêves. » Citons-le encore : « Je cherche une clarté qui change tous les mots. » Et : « La poésie est la langue naturelle de ce que nous sommes sans le savoir. » Et : « La matière existe à peine au regard de ce que l'esprit est capable de matérialiser. » Ce frère de Novalis nous dira encore : « Qu'on me retire ma vie et j'en invente une autre. » Ou : « J'aurais voulu que le langage, grâce à moi, découvrît sa fonction réelle. J'apprenais tous les jours qu'il se révélait comme une forme de la vie à lui seul. » Ou ce qui est une définition au plus proche de notre art : « La poésie est la faculté d'entrer dans l'accident pour en faire une source de vie. »

Cet homme immobile ne fut pas tout à fait solitaire : il connut des amitiés nombreuses, de qualité comme le philosophe Louis Estève, Paul Éluard et les surréalistes, Ferdinand Alquié, Jean Cassou, André Gide, Jean Paulhan, Paul Valéry, René Nelli, de nombreuses amies avec qui il échangea des correspondances, et de nombreux peintres, ceux sur lesquels il écrivit : Paul Klee, Hans Bellmer, Max Ernst, Yves Tanguy, etc. Animateur et auteur des *Cahiers du Sud,* collaborant aux revues littéraires, ses articles sont nombreux, que ce soit sur le romantisme allemand, Ramon Lull, Mme de Duras et Stendhal, Rimbaud et Swedenborg, Alphonse Rabbe, ou sur ses contemporains, Aragon, Valéry, Jouve, Nelli, René Daumal (la démarche de la pensée de Bousquet l'apparente au *Grand Jeu*), Simone de Beauvoir, et il faut citer ses échanges de lettres avec Éluard, Breton, Simone Weil, Claude Mauriac, tant d'autres comme « Poisson d'or » et qui, peu à peu, sont recensées et réunies. Ces lettres qu'il échangea avec ses amitiés féminines, êtres réels parfois se dissolvant dans l'irréalité, sortes de Nadjas surréelles, sont de haut intérêt.

Ascèse intellectuelle et morale, expérience de l'absolu : « Ma blessure existait avant moi, je suis né pour l'incarner. » Bousquet est l'homme d'une haute et ancienne culture, d'un mysticisme qui se réclame de la tradition albigeoise des Cathares, un homme proche de saint Bonaventure à qui il emprunte le titre de ses poèmes, *la Connaissance du soir,* et plus encore de Ramon Lull, l'hermétiste. On le pourrait situer dans une filiation qui unirait le Romantisme allemand, le Supranaturalisme nervalien, le Symbolisme mystique, le Surréalisme côté Daumal, celui qui explore l'être par le mode poétique. Une partie de ses ouvrages édités est composée de fragments, d'articles, de correspondances, d'importantes contributions à la critique littéraire ou plastique. Des pages de journal sont réunies dans *Traduit du silence*, 1941, et nous nous arrêtons à cette œuvre qui est le poème en prose de la vie intérieure, du dialogue entre soi et ce « Je » qui est un autre. Là, écrivant, il se veut « déshabillé de sa propre présence » et cherche « un sentier dont il n'existe que l'idée » pour « voir les choses comme on entrerait en soi-même » et pour cela il est nécessaire de « purger ses pensées ». Cette œuvre, comme toutes les œuvres de Bousquet, se présente comme une méditation sans cesse reprise, avec toujours de nouveaux apports enrichissants, traduits par un style d'une parfaite harmonie musicale, dans une chatoyance d'images traduisant toutes les nuances d'une approche sensible. La pensée devient véritablement corps méditant qui offre les fruits de longues méditations : « Pour traduire le silence, il faut vivre au-delà de son propre silence, entendre et retenir toutes les voix qui se taisent en nous. » Il parle aussi de se « contrécrire » pour mieux se découvrir dans un monde « où on parlera sans avoir à rencontrer ces mots qui font saigner le temps ». Mais Bousquet est l'homme d'un lieu où tous les hommes n'ont pas accès, aussi avons-nous l'impression constante de recevoir les messages de quelqu'un qui est passé de l'autre côté de la vie et qui est cependant resté des nôtres. D'autres livres aux immenses richesses sont *la Fiancée du vent*, 1928, *Il ne fait pas assez noir*, 1932, un de ses livres les plus intériorisés où l'on peut lire : « Tapi dans un coin, tassé, les yeux ouverts, j'attends comme un pauvre, si faible que je sens le jour courir sur moi et que, la vie, je devine son corps, dans les efforts qu'elle fait pour me soutenir. » Puis *le Rendez-Vous d'un soir d'hiver*, 1933, *Une passante bleue et blonde*, 1934, *les Petits Papiers de M. Sureau*, 1935, *Lumière, infranchissable pourriture*, 1935, *la Tisane de sarments*, 1936, *le Mal d'enfance*, 1936, *Le passeur s'est endormi*, 1939, *Iris et la petite fumée*, 1939, *le Médisant par bonté*, 1945, *la Connaissance du soir* (poèmes), 1945, puis 1947, *le Meneur de lune*, 1946, *l'Œuvre de la nuit*, 1946, *le Fruit dont l'ombre est la saveur*, 1947, *la Neige d'un autre âge*, 1953, *le Mal du soir*, 1953, *les Capitales*, 1955, *Lettres à Poisson d'or*, 1967, *Langage entier*, 1967, *Notes d'inconnaissance*, 1967, *le Sème-Chemin*, 1969, *le Pays des armes rouillées*, 1969, *D'une autre vie*, 1970, *Mystique*, 1973, *la Romance du seuil*, 1976, *Papillon de neige*, 1980, et encore pour sa correspondance : *Correspondance Tome I*, 1969, *Lettres à Jean Cassou*, 1970, *Lettres à Carlo Suarès*, 1973, *Lettres à Stéphane et à Jean*, 1977, *Lettres à Marthe*, 1979, *Lettres à Ginette*, 1980. Enfin *l'Œuvre romanesque complète*, 1979. Des ouvrages à consulter sont : *Joë Bousquet* par Suzanne André, Hubert Juin et Gaston Massat, *Joë Bousquet, sa vie, son œuvre*, par René Nelli, les numéros spéciaux du *Journal des Poètes*, *Cahiers du Nord*, *Cahiers du Sud*, *Prismes*, etc., une foule d'études telle que nous ne les pouvons citer (voir le « Poètes d'aujourd'hui » *Joë Bousquet*) car, au contraire de tant de poètes, Bousquet ne subit aucun purgatoire et l'intérêt pour une œuvre vaste et unique va grandissant. C'est là la récompense d'une existence vouée dans son entier à la connaissance de l'être et, comme on l'a dit, se fondant sur une intuition profonde de la situation et du destin de l'homme dans l'univers. Parmi tant de témoignages, des lignes de Jean Paulhan : « Il avait été donné à Bousquet de se rendre familier avec cet état où l'homme sait de science sûre, voit de voyance évidente que la chaleur et la glace, le joyeux bourdonnement des pensées et les mots figés, la profusion et le mécanisme ne font plus qu'une seule œuvre. » La richesse d'une œuvre entraîne la richesse des commentaires et, à propos de Bousquet, il faudrait citer tout René Nelli le clairvoyant et qui voit l'ombre aussi bien que dans le jour; il nous parle d'un « voyant de l'inconnu et de l'impossible dédoublement », dit « Le vrai chemin, c'est le chemin des monstres dans l'inextricable. La folie de Gérard de Nerval à l'intérieur de laquelle on n'est pas fou; la mort, à l'intérieur de laquelle on n'est pas mort. » Et aussi : « Bousquet magicien : oui, parce qu'il croyait à la vérité de l'imaginaire, à la réalité de l'illusoire, et que le temps aussi était à retrouver : ce poème, l'un des derniers qu'il ait écrits, résonne dans le mystère comme ceux de Hölderlin : " Il y a le temps des hommes, il y a le temps des dieux. Le temps des hommes est plein de colères et d'absences : il tombe des montagnes aux sommets invisibles, s'empêtre dans les averses : il joue avec la terre comme avec la mer, ne connaît jamais de repos. Le temps des dieux traverse tout, fait grandir les arbres ". » Et Bousquet le Cathare, le surréaliste au soleil, le supranaturaliste de la nuit, sans cesse nous élève et élève la poésie au-dessus d'elle-même.

On ne peut envisager Bousquet poète en vers hors de son contexte général, hors de ce que Juin appelle « un interminable et chaotique *Journal* », mais il est heureux qu'il ait joué du rythme et de la rime comme le lui conseillait Paulhan pour y découvrir d'heureuses surprises car, dit encore Juin, « Elle était (la rime) aveugle, ce qui veut dire : emplie de lumière. Ou, si l'on préfère, porteuse d'incertitudes. » On parle aussi d'hypnose. Lire, dans la collection « Poésie/Gallimard », *la Connaissance du soir*. Ce livre s'ouvre sur des poèmes en prose, comme un prélude :

> Nous n'en étions qu'au prélude d'un chant trop triste pour être entendu Une femme avait dit c'est la saison des roses blanches
> Une voix répondait la lune fait un chemin dans la mer qui retourne au silence
> Une chauve-souris une étoile filante une main qui tremblait

Et ce seront des poèmes courts et denses, des *Pensefables et Dansemuses*, chants aériens, légers, souriants, musicaux avec rondes, madrigaux, chants comme ce *Reflet* :

> Une mer bouge autour du monde
> L'arbre et son ombre en sont venus
> Ravir à des doigts inconnus
> La faux qui luit dans l'eau profonde

S'il y a dans ces poèmes quelque chose de délicat et de gracieux, une imagerie en liberté, des chants spontanés comme une ronde enfantine, des préciosités de poésie fugitive, quelque chose même de gauche dans l'emploi d'une forme régulière, comme si on s'essayait à un jeu, par-delà cette fraîcheur, on trouve jaillissement, parole sourde, incantation, comme le dit Léon-Gabriel Gros « incarnation mystique du lyrisme de Bousquet » lorsqu'il cite :

> Elle a promené dans les villes
> Le pas qui tremblait sur les eaux
> Une chanson la déshabille
> Son silence est né d'un oiseau
> Elle illumine la lumière
> comme l'étoile du matin
> quand tout le ciel est sa paupière

Derrière une apparente chanson tendre où miroitent les mots de tous les jours des poètes, on entend les battements d'un cœur délicat, d'une âme aux écoutes, en attente :

> Quand toute plainte lui révèle
> De quoi sa peine avait pleuré
> L'homme entend son cœur qui l'appelle
> Dans les voix qui l'ont ignoré
> Ainsi chaque étoile voit-elle
> La nuit des sommets s'accomplir
> En formant dans la nuit des ailes
> Le bruit que quelqu'un va venir

Bousquet ne dédaigne pas ces fioritures que sa prose des derniers temps, si chatoyante qu'elle soit, oubliera, et l'on ne reprochera pas à un poète sa grâce dès lors qu'il s'agit, au besoin par les moyens du charme, de chercher à prendre conscience des choses, de provoquer des surgissements à partir du simple émerveillement, de l'artisanat des mots qui ne refuse pas la décoration verbale :

> L'iris de ton regard descendu sur ta face
> pour revenir à lui s'est parcouru sur toi
> mais au cœur de tes yeux expirait son espace
> dont l'astre le plus bas s'éclipsait dans ta voix

Bousquet aérien, inspiré par un amour qui lui dicte des symboles et des chansons tendres, chante avec aisance et nous ne sommes pas loin de prendre ses poèmes comme une illustration sensible de l'ensemble du grand poème qu'est son œuvre entier. Et quand Gros cite cette phrase de Nietzsche : « Tout ce qui est bon et léger, tout ce qui est divin court sur des pieds délicats », nous voyons là une définition parfaite des poèmes de Bousquet.

Une œuvre qui exprime sans cesse l'homme et son double, qui offre des propositions sans cesse renouvelées et qui ravissent, enchantent jusque dans leur masse de nuit la plus lumineuse, une œuvre qui est l'union étroite du regard intérieur et de la parole qui ne font plus qu'un, une expérience née d'un coup de foudre mortel, les fruits d'une vocation spirituelle, une affirmation de l'être, une grandeur et une espérance.

Dans la famille intellectuelle de Joë Bousquet, nous saluons René Nelli (né en 1906). Essayiste, spécialiste de l'ethnographie et de l'histoire méridionales, auteur de nombreuses études sur la poésie lyrique courtoise de langue d'oc, il a écrit l'ouvrage le plus éclairant qui soit sur la poésie moderne : *Poésie ouverte, poésie fermée,* 1947, intenses méditations sur la poésie et le langage, les constantes poétiques, la poésie et la littérature vues sous l'angle du « refus du style » et que complètent des notes indirectes. Et Nelli est aussi un poète à la fois de langue d'oc : *Entre l'esper et l'absencia,* et de langue française : *Présence, le Tiers-Amour,* 1938, *Point de langage,* 1963, où « chaque événement se prend à une grappe prophétique », où il ne retient de la nature « que le respect qu'elle a pour les analogies », enfin *Ame de vérité.* S'ajoutent de nombreuses études comme celle qu'il a consacrée à Joë Bousquet, un *Essai sur l'amour provençal, Cinq Poèmes d'amour de Jordi de Sant-Jordi,* traduits du catalan avec une préface de Jean Cassou, la traduction des poèmes du troubadour Raimon de Miraval, *Du jeu subtil à l'amour fou,* 1979, *l'Érotique des troubadours,* 1974, *la Philosophie du catharisme,* 1978. De ses poèmes, Jean Rousselot a écrit : « On peut rapprocher à la fois de ceux de René Char et de Joë Bousquet ces textes mélodieux et surveillés qui oscillent entre l'inscription sentencieuse et l'églogue surréalisante. »

Léon-Gabriel Gros, permanence de la poésie.

Il en est dans le domaine de la poésie comme en tout autre domaine : qui se dévoue à autrui risque de se faire oublier; notre devoir est donc de réparer cette injustice que Pierre Seghers a si bien définie : « Toujours cette injustice : parce qu'il était le meilleur critique de la poésie, quand *les Cahiers du Sud* existaient encore, personne ne s'intéressait à la propre poésie de celui qui passait sa vie à s'occuper des œuvres des autres. Léon-Gabriel Gros (né en 1905) n'était qu'un critique, un excellent critique s'il parlait de vous !... » Or, ce rédacteur en chef de la grande et inoubliable revue du Sud, ce journaliste, ce critique, ce traducteur des poètes élisabéthains et des poètes métaphysiciens anglais comme John Donne, est un poète de haute valeur. Certes, nous avons lu et relu ses deux volumes de *Poètes contemporains* après la dernière guerre mondiale et nous avons reçu une leçon de cristal, mais nous voulons parler ici du capteur de la « parole haletante comme les louves ». Pour Jean Rousselot, sa poésie est marquée par le Surréalisme et Pierre-Jean Jouve et elle doit aux poètes anglais qu'il a traduits. Cela, c'est ce qui est suggéré dans l'immédiat et qu'une lecture approfondie dissipe quelque peu et l'on retient une voix à la fois calme et passionnée, simple et marquée par un goût très sûr. « Je ne crois pas à l'inspiration ou à la dictée intérieure, a écrit Léon-Gabriel Gros, mais à l'attention, au travail. C'est en ce sens qu'on " devient " poète. Certes, cette poésie est dirigée, élaborée avec attention, travaillée, mais l'inspiration existe. » Ne dit-il pas : « En dehors du rêve éveillé que je poursuis, ma seule excuse est de servir la poésie par des études critiques... » Rêve éveillé, où l'on n'oublie pas les beautés :

> Les longues larmes des miroirs,
> Les musiques mal oubliées,
> Et sur les portes défendues
> Les clefs hurleuses de l'amour.
>
> Le feu du ciel brûlait les arbres,
> Les sirènes agonisaient
> Et les colombes tombaient mortes
> Sur un bûcher de pierreries.

Ces quatrains sont extraits d'un poème intitulé *Triomphe de la poésie* et c'est à la fois un hommage à un art et une dynamique : « Un poème n'est beau que dans la mesure où il éveille d'autres hommes à la grâce poétique. » Pour Gros, le poème est le pain partagé. Il a publié *Fards pour notre jeunesse*, 1926, *Raisons de vivre*, 1935, *Saint-Jean du désert*, 1939, *Corps glorieux*, 1945, *Élégies augurales*, 1954. Lisons une de ses *Stances* :

> Comme le ciel profond au temps des amandiers,
> Comme le poil luisant des chevaux, comme l'herbe
> Lisse, comme le jeu des miroirs de verdure,
> Son visage et pourtant réelle comme Avril
> Sans forme et cependant pareille à l'air marin
> Elle n'est qu'une voix mais occupe le monde
> Selon les belles lois du soleil et du vent.

Léon-Gabriel Gros qui est un des meilleurs connaisseurs de la poésie contemporaine a dû inventer sa voie et sa voix, chercher la lucidité dans ces lieux où l'automatisme tente le poète. Dans un certain sens, il est proche de ce Joë Bousquet qu'il admire par un certain mysticisme de l'approche des choses, avec une infinie discrétion. Nous sommes cependant dans le réel toujours, celui des choses et celui du métier de poète, de cet artisanat supérieur qui fait respecter la matière et l'outil. Dans *Saint-Jean du désert* le ton s'élève et l'on touche aux beautés quasi aphoristiques de la religion : « Il n'est pas d'exemple que guérisse / La cicatrice de Dieu. » Dans *Corps glorieux*, il est tenté de capter « l'impalpable fantôme » comme une « éphémère étoile de fumée » et l'on va vers le plus secret comme dans un chuchotement de la pensée. Toujours court d'un recueil à l'autre une réflexion sur la parole poétique cernée par les modes de la poésie avec cette réserve que le poème, « indigne du désir très pur qui le dicta » est l'attestation de l'existence et qu'il délivre l'homme. Toute la poésie de Gros ne livre pas immédiatement ses secrets. En demi-teinte, à voix basse, elle requiert une vive attention, et l'on s'aperçoit bientôt que sa clarté, sa lisibilité, sa limpidité cachent plus de trésors de silence, plus de merveilles invisibles que bien des poètes jouant sur d'obscurs claviers.

Alexandre Toursky et le pathétique quotidien.

Parmi les hommes de l'équipe des *Cahiers du Sud,* Toursky (1917-1970) représente une personnalité bien particulière. Ce fils d'un père russe et d'une mère provençale, et qui naquit à Cannes, eut un premier maître : ce Jean Royère, le musiciste, l'homme de *la Phalange* dont nous avons parlé et sans doute lui doit-il la musicalité de ses poèmes et leur équilibre :

> Équilibre d'une aile
> sur la pente de l'air,
> l'oiseau ne bouge plus
> dans l'univers mobile.

Nous voudrions insister sur une sensibilité qui se poursuivra de livre en livre, ce quelque chose d'attachant et d'indéfinissable qui caractérise celui que René Bertelé décrivait ainsi : « Ce garçon frêle, sentimental et un peu grave, n'a franchi qu'avec regret les frontières de l'enfance. Pour s'en rapprocher il a choisi d'être rédacteur en chef d'un hebdomadaire d'enfants. Mais il avait rêvé d'abord de devenir chimiste : " Aujourd'hui, encore, dit-il, j'ai la nostalgie des substances, des formes qui s'ordonnent et se complètent pour le beau secret d'un arbre et d'une pierre " De là une patiente recherche de la formule, qui n'est pas affaire de chance, mais de travail — travail dissimulé sous une aisance de ligne et une pureté qui semblent toutes spontanées. » Il y aura plusieurs époques dans sa poésie. Tout d'abord, il fait penser à Carco et à Apollinaire, celui de *la Chanson du mal-aimé,* aux fantaisistes, par une forme brève et s'apparentant à la chanson, puis sa mélancolie s'acheminera vers un désespoir maîtrisé et lucide et l'on trouvera des images violentes : « L'homme ne se connaît profondément que seul, écrit-il. La vie se ramène alors à deux gestes essentiels : amour et meurtre », ce qui fera parler à Luc Estang de la démarche feutrée de l'assassin. Puis Toursky ira vers une poésie de plus en plus rigoureuse et dépouillée, et, lui qui partit, comme dit Rousselot, de « la réalité la plus quotidienne et parfois la plus misérable » deviendra l'homme de l'intense méditation sur l'angoisse et la mort, voyant dans la poésie une présence secourable : « La poésie peut traduire le texte étranger de l'angoisse. Sa plus pure grandeur est alors de rassurer les vivants. D'ôter à l'attente son masque de menaces. De guérir l'être de la vie. » Toursky, poète du réel qui pour lui est marié au merveilleux, écrit à partir de la vie et de l'expérience quotidienne en étant sensible aux couleurs, aux odeurs, aux rumeurs du monde. « C'est, écrit Léon-Gabriel Gros, une poésie de carrefour, l'art de lire les vitrines, les femmes, les machines, la féerie temporelle du drame humain de tous les temps, celui de la solitude et de l'exil. » Cet homme qui écrit au jour le jour, puisant dans l'événement sa source de vie, met au présent le passé mythologique :

> Pour un moment ? La bonne
> chiffre en minutes l'arme
> qu'Hélène retournait
> dans le cœur de Pâris.
>
> Nous avons un moment
> pour écrire le monde.
> Dante regarde l'heure
> couler à son poignet.

Le quotidien devient sa mémoire protectrice et ses plongées dans le passé sont là pour ramener à la surface du temps des raisons de vivre même si le constat est pessimiste.

> Autrefois l'homme conversait
> avec des bêtes fabuleuses,
> regardait en face les dieux
> et les mythes étaient dociles.
> . . . .
>
> Mais maintenant si le vent souffle
> ou si les ombres de la rue
> ne sont plus celles attendues
> par la mémoire quotidienne,
>
> si les portes battent sans bruit
> sur d'invisibles visiteurs,
> ce sont des imaginations
> insensibles à la tendresse
> qui nous entourent et nous pressent
> et nous condamnent sur les murs.

Dans cette œuvre, pas un poème qui ne soit inspiré par l'expérience vitale traduite dans la spontanéité de l'instant, par les maux de la condition humaine et par leur étrangeté, par l'exil perpétuel de l'homme, et, sans cesse il extrait le mystère et l'insolite de la réalité sensible, tout cela avec une parfaite maîtrise de la langue et du sujet. Parmi ses recueils : *Enfances*, 1937, *la Suite à demain*, 1938, *Irène*, 1942, *les Armes prohibées*, 1942, *Connais ta liberté*, 1943, *Ici commence le désert*, 1946, *La mort est naturelle*, 1948, *Christine ou la Connaissance des temps*, 1951, *Un drôle d'air*, 1963, chacun d'eux représentant une étape vers toujours plus d'intériorisation.

Un thème fréquent est celui de la mort : il la lit au cœur même de la vie comme l'écrit Gros : « Elle se lit dans les objets, dans les paysages de brume, les décors industriels, l'agitation factice des rues. » Toursky écrit :

> Seigneur, que peuvent-ils espérer du présent,
> ceux qui demeurent des enfants parmi les hommes ?

Pour lui, « L'amour est le principe / de toute architecture. » On trouve un Toursky amoureux de la femme et plus encore amoureux de l'amour qui transcende les présences les plus réelles, les mêle à la nature, à la poésie :

> Laisse-moi t'embrasser à travers une feuille
> pour connaître le goût de ta vie avant toi.
>
> La sève qui te fit devait céder aux formes...
> Un ouvrier déçu l'a reprise depuis,
>
> et parfois la concède à de rares essences
> qui font le bois amer ou sucrent les roseaux.

Comme Apollinaire ou Cendrars, il lui arrive de célébrer les espaces du monde moderne :

> Ô dangereuses nuits d'Europe,
> le silence est tendu pour les oiseaux de fer
> qui déroulent sur vous
> des labyrinthes menaçants.

« J'ai mon pays dans le papier », écrit-il et c'est là, comme dans une chambre d'hôtel que « viennent se reposer / quelques gémissements du siècle. » Parfois le poème se resserre jusqu'au dépouillement total, l'objet décrit se condense pour être mieux examiné sous toutes ses facettes par un œil singulier et lucide mais non point froid car un dialogue va naître, image par image, recueillant des confidences sensibles.

L'accomplissement de l'expérience n'enlève rien à la valeur des poèmes les plus proches de Carco, avec leur doux-amer, leur rire en pleurs, leur sentiment de tendresse et de désespoir souriant, leur pathétique voilé, leurs effusions retenues dans de courts poèmes qui semblent prêts pour être chantés sur un accompagnement d'accordéon lointain. On voudrait dire avec Pierre Seghers : « Telle est la poésie de Toursky, qui pourrait bien, avec son langage quotidien, aller plus loin dans la sensibilité que tant de lances égarées dans les joutes du haut langage. » Mais cette poésie d'attention et de ferveur est plus savante qu'on ne le croit, apprivoisant le secret, captant avec rapidité le moment si court où le sens de la vie apparaît dans la lumière, où l'événement livre sa signification, où l'invisible présent surgit dans le visible, et il assume là toutes les fonctions vitales du poète qui, donnant à voir, donne, contre toutes les preuves, à espérer.

Emmanuel Eydoux, poète juif, poète de Marseille.

Parmi les œuvres d'Emmanuel Eydoux (né en 1913), après *le Chant de l'exil*, 1945 et 1947, *Abraham l'Hébreu et Samuel le Voyant*, 1948, *Premières Litanies*, 1952, on trouve un livre intitulé *Un jeune de Marseille*, 1955, publié aux *Cahiers du Sud*, et, en effet, comme l'a rappelé Edmonde Charles-Roux, à la question « Qui êtes-vous ? », Eydoux répond : « Je suis poète, je suis poète de culture biblique et homérique, je suis poète de civilisation hellénique et talmudique, je suis poète juif, poète de Marseille, de sa banlieue de la Provence. » Fils d'un courtier en blés durs de Marseille et d'une mère originaire du Comtat-Venaissin, comme Armand Lunel, il fut salué par Léon-Gabriel Gros comme par Louis

Brauquier qui le définit ainsi : « Son verset est celui de la Bible que ce Juif doit savoir par cœur. » Eydoux se réclame donc de sa provençalité et par le cœur d'Israël qui bat en lui :

> Et voici qu'au temps de ma seizième année
> Une nuit je rêvais un rêve
> Tous ceux de la terre d'Israël
> Tous ceux de mon temps passaient devant moi.

Ce « pépiniériste d'hommes de formation biblique », tout au long de son œuvre, ira vers l'homme, sera un briseur de barrières, datant ses lettres selon trois calendriers différents et les terminant par ces trois mots : Shalom! Salam! Salut! traduisant ainsi le désir sans cesse affirmé de l'union car

> Tous ceux qui savent que la frontière n'est pas entre
> Juifs et Chrétiens, entre Chrétiens et Musulmans, entre
> Musulmans et Juifs

mais que cette frontière est entre oppresseurs et opprimés, bourreaux et torturés, assassins et assassinés. Il n'est pas un homme d'imagination ou de fiction, mais un homme de colère et de douleur, allant vers la tâche essentielle de penser, préférant à quelque art poétique que ce soit, le combat pour l'amour et la fraternité des hommes, s'inspirant des prophéties bibliques et du message d'Israël, se livrant à un lyrisme œcuménique d'une puissance réelle. Serge Brindeau écrit : « La pensée, indéfiniment reprise et martelée, fait penser à un Péguy moins imagé, volontairement plus prosaïque, mais la simplicité sérieuse de la recherche, la générosité du verbe, l'esprit de paix qui progresse alors que " de grands feux " continuent de brûler " sur toutes les collines du monde " expriment une évidence morale qu'un poète a bien le droit, finalement, de revendiquer. »

Emmanuel Eydoux trouvera ses proches du côté de *la Tour de Feu*, qui lui consacra un numéro spécial, de ces poètes unis autour de Pierre Boujut dont nous parlerons dans le prochain livre, ces amis de « la vie la plus secrète et la plus précieuse », ceux qui espèrent en l'homme, et c'est dans cette revue qu'il dénoncera en versets les offenses faites à l'être humain en même temps qu'il saluera ses frères. Son œuvre se poursuit par : *Litanie des deux orphelins*, 1953, *le Chant de la plus haute tour I et II*, *Jules Mougin, Jarnac*, 1955 et 1958, *Première Qacida*, 1957, *Élégies inachevées*, 1959, *Sept Litanies*, 1968, *la Grande Litanie*, 1969, *Poèmes liturgiques*, 1979, sans oublier de nombreuses études d'histoire religieuse. Partout la parole poétique et prophétique d'un poète né de la Bible et de sa conscience. Il ne confond jamais, comme l'indique Edmonde Charles-Roux, théologie et réalité historique, promettant le paradis à tous les Justes quelle que soit leur religion. Eydoux est donc le poète direct, franc et solitaire, loin des hochets de la gloire littéraire, aux écoutes de « sa parole sur la colline d'exil » pour entendre un silence appelant à la méditation, à l'étude, à la prière, à l'unité, un « silence qui nous appelle au silence ».

André de Richaud et *le Droit d'asile*.

Lorsque Pierre Seghers publia *Poètes maudits d'aujourd'hui 1946/1977*, en 1978, on y trouva quinze destins tragiques : Antonin Artaud suivi de ceux dont nous avons parlé ou parlerons dans un prochain volume : Gilberte H. Dallas, Jean-Pierre Duprey, André Frédérique, Roger Milliot, Gérald Neveu, Jacques Prével, André de Richaud, Roger-Arnould Rivière, Armand Robin, Jean-Philippe Salabreuil, Ilarie Voronca, Edmond-Henri Crisinel, Claude Gauvreau, Francis Giauque, avant que Alain Breton ne présente dans *les Nouveaux Poètes maudits,* 1981, dix autres suicidés de la société. Ce dernier ouvrage, préfacé par André Pieyre de Mandiargues offre en exergue le long poème d'André de Richaud dédié à Jules Supervielle, *la Chanson de mort* qui commence ainsi :

> Heure de ma mort je pends à vous comme à une branche
> déjà la tête pleine de mousses
>
> je me défais comme un vieux nuage inutile à l'orage
> le sang ne monte plus et me clame à la gorge
> je sens que mes genoux veulent me dire adieu

André de Richaud (1909-1968) fut un homme malheureux, un être quêtant la tendresse des amis. Il disait : « Je me cache, mais, insensés, /Ne voyez-vous pas que ce n'est que pour être cherché ? » Il vécut en poète, comme Verlaine, comme Nouveau, bohème sans ostentation, toujours démuni et imprévoyant, cigale et non fourmi, buvant le vin comme on boit sa vie, à l'écoute de lui-même, et, comme dit Marc Alyn dans le « Poètes d'aujourd'hui » qu'il lui a consacré, « Le seul de nos écrivains peut-être digne de partager avec Jean Genêt la définition de Sartre : *"comédien et martyr"*. » Nous l'avons connu dans le Paris des poètes où il était monté de son Vaucluse, le pays des vignes généreuses, le temps de vivre sa vie d'écrivain, d'émerveiller une génération, celle de Giraudoux, Gide et Copeau, celle de Jouvet, puis de ces comédiens qu'il aimait et qui l'aidèrent : Buñuel, Jean Marais, Madeleine Robinson, Pierre Brasseur, Michel Piccoli, et aussi du piéton de Paris comme lui, Léon-Paul Fargue. Car ce maudit connut une certaine célébrité. Nous l'avons connu logeant chez la Céleste Albaret de Marcel Proust qui lui faisait crédit heureusement, chez le poète-libraire Pierre Béarn où il passait comme un feu follet, le temps d'émerveiller de quelque répartie baignée dans sa mélancolie. On ne pouvait que l'aimer comme on aime un enfant fragile.

Nous devons dépasser les apitoiements pour célébrer une œuvre multiple. Les théâtres de Paris ont joué ses pièces : *Village, le Château des Papes,* au début des années 30 à l'Atelier, *Hécube,* avec une musique de Darius Milhaud en 1937 au Théâtre des Champs-Élysées, *le Secret* à la Comédie de Paris en 1955, *les Reliques* au Vieux-Colombier en 1953, et aussi, à Marseille, *la Carmen,* 1942, à Bruxelles *l'Homme blanc* en 1935, *le*

Roi clos en 1957. Dans le domaine de la prose romanesque et le plus souvent poétique, des œuvres comme *la Douleur*, 1930, *la Fontaine des lunatiques*, 1932, *l'Amour fraternel*, 1936, *la Barrette rouge*, 1938, *le Mauvais*, 1945-1946, *la Nuit aveuglante*, 1966, *le Mal de la terre*, 1947, *l'Étrange Visiteur*, 1956, *Je ne suis pas mort*, 1965, le posthume *Il n'y a rien compris*, 1970, ont été appréciées, à ce point qu'à propos de *la Douleur*, Albert Camus témoigna : « Je le lus en une nuit, selon la règle et, au réveil, nanti d'une étrange et neuve liberté, j'avançais hésitant sur une terre inconnue. Je venais d'apprendre que les livres ne versaient pas seulement l'oubli et la distraction... Il y avait une délivrance, un ordre de vérité où la pauvreté, par exemple, prenait tout à coup son vrai visage. *La Douleur* me fit entrevoir le monde de la création. » Quel témoignage ! Dès son jeune âge, Richaud connut Pierre Seghers, au collège de Carpentras, Joseph Delteil sur lequel il écrira une *Vie de saint Delteil*, 1929, qu'on croira être de ce dernier. Dans le domaine de l'essai, un autre livre important : *la Confession publique*, 1944, poèmes et proses qui se rapportent au domaine poétique où l'on trouve *la Création du monde*, 1930, puis 1966, *le Droit d'asile*, 1937, illustré par Frédéric Delanglade, titre qu'il reprendra en rassemblant ses poèmes en 1955.

Cet œuvre, dans son entier, est celui d'un homme à la recherche de lui-même et jetant vers l'autre l'appel des égarés. *La Création du monde* représente un vaste projet en prose poétique : un ivrogne fait le récit des origines dans quatre parties intitulées *le Monde, Adam et Ève, l'Ane et l'Enfant, le Vin et la mort*. Cette œuvre étrange fait penser aux mystères médiévaux, aux poètes de la vieille littérature d'oc. Et c'est un buveur qui parle dans un café, retrace la genèse de l'univers pour un auditeur mystérieux. On a l'impression d'un récit de tradition orale venu de l'autre bout du temps avec un parler sans manières : « Toutes les fois que nous avons bu un coup de trop, nous, dans la famille, nous ne pouvons nous empêcher de raconter aux autres le grand Secret : le secret de la naissance du monde. » Et cette parole familière, celle d'un bon Provençal, s'affirme peu à peu : « A travers tous ces fils d'alcool qui s'emmêlent dans mon gosier, entends combien ma voix devient plus magistrale et pleine de lumière... » Cette voix va donc (« Tu ne remarques pas que, certains soirs, je sens le hanneton et je parle comme les fleurs de cerisiers ») nous décrire le « grand Extra » qui est le chaos, un dieu jeune et beau « comme un de ces jeunes gens que tu vois courir autour d'un ballon, le dimanche, sur les stades d'Avignon ou d'Arles... », un Dieu « bien planté comme un clou de chair au milieu du grand Extra... » Le charivari des planètes, l'éveil de Dieu, les prodiges de la création, nous les voyons par la magie de la parole bouleversante et lyrique dans une splendeur se partageant entre les phénomènes du Cosmos et les actions des hommes. C'est un poème de transparence et de lumière :

> On ne sut pas tout de suite si ce serait de la lumière ou de la musique mais bientôt, du bord extrême du chaos une pâle lueur sortit; une petite main de clarté ouvrit et referma les doigts et jusqu'au pied de Dieu une éclatante couleuvre de feu bondit et se roula. Une autre main écarta les franges des ténèbres et un

oiseau de flamme vint se poser sur son front et battre de l'aile. Un gros poisson de nacre nageait lentement, laissant des sillages entre les algues d'ombre qui ne remuaient plus et l'image de tous les animaux de la terre que Dieu ne reconnaissait pas encore, modelés dans la lumière neuve, montèrent à l'assaut de la nuit.

Tout le poème, l'arrivée de l'homme dans la création, la découverte de la vigne et de la mort, est de cette même splendeur multiple et saisissante. « Paye-moi encore un pot et je commence la Création du Monde », a-t-il dit et le pari est tenu magnifiquement. Le ton, sans doute le définit-il lui-même lorsqu'il écrit : " Ne sens-tu pas, circuler dans mon monologue un petit souffle de mistral ? " Revenir cet accent soleilleux que je croyais perdu depuis plus d'un an et un jour, et n'entends-tu pas passer dans ces phrases du langage le plus pur, des expressions parfumées comme des olives que je garde longtemps dans ma bouche pour en tirer toute l'huile ? » Disons que ce poème romanesque, cette épopée, est tout simplement admirable, s'inscrivant dans la grande tradition des conteurs provençaux et la conduisant à son sommet.

Il faut tout lire de ce poète : *la Confession publique,* récit déchirant de sa vie, ou cet autre drame autobiographique qu'est *Je ne suis pas mort,* 1965, alors qu'il vivait dans une maison de repos à Vallauris, trois ans avant sa mort dans une clinique de Montpellier. Les poèmes en vers aussi, ceux de *la Confession,* ceux de jeunesse, ceux du *Droit d'asile* où l'on est toujours au plus près de l'être dans, selon Rousselot, « un lyrisme ardent, " survolté ", plein de grandes images végétales et soleilleuses ». Ainsi :

> Cet amour dénoué à travers les champs
> Ce poignard sanglant dans les rochers
> Ce vent mortel traîné par de fausses hirondelles
> Voilà ma pauvre vie.

Car le soleil de ce poète est un soleil tragique, un soleil qui dispense la mort dès lors qu'on le regarde en face, un soleil souvent éteint : « Soleil éteint qui pend à ma main » et la mort est aussi neige : « Tuez-moi, de la neige et que ce soit fini » ou eau : « Les ruisseaux de la mort ont couru sur mes rives. » Les images minérales, végétales, animales se mêlent aux parties du corps :

Vous errez en moi comme une bête dans les veines de la forêt hésitant aux carrefours
se reposant dans les clairières du cœur
s'attardant dans les petits ruisseaux des endroits qui sont l'extrême limite de mon corps
déjà dans l'air sur la lisière vulnérable
se brûlant dans les branches parlantes du cerveau
dormant dans les épais taillis des poumons...

Toujours la mort se ressent physiquement et ce corps décimé, ce « puits d'alcool » avec « le fleuve de vin dans ma tête » et « le pas de l'alcool à mes tempes » se situe dans un espace cosmique : « Seules mes mains me guident parmi les planètes / muettes d'étonnement. » Il apparaît comme une sorte de Lélian dans le cosmos qui prendrait les couleurs de la Grèce et du vin et les images sont vastes et sensibles à la fois :

> Les biches de l'amour ont pleuré jusqu'à l'aube
> Le savoir de brouillard s'éternise en fontaines
> Pâle enfant aux cheveux de tonnerre
> dont le sourire foudroie les chevaux blancs sur les routes
> Le sommeil des marins se dissout en fontaines

Son « je » est bien le sien qui se confie : « J'errais dans les bois sanglants dans l'arbre de ma vie » ou « Je voudrais chanter pour toi / une longue chanson déployée / amour au doux plumage » ou « Autrefois j'aurais voulu être le dernier oiseau du dernier platane ». Mais ce « prisonnier romantique » de lui-même sait aussi étendre son chant vers les autres, marins, poètes, vagabonds :

> Nous boirons sur le seuil d'une auberge lointaine
> un clair alcool au fond d'un gobelet rouillé
> des barques reviendront de pêches forcément lointaines
> dans l'odeur des algues et des varechs mouillés.

Certains vers se nouent comme des aphorismes : « Quand on parle de toi rien ne détruit le monde / mais quand on pense à toi tous les vents sont debout. » Poète du vin et de la mort, comme Baudelaire, poète de charme disant ruisseaux charmants et chemins creux, mais aussi « ange brûlé couronné d'étincelles », il parcourt tous les rêves des errants, des brûleurs de vie par les deux bouts. Comme écrit Seghers : « Dans son sang, la garance de la plaine d'Althen-les-Paluds, le sable à verriers du Ventoux, les Sorgues vives et claires, jeunesse et fraîcheur, soleil et paroles. » Ce poète blessé d'amour qui montre sa blessure vibrante jette des appels splendides, âpres, pleins de poésie secrète et d'intimité; il est à la recherche de son identité, de son vrai visage, celui de l'homme qui se sent dépossédé de lui-même; tantôt solaire, tantôt nocturne, toujours bouillonnant et déchiré. Son visage est celui de la plus haute poésie, celle qui, de Villon à Verlaine, de Baudelaire à lui-même, s'envole du corps aux cimes.

Gilbert Lély et le « serré » du texte poétique.

Lorsque l'on prononce le nom de Gilbert Lély (né en 1910) l'écho répond : Sade, et l'on voudrait qu'il dise : poésie. Non loin des lieux chers à André de Richaud et à René Char, il fit, comme il l'a dit lui-même à Jacques Henric une rencontre décisive : « En 1942, au plus noir de l'occupation hitlérienne, le destin m'a conduit près des ruines du château de Sade, à Lacoste. Le souvenir de l'auteur de *Juliette* y figura pour moi le symbole de l'autonomie de l'homme si abjectement menacée. Après la guerre, j'ai senti le besoin de payer ma dette au captif indomptable, pour lors voué universellement à l'exécration, en dépit du message de Maurice Heine et de l'admiration des surréalistes. » On connaît la suite : cette *Vie de Sade* aux éditions sans cesse revues, refondues, complétées durant ces trente dernières années, cette édition des *Œuvres complètes du marquis de Sade* en quinze volumes, toutes ces éditions originales, ces présentations, ces préfaces, à ce point que lorsque l'on dit Sade, l'écho répond : Lély! Mais que cela ne nous fasse pas oublier le poète Gilbert Lély puisque c'est de lui que nous parlons ici.

Homme d'attention méticuleuse, l'instant, le lieu le marquent d'un sceau indélébile, que ce soit à Lacoste en 1942, ou « le dimanche 18 mars 1928 à 2 heures de l'après-midi » où son regard voit « la forme des nuages au-dessus de la Gaîté-Lyrique », instants où il se passe quelque chose dans la suite du temps. Même attention au texte qu'il faut débarrasser des inutilités, resserrer, rendre fort, inattaquable, pierre. Cela se voit dans ses poèmes, dans ses proses documentées, ferventes, servies par une écriture éclatante. Amoureux de la typographie, du papier, du livre, il a toujours pris soin d'être bien édité. « Il a fait œuvre brève », disait Jean Rousselot, parlant du poète et citant un certain nombre de titres. On les retrouve unis à d'autres dans une édition des *Œuvres poétiques,* 1977, aux Éditions de la Différence, précieuse publication où tout Lély, poète dans son expression entière, nous est offert. Ce qu'il considère comme un livre à part, un divertissement comme l'entendait le Mallarmé des *Vers de circonstance,* les « poésies sotadiques » de *Kidama Vivila,* 1977, avec sept dessins de Julio Pomar, Lély défend qu'on l'unisse à ses œuvres poétiques, ce qui n'empêche pas les délices de la lecture. Si Jean Rousselot écrivit encore : « Un érotisme qui doit beaucoup à Sade, une sorte de donjuanisme inversé, un usage insolite de la mythologie, une langue pure et précise caractérisent cette poésie qui se tient à égale distance de la conscience et de la subconscience », il faut, pour trouver les meilleures vues critiques se référer à un livre édité par Thierry Bouchard, *Gilbert Lély,* où des textes d'Yves Bonnefoy surtout, de Thierry Bouchard, de Jacques Henric, de Claudie Massaloux, sont complétés par des addenda et des modifications aux *Œuvres poétiques,* un index, une bibliographie, une iconographie, des fac-similés révélateurs, enfin, *Solomonie la possédée,* poème dramatique tiré du conte d'Alexeï Remizov par Gilbert Lély. Nous n'amputerons pas le texte admirable de Bonnefoy par une citation. Le langage poétique de Lély est-il traditionnel? La belle ordonnance des poèmes en vers, le « serré » des proses répondent par une affirmation qu'il faut cependant nuancer en laissant la parole au poète : « Si par traditionnel il faut entendre l'option de la clarté, et non la diction attendue du conformisme, alors j'admets que mon langage puisse être qualifié de la sorte. Mais dans son acception péjorative, une telle qualification ne s'applique nullement au contenu subversif, parce que *sincère* de mes poèmes, lesquels n'ont obéi qu'à la nécessité et au rapport farouche que j'y établis entre les mots. *La poésie sert à rendre assimilables les éléments nutritifs de la réalité...* » Lély dira encore : « Quant au caractère *économique,* au serré de mes poèmes, j'indiquerai que la valeur d'un ouvrage réside moins dans l'étendue de son objet que dans le degré de solidarité qui lui est inhérent. » S'il donne une définition partielle de la poésie, la voici : « A chaque interrogation du monde extérieur, la réponse la plus rapide, la plus nettement articulée, la plus libre, la plus dévorante. »

Au cœur de son livre, ce texte qui ravit Albert-Marie Schmidt (il me le confia) et que nous avons évoqué dans le premier tome de cet ouvrage : *la Folie Tristan*. Lély a traduit ce poème anglo-normand dans son mètre original. Schmidt écrivit : « ...il s'est plu à aligner de longues laisses de blancs octosyllabes, dont la rhétorique subtile et l'émotion valent presque celles du modèle, qu'ils restituent modestement. Grâce à cet artifice, nous jouissons des mêmes avantages que ceux qui, jadis, entendaient jongleurs et ménestrels chanter *le Lai de la Folie Tristan*. » Lély a donc ressuscité une musique ancienne qui lui est devenue propre et le connaisseur sait qu'il s'agit d'une œuvre minutieuse unissant, comme il le dit à propos de Sade, « La volupté, le verbe, en un seul diamant ». L'œuvre poétique de Lély, celui qui est appelé dans le *Dictionnaire abrégé du Surréalisme*, « la lampe scabreuse », a été définie par de belles voix dont nous nous aidons ici pour le mieux approcher. Ainsi Francis de Miomandre : « Cet accent inoubliable, cette colère secrète, cette angoisse, cette ferveur contrainte et brisée, ce je ne sais quoi de démoniaque, d'acide et de splendidement exalté qui le caractérise. » Yves Bonnefoy : « Entre l'économie du langage et l'économie du vivre existe une corrélation qui justifie le poème. Gilbert Lély gère assez fermement son langage pour que sa vie ne quitte point l'essentiel. » Pascal Pia : « le dandysme qui caractérise son art ». G. Durozoi : « Lély n'hésite pas, au contraire, à jouer de l'ornement, de la référence, du mot riche ou de la métaphore savante, pour ciseler un texte d'une singulière mais incontestable beauté. » Sarane Alexandrian : « Un surréaliste peut être libertin, mais alors, il l'est à la façon de Gilbert Lély, avec une flamme poétique qui le consume et éclaire au loin l'univers inconscient. » Ses poèmes sont traversés de présences réelles et mystérieuses et l'on glane ici telle Ulrique, telle « jeune sorcière », telle Arden, ou « le fiancé inquiétant », « la sertisseuse du cri » ou « la femme 100 têtes » ou « Verdaine de Trentelivres » et il y a toujours dialogue et échange de silences :

> Telles furent nos paroles et tel notre silence.
> Or la nuit de janvier blanchissait vaguement.
>
> Une haleine éteignit la clarté de la cire.
> Mais grâce et dénuement avaient lu dans mes yeux
>
> Les mots émerveillés que je n'osais pas dire :
> Je te protégerai ; tu seras tout mon bien.
>
> Paris. L'aube. Le ciel et l'empereur Julien.

Il flotte souvent comme un parfum lointain qui nous ramène au temps des cours d'amour, à celui de Théophile de Viau, à celui des romans gothiques, un parfum de musc et de soufre, avec des raccourcis splendides comme cette *Princesse ruisselante* :

Saint-Domingue, mil huit cent deux. — Le général noir Louverture enlève en plein midi Pauline Bonaparte. Il lui inflige l'incroyable, proférant dans son délire les noms de La Mettrie, Grégoire, Anacharsis Cloots. Puis, sans désemparer, sous l'azur péremptoire, dix nègres au phallus d'orage dardent quarante fois le flanc canovien.

Car l'histoire, la culture déversent sans cesse leurs flammes lointaines dans ces poèmes présents, la lance d'Éros, le « luxe fabuleux », la magie sexuelle sont sacralisés en réservant contre toute ignorance, comme dans le *Château-Lyre* de Sade, « la subjectivité seigneuriale de l'homme ». Et le démon parle :

> C'est la fleur carnivore.
> Tu voulais tant savoir : *écoute,* elle jouit.
> Tu as capturé l'heure et la bête et les cris.

Comme l'écrit Yves Bonnefoy dans *l'Improbable* : « On voit en tout cas comment l'imagination érotique et l'imagination poétique peuvent désormais ne faire qu'un. Et quelle exaltation réinventera, dans le langage attentif aux plus vives, aux " métaphysiques " formes d'existence, l'emploi des mots interdits. La parole audacieuse, l'intensité contenue des mots obscènes, surtout prêtés à des lèvres pures, ou dont on sait qu'elles feignent de l'être, ou dont il comprend avec un " vif plaisir ", qu'elles le sont et ne le sont pas à la fois, tout cela est pour Lély la poésie même. Cette liberté fait vivre dans le langage l'effréné, le trouble du temps. Elle porte une cruauté qui seule fonde l'amour. » N'est-il point absurde que ce poète à la voix si particulière, personnelle, si imaginatif et si éclairant, soit absent des anthologies ? C'est comme si la réalité érotique était gommée de notre vie. Qu'importe : il y a là un immense bonheur, une joie nouvelle nourrie de réalité métaphysique, et ces choses-là, cela dure.

Poètes au soleil.

Si nombre de poètes des *Cahiers du Sud* sont réunis dans ce chapitre, il ne saurait être exhaustif : il existe tant de diversité sous le signe de préoccupations poétiques, intellectuelles, spirituelles communes, que certains poètes figurent en d'autres chapitres, comme si nous voulions parfumer ce livre un peu partout de leur présence. Merveilleuse aventure que celle de ces hommes qui avaient tout d'abord animé la revue marseillaise *Fantasio,* comme par exemple André Gaillard, et qui durant un demi-siècle assurèrent la publication hors Paris pour une fois d'une des plus importantes revues françaises touchant aux sciences humaines, philosophie, religions, littératures étrangères, poésie privilégiée avec le souvenir du Catharisme, belle revue des Jean Ballard, Gros, Bousquet, Nelli, Toursky, et ce Jean Tortel évoluant dans la modernité et dont nous parlerons dans le prochain volume.

Un de ces poètes est Pierre Delisle (né en 1908) que cette revue révéla et qui resta quelque peu en marge de la vie littéraire sans doute par goût du retrait. Ne se veut-il pas, cet homme du pays des Volcans, « homme des bois », homme de méditation sur la parole qui a publié *Forêt*, 1954, *Dialogues pour la nuit*, 1959, *le Songe et le portrait*, 1961, *les Mots et les ombres*, 1970. Dans ce dernier livre, on peut recueillir des vers comme de sensibles aphorismes que le poème, rigoureux, développe en les situant dans les paysages de la réalité. Ainsi : « Le poème est achevé et c'est maintenant qu'il commence. » Ou bien :

Qu'est-ce que le poème? L'angoisse de se sentir présent dans la parole.
Le poète? Celui qui parle à mi-voix de la mort
Avec mille détours
Utilisant tantôt la rose tantôt le vin
Et d'autrefois cette montagne de silence
Que le bûcheron mange avec le pain.

Il sait que la poésie comme la vie est le livre du pourquoi et ses interrogations face aux montagnes sont sous le signe de l'union : « Çà et là se dresse l'arbre d'une image dont le feuillage habite à la fois l'ombre et la lumière, la vérité et le mensonge » tandis que « A l'horizon brille la montagne unique, le mot Dieu. » Comme écrit Jean Rousselot, « avec une ferme, chaleureuse et croissante rigueur, il s'efforce " de déceler et d'aménager un gîte éternel pour une part de l'homme vivant ", en usant d'un langage poétique dont la dynamique lyrique porte en soi sa justification ». Tout dans cette œuvre est longuement mûri, mis à l'épreuve de la clarté, présenté comme une offrande avec la discrétion d'un donateur qui sait que le poème est toujours plus grand que celui qui l'écrit et c'est un grand interrogateur qu'il faut saluer.

Se situant dans un courant gentil et quotidien, avec le souvenir des fantaisistes, Gaston Bonheur (1913-1980) sera connu du grand public par ses romans, le journalisme, ses évocations du passé français comme *Qui a cassé le vase de Soissons?* 1963, à moins que quelque Mireille Mathieu ne fasse connaître quelque poème facile chantant l'accent du midi. Ses succès ne lui feront pas renier ces plaquettes de jeunesse comme *Chemin privé* ou *la Gavache et autres poèmes* où il y a de la spontanéité et du charme dans le souvenir de Max Jacob parfois et de charmantes trouvailles.

Autre romancier, Gaston Baissette (1901-1973) qui put nous charmer avec par exemple *Ces grappes de ma vigne* ou *le Vin de feu* ne cessa d'accompagner sa vie de la musique poétique et Antoine Grandmaison réunit ses poèmes épars dans *Poésie*, 1974. Ces poèmes, on les avait trouvés dans *les Lettres françaises*, *Poésie 44*, l'anthologie *les Poètes de la vie*, *l'Éternelle Revue*, etc., et à quatre parties intitulées *Primitive, Poèmes, Épîtres, Dédicaces et comptines*, on ajouta des proses comme celles extraites du livre *les Poètes et les cosmogonies*, 1953. Le poète nous a prévenu : « Pas de recherche graphique, pas de mots désirés, pas de musique savante, pas de délire automatique. Des vers de tous les jours, dans leur forme de tous les temps. » Si, dans une œuvre de romancier, la poésie apparaît comme un « accident révélateur », si la modestie réelle de l'auteur parle de maladresses ou de balbutiements, il n'en reste pas moins que l'unité de pensée lie le bon et le meilleur et que maints poèmes sont de haute qualité surtout lorsque telle complainte rend un son apollinarien :

> Et sur la route Tolosane
> Qui des mages guidait le chant?
> De Saint-Gilles à Compostelle
> Portait l'ampoule et qui l'étoile
> Vers le destin des Alyscamps?

Il joue à merveille de l'assonance, que le poème soit léger ou grave comme celui sur *la Vierge* dédié à Joë Bousquet :

> Terrifiée de voir dans les Maries en marche
> Deux nudités tendues vers la dune des Saintes
> Peaux crépies de soleil dans le sillon marin
> Elle jetait son sein sur les couteaux de marbre.

Certains poèmes font penser à ces poètes descriptifs et scientifiques du XVIIIe siècle, mais avec un sourire à la Queneau. L'épître comme celle qu'il adresse à Charles Dobzynski devient didactique sans quitter la poésie. Ou bien il est un des rares à jouer sur la contrerime chère à Toulet, et, dès qu'il chante la terre, le vers s'allonge, le poème s'étend, s'envole vers le haut lyrisme :

> Les espaces n'entendaient pas ces grattements de l'organisation
> Ta parcimonieuse sollicitude n'attendait nulle réponse
> Le jeu se réglait entre la plume le poil et la peau
> Tout pesé avec ses risques dans le gaspillage des royautés végétales

A travers ce parcours sans prétention, l'amateur de poésie glanera bien des trouvailles et dans cette diversité, une présence qui semble nous sourire, lumière dans les yeux, à chaque page.

Théophile et son *Goéland*.

Théophile (comme Viau et Gautier) Briant (1891-1956) par son œuvre comme par son action au service de la poésie a représenté beaucoup pour les poètes de l'après-guerre. L'auteur de ces lignes a le souvenir de la manière dont Alain Borne et lui-même, réunis à Roanne, accueillirent une livraison de la « feuille de poésie et d'art » intitulée *le Goéland* que ce poète breton lança en 1936 et édita jusqu'à sa mort. Feuille pleine de chaleur et de spiritualité où l'on célébrait Chateaubriand et Villiers de L'Isle-Adam, Saint-Pol Roux et Max Jacob, le musicien Yves Nat et la romancière Anne de Tourville, feuille accueillante et aimée de Patrice de La Tour du Pin, Maurice Fombeure, Luc Bérimont, tous ceux-là dont nous parlerons dans le prochain volume, feuille où l'on découvrait Angèle Vannier, Charles Le Quintrec, d'autres comme Jean Vodaine, Pierre Michel, Louis Roger, René Guyomard, Amédée Guillemot, Louis Le Cunff, Jane Guégan, Michel Velmans, Jean-Claude Brisville, et les études de Briant sur Léon Bloy et Jehan Rictus, Pierre-Jean Jouve et René-Guy Cadou, ou les Nerval, Baudelaire, Rimbaud, Laforgue, Jouve, Éluard, les grands peintres qu'il exposa à Paris, feuille où l'Inconnue de la Seine rejoignait un ésotérisme religieux célébrant par exemple les vitraux par la plume d'Alain Messiaen et jetant une vive lumière sur un romantisme du mystère. Discret sur sa propre poésie, ce barde célébra *les Amazones de la chouannerie*, 1938, *Chateaubriand, fils de la mer*, 1948, réunit *les Plus Beaux Textes de la mer*, 1950, *Saint-Pol Roux*, 1952, avant ses œuvres posthumes comme *Jehan Rictus*, 1960, *le Testament de Merlin*, 1975. Poète il publia dès 1929, *Premier Recueil*, puis *Deuxième Recueil*, 1942. Sa poésie sait à la fois prendre des tons familiers comme dans une complainte :

> Ma Tour du Vent
> n'est plus d'ivoire
> elle est sur champ
> de pierres noires
> et va-t'en voir
> par les nuits noires
> si vient m'y voir
> le Fils du Vent.

ou bien confidentielle : « Mon destin est tissé de tant de jours perdus / de navires et de jamais plus... », proche de ceux, Apollinaire ou Cendrars, qui chantent leurs jours : « Je descendrai la rue des Martyrs / j'aurai les genoux propres et les cheveux brossés... » ou « A cette heure matinale, où vas-tu donc, Théo ? » car il a à la fois le sens de la destinée personnelle et un regard universel, ouvert aux légendes de l'ombre et à la prophétie bretonne, à la voix du mystère essentiel :

> Qui va là dans la nuit des ombres
> quelqu'un vient vers moi par la dune
> quelqu'un dit son nom dans la brume
> un dieu mort marche sur les ondes.

Charles Le Quintrec nous le dit bien : « Son *Sabatrion* est l'œuvre d'un visionnaire, d'un inspiré, d'un homme qui connaît le poids des signes et des intersignes. » Ses contemporains retiendront de lui son incitation permanente à célébrer le poème, mais demain peut-être entendra-t-on sa voix personnelle et cette phrase : « La poésie c'est ce qu'on a mérité d'écrire. » N'oublions pas non plus son opéra, avec le musicien Federico Elizalde, *Gauguin, le peintre maudit*, 1942. Autres paroles : « Soyons les enfants d'un " pourquoi ? " et d'un " pourquoi pas ? " et laissons les grandes personnes à leurs affaires. »

TEXTE DE LIAISON

Si nous tentons de suivre une ligne chronologique, il faut, par-delà les séparations arbitraires (un volume, pour être maniable, ne peut excéder un certain nombre de pages) prendre les trois volumes de la Poésie du XXe siècle, *et ceux qui les ont précédés, comme un seul et même livre. Ainsi, dans celui qui terminera provisoirement cet ensemble et sera consacré à la poésie récente et aux œuvres de la communauté francophone, trouvera-t-on, auprès des poètes dont l'œuvre s'est affirmée après la Seconde Guerre mondiale, des créateurs qui ont déjà œuvré avant cette période pour s'épanouir dans le temps de leurs jeunes contemporains. Qu'on se rassure! Ils seront là, les Ponge, Audiberti, Guillevic, Frénaud, Tardieu, Follain, Ganzo, Fombeure, Senghor, Norge, Goffin, La Tour du Pin, Borne, Emié... Ils seront là, les poètes d'une génération, Amis de Rochefort, Cadou, Bérimont, Manoll, Rousselot, Becker, Chaulot, Decaunes, Roy, Fouchet, Lacote, Mallet, Guillaume, Ménard, Obaldia, Robin, Seghers, Thomas... Ils seront là, les jeunes surréalistes déjà cités ici... Ils seront là, ceux qui nous ont trop tôt quittés, Dadelsen, Luc de Dietrich, Kovalski, Gérald Neveu, Rivière, Salabreuil, Prével... Ils seront là, les Emmanuel, Renard, Cayrol, Bosquet, Le Quintrec, Clancier, Grosjean, Bonnefoy, Glissant, Lanza del Vasto, Roche... (nous citons au petit bonheur les noms qui nous viennent en tête — nous essaierons de ne rien omettre d'important). Ils seront là, les lettristes d'Isou et de Lemaître, les fervents de la poésie parlée ou graphique, ceux de la Tour de feu ou d'Action poétique... et, bien sûr, tel poète qu'il soit de la terre française ou de l'intense forêt poétique belge, qu'il soit du Québec ou de Suisse, du Liban ou de l'Afrique maghrébine ou noire, au même titre que tous les frères, toutes les sœurs en poésie. Certes, nous ne viserons pas à être exhaustif. Pour les périodes déjà envisagées au cours de ce XXe siècle, nous aurions pu citer quelques centaines de poètes de plus parmi les milliers qui existent, mais peut-être cet hommage général peut-il être pris comme un salut au poète inconnu, comme une salutation à la Poésie surtout.*

Index

Abellio (Raymond), 252, 564.
Abib (Hoda), 571.
Abizayd (Antoine), 571.
Abizayd (Victor), 571.
Abi-Zayd (Fouad), 571.
Abousleiman (Alfred), 571.
Abousleiman (Camille), 571.
Abril (Xavier), 565.
Achard (Marcel), 124.
Acker (Adolphe), 546.
Adam (Antoine), 554.
Adamov (Arthur), 327, 441, 498, 587.
Adema (Marcel), 13.
Akhmatova (Anna), 487.
Alain (Émile Chartier, dit), 437.
Albaret (Céleste), 652.
Albert-Birot (Arlette), 157.
Albert-Birot (Pierre), 13, **157 sq**, 190, 204, 236, 251, 301, 541, 548.
Alberti (Rafaël), 381, 551.
Alcuin, 251.
Alechinsky (Pierre), 517, 523.
Alexandre (Lazare), 38.
Alexandre (Maurice), 247.
Alexandre (Maxime), **537, 538**.
Alexandrian (Sarane), 248, 284, 285, 565, 566, 569, 657.
Allain (Émile), 402.
Almereyda (Miguel), 371.
Alquié (Ferdinand), 247, 547, 642.
Alyn (Marc), 652.
Amariu (Constantin), 592.
Amiot (Joël), 638.
Amrouche (Jean), 634.
Anaximène, 419.
André (Suzanne), 643.
Andreieff (Leonid), 336.
Andrieux (Louis), 346.

Annunzio (Gabriele d'), 132, 184.
Antoine (André), 423.
Apollinaire (Wilhelm Apollinaris de Kostrowitzsky, dit Guillaume), 9 **sq**, 38, 43, 48, 51, 55, 58, 60, 61, 66, 68, 70, 73, 74, 80, 92, 96, 105, 121, 123, 126, 133, 138, 139, 148, 150, 157, 158, 159, 162, 167, 178, 185, 189, 191, 202, 204, 214, 227, 228, 251, 254, 257, 258, 263, 265, 266, 271, 278, 285, 287, 300, 301, 302, 303, 304, 305, 310, 313, 314, 316, 346, 349, 357, 370, 394, 399, 407, 427, 485, 536, 538, 597, 629, 648, 650, 661.
Appel, 523.
Aragon (Louis), 21, 105, 119, 124, 127, 140, 158, 190, 195, 202, 204, 205, 206, 207, 211, 220, 226, 227, 233, 234, 235, 236, 240, 245, 246, 247, 248, 250, 251, 253, 265, 266, 270, 286, 293, 294, 298, 302, 304, 305, 306, 307, 312, 315, 321, **345 sq**, 371, 373, 379, 386, 387, 394, 396, 422, 464, 471, 512, 537, 541, 543, 548, 623.
Arcimboldo, 618.
Arcos (René), 178.
Arensberg, 259.
Arétin (L'), 10, 11.
Arezzo (Maria d'), 204.
Argheli, 566.
Aristide (Maurice Chapelan, dit), 632.
Aristote, 166.
Arland (Marcel), 191, 206, 251, 318, 464, 627.
Arnaud (Alain), 466.
Arnaud (Noël), 252, 417, 545, 546, 608.
Arnault (Céline), 190, **578**.

Arnim (Achim von), 239, 501, 612, 623.
Arnoux (Alexandre), 336.
Aron (Robert), 326.
Arp (Jean ou Hans), 189, 190, 191, 196, 197, 204, 206, 211, 249, 287, 296, 446, 514, 532, 540, 546, **593**, 605.
Arrabal (Fernando), 561.
Arrieu (Claude), 348.
Artaud (Antonin), 124, 226, 232, 236, 246, 247, 248, 250, 266, 267, 271, 315, **325 sq**, 441, 442, 466, 485, 501, 541, 548, 580, 586, 620, 626, 627, 630, 652.
Artaud (Robert), 325.
Aspermont (Francesco Flugi d'), 9.
Asturias (Miguel Angel), 85.
Athanassiou (Génica), 326.
Aubert (Claude), 633.
Aubigné (Théodore-Agrippa d'), 70, 353, 362, 618.
Audard (Pierre), 435, **450**.
Audiberti (Jacques), 298, 579, 663.
Audisio (Gabriel), **634 sq**, 636, 637, 638.
Audoin (Philippe), 192, 284, 623, 624.
Aurel (M.-A. de Faucamberge, Mme Alfred Mortier, dite Mme), 11, 233.
Aurenche (Jean), 423.
Auric (Georges), 97, 106, 348, 539, 551.
Autant-Lara (Claude), 336.

Baader (Johannès), 190.
Babeuf (François-Noël, dit Gracchus), 520.
Bachelard (Gaston), 182, 237, 420, 469, 486, 608, 613, 623, 628, **630**.
Bachelet (Émile), 555.
Bachelin (Olivier), 364.
Bacon (Francis), 456.
Badesco (Luc), 592.
Baffo (Giorgio), 10.
Baguidy (J.-D.), 576.
Baissette (Gaston), **659**.
Baj (Enrico), 623.
Baker (Joséphine), 640.
Ball (Hugo), 189, 190, 196, 197, 204, 593, 594.
Ballard (Jean), 548, 638, 658.
Ballot (Marcel), 172.
Balthus (Balthazar Klossovski de Rolla, dit), 484.
Balzac (Honoré de), 300, 518.
Bancquart (Marie-Claire), 303, 628.
Barbey d'Aurevilly (Jules), 11.
Barbier (Jean-Joël), 633.
Barbusse (Henri), 172.
Baroche (Christiane), 104, 460, 461.

Baron (Jacques), 190, 202, 240, 246, 251, 318, 464, **535 sq**, 538, 539.
Baronian (Jean-Baptiste), 628.
Barrault (Jean-Louis), 327, 336, 395.
Barrès (Maurice), 74, 119, 132, 171, 191, 194, 205, 261, 266, 286, 346.
Barthes (Roland), 417.
Baskine (Maurice), 281.
Bassano (comtesse de), 124.
Bataillard (Aloÿs-J.), 633.
Bataille (Georges), 247, 323, 394, 410, 430, 454, 456, **466 sq**, 472, 546, 585, 630.
Bathori (Jeanne), 551.
Bathory (Erzsébet), 580.
Battestini (Yves), 477, 485, 487.
Bat-Yosef (Myriam), 577.
Baudelaire (Charles), 10, 11, 22, 31, 36, 44, 75, 100, 129, 133, 139, 182, 214, 226, 228, 231, 264, 277, 278, 280, 285, 300, 310, 325, 326, 329, 340, 370, 399, 418, 428, 443, 459, 557, 587, 607, **623 sq**, 638, 655, 660.
Beach (Sylvia), 124, 125.
Béalu (Marcel), 55, 57, 608, **626**.
Beardsley (Aubrey Vincent), 346.
Beaudin (André), 463.
Beaudoin (Nicolas), 176, 177, 463, 604.
Beaufret (Jean), 486.
Beauvoir (Simone de), 642.
Béchet (Maurice), 547.
Beck (Christian), 171.
Becker (Lucien), 548, 663.
Bédouin (Jean-Louis), 192, 249, 250, 252, 276, 286, 290, 296, 537, 539, 565, 566, 576, 583.
Béguin (Albert), 551.
Béhar (Henri), 209, 212, 215.
Belaval (Yvon), 55, 628.
Belen (Nelly Kaplan, dite), **584**.
Belli (Carlos German), 565.
Bellmer (Hans), 247, 540, 603, 620, 623, 642.
Bellour (Raymond), 489.
Belon (Pierre), 23.
Benabou (Marcel), 417.
Benayoun (Robert), 289, 561.
Benda (Julien), 234, 439.
Bendezu (Francesco), 565.
Benn (Gottfried), 306.
Benoît (Denise), 411.
Benoît (Pierre-Albert), 596.
Bens (Jacques), 417.
Béranger (Pierre-Jean de).
Bérard (Paul), 618.
Berge (Claude), 417.
Berger (Pierre), 397, 473.

Bergson (Henri), 123, 175, 190, 227, 237.
Bérimont (Luc), 626, 660, 663.
Berl (Emmanuel), 298.
Berman (Antoine), 499, 642.
Bernal (José Luis Gonzalès), 490.
Bernard (Lucienne), 472.
Bernard (Raymond), 336.
Bernard (Réginor-C.), 576.
Bernard (Roger), 471, 472.
Bernard (Tristan), 393.
Bernhardt (Rosine Bernard, dite Sarah), 181.
Bernier (Georges), 247.
Bernier (Jean), 234.
Bernouard (Francis), 36, 96.
Berque (Jacques), 567.
Berthier (Marcel), 567.
Bertin (Gabriel), 638.
Bertin (Pierre), 55.
Bertrand (Aloÿsius), 44, 129, 607.
Bertrand (Edmond), 82, 84.
Bertrand de Born, 360.
Beucler (André), 124, 136.
Bibesco (Marthe Lahovary, princesse), 592.
Biély (Andrée), 541.
Biès (Jean), 436, 437, 439, 440.
Billy (André), 11, 12, 29, 35, 36, 39, 40.
Blake (William), 182, 314, 428, 430, 443, 469, 487, 501.
Blanc (Jeanne-Yves), 13, 35.
Blanchard (Maurice), **608 sq**, 620.
Blanche (Jacques-Émile), 96.
Blanguernon (Ernest), 173.
Blavier (André), 509, 510.
Blin (Georges), 475.
Blin (Roger), 247, 326.
Bloch (Jean-Richard), 175.
Blok (Alexandre), 306, 336, 541.
Blot (Jean), 412.
Blum (Léon), 353.
Böcklin (Arnoldo), 603.
Bocquet (Charles), 546.
Bocquet (Léon), 172.
Bogza (Géo), 566.
Boiffard (Jacques-André), 236, 546.
Boileau (Nicolas), 410, 411, 412, 413, 415, 425.
Boisrond (Michel), 424.
Bolintineanu (Demètre), 188.
Bollery (Jean), 442.
Bona (Bona Pieyre de Mandiargues, dite), 577, 585, 618, 620, 623.
Bonaventure (saint), 642.
Bonet (Paul), 55.

Bonheur (Gaston), **659**.
Bonnard (Abel), 172.
Bonnard (Pierre), 124.
Bonnefon (Jean de), 394.
Bonnefoy (Yves), 252, 569, 656, 663.
Bonnet (René), 555.
Borel (Jacques), 127, 130.
Borgia (Lucrèce), 549.
Borne (Alain), 360, 660, 663.
Borras (Maris Lluïsa), 254.
Bosch (Jérôme), 132, 501, 554, 555, 557.
Boschère (Jean de), 334, 548, 609.
Boschot (Adolphe), 173.
Bosquet (Alain), 298, 527, 567, 583, 628, 663.
Bossuet (Jacques-Bénigne), 430.
Bossut (Yves), 522.
Bott (François), 254.
Botticelli (Sandro), 557.
Bottini (Georges), 158.
Bouchard (Thierry), 656.
Bouchaud (Pierre de), 173.
Bouhier (Jean), 55.
Boujut (Pierre), 548, 651.
Boulenger (Jacques), 172.
Boulenger (Marcel), 172.
Boulez (Pierre), 480.
Boully (Mouny de), 435, **450**.
Bounoure (Gabriel), 43, 63.
Bounoure (Vincent), 249, 250, 298, 561.
Bourand (Étienne), 576.
Bourget (Paul), 257.
Bourget-Pailleron (Robert), 301.
Bourgoignie (Paul), 510, **521**.
Bousquet (Joë), 225, 632, **641 sq**, 647, 658, 660.
Boutefeu (Roger), 555.
Bowles (Paul-Frédéric), 548.
Brancusi (Constantin), 589.
Brantôme (Pierre de Bourdeille, seigneur de), 632.
Braque (Georges), 10, 12, 22, 73, 141, 149, 250, 307, 472, 476, 484, 486, 533, 538.
Brassens (Georges), 348, 363.
Brasseur (Pierre), 547, 652.
Brauner (Victor), 226, 248, 249, 252, 296, 484, 566, 606.
Brauquier (Louis), 634, 635, **637 sq**, 651.
Brecht (Bertolt), 119, 306.
Brémond (Henri), 234, 322.
Brenner (Jacques), 21.
Brentano (Clemens), 21.
Breton (Alain), 652.

Breton (André), 9, 35, 92, 124, 125, 127, 139, 140, 190, 191, 195, 201, 202, 204, 205, 206, 208, 211, 225, 226, 228, 229, 230, 231, 233, 236, 238, 239, 240, 241, 243, 244, 245, 246, 247, 248, 249, 250, 251, 252, 254, 255, 259, 260, 261, 262, 263, **264 sq.**, 286, 288, 289, 290, 291, 292, 294, 295, 297, 298, 302, 303, 304, 305, 306, 308, 312, 314, 315, 318, 327, 328, 332, 338, 346, 347, 349, 371, 372, 379, 394, 395, 397, 409, 422, 437, 454, 464, 469, 471, 509, 510, 512, 515, 520, 522, 524, 525, 537, 538, 539, 541, 543, 544, 545, 546, 547, 548, 550, 551, 560, 562, 564, 565, 566, 567, 568, 571, 575, 578, 579, 580, 581, 585, 593, 596, 597, 600, 601, 603, 608, 609, 612, 619, 620, 623, 625, 640, 642.
Breton (Aube), 267, 280.
Breton (Élisa), 267.
Breton (Jacqueline), 275.
Breughel d'Enfer (Pierre Breughel le Jeune, dit), 368.
Breughel de Velours (Jean Breughel, dit), 368.
Briant (Théophile), **660.**
Brien (le boxeur Cussot), 256.
Brion (Marcel), **631.**
Brisset (Jean-Pierre), 277, 512, 566.
Brisville (Jean-Claude), 660.
Brochier (Jean-Jacques), 267.
Brontë (Emily), 487.
Brossard (Maurice de), 638.
Brouard (Carl), 575.
Bruant (Aristide), 412.
Bruckberger (R.-L.), 430.
Brunius (Jacques-B.), 604.
Brunot (Ferdinand), 12.
Bryen (Camille), 548, 555, 605.
Bucaille (Max), **557.**
Buffet (Bernard), 121.
Buffet-Picabia (Gabrielle), 257, 259, 260.
Buñuel (Luis), 232, 250, 598, 604, 652.
Bureau (Noël), **559.**
Bury (Pol), 524.
Bussières (Raymond), 423.
Bussy (Christian), 509, 510, 523.
Butler (Samuel), 496, 501.
Buzzi (Paolo), 189.
Byron (George Gordon, Lord), 116, 118.

Cabanel (Guy), 249, 252, 561.
Cabanne (Pierre), 602.
Cadou (René Guy), 56, 150, 626, 660, 663.
Caillois (Roger), 207, 238, 247, 276, 280, 467, 469.
Calderon de la Barca (Pedro), 336.
Caldwell (Erskine), 410.
Calixte (Charles), 575.
Calvin (Jean), 69.
Cameron (Norman), 310.
Camille (Georgette), 435, **450.**
Camus (Albert), 152, 280, 309, 415, 472, 473, 485, 630, 634, 653.
Cantacuzène (Charles-Adolphe), 188.
Cantarelli (Gino), 204.
Canudo (Ricciotto), 74.
Caprier (Christian), 635.
Carassou (Michel), 587.
Carco (François Carcopino-Tusoli, dit Francis), 12, 31, 38, 59, 123, 127, 302, 329, 367, 648, 650.
Carette (Louis), 245.
Carmen-Sylva (la reine de Roumanie), 188.
Carpaccio (Vittore), 121.
Carpentier (Alejo), 192, 395.
Carpentier (Georges), 192, 256, 447.
Carrell (Alexis), 430.
Carrington (Leonora), 247, 469, 577, **580**, 603.
Carroll (Charles Dodgson, dit Lewis), 277, 320, 336, 428, 501, 551, 557, 558.
Carrouges (Michel), 623.
Cartouche (Louis-Dominique), 119.
Casanova (Giovanni Giacomo), 625.
Cassou (Jean), 36, 214, 549, 642, 646.
Castro (Fidel), 622.
Castro (Francesco de), 336.
Cathelin (Anna), 548.
Cavadia (Marie), 568.
Cayatte (André), 423.
Cayrol (Jean), 663.
Céline (Louis-Ferdinand Destouches, dit), 396.
Cendrars (Frédéric Sauser Hall, dit Blaise), 13, 15, 36, 58, 61, 63, 66, 68, **69 sq**, 97, 101, 123, 158, 167, 178, 189, 256, 302, 304, 305, 307, 314, 446, 536, 538, 559, 650, 661.
Cendrars (Raymone), 76.
Césaire (Aimé), 248, 455, 541, **571 sq**, 575, 576.
Cézanne (Paul), 59, 476.
Chabrun (Jean-François), 252, 545, 546.
Chagall (Marc), 73, 257, 304, 368, 430, 541.

Chaissac (Gaston), **554, 555,** 623.
Chamson (André), 638.
Chapelan (Maurice), 626, **632,** 633.
Chaplin (Charles Spencer, dit Charlie), 73, 190, 240, 307, 428, 543.
Chappuis (Pierre), 454, 456.
Chapsal (Madeleine), 455.
Char (Émile), 470.
Char (Marie-Thérèse), 470.
Char (René), 207, 226, 246, 247, 248, 250, 271, 372, 387, 428, **470 sq,** 518, 519, 532, 551, 576, 598, 608, 609, 628, 646, 655.
Charbonnier (Georges), 327, 328, 329, 335, 338, 339.
Chardin (Jean-Baptiste), 516, 610.
Charles (Jean-Claude), 577.
Charles d'Orléans, 17.
Charles Quint, 116.
Charles-Roux (Edmonde), 650, 651.
Charlot (Edmond), 309, 310.
Charvet (le chemisier), 100.
Chasle (Raymond), 564.
Chatain (Jacques), 466.
Chatard (Jean), 576.
Chateaubriand (François-René de), 44, 55, 267, 367, 492, 612, 660.
Chaulot (Paul), 558, 663.
Chaval (Yvan Le Louarn, dit), 627.
Chavée (Achille), 509, 512, **524 sq,** 527.
Chazal (Malcolm de), 248, 267, 278, 279, **562 sq.**
Chédid (Andrée), 551, 552, 569, 571, 628.
Chénier (André), 96.
Chériane (Chériane Cendrars), 125.
Chestov (Léon), 587.
Cheval (le facteur), 555.
Chiha (M.), 571.
Chirico (Giorgio de), 22, 190, 204, 226, 236, 243, 254, 304, 485, 488, 516, 545, **602, 603.**
Chonez (Claudine), 126.
Chopin (Henri), 201.
Chouraqui (Bernard), 587.
Chrestien de Troyes, 361.
Christian-Jaque (Charles Modet, dit), 423.
Chrusecz (Maya), 211.
Church (Henry), 548.
Cingria (Charles-Albert), 630.
Cioran (E. M.), 532, 592.
Cioranescu (Al), 592.
Ciprian, 566.
Clair (René), 545.
Clancier (Georges-Emmanuel), 52, 122, 142, 159, 315, 441, 452, 594, 599, 635, 663.
Claparède (Edmond), 252.
Claudel (Paul), 15, 28, 36, 40, 94, 101, 123, 124, 125, 126, 133, 171, 172, 228, 242, 300, 322, 365, 423, 541, 546, 573, 587, 607, 632.
Clemenceau (Georges), 190, 295.
Cléopâtre, 118.
Cliquennois (Henry), 464.
Clouard (Henri), 51, 52, 59, 127, 132, 201.
Cluzel (Raphaël), 313.
Cocteau (Jean), 21, 48, 53, 60, 62, 91, **96 sq,** 158, 185, 190, 191, 206, 235, 314, 349, 463, 464, 465, 500, 519, 538, 540, 549, 552, 560, 580, 623.
Coleridge (Samuel Taylor), 551, 618, 637.
Colette (Gabrielle-Sidonie Colette, dite), 99, 121, 125, 171, 364.
Coligny-Chatillon (Louise de), 12, 32.
Colinet (Paul), 510, 518, **520, 521.**
Colle (Pierre), 55.
Copernic (Nicolas), 419.
Corbière (Tristan), 37, 55, 77, 228, 402, 639.
Corcuera (Arturo), 565.
Corm (Charles), **571.**
Corneille (Cornelis Van Beverloo, dit), 523.
Corticchiato (Dominique), 484.
Cossery (Albert), 567.
Costin, 566.
Courbet (Gustave), 360, 603.
Couri (Charles), 571.
Courtot (Claude), 319, 321, 323.
Cousin (Jean-Marie), 370.
Couté (Gaston), 413.
Coyne (André), 565.
Cramer (Hendrik), 435.
Crane (Hart), 410.
Cravan (Fabian Averanius Lloyd, dit Arthur), 12, 190, 199, 226, **254 sq,** 263, 305, 306, 372, 595.
Crémieux (Francis), 208, 367.
Crevel (René), 190, 206, 207, 220, 226, 247, 251, 261, 271, 289, 314, 315, **317 sq,** 394, 435, 464, 471, 485, 620.
Crisinel (Edmond-Henri), 652.
Cros (Charles), 228, 277, 290, 346, 536.
Cubélier de Beynac (Léonce), 173.
Cummings (Edward Estlin), 306.
Cunard (Nancy), 347, 352, 366.
Cuny (le boxeur), 256.

Curel (Francis), 471.
Cuzin (François), 466.
Cyrano de Bergerac (Hector-Savinien de), 126.

Dabit (Eugène), 423, 446.
Dadelsen (Jean-Paul de), 663.
Daix (Pierre), 345, 349, 351, 352, 365, 367.
Dali (Salvador), **597 sq**, 625.
Dalize (René Dupuy, dit René), 10, 11, 12, 26.
Dallas (Gilberte H.), 652.
Dante Alighieri, 111, 118.
Da Silva (Linda Molina), 10.
Dassoucy (Charles Coypeau), 368.
Daudet (Lucien), 96.
Daumal (Jack), 435.
Daumal (René), 246, 435, **436 sq**, 442, 444, 445, 449, 450, 490, 642.
Daumier (Honoré), 425.
Dauphin (Marcel), 576.
Dauzat (Albert), 412.
Davis (Garry), 248, 267.
Dax (Adrien), 248.
Déat (Marcel), 353.
Debussy (Claude), 189.
Décaudin (Michel), 13, 35, 171, 581.
Decaunes (Luc), 423, 548, 663.
Decourcelle (Pierre), 88.
Defontenay, 496, 630.
De Gaulle (Charles), 430.
Deguy (Michel), 141, 151, 466.
Deharme (Anne-Marie Hirtz, dite Lise), 395, 577, **580, 581**.
Deharme (Paul), 395.
Dehmel (Richard), 179.
Deibler (Anatole), 288.
Delage (Maurice), 123.
Delahaye (Robert), **632**.
Delange (Jacqueline), 456.
Delanglade (Frédéric), 653.
Delannoy (Marcel), 424.
Delarue-Mardrus (Lucie), 96.
Delaunay (Robert), 12, 37, 73, 178, 251, 257, 258, 541.
Delaunay (Sonia), 22, 73, 257, 532.
Delbousquet (Emmanuel), 172.
Delétang-Tardif (Yanette), 628.
Delicado (Francisco), 10.
Delille (Jacques), 413, 416.
Delisle (Pierre), **658, 659**.
Delons (André), 435, 436, **450**.
Delteil (Joseph), 251, **640, 641**, 653.
Delvaille (Bernard), 99, 100.
Delvaux (Paul), 520, 546.

Demaison (André), 575.
De Max (Édouard Alexandre Max, dit), 96.
Demestrecu, 566.
Denis (Ariel), 612, 613, 614.
Denis (Lorimer), 575.
Denoël (Jean), 55.
Depestre (René), 248, 577.
Derain (André), 10, 13, 22, 38, 58, 59, 125, 268, 281.
Dermée (Paul), 13, 139, 158, 190, 191, 204, 205, 251, 533, 578.
Déroulède (Paul), 386.
Derrida (Jacques), 466.
Desbordes (Jean), 121.
Desbordes-Valmore (Marceline), 367.
Descartes (René), 193, 410.
Deschamps, 301.
Desforges-Maillard (Paul), 11.
Desnos (Lucien), 393.
Desnos (Robert), 41, 45, 48, 202, 219, 220, 226, 233, 240, 243, 246, 251, 270, 289, 317, 318, 367, 379, **393 sq**, 395, 422, 435, 454, 465, 519, 550, 558, 601.
Desnos (Youki, Foujita, puis), 395, 396, 398, 402, 407.
Desportes (Georges), **575**.
Desrives (Jean), **557**.
Desroches (Didier – ps. Éluard), 387.
Destaing (Jacques – ps. Aragon), 282.
Deubel (Léon), 172.
Devaulx (Noël), 630.
Dhainaut (Pierre), 512, 566, 567.
Dheur (André Fayol, dit Gabriel), **625, 626**.
Diaghilev (Serge de), 96, 97, 100.
Diamant-Berger (Jean-Claude), 546.
Dib (Mohammed), 634.
Dickinson (Emily), 118, 487.
Diderot (Denis), 317, 318, 322, 421.
Dietrich (Luc de), 663.
Dignimont (André), 329.
Dimech (Pierre), 636.
Divoire (Fernand), 13, 35, 179, 180, 189, 200.
Dobzynski (Charles), 660.
Dodat (François), **558, 559**.
Dominguez (Oscar), 249, 545, 546, 603.
Dors (Mirabelle), 585.
Dos Passos (John), 71, 75, 94.
Dostoïevski (Fedor), 70.
Dotremont (Christian), 510, 512, 521, **522, 523**, 546.
Doucet (Jacques), 75, 266, 394, 439.
Drachline (Pierre), 608.
Dreyer (Karl), 326, 336.

Drieu La Rochelle (Pierre), 124, 158, 190, 266, 360.
Du Bartas (Guillaume de Salluste), 222.
Du Bellay (Joachim), 216, 221.
Dubois (Maria), 10.
Duchamp (Marcel), 75, 190, 194, 202, 204, 226, 247, 254, 277, 281, 350, 532, 538, 539, 540, 566, 567, 595, 597, **601, 602,** 606.
Duchateau (Jacques), 417.
Duclos (Jacques), 364.
Dudley (Catherine), 640.
Dufrêne (François), 201.
Dufy (Pierre), 97.
Dufy (Raoul), 11, 22, 99, 302, 329.
Duguesclin, 360.
Duhamel (Georges), 12, 16, 36, 180, 195, 370, 562.
Duhamel (Marcel), 394, 409, 422.
Duits (Charles), 630.
Dujardin (Édouard), 171.
Dullin (Charles), 97, 326.
Dumas (Marie-Claire), 397.
Du Maurier (George), 410.
Dumayet (Pierre), 546.
Dumont (Fernand Demoustier, dit Fernand), 509, 524, **526.**
Dunan (Renée), 394.
Duncan (Catherine), 638.
Dupeyron (Georges), 253.
Dupont (André), 35.
Duprey (Jacqueline), 585.
Duprey (Jean-Pierre), 248, 249, 277, 561, 585, 652.
Dupuy (Henri-Jacques), 300, 303, 314, 315.
Dupuytren (Guillaume), 318.
Duras (Marguerite), 630.
Duras (Mme de), 642.
Durkheim (Émile), 516.
Durozoi (G.), 657.
Durrell (Lawrence), 569.
Duvalier (François), 575.
Duvignaud (Jean), 466.
Dvorsky (Stanislav), 565.

Effenberger (Vratislav), 565.
Eggeling (Viking), 189.
Eguren (José-Maria), 565.
Ehrenbourg (Ilya), 247.
Einstein (Karl), 204.
El Alaily (Ikbal), 568.
El-Etr (Fouad), 571.
Eliade (Mircea), 592.
Elizalde (Federico), 661.
El Saad (Nouhad), 571.
Elskamp (Max), 528.

El Telmisani (Kamil), 567.
Éluard (Cécile), 370.
Éluard (Dominique), 374, 387.
Éluard (Maria Benz, dite Nusch), 372, 373, 380, 387, 471.
Éluard (Eugène-Émile-Paul Grindel, dit Paul), 140, 190, 191, 193, 202, 204, 211, 220, 226, 230, 233, 236, 238, 240, 242, 243, 244, 245, 246, 247, 248, 250, 251, 252, 266, 267, 270, 271, 276, 288, 293, 298, 303, 304, 305, 306, 307, 315, 318, 319, 350, **370 sq,** 394, 397, 428, 471, 472, 474, 485, 514, 524, 540, 541, 542, 543, 545, 546, 550, 551, 554, 558, 559, 560, 579, 580, 604, 608, 632, 642, 660.
Émié (Louis), 55, 663.
Emmanuel (Pierre), 34, 293, 663.
Érasme (Didier), 69.
Erben (Roman), 565.
Ernst (Max), 75, 87, 193, 205, 226, 232, 247, 248, 249, 266, 270, 271, 281, 287, 291, 296, 376, 379, 485, 488, 489, 514, 540, 545, 551, 580, 598, 603, 605, 606, 623, 642.
Esparbès (Georges d'), 193.
Essénine (Sergueï), 541.
Estève (Louis), 642.
Étienne (Luc), 417.
Excoffon-Lafarge (Gisèle), 466.
Eydoux (Emmanuel), **650, 651.**

Fabbri (Jacques), 411.
Faguet (Émile), 123.
Fahmy (Maurice), 568.
Falguière (Alexandre), 158.
Fanchette (Jean), 564.
Fardoulis-Lagrange (Michel), **615, 616,** 627.
Fargue (Léon-Paul), 56, 61, **123 sq,** 251, 266, 546, 548, 607.
Fargue (Louis), 124.
Farna (Jo), 568.
Faucher (Philippe), 613, 628.
Fauchereau (Serge), 185, 189, 192, 196, 200, 214, 216, 220, 221, 296, 298, 306, 310, 318, 464, 465, 509, 516.
Faulkner (William), 410, 411.
Fauré (Michel), 546.
Fay (Emmanuel), 301.
Fédier (François), 486.
Fénéon (Félix), 260.
Feraoun (Mouloud), 634.
Ferdière (Dr Gaston), 327.
Ferrat (Jean), 348.

Ferré (Léo), 348.
Ferry (Jean), 280, 630.
Fescourt (Henri), 422.
Feuerbach (Ludwig), 322.
Féval (Paul), 39.
Fini (Leonor), 540, 577, **585**, 618, 619.
Fiozzi (Aldo), 204.
Flake (Otto), 211.
Flaubert (Gustave), 14, 83, 411.
Flavia Léopold (Emmanuel), **575**.
Fleischmann (Hector), 172.
Fleuret (Fernand), 12.
Fleury (Albert), 171.
Florian-Parmentier, 175.
Flouquet (Pierre-Louis), 186, 548, 633.
Foch (Ferdinand), 192, 447.
Folgore (Luciano), 158.
Follain (Jean), 159, 165, 548, 559, 608, 623, 626, 663.
Follain (Madeleine), 589.
Fombeure (Maurice), 660, 663.
Fondane (B. Fundoianu, dit Benjamin), 446, **586 sq.**
Fontaine (Jacqueline), 124.
Fort (Paul), 11, 58, 171, 234.
Fortunat (l'évêque), 76.
Foucault (Michel), 348, 466.
Fouchet (Max-Pol), 310, 663.
Foujita (Tsugouharu), 541.
Fourcade (Dominique), 472, 474, 477.
Fourier (Charles), 267, 278, 279.
Fournel (Paul), 417.
Fourré (Maurice), **623**, **624**.
Fourrier (Marcel), 547.
Fraenkel (Theodore), 193, 270, 302, 304, 305, 395.
France (Anatole), 194, 233, 266.
François d'Assise (saint), 579.
François Ier, 360.
François-la-Colère (*alias* Aragon), 347, 353.
Fratellini (les frères), 97.
Frénaud (André), 293, 628, 663.
Frenkel (Pierre), 55.
Freud (Sigmund), 191, 228, 230, 235, 237, 276, 317.
Frick (Louis de Gonzague), 10, 35, 175, 211.
Frickx (Robert), 520, 524.
Friesz (Othon), 22, 59.
Frossart, 353.

Gaboriau (Émile), 394.
Gagnaire (Aline), 546.
Gaillard (André), 435, **451**, **452**, 548, 638, 658.

Gala (Hélène Dmitrovna-Diakonava Gala, dite), 370, 371, 378, 379, 598.
Galanis (Demetrio), 138.
Galilée, 419.
Gallimard (Gaston), 124.
Gance (Abel), 75, 326, 336, 584.
Gangiullo, 189.
Gangotena (Alfredo), 488.
Ganzo (Robert), 550, 587, 663.
Garamond (Jean, *alias* Guy-Levis Mano), **551-552**, 608.
Garaudy (Roger), 349.
Gardies (René), 604.
Garnier (Pierre), 201.
Garros (Roland), 97, 101.
Gascoybe (David), 587.
Gauguin (Paul), 661.
Gauvreau (Claude), 652.
Gebeyli (Claire), 571.
Gémier (Firmin), 423.
Genet (Jean), 121, 652.
Gengenbach (Ernest de), 240, 547, **624, 625**.
Géo-Charles (Charles Guyot, dit), 187.
George (Yvonne), 394, 395, 398.
George V, 409.
Géraldy (Paul Le Fèvre, dit Paul), 424.
Germain (Jean), 548.
Gheerbrant (Alain), 555, 594.
Ghelderode (Michel de), 176, 528, 554.
Ghéon (Henri), 100, 171.
Ghil (René), 176, 178, 201, 265.
Ghorayeb (Michel), 571.
Giacometi (Augusto), 226, 247, 249, 275, 281, 456, 461, 484, 551, 603, **605, 606**.
Giauque (Francis), 652.
Gide (André), 13, 56, 99, 119, 121, 123, 127, 171, 190, 194, 234, 251, 256, 263, 266, 277, 284, 295, 300, 304, 328, 439, 489, 491, 496, 512, 538, 642, 652.
Gilbert-Lecomte (Roger), 246, 435, 436, 437, **441 sq**, 449, 450, 546, 587.
Gilson (Paul), 428.
Giovanna, 585.
Giraudoux (Jean), 266, 439, 446, 553, 652.
Giroud (Michel), 589.
Glissant (Édouard), **575**, 663.
Gnoli (Domenico), 623.
Godard (Jean-Luc), 348.
Goemans (Camille), 509, 511, **514**, **515**.
Goethe (Wolfgang), 70, 156, 234.
Goffin (Robert), 663.
Gohst (Erskine — ps. Maurice Blanchard), 609.

Index . 675

Goll (Claire Studer, Claire), 541, **578**.
Goll (Yvan), 196, 250, 251, 318, **540 sq.**, 578, 579.
Gomez de la Serna (Ramon), 381, 435.
Gongora (Luis de), 117, 118, 197, 406, 407, **549**, 550.
Goossens (Roger), **523**.
Gorki (Maxime), 306.
Gossez (Alphonse-Marie), 176.
Goumilev (Nicolas), 487.
Gourmont (Remy de), 72, 76, 123, 171, 587.
Goutier (Jean-Michel), 608.
Goya (Francisco de), 362.
Gracq (Julien), **611 sq**, 617, 623, 625.
Gramsci (Antoine), 186.
Grandjean (Henri), 254.
Grandmaison (Antoine), 659.
Gratiant (Gilbert), **575**.
Grau (Jacinto), 336.
Graverol (Jane), 517, 577, 585.
Greco (Le), 99, 113, 116, 121, 560.
Gréco (Juliette), 411.
Grécourt (Jean-Baptiste-Joseph Villart de), 10.
Gregh (Fernand), 171, 172.
Griaule (Marcel), 252, 455.
Grimault (Paul), 423.
Grindel (Clément-Eugène), 370.
Gris (Juan), 138, 149.
Grock (Adrien Wettach, dit), 201.
Gros (Léon-Gabriel), 208, 323, 324, 388, 427, 431, 451, 477, 495, 548, 590, 635, 638, 641, 645, **646**, **647**, 648, 649, 650, 658.
Grosjean (Jean), 663.
Guegan (Jane), 660.
Guénon (René), 94, 435, 560.
Guerlain, 100.
Guerne (Armel), 633.
Guerre (Pierre), 470, 486.
Guichard-Meili (Jean), 628.
Guikovany (Émile), 546.
Guilbeaux (Henri), 175, 176.
Guillais (Claire), 393.
Guillaume (Louis), 556, 628, 633, 663.
Guillaume (Paul), 204.
Guillaume Le Clerc de Normandie, 23.
Guillemot (Amédée), 660.
Guillevic (Eugène), 293, 663.
Guilliot (André), **557**.
Guillois (Valentin, *alias* Robert Desnos), 406.
Guizot (François), 300, 304.
Gunther (le boxeur), 256.
Gurdjieff (George Ivanovitch), 438.
Gurian (S.), 592.

Guth (Paul), 542.
Gutt (Tom), 510, 519, 521, **522**, 523.
Guyomard (René), 660.
Guyon (Jeanne), 69.
Guyotat (Pierre), 456.
Gyp (comtesse de Martel, dite), 234.

Habib-Sherringham (Yvette), 568.
Haendel, 73.
Hafez (Mounir), 569.
Hahn (Reynaldo), 97.
Hajjé (Maurice), 571.
Hakim (Henri), 571.
Halbertstadt (Vitaly), 601.
Haldas (Georges), 208, 221.
Haller (Albert de), 69.
Hantaï (Simon), 249.
Harfaux (Artür), 435.
Harlez (Henriette), 520.
Hasleu (Julia), 188.
Haussmann (Raoul), 190, 195, 197, 199, 204.
Havlicek (Zbynek), 565.
Havrenne (Marcel), 509, **526**, **527**.
Hayter (Stanley).
Hegel (Friedrich), 227, 322.
Heidegger (Martin), 280, 472, 477, 485.
Heine (Maurice), 19, 247, 547, **630**.
Heisler (Jindrich), **565**.
Hélias (Pierre-Jakez), 55.
Hellens (Franz), 186, 485, 489, 490, 514, 630.
Hello (Ernest), 489.
Helmholtz (Hermann von), 174.
Henein (Georges), **567**, **568**, 569.
Hennings (Emmy), 188, 204.
Henri IV, 167.
Henric (Jacques), 655.
Henry (Maurice), 247, 435, **449**, **450**, 546, 547.
Héraclite, 419, 481, 485.
Hercourt (Jean), 633.
Herment (Georges), 150.
Hernandez (Miguel), 487.
Hérold (Jacques), 247, 249, 252, 545, 566.
Herrand (Marcel), 304.
Hertz (Heinrich), 174.
Hetz (Henri), 125.
Hikmet (Nazim), 208.
Hitler (Adolf), 323, 362, 423.
Hoche (le boxeur Frank), 260.
Hô Chi Minh, 309.
Hoffmann (Ernst Theodor Amadeus), 11, 334, 627.
Hoffmanstahl (Hugo von), 516.

Ho-Kousaï, 78.
Hölderlin (Friedrich), 189, 367, 477, 487, 516, 537.
Hollier (Denis), 466.
Homère, 95, 159, 420.
Honegger (Arthur), 73, 75, 97, 106, 551.
Hooreman (Paul), 519, 523.
Horace, 96.
Horia (Vintila), 598.
Hoss (Marwan), 571.
Houdin (Robert), 402.
Houston (Elsie), 288.
Huelsenbeck (Richard), 189, 190, 200, 204, 593.
Hughes (Langston), 558.
Hugnet (Georges), 189, 192, 197, 198, 214, 247, 249, 298, 531, 539, **540**, 546.
Hugo (Valentine), 383, 475, 546, 577.
Hugo (Victor-Marie), 70, 105, 106, 133, 181, 226, 282, 289, 353, 362, 365, 367, 373, 374, 386, 403, 406, 411, 435, 443, 485, 500, 551, 632.
Hugues (Clovis), 172.
Huidobro (Vicente), **548**, **549**, 550.
Humeau (Edmond), 533, 628.
Husserl (Edmund), 410.
Hutchinson (Clara), 254.
Huysmans (Joris-Karl), 264.
Hyde (John Kenneth), 588.
Hynek (Karel), 565.
Hyppolite (Jean), 630.
Hyvrard (Jeanne), 575.

Iancu (Marcel), 188.
Iché (Laurence), 546.
Illiazd (Illa Zdanevitch, dit), 197.
Illyès (Gyula), 216.
Ingres (Dominique), 360.
Ionesco (Eugène), 158, 592.
Iribe (Paul), 97.
Irine (Irène Hamoir, Irène Scutenaire, dite), 509, 511, 519, 523.
Isou (Isidore), 201, 663.
Istrati (Panaït), 592.
Ivanov (Vsevolod), 446.
Ivsir (Radovan), 249.
Jabès (Edmond), 311, 569.
Jack l'Éventreur, 428.
Jacob (Max), 13, **38 sq**, 58, 59, 61, 62, 66, 68, 73, 87, 97, 101, 121, 124, 127, 138, 139, 148, 158, 167, 168, 169, 204, 220, 251, 300, 302, 311, 326, 370, 405, 407, 411, 445, 453, 456, 462, 465, 500, 537, 538, 540, 541, 549, 553, 558, 577, 607, 622, 626, 627, 628, 629, 659, 660.
Jacques (les frères), 411.
Jaguer (Édouard), 546.
Jamati (Paul), 571.
Jammes (Francis), 77, 96, 126, 130, 171, 173, 413, 587.
Janco (Marcel), 189, 203, 204, 532, 587.
Jarry (Alfred), 10, 35, 43, 44, 51, 55, 123, 126, 189, 190, 192, 227, 228, 254, 263, 271, 277, 280, 290, 346, 411, 446, 447, 546, 616, 632.
Jasenas (Éliane), 638.
Jastram (Gervais), 178, 576.
Jaurès (Jean), 65, 345.
Jdanov (Andreï),
Jean de la Croix (saint), 551.
Jean (Marcel), 192, 249, **545**, 602, 603.
Jean (Raymond), 371, 373, 385.
Jeanmaire (Zizi), 411.
Jeanne d'Arc, 116, 295.
Jeanson (Henri), 394, 395, 396.
Jimenez (Juan Ramon), 551.
Jimeno (Moreno), 564.
Johnson (Jack), 259.
Joiret (Michel), 520, 524.
Jolas (Tina), 487.
Jorn (Asger Oluf Jorgensen, dit Asger), 523.
Joubert (Alain), 252.
Joubert (Jean), 628.
Jouffroy (Alain), 248, 249, 268, 283, 298, 325, 453, 454, 457, 462, 561, 576.
Joussaint (André), 175.
Jouve (Pierre-Jean), 306, 487, 540, 551, 560, 607, 642, 646, 660.
Jouvenel (Renaud de), 319.
Jouvet (Louis), 552, 652.
Joyce (James), 123, 125, 303, 306, 324, 540, 548.
Jung (Franz), 204.
Juin (Hubert), 141, 214, 608, 609, 628, 643.

Kafka (Franz), 99, 277, 446, 497, 501, 516, 568, 627, 628.
Kahn (Gustave), 13, 36, 183.
Kahn (Janine, Mme Queneau), 409.
Kahnweiler (Daniel-Henry), 10, 40, 46, 139.
Kamel (Anawar), 568.
Kaminsky (Vassoli), 197.
Kandinsky (Wassily), 474, 593, 616.
Kanters (Robert), 148, 548.
Kaplan (Nelly), **584**.
Kast (Pierre), 546.

Keats (John), 487.
Kepler (Johannes), 419.
Kerouac (Jack), 71.
Kesteloot (Lilyan), 573, 574.
Khayyam (Omar), 367.
Khim (Jean-Jacques), 107.
Khlebnikov (Vélémir), 196, 197.
Khoury-Ghata (Vénus), 571.
Kierkegaard (Sören), 568.
Kinds (Edmond), 520.
Kirschner (Rafaël), 346.
Kisling (Moïse), 206, 257.
Klee (Paul), 321, 490, 593, 642.
Kleist (Heinrich von), 99.
Klingsor (Léon Leclère, dit Tristan), 58, 68, 123.
Klossowski (Pierre), 466, 487.
Knutson (Greta), 206, 548, 585.
Koenig (Théodore), 526.
Kojève (Arthur), 410.
Kolb (Jacqueline), 13.
Kopac (Slavko), 281.
Koppen (Jean), 538, 547.
Kosma (Joseph), 348, 427.
Kovalski (Roger), 663.
Kra (Lucien), 315.
Kral (Petr), 565.
Kristeva (Julia), 466.
Kundera (Ludvik), 565.

Labé (Louise), 579.
Labiche (Eugène), 300, 310.
Labisse (Félix), 395, 404.
La Bruyère (Jean de), 44.
Lacan (Jacques), 252.
Lacassin (Francis), 45, 87.
Lacenaire (Jean-François), 547.
Lachelier (Jules), 301.
La Chesnaye (Nicole de), 336.
Lacôte (René), 208, 214, 548, 627, 663.
Lacuzon (Adolphe), 173 sq.
Lafargue (Marc), 172.
La Fayette (Marie-Madeleine Pioche de La Vergne, comtesse de), 121.
Laffont (Jacques-Marie), 300, 314.
La Fontaine (Jean de), 374, 419, 528, 529.
Laforgue (Jules), 14, 26, 127, 189, 311, 413, 414, 415, 421, 516, 660.
La Fresnaye (Roger de), 22, 257.
Lagarde (Pierre), 55.
La Hire (Jean de), 172.
Lahovary (Jean), 188.
Lalanne (Louise – ps. Guillaume Apollinaire), 10.
Laleau (Léon), **576**.

Lam (Wifredo), 281, 484, 583.
Lamane (J.), 576.
Lamartine (Alphonse de), 360.
Lams (Marianne), 435.
Lancelot (Michel), 300.
Lang (Fritz), 336.
Lannes (Roger), 101, 104.
Lanoë (Julien), 55, 550.
Lanoux (Armand), 578.
Lanza del Vasto (Jean Lanza di Trabia-Branciforte, dit), 663.
Larbaud (Valery), 36, 66, 88, 94, 123, 124, 125, 126, 251, 256, 306, 307, 511, 548.
Larguier (Léo), 172.
Laroche (Jean), 558.
La Rochefoucauld (Edmée de), 127, 578.
Larrea (Juan), 565.
Larronde (Carlos), 178.
Lascaux (Élie), 410.
Latis (Emmanuel Peillet, dit), 417.
La Tour (Georges de), 476, 479.
La Tour du Pin (Patrice de), 663.
Laude (André), 469, 628.
Laure (Laure Peignot, dite), 585.
Laurencin (Marie), 10, 12, 58, 190, 257, 259, 304, 305, 329, 530.
Laurens (Henri), 149.
Lautréamont (Isidore Ducasse, dit le comte de), 87, 124, 126, 129, 190, 192, 201, 227, 228, 231, 232, 251, 253, 254, 271, 277, 280, 300, 304, 314, 321, 329, 340, 346, 370, 443, 447, 469, 489, 545, 547, 583, 584, 607, 612, 618, 623.
Laval (Pierre), 405.
Lavater (Johann Caspar), 69.
Lavaur (Michel-François), 558.
Lebeau (Alain), 558.
Lebel (Robert), 606.
Lebesgue (Philéas), 175, 176.
Leblond (Marius et Ary), 171.
Le Blond (Maurice), 171.
Le Brun (Annie), 585, 586.
Le Chanois (Jean-Paul Dreyfus, dit Jean), 423.
Le Clec'h (Guy), 348, 641.
Lecomte (Marcel), 173, 509, 511, **515**, **516**.
Leconte (Sébastien-Charles), 96, 172.
Lecouvreur (Adrienne), 91.
Le Cunff (Louis), 660.
Lefebvre (Jules), 256.
Lefèvre (Frédéric), 173.
Léger (Fernand), 12, 22, 73, 75, 138, 149, 368, 541.

Legrand (Gérard), 248, 252, 280, 281, 298, 561.
Leiris (Michel), 46, 214, 237, 246, 252, 317, 326, 394, 423, 435, 444, 446, 451, 453 sq., 462, 466, 467, 488, 604, 625.
Le Lionnais (François), 417.
Le Louët (Jean), 556, 557.
Lelubre (Norbert), 558.
Lély (Gilbert), 247, 472, 548, 655 sq.
Lemaître (Jules), 96.
Lemaître (Maurice), 189, 291, 663.
Le Nain (Antoine, Louis, Mathieu, les frères), 610.
Lénine (Vladimir Ilitch Oulianov, dit), 266.
Leonardi (Charles), 348.
Le Quintrec (Charles), 55, 57, 660, 661, 663.
Le Rouge (Gustave), 72, 87.
Leroux (Gaston), 242.
Lescure (Jean), 417, 546, 626.
Lessing (Théodore), 547.
Lestrange (Luc), 346.
Levesque (Jacques-Henry), 538.
Lévy-Strauss (Claude), 280.
Lewis (Matthews Gregory), 236, 334, 336.
Lewis (Sinclair), 410.
Lewisohn (Ludwig), 336.
Leynaud (René), 630.
L'Herbier (Marcel), 336.
Libérati (André), 571.
Limbour (Georges), 190, 246, 318, 394, 455, 456, 462, 463, 464, 467.
Lindsay (Vacheb), 410.
Lista (Giovanni), 182, 185, 187.
Liszt (Franz), 189.
Lloyd (Otho), 254, 256, 259.
Loeb (Florence), 326.
Loeb (Pierre), 340.
Lofting (Hugh), 428.
Looten (Emmanuel), 554.
Lope de Vega (Félix), 487, 551.
Lorca (Concha), 116.
Lorca (Federico Garcia), 115, 217, 381, 430, 551.
Lorent (André), 523, 524.
Losfeld (Éric), 259, 293, 608, 625.
Lotar (Eli), 423.
Loubet (Émile), 422.
Louis II de Bavière, 110.
Louis XIV, 167.
Louis XVI, 295.
Louis-Philippe Ier, 299.
Louÿs (Pierre), 21, 44, 123.
Loy (Mina), 260.

Lubin (Armen), 548.
Luca (Ghérasim), 566, 567, 586, 589.
Luca (Toussaint), 11, 12.
Lucrèce, 481.
Lugné-Poe (Aurélien Marie), 326.
Lull (Ramon), 551, 560, 580, 642, 643.
Lunel (Armand), 650.
Lupasco (Stéphane), 592.
Lurçat (Jean), 307, 446, 605.

Mabille (Pierre), 249, 469, 606.
Macaire (Robert), 402.
Macedonski (Alexandre), 188.
Machado (Antonio), 368.
Mac Orlan (Pierre Dumarchais, dit Pierre), 38, 59, 66, 123, 334, 423, 429, 464.
Maeterlinck (Maurice), 18, 171, 182.
Magloire-Saint-Aude (Clément), 248, 575 sq.
Magny (Olivier de), 416.
Magravou, 555.
Magre (Maurice), 172, 173.
Magritte (Paul), 516, 520.
Magritte (René), 226, 247, 281, 509, 511, 512, 514, 516, 517, 520, 521, 522, 540, 546, 603, 605, 622.
Maiakovsky (Vladimir), 185, 196, 251, 367, 487, 541.
Maitrejean (Airette), 394.
Malacamp (Pierre), 548.
Malespine (Émile), 548.
Malet (Léon), 252, 545, 546, 547.
Malherbe (François de), 104, 365, 415.
Malignon (Jean), 425.
Malineau (Jean-Yves), 608.
Malkine (Georges), 395, 398, 422, 547.
Mallarmé (Stéphane), 14, 28, 43, 44, 63, 96, 100, 101, 115, 117, 119, 123, 125, 127, 133, 182, 187, 264, 265, 311, 346, 406, 464, 538, 540, 556, 558, 587, 607, 621, 656.
Mallet (Robert), 34, 633, 663.
Malraux (André), 280, 446, 541.
Malrieu (Jean), 561, 638.
Mandelstam (Ossip), 487.
Manina, 577.
Mann (Thomas), 306.
Mano (Guy-Lévis), 551, 552, 608.
Manolete (Manuel Rodriguez Sanchez, dit), 115.
Manoll (Michel), 141, 150, 626, 663.
Mansour (Joyce), 249, 250, 569, 583.
Mantegna (André), 113.
Mara (Sally, alias Raymond Queneau), 410.

Marais (Jean), 98, 99, 109, 121, 652.
Maran (René), **575**.
Marc (Fernand), **556**.
Marcel (Étienne), 538.
Marcel (Gabriel), 208.
Marcello-Fabri (Marcel Faivre, dit), 176.
Marchand (Jean-José), 489.
Maremberg (Jean), 546.
Marencin (Albert), 565.
Margerit (Robert), 630.
Marie-Laure (Marie-Laure de Noailles, dite), 87, 96, 97, 99, 171, 172, 188, 580, 592, 632.
Mariën (Marcel), 510, 511, 512, 518, 520, **521, 522**.
Marinetti (Filippo Tommazo), 12, 176, 178, **181 sq**, 189, 196, 200, 205, 256, 257.
Maritain (Jacques), 97, 121, 235, 549.
Markowitsch (Marylie), 188.
Marot (Clément), 42, 96.
Marquet (Pierre Albert), 22.
Martel (André), 201.
Martin (Hélène), 314, 348.
Martin (Henri), 424.
Martin-Barzun (Henri), 175, 177, 178, 179.
Martineau (Fernand), 576.
Martineau (Henri), 12.
Martinet (Hélène), 348.
Marx Brothers (les), 232.
Massaloux (Claudie), 656.
Massat (Gaston), 643.
Massis (Henri), 235.
Masson (Loÿs), 558, 564, 633.
Masson (André), 226, 247, 248, 281, 326, 372, 394, 397, 435, 454, 456, 462, 463, 467, 489, 551, 564, 603.
Massot (Pierre Massot de Lafond, dit Pierre de), 190, 201, 202, **538, 539**, 597.
Mathieu (Mireille), 659.
Matisse (Henri), 10, 13, 22, 138, 329, 364, 369, 472.
Matta (Roberto), 247, 248, 281, 583, 603.
Maturin (Robert), 249.
Maumet (Robert), 634, 635, 638.
Maunick (Édouard J.), 564.
Mauriac (François), 306, 430, 641, 642.
Maurois (André), 234.
Maury (Lucien), 11.
Maynard (François de), 104.
Mayo (Dida de), 435.
Mayoux (Jehan), 247, 249, 297, 298, **544**.

Mayoux (Marie-Louise), 544.
Mechawar (Antoine), 571.
Ménard (René), 487, 663.
Mendès (Catulle), 96.
Menegoz (Marco), 545, 546.
Mercereau de la Chaume (Alexandre), 178, 182.
Mérimée (Prosper), 623.
Mérode (Cléo de), 346.
Mesens (Édouard Léon Théodore, dit E.L.T.), 226, 246, 509, 512, **516, 517**, 604.
Messiaen (Alain), 661.
Mestas (Jean-Paul), 589, 590.
Metellus (Jean), 577.
Metzinger (Jean), 11, 191, 206, 257.
Meyrat (Robert), 435.
Mezei (Arpad), 545.
Michaux (Henri), 75, 131, 226, 250, 306, 327, 337, 423, 428, 446, **488 sq**, 509, 514, 525, 529, 548, 549, 551, 554, 569, 607, 628.
Michel (Pierre), 660.
Miguel (André), 509, 510, 525.
Milanova (Vera), 437.
Milhaud (Daniel), 395.
Milhaud (Darius), 97, 106, 190, 395, 551, 652.
Milhaud (Madeleine), 395.
Miller (Henry), 69, 73, 76, 94, 324, 410, 640.
Milliot (Roger), 652.
Milocz (Oscar-Vladislas de Lubicz-), 306, 549, 589, 590, 627.
Minet (Pierre), 435, 441, **450**.
Miomandre (Francis Durand, dit Francis de), 628, 657.
Mirabeau (Honoré-Gabriel Riqueti de), 10.
Mirbeau (Octave), 183.
Mishima (Yukio), 618.
Modigliani (Amedeo), 58, 59.
Moïse (Adolphe), 576.
Molière (Jean-Baptiste Poquelin, dit), 336.
Monaco (Prince Pierre de), 190.
Monnerot (Jules), 207, 247, 467, 547, 548.
Monnerot (Symone), 548.
Monnier (Adrienne), 125, 265, 346, 439, 627.
Monteiro (Vincent), **550**.
Montépin (Xavier de), 88.
Montfort (Eugène), 10, 11, 171, 172.
Montherlant (Henri de), 346, 641.
Moore (Marianne), 410.
Morand (Florette), 575.

Morand (Paul), 71, 85, 129, 190, 266, 307, 575.
Morat (Luitz), 326, 336.
Moreau (Gustave), 158, 264, 620.
Morel (l'abbé), 55.
Morgan (Charles), 208.
Morgenstern (Christian), 197.
Morion (Pierre, ps. Pieyre de Mandiargues), 618.
Morise (Max), 202, 318, 350, 464, 547, 605.
Morisot (Berthe), 530.
Moro (César), 548, **564, 565**.
Morven le Gaëlique (ps. Max Jacob), 54.
Moscardelli, 204.
Mougin (Jules), 555.
Moussinac (Léon), 423.
Moussorgsky (Igor), 81.
Mozart (Wolfgang), 559.
Muller (Charles), 172.
Munier (Roger), 472.
Munteanu (Basil), 592.
Musset (Alfred de), 44, 97, 300, 314, 349, 359.
Mussolini (Benito), 362.

Nadeau (Maurice), 192, 193, 201, 226, 235, 298, 411, 461, 543, 625.
Nadelmann (Élie), 189.
Naffah (Fouad-Gabriel), 571.
Napravnik (Milan), 565.
Nat (Yves), 660.
Nataniel (Kenneth), 564.
Naum (Gellu), 566.
Navel (Georges), 555.
Naville (Pierre), 246, 250, 288, 409, 544.
Nelli (René), 642, 643, 644, **646**, 658.
Nerciat (Andrea de), 10.
Neruda (Pablo), 364, 369, 551, 623.
Nerval (Gérard Labrunie, dit Gérard de), 11, 70, 126, 127, 226, 228, 237, 239, 254, 271, 305, 326, 334, 350, 367, 370, 393, 406, 428, 439, 449, 461, 580, 641, 644, 660.
Neuhuys (Paul), **527 sq.**
Neveu (Gérald), 638, 652, 663.
Neveux (Georges), 552, 553.
Newton (Isaac), 166.
Nezval (Vitezalav), 565.
Nietzsche (Friedrich), 99, 117, 277, 326, 467, 481, 491, 516, 568, 645.
Niger (Albert Beville, dit Paul), **575**.
Nin (Anaïs), 328.
Nizan (Paul), 423.
Noll (Marcel), 270.

Norge (Georges Mogin, dit Geo-Norge), 525, 528, 628, 663.
Normandy (Georges), 173.
Nougé (Paul), 509, **510 sq**, 514, 515, 520, 527.
Noun (Fady), 571.
Nouveau (Germain), 228.
Nungesser (Charles), 189, 371, 443, 642.

Obaldia (René de), 158, 627, 633, 663.
Ocampo (Victoria), 587.
Odier (Daniel), 331.
Offenbach (Jacques), 118.
Oppenheim (Meret), 585.
Orloff (Chana), 158.
Orphée, 179.
Ortega y Gasset (José), 306.
Osmont (Anne), 173.
O'Sullivan (Maurice), 410.
Ottmann (Henry), 12.
Ovide, 96.

Paalen (Wolfgang), 249, 564.
Pabst (G. W.), 326, 336.
Padoux (Lucien), 568.
Pagès (Madeleine), 12, 35.
Painlevé (Jean), 251.
Palgen (Paul), **632**, 633.
Pana (Sacha), 203, 566.
Panard (Charles-François), 177.
Pansaers (Clément), 251, **530**, 531.
Papazoff (Georges), 300.
Parfondry (Marcel), 524.
Parinaud (André), 240, 249, 264, 267.
Paris (Claude), 557.
Parisot (Henri), 337, 609, 626, 628.
Parny (Évariste-Désiré de Forges de), 44, 607, 632.
Paroutaud (J.-M.-A.), **630**.
Parrot (Louis), 69, 88, 384, 548, **559**.
Pascal (Blaise), 44, 430, 489.
Pascal (Jean-Claude), 411.
Pascin (Julius Pinkao, dit Jules), 58.
Pasternak (Boris), 487.
Pastoureau (Henri), 249, **544**, 568.
Patin (Marc), 252, 545, 546.
Paul-Boncour, 353.
Paulhan (Jean), 159, 191, 251, 266, 280, 349, 371, 373, 383, 384, 438, 439, 441, 490, 511, 512, 515, 516, 526, 548, 562, 563, 585, 627, 628, 642.
Paun (Paul), 566.
Payen (Louis), 173.
Paysan (André), 97.

Paz (Octavio), 247, 287, 472, 473, 604, 618.
Péguy (Charles), 15, 162, 632, 651.
Peillet (Emmanuel), 423.
Pellerin (Jean), 528.
Penrose (Roland), 579.
Penrose (Valentine), 579.
Pépin (Ernest), 575.
Perceau (Louis), 12.
Perche (Louis), 632.
Pérec (Georges), 417.
Péret (Benjamin), 190, 196, 201, 226, 242, 243, 246, 247, 248, 249, 250, 251, 266, 278, **286 sq**, 303, 314, 318, 323, 327, 372, 394, 422, 435, 471, 525, 538, 543, 545, 546, 594, 608, 610.
Péret (Elsie Houston, Mme), 288.
Péret (Geyser), 290.
Péret (Remedio Varo, Mme), 293.
Péri (Gabriel), 363, 385, 386.
Perrin (Michel), 538.
Pessoa (Fernando), 185, 196.
Pétain (Philippe), 358, 362, 405, 430.
Petere (José Herrera), 551.
Petot (Georges), 40.
Pétrarque, 487.
Pétronio (Arthur), 201, 548.
Peuchmaurd (Pierre), 608.
Phelps (Anthony), 577.
Philippe (Charles-Louis), 123, 171.
Philippe de Thaun, 23.
Pia (Pascal), 628, 657.
Picabia (Francis), 12, 13, 22, 75, 190, 191, 195, 202, 204, 205, 211, 226, 251, 254, 259, 266, 270, 281, 304, 305, 484, 538, 548, **595 sq**, 601.
Picasso (Pablo), 10, 12, 13, 22, 38, 39, 58, 73, 97, 101, 121, 124, 125, 138, 141, 142, 149, 158, 189, 190, 202, 220, 226, 246, 270, 281, 297, 349, 372, 374, 381, 382, 386, 395, 430, 456, 475, 533, 538, 540, 546, 554, 564, **599, 600**.
Piccoli (Michel), 652.
Picon (Gaétan), 141, 349, 473, 489, 548, 570, 613.
Piel (Jean), 466.
Piéret (Géry), 11.
Pierre (José), 254, 259.
Pieyre de Mandiargues (André), 250, 298, 569, 580, 584, 608, 613, **617 sq**, 627, 652.
Pindare, 251.
Pintos (Carlo Rodriguez), 551.
Pirandello (Luigi), 336.
Pisis (Filippo de), 618.

Pitoëff (Georges), 326.
Place (Jean-Michel), 157, 192, 435, 532.
Plantier (René), 56.
Platard (André), 404.
Platon, 410.
Platter (Thomas), 69.
Playden (Annie), 10.
Plazy (Gilles), 532, 533.
Poe (Edgar), 11, 340.
Poincaré (Raymond), 234.
Poinsot (Maffeo-Charles), 173.
Poirier (Léon), 336.
Poissonnier (Bernard), 34.
Polaire (Louise Balthy, dite), 346.
Poligny (Serge de), 336.
Polo (Marco), 115.
Polti (Georges), 178, 233.
Pomar (Julio), 656.
Pomiès, 423.
Ponge (Francis), 293, 510, 512, 548, 562, 607, 616, 635, 663.
Ponson du Terrail (Pierre-Alexis), 394.
Pottier (Richard), 423.
Pouchkine (Alexandre), 367.
Pougy (Anne-Marie Olympe Chassaigne, princesse Ghika, dite Liane de), 96.
Poulbot, 426.
Poulenc (Francis), 97, 99, 106, 381, 551.
Pound (Ezra), 185, 251, 352.
Poupard-Lieussou (Y.), 199, 538.
Pozner (Vladimir), 446.
Prampolini (Enrico), 204.
Prassinos (Gisèle), **581, 582**.
Prassinos (Mario), 248.
Prével (Jacques), 561, 586, 652, 663.
Prévert (André), 422.
Prévert (Auguste), 422.
Prévert (Jacques), 75, 131, 132, 226, 232, 242, 246, 277, 311, 317, 394, 407, 409, 411, 417, 418, **422 sq**, 551, 598, 606.
Prévert (Pierre), 394, 423.
Prieur (François), 638.
Prosper (Jean-Georges), 564.
Proust (Marcel), 100, 121, 133, 300, 587.
Prouteau (Gilbert), 36.
Pucheu (Pierre), 396.
Puech (Henri-Charles), 410.
Puel (Gaston), 633.
Puget (Claude-André), 547.
Pujo (Maurice), 171.
Pythagore, 179.

Queneau (Jean-Marie), 410.
Queneau (Raymond), 131, 132, 226,

237, 246, 311, 379, 394, 407, **408 sq**, 423, 462, 466, 530, 598, 601, 623, 660.
Queval (Jean), 411, 417, 424.
Quincey (Thomas de), 277, 310, 428.

Rabbe (Alphonse), 642.
Rabelais (François), 95, 126, 168, 177, 208, 232, 490, 496, 501, 640.
Rabier (Benjamin), 11.
Rache (André de), 514.
Racine (Jean), 242, 360.
Radcliffe (Ann), 612.
Radiguet (Raymond), 97, 109, 121, 158, 191, 206, 538.
Raimbaut de Vagneiras, 487.
Raismes (Gaston de), 61.
Randau (Robert), 173.
Rapin (Maurice), 585.
Rarès (Joseph), 571.
Ratisbonne (Marie-Alphonse), 39.
Ravaillac (François), 119.
Ravel (Maurice), 124, 125.
Ray (Man), 190, 191, 197, 206, 226, 270, 394, 435, 471, 514, 540, 595, 601, 604.
Raymond (Marcel), 127, 201, 211, 214, 315, 465, 590, 634.
Reboux (Paul), 172.
Reda (Jacques), 633.
Regnard (Jean-François), 336.
Régnier (Henri de), 87, 96, 123, 171, 212, 306, 577.
Régnier (Mathurin), 36, 412, 425.
Renan (Ernest), 44, 192, 447.
Renard (Jean-Claude), 663.
Renard (Jules), 44, 558, 562, 616.
Renaud (Roger), 561.
Renault (Jean-Claude), 608.
Renault (Louis), 300.
Renoir (Jean), 423, 604.
Repusseau (Patrice), 587.
Resnais (Alain), 417, 418.
Reverdy (Pierre), 13, 58, 73, 98, 101, **138 sq**, 158, 177, 190, 200, 202, 204, 249, 251, 266, 270, 278, 302, 303, 304, 306, 307, 314, 316, 349, 371, 472, 485, 548, 549, 560, 607, 628.
Reznicek (Pavel), 565.
Ribemont-Dessaignes (Georges), 190, 191, 192, 195, 204, 205, 208, 211, 251, 305, 411, 423, 429, 435, **446 sq**, 467, 509, 597.
Richard Cœur de Lion, 406.
Richard de Fournival, 23.
Richaud (André de), **652 sq**.
Richepin (Jean), 172.

Richier (Germaine), 616.
Ricot (Justinien), 576.
Rictus (Gabriel Randon de Saint-Amand, dit Jehan), 172, 660.
Rigaut (Jacques), 190, 220, 226, 228, 251, 254, **261**, **262**, 263, 266, 277, 305, 323.
Rilke (Rainer-Maria), 74, 99, 124, 126, 306, 578, 579.
Rimbaud (Jean-Arthur), 13, 29, 44, 61, 66, 71, 78, 81, 82, 87, 95, 100, 117, 124, 126, 127, 133, 150, 189, 190, 201, 227, 228, 231, 235, 249, 251, 254, 259, 263, 264, 271, 277, 278, 285, 300, 303, 304, 306, 310, 313, 325, 339, 346, 370, 399, 406, 430, 435, 436, 443, 444, 449, 459, 468, 485, 556, 584, 586, 587, 607, 639, 642, 660.
Rios (Alfonso), 565.
Ristitch (Marco), 232, 547.
Rius (Robert), 545, 546.
Rivera (Diego), 267.
Rivet (Fernand), 173.
Rivet (Paul), 252.
Rivière (Jacques), 326, 329, 330.
Rivière (Roger-Arnould), 652, 663.
Riz (Angelo de), 568.
Robertson (Général), 83.
Robic (Paul-Alexis), 633.
Robin (Armand), 652, 663.
Robinson (Madeleine), 652.
Roblès (Emmanuel), 309, 364.
Roche (Denis), 663.
Roentgen (Konrad von), 174.
Roger (Louis), 660.
Rogovine, 70, 71, 72.
Roinard (Paul-Napoléon), 178.
Roll (Stefan), 566.
Rolland (Romain), 345, 540.
Rolland de Renéville (André), 435, 436, **449**, 490.
Romains (Louis Farigoule, devenu Jules), 13, 73, 91, 127, 171, 178, 190, 300, 346, 370, 634.
Ronsard (Pierre de), 14, 31, 70, 234.
Rosenstock (Émilie), 203.
Rosenstock (Philippe), 203.
Rosey (Guy), 247, **545**, 548.
Rosny aîné (Joseph-Henri Boex, dit), 183.
Rostand (Edmond), 96, 97.
Rostand (Maurice), 100.
Roubaud (Jacques), 417.
Roumain (Jacques), 577.
Rousseau (Jean-Baptiste), 404.
Rousseau (Jean-Jacques), 121.

Rousseau (Henri, dit Le Douanier), 10, 22, 281, 300.
Roussel (Raymond), 42, 121, 247, 251, 254, 270, 277, 280, 453, 456, 512, 630.
Rousselot (Jean), 37, 40, 42, 55, 57, 95, 139, 141, 147, 156, 411, 425, 449, 540, 544, 548, 556, 557, 560, 583, 589, 606, 608, 616, 626, 628, 629, 632, 634, 640, 646, 654, 656, 659, 663.
Roussille (Jacques), 173.
Rouveyre (André), 13, 35.
Roy (Claude), 48, 374, 384, 387, 489, 663.
Roy (Jules), 634, 635, 638.
Royère (Jean), 10, 58, 63.
Rueda (Lope de), 336.
Rugafiori (Claudio), 440.
Rybak (Boris), 546.
Ryner (Henri Ner dit Han), 173, 175, 346.

Saad (Ed), 571.
Sade (Donatien-Alphonse-François, marquis de), 10, 189, 228, 231, 277, 474, 485, 584, 623, 630, 655.
Sadoul (Georges), 247, 251, 354, 358, 363, 409, 538, 543, 598.
Sadoul (Jacques), 630.
Saget (Justin), 616.
Saint-Cyr (Charles de), 175.
Sainte-Beuve (Charles-Augustin), 300.
Saintenis (Renée), 321.
Saint-Georges de Bouhélier (Stéphane-Georges de Bouhélier-Lepelletier, dit), 171.
Saint-John Crèvecœur, 410.
Saint-John Perse (Marie-René-Alexis Léger, dit Saintléger Léger, puis), 126, 472, 485, 573, 607, 638.
Saint-Just (Louis-Antoine de), 323, 364, 538.
Saint-Louis (Carlos), 576.
Saint-Pol Roux, 41, 233, 254, 260, 266, 435, 562, 660.
Salabreuil (Jean-Philippe), 652, 663.
Salacrou (Armand), 394, 395, 462.
Salmon (André), 10, 11, 12, 13, 16, 35, 38, 39, **58 sq**, 125, 138, 189, 263, 329, 446.
Salzmann (Alexandre de), 437.
Sanouillet (Michel), 199, 260.
Santini (Kevis), 568.
Sappho, 625.
Sartre (Jean-Paul), 280, 284, 415, 446, 456, 466, 572.

Satie (Erik), 73, 97, 121, 123, 124, 125, 190, 191, 205, 517, 538, 603.
Satyremost (*alias* Benjamin Péret), 296.
Saunier (René), 59, 64.
Sawo (le gitan), 75.
Scève (Maurice), 14, 416, 449.
Schéhadé (Laurice), **570**.
Schéhadé (Georges), **569**, 570.
Scheler (Lucien), 388, **534**.
Scheler (Max), 578.
Schlaf (Johannès), 179.
Schmidt (Albert-Marie), 416, 417, 657.
Schmitt (Florent), 123.
Schneider (Jean-Claude), 21.
Schneider (Marcel), 581, 623, 630.
Schoenhoff (Hans), 546.
Schuster (Jean), 249, 250, 298, 561, 579.
Schuwer (Camille), 636.
Schwarz-Bart (Simone), 575.
Schwitters (Kurt), 197.
Schwob (Marcel), 44, 123.
Scutenaire (Louis), 226, 509, 511, 512, 516, **517 sq**, 520, 522.
Sebek (Karel), 565.
Sède (Gérard de), 546.
Segal, 189.
Seghers (Pierre), 373, 515, 525, 548, 551, 553, 559, 560, 569, 591, 610, 626, 634, 638, 646, 650, 652, 653, 663.
Seifert (J.), 435.
Seignolle (Claude), 630.
Seillères (Ernest), 234.
Seligmann (Kurt), 281.
Sénac (Jean), 485, 634.
Senecaut (Gilbert), 523.
Senghor (Léopold Sédar), 571, 577, 663.
Sereni (Vittorio), 478.
Serner (Walter), 197.
Sernet (Claude), 203, 586, 587, **590**, **591**.
Serpan (Yaroslaw), 252.
Serreau (Claude), 558.
Sert (Misia), 100.
Servien (Pius), 586, **592**.
Servier (Jean), 635.
Seuphor (Ferdinand-Louis Berckelaers, dit Michel), **531 sq**.
Seurat (Jean), 59, 606.
Shakespeare (William), 487, 551.
Shankar (Uday), 437.
Shelley (Percy Bisshe), 116, 371, 487.
Signoret (Emmanuel), 96.
Silberman (Jean-Claude), 249, 252.
Sima (Josef), 246, 435.

Simmias de Rhodes, 37.
Simon (François-René), 326, 561.
Simonpoli (Jean), 546.
Skira (Albert), 251.
Slotky, 189.
Smet (Michel de), 627.
Soleiman (Lotfallah), 568.
Solier (René de), 466, 616, 617, 693.
Sollers (Philippe), 466.
Sologuren (Javier), 565.
Soulié (le Pasteur), 234.
Soupault (Maurice), 299.
Soupault (Philippe), 72, 130, 140, 158, 190, 196, 202, 204, 211, 212, 220, 226, 228, 233, 239, 250, 251, 265, 266, 270, 286, 299 sq, 318, 371, 423, 428, 446, 465, 539, 541, 545, 584, 593.
Souris (André), 509, 519, 520.
Southwell (Robert), 327.
Souvarine (Boris), 410.
Souvestre (Émile), 402.
Spanos (Yanni), 348.
Spengler (Oswald), 612.
Spinoza (Baruch), 439, 533.
Spire (André), 304.
Starobinski (Jean), 479.
Stenberg (Beno), 545.
Stendhal (Henri Beyle, dit), 300, 364, 642.
Sternberg (Jacques), 628.
Stétié (Salah), 571, 618, 622.
Stevenson (Robert Louis Balfour), 612.
Stil (André), 546.
Stolojan (Sanda), 588.
Stramm, 196.
Strawinsky (Igor), 73, 96, 97, 121, 123, 158.
Strentz (Henri), 176.
Stuna (Josef), 397.
Sturdza (Alexandre), 188.
Styrsky (Jendrich), 565.
Suarès (Carlo), 435.
Suarez (Georges), 396.
Sue (Eugène), 9, 394.
Survage (Léopold), 158, 191, 206.
Surville (Germaine de), 158.
Suter (Johann August), 75.
Suzuki (Daisetz Teitaro), 438.
Swedenborg (Emmanuel), 278, 562, 642.
Swift (Jonathan), 126, 428, 496, 501, 519.

Taeuber (Sophie), 189.
Tailhade (Laurent), 96.

Taillefer (Germaine), 106, 551.
Tallet (Gabriel), 173.
Tamayo (Rufino), 296.
Tanguy (Yves), 226, 247, 249, 281, 296, 317, 372, 379, 409, 422, 514, 545, 603, 605, 642.
Tanning (Dorothea), 577, 620.
Tapié de Celeyran (Michel), 546.
Tardieu (Jean), 293, 580, 663.
Tarnaud (Claude), 242.
Tauber (Sophie), 593.
Tavarès-Bastos (A. D.), 350.
Tavernier (René), 500, 558.
Tchapek (Karel), 336.
Temple (Frédéric-Jacques), 93, 638.
Terrasse (Jean), 489.
Tesarova (Alena), 397.
Thérèse d'Avila (sainte), 522, 560.
Thibaudet (Albert), 123, 125.
Thiers (Adolphe), 234.
Thirion (André), 247, 538, 547, 598.
Thomas (Colette), 586.
Thomas (Henri), 126, 327, 586, 663.
Thorez (Maurice), 364, 571.
Tinan (Jean de), 123.
Tioutchev (Théodore), 487.
Tirolien (Guy), 575.
Tolkien (John Ronald Revel), 613.
Tordjmann (Jules), 631.
Tornaud, 248.
Torre (Guillermo de), 185.
Torreilles (Pierre), 551, 552.
Tortel (Jean), 548, 635, 658.
Toucas-Massillon (Edmond), 346.
Toulet (Paul-Jean), 12, 637.
Toulouse (Dr), 326.
Toulouse (Roger), 606.
Toursky (Alexandre), 548, 638, 648 sq, 658.
Tourville (Anne de), 660.
Toussaint-Louverture, 571.
Toutounji (Samia), 571.
Toyen, 281, 566, 577.
Trakl (Georg), 541.
Triolet (Elsa), 347, 348, 352, 359, 360, 361, 364, 366, 367, 368, 369, 623.
Tristan (Flora), 428.
Trost, 566.
Trotsky (Lev Davidovitch, Léon), 242, 247, 259, 266, 267.
Trotsky (Natalia Sedova), 249.
Tsvétaeva (Marina), 487.
Tubiana (Josef), 460.
Tudescq (André), 12.
Tuéni (Nadia), 571.
Turdeanu (E.), 592.

Tutuola (Amos), 410.
Tyan (E.), 571.
Tzara (Samuel Rosenstock, dit Tristan), 37, 158, 178, 188 sq, 203 sq, 226, 244, 247, 248, 250, 251, 266, 267, 303, 304, 305, 318, 347, 371, 464, 541, 545, 566, 592, 593, 597.

Ubac (Raoul), 523, 546, 554.
Uccello (Paolo), 300, 307.
Ungaretti (Giuseppe), 268, 548.
Unik (Pierre), 220, 246, 247, 372, 394, 543.
Urmuz, 566.
Utrillo (Maurice), 329.

Vacaresco (Hélène), 188.
Vaché (Jacques), 192, 226, 228, 232, 251, 254, 261, 262, 263, 265, 266, 271, 277, 287, 306.
Vaillant (Roger), 246, 435, 451.
Vaillant-Couturier (Paul), 247.
Valadon (Suzanne), 258, 530.
Valéry (Paul-Ambroise), 63, 123, 125, 126, 133, 141, 190, 191, 212, 244, 245, 251, 264, 265, 266, 268, 282, 306, 314, 404, 439, 503, 511, 515, 516, 548, 632, 642.
Vallejo (César), 565.
Vallette (Alfred), 125.
Valloton (Félix), 22.
Valmy-Baysse (Jean), 172.
Van Bruaene (Gérard), 523.
Vanci-Perahim (Marina), 587.
Vandercam, 523.
Van Dongen (Cornelius Kess), 22, 255, 256, 257.
Van Gogh (Vincent), 124, 329, 339, 424.
Van Hirtum (Marianne), 585.
Vannier (Angèle), 558, 660.
Vannoz (Léon), 173.
Van Rees (Adla), 189.
Van Rees (Otto), 189.
Varda (Agnès), 551.
Varela (Blanca), 565.
Varèze (Edgar), 509.
Varo (Remedios), 293.
Velmans (Michel), 660.
Vercors (Jean Bruller, dit), 373.
Verdet (André), 396, 424, 428.
Vergez (Raoul), 555.
Verhaeren (Paul), 14, 63, 171, 172, 175, 179, 182, 183.
Verhesen (Fernand), 609, 633.

Verlaine (Paul), 14, 19, 72, 121, 125, 126, 127, 171, 300, 325, 362, 367, 418, 655.
Verne (Jules), 87, 88.
Vian (Boris), 232, 276, 430, 546.
Viardot (Désiré-Marcel Havrenne), 526.
Vicente (Gil), 551.
Vielé-Griffin (Francis), 171, 265.
Vigne (André de la), 386, 554.
Vigne (Mlle Malcrais de la), 11.
Vigny (Alfred de), 96, 105, 226.
Vildrac (Charles), 172, 370, 423.
Villon (Jacques), 22, 538.
Villon (François), 14, 16, 17, 18, 29, 61, 208, 260, 312, 346, 393, 406, 411, 415, 655.
Vinci (Léonard de), 598, 606.
Vinea (Ion), 188, 203, 204, 566.
Viola (Manuel), 546.
Viot (Jacques), 547.
Virgile, 118, 159.
Virmaux (Alain), 306, 446.
Virmaux (Colette), 306, 446.
Visan (Vincent Biétrix dit Tancrède de), 178.
Vitrac (Roger), 190, 202, 236, 246, 251, 318, 326, 335, 394, 395, 435, 451, 464 sq, 467, 548.
Vlaminck (Maurice de), 22, 606.
Vodaine (Jean), 660.
Voirol (Sébastien), 178.
Voltaire (François-Marie Arouet, dit), 412, 632.
Voronca (Colomba), 203, 590.
Voronca (Ilarie), 566, 586, 587, 589, 590, 652.
Vuillard (Édouard), 124.
Vuillermoz (Émile), 123.
Vulliamy (Gérard), 545, 546.

Wahl (Jean), 280, 466.
Waldberg (Isabelle), 585, 606.
Waldberg (Patrick), 249.
Walden (Herwart), 204.
Walpole (Horace), 239.
Walter (Jean-Claude), 127.
Waber (Karl Maria von), 350.
Wedekind (Frank), 306.
Wergifosse (Jacques), 523.
Wesphalen (Emilio Adolfo), 564.
Whitman (Walt), 14, 63, 73, 85, 172, 175, 183, 370, 395, 410, 541, 589.
Wilde (Oscar Fingall O'Flahertie Wills, Oscar), 97, 254, 256, 257, 259.

William (William Carlos), 352, 410, 472.
Wolf (Hugo), 81.
Woolf (Virginia), 306.
Wooters (Liliane), 531.

Yacine (Kateb), 634.
Yeats, 618.
Yergath (Arsène), 569.

Younane (Ramsès), 567, 568.
Yoyotte (Pierre), 547.

Zadkine (Ossip), 158, 191, 206.
Zervos (Christian), 471.
Zévaco (Michel), 9.
Zimbacca (Michel), 248.
Zola (Émile), 183, 422.
Zurbaran (Francisco de), 476.
Zürn (Unica), 577, 585.

Table des Matières

HOMMES DE L'AVENIR 7

1. *Guillaume Apollinaire* 9
   « Hommes de l'avenir, souvenez-vous de moi... » « Et tu bois cet alcool brûlant comme ta vie. » Le Délicieux *Bestiaire*. L'Épopée des *Calligrammes*. Inépuisable Apollinaire.

2. *Max Jacob* 38
   Vie et mort de Max Jacob. De *Saint Matorel* au *Cornet à dés*. Du *Laboratoire central* à *Morven le Gaëlique*.

3. *André Salmon* 58
   Un méconnu. André Salmon, première époque. La Fulgurance de l'épopée. André Salmon entre hier et demain.

4. *Blaise Cendrars* 69
   Il inventa son nom. *Du monde entier... Au cœur du monde*. Blaise Cendrars encore, toujours et partout.

5. *Jean Cocteau* 96
   Les Aventures de Protée. Cocteau avant Cocteau. Du *Cap de Bonne-Espérance* à *Léone*. De *la Crucifixion* au *Requiem*. Le Credo du poète.

6. *Léon-Paul Fargue* 123
   Le Piéton de Paris. Sur Léon-Paul Fargue. De *Tancrède* au *Piéton de Paris*.

7. *Pierre Reverdy* 138
   Pierre Reverdy, angoisse et nostalgie. A la recherche de la réalité. Pierre Reverdy parle. Les Fruits au rameau de cet arbre.

8. *Pierre Albert-Birot* 157
   Le Pyrogène d'Apollinaire. Ô Poème, architecture de pensée!

690 . LA POÉSIE DU XXe SIÈCLE

LES AVANT-GARDES 169

1. *Tentations et tentatives* 171
   Retour en arrière. Adolphe Lacuzon et l'Intégralisme. De l'Impulsionnisme au Dynamisme, dix écoles en « isme ». Synchronisme, Dramatisme, Simultanéisme... Marinetti et le Futurisme. Le Grand Soleil futuriste.

2. *Dada* 188
   Au Cabaret Voltaire. Dada, c'est quoi Dada? Oui, mais, c'est quoi Dada? Des œuvres Dada.

3. *Tristan Tzara* 203
   De Samuel Rosenstock à Tristan Tzara. Poésie avant les années trente et poésie de théâtre. De *l'Homme approximatif* aux *Midis gagnés*.

LE SURRÉALISME 223

1. *Regard sur le Surréalisme* 225
   Événement et avènement. Combat, programme, doctrines. Sur les techniques nouvelles de recherche. Itinéraires et conquêtes. Revenons à l'histoire... Pour ne pas conclure.

2. *Trois précurseurs* 254
   Fabian Avenarius Lloyd, dit Cravan, poète, boxeur. Jacques Rigaut, Agence générale du Suicide. Jacques Vaché ou l'Umour sans H.

3. *André Breton* 264
   Un regard sur quatorze lustres. De *Mont de Piété* à *l'Amour fou*. De *l'Amour fou* au dernier acte. Je cherche l'or du temps.

4. *Benjamin Péret* 286
   « Se lancer dans la littérature... ». Benjamin Péret idolâtré ou haï.

5. *Philippe Soupault* 299
   L'Homme transparent. Prophète de l'esprit nouveau. Rien que ce trou dans l'espace et le temps.

6. *René Crevel* 317
   Le Poète de la mort difficile.

7. *Antonin Artaud* 325
   « La Vie est de brûler des questions. » Cette oriflamme calcinée. Le Retour d'Artaud le Mômo.

NÉS DU SURRÉALISME 343

1. Louis Aragon 345
   Quelques repères, quelques dates. De *Feu de joie* à *Hourra l'Oural*. Du *Crève-Cœur* au *Nouveau Crève-Cœur*. *Le Fou d'Elsa*.

2. Paul Éluard 370
   « Tout jeune, j'ai ouvert mes bras à la pureté. » La Communication des eaux. « La Poésie doit avoir pour but la vérité pratique. »

TROIS MAÎTRES DE L'HUMOUR CORROSIF 391

1. Robert Desnos 393
   Le Fils du mandataire. Vous avez le bonjour de Robert Desnos. Les Chants ultimes.

2. Raymond Queneau 408
   « Le monde était changé, nous avions une histoire. » Plaisir à Queneau. Cosmogonies et navigations.

3. Jacques Prévert 422
   « Neuilly, pour moi, c'était la fête... » Un jour le vrai soleil viendra.

LE TEMPS DES GRANDS TRANSPARENTS 433

1. *René Daumal, Roger Gilbert-Lecomte et le Grand Jeu* 435
   La Métaphysique expérimentale du *Grand Jeu*. René Daumal ou *les Pouvoirs de la Parole*. Roger Gilbert-Lecomte, « aveugle-voyant des ténèbres blanches ». Georges Ribemont-Dessaignes, vers le plus grand jeu. André Rolland de Renéville, classique du *Grand Jeu*. Autour du *Grand Jeu*. André Gaillard, l'assoiffé d'éternel.

2. *Michel Leiris, Georges Limbour, Roger Vitrac, Georges Bataille* 453
   Michel Leiris, vers la totalité. Un proche de Leiris : Georges Limbour. Roger Vitrac, l'Amour, la Mort et la Nuit. Georges Bataille et la poésie.

3. *René Char* 470
   René Char au soleil des eaux. « Pour que le même amour revienne. » *Fureur et mystère*. Des *Matinaux* à *la Parole en archipel*. *Commune Présence*, *le Nu perdu* et l'incessante moisson.

4. *Henri Michaux* 488
   « Emportez-moi dans une caravelle. » « La vie est courte, mes petits agneaux. » « Je vous écris d'un pays lointain. » « Un jour j'arracherai l'ancre qui tient mon navire loin des mers. » Incomparable Michaux.

692 . LA POÉSIE DU XXᵉ SIÈCLE

LA GRANDE ARCHE DU SURRÉEL 507

1. *Le Surréalisme et alentour en Belgique* 509
   Les Grands Surréalistes belges. Paul Nougé, l'homme aux lèvres nues. Camille Goemans, le poète ami des peintres. Marcel Lecomte et la volonté d'être. E.L.T. Mesens, poète, peintre, musicien. Louis Scutenaire et Irine. D'autres poètes du groupe bruxellois : Souris, Colinet, Mariën, Gutt, Bourgoignie. Achille Chavée et le groupe du Hainaut. Trois Fortes Présences.

2. *Avenues et ruelles du Surréel* 535
   Jacques Baron et *l'Allure poétique*. Maxime Alexandre et *le Mal de nuit*. Pierre de Massot entre Dada et Breton. Georges Hugnet et *le Chèvrefeuille*. Yvan Goll, surréaliste parallèle. Compagnons surréalistes. De *la Main à plume* à quelques autres chantiers. Venus des Amériques. Un poète nommé G.L.M. De chères présences : Neveux et quelques autres.

3. *« Incroyables » et « Merveilleuses »* 562
   Malcolm de Chazal le Mauricien. César Moro, le Péruvien. Jindrich Heisler le Tchécoslovaque. Ghérasim Luca le Roumain. Georges Henein l'Égyptien. Georges Schéhadé le Libanais. Aimé Césaire l'Antillais. Clément Magloire-Saint-Aude le Haïtien. La Femme surréaliste. De Roumanie, sœur latine, Fondane. De Roumanie encore, Sernet, Voronca, Servien.

4. *Poésie et Arts plastiques* 593
   Jean Arp, l'ange et la rose. Francis Picabia, l'oiseau-réséda. Salvador Dali, Narcisse métamorphosé. Picasso langue de feu. Marcel Duchamp et les ready-made. Giorgio de Chirico et d'autres.

5. *Splendeur du poème en prose* 607
   Maurice Blanchard l'incomparable. Julien Gracq insolite et fascinant. Michel Fardoulis-Lagrange, recherche de la lumière. René de Solier, la chose regardée. André Pieyre de Mandiargues au soleil d'Éros. Maurice Fourré, rêveur définitif. Ernest de Gengenbach le profanateur. Gabriel Dheur et la transparence des jours. Marcel Béalu, mémorialiste de l'ombre. D'autres poètes en prose.

6. *Incessante exploration* 634
   Gabriel Audisio le Méditerranéen. Louis Brauquier le pilote. Joseph Delteil l'impulsif. Joë Bousquet : l'homme intérieur. Léon-Gabriel Gros, permanence de la poésie. Alexandre Toursky et le pathétique quotidien. Emmanuel Eydoux, poète juif, poète de Marseille. André de Richaud et *le Droit d'asile*. Gilbert Lély et le « serré » du texte poétique. Poètes au soleil. Théophile et son *Goéland*.

TEXTE DE LIAISON 663

INDEX 665

*Cet ouvrage
a été composé
et achevé d'imprimer
le 25 janvier 1982
par l'Imprimerie Floch à Mayenne
pour les Éditions Albin Michel*

AM

N° d'édition 7394. N° d'impression 19388
Dépôt légal : février 1982

IMPRIMÉ EN FRANCE